ISBN 978-0-332-67406-3
PIBN 10983789

ORATORES
ATTICI

ET QUOS SIC VOCANT

SOPHISTÆ

OPERA ET STUDIO

GULIELMI STEPHANI DOBSON A.M.

REGIÆ SOCIETATIS LITERARUM SOCII

TOMUS OCTAVUS

DEMOSTHENES

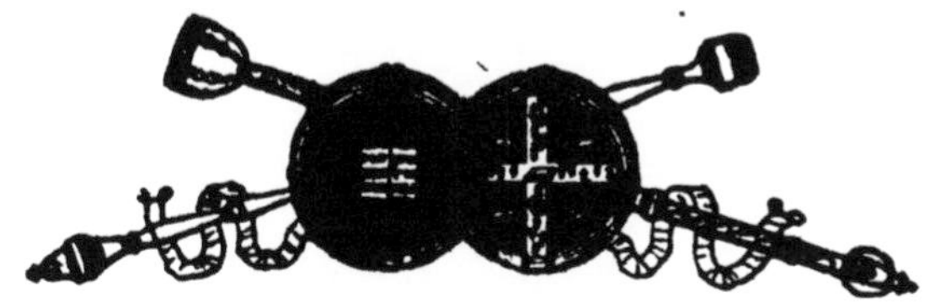

LONDINI

EXCUDIT J. F. DOVE

(APUD QUEM ETIAM VENEUNT)

A. S. MDCCCXXVIII.

DEMOSTHENIS

QUÆ EXSTANT OMNIA

INDICIBUS LOCUPLETISSIMIS

CONTINUA INTERPRETATIONE LATINA

VARIETATE LECTIONIS

SCHOLIIS TUM ULPIANEIS TUM ANONYMIS

ANNOTATIONIBUS VARIORUM

H. WOLFII OBSOPŒI TAYLORI MARKLANDI JURINI MOUNTENEII STOCKII HARLESII
F. A. WOLFII SPALDINGII AUGERI RÜDIGERI WUNDERLICHII BREMII
ALIORUMQUE ET SUIS

ILLUSTRAVIT

GULIELMUS STEPHANUS DOBSON A.M.

REGIÆ SOCIETATIS LITERARUM SOCIUS

ACCEDUNT ANIMADVERSIONES

REISKII DOUNÆI WEISKII AMERSFOORDTII

ET NUNC PRIMUM PUBLICI JURIS FACTÆ

THOMÆ STANLEII VEL POTIUS JACOBI DUPORTI

NECNON ADVERSARIA

PETRI PAULI DOBREE

GRÆCARUM LITERARUM APUD CANTABRIGIENSES

NUPER PROFESSORIS REGII

TOMUS QUARTUS

DEMOSTHENIS PRIVATÆ ETC. EXORDIA CONCIONUM ET EPISTOLÆ

LONDINI

PROSTANT APUD J. F. DOVE

A. S. MDCCCXXVIII.

TABULA

EORUM QUÆ CONTINENTUR

IN

TOMO OCTAVO.

	Pag.
Πρὸς Βοιωτὸν περὶ τοῦ Ὀνόματος	3
Πρὸς Βοιωτὸν ὑπὲρ Προικὸς Μητρῴας . .	16
Πρὸς Σπουδίαν	34
Πρὸς Φαίνιππον	44
Πρὸς Μακάρτατον	56
Πρὸς Λεωχάρην	91
Κατὰ Στεφάνου Α.	111
Κατὰ Στεφάνου Β.	136
Κατὰ Εὔεργον καὶ Μνησίβουλον . . .	150
Κατὰ Ὀλυμπιοδώρου	177
Πρὸς Τιμόθεον	192
Πρὸς Πολυκλέα	211
Περὶ Στεφάνου τῆς Τριηραρχίας . . .	231
Πρὸς Κάλλιππον	238
Πρὸς Νικόστρατον	248
Κατὰ Κόνωνος	259
Πρὸς Καλλικλέα	274

		Pag.
Κατὰ Διονυσοδώρου		283
Πρὸς Εὐβουλίδην Ἔφεσις	(Textus Taylori est)	306
Κατὰ Θεοκρίνου Ἔνδειξις	———	334
Κατὰ Νεαίρας	———	365
Ἐπιτάφιος λόγος		412
Ἐρωτικὸς λόγος		426
Προοίμια δημηγορικὰ		447
Ἐπιστολαὶ		497

ΔΗΜΟΣΘΕΝΟΥΣ

ΙΔΙΩΤΙΚΟΙ.

VOL. IV.

ΥΠΟΘΕΣΙΣ ΤΟΥ ΠΡΟΣ ΒΟΙΩΤΟΝ ΠΕΡΙ ΤΟΥ ΟΝΟΜΑΤΟΣ ΛΟΓΟΥ.

Pag. ed. Reisk.

993 ΜΑΝΤΙΑΣ, εἷς τῶν πολιτευσαμένων Ἀθήνησι, γήμας γυναῖκα κατὰ τοὺς νόμους, ἐκ ταύτης παῖδα
ἐκτήσατο τὸν νυνὶ δικαζόμενον. προσῄει δέ τινι Πλαγγόνι κατ' ἐρωτικὴν ἐπιθυμίαν, Ἀττικῇ
γυναικί. ταύτης δύο υἱεῖς ἀνδρωθέντες, ἐδικάζοντο τῷ Μαντίᾳ, ἑαυτῶν εἶναι πατέρα φάσκοντες·
994 ὁ δὲ ἀντέλεγεν. ἔπειτα ἀναλαμβάνει τοὺς παῖδας, ἀναγκασθεὶς ἀπὸ ἰδίας προκλήσεως, ἣν ἀπα-
τηθεὶς ἐποιήσατο. προὐκαλέσατο μὲν γὰρ τὴν Πλαγγόνα ὀμόσαι περὶ τῶν παίδων, εἰ ὄντως εἰσὶν
ἐξ αὐτοῦ, ὑποσχόμενος, εἰ ὀμόσειεν, ἐμμένειν τῷ ὅρκῳ· προὐκαλέσατο δὲ ἀπατηθείς, ὡς οὐ δε-
ξομένης τὸν ὅρκον τῆς γυναικός. ὑπὲρ τούτου γὰρ καὶ μισθὸν αὐτῇ συχνὸν ἐπηγγείλατο. ὡς δέ
φησιν ὁ τὸν λόγον λέγων, καὶ ὁμολογήσασα ἡ Πλαγγὼν αὐτῷ λάθρα προτεινόμενον τὸν ὅρκον μὴ δέ-
ξασθαι, προκαλεσαμένου τοίνυν παραβᾶσα τὰς συνθήκας, δέχεται τὸν ὅρκον, καὶ οὕτω μὲν
ἀναγκάζεται τοὺς παῖδας ἀναλαβεῖν, μετὰ δὲ τοῦτο τετελεύτηκεν. ὁ τοίνυν ἐκ τῆς νόμῳ γαμη-
θείσης γυναικὸς παῖς δικάζεται τῷ ἑτέρῳ τῶν εἰσποιηθέντων περὶ τοῦ ὀνόματος, λέγων αὐτὸν
Βοιωτὸν καλεῖσθαι προσήκειν, ὅπερ ἐξ ἀρχῆς ὠνομάζετο, καὶ μὴ Μαντίθεον· τοῦτο γὰρ αὐτῷ
παρὰ τοῦ πατρὸς ἐξ ἀρχῆς τεθεῖσθαι τοὔνομα. αὐτόθεν μὲν οὖν δόξειεν ἄν τις φιλοπράγμων
καὶ φιλόνεικος ὑπὲρ προσηγοριῶν διαφερόμενος· ὁ μέντοι λόγος ἱκανὰς ἀποδείξεις παρέχεται τοῦ
καὶ δημοσίᾳ καὶ ἰδίᾳ βλαβερὰν εἶναι τὴν ὁμωνυμίαν.

Fortassis Bœotus hic est, de quo scribitur in Midiana, p. 55. v. 9. ἴσασιν Εὐαίωνα πολλοί, τὸν Λεωδάμαντος ἀδελφὸν, ἀποκτείναντα Βοιωτὸν ἐν δείπνῳ καὶ συνόδῳ κοινῇ, διὰ πληγὴν μίαν: ut homo malus male perierit. Wolf. Vid. Not. p. 1010. v. 23. ed. R. ἱκανὰ κ. τ. λ.

Εἰ ὄντως εἰσὶν ἐξ αὐτῆς] Αὐτοῦ lego, τοῦ Μαντιθέου. Nam de matre quis dubitet? Wolf.

ΔΗΜΟΣΘΕΝΟΥΣ

Ο ΠΡΟΣ ΒΟΙΩΤΟΝ ΠΕΡΙ ΤΟΥ ΟΝΟΜΑΤΟΣ ΛΟΓΟΣ.

α΄. ΟΥΔΕΜΙΑι φιλοπραγμοσύνῃ, μὰ τοὺς θεούς, ὦ
ἄνδρες δικασταί, τὴν δίκην ἔλαχον ταυτηνὶ Βοιωτῷ, οὐδ'
995 ἠγνόουν ὅτι πολλοῖς ἄτοπον δόξει τὸ δίκην με λαγχάνειν,
εἴ τις ἐμοὶ ταὐτὸν ὄνομα οἴεται δεῖν ἔχειν· ἀλλ' ἀναγκαῖον
ἦν ἐκ τῶν συμβησομένων, εἰ μὴ τοῦτο διορθώσομαι, ἐν ὑμῖν

TABULA

EORUM QUÆ CONTINENTUR

IN

TOMO OCTAVO.

	Pag.
Πρὸς Βοιωτὸν περὶ τοῦ Ὀνόματος	3
Πρὸς Βοιωτὸν ὑπὲρ Προικὸς Μητρῴας	16
Πρὸς Σπουδίαν	34
Πρὸς Φαίνιππον	44
Πρὸς Μακάρτατον	56
Πρὸς Λεωχάρην	91
Κατὰ Στεφάνου Α.	111
Κατὰ Στεφάνου Β.	136
Κατὰ Εὔεργον καὶ Μνησίβουλον	150
Κατὰ Ὀλυμπιοδώρου	177
Πρὸς Τιμόθεον	192
Πρὸς Πολυκλέα	211
Περὶ Στεφάνου τῆς Τριηραρχίας	231
Πρὸς Κάλλιππον	238
Πρὸς Νικόστρατον	248
Κατὰ Κόνωνος	259
Πρὸς Καλλικλέα	274

		Pag.
Κατὰ Διονυσοδώρου		283
Πρὸς Εὐβουλίδην Ἔφεσις	(Textus Taylori est)	306
Κατὰ Θεοκρίνου Ἔνδειξις	————	334
Κατὰ Νεαίρας	————	365
Ἐπιτάφιος λόγος		412
Ἐρωτικὸς λόγος		426
Προοίμια δημηγορικὰ		447
Ἐπιστολαὶ		497

ΔΗΜΟΣΘΕΝΟΥΣ

ΙΔΙΩΤΙΚΟΙ.

ΥΠΟΘΕΣΙΣ ΤΟΥ ΠΡΟΣ ΒΟΙΩΤΟΝ ΠΕΡΙ ΤΟΥ ΟΝΟΜΑΤΟΣ ΛΟΓΟΥ.

Pag. ed. Reisk.

993 ΜΑΝΤΙΑΣ, εἷς τῶν πολιτευσαμένων Ἀθήνησι, γήμας γυναῖκα κατὰ τοὺς νόμους, ἐκ ταύτης παῖδα
ἐκτήσατο τὸν νυνὶ δικαζόμενον. προσέσχε δέ τινι Πλαγγόνι κατ' ἐρωτικὴν ἐπιθυμίαν, Ἀττικῇ
γυναικί. ταύτης δύο υἱεῖς ἀνδρωθέντες, ἐδικάζοντο τῷ Μαντίᾳ, ἑαυτῶν εἶναι πατέρα φάσκοντες·
994 ὁ δὲ ἀντέλεγεν. ἔπειτα ἀναλαμβάνει τοὺς παῖδας, ἀναγκασθεὶς ἀπὸ ἰδίας προκλήσεως, ἣν ἀπατηθεὶς ἐποιήσατο. προὐκαλέσατο μὲν γὰρ τὴν Πλαγγόνα ὀμόσαι περὶ τῶν παίδων, εἰ ὄντως εἰσὶν ἐξ αὐτοῦ, ὑποσχόμενος, εἰ ὀμόσειεν, ἐμμένειν τῷ ὅρκῳ· προὐκαλέσατο δὲ ἀπατηθείς, ὡς οὐ δεξομένης τὸν ὅρκον τῆς γυναικός. ὑπὲρ τούτου γὰρ καὶ μισθὸν αὐτῇ συχνὸν ἐπηγγείλατο. ὡς δέ φησιν ὁ τὸν λόγον λέγων, καὶ ὁμολογήσασα ἡ Πλαγγὼν αὐτῷ λάθρα προσποιήσεσθαι τὸν ὅρκον μὴ δέξασθαι. προκαλεσαμένου τοίνυν παραβᾶσα τὰς συνθήκας, δέχεται τὸν ὅρκον, καὶ οὕτω μὲν ἀναγκάζεται τοὺς παῖδας ἀναλαβεῖν, μετὰ δὲ ταῦτα τετελεύτηκεν. ὁ τοίνυν ἐκ τῆς νόμῳ γαμηθείσης γυναικὸς παῖς δικάζεται τῷ ἑτέρῳ τῶν εἰσποιηθέντων περὶ τοῦ ὀνόματος, λέγων αὐτὸν Βοιωτὸν καλεῖσθαι προσήκειν, ὅπερ ἐξ ἀρχῆς ὠνομάζετο, καὶ μὴ Μαντίθεον· τοῦτο γὰρ αὐτῷ παρὰ τοῦ πατρὸς ἐξ ἀρχῆς τεθεῖσθαι τοὔνομα. αὐτόθεν μὲν οὖν δόξειεν ἄν τις φιλοπράγμων καὶ φιλόνεικος ὑπὲρ προσηγοριῶν διαφερόμενος· ὁ μέντοι λόγος ἱκανὰς ἀποδείξεις παρέχεται τοῦ καὶ δημοσίᾳ καὶ ἰδίᾳ βλαβερὰν εἶναι τὴν ὁμωνυμίαν.

Fortassis Bœotus hic est, de quo scribitur in Midiana, p. 55. v. 9. ἴσασιν Εὐαίωνα πολλοί, τὸν Λεωδάμαντος ἀδελφόν, ἀποκτείναντα Βοιωτὸν ἐν δείπνῳ καὶ συνόδῳ κοινῇ, διὰ πληγὴν μίαν: ut homo malus male perierit. Wolf. Vid. Not. p. 1010. v. 23. ed. R. ἴσασιν κ. τ. λ.

Εἰ ὄντως εἰσὶν ἐξ αὐτῆς] Αὐτοῦ lego, τοῦ Μαντιθέου. Num de matre quis dubitet? Wolf.

ΔΗΜΟΣΘΕΝΟΥΣ

Ο ΠΡΟΣ

ΒΟΙΩΤΟΝ

ΠΕΡΙ ΤΟΥ ΟΝΟΜΑΤΟΣ ΛΟΓΟΣ.

α΄. ΟΥΔΕΜΙΑι φιλοπραγμοσύνῃ, μὰ τοὺς θεοὺς, ὦ
ἄνδρες δικασταί, τὴν δίκην ἔλαχον ταυτηνὶ Βοιωτῷ, οὐδ'
995 ἠγνόουν ὅτι πολλοῖς ἄτοπον δόξει τὸ δίκην με λαγχάνειν,
εἴ τις ἐμοὶ ταὐτὸν ὄνομα οἴεται δεῖν ἔχειν· ἀλλ' ἀναγκαῖον
ἦν ἐκ τῶν συμβησομένων, εἰ μὴ τοῦτο διορθώσομαι, ἐν ὑμῖν

κριθῆναι. εἰ μὲν οὖν ἑτέρου τινὸς οὗτος ἔφη πατρὸς εἶναι, καὶ μὴ τοῦ μοῦ, περίεργος ἂν εἰκότως ἐδόκουν εἶναι, φροντίζων, ὅ τι βούλεται καλεῖν αὐτὸς ἑαυτόν· νῦν δὲ λαχὼν δίκην τῷ πατρὶ τῷ ἐμῷ, καὶ μεθ' ἑαυτοῦ κατασκευάσας ἐργαστήριον συκοφαντῶν, Μνησικλέα τε ὃν ἴσως γινώσκετε πάντες, καὶ Μενεκλέα τὸν τὴν Νῖνον ἑλόντα ἐκεῖνον, καὶ τοιούτους τινὰς, ἐδικάζεθ', υἱὸς εἶναι φάσκων ἐκ τῆς Παμφίλου θυγατρὸς, καὶ δεινὰ πάσχειν, καὶ τῆς πατρίδος ἀποστερεῖσθαι.

β'. Ὁ πατὴρ δὲ — πᾶσα γὰρ εἰρήσεται ἡ ἀλήθεια, ὦ
ἄνδρες δικασταὶ — ἅμα μὲν φοβούμενος εἰς τὸ δικαστήριον
εἰσιέναι, μή τις, [1] οἷα ὑπὸ πολιτευομένου ἑτέρωθί που λε-
λυπημένος, ἐνταυθοῖ ἀπαντήσειεν αὐτῷ, ἅμα δ' ἐξαπατη-
θεὶς ὑπὸ τῆς τουτουῒ μητρὸς, ὀμοσάσης αὐτῆς, ἦ μὴν ἐὰν
ὅρκον αὐτῇ διδῷ περὶ τούτων μὴ ὀμεῖσθαι, τούτων δὲ
πραχθέντων μηδὲν ἔτι ἔσεσθαι αὐτοῖς, καὶ μεσεγγυησα-
μένης ἀργύριον, ἐπὶ τούτοις δίδωσι τὸν ὅρκον· ἡ δὲ δεξαμένη,
οὐ μόνον τοῦτον, ἀλλὰ καὶ τὸν ἀδελφὸν τὸν ἕτερον πρὸς
τούτῳ κατωμόσατο ἐκ τοῦ πατρὸς εἶναι τοῦ ἐμοῦ. ὡς δὲ
τοῦτ' ἐποίησεν, εἰσάγειν εἰς τοὺς φράτορας ἦν ἀνάγκη τού-
τους, καὶ λόγος οὐδεὶς ὑπελείπετο. εἰσήγαγεν, ἐποιήσατο,
ἵνα [2] τἀν μέσῳ συντέμω, ἐγγράφει τοῖς Ἀπατουρίοις, του-
τονὶ μὲν Βοιωτὸν εἰς τοὺς φράτορας, τὸν δ' ἕτερον Πάμφιλον·
Μαντίθεος δ' ἐνεγεγράμμην ἐγώ. συμβάσης δὲ τῷ πατρὶ
τῆς τελευτῆς πρὶν τὰς εἰς τοὺς δημότας ἐγγραφὰς γενέ- 996

[1] οἷον εἰκὸς,

[2] τἀμμέσῳ

α'. Μενεκλέα τὸν τὴν Νῖνον ἑλόντα ἐκεῖνον] Idem scomma contra eundem Meneclea repetitur infra in Oratione de dote contra eundem Bœotum. Sine ariolo difficile est dicere, quid significet τὴν Νῖνον ἑλόντα. Notum est Ninum fuisse olim urbem maximam Assyriorum regum sedem et regiam, forte ille Menecles habebat quoddam scortum nomine Νινὼ, ideo ridebant de eo et dicebant eum τὴν Νῖνον ἑλεῖν, *Ninum cepisse.* Sed hoc est εἰκάζειν, quod in talibus solum licet. PALMER.

β'. Καὶ μεσεγγυησαμένης ἀργύριον] *Et mulctam sibi pecuniariam, sponsoribus datis, indixerat.* Sic verti, quasi mulier esset mulctanda. Sed et ex argumento, et ipsis in Bœotum orationibus, apparet, Mantiam pollicitum esse Plangoni pecuniam, apud sequestrem depositam, aut sponsoribus datis. Itaque malo: *Certam stipulata pecuniam.* Etsi videtur Mantias suapte voluntate et deceptus et coactus. Quam enim facile mulieris impudentiam et perfidiam sponsorum aut sequestrium testimoniis refutasset? WOLF. *Et cum pecuniam ab eo sibi promissam ipsa apud sequestrem deponi jussisset et voluisset, tunc ei ex compacto pater jusjurandum detulit.* Erat autem mulieri promissa pecunia ὑπὸ τοῦ πατρὸς τοῦ δικαζομένου πρὸς Βοιωτὸν, si ipsa abjurasset τὸν Βοιωτὸν filium suum ex eo patre esse: quod tamen ipsa non fecit, τῷ Βοιωτῷ χαριζομένη scilicet, et ipsum fefellit. BUDÆUS.

σθαι, ἐλθὼν εἰς τοὺς δημότας οὑτοσὶ, ἀντὶ Βοιωτοῦ Μαντίθεον ἐνέγραψεν αὐτόν. τοῦτο δ' ὅσα βλάπτει ποιῶν πρῶτον μὲν ἐμὲ, εἶτα καὶ ὑμᾶς, ἐγὼ διδάξω, ἐπειδὰν ὧν λέγω παράσχωμαι μάρτυρας.

ΜΑΡΤΥΡΕΣ.

ὃν μὲν τοίνυν τρόπον ἡμᾶς ἐνέγραψεν ὁ πατὴρ, ἀκηκόατε τῶν μαρτύρων· ὅτι δ', οὐκ οἰομένου τούτου δεῖν ἐμμένειν [1]τοῖς δικαίοις, καὶ ἀναγκαίως ἔλαχον τὴν δίκην, τοῦτ' ἤδη δείξω. ἐγὼ γὰρ οὐχ οὕτω δήπου σκαιός εἰμι ἄνθρωπος οὐδ' ἀλόγιστος, ὥστε τῶν μὲν πατρῴων, ἃ πάντα ἐμὰ ἐγίγνετο, ἐπειδήπερ ἐποιήσατο τούτους ὁ πατὴρ, συγκεχωρηκέναι τὸ τρίτον νείμασθαι μέρος, καὶ στέργειν ἐπὶ τούτῳ, περὶ δ' ὀνόματος ζυγομαχεῖν· εἰ μὴ τὸ μὲν ἡμᾶς μεταθέσθαι μεγάλην ἀτιμίαν ἔφερε καὶ ἀνανδρίαν, τὸ δὲ ταὐτὸν ἔχειν τοῦτον [2]ἡμῖν ὄνομα διὰ πολλὰ ἀδύνατον ἦν.

γ'. Πρῶτον μὲν γὰρ, εἰ δεῖ τὰ κοινὰ τῶν ἰδίων εἰπεῖν πρότερον, τίν' ἡμῖν ἡ πόλις ἐπιτάξει τρόπον, ἄν τι δέῃ ποιεῖν; ἢ οἴσουσι, νὴ Δία, οἱ φυλέται τὸν αὐτὸν τρόπον, ὅνπερ καὶ τοὺς ἄλλους; οὐκοῦν Μαντίθεον Μαντίου Θορίκιον οἴσουσί με, ἂν χορηγὸν ἢ γυμνασίαρχον ἢ ἑστιάτορα ἢ ἄλλο τι τῶν ἄλλων φέρωσι. τῷ δῆλον οὖν ἔσται, πότερον σὲ φέρουσιν ἢ ἐμέ; σὺ μὲν γὰρ φήσεις ἐμὲ, ἐγὼ δὲ σέ. καὶ δὴ καλεῖ μετὰ τοῦθ' ὁ ἄρχων, ἢ πρὸς ὅντινα ἂν ᾖ ἡ δίκη· οὐχ ὑπακούομεν, οὐ λειτουργοῦμεν. πότερος οὖν ταῖς ἐκ τῶν νόμων ἔσται ζημίαις ἔνοχος; τίνα δ' οἱ στρατηγοὶ
997 τρόπον ἐγγράψουσιν, ἐὰν εἰς συμμορίαν ἐγγράφωσιν; ἢ,

[1] * τωσδὶ, δικαίως καὶ ἀναγκαίως [2] * ἐμοὶ

Ἡμᾶς μεταθέσθαι] Scil. τὸ ὄνομα. ἡμᾶς pro ἐμὲ, et v. 15. ἡμῖν pro ἐμοί. et v. 18. ἢ significat an, num. AUGER.

γ'. Ἑστιάτορα] Epulæ illæ, ἑστιάσεις, inter munera publica erant, quibus defungi opus erat, cum quis a tribulibus aut curialibus aut popularibus ad eam rem erat nominatus, nisi excusationis causas haberet justas. Quæ ad λειτουργίας et munera publica pertinebant, ordinabantur apud tribules, φυλέτας: et quæ quamque φρατρίαν aut demum aliquem contingebant, apud curiales et populares agitabantur. Atque omnia illa convivia, omnes illæ èpulæ, erant a democratico instituto. *Herald. Anim. in Salmas. Obs. ad Jus A. et R.* l. II. c. I. §. 12.

Ἢ πρὸς ὅντινα ἂν ᾖ ἡ δίκη] *Aut alius, apud quem causa est agenda.* Sic verti, ut referrem ad magistratus. Varia enim judicia fuerunt Athenis. Etsi verba videntur potius ad accusatorem pertinere: aut is, cum quo est judicium: is, qui non in jus vocavit. WOLF.

Ἐγγράψουσιν —] Est hujus verbi significatio duplex, atque etiam triplex in ora-

ἐὰν τριήραρχον καθιστῶσιν; ἤ, ἂν στρατεία τις ᾖ, τῷ δῆλον ἔσται, πότερος ἔσθ' ὁ κατειλεγμένος; τί δέ, ἂν ἄλλη τις ἀρχὴ καθιστῇ λειτουργεῖν, οἷον, ἄρχων, βασιλεύς, ἀθλοθέται; τί σημεῖον ἔσται, πότερον καθιστᾶσι; προσπαραγράψουσι, νὴ Δία, τὸν ἐκ Πλαγγόνος, ἐὰν σὲ ἐγγράφωσιν· ἐὰν δ' ἐμέ, τῆς ἐμῆς μητρὸς τοὔνομα; καὶ τίς ἤκουσε πώποτε, ἢ κατὰ ποῖον νόμον προσπαραγράφοιτ' ἂν τοῦτο τὸ παράγραμμα, ἢ ἄλλο τι, πλὴν ὁ πατὴρ καὶ ὁ δῆμος; ὧν ὄντων ἀμφοῖν τῶν αὐτῶν, πολλὴ ταραχὴ συμβαίνει. φέρε· εἰ δὲ δὴ κριτὴς καλοῖτο Μαντίθεος Μαντίου Θορίκιος, τί ἂν ποιοῖμεν; ἢ βαδίζοιμεν ἂν ἄμφω; τῷ γὰρ ἔσται δῆλον, πότερον σὲ κέκληκεν ἢ ἐμέ;

δ'. Πρὸς Διός, ἐὰν δ' ἀρχὴν ἡντινοῦν ἡ πόλις κληροῖ, οἷον, βουλῆς, θεσμοθέτου, τῶν ἄλλων, τῷ δῆλος ὁ λαχὼν ἡμῶν ἔσται; πλὴν εἰ μὴ σημεῖον, ὥςπερ ἄλλῳ τινί, τῷ χαλκείῳ προσέσται· καὶ οὐδὲ τοῦθ' ὁποτέρου ἐστὶν οἱ πολλοὶ γνώσονται. οὐκοῦν σὺ μὲν σεαυτόν, ἐγὼ δ' ἐμαυτὸν φήσω τὸν εἰληχότα εἶναι. λοιπὸν εἰς τὸ δικαστήριον ἡμᾶς εἰσιέναι. οὐκοῦν ἐφ' ἑκάστῳ τούτων δικαστήριον ἡμῖν ἡ πόλις καθιεῖ, καὶ τοῦ μὲν κοινοῦ καὶ ἴσου, τοῦ τὸν λαχόντ' ἄρχειν, ἀποστερησόμεθα· ἀλλήλους δὲ πλυνοῦμεν, καὶ ὁ τῷ λόγῳ κρατήσας ἄρξει. καὶ πότερ' ἂν βελτίους εἴημεν τῶν ὑπαρχουσῶν δυσκολιῶν ἀπαλλαττόμενοι, ἢ [1] κοινὰς ἔχθρας

[1] * καινὰς

tione π. Βοιωτ. Hoc loco ἐγγράφειν dixit ἀντὶ ἀπογράφειν καὶ καταγράφειν καὶ καταλέγειν, hoc est, *in numeros militares referre*, aut *inter classiarios*. Quo, inquit, discrimine, uter nostrum sit, dignosci poterit, cum ille nomen meum usurparit in professione. Inferius ἐγγράφειν ἀντὶ ζημιοῦν posuit [p. 8. v. 12.] Budæus.

Προσπαραγράψουσι] Id est, non modo te credo a patre denominabunt et a populo dicentes, Μαντίθεος ὁ Μαντίου Θορίκιος, sed etiam ὁ ἐκ Πλαγγόνος γεγονώς. Idem.

Τῆς ἐμῆς μητρὸς τοὔνομα] Id institutum jam a Cecropis temporibus, ut e Varrone B. Augustinus de Civ. Dei, XVIII. 9. ubi de contentione, quæ, Cecrope regnante, inter Neptunum et Minervam fuit, ob imponendum Atheniensium urbi nomen, agit. *Cujus ut iracundia placaretur, triplici supplicio dicit idem auctor ab Atheniensibus affectas esse mulieres: ut nulla ulterius ferrent suffragia: ut nullus nascentium maternum nomen acciperet: ut ne quis eas* Ἀθηναίας *vocaret. Leg. Attic.* L. VII. T. IX. Petitus.

δ'. Πλὴν εἰ μὴ σημεῖον ὥσπερ ἄλλῳ τινὶ τῷ χαλκείῳ προσέσται] F. ὥσπερ χαλκείῳ, ἢ ἄλλῳ τινί. Verti: *nisi forte nota, ut alteri cuipiam, æreo vasi adjiciatur.* χαλκεῖον, χαλκοῦν σκεῦος, ut χαλκεῖον Δωδωναῖον: et in ᾧ χαλκεύουσιν, τὸ ἐργαστήριον τοῦ χαλκέως, *æraria officina*, quæ et χαλκεών. Hesychius etiam: χαλκεῖα τὰ τῆς εὑρέσεως τῶν τεχνῶν ὑπομνήματα. Item: χαλκεῖα, ἑορτὴ ἀγομένη Πυανεψιῶνος, εἴτε τῇ Ἀθηνᾷ, εἴτε τῷ Ἡφαίστῳ. Varinus. Insignia etiam officinis addi solere, non est ignotum: et Lutetiæ nulla fere domus est, quæ non certo signo sit notata. Malo tamen interpretari: *ut æneo vasi, aut alteri cuipiam vel*

καὶ βλασφημίας ποιούμενοι; ἃς πᾶσα ἀνάγκη συμβαίνειν, ὅταν ἀρχῆς ἢ τινος ἄλλου πρὸς ἡμᾶς αὐτοὺς ἀμφισ-
998 βητῶμεν. τί δ᾽ ἂν ἄρα — δεῖ γὰρ ἅπανθ᾽ ἡμᾶς ἐξετάσαι — ἅτερος ἡμῶν, πείσας τὸν ἕτερον ἐὰν λάχῃ παραδοῦναι αὐτῷ τὴν ἀρχήν, οὕτω κληρῶται; τὸ δυοῖν πινακίοιν τὸν ἕνα κληροῦσθαι, τί ἄλλο ἐστίν; εἶτ᾽ ἐφ᾽ ᾧ θάνατον ζημίαν ὁ νόμος λέγει, τοῦθ᾽ ἡμῖν ἀδεῶς ἐξέσται πράττειν; πάνυ γε· οὐ γὰρ ἂν αὐτὸ ποιήσαιμεν, οἶδα κἀγώ, τό γοῦν κατ᾽ ἐμέ. ἀλλ᾽ οὐδ᾽ αἰτίαν τοιαύτης ζημίας ἐνίσως ἔχειν καλόν, ἐξὸν μή. εἶεν.

ι. Ἀλλὰ ταῦτα μὲν ἡ πόλις βλάπτεται· ἐγὼ δ᾽ ἰδίᾳ, τί;

adjiciatur. Wolf.

Ἂν ἄρα ἅτερος ἡμῶν] Ἂν ἄρα ὁ ἕτερος ἡμῶν. Idem.

Δυοῖν πινακίοιν τὸν ἕνα κληροῦσθαι] Ergo tabellis in sortitione sua nomina inscripserant, ut apud Romanos tabellis suffragati sunt, unde lex tabellaria. Idem.

Πινακίοιν] Harpocration: Πινάκια, τὰ καθιέμενα ἀντὶ κλήρων ὑπὸ κληρουμένων. ἔοικε δ᾽ εἶναι ταῦτα χαλκᾶ, ὡς ὑποσημαίνει Δημοσθένης ἐν τῷ Περὶ τοῦ ὀνόματος. De aeneis quam conjecturam facit, ex istis Oratoris verbis, quæ procedunt, sine dubio accepit: πλὴν εἰ μὴ σημεῖον ὥσπερ ἄλλῳ τινὶ τῷ χαλκείῳ προσέσται. Sed quod vult, πινάκια illic interpretanda τὰ καθιέμενα ἀντὶ κλήρων ὑπὸ τῶν κληρουμένων, plane rejicio. Nam, ut recte attendamus, movet hic Mantitheus quidam adversario suo litem, quod cum primum Bœoti nomen accepisset, ubi in tribules eum pater ipsius referri curasset; postea, defuncto parente, iterum sese a tribulibus inscribi fecisset, se Mantithei sibi nomen pro Bœoti vindicasset: atque ita duplices jam tabellas nactus esset. Sciendum enim, morem Atheniensibus fuisse, ut qui a parentibus suis in tribules referretur, tabellam quandam aeneam acciperet, in qua nomen tum ipsius, tum paterni quoque populi, ad quem ille pertineret, inscriptum esset. Docet nos hanc rem Hesychius, cujus iste alibi locus: χαλκοῦν, πινάκιον. Ἀθηναῖοι εἶχον ἕκαστος πινάκιον πύξινον ἐπιγεγραμμένον, τὸ ὄνομα τοῦ αὐτοῦ καὶ τοῦ δήμου πατρόθεν. Neque ulla controversia est, quin ab hoc antiquo more explicari Demosthenes debeat. *Att. Lect.* IV. 32. Meursius. Vir clarissimus [Meursius, ut puto, l. s. l.], qui alio refert Demosthenis verba, et Harpocrationis interpretationem rejicit, frustra est. Nam, ut recte attendamus, movet Mantitheus fratri germano litem, quod cum primum Bœoti nomen accepisset a Mantia patre, ipse, defuncto parente, Mantitheum se inscribi jusserit, quod ægre fuit Mantitheo. Quæ apud judices, quæ sequantur incommoda ex hoc eodem fratrum nomine, exposuit: cum uterque Mantitheus Mantiæ F. Thoricius dicatur. Nam si alter nostrum, inquit, Magistratum sit sortitus tabella, cui inscriptum fuerit, Mantitheus Mantiæ F. Thoricius, an non potest alter alteri gratiam de Magistratu facere, et de jure suo cedere, quod quid aliud est, quam duabus Magistratum sortiri tabellis. Atque hæc est mens Demosthenis. *Leg. Attic.* l. III. t. II. p. 303. Petitus. Omnino videtur τῶν κληρούντων scripsisse Harpocration, quod et in mentem venisse eruditissimo H. Valesio animadverto: eum vide. Wesseling. Cf. Corsini. Fast. Attic. D. I. §. XVI. p. 19. qui Meursium deceptum esse contendit, quod in locis Demosthenis et Harpocrationis de heredibus illorumque tesseris agi putavit; perspicue siquidem ibi de sortibus atque tesseris illis agi conspicitur, quæ in publicis Magistratuum sortitionibus adhibebantur, ideoque Harpocrationis Suidæque locus ita Latine reddendus fuerat: *tabellæ, quæ pro sortibus ab iis, qui sortito eligendi fuerant, deponebantur:* sicque Harpocration optime cum Demosthene atque Hesychio conspirabit, secus ac Meursius existimaverat. Præterea Wolfii interpretationem sic corrigit: *nisi forte nota quædam tanquam alteri cuidam distinctæque erat lamina adjiciatur*; ne scilicet alioquin unus idemque civis duabus tesseris uti videretur.

Ἀλλ᾽ οὐδ᾽ αἰτίαν τοιαύτης ζημίας ἐνίσως ἔχειν] F. ἴσως, ἔχειν καλόν, pro ἐνίσως. Wolf. Augen.

θεάσασθε ἡλίκα, καὶ σκοπεῖτε, ἄν τι δοκῶ λέγειν· πολὺ γὰρ χαλεπώτερα ταῦτα ὧν ἀκηκόατ᾽ ἐστίν. ὁρᾶτε μὲν γὰρ ἅπαντες αὐτὸν χρώμενον, ἕως μὲν ἔζη, Μενεκλεῖ καὶ τοῖς περὶ ἐκεῖνον ἀνθρώποις, νῦν δ᾽ ἑτέροις οὐδὲν ἐκείνου βελτίοσι, καὶ τὰ τοιαῦτ᾽ ἐζηλωκότα, καὶ δεινὸν δοκεῖν εἶναι βουλόμενον. καὶ νὴ Δία ἴσως ἐστίν. ἐὰν οὖν προϊόντος τοῦ χρόνου τῶν αὐτῶν τι ποιεῖν τούτοις ἐπιχειρῇ, ἔστι δὲ ταῦτα, γραφαὶ, φάσεις, ἐνδείξεις, ἀπαγωγαί· εἶτ᾽ ἐπὶ τούτων τινὶ — πολλὰ γάρ ἐστι τἀνθρώπινα, καὶ τοὺς πάνυ δεινοὺς ἑκάστοτε, ὅταν πλεονάζωσιν, ἐπίστασθ᾽ ὑμεῖς κοσμίους ποιεῖν — ἐὰν ὄφλῃ τῷ δημοσίῳ, τί μᾶλλον οὗτος ἐγγεγραμμένος ἔσται ἐμοῦ; ὅτι νὴ Δία εἴσονται πάντες, πότερός ποτε ὦφλεν. καλῶς. ἐὰν δὲ, ὃ τυχὸν γένοιτ᾽ ἂν, χρόνος διέλθῃ καὶ μὴ ἐκτισθῇ τὸ ὄφλημα, τί μᾶλλον οἱ τούτου παῖδες ἔσονται τῶν ἐμῶν ἐγγεγραμμένοι, ὅταν τοὔνομα καὶ ὁ πατὴρ καὶ ἡ φυλὴ καὶ πάντα ᾖ ταὐτά; τί δ᾽, εἴ τις, δίκην ἐξούλης αὐτῷ λαχὼν, μηδὲν ἐμοὶ φαίη πρὸς αὐτὸν εἶναι, κυρίαν δὲ ποιησάμενος [1]ἐγγεγράφθαι, τί μᾶλ- 999
λον ἂν εἴη τοῦτον ἢ ἐμὲ ἐγγεγραφώς; τί δὲ, εἴ τινας εἰσφορὰς μὴ θείη; τί δ᾽, εἴ τις ἄλλη περὶ τοὔνομα γίγνοιτο, ἢ λῆξις, ἢ δίκη, ἢ δόξα ὅλως ἀηδής; τίς εἴσεται τῶν πολλῶν, πότερός ποτε οὗτός ἐστι, δυοῖν Μαντιθέοιν ταὐτοῦ πατρὸς ὄντοιν; [2]φέρε δ᾽, εἰ δίκην ἀστρατίας φεύγοι, χορεύοι δὲ ὅταν στρατεύεσθαι δέῃ; καὶ γὰρ νῦν, ὅτε εἰς Ταμύνας παρῆλθον οἱ ἄλλοι, ἐνθάδε τοὺς Χόας ἄγων ἀπελείφθη· καὶ τοῖς Διονυσίοις καταμείνας, ἐχόρευεν, ὡς ἅπαντες ἑωρᾶτε οἱ ἐπιδημοῦντες. ἀπελθόντων δ᾽ ἐξ Εὐβοίας τῶν στρατιωτῶν, λειποταξίου προσεκλήθη· κἀγὼ, ταξιαρχῶν τῆς φυλῆς, ἠναγκαζόμην κατὰ τοῦ ὀνόματος

[1] * ἐγγέγραφε   [2] φέρε, εἰ δὲ δίκην ἀστρατίας

1. Ἐὰν ὄφλῃ τῷ δημοσίῳ —] *Quod si iste damnetur et publice mulctetur, quid magis mulctæ judicatus erit quam ego? Scient omnes credo uter Reip. debitor fuerit. Probe. Quid autem (quod fortasse futurum est) si longum temporis intervallum intercesserit, necdum depensa mulctatitia illa pecunia fuerit, hic jam quonam modo hujus liberi magis, quam mei, ærarii fuerint, cum nullum discrimen sit inter utrosque?* Budæus.

Κυρίαν δὲ κ. τ. λ.] Hæc phrasis non adeo mihi videtur intricata quam fingit Reiskius, modo ἐγγεγράφθαι, ut optime admonet, mutetur in ἐγγέγραφε, et tunc hujus is erit sensus: *sed postquam ratam fecit*, sup. actionem unde vi, *inscripserit*, scil. nomen Bœoti. Auger.

τοῦ ἐμαυτοῦ πατρόθεν δέχεσθαι τὴν λῆξιν, καὶ, εἰ μισθὸς ἐπορίσθη τοῖς δικαστηρίοις, εἰσῆγον ἄν με δῆλον ὅτι· ταῦτα δ', εἰ μὴ σεσημασμένων ἤδη συνέβη τῶν ἐχίνων, κἂν μάρτυρας ὑμῖν παρεσχόμην. εἶεν. εἰ δὲ ξενίας προσκληθείη, πολλοῖς δὲ προσκρούει, καὶ, ὃν ἠναγκάσθη τρόπον ὁ πατὴρ ποιήσασθαι αὐτὸν, οὐ λέληθεν. ὑμεῖς δ', ὅτε μὲν τοῦτον οὐκ ἐποιεῖτο ὁ πατὴρ, τὴν μητέρα ἀληθῆ λέγειν ἡγεῖσθε αὐτοῦ· ἐπειδὰν δ' οὕτω γεγονὼς οὗτος ὀχληρὸς ᾖ, πάλιν ὑμῖν ποτὲ δόξει ἐκεῖνος ἀληθῆ λέγειν. τί δ', εἰ, ψευδομαρτυριῶν ἁλώσεσθαι προσδοκῶν, ἐφ' οἷς ἐρανίζει τούτοις τοῖς περὶ αὐτὸν, ἐρήμην ἐάσειε τελεσθῆναι τὴν δίκην; ἆρά γε μικρὰν ἡγεῖσθε βλάβην, ὦ ἄνδρες Ἀθηναῖοι, ἐν κοινωνίᾳ τὸν ἅπαντα βίον τῆς τούτου δόξης καὶ τῶν ἔργων εἶναι; ὅτι τοίνυν οὐδ', ἃ διεξελήλυθα ὑμῖν, μάτην φοβοῦμαι,
1000 θεωρήσατε. οὗτος γὰρ ἤδη καὶ γραφάς τινας, ὦ ἄνδρες Ἀθηναῖοι, πέφευγεν, ἐφ' αἷς, οὐδὲν αἴτιος ὤν, ἐγὼ συνδιαβάλλομαι· καὶ τῆς ἀρχῆς ἠμφισβήτει, ἣν ὑμεῖς [1] με ἐπεχειροτονήσατε· καὶ πολλὰ καὶ δυσχερῆ διὰ τὸ ὄνομα συμβέβηκεν ἡμῖν, ὧν, ἵν' εἰδῆτε, ἑκάστων μάρτυρας ὑμῖν παρέξομαι.

ΜΑΡΤΥΡΕΣ.

ϛ'. Ὁρᾶτε, ὦ ἄνδρες Ἀθηναῖοι, τὰ συμβαίνοντα, καὶ τὴν ἀηδίαν τὴν ἐκ τοῦ πράγματος θεωρεῖτε. εἰ τοίνυν μηδὲν ἀηδὲς ἦν ἐκ τούτων, μηδ' ὅλως ἀδύνατον ταὐτὸν ἔχειν ὄνομα ἡμῖν συνέβαινεν, οὐ δήπου τοῦτον μὲν δίκαιον τὸ μέρος τῶν ἐμῶν χρημάτων ἔχειν κατὰ τὴν ποίησιν, ἣν ὁ πατὴρ αὐτὸν ἀναγκασθεὶς ἐποιήσατο, ἐμὲ δ' ἀφαιρεθῆναι τοὔνομα, ὃ βουλόμενος καὶ οὐδ' ὑφ' ἑνὸς βιασθεὶς ἔθετο. οὐκ ἔγωγε ἡγοῦμαι. ἵνα τοίνυν εἰδῆτε, ὅτι οὐ μόνον εἰς τοὺς φράτορας οὕτως, ὡς μεμαρτύρηται, ὁ πατὴρ τὴν ἐγγραφὴν

[1] ἐμὲ

Εἰ μισθὸς ἐπορίσθη τοῖς δικαστηρίοις] Fortassis expeditione exhausto ærario, merces judicibus data non fuit. Nam in Timocratea negat, eos gratis hoc munus obituros. Wolf.

Ταῦτα δ' εἰ μὴ συνέβη conjunge. Idem.

Σεσημασμένων ἤδη τῶν ἐχίνων] Quid vero ista obsignatio obstat, quo minus testes producantur? Idem.

Ποιήσασθαι αὐτὸν, οὐ λέληθεν] Ἔγνωσται πολλοῖς, ὅτι ἐποιήσατο. Ne conjunge, οὐ λέληθεν αὐτόν. Idem.

Ἐφ' οἷς ἐρανίζει τούτοις] Δανείζων αὐτοῖς μαρτυρίαν. Idem. ἐρανίζει, commodat et comparat, ut qui collectam alicui corrogat et stipulatur. Budæus.

ϛ'. Οὐ δήπου τοῦτον μὲν δίκαιον] Sequitur a fine παρέλκον ἀποφαντικῶς, οὐκ ἔγωγε ἡγοῦμαι: quasi ea fuisset ἐρωτηματική: ἆρα τὸν μὲν δίκαιον. Wolf.

ἐποιήσατο, ἀλλὰ καὶ τὴν δεκάτην ἐμοὶ ποιῶν τοὔνομα τοῦτο ἔθετο, λάβε μοι καὶ ταύτην τὴν μαρτυρίαν.

ΜΑΡΤΥΡΙΑ.

ἀκούετε, ὦ ἄνδρες Ἀθηναῖοι, ὅτι ἐγὼ μὲν ἦν ἐπὶ τοῦ ὀνόματος τούτου πάντα τὸν χρόνον, τουτονὶ δὲ Βοιωτὸν εἰς τοὺς φράτορας, ἡνίκα ἠναγκάσθη, ἐνέγραψεν ὁ πατήρ; ἡδέως τοίνυν ἐροίμην ἂν αὐτὸν ἐναντίον ὑμῶν, εἰ μὴ ἐτελεύτησεν ὁ πατὴρ, τί ἂν ἐποίεις πρὸς τοῖς δημόταις; οὐκ ἂν εἴας σεαυτὸν ἐγγράφειν Βοιωτόν; ἀλλ' ἄτοπον δίκην μὲν λαγχάνειν τούτου, κωλύειν δὲ πάλιν. καὶ μὴν, εἴ γ' εἴας αὐτὸν, ἐνέγραψεν ἂν σε εἰς τοὺς δημότας, ὅπερ εἰς τοὺς φράτορας. οὐκοῦν δεινὸν, ὦ γῆ καὶ θεοὶ, φάσκειν μὲν ἐκεῖνον 1001
αὐτοῦ πατέρα εἶναι, τολμᾶν δ' ἄκυρα ποιεῖν, ἃ ἐκεῖνος ἔπραξε ζῶν!

ζ. Ἐτόλμα τοίνυν πρὸς τῷ διαιτητῇ πρᾶγμα ἀναιδέστατον λέγειν, ὡς ὁ πατὴρ αὐτοῦ δεκάτην ἐποίησεν ὥσπερ ἐμοῦ, καὶ τοὔνομα τοῦτο ἔθετο αὐτῷ, καὶ μάρτυράς τινας παρείχετο, οἷς οὐδὲ πώποτε ὁ πατὴρ ὤφθη χρώμενος. ἐγὼ δ' οὐδένα ὑμῶν ἀγνοεῖν οἴομαι, ὅτι οὔτ' ἂν ἐποίησε δεκάτην οὐδεὶς παιδίου, μὴ νομίζων αὑτοῦ δικαίως εἶναι, οὔτε ποιήσας καὶ στέρξας, ὡς ἂν υἱόν τις στέρξαι, πάλιν ἔξαρνος ἐτόλμησε γενέσθαι. οὐδὲ γὰρ, εἴ τι τῇ μητρὶ πρὸς ὀργὴν ἦλθε τῇ τούτων, τούτους γ' ἂν ἐμίσει, νομίζων ἑαυτοῦ εἶναι. πολὺ γὰρ μᾶλλον εἰώθασιν, ὧν ἂν αὐτοῖς διενεχθῶσιν ἀνὴρ [1] καὶ γυνὴ, διὰ τοὺς παῖδας διαλλάττεσθαι, ἢ, δι' ἃ ἂν ἀδικηθῶσιν ὑφ' αὑτῶν, τοὺς κοινοὺς παῖδας προσμισεῖν.

η. Οὐ τοίνυν ἐκ τούτων ἐστὶν ἰδεῖν μόνον, ὅτι ψεύσεται ταῦτ' ἂν λέγῃ, [2] ἀλλὰ, πρὶν ἡμέτερος φάσκειν συγγενὴς

[1] καὶ ἡ γυνὴ [2] ἀλλὰ * καὶ πρὶν

ζ. Ὡς ὁ πατὴρ αὐτοῦ δεκάτην ἐποίησεν ὥσπερ ἐμοῦ] Ad hunc locum intelligendum et illustrandum facit omnino locus Suidæ in v. δεκάτην: ἔθος ἦν παίδων γεννωμένων ἐν τοῖς Ἀθηναίοις ἄγοντας τῇ δεκάτῃ τῶν νεογνῶν ἀπὸ τῆς γενέσεως συγκαλεῖσθαι τοὺς ἀπὸ πατρὸς καὶ μητρὸς οἰκείους, καὶ τοὺς ἐγγύτατα φίλους, καὶ παρόντων ἐκείνων τά τε ὀνόματα τοῖς παισὶν τίθεσθαι, καὶ καλλιερεῖσθαι τοῖς θεοῖς, ἔπειτα εὐωχεῖσθαι τοὺς συνελθόντας, καὶ τοῦτο ἦν ἡ δεκάτη. Sic Demosthenes infra p. 1016. v. ult. ed. R. τὸν πατέρα μου δεκάτην αὐτῷ ἑστιᾶσαι. PALMER. De hoc more vid. Meursius, Græc. Fer. lib. I.

εἶναι, εἰς Ἱπποθοωντίδα ἐφοίτα φυλὴν, εἰς παῖδας χορεύσων. καίτοι τίς ἂν ὑμῶν οἴεται τὴν μητέρα πέμψαι τοῦτον εἰς ταύτην τὴν φυλὴν, δεκατὴν μὲν ὥς φησιν ὑπὸ τοῦ πατρὸς πεπονθυῖαν, δεκάτην δ' εἰδυῖαν πεποιηκότα ἐκεῖνον, καὶ πάλιν ἔξαρνον ὄντα; ἐγὼ μὲν οὐδέν' ἂν [1]οἶμαι. εἰς γὰρ τὴν Ἀκαμαντίδα ὁμοίως ἐξῆν σοι φοιτᾷν, καὶ ἐφαίνετ' ἂν οὖσα ἀκόλουθος ἡ φυλὴ τῇ θέσει τοῦ ὀνόματος. ὡς τοίνυν ταῦτ' ἀληθῆ λέγω, τούτων μάρτυρας ὑμῖν τοὺς συμφοιτῶντας καὶ τοὺς εἰδότας παρέξομαι.

1002 ΜΑΡΤΥΡΕΣ.

θ'. Οὕτω τοίνυν φανερῶς, παρὰ τὸν τῆς αὑτοῦ μητρὸς ὅρκον καὶ τὴν τοῦ δόντος ἐκείνῃ τὸν ὅρκον εὐήθειαν, πατρὸς τετυχηκὼς, [2]ἀντὶ Ἱπποθοωντίδος ἐν Ἀκαμαντίδι φυλῇ γεγονὼς, οὐκ ἀγαπᾷ Βοιωτὸς τουτοισὶν, ἀλλὰ καὶ δίκας ἐμοὶ δύ' ἢ τρεῖς εἴληχεν ἀργυρίου, πρὸς αἷς καὶ πρότερόν με ἐσυκοφάντει. καίτοι πάντας [1]οἶμαι τοῦθ' ὑμᾶς εἰδέναι, τίς ἦν χρηματιστὴς ὁ πατήρ· ἐγὼ δ' ἐάσω ταῦτα. ἀλλ', εἰ δίκαια ὀμώμοκεν ἡ μήτηρ ἡ τούτων, ἐπ' αὐτοφώρῳ συκοφάντην ἐπιδείκνυμι τοῦτον ταῖς δίκαις ταύταις. εἰ γὰρ οὕτω δαπανηρὸς ἦν, ὥστε, γάμῳ γεγαμηκὼς τὴν ἐμὴν μητέρα, ἑτέραν εἶχε γυναῖκα ἧς ὑμεῖς ἐστὲ, καὶ δύ' οἰκίας ᾤκει, πῶς ἂν ἀργύριον τοιοῦτος ὢν κατέλιπεν;

ι'. Οὐκ ἀγνοῶ τοίνυν, ὦ ἄνδρες Ἀθηναῖοι, ὅτι Βοιωτὸς οὑτοσὶ δίκαιον μὲν οὐδὲν ἕξει λέγειν· ἥξει δ' ἐπὶ ταῦθ', ἅπερ [3]ἀεὶ λέγει, ὡς ἐπηρέαζεν ὁ πατὴρ αὐτῷ, πειθόμενος ὑπ' ἐμοῦ· ἀξιοῖ δ' αὐτὸς, ὡς δὴ πρεσβύτερος ὢν, τοὔνομ' ἔχειν τὸ τοῦ πρὸς πατρὸς πάππου. πρὸς δὴ ταῦτα ἀκοῦσαι

[1] οἴομαι [2] καὶ ἀντὶ [3] αἰεὶ

p. 21. v. Ἀμφιδρόμια.

ι. Εἰς παῖδας χορεύσων] Ἀντὶ τοῦ, ἐν παισί. Wolf.

Ἐγὼ μὲν οὐδένα ἂν οἶμαι] Τὸ οὐδένα, etiam sequente vocali scribo integrum, ne οὐδὲν neutro genere legatur. Apostrophus enim facile omittitur, sequente praesertim tenui vocali. Idem.

Εἰς γὰρ Ἀκαμαντίδα ὁμοίως ἐξῆν σοι φοιτᾷν] Supra dixit Mantiam patrem fuisse Thoricium. Thoricus autem fuit Acamantidis tribus. Ideo contra Boeotum eum seipsum non existimasse fuisse Mantiae filium, quando Hippothoontidi se accensebat. Palmer.

θ'. Τίς ἦν χρηματιστὴς ὁ πατήρ] Ἀντὶ τοῦ, ὅτι οὐ χρηματιστικὸς ἦν, ἀλλὰ προετικὸς χρημάτων. Haec lectio melior est, quam τίνος ἦν. Nisi quis forte subintelligere velit, ὅτι οὐ χρημάτων, ἀλλ' ἡδονῶν ἐπιθυμητὴς· φιλογυνὴς μᾶλλον, ἢ φιλοχρήματος. In farrag. F. ποῖος ἦν χρηματιστής. Wolf.

βέλτιον ὑμᾶς βραχέα. ἐγὼ γὰρ οἶδα τοῦτον, ὅτε οὔπω συγγενὴς ἦν ἐμοί, ὁρῶν ὥσπερ ἂν ἄλλον τινὰ οὑτωσὶ νεώτερον ὄντα ἐμοῦ, καὶ [1] συχνῷς, ὅσα ἐξ ὄψεως, οὐ μὴν ἰσχυρίζομαι τούτῳ, καὶ γὰρ εὔηθες. ἀλλ', εἴ τις ἔροιτο Βοιωτὸν τουτονί, ὅτε ἐν Ἱπποθοωντίδι φυλῇ ἠξίου χορεύειν, οὔπω τοῦ πατρὸς εἶναι φάσκων τοῦ ἐμοῦ υἱός, τί σαυτὸν ἔχειν δικαίως ἂν θείης ὄνομα; εἰ γὰρ Μαντίθεον, οὐκ ἂν διὰ τοῦτό γε φαίης, ὅτι πρεσβύτερος εἶ ἐμοῦ. ὃς γὰρ οὐδὲ τῆς φυλῆς τότε σοι προσήκειν ἡγοῦ τῆς ἐμῆς, πῶς ἂν τοῦ γε πάππου 1003
τοῦ ἐμοῦ ἠμφισβήτεις; ἔτι δ', ὦ ἄνδρες Ἀθηναῖοι, τὸν μὲν τῶν ἐτῶν ἀριθμὸν οὐδεὶς οἶδεν ὑμῶν, ἐγὼ μὲν γὰρ ἐμοὶ πλείονα, οὗτος δ' ἑαυτῷ φήσει· τὸν δὲ τοῦ δικαίου λόγον ἅπαντες ἐπίστασθε. ἔστι δ' οὗτος τίς; ἀφ' οὗ παῖδας ἐποιήσατο [2] τούτους ὁ πατήρ, ἀπὸ τούτου καὶ νομίζεσθαι· πρότερον τοίνυν ἐμὲ εἰς τοὺς δημότας ἐνέγραψε Μαντίθεον, πρὶν εἰσαγαγεῖν τοῦτον εἰς τοὺς φράτορας. ὥστ' οὐ τῷ χρόνῳ μόνον, ἀλλὰ καὶ τῷ δικαίῳ πρεσβεῖον ἔχοιμ' ἂν ἐγὼ τοὔνομα τοῦτο εἰκότως. εἶεν.

ιά. Εἰ δέ σε ἔροιτό τις, εἰπέ μοι, Βοιωτέ, πόθεν νῦν ἐν Ἀκαμαντίδι φυλῇ γέγονας, καὶ τὸν δῆμον Θορίκιος, καὶ υἱὸς Μαντίου, καὶ τὸ μέρος τῶν ὑπ' ἐκείνου καταλειφθέντων ἔχεις; οὐδὲν ἂν ἄλλο ἔχοις εἰπεῖν, πλὴν ὅτι καὶ ἐμὲ ζῶν ἐποιήσατο Μαντίας. τί τεκμήριον, εἴ τις σε ἔροιτο, ἢ μαρτύριόν ἐστι σοι τούτου; εἰς τοὺς φράτοράς με εἰσήγαγε, φήσειας ἄν. τί οὖν σε ἐνέγραψεν ὄνομα, εἴ τις ἔροιτο; Βοιωτὸν ἂν εἴποις· τοῦτο γὰρ εἰσήχθης. οὐκοῦν δεινόν, εἰ τῆς μὲν πόλεως καὶ τῶν ὑπ' ἐκείνου καταλειφθέντων διὰ τοῦ-

[1] συχνῷ [2] ὁ πατὴρ τούτους,

ι. Ὁρῶν ὥσπερ ἂν ἄλλον τινὰ οὑτωσὶ] Ὁρῶν οὑτωσὶ ὥσπερ. Idem.

Καὶ συχνῷς] S. νεώτερον, τουτέστιν, οὐκ ὀλίγοις ἔτεσι. Hoc malo, quam, *Idque crebro*, ut ad verbum Video referatur. Idem.

Ὅσα ἐξ ὄψεως] S. τεκμαίρεσθαί ἐστι. Idem.

Τί σαυτὸν ἔχειν δικαίως] F. τί σαυτὸν ἐμοὶ δικαίως ἂν θείης ὄνομα, S. σαυτῷ. Locus videtur et corruptus et mutilatus. Deest enim responsio, cujusmodi fuerit: τί ἂν ἀποκρίναιο; ut v. 7. εἰ γὰρ Μαντίθεον non optime cum superioribus cohærere videtur. Sed quid si legas? τί σαυτῷ δικαίως ἂν θείης ὄνομα; τί ἂν ἀποκρίναιο; εἰ γάρ. Hæc certe minus habent salebrarum. Idem.

Ὥστ' οὐ τῷ χρόνῳ μόνον, ἀλλὰ καὶ τῷ δικαίῳ] Videtur inversus verborum ordo: ὥστ' οὐ τῷ δικαίῳ μόνον, (Justum enim est suum cuique manere nomen) ἀλλὰ καὶ τῷ χρόνῳ. Tempore qui prior est, potior quoque jure putatur. Idem.

Πρεσβεῖον] Γέρας ὀφειλόμενον τῷ πρεσβυτέρῳ. Idem.

ιά. Τοῦτο γὰρ εἰσήχθης] Κατὰ τοῦτο, ἢ ὥστε ἔχειν τοῦτο. Nisi forte τούτῳ dandi casu legendum. Idem.

νομα τοῦτο μέτεστί σοι, τοῦτο δ' ἀξιοῖς ἀφεὶς ἕτερον μεταθέσθαι σαυτῷ. φέρ', εἴ σε ὁ πατὴρ ἀξιώσειεν ἀναστὰς, ἢ μένειν ἐφ' οὗ σε αὐτὸς ἐποιήσατο ὀνόματος, ἢ πατέρ' ἄλλον σαυτοῦ φάσκειν εἶναι, ἆρ' οὐκ ἂν μέτρια ἀξιοῦν δοκοίη; ταὐτὰ τοίνυν ταῦτα [1]ἐγώ σε ἀξιῶ, ἢ πατρὸς ἄλλου σαυτὸν παραγράφειν, ἢ τοὔνομα ἔχειν ὃ ἐκεῖνος ἔδωκέ σοι. νὴ Δί', ἀλλ' ὕβρει καὶ ἐπηρείᾳ τινὶ τοῦτο ἐτέθη
1004 σοι. ἀλλὰ πολλάκις μὲν, ὅτε οὐκ ἐποιεῖτο ὁ πατὴρ τούτους, ἔλεγον οὗτοι, ὡς οὐδὲν χείρους εἰσὶν οἱ τῆς μητρὸς τῆς τούτου συγγενεῖς, τῶν τοῦ πατρὸς τοῦ ἐμοῦ· ἔστι δ' ὁ Βοιωτὸς ἀδελφοῦ τῆς τούτου μητρὸς ὄνομα· ἐπειδὴ δ' εἰσάγειν ὁ πατὴρ τούτους ἠναγκάζετο, ἐμοῦ προεισηγμένου Μαντιθέου, οὕτω τοῦτον εἰσάγειν Βοιωτὸν, τὸν ἀδελφὸν δ' αὐτοῦ Πάμφιλον. ἐπεὶ σὺ δεῖξον, ὅστις Ἀθηναίων ταὐτὸν ὄνομα τοῖς αὑτοῦ παισὶν ἔθετο δυοῖν, κἂν δείξῃς, ἐγὼ συγχωρήσω δι' ἐπήρειάν σοι τοῦτο τοὔνομα θέσθαι τὸν πατέρα. καίτοι, εἴ γε τοιοῦτος ἦσθα, ὥστε ποιήσασθαι μὲν σαυτὸν ἀναγκάσαι, ἐξ ὅτου δ' ἀρέσεις ἐκείνῳ τρόπου μὴ σκοπεῖν, οὐκ [2]οἶδα οἷον δεῖ τὸν προσήκοντα εἶναι περὶ τοὺς γονέας· οὐκ ἂν δὲ, οὐκ ἐπηρεάζου δικαίως ἂν, ἀλλ' ἀπολώλεις. ἢ δεινόν γ' ἂν εἴη, εἰ κατὰ μὲν τῶν ὑπὸ τοῦ πατρὸς αὐτοῦ νομιζομένων παίδων οἱ περὶ τῶν γονέων [3]ἰσχύουσι νόμοι, κατὰ δὲ τῶν αὐτοὺς εἰσβιαζομένων ἄκοντας ποιεῖσθαι ἄκυροι γενήσονται.

ιβ΄. Ἀλλ', ὦ χαλεπώτατε Βοιωτὲ, μάλιστα μὲν, ὧν πράττεις, πάντων παῦσαι· εἰ δ' ἄρα μὴ βούλει, ἐκεῖνό γε πρὸς Διὸς πείθου. παῦσαι μὲν σαυτῷ παρέχων πράγματα, παῦσαι δ' ἐμὲ συκοφαντῶν. ἀγάπα δ', ὅτι σοι πόλις, οὐσία, πατὴρ γέγονεν· οὐδεὶς ἀπελαύνει σε ἀπὸ τούτων, οὔκουν ἔγωγε. ἀλλ' ἐὰν μὲν, ὥσπερ εἶναι φῂς ἀδελφὸς, καὶ τὰ ἔργα ἀδελφοῦ ποιῇς, δόξεις εἶναι συγγενής· ἐὰν δ' ἐπιβουλεύῃς, δικάζῃ, φθονῇς, βλασφημῇς, δόξεις, εἰς ἀλλότρια ἐμπεσὼν, ὡς οὐ προσήκουσιν οὕτω χρῆσθαι. ἐπεὶ
1005 ἔγωγε, οὐδ' εἰ ταμάλιστα ὁ πατὴρ ὄντα σε αὑτοῦ μὴ

[1] ἐγώ σε ταῦτα [2] οἶδα] ᾔσθα, [3] ἰσχύουσι

Οὐκ οἶδα, οἷον δεῖ τὸν προσήκοντα εἶναι περὶ τοὺς γονέας] Τὸν προσήκοντα, ἀντὶ τοῦ, τὸν γνήσιον, ἀλλὰ μὴ νόθον υἱόν. IDEM.

Οὐκ ἂν] Sub. προσῆκεν. AUGER.

ιβ΄. Οὐδ' εἰ τὰ μάλιστα ὁ πατὴρ ὄντα σε αὑτοῦ, μὴ ἐποιεῖτο, οὐκ ἀδικεῖ] Ἀντὶ τοῦ, οὐκ ἐποιεῖτο, οὐκ ἀδικῶ. οὐ γάρ ἔμοιγε προσῆκεν εἰδέναι, τίνες εἰσὶν υἱεῖς ἐκείνου· ἀλλ' ἐκείνῳ δεῖξαι, τίνας μοι νομιστέον ἔστ' ἀδελφούς. ὃν μὲν τοίνυν οὐκ ἐποιεῖτό σε χρόνον, οὐδ' ἐγὼ προσήκονθ' ἡγούμην· ἐπεὶ δ' ἐποιήσατο, κἀγὼ νομίζω. τί τούτου σημεῖον; τῶν πατρῴων ἔχεις τὸ μέρος μετὰ τὴν τοῦ πατρὸς τελευτήν· ἱερῶν, ὁσίων μετέχεις· ἀπάγει σε οὐδεὶς ἀπὸ τούτων. τί βούλει;

ιγ'. Ἂν δὲ φῇ δεινὰ πάσχειν καὶ κλαίῃ καὶ ὀδύρηται καὶ κατηγορῇ ἐμοῦ, ἃ μὲν [1] ἂν λέγῃ, μὴ πιστεύετε, — οὐ γὰρ δίκαιον, μὴ περὶ τούτων ὄντος τοῦ λόγου [2] τοῦ νυνὶ —, ἐκεῖνο δ' ὑπολαμβάνετε, ὅτι οὐδὲν ἔστ' αὐτῷ ἧττον δίκην λαμβάνειν Βοιωτῷ κληθέντι. τί οὖν φιλονεικεῖς; μηδαμῶς. μὴ ἔχε οὕτω πρὸς ἡμᾶς ἐθελέχθρως· οὐδὲ γὰρ ἔγωγε πρὸς σέ. ἐπεὶ καὶ νῦν — ἵνα μηδὲ τοῦτο λάθῃ σε — ὑπὲρ σοῦ [3] λέγειν μᾶλλον ἀξιῶ, μὴ ταὐτὸν ἔχειν ὄνομα ἡμᾶς, ἢ ἐμαυτοῦ. εἰ γὰρ μηδὲν ἄλλο, ἀνάγκη τὸν ἀκούσαντα ἐρέσθαι, πότερον, δύ' ἂν ὦσι Μαντίθεοι Μαντίου. οὐκοῦν, ὃν ἠναγκάσθη ποιήσασθαι, σὲ ἐὰν λέγῃ, ἐρεῖ. τί οὖν ἐπιθυμεῖς τούτων; ἀνάγνωθι δέ μοι λαβὼν δύο ταυτασὶ μαρτυρίας, ὡς ἐμοὶ Μαντίθεον, καὶ τούτῳ Βοιωτὸν ὁ πατὴρ ὄνομα ἔθετο.

ΜΑΡΤΥΡΙΑΙ.

ιδ'. Λοιπὸν ἡγοῦμαι τοῦθ' ὑμῖν ἐπιδεῖξαι, ὦ ἄνδρες δικασταί, ὡς οὐ μόνον εὐορκήσετε, ἂν ἃ ἐγὼ λέγω ψηφίσησθε, ἀλλὰ καὶ ὡς [4] οὗτος αὑτοῦ κατέγνω Βοιωτόν, ἀλλ' οὐ Μαντίθεον ὄνομα δικαίως ἂν ἔχειν. λαχόντος γὰρ ἐμοῦ 1006
τὴν δίκην ταύτην Βοιωτῷ Μαντίου Θορικίῳ, ἐξ ἀρχῆς τ' ἠντιδίκει καὶ ὑπώμνυτο, ὡς ἦν Βοιωτός· καὶ τὸ τελευταῖον, ἐπεὶ οὐκέτι ἐνῆν αὐτῷ διακρούεσθαι, ἐρήμην ἐάσας [5] καταδιαιτήσασθαι, πρὸς θεῶν τί ἐποίησεν; ἀντιλαγχάνει μοι τὴν μὴ οὖσαν, ὁ πρότερον ἑαυτὸν Βοιωτὸν προσαγορεύσας.

[1] ἂν μὲν [2] [τοῦ] [3] λέγω μᾶλλον, ἀξιῶν [4] αὕτος αὑτὸς αὑτοῦ [5] καταδιαιτῆσαι, σκέψασθε πρὸς

ἂν ἐθέλωσιν. Wolf.

ιδ'. Ἠντιδίκει] Ἀντιδικεῖν est εἰς τὴν κυρίαν ἀπαντᾷν: *ad judicium affuit, et liti se obtulit, diuque litem comperendinavit ac prolatandam duxit, tanquam ipse esset ille Bœotus; deinde judicium deseruit, tanquam* ad se nihil pertinens. Budæus.

Ὡς ἦν] Ante ὡς adde vel sub. ὁμολογούμενος, vel aliud quid. Auger.

Διακρούεσθαι] *Repellendo evitare.* D'Orville. διαφεύγειν Hesych.

Ἀντιλαγχάνει μοι τὴν μὴ οὖσαν] Λαγχά-

καίτοι ἐξαρχῆς ἔδει αὐτὸν ἐᾶν τελέσασθαι τὴν δίκην κατὰ Βοιωτοῦ, εἴπερ μηδὲν προσῆκεν αὐτῷ τοῦ ὀνόματος, ὕστερόν [1] τε μὴ αὐτὸν φαίνεσθαι ἐπὶ τῷ ὀνόματι τούτῳ ἀντιλαγχάνοντα τὴν μὴ οὖσαν. ὃς οὖν αὐτὸς αὑτοῦ κατέγνω δικαίως εἶναι Βοιωτὸς, τί ὑμᾶς ἀξιώσει τοὺς ὀμωμοκότας ψηφίζεσθαι; ὡς δὲ ταῦτ' ἀληθῆ λέγω, λάβε μοι τὴν ἀντίληξιν, καὶ τὸ ἔγκλημα τουτί.

ΑΝΤΙΛΗΞΙΣ. ΕΓΚΛΗΜΑ.

ιέ. Εἰ μὲν τοίνυν οὗτος ἔχει δεῖξαι νόμον, ὃς ποιεῖ κυρίους εἶναι τοὺς παῖδας τοῦ ἑαυτῶν ὀνόματος, ἃ λέγει νῦν οὗτος, ὀρθῶς ἂν ψηφίζοισθε. εἰ δ' ὁ μὲν νόμος, ὃν πάντες ἐπίστασθε ὁμοίως ἐμοὶ, τοὺς γονέας ποιεῖ κυρίους οὐ μόνον θέσθαι τοὔνομα ἐξαρχῆς, ἀλλὰ καὶ πάλιν ἐξαλεῖψαι, ἐὰν βούλωνται, καὶ ἀποκηρύξαι· ἐπέδειξα δ' ἐγὼ τὸν πατέρα, ὃς κύριος ἦν ἐκ τοῦ νόμου, τούτῳ μὲν Βοιωτὸν, ἐμοὶ δὲ Μαντίθεον θέμενον, πῶς ὑμῖν ἐστὶν ἄλλο τι, πλὴν ἃ ἐγὼ λέγω, ψηφίσασθαι; ἀλλὰ μὴν ὧν γ' ἂν μὴ ὦσι νόμοι, [2] ἀλλὰ γνώμῃ τῇ δικαιοτάτῃ δικάσειν ὀμωμόκατε. ὥστ', εἰ μηδεὶς ἦν περὶ τούτων κείμενος νόμος, κἂν οὕτω δικαίως [3] πρὸς ἐμοῦ
1007 τὴν ψῆφον ἔθεσθε. τίς γάρ ἐστιν ὑμῶν, ὅστις ταὐτὸν ὄνομα τοῖς αὑτοῦ παισὶ τέθειται δυοῖν οὖσι; τίς δ', ᾧ μή πω παῖδές εἰσι, θήσεται; οὐδεὶς δήπου. οὐκοῦν, ὃ δίκαιον τῇ γνώμῃ τοῖς ὑμετέροις αὐτῶν παισὶν ὑπειλήφατε, τοῦτο καὶ περὶ ἡμῶν εὐσεβὲς γνῶναι. ὥστε, καὶ κατὰ τὴν δικαιοτάτην γνώμην, καὶ κατὰ τοὺς νόμους, καὶ κατὰ τοὺς ὅρκους, καὶ κατὰ τὴν τούτου προσομολογίαν, ἐγὼ μὲν μέτρια ὑμῶν, ὦ ἄνδρες Ἀθηναῖοι, δέομαι, καὶ δίκαια ἀξιῶ· οὗτος δ' οὐ μόνον οὐ μέτρια, ἀλλ' οὐδ' εἰωθότα γίγνεσθαι.

[1] δὲ [2] [ἀλλὰ] [3] πρὸς ἐμοῦ δικαίως

ναι, ὅτι ἡ δίκη ἀνάδικος. WOLF.

Ἐξαρχῆς ἔδει αὐτὸν ἐᾶν τελέσασθαι] Satis fuisset, non respondere. Neque enim se in jus vocatum, qui Mantitheus esset, sed Boeotum quendam, qui ipse non esset. IDEM.

ιέ. Ὃς ποιεῖ κυρίους εἶναι τοὺς παῖδας] Τὸ εἶναι malim ἀπεῖναι. IDEM.

Εἰ δ' ὁ μὲν νόμος —] Hanc legem Petitus exposuit ad Leg. Attic. L. II. T. IV. p. 234 sqq. Negat tamen Valckenaer in Animadv. ad Ammon. L. I. c. VI. p. 25. hunc locum Demosthenis ad hanc rem, sc. jus parentibus liberos abdicandi, auctoritatem esse idoneam.

Ὧν γ' ἂν μὴ ὦσι νόμοι legendum, ut annotatum est. WOLF.

Ἀλλὰ γνώμῃ] Τὸ ἀλλὰ videtur expungendum. IDEM.

Καὶ κατὰ τὴν τούτου προσομολογίαν] Vera est haec lectio. Supra enim dixit p. 14. v. ult. ὁ πρότερον ἑαυτὸν Βοιωτὸν προσομολογήσας. Nec reponendum, καὶ κατὰ τὴν τοῦ πατρὸς ὁμολογίαν. IDEM.

ΥΠΟΘΕΣΙΣ ΤΟΥ ΠΡΟΣ ΒΟΙΩΤΟΝ ΥΠΕΡ ΠΡΟΙΚΟΣ ΜΗΤΡΩΙΑΣ ΛΟΓΟΥ.

Pag. ed. Reisk.

ΚΑΙ οὗτος περὶ τοῦ αὐτοῦ καὶ πρὸς τὸν αὐτὸν ὁ λόγος εἴρηται. καὶ τὰ μὲν ἄλλα πάντα ταὐ- 1007
τά, ἡ Πλαγγών, ὁ ὅρκος, ἡ τῶν παίδων ἀναγκαία ποίησις. ἀποθανόντος δὲ τοῦ Μαντίου, οἱ παῖδες ὄντες τρεῖς, Μαντίθεος ὁ ἐκ τῆς νόμῳ γαμηθείσης, καὶ Βοιωτὸς καὶ Πάμφιλος οἱ ἐκ τῆς Πλαγγόνος, ἐνέμοντο τὴν οὐσίαν. φάσκοντος δὲ τοῦ Μαντιθέου προῖκα ἑαυτῷ μητρῴαν ὀφείλεσθαι, Βοιωτὸς καὶ Πάμφιλος καὶ αὐτοὶ προικὸς ἠμφισβήτουν, ὡς καὶ τῆς Πλαγγόνος εἰσενηνεγμένης εἰς τὸν οἶκον τοῦ Μαντίου μνᾶς ἑκατόν. συνέδοξεν οὖν αὐτοῖς νείμασθαι πάντα ἐπίσης, πλὴν τῆς οἰκίας, ἵν' ὁποτέρῳ ἂν ἡ μήτηρ φανῇ προῖκα εἰσενεγκαμένη, τούτοις ἀπὸ τῆς οἰκίας ἀποδοθῇ
τὸ ἀργύριον· καὶ πλὴν τῶν ἀνδραπόδων, ὅπως οἱ περὶ τὸν Βοιωτόν, ἐὰν ἐπιζητῶσί τι τῶν ἔνδον, 1008
ἔχωσιν ἔλεγχον. [1] μετὰ ταῦτα ἀντεκάλεσαν ἀλλήλοις, ὁ μὲν Μαντίθεος ὑπὲρ τῆς μητρῴας οὐσίας, ἐκεῖνοι δὲ ὑπὲρ ἄλλων τινῶν. καὶ ὁ διαιτητὴς Μαντιθέου μὲν ἀπεδιαίτησε, Βοιωτοῦ δὲ κατεδιαίτησεν ἐρήμην. λαγχάνει δὲ Μαντίθεος καὶ εἰς τὸ δικαστήριον αὐτῷ τὴν αὐτὴν δίκην, ἀπαιτῶν τὴν προῖκα.

[1] μετὰ δὲ ταῦτα

Καὶ οὗτος περὶ] Lego παρὰ, ἢ, ὑπὸ τοῦ αὐτοῦ. Nam περὶ significaret, et hic agi de nomine, quod falsum est. Wolf.

ΔΗΜΟΣΘΕΝΟΥΣ

Ο ΠΡΟΣ

ΒΟΙΩΤΟΝ

ΥΠΕΡ ΠΡΟΙΚΟΣ ΜΗΤΡΩΙΑΣ ΛΟΓΟΣ.

ά. ΠΑΝΤΩΝ ἐστὶν ἀνιαρώτατον, ὦ ἄνδρες δικασταί, 1008
ὅταν τις ὀνόματι μὲν ἀδελφὸς προσαγορευθῇ τινῶν, τῷ δ' ἔργῳ ἐχθροὺς ἔχῃ τούτους, καὶ ἀναγκάζηται, πολλὰ καὶ δεινὰ παθὼν ὑπ' αὐτῶν, εἰσιέναι εἰς δικαστήριον, ὅπερ νῦν ἐμοὶ συμβέβηκεν. οὐ γὰρ μόνον ἀτύχημά μοι ἐξ ἀρχῆς ἐγένετο, διότι Πλαγγών, ἡ τούτων μήτηρ, ἐξαπατήσασα τὴν

πατέρα μου καὶ ἐπιορκήσασα φανερῶς, ἠνάγκασεν αὐτὸν ὑπομεῖναι τούτους ποιήσασθαι, καὶ διὰ τοῦτο τὰ δύο μέρη τῶν πατρῴων ἀπεστερήθην· ἀλλὰ πρὸς τούτοις ἐξελήλαμαι μὲν ἐκ τῆς πατρῴας οἰκίας ὑπὸ τούτων, ἐν ᾗ καὶ ἐγενόμην καὶ ἐτράφην, καὶ εἰς ἣν οὐχ ὁ πατὴρ αὐτοὺς, ἀλλ' ἐγὼ, τελευτήσαντος ἐκείνου, παρεδεξάμην, ἀποστεροῦμαι
1009 [1]δὲ τὴν προῖκα τῆς ἐμαυτοῦ μητρὸς, περὶ ἧς νυνὶ δικάζομαι. αὐτὸς μὲν τούτοις δίκας ὑπὲρ ὧν ἐνεκάλουν μοι πάντων δεδωκὼς, πλὴν εἴ τινα νῦν ἕνεκα τῆς δίκης ταύτης ἀντειλήχασί μοι συκοφαντοῦντες, ὡς καὶ ὑμῖν ἔσται καταφανές· παρὰ δὲ τούτοιν ἐν ἕνδεκα ἔτεσιν οὐ δυνάμενος τυχεῖν τῶν μετρίων, ἀλλὰ νῦν εἰς ὑμᾶς καταπεφευγώς. δέομαι [2]γοῦν ἁπάντων ὑμῶν, ὦ ἄνδρες δικασταὶ, μετ' εὐνοίας τέ μου ἀκοῦσαι, οὕτως ὅπως ἂν δύνωμαι λέγοντος, κἂν ὑμῖν δεινὰ δοκῶ πεπονθέναι, συγγνώμην ἔχειν μοι ζητοῦντι κομίσασθαι τἀμαυτοῦ, ἄλλως τε καὶ εἰς θυγατρὸς ἔκδοσιν· συνέβη γάρ μοι, δεηθέντος τοῦ πατρὸς, ὀκτωκαιδεκέτη γῆμαι, καὶ διὰ τοῦτό μοι εἶναι θυγατέρα ἤδη ἐπίγαμον. ὥστ' ἐμοὶ μὲν δικαίως ἂν ἀδικουμένῳ διὰ πολλὰ βοηθήσαιτε· τούτοις δ' εἰκότως ἂν ὀργίζοισθε, οἵτινες, ὦ γῆ καὶ θεοὶ, ἐξὸν αὐτοῖς τὰ δίκαια ποιήσασι μὴ εἰσιέναι εἰς τὸ δικαστήριον, οὐκ αἰσχύνονται μὲν ἀναμιμνήσκοντες ὑμᾶς, εἴ τι ἢ ὁ πατὴρ ἡμῶν μὴ ὀρθῶς διεπράξατο, ἢ οὗτοι εἰς ἐκεῖνον ἥμαρτον, ἀναγκάζουσι δ' ἐμὲ δικάζεσθαι [3]αὑτοῖς. ἵνα δ' ἀκριβῶς εἰδῆτε, ὡς ἐγὼ τούτου αἴτιος οὐκ εἰμὶ, ἀλλ' οὗτοι, ἐξ ἀρχῆς ὑμῖν, ὡς ἂν ἐν βραχυτάτοις δύνωμαι, διηγήσομαι τὰ πραχθέντα.

β'. Ἡ γὰρ μήτηρ ἡ ἐμὴ, ὦ ἄνδρες δικασταὶ, θυγάτηρ μὲν ἦν Πολυαράτου τοῦ Χολαργέως, ἀδελφὴ δὲ Μενεξένου καὶ Βαθύλλου καὶ Περιάνδρου. ἐκδόντος δ' αὐτὴν τοῦ πατρὸς Κλεομέδοντι τῷ Κλέωνος υἱεῖ, καὶ προῖκα τάλαντον
1010 ἐπιδόντος, τὸ μὲν πρῶτον τούτῳ συνῴκει· γενομένων δ' αὐτῇ

[1] δὲ * καὶ τὴν [2] ὧν [3] αὐτοῖς

A. Ἠνάγκασεν αὐτὸν ὑπομεῖναι τούτους ποιήσασθαι] Τὸ ὑπομεῖναι videtur abundare. Wolf.

Ὅπως ἂν δύνωμαι] Quocumque modo possim. Vid. Ernesti ad Xenoph. Memor. II. p. 75. D'Orville.

Ὀκτωκαιδεκαέτη γῆμαι] F. ὀκτωκαιδεκαέτει dandi casu. quia praecedit συνέβη μοι. Fel. ὀκτωκαιδεκαέτης in prima simplicium. Wolf.

τριῶν μὲν θυγατέρων, υἱοῦ δ' ἑνὸς Κλέωνος, καὶ μετὰ ταῦτα τοῦ ἀνδρὸς αὐτῇ τελευτήσαντος, ἀπολιποῦσα τὸν οἶκον καὶ κομισαμένη τὴν προῖκα, πάλιν ἐκδόντων αὐτὴν τῶν ἀδελφῶν Μενεξένου καὶ Βαθύλλου — ὁ γὰρ Περίανδρος ἔτι παῖς ἦν — καὶ τὸ τάλαντον ἐπιδόντων, συνῴκησε τῷ ἐμῷ πατρί. καὶ γίγνομαι αὐτοῖς ἐγώ τε, καὶ ἄλλος ἀδελφὸς νεώτερος ἐμοῦ, ὃς ἔτι παῖς ὢν ἐτελεύτησεν. ὡς δ' ἀληθῆ λέγω περὶ τούτων ὑμῖν, πρῶτον τοὺς μάρτυρας παρέξομαι.

ΜΑΡΤΥΡΕΣ.

τὴν μὲν τοίνυν μητέρα τὴν ἐμὴν οὕτως ὁ πατήρ μου γήμας εἶχε γυναῖκα ἐν τῇ οἰκίᾳ τῇ ἑαυτοῦ, ἐμέ τε ἐπαίδευε καὶ ἠγάπα, ὥσπερ καὶ ὑμεῖς ἅπαντες τοὺς ὑμετέρους παῖδας ἀγαπᾶτε· τῇ δὲ τούτων μητρὶ Πλαγγόνι ἐπλησίαζεν, ὅν τινα δή ποτ' οὖν τρόπον — οὐ γὰρ ἐμὸν τοῦτο λέγειν ἐστὶ —, καὶ οὕτως οὐ πάντα γε ἦν ὑπὸ τῆς ἐπιθυμίας κεκρατημένος, ὥστ' οὐδὲ, τῆς ἐμῆς μητρὸς ἀποθανούσης, ἠξίωσεν αὐτὴν εἰς τὴν οἰκίαν παρ' αὑτὸν εἰσδέξασθαι, οὐδὲ τούτους, ὡς υἱεῖς εἰσιν αὐτοῦ, πεισθῆναι. ἀλλὰ τὸν μὲν ἄλλον χρόνον οὗτοι διῆγον οὐκ ὄντες τοῦ ἐμοῦ πατρὸς, ὡς καὶ ὑμῶν οἱ πολλοὶ ἴσασιν· ἐπειδὴ δ' οὑτοσὶ αὐξηθεὶς, καὶ μεθ' ἑαυτοῦ

6. Ἐπειδὴ δ' οὑτοσὶ κ. τ. λ.] Haec ut intelligantur observandum, bigamiam Athenis fuisse quandoque usurpatam, propter civium paucitatem, decreto in eam rem facto. A. Gell. l. XV. c. 20. Athenaeus, l. XIII. Cf. quoque Terent. in Phorm. Sane Graeci rhetores, an grammatici, qui Demosthenis orationum argumenta olim composuerunt, ab hac opinione longe abeunt. Aiunt enim Mantiam civem Atticum fuisse, filium ex legitima uxore suscepisse, consuetudinem autem eodem constante matrimonio cum Plangone habuisse, captum Plangonis illecebris, κατ' ἐρωτικὴν ἐπιθυμίαν: quod cum ita dicant, nemo est quin existimet ἑταίραν illam fuisse, non uxorem legitimam; quam opinionem refutat vel ipsa narrationis series. Ergo cum Plango duos haberet liberos, ii adulti Mantiam conveniunt; filios se illius dicunt, et ab eo agnosci se atque exhiberi petunt. Negat Mantias liberos se ullos e Plangone suscepisse. Non negat ullam cum ea sibi fuisse consuetudinem, sed liberos negat illos inde procreatos; ac tandem cum ea transigit, hac conditione, ut acceptis XXX. minis liberos illos Plango fratribus suis daret adoptandos, ac sponsione lacessita, Si juraret liberos illos esse e Mantia procreatos, conditionem rejiceret et jusjurandum detrectaret, ut eo facto contra eam judicaretur. Cum id inter eos convenisset, Mantias sponsione certat cum Plangone, apud arbitrum, τὸν διαιτητὴν, quem judicem tribulem aut pedaneum appellare soleo, ac jusjurandum ei defert. Plango, contra fidem a se datam, jurat apud diaetetam, liberos illos e Mantia procreatos. Diaeteta contra eum judicat. Mantias sententiae diaetetae stare cogitur ob delatum jusjurandum; quapropter eos ad φράτορας et curiales deducit, atque alterum Boeotum, alterum Pamphilum inscribit. In iis, quae dicta sunt, habemus Mantiae πρόκλησιν; jusjurandum Plangoni a Mantia delatum; Plangonis jusjurandum; atque sententiam secundum eam datam: unde λύσις δίκης secuta est.

Sed quia diximus Mantiam duas uxores simul habuisse, antequam ulterius progrediamur, demonstrandum id est; nec Plangonem fuisse ejus concubinam, quod si

παρασκευασάμενος ἐργαστήριον συκοφαντῶν, ὧν ἡγεμὼν ἦν Μνησικλῆς καὶ Μενεκλῆς ἐκεῖνος ὁ τὴν Νῖνον ἑλών, [1] μεθ' ὧν οὗτος ἐδικάζετό μου τῷ πατρί, φάσκων υἱὸς εἶναι [2] ἐκείνου. συνόδων δὲ γιγνομένων πολλῶν ὑπὲρ τούτων, καὶ τοῦ
1011 πατρὸς οὐκ ἂν φάσκοντος πεισθῆναι ὡς οὗτοι γεγόνασιν ἐξ αὐτοῦ, τελευτῶσα ἡ Πλαγγών, ὦ ἄνδρες δικασταί, — πάντα γὰρ εἰρήσεται τἀληθῆ πρὸς ὑμᾶς —, μετὰ τοῦ Μενεκλέους ἐνεδρεύσασα τὸν πατέρα μου, καὶ ἐξαπατήσασα ὅρκῳ, ὃς μέγιστος δοκεῖ καὶ δεινότατος παρὰ πᾶσιν ἀνθρώποις εἶναι, ὡμολόγησε τριάκοντα μνᾶς λαβοῦσα,

[1] μεθ' ὧν [οὗτος]

[2] ἐκείνου, συνόδων γιγνομένων

constitutum esset, multa consequerentur incommoda, quæ factum, ut a nobis est narratum, turbarent. Si igitur Plango fuisset Mantiæ concubina aut pellex, neque liberos agnoscere coactus fuisset Mantias, neque eos ad curiales deducere, neque bonorum suorum partem iis relinquere; quod tamen esse factum ex his orationibus constat. Nothi erant sine gente, sine re, neque ad patris hereditatem admittebantur. Duas igitur uxores simul et eodem tempore habebat Mantias, Polyarati filiam, et Plangonem istam: sed Polyarati filiam domi, ubi larem colebat; Plangonem alibi. Sic π. Βοιωτ. προικ. μητρ. p. 18. v. 10. Mantitheus Mantiæ f. ex Polyarati filia rem ita narrat, ut patrem suum non neget cum Plangone consuevisse, etiam vivente matre sua, nec audeat exserte negare ullum fuisse inter eos matrimonium; sed obscure et vafra nescio qua reticentia matrimonii illius honestatem vellicat, ac judicum animis tentat nescio quam minus honestæ consuetudinis opinionem injicere. Atque hæc quidem clara sunt; sed clariora erunt ex iis quæ sequuntur. Mantia enim mortuo, cum ejus bona dividerentur inter Mantitheum Mantiæ f. ex Polyarati filia, et Bœotum ac Pamphilum ex Plangone susceptos, controversia inter eos orta est super mulierum illarum dotibus, cum Mantitheus matrem suam talentum in dotem patri dedisse diceret; Bœotus autem et Pamphilus a Plangone dotem quoque datam dicerent: super qua contentione inter eos convenit, ut e divisione domum eximerent, quæ iis cederet, secundum quod de dote pronuntiatum esset. Sed et alia controversia Mantitheum inter et Bœotum exstitit, cum hic quoque Mantithei nomen sibi vindicasset, a patre, cum ad curiales deductus esset, sibi, ut aiebat, inditum; quod exserte negat Mantitheus ac, ne in nomen illud invadere possit, contestatur, propter incommoda, quæ ex illa nominum perturbatione accidere posse ait. Fuere et aliæ inter eos controversiæ, ob pecuniam, quam a Mantitheo subtractam querebatur Bœotus, ni fallor. Dicuntur enim hæc verbis obscuris a Mantitheo in orat. π. Βοιωτ. τοῦ ὀνομ. §. 9. ubi calumniam probare nititur hoc argumento, quod rem totam de bigamia facit manifestissimam. Hoc igitur ait ignorare neminem, quam parum esset Mantias ad rem attentus; et ideo, si quod de pecunia a Mantia relicta, nec in divisionem ejus bonorum collata Bœotus et Pamphilus dicebant, verum esset, in manifesto mendacio ac perjurio Plangonem deprehendi; siquidem verisimile non sit, hominem, qui duas haberet familias, et ideo immodicis sumtibus implicatus esset, magnam pecuniæ vim relinquere potuisse. Atque hæc est duarum illarum adversus Bœotum orationum œconomia. Herald. Anim. in Salmas. Obss. ad Jus A. et R. l. VI. c. XIV. §. III.

Μεθ' ὧν οὗτος] Ἀντὶ τοῦ, μετὰ τούτων. Wolf. His abrupta pendet constructio, sed multa sunt ejusmodi apud oratores. Auger.

Ὡμολόγησε κ. τ. λ.] Ergo inter Mantiam et Plangonem conventione res erat transacta. Quare hoc? Ut judicio lis decideretur, quæ, quia de statu liberorum agebatur, simplici tractatione decidi non poterat. Unde exsistit quæstio, Quare, cum lis a Bœoto mota esset, Mantias cum Plangone transegerit, et an res contra Plangonem, eamque non agentem atque jusjurandum delatum detrectantem, judicata, liberis ejus nocere potuerit. Et sane, ni fallor, Mantiæ causa jure erat destituta, nec vitare poterat, quin liberos e Plangone procreatos agnoscere cogeretur se-

τούτους μὲν τοῖς αὑτῆς ἀδελφοῖς εἰσποιήσειν υἱεῖς, αὐτὴ δ', ἂν πρὸς τῷ διαιτητῇ προκαλῆται αὐτὴν ὁ πατήρ μου ὀμόσαι, ἢ μὴν τοὺς παῖδας ἐξ αὐτοῦ γεγονέναι, μὴ [1]δέξασθαι τὴν πρόκλησιν· τούτων γὰρ γενομένων, οὔτε τούτους ἀποστερήσεσθαι τῆς πόλεως, τῷ τε πατρί μου οὐκέτι δυνήσεσθαι αὐτοὺς πράγματα παρέχειν, τῆς μητρὸς αὐτῶν οὐ [2]προσδεξαμένης τὸν ὅρκον. συγχωρηθέντων δὲ τούτων, τί ἂν ὑμῖν μακρολογοίην; ὡς γὰρ πρὸς τὸν διαιτητὴν ἀπήντησε, παραβᾶσα ἅπαντα τὰ ὡμολογημένα ἡ Πλαγγὼν, δέχεταί τε τὴν πρόκλησιν καὶ ὄμνυσιν ἐν τῷ Δελφινίῳ ἄλλον ὅρκον ἐναντίον τῷ προτέρῳ, ὡς καὶ ὑμῶν οἱ πολλοὶ ἴσασι· περιβόητος γὰρ ἡ πρᾶξις ἐγένετο. καὶ οὕτως ὁ πατήρ μου, διὰ τὴν [3]αὑτοῦ πρόκλησιν ἀναγκασθεὶς ἐμμεῖναι

[1] * δέξεσθαι [2] δεξαμένης [3] αὐτοῦ

pro suis habere. Plangonem igitur, cum jus deesset, subornare conatus est, ut contra sanguinem suum mentiretur, sed mentiretur tacendo nec suscepto jurejurando, sicque contra liberorum suorum statum pronuntiari pateretur; qua quidem calliditate an sibi satis fuerit consulturus, dubito. Scio matris contra liberos testimonium magni esse momenti in causa status; sed sufficere solum pernego, maxime si quid afferatur contra, quod destrui id possit atque everti. Quod facile erat Bœoto, probata conventione ante judicium inita et a Mantia pretio redemta; contra quem eo casu fuisset actio κακοτεχνιῶν jure Attico. Quæ quidem sententia eo est verior, quod Mantitheus identidem interminatur Bœoto, verendum, ne dolus, quo Mantias deceptus fuerat, ut quidam volebant credi, cum Plangoni jusjurandum deferret, quandoque innotesceret, ideoque sententia secundum eum data nihil iis prodesset, nec obstaret, quin status controversia eis quandoque fieret. Quod si contra statum licebat id, multo magis pro status incolumitate. Et sane causa hæc videtur fuisse, quare fingeret Plango filios suos se fratribus suis (quos fingendum est fuisse illiberes) in adoptionem daturam; quia hoc modo, et civitatem retenturi essent (qua in re componendæ controversiæ versabatur præcipua difficultas), et Mantiæ negotium non exhibituri, quippe qui in aliam familiam migrassent. τούτων γὰρ γεν. v. 4. Adjicit autem, τῆς μητρὸς αὐτῶν οὐ προσδεξαμένης τὸν ὅρκον, quasi hæc esset causæ, cur Mantiæ amplius negotium facessere non possent. *Ibid.* Heraldus.

Αὐτὴ δ', ἂν --- ὀμόσαι] Ergo πρόκλησις ista jurisjurandi delatio erat, quod etiam dicebant ὅρκον διδόναι. Quare, quod hic dicit, ἂν προκαλῆται αὐτὴν ὁ πατήρ μου ὀμόσαι, dixerat orat. De Nom. ἐὰν ὅρκον αὐτῇ διδῷ περὶ τούτων. Atque hæc πρόκλησις fiebat sæpius, antequam res in judicium deduceretur, deque ea apud diætetam tribulem aut alium disceptabatur. Cf. π. Κάλλιππ. p. 1240. v. 12. ed. R. *Ibid.* Idem.

Μὴ δέξασθαι τὴν πρόκλησιν] Id ipsum est quod paulo ante dixerat, μὴ προσδέξασθαι τὸν ὅρκον. *suscipere jusjurandum* Jcti Rom. *jusjurandum oblatum recipere* Quintil. Qui delato jurejurando jurare detrectabat, condemnabatur, atque is erat affectus hujus προκλήσεως. Alias προκλήσεις licebat aliquando impune repudiare: πρόκλησιν istam, sive *delatum jusjurandum* non licebat; quandoquidem nemo videtur bona fide de eo jurare nolle, quod in controversia est, cum is, qui jusjurandum defert, adversarium suum de causa judicem faciat, ait Ulpianus l. 1. in princ. Quar. rer. act. non dat. *Ibid.* Idem.

Περιβόητος] In deteriorem sensum accipiendum. Vid. Valckenaer. Animadv. ad Ammon. I. 15. p. 65.

Καὶ οὕτως κ. τ. λ.] Ergo jurejurando præstito ab eo, cui delatum erat ab adversario, lis erat decisa, nec licebat denuo retractare aut provocare; atque hoc modo πρόκλησις erat λύσις δίκης, quod ait Pollux: quomodo et jure Romano *jusjurandum præstitum* majorem habet auctoritatem, quam *res judicata*. l. 2. D. De Jurejur. *Ibid.* Heraldus.

τῇ διαίτῃ, ἐπὶ μὲν τοῖς γεγενημένοις ἠγανάκτει, καὶ βαρέως ἔφερε, καὶ εἰς τὴν οἰκίαν οὐδ᾽ ὡς εἰσδέξασθαι τούτους ἠξίωσεν· εἰς δὲ τοὺς φράτορας ἠναγκάσθη εἰσαγαγεῖν· καὶ τοῦτον μὲν ἐνέγραψε Βοιωτόν, τὸν δ᾽ ἕτερον Πάμφιλον. ἐμὲ δ᾽ εὐθὺς ἔπεισε περὶ ὀκτωκαίδεκα ἔτη γεγενημένον τὴν Εὐφήμου θυγατέρα γῆμαι, βουλόμενος παῖδας ἐξ ἐμοῦ γενομένους ἐπιδεῖν. ἐγὼ δ᾽, ὦ ἄνδρες δικασταί, νομίζων δεῖν
1012 καὶ πρότερον, [1] καὶ ἐπειδὴ οὗτοι ἐλύπουν αὐτὸν δικαζόμενοι καὶ πράγματα παρέχοντες, ἐμὲ τοὐναντίον εὐφραίνειν, ἅπαντα ποιοῦνθ᾽ ὅσα ἐκείνῳ χαριεῖσθαι μέλλοιμι, ἐπείσθην αὐτῷ. γήμαντος δέ μου τὸν τρόπον τοῦτον, ἐκεῖνος μέν, τὸ θυγάτριόν [2] μου ἐπιδὼν γενόμενον, οὐ πολλοῖς ἔτεσιν ὕστερον ἀῤῥωστήσας ἐτελεύτησεν. ἐγὼ δ᾽, ὦ ἄνδρες δικασταί, ζῶντος μὲν τοῦ πατρός, οὐκ ᾤμην δεῖν ἐναντιοῦσθαι αὐτῷ· τελευτήσαντος δ᾽ ἐκείνου, εἰσεδεξάμην τε τούτους εἰς τὴν οἰκίαν, καὶ τῶν ὄντων ἁπάντων μετέδωκα, οὐχ ὡς ἀδελφοῖς οὖσιν — οὐδὲ γὰρ ὑμῶν τοὺς πολλοὺς λελήθασιν ὃν τρόπον οὗτοι γεγόνασιν —, νομίζων δ᾽ ἀναγκαῖον εἶναί μοι, ἐπειδὴ ὁ πατὴρ ἐξηπατήθη, πείθεσθαι τοῖς νόμοις τοῖς ὑμετέροις. καὶ οὕτως ὑπ᾽ ἐμοῦ εἰς τὴν οἰκίαν εἰσδεχθέντες, ὡς ἐνεμόμεθα τὰ πατρῷα, ἀξιοῦντος ἐμοῦ ἀπολαβεῖν τὴν τῆς μητρός μου προῖκα, ἀντενεκάλουν καὶ οὗτοι, καὶ ἔφασαν ὀφείλεσθαι καὶ τῇ αὑτῶν μητρὶ τὴν ἴσην προῖκα· συμβουλευσάντων δ᾽ ἡμῖν τῶν παρόντων, τὰ μὲν ἄλλα πάντα ἐνειμάμεθα, τὴν δ᾽ οἰκίαν καὶ τοὺς παῖδας [3] τοὺς διακόνους τοῦ πατρὸς ἐξαιρέτους ἐποιησάμεθα, ἵν᾽ [4] [ἢ] ἐκ μὲν τῆς οἰκίας, ὁποτέροις ἂν ἡμῶν φαίνηται ὀφειλομένη ἡ προίξ, οὗτοι αὐτὴν κομίσωνται, ἐκ δὲ τῶν παίδων κοινῶν ὄντων, ἐάν τι οὗτοι τῶν πατρῴων ἐπιζητῶσι, πυνθάνωνται, καὶ βασανίζοντες αὐτοὺς καὶ ἄλλῳ ἂν [5] ὅτῳ τρόπῳ βούλωνται [6] ζητεῖν. ὅτι δὲ ταῦτ᾽ ἀληθῆ λέγω, ἐκ τουτωνὶ τῶν μαρτυριῶν εἴσεσθε.

[1] καὶ ἐπειδὴ καὶ οὗτοι [2] μου [3] [τοὺς διακόνους παῖδας] τοὺς τοῦ [4] Deest ἢ. [5] ὅτῳ ἂν [6] ζητοῦντες. ὅτι δὲ καὶ ταῦτ᾽

Ἵν᾽ ἢ ἐκ μὲν] Τὸ ἢ παρέλκει. Lego, ἵν᾽ ἐκ μέν. Wolf.

ΜΑΡΤΥΡΙΑΙ. 1013

μετὰ ταῦτα τοίνυν οὗτοί τ' ἐμοὶ δίκας ἔλαχον ὑπὲρ ὧν ἐνεκάλουν, κἀγὼ τούτοις ὑπὲρ τῆς προικός. καὶ τὸ μὲν πρῶτον, παραγραψάμενοι Σόλωνα Ἐρχιέα διαιτητὴν, τούτῳ ἐπετρέψαμεν [1]δικάσασθαι περὶ ὧν ἐνεκαλοῦμεν ἀλλήλοις· ὡς δ' οὐκ ἀπήντων οὗτοι, ἀλλ' ἐφυγοδίκουν, καὶ χρόνος διετρίβετο συχνὸς, τῷ μὲν Σόλωνι συνέβη τελευτῆσαι τὸν βίον, οὗτοι δὲ πάλιν ἐξ ὑπαρχῆς λαγχάνουσί μοι τὰς δίκας, καὶ ἐγὼ τούτῳ, προσκαλεσάμενος αὐτὸν καὶ ἐπιγραψάμενος ἐπὶ τὸ ἔγκλημα Βοιωτὸν, τοῦτο γὰρ αὐτῷ ὁ πατὴρ ἔθετο τοὔνομα. περὶ μὲν οὖν ὧν οὗτοί μοι ἐδικάζοντο, παρόντος τούτου καὶ ἀντιδικοῦντος καὶ οὐκ ἔχοντος ἐπιδεῖξαι οὐδὲν ὧν ἐνεκάλουν, ἀπεδιῄτησέ μου ὁ διαιτητής. καὶ οὗτος, συνειδὼς αὑτῷ ἀδίκως μοι ἐγκαλῶν, οὔτε ἐφῆκεν εἰς τὸ δικαστήριον, οὔτε νῦν περὶ ἐκείνων εἴληχέ μοι δίκην οὐδεμίαν, ἀλλὰ περὶ ἄλλων τινῶν· λύσιν τοῖς ἐγκλήμασι τούτοις τὴν δίκην ταύτην [2]οἰόμενος, ἣν ἐγὼ τοῦτον ἐδίωκον τότε περὶ τῆς προικός. ἐπιδημοῦντος δὲ τούτου ἐνθάδε καὶ οὐκ ἀπαντήσαντος πρὸς τὸν διαιτητὴν, ἐρήμην κατεδιῄτησεν αὐτοῦ. οὗτος δ', ὦ ἄνδρες δικασταὶ, οὔτε ἠντιδίκει τότε παρὼν, οὔτε ἔφη με καταδιαιτήσασθαι τὴν δίκην αὐτοῦ, οὐ γὰρ εἶναι Βοιωτὸν αὐτῷ ὄνομα, ἀλλὰ Μαντίθεον· καὶ οὕτως ὀνόματι ἀμφισβητῶν, ἔργῳ τὴν προῖκά με τῆς μητρὸς ἀποστερεῖ. ἀπορῶν δ' ἐγὼ τί ἂν τις χρήσαιτο τῷ πράγματι, οὕτω πάλιν τὴν αὐτὴν δίκην λαχὼν αὐτῷ Μαντιθέῳ ἑνδεκάτῳ ἔτει νῦν εἰς ὑμᾶς καταπέφευγα. ὡς [3]δὲ 1014
ταῦτ' ἀληθῆ λέγω, ἀναγνώσεται ὑμῖν περὶ τούτων μαρτυρίας.

ΜΑΡΤΥΡΙΑΙ.

ὅτι μὲν τοίνυν, ὦ ἄνδρες δικασταὶ, ἥ τε μήτηρ μου τάλαντον

[1] δικάσαι [2] οἰόμενος. ἣν δ' ἐγὼ ---- προικὸς, ἐπιδημοῦντος τούτου [3] δὲ καὶ ταῦτ'

Παραγραψάμενοι Σόλωνα Ἐρχιέα]. Ἀντὶ τοῦ, ἑλόμενοι. Idem.

Ἀπεδιῄτησέ μοι] F. μου. et mox, v. 14. ἀδίκως μοι ἐγκαλῶν. permutatis vocibus μου et μοι. et ibid. οὔτε ἐφῆκεν, unde ἔφεσις. Idem.

Λύσιν τοῖς ἐγκλήμασι] Constructio postulat λύσειν per se verbum, οἰόμενος λύσειν. et v. 27. ἀναγνώσεται ὑμῖν τὰς περὶ τούτων. et p. 23. v. 24. ἵνα δὲ μὴ ἐξαπατηθῆτε, pro ἵνα αὖ. Idem. M. λύσειν. Auger.

Οὔτε ἔφη με καταδιαιτήσασθαι τὴν δίκην αὐτοῦ] Et negavit me arbitrium vicisse cum eo. Budaeus.

ἐπενεγκαμένη προῖκα, ἐκδοθεῖσα ὑπὸ τῶν ἀδελφῶν τῶν αὑτῆς, ὥσπερ οἱ νόμοι κελεύουσι, συνῴκησε τῷ πατρί· καὶ, ὃν τρόπον ἐγὼ τούτους εἰσεδεξάμην εἰς τὴν οἰκίαν τοῦ πατρὸς τελευτήσαντος· καὶ, ὅτι ἀπέφυγον αὐτοὺς τὰς δίκας, ἅς μοι ἐνεκάλουν· ταῦτα μὲν πάντα καὶ μεμαρτύρηται ὑμῖν καὶ ἐπιδέδεικται. ἴθι δὴ λάβε καὶ τὸν περὶ τῆς προικὸς νόμον τουτονί.

ΝΟΜΟΣ.

οὕτω τοίνυν τοῦ νόμου ἔχοντος, οἶμαι τουτονὶ Βοιωτὸν, ἢ Μαντίθεον, ἢ ὅ τι ποτ' ἄλλο χαίρει προσαγορευόμενος, δικαίαν μὲν ἀπολογίαν καὶ ἀληθινὴν οὐδεμίαν ἕξειν εἰπεῖν, ἐπιχειρήσειν δὲ, τῇ τόλμῃ καὶ τῇ θρασύτητι τῇ ἑαυτοῦ πιστεύοντα, περιϊστάναι τὰς [1] αὐτοῦ συμφορὰς εἰς ἐμὲ, ἅπερ καὶ ἰδίᾳ ποιεῖν εἴωθε, λέγων, ὡς δημευθείσης τῆς Παμφίλου οὐσίας, ὃς ἦν πατὴρ τῆς Πλαγγόνος, τὰ περιγενόμενα χρήματα ὁ πατὴρ ὁ ἐμὸς ἔλαβεν ἐκ τοῦ βουλευτηρίου· καὶ οὕτως ἀποφαίνειν πειρώμενος, τὴν μὲν αὑτοῦ μητέρα ἐπενεγκαμένην προῖκα [2] πλέον ἢ ἑκατὸν μνᾶς, τὴν δ' ἐμὴν ἄπροικον φάσκων συνοικῆσαι. ταῦτα δὲ διέξεισιν, ὦ ἄνδρες δικασταὶ, οὔτε μαρτυρίαν οὐδεμίαν [3] συμβεβλημένος ὑπὲρ τούτων, οὔτ' ἀγνοῶν ὡς οὐδὲν ὑγιὲς λέγει· ἀλλ' ἀκριβῶς εἰδὼς, ὅτι ὁμολογῶν μὲν ἀδικεῖν ἐν ὑμῖν οὐδείς πω ἀπέφυγε, ψευ-
1015 δόμενος δὲ καὶ παραγωγὰς λέγων ἤδη τις δίκην οὐ δέδωκεν. ἵν' οὖν μὴ ἐξαπατηθῆτε ὑπ' αὐτοῦ, βέλτιον εἶναί μοι δοκεῖ βραχέα καὶ περὶ τούτου πρὸς ὑμᾶς εἰπεῖν.

γ'. Ἐὰν μὲν γὰρ λέγῃ, ὡς ἡ μὲν ἐμὴ μήτηρ οὐκ ἐπηνέγκατο προῖκα, ἡ δὲ τούτων ἐπηνέγκατο, ἐνθυμεῖσθ', ὅτι περιφανῶς ψεύδεται. πρῶτον μὲν γὰρ Πάμφιλος, ὁ πατὴρ τῆς τούτων μητρὸς, πέντε τάλαντα τῷ δημοσίῳ ὀφείλων ἐτελεύτησε· καὶ τοσοῦτον ἐδέησε περιγενέσθαι τι τοῖς ἐκείνου παισὶ, τῆς οὐσίας ἀπογραφείσης καὶ δημευθείσης, ὥστ' οὐδὲ τὸ ὄφλημα πᾶν ὑπὲρ αὐτοῦ ἐκτέτισται,

[1] αὑτῶν [2] πλεῖον [3] ἐμβεβλημένος

Βουλευτηρίου] Aliqui leg. censent πωλητηρίου. πωλητήριον erat Athenis locus ubi considebat πωληταί, Magistratus cui commissa erat elocatio vectigalium, metallorum, auctionum, functionum publicarum. Augen.

Συμβεβλημένος] F. ἐμβεβλημένος. In farrag. Wolf.

ἀλλ' ἔτι καὶ νῦν ὁ Πάμφιλος ὀφείλων τῷ δημοσίῳ ἐγγέγραπται. πῶς οὖν οἷόν τε τὸν ἐμὸν πατέρα χρήματα λαβεῖν ἐκ τῆς Παμφίλου οὐσίας, ἢ οὐδ' αὐτὸ τὸ ὄφλημα τῇ πόλει ἱκανὴ ἐγένετο ἐκτίσαι; ἔπειθ', ὦ ἄνδρες δικασταὶ, ἐνθυμεῖσθ', ὅτι εἰ τὰ μάλιστα περιεγένετο τὰ χρήματα ταῦτα, ὥςπερ οὗτοί φασιν, οὐκ ἂν ὁ ἐμὸς πατὴρ αὐτὰ ἔλαβεν, ἀλλ' οἱ τοῦ Παμφίλου υἱεῖς, Βοιωτὸς καὶ Ἡδύλος καὶ Εὐθύδημος, οἳ οὐκ ἂν δήπου ἐπὶ μὲν [1] τὸ τἀλλότρια λαμβάνειν ὁτιανοῦν ἐποίουν, ὡς καὶ ὑμεῖς ἅπαντες ἴστε, τὰ δ' αὑτῶν τὸν ἐμὸν πατέρα περιεῖδον κομισάμενον.

δ'. Ὅτι μὲν τοίνυν ἥ γε τούτων μήτηρ οὐκ ἐπηνέγκατο προῖκα, ἀλλ' οὗτοι τοῦτο ψεύδονται, ἱκανῶς ὑμᾶς μεμαθηκέναι νομίζω· ὅτι δὲ ἡ ἐμὴ μήτηρ ἐπηνέγκατο, ῥᾳδίως ἐγὼ δείξω. πρῶτον μὲν γὰρ Πολυαράτου θυγάτηρ ἦν, ὃς καὶ ὑφ' ὑμῶν ἐτιμᾶτο καὶ πολλὴν οὐσίαν ἐκέκτητο. ἔπειτα μεμαρτύρηται ὑμῖν, ὡς καὶ ἡ ἀδελφὴ αὐτῆς τοσαύτην προῖκα 1016
ἐπενεγκαμένη Ἐρυξιμάχῳ συνῴκησε τῷ Χαβρίου κηδεστῇ. πρὸς δὲ τούτοις, φαίνεται ἡ μήτηρ μου τὸ πρῶτον ἐκδοθεῖσα Κλεομέδοντι, οὗ φασὶ τὸν πατέρα Κλέωνα τῶν ὑμετέρων προγόνων στρατηγοῦντα, Λακεδαιμονίων πολλοὺς ἐν Πύλῳ ζῶντας λαβόντα, μάλιστα πάντων ἐν τῇ πόλει εὐδοκιμῆσαι· ὥςτε, οὔτε τὸν ἐκείνου προσῆκεν υἱὸν ἄπροικον αὐτὴν γῆμαι, οὔτε Μενέξενον καὶ Βάθυλλον εἰκός ἐστιν, αὐτούς τε οὐσίαν πολλὴν κεκτημένους καὶ Κλεομέδοντος τελευτήσαντος κομισαμένους τὴν προῖκα, ἀποστερῆσαι τὴν ἀδελφὴν τὴν αὑτῶν, ἀλλὰ [2] προσθέντας αὐτοὺς ἐκδοῦναι τῷ ἡμετέρῳ πατρὶ, καθάπερ καὶ αὐτοὶ πρὸς ὑμᾶς καὶ οἱ ἄλλοι [3] οἱ οἰκεῖοι μεμαρτυρήκασι. χωρὶς δὲ τούτων, ἐνθυμήθητε, διὰ τί ἄν ποτε ὁ πατὴρ, εἴπερ ἡ μὲν ἐμὴ μήτηρ μὴ ἦν ἐγγυητὴ μηδ' ἠνέγκατο προῖκα, ἡ δὲ τούτων ἠνέγκατο, τούτους μὲν οὐκ ἔφη αὑτοῦ υἱεῖς εἶναι, ἐμὲ δὲ καὶ ἐποιεῖτο καὶ ἐπαίδευεν; ὅτι νὴ Δία, ὡς οὗτοι

[1] τῷ [2] προσθέντας * ἂν αὐτοὺς [3] Deest articulus.

γ'. Ἐπὶ μὲν τῷ τὰ ἀλλότρια λαμβάνειν ὁ, τιοῦν ἐποίουν. Idem.

δ'. Οὗ φασὶ τὸν πατέρα Κλέωνα] De hoc vide Aristophanis Ἱππέας et Thucydidem. Idem.

Τῶν ὑμετέρων προγόνων] Si Cleomedon fuit Cleonis filius, quomodo ista vox locum habet? nisi et Cleomedon admodum fuerit senex, et πρόγονοι ἀντὶ τῶν πάππων ponantur. Idem.

φασὶν, ἐμοὶ χαριζόμενος καὶ τῇ γε ἐμῇ μητρὶ, τούτους ἠτίμαζεν; ἀλλ' ἐκείνη μὲν, ἔτι παῖδα μικρὸν ἐμὲ καταλιποῦσα, αὐτὴ τὸν βίον ἐτελεύτησεν, ἡ δὲ τούτων μήτηρ Πλαγγὼν, καὶ πρότερον καὶ μετὰ ταῦτα εὐπρεπὴς τὴν ὄψιν οὖσα, ἐπλησίαζεν αὐτῷ· ὥστε πολὺ μᾶλλον εἰκὸς ἦν αὐτὸν διὰ τὴν ζῶσαν γυναῖκα, ἧς ἐρῶν ἐτύγχανε, τὸν τῆς τεθνεώσης υἱὸν ἀτιμάζειν, ἢ δι' ἐμὲ καὶ τὴν τετελευτηκυῖαν τοὺς ἐκ τῆς ζώσης καὶ πλησιαζούσης αὐτῷ παῖδας μὴ ποιεῖσθαι. καίτοι οὗτός γ' εἰς τοῦτο τόλμης ἥκει, ὥστε φησὶ τὸν πατέρα μου δεκάτην ὑπὲρ [1] αὐτοῦ ἑστιᾶσαι· καὶ
1017 περὶ τούτου μόνον Τιμοκράτους καὶ Προμάχου ἀποδέδεικται μαρτυρίας, οἳ οὔτε γένει προσήκουσί μου τῷ πατρὶ οὐδὲν, οὔτε φίλοι ἦσαν ἐκείνῳ, οὕτω δὲ φανερῶς τὰ ψευδῆ μεμαρτυρήκασιν, ὥστε, ὃν πάντων ὑμῶν εἰδότων οὑτοσὶ δίκην λαχὼν ἄκοντα ἠνάγκασε ποιήσασθαι αὐτὸν, τοῦτον οὗτοι, ὥσπερ κλητῆρες δύο μόνοι ὄντες, μαρτυροῦσι δεκάτην ὑπὲρ τούτου ἑστιᾶσαι. οἷς τίς ἂν ὑμῶν πιστεύσειεν; καὶ μὴν οὐδ' ἐκεῖνό γε εἰπεῖν αὐτῷ ἐνδέχεται, ὡς μικρὸν μὲν ὄντα ἐποιεῖτο αὐτὸν ὁ πατὴρ, μείζω δὲ γενόμενον, τῇ μητρὶ ὀργισθείς [2] τι τούτων, ἠτίμαζε. πολὺ γὰρ δήπου μᾶλλον εἰώθασιν, ὧν [3] ἂν ἑαυτοῖς διενεχθῶσι γυνὴ καὶ ἀνὴρ, διαλλάττεσθαι διὰ τοὺς παῖδας, ἢ διὰ τὰς πρὸς αὐτοὺς ὀργὰς τοὺς κοινοὺς παῖδας προσμισεῖν.

ε΄. Ὥστ', ἐὰν μὲν ἐπιχειρῇ ταῦτα λέγειν, μὴ ἐπιτρέπετε αὐτῷ ἀναισχυντεῖν· ἐὰν δὲ λέγῃ περὶ τῶν δικῶν ἃς ἀπεδιῄτησέ μου ὁ διαιτητὴς, καὶ φάσκῃ ὑπ' ἐμοῦ ἀπαράσκευος ληφθῆναι, πρῶτον μὲν μέμνησθε, ὅτι οὐκ ὀλίγος

[1] αὐτοῦ [2] τι τῇ τούτων [3] ἂν ἐν ἑαυτοῖς

Ἀποδέδεικται μαρτυρίας] Notatum est ἐμβέβληνται. supra *συμβεβλῆσθαι μαρτυρίαν*, pro quo fortasse legendum ἐμβεβλῆσθαι. Idem. ἀποδέδεικται active sumitur, et *μαρτυρίας* est in accusativo plurali. Auger.

Ὥσπερ κλητῆρες δύο μόνοι ὄντες] Sententia est, multos fuisse alios ejus rei testes, ut nihil necesse fuerit, istos sycophantas adhibere. Wolf. κλητῆρες, *advocati ad causam, subscriptores qui actori reum citanti aderant.* Auger.

Δεκάτην ὑπὲρ τούτου ἑστιᾶσαι] Non possum hoc melius explicare, quam verbis doctissimi viri Ioachimi Camerarii ex annotationibus ad Varennii syntaxin. τῇ ἑβδόμῃ, inquit, dabatur otium, et permittebantur lusus pueris. τῇ δεκάτῃ nomina imponebantur quondam infantibus, unde est ποιῆσαι et ἑστιᾶσαι δεκάτην apud Demosthenem πρὸς Βοιωτὸν, περὶ τοῦ ὀνόματος, et περὶ προικός. Verum hæc δεκάτη, non mensis intelligenda est, sed decima, sive dies, sive nox, post genitum puerum. Wolf.

Ὀργισθείς τι] Leg. ὀργισθείς τι τῇ ἑαυτῶν. Auger.

χρόνος ἐγένετο, ἐν ᾧ ἔδει παρεσκευάσθαι αὐτὸν, ἀλλ' ἔτη πολλά· ἔπειθ', ὅτι οὗτος ἦν ὁ διώκων, ὥστε πολὺ μᾶλλον ἦν ἂν εἰκὸς ἐμὲ ὑπὸ τούτου ἀπαράσκευον ληφθῆναι, ἢ τοῦτον ὑπ' ἐμοῦ· ἔτι δὲ, πάντες ὑμῖν οἱ πρὸς τῷ διαιτητῇ παρόντες μεμαρτυρήκασιν, ὡς οὗτος παρὼν αὐτὸς, ὅτε ἀπεδιῄτησέ μου ὁ διαιτητὴς, οὔτε ἐφῆκεν εἰς τὸ δικαστήριον, ἐνέμεινέ τε τῇ διαίτῃ. καίτοι ἄτοπον δοκεῖ μοι εἶναι, εἰ οἱ μὲν ἄλλοι, ὅταν οἴωνται ἀδικεῖσθαι, καὶ τὰς πάνυ μικρὰς δίκας εἰς ὑμᾶς ἐφιᾶσιν· οὗτος δέ μοι περὶ προικὸς δίκην ταλάντου λαχὼν, [1] τότε, ὡς αὐτός φησιν, ἀδίκως [2] ἀποδιαιτηθεὶς, ἐνέμεινε. 1018

ϛ'. Νὴ Δί', ἀπράγμων γάρ τις ἴσως ἐστὶν ἄνθρωπος, καὶ οὐ φιλόνεικος. ἐβουλόμην μέν τ' ἂν, ὦ ἄνδρες δικασταὶ, τοιοῦτον αὐτὸν εἶναι. νυνὶ δ' ὑμεῖς μὲν οὕτως ἐστὲ κοινοὶ καὶ φιλάνθρωποι, ὥστ' οὐδὲ τοὺς τῶν τριάκοντα υἱεῖς φυγαδεῦσαι ἐκ τῆς πόλεως ἠξιώσατε· οὗτος δ', ἐμοὶ μετὰ Μενεκλέους τοῦ πάντων τούτων ἀρχιτέκτονος ἐπιβουλεύσας, καὶ ἐξ ἀντιλογίας καὶ λοιδορίας πληγὰς συναψάμενος, ἐπιτεμὼν τὴν κεφαλὴν αὐτοῦ, τραύματος ὡς Ἄρειον πάγον με [3] προὐκαλέσατο, ὡς φυγαδεύσων ἐκ τῆς πόλεως. καὶ, εἰ μὴ Εὐθύδικος ὁ ἰατρὸς, πρὸς ὃν οὗτοι τοπρῶτον ἦλθον, δεόμενοι ἐπιτεμεῖν τὴν [4] κεφαλὴν, αὐτὸς πρὸς τὴν ἐξ Ἀρείου πάγου βουλὴν εἶπε τὴν ἀλήθειαν πᾶσαν, τοιαύτην ἂν δίκην οὗτος εἰλήφει παρ' ἐμοῦ οὐδὲν ἀδικοῦντος, ἣν ὑμεῖς οὐδὲ κατὰ τῶν τὰ μέγιστ' ἀδικούντων ὑμᾶς ἐπιχειρήσαιτ' ἂν ποιήσασθαι. ἵνα δὲ μὴ δοκῶ διαβάλλειν αὐτὸν, ἀνάγνωθί μοι τὰς μαρτυρίας.

ΜΑΡΤΥΡΙΑΙ.

ζ'. Τοῦτον μὲν τοίνυν οὕτω μέγαν καὶ φοβερὸν ἀγῶνά μοι οὐχ ὡς εὐήθης ὢν, [5] ἀλλ' ἐπίβουλος καὶ κακοῦργος,

[1] ταύτῃ, [2] * καταδιαιτηθεὶς [3] προσεκαλέσατο [4] κεφαλὴν αὐτοῖς, πρὸς [5] ἀλλ' ὡς ἐπίβουλος

ε'. Ὅτι οὗτος ἦν ὁ διώκων] Alii addunt τὴν δίκην. WOLF.

Τότε, ὡς] M. τότε ταύτῃ, ὡς. et ibid. f. καταδιαιτηθείς. IDEM.

ϛ'. Πληγὰς συναψάμενος] Commentus, orto jurgio se a me vapulasse, πλασάμενος, ὅτι ἐπλήγη ὑπ' ἐμοῦ βιαστός. Hoc fere malo, quam ἐρεθίσας ἡμᾶς ἐπὶ πληγὰς ἐλθεῖν: etsi in versione secutus sum hanc sententiam. IDEM.

Προὐκαλέσατο] Malim προσεκαλέσατο, uti plus semel alibi: prius tamen etiam memini me alicubi legere. VALCKENAER. *Animadv. ad Ammon.* L. II. c. XII. p. 127.

κατεσκεύασε· μετὰ δὲ ταῦτα ἀντὶ τοῦ ὀνόματος, οὗ ἔθετο ὁ πατὴρ αὐτῷ Βοιωτὸν, ὥσπερ καὶ πρὸς ὑμᾶς μεμαρτύρηται, ἐπειδὴ ἐκεῖνος ἐτελεύτησε, Μαντίθεον αὑτὸν ἐγγράψας εἰς τοὺς δημότας, καὶ τοῦ αὐτοῦ ἐμοὶ πατρὸς καὶ δήμου προσαγορευόμενος, οὐ μόνον τὴν δίκην ταύτην, περὶ ἧς νῦν δικάζομαι, ἀνάδικον ἐποίησεν, ἀλλὰ καὶ, χειροτονησάντων ὑμῶν ἐμὲ ταξίαρχον, ἧκεν αὐτὸς εἰς τὸ δικαστή-

1019 ριον δοκιμασθησόμενος, δίκην τε ἐξούλης ὠφληκὼς, ταύτην οὐκ αὐτὸς ὠφληκέναι φησὶν, ἀλλ' ἐμέ. ὡς δ' ἐν κεφαλαίῳ εἰπεῖν, κακά μοι παρέχων, ἠνάγκασέ με λαχεῖν αὐτῷ δίκην περὶ τοῦ ὀνόματος, οὐχ ἵνα χρήματα παρ' αὐτοῦ λάβω, ὦ ἄνδρες δικασταὶ, ἀλλ' ἵν', ἐὰν ὑμῖν δοκῶ δεινὰ πάσχειν καὶ βλάπτεσθαι μεγάλα, οὑτοσὶ καλῆται Βοιωτὸς, ὥσπερ ὁ πατὴρ αὐτῷ ἔθετο. ὅτι τοίνυν ἀληθῆ καὶ ταῦτα λέγω, λάβε μοι καὶ τὰς περὶ τούτων μαρτυρίας.

ΜΑΡΤΥΡΙΑΙ.

η'. Πρὸς τούτοις τοίνυν, καὶ ὅτι ἐγὼ στρατευόμενος, καὶ μετὰ Ἀμεινίου ξενολογήσας, ἄλλοθέν τε χρήματα εὐπορήσας, καὶ ἐκ Μιτυλήνης παρὰ τοῦ ὑμετέρου προξένου Ἀπολλωνίδου καὶ παρὰ τῶν φίλων τῆς πόλεως λαβὼν τριακοσίους στατῆρας Φωκαεῖς, ἀνήλωσα εἰς τοὺς στρατιώτας, ἵνα πρᾶξίς τις πραχθείη καὶ ὑμῖν καὶ ἐκείνοις συμφέρουσα, περὶ τούτων μοι δικάζεται, ὡς πατρικὸν κεκομισμένῳ χρέος παρὰ τῆς πόλεως τῆς Μιτυληναίων, Κάμμη τῷ τυραννοῦντι Μιτυλήνης ὑπηρετῶν, ὃς καὶ ὑμῖν κοινῇ καὶ ἐμοὶ ἰδίᾳ ἐχθρός ἐστιν. ὅτι δ' ὁ πατὴρ ἡμῶν, ἣν ἐψηφίσαντο αὐτῷ δωρεὰν οἱ Μιτυληναῖοι, εὐθὺς αὐτὸς ἐκομίσατο, καὶ ὡς οὐδὲν ὠφείλετο αὐτῷ χρέος ἐν Μιτυλήνῃ, τῶν ὑμετέρων φίλων παρέξομαι μαρτυρίαν.

ζ'. Ἀνάδικον] Id est, *denuo judicandum: et judicium nullum*, ut Latini JCti loquuntur, propter nominis communionem scilicet et personæ indiscretam similitudinem. Ἡ ἀνάδικος enim similis est τῇ μὴ οὔσῃ δίκῃ, et fortasse eadem. BUDÆUS.

Ἔθετο] Sub. ὄνομα. AUGER.

η'. Παρὰ τοῦ ἡμετέρου προγόνου] F. προξένου. et v. 25. ὑπηρετοῦντι, quia præcedit, μοι κεκομισμένῳ. Nisi placeat τὸ ὑπηρετῶν κατ' ἀντίπτωσιν εἰλεγμένον. WOLF. Deberet legi ὑπηρετοῦντι. AUGER.

ΜΑΡΤΥΡΙΑ.

θ΄. Ἔχων τοίνυν, ὦ ἄνδρες δικασταί, [1] ἄλλα πολλὰ καὶ δεινὰ λέγειν, ἃ οὗτος καὶ εἰς ἐμὲ καὶ εἰς ὑμῶν ἐνίους ἡμάρτηκεν, ἀναγκάζομαι διὰ τὸ ὀλίγον εἶναί μοι τὸ ὕδωρ, παραλιπεῖν. νομίζω γὰρ καὶ ἐκ τούτων ὑμῖν ἱκανῶς ἐπιδεδεῖ- 1020
χθαι, ὡς οὐ τοῦ αὐτοῦ ἀνθρώπου ἐστὶν ἀγῶνα μέν μοι περὶ φυγῆς κατασκευάζειν, καὶ δίκας οὐδὲν προσηκούσας δικάζεσθαι, πρὸς δὲ τὸν διαιτητὴν ἀπαντᾶν ἀπαράσκευον. ὥστε περὶ μὲν τούτων ἂν ἐπιχειρῇ λέγειν, οὐκ οἴομαι ὑμᾶς ἀποδέξασθαι ἂν αὐτόν· ἂν δὲ λέγῃ, ὡς, ἀξιοῦντος αὐτοῦ ἐπιτρέψαι Κόνωνι τῷ Τιμοθέου περὶ ἁπάντων, ἐγὼ οὐκ [2] ἐβουλόμην ἐπιτρέπειν, ἐνθυμεῖσθε, ὡς ἐξαπατᾶν ὑμᾶς ἐπιχειρήσει. ἐγὼ γάρ, περὶ μὲν ὧν αἱ δίκαι οὔπω τέλος εἶχον, ἕτοιμος ἦν ἐπιτρέπειν καὶ Κόνωνι, καὶ ἄλλῳ διαιτητῇ ἴσῳ, [3] οἵῳ οὗτος βούλοιτο· περὶ δὲ ὧν τρὶς πρὸς τὸν διαιτητὴν ἀπαντήσαντος τούτου καὶ ἀντιδικοῦντος, ὁ μὲν διαιτητὴς ἀπέγνω μου, οὗτος δὲ τοῖς γνωσθεῖσιν ἐνέμεινεν, ὡς καὶ ὑμῖν μεμαρτύρηται, οὐκ ᾤμην δίκαιον εἶναι ταῦτα πάλιν ἀνάδικα γίνεσθαι. τί γὰρ ἂν ἦν πέρας ἡμῖν τοῦ διαλυθῆναι, εἰ, τὰ κατὰ τοὺς νόμους διαιτηθέντα λύσας, ἑτέρῳ διαιτητῇ [4] ἐπέτρεψε περὶ τῶν αὐτῶν ἐγκλημάτων; ἄλλως τε καὶ ἀκριβῶς εἰδώς, ὅτι, εἰ καὶ πρὸς τοὺς ἄλλους μὴ ἐπιεικές ἐστι ταῖς διαίταις ἰσχυρίζεσθαι, πρός γε τοῦτον ἁπάντων δικαιότατον ἦν οὕτω προσφέρεσθαι. φέρε γάρ, εἴ τις αὐτὸν ξενίας γράψαιτο, λέγων, ὡς διομνύμενος ὁ πατὴρ οὐκ ἔφη τοῦτον υἱὸν αὐτοῦ εἶναι, ἔσθ᾽, ὅτῳ ἂν ἄλλῳ ἰσχυρίζοιτο πρὸς ταῦτα, ἤ, διότι τῆς μητρὸς αὐτῶν ὀμοσάσης, καὶ τοῦ διαιτητοῦ καταγνόντος, ἠναγκάσθη ὁ πατὴρ ἡμῶν ἐμμεῖναι τῇ διαίτῃ; οὐκοῦν δεινόν, εἰ οὗτος αὐτὸς κατὰ γνῶσιν διαιτητοῦ ὑμέτερος πολίτης γεγενημένος, καὶ πρὸς ἐμὲ τὴν οὐσίαν νειμάμενος, καὶ τυχὼν τῶν μετρίων ἁπάν- 1021
των, ἃς ἐγὼ δίκας τοῦτον ἀπέφυγον παρόντα καὶ ἀντιδι-

[1] καὶ ἄλλα [2] ἠβουλόμην [3] ὅτῳ [4] ἐπέτρεψα

θ΄. Κόνωνι τῷ Τιμοθέου] Videtur fuisse moris, primogenito avi paterni nomen indere. Wolf.

Ἀπαντήσαντες τούτου] F. A. ἀπαντήσαντες, τούτου παρόντος. In farrag. F. ἀπαντήσαμεν, παρόντος τούτου. Idem.

Ἃς ἐγὼ δίκας — ἀντιδικοῦντα] Ἀποφεύγω, ἀντὶ τοῦ, ἀφίεμαι καὶ ἀπολύομαι, inter-

κοῦντα καὶ τοῖς γνωσθεῖσιν ἐμμείναντα, ταύτας ἀναδίκους ἀξιῶν γενέσθαι, δίκαιά τι δοκοίη λέγειν ὑμῖν· ὥσπερ, ὅταν μὲν τούτῳ συμφέρῃ, δέον κυρίας εἶναι τὰς διαίτας, ὅταν δὲ μὴ συμφέρῃ, προσῆκον τὴν τούτου γνώμην κυριωτέραν γενέσθαι τῶν κατὰ τοὺς ὑμετέρους νόμους γνωσθέντων. ὃς οὕτως ἐπίβουλός ἐστιν, ὥστε καὶ τὴν δίαιταν ταύτην ἐπιτρέπειν με προὐκαλεῖτο, οὐχ ὅπως ἀπαλλαγῇ πρός με, ἀλλ' ἵνα, ὥσπερ καὶ πρότερον ἕνδεκα ἔτη διήγαγε κακουργῶν, οὕτω καὶ τὰ νῦν ἀποδιαιτηθέντα μου λύσας ἐξ ἀρχῆς με συκοφαντῇ, καὶ τὴν δίκην ταύτην ἐκκρούῃ. τεκμήριον δὲ τούτου μέγιστον· οὔτε γὰρ τὴν πρόκλησιν ἐδέχετο, ἣν ἐγὼ κατὰ τοὺς νόμους προὐκαλούμην αὐτὸν, πρότερόν τε Ξενίππῳ, ὃν οὗτος [1] προὐκαλεῖτο διαιτητὴν, ἐπιτρέψαντός μου περὶ τῆς τοῦ ὀνόματος δίκης, ἀπηγόρευσεν αὐτῷ μὴ διαιτᾶν. ὅτι δὲ καὶ ταῦτ' ἀληθῆ λέγω, ἐκ τῆς μαρτυρίας καὶ τῆς προκλήσεως εἴσεσθε.

ΜΑΡΤΥΡΙΑ. ΠΡΟΚΛΗΣΙΣ.

ί. Ταύτην τοίνυν τὴν πρόκλησιν οὐ δεξάμενος, ἀλλ' ἐνεδρεύων με καὶ τὴν δίκην ὅτι πλεῖστον χρόνον ἐκκρούειν βουλόμενος, κατηγορήσει, ὡς ἐγὼ πυνθάνομαι, οὐ μόνον ἐμοῦ, ἀλλὰ καὶ τοῦ πατρὸς, λέγων, ὡς ἐκεῖνος, ἐμοὶ χαριζόμενος, πολλὰ τοῦτον ἠδίκησεν· ὑμεῖς δ', ὦ ἄνδρες δικασταὶ, μάλιστα μὲν ὥσπερ αὐτοὶ οὐκ ἂν ἀξιώσαιτε κακῶς ἀκούειν ὑπὸ τῶν ὑμετέρων παίδων, οὕτω μηδὲ τούτῳ ἐπι-
1022 τρέπετε περὶ τοῦ πατρὸς βλασφημεῖν. καὶ γὰρ ἂν εἴη δεινὸν, εἰ αὐτοὶ μὲν πρὸς τοὺς ἐπὶ τῆς ὀλιγαρχίας πολλοὺς τῶν πολιτῶν ἀκρίτους ἀποκτείναντας διαλλαγέντες ἐμμένετε ταῖς ὁμολογίαις, ὥσπερ χρὴ τοὺς καλοὺς κἀγαθοὺς ἄνδρας· τούτῳ δὲ, πρὸς τὸν πατέρα ζῶντα διαλυθέντι καὶ πολλὰ παρὰ τὸ δίκαιον πλεονεκτήσαντι, νῦν μνησικακεῖν

[1] προὐβάλλετο διαιτητὴν, ἐπιτρέψαντός

dum cum duobus accusativis: *quibus judiciis, hoc præsente et adversus me orante, ipse absolutus sum.* Budæus.

Γνωσθέντων] Dicit Demosthenes, quomodo lex ἐμμένειν τοῖς διαγνωσθεῖσι. διαγνώσομαι, γνώσομαι, γνῶσις, item μένειν et ἐμμένειν, verba sunt ea in re propria. *Herald. Anim. in Salmas. Obs. ad Jus A. et R.* l. V. c. XIV. §. 11.

Ὃν οὗτος προὐκαλεῖτο] Προὐβάλλετο videtur rectius. Wolf. Auger.

ί. Ταύτην] M. ἑαυτήν. Auger.

ἐπιτρέψετε, καὶ κακῶς ἐκεῖνον λέγειν. μηδαμῶς, ὦ ἄνδρες δικασταί· ἀλλὰ μάλιστα μὲν κωλύετ' αὐτὸν ταῦτα ποιεῖν, ἂν δ' ἄρα βιάζηται ὑμᾶς καὶ λοιδορῆται αὐτῷ, ἐνθυμεῖσθ', ὅτι αὐτὸς αὑτοῦ καταμαρτυρεῖ μὴ ἐξ ἐκείνου γεγενῆσθαι. οἱ μὲν γὰρ φύσει παῖδες ὄντες, κἂν πρὸς ζῶντας διενεχθῶσι τοὺς πατέρας, ἀλλ' οὖν τελευτήσαντάς γε αὐτοὺς ἐπαινοῦσιν· οἱ δὲ νομιζόμενοι μὲν υἱεῖς, μὴ ὄντες δὲ γένει ἐξ ἐκείνων, ῥᾳδίως μὲν αὐτοῖς διαφέρονται ζῶσιν, οὐδὲν δὲ φροντίζουσι περὶ τεθνεώτων αὐτῶν βλασφημοῦντες. χωρὶς δὲ τούτων ἐνθυμεῖσθε, ὡς ἄτοπόν ἐστιν, εἰ οὗτος τὸν πατέρα, ὡς ἁμαρτόντα εἰς αὐτὸν, λοιδορήσει, διὰ τὰ ἐκείνου ἁμαρτήματα ὑμέτερος πολίτης γεγενημένος. κἀγὼ μὲν, διὰ τὴν τούτων μητέρα τὰ δύο μέρη τῆς οὐσίας ἀδίκως ἀφαιρεθεὶς, ὅμως ὑμᾶς αἰσχύνομαι λέγειν περὶ ἐκείνης τι φλαῦρον· οὗτος δ', ὃν ἠνάγκασεν αὐτῷ πατέρα γενέσθαι, τοῦτον οὐκ αἰσχύνεται ἐναντίον ὑμῶν ψέγων, ἀλλ' εἰς τοῦτ' ἀμαθίας ἥκει, ὥστε, τῶν νόμων ἀπαγορευόντων μηδὲ τοὺς τῶν ἄλλων πατέρας κακῶς λέγειν τεθνεῶτας, τοῦτον οὗτος, οὗ φησὶν υἱὸς εἶναι, λοιδορήσει, ᾧ προσῆκε, καὶ, εἴ τις ἄλλος ἐβλασφήμει περὶ αὐτοῦ, ἀγανακτεῖν. 1023

ιά. [1] Οἶμαι δ' αὐτὸν, ὦ ἄνδρες δικασταὶ, ἐπειδὰν τῶν ἄλλων ἀπορῇ, κακῶς [2] τέ με ἐπιχειρήσειν λέγειν καὶ διαβάλλειν πειράσεσθαι, διεξιόνθ', ὡς ἐγὼ μὲν καὶ ἐτράφην, καὶ ἐπαιδεύθην, καὶ ἔγημα ἐν τῇ τοῦ πατρὸς οἰκίᾳ· αὐτὸς δ' οὐδενὸς τούτων μετέσχεν. ὑμεῖς δ' ἐνθυμεῖσθ', ὅτι ἐμὲ μὲν ἡ μήτηρ παῖδα καταλιποῦσα ἐτελεύτησεν, ὥστε μοι ἱκανὸν ἦν ἀπὸ τοῦ τόκου τῆς προικὸς καὶ τρέφεσθαι καὶ παιδεύεσθαι· ἡ δὲ τούτων μήτηρ Πλαγγὼν, τρέφουσα μεθ' αὑτῆς τούτους καὶ θεραπαίνας συχνὰς, καὶ αὐτὴ πολυτελῶς ζῶσα, καὶ εἰς ταῦτα τὸν πατέρα τὸν ἐμὸν χορηγὸν αὑτῇ ὑπὸ τῆς ἐπιθυμίας ἔχουσα καὶ πολλὰ δαπανᾷν ἀναγκάζουσα, οὐκ ἴσα δήπου τῆς ἐκείνου οὐσίας ἐμοὶ ἀνήλωκεν. ὥστε πολὺ μᾶλλον προσήκει ἐμὲ τούτοις ἐγκαλεῖν, ἢ αὐτὸν ἐγκλήματ' ἔχειν ὑπὸ [3] τούτων πρὸς τοῖς ἄλλοις;

[1] οἴομαι [2] γε [3] τούτων. πρὸς γὰρ τοῖς ἄλλοις, εἴκοσι

Ὧ προσῆκε καὶ εἴ τις] M. ᾧ προσῆκεν εἴ καί τις ἄλλος. Wolf.

ιά. Προσήκει ἐμὲ] M. προσῆκεν ἐμέ. Idem. Πρὸς γὰρ τοῖς ἄλλοις, εἴκοσι μνᾶς δανεισά-

ὃς εἴκοσι μὲν μνᾶς δανεισάμενος μετὰ τοῦ πατρὸς παρὰ Βλεπαίου τοῦ τραπεζίτου εἰς ὠνήν [1] τινα μετάλλων, ἐπειδὴ ὁ πατὴρ ἐτελεύτησε, τὰ μὲν μέταλλα πρὸς [2] τούτοις ἐνειμάμην, τὸ δάνειον δ' αὐτὸς εἰσεπράχθην· ἑτέρας δὲ χιλίας εἰς τὴν τοῦ πατρὸς ταφὴν παρὰ Λυσιστράτου [3] Θορικίου δανεισάμενος, ἰδίᾳ ἐκτέτικα. ὡς δ' ἀληθῆ καὶ ταῦτα λέγω, ἐκ τούτων τῶν μαρτυριῶν εἴσεσθε.

ΜΑΡΤΥΡΙΑΙ.

ιβ'. Τοσαῦτα τοίνυν ἐμοῦ ἐλαττουμένου φανερῶς, οὑτοσὶ [4] νῦν σχετλιάζων καὶ δεινοπαθῶν [5] τὴν προῖκά με
1024 τῆς μητρὸς ἀποστερήσει; ἀλλ' ὑμεῖς, ὦ ἄνδρες δικασταί, πρὸς Διὸς καὶ θεῶν, μὴ καταπλαγῆτε ὑπὸ τῆς κραυγῆς τῆς τούτου· πολὺς γάρ, πολὺς καὶ τολμηρός ἐστιν ἄνθρωπος, καὶ οὕτω κακοῦργος, ὥστε περὶ ὧν ἂν μὴ ἔχῃ μάρτυρας παρασχέσθαι, ταῦτα φήσει ὑμᾶς εἰδέναι, ὦ ἄνδρες δικασταί, ὃ πάντες ποιοῦσιν οἱ μηδὲν ὑγιὲς λέγοντες. ὑμεῖς οὖν, ἐάν τι τοιοῦτον τεχνάζηται, μὴ ἐπιτρέπετε αὐτῷ, ἀλλ' ἐξελέγχετε· καί, ὅ τι ἂν μὴ ἕκαστος ὑμῶν εἰδῇ, μηδὲ τὸν πλησίον νομιζέτω εἰδέναι, ἀλλ' ἀξιούτω τοῦτον ἀποδεικνύναι σαφῶς ὑπὲρ ὧν ἂν λέγῃ, καὶ μή, ὑμᾶς φάσκοντα εἰδέναι περὶ ὧν αὐτὸς οὐδὲν ἕξει εἰπεῖν δίκαιον, περὶ τούτων ἀποδιδράσκειν τὴν ἀλήθειαν. ἐπεὶ καὶ ἔγωγε, ὦ ἄνδρες δικασταί, πάντων ὑμῶν εἰδότων ὃν τρόπον ἀναγκασθεὶς ὁ πατήρ μου ἐποιήσατο τούτους, οὐδὲν ἧττον δικάζομαι νυνὶ αὐτοῖς, καὶ μάρτυρας ὑποδίκους παρέσχημαι. καίτοι οὐκ [6] ἴσος ἡμῖν ἐστὶν ὁ κίνδυνος. ἀλλ' ἐμοὶ μέν, ἐὰν ὑμεῖς νυνὶ ὑπὸ τούτων ἐξαπατηθῆτε, οὐκ ἐξέσται ἔτι δικάσασθαι περὶ τῆς προικός· τούτοις δ', εἰ φασὶν ἀδίκως ἀποδιαιτῆσαί μου τὸν διαιτητὴν τὰς δίκας, καὶ τότε ἐξῆν εἰς ὑμᾶς ἐφεῖναι, καὶ νῦν ἐκγενήσεται πάλιν, ἐὰν βούλωνται, παρ' ἐμοῦ λαβεῖν ἐν ὑμῖν τὸ δίκαιον. καὶ ἐγὼ μέν, ἐάν, ὃ μὴ γένοιτο, ὑμεῖς με ἐγκαταλίπητε,

[1] τινῶν [2] τούτους [3] * τοῦ Θορικίου [4] νυνὶ [5] καὶ τὴν [6] ἴσος γ' ἡμῖν

μενος] Haec lectio vera est, altera inepta. Idem. ιβ'. Καὶ νῦν ἐκ. γενήσεται] F. καὶ νῦν ἐγγενήσεται. Idem.

οὐχ ἕξω ὁπόθεν προῖκα ἐπιδῶ τῇ θυγατρὶ ᾗς τῇ μὲν φύ-
σει πατήρ εἰμι, τὴν δ' ἡλικίαν αὐτῆς εἰ ἴδοιτε, οὐκ ἂν
θυγατέρα μου, ἀλλ' ἀδελφὴν εἶναι αὐτὴν νομίσαιτε· οὗτοι
δὲ, [1]ἂν ὑμεῖς μοι βοηθήσετε, οὐδὲν ἐκ τῶν ἰδίων ἀποτίσου-
σιν, ἀλλ' ἐκ τῆς οἰκίας τὰ ἐμὰ ἐμοὶ ἀποδώσουσιν, ἣν ἐξει- 1025
λόμεθα μὲν κοινῇ πάντες εἰς τὴν ἔκτισιν τῆς προικὸς, οἰ-
κοῦντες δ' αὐτὴν οὗτοι μόνοι διατελοῦσιν. οὔτε γὰρ ἁρμότ-
τει μοι θυγατέρα ἐπίγαμον ἔχοντι οἰκεῖν μετὰ τοιούτων,
οἳ οὐ μόνον αὐτοὶ ἀσελγῶς ζῶσιν, ἀλλὰ καὶ ὁμοίους αὐτοῖς
ἑτέρους πολλοὺς εἰς τὴν οἰκίαν εἰσάγουσιν, οὔτε μὰ τὸν
Δί' ἀσφαλές εἶναί μοι νομίζω ζῆν [2]σὺν τοιούτοις ἐν τῷ αὐ-
τῷ· ὅπου γὰρ οὕτω φανερῶς μοι ἐπιβουλεύσαντες εἰς Ἄρειον
πάγον ἀγῶνα κατεσκεύασαν, τίνος ἂν οὗτοι ἢ φαρμακείας
ἢ ἄλλης κακουργίας τοιαύτης ὑμῖν ἀποσχέσθαι δοκοῦσιν;
οἵ γε πρὸς τοῖς ἄλλοις — ἀρτίως γὰρ καὶ τοῦτο ἀνεμνή-
σθην — εἰς τοσαύτην ὑπερβολὴν τόλμης ἐληλύθασιν, ὥστε
καὶ Κρίτωνος μαρτυρίαν ἐνεβάλοντο, ὡς ἐώνηται τὸ τρίτον
μέρος παρ' ἐμοῦ τῆς οἰκίας· ἣν ὅτι ψευδής ἐστι ῥᾳδίως εἴ-
σεσθε.

ιγ'. Πρῶτον μὲν γὰρ οὐχ οὕτω μετρίως ζῇ Κρίτων,
ὥστε παρ' ἑτέρου οἰκίαν ὠνεῖσθαι, ἀλλ' οὕτω πολυτελῶς
καὶ ἀσώτως, ὥστε πρὸς τοῖς αὑτοῦ καὶ τὰ τῶν ἄλλων
προσαναλίσκειν· ἔπειτ' οὐ μαρτυρεῖ τούτῳ νῦν, ἀλλ' ἐμοὶ
ἀντιδικεῖ. τίς γὰρ ὑμῶν οὐκ οἶδεν, ὅτι μάρτυρες μέν εἰσιν
οὗτοι, οἷς [3]μὴ μέτεστι τοῦ πράγματος, περὶ οὗ ἡ δίκη
ἐστίν· ἀντίδικοι δ', οἱ κοινωνοῦντες τῶν πραγμάτων, περὶ
ὧν ἂν δικάζηταί τις αὐτοῖς; ὃ Κρίτωνι συμβέβηκεν. ἔτι
δὲ τοσούτων ὑμῶν ὄντων, ὦ ἄνδρες δικασταὶ, καὶ τῶν ἄλ-
λων Ἀθηναίων πολλῶν, ἄλλος μὲν οὐδεὶς αὐτῷ παραγε-
νέσθαι μεμαρτύρηκε· Τιμοκράτης δὲ μόνος, ὥσπερ ἀπὸ
μηχανῆς, μαρτυρεῖ μὲν δεκάτην ἑστιᾶσαι τούτῳ τὸν ἐμὸν 1026
πατέρα, ἡλικιώτης ὢν τοῦ νυνὶ φεύγοντος τὴν δίκην· φησὶ
δὲ ἅπαντα ἁπλῶς εἰδέναι, ἃ δὴ τούτοις συμφέρει· μαρτυ-
ρεῖ δὲ νυνὶ μόνος Κρίτωνι παρεῖναι, ὅτε παρ' ἐμοῦ τὴν

[1] ἐὰν [2] σὺν τοῖς τοιούτοις [3] μηδὲν

Ζῆν σὺν τούτοις] Alii συζῆν τούτοις, quod perinde est. Idem.

ιγ'. Πολλῶν] Malim abesse, nisi addatur ὄντων. Auger.

οἰκίαν ἐωνεῖτο. ὃ τίς ἂν ὑμῶν πιστεύσειεν; ἄλλως τε καὶ [1]ὅτι οὐ περὶ τῆς οἰκίας, πότερα ἐώνηται Κρίτων αὐτὴν ἢ μὴ, νυνὶ δικάζομαι· ἀλλὰ περὶ προικὸς, ἣν ἐπενεγκαμένης τῆς μητρὸς οἱ νόμοι κελεύουσιν ἐμὲ κομίζεσθαι. ὥστε καθάπερ ὑμῖν [2]ἐγὼ ἐκ μαρτυριῶν πολλῶν [3]καὶ τεκμηρίων ἐπέδειξα ἐπενεγκαμένην μὲν τὴν μητέρα μου τάλαντον προῖκα, οὐ κομισάμενον δὲ τοῦτ' ἐμὲ ἐκ τῆς πατρῴας οὐσίας, ἐξαίρετον δ' ἡμῖν γενομένην [4][τε] τὴν οἰκίαν εἰς ταῦτα· οὕτω κελεύετε καὶ τοῦτον ἐπιδεικνύναι ὑμῖν, ἢ ὡς οὐκ ἀληθῆ λέγω, ἢ ὡς οὐ προσήκει μοι κομίσασθαι τὴν προῖκα, περὶ τούτων γὰρ ὑμεῖς νυνὶ τὴν ψῆφον οἴσετε. ἐὰν δὲ, μὴ ἔχων περὶ ὧν φεύγει τὴν δίκην, μήτε μάρτυρας ἀξιόχρεως παρασχέσθαι, μήτ' ἄλλο πιστὸν μηδὲν, ἑτέρους [5]παρεμβάλῃ λόγους κακουργῶν, καὶ βοᾷ, καὶ σχετλιάζῃ μηδὲν πρὸς τὸ πρᾶγμα, πρὸς Διὸς καὶ θεῶν μὴ ἐπιτρέπετε αὐτῷ· ἀλλὰ βοηθεῖτέ μοι τὰ δίκαια ἐξ ἁπάντων τῶν εἰρημένων, ἐνθυμούμενοι, ὅτι [6]πολὺ δικαιότερόν ἐστι τὴν τῆς ἐμῆς μητρὸς προῖκα τῇ ἐμῇ θυγατρὶ εἰς ἔκδοσιν ὑμᾶς ψηφίσασθαι, ἢ Πλαγγόνα καὶ τούτους, πρὸς τοῖς ἄλλοις, καὶ τὴν οἰκίαν, τὴν εἰς τὴν προῖκα ἐξαίρετον γενομένην, ἀφελέσθαι ἡμᾶς παρὰ πάντα τὰ δίκαια.

[1] [ὅτι] [2] ἐγὼ καὶ ἐκ [3] καὶ ἐκ τεκμηρίων [4] Deest τε. [5] παρεμβάλλῃ [6] πολὺ καὶ δικαιότερόν

ΥΠΟΘΕΣΙΣ ΤΟΥ ΠΡΟΣ ΣΠΟΥΔΙΑΝ ΥΠΕΡ ΠΡΟΙΚΟΣ ΛΟΓΟΥ.

Pag. ed. Reisk.

ΠΟΛΥΕΥΚΤΟΣ ἀνὴρ Ἀθηναῖος, δύο θυγατέρων πατὴρ γίνεται· ὧν τὴν μὲν νεωτέραν Λεωκρά- 1027
τει πρότερον δίδωσιν, εἶτα Σπουδίᾳ· τὴν πρεσβυτέραν δὲ τῷ πρὸς τὸν Σπουδίαν δικαζομένῳ. ὁ μὲν οὖν Πολύευκτος ἐτελεύτησε, ταῖς θυγατράσι καταλιπὼν τὸν κλῆρον ἐξ ἴσου. ὁ δὲ τὴν πρεσβυτέραν γήμας φησὶ τετταράκοντα μνᾶς ὁμολογηθῆναι τὴν προῖκα, οὐ μὴν ὅλην εὐθὺς δοθῆναι, ἀλλὰ δέκα μνῶν ὑπολειφθεισῶν, ζῶντά τε ὁμολογεῖν τὸν Πολύευκτον ὀφείλειν αὐτὰς, καὶ, ὡς ἔμελλε τελευτᾷν, τὴν οἰκίαν τῆς ἄλλης οὐσίας ἐξελεῖν, καὶ ταύτην εἰς τὸ χρέος δοῦναι· ὁ δὲ Λεωκράτης ἀξιοῖ καὶ ταύτην εἶναι κοινὴν, ὥσπερ καὶ τὰ ἄλλα πάντα. καὶ τὸ μέγιστον τῶν ἀμφισβητημάτων τῶν ἐν τῷ λόγῳ τοῦτό ἐστι. προσεγκαλεῖ δὲ τῷ Σπουδίᾳ καὶ ἕτερα· φησὶ γὰρ αὐτὸν, καὶ τοῦ Πολυεύκτου καὶ τῆς πρεσβυτέρας ὀφείλοντα χρήματα, μὴ καταβαλεῖν εἰς τὸ μέσον, δέον τοῦτο ποιεῖν. τοῦ δὲ Σπουδίου κἀκεῖνο λέγοντος, ὡς αὐτὸς τριάκοντα μνᾶς προῖκα εἴληφε, μάλιστα μὲν ἐξεῖναι τῷ Πολυεύκτῳ φησὶν, εἰ τῇ ἑτέρᾳ τῶν θυγατέρων ἐβούλετο πλείω προῖκα δοῦναι, καὶ μὴ τὴν ἴσην ἀμφοτέραις· ἔπειτα δὲ ἐπιδείκνυσιν, ὡς καὶ τοῦτο Σπουδίας ψεύδεται· τὰς μὲν γὰρ τριάκοντα μνᾶς αὐτὸν ἐν ἀργυρίῳ φησὶ λαβεῖν, τὰς δὲ δέκα ἐν ἱματίοις καὶ χρυσίοις, ἃ καὶ πλείονος ἢ δέκα μνῶν εἶναι ἄξια.

Φησὶ γὰρ αὐτὸν καὶ τοῦ Πολυεύκτου καὶ τῆς πρεσβυτέρας ὀφείλοντα χρήματα] F. καὶ τῷ Πολυεύκτῳ καὶ τῇ πρεσβυτέρᾳ. *In farrag.* Et constructio et sententia inepta. Ex oratione autem apparet, legendum esse: καὶ τῷ Πολυεύκτῳ καὶ τῇ πενθερᾷ, *et Polyeucto et socrui.* Wolf.

ΔΗΜΟΣΘΕΝΟΥΣ

Ο ΠΡΟΣ

ΣΠΟΥΔΙΑΝ

ΥΠΕΡ ΠΡΟΙΚΟΣ ΛΟΓΟΣ.

α'. ΑΔΕΛΦΑΣ ἔχομεν, ὦ ἄνδρες δικασταὶ, γυναῖκας 1028
ἐγὼ καὶ Σπουδίας οὑτοσὶ, Πολυεύκτου θυγατέρας· ἄπαιδος δ' ἐκείνου τελευτήσαντος ἀῤῥένων παίδων, ἀναγκάζομαι πρὸς τουτονὶ περὶ τῶν καταλειφθέντων δικάζεσθαι. καὶ, εἰ μὲν, ὦ ἄνδρες δικασταὶ, μὴ πᾶσαν σπουδὴν καὶ προθυμίαν ἐποιησάμην, βουλόμενος διαλύεσθαι καὶ τοῖς φίλοις ἐπιτρέ-

πειν, ἐμαυτὸν ἂν ἡτιώμην, εἰ μᾶλλον ᾑρούμην δίκας καὶ πράγματ' ἔχειν, ἢ μικρὰ ἐλαττωθεὶς ἀνέχεσθαι· νῦν δ' ὅσῳ πρᾳότερον ἐγὼ καὶ φιλανθρωπότερον τούτῳ διελεγόμην, τοσούτῳ μᾶλλόν μου κατεφρόνει. καὶ νῦν κινδυνεύω μὲν οὐχ ὁμοίως τούτῳ πρὸς τουτονὶ τὸν ἀγῶνα ἔχειν· ἀλλ' οὗτος μὲν ῥᾳδίως φέρει, πολλάκις εἰθισμένος ἐνταῦθ' εἰς ὑμᾶς εἰσιέναι, ἐγὼ δ' αὐτὸ τοῦτο φοβοῦμαι, μὴ διὰ τὴν ἀπειρίαν οὐ δυνηθῶ δηλῶσαι περὶ τῶν πραγμάτων ὑμῖν. ὅμως δ', ὦ ἄνδρες δικασταὶ, προσέχετε τὸν νοῦν.

β'. Πολύευκτος γὰρ ἦν τις Θριάσιος, ὃν ἴσως οὐδ' ὑμῶν τινὲς ἀγνοοῦσιν. οὗτος ὁ Πολύευκτος, ἐπειδὴ οὐκ ἦσαν αὐτῷ παῖδες ἄῤῥενες, ποιεῖται Λεωκράτην τὸν ἀδελφὸν τῆς ἑαυτοῦ γυναικός. οὐσῶν δ' αὐτῷ δύο θυγατέρων ἐκ τῆς τοῦ Λεωκράτους ἀδελφῆς, τὴν μὲν πρεσβυτέραν ἐμοὶ δίδωσι, καὶ τετταράκοντα μνᾶς προῖκα· τὴν δὲ νεωτέραν, Λεω-
1029 κράτει. τούτων δ' οὕτως ἐχόντων, διαφορᾶς γενομένης τῷ Πολυεύκτῳ πρὸς τὸν Λεωκράτην, περὶ ἧς οὐκ οἶδ' [1]ὅτι δεῖ λέγειν, ἀφελόμενος ὁ Πολύευκτος τὴν θυγατέρα δίδωσι Σπουδίᾳ τούτῳ. μετὰ δὲ ταῦτα ἠγανάκτει ὁ Λεωκράτης, καὶ δίκας ἐλάγχανε Πολυεύκτῳ καὶ τούτῳ Σπουδίᾳ, καὶ περὶ πάντων ἠναγκάζοντο εἰς λόγον καθίστασθαι· καὶ τὸ τελευταῖον διελύθησαν ἐφ' ᾧτε κομισάμενον τὸν Λεωκράτην ἅπερ ἦν εἰς τὴν οὐσίαν εἰσενηνεγμένος, μήτε κακόνουν εἶναι Πολυεύκτῳ, τῶν τε πρὸς ἀλλήλους ἐγκλημάτων ἀπηλλάχθαι ἁπάντων. τίνος οὖν ἕνεχ' ὑμῖν, ὦ ἄνδρες

[1] ὅ,τι

ά. Ἀνέχεσθαι] H. l. significat, *re aliqua esse contentum, quanquam minoris pretii; nihil amplius petere; rem majoris pretii remittere*, quod ἀγαπᾷν sæpius Græci dicunt. *Herald. in Salmas. Obs. ad Jus A. et R.* l. III. c. III. §. 13.

Καὶ νῦν κινδυνεύω μὲν — ὅμως δ'] Hæc inter se cohærent, nec opus est κινδυνεύομεν legere. Wolf. M. κινδυνεύομεν uno verbo, et tunc expungendum τούτῳ quod sequitur ὁμοίως. et v. 7. M. παριέναι. Auger.

Κινδυνεύω οὐχ ὁμοίως ἔχειν] Sic Plato Euthyphrone: κινδυνεύει σοφός τις εἶναι ὁ Μέλιτος: Nisi forte pro ἔχειν placeat ἔχων: ut sit sententia: ἐγὼ μὲν κινδυνεύω (absolute) ἔχων οὐχ ὁμοίως τούτῳ πρὸς τουτονὶ τὸν ἀγῶνα. Wolf.

Ἀλλ' οὗτος μὲν] Ἀντὶ τοῦ, οὗτος γάρ. Idem.

Πολλάκις εἰθισμένος ἐνταῦθ' εἰς ὑμᾶς εἰσιέναι] Τὸ ἐνταῦθα videtur abundare. Sed si παριέναι legas, ut est annotatum, τὸ εἰς ὑμᾶς abundabit. Lego igitur, aut εἰθισμένος ὡς (hoc enim malo, quam εἰς) ὑμᾶς εἰσιέναι: aut εἰθισμένος ἐνταῦθα παριέναι. Sic postea, p. 41. v. 7. ὅσῳ καὶ πυκνότερον ἐνταυθοῖ παρέρχεται. Sed parum refert, cum sententia sit perspicua. Nam tacite et se commendat, ut a litibus abhorrentem, et adversarium, ut litigatorem, perstringit. Idem.

β'. Ἐφ' ᾧτε κομισάμενον] Si κομίσασθαι legas, erit addendum καὶ μήτε κακόνουν εἶναι. Sed participium melius. Idem.

Ἅπερ ἦν εἰς τὴν οὐσίαν εἰσενηνεγμένος] F. εἰς τὴν οἰκίαν, quia adoptatus fuerat. Idem.

δικασταί, ταῦτ' εἶπον; ὅτι τὴν προῖκα οὐ κομισάμενος ἅπασαν, ἀλλ' ὑπολειφθεισῶν χιλίων δραχμῶν καὶ ὁμολογηθεισῶν ἀπολαβεῖν ὅταν Πολύευκτος ἀποθάνῃ, ἕως μὲν ὁ Λεωκράτης ἦν κληρονόμος τῶν Πολυεύκτου, πρὸς ἐκεῖνον ἦν μοι τὸ συμβόλαιον· ἐπειδὴ δ' [1]ὁ Λεωκράτης ἐξεκεχωρήκει, ὅ τε Πολύευκτος μοχθηρῶς εἶχε, τηνικαῦτ', ὦ ἄνδρες δικασταί, τὴν οἰκίαν ταύτην ἀποτιμῶμαι πρὸς τὰς δέκα μνᾶς, ἐξ ἧς διακωλύει με τὰς μισθώσεις κομίζεσθαι Σπουδίας. πρῶτον μὲν οὖν ὑμῖν μάρτυρας παρέξομαι τοὺς παραγενομένους, ὅτ' ἐνηγγύα μοι Πολύευκτος τὴν θυγατέρα ἐπὶ τετταράκοντα μναῖς· ἔπειθ', ὡς ἔλαττον ταῖς χιλίαις ἐκομισάμην· ἔτι δ', ὡς ἅπαντα τὸν χρόνον ὀφείλειν ὡμολόγει μοι Πολύευκτος καὶ τὸν Λεωκράτην συνέστησε, καὶ ὡς τελευτῶν διέθετο ὅρους ἐπιστῆσαι χιλίων δραχμῶν ἐμοὶ τῆς προικὸς ἐπὶ τὴν οἰκίαν. καί μοι κάλει τοὺς μάρτυρας.

ΜΑΡΤΥΡΕΣ. 1030

γ΄. Ἓν μὲν τοίνυν, ὦ ἄνδρες δικασταί, τοῦτ' ἔστιν ὧν ἐγκαλῶ Σπουδίᾳ· καὶ περὶ τούτου τί ἂν ἔτι μεῖζον ἢ ἰσχυρότερον ἔχων εἰς ὑμᾶς κατέστην, ἢ τὸν νόμον, ὃς οὐκ ἐᾷ διαρρήδην, εἰς ἅ τις ἀπετίμησεν, εἶναι δίκας οὔτ' αὐτοῖς οὔτε τοῖς κληρονόμοις; ἀλλ' ὅμως πρὸς τοῦτο τὸ δίκαιον ἥκει Σπουδίας ἀμφισβητήσων. ἕτερον δ', ὦ ἄνδρες δικασταί, δύο μὲν μνᾶς ἐμαρτύρησεν Ἀριστογένης ἐγκαλεῖν ἀποθνήσκοντα Πολύευκτον, ὀφειλομένας αὐτῷ παρὰ Σπουδίᾳ, καὶ τὸν τόκον [2]αὐτῷ — τοῦτο δ' ἐστὶν οἰκέτου τιμή, ὃν ἐωνημένος οὗτος παρὰ Πολυεύκτου, τὴν τιμὴν οὔτ' ἐκείνῳ διέλυσεν, οὔτε νῦν εἰς τὸ κοινὸν ἀνενήνοχεν —, ὀκτακοσίας δὲ καὶ χιλίας, περὶ ὧν οὐδ' ἔγωγ' οἶδα τί ποθ' ἕξει δίκαιον λέγειν· ἦν μὲν γὰρ τὸ ἀρ-

[1] ὅ,τε [2] * [αὐτῶν]

Καὶ τὸν Λεωκράτην συνέστησε] Ἀντὶ τοῦ, παρὰ τοῦ Λεωκράτους κομίσασθαι ἐκέλευσεν. Idem.

Καὶ ὡς τελευτῶν — οἰκίαν] Quibus verbis significat ob mille drachmas, quae reliquae erant ex pacta dictaque dote, testatorem domum suam oppignerandam heredibus mandasse, indicesque millenarios, quos ὅρους, quasi fines aut finitores, vocant, in ea erigendos. Budaeus.

γ΄. Εἰς ἅ τις ἀπετίμησεν] Alii ὅσα τις ἀπετίμησεν, eodem fere sensu. Wolf. Contra eum scil. qui ea pignoris nomine tenet. *Herald.* in *Salmas. Obs. ad Jus A. et R.* l. III. c. VI. §. 4. De vocibus τιμᾶν et τίμημα, ἀποτιμᾶν et ἀποτίμημα, &c.

γύριον παρὰ τῆς Πολυεύκτου δεδανεισμένος γυναικὸς, γράμματα δ' ἐστὶν ἃ κατέλιπεν ἀποθνήσκουσα ἐκείνη, μάρτυρες δ' οἱ τῆς γυναικὸς ἀδελφοὶ, παρόντες ἅπασι καὶ καθ' ἕκαστον ἐπερωτῶντες, ἵνα μηδὲν δυσχερὲς ἡμῖν εἴη πρὸς ἀλλήλους. οὐκοῦν δεινὸν, ὦ ἄνδρες δικασταὶ, καὶ σχέτλιον, ἐμὲ μὲν ἁπάντων, ὧν ἢ παρὰ Πολυεύκτου ζῶντος ἦν ἐωνημένος ἢ παρὰ τῆς γυναικὸς εἶχον αὐτοῦ, καὶ τόκον τιθέναι καὶ τὴν τιμὴν ἀποδεδωκέναι, καὶ νῦν, ἅπερ ὤφειλον, πάντ' εἰς τὸ κοινὸν φέρειν· τοῦτον δὲ μήτε τῶν νόμων τῶν ὑμετέρων φροντίζειν, μήθ' ὧν διέθετο Πολύευκτος, μήτε τῶν καταλειφθέντων γραμμάτων, μήτε τῶν συνειδότων, ἀλλὰ πρὸς ἅπαντα ταῦθ' ἥκειν ἀντιδικήσοντα. λάβε δή μοι πρῶτον μὲν τὸν νόμον, ὃς οὐκ ἐᾷ τῶν ἀποτιμηθέντων
1031 ἔτι δίκην εἶναι πρὸς τοὺς ἔχοντας, ἔπειτα τὰ γράμματα τὰ καταλειφθέντα καὶ τὴν μαρτυρίαν τὴν Ἀριστογένους. λέγε.

ΝΟΜΟΣ. ΓΡΑΜΜΑΤΑ. ΜΑΡΤΥΡΙΑ.

δ'. Βούλομαι τοίνυν, ὦ ἄνδρες δικασταὶ, καὶ περὶ τῶν ἄλλων, ὧν ἐγκαλῶ, καθ' ἕκαστον ὑμᾶς διδάξαι. φιάλην μὲν γὰρ λαβόντες παρὰ τῆς Πολυεύκτου γυναικὸς, καὶ [1] καταθέντες ἐνέχυρα μετὰ χρυσίων, οὐκ ἀνενηνόχασι κεκομισμένοι ταύτην, ὡς ὑμῖν [2] Δημόφυλος ὁ θέμενος μαρτυρήσει· σκηνὴν δ' ἣν ἔχουσιν, οὐδὲ γὰρ ταύτην λαβόντες ἀναφέρουσιν· ἄλλα δὲ πόσα τοιαῦτα; τὸ δὲ τελευταῖον εἰσενεγκούσης τῆς ἐμῆς γυναικὸς εἰς τὰ Νεμέσια τῷ πατρὶ μνᾶν ἀργυρίου καὶ προαναλωσάσης, οὐδὲ ταύτης ἀξιοῖ συμβαλέσθαι τὸ μέρος· ἀλλ' ἃ μὲν ἔχει προλαβὼν, τῶν δὲ τὰ μέρη κομίζεται, τὰ δὲ οὕτω φανερῶς οὐκ ἀποδίδωσιν. ἵνα τοίνυν μηδὲ ταῦτ' ᾖ παραλελειμμένα, λάβε μοι πάντων αὐτῶν τὰς μαρτυρίας.

[1] θέντες, [2] Δημόφιλος

plura vide in l. l.

Ϝ. Σκηνὴν τε, ἣν ἔχουσιν lege pro δέ. In farrag. Fortasse σκηνήν τ' ἔτι ἔχουσι. WOLF. Lego σκηνὴν δὲ, ἣν sub. ἐγκαλῶ. AUGER.

Τὰ Νεμέσια] Festum Nemesi dicatum et Athenis celebratum, testibus Moschopulo, Harpocratione et Suida: sed ambiguum est tamen an publico statoque tempore, aliorum instar, haec agerentur; an vero potius privata incertique temporis haberi illa debeant. *Corsin. Fast. Attic.* p. I. d. XIII. p. 349.

Καὶ προαναλωσάσης] Cum ante insumserit. F. προσαναλωσάσης, pluribus etiam sumtibus factis. WOLF.

Ἀλλ' ἃ μὲν ἔχει] L. ἀλλὰ τὰ μὲν ἔχει. AUGER.

Τὰ δὲ οὕτω φανερῶς] F. A. ὀφειλόμενα,

ΜΑΡΤΥΡΙΑΙ.

έ. Ἴσως τοίνυν, ὦ ἄνδρες δικασταὶ, πρὸς μὲν ταῦτα οὐδὲν ἀντερεῖ Σπουδίας— οὐδὲ γὰρ ἕξει καίπερ δεινὸς ὢν —, αἰτιάσεται δὲ Πολύευκτον καὶ τὴν γυναῖκα αὐτοῦ, καὶ φήσει ταῦτα πάνθ' ὑπ' ἐμοῦ πεισθέντας καταχαρίσασθαι, καὶ νὴ Δί' [1]ἕτερα πολλὰ καὶ μεγάλα βλάπτεσθαι, καὶ δίκην εἰληχέναι μοι· ταῦτα γὰρ καὶ πρὸς τῷ διαιτητῇ λέγειν ἐπεχείρει. ἐγὼ δ', ὦ ἄνδρες δικασταὶ, πρῶτον μὲν οὐχ ἡγοῦμαι δικαίαν εἶναι τὴν ἀπολογίαν τὴν τοιαύτην, οὐδὲ προσήκειν, ὅταν τις φανερῶς ἐξελέγχηται, μεταστρέ- 1032
ψαντα τὰς αἰτίας, ἐγκαλεῖν καὶ διαβάλλειν· ἀλλ' ἐκείνων μὲν, εἴπερ ἀδικεῖται, δῆλον ὅτι δίκην λήψεται, τούτων δὲ, δώσει. πῶς γὰρ ἂν ἐγὼ νῦν ταῖς τούτων διαβολαῖς ἀντιδικοίην, ἀφεὶς ὑπὲρ ὧν ὑμεῖς μέλλετε τὴν ψῆφον οἴσειν; ἔπειτα θαυμάζω τί δήποτε, εἴπερ ἀληθῆ καὶ δίκαια εἶχεν ἐγκαλεῖν, βουλομένων ἡμᾶς τῶν φίλων διαλύειν, καὶ πολλῶν λόγων γενομένων, οὐχ οἷός τ' ἦν ἐμμένειν, οἷς ἐκεῖνοι γνοῖεν; καίτοι τίνες ἂν ἄμεινον καὶ τῶν τούτου καὶ τῶν ἐμῶν ἐγκλημάτων τὰ μηδὲν ὄντα ἐξήλεγξαν, τῶν παραγεγενημένων ἅπασι τούτοις, τῶν εἰδότων οὐδὲν ἧττον ἡμῶν τὰ γενόμενα, τῶν κοινῶν [2]ἀμφοτέροις φίλων ὄντων; ἀλλὰ [3]δῆλον, ὅτι τούτῳ ταῦτ' οὐκ ἐλυσιτέλει, φανερῶς ὑπ' αὐτῶν ἐξελεγχομένῳ, τοῦτον τὸν τρόπον λαβεῖν διάλυσιν. μὴ γὰρ οἴεσθε, ὦ ἄνδρες δικασταὶ, τοὺς εἰδότας ἅπαντα ταῦτα, νυνὶ μὲν [4]ὑποκινδύνους αὐτοὺς καθιστάντας ἐμοὶ μαρτυρεῖν, τότε [5]δ' ὀμόσαντας ἄλλο τι γνῶναι περὶ αὐτῶν.

ς'. Οὐ μὴν ἀλλ' εἰ καὶ μηδὲν τούτων ὑπῆρχεν ἡμῖν, οὐδ' ὣς χαλεπόν ἐστι γνῶναι περὶ αὐτῶν, ὁπότεροι τἀληθῆ λέγουσι. περὶ μὲν γὰρ τῆς οἰκίας, εἰ φησὶν ὑπ' ἐμοῦ πεισθέντα Πολύευκτον προστάξαι τοὺς ὅρους στῆσαι τῶν χι-

[1] ἕτερ' * ἄττα πολλὰ [2] ἀμφοτέροις καὶ φίλων [3] δηλονότι τούτῳ [4] ὑπὸ κινδύνους [5] δ' * οὐδ' ὀμόσαντας

οὐκ ἀποδιδόασι. Wolf.

ε. Οὐδὲ προσήκειν κ. τ. λ.] Vid. Herald. in Salmas. Obss. ad Jus A. et R. l. II. c. XII. §. 3.

Ὑπ' αὐτῶν] F. leg. ὑπὸ τούτων. Auger.

Ὑποκινδύνους αὐτοὺς καθιστάντας] Hoc adjectivum, ut et ὑπέχους, quod ante habuimus, cum alibi nusquam mihi lectum sit, puto, ὑπευθύνους, quod frequentissimum est, scribendum. Felic. habet ὑπὸ κινδύνους, διαιρέτως, quod nec ipsum placet. Wolf.

λίων, ἀλλ' οὐ δήπου καὶ τοὺς μάρτυρας ἔπεισα, ὦ Σπουδία, ψευδῆ μοι μαρτυρεῖν τοὺς παραγενομένους ὅτ' ἐνηγγύα μοι, τοὺς εἰδότας ἔλαττόν με κομισάμενον, τοὺς ἀκούοντας ὁμολογοῦντος ὀφείλειν ἐμοὶ συστήσαντος ἀποδοῦναι, τοὺς τοτελευταῖον ταῖς διαθήκαις παραγενομένους. τούτοις γὰρ ἅπασιν οὐκέτι καταχαρίσασθαι ταῦθ' ὑπῆρ-
1033 χεν, ἀλλὰ κινδυνεύειν τὴν ψευδομαρτυρίαν, εἰ μηδὲν τῶν γενομένων μαρτυροῖεν.

ζ΄. Ἀφῶμεν τοίνυν τοῦτ' ἤδη· πρὸς ἐκεῖνο δὲ τί ἂν λέγοις; ἀκριβῶς γὰρ ὅπως τουτουσὶ διδάξῃς· εἰ δὲ μή, πάντες ὑμεῖς ἀπαιτεῖτ' αὐτόν. ὅτε γὰρ Πολύευκτος διετίθετο ταῦτα, παρῆν μὲν ἡ τούτου γυνὴ—καὶ δῆλον, ὅτι τὰς τοῦ πατρὸς διαθήκας ἀπήγγειλεν· ἄλλως τ' εἰ καὶ μηδὲν ἴσον εἶχεν, ἀλλ' ἐν ἅπασιν ἠλαττοῦτο—, παρεκλήθη δ' αὐτὸς οὗτος, ὥστε μηδὲ τοῦτ' εἶναι λέγειν, ὡς λάθρα, [1] καὶ διακρυψάμενοι τούτους, ἐπράττομεν ταῦτα. παρακαλούμενος γὰρ ἔφησεν, αὐτὸς μὲν ἀσχολίαν ἄγειν, τὴν δὲ γυναῖκα ἐξαρκεῖν τὴν αὐτοῦ παροῦσαν. τί ἔτι λοιπόν; ἀπαγγείλαντος [2] δὴ Ἀριστογένους αὐτῷ περὶ ἁπάντων τούτων ἀκριβῶς, οὐδ' ἐνταῦθ' οὐδένα φαίνεται λόγον ποιησάμενος, ἀλλ' ἐπιβιοῦντος μετὰ ταῦτα τοῦ Πολυεύκτου [3] πλέον ἢ πένθ' ἡμέρας, οὔτ' ἠγανάκτησεν εἰσελθών, [4] οὔτ' ἀντεῖπεν οὐδέν· [5] οὐδ' ἡ γυνὴ παροῦσα ἐξαρχῆς ἅπασι τούτοις. ὥστ' οὐκέτι Πολύευκτος αὐτὰ πεισθεὶς ἐμοὶ κατεχαρίζετο, ὡς ἔοικεν, ἀλλ' ὑμεῖς αὐτοί. ταῦτα τοίνυν, ὦ ἄνδρες δικασταί, μεμνημένοι σαφῶς, ἐὰν ἄρα τι περὶ αὐτῶν ἐγχειρῇ νυνὶ διαβάλλειν, ἀντίθετε. πρῶτον δ', ἵν' εἰδῆτ' ἀκριβῶς, ὅτι τοῦτον τὸν τρόπον ἔχει, τῶν μαρτύρων ἀκούσατε. λέγε.

ΜΑΡΤΥΡΕΣ.

οὐκοῦν, ὦ ἄνδρες δικασταί, τῶν μὲν χιλίων δραχμῶν ὡς, δικαίως καὶ προσοφειλομένων, ἀπετίμησέ μοι τὴν οἰκίαν ὁ

[1] καὶ ἰδίᾳ, κρυψάμενοι [2] Deest δή. [3] πλεῖον [4] * οὐδ' [5] * οὔτ'

ς΄. Ὀφείλειν ἐμοὶ καὶ συστήσαντος. Idem.
ζ΄. Ὡς λάθρα καὶ διακρυψάμενοι] M. καὶ ἰδίᾳ, κρυψάμενοι. Idem.
Οὔτ' ἠγανάκτησεν εἰσελθών] Vel οὔτε εἰσῆλθε καὶ ἠγανάκτησε, neque ingressus aut indignatus est: vel, cum ingressus esset, neque conquestus est, &c. Idem.
Ἔχει] Sub. ταῦτα. Auger.
Καὶ προσοφειλομένων] Ὀφειλομένων πρὸς ταῖς λ' μναῖς. Wolf.

Πολύευκτος, αὐτὸς οὗτός μοι μαρτυρεῖ, καὶ ἡ τούτου γυνὴ, 1034
πρὸς τοῖς ἄλλοις τούτοις τοῖς μεμαρτυρηκόσι, συγχωροῦντες
[1] τότε, οὔτε πρὸς τὸν Πολύευκτον ἀντειπόντες ἐπιβιοῦντα
τοσαύτας ἡμέρας, οὔτε πρὸς τὸν Ἀριστογένην, ἐπεὶ τά-
χιστ᾽ ἤκουσαν. ἀλλὰ μὴν, εἴ γε δικαίως ἀπετιμήθη, με-
μνημένοις τοῦ νόμου, κατὰ μὲν τοῦθ᾽ ὑμῖν οὐκ ἔστιν ἀπο-
ψηφίσασθαι Σπουδίου.

η΄. [2] Σκέψασθε δὴ καὶ περὶ τῶν εἴκοσι μνῶν, ἃς οὐκ
ἐπαναφέρει· καὶ γὰρ ἐνταυθοῖ πάλιν αὐτὸς οὗτος μέγιστος
ἔσται μοι μάρτυς, οὐ λόγῳ μὰ Δία, ὥσπερ νῦν, ἀντιδικῶν
— τουτὶ μὲν γὰρ οὐδὲν τεκμήριόν ἐστιν —, ἀλλ᾽ ἔργῳ
περιφανεῖ. τί ποιῶν, ὦ ἄνδρες δικασταί; τούτῳ γὰρ ἤδη
προσέχετε τὸν νοῦν, ἵν᾽, ἐὰν ἄρα τολμᾷ τι καὶ περὶ τῆς
μητρὸς τῶν γυναικῶν βλασφημεῖν, ἢ περὶ τῶν γραμμά-
των, εἰδότας ὑμᾶς μὴ δύνηται λέγων ἐξαπατᾷν. ταυτὶ
γὰρ τὰ γράμματα κατέλιπε μὲν ἡ Πολυεύκτου γυνὴ, κα-
θάπερ εἶπον ὀλίγῳ πρότερον· ὁμολογουμένων δὲ τῶν σημεί-
ων καὶ παρὰ τῆς τούτου γυναικὸς καὶ παρὰ τῆς ἐμῆς,
ἀμφότεροι παρόντες ἀνοίξαντες ἀντίγραφά τ᾽ ἐλάβομεν,
κἀκεῖνα πάλιν κατασημηνάμενοι παρ᾽ Ἀριστογένει κατε-
θέμεθα. τοῦτο δὴ, τοῦτο, ὦ ἄνδρες δικασταὶ, μάθετε πρὸς
θεῶν! ἐνῆσαν μὲν γὰρ αἱ δύο μναῖ, ἡ τιμὴ τοῦ οἰκέτου, καὶ
οὐ τοῦτο μόνον ὁ Πολύευκτος [3] αὐτὰ ἀποθνήσκων ἐγκέκλη-
κει· ἐνῆσαν δ᾽ αἱ χίλιαι καὶ ὀκτακόσιαι [4] δραχμαί. ταῦτα
δ᾽ ἀναγνοὺς, εἰ μὲν μηδὲν αὐτῷ προσῆκε, μηδ᾽ ἀληθῆ τὰ
γεγραμμένα ἦν, τί δήποτ᾽ [5] οὐδὲν οὐκ εὐθὺς ἠγανάκτει
περὶ αὐτῶν; τί δὲ συνεσημαίνετο πάλιν τὰ μηδὲν ὑγιὲς
ἔχοντα, μηδ᾽ ἀληθῆ [6] γεγραμμένα; τουτὶ γὰρ οὐδ᾽ ἂν 1035
εἷς δήπου μὴ πᾶσιν ὁμολογῶν τοῖς γεγραμμένοις ποιήσειεν.
ἀλλὰ μὴν, ὦ ἄνδρες δικασταὶ, τοῦτό γε δεινὸν δήπου, εἰ
πρὸς τὰ συγκεχωρημένα ὑπ᾽ αὐτῶν τούτων ἐξέσται νῦν

[1] τότε, καὶ οὔτε [2] σκέψασθε [a] δ᾽ δὴ [3] [a] αὐτῷ ἀποθνήσκων ἐγκέκληκε [4] [δραχμαί] [5] Deest οὐδέν. [6] γράμματα

Κατὰ μὲν τοῦθ᾽ ὑμῖν] *Hac quidem ratione.* Sed fortasse rectius est, *hac quidem in parte:* S. κατὰ τὴν ἀποτίμησιν τῆς οἰκίας. Idem.

4. Σκέψασθε δὴ καὶ περὶ τῶν εἴκοσι μνῶν] Recte habet hæc lectio. Nam 2. minæ et 1800. drachmæ conjunctæ, faciunt 20. minas. Idem.

Ὥσπερ] L. ὥσπερ. Auger.

Ἀντίγραφα] Vid. Herald. in Salmas. Obs. ad Jus A. et R. l. II. c. VI. §. 10.

ἀντιλέγειν, καὶ μηδὲν σημεῖον ὑμῖν ἔσται, διότι πάντες ἄνθρωποι πρὸς τὰ μήτ' ἀληθῆ μήτε δίκαια τῶν ἐγκλημάτων, οὐ κατασιωπᾶν, ἀλλὰ παραχρῆμα ἀμφισβητεῖν, εἰώθαμεν· μὴ ποιήσαντες δὲ ταῦτα, ἂν ὕστερον ἀντιδικῶσι, πονηροὶ [1]συκοφάνται δοκοῦσιν εἶναι. ταῦτα μὲν τοίνυν Σπουδίας οὐδὲν ἧττον ἐμοῦ γιγνώσκων, ἀλλ' οἶμαι καὶ ἀκριβέστερον, ὅσῳ καὶ πυκνότερον ἐνταυθοῖ παρέρχεται, πᾶσιν ἐναντία τοῖς πεπραγμένοις ἑαυτῷ λέγων, οὐκ αἰσχύνεται. καίτοι πολλάκις ὑμεῖς, ἂν μόνον σκευώρημα συνειδότες, τούτῳ κατὰ τῶν ἄλλων τῶν ἐγκαλουμένων ἐχρήσασθε τεκμηρίῳ· τούτῳ δ' ἅπανθ' ὑφ' αὐτοῦ συμβέβηκεν ἐξελέγχεσθαι. καί μοι λάβε τὴν μαρτυρίαν, ὡς [2]ὡμολογεῖτο τότε τὰ σημεῖα τῶν γραμμάτων ὑπὸ τῆς τούτου γυναικός, καὶ νῦν ὑπὸ Σπουδίου κατασημανθέντα κεῖται.

ΜΑΡΤΥΡΙΑ.

θ'. Τούτων τοίνυν σαφῶς οὕτως ἀποδεδειγμένων, ἡγοῦμαι μὲν οὐδὲν ἔτι δεῖν πλείω λέγειν· ὁπότε γὰρ καὶ νόμους ἔχω παρασχέσθαι, καὶ μάρτυρας ἁπάντων τῶν εἰρημένων, καὶ τὸν ἀντίδικον αὐτὸν ὁμολογοῦντά μοι, τί δεῖ μακρῶν ἔτι λόγων; ὅμως δ' ἂν ἄρα περὶ τῆς προικὸς ἀγανακτῇ, καὶ φάσκῃ πλεονεκτεῖσθαι ταῖς χιλίαις δραχμαῖς, ψεύσεται· οὐδὲν γὰρ ἔχων ἔλαττον, ἀμφισβητεῖ πρὸς αὐτάς, ἀλλὰ πλεῖον, ὡς αὐτίχ' ὑμῖν ἔσται φανερόν. οὐ μὴν ἀλλ',
1036 εἰ πάντα ταῦθ' ὡς ἀληθῶς συνέβη, οὐ δήπου δίκαιον ἐμὲ τὴν ὁμολογηθεῖσαν προῖκα μὴ λαβεῖν, εἴπερ ὄφελός τι τῶν νόμων ἐστίν· οὐδέ γε τὸν Πολύευκτον, εἰ τῶν θυγατέρων ἐβούλετο τῇ μὲν ἐλάττω, τῇ δὲ πλείω προῖκ' ἐπιδοῦναι, διακωλυθῆναι νυνί. σοὶ γὰρ αὐτῷ μὴ λαμβάνειν ἐξῆν, ὦ Σπουδία, μὴ προστιθεμένων, ὥσπερ ἐμοί, τῶν χιλίων· ἀλλ' οὐδὲν ἔλαττον εἶχες, ὡς ἐγὼ διδάξω. πρῶτον δ' ἐφ' οἷς ἐξέδοτο, τούτων [3]λάβε τὴν μαρτυρίαν.

[1] καὶ συκοφάνται [2] * ὡμολογεῖτό τε τότε [3] λάβε μοι τὴν

Ὡς ὡμολογεῖτο τότε τὰ σημεῖα. Wolf.
Ib. Πλεονεκτεῖσθαι] Sub. μέ. Auger.
Ἐφ' οἷς ἐξέδοτο, τούτων] Annotatum est ἐξέδοτο τούτῳ, quod fere malim. Wolf.
ἐξέδοτο, elocata *fuit*, sc. filia Polyeucti Spudiae. Auger.

ΜΑΡΤΥΡΙΑ.

ί. Πῶς οὖν οὐδὲν ἔλαττον [1]ἔχειν φήσει τις, εἰ τούτῳ μὲν ἐν ταῖς τετταράκοντα μναῖς [2]ἐπετιμᾶτο τὰ χρυσία καὶ τὰ ἱμάτια τῶν χιλίων, ἐμοὶ δ᾽ αἱ δέκα μναῖ χωρὶς προσαπεδίδοντο; τοῦτο δὴ καὶ μέλλω λέγειν. ὁ μὲν γὰρ [3]δὴ Σπουδίας, ὦ ἄνδρες δικασταί, παρὰ τοῦ Λεωκράτους ἔχουσαν τὰ χρυσία καὶ τὰ ἱμάτια τὴν γυναῖκ᾽ ἔλαβεν, ὧν ὁ Πολύευκτος προσαπέτισε τῷ Λεωκράτει, πλεῖον ἢ χιλίας· ἐγὼ δ᾽, ἅπερ ἔπεμψέ μοι χωρὶς τῆς προικὸς, ὅσ᾽ ἔχω μόνον, πρὸς τὰ τούτῳ δοθέντα ἐὰν τιθῇ τις, εὑρήσει παραπλήσια, χωρὶς τῶν εἰς τὰς χιλίας ἀποτιμηθέντων. ὥστ᾽ εἰκότως ἐν ταῖς τετταράκοντα μναῖς [2]ἀπετιμᾶτο ταῦθ᾽, ἅπερ ἀπετετίκει τῷ Λεωκράτει, καὶ πλείω τῶν ἐμοὶ δοθέντων ἦν. καί μοι λαβὲ πρῶτον μὲν τὴν ἀπογραφὴν ταυτηνὶ, καὶ λέγε αὐτοῖς νῦν, ἅπερ ἑκάτερος ἡμῶν ἔχει· μετὰ δὲ ταῦτα, τὴν τῶν διαιτητῶν μαρτυρίαν, ἵν᾽ εἰδῶσιν, ὅτι καὶ πολλῷ πλείω χρήματ᾽ ἔχει, καὶ περὶ τούτων ὁ Λεωκράτης ἐνεκάλει, καὶ κατὰ ταῦτα ἔγνωσαν οἱ διαιτηταί. λέγε.

ΑΠΟΓΡΑΦΗ. ΜΑΡΤΥΡΙΑ. 1037

ἆρ᾽ οὖν οὐ φανερῶς οὗτος μὲν ἔχει τετταράκοντα μνᾶς πάλαι τὴν προῖκα· ἐγὼ δὲ τὰς μὲν τριάκοντα μνᾶς, καθάπερ

[1] ἔχει [2] ἐνετιμᾶτο [3] [δὴ]

ί. Πῶς οὖν οὐδὲν ἔλαττον] F. πῶς οὖν τόνδε ἔλαττον ἔχειν, aut πῶς οὖν οὐδὲν ἔλαττον ἔχει (S. ὁ Σπουδίας σου) φήσειέ τις. hoc est, πάντως ἔλαττον ἔχει. Est ὑποφορά: qua quis objicit, Spudiam cum ornamentis habere tantum 40. minas: accusatorem vero et 40. minas dotis, et praeterea 10. minas postulare, quod ipse negat, cum uxorem inornatam acceperit. Wolf.

Ὧν] Sub. ὑπέρ. Auger.

Προσαπέτισε] Si dependit Polyeuctus 10. minas, sensus erit, ornamenta illa mulieri non a patre, sed a Leocrate marito, data fuisse. Sin ἀπετίμησε: Polyeuctum, ornamenta filiae ab se data 1000. drachmis aestimasse, ut dos 40. minarum compleretur. M. προσαπετίμησε. Wolf.

Ἐγὼ δ᾽ ἅπερ ἔπεμψέ μοι, χωρὶς τῆς προικὸς, ὅσ᾽ ἔχω μόνον] Videtur mendosus hic locus: et emendationis conjectura me destituit. Sed fortassis in hac obscuritate πανούργημά τι ῥητορικὸν ἐμφωλεύει. Idem.

Ἐγὼ δ᾽ κ. τ. λ.] Labat hic et pendet constructio, ut saepius apud oratores. χωρὶς, sumo absolute, *seorsim*, *separatim*, et refero τῆς προικὸς ad ἃ, ἃ τῆς προικὸς, *eam partem dotis*. Deinde, χωρὶς - - - - ἀποτιμηθέντων, hae sex voces vel eliminandae, ut scholium quod irrepsit in textum (ad prius χωρὶς notavit aliquis, hanc vocem interpretans χωρὶς· τῶν εἰς τὰς χιλίας ἀποτιμηθέντων), vel si retinentur, retinendae, ut notatio ipsius oratoris. Sic mihi illuxit totus hic locus valde obscurus. Auger.

Ἐπετιμᾶτο] Ἀπετιμᾶτο. Wolf.

Ταῦθ᾽ ἅπερ ἀπετετίκει] Ergo ornamenta maritus dedit, pater persolvit. Idem.

οὗτος, τὰς δὲ χιλίας οὐ μόνον ὕστερον οὐκ ἐκομισάμην, ἀλλὰ καὶ νυνὶ κινδυνεύω περὶ αὐτῶν ὡς ἀδίκως ἔχων;

ιά. Διὰ ταῦτα μέντοι Σπουδίας, ὦ ἄνδρες δικασταὶ, τοῖς φίλοις οὐκ ἐβούλετο ἐπιτρέψας ἀπαλλαγῆναι τῶν πρὸς ἐμὲ ἐγκλημάτων, ὅτι συνέβαινεν αὐτῷ ταῦτα πάντ' ἐξελέγχεσθαι, πᾶσι γὰρ τούτοις παραγεγενημένοι καὶ σαφῶς εἰδότες οὐκ ἐπέτρεπον ἂν αὐτῷ λέγειν ὅ τι τύχοι· παρ' ὑμῖν δ' οἴεται ψευδόμενος ἐμοῦ τἀληθῆ λέγοντος περιγενήσεσθαι. καίτοι περὶ ὧν ἐγκαλῶ, πάνθ' ὑμῖν ἀπέδειξα σαφῶς, ὡς οἷός τ' ἦν αὐτός· τοὺς δ' εἰδότας οὑτοσὶ ἔφευγεν, οὐχ ἡγούμενος ἐκείνους παραλογίσασθαι. μὴ τοίνυν, ὦ ἄνδρες δικασταὶ, μηδ' ὑμεῖς ἐπιτρέπετε αὐτῷ ψεύδεσθαι καὶ διαβάλλειν, μεμνημένοι τῶν εἰρημένων. ἴστε γὰρ πάνθ' ὡς ἐγένετο· πλὴν εἴ τι παρέλιπον ἐγὼ, πρὸς ὀλίγον ὕδωρ ἀναγκαζόμενος λέγειν.

ΥΠΟΘΕΣΙΣ ΤΟΥ ΠΡΟΣ ΦΑΙΝΙΠΠΟΝ ΠΕΡΙ ΑΝΤΙΔΟΣΕΩΣ ΛΟΓΟΥ.

Pag. ed. Reisk.

Ὁ ΜΕΝ λόγος οὐκ ἀναφέρεται παρά τισιν εἰς τὸν Δημοσθένην· ὑπόθεσιν δὲ ἔχει ταύτην. ἦν 1037
σύνταγμα παρὰ τοῖς Ἀθηναίοις τριακοσίων ἀνδρῶν κατὰ τὸν πλοῦτον ἐξειλεγμένων, οἷς ἀνέκει-
το τῶν λειτουργιῶν αἱ μείζους· γέρας δὲ ἴδιον τῷ πεπονηκότι τούτων ὑπεξελθεῖν ἐκ τοῦ συντά- 1038
γματος, εἴ τινα ἑαυτοῦ πλουσιώτερον σχολάζοντα ἐπιδείξειε· καί, εἰ μὲν ὁ προβληθεὶς ὁμολο-
γεῖ πλουσιώτερος εἶναι, εἰς τοὺς τριακοσίους ἀντικαθίστατο, εἰ δὲ ἠρνεῖτο, τὴν οὐσίαν ἀντεδίδοσαν.
νῦν τοίνυν εἷς τῶν τριακοσίων, πεπονηκέναι λέγων καὶ εἶναι πένης, ἐπὶ Φαίνιππον ἐλήλυθε. καὶ
τῆς οὐσίας εἰς ἀντίδοσιν ἥκουσι. περὶ δὲ τούτων ἐγκαλεῖ τῷ Φαινίππῳ, ὡς οὐδὲ τὴν ἀπογραφὴν
τῆς οὐσίας δεδωκότι κατὰ τὸν προσήκοντα χρόνον, ἀλλ' ὕστερον πολλῷ, τά τε σημεῖα τῶν
οἰκημάτων ἀφῃρηκότι ὑπὲρ τοῦ διαφορῆσαι τῶν ἔνδον τινά, καὶ ψευδῶς ὀφείλειν πολλὰ πραττομένῳ.

Ἦν σύνταγμα κ. τ. λ.] Vid. Meursius Them. Attic. lib. II. c. XXVIII.

Πεπονηκέναι λέγων] Χρήμασιν ἀπειρηκέναι καὶ οὐθ' οἷός τ' εἶναι τριηραρχεῖν. Sic supra v. 3. τῷ πεπονηκότι τούτων, non significat, ei, qui diligens fuerat in administratione: neque hic, cum diceret, se diligentem fuisse in administrando: sed ut in orationis περὶ Στεφάνου argumento, p. 21. v. 13. vol. II. τὰ πεπονηκότα μέρη τοῦ τείχους, τὰ ἐπισφαλῶς ἔχοντα καὶ ἠρειπωμένα. Wolf.

Καὶ ψευδῶς ὀφείλειν πολλὰ πραττομένῳ] Apposuisse creditorem, qui magnam ab ipso pecuniam postulet, significat. Idem.

ΔΗΜΟΣΘΕΝΟΥΣ

Ο ΠΡΟΣ

ΦΑΙΝΙΠΠΟΝ

ΠΕΡΙ ΑΝΤΙΔΟΣΕΩΣ ΛΟΓΟΣ.

ά. ΠΟΛΛΑ κἀγαθὰ γένοιτο, ὦ ἄνδρες δικασταί, πρῶτον μὲν ὑμῖν ἅπασιν, ἔπειτα δὲ καὶ Σόλωνι τῷ νομοθετήσαντι τὸν περὶ τῶν ἀντιδόσεων νόμον. εἰ μὴ γὰρ οὗτος

ά. Τὸν περὶ τῶν ἀντιδόσεων νόμον] Ἀντίδοσις erat actio quædam, vel conditionis ferendæ facultas legibus Atheniensium prodita. Nam cum quispiam civis Atheniensis muneri cuipiam publico non personali, sed patrimoniali, fungendo designabatur, ipse si imparem sese ei functioni existimabat et contendebat, tenuitatemque facultatum suarum excusans muneris functionem detrectabat, licebat primo cuique volenti

ἡμῖν σαφῶς διώρισε, τί πρῶτον δεῖ ποιεῖν τοὺς ἀντιδεδωκότας, καὶ τί δεύτερον, καὶ τἆλλα δ' ἐφεξῆς, οὐκ οἶδ', ὅποι προῆλθεν ἂν ἡ τουτουὶ Φαινίππου τόλμα. ὅπου [1] γὰρ καὶ νῦν ἅπαντα ταῦτα προλέγοντος ἡμῖν τοῦ νόμου, ὅμως
1039 οὐδὲν φροντίσας τῶν ἐν αὐτῷ γεγραμμένων δικαίων, ἀντὶ μὲν τοῦ τριῶν ἡμερῶν ἀφ' ἧς ὤμοσε τὴν [2] ἀπόφασιν δοῦναί μοι τῆς οὐσίας τῆς αὐτοῦ κατὰ τὸν νόμον, ἤ, εἰ μὴ τότε ἐβούλετο, τῇ γε ἕκτῃ δοῦναι τοῦ Βοηδρομιῶνος μηνός, ἣν δεηθείς μου ἔθετο, καὶ ἐν ᾗ ὡμολόγησε δώσειν τὴν ἀπόφανσιν, [3] οὐδ' ἕτερα τούτων ἐποίησεν, ἀλλά, καταφρονήσας ἀμφοτέρων καὶ ἡμῶν καὶ τοῦ νόμου, δευτέρῳ μηνὶ ἔδωκε, δυοῖν ἢ τρισὶν ἡμέραις πρότερον τῆς εἰς τὸ δικαστήριον εἰσόδου, τὸν δ' ἄλλον ἅπαντ' ἐκποδὼν ἦν χρόνον· ἀντὶ δὲ τοῦ τὰ σημεῖα ἐᾶν τῶν οἰκημάτων, ἃ παρεσημηνάμην, ἐλθὼν εἰς ἀγρὸν ἀνέῳξε, καὶ τὰς κριθὰς ἐξεφόρησε, καὶ [4] τὰ ἄλλα, ὥσπερ ἐξουσίαν δεδωκότος αὐτῷ τοῦ νόμου ποιεῖν, ὅ τι ἂν βούληται, καὶ μὴ ὡς δίκαιόν ἐστιν.

β'. Ἐγὼ δ', ὦ ἄνδρες δικασταί, [5] ἥδιστα μὲν ἐμαυτὸν εἶδον εὐτυχοῦντα ὥσπερ πρότερον τῇ οὐσίᾳ, καὶ μένοντα ἐν τοῖς τριακοσίοις· ἐπειδὴ δὲ τὰ μὲν τῆς κοινῆς ἀτυχίας μετασχὼν τοῖς ἄλλοις τοῖς ἐργαζομένοις ἐν τοῖς [6] ἔργοις,

[1] Deest γάρ. [2] ἀντίφασιν [3] οὐδέτερα [4] τἆλλα [5] ἥδιστ' ἂν μὲν [6] ἔργοις, τὰ δ' ἴδια μεγάλαις

vel in comitiis vel alibi muneris detrectatorem τῇ ἀντιδόσει aggredi, et παρακαλεῖσθαι, ita ut fortunarum permutatione provocaret hominem, munerisque functionem ex lege sibi posceret. Id autem ἀντιδιδόναι τὴν οὐσίαν dicebatur. Cujus simile est hodie quod vulgus *æqualisare se cum altero* appellat. Anniversariis enim indictionibus per vicos oppidaque stipendiaria dimissis, solent in singulis locis certi homines delecti et jurati, pro modo facultatum cujusque hominis, aut negotiationis ejus, aut arationis collationem arbitrari. In ea porro partitione arbitranda si quis se magnopere injuriam passum esse putat, licet ipsi quicum voluerit τῶν γε συντελῶν quam vocant æquationem postulare ab iis magistratibus, qui juri illi dicundo præfecti sunt, quos *Electos* vocamus. *Peræquatores* (ut opinor) appellantur in tract. de cens. lib. XI. Cod. Justiniani, non quod sit eadem munerum functio, sed quod vocabulum inde transferri possit. In Gallia etiam Narbonensi mos antiquus asservatur, ubi fundi censentur, non homines: quod tamen ad antidosium pertinet, id jure magis proditum, quam moribus receptum est, nec nisi raro usurpatur, ne, super collationis dependendæ necessitatem, litium etiam impendiis populares invicem se exhauriant. Cujus querelæ intentio eo pertinet, non ut facultatum permutatio fiat, sed collationum, et is in eo judicio vincat, qui se tenuioribus esse facultatibus docuerit. Qui autem eam querelam vincit, simul litis æstimationem auferre solet. In l. *Qui gravatos*, in tractatu supradicto, competitio pro antidosi aut simili quadam actione, dicta mihi videtur, si verbum emendate legitur. Ἀντιδόσεως autem auctor fuit Solon. Budæus. De voce ἀντίδοσις cf. quoque Salmas. de M. U. p. 171. et Herald. Anim. in Salmas. Obss. ad Jus A. et R. l. VI. c. 11. §. 6.

Ὅπου γὰρ] Pro ὅπου fortasse legendum οὕτως.

β'. Τοῖς ἐργαζομένοις ἐν τοῖς ἔργοις] Τοῖς μεταλλικοῖς: iis, qui fodinas habent, qui et

τὰ δὲ καὶ μεγάλαις περιπεπτωκὼς ζημίαις, ἀπολώλεκα τὴν οὐσίαν, καὶ τὸ τελευταῖον νῦν ἐμὲ δεῖ τῇ πόλει τρία τάλαντα καταθεῖναι, τάλαντον κατὰ τὴν μερίδα — μετέσχον γὰρ, ὡς μή ποτε ὤφελον, κἀγὼ τοῦ δημευθέντος μετάλλου — ἀναγκαῖόν ἐστιν εἰς τὴν ἐμὴν τάξιν πειρᾶσθαι καθιστάναι τὸν οὐ μόνον ἐμοῦ νῦν ὄντα πλουσιώτερον, ἀλλὰ καὶ πρότερον, καὶ οὐδὲ πώποτε οὐδὲν λελειτουργηκότα ὑμῖν, οὐδ' εἰσενηνοχότα τῇ πόλει. δέομαι οὖν ὑμῶν ἁπάντων, ὦ ἄνδρες δικασταὶ, ἐὰν ἐπιδεικνύω Φαίνιππον τουτονὶ καὶ παραβεβηκότα τὰ ἐν τοῖς νόμοις δίκαια καὶ 1040
πλουσιώτερον ὄντα ἐμοῦ, βοηθῆσαί μοι, καὶ τοῦτον εἰς τοὺς τριακοσίους ἀντ' ἐμοῦ καταστῆσαι. διὰ τοῦτο γὰρ οἱ νόμοι καθ' ἕκαστον ἔτος ποιοῦσι τὰς ἀντιδόσεις, ὅτι, τὸ διευτυχεῖν συνεχῶς τῇ οὐσίᾳ, οὐ πολλοῖς τῶν πολιτῶν διαμένειν εἴθισται. ἐξ ἀρχῆς δ' ὑμῖν ἅπαντα τὰ γενόμενα περὶ τὴν ἀντίδοσιν διηγήσομαι.

γ'. Τοῦ γὰρ Μεταγειτνιῶνος μηνὸς, ὦ ἄνδρες δικασταὶ, τῇ δευτέρᾳ ἱσταμένου, ἐποίουν οἱ στρατηγοὶ τοῖς τριακοσίοις τὰς ἀντιδόσεις. ἐν ταύταις ἐκάλεσα κατὰ τὸν νόμον Φαίνιππον τουτονί· καλέσας δὲ καὶ παραλαβὼν τῶν οἰκείων τινὰς καὶ φίλων, ἐπορευόμην Κυθήραδε εἰς τὴν ἐσχατιὰν αὐτοῦ. καὶ πρῶτον μὲν περιαγαγὼν τὴν ἐσχατιὰν [1] αὐτοῦ, πλέον ἢ σταδίων οὖσαν τετταράκοντα, κύκλῳ ἔδειξα καὶ διεμαρτυράμην ἐναντίον Φαινίππου, ὅτι οὐδεὶς

1 * [αὐτοὺς]

Germanice alicubi appellantur *Die Gewerken*, ab operando. Wolf.

Τὰ δίκαια μεγάλαις περιπεπτωκὼς ζημίαις] Absurda est hæc lectio. Itaque repono τὰ δὲ καὶ μεγάλαις περιπεπτωκὼς ζημίαις, quia antecedit, v. pen. p. 45. τὰ μὲν τῆς. ζημίαι autem hic ad detrimenta rei familiaris potius, quam ad mulctas a judicibus irrogatas, pertinere videntur. Nam eæ mox seorsim exponuntur. Idem.

tatione, ut sensum interturbantia. Auger.

γ'. Περιαγαγὼν τὴν ἐσχατιὰν] Ἀντὶ τοῦ, περιών. ἐσχατιὰ δὲ, ἄκρα τελευταία, τὸ ἔσχατον μέρος χωρίου τὸ συνάπτον τοῖς ὄρεσιν ἐρημία. Hesychius. Varinus vero, παρὰ τῷ ποιητῇ ἔσχατον τόπου μέρος, χωρίου ἔσχατα, ᾧ γειτνιᾷ ἔρημος τόπος. Nobis licet vertere *agrum* seu *prædium*, generali verbo pro speciali usurpato, ob Latini sermonis penuriam: quod sæpissime usu venit, ut καιρὸς, εὐκαιρία, ἀκαιρία, *tempus*, βουλὴ, εὐβουλία, ἀβουλία, δυσβουλία, *consilium*, et alia sexcenta. *In farrag.* F. περιών. Wolf.

Διεμαρτυράμην — χωρίῳ] *In re præsenti coram Phænippo contestatus sum, nullum finitorem esse in eo fundo erectum, æris alieni demonstratorem: quod si ille pignoris nomine moram ipsi fundo facere insisteret, jubebam eum palam dicere et monstrare, ne postea æs alienum exsisteret super eo fundo contractum, vel editum iri posset et emersu-*

ὅρος ἔπεστιν ἐπὶ τῇ ἐσχατιᾷ· εἰ δέ φησιν, εἰπεῖν ἐκέλευον αὐτὸν ἤδη καὶ δεῖξαι, ὅπως μὴ ὕστερον ἐνταῦθα χρέος γενόμενον ἀναφανήσοιτο ἐπὶ τῷ χωρίῳ. ἔπειτα παρεσημηνάμην τὰ οἰκήματα, καὶ τοῦτον ἐκέλευον εἰς τἀμὰ βαδίζειν. μετὰ δὲ ταῦτα ἠρόμην, ὅπου ὁ σῖτος εἴη ὁ ἀπηλοημένος — ἦσαν γάρ, νὴ τοὺς θεοὺς καὶ τὰς θεάς, ὦ ἄνδρες δικασταί, δύο [1]ἅλως αὐτόθι μικροῦ πλέθρου ἑκατέρα —, ὁ δὲ ἀπεκρίνατό μοι, ὅτι ὁ μὲν πεπραμένος εἴη τοῦ σίτου, ὁ δὲ ἔνδον ἀποκείμενος. τέλος δέ, ἵνα μὴ μακρολογῶ, καταστήσας φυλάττειν ἔνδον τινάς, καὶ νὴ Δία ἀπειπὼν [2]κωλῦσαι τοὺς ὀνηλάτας μὴ ἐξάγειν τὴν ὕλην ἐκ τῆς ἐσχατιᾶς
1041 — πρὸς γὰρ τῇ ἄλλῃ οὐσίᾳ τῇ Φαινίππου, ὦ ἄνδρες δι-

[1] * ἅλῳ [2] καὶ κωλύσας

rum esset *æs alienum* vel *index æris alieni*. ac si de præsenti loquens et instanti, diceret, ὅπως μὴ ἀναφανήσεται. BUDÆUS.

Οὐδεὶς ὅρος ἔπεστιν ἐπὶ τῇ ἐσχατιᾷ] Classis fiebat quandoque Athenis trecentorum virorum, qui graviora reipublicæ onera sustinebant. In eam ditissimi quique legebantur. Si quis autem aliquem ditiorem se existimabat et ferendo oneri magis idoneum, eum petebat apud στρατηγούς, sive belli duces et præfectos, in locum suum subrogari; ac si de facultatibus controversia incidebat, ad ἀντίδοσιν et bonorum permutationem eum apud eosdem στρατηγοὺς provocabat. Ea provocatione facta, et Phænippo facultates suas jusso ἀποφαίνειν, ex lege, is qui contra eum agebat, assumptis amicis quibusdam et familiaribus, in *fundum*, ubi is erat, se contulit, cumque coram iisdem cum circumiret atque undequaque inspiceret, amicos testatus est, nullos ullibi apparere ὅρους, Phænippo interpellato, si qui essent, eos ostenderet, ne æs alienum postea emergeret, cui fundus ille diceretur obligatus. His factis, cubicula, cellas, et alia obsignavit; custodes reliquit, Phænippo in bona τοῦ ἀντιδιδόντος ire jusso. Cum autem tertio post jusjurandum die facultatum suarum declarationem ex lege dare deberet Phænippus, et adversarium exorasset, ut aliquot sibi dies concederet, querebatur hic omnia interim ab eo subtracta, signis quæ apposita fuerant revulsis, et creditores suppositos, quibus is nihil deberet. Unde constare potest, non modo ad demonstrandam hypothecam ὅρους illos fuisse necessarios, ne res eædem alteri obligari possent in prioris creditoris præjudicium; sed nec ὅρους illos fuisse columnas, quibus pignoris obligatio charaxata esset, nec tabellas ex columnis appensas: sed breves nescio quos cippos et columellas, quibus id inscriptum esset, aut tabella aliqua, quæ id contineret, affixa. Si enim alicujus altitudinis columnæ fuissent, nihil opus fuisset tanta sedulitate fundum illum circumire, et, tabella nulla inventa nec conspecta, Phænippum interrogare, an aliqua alicubi exstaret. Vid. quoque p. 54. v. 13. *Herald. Anim. in Salmas. Obs. ad Jus A. et R.* l. III. c. VI. §. 7. p. 216.

Ἔπειτα παρεσημηνάμην τὰ οἰκήματα] Τὰ οἰκήματα παρασημανθῆναι dicuntur, i. e. *obsignata fuisse*, cum ea tantum, quæ intus essent mobilia, obsignata forent, aut cellæ in quibus mobilia, ut supellex et penus frugesque liquidæ et aridæ, continebantur, quæ vocat οἰκήματα. Nam οἰκήματα sunt membra domus, ut cellæ, zothecæ, apothecæ, granaria, et similia. Gloss. vet. οἴκημα *cella*, οἰκημάτιον *cellula*. Quid per οἰκήματα intellexerit, idem p. 45. v. 13. explicavit, his verbis: ἀντὶ δὲ - - - - βούληται. Ubi οἰκήματα etiam granaria sunt in quibus hordeum repositum, et aliæ similiter cellæ quibus signa imposuerat, ut occlusa essent illi pro quo dixit Demosthenes. *Salmas. de M. U.* p. 653.

Ὁ ἀπηλοημένος] Suidas: ὁ ἀπὸ τῆς ἅλω συγκεκομισμένος μετὰ τὸ ἀλοηθῆναι, τουτέστι τὸ πατηθῆναι. Thema est, ἀλοάω, ἀπαλοάω, διὰ τοῦ ω μεγάλου, quia fit παρὰ τὴν ἅλων Ἀττικῶς, ἀπαλοιάω autem per οι, τὸ ἀποκόπτω, unde πατραλοίας, ὁ φονεὺς τοῦ πατρός. WOLF. Vid. Harpocr. et Valesii observat. ad Not. Maussaci. Cf. quoque Valckenaer. Animadv. ad Ammon. l. IV. p. 21.

Τέλος] *Ad extremum, tandem.*

καστάι, καὶ αὕτη πρόσοδος μεγάλη ἐστὶν αὐτῷ, ἓξ ὄνοι δι᾽ ἐνιαυτοῦ ὑλαγωγοῦσι· καὶ λαμβάνει οὗτος [1] πλέον δραχμὰς τῆς ἡμέρας —, τούτοις ἀπειπὼν, ὥσπερ λέγει, τῆς ὕλης μὴ ἅπτεσθαι, καὶ ἐπαγγείλας ἐπὶ τὰ ἱερὰ Φαινίππῳ κατὰ τὸν νόμον ἀπαντᾶν, ᾠχόμην ἀπιὼν εἰς ἄστυ.

δ´. Πρῶτον μὲν οὖν τῶν εἰρημένων τὰς μαρτυρίας ὑμῖν παρέξομαι· ἔπειτα καὶ περὶ τῶν ἄλλων ἀκούσεσθε πάσας τὰς ἀληθείας. τουτονὶ γὰρ, ὦ ἄνδρες δικασταὶ, Φαίνιππον, εὑρήσετε εὐθὺς ἀπὸ τῆς πρώτης ἡμέρας, ἀρξάμενον τοῦ μηδὲν δίκαιον ποιεῖν. παρεσημηνάμην τὰ οἰκήματα, τοῦ νόμου μοι δεδωκότος· οὗτος ἀνέῳξε. καὶ τὸ μὲν ἀφελεῖν τὸ σημεῖον, [2] ὡμολόγει· τὸ δὲ ἀνοῖξαι τὴν θύραν, οὐχ [2] ὡμολόγει, [3] ὥσπερ ἄλλου τινὸς ἕνεκα τὰ σημεῖα [4] ἀφαιροῦντος, ἢ τοῦ τὰς θύρας ἀνοῖξαι. ἔπειτα ἀπεῖπον τὴν ὕλην μὴ ἐξάγειν· ἐξῆγεν οὗτος ἁπάσας τὰς ἡμέρας, πλὴν ἐκείνης, ἐν ᾗ ἐγὼ ἀπεῖπον. χρέος οὐδ᾽ ὁτιοῦν ὠφείλετο ἐπὶ τῇ ἐσχατιᾷ· νῦν οὗτος ἀποφαίνει πολλά. ἁπλῶς ποιεῖ, ὅ τι ἂν βούλοιτο, οὐχ ὅ τι ἂν οἱ νόμοι κελεύωσι. λέγε τὰς μαρτυρίας, πρῶτον μὲν τὰς ὑπὲρ τοῦ μετάλλου, ἔπειτα καὶ τὰς ἄλλας.

ΜΑΡΤΥΡΙΑΙ.

ε´. Ἃ μὲν τοίνυν εὐθὺς τῇ πρώτῃ ἡμέρᾳ μετὰ τὰς ἀντιδόσεις ἤρξατό με Φαίνιππος ἀδικεῖν, ἀκηκόατε, ὦ ἄνδρες δικασταὶ, καὶ ἐμοῦ καὶ τῶν μαρτύρων· τὰ δὲ μετὰ ταῦτα γεγενημένα οὐκ ἔτ᾽ εἰς ἐμὲ μόνον αὐτῷ ἡμάρτηται, ἀλλὰ καὶ εἰς τοὺς νόμους, ὑπὲρ ὧν ὑμῖν ἅπασι σπουδαστέον ἐστίν. ὀμόσας γὰρ τῇ ἑνδεκάτῃ τοῦ Βοηδρομιῶνος μηνὸς, 1042
ἀποφαίνειν ὀρθῶς καὶ [5] δικαίως τὴν οὐσίαν, τοῦ νόμου διαῤῥήδην λέγοντος τριῶν ἡμερῶν, ἀφ᾽ ἧς ἂν ὀμόσῃ, διδόναι τὴν ἀπόφανσιν, ἐδεῖτό μου προσελθὼν πρὸ τοῦ δικαστηρίου μετὰ Πολυεύκτου τοῦ Κριωέως [6] καὶ Τερεντίου, πρῶτον

[1] πλέον ἢ δώδεκα δραχμὰς [2] ὡμολογεῖ [3] ὥσπερ * ἐν ἄλλου [4] * ἀφαιροῦντας
[5] δικαίως ἅπασαν τὴν [6] καὶ Τερεντίου] καὶ ἑτέρων τινῶν

Πλέον δραχμὰς] Numerus deest. Nam si legas πλέον δραχμῶν, sex asini cum agasonibus plus consument. Wolf.

Ἐπὶ τὰ ἱερὰ ἀπαντᾶν] Hinc apparet, in permutationibus, eos rem divinam facere solitos. Idem.

Τὴν ὕλην μὴ ἐξάγειν] Ὕλη *sylva* est, et in genere *materia*: quæ cujusmodi hic fuerit, lignane, an argilla, an stramen, aut fœnum, aut aliquid aliud, quærant curi-

μὲν περὶ διαλύσεως συνελθεῖν ἑαυτῷ, πάντα γάρ μοι
τὰ δίκαια ποιήσειν· ἔπειτα τὴν ἀπόφανσιν τῆς οὐσίας ἀνα-
βαλέσθαι μὴ πολλὰς ἡμέρας, οὐ γὰρ ἀγνοεῖν μου τὰ
πράγματα. ἡγησάμενος δ' ἐγὼ καὶ μετρίου καὶ ἀπράγμο-
νος εἶναι πολίτου μὴ εὐθὺς ἐπὶ κεφαλὴν εἰς τὸ δικαστήριον
βαδίζειν, ἐπείσθην — τί γὰρ δεῖ μακρολογεῖν; — τὴν
μὲν σύνοδον ταύτην τὴν περὶ τῶν διαλύσεων, τῇ ὀγδόῃ φθί-
νοντος τοῦ Βοηδρομιῶνος μηνὸς, ὁμολογῆσαι ποιήσασθαι·
τὴν δ' ἀπόφανσιν τῆς οὐσίας, τῇ ἕκτῃ φθίνοντος. τυχὼν
δὲ [1] τούτων παρ' ἐμοῦ Φαίνιππος, οὐδ' εἰς ἑτέραν τῶν
ἡμερῶν ἀπήντησεν· ἀλλ' ἀνθ' ἑνὸς δύο νόμους ἥκει πρὸς
ὑμᾶς παραβεβηκὼς, ἕνα μὲν τὸν κελεύοντα τριῶν ἡμερῶν,
ἀφ' ἧς ἂν ὀμόσῃ, τὴν οὐσίαν ἀποφαίνειν, ἕτερον δὲ τὸν κε-
λεύοντα κυρίους εἶναι τὰς πρὸς ἀλλήλους ὁμολογίας, [2] ἃς
ἐναντίον μαρτύρων ποιήσωνται. καίτοι, ὦ ἄνδρες δικασταὶ,
τίς οὐκ οἶδεν ὑμῶν, ὅτι ὁμοίως ἥ τε ἐν τῷ νόμῳ γεγραμ-
μένη ἡμέρα κυρία ἐστὶ, καὶ ἡ ὑπὸ τῶν ἀντιδίκων συγχωρη-
θεῖσα; πολλάκις γὰρ παρά [3] γε τοῖς νόμοις γεγραμμένης
τριακοστῆς ἡμέρας, ἑτέραν ἡμῖν αὐτοῖς συγχωρήσαντες
[4] ἐθέμεθα παρὰ ταῖς ἀρχαῖς ἁπάσαις, καὶ δίκαις καὶ
1043 κρίσει ἀναβάλλονται τοῖς ἀντιδίκοις οἱ ἄρχοντες, συγχω-
ρησάντων ἐκείνων ἀλλήλοις. ὧν εἴ τις ἄκυρον ἡγήσαιτο δεῖν
εἶναι τὴν πρὸς ἀλλήλους ὁμολογίαν, μισήσαιτ' ἂν αὐτὸν
ὡς ὑπερβάλλοντα συκοφαντίᾳ. Φαίνιππος τοίνυν, ὥσπερ

[1] τούτων ἀμφοτέρων παρ' [2] ἃς ἂν ἐναντίον [3] τε
[4] ἐθέμεθα, παρά τε ταῖς ἀ. ἀ. κ. δίκας κ. κρίσεις

σι. Idem.

Μὴ εὐθὺς ἐπὶ κεφαλὴν εἰς τὸ δικαστήριον βαδίζειν] Ἀντὶ τοῦ, αὐθαδῶς καὶ ὁρμητικῶς. 6. cap. Estheris, λυπούμενος κατὰ κεφαλῆς, poni videtur ἀντὶ τοῦ, σφόδρα καὶ ὑπερφυῶς. Idem.

Τῇ ὀγδόῃ φθίνοντος] Τῇ τρίτῃ ἐπὶ εἰκάδι. 23. Augusti. Idem.

Τῇ ἕκτῃ] Τῇ πέμπτῃ ἐπὶ εἰκάδι. 25. Idem.

Οὐδ' εἰς ἑτέραν] Εἰς οὐδετέραν, Ἀττικιστί. Idem.

Ἕτερον δ' ———— ποιήσωνται] Cujus legis ratio pendet ex hoc juris Attici axiomate et regula apud Harpocrationem, ὁμολογίαι γὰρ αἱ συνθῆκαι. Stare enim unumquemque oportet suae confessioni, cum ei non possit obviare: nam *confessus quodammodo sua sententia damnatur*. l. 1. D. de confessis. *In Leg. Attic. L. IV. T. IV.* p. 428. Petitus.

Πολλάκις γὰρ παρά γε τοῖς νόμοις] Utrum παρά γε τοὺς νόμους, an ἐν τοῖς νόμοις. videtur τὸ παρὰ ex inferiore versu παρὰ ταῖς ἀρχαῖς et huc perperam translatum. Wolf.

Τριακοστῆς] F. leg. τρίτης. Auger.

Ἑτέραν, ἡμῖν αὐτοῖς συγχωρήσαντες, ἐθέμεθα παρὰ ταῖς ἀρχαῖς ἁπάσαις· καὶ δίκας καὶ κρίσεις ἀναβάλλονται τοῖς ἀντιδίκοις οἱ ἄρχοντες] Sic distinguo et lego hunc locum: συγχωρήσαντες ἡμῖν αὐτοῖς, ἐθέμεθα ἑτέραν (ἡμέραν) παρὰ ταῖς ἀρχαῖς ἁπάσαις· καὶ οἱ ἄρχοντες ἀναβάλλονται δίκας, etc.

τοῦ νόμου προστάττοντος μηδὲν ποιεῖν, ὧν ἂν ὁμολογήσῃ τις, ἀπ' ἐκείνης τῆς ἡμέρας, ἀφ' ἧς ὡμολόγησεν ἐπί τε τὰς διαλύσεις ἀπαντήσεσθαι, καὶ τὴν ἀπόφανσίν μοι τὴν αὑτοῦ δώσειν, καὶ τὴν παρ' ἐμοῦ λήψεσθαι, οὐδὲ πώποτ' ἀπήντησεν. ἀλλ' ἐγὼ μέν, ἐπειδὴ τοῦτον ἑώρων οὐ προσέχοντά μοι τὸν νοῦν, οὐδὲ τοῖς νόμοις, εἰς τὸ στρατήγιον ἔδωκα τὴν ἀπόφανσιν· οὗτος δ', ὅπερ καὶ μικρῷ πρότερον εἶπον, πρώην ἔδωκέ μοι βιβλίον, οὐδὲν ἄλλ' ἢ βουλόμενος δοκεῖν μὲν δεδωκέναι τὴν ἀπόφανσιν, μὴ ἔχειν δέ με τοῖς ἐν αὐτῷ γεγραμμένοις ὅ τι χρήσομαι. χρὴ δέ, ὦ ἄνδρες δικασταί, μὴ τοῖς ἰσχυροτέραν νομίζουσι τῶν νόμων τὴν αὑτῶν βδελυρίαν εἶναι, πλέον τούτοις τοῦ δικαίου νέμειν, — εἰ δὲ μή, πολλοὺς ποιήσετε τοὺς καταγελῶντας τῶν ἐν τοῖς νόμοις γεγραμμένων δικαίων —, ἀλλ' ἐκείνοις βοηθεῖν, οἵ τινες ἂν τὴν τῶν νόμων φωνὴν ὑμετέραν εἶναι νομίζωσι, καὶ τὴν [1]ἡμετέραν ταύτην τὴν εἰς τὸ δικαστήριον ὑπὲρ τῶν ἠδικημένων εἶναι νομίζωσι, μὴ τῶν ἠδικηκότων. λέγε τῶν ἀρτίως εἰρημένων τὰς μαρτυρίας, καὶ τοὺς νόμους.

ΜΑΡΤΥΡΙΑΙ. ΝΟΜΟΙ.

τοιαῦτα τοίνυν, ὦ ἄνδρες δικασταί, πεπονθὼς ἐγὼ ὑπὸ Φαινίππου, ἀπεγραψάμην πρὸς τοὺς στρατηγοὺς ταύτην τὴν ἀπογραφήν. λέγε.

ΑΠΟΓΡΑΦΗ. 1044

ϛ'. Πῶς οὖν ἄλλως πρὸς τῶν θεῶν καὶ δαιμόνων, ὦ ἄνδρες δικασταί, ἐπιδεικνύειν ὑμῖν δεῖ Φαίνιππον ἔνοχον ὄντα τοῖς ἀνεγνωσμένοις, ἢ ὅνπερ τρόπον ἐγὼ νῦν ἐπιδεικνύω; ἀλλ' ὅμως ἐμὲ ἀντεγράψατο Φαίνιππος μὴ δικαίως

[1] ὑμετέραν

WOLF.

Ὅπερ καὶ μικρῷ πρότερον εἶπον, πρώην ἔδωκέ μοι βιβλίον οὐδέν, ἀλλ' ἢ βουλόμενος δοκεῖν μὲν δεδωκέναι τὴν ἀπόφασιν] Videtur Phænippus dedisse libellum, sed ita negligenter et confuse scriptum, ut nihil inde certi colligere potuerit accusator: idque fieri potuit, vel imperitia rustica, vel calliditate, adversarii deterrendi causa. In farrag. pro οὐδὲν ἀλλ' ἢ F. οὐδὲν ἄλλο ἤ. IDEM. Leg. ex cod. August. οὐδὲν ἄλλο βουλόμενος, ἢ δοκεῖν. AUGER.

Πλέον νέμειν τοῦ δικαίου] Πλέον, ἢ δίκαιόν ἐστι. Non est plus æquo tribuendum: vel, non committendum vobis est, ut meliore conditione sint, quam cæteri. νέμειν πλέον τοῦ δικαίου, ἀντὶ τοῦ, πλεονεκτεῖν ἐᾶν. WOLF.

Τὴν εἰς τὸ δικαστήριον] Κατ' ἀντίστασιν καὶ προσθήκην ἐναλλαγὴν, τὴν ἐν τῷ δικαστηρίῳ, sicut εἰς οἶκον εἶναι, ἀντὶ τοῦ, ἐν οἴκῳ.

ἀποφαίνειν τὴν οὐσίαν — οὕτω τὸ πρὸς ὑμᾶς ψεύδεσθαι τοῖς τοιούτοις ῥᾴδιόν ἐστι —, καὶ κατηγορεῖ τοῦ ὅρκου, ὃν ὤμοσα πρὸ τῆς ἀποφάνσεως, λέγων, ὅτι πλὴν [1] ὧν ἐν τοῖς ἔργοις ὑπεσχόμην ἀποφαίνειν τὴν ἄλλην οὐσίαν, ὥσπερ τὸ κατὰ τοὺς νόμους ὀμνύειν, τοῦτ' ἄξιον κατηγορίας ὄν. ὑμεῖς δ' ἴστε, ὦ ἄνδρες δικασταί, — ὑμεῖς γὰρ ἔθεσθε —, τὸν νόμον, ὃς διαῤῥήδην οὕτω λέγει τοὺς ἀντιδιδόντας ἀλλήλοις, ὅταν ὀμόσαντες ἀποφαίνωσι τὴν οὐσίαν, προσομνύειν καὶ τόνδε τὸν ὅρκον, ἀποφαίνω τὴν οὐσίαν τὴν ἐμαυτοῦ ὀρθῶς καὶ δικαίως, πλὴν τῶν ἐν τοῖς ἔργοις τοῖς ἀργυρείοις, ὅσα οἱ νόμοι ἀτελῆ πεποιήκασι. μᾶλλον δὲ λέγε τὸν νόμον αὐτόν.

[2] ΝΟΜΟΣ.

ζ. Μικρὸν μὲν οὖν ἱκετεύω, ἐπίσχες. ἐγὼ γὰρ καὶ πρότερον προεκαλεσάμην Φαίνιππον, καὶ νῦν, ὦ ἄνδρες δικασταί, δίδωμι αὐτῷ δωρεάν, καὶ ἀφίσταμαι μετὰ τῆς ἄλλης οὐσίας, καὶ τῶν ἐν τοῖς ἔργοις, ἐάν μοι τὴν ἐσχατιὰν μόνην ἐλευθέραν παραδῷ, ὥσπερ ἦν, ὅτ' ἐγὼ τοπρῶτον ἦλθον εἰς αὐτὴν μετὰ μαρτύρων, [3] καί, ὅσον ἐξῆγεν ἐκ τῶν οἰκημάτων σῖτον καὶ οἶνον καὶ τἄλλα, ἀφελὼν [4] ἐκ τῶν θυρῶν τὰ σημεῖα, ταῦτα πάλιν εἰς [5] τὸ αὐτὸ καταστήσῃ. καὶ τί λέγεις ἔτι καὶ βοᾷς; πολλὰ ἐκ τῶν ἔργων τῶν
1045 ἀργυρείων ἐγώ, Φαίνιππε, πρότερον αὐτός, τῷ ἐμαυτοῦ σώματι πονῶν καὶ ἐργαζόμενος, συνελεξάμην, ὁμολογῶ· νυνὶ δέ, πλὴν ὀλίγων, ἅπαντα ἀπολώλεκα. σὺ δ', ἐκ τῆς ἐσχατιᾶς νῦν πωλῶν τὰς κριθὰς ὀκτωκαιδεκαδράχμους καὶ τὸν οἶνον δωδεκάδραχμον, πλουτεῖς εἰκότως, ἐπειδὰν

[1] τῶν [2] Deest ΝΟΜΟΣ. [3] καὶ ἐάν, ὃν ἐξῆγεν [4] ἀπὸ [5] ταὐτὸ

Idem.

ϛ'. Ὃν ὤμοσα πρὸ τῆς ἀποφάνσεως. et ibid. πλὴν τῶν ἐν τοῖς ἔργοις. et v. 11. τοῖς ἀργυρείοις. Idem.

ζ. Σὺ δ' ἐκ τῆς ἐσχατιᾶς ——] Vid. Petitus Leg. Attic. L. VI. T. VI. p. 577. et Wesselingii Not. ad l. l.

Πωλῶν τὰς κριθὰς ὀκτωκαιδεκαδράχμους] Τὸν μέδιμνον ὀκτωκαίδεκα δραχμῶν. Wolf.

Καὶ τὸν οἶνον δωδεκάδραχμον] Τὸν ἀμφορέα, ἢ μετρητὴν δώδεκα δραχμῶν. Gaza Metretam vertit amphoram, Eras. 2. Ioannis: Cadus, inquit, sive metreta, mensura congiorum decem. In Lexico Græcolatino ἡ μετρητὴ genere fœminino ὀξυτόνως scriptum est, hic masculino παροξυτόνως ὁ μετρήτης. In veteribus Græcis Lexicis hanc vocem non reperio. In Iohanne scitur, ὑδρίαι χωροῦσαι ἀνὰ μετρητὰς δύο ἢ τρεῖς. Ubi genus discerni haud potest. Pollux: μετρητὰς οἴνου Δημοσθένης. lib. 4. cap. 23. et l. 10. cap. 20. ἀλλὰ καὶ μετρητὴν (διὰ τοῦ ι παρὰ τὴν μετριότητα ὁ Φιλλύλιος) τὸν ἀμφορέα εἴρηκεν. et Φιλόχορος παρὰ τοῖς πά-

ποιῇς σίτου μὲν μεδίμνους πλεῖον ἢ χιλίους, οἴνου δὲ μετρήτας ὑπὲρ ὀκτακοσίους. ἔτι οὖν τὴν αὐτὴν ἡμᾶς τάξιν ἔχειν δεῖ, μὴ τῆς αὐτῆς τύχης ἡμῖν παρακολουθησάσης νῦν τε καὶ πρότερον; μηδαμῶς· οὐ γὰρ δίκαιον. ἀλλὰ διάδεξαι καὶ σὺ, καὶ μετάλαβε μικρὸν χρόνον τῆς τοῦ λειτουργοῦντος τάξεως, ἐπειδὴ οἱ μὲν ἐν τοῖς ἔργοις ἠτυχήκασιν, ὑμεῖς δ' οἱ γεωργοῦντες εὐπορεῖτε μᾶλλον, ἢ προσῆκεν. ἱκανὸν γὰρ χρόνον δυ' οὐσίας καρπούμενος διατελεῖς, τὴν μὲν τοῦ φύσει πατρὸς Καλλίππου, τὴν δὲ τοῦ [1] ποιησαμένου Φιλοστράτου τοῦ ῥήτορος· καὶ οὐδὲν πώποτε τουτοισὶ πεποίηκας. καίτοι ὁ μὲν ἐμὸς πατὴρ πέντε καὶ τετταράκοντα [2] μνῶν ἑκατέρῳ, ἐμοὶ καὶ τῷ ἀδελφῷ, τὴν οὐσίαν κατέλιπεν, ἀφ' ἧς ζῆν οὐ ῥᾴδιόν ἐστιν· οἱ δὲ σοὶ πατέρες τοσούτων ἦσαν κύριοι χρημάτων, ὥστε ἑκατέρου τρίπους ἀνάκειται, νικησάντων αὐτῶν Διονύσια χορηγούντων. καὶ οὐ φθονῶ· δεῖ γὰρ τοὺς εὐπόρους χρησίμους αὐτοὺς παρέχειν τοῖς πολίταις. σὺ τοίνυν δεῖξον χαλκοῦν ἕνα μόνον εἰς τὴν πόλιν ἀναλωκὼς, ὁ τὰς δύο λειτουργούσας οὐσίας παρειληφώς· ἀλλ' οὐ δείξεις. ἀποκρύπτεσθαι γὰρ καὶ διαδύεσθαι καὶ πάντα ποιεῖν, ἐξ ὧν μὴ λειτουργήσῃς τουτοισὶ, μεμάθηκας. ἀλλ' ἐγὼ δείξω πολλὰ ἀναλωκὼς, ὁ τὴν μικρὰν οὐσίαν παραλαβὼν παρὰ τοῦ πατρός. πρῶτον δέ μοι τὸν νόμον 1046
ἐκεῖνον ἀνάγνωθι, τὸν οὐκ ἐῶντα τῶν ἐν τοῖς ἔργοις οὐδὲν ἀποφαίνειν, καὶ τὴν πρόκλησιν, ἔπειτα τὰς μαρτυρίας, ὡς δυ' οἴκων λειτουργούντων οὑτοσὶ Φαίνιππος κεκληρονόμηκε.

ΝΟΜΟΣ. ΠΡΟΚΛΗΣΙΣ. ΜΑΡΤΥΡΙΑΙ.

η'. Ἓν μόνον ἄν τις ἔχοι δεῖξαι τουτονὶ Φαίνιππον πεφιλοτιμημένον εἰς ὑμᾶς, ὦ ἄνδρες δικασταί. ἱπποτρόφος ἀγαθός ἐστι καὶ φιλότιμος, ἅτε νέος καὶ πλούσιος καὶ ἰσχυρὸς ὤν. τί τούτου μέγα σημεῖον; ἀποδόμενος τὸν πολεμιστήριον ἵππον καταβέβηκεν ἀπὸ τῶν ἵππων, καὶ ἀντ'

[1] ποιησαμένου σε, Φιλοστράτου

[2] μνῶν μόνων ἑκατέρῳ

λαιοῖς φησὶ τὸν ἀμφορέα κεκλῆσθαι κάδδον. Idem.

Ἑκατέρῳ ἐμοὶ καὶ τῷ ἀδελφῷ] Utrum singulis 45. an utrique simul? Idem.

η. Καταβέβηκεν ἀπὸ τῶν ἵππων] Si ἱππείων legas, vertito: *deserta equitum classe vehiculum sibi comparavit.* Videtur alludere ad proverbium, ἀφ' ἵππων ἐπ' ὄνους

ἐκείνου ὄχημα αὐτῷ τηλικοῦτος ὢν ἐώνηται, ἵνα μὴ πεζῇ πορεύηται, — τοσαύτης τρυφῆς μεστός οὗτός ἐστι — καὶ τοῦτο ἀπογέγραφέ μοι, τῶν δὲ κριθῶν καὶ τοῦ οἴνου καὶ τῶν ἄλλων τῶν ἐκ τῆς ἐσχατιᾶς γιγνομένων οὐδὲ τὸ δέκατον μέρος. ἄξιόν γε ἀφεῖναι νῦν αὐτόν ἐστιν, ἐπειδὴ χρήσιμός γε καὶ φιλότιμος καὶ τῇ οὐσίᾳ καὶ τῷ σώματι γέγονε; πολλοῦ γε καὶ δεῖ. καλῶν γὰρ κἀγαθῶν ἐστὶ δικαστῶν, τοὺς μὲν τῶν πολιτῶν ἐθέλοντας, ὅταν εὐπορῶσι, λειτουργοῦντας, καὶ ἐν τοῖς τριακοσίοις ὄντας, ἀναπαύειν, ὅταν τούτου δεόμενοι τυγχάνωσι· τοὺς δὲ νομίζοντας ἀπολλύειν, ὅταν εἰς τὸ κοινόν τι δαπανήσωσιν, ἄγειν εἰς τοὺς προεισφέροντας, καὶ μὴ ἐπιτρέπειν δραπετεύειν. λέγε πρῶτον μὲν τὴν μαρτυρίαν, ἔπειτα τὴν ἀπόφανσιν αὐτοῦ.

ΜΑΡΤΥΡΙΑ. ΑΠΟΦΑΝΣΙΣ.

ἔα ταῦτα, καίτοι πολλὰ τῶν ἔνδοθεν ἐκφορήσας, ὦ ἄνδρες δικασταί, Φαίνιππος, ἀνοίξας τὰ παρασεσημασμένα τῶν
1047 οἰκημάτων ὡς ὑμῖν μεμαρτύρηται, καὶ καταλιπὼν ὅσα ἔδοξεν αὐτῷ, δευτέρῳ μηνὶ τὴν ἀπόφανσιν ἔδωκέ μοι τῆς οὐσίας· ἀλλ' ὅμως ἔα ταῦτα. [1] λέγε ἐντευθενί, Ἐπὶ τούτοις τάδε ὀφείλω.

ΑΠΟΦΑΝΣΙΣ.

ἐπίσχες. αὕτη ἐστίν, ὦ ἄνδρες δικασταί, ἡ Ἀριστονόη, ἡ τοῦ Φιλοστράτου θυγάτηρ, μήτηρ δὲ τουτουί. ταύτῃ χρέος φησὶν ὀφείλεσθαι Φαίνιππος, τὴν προῖκα, ἧς οἱ νόμοι κύριον τοῦτον ποιοῦσι, ψευδόμενος καὶ οὐ [2] δικαίᾳ χρώμενος τῇ ἀποφάνσει. διὰ τί γὰρ ἐγώ, Φαίνιππε, μενούσης μοι τῆς

[1] λέγε δὲ ἐντευθενί [2] δικαίως

μεταβῆναι. Idem.

Τηλικοῦτος ὢν] Vel ad juvenilem ætatem, vel ad staturæ proceritatem referri potest: quarum neutram decet vehiculo potius, quam equo, vehi: cujus in re bellica nullus sit usus. In itinere quidem faciendo proceres nostri seculi curribus Hungaricis, quas Gutschas vocant, malle uti quis miretur? quibus bina milliaria Germanica et amplius, singulis horis in planicie confici possunt: id quod vix credidissem, nisi expertus ipse essem, Augusta Landspergam duabus horis pervectus, postridieque totidem revectus: quæ oppida sex mediocribus milliaribus inter sese distant, totidemque horas equitando absumunt. Idem.

Τοὺς δὲ νομίζοντας ἀπολλύειν] Sententia postulat ἀπολλύειν. Idem.

Λέγε ἐντεῦθεν, εἰ ἐπὶ τούτοις τάδε ὀφείλω] Alii ὀφείλει. F. εἶτ' ἐπὶ τούτοις τάδε ὀφείλω, ut sint verba τῆς ἀποφάνσεως. Idem.

Μενούσης κ. τ. λ.] Ex his verbis Legem Atticam condidit doctissimus earum

μητρὸς ἐν τῷ οἴκῳ καὶ ζώσης καὶ προῖκα ἐπενεγκαμένης, οὐκ ἀπογράφω τὴν προῖκα χρέος αὐτῇ, οὐδὲ παρακρούομαι τοὺς δικαστάς, ἀλλ᾽ ἐῶ μετέχειν τῶν ἐμαυτοῦ τὴν μητέρα, ἄν τε τὴν Φαινίππου, ἄν τε τὴν ἐμαυτοῦ ἔχω οὐσίαν; ὅτι οἱ νόμοι ταῦτα κελεύουσιν, ὦ βέλτιστε, σὺ δὲ πάντα ποιεῖς παρὰ τοὺς νόμους. λέγε ἕτερον.

ΑΠΟΦΑΝΣΙΣ.

θ΄. Ἀκούετε, ὦ ἄνδρες δικασταί, Παμφίλῳ φησὶ καὶ Φιλολέῳ Ῥαμνουσίοις κοινῇ τάλαντον [1] ἓν ὀφείλειν, καὶ Αἰαντίδῃ Φλυεῖ τετρακισχιλίας, καὶ Ἀριστομένει Ἀναγυρασίῳ τέτταρας καὶ δέκα μνᾶς. διὰ τί οὖν, Φαίνιππε, ὅτε μὲν ἐγὼ μάρτυρας ἔχων ἠρώτων σε, εἴ τι [2] ὀφείλεις ἐπὶ τῇ ἐσχατιᾷ, καὶ ἐκέλευον δεῖξαι ὅρον εἴ που ἔπεστι, καὶ διεμαρτυρόμην, ὅπως μή μοι ὕστερον κατεσκευασμένοι δανεισταὶ [3] φανήσονται, τότε μὲν οὐδὲν ἀπέφηνας τῶν χρεῶν· ἐπειδὴ δὲ δευτέρῳ μηνὶ τὴν ἀπόφανσιν ἔδωκάς μοι, τοῦ νόμου κελεύοντος τριῶν ἡμερῶν, νῦν ἥκουσι δανεισταί, καὶ [4] ὀφειλήματα πλέον ἢ τριῶν ταλάντων; ὅτι, ὦ βέλτιστε, οὐδὲν ἄλλο κατασκευάζεις, ἢ ὅσονπερ κοινῇ γέγονέ μοι πρὸς τὴν 1048
πόλιν ὄφλημα, τοσοῦτον καὶ σοὶ ἰδίᾳ νῦν εἶναι. ὅτι δ᾽, ὦ Φαίνιππε, ψευδῆ, καὶ ἐπιωρκηκὼς ἥκεις πρὸς τούτους, ἤδη φανερῶς ἐλέγξω. λάβε μοι, γραμματεῦ, τὴν τοῦ Αἰαντίδου καὶ Θεοτέλους μαρτυρίαν, οἷς οὗτος ἀπογέγραφεν [5] ὀφείλοντ᾽

[1] Deest ἓν. [2] ὀφείλοις [3] φανήσονται [4] ὀφλήματα [5] * ὀφείλονθ᾽ αὐτὸν

enarrator [l. VI. t. II. §. III. p. 554.] ad h. m. μενούσης τῆς μητρὸς ἐν τῷ οἴκῳ, καὶ ζώσης, καὶ προῖκα ἐπενηνεγμένης, οὐκ ἀπογράφειν τὴν προῖκα χρέος αὐτῇ, ἀλλὰ μετέχειν τῶν παίδων τὴν μητέρα: quæ ita Latine reddidit: *manente domi cum liberis matre, dote non repetita, liberi propter dotem fœnus ne penduntο, sed mater bona illorum participato.* Nihil sani neque, in Græcis neque in Latinis. προῖκα ἐπενηνεγμένη est *quæ dotem attulit mulier*: nam ἐπιφέρεσθαι προῖκα mulier Atticis dicitur quæ dotem marito affert. At ἀπογράφειν τὴν προῖκα χρέος αὐτῇ non est *fœnus pendere propter dotem*, sed in descriptione bonorum suorum danda, *inter res alienum recensere dotem quæ matri debetur.* Jam vero, quid illa sibi velint μετέχειν τῶν παίδων τὴν μητέρα, nescio. *Matrem participem esse liberorum* significat, nihil aliud. At in oratione Demosthenis, qui contra Phænippum dicit, matrem se sinere, ait, secum sua bona participare; et suo exemplo docet, Phænippum quoque (qui inter alia matri dotem se debere in ἀπογράφεσι posuerat) cujus mater similiter una in domo cum ipso degeret, idem facere debere, quia leges id juberent. Ex quibus perspici liquido potest, liberos, qui κύριοι essent et bonorum paternorum possessionem ex lege accepissent, pro dote quæ ei deberetur, non aliter demensum coactos dare, quam si mater a liberis recessisset et una cum his vivere recusasset. *Salmas. de M. U.* p. 171. Salmasio album calculum adjicit Wesselingius in Not. ad Petit. Comm. in LL. AA. l. s. l.

αὐτὸν τετρακισχιλίας δραχμὰς ψευδόμενος, καὶ πάλαι ἀποδεδωκὼς, οὐχ ἑκὼν, ἀλλὰ δίκην ὄφλων. λέγε.

ΜΑΡΤΥΡΙΑ.

ί. Ἔπειτ', ὦ ἄνδρες δικασταὶ, τὸν οὕτω καταφανῶς ἐν ἅπασιν ἀδίκως πεποιημένον τὴν ἀπόφανσιν, καὶ μήτε τῶν νόμων φροντίσαντα μηδὲν, οἳ διωρίκασιν ἐν οἷς δεῖ τὴν ἀπόφανσιν ποιεῖσθαι χρόνοις, μήτε τῶν ἰδίων ὁμολογιῶν, ἃς ὁμοίως ὑπολαμβάνομεν ἰσχυράς· χωρὶς δὲ τούτων, ἀνεῳχότα τὰ σημεῖα τῶν οἰκημάτων, καὶ ἐκπεφορηκότα τὸν σῖτον καὶ τὸν οἶνον ἔνδοθεν· πρὸς δὲ τούτοις, τὴν ὕλην τὴν [1]τετιμημένην πεπρακότα μετὰ τὴν ἀντίδοσιν, πλέον ἢ τριάκοντα μνῶν οὖσαν ἀξίαν· καὶ τὸ πάντων μέγιστον, χρέα ψευδῆ κατεσκευακότα τῆς ἀντιδόσεως ἕνεκα· τοῦτον δικαίως ψηφιεῖσθε πεποιῆσθαι τὴν ἀπόφανσιν; μηδαμῶς, ὦ ἄνδρες δικασταί. [2]πῆ γὰρ τραπέσθαι δεήσει διαμαρτόντα τῆς ὑμετέρας γνώμης, ὅταν οἱ πλούσιοι καὶ μηδὲν ὑμῖν πώποτε χρήσιμοι γεγενημένοι, πολὺν καὶ σῖτον καὶ οἶνον ποιοῦντες, καὶ τοῦτον τριπλασίας τιμῆς ἢ πρότερον διατιθέμενοι, πλεονεκτῶσι παρ' ὑμῖν; ὃ μηδαμῶς νυνὶ γενέσθω· ἀλλ' ὥσπερ καὶ κοινῇ πᾶσι βεβοηθήκατε τοῖς ἐν τοῖς ἔργοις ἐργαζομένοις, οὕτω καὶ ἰδίᾳ βοηθήσατέ μοι νῦν.
1049 καὶ γὰρ, εἰ οἰκέτης ὑμῶν, μὴ πολίτης, ἦν, ὁρῶντες ἄν μου τὴν φιλεργίαν καὶ τὴν εἰς ὑμᾶς εὔνοιαν, [3]ἐπαύσατ' ἄν με τῶν ἀναλωμάτων, καὶ ἐπὶ τὸν δραπετεύοντα τῶν ἄλλων ἤλθετε, τὸν αὐτὸν τρόπον καὶ νῦν, ἐπειδὰν ἀποτίσω τὰ τρία [4]τάλανθ' ἃ ὦφλον, καὶ ἀναλάβω ἐμαυτὸν, πάλιν ἀναπαύσαντες τῶν τεταλαιπωρηκότων ἕτερον, ἐπ' ἐμὲ ἥξετε· νῦν δ' ἄφετε, ἱκετεύω πάντας ὑμᾶς, ὦ ἄνδρες δικασταὶ, καὶ, τὰ δίκαια εἰρηκὼς, δέομαι βοηθῆσαί μοι, καὶ μή με περιελαθέντα περιιδεῖν ὑπὸ τούτων.

[1] τετμημένην [2] σοὶ [3] ἀνεπαύσατ' [4] τάλανθ' ὑμῖν, ἃ

ι. Καὶ τὴν τετιμημένην] Aestimatam. F. τὴν τετμημένην, caesam materiam. Nulla enim τῆς τιμήσεως facta est mentio, nisi quod aliquas drachmas Phaenippum inde percipere in dies singulos dixit. Wolf. Lego τετμημένην. Auger.

Καὶ ἐπὶ τὸν δραπετεύοντα τῶν ἄλλων] Lego καὶ ἐπί τινα δραπετεύοντα. Wolf. τῶν ἄλλων cohaeret cum τὸν a quo regitur. Auger.

Τὸν αὐτὸν τρόπον καὶ νῦν] Quia verba haec minus belle cohaerent, τὸ καὶ νῦν praetermisi, sententiam secutus. Wolf. Non facile intelligitur quid hic significet καὶ νῦν: ego arbitror νῦν jungi tantum cum ἐπειδὰν per elegantiam, et καὶ significare etiam. Auger.

Περιελαθέντα περιιδεῖν] Ἐπιτρέψαι περιελαύνεσθαι. Sed nihil vetat vertere: Neque ab istis exagitatum negligatis. Wolf.

ΥΠΟΘΕΣΙΣ ΤΟΥ ΠΡΟΣ ΜΑΚΑΡΤΑΤΟΝ ΥΠΕΡ ΑΓΝΙΟΥ ΚΛΗΡΟΥ ΛΟΓΟΥ.

Pag. ed. Reisk.

ΑΓΝΙΑΣ καὶ Εὐβουλίδης ἦσαν ἀνεψιοί· τούτων δὲ Ἁγνίας ἐτελεύτησεν ἄπαις, ὁ δὲ Εὐβουλίδης 1049
θυγατέρα κατέλιπε [1] Φυλομάχην, ἥτις ἐπεδικάζετο τοῦ κλήρου τοῦ Ἁγνίου, ὡς οὖσα ἐγγυτάτω
τῷ γένει. ἠμφισβήτουν δὲ αὐτῇ Γλαῦκός τις καὶ Γλαύκων, οὐκ ἀγχιστείᾳ γένους, ἀλλὰ διαθή-
καις ἰσχυριζόμενοι. ὧν ἐν τῷ δικαστηρίῳ ψευδῶν ἐλεγχθεισῶν, παραλαμβάνει τὸν κλῆρον ἡ [1] Φυ-
λομάχη. εἷς ὢν γὰρ ὁ Θεόπομπος, αὐτούς τε τούτους ἡττωμένους παραλαβὼν, καὶ πρὸς τούτοις
Εὐπόλεμον, προσεκαλέσατο εἰς διαδικασίαν τοῦ κλήρου τὴν [1] Φυλομάχην. ἐδίδου γὰρ ὁ νόμος τῷ
βουλομένῳ προσκαλεῖσθαι τὸν νενικηκότα, καὶ ἔχοντα τὸν κλῆρον. κατασκευασθείσης δὲ πρὸς
ἀπάτην τῆς δίκης, ὥς φησι Σωσίθεος, ἐνίκησεν ὁ Θεόπομπος. κἀκεῖνος μὲν ἐτελεύτησεν υἱὸν κα- 1050
ταλιπὼν Μακάρτατον. τῇ δὲ [1] Φυλομάχῃ γίγνεται παῖς, ὃν ὠνόμασεν Εὐβουλίδην. καὶ εἰσεποίησεν
υἱὸν Εὐβουλίδῃ, τῷ ἑαυτῆς μὲν πατρὶ, ἀνεψιῷ δὲ Ἁγνίου τοῦ τὸν κλῆρον καταλελοιπότος· εἰσποιή-
σασα δὲ εἰσήγαγεν εἰς τοὺς φράτορας τοῦ Εὐβουλίδου καὶ Ἁγνίου. καὶ οἱ φράτορες ἐδέξαντο, ὡς
δικαίως εἰσαγόμενον. τούτων δὲ πραχθέντων, ὁ παῖς εἰς διαδικασίαν τοῦ κλήρου προσκέκληται
Μακάρτατον τὸν υἱὸν τοῦ Θεοπόμπου. καὶ λέγει τὸν λόγον Σωσίθεος, ὁ φύσει πατὴρ τοῦ παιδός.

[1] Φιλομάχ.

Ὡς οὖσα ἐγγυτάτω τῷ γένει] S. τῷ Ἁγνίᾳ συγγενεστάτη noluit dicere. Philolaus τοὺς ἄγχιστ' ἐκγεγαῶτας poetice appellat. ἐγγυτάτω autem adverbium est, pro ἐγγυτάτη, ab ἐγγὺς, ἐγγυτέρω, ἢ ἔγγυον, ἐγγυστα, ἢ ἐγγυτάτω. Wolf.

Διαθήκαις ἰσχυριζόμενοι] Dativo lege Idem.

Εἷς ὢν γὰρ ὁ Θεόπομπος] F. εἰσιὼν δ' ὁ Θεόπομπος. Idem.

ΔΗΜΟΣΘΕΝΟΥΣ

Ο ΠΡΟΣ

ΜΑΚΑΡΤΑΤΟΝ

ΠΕΡΙ ΤΟΥ ΑΓΝΙΟΥ ΚΛΗΡΟΥ ΛΟΓΟΣ.

α΄. ΕΠΕΙΔΗ καὶ πρότερον ἀγῶνες ἐγένοντο ἡμῖν, ὦ ἄνδρες δικασταὶ, πρὸς τοὺς αὐτοὺς τούτους περὶ τοῦ κλήρου

ΜΑΚΑΡΤΑΤΟΝ] Nulla est fere inter Demosthenicas orationes ita partim depravata, partim perplexa, ut hæc. Itaque confiteor, me aliquot loca parum intelligere: quo minus Oporinum nostrum in prima editione idem conquestum fuisse miror. Nam cum is negaret, se meam hujus orationis interpretationem ubique

τοῦ Ἁγνίου, καὶ οὐδὲν παύονται παρανομοῦντες καὶ βιαζόμενοι, ὥστε ἐκ παντὸς τρόπου τὰ μὴ προσήκοντ' ἑαυτοῖς ἔχειν, ἀνάγκη ἴσως ἐστὶ τὰ πραχθέντ' ἐξ ἀρχῆς διηγήσασθαι. ὑμεῖς τε γὰρ, ὦ ἄνδρες δικασταὶ, ῥᾷον παρακολουθήσετε ἅπασι τοῖς λεγομένοις, καὶ οὗτοι ἐπιδειχθήσονται, οἷοί εἰσιν ἄνθρωποι, καὶ ὅτι πάλαι ἤδη ἀρξάμενοι οὐδὲν παύονται κακοτεχνοῦντες, καὶ οἰόμενοι δεῖν διαπράττεσθαι ὅ τι ἂν ἐπέλθῃ τούτοις. δεόμεθα οὖν ὑμῶν, ὦ ἄνδρες δικα-
1051 σταὶ, εὐνοϊκῶς ἀκροᾶσθαι τῶν λεγομένων, καὶ παρακολουθεῖν προσέχοντας τὸν νοῦν· πειράσομαι δὲ κἀγὼ διδάσκειν ὑμᾶς, ὡς ἂν οἷός τε ὦ, περὶ τῶν πεπραγμένων σαφέστατα.

β'. Τουτουῒ γὰρ τοῦ παιδὸς ἡ μήτηρ, ὦ ἄνδρες δικασταὶ, γένει οὖσα ἐγγυτάτω Ἁγνίᾳ τῷ ἐξ Οἴου, ἐπεδικάσατο τοῦ κλήρου τοῦ Ἁγνίου κατὰ τοὺς νόμους τοὺς ὑμετέρους. καὶ τῶν τότε ἀμφισβητησάντων αὐτῇ τοῦ κλήρου τουτουῒ, γένει μὲν ὡς ἐγγυτέρω τις εἴη αὐτῶν τῆς γυναικὸς, οὐδ' ἐπεχείρησεν

intelligere, ego rogabam, num ipse Græca assequeretur? quod cum æque negaret, pares ergo, inquam, sumus: nosque plurimos ignorationis hujus socios esse habituros existimo. ἐπιγράφεται μὲν οὖν οὑτοσὶ ὁ λόγος πρὸς Μακάρτατον, ἀθλιώτατον δ' ἂν ποιήσειε τόν τε ἑρμηνεύοντα καὶ τὸν ἐξηγούμενον· καὶ πολὺς μὲν ἐν τῷ λόγῳ ὁ περὶ Ἁγνίου λόγος, ἥκιστα δ' ἀγνοεῖ πλείστων σφαλμάτων τε καὶ δυσκολιῶν ὁ λόγος, νόμους τε ἔχων παλαιοὺς, καὶ χρησμοὺς ἀλλοκότους, καὶ γενεαλογίας δυσφράστους. Operam tamen pro virili dedi, ut appareat, τὰς δευτέρας φροντίδας non prorsus fuisse inanes et supervacaneas, non utique minore labore suscepto, quam ab isto ipso Sositheo, qui filioli nomine in hæreditatem agit, sed nequaquam paris remunerationis expectatione. Sunt enim iis plerique præditi ingeniis, ut contra æquissimam Aristotelis postulationem, nec pro inventis gratiam habeant, et prætermissis veniam negent: et, si qua forte culpa commissa fuerit, nullam imbecillitatis naturæ communis, aut fortunæ adversioris, rationem habeant: sed e vestigio et scriptorem et librum capitis damnatum in Barathrum abjiciant. ἀλλ' οἰστέον κἀλλιστέον. WOLF.

Ὥστε ἔχειν] Ἵνα ἔχωσι, τελικῶς, ἀλλὰ μὴ ἀποτελεστικῶς. IDEM.

Ὅ, τι ἂν ἐπέλθῃ τούτοις] Ἀντὶ τοῦ, αὐτοῖς. IDEM.

β'. Τουτουῒ τοῦ παιδὸς —] *Hujus pueri mater, cui proximi gradus gentilitas cum Hagnia Exæi filio intercedebat, lege egit in ejus hereditatem.* BUDÆUS.

Ἁγνίᾳ τῷ Ἐξοίου] Duo fuerunt Hagniæ, unus Buseli, alter Polemonis filius, superioris Hagniæ nepos, Buseli pronepos. Unde autem hic posterior, cujus hæreditas controversa est, τοῦ Ἐξοίου dicatur, non assequor: legendumque censeo, τοῦ Πολέμωνος. Glaucus quidem et Glaucon Exæi filii, et et Buselus ipse, dicuntur. Unde hoc nomen ad Hagniam est errore librarii translatum. WOLF. Sola distinctione hi tres loci [sc. p. 58. v. 3. et p. 62. v. pen.] emendari poterant. Scribendum enim est ubique ἐξ Οἴου, i. e. ex Œo municipio. Duo fuerunt municipia hujus nominis in agro Attico, quorum alterum Ceramicum, alterum Decelicum dicebatur. Utriusque cives ac Municipes dicebantur ἐξ Οἴου, ut docet Harpocration in v. Οἶον. Cui consentit etiam Stephanus Byzantius in v. Ἀζρόποιον. Ex Œo igitur municipio oriundus erat Buselus, ac proinde Hagnias major ejus filius, et Hagnias minor ejusdem nepos, de cujus hereditate agitur, in eodem Municipio erant adscripti. VALESIUS. Lege divisim ἐξ Οἴου. Fuit enim Οἶον nomen pagi seu demi Attici, et sic etiam corrige infra, ubi id nomen et is error sæpius repetitus est. PALMER. Plura vide ap. Meursium de Pop. Attic. in v. Οἶον, p. 767. vol. IV. Thesaur. Antiq. Græc. et Corsin.

οὐδεὶς ἀντομόσαι — ὡμολογεῖτο γὰρ παρὰ πάντων τῆς γυναικὸς εἶναι ἡ κληρονομία κατὰ τὴν ἀγχιστείαν —, διαθήκας δὲ ψευδεῖς ἧκον κατασκευάσαντες Γλαῦκός τε ὁ ἐξ Οἴου, καὶ Γλαύκων ὁ ἀδελφὸς αὐτοῦ, καὶ Θεόπομπος ὁ τουτουῒ πατὴρ Μακαρτάτου, ὃς ἐκείνοις συγκατεσκεύαζεν ἅπαντα ταῦτα καὶ ἐμαρτύρει τὰς πλείστας μαρτυρίας. αἱ δὲ διαθῆκαι, ἃς τότε παρέσχοντο, ἐξηλέγχθησαν ψευδεῖς οὖσαι· καὶ οὐ μόνον ἡττήθησαν, ἀλλὰ καὶ πονηρότατοι δόξαντες εἶναι ἀπηλλάττοντο ἀπὸ τοῦ δικαστηρίου, καὶ ἐπιδημῶν τότε Θεόπομπος ὁ τουτουῒ πατὴρ Μακαρτάτου, [1] καὶ τοῦ κήρυκος κηρύττοντος, εἴ τις ἀμφισβητεῖν ἢ παρακαταβάλλειν βούλεται τοῦ κλήρου τοῦ Ἁγνίου ἢ κατὰ γένος ἢ κατὰ διαθήκας, οὐκ ἐτόλμησε [2] παρακαταβαλεῖν, ἀλλ' αὐτὸς ἑαυτῷ ἐδίκασεν, ὅτι οὐδαμόθεν αὐτῷ προσῆκεν οὐδὲν τοῦ κλήρου τοῦ Ἁγνίου.

γʹ. Ἐχούσης δὲ τῆς μητρὸς τοῦ παιδὸς τουτουῒ τὸν
κλῆρον, ἐπειδὴ ἐνίκησεν ἐν τῷ δικαστηρίῳ ἅπαντας τοὺς
ἀμφισβητήσαντας ἑαυτῇ, οὕτως εἰσὶ μιαροὶ οὗτοι, καὶ οὐκ
οἴονται δεῖν οὔτε τοῖς νόμοις τοῖς ὑμετέροις πείθεσθαι οὔτε 1052
τοῖς γνωσθεῖσιν ἐν τῷ δικαστηρίῳ, ἀλλὰ πάντα τρόπον
[3] ἐπιχειροῦντες ἀφελέσθαι πάλιν τὴν γυναῖκα τὸν κλῆρον
ὃν ὑμεῖς αὐτῇ ἐψηφίσασθε· ὥστε συνομόσαντες καὶ συνθήκας γράψαντες πρὸς ἀλλήλους καὶ καταθέμενοι παρὰ Μηδείῳ Ἁγνουσίῳ, Θεόπομπος ὁ τουτουῒ πατὴρ Μακαρτάτου, καὶ Γλαύκων, καὶ Γλαῦκος ὁ ἡττηθεὶς τὸ πρότερον, καὶ ἕτερόν τινα τῶν ἐπιτηδείων τέταρτον προσλαβόντες — Εὐπόλεμος ἦν αὐτῷ ὄνομα —, οὗτοι ἅπαντες κοινῇ ἐπιβουλεύσαντες, προσεκαλέσαντο τὴν γυναῖκα πρὸς τὸν

[1] [καὶ] [2] παρακαταβάλλειν [3] * ἐπιχειροῦσιν

F. A. p. I. d. V. §. VIII.

Καὶ τοῦ κήρυκος —] *Cum præco pronuntiasset licere qui vellet de hereditate ambigere Hagniæ, aut propinquitate, aut ex testamento:* vel, *licere si cui videretur bonorum possessionem agnoscere, aut unde agnati, aut secundum tabulas, hereditatemque petentem, sponsione aut sacramento agere, hic sponsionem facere non ausus est.* Budæus.

Καὶ τοῦ κήρυκος] Καὶ delendum est, nisi significet *etiam*. Auger.

Ἢ παρακαταβάλλειν βούλεται τοῦ κλήρου τοῦ Ἁγνίου] Ἐπιδικάζεσθαι τοῦ κλήρου ἐκ παρακαταβολῆς. Wolf. Qui sibi vindicabat, ἀμφισβητεῖν dicebatur: qui vero contra sibi asserebat, παρακαταβάλλειν, quod fiebat cum sponsione et sacramento partis bonorum decimæ, quam pendebat, si causa cecidisset. V. Pollux, lib. VIII. §. 32. *In Leg. Attic.* lib. VI. tit. VI. §. XIII. p. 589. Petitus. Eum vide. Cf. quoque Demosth. adv. Olympiod. p. 1173. ed. R. et Isæus de Apollod. Hered. p. 65.

γʹ. Ἐπιχειροῦντες] Sub. εἰσί. Auger.

ἄρχοντα εἰς διαδικασίαν [1] τοῦ κλήρου τοῦ Ἁγνίου, φάσκοντες τὸν νόμον κελεύειν, παρὰ τοῦ ἐπιδεδικασμένου καὶ ἔχοντος τὸν κλῆρον προσκαλεῖσθαι, ἐάν τις βούληται ἀμφισβητεῖν. καὶ, ἐπειδὴ ἦγεν ὁ ἄρχων εἰς τὸ δικαστήριον, καὶ ἔδει ἀγωνίζεσθαι, τά τε ἄλλα ἦν αὐτοῖς ἅπαντα παρεσκευασμένα εἰς τὸν ἀγῶνα, καὶ τὸ ὕδωρ, πρὸς ὃ ἔδει ἀγωνίζεσθαι, τετραπλάσιον ἡμῶν ἔλαβον· ἐξ ἀνάγκης γὰρ ἦν, ὦ ἄνδρες δικασταὶ, τῷ ἄρχοντι, ἀμφορέα ἑκάστῳ ἐγχέαι τῶν ἀμφισβητούντων, καὶ τρεῖς χοὰς τῷ ὑστέρῳ λόγῳ. ὥστε συνέβαινεν ἐμοὶ τῷ ὑπὲρ τῆς γυναικὸς ἀγωνιζομένῳ, μὴ ὅτι περὶ τοῦ γένους, καὶ τῶν ἄλλων ὧν μοι προσῆκε, διηγήσασθαι τοῖς δικασταῖς, ὡς ἐγὼ ἠβουλόμην, ἀλλ' οὐδ' ἀπολογήσασθαί μοι ἐξεγένετο οὐδὲ πολλοστὸν μέρος, ὧν κατεψεύδοντο ἡμῶν· πέμπτον γὰρ μέρος εἶχον τοῦ ὕδατος. καὶ τὸ σόφισμα ἦν τοῦτο, αὐτοὺς μὲν ἑαυτοῖς συναγωνίζεσθαι καὶ ὁμολογεῖν ἅπαντα, περὶ ἡμῶν
1053 δὲ λέγειν τὰ οὐδεπώποτε γενόμενα. καὶ τοῦτον τὸν τρόπον ἐπιβουλευσάντων καὶ συναγωνιζομένων ἀλλήλοις ἐφ' ἡμᾶς, καδίσκων τεττάρων τεθέντων κατὰ τὸν νόμον, εἰκότως, οἶμαι, οἱ δικασταὶ ἐξηπατήθησαν καὶ ἐστασίασαν [2] ἀλλήλοις, καὶ παρακρουσθέντες ὑπὸ τῆς παρασκευῆς ἐψηφίζοντο, ὅ τι τύχοι ἕκαστος· καὶ αἱ ψῆφοι ὀλίγαις πάνυ ἐγένοντο πλείους, ἢ τρισὶν ἢ τέτταρσιν, ἐν τῷ Θεοπόμπου καδίσκῳ, ἢ ἐν τῷ τῆς γυναικός.

δ'. Καὶ τότε μὲν ταῦτα ἦν τὰ πραχθέντα, ὦ ἄνδρες δικασταί· ἐπειδὴ δ' οὑτοσὶ ὁ παῖς ἐγένετο, καὶ ἐδόκει και-

[1] περὶ τοῦ

[2] ἐν ἀλλήλοις

Τὸν νόμον κελεύειν παρὰ τοῦ ἐπιδεδικασμένου καὶ ἔχοντος τὸν κλῆρον, προκαλεῖσθαι, ἐάν τις βούληται ἀμφισβητεῖν] Προκαλεῖσθαι παρά τινος pro τινὰ προκαλεῖσθαι, suspectum mihi est, etsi post sequitur, p. 61. v. 19. ἀνάγνωθι τὸν νόμον, καθ' ὃν ἡ πρόσκλησίς ἐστι παρὰ τοῦ ἔχοντος τὸν κλῆρον. Videtur et προκαλεῖσθαι pro προσκαλεῖσθαι fere ubique scriptum. Nam αἱ προκλήσεις fiebant extra judicium. Wolf.

Καὶ τρεῖς χόας lego, παροξυτόνως, παρὰ τὸ χοῦς. Nam χοαὶ ὀξυτόνως sunt *inferiæ et parentalia*. Idem. Tres choes videntur fecisse amphoram. Per ὑστέρῳ λόγῳ intelligo partes eo adversantes. Auger.

Πέμπτον γὰρ μέρος εἶχον τοῦ ὕδατος] Ergo tres choes amphoram faciunt. Wolf. Vid. Corsin. F. A. p. I. d. I. §. XXIV.

Καὶ δίσκων τεττάρων] Cum accusatores 4. fuerint, et una rea mulier, videntur 5. disci ponendi fuisse. Scriptum fortassis est δ' pro ε': nisi forte duo ex illis ex professo conjuncti fuerint. Wolf. Legendum est, καδίσκων πέντε τεθέντων. Quinque enim erant de hereditate ἀμφισβητοῦντες, Theopompus, Glaucon, Glaucus, Eupolemus, et Philomache, contra quam priores illi quatuor disceptabant. Petitus. Emendatio certa est, neque neglecta ab H. Valesio ad Harpocrat. p. 41. Wesseling.

ρὸς εἶναι, οὐκ ὀργισθεὶς ἐγὼ τοῖς γενομένοις, ἀλλ' ἡγούμε-
νος εἰκός τι παθεῖν τοὺς τότε δικάζοντας, εἰσῆγον εἰς τοὺς
φράτορας τοὺς τοῦ Ἁγνίου Εὐβουλίδην τὸν παῖδα τουτονὶ,
ἐκ τῆς θυγατρὸς ὄντα τῆς ἐκείνου, ἵνα μὴ ἐξερημωθῇ ὁ
οἶκος. ἐκεῖνος γὰρ, ὦ ἄνδρες δικασταὶ, ὁ Εὐβουλίδης, ὁ τῷ
Ἁγνίᾳ γένει ὢν ἐγγυτάτω, μάλιστα μὲν εὔχετο τοῖς θεοῖς
υἱὸν αὐτῷ γενέσθαι, ὥσπερ καὶ ἡ θυγάτηρ ἡ τουτουῒ μήτηρ
τοῦ παιδὸς αὐτῷ ἐγένετο. ἐπειδὴ δὲ τούτου ἀπέτυχε, καὶ
οὐκ ἐγένετο ἄῤῥην παῖς αὐτῷ οὐδὲ εἷς, μετὰ ταῦτ' ἤδη
ἐσπούδαζεν, ὅπως ἐκ τῆς θυγατρὸς εἰσποιηθῇ αὐτῷ υἱὸς
εἰς τὸν οἶκον τὸν ἑαυτοῦ καὶ τὸν Ἁγνίου, καὶ εἰς τοὺς φρά-
τορας εἰσαχθῇ τοὺς ἐκείνου, ἡγούμενος, ὦ ἄνδρες δικασταὶ,
ἐκ τῶν ὑπολοίπων τοῦτον εἶναι ἑαυτῷ οἰκειότατον, καὶ οὕ-
τως ἂν μάλιστα τὸν οἶκον τὸν [1] ἑαυτοῦ διασώζεσθαι, καὶ
οὐκ ἂν ἐξερημωθῆναι. καὶ ἐγὼ ταῦτα ὑπηρέτησ' αὐτῷ, ὁ
τὴν Εὐβουλίδου θυγατέρα ἔχων, ἐπιδικασάμενος, ὡς γένει
ὢν ἐγγυτάτω· καὶ εἰσήγαγον τὸν παῖδα τουτονὶ εἰς τοὺς 1054
Ἁγνίου καὶ Εὐβουλίδου φράτορας· μεθ' ὧν καὶ Θεόπομ-
πος, ὁ τουτουῒ πατὴρ Μακαρτάτου, ἕως ἔζη, ἐφρατρίαζε.
καὶ αὐτὸς οὗτος, καὶ οἱ φράτορες, ὦ ἄνδρες δικασταὶ, οἱ

[1] ἑαυτῶν

γ. Εἰς τοὺς φράτορας τοὺς τοῦ Ἁγνίου] Τοῦ Εὐβουλίδου legendum. Wolf.

Ἵνα μὴ ἐξερημωθῇ ὁ οἶκος] Οὐ μὲν οὖν, ὦ Σωσίθεε, ἀλλ' ἵνα σὺ τὰ χρήματ' ἔχῃς. Nam Sositheo, semel a Theopompo victo, non licebat denuo jus de eadem re adipisci κατ' ἐπαλινδικίαν. Sed cum injuriam sibi factam putaret, quid facit? filium suum tertium Eubulidem adoptat, secundo Eubulidæ, socero, defuncto, (quæ adoptio haud dubie acriter est, ut contra leges facta, oppugnata a Macartato) et filii sui nomine agit in hæreditatem Hagniæ, quam secundus Eubulides, secundæ Phylomachæ pater, jure agnationis tenuerat, filiæque reliquerat. Idem.

Ὅπως ἐκ τῆς θυγατρὸς] Cur ergo non primogenitum illi adoptandum dedisti, Sositheе? Quia non tibi familia Eubulidæ, sed pecunia curæ fuit: ὁ μὲν οὖν λόγος εὔμορφος, ὁ δὲ λέγων ἄπιστος. Idem. *Studio contendit, ut e filia natus puer sibi in adoptionem daretur, qui in ejus familiam transiret, nomenque daret phratriæ.* Budæus.

Ἐφρατρίαζε] *Phratriæ consortium habebat.* Idem.

Οἱ φράτορες] Liberos, sive legitimis e nuptiis susceptos, sive secundum Leges adoptatos, patres lege jubebantur referre in φρατρίας, jurati profitentesque apud φρατόρων acta, eos esse a se legitimis e nuptiis susceptos, aut secundum Atheniensium jura adoptatos. — Inscribebantur autem albo τῶν φρατέρων *liberi* statis anni diebus, et quidem *adoptivi* Thargeliorum festo, ut docet Isæus de Apollod. Hered. p. 65. [Vereor, ut semper id sit factum. Apollodorus affecto erat corpore, Thrasyllumque, ut primum licuit, in φρατόρων album retulit. Isæus id clarissime docet. Wesseling.] Erat autem τῶν φρατόρων anquirere, an revera civis esset qui adoptaretur, et secundum leges adoptatus. Adoptator jusjurandum concipiebat id ita esse: et ita tandem eorum calculis atque suffragiis in φρατόρων album inscribebatur. At vero legitimi naturalesque liberi inscribebantur tertio festi Apaturiorum die, qui κουρεῶτις dicebatur ἀπὸ τοῦ τοὺς κούρους καὶ τὰς κόρας ἐγγράφειν εἰς τὰς φρατρίας, ut videre est apud

τουτουῒ Μακαρτάτου, οἱ ἄριστα εἰδότες περὶ τοῦ γένους, ὁρῶντες αὐτὸν μὲν τοῦτον οὐκ ἐθέλοντα κινδυνεύειν, οὐδ' ἀπάγοντα τὸ ἱερεῖον ἀπὸ τοῦ βωμοῦ, εἰ μὴ προσηκόντως εἰσήγετο ὁ παῖς οὑτοσὶ, αὐτοὺς δ' ἀξιοῦντα ἐπιορκεῖν, λαβόντες τὴν ψῆφον, καιομένων τῶν ἱερείων, ἀπὸ τοῦ βωμοῦ φέροντες τοῦ Διὸς τοῦ Φατρίου, παρόντος τουτουῒ Μακαρτάτου, ἐψηφίσαντο τὰ δίκαια, ὦ ἄνδρες δικασταὶ, ὀρθῶς καὶ προσηκόντως τὸν παῖδα τουτονὶ εἰσάγεσθαι Εὐβουλίδη υἱὸν εἰς τὸν οἶκον [1] τοῦ Ἁγνίου. ψηφισαμένων δὲ ταῦτα τῶν [2] φρατόρων τουτουῒ Μακαρτάτου, υἱὸς ὢν Εὐβουλίδου ὁ παῖς οὑτοσὶ προσεκαλέσατο Μακάρτατον τοῦ κλήρου τοῦ Ἁγνίου εἰς διαδικασίαν, καὶ ἔλαχε πρὸς τὸν ἄρχοντα, κύριον ἐπιγραψάμενος τὸν ἀδελφὸν τὸν ἑαυτοῦ. ἐμοὶ γὰρ οὐκέτι οἷόν τ' ἦν, ὦ ἄνδρες δικασταὶ, κυρίῳ ἐπιγεγράφθαι, εἰσπεποιηκότι τὸν παῖδα εἰς τὸν οἶκον τὸν Εὐβουλίδου. καὶ ἡ πρόσκλησις ἐγένετο τῷ παιδὶ τούτῳ κατὰ τὸν νόμον, καθ' ὅν περ καὶ οὗτοι προσεκαλέσαντο τὴν τουτουῒ μητέρα, τὴν νενικηκυῖαν πρότερον ἐν τῷ δικαστηρίῳ καὶ ἔχουσαν τὸν κλῆρον [1] τοῦ Ἁγνίου. καί μοι ἀνάγνωθι τὸν νόμον, καθ' ὃν ἡ πρόσκλησίς ἐστι παρὰ τοῦ ἔχοντος τὸν κλῆρον.

ΝΟΜΟΣ.

Ἐὰν δ' ἐπιδεδικασμένου ἀμφισβητῇ τοῦ κλήρου ἢ τῆς ἐπικλήρου, προσκαλείσθω τὸν ἐπιδεδικασμένον πρὸς τὸν ἄρχοντα, καθάπερ ἐπὶ τῶν ἄλλων

[1] τὸν

[2] φρατέρων τῶν τουτουῒ

Grammaticos. — Solebant offerre victimas, quarum pondus lege erat definitum; quas οἱ φράτορες per ludum jocumque, cum exhiberentur, infra justum pondus esse dicebant, acclamantes ἱστάναι δεῖ, μεῖον γάρ ἐστι. Pollux III. Schol. ad Ranas v. 810. et Harpocrat. In Leg. Attic. lib. II. tit. IV. §. VIII. p. 222 seq. PETITUS.

Ἐψηφίσαντο τὰ δίκαια] Quæ fuerunt illa? τὸν παῖδα τουτονὶ εἰσάγεσθαι, ἀντὶ τοῦ, ὅτι εἰσάγεσθαι. Sic malo accipere εἰδικῶς, quam τελικῶς, ut ante verti: decreverunt, Judices, recte et convenienter, ut puer hic Eubulidæ filius in Hagniæ familiam introduceretur. Neque vero me pudet meliora pejoribus substituere, etsi et illa interpretatio defensionem habet ex ambiguitate constructionis. WOLF.

Κύριον ἐπιγραψάμενος τὸν ἀδελφὸν τὸν ἑαυτοῦ] Hinc apparet, Eubulidem, cujus nomine hæc habetur oratio, minorennem fuisse, ac potius infantem. IDEM. F. leg. ἐμαυτοῦ. AUGER.

Παρὰ τοῦ ἐχ.] F. κατὰ τοῦ ἔχοντος. WOLF.

Ἐὰν δ' ἐπιδεδικασμένου] F. ἐὰν δ' ἐπιδεδικασμένῳ ἀμφισβητῇ τις τοῦ κλήρου. Nisi placeat exponere ὑπὲρ ἐπεδικάσατο. IDEM. Sub. τινός. ὁ ἐπιδεδικασμένος, qui per judicium obtinuit hereditatem: et ἀμφισβητῇ sub. τις, sicut ad τοῦ κλήρου, ὑπὲρ vel περί. AUGER. De hac lege vid. Petitus in Leg. Attic. l. VI. T. I. §. XI. p. 541. Heraldus Animadv. in Salmas. Observ. ad J. A. et R. lib. III. c. XV. §. 1. seqq.

δικῶν· παρακαταβολὰς δ' εἶναι τῷ ἀμφισβητοῦντι. ἐὰν δὲ μὴ προσκαλε- 1055
σάμενος ἐπιδικάσηται, ἀτελὴς ἔσται ἡ ἐπιδικασία τοῦ κλήρου. ἐὰν δὲ μὴ ζῇ ὁ ἐπιδικασάμενος τοῦ κλήρου, προσκαλείσθω κατὰ ταὐτὰ, ᾧ ἡ προθεσμία μή πω [1] ἐξήκει· τὴν δ' ἀμφισβήτησιν εἶναι τῷ ἄρχοντι, καθότι ἐπεδικάσατο, οὗ ἂν ἔχῃ τὰ χρήματα.

έ. Τοῦ μὲν νόμου ἀκηκόατε· δέομαι δ' ὑμῶν δικαίαν δέησιν, ὦ ἄνδρες δικασταί. ἐὰν γὰρ ἐπιδείξω Θεοπόμπου, τοῦ πατρὸς τοῦ Μακαρτάτου, γένει ὄντας Ἁγνίᾳ ἐγγυτέρω Εὐβουλίδην τὸν παῖδα τουτονὶ καὶ [2] Φυλομάχην, ἥ ἐστι μήτηρ τῷ παιδὶ, Εὐβουλίδου δὲ θυγάτηρ· καὶ οὐ μόνον γένει ἐγγυτάτω ὄντας, ἀλλὰ τὸ παράπαν οὐδὲ ὄντα οὐδένʼ ἄνθρωπον ἐν τῷ οἴκῳ τῷ Ἁγνίου ἄλλον, ἢ τὴν μητέρα τοῦ παιδὸς τουτουῒ καὶ αὐτὸν τοῦτον τὸν παῖδα· ταῦτʼ ἐὰν ἐπιδείξω, δέομαι ὑμῶν, ὦ ἄνδρες δικασταὶ, βοηθῆσαι ἡμῖν. τὸ μὲν οὖν πρῶτον διενοήθην, ὦ ἄνδρες δικασταὶ, γράψας ἐν πίνακι ἅπαντας τοὺς συγγενεῖς τοὺς Ἁγνίου, οὕτως ἐπιδεικνύειν ὑμῖν καθ' ἕκαστον· ἐπεὶ δ' ἐδόκει οὐκ εἶναι ἐξίσου ἡ θεωρία ἅπασι τοῖς δικασταῖς, ἀλλ' οἱ πόῤῥω καθήμενοι ἀπολείπεσθαι, ἀναγκαῖον ἴσως ἐστὶ τῷ λόγῳ διδάσκειν ὑμᾶς, τοῦτο γὰρ ἅπασι κοινόν ἐστι. πειρασόμεθα δὲ καὶ ἡμεῖς, ὡς ἂν μάλιστα δυνώμεθα, διὰ βραχυτάτων ἐπιδεῖξαι περὶ τοῦ γένους τοῦ Ἁγνίου.

ϛ'. Βούσελος γὰρ ἦν ἐξ Οἴου, ὦ ἄνδρες δικασταὶ, καὶ τούτῳ ἐγένοντο πέντε υἱεῖς, Ἁγνίας καὶ Εὐβουλίδης καὶ

[1] ἐξήκῃ

[2] Φιλομάχ.

et Grotius ad Matth. Evang. I. 16.

Παρακαταβολὰς] Παρακαταβολὴ actionis genus est, qua qui experiri volebant, pecuniam deponebant: moris enim fuit, ut qui hoc genere experiebantur aut contendebant, h. e. ut tam actor quam reus apud acta decimam partem æstimationis litis deponerent, mulctam scilicet futuram temere litigantis. Deinde ad hujus legis intelligentiam scire nos oportet, κλῆρον ἐπίδικον dici *hereditatem controversam*, vel *quæ in controversia deduci jure potest*: et contra ἀνεπίδικον, *puram et controversia vacuam*. BUDÆUS.

Ἀτελὴς ἔσται] Ἄπρακτος καὶ ἀνωφελής· οὐδὲν ἰσχύσει καὶ ἀποδεδιώξεται. WOLF.

Ἐπιδικασία] Et διαδικασία pro eodem accepit in hac Oratione π. Μακάρτ. Demosthenes, h. e. pro *petitione hereditatis et bonorum possessione petita*. BUDÆUS.

Προσκαλείσθω κατὰ ταὐτὰ] S. ὁ ἐπιδικαζόμενος ἐκεῖνον (s. τὸν ἔχοντα τὸν κλῆρον, ὁ τὸν ἐπίκληρον) ᾧ ἡ προθεσμία μήπω ἐξήκει, qui nondum tot annos hæreditatem tenuit, ut ei litem intendere nefas sit. Alibi quinquennii fit mentio. Apud Jurisconsultos est præscriptio longi, longioris, longissimi temporis. Sed hæc nihil ad Demosthenem. WOLF.

Τὴν δ' ἀμφισβήτησιν εἶναι τῷ ἄρχοντι] *Disceptatio autem prætoris esto.* F. πρὸς τῷ ἄρχοντι: *discepletur autem apud prætorem.* IDEM. Lege παρὰ vel πρὸς τῷ ἄρχοντι, κ. ἐπεδικάσατο, ὃς ἂν ἔχῃ. AUGER.

Καθότι ἐπεδικάσατο οὗ ἂν ἔχῃ τὰ χρήματα] F. ὡς ἂν ἔχῃ τὰ χρήματα. WOLF. ὃς ἂν ἔχῃ τὰ χρήματα. In *Leg. Attic.* lib. VI. tit. VI. §. XIV. p. 590. PETITUS. De hac lege eum vide l. n. l. et l. s. l.

έ. Οὐδὲ ὄντα οὐδενὶ ἄνθρωπον] Lege οὐδένα ἄνθρωπον, ἢ οὐδένα ἀνθρώπων. WOLF.

Οἱ πόῤῥω καθήμενοι ἀπολείπεσθαι] S. τῆς θεωρίας ἐδόκουν. IDEM.

ϛ'. Ἐξοίου] Lege ἐξ Οἴου. PALMER.

Στράτιος καὶ Ἅβρων καὶ Κλεόκριτος· καὶ οὗτοι ἅπαντες οἱ τοῦ Βουσέλου υἱεῖς ἄνδρες ἐγένοντο, καὶ διένειμεν αὐτοῖς τὴν οὐσίαν ὁ πατὴρ [1] Βούσελος ἅπασι καλῶς καὶ δικαίως, ὥσπερ προσῆκε. νειμάμενοι δὲ τὴν οὐσίαν, γυναῖκα ἕκαστος
1056 αὐτῶν ἔγημεν κατὰ τοὺς νόμους τοὺς ὑμετέρους· καὶ παῖδες ἐγένοντο αὐτοῖς ἅπασι, καὶ παίδων παῖδες· καὶ ἐγένοντο πέντε οἶκοι ἐκ τοῦ Βουσέλου οἴκου ἑνὸς ὄντος· καὶ χωρὶς ἕκαστος ᾤκει, τὸν [2] ἑαυτοῦ ἔχων καὶ ἐκγόνους ἑαυτοῦ ποιούμενος. περὶ μὲν οὖν τῶν τριῶν ἀδελφῶν τῶν τοῦ Βουσέλου υἱέων καὶ τῶν ἐκγόνων τῶν τούτοις γενομένων, τί ἂν ἐγὼ ὑμῖν, ὦ ἄνδρες δικασταὶ, πράγματα παρέχοιμι ἢ ἐμαυτῷ, ἐξηγούμενος περὶ ἑκάστου; ὄντες γὰρ ἐν ταὐτῷ γένει Θεοπόμπῳ καὶ προσήκοντες ὁμοίως τῷ Ἁγνίᾳ, οὗ ἐστιν ὁ κλῆρος, οὐδεὶς αὐτῶν οὔτε πρότερον πώποτε οὔτε νῦν ἠνώχλησεν ἡμῖν, οὔτ' ἠμφισβήτησεν οὔτε τοῦ κλήρου τοῦ Ἁγνίου οὔτε τῆς γυναικὸς τῆς ἐπικλήρου ἣν ἐγὼ ἔχω ἐπιδικασάμενος, ἡγούμενοι οὐδ' ὁτιοῦν προσήκειν ἑαυτοῖς οὐδενὸς τῶν Ἁγνίου. περίεργον δή μοι δοκεῖ εἶναι λέγειν [3] τι περὶ τούτων, πλὴν ὅσα ἐξ ἀνάγκης ἐστὶν ἐπιμνησθῆναι· περὶ δὲ Θεοπόμπου τοῦ πατρὸς τοῦ Μακαρτάτου, καὶ αὐτοῦ τουτουὶ Μακαρτάτου, περὶ τούτων μοι ἐστὶν ἐξ ἀνάγκης λέγειν. ἔστι δὲ βραχὺς ὁ λόγος, ὦ ἄνδρες δικασταί.

ζ΄. Ὥσπερ γὰρ ὀλίγον τι πρότερον ἀκηκόατε, ὅτι τῷ Βουσέλῳ πέντε υἱεῖς ἐγένοντο, τούτων εἷς ἦν Στράτιος ὁ τουτουὶ πρόγονος Μακαρτάτου, καὶ ἕτερος Ἁγνίας ὁ τουτουὶ πρόγονος τοῦ παιδός. ἐγένετο δὲ υἱὸς τῷ Ἁγνίᾳ Πολέμων, καὶ θυγάτηρ [4] Φυλομάχη, ἀδελφὴ τοῦ Πολέμωνος ὁμοπατρία καὶ ὁμομητρία· τοῦ δὲ Στρατίου ἐγένοντο τοῦ ἀδελφοῦ τοῦ Ἁγνίου Φανοστράτη καὶ Χαρίδημος ὁ τούτου πάππος Μακαρτάτου. ἐρωτῶ δὴ ὑμᾶς, ὦ ἄνδρες δικασταὶ,

[1] ὁ Βούσελος [2] ἑαυτοῦ οἶκον ἔχων [3] [τι] [4] Φιλομάχ.

ζ. Στράτιος ὁ τουτουὶ πρόγονος Μακαρτάτου] Proavus. Series hæc est: Stratius, Charidemus, Theopompus, Macartatus. Wolf.

Καὶ ἕτερος Ἁγνίας, ὁ τουτουὶ πρόγονος τοῦ παιδὸς] Abavus, si etiam pueri matrem numeres: proavus, si, matre omissa, Eubulidis avi filium statuas. Series hæc est: 1. Hagnias, Phylomache, Eubulides, Hagniæ secundi patruelis, Phylomache secunda, Eubulides tertius. In hac serie duæ quidem intercurrunt mulieres, quibus mares, quamvis remotiores, præferuntur, sed in eadem familia tantum, ut opinor. Idem.

πότερος οἰκειότερός ἐστι καὶ προσήκει[3] μᾶλλον τῷ Ἁγνίᾳ, 1057
[1] οὗτος ὁ Πολέμων, [2] καὶ θυγάτηρ ἡ Φυλομάχη, ἢ Χαρί-
δημος ὁ υἱὸς [4] Στρατίου, ἀδελφιδοῦς δ' Ἁγνίου; ἐγὼ μὲν
γὰρ ἡγοῦμαι τὸν υἱὸν καὶ τὴν θυγατέρα [5] οἰκειότατον εἶναι
ἑκάστῳ ἡμῶν μᾶλλον, ἢ τὸν ἀδελφιδοῦν· καὶ οὐ μόνον παρ'
ἡμῖν τοῦτο νενόμισται, ἀλλὰ καὶ παρὰ τοῖς ἄλλοις ἅπασι
καὶ Ἕλλησι καὶ Βαρβάροις. ἐπειδὴ τοίνυν τοῦθ' ὁμολογεῖ-
ται, ῥᾳδίως ἤδη τοῖς ἄλλοις, ὦ ἄνδρες δικασταὶ, παρακο-
λουθήσετε, καὶ αἰσθήσεσθε τούτους, ὅτι εἰσὶ βίαιοι καὶ
ἀσελγεῖς ἄνθρωποι.

ή. Τοῦ Πολέμωνος γὰρ τοῦ [6] υἱέος τοῦ Ἁγνίου ἐγένετο
υἱὸς Ἁγνίας, [7] τοῦ πάππου τοῦ ἑαυτοῦ ὄνομ' ἔχων, τοῦ
Ἁγνίου. καὶ οὗτος μὲν ἄπαις ἐτελεύτησεν ὁ Ἁγνίας ὁ
ὕστερος· τῆς [3] Φυλομάχης δὲ, τῆς ἀδελφῆς τῆς Πολέμωνος,
καὶ Φιλάγρου — ᾧ ἔδωκεν αὐτὴν ὁ ἀδελφὸς Πολέμων,
ἀνεψιῷ ὄντι ἑαυτοῦ· ὁ γὰρ Φίλαγρος υἱὸς ἦν Εὐβου-
λίδου τοῦ ἀδελφοῦ τοῦ Ἁγνίου —, τοῦ δὴ Φιλάγρου τοῦ
ἀνεψιοῦ τοῦ Πολέμωνος, ἐγένετο υἱὸς Εὐβουλίδης ὁ πατὴρ
τῆς μητρὸς τουτουῒ παιδός. καὶ οὗτοι μὲν υἱεῖς ἐγένοντο
Πολέμωνι, καὶ, τῇ ἀδελφῇ τῇ Πολέμωνος, [3] Φυλομάχῃ·
τοῦ δὲ Χαριδήμου ἐγένετο, τοῦ [6] υἱέος τοῦ Στρατίου, Θεό-
πομπος, ὁ τουτουῒ πατὴρ Μακαρτάτου. πάλιν δὴ ἐρωτῶ,

[1] υἱὸς [2] καὶ [2] ἡ θυγάτηρ ἡ [3] Φιλομάχ. [4] ὁ Στρατίου [5] οἰκειότερον
[6] υἱέος [7] τὸ τοῦ

Καὶ προσήκει μᾶλλον τῷ Ἁγνίᾳ] S. τῷ μεγάλῳ, ἢ προτέρῳ, τῷ Βουσέλου υἱεῖ. IDEM.

Ἀδελφιδοῦς δ' Ἁγνίου]

Hagnias × Stratius.
Polemo × Charidemus.

IDEM.

Οἰκειότατον μᾶλλον] Πολλῷ οἰκειότερον. IDEM.

Ἢ τὸν ἀδελφιδοῦν] Τὸν τοῦ ἀδελφοῦ υἱὸν Χαρίδημον. IDEM.

Παρακολουθήσαιτε καὶ αἰσθήσαισθε. IDEM.

Τούτους ὅτι εἰσὶ] Ἀντὶ τοῦ, ὅτι οὗτοί εἰσι, κατ' ἀντίπτωσιν. IDEM.

ή. Καὶ οὗτος μὲν ἄπαις ἐτελεύτησεν lege. IDEM.

Ἀνεψιῷ ὄντι ἑαυτοῦ] Ἀδελφιδῷ.

Hagnias × Eubulides.
Polemo × Philager.

IDEM.

Ὁ γὰρ Φίλαγρος ἀδελφὸς ἦν Εὐβουλίδου τοῦ ἀδελφοῦ τοῦ Ἁγνίου] Falsum hoc est. Legendum igitur, ut genealogia ostendit, ὁ Φίλαγρος υἱὸς ἦν. WOLF. L. υἱός. AUGER.

Ὁ γὰρ Φίλαγρος ἀδελφὸς ἦν —] Redundat vox ἀδελφὸς, ut ex tota oratione patet. Lege ὁ γὰρ Φίλαγρος ἦν Εὐβουλίδου. Tum manifeste vitiosa est vulgata lectio: nam si Philagrus fuisset frater fratris Hagniæ, fuisset etiam frater Hagniæ, et frustra diceretur frater Eubulidis, de cujus hereditate non agitur; sed dici debebat Hagniæ frater, de cujus clero quæritur. Sed ut planiora hæc fiant et non laboret lector in legenda hac oratione, ecce tibi proponimus Hagniæ stemma, ut ex ipsa oratione colligitur.

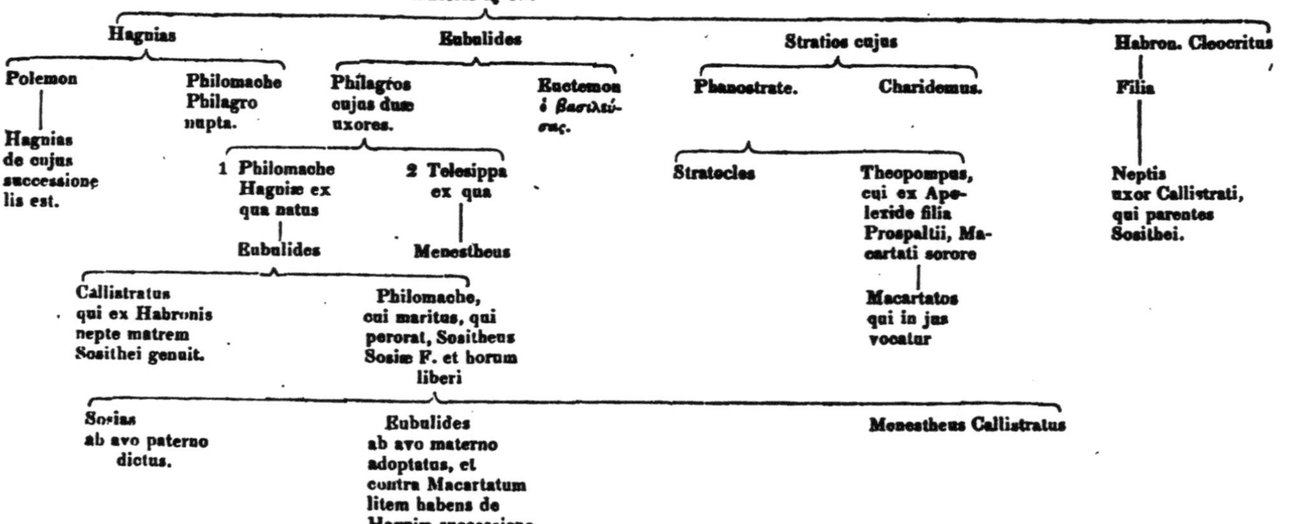
Buselos ἐξ Οἴου
Hagnias
Eubulides
Stratios cujus
Habron. Cleocritus
Polemon
Philomache Philagro nupta.
Philagros cujus duæ uxores.
Euctemon ὁ βασιλεύσας.
Phanostrate.
Charidemus.
Filia
Hagnias de cujus successione lis est.
1 Philomache Hagniæ ex qua natus
2 Telesippa ex qua
Stratocles
Theopompus, cui ex Apolexide filia Prospaltii, Macartati sorore
Neptis uxor Callistrati, qui parentes Sosithei.
Eubulides
Menestheus
Callistratus qui ex Habronis nepte matrem Sosithei genuit.
Philomache, cui maritus, qui perorat, Sositheus Sosiæ F. et horum liberi
Macartatos qui in jus vocatur
Sosias ab avo paterno dictus.
Eubulides ab avo materno adoptatus, et contra Macartatum litem habens de Hagniæ successione.
Menestheus Callistratus

ὦ ἄνδρες δικασταὶ, πότερος οἰκειότερός ἐστι καὶ προσήκει μᾶλλον Ἁγνίᾳ, τῷ πρώτῳ ἐκείνῳ, ὁ Πολέμωνος υἱὸς Ἁγνίας, καὶ Εὐβουλίδης ὁ [1]Φυλομάχης υἱὸς καὶ Φιλάγρου, ἢ Θεόπομπος ὁ Χαριδήμου υἱὸς, Στρατίου δὲ υἱϊδοῦς; ἐγὼ μὲν γὰρ οἶμαι, ὦ ἄνδρες δικασταὶ, εἴπερ καὶ ὁ υἱὸς οἰκειότατός ἐστι καὶ ἡ θυγάτηρ, πάλιν, ὁ υἱϊδοῦς καὶ ὁ ἐκ τῆς
θυγατρὸς υἱὸς, οὗτοι οἰκειότεροί εἰσι μᾶλλον, ἢ ὁ τοῦ ἀδελ- 1058
φιδοῦ υἱὸς, καὶ ὁ ἐξ ἑτέρου ὢν οἴκου. τῷ μὲν οὖν Θεοπόμπῳ

[1] Φιλομάχ.

Πότερος οἰκειότερος] Mihi leg. vid. πότερον οὐκ οἰκειότερος. Auger.

Στρατίου δ' υἱϊδοῦς] *Nepos ex filio.* Stratius, Charidemus, Theopompus. Wolf.

Καὶ ἡ θυγάτηρ πάλιν] F. A. καὶ ἡ θυγάτηρ, ὅτι πάλιν. Idem.

Τῷ μὲν οὖν Θεοπόμπῳ] Hanc genealogiam equidem non satis intelligo, propter multiplices genitivos, et vocabula cognationum parum dilucida, dum alii necessarii cum aliis conferuntur. Neque est hæc multum diversa a consuetudine Concordiensium agricolarum in Alsatia, qui ab abnepote ad abavum solent adscendere, hoc modo: Petrus Joannis, Jacobi, Philippi, Arbogasti. Nec in argumento Archidami Isocratis huic dissimilis ratio est: nisi quod ibi articuli additi rem dilucidiorem faciant: κατάγεται δ' οὕτως ὁ μικρὸς Ἀρχίδαμος. Ζευξίδαμος, οὗ Ἀρχίδαμος, οὗ Ἆγις, οὗ Ἀγησίλαος, οὗ Ἀρχίδαμος: et in Evangelio Matth. fit idem verbo ἐγέννησε, et apud Lucam: Ἰησοῦς ὢν, ὡς ἐνομίζετο υἱὸς Ἰωσὴφ, τοῦ Ἡλὶ, τοῦ Ματθὰτ, τοῦ Λευὶ, καὶ τὰ λοιπά. Sed quantum ex ea colligere possum, hæc ratio est necessitudinis, quam in tabella delineavi. Hagnias, Eubulides, fratres. Phylomache, Philager, fratrum liberi. Hi procreant Eubulidem: Eubulides Phylomachen accusatoris uxorem: e quibus nascitur Eubulides in Hagniæ familiam adoptatus in linea descendente. Stratius autem, Charidemus, Theopompus, Macartatus, sunt in linea collaterali.

GENEALOGIA,

CUJUS IN HAC ORATIONE FIT MENTIO.

EXŒUS
BUSELUS

1. *Hagnias.* ——	1. *Eubulides.* ——	*Stratius.*——	*Habron.*——	*Cleocritus.*
Polemo	*Philager*	*Phanostrate*	*Filia*	
et	*et*	*et*	*neptis, mater*	
1. *Phylomache.*	*Euctemon.*	*Charidemus.*	*Sosithei ex*	
2. *Hagnias orbus, cujus est hæreditas.*	*Callistratus, avus maternus Sosithei accusatoris.*	*Theopompus*	*Callistrato.*	
		et		
		Stratocles.		

Macartatus Theopompi filius, reus: qui tenet hæreditatem Hagnianam, evictam a patre Theopompo et ereptam Phylomachæ secundæ, cujus filius Eubulides 2. eandem recuperare studet, ut Hagniæ secundo genere propior. Propinquitas autem illa exsistit a Phylomache prima, Hagniæ secundi amita, Phylomachæ secundæ avia materna: quæ, licet fœmina, est in descendente

ἐγένετο υἱὸς Μακάρτατος οὑτοσί· τῷ δὲ Εὐβουλίδῃ, τῷ τῆς [1] Φυλομάχης υἱεῖ, ἀνεψιῷ δ' Ἁγνίου ὄντι πρὸς πατρὸς

[1] Φιλομάχ.

E Philagro et Phylomache 1. nascitur 2. Eubulides. Is procreat 2. Phylomacham, Sosithei accusatoris uxorem, Eubulidæ pueri, in familiam secundi adoptati matrem: qui ratione propinquitatis Hagniæ secundi, qui orbus decessit, hæreditatem sibi vendicat. Causam hujus agit Sositheus naturalis pater, auctore dato fratre pueri.

linea Hagniæ primi: Theopompus autem etsi eadem necessitudine Hagniam secundum attingit, qua Eubulides 2. æque est ex alia familia atque Theopompus: tamen potiore jure est propter matrem 1. Phylomacham, Hagniæ primi neptem, secundi amitam. Alioqui Theopompo et Eubulidæ fuisset ex æquo dividenda hæreditas, cum uterque sit Hagniæ posterioris frater patruelis. Ex hac delineatione, et collateralium inter se et adscendendo et descendendo collatione, paulo rectius statui poterit de gradibus et nominibus necessitudinum: quæ permutata non uno in loco cum essent, et Græca nomina ἀνεψιῶν late pateant, proclivis in convertendo lapsus fuit, vocabula ipsa potius, quam seriem generis, intuenti. Quorum explicationem hic ordine subjiciamus, seorsim a cæteris annotationibus, ut res ipsa in conspectu posita lectorem admoneat. Wolf.

Τῷ μὲν οὖν Θεοπόμπῳ] Labyrinthus est hic locus, et plane crux fixa interpretibus: quem initio sic transtuli, non quod veram interpretationem putarem, sed ne lacunam relinquerem. "Sed Theopompo natus est filius Macartatus: Eubulidæ autem, Phylomachæ filio, qui consobrinus Hagniæ paternus fuit, quum Eubulidæ consobrini filius Hagniæ a patre sit, hic puer, etc." Hæc, ut ingenue fatear, nec ipse intelligo. Sed est locus et male distinctus, et alioqui corruptus. Nam post Μακάρτατος οὑτοσὶ v. 1. coli nota est ponenda: et, τῷ δὲ Εὐβουλίδῃ, ἀπὸ κοινοῦ repetendum, ἐγένετο οὑτοσὶ ὁ παῖς. et mox, v. 2. πρὸς πατρὸς Εὐβουλίδου, perperam scriptum est pro Φιλάγρου, ut genealogia docet. Sic ergo verba ordinabis: οὑτοσὶ δὲ ὁ παῖς, ὢν Ἁγνίᾳ παῖς ἀνεψιοῦ πρὸς πατρὸς, ἐγένετο υἱὸς Εὐβουλίδῃ, τῷ ὄντι υἱεῖ μὲν Φυλομάχης, ὄντι δὲ ἀνεψιῷ Ἁγνίου πρὸς πατρὸς Φιλάγρου.

Nunc hos inter se comparemus:

Hagnias——————Eubulides

Phylomache————Philager

Hagnias.————2. Eubulides.

3. Eubulides. Ita fratres sunt 1. Hagnias et 1. Eubulides: Phylomache et Philager patrueles: consobrini vero aut amitini (secundum jurisconsultos) inter se sunt Hagnias et Eubulides, natus ex amita Hagniæ secundi, sorore, et Philagro, fratre Polemonis, qui Polemo fuit Hagniæ secundi pater. Nam Donatus ait, consobrinos esse, natos ex fratre et sorore. Sed Demosthenes, omissa hic Phylomacha, patres secundi Hagniæ et Eubulidæ secundi confert: qua ratione fratres patrueles erant, e tribus fratribus nati; et Eubulides tertius erit Hagniæ secundi fratris patruelis filius. Multum refert, quos inter sese conferas. Sunt enim hæc τῶν πρός τι, et alio atque alio respectu alias atque alias appellationes sortiuntur. Verto igitur de integro sic: "Ac Theopompo filius Macartatus: Eubulidæ autem, Phylomachæ filio, (qui respectu patris Philagri, Hagniæ patruelis fuit) (Nati enim sunt duobus fratribus, Polemone et Philagro) puer hic natus est, Hagniæ conjunctus, ut filius patruelis fratris." Qui habet aliquid melius et certius et dilucidius, doceat. Vocabula ista cognationum et affinitatum tam Græca, quam Latina, ab aliis aliter usurpantur: quorum controversiis decidendis ego me nolo arbitrum honorarium interponere. Illud tantum rogo, ut, si quis ea, quibus ego sum usus, improbarit, tum demum erroris me condemnet, ubi omnia Lexica Græca et Latina, inter sese collata, consentire probarit. Wolf. Hic lego et distinguo: Ἁγνίου ὄντι πρὸς μητρός, ἀνεψιοῦ παῖς ὢν Ἁγνίᾳ πρὸς πατρὸς Εὐβουλίδου, οὑτοσὶ ὁ παῖς (scil. ἐγένετο). ἐπειδὴ κ. τ. λ. sic levi immutatione et transpositione, hic tandem mihi locus claruit. Auger.

Εὐβουλίδου ἀνεψιοῦ παῖς ὢν Ἁγνίᾳ πρὸς πατρὸς οὑτοσὶ ὁ παῖς, ἐπειδὴ ἡ [1] Φυλομάχη, ἡ μήτηρ ἡ Εὐβουλίδου, καὶ

[1] Φιλομάχ.

Ἀνεψιοῦ παῖς ὢν Ἁγνίᾳ] Etymologicon: ἀνεψιοὶ λέγονται παρὰ τὸ ἄνωθεν συνῆφθαι εἰς συγγένειαν. Hesychius: ἀνεψιοὶ, ἀδελφῶν υἱοί· ἀνεψιαδοῦς (qui et ἀνεψιάδης a Polluce dicitur) ὁ ἐκ τοῦ ἀνεψιοῦ ἢ τῆς ἀνεψιᾶς γεγονώς· ἀνεψιότης, ἡ μέχρι ἀνεψιαδῶν συγγένεια. Suidas Hesiodum Homeri ἀνεψιάδην facit, hoc modo adscendendo: Hesiodus, Dius, Ampelides, Melanopus, ὅν φασί τινες τοῦ Ὁμήρου προπάτορας εἶναι πάππον. Sed si Herodotum secuti, Melanopum Critheidis patrem, e qua natus Homerus sit, statuamus, legendum erit: προπάτορα εἶναι, ἢ πάππον. Age descendamus:

Melanopus

Ampelides	Critheis
Dius	Homerus.
Hesiodus.	

Julius Pollux lib. 3. cap. 2. paulo dilucidius hæc explicat: ἀνεψιοὶ ἀδελφῶν παῖδες, εἴτε πατραδέλφων, εἴτε ἐκ μητραδέλφων εἴτε ἐξ ἀδελφοῦ, ἢ ἀδελφῆς· εἴτε ἐκ δυοῖν ἀῤῥένων ἀδελφῶν, εἴτε ἐκ δυοῖν θηλειῶν. αὐτανέψιοι, οἱ ἀνεψιοί. οἱ ἐκ τῶν ἀνεψιῶν φύντες ἀλλήλοις ἀνεψιάδαι, εἴτε ἐξ ἀμφοῖν ἀῤῥένων εἶεν, εἴτε θηλειῶν, εἴτε ἐξ ἄῤῥενος καὶ θηλείας.

ἀνεψιάδης { δοῦς δ', τε ἀνεψιαδοῦς καὶ
{ δῆ ἡ ἀνεψιαδῆ, οἱ ἐξ ἀνεψιαδῶν

ἀλλήλοις ἐξανέψιοι καὶ ἐξανέψιαι. Quærendum hic videtur, iidemne sint ἀνεψιοὶ καὶ ἀδελφιδοί, an vero diverso respectu sic appellentur. Exempli gratia.

Peleus	πάππος	Telamon	Avus
Achilles	υἱὸς	Ajax	Filius
Pyrrhus,	υἱϊδοῦς	Eurysaces,	Nepos.
			Peleus

Peleus, Telamon, fratres sunt, Achilles, Ajax, fratrum filii, atque iterum Pyrrhus et Eurysaces. Sed Ajax et Eurysaces ad Peleum relati suntne, prior ἀνεψιὸς, ἢ ἀδελφιδοῦς; posterior ἀνεψιάδης, ἢ ἀδελφιδοῦ υἱός; et quomodo Latine appellantur? Ajax nepos ex fratre, Eurysaces nepotis ex fratre filius, an habent singula nomina? Jam Achilles et Ajax, suntne ἀνεψιοὶ, an ἀδελφιδοῖ inter se appellandi? Latine quidem fratres patrueles dicuntur. Jam Eurysacis patruus est Achilles, πάτρως, ἢ πατράδελφος: magnus patruus Peleus: sed quomodo Græce dicitur? Aliudne habet nomen, quam πατραδέλφου πατήρ; Hæc et similia velim accuratius explicari a jurisconsulto, qui idem et Græcæ linguæ peritus esset, et Græca cum Latinis conciliare, et pro diversitate respectuum inter sese comparare. Idque aut jam fecisse, (Nondum enim ejus scripta legendi otium habui) aut facturum esse virum clarissimum et disertissimum, Matthæum Wesenbeccium, et spero, et opto. Vulgaria ista sunt, ἀδελφὸς ὁμοπάτριος καὶ ὁμομήτριος, ἀδελφὴ, frater, soror. ἀδελφιδοῦς, fratris aut sororis filius. ἀδελφιδῆ, fratris aut sororis filia. πάτρως, πατράδελφος, θεῖος πρὸς πατρὸς, patruus. μήτρως, μητράδελφος, θεῖος πρὸς μητρὸς, avunculus. πατραδέλφη, amita. μητραδέλφη, matertera. ἀνεψιὸς, consobrinus, fratris vel sororis meæ filius, nepos ex fratre vel sorore. ἀνεψιὸς πρὸς πατρὸς, patruelis, amitinus. (sed de posteriore dubito) ἀνεψιὸς πρὸς μητρὸς, consobrinus. ἀδελφαὶ, sorores. ἀδελφιδαῖ, filiæ sororum, consobrinæ, ἀδελφιδαῖ, neptes ex sororibus, vel sobrinæ. ἀδελφοὶ, fratres. ἀδελφιδοῖ, fratrum filii patrueles. ἀνεψιοὶ, nepotes e patruelibus, vel sobrini. ἀνεψιάδης, ἢ ἀνεψιαδοῦς, filius vel patruelis, vel amitini, vel consobrini. Sic ἀνεψιάδη, filia, etc. ἀνεψιότης, cognatio patruelium et consobrinorum. Græci Jurisconsulti ἀνεψιὸν vocant ἐξάδελφον, ἐξανέψιον, ἢ δισανέψιον, τὸν ἀνεψιαδοῦν: ἀδελφὸν ἑτεροθαλῆ, τὸν μὴ ἐξ ἀμφοῖν γονέων, ἀλλ' ἢ ὁμοπάτριον μόνον, ἢ ὁμομήτριον. In Latinis appellationibus sobrinorum et consobrinorum non omnes consentiunt. Donatus: Sobrini sunt e duabus sororibus, Consobrini ex fratre et sorore. Sed Cicero sobrinos remotiores facit, cum 1. de Off. dicit, Consobrinorum, sobrinorumque conjunctiones. Francisc. Hotomannus, ex jurisconsultorum auctoritate: Consobrini (inquit) sunt, qui quæve aut e duabus sororibus nascuntur, vel ex avunculo aut matertera prognati, vel in genere ἀνεψιοὶ, quilibet fratrum aut sororum liberi. Patrueles fratres et sorores vel e duobus fratribus, vel e patruo. Patruus magnus, frater avi, patruus maximus, abavi frater. Sobrini proprie dicuntur sororum fratrumque nepotes et neptes, et sunt ultimi cognationum gradus. Sobrinus patris mei consobrini filius et matris meæ consobrini filius. Sobrinus est nepos magni patrui. Proavunculus proaviæ pater: promatertera, proaviæ soror. Atavus, abavus, proavus, avus, pater, filius, nepos, pronepos, abnepos, atnepos, nota sunt. Amitini inter se dicuntur, ex fratre et sorore nati. Hos Donatus appellat consobrinos. Thesaurus Roberti Stephani sic habet:

ὁ Πολέμων, ὁ πατὴρ ὁ Ἁγνίου, ἀδελφοὶ ἦσαν ὁμοπάτριοι καὶ ὁμομήτριοι. τῷ δέ γε Μακαρτάτῳ τῳδὶ, τῷ υἱεῖ [1] τῷ Θεοπόμπου, οὐδὲν ἐγένετο ἔκγονον, ὅ τι ἐστὶν ἐν τῷ οἴκῳ τῷ τούτου καὶ τῷ Στρατίου.

θ'. Τούτων δὲ οὕτως ἐχόντων, τῷ μὲν παιδὶ τουτῳὶ ἐστὶν ὄνομα τῶν ἐν τῷ νόμῳ εἰρημένων, καὶ μέχρι ὧν ὁ νόμος κελεύει τὴν ἀγχιστείαν εἶναι· ἀνεψιοῦ γὰρ Ἁγνίου παῖς ἐστὶν, ὁ γὰρ πατὴρ αὐτοῦ Εὐβουλίδης ἀνεψιὸς ἦν Ἁγνίᾳ, οὗ ἐστὶν ὁ κλῆρος. ὁ δέ γε Θεόπομπος, ὁ τουτουῒ πατὴρ Μακαρτάτου, οὐκ ἂν εἶχεν ὄνομα θέσθαι αὑτῷ τῶν ἐν τῷ νόμῳ εἰρημένων οὐδέν· ἐξ ἑτέρου γὰρ οἴκου ἦν τοῦ Στρατίου. οὐ προσήκει δὲ, ὦ ἄνδρες δικασταὶ, οὐδένα ἄνθρωπον τὸν κλῆρον ἔχειν τὸν Ἁγνίου, ἐξ ἑτέρου οἴκου ὄντα, ἕως ἄν τις λείπηται τῶν γενομένων ἐν τῷ οἴκῳ τῷ Ἁγνίου, οὐδ' ἐκβάλλειν βίᾳ, ὅπερ οὗτοι διαπράττονται, γένει τε ἀπωτέρω ὄντες καὶ οὐκ ἐν τῷ αὐτῷ οἴκῳ· τοῦτο γάρ ἐστιν, ὦ ἄνδρες δικασταὶ, ᾧ παρεκρούσατο Θεόπομπος, ὁ τουτουῒ πατὴρ Μακαρτάτου. τίνες οὖν εἰσὶ λοιποί; οἱ ἔτι νῦν ὄντες ἐν τῷ οἴκῳ τῷ Ἁγνίου, [2] Φυλομάχη τε ἡ ἐμὴ γυνὴ, Εὐβουλίδου [3] δὲ θυγάτηρ οὖσα τοῦ ἀνεψιοῦ τοῦ Ἁγνίου, καὶ οὑτοσὶ ὁ παῖς, ὁ εἰσηγμένος υἱὸς εἰς τὸν οἶκον τὸν Εὐβουλίδου καὶ
1059 Ἁγνίου. Θεόπομπος δ', ὁ τουτουῒ πατὴρ Μακαρτάτου, οὐκ ὢν τοῦ οἴκου τοῦ Ἁγνίου, ἐψεύσατο πρὸς τοὺς δικαστὰς ὑπερμέγεθες ψεῦδος περί τε τῆς [2] Φυλομάχης, τῆς τοῦ Πολέμωνος ἀδελφῆς, τηθίδος δ' Ἁγνίου, ὅτι οὐκ εἴη τῷ Πολέμωνι, τῷ τοῦ Ἁγνίου υἱεῖ, ὁμοπατρία καὶ ὁμομητρία ἀδελφή· καὶ πάλιν, προσποιούμενος τοῦ αὐτοῦ οἴκου εἶναι Ἁγνίᾳ, οὐδεπώποτε γενόμενος. ταῦτα δὲ πάντ' ἀδεῶς ἔλεγεν ὁ Θεόπομπος, μάρτυρα μὲν οὐδένα [4] παρασχόμενος, ὅστις ἔμελλεν ὑπεύθυνος ἡμῖν ἔσεσθαι· συνομολογοῦντας δὲ αὑτῷ ἔχων τοὺς κοινωνοὺς, οἳ ἦσαν ἀλλήλοις συναγωνισταὶ, [5] καὶ δι' ἃ πάντα ἔπραττον κοινῇ, ὅπως ἀφέλωνται τὴν

[1] τοῦ [2] Φιλομάχ. [3] Deest δὲ. [4] παρεχόμενος [5] καὶ δὴ ἅπαντα

Sobrini sunt 1. sororum filii, 2. ex fratribus, sororibus, patruelibus, consobrinis, amitinis, procreati et quicunque cognati. Wolf.

Οὐδὲν ἐγένετο ἔκγονον, ὅ, τι ἐστὶν ἐν τῷ οἴκῳ τῷ τούτου] Utrum Ἁγνίου, an αὐτοῦ τοῦ Μακαρτάτου? Intelligo τοῦ Ἁγνίου. Nam quid ad Sositheum alioqui attinet Macartati orbitas? καὶ τῷ Στρατίου. Idem. Nempe, Haguiæ; et v. 17. pro ᾧ M. ἐφ' ᾧ. Augen.

θ'. Καὶ δι' ἃ πάντα] Lego καὶ δὴ ἅπαντ'

γυναῖκα τὴν τουτουῒ μητέρα τοῦ παιδὸς τὸν κλῆρον, ὃν αὐτῇ ὑμεῖς ἐψηφίσασθε.

ί. Βούλομαι οὖν, ὦ ἄνδρες δικασταὶ, περὶ ὧν εἴρηκα πρὸς ὑμᾶς, μαρτυρίας παρασχέσθαι· πρῶτον μὲν, ὡς ἐνίκησε τοῦ κλήρου τοῦ Ἁγνίου ἡ Εὐβουλίδου θυγάτηρ [1]Φυλομάχη, γένει οὖσα ἐγγυτάτω, ἔπειτα περὶ τῶν ἄλλων ἁπάντων. ἀναγίνωσκε τὴν μαρτυρίαν.

ΜΑΡΤΥΡΙΑ.

Μαρτυροῦσι παρεῖναι πρὸς τῷ διαιτητῇ ἐπὶ Νικοφήμου ἄρχοντος, ὅτε ἐνίκησε [1]Φυλομάχη, ἡ Εὐβουλίδου θυγάτηρ, τοῦ κλήρου τοῦ Ἁγνίου τοὺς ἀμφισβητοῦντας αὐτῇ πάντας.

Ὅτι μὲν ἐνίκησε [1]Φυλομάχη, ἡ Εὐβουλίδου θυγάτηρ, τοῦ
κλήρου τοῦ Ἁγνίου, ἀκηκόατε, ὦ ἄνδρες δικασταὶ, καὶ
αὕτη ἐνίκησεν οὐδεμιᾷ παρασκευῇ ἀδίκῳ οὐδὲ συνωμοσίᾳ,
ἀλλ᾽ ὡς οἷόν τε δικαιότατα, ἐπιδειξάντων ἡμῶν, ὅτι γένει
ἐγγυτάτω ἦν Ἁγνίᾳ, οὗ ἐστὶν ὁ κλῆρος, ἀνεψιοῦ παῖς οὖσα
πρὸς πατρὸς, καὶ ἐκ τοῦ οἴκου οὖσα τοῦ Ἁγνίου. ἐπειδὰν
οὖν λέγῃ Μακάρτατος, ὅτι ἐνίκησεν ὁ πατὴρ αὐτοῦ Θεό- 1060
πομπος τοῦ κλήρου τούτου, ὑποβάλλετε αὐτῷ ὑμεῖς, ὦ ἄν-
δρες δικασταὶ, ὅτι καὶ ἡ γυνὴ ἐνίκησε πρότερον, ἢ Θεό-
πομπος ὁ τουτουῒ πατὴρ, καὶ, ὅτι δικαίως ἐνίκησεν ἡ γυνὴ,
ἐκ τοῦ οἴκου οὖσα τοῦ Ἁγνίου, Εὐβουλίδου θυγάτηρ οὖσα
τοῦ ἀνεψιοῦ τοῦ Ἁγνίου· ὁ δὲ Θεόπομπος ὅτι οὐκ ἐνίκησεν,
ἀλλὰ παρεκρούσατο, οὐκ ὢν ἐκ τοῦ οἴκου τὸ παράπαν
τοῦ Ἁγνίου. ταῦτα αὐτῷ ὑμεῖς, ὦ ἄνδρες δικασταὶ, ὑπο-
βάλλετε, καὶ, ὅτι τὸν παῖδα τουτονὶ Εὐβουλίδην, τὸν Εὐ-
βουλίδου υἱὸν, Ἁγνίου δ᾽, οὗ ἐστὶν ὁ κλῆρος, ἀνεψιοῦ παῖδα
πρὸς πατρὸς, οὔτε Θεόπομπος ὁ Μακαρτάτου πατὴρ, οὔτ᾽
ἄλλος οὐδεὶς πώποτε ἀνθρώπων ἐνίκησε· νυνὶ δ᾽ ἐστὶν ὁ
ἀγὼν καὶ ἡ διαδικασία, περὶ τοῦ κλήρου τοῦ Ἁγνίου, τῷ

[1] Φιλομάχ.

ἔπραττον κοινῇ. Wolf.

ί. Ὡς ἐνίκησε τοῦ κλήρου] F. τὸν κλῆρον. Nec enim ullum aliud hujus constructionis exemplum recordor. Nam passive νικᾶσθαι τῶν φίλων æque dici, ac ἡττᾶσθαι τῶν ἐχθρῶν, cum sit ejusdem significationis, non est mirum. Sed ut non dicitur ἡττῶ τῶν ἐχθρῶν, sed ἡττῶ τοὺς ἐχθροὺς, sic etiam νικῶ τὸν κλῆρον: Nam observavi sæpe, ου diphthongum scribi pro syllaba ον, et e contrario. Ac nihilo durius est ἐνίκησε τοὺς ἀμφισβητοῦντας, τὸν κλῆρον, quam ἐνίκησε τοὺς πολεμίους, τὴν μάχην. Sin omnino placet τοῦ κλήρου, expenas licet τοῦ κλήρου ἕνεκα, ἢ ἴσον πρὸς τὸν κλῆρον. Idem. τοῦ κλήρου sub. ἕνεκα. Auger.

Εὐβουλίδου υἱεῖ τούτῳ καὶ Μακαρτάτῳ τούτῳ τῷ Θεοπόμπου υἱεῖ, καὶ ὁπότερος τούτων δικαιότερα λέγειν δόξει, καὶ κατὰ τοὺς νόμους μᾶλλον, δῆλον ὅτι τούτῳ ὑμεῖς οἱ δικασταὶ προσθήσεσθε. ἀναγίγνωσκε τὰς μαρτυρίας τὰς ὑπολοίπους· πρῶτον μὲν, ὅτι ἡ [1] Φυλομάχη, ἡ τοῦ Ἁγνίου τηθὶς, ἀδελφὴ ἦν ὁμοπατρία καὶ ὁμομητρία τῷ Πολέμωνι, τῷ Ἁγνίου πατρί· ἔπειτα τὰς ἄλλας ἁπάσας ἀναγνώσεται περὶ τοῦ γένους.

[2] ΜΑΡΤΥΡΙΑ.

Μαρτυροῦσι δημόται εἶναι Φιλάγρῳ τῷ Εὐβουλίδου πατρὶ, καὶ Πολέμωνι, τῷ πατρὶ τοῦ Ἁγνίου, καὶ εἰδέναι [1] Φυλομάχην, τὴν μητέρα τὴν Εὐβουλίδου, νομιζομένην ἀδελφὴν εἶναι Πολέμωνος, τοῦ πατρὸς τοῦ
1061 Ἁγνίου, ὁμοπατρίαν καὶ ὁμομητρίαν, καὶ μηδενὸς πώποτ' ἀκοῦσαι, ὡς γένοιτο ἀδελφὸς Πολέμωνι τῷ Ἁγνίου.

ΑΛΛΗ.

Μαρτυροῦσιν Οἰνάνθην, τὴν μητέρα τοῦ πάππου τοῦ ἑαυτῶν, Στρατωνίδου, ἀνεψιὰν εἶναι ἐκ πατραδέλφων Πολέμωνι τῷ πατρὶ τοῦ Ἁγνίου, καὶ ἀκούειν τοῦ πατρὸς τοῦ ἑαυτῶν, ὅτι Πολέμωνι ἀδελφὸς οὐδεὶς γένοιτο πώποτε τῷ πατρὶ τῷ Ἁγνίου, ἀδελφὴ δὲ [1] Φυλομάχη ὁμοπατρία καὶ ὁμομητρία, ἡ μήτηρ ἡ Εὐβουλίδου, τοῦ πατρὸς τῆς Φυλομάχης τῆς Σωσιθέου γυναικός.

ΑΛΛΗ.

Μαρτυρεῖ συγγενὴς εἶναι καὶ φρατὴρ καὶ δημότης Ἁγνίᾳ καὶ Εὐβουλίδῃ, καὶ ἀκούειν τοῦ πατρὸς τοῦ ἑαυτῶν καὶ τῶν ἄλλων συγγενῶν, ὅτι ἀδελφὸς οὐδεὶς ἐγένετο τῷ Πολέμωνι τῷ πατρὶ Ἁγνίου, ἀδελφὴ δ' ὁμοπατρία καὶ ὁμομητρία [1] Φυλομάχη, ἡ μήτηρ ἡ Εὐβουλίδου, τοῦ πατρὸς [1] Φυλομάχης τῆς Σωσιθέου γυναικός.

ΑΛΛΗ.

Μαρτυρεῖ πάππον εἶναι ἑαυτοῦ Ἀρχίλοχον, καὶ ποιήσασθαι ἑαυτὸν υἱὸν, καὶ εἶναι αὐτὸν συγγενῆ Πολέμωνι τῷ πατρὶ τοῦ Ἁγνίου, καὶ ἀκούειν Ἀρχιλόχου καὶ τῶν ἄλλων συγγενῶν, ὅτι ἀδελφὸς οὐδεὶς πώποτ' ἐγένετο Πολέμωνι τῷ πατρὶ τοῦ Ἁγνίου, ἀδελφὴ δ' ὁμοπατρία καὶ ὁμομητρία [1] Φυλομάχη, ἡ μήτηρ ἡ Εὐβουλίδου, τοῦ πατρὸς τῆς [1] Φυλομάχης τῆς Σωσιθέου γυναικός.

[1] Φιλομάχ. [2] Μαρτυρίαι.

Ἀνεψιὰν εἶναι ἐκ πατραδέλφων, Πολέμωνι τῷ πατρὶ Ἁγνίου] Quod alias dicit, ἀνεψιὰν πρὸς πατρός. πατράδελφος, patruus, θεῖος πρὸς πατρός. Hesychius. Quis hujus Œnanthes pater fuerit, non exprimitur. Sed esto Cleocritus Hagniæ primi frater. Hagnia natus est Polemo, Cleocrito Œnanthe. Est ergo hæc soror patruelis Polemonis: quorum πατράδελφοι fuerunt Hagnias et Cleocritus. WOLF.

Καὶ ἀκούειν τοῦ πατρὸς τοῦ ἑαυτῶν] Legendum ἑαυτοῦ, quia præcedit μαρτυρεῖ. IDEM. Pro ἑαυτῶν M. ἑαυτῷ, quia unus testatur. AUGER.

Καὶ εἶναι αὐτὸν συγγενῆ Πολέμωνι] Τὸν πάππον Ἀρχίλοχον μᾶλλον, ἢ ἑαυτόν.

ΑΛΛΗ.

Μαρτυρεῖ τὸν πατέρα τῆς ἑαυτοῦ γυναικὸς Καλλίστρατον, ἀνεψιὸν εἶναι ἐκ πατραδέλφων Πολέμωνι τῷ πατρὶ τοῦ Ἁγνίου καὶ Χαριδήμῳ τῷ πατρὶ τῷ Θεοπόμπου, τὴν δὲ μητέρα τὴν ἑαυτοῦ ἀνεψιοῦ παῖδα εἶναι Πολέμωνι, καὶ λέγειν τὴν μητέρα τὴν [1] αὐτὴν πρὸς αὐτοὺς πολλάκις, ὅτι 1062
[2] Φυλομάχη, ἡ μήτηρ ἡ Εὐβουλίδου, ἀδελφὴ ἦν Πολέμωνος τοῦ πατρὸς τοῦ Ἁγνίου ὁμοπατρία καὶ ὁμομητρία, καί, ὅτι ἀδελφὸς οὐδεὶς πώποτε γένοιτο Πολέμωνι τῷ πατρὶ τῷ Ἁγνίου.

ιά. Τὸ πρότερον, ὦ ἄνδρες δικασταί, ὅτε συνώμοσαν ἀλλήλοις οὗτοι, καὶ συστάντες ἠγωνίζοντο, πολλοὶ ὄντες, πρὸς τὴν γυναῖκα, ἡμεῖς μέν, ὦ ἄνδρες δικασταί, οὔτε μαρτυρίας ἐγράψαμεν περὶ τῶν ὁμολογουμένων, οὔτε μάρτυρας προσεκαλεσάμεθα, ἀλλ᾽ ᾠόμεθα ταῦτά γε ἀδεῶς ὑπάρχειν ἡμῖν· οὗτοι δὲ τά τε ἄλλα πολλὰ καὶ ἀναίσχυντα παρεσκευάσαντο εἰς τὸν ἀγῶνα, καὶ ἔμελεν αὐτοῖς οὐδενός, πλὴν τοῦ ἐξαπατῆσαι ἐν τῷ τότε παρόντι καιρῷ τοὺς δικαστάς, οἵτινες κατεχρῶντο, ὡς τῷ Πολέμωνι τῷ πατρὶ τοῦ Ἁγνίου [4] παράπαν οὐδεμία γένοιτο ἀδελφὴ ὁμοπατρία καὶ ὁμομητρία. οὕτως ἦσαν ἀναίσχυντοι καὶ βδελυροί, [5] τηλικοῦτον πρᾶγμα παρακρουόμενοι τοὺς δικαστὰς καὶ [6] οὕτω περιφανῶς, καὶ ἐσπούδαζον καὶ ἠγωνίζοντο περὶ τούτου μάλιστα· ἡμεῖς δέ γε νυνὶ μάρτυρας ὑμῖν τοσουτουσὶ [7] παρεσχήμεθα περὶ τῆς Πολέμωνος ἀδελφῆς, τηθίδος δ᾽ Ἁγνίου. τούτῳ δ᾽ ὁ βουλόμενος μαρτυρησάτω, ἤ, ὡς οὐκ ἦσαν ἀδελφοὶ ὁμοπάτριοι καὶ ὁμομήτριοι Πολέμων καὶ [2] Φυλομάχη, ἤ, ὅτι οὐκ ἦν ὁ μὲν Πολέμων υἱός, ἡ δὲ [2] Φυλομάχη θυγάτηρ Ἁγνίου τοῦ Βουσέλου υἱέως, ἤ, ὅτι ὁ [8] [μὲν] Πολέμων, οὐκ ἦν πατὴρ Ἁγνίου, οὗ ἐστιν ὁ κλῆρος, οὐδ᾽ ἡ ἀδελφὴ ἡ Πολέμωνος, [2] Φυλομάχη, τηθίς, ἤ, ὡς ὁ Εὐβου-

[1] αὐτῶν [2] Φιλομάχ. [4] τὸ παράπαν [5] τηλικουτονὶ [6] οὑτωσὶ περιφανὴς [7] παρεσχόμεθα [8] Deest μέν.

Wolf.

Καλλίστρατον ἀνεψιὸν εἶναι ἐκ πατραδέλφων Πολέμωνι τῷ πατρὶ Ἁγνίου καὶ Χαριδήμῳ] Series haec est:

1. Hagnias,	1. Eubolides,	Stratius,	Fratres.
Polemo	Callistratus	Charidemus.	Patrueles.

Ex eodem ordine fuit et testis, sive Habronis, sive Cleocriti F. Patruelis et ipse Polemonis. Idem.

Τὴν δὲ μητέρα τὴν ἑαυτοῦ, ἀνεψιοῦ παῖδα εἶναι Πολέμωνι] Nata ergo vel ex Habrone, vel ex Cleocrito, patruelis Polemonis filia fuit. Idem.

Καὶ λέγειν τὴν μητέρα αὐτοῦ πρὸς αὐτὸν πολλάκις. et v. 15. καὶ ἔμελεν αὐτοῖς. Idem.

ιά. Οἵτινες κατεχρῶντο] F. κατεψεύδοντο. Sed et hoc ferri potest. Idem. Sub. τούτῳ τῷ λόγῳ. Auger.

Ἡ δὲ Φυλομάχη θυγάτηρ lege. Wolf.

λίδης οὐκ ἦν [1]Φυλομάχης υἱὸς, οὐδὲ Φιλάγρου τοῦ ἀνεψιοῦ
1063 [2]Ἁγνίου, ἢ ἐκεῖνο, ὅτι Εὐβουλίδου, τοῦ ἀνεψιοῦ τοῦ Ἁγνίου, οὐκ ἔστι θυγάτηρ [1]Φυλομάχη, ἡ νυνὶ ἔτι οὖσα, οὐδὲ υἱὸς οὑτοσὶ ὁ παῖς, εἰσπεποιημένος κατὰ τοὺς νόμους τοὺς ὑμετέρους εἰς τὸν Εὐβουλίδου οἶκον, ἢ, ὡς [3]ὁ Θεόπομπος, ὁ τουτουὶ πατὴρ Μακαρτάτου, ἐκ τοῦ οἴκου ἦν τοῦ Ἁγνίου. τούτων ὅ τι βούλεταί τις μαρτυρησάτω αὐτῷ· ἀλλ' εὖ οἶδ', ὅτι οὐδεὶς οὕτω τολμηρὸς ἔσται, οὐδ' ἀπονενοημένος ἄνθρωπος. ὡς [4]δὲ καταφανὲς ὑμῖν ἔσται, ὦ ἄνδρες δικασταὶ, ὅτι τὸ πρότερον ἀναισχυντοῦντες περιεγένοντο, δίκαιον δ' οὐδὲν ἔλεγον, ἀναγίνωσκε τὰς μαρτυρίας ὅσαι εἰσὶν ἔτι ὑπόλοιποι.

[5]Ἀδελφοὶ
Πατὴρ, Πολέμων καὶ Φιλομάχη, μήτηρ.
Ἀνεψιοὶ
καὶ υἱὸς, Ἁγνίας καὶ Εὐβουλίδης, υἱός.

ΜΑΡΤΥΡΙΑΙ.

Μαρτυρεῖ συγγενὴς εἶναι Πολέμωνι τῷ Ἁγνίου πατρὶ, καὶ ἀκούειν τοῦ πατρὸς τοῦ ἑαυτοῦ ἀνεψιοὺς εἶναι ἐκ πατραδέλφων Πολέμωνι, Φιλαγρόν τε τὸν Εὐβουλίδου πατέρα, καὶ Φανοστράτην τὴν Στρατίου θυγατέρα, καὶ Καλλίστρατον τὸν πατέρα τῆς Σωσιθέου γυναικὸς, καὶ Εὐκτήμονα τὸν βασιλεύσαντα, καὶ Χαρίδημον τὸν πατέρα τὸν Θεοπόμπου καὶ Στρατοκλέους· καὶ εἶναι τοῖς τούτου υἱέσι καὶ Ἁγνίᾳ ἐν τῷ αὐτῷ γένει Εὐβουλίδην κατὰ τὸν πατέρα τὸν ἑαυτοῦ Φίλαγρον, κατὰ δὲ τὴν μητέρα τὴν ἑαυτοῦ [1]Φυλομάχην νομιζόμενον ἀνεψιὸν εἶναι Εὐβουλίδην Ἁγνίᾳ πρὸς πατρὸς ἐκ τηθίδος γεγονότα Ἁγνίᾳ τῆς πρὸς πατρός.

ΑΛΛΗ.

Μαρτυροῦσι συγγενεῖς εἶναι Πολέμωνι τῷ πατρὶ τῷ Ἁγνίου, καὶ Φιλά-

[1] Φιλομάχ. [2] τοῦ Ἁγνίου [3] Deest articulus. [4] δὲ μᾶλλον καταφανὲς
[5] Deest hoc stemma genealogicum.

Auger.

Καὶ Καλλίστρατον τὸν πατέρα τῆς Σωσιθέου γυναικὸς] Τῆς Σωσιθέου μητρὸς legendum esse, res ipsa ostendit. Wolf. Auger.

Καὶ εἶναι τοῖς τούτου υἱέσι] Τίνος; Præcesserunt enim multi. Lego: τούτων, τῶν ἀδελφῶν τῶν τοῦ Βουσέλου υἱιδῶν. Wolf. τούτου refero ad Charidemum. Auger.

Κατὰ δὲ τὴν μητέρα τὴν ἑαυτοῦ Φυλομάχην, νομιζόμενον ἀνεψιὸν εἶναι Εὐβουλίδην Ἁγνίᾳ πρὸς πατρὸς] *Patruelem esse.* Non opus est addere, *a patre.* Nec enim est ambiguum. Atqui et a patre Philagro est patruelis Hagniæ. Ex utroque ergo parente. Sed quomodo ista consentiunt, κατὰ τὴν μητέρα et πρὸς πατρός? Num quia Phylomache, soror Polemonis, patris Hagniæ fuit, et non matris? Series hæc est:

Polemon — Phylomache. Fratres.
Hagnias —— Eubulides. Ex fratre et sorore nati: qui consobrini erant, Donato auctore, non patrueles. Wolf. Post Ἁγνίᾳ pono virgulam, et deleo πρὸς πατρὸς ut supervacans et impediens. Auger.

Ἐκ τηθίδος γεγονότα Ἁγνίᾳ πρὸς πατρὸς] Videtur τηθὶς æque πρὸς πατρὸς, dici amita: πρὸς μητρὸς, matertera, ut θεῖος. Wolf.

γρῳ τῷ πατρὶ τῷ Εὐβουλίδου, καὶ Εὐκτήμονι τῷ βασιλεύσαντι, καὶ εἰδέναι
Εὐκτήμονα ἀδελφὸν ὄντα ὁμοπάτριον Φιλάγρῳ τῷ πατρὶ τῷ Εὐβουλίδου,
καὶ, ὁπότε ἡ ἐπιδικασία ἦν τοῦ κλήρου τοῦ Ἁγνίου Εὐβουλίδῃ προσκλαί- 1064
ουσα, ἔτι ζῆν Εὐκτήμονα ἐκ πατραδέλφων ἀνεψιὸν ὄντα Πολέμωνι τῷ
πατρὶ Ἁγνίου, καὶ μὴ ἀμφισβητῆσαι Εὐκτήμονα Εὐβουλίδῃ τοῦ κλήρου
τοῦ Ἁγνίου, μηδ᾽ ἄλλον μηδένα κατὰ γένος τότε.

ΑΛΛΗ.

Μαρτυροῦσι τὸν πατέρα τὸν ἑαυτῶν Στράτωνα συγγενῆ εἶναι Πολέμωνι τῷ πατρὶ τῷ Ἁγνίου, καὶ Χαριδήμῳ τῷ πατρὶ τῷ Θεοπόμπου, καὶ Φιλάγρῳ τῷ πατρὶ τῷ Εὐβουλίδου, καὶ ἀκούειν τοῦ ἑαυτῶν πατρὸς, ὅτι Φίλαγρος λάβοι γυναῖκα, πρώτην μὲν [1] Φυλομάχην ἀδελφὴν Πολέμωνος τοῦ πατρὸς τοῦ Ἁγνίου ὁμοπατρίαν καὶ ὁμομητρίαν, καὶ γενέσθαι Φιλάγρῳ ἐκ μὲν τῆς [1] Φυλομάχης Εὐβουλίδην, ἀποθανούσης δὲ [1] Φυλομάχης, ἑτέραν λαβεῖν γυναῖκα Φίλαγρον Τελεσίππην, καὶ γενέσθαι ὁμοπάτριον μὲν ἀδελφὸν Εὐβουλίδῃ Μενεσθέα, ὁμομήτριον δὲ μὴ, καὶ, Εὐβουλίδου ἀμφισβητήσαντος τοῦ κλήρου τοῦ Ἁγνίου κατὰ γένος, Μενεσθέα μὴ ἀμφισβητῆσαι τοῦ κλήρου τοῦ Ἁγνίου, μηδ᾽ Εὐκτήμονα τὸν ἀδελφὸν τὸν Φιλάγρου, μηδ᾽ ἄλλον μηδένα κατὰ γένος, πρὸς Εὐβουλίδην τότε.

ΑΛΛΗ.

Μαρτυρεῖ τὸν πατέρα τὸν ἑαυτοῦ Ἀρχίμαχον συγγενῆ εἶναι Πολέμωνι
τῷ πατρὶ τῷ Ἁγνίου, καὶ Χαριδήμῳ τῷ πατρὶ τῷ Θεοπόμπου, καὶ Φιλά-
γρῳ τῷ πατρὶ τῷ Εὐβουλίδου, καὶ ἀκούειν τοῦ πατρὸς τοῦ ἑαυτῶν, ὅτι
Φίλαγρος λάβοι γυναῖκα πρώτην μὲν [1] Φυλομάχην ἀδελφὴν Πολέμωνος τοῦ
πατρὸς τοῦ Ἁγνίου ὁμοπατρίαν καὶ ὁμομητρίαν, καὶ γενέσθαι ἐκ μὲν [1] Φυ-
λομάχης Εὐβουλίδην, ἀποθανούσης δὲ [1] Φυλομάχης, ἑτέραν λαβεῖν γυ- 1065
ναῖκα Φίλαγρον Τελεσίππην, καὶ γενέσθαι Φιλάγρῳ ἐκ Τελεσίππης Μενε-
σθέα ὁμοπάτριον μὲν ἀδελφὸν Εὐβουλίδῃ, ὁμομήτριον δὲ μὴ, ἀμφισβητή-
σαντος δὲ τοῦ Ἁγνίου κατὰ γένος, Μενεσθέα μὴ ἀμφισβητῆσαι τοῦ κλήρου
μηδ᾽ Εὐκτήμονα τὸν ἀδελφὸν Φιλάγρου, μηδ᾽ ἄλλον μηδένα κατὰ γένος,
πρὸς Εὐβουλίδην τότε.

ΑΛΛΗ.

Μαρτυρεῖ τὸν πατέρα τῆς ἑαυτοῦ μητρὸς Καλλίστρατον ἀδελφὸν εἶναι Εὐκτήμονι τῷ βασιλεύσαντι καὶ Φιλάγρῳ τῷ πατρὶ τῷ Εὐβουλίδου, ἀνεψιοὺς δ᾽ εἶναι τούτους Πολέμωνι τῷ πατρὶ τῷ Ἁγνίου καὶ Χαριδήμῳ τῷ πατρὶ τῷ Θεοπόμπου, καὶ ἀκούειν τῆς μητρὸς τῆς ἑαυτοῦ, ὅτι ἀδελφὸς οὐ γένοιτο Πολέμωνι τῷ πατρὶ Ἁγνίου, ἀδελφὴ δὲ γένοιτο ὁμοπατρία καὶ ὁμομητρία [1] Φυλομάχη, καὶ ταύτην λάβοι τὴν [1] Φυλομάχην Φίλαγρος, καὶ γένοιτο ἐξ αὐτῶν Εὐβουλίδης ὁ πατὴρ ὁ [1] Φυλομάχης τῆς Σωσιθέου γυναικός.

ἀναγνῶναι μὲν τὰς μαρτυρίας ταύτας ἐξ ἀνάγκης ἦν, ὦ ἄνδρες δικασταί, ἵνα μὴ τὸ αὐτὸ πάθοιμεν, ὅπερ τὸ πρότερον, ἀπαράσκευοι ληφθέντες ὑπὸ τούτων· πολὺ δὲ σαφέστερον ἔτι αὐτὸς ἑαυτοῦ Μακάρτατος οὑτοσὶ καταμαρ-

[1] Φιλομάχ.

Τοῦ Ἁγνίου Εὐβουλίδῃ προσκλαίουσα] F. προσκληθεῖσα. Idem. Auger.

Ἐκ πατραδέλφων ἀδελφὸν] Hoc fieri qui potest? lego ἀνεψιὸν, ἢ ἀδελφιδοῦν. Wolf. Lege ἀνεψιὸν, aliter sensus absurdus est. Palmer. Imo ἀνεψιόν. Auger.

Ἑαυτῶν, ὅτι Φ.] Imo ἑαυτοῦ. Idem.

τυφήσει, ὅτι οὔτε Θεοπόμπῳ τῷ πατρὶ τῷ [1]ἑαυτοῦ προσήκει οὐδενὸς κληρονομεῖν τῶν Ἁγνίου, γένει ἀπωτέρω ὄντος τοῦ Θεοπόμπου καὶ οὐκ ἐκ τοῦ αὐτοῦ οἴκου [2]ὄντος τὸ παράπαν.

ιβ'. Εἰ γάρ τις ἀνακρίνοι, ὦ ἄνδρες δικασταί, [3]οὗτος τίς ἐστιν ὁ ἀμφισβητῶν τῷ παιδὶ τούτῳ τοῦ κλήρου τοῦ Ἁγνίου; εὖ οἶδ', ὅτι ἀποκρίναιτ' ἄν, ὅτι Μακάρτατος.
1068 τίνος ὢν πατρός; Θεοπόμπου. μητρὸς δὲ τίνος; Ἀπολήξιδος θυγατρὸς Προσπαλτίου, ἀδελφῆς δὲ Μακαρτάτου [4]Προσπαλτίου. ὁ δὲ Θεόπομπος τίνος ἦν πατρός; Χαριδήμου. ὁ δὲ Χαρίδημος τίνος; Στρατίου. ὁ δὲ Στράτιος τίνος; Βουσέλου. οὑτοσὶ, ὦ ἄνδρες δικασταὶ, ἐστὶν ὁ Στρατίου οἶκος, ἑνὸς τῶν Βουσέλου υἱέων· καὶ ἔκγονοι οὗτοί εἰσι Στρατίου, οὓς ὑμεῖς ἀκηκόατε· καὶ ἐνταῦθα οὐδαμοῦ ἐστὶν οὐδὲν ὄνομα τῶν ἐκ τοῦ οἴκου τοῦ Ἁγνίου, ἀλλ' οὐδὲ παραπλήσιον. πάλιν δὴ ἀνακρίνω τὸν παῖδα τουτονὶ, τίς ὢν ἀμφισβητεῖ Μακαρτάτῳ τοῦ κλήρου τοῦ Ἁγνίου; οὐκ ἂν ἔχοι, ὦ ἄνδρες δικασταὶ, ἀλλ' οὐδ' ὁτιοῦν ἀποκρίνασθαι ὁ παῖς, ἢ ὅτι Εὐβουλίδης. τίνος ὢν πατρός; Εὐβουλίδου τοῦ Ἁγνίου ἀνεψιοῦ. μητρὸς δὲ τίνος; [5]Φυλομάχης, ἣ ἦν Ἁγνίᾳ ἀνεψιοῦ παῖς πρὸς πατρός. ὁ Εὐβουλίδης δὲ τίνος ἦν πατρός; Φιλάγρου τοῦ ἀνεψιοῦ τοῦ Ἁγνίου. μητρὸς δὲ τίνος; [5]Φυλομάχης τῆς τηθίδος τοῦ Ἁγνίου. ὁ δ' Ἁγνίας τίνος ἦν υἱός; Πολέμωνος. ὁ δὲ Πολέμων τίνος; Ἁγνίου. ὁ δ' Ἁγνίας τίνος; Βουσέλου. οὑτοσὶ ἕτερός ἐστιν οἶκος

1 ἑαυτοῦ, οὔτε αὐτῷ τούτῳ, προσήκει 2 Deest ὄντος. 3 οὑτοσὶ 4 * τοῦ Προσπαλτίου 5 Φιλομάχ.

ιβ'. Ἀπολήξιδος θυγατρὸς Προσπαλτίου] Nomen proprium deest. Nam Προσπάλτιος est cognomen a municipio: ut postea dicet ipse auctor. Wolf.

Ὁ δὲ Θεόπομπος τίνος ἦν πατήρ;] Πατρὸς lege. Haec enim series est: Macartatus, Theopompus, Charidemus, Stratius, Buselus, adscendendo. Idem.

Τίνος ὢν πατρός; —— ἦν πατρός;] Putaveram primo debere scribi pro Εὐβουλίδου τοῦ Ἁγνίου ἀνεψιοῦ, Σωσιθέου τοῦ etc. Sed mutavi sententiam, nam puto se bene habere hanc lectionem. Nam quamvis Sositheus fuerit natura pater, tamen dixit supra eum dedisse filium Eubulidae, et duxisse ad ejus gentiles. Sed puto aliquid deesse in sequentibus, et sic debere legi: μητρὸς δὲ τίνος; Φιλομάχης, ἥτις ἦν Ἁγνίᾳ ἀνεψιοῦ παῖς πρὸς πατρός etc. Palmer.

Πατρὸς] Al. πάππου. Utrumque verum. Fuit enim et nepos e filia, et filius adoptivus: si modo filium adoptare mortuus potest. Wolf.

Φιλάγρου, τοῦ ἀνεψιοῦ τοῦ Ἁγνίου] De superiore Hagnia verum hoc est. Fuit enim hujus ex fratre Eubulide nepos Philager. Sed quia hic de posteriore Hagnia agitur, lego τοῦ θείου, ut ratio propinquitatis postulat. Idem.

[1] Ἁγνίου, ἑνὸς τῶν Βουσέλου υἱέων· καὶ ἐνταῦθ᾽ οὐδ᾽ ὁτιοῦν ἔνεστι τὸ αὐτὸ ὄνομα τῶν ἐν τῷ Στρατίου οἴκῳ ὄντων ἐκγόνων, ἀλλ᾽ οὐδὲ παραπλήσιον· ἀλλ᾽ αὐτοὶ δι᾽ ἑαυτῶν πορεύονται ἐν τῷ οἴκῳ τῷ Ἁγνίου, τὰ ὀνόματα παρ᾽ ἀλλήλων παραλαμβάνοντες. πανταχῇ δὴ καὶ πάντα τρόπον ἐξελέγχονται ἐξ ἑτέρου οἴκου καὶ ἀπωτέρω γένει ὄντες, καὶ οὐ προσῆκον αὐτοῖς κληρονομεῖν οὐδενὸς τῶν Ἁγνίου· οἷς γὰρ ὁ νομοθέτης δίδωσι τὴν ἀγχιστείαν καὶ τὴν κληρονομίαν, τούτους ἀναγνώσεται ὑμῖν τοὺς νόμους.

[2] ΝΟΜΟΣ. 1067

Ὅστις ἂν μὴ διαθέμενος ἀποθάνῃ, ἐὰν μὲν παῖδας καταλίπῃ θηλείας, σὺν ταυτῃσί· ἐὰν δὲ μή, τούσδε κυρίους εἶναι τῶν χρημάτων. ἐὰν [3] δὲ ἀδελφοὶ ὦσιν ὁμοπάτορες καὶ ἐὰν παῖδες ἐξ ἀδελφῶν γνήσιοι, τὴν τοῦ πατρὸς μοῖραν λαγχάνειν· ἐὰν δὲ μὴ ἀδελφοὶ ὦσιν ἢ ἀδελφῶν [4] παῖδες, ἐξ αὐτῶν κατὰ ταὐτὰ λαγχάνειν. κρατεῖν δὲ τοὺς ἄῤῥενας καὶ τοὺς ἐκ τῶν ἀῤῥένων, ἐὰν ἐκ τῶν αὐτῶν ὦσι, καὶ ἐὰν γένει ἀπωτέρω. ἐὰν δὲ μὴ ὦσι πρὸς πατρὸς μέχρι ἀνεψιάδων [5] παίδων, τοὺς πρὸς μητρὸς τοῦ ἀνδρὸς κατὰ ταὐτὰ κυρι-

[1] * ὁ Ἁγνίου [2] * Νόμοι. [3] δ᾽] * μὲν [4] παῖδες, * οἱ ἐξ αὐτῶν [5] [παίδων]

Καὶ ἐνταῦθα οὐδοτιοῦν ἔνεστι τὸ αὐτὸ (τῷ αὐτῷ) ὄνομα τῶν ἐν τῷ Στρατίου οἴκῳ ὄντων ἐκγόνων, ἀλλ᾽ οὐδὲ παραπλήσιον] Non vacat mendi suspicione hic locus. τὸ αὐτὸ et παραπλήσιον inter se conferuntur. Sed τὸ αὐτὸ τῶν ἐκγόνων pro τοῖς ἐκγόνοις rarum. IDEM.

Τούτους — τοὺς νόμους] M. τοῦτον — τὸν νόμον, et post τοῦτον f. add. δή. AUGER.

Ἐὰν μὲν παῖδας καταλίπῃ θηλείας σὺν ταυτῃσί] Sententia postulat addi: θηλείας, τοὺς υἱοὺς σὺν ταυτῃσί. WOLF. Verum hic nulla liberorum masculorum mentio, ipso enim naturæ jure, non tantum Solonis Lege in bona parentis veniunt, neque προσήκει τοῖς παισὶν ἐπιδικάσασθαι τῶν πατρῴων, inquit Isæus, ὅτι γόνῳ γεγόνασιν, οὐδεὶς ἂν δήπου ἀμφισβητήσειε περὶ τῶν πατρῴων. Sed feminarum longe alia est ratio, erant enim ex Lege ἐπιδικασίαι τῶν Ἐπικλήρων. Cavet itaque Legislator, ut is in bona mortui ab intestato veniat, qui ejus filias in uxores duxerit, id est, bona habeat ἐπὶ ταύταις, ut in superioribus diximus. Quare hæc verba, ἐὰν δὲ μὴ τοὺς κυρίους εἶναι τῶν χρημάτων, alio spectant; atque Legislatoris mens hæc est: Si etiam femella prole orbus ab intestato decesserit ad hos illius hereditatem devenire, qui sequuntur: ἐὰν δ᾽ ἀδελφοὶ κ. τ. λ. *In Leg. Attic.* lib. VI. tit. VI. §. IX. p. 585. PETITUS. Eum vide l. l.; et Iac. Perizonium Dissert. II. p. 128. in paucis, inquit Wesselingius, a Petito et vero deflectentem; et Meursium Them. Attic. lib. II. cap. 13.

Σὺν ταυτῃσί] Sub. δεῖ ἐπιδικάσασθαι τοὺς τοῦ κλήρου ἐπιδικασαμένους: mox τούσδε, nempe, quos statim nominat. AUGER.

Ἐὰν δὲ μή] S. καταλίπῃ παῖδας θηλείας, τούτους, τοὺς υἱούς. WOLF.

Ὁμοπάτορες] F. add. καὶ ὁμομήτορες. Deinde subaudi aliqua in hunc ferme sensum: *oportet ipsos hereditatem adire pro sua quisque rata parte.* AUGER.

Ἐὰν δὲ μὴ ἀδελφοὶ ὦσιν, ἢ ἀδελφῶν παῖδες ἐξ αὐτῶν κατὰ ταὐτὰ λαγχάνειν] Τίνες δ᾽ οἱ λαγχάνοντες; pro ἐξ αὐτῶν aliquod aliud legendum cognationis nomen. WOLF.

Ἐκ τῶν αὐτῶν] *Ex iisdem*, sp. ex parentibus mortuum eadem propinquitate attingentibus. et mox leg. καὶ ἐὰν μή, addendo μή. AUGER.

Καὶ ἐὰν γένει ἀπωτέρω] Sic Theopompus erit Eubulidi præferendus. Nam cognatio cum Hagnia est a Phylomache, quamvis ejusdem familiæ sit. WOLF.

Μέχρι ἀνεψιαδῶν παίδων] Μέχρι παίδων, *usque ad liberos sobrinorum.* IDEM. Scribendum videtur μέχρι ἀνεψιῶν παίδων. Id suadent hæc Isæi Orat. de Apollod. Hered. p. 65. ἐὰν μὴ ὦσιν ἀνεψιοί, μηδὲ ἀνεψιῶν παῖδες — τότε ἀποδίδωσι τοῖς πρὸς μητρός. Et clarissime Orat. de Hagn. Hered. p. 84. ἐὰν δὲ μηδεὶς ᾖ πρὸς πατρὸς μέχρις ἀνεψιῶν παίδων, τοὺς πρὸς μητρὸς κυρίους εἶναι κατὰ τὰ αὐτά. Ἀκούετε, ὦ ἄ., ὅτι ὁ νομοθέτης οὐκ εἶπεν, ἐὰν μηδεὶς ᾖ πρὸς

ους εἶναι. ἐὰν δὲ [1] μηδ' ἑτέρωθεν ᾖ ἐντὸς τούτων, τὸν πρὸς πατρὸς ἐγγυτάτω κύριον εἶναι. νόθῳ δὲ, μηδὲ νόθῃ, μὴ εἶναι ἀγχιστείαν, μήτε ἱερῶν, μήθ' ὁσίων, ἀπ' Εὐκλείδου ἄρχοντος.

διαῤῥήδην λέγει ὁ νόμος, ὦ ἄνδρες δικασταὶ, οἷς δεῖ τὴν κληρονομίαν εἶναι· οὐ μὰ Δί' οὐ Θεοπόμπῳ, οὐδὲ Μακαρτάτῳ τῷ Θεοπόμπου υἱεῖ, τοῖς μηδὲ [2] παράπαν οὖσιν ἐν τῷ οἴκῳ τοῦ Ἁγνίου. ἀλλὰ [3] τίνι δίδωσι; τοῖς ἐκγόνοις τοῖς Ἁγνίου, τοῖς οὖσιν ἐν τῷ οἴκῳ τῷ Ἁγνίου ἐκείνου. ταῦτα καὶ ὁ νόμος λέγει, καὶ τὸ δίκαιον οὕτως ἔχει.

ιγ'. Οὐ τοίνυν, ὦ ἄνδρες δικασταὶ, ταῦτα μὲν ἔδωκεν ὁ νομοθέτης τοῖς προσήκουσιν, ἕτερα δ' οὐ προσέταξε [4] πολλὰ πάνυ ἐν τῷ νόμῳ, ἃ δεῖ ποιεῖν τοὺς προσήκοντας ἐπάναγκες· ἀλλὰ πάνυ πολλά ἐστιν, ἃ προστάττει ποιεῖν τοῖς προσήκουσι καὶ πρόφασιν οὐδεμίαν δίδωσιν, ἀλλ' ἐξ ἀνάγκης δεῖ ποιεῖν. μᾶλλον δὲ λέγε αὐτὸν τὸν νόμον τὸν πρῶτον.

ΝΟΜΟΣ.

Τῶν ἐπικλήρων, ὅσαι θητικὸν τελοῦσιν, ἐὰν μὴ βούληται ἔχειν ὁ ἐγγύ-

[1] μηδετέρωθεν * ᾖ ἐντὸς [2] τὸ παράπαν [3] τίνι καὶ δίδωσι
[4] Desunt πολλὰ - - - - - - - - - ἐπάναγκες.

πατρὸς μέχρις ἀνεψιῶν παίδων, τοὺς τῶν ἀνεψιαδῶν εἶναι κυρίους, etc. Excluduntur enim apertissime patruelium nepotes. Quare Theopompus cum paulo ante dixisset, defunctis fratribus Stratio et Stratocle, λείπομαι ἐγὼ τοῦ πρὸς πατρὸς ὢν ἀνεψιοῦ παῖς, ᾧ μάλιστα κατὰ τοὺς νόμους ἐγίνετο ἡ κληρονομία, concludit p. 84. negatque patruelium nepotes ad hereditatem posse admitti, sed eam universam ad maternam defuncti cognationem devolvi. οὐ δίδωσι μεθ' ἡμᾶς τοῖς ἡμετέροις παισὶ τὸ παράπαν τὴν ἀγχιστείαν, ἀλλὰ τοῖς πρὸς μητρὸς τοῦ τελευτήσαντος. Demosth. infra similia dabit. WESSELING.

Τοὺς πρὸς μητρὸς τοῦ ἀνδρὸς] F. τοὺς πρὸς μητρὸς τοὺς ἄνδρας κατὰ ταὐτὰ κυρίους εἶναι. WOLF.

Μὴ εἶναι ἀγχιστείαν μήτε ἱερῶν] F. A. μήτε μετεῖναι ἱερῶν. Nisi forte jungendum sit, μήθ' ἱερῶν ἀγχιστείαν εἶναι. *Rationes propinquitatis neque sacra, neque profana, ad nothos pertineant.* IDEM. Sic distingue μήθ' ὁσίων. ἀπ' Ε. ὁσίων, ἱερῶν, sub. ἕνεκα. AUGER.

Τοῖς μηδὲ παράπαν οὖσιν. WOLF.

ιγ'. Τῶν ἐπικλήρων κ. τ. λ.] Ad legis istius explicationem, observandum est, ἐπικλήρους appellari generaliter puellas patre, avo, proavo orbas, ac fratre destitutas, quæ in universas parentum opes, si illi beati erant et opulenti, aut in miserias, si ii pauperes et egeni, successerant. Uno verbo, ἐπίκληρος virgo est, patre, avo, proavo, itemque fratre, destituta, beata vel misera, prout parentibus divitibus aut miseris erat prognata. Sæpius tamen cum ἐπίκληρον dicebant, intelligebant puellam magnarum opum heredem. Et observat Aristoteles Polit. l. V. c. 4. ob hujusmodi puellarum connubia magnas quandoque seditiones in multis Græciæ civitatibus excitatas, cum plures proci eas ambirent. His incommodis obviam ut iret Solon, item ne bona ad exteros transirent, legem tulit, qua jubebat ejusmodi ἐπίκληρον ei nubere, qui genere proximus esset. Atque ita, quæ melioris erant conditionis, quæque amplam aliquam hereditatem nactæ erant, tenebantur iis nubere, qui genere proximi nuptias earum expetebant. Quæ sequioris autem erant conditionis, eas cognati tenebantur ducere aut dotare; quæ omnia docebat breviter Terentius in Phormione his verbis:

> Lex est, ut orbæ, quæ sunt genere proximi,
> Iis nubant, et illos ducere eadem lex jubet.

Prior pars eorum verborum ad ἐπικλήρους opimorum bonorum heredes pertinet; posterior ad ἐπικλήρους inopes et destitutas. Ac priores quidem illæ amplam litium materiam suppeditarant, cum a pluribus expeterentur, inter quos contendebatur, quis genere esset proximior, quod ἐπιδικάσασθαι dicebant, et puella, de qua disceptabatur, ἐπίδικος. Isæus de Pyrrh. Hered. Habebat autem locum ἐπιδικασία, non modo, si filia una, aut plures superstites erant, sine fratre; sed insuper, si, ceteris in matrimonium datis, aliqua innupta ei erat superstes. Isæus ibid. Et, si qua a patre in matrimonium data erat, quæ post ejus mortem exsisteret ἐπίκληρος, licebat generi proximo ἐπιδικάσασθαι: quomodo sæpe contingebat uxorem marito abduci, et alii adjudicari. Isæus ibid. Atque hactenus de iis, quibus bona aliqua obvenerat hereditas.

Sed et sequioris conditionis ἐπίκληροι, ad quas lex illa, quæ præ manibus habemus, pertinet, non minorem litibus occasionem præbuere, cum ii, qui vocabantur in jus, ut eas ducerent aut dotarent, cognatos se negarent aut alios dicerent esse proximiores. Hæ igitur erant, quas lex ait τὸ θητικὸν τελεῖν, in ordine τῶν θητῶν censeri, h. e. infimorum civium, quales erant qui, cum nihil proprium possiderent aut pauxillum, aliorum agros mercede redempti colebant, aut artibus sordidis vitam tolerabant. Sic ἱππάδα τελεῖν est *in ordine equitum censeri*; ζευγίσιον τελεῖν, *censeri in ordine* τῶν ζευγιτῶν. Etym. Mag. v. ζευγίσιον. Solon quatuor ordines constituerat, quatuor τέλη, quæ τιμήματα ideo appellat Hesychius v. ζευγίσιον. Vid. Plut. in Solon. Ante Solonis legislationem duo erant Atheniensium ordines, εὐπατριδῶν et ἀγροίκων. Dionys. Halic. l. II. Antiq. R. Plut. in Thes. tres ordines constituebat, εὐπατριδῶν, γεωμόρων, et δημιουργῶν. Aristot. Pol. l. IV. c. 4. quamlibet remp. constare ait, ἐκ τοῦ δήμου καὶ τῶν λεγομένων γνωρίμων, δῆμον appellans τὸ πλῆθος, et γνωρίμους qui opibus, natalium honestate, virtute, eruditione, et similibus, erant præditi. Sic igitur γνώριμοι in plerisque Græciæ civitatibus, maxime in rep. Atheniensi, non tam erant nobiles, quam noti; quibus ad honores et magistratus aditus esset ejusdem Solonis legibus, ceteris occlusus. Quod postea mutatum est. Legibus igitur Solonis ἀρχαί, magistratus, conferebantur ἀπὸ τιμημάτων, atque ad eos admittebantur quicumque erant e tribus illis classibus, pentacosiomedimnorum, equitum, et zeugitarum, ita tamen, ut ii præferrentur sæpius, quorum major erat census, cum census magistratum daret. Ceterum, post devictos Persas, omnes tandem cives Athenienses, nulla census habita ratione, dignitates et magistratus capessere potuerunt, exceptis iis, qui ἀδύνατοι dicti stipem a publico accipiebant. Plut. in Aristid. Antipater reip. administrandæ rationem, qualis a Solone constituta erat, revocavit. Plut. in Phocion. et Diod. Sic. l. XVIII. Antipatro exstincto, reip. forma ab eo constituta concidit, omnesque ordines iterum permisti, et cuilibet conditioni aditus ad magistratus datus, sed a paucis usurpatus, et vix et ne vix quidem θῆτες et infimi ordinis homines, qui judiciorum participes erant, eo jure usi. Plut. in Solon. Isocrat. c. Lochit. Aristot. Polit. l. II. c. ult. Nunc ad legem redeundum est.

Lex igitur jubebat, si quæ puella orba esset, nullius aut exigui census, τὸ θητικὸν τελοῦσα, eam a genere proximo duci aut dotari. Non cogebatur is eam uxorem ducere, si dotare vellet, etsi aliud videtur Pollux l. III. c. 3. sensisse: non bene. Sed num ei saltem conditionem quærere tenebatur? Id significare videntur legis verba: ἐκδιδότω ἐπιδούς, item: ἐὰν δὲ μὴ ἔχῃ ὁ ἐγγύτατα γένους, ἢ μὴ ἐκδῷ etc. Verum rem aliter se habuisse ostendit Terentius in Phormione, apud quem Demipho, A. II. sc. 1. v. 65.

———Verum si cognata est maxume,
Non fuit necesse habere; sed id quod lex jubet,
Dotem daretis: *quæreret* alium virum.

Et alibi:

Etsi mihi facta injuria est, veruntamen
Potius quam lites secter, aut quam te audiam,
Itidem ut cognata si sit, id quod lex jubet
Dotem dare; *abduce* hanc; minas quinque accipe.

Notanda etiam postrema ista, *minas quinque accipe*. Hæc enim erat summa dotis, quam dare tenebantur ditiores, sp. ei πεντακοσιομέδιμνοι, ταῖς ἐπικλήροις θητικὸν τελούσαις. Ait enim lex πεντακοσίας δραχμάς, i. e. quinque minas. Mina Attica pendebat drachmas Atticas centum. Sequitur: ἀπογραφέτω -- ἄρχοντα. Quod ait ἀπογραφέτω, idem est hoc loco, quod εἰσαγγελλέτω. Hæc verba pertinent ad εἰσαγγελίαν. Ergo si qui ea in re cessabant, i. e. si orbam genere proximam neque ducere neque dotare volebant, poterat civis Atheniensis quilibet eos deferre πρὸς τὸν ἄρχοντα, et agere κακώσεως: qui Archon causa cognita eos aut ducere aut dotare puellam cogebat, ὅσον ἐπ' αὐτῷ, causa scilicet in judicium deducta; quæ omnia explicat eleganter Phormio apud Terentium, Act. I. sc. 2. v. 75.

Lex est, ut orbæ, qui sunt genere proxumi,

1068 τατα γένους, ἐκδιδότω ἐπιδοὺς, ὁ μὲν πεντακοσιομέδιμνος, πεντακοσίας δραχμάς· ὁ δ' ἱππεὺς, τριακοσίας· ὁ δὲ ζυγίτης, ἑκατὸν πεντήκοντα πρὸς οἷς αὐτῆς. ἐὰν δὲ μὴ πλείους ὦσιν ἐν τῷ αὐτῷ γένει, τῇ ἐπικλήρῳ πρὸς μέρος ἐπιδιδόναι ἕκαστον. ἐὰν δ' αἱ γυναῖκες πλείους ὦσι, μὴ ἐπάναγκες εἶναι πλέον ἢ μίαν ἐκδοῦναι τῷ γένει· ἀλλὰ τὸν ἐγγύτατα δεῖ ἐκδιδόναι, ἢ αὐτὸν ἔχειν. ἐὰν δὲ μὴ ἔχῃ ὁ ἐγγυτάτω γένους, ἢ μὴ ἐκδῷ, ὁ ἄρχων ἐπαναγκαζέτω ἢ αὐτὸν ἔχειν, ἢ ἐκδοῦναι. ἐὰν δὲ μὴ ἐπαναγκάσῃ ὁ ἄρχων, ὀφειλέτω χιλίας δραχμὰς, ἱερὰς τῇ Ἥρᾳ· ἀπογραφέτω δὲ τὸν μὴ ποιοῦντα ταῦτα ὁ βουλόμενος πρὸς τὸν ἄρχοντα.

ἃ μὲν λέγει ὁ νόμος, ὦ ἄνδρες δικασταὶ, ἀκούετε. ὅτε δὲ τῆς ἐπικλήρου ἔδει ἐπιδικάζεσθαι [1] Φυλομάχης τῆς τουτουῒ μητρὸς τοῦ παιδὸς, Ἁγνίου δ' ἀνεψιοῦ παιδὸς οὔσης πρὸς πατρὸς, ἐγὼ μὲν ἧκον φοβούμενος τὸν νόμον, καὶ ἐπεδικαζόμην γένει ὢν ἐγγυτάτω· Θεόπομπος δὲ ὁ Μακαρτάτου

[1] Φιλομάχ.

Iis nubant; et eos ducere eadem lex
jubet.
Ego te cognatum dicam, et tibi scribam dicam;
Paternum amicum me assimulabo virginis;
Ad judices veniemus; qui fuerit pater,
Quæ mater; qui cognata tibi sit. Omnia hæc
Confingam; quod erit mihi bonum atque commodem:
Cum tu horum nihil refelles, vincam scilicet.

Quod autem dicit lex, ἀπογραφέτω πρὸς τὸν ἄρχοντα, εἰσαγγελίαν significat, quod antea diximus; quæ eadem quoque appellatur γραφή: maxime in hoc argumento, ut ostendebamus antea ex Isæo. Sane εἰσαγγελία scripta continebatur, neque tamen erat γραφὴ proprie dicta, quia hæc fiebat apud aliquem τῶν ἕνδεκα, æstimatione pœnæ adjecta; qua in accusatione si ὁ διώκων quintam suffragiorum partem non obtinebat, M. drachmis mulctabatur; εἰσαγγελία autem fiebat impune, atque ea maxime, quæ injuriam impuberibus factam ultum ibat. Ceterum error est apud Harpocrationem: κακώσεως, δίκης ὄνομά ἐστι, ταῖς τε ἐπικλήροις, κατὰ τῶν γεγαμηκότων, καὶ κατὰ τῶν παίδων τοῖς γονεῦσι, καὶ κατὰ τῶν ἐπιτρόπων τοῖς ὑπὲρ τῶν ὀρφανῶν. Si κακώσεως δίκην κατὰ τῶν γεγαμηκότων restringit ad solas ἐπικλήρους, longe fallitur. Dabatur enim quibuslibet uxoribus contra maritos, a quibus male tractabantur. Si scripsit κατὰ τῶν οὐ γεγαμηκότων (quod non puto, quia priorem lectionem etiam Suidas secutus est), pertinet id ad legem quam percurrimus, sed et hoc modo injuria uxoribus a maritis facta omittitur: de qua hic non agimus, neque περὶ κακώσεως τῶν γονέων, quia de his κακώσεως speciebus nulla dabatur εἰσαγγελία, neque erat accusatio ulla publica instituta; ut quod Harpocration in dictione εἰσαγγελία ait, εἰσαγγελίαν λέγεσθαι ἐπὶ ταῖς κακώσεσιν, non sit ad quaslibet κακώσεις referendum, sed ad eas tantum, quæ impuberibus fiunt. *Herald. Anim. in Salmas. Obss. ad Jus A. et R.* l. III. c. XV. De hac lege vide quoque Meursium, in Them. Attic. l. I. c. XIII. et Lect. Attic. l. V. c. I., locem, inquit Wesselingius, Petito præferentem, in Legg. Attic. l. VI. t. II. p. 551. sqq.

Ὅσοι εἰς τὸ θητικὸν τελοῦσι] Θῆτες sunt mercenarii, paulo superiores servis. Itaque apud Platonem Euthyphron exagitatur, οὐ βουλόμενος ὑπὲρ θητὸς ἀνδρὸς ἐπεξιέναι φόνου τῷ πατρί. Hinc θῆσσα τράπεζα apud Euripidem, et verbum θητεύω, unde θητεία. Latine dici possunt, *capite censi et proletarii.* Wolf.

Ὁ μὲν πεντακοσιομέδιμνος] Hi ditissimi fuerunt, sic dicti a quingentorum medimnorum frumenti annuo reditu. Phænippus fuit χιλιομέδιμνος, absque vino. Idem.

Ὁ δὲ ζυγίτης] Lego ζευγίτης: quorum bini unum equum ad bellum communi sumtu præbuerunt. Tales videntur olim apud Germanos nostros fuisse *die Halbritter.* Idem.

Πρὸς οἷς αὐτῆς] Lego πρὸς τοῖς αὐτῆς. οἷς pro τοῖς sæpe legitur, vel πρὸς οἷς αὐτὴ ἔχει. Idem. In Demosthene [edidit vero Petitus l. s. l. πρὸς τοῖς αὐτῆς] πρὸς οἷς αὐτῆς aut πρὸς τοῖς αὐτῆς legitur: quorum posterius videtur potius, nisi si πρὸς οἷς αὐτῇ malueris. Wesselingio.

Ἐὰν δὲ μὴ πλείους ὦσιν ἐν τῷ αὐτῷ γένει] Τὸ μὴ abundat, scilicet ἐγγύτατα γένους, ἢ συγγενεῖς. Wolf.

Πρὸς μέρος ἐπιδιδόναι] Ut, si 5. sint πεντακοσιομέδιμνοι, singuli centenas drachmas numerent, ut dos 500. drachmarum compleatur. Idem.

Τῷ ἐν γένει lego, addita præpositione. Idem.

πατὴρ οὐδὲ προσῆλθε τὸ παράπαν, οὐδ' ἠμφισβήτησε, διὰ τὸ μηδ' ὁτιοῦν αὐτῷ προσήκειν, καὶ ταῦτ' ἐν τῇ ἡλικίᾳ ὢν τῇ αὐτῇ. καίτοι πῶς οἴεσθε, ὦ ἄνδρες δικασταί, ἄτοπον εἶναι τῆς μὲν ἐπικλήρου, ἣ ἦν Ἁγνίᾳ ἀνεψιοῦ παῖς πρὸς πατρός, ταύτης μὲν μηδενὶ πώποτ' ἀμφισβητῆσαι Θεόπομπον· τὸν δὲ κλῆρον τοῦ Ἁγνίου ἀξιοῦν ἔχειν παρὰ τοὺς νόμους ἅπαντας; τούτων γένοιντ' ἂν ἄνθρωποι ἀναισχυντότεροι καὶ μιαρώτεροι; ἀναγίνωσκε καὶ τοὺς [1] ἑτέρους νόμους.

[2] ΝΟΜΟΣ.

[3] Προσειπεῖν τῷ κτείναντι ἐν ἀγορᾷ ἐντὸς ἀνεψιότητος καὶ ἀνεψιοῦ, συνδιώκειν δὲ καὶ ἀνεψιῶν παῖδας, καὶ γαμβρούς, καὶ ἀνεψιούς, καὶ πενθε- 1069
ρούς, καὶ ἀνεψιαδοῦς, καὶ φράτορας. ἐὰν δὲ αἰδέσασθαι δέῃ, ἐὰν μὲν πατὴρ ᾖ, ἢ ἀδελφός, ἢ υἱεῖς, πάντας, ἢ τὸν κωλύοντα κρατεῖν. ἐὰν δὲ τούτων μηδεὶς ᾖ, κτείνῃ δ' ἄκων, γνῶσι δ' οἱ [4] πεντήκοντα, καὶ εἴσῃ, οἱ ἐφέται ἄκοντα κτεῖναι, [5] ἐσέσθων οἱ φράτορες ἐὰν θέλωσι δέκα· [6] τούτοις δὲ οἱ πεντήκοντα

[1] ἑτέρων [2] Νόμοι. [3] Προσειπεῖν
[4] πεντήκοντα καὶ εἷς, [ἢ οἱ ἐφέται] [5] ἐσέσθων] αἰδεσάσθων [6] τούτους

Ἀλλὰ τὸν ἐγγύτατα] Utrum hoc refertur ad ceteras orbas puellas? an est repetitio: ne quod cognatis effugium pateat? Idem.

Προσειπεῖν τῷ κτείναντι ἐν ἀγορᾷ ἐντὸς ἀνεψιότητος καὶ ἀνεψιοῦ] F. προειπεῖν τῷ κτείναντι ἐν ἀγορᾷ, τοὺς ἐντὸς ἀνεψιότητος καὶ ἀνεψιούς, συνδιώκειν δὲ καὶ ἀνεψιῶν παῖδας, καὶ γαμβρούς, καὶ πενθερούς. τὸ καὶ ἀνεψιούς, post καὶ γαμβρούς, ex supervacuo videtur inculcatum, cum ante sit positum. ἐντὸς ἀνεψιότητος autem intelligo eos, qui sunt patruelibus aut consobrinis propiores, ut parentes, filii, nepotes, fratres. προειπεῖν ἐν ἀγορᾷ, S. δίκην, διώκειν φόνου, si in foro aut publico loco fuerit deprehensus: etsi fieri potest, ut antiqua formula fuerit, (οἱ γὰρ φονικοὶ νόμοι τοῦ Δράκοντος ἦσαν, παλαιοῦ νομοθέτου) ἀντὶ τοῦ, γράψασθαι φόνου. Quid enim, si homicida vitaret forum? propterea-ne scelus suum impune ferret? Idem.

Συνδιώκειν] Lego, cetera eliminans, συνδιώκειν δὲ καὶ ἀνεψιούς, κ. ἀνεψιαδοῦς, κ. γαμβρούς, κ. πενθερούς, κ. φράτορας. et v. antepen. καὶ ἀδελφός, καὶ υἱεῖς. Auger.

Πάντας ἢ τὸν κωλύοντα κρατεῖν] Utrum πάντας συμφωνοῦντας κρατεῖν, τουτέστιν ἐξουσίαν ἔχειν τοῦ αἰδέσασθαι, ἢ τὸν κωλύοντα μόνον κρατεῖν, ὥστε τοὺς λοιποὺς μὴ αἰδέσασθαι τὸν φονέα; An subintelligitur μᾶλλον, ut plurium vincat sententia? Wolf.

Γνῶσι δ' οἱ πεντήκοντα] Alibi fit mentio magistratus τῶν τετταράκοντα. At in argumento Androtioniæ incertus fuisse Areopagitarum numerus traditur. Idem.

Καὶ εἴσῃ οἱ ἐφέται] Felicianus εἴσωσι. Ego malim οἴσωσι, παρὰ τὸ φέρω, τὴν ψῆφον. Idem.

Οἱ ἐφέται] Οἱ δικάζοντες τὰς ἐφ' αἵματι κρίσεις. Vide Suidam. Idem. Occiso ab Agamemnone ob surreptum Palladium Demophonte, constituti sunt C. Judices, Ἐφέται ex re dicti; L. Athenienses et totidem Argivi. Harpocr. in vv. ἐπὶ παλλαδίῳ. In eandem rem Eustathius ad Odyss. Α. Suidas: Ἐφέται, ἄνδρες, οἵ τινες π' ὄντες ἐδίκαζον. Omnino rescribendum censeo: οἵ τινες ϱ' ὄντες. Postea rejecto Argivorum numero ex Atheniensibus constituti LI. Pollux VIII. c. 10. ἐφέται, τὸν μὲν ἀριθμὸν εἷς καὶ πεντήκοντα. Sic h. l. Demosthenes. Lecti autem primum οἱ Ἐφέται a Dracone, ex optimis quibusque, quosque virtutis fama commendaret. Quin et ætatis habita ratio; placuitque, ut supra annum quinquagesimum essent. Mox Solon adjunxit his Areopagitas. Eandem originem tradunt etiam Pausanias Atticis, Polyænus lib. I., Clemens Protreptico, Eustathius ad Il. Α. Sunt qui tradant illud ipsum Palladium postea Constantinopolim translatum; et suo illic tempore exstitisse testatur Olympiodorus in Meteor. lib. I. *Att. Lect.* lib. V. c. IV. Meursius.

Ἐσέσθων] Ἀντὶ τοῦ, ἐσέσθωσαν, ut αἱρείσθων v. 1. p. 81. pro αἱρείσθωσαν, κατὰ συγκοπήν. et v. 2. ἐνεχέσθων pro ἐνεχέσθωσαν. ἐσέσθων autem ab ἐσίεμαι fieri puto, non ab εἰμί, ἐσο, ἐσέσθω. Wolf.

Τούτους δ' οἱ πεντήκοντα καὶ εἷς, lege, ut

καὶ εἰς ἀριστίνδην αἱρείσθων, καὶ οἱ πρότερον κτείναντες ἐν τῷδε τῷ θεσμῷ ἐνεχέσθων. τοὺς δ' ἀπογινομένους ἐν τοῖς δήμοις, οὓς ἂν μηδεὶς ἀναιρῆται, ἐπαγγελλέτω ὁ δήμαρχος τοῖς προσήκουσιν ἀναιρεῖν καὶ θάπτειν καὶ καθαίρειν τὸν δῆμον, τῇ ἡμέρᾳ, ᾗ ἂν ἀπογένηται ἕκαστος αὐτῶν. ἐπαγγέλλειν δὲ περὶ μὲν τῶν δούλων τῷ δεσπότῃ, περὶ δὲ τῶν ἐλευθέρων, τοῖς τὰ χρήματ' ἔχουσιν. ἐὰν δὲ μὴ ᾖ χρήματα τῷ ἀποθανόντι, τοῖς προσήκουσι τοῦ ἀποθανόντος ἐπαγγέλλειν. ἐὰν δέ, τοῦ δημάρχου ἐπαγγείλαντος, μὴ ἀναιρῶνται οἱ προσήκοντες, ὁ μὲν δήμαρχος ἀπομισθωσάτω ἀνελεῖν καὶ καταθάψαι καὶ καθᾶραι τὸν δῆμον αὐθημερόν, ὅπως ἂν δύνωνται ὀλιγίστου. ἐὰν δὲ μὴ ἀπομισθώσῃ, ὀφειλέτω χιλίας δραχμὰς τῷ δημοσίῳ. ὅ τι δ' ἂν ἀναλώσῃ, διπλάσιον πραξάσθω παρὰ τῶν ὀφειλόντων. ἐὰν δὲ μὴ πράξῃ, αὐτὸς ὀφειλέτω τοῖς δημόταις. τοὺς δὲ μὴ ἀποδιδόντας τὰς μισθώσεις τῶν τεμενῶν τῶν τῆς θεοῦ, καὶ τῶν ἄλλων θεῶν, καὶ τῶν ἐπωνύμων, ἀτίμους εἶναι καὶ [1] αὐτοὺς καὶ κληρονόμους τοὺς τούτων, ἕως ἂν ἀποδῶσι.

1070 ταῦτα πάνθ', ὅσα οἱ νόμοι προστάττουσι ποιεῖν τοὺς προσήκοντας, ἡμῖν προστάττουσι καὶ ἀναγκάζουσι ποιεῖν, ὦ ἄνδρες δικασταί· Μακαρτάτῳ δὲ τούτῳ οὐδὲν διαλέγονται, οὐδὲ Θεοπόμπῳ τῷ πατρὶ τῷ τούτου. οὐδὲ γάρ εἰσιν ἐκ τοῦ οἴκου τοῦ Ἁγνίου τὸ παράπαν· πῶς οὖν ἂν τούτοις τι προστάττοιεν;

ιδ'. Ἀλλ' οὗτος, ὦ ἄνδρες δικασταί, πρὸς μὲν τοὺς νόμους καὶ τὰς μαρτυρίας ἃς ἡμεῖς παρεχόμεθα, δίκαιον μὲν οὐδ' ὁτιοῦν ἔχει λέγειν· ἀγανακτεῖ δὲ καὶ δεινά φησι πάσχειν, ὅτι τοῦ πατρὸς τετελευτηκότος ἀγωνίζεται. ἐκεῖνο δ' οὐκ ἐνθυμεῖται, ὦ ἄνδρες δικασταί, Μακάρτατος, ὅτι ὁ πατὴρ αὐτοῦ ἄνθρωπος ἦν θνητός, καὶ τετελεύτηκε μετ' ἄλλων πολλῶν, καὶ νεωτέρων καὶ πρεσβυτέρων. ἀλλ', εἰ Θεόπομπος τετελεύτηκεν ὁ τουτουῒ πατήρ, οἱ νόμοι οὐ τετελευτήκασιν, οὐδὲ τὸ [2] δίκαιον τετελεύτηκεν, οὐδ' οἱ δικασταὶ οἱ τὴν ψῆφον ἔχοντες. ἔστι δὲ ὁ νυνὶ ἀγὼν καὶ ἡ διαδικασία, οὐκ εἴ τις ἕτερος ἑτέρου πρότερος ἢ ὕστερος τετελεύτηκεν, ἀλλ' εἰ μὴ προσήκει ἐξελαθῆναι ἐκ τοῦ οἴκου τοῦ Ἁγνίου τοὺς οἰκείους τοῦ Ἁγνίου ἀνεψιοὺς ὄντας, καὶ ἀνεψιῶν παῖδας Ἁγνίᾳ πρὸς πατρός, ὑπὸ τῶν ἐκ

[1] αὐτοὺς καὶ γένος καὶ κληρονόμους

[2] δίκαιον οὐ τετελεύτηκεν

et supra legendum videtur v. pen. p. 80. οἱ κτείναντα εἷς, καὶ αἴσωσιν οἱ ἐφέται. Idem.

Καὶ οἱ πρότερον] Πρὸ τοῦ θεσμοῦ τούτου κτείναντες. Idem.

Τοῖς τὰ χρήματ' ἔχουσι] Ἀντὶ τοῦ, ἔξουσι, τοῖς κληρονόμοις. Idem.

Ἐὰν δὲ τοῦ δημάρχου ἐπαγγείλαντος —] *Quod si denunciante demarcho agnati et gentiles non sustulerint eos, ipse demarchus funerandos defunctos sepeliendosque locato.* Budæus.

Τῶν τῆς θεοῦ] Τῆς Ἀθηνᾶς, κατ' ἐξοχήν. Idem.

ιδ'. Δίκαιον τετελεύτηκεν] Τετελεύτηκεν videtur scholium quod in textum irrepsit. Auger.

Ἑτέρου πρότερος ἢ ὕστερος] M. ὕστερος, nisi etiam πρότερον. et v. pen. τοὺς ἀνεψιοὺς ὄντας. et v. 5. p. 82. ὅτι Σόλων σπουδάζει. Wolf. Imo ὕστερος. Auger.

τοῦ Στρατίου οἴκου, καὶ μηδὲν προσηκόντων, ὥστε κληρονομεῖν τῶν Ἁγνίου, ἀλλὰ γένει ἀπωτέρω ὄντων. περὶ τούτου [1] τοίνυν ἐστὶν ὁ ἀγών.

ιέ. Ἔτι δὲ σαφέστερον γνώσεσθε, ὦ ἄνδρες δικασταὶ, καὶ ἐκ τοῦδε τοῦ νόμου, ὅτι Σόλων ὁ νομοθέτης σπουδάζει περὶ τοὺς οἰκείους· καὶ οὐ μόνον δίδωσι τὰ καταλειφθέντα, ἀλλὰ καὶ προστάγματα ποιεῖται τὰ δυσχερῆ ἅπαντα τοῖς προσήκουσι. λέγε τὸν νόμον.

ΝΟΜΟΣ. 1071

Τὸν ἀποθανόντα προτίθεσθαι ἔνδον ὅπως ἂν βούληται· ἐκφέρειν δὲ τὸν ἀποθανόντα τῇ ὑστεραίᾳ, ᾗ ἂν προθῶνται, πρὶν ἥλιον ἐξέχειν. βαδίζειν δὲ τοὺς ἄνδρας πρόσθεν ὅταν ἐκφέρωνται, τὰς δὲ γυναῖκας ὄπισθεν. γυναῖκα δὲ μὴ ἐξεῖναι εἰσιέναι εἰς τὰ τοῦ ἀποθανόντος· μηδ᾽ ἀκολουθεῖν ἀποθανόντι, ὅταν εἰς τὰ σήματα ἄγηται, ἐντὸς ἑξήκοντ᾽ ἐτῶν γεγονυῖαν, πλὴν ὅσαι ἐντὸς ἀνεψιαδῶν εἰσί· μηδ᾽ εἰς τὰ τοῦ ἀποθανόντος εἰσιέναι, ἐπειδὰν ἐξενεχθῇ ὁ νέκυς, γυναῖκα μηδεμίαν, πλὴν ὅσαι ἐντὸς ἀνεψιαδῶν εἰσίν.

οὐκ ἐᾷ εἰσιέναι, οὗ ἂν ᾖ ὁ τετελευτηκὼς, οὐδεμίαν γυναῖκα ἄλλην ἢ τὰς προσηκούσας μέχρι ἀνεψιότητος, καὶ πρὸς τὸ μνῆμα ἀκολουθεῖν τὰς αὐτὰς ταύτας. [2] Φυλομάχη τοίνυν ἡ Πολέμωνος ἀδελφὴ, τοῦ πατρὸς τοῦ Ἁγνίου, οὐκ ἀνεψιὰ ἦν Ἁγνίᾳ, ἀλλὰ τηθὶς, ἀδελφὴ γὰρ ἦν Πολέμωνος τοῦ πατρὸς τοῦ Ἁγνίου· Εὐβουλίδης δὲ ὁ υἱὸς ταύτης τῆς γυναικὸς ἀνεψιὸς ἦν πρὸς πατρὸς Ἁγνίᾳ, οὗ ἐστὶν ὁ κλῆρος· τοῦ δ᾽ Εὐβουλίδου ἦν θυγάτηρ ἡ τουτουῒ τοῦ παιδὸς μήτηρ. ταύτας κελεύει τὰς προσηκούσας καὶ παρεῖναι τῇ προθέσει τοῦ τετελευτηκότος καὶ ἐπὶ τὸ μνῆμα ἀκολουθεῖν, οὐ τὴν Μακαρτάτου μητέρα, οὐδὲ τὴν Θεοπόμπου γυναῖκα. οὐδὲ γὰρ προσήκουσιν Ἁγνίᾳ αὗται· ἀλλ᾽ ἦσαν ἐξ ἑτέρας φυλῆς Ἀκαμαντίδος, καὶ ἐξ ἑτέρου δήμου Προσπαλτόθεν, [3] ἕως τὸ παράπαν οὐδ᾽ ᾔσθοντο ὅτε ἦν τετελευτηκὼς ὁ Ἁγνίας.

1 τοίνυν] νῦν   2 Φιλομάχ.   3 ἕως] ὥστε

ιέ. Τὸν ἀποθανόντα κ. τ. λ.] Vid. Petitus in Leg. Attic. lib. VI. tit. VIII. §. VI. p. 599.

Βούληται] F. leg. βούλωνται ob προθῶνται quod sequitur. Auger.

Πλὴν ὅσαι ἐντὸς ἀνεψιαδῶν εἰσὶ] *Intra sobrinas*, hoc est, intra patruelium et consobrinorum liberos, inclusive: ut et *ai* ἀνεψιαδαῖ jus habeant prosequendi funeris. Wolf.

Εἰς τὰ τοῦ] i. e. Εἰς τὸν οἶκον. Mox ἐντὸς includit ἀνεψιαδοῦς vel ἀνεψιαδᾶς contra quam supra p. 1068. v. ult. ed. R. Auger.

Οὗ ἂν ᾖ ὁ τετελευτηκὼς] Ἀντὶ τοῦ, ἐν ᾧ τόπῳ. Wolf.

Μέχρι ἀνεψιότητος] Supra ἀνεψιαδῶν dixit, unde cum ἀνεψιαδότητα formare non posset, abusus est vocabulo τῆς ἀνεψιότητος, ut eo, quod et ad ἀνεψιαδοῦς extendatur. Idem.

Ἕως τὸ παράπαν] F. ὥστε τὸ παράπαν. Idem.

ὑπεραναίσχυντον δὴ οὗτοι κατασκευάζουσι πρᾶγμα, ὡς ἄρα δεῖ ἡμᾶς καὶ τὰς γυναῖκας τὰς ἡμετέρας τοῦ μὲν
1072 σώματος τοῦ Ἁγνίου, ὅτε ἐτετελευτήκει, κληρονόμους εἶναι, καὶ ποιεῖν ἅπαντα τὰ νομιζόμενα, ὡς προσήκοντας καὶ γένει ὄντας ἐγγυτάτω· τὸν δὲ κλῆρον οἴεσθαι δεῖν ἔχειν τὸν Ἁγνίου τοῦ τετελευτηκότος Μακάρτατον, ἐκ τοῦ Στρατίου ὄντα οἴκου, καὶ ἐκ τῆς Ἀπολήξιδος [1] τοῦ Προσπαλτίου θυγατρὸς, Μακαρτάτου δ' ἀδελφῆς. ἀλλ' οὔτε δίκαιον, οὔθ' ὅσιον τοῦτ' ἔστιν, ὦ ἄνδρες δικασταί. ἀνάγνωθι δή μοι τὰ ἐκ τῆς μαντείας τῆς ἐκ Δελφῶν κομισθείσης παρὰ τοῦ θεοῦ, ἵν' αἴσθησθε, ὅτι ταὐτὰ λέγει περὶ τῶν προσηκόντων τοῖς νόμοις τοῖς τοῦ Σόλωνος.

ΜΑΝΤΕΙΑ.

Ἀγαθῇ τύχῃ, ἐπερωτᾷ ὁ δῆμος ὁ Ἀθηναίων περὶ τοῦ σημείου τοῦ ἐν τῷ οὐρανῷ γενομένου, ὅ τι ἂν δρῶσιν Ἀθηναίοις, ἢ ὅτῳ θεῷ θύουσιν ἢ εὐχομένοις, εἴη ἐπὶ τὸ ἄμεινον ἀπὸ τοῦ σημείου. Συμφέρει Ἀθηναίοις περὶ τοῦ σημείου τοῦ ἐν τῷ οὐρανῷ γενομένου, θύοντας καλλιερεῖν Διῒ ὑπάτῳ, Ἀθηνᾷ ὑπάτῃ, Ἡρακλεῖ, Ἀπόλλωνι σωτῆρι· καὶ ἀποπέμπειν Ἀμφικτυόνεσσι [2] περὶ τύχας ἀγαθᾶς. Ἀπόλλωνι ἀγυιεῖ, Λητοῖ, Ἀρτέμιδι, καὶ τὰς ἀγυιὰς κνισσῆν, καὶ κρατῆρας ἱστάμεν καὶ χορούς· καὶ στεφανηφορεῖν καττὰ

[1] * τῆς

[2] Ἀμφιόνεσσι

Καὶ ἐκ τῆς Ἀπολήξιδος, τοῦ Προσπαλτίου] Et hic deest patris nomen, Ἀπολήξιδος τῆς τοῦ δεῖνα, τοῦ Προσπαλτίου. Idem.

Ὅ τι ἂν δρῶσιν, etc. ἐπὶ τὸ ἄμεινον εἴη] Sunt et dativi plurales participiorum, non verba tertiæ personæ. ἔσται μοι ἐπὶ τὸ ἄμεινον τοῦτο ποιοῦντι, τουτέστιν, ἄμεινον πράξω, ἐὰν τοῦτο ποιήσω. Idem.

Καὶ ἀποπέμπειν Ἀμφιόνεσσι] Fel. Ἀμφικτυόνεσσι. Quid vero illis negotii fuit cum expiationibus? Nec satis placet Ἀμφισσεῦσιν. Nam ad Delphos potius ea de re mittendum fuit. Idem.

Καὶ ἀποπέμπειν Ἀμφικτυόνεσσι περὶ τύχας ἀγαθᾶς] Locus certo certius corruptus. Patet enim vel ex Midiana vol. III. p. 44., ubi hoc oraculum usque ad vocem μνασιδωρεῖν tantum non ad verbum exprimitur, voces περὶ τύχας ἀγαθᾶς ad ea quæ sequuntur spectare. De Amphictyonibus, de Amphissensibus, de alumnis Reiskianis Amphione et Zetho, quid tum fiet? Omnino, ni fallor, ablegandi: ac ἀποπέμπειν Ἀμφικτυόνεσσι, aut quæ sub hac persona latent voces, ad præcedentes referendæ. Ii autem sunt, quos Græci ἀλεξικάκους, ἀποτροπαίους, ἀποπομπαίους, averruncos Latini, deos dicunt. Pro ἀποπέμπειν igitur legi forsan debuerat ἀποπομπεῖν, quod ex Hesychio sic exposueris: certis ritibus, ut precum, procurare aut depellere prodigia, aut quicquid nociturum putatur. Hactenus ad sensum loci bene. Quid vero extricaveris ex male ominata voce ἀμφικτυόνεσσι, aut ἀμφιόνεσσι, aut ἀμφισσεῦσι, non æque in promptu et propatulo est. Anne ἀπευκτικοῖσι, quod H. Stephanus exponit, hymnos quibus aliquid deprecamur? an αἰξὶ πιόνεσσι? an ἀναθυμιάσεσι? Conjectasse libuerit, dictasse haud pariter. Deinde sic forsan legendum et distinguendum: συμφέρει - - - - σωτῆρι, καὶ ἀποπομπεῖν * * · περὶ τύχας ἀγαθᾶς, Ἀπόλλωνι - - - - - - ἀνίσχοντας, καὶ (ex l. Midian. s. l.) μνασιδωρεῖν· καττὰ - - - - - δωροτελεῖν· καὶ καττὰ πάτρια τοῖς ἀποφθιμένοις ἐν ἱκνουμένᾳ ἁμέρᾳ τελεῖν τοὺς προσήκοντας τὰ ἀγνευμένα. ἡγνευμένος autem Pollux atque ex eo Lexicographi exponunt purus.

Καττὰ] Pro κατὰ τά. Sic ἀνὰ in ἀμ mutatur, ἀναβολή, ἀμβολή. Hesiodus:

Αἰεὶ δ' ἀμβολιεργὸς ἀνὴρ ἄταισι παλαίει.
Differ opus: nunquam non conflictabere damnis. Wolf.

πάτρια θεοῖς Ὀλυμπίοις καὶ Ὀλυμπίαις, πάντεσσι καὶ πάσαις, δεξιὰς καὶ ἀριστερὰς ἀνίσχοντας μνασιδωρεῖν, καττὰ πατρῷα ἥρῳ ἀρχηγέτᾳ, οὗ ἐπώνυμοι ἐστὲ, θύειν καὶ δωροτελεῖν, [1] καὶ τὰ πάτρια τοῖς ἀποφθιμένοις ἐνιχνούμενα ἀμεραιτελεῖν τοὺς ποθήκοντας κατὰ τὰ ἀγημένα.

ἀκούετε, ὦ ἄνδρες δικασταὶ, ὅτι ταὐτὰ λέγει ὅ τε Σόλων ἐν τοῖς νόμοις, καὶ ὁ θεὸς ἐν τῇ μαντείᾳ, κελεύων τοῖς κατ- 1073
οιχομένοις ποιεῖν τοὺς προσήκοντας ἐν ταῖς καθηκούσαις ἡμέραις. ἀλλὰ τούτων οὐδὲν ἔμελε [2] τῷ Θεοπόμπῳ, οὐδὲ [3] τῷ Μακαρτάτῳ τούτῳ· ἀλλὰ τοῦτο [3] μόνον, τὰ μὴ προσήκοντα ἑαυτοῖς ἔχειν, καὶ ἐγκαλεῖν, ὅτι, πολὺν χρόνον ἐχόντων ἑαυτῶν τὸν κλῆρον, νυνὶ ἀγωνίζονται. ἐγὼ δ᾽ ᾤμην, ὦ ἄνδρες δικασταὶ, προσήκειν τὸν τἀλλότρια ἀδίκως ἔχοντα οὐκ ἐγκαλεῖν, εἰ πλείω χρόνον εἶχεν· ἀλλὰ χάριν εἰδέναι μὴ ἡμῖν ἀλλὰ τῇ τύχῃ, ὅτι πολλαὶ καὶ ἀναγκαῖαι διατριβαὶ ἐγένοντο ἐν τῷ μεταξὺ χρόνῳ, ὥστε νυνὶ περὶ τούτων ἡμῖν ἀγωνίζεσθαι.

ιϛ΄. Οὗτοι μὲν οὖν τοιοῦτοί εἰσιν ἄνθρωποι, ὦ ἄνδρες δικασταὶ, καὶ μέλει αὐτοῖς οὐδὲν, οὔτε τοῦ οἴκου [4] ἐξηρημωμένου τοῦ Ἁγνίου, οὔτε τῶν ἄλλων, ὅσα παρανομοῦσιν. οἵ τινές γε, ὦ Ζεῦ καὶ θεοὶ, — τὰ μὲν ἄλλα τί ἄν τις λέγοι περὶ τούτων; πολλὰ γὰρ ἂν εἴη λέγειν —, ἓν δὲ μιαρώτατον καὶ παρανομώτατον διαπεπραγμένοι εἰσὶ, καὶ μάλιστ᾽ ἐνδεικνύμενοι, ὅτι [5] οὐδὲν αὐτοῖς μέλει, πλὴν

[1] καττὰ πάτρια. τοῖς ἀποφθιμένοις ἐν ἱκνουμένᾳ ἀμέρᾳ τελεῖν [2] Deest articulus. [3] μόνον, * τὸ τὰ [4] ἐξερημουμένου [5] * οὐδενὸς

Καττὰ πατρῷα] Pro κατὰ τά. Supra v. ult. p. 83. et post, v. 3. κατὰ τὰ πάτρια, quod magis probo. Idem.

Ἥρῳ ἀρχηγέτᾳ] Atticus dativus, pro ἥρωι. Idem. Hic numerus singularis pro plurali ponitur. Erant enim decem heroes, a quibus decem tribus Atticæ sumebant nomina. Auger.

Οὗ ἐπώνυμοί ἐστε] Atqui decem fuerunt ἐπώνυμοι. Videtur ergo hoc oraculum ad certam tribum pertinere, in qua ostentum visum fuit. Wolf.

Δωροτελεῖν] Emenda δωροτελεῖν καττὰ πάτρια τοῖς ἀποφθιμένοις ἐν ἱκνουμένᾳ ἀμέρᾳ, τελεῖν δὲ [sc. τὰ δῶρα] τοὺς ποθήκοντας καττὰ τεταγμένα. Auger.

Καὶ τὰ πάτρια] F. καὶ καττὰ, aut κατὰ πάτρια. Nisi conjungere placeat, καὶ τὰ πάτρια ἐνιχνούμενα τοῖς ἀποφθιμένοις ἀμεραιτελεῖν. τὰ ἐνιχνούμενα, τὰ ὀφειλόμενα καὶ νομιζόμενα. Fel. habet ἐνιχχούμενα διὰ τοῦ χ, quod minus placet, cum fiat παρὰ τὸ ἴχνος. ἀμεραιτελεῖν, ἀντὶ τοῦ, ἐν ταῖς καθηκούσαις ἡμέραις ποιεῖν, ut auctor ipse exponit. τοὺς ποθήκοντας, τοὺς συγγενεῖς. Wolf. Lego ἐν ἱκνουμένᾳ ἀμέρᾳ τελεῖν: exponit inferius Orator ἐν ταῖς καθηκούσαις ἡμέραις. Huc commode referri potest Ciceronis locus II. de Legg. c. 25. "Nam et Athenis jam olim more a Cecrope, ut aiunt, permansit hoc jus terra humandi, quam cum Proximi injecerant etc." Animadv. ad Ammon. L. I. c. I. p. 7. Valckenaer.

Κατὰ τὰ ἀγημένα] In hoc loco me et Lexica et Eustathius et conjecturæ destituunt. ἄγημαι, τὸ θαυμάζω, abhorret a sententia: ἠγημένα item. κατὰ τὰ ἀγόμενα, ἢ κατὰ τὰ εἰρημένα, vereor, ne longius sit petitum. Wolf.

Ἓν δὲ ὃ μιαρώτατον]. Τὸ ὃ Fel. omittit: sed ferri potest, si subintelligas verbum ἓν δὲ λέξω. Sed quid si ἓν δὲ τὸ μιαρώτατον.

τοῦ πλεονεκτεῖν. οὐ γὰρ ἔφθη ὁ Θεόπομπος τὴν ἐπιδικα-
σίαν ἡμῖν ποιησάμενος τοῦ κλήρου τοῦ Ἁγνίου τὸν τρόπον
τοῦτον, ὃν ὑμεῖς ἀκηκόατε, καὶ εὐθὺς ἐνεδείξατο, ὅτι τὰ
οὐδὲν προσῆκονθ' ἑαυτῷ ἔχειν ἐνόμιζεν. ὃ γὰρ ἦν πλείστου
ἄξιον ἐν τοῖς χωρίοις [1] τοῦ Ἁγνίου, καὶ ἐθαυμάζετο μά-
λιστα καὶ ὑπὸ τῶν προσχώρων καὶ ὑπὸ τῶν ἄλλων ἀν-
θρώπων, αἱ ἐλαῖαι, ταύτας ἐξώρυττον καὶ ἐξεπρέμνιζον
[2] πλέον ἢ χίλια στελέχη, ὅθεν ἔλαιον [3] πολὺ ἐγίγνετο, ταύ-
τας οὗτοι ἀπέδοντο ἐκπρεμνίσαντες καὶ ἀργύριον ὑπέρπολυ
1074 ἔλαβον· καὶ ταῦτ' ἐποίουν οὗτοι, ἐπιδίκου ὄντος τοῦ κλήρου
τοῦ Ἁγνίου κατὰ τὸν νόμον, καθ' ὅνπερ οὗτοι τὴν τουτουῒ
μητέρα προσεκαλέσαντο. ὅτι δὲ ταῦτ' ἀληθῆ λέγω, καὶ
ἐξεπρέμνισαν οὗτοι τὰς ἐλαίας ἐκ τῶν χωρίων ὧν Ἁγνίας
κατέλιπε, μάρτυρας ὑμῖν τούτων παρεξόμεθα τούς τε
προσχώρους, καὶ τῶν ἄλλων οὓς παρεκαλέσαμεν, ὅτε
[4] ἐμαρτυρόμεθα. λέγε τὴν μαρτυρίαν.

ΜΑΡΤΥΡΙΑ.

Μαρτυροῦσιν ἀκολουθῆσαι Ἀραφήναδε παρακληθέντες ὑπὸ Σωσιθέου εἰς τοὺς Ἁγνίου ἀγροὺς, ἐπειδὴ Θεόπομπος ἐπεδικάσατο τοῦ κλήρου τοῦ Ἁγνίου, καὶ ἐπιδεικνύναι αὐτοῖς Σωσίθεον τὰς ἐλαίας [5] πρεμνιζομένας ἐκ τοῦ Ἁγνίου ἀγροῦ.

εἰ μὲν τοίνυν, ὦ ἄνδρες δικασταὶ, τὸν τετελευτηκότα μόνον ὕβριζον ταῦτα διαπραξάμενοι, δεινὰ μὲν ἐποίουν, ἧττον δέ· νῦν δὲ καὶ εἰς ὅλην τὴν πόλιν ταυτὶ ὑβρίκασι καὶ παρανενομήκασι. γνώσεσθε δὲ ἐπειδὰν τοῦ νόμου ἀκούσητε. ἀναγίγνωσκε τὸν νόμον.

ΝΟΜΟΣ.

Ἐάν τις ἐλαίαν Ἀθήνησιν ἐξορύττῃ, ἐὰν μὴ εἰς ἱερὸν Ἀθηναίων δημό-

[1] τοῖς [2] πλεῖον [3] ὑπέρπολυ [4] ἐπεμαρτυρόμεθα [5] ἐκπρεμνιζομένας

Sæpe enim ὁ et τὸ permutantur. Idem.

ις'. Οὐ γὰρ ἔφθη —] *Neque enim facere potuit Theopompus, cum litem nobis Hagniæ hereditatis intendit, eo modo quo vos a me audistis, quin cupiditatem suam proderet: quippe qui nihil ad se pertinentia ablaturum speraverit.* Budæus.

Ἐάν τις ἐλαίαν κ. τ. λ.] Nemini igitur licebat Athenis oleam evellere sive in alieno agro, sive in suo; unde post legem lectam addit Demosthenes, ὁ δὲ νόμος ἀπαγορεύει μηδ' ἐκ τοῦ αὐτοῦ χωρίου τοῦ πατρῴου ἐλαίας ἐξορύττειν. unde suspicari licet e lege nonnulla excidisse verba statim ab initio, inter cetera hæc μηδ' ἐκ τοῦ αὐτοῦ χωρίου τοῦ πατρῴου, quæ ita suo loco restituenda censeo: ἐάν τις ἐλαίαν Ἀθήνησιν ἐξορύττῃ, μηδ' ἐκ τοῦ αὐτοῦ χωρίου τοῦ πατρῴου. At si ex suo ipsius agro, quem a patre acceperat, de quo nemo controversiam faciebat, oleas evellere licebat [forte voluit scribere V. D. *non* licebat], quanto minus ex aliena? *In Leg. Attic.* lib. V. tit. I. §. IX. p. 484. Petitus. Id

σιον ἢ [1] δημοτικὸν ᾖ, ἑαυτῷ χρῆσθαι μέχρι δυοῖν ἐλαίαιν τοῦ ἐνιαυτοῦ ἑκάστου, ἢ ἐπὶ ἀποθανόντα δέῃ χρήσασθαι, ὀφείλειν ἑκατὸν δραχμὰς τῷ δημοσίῳ τῆς ἐλαίας ἑκάστης· τὸ δὲ ἐπιδέκατον τούτου τῆς θεοῦ εἶναι. ὀφειλέτω δὲ [2] καὶ ἰδιώτῃ τῷ ἐπεξιόντι ἑκατὸν δραχμὰς καθ' ἑκάστην ἐλαίαν. τὰς δὲ δίκας εἶναι περὶ τούτων πρὸς τοὺς ἄρχοντας, ὧν ἕκαστοι δικασταί εἰσι. πρυτανεῖα δὲ τιθέτω ὁ διώκων τοῦ αὑτοῦ μέρους. ὅτου δ' ἂν καταγνω-
σθῇ, ἐγγραφόντων οἱ ἄρχοντες πρὸς οὓς ἂν ᾖ ἡ δίκη τοῖς πράκτορσιν, ὃ 1075
τῷ δημοσίῳ γίνεται, τοῖς ταμίαις τῶν τῆς θεοῦ· ἐὰν δὲ μὴ [3] ἐγγραφῶσιν, αὐτοὶ ὀφειλόντων.

ὁ μὲν νόμος [4] οὗτος ἰσχυρός· ἐκεῖνο δ' ἐνθυμεῖσθε πρὸς ὑμᾶς αὐτούς, ὦ ἄνδρες δικασταί, τί ποτ' οἴεσθε ἡμᾶς πάσχειν ἐν τῷ παρεληλυθότι χρόνῳ ὑπὸ τούτων καὶ ὑπὸ τῆς ὕβρεως τῆς τούτων, ὅπου ὑμῶν πόλεως τηλικαυτησὶ κατεφρόνησαν καὶ τῶν νόμων τῶν ὑμετέρων, καί, ἃ διαῤῥήδην ἀπαγορεύουσιν οἱ νόμοι μὴ ποιεῖν, οὑτωσὶ καταφρονητικῶς ἠκίσαντο τὰ χωρία ἃ κατέλιπεν Ἁγνίας. ὁ δὲ νόμος ἀπαγορεύει μηδ' ἐκ τοῦ αὑτοῦ χωρίου τοῦ πατρῴου ταῦτα ποιεῖν· πολύ γε αὐτοῖς μέλει, ἢ τοῖς νόμοις τοῖς ὑμετέροις πείθεσθαι, ἢ ὅπως μὴ ἐξερημωθῇ ὁ οἶκος ὁ Ἁγνίου.

ιζ'. Ἐγὼ δ', ὦ ἄνδρες δικασταί, βούλομαι περὶ ἐμαυτοῦ εἰπεῖν πρὸς ὑμᾶς διὰ βραχέων, καὶ ἐπιδεῖξαι, ὅτι οὐχ ὁμοίως τούτοις ἐπιμέλειαν ἐποιησάμην τοῦ οἴκου τοῦ

[1] δημοτικόν, ἢ ἑαυτῷ [2] καὶ τῷ ἰδιώτῃ [3] ἐγγράφωσιν [4] οὕτως

quidem necessarium non est. Lex vetat, ne ex agris oleæ evellantur: quisquis ergo sive ἐκ τοῦ χωρίου πατρῴου, sive aliunde eradicaret, in legem committebat, ut bene Orator ait. Taceo illud μηδ' ἐκ τοῦ etc. salvum esse non posse. Turbat legis sententiam plane. Wesseling.

Δημόσιον ἢ δημοτικὸν ᾖ] Alterum ad urbana, alterum ad municipalia templa pertinet. Cum his conjungendum videtur, quod v. 2. sequitur, ἢ ἐπὶ ἀποθανόντα δέῃ χρήσασθαι. Wolf.

Ἐξορύττῃ ἑαυτῷ χρῆσθαι] Εἰς ἰδίαν χρῆσιν. Idem. Mihi videtur, ut et Samueli Petito, aliquid deesse ante ἐξορύττῃ, np. καὶ ἐκ τοῦ ἑαυτοῦ χωρίου τοῦ πατρῴου. Auger.

Μέχρι δυοῖν ἐλαίαιν] Binas quotannis effodere ad privatam usum videtur concessisse lex: et hoc positum ἀντὶ τοῦ, ὑπὲρ τὰς δύο ἐλαίας, ut sit ἀκυρολογία quædam. Cur enim binarium numerum potius, quam alium, expressisset, si licere hoc noluisset? Wolf.

Τὸ δ' ἐπιδέκατον] Idem quod τὸ δέκατον. Idem.

Πρὸς τοὺς ἄρχοντας, ὧν ἕκαστοι δικασταί εἰσι] Non puto, legem loqui de Novemviris, (alioqui enim τὸ ὧν ἕκαστοι frustra adderetur) sed in genere de quibusvis magistratibus. Idem.

Πρυτανεῖα δὲ τιθέτω ὁ διώκων] *Actor sacramentum deponito*, quod, inquit Petitus, varie definiunt veteres; nam alii existimant esse decimam mulctæ, alii vero putant definiri drachmis tribus, ubi controvertitur et agitur de centum drachmis, aut pluribus ad mille usque, et triginta drachmis, si de mille drachmis, aut pluribus ad decem millia usque agatur. Vid. Pollux lib. VIII. c. 6: Cf. quoque Vales. ad Harpocr. p. 67. et Kuster. et Spanheim. ad Aristoph. Nub. v. 1182.

Ὃ τῷ δημοσίῳ γίνεται, τοῖς ταμίαις] F. A. γίνεται· τὸ δ' ἐπιδέκατον, aut τὸ δὲ λοιπὸν τοῖς ταμίαις. et mox, v. 8. ἐὰν δὲ μὴ ἐγγράφωσιν, scilicet οἱ ἄρχοντες. Wolf.

Ὀφειλόντων] Ἀττικῶς, ἀντὶ τοῦ, ὀφειλέτωσαν. Idem.

Μηδ' ἐκ τοῦ αὐτοῦ χωρίου] M. μηδ' ἐν τῷ αὐτοῦ χωρίῳ τῷ πατρῴῳ ταῦτα ποιεῖν. Nam ταῦτα ποιεῖν ἐκ durius videtur: et proclivis lapsus est, mutare ῳ in ου, et e contrario. Idem.

Ἁγνίου, ὅπως μὴ ἐξερημωθήσεται· καὶ αὐτὸς γάρ εἰμι
τοῦ γένους τοῦ Βουσέλου. Ἅβρωνος γὰρ τοῦ Βουσέλου υἱέως
ἔλαβε τὴν θυγατριδῆν Καλλίστρατος, Εὐβουλίδου μὲν υἱὸς
ὢν, Βουσέλου δ' υἱϊδοῦς· καὶ ἐκ τῆς Ἅβρωνος θυγατριδῆς
καὶ Καλλιστράτου τοῦ ἀδελφιδοῦ τοῦ Ἅβρωνος ἐγένετο ἡ
μήτηρ ἡ ἡμετέρα. ἐγὼ [1] δ' ἐπεδικασάμην τῆς τούτου μη-
τρός· καὶ ἐγένοντό μοι υἱεῖς μὲν τέσσαρες, θυγάτηρ δὲ μία.
τὰ ὀνόματα ἐθέμην τούτοις, ὦ ἄνδρες δικασταὶ, τῷ μὲν
πρεσβυτάτῳ τὸ τοῦ πατρὸς τοῦ ἐμαυτοῦ ὄνομα, Σωσίαν,
ὥσπερ καὶ δίκαιόν ἐστι· καὶ ἀπέδωκα τῷ πρεσβυτάτῳ τοῦ-
1076 το τὸ ὄνομα. τῷ δὲ μετὰ τὸν πρεσβύτατον γενομένῳ,
τούτῳ ἐθέμην Εὐβουλίδην, ὅπερ ἦν ὄνομα τῷ πατρὶ τῷ
τῆς μητρὸς τοῦ παιδὸς τούτου. τῷ δὲ μετὰ τοῦτον Μενε-
σθέα ἐθέμην· καὶ γὰρ ὁ Μενεσθεὺς οἰκεῖος ἦν τῆς ἐμῆς
γυναικός. τῷ δὲ νεωτάτῳ ἐθέμην ὄνομα Καλλίστρατον,
ὃ ἦν ὄνομα τῷ πατρὶ τῆς ἐμῆς μητρός. ἔτι δὲ πρὸς τούτοις
καὶ τὴν θυγατέρ' ἔδωκα οὐδαμόσε ἔξω, ἀλλὰ τῷ ἀδελφιδῷ
τῷ ἐμαυτοῦ, ὅπως, ἐὰν ὑγιαίνωσι, καὶ οἱ ἐκ τούτων ἐκ τοῦ
αὐτοῦ γένους ὦσιν Ἁγνίᾳ. ἐγὼ μὲν οὖν τοῦτον τὸν τρόπον
διῴκησα, ὅπως [2] ἂν μάλιστα διασώζωνται οἱ οἶκοι οἱ ἀπὸ
τοῦ Βουσέλου· τουτουσὶ δ' ἐξετάσωμεν πάλιν. καὶ [3] πρῶ-
τον μὲν τὸν νόμον τουτονὶ ἀνάγνωθι.

ΝΟΜΟΣ.

Ὁ ἄρχων ἐπιμελείσθω τῶν ὀρφανῶν, καὶ τῶν ἐπικλήρων, καὶ τῶν οἴκων τῶν ἐξερημουμένων, καὶ τῶν γυναικῶν ὅσαι μένουσιν ἐν τοῖς οἴκοις τῶν ἀνδρῶν τῶν τεθνηκότων φάσκουσαι κυεῖν· τούτων ἐπιμελείσθω, καὶ μὴ ἐάτω [4] ὑβρίζειν, ἢ ποιεῖν τι παράνομον· κύριος ἔστω ἐπιβάλλειν κατὰ τὸ τέλος.

[1] δ' ἐπειδὴ ἐπεδικασάμην [2] ἂν διασώζωνται ὅτι μάλιστα οἱ οἶκοι [3] πρώτιστον [4] ὑβρίζειν περὶ τούτους. ἐὰν δέ τις ὑβρίζῃ, ἢ ποιῇ τι παράνομον, κύριος

ζ. Τὴν θυγατριδῆν] *Neptem ex filia.* Sic fuit hæc Buseli proneptis. Idem.

Βουσέλου δ' υἱϊδοῦς] *Nepos ex filio.* Buselus, Eubulides, Callistratus. Idem.

Τοῦ ἀδελφιδοῦ τοῦ Ἅβρωνος] Habron enim et Eubulides fratres fuerunt. Callistratus ergo Habronis ex fratre nepos. Idem.

Ἀπέδωκα] *Dedi quasi debitum.* Auger.

Καὶ γὰρ Μενεσθεὺς οἰκεῖος ἦν τῆς ἐμαυτοῦ γυναικὸς] Philagri filius ex secunda uxore: frater Eubulidis germanus: Phylomachæ secundæ patruus. Wolf.

Ὁ ἄρχων ἐπιμελείσθω κ. τ. λ.] Vid. Petitus in Leg. Attic. lib. VI. tit. VII. §. III. p. 593. et Meursius de Arch. Athen. lib. I. c. IX. p. 27.

Καὶ μὴ ἐάτω ὑβρίζειν] S. τινὰ τὰς γυναῖκας. Wolf.

Ὑβρίζειν] Post ὑβρίζειν recte admonet Reiskius aliquid addendum esse, v. g. περὶ ταύτας. ἐὰν δέ τις ποιῇ, κύριος ἔστω [sup. ὁ ἄρχων] ἐπιβάλλειν [scil. ζημίαν] κατὰ τὸ τέλος, *secundum reditus.* Auger.

Κύριος δ' ἔστω ἐπιβάλλειν κατὰ τὸ τέλος] S. ζημίαν τῷ ὑβρίσαντι κατὰ τὴν οὐσίαν. etsi τὸ τέλος suspectum est, nec placet κατὰ τὸ ἄγος, ὁ μύσος. Puto etiam, definitam mul-

ἐὰν δὲ μείζονος ζημίας δοκῇ ἄξιος εἶναι, προσκαλεσάμενος πρόπεμπτα, καὶ τίμημα ἐπιγραψάμενος ὅ τι ἂν δοκῇ αὐτῷ, εἰσαγαγέτω εἰς τὴν Ἡλιαίαν. ἐὰν δ' ἁλῷ, τιμάτω ἡ Ἡλιαία περὶ τοῦ ἁλόντος ὅ τι χρὴ αὐτὸν παθεῖν ἢ ἀποτίσαι.

πῶς ἂν οὖν μᾶλλον ἐξερημώσαιεν ἄνθρωποι οἶκον, ἢ εἴ
τινες, τοὺς γένει ὄντας ἐγγυτάτω Ἁγνίᾳ, τούτους ἐξελαύ-
νοιεν, ἐξ ἑτέρου οἴκου ὄντες τοῦ Στρατίου;

ιη'. Καὶ πάλιν, εἰ τὸν μὲν κλῆρον ἀξιοῖ ἔχειν τὸν
Ἁγνίου, ὡς γένει προσήκων· τὸ δ' [1]ὄνομά ἐστιν αὐτῷ μὴ
ὅτι ἐκ τοῦ Ἁγνίου οἴκου, ἀλλ' οὐδ' ἐκ τοῦ Στρατίου ἐστὶ 1077
τοῦ ἑαυτοῦ προγόνου, ἀλλ' οὐδ' ἐκ τῶν ἄλλων ἀπογόνων
τῶν Βουσέλου, τοσούτων γενομένων, οὐδενὸς ἔχει τὸ ὄνομα.
ἀλλὰ πόθεν δή ἐστι τὸ ὄνομα ὁ Μακάρτατος; ἐκ τῶν
πρὸς μητρός· εἰσεποιήθη γὰρ οὗτος εἰς τὸν οἶκον τὸν Μα-
καρτάτου τοῦ Προσπαλτίου, ἀδελφοῦ ὄντος τῆς μητρὸς τῆς
τούτου, καὶ ἔχει καὶ ἐκεῖνον τὸν οἶκον· καὶ οὕτως ἐστὶν
ὑβριστὴς, ὥστε γενομένου αὐτῷ υἱέως, τοῦτον μὲν εἰσα-
γαγεῖν εἰς τὸν οἶκον τὸν Ἁγνίου, υἱὸν τῷ Ἁγνίᾳ, ἐπελά-
θετο, καὶ ταῦτ' ἔχων τὸν κλῆρον τὸν Ἁγνίου, καὶ φάσκων
πρὸς ἀνδρῶν αὐτῷ προσήκειν. τοῦτον δὲ τὸν υἱὸν τὸν γενό-
μενον τῷ Μακαρτάτῳ εἰσπεποίηκε τῷ πρὸς μητρὸς εἰς τοὺς
Προσπαλτίους, τὸν δὲ Ἁγνίου οἶκον [2]εἴασεν ἔρημον εἶναι
τὸ τούτου μέρος· φησὶ δὲ τὸν πατέρα τὸν ἑαυτοῦ Θεόπομπον
προσήκειν Ἁγνίᾳ. ὁ δὲ νόμος κελεύει ὁ τοῦ Σόλωνος κρατεῖν
τοὺς ἄῤῥενας καὶ τοὺς ἐκ τῶν ἀῤῥένων· οὗτος δ' οὑτωσὶ
ῥᾳδίως κατεφρόνησε καὶ τῶν νόμων, καὶ τοῦ Ἁγνίου, καὶ
εἰσεποίησε τὸν υἱὸν εἰς τὸν οἶκον τὸν πρὸς μητρός. πῶς ἂν
γένοιντο τούτων ἄνθρωποι παρανομώτεροι, ἢ βιαιότεροι;

ιθ'. Οὐ τοίνυν ταῦτα μόνον, ὦ ἄνδρες δικασταὶ, ἀλλὰ
καὶ μνήματος ὄντος κοινοῦ ἅπασι τοῖς ἀπὸ τοῦ Βουσέλου
γενομένοις, — καὶ καλεῖται τὸ μνῆμα Βουσελιδῶν, πολὺς

[1] ὄνομα, ὅ ἐστιν αὐτῷ, [2] εἴασε

etiam pecuniariam, quæ extra judicium infligi possit, a librario prætermissam. Wolf.

Προσκαλεσάμενος πρόπεμπτα] Judicio in quintum diem denunciato. πρόπεμπτα interpretantur et πεντημέριον et πρὸς ἑ ἡμέρας. Idem.

Ἀξιοῖ] Np. Macartatus. et v. 10. ἐστὶ 1. del. ut abundans. Auger.

Καὶ φάσκων προσήκειν πρὸς ἀνδρῶν] Se gentilem seu agnatum esse Hagniæ. Wolf.

Εἰσπεποίηκε τῷ πρὸς μητρὸς εἰς τοὺς Προσπαλτίους] F. εἰσπεποίηκε, τῷ θείῳ τῷ πρὸς μητρός. Atque adeo ne dubito quidem, quin ita legendum sit. Idem. F. add. τῷ θείῳ. Auger.

Τὸ τούτου μέρος] Κατὰ τὸ ἑαυτοῦ μέρος. Wolf.

Ὁ δὲ νόμος κελεύει] Φησὶ δ' ὁ Μακάρτατος.

τόπος περιβεβλημένος, ὥσπερ οἱ ἀρχαῖοι ἐνόμιζον —, ἐν τούτῳ τῷ μνήματι, οἱ μὲν ἄλλοι πάντες οἱ ἀπὸ τοῦ Βουσέλου γενόμενοι κεῖνται, καὶ ὁ Ἁγνίας, καὶ ὁ Εὐβουλίδης, καὶ ὁ Πολέμων, καὶ οἱ ἄλλοι πάντες τοσοῦτοι ὄντες συγγενεῖς, οἱ ἀπὸ τοῦ Βουσέλου ἅπαντες, οὗτοι κοινωνοῦσι τοῦ
1078 μνήματος τούτου. ὁ δὲ τουτουῒ πατὴρ Μακαρτάτου καὶ ὁ τούτου πάππος οὐ κεκοινωνήκασι τοῦ μνήματος τούτου, ἀλλ᾽ αὑτοῖς ἰδίᾳ ἐποιήσαντο μνῆμα [1]ἄποθεν τοῦ Βουσελιδῶν μνήματος. [2]δοκοῦσιν ὑμῖν, ὦ ἄνδρες δικασταί, προσήκειν τι τῷ οἴκῳ τῷ Ἁγνίου, πλὴν τοῦ ἔχειν ἁρπάσαντες τὰ μὴ προσήκοντα; εἰ δ᾽ ἐξερημωθήσεται καὶ ἀνώνυμος ἔσται ὁ οἶκος ὁ Ἁγνίου, καὶ ὁ Εὐβουλίδου τοῦ ἀνεψιοῦ τοῦ Ἁγνίου, οὐδὲ κατὰ τοὐλάχιστον πώποτ᾽ αὐτοῖς ἐμέλησεν.

κ΄. Ἐγὼ δ᾽, ὦ ἄνδρες δικασταί, βοηθῶ μὲν, ὡς οἷός τ᾽ εἰμὶ μάλιστα μὲν τοῖς τετελευτηκόσιν ἐκείνοις· οὐ πάνυ δέ ἐστι ῥᾴδιον ταῖς [3]τούτου παρασκευαῖς ἀνταγωνίζεσθαι. παραδίδωμι οὖν ὑμῖν, ὦ ἄνδρες δικασταί, τὸν παῖδα τουτονὶ ἐπιμεληθῆναι, ὅπως ὑμῖν δικαιότατα δοκεῖ εἶναι. οὗτος εἰσπεποίηται εἰς τὸν οἶκον τὸν Εὐβουλίδου, καὶ εἰσῆκται εἰς τοὺς φράτορας οὐκ εἰς τοὺς ἐμοὺς, ἀλλ᾽ εἰς τοὺς Εὐβουλίδου καὶ Ἁγνίου καὶ Μακαρτάτου τουτουΐ. καὶ, ὅτε εἰσήγετο, οἱ μὲν ἄλλοι φράτορες κρύβδην ἔφερον τὴν ψῆφον· οὑτοσὶ δὲ Μακάρτατος φανερᾷ τῇ ψήφῳ ἐψηφίσατο ὀρθῶς εἰσάγεσθαι Εὐβουλίδῃ υἱὸν τὸν παῖδα τουτονὶ, οὐκ ἐθελήσας ἅψασθαι τοῦ ἱερείου, οὐδ᾽ ἀπαγαγεῖν ἀπὸ τοῦ βωμοῦ ὑπεύθυνον αὑτὸν ποιήσας, ἀλλὰ καὶ τὴν μερίδα τῶν κρεῶν ᾤχετο λαβὼν παρὰ τοῦ παιδὸς τουτουῒ, ὥσπερ καὶ οἱ ἄλλοι φράτορες. νομίζετε δὴ τὸν παῖδα τοῦτον, ὦ ἄνδρες δικασταί, ἱκετηρίαν ὑμῖν προκεῖσθαι [4]περὶ τῶν τετελευτηκότων Ἁγνίου καὶ Εὐβουλίδου καὶ τῶν ἄλλων τῶν ἀπὸ τοῦ Ἁγνίου, καὶ ἱκετεύειν αὐτοὺς ὑμᾶς τοὺς δικαστὰς, ὅπως μὴ ἐξερημωθήσεται αὐτῶν ὁ οἶκος ὑπὸ τῶν μιαρῶν
1079 τούτων θηρίων, οἵ εἰσιν ἐκ του Στρατίου οἴκου, ἐκ δὲ τοῦ

[1] ἄπωθεν [2] * ἆρα δοκοῦσιν [3] τούτων [4] * παρὰ

ὅτι ὁ νόμος κελεύει. Idem.

ιθ΄. Ὥσπερ οἱ ἀρχαῖοι ἐνόμιζον] Ειώθεσαν. Idem.

κ΄. Καὶ ἱκετεύειν αὐτοὺς] S. τοὺς τετελευτηκότας, ὑμᾶς. Est enim εἰδωλοποιία quædam. Idem.

Ἁγνίου οὐδεπώποτ' ἐγένοντο· μηδ' ἐπιτρέψητε τούτοις ἔχειν τὰ μὴ προσήκοντα, ἀλλ' ἀποδοῦναι [1] ἀναγκάσατε εἰς τὸν Ἁγνίου οἶκον τοῖς προσήκουσι τοῖς Ἁγνίου. ἐγὼ μὲν οὖν ἐκείνοις τε βοηθῶ τοῖς τετελευτηκόσι, καὶ τοῖς νόμοις τοῖς περὶ τούτων κειμένοις. δέομαι [2] δ' ὑμῶν, ὦ ἄνδρες δικασταὶ, καὶ ἱκετεύω, καὶ ἀντιβολῶ, μὴ περιΐδητε μήτε τὸν παῖδα τουτονὶ ὑβρισθέντα ὑπὸ τούτων, μήτε τοὺς προγόνους [3] τούτου ἔτι μᾶλλον καταφρονουμένους, οἳ νῦν καταπεφρόνηνται, ἐὰν διαπράξωνται οὗτοι ἃ βούλονται· ἀλλὰ τοῖς τε νόμοις βοηθεῖτε, καὶ τῶν τετελευτηκότων ἐπιμελεῖσθε, ὅπως μὴ ἐξερημωθῇ αὐτῶν ὁ οἶκος· καὶ ταῦτα ποιοῦντες, τά τε δίκαια ψηφιεῖσθε, καὶ τὰ εὔορκα, καὶ τὰ ὑμῖν αὐτοῖς συμφέροντα.

[1] ἀναγκάσαντε τὸν [2] δὲ καὶ ὑμῶν [3] τοὺς τούτου, l. μ. * ἂν καταφρονουμένους, ὃ νῦν

Καὶ τὰ ὑμῖν αὐτοῖς συμφέροντα] Injicit, ut conjicio, spem δικασμοῦ: nisi Stoice disputare libeat, quod honestum sit, idem etiam esse utile. Idem.

ΥΠΟΘΕΣΙΣ ΤΟΥ ΠΡΟΣ ΛΕΩΧΑΡΗΝ ΠΕΡΙ ΤΟΥ ΚΛΗΡΟΥ ΛΟΓΟΥ.

Pag. ed. Reisk.

1079 ΑΡΧΙΑΔΟΥ τελευτήσαντος ἄπαιδος, Λεωκράτης κατέσχε τὸν κλῆρον, συγγενής τε ὢν αὐτοῦ, καὶ εἰσποιηθῆναι λέγων ὑπὸ Ἀρχιάδου. καὶ μέχρι μέν τινος, αὐτὸς κατεῖχεν. ἔπειτα τὸν υἱὸν τὸν ἑαυτοῦ Λεώστρατον εἰσποιήσας ἀνθ' αὑτοῦ τῷ Ἀρχιάδῃ, ἐξίσταται τοῦ οἴκου, καὶ εἰς τὸν οἰκεῖον ἀναχωρεῖ, ὡς ἄδειαν διδόντος τούτῳ τοῦ νόμου. ἐποίησε δὲ [1] ταὐτὸ ὁ Λεώστρατος, καὶ ἀνθ' αὑτοῦ καταλιπὼν ἐν τῷ οἴκῳ τοῦ Ἀρχιάδου παῖδα Λεωκράτην καλούμενον, ἐπανῆλθεν

1080 αὐτὸς εἰς τὴν οἰκίαν τὴν τοῦ φύσει πατρός. ὁ μὲν δὴ Λεωκράτης, ὁ τελευταῖος εἰσποιηθεὶς τῷ Ἀρχιάδῃ, τέθνηκεν ἄπαις· προσελήλυθε δὲ τῷ κλήρῳ Ἀριστόδημος, λέγων ἐγγύτατα τοῦ γένους εἶναι τῷ Ἀρχιάδῃ, οὗπερ ἦν ὁ κλῆρος ἐξ ἀρχῆς, καὶ δι' ἐκεῖνον τῷ Λεωκράτει τῷ τελευταίῳ τῶν εἰσποιηθέντων. Λεωχάρης δὲ, ὁ ἀδελφὸς τοῦ τεθνηκότος, ἀμφισβητεῖ τοῦ κλήρου. τὸ [2] δὲ ὅλον ἰσχυριζόμενος ποιήσει, ὡς υἱὸς ποιητὸς ὢν τοῦ Λεωκράτους· φάσκων δὲ εἶναι καὶ συγγενὴς Ἀρχιάδου. ὁ δὲ ὑπὲρ Ἀριστοδήμου λέγων ἐπιδείκνυσι τὴν μὲν τοῦ γένους ἀγχιστείαν Ἀριστοδήμῳ διδοῦσαν τὸν κλῆρον· τὴν δὲ ποίησιν παραπλησίαν οὖσαν. οὐ γὰρ ζῶν, φησὶν, ὁ Λεωκράτης ἐποιήσατο παῖδα τὸν Λεωχάρην, καθάπερ οἱ νόμοι κελεύουσιν, ἀλλὰ μετὰ τὴν ἐκείνου τελευτὴν ἐπ' ἀποστερήσει τῆς οὐσίας παρὰ τοὺς νόμους ἡ εἰσποίησις γίνεται. λέγει δὲ τὸν λόγον ὁ τοῦ Ἀριστοδήμου υἱός.

[1] ταὐτὸ καὶ ὁ [2] μὲν

Τούτῳ] M. τούτου. Wolf.

Ἐποίησε δὲ ταῦτα ὁ Λεώστρατος] M. ἐποίησε δὲ ταὐτὸ καὶ ὁ Λεώστρατος. Idem.

Τὸ δὲ] Lego τὸ μὲν ὅλον ἰσχυριζόμενος ποιήσει. Idem.

Τὴν δὲ ποίησιν παραπλησίαν οὖσαν] F. πεπλασμένην οὖσαν. Cujusmodi est et Eubulides in superiore oratione, in qua et illud mireris, cum Eubulides Hagnianam hereditatem complures annos tenuisse videatur, eam filiæ ejus germanæ fuisse ereptam. Idem.

Οὐ γὰρ ζῶν κ. τ. λ.] Vid. Petit. Comm. in Leg. Att. l. II. tit. IV. §. V. p. 216.

Ἐπὶ] F. μετὰ, vel παρὰ, vel περὶ τὴν ἐκείνου τελευτήν. Wolf.

ΔΗΜΟΣΘΕΝΟΥΣ

Ο ΠΡΟΣ

ΛΕΩΧΑΡΗΝ

ΠΕΡΙ ΤΟΥ ΚΛΗΡΟΥ ΛΟΓΟΣ.

ά. ΑΙΤΙΟΣ μέν ἐστι Λεωχάρης οὑτοσὶ, ὦ ἄνδρες δικασταὶ, τοῦ καὶ αὐτὸν κρίνεσθαι καὶ ἐμὲ νεώτερον ὄντα λέγειν ἐν ὑμῖν, ἀξιῶν κληρονομεῖν ὧν οὐ προσῆκεν αὐτῷ,

καὶ ὑπὲρ τούτων ψευδῆ διαμαρτυρίαν πρὸς τῷ ἄρχοντι ποιησάμενος. ἡμῖν μὲν γὰρ ἀναγκαῖον ἦν, τοῦ νόμου τὰς 1081
[1]ἀγχιστείας ἐγγυτάτω γένους ἀποδιδόντος, οὖσιν οἰκείοις Ἀρχιάδου τοῦ ἐξ ἀρχῆς καταλιπόντος τὸν κλῆρον, μήτε τὸν οἶκον ἐξερημωθέντα τὸν ἐκείνου περιϊδεῖν, μήτε τῆς οὐσίας ἑτέρους κληρονομήσαντας, οἷς οὐδ' ὁτιοῦν προσήκει· οὑτοσὶ δὲ οὔτε γένει τοῦ τετελευτηκότος υἱὸς ὤν, οὔτ' εἰσποιηθεὶς κατὰ τοὺς νόμους, ὡς ἐγὼ δείξω, διαμεμαρτύρηκεν οὕτω τὰ ψευδῆ προπετῶς, ἀφαιρούμενος ἡμῶν τὴν κληρονομίαν. δέομαι δ' ὑμῶν, ὦ ἄνδρες δικασταί, βοηθῆσαι τῷ τε πατρὶ τούτῳ καὶ ἐμοί, ἐὰν λέγωμεν τὰ δίκαια, καὶ μὴ περιϊδεῖν πένητας ἀνθρώπους, καὶ ἀσθενεῖς, [2]καὶ καταστασιασθέντας ὑπὸ παρατάξεως ἀδίκου.

β'. Ἡμεῖς μὲν γὰρ ταῖς ἀληθείαις πιστεύοντες εἰσεληλύθαμεν, καὶ ἀγαπῶντες ἄν τις ἡμᾶς ἐᾷ τῶν νόμων τυγχάνειν· οὗτοι δὲ τῇ παρασκευῇ καὶ τοῖς ἀναλώμασιν ἰσχυριζόμενοι διατετελέκασιν. εἰκότως, οἶμαι. ἐκ γὰρ τῶν ἀλλοτρίων ῥᾳδίως ἀναλίσκουσιν, ὥστε καὶ τοὺς συνεροῦντας ὑπὲρ αὐτῶν, καὶ τοὺς μαρτυροῦντας τὰ ψευδῆ, πολλοὺς πεπορίσθαι· ὁ δὲ πατὴρ οὗτος — εἰρήσεται γὰρ — ἅμα τῆς πενίας, [3]ὡς ὑμεῖς ἅπαντες ἴστε, καὶ τοῦ ἰδιώτης εἶναι φανερὰς ἔχων τὰς μαρτυρίας, ἀγωνίζεται. διατελεῖ γὰρ ἐν Πειραιεῖ κηρύττων· τοῦτο δ' ἐστὶν οὐ μόνον ἀπορίας ἀν-

[1] ἀγχιστείας τοῖς ἐγγυτάτω γένει [2] Deest καί. [3] ὅς

α'. Καὶ ὑπὲρ τούτων ψευδῆ διαμαρτυρίαν πρὸς τῷ ἄρχοντι ποιησάμενος] Hesychius: Διαμαρτυρία δίκη τις ὁμοία τῇ παραγραφῇ, (non περιγραφῇ) ταύτῃ δ' ἐναντία ἡ εὐθυδικία. Proprium Latinum nomen non occurrit: sed Græcam vocem secutus, *testificationem* verti. Nam cum accusator hic peteret Archiadæ hæreditatem, Leochares apud prætorem testificatur, eam nihil ad Aristodemum attinere. διαμαρτυρήσας, μὴ ἐπίδικον εἶναι τὸν κλῆρον τὸν Ἀρχιάδου. Wolf.

Ἐγγυτάτω γένους] *Proxime generi*, ἐπιρρηματικῶς. Notanda est peculiaris formula, τὸν νόμον τὰς ἀγχιστείας ἐγγυτάτω γένους ἀποδιδόναι. Idem.

Καταστασιασθέντας] Καταστασιάζειν est, quod Latini *circumvenire* dicunt, *insidiis conflata et factione opprimere*. Budæus.

β'. Ἡμεῖς μὲν γὰρ κ. τ. λ.] *Nos quidem jure et causæ fiducia ad judicium affuimus; isti autem coitione et opulenta factione, non causæ æquitate nitentes.* Est enim παρασκευὴ hominum, rerum forensium peritorum quique apparatu ambituque in litibus et causis uti optime possunt, coitio, vel ad reos opprimendos, vel ad pœnæ eximendos contra æquitatem juris legumque interdicta. Idem.

Ἅμα τῆς πενίας] Insolens. M. ἅμα τῇ πενίᾳ καὶ τῷ ἰδιώτης εἶναι, aut ἀπὸ τῆς πενίας: ut sit sententia: Pater meus (quid enim id dissimulem, cujus vos conscii estis universi?) ita in hoc judicio versatur, ut ei et paupertas et imperitia rerum manifesta testimonia perhibeant, hoc est, omnem suspicionem molitionis alicujus injustæ excludant. Sed quid si ἅμα τῷ πένης καὶ ἰδιώτης εἶναι; Wolf.

Ἀπορίας ἀνθρωπίνης] F. ἀπραγμοσύνης.

θρωπίνης τεκμήριον, ἀλλὰ καὶ ἀσχολίας τῆς ἐπὶ [1] τὸ πραγματεύεσθαι, ἀνάγκη γὰρ ἡμερεύειν ἐν τῇ ἀγορᾷ τὸν τοιοῦτον. ἃ δεῖ λογιζομένους ἐνθυμεῖσθαι, ὅτι, εἰ μὴ τῷ δικαίῳ ἐπιστεύομεν, οὐκ ἄν ποτε εἰσήλθομεν εἰς ὑμᾶς.
1082 περὶ μὲν οὖν τῶν τοιούτων καὶ, προϊόντος τοῦ λόγου, σαφέστερον ἀκούσεσθε· ὑπὲρ αὐτῆς δὲ τῆς διαμαρτυρίας καὶ τοῦ ἀγῶνος, ἤδη νομίζω δεῖν διδάσκειν.

γ'. Εἰ μὲν οὖν, ὦ ἄνδρες δικασταὶ, ἐκ τῆς διαμαρτυρίας αὐτῆς Λεωχάρης ἔμελλεν ἀπολογούμενος δείξειν, ὡς ἔστιν υἱὸς γνήσιος Ἀρχιάδου, οὐδὲν ἂν ἔδει πολλῶν λόγων, οὐδ' ἄνωθεν ὑμᾶς ἐξετάζειν τὸ γένος τὸ ἡμέτερον· ἐπειδὴ δὲ τὰ μὲν διαμεμαρτυρημένα ἕτερον τρόπον ἔχει, ὁ δὲ πολὺς τοῦ λόγου τουτοισὶ ἔσται, ὡς εἰσεποιήθησαν, καὶ κατὰ τὴν ἀγχιστείαν γνήσιοι ὄντες δικαίως ἂν τῆς οὐσίας κληρονομοῖεν, [2] ἀναγκαῖον, ὦ ἄνδρες δικασταὶ, διὰ ταῦτα μικρῷ ἄνωθεν τὰ περὶ τοῦ γένους ὑμῖν διεξελθεῖν. ἐὰν γὰρ τοῦτο σαφῶς μάθητε, οὐ μὴ παρακρουσθῆτε ὑπ' αὐτῶν τῷ λόγῳ. ἔστι γὰρ ὁ μὲν ἀγὼν οὑτοσὶ κλήρου διαδικασία· ἀμφισβητεῖται δὲ παρὰ μὲν ἡμῶν κατὰ γένος ἡ ἀγχιστεία, παρὰ δὲ τούτων κατὰ ποίησιν. ὁμολογοῦμεν δ' ἐναντίον ὑμῶν δεῖν τὰς ποιήσεις κυρίας εἶναι, ὅσαι ἂν κατὰ τοὺς νόμους δικαίως γένωνται. ὥστε, ταύτας τὰς ὑποθέσεις μεμνημένοι, ἂν δείξωσιν ὑμῖν διδόντας τοὺς νόμους αὐτοῖς ἃ διαμεμαρτυρήκασι, ψηφίσασθε αὐτοῖς τὸν κλῆρον· καὶ ἐὰν μὲν ἐκ τῶν νόμων μὴ ὑπάρχῃ, δίκαια δὲ καὶ φιλάνθρωπα φαίνωνται λέγοντες, καὶ ὅμως συγχωροῦμεν. ἵνα δὲ εἰδῆτε, ὅτι, κατὰ γένος ἐγγύτατα ὄντες, οὐ μόνον τούτῳ ἐνισχυριζόμεθα, ἀλλὰ καὶ τοῖς ἄλλοις ἅπασι, πρῶτον μὲν ὑμᾶς
1083 ὑπὲρ αὐτοῦ τοῦ γένους διδάξομεν, ὅθεν ἐστὶν ὁ κλῆρος· νομίζω γὰρ, ἂν τούτῳ τῷ μέρει τοῦ ἀγῶνος σαφῶς παρα-

[1] *τῷ

[2] ἀναγκαῖόν ἐστιν, ὦ

quia sequitur, καὶ ἀσχολίας τῆς ἐπὶ τὸ πραγματεύεσθαι. Idem.

Ἡμερεύειν] F. διημερεύειν, ut διανυκτερεύειν. Sic paulo post pro μαρτυρίας legendum διαμαρτυρίας: ne mirere τὴν διὰ in priore omissam. Idem. M. διημερεύειν. et v. 5. καὶ προϊόντος, hoc καὶ mihi superfluum videtur et recidendum. Auger.

γ'. Δίκαια δὲ καὶ φιλάνα] Pro φιλάνα aliae editiones habent φιλάνθρωπα, at ego mallem πιθανά. Palmer.

Καὶ ὅμως] M. καὶ οὕτω συγχωροῦμεν. Wolf. Idem est ac si diceretur καὶ οὕτω. Auger.

Ἐνισχυριζόμεθα] F. ἐπὶ ἰσχυριζόμεθα. Wolf.

κολουθήσητε, καὶ τῶν ἄλλων ὑμᾶς οὐδενὸς ἀπολειφθήσεσθαι.

δ'. Τὸ γὰρ ἐξ ἀρχῆς, ὦ ἄνδρες δικασταὶ, γίνονται Εὐθυμάχῳ τῷ Ὀτρυνεῖ υἱεῖς τρεῖς, Μειδυλίδης καὶ Ἄρχιππος καὶ Ἀρχιάδης, καὶ θυγάτηρ ᾗ ὄνομα ἦν Ἀρχιδίκη. τελευτήσαντος δὲ τοῦ πατρὸς αὐτοῖς, τὴν μὲν Ἀρχιδίκην ἐκδιδόασι Λεωστράτῳ Ἐλευσινίῳ. αὐτῶν δὲ τριῶν ὄντων, ὁ μὲν Ἄρχιππος τριηραρχῶν ἐτελεύτησε τὸν βίον ἐν Μηθύμνῃ· ὁ δὲ Μειδυλίδης οὐ πολλῷ χρόνῳ ὕστερον γαμεῖ Μνησιμάχην, Λυσίππου τοῦ Κριωέως θυγατέρα, καὶ γίνεται αὐτῷ θυγάτηρ ᾗ ὄνομα Κλειτομάχη, ἣν ἠβουλήθη μὲν ἐκεῖνος ἀγάμῳ τῷ ἀδελφῷ ὄντι τῷ ἑαυτοῦ ἐκδοῦναι. ἐπειδὴ δὲ ὁ Ἀρχιάδης οὐκ ἔφη προαιρεῖσθαι γαμεῖν, ἀλλὰ καὶ τὴν οὐσίαν ἀνέμητον διὰ ταῦτα συγχωρήσας εἶναι, ᾤκει καθ' αὑτὸν ἐν τῇ Σαλαμῖνι. οὕτως ἤδη ὁ Μειδυλίδης ἐκ δίδωσι τὴν αὑτοῦ θυγατέρα Ἀριστοτέλει Παλληνεῖ, τῷ πάππῳ τῷ ἐμῷ, καὶ γίνονται ἐξ [1] αὐτοῦ υἱεῖς τρεῖς, Ἀριστόδημός τε οὑτοσὶ ὁ πατὴρ ὁ ἐμὸς, καὶ Ἁβρώνιχος ὁ θεῖος, καὶ Μειδυλίδης ὃς νῦν τετελευτηκὼς τυγχάνει.

ε'. Καὶ ἡ μὲν τοῦ γένους ἀγχιστεία τοῦ ἡμετέρου, ἐν ᾧ ἐστὶν ὁ κλῆρος, σχεδὸν οὕτως ἔχει, ὦ ἄνδρες δικασταί. Ἀρχιάδῃ γὰρ πρὸς ἀνδρῶν ἡμεῖς ἦμεν γένει ἐγγυτάτω, καὶ, κατὰ τοῦτον τὸν νόμον ἀξιοῦντες τῆς ἐκείνου οὐσίας κληρονομεῖν καὶ τὸ γένος μὴ περιιδεῖν ἐξερημωθὲν, ἐλάχομεν πρὸς τὸν ἄρχοντα τοῦ κλήρου· οὗτοι δὲ ἔχοντες οὐ δικαίως τὰ χρήματα, διαμεμαρτυρήκασι νυνὶ, τὸ μὲν ὅλον ἰσχυ- 1084
ριζόμενοι ποιήσει, φάσκοντες δὲ καὶ συγγενεῖς εἶναι. περὶ μὲν οὖν ταύτης τῆς εἰσποιήσεως ὃν τρόπον ἔχει, σαφῶς ὕστερον ὑμᾶς διδάξομεν· περὶ δὲ τοῦ γένους ὡς οὐκ εἰσὶν ἡμῶν ἐγγυτέρω, τοῦτο δεῖ μαθεῖν ὑμᾶς.

ϛ'. Ἓν μὲν οὖν ὁμολογεῖται, τὸ κρατεῖν τῶν [2] κληρονόμων τοὺς ἄῤῥενας καὶ τοὺς ἐκ τῶν ἀῤῥένων, ἁπλῶς γὰρ τοῖς ἐγγυτάτω πρὸς ἀνδρῶν, ὅταν μὴ παῖδες ὦσιν, ὁ νόμος

[1] * αὐτῶν [2] κληρονομιῶν

γ'. Τοῦ Κρίσεως] Fel. Κρισσίας, alibi Κριωσέως. Idem. Lege meo periculo Κριωέως, fuit enim Κρίωα Atticus pagus vel demus. Palmer.

ε'. Τὸ μὲν ὅλον ἰσχυριζόμενοι ποιοῦσι lege, non ποιήσει. Est enim dativus a ποίησις.

τὰς κληρονομίας ἀποδίδωσιν· οὗτοι δ' ἐσμὲν ἡμεῖς. ἄπαις μὲν γὰρ ὁ Ἀρχιάδης ὁμολογεῖται τετελευτηκέναι, τούτῳ δὲ πρὸς ἀνδρῶν ἡμεῖς ἐσμὲν ἐγγυτάτω, πρὸς δὲ καὶ ἐκ γυναικῶν οἱ αὐτοὶ οὗτοι. ὁ γὰρ Μειδυλίδης ἀδελφὸς ἦν τοῦ Ἀρχιάδου· τοῦ δὲ Μειδυλίδου [1]θυγάτηρ, ἡ τοῦ ἐμοῦ πατρὸς μήτηρ. ὥστε γίγνεται Ἀρχιάδης, ὑπὲρ οὗ τοῦ κλήρου τὴν ἐπιδικασίαν ποιούμεθα νυνὶ, θεῖος τῇ τοῦ ἐμοῦ πατρὸς μητρὶ ἐκ πατραδέλφων, πρὸς ἀνδρῶν ἔχων τὴν συγγένειαν ταύτην καὶ οὐ πρὸς γυναικῶν. Λεώστρατος δὲ οὑτοσὶ γένει τε ἀπωτέρω ἐστὶ, καὶ πρὸς γυναικῶν οἰκεῖος Ἀρχιάδῃ. ἡ γὰρ τοῦ Λεωκράτους μήτηρ [2]τουτουῒ τοῦ πατρὸς ἀδελφὴ ἦν τῷ Ἀρχιάδῃ ἐκείνῳ, καὶ τῷ Μειδυλίδῃ, ἀφ' ὧν ἡμεῖς ὄντες ἀξιοῦμεν τῆς κληρονομίας τυχεῖν. πρῶτον μὲν οὖν, ὦ ἄνδρες δικασταὶ, τὸ γένος ἡμῶν ὅτι οὕτως ἔχει, ὥσπερ καὶ λέγομεν, ἀναγνώσεται ὑμῖν τὰς μαρτυρίας· ἔπειτα [3]μετὰ ταῦτα τὸν νόμον αὐτὸν τοῖς τε γένεσι καὶ τοῖς ἐγγυτάτω πρὸς ἀνδρῶν τὰς κληρονομίας ἀποδιδόντα. τὰ γὰρ κεφά-
1085 λαια τοῦ ἀγῶνος, καὶ ὑπὲρ ὧν ὀμωμοκότες οἴσετε τὴν ψῆφον, σχεδὸν [4]τοι ταῦτ' ἐστί. καί μοι κάλει τούς τε μάρτυρας δευρὶ, καὶ τὸν νόμον ἀναγίγνωσκε.

ΜΑΡΤΥΡΕΣ. ΝΟΜΟΣ.

τὰ μὲν τοίνυν περὶ τὸ γένος, τό τε τούτων καὶ τὸ ἡμέτερον, οὕτως ἔχει, ὦ ἄνδρες δικασταί. ὥστε τοὺς ἐπιδεδειχότας ἐξ αὐτῶν τῶν μαρτυριῶν, ὡς εἰσὶ γένει ἐγγυτέρω, προσήκει κληρονομεῖν, καὶ μὴ τὴν τοῦ διαμαρτυρήσαντος ἀπόνοιαν κρείττω τῶν ὑμετέρων νομίμων γενέσθαι. καὶ γὰρ εἰ τῇ ποιήσει ἰσχυρίζονται, [5]ἦν, ὡς ἐγένετο, ἡμεῖς δείξομεν. τετελευτηκότος [6]δὲ τοῦ εἰσποιηθέντος δήπου παιδὸς, καὶ τοῦ οἴκου μέχρι τῆς ἡμετέρας λήξεως ἐξηρημωμέ-

[1] θυγάτηρ * ἦν τοῦ [2] τοῦ τούτου πατρὸς ἀδελφιδῆ [3] [μετὰ ταῦτα] τ. ν. αὐτὸν, * τὸν τοῖς [4] τι [5] * νῦν [6] γὰρ

Wolf.

ς'. Οὗτοι] Eodem sensu accipi debet ac supra, *iidem nos sumus hi*, *hi* i. e. genere proximi. Auger.

Θεῖος ἐκ πατραδέλφων] Θεῖος πρὸς πατρός. Wolf.

Καὶ πρὸς γυναικῶν οἰκεῖος lege, ἀπὸ κοινοῦ, ἐστί. et v. 25. καὶ μὴ τὴν τοῦ διαμαρτυρήσαντος ἀπόνοιαν. et v. pen. τετελευτηκότος (omisso δὲ) τοῦ εἰσποιηθέντος δήπου ἄπαιδος, non παιδός. et v. 2. p. 96. νομίσασθαι καὶ ὑμᾶς, scilicet τοὺς δικαστάς. Idem.

Ἦν] M. ταύτην, et v. pen. ἄπαιδος. Auger.

νου, πῶς οὐ προσήκει τοὺς ἐγγυτάτω γένει ὄντας, τούτους τὴν κληρονομίαν κομίσασθαι; καὶ ὑμᾶς, μὴ τοῖς δυναμένοις ἄριστα παρασκευάσασθαι, ἀλλὰ τοῖς ἀδικουμένοις τῶν πολιτῶν βοηθεῖν; εἰ μὲν γὰρ ἐφ' ἡμῖν ἦν, ὥςτε δεῖξασι τὰ περὶ τοῦ γένους καὶ τῆς διαμαρτυρίας αὐτῆς, καταβῆναι, καὶ μηδενὸς ἔτι πλείονος λόγου προσδεῖσθαι [1]σχεδόν τι τῶν εἰρημένων, οὐκ ἂν ἠνωχλοῦμεν τὰ πλείω· ἐπειδὴ δὲ οὗτοι τοῖς μὲν νόμοις οὐκ [2]ἰσχυρίζονται, τῷ δὲ προειληφέναι τι τῶν πραγμάτων ἐκ τοῦ ἄνωθεν χρόνου, καὶ τῷ ἐμβεβατευκέναι εἰς τὴν οὐσίαν, τούτοις τεκμηρίοις χρώμενοι, φήσουσι κληρονομεῖν, ἀναγκαῖον ἴσως ἐστὶ καὶ περὶ τούτων εἰπεῖν, καὶ δεῖξαι τούτους πάντων ἀνθρώπων βιαιοτάτους ὄντας.

ζ'. Τὸ γὰρ ἐξ ἀρχῆς, ὦ ἄνδρες δικασταὶ, ἐκδιδόασι
τὴν ἀδελφὴν τὴν ἑαυτῶν ὁ Μειδυλίδης καὶ ὁ Ἀρχιάδης
Λεωστράτῳ Ἐλευσινίῳ· μετὰ δὲ ταῦτα, ἐκ θυγατρὸς τῆς 1088
ἐκδοθείσης ἀδελφῆς [3]ταύτης αὐτῶν γίγνεται Λεωκράτης ὁ
πατὴρ Λεωστράτου τουτουΐ, σκέψασθε, ὡς πολλοστὸς εἰς
τὴν τοῦ Ἀρχιάδου συγγένειαν προσήκων, ὑπὲρ οὗ τὴν δια-
μαρτυρίαν πεποίηται. τούτων δ' οὕτως ἐχόντων, ὁ μὲν
Ἀρχιάδης οὐκ ἐγάμει, ὁ δὲ Μειδυλίδης ὁ ἀδελφὸς αὐτοῦ,
πάππος δὲ τουτουΐ, ἔγημε· καὶ οὐδέπω τὴν οὐσίαν ἐνέ-
μοντο, ἀλλ' ἑκάτερος ἔχων τὰ ἱκανὰ, ὁ μὲν Μειδυλίδης ἐν
τῷ ἄστει διέμενεν, ὁ δὲ Ἀρχιάδης ἐν Σαλαμῖνι ᾤκει. οὐ
πολλῷ δὲ χρόνῳ ὕστερον ἀποδημίας τινὸς εἰς τὴν ὑπερορίαν
συμβάσης τῷ Μειδυλίδῃ τῷ πάππῳ τῷ τοῦ πατρὸς, ἠῤῥώ-
στησεν ὁ Ἀρχιάδης καὶ τελευτᾷ τὸν βίον, ἀπόντος τοῦ
Μειδυλίδου, ἄγαμος ὤν. τί τούτου σημεῖον; λουτροφόρος
ἐφέστηκεν ἐπὶ τῷ τοῦ Ἀρχιάδου τάφῳ. ἐν δὲ τούτῳ τῷ και-
ρῷ, ἔχων τὴν τῆς συγγενείας τῆς πρὸς γυναικῶν πρόφασιν,

[1], σχεδόν τι τῶν μεγίστων εἰρημένων [2] ἰσχυριοῦνται [3] ταύτης τῆς αὐτῶν

Σχεδόν τι τῶν εἰρημένων] F. προσδεῖσθαι ὑμᾶς (pro σχεδὸν) τούτων εἰρημένων. aut, si σχεδὸν retinere placet, (Neque vero temere a vestigiis etiam depravatae scripturae est recedendum) σχεδὸν τούτων εἰρημένων. In farrag. σχεδόν τοι τούτων εἰρημένων. et, v. 9. καὶ τῷ ἐμβεβατευκέναι. Wolf. Hic σχεδὸν mihi addi videtur duntaxat per elegantiam, nullamque significationis vim habere. AugER.

ζ. Ὡς πολλοστὸς προσήκων] S. ὁ Λεωχάρης. Wolf.

Ὑπὲρ οὗ] S. Λεωστράτου. Idem.

Πάππος δὲ τουτουΐ] Τοῦ πατρὸς ἐμοῦ, τοῦ Ἀριστοδήμου. Idem.

Πρὸς γυναικὶς] F. πρὸς γυναικῶν, sicut

Λεωκράτης ὁ τουτουῒ πατὴρ Λεωστράτου εἰσποιεῖ αὑτὸν υἱὸν τῷ Ἀρχιάδῃ· καὶ ἐνεβάτευσεν οὕτως εἰς τὴν οὐσίαν, ὡς ὑπ' ἐκείνου ζῶντος ἔτι εἰσποιηθείς. ἀφικόμενος δὲ ὁ Μειδυλίδης ἠγανάκτει τε τῷ γεγενημένῳ, καὶ οἷος ἦν ἐπεξιέναι τῷ Λεωκράτει. πεισθάντων δὲ τῶν οἰκείων καὶ δεομένων ἐᾶν ἐν τῷ οἴκῳ εἶναι τὸν Λεωκράτην υἱὸν εἰσποιητὸν τῷ Ἀρχιάδῃ, συνεχώρησεν ὁ Μειδυλίδης, οὐχ ἡττηθεὶς ἐν δικαστηρίῳ, ἀλλὰ τὸ μὲν ὅλον ὑπὸ τούτων ἀπατηθείς· ἔπειτα μέντοι καὶ τοῖς οἰκείοις πειθόμενος. καὶ [1] ὁ Μειδυλίδης ταῦτα πράξας τελευτᾷ τὸν βίον· ὁ δὲ Λεωκράτης
1087 εἶχε τὴν τοῦ Ἀρχιάδου οὐσίαν, καὶ ἐκληρονόμει πολλὰ ἔτη, ὡς ἂν ἐκείνου υἱὸς ποιητός. ἡμεῖς δὲ, παρὰ τὸ τὸν Μειδυλίδην ταῦτα συγχωρῆσαι, ἡσυχίαν εἴχομεν.

η'. Χρόνῳ δ' ὕστερον οὐ πολλῷ — τοῖς γὰρ μετὰ ταῦτα λόγοις ἤδη σφόδρα τὸν νοῦν προσέχετε, ὦ ἄνδρες δικασταὶ — ὁ γὰρ Λεωκράτης ὁ εἰσποιητὸς γενόμενος τῷ Ἀρχιάδῃ, ἐγκαταλιπὼν τουτονὶ Λεώστρατον ἐν τῷ οἴκῳ υἱὸν γνήσιον, ἐπανῆλθεν αὐτὸς εἰς τοὺς Ἐλευσινίους, ὅθεν ἦν τὸ ἐξ ἀρχῆς· καὶ οὐδ' ἐνταῦθ' οὐδέπω ἡμεῖς οὐδὲν τῶν πραγμάτων [2] περὶ τὸν κλῆρον ἐκινοῦμεν, ἀλλ' ἐμένομεν ἐπὶ τῶν αὐτῶν. πάλιν τοίνυν Λεώστρατος αὐτὸς οὑτοσὶ, εἰσποιητὸς ὢν υἱὸς καὶ ἐγκαταλειφθεὶς ἐν τῷ τοῦ Ἀρχιάδου οἴκῳ, ἐπανέρχεται, ὥσπερ ὁ πατὴρ αὐτοῦ, ἐπὶ τοὺς Ἐλευσινίους, ἐγκαταλιπὼν υἱὸν [3] γνήσιον, καὶ διὰ τριῶν σωμάτων κυρίαν τὴν ἐξ ἀρχῆς ποίησιν παρὰ τοὺς νόμους καταστήσας. πῶς γὰρ οὐ παρὰ τοὺς νόμους, ὁπότ' εἰσποιητὸς αὐτὸς ὢν, εἰσποιητοὺς υἱοὺς ἐγκαταλιπὼν, ἐπανῄει; καὶ τοῦτο διατετέλεκε ποιῶν μέχρι ταύτης τῆς ἡμέρας· καὶ διὰ τούτου τοῦ τρόπου τὴν κληρονομίαν ἡμῶν ἀποστερήσειν οἴονται, ἐνεργαζόμενοι μὲν καὶ ἐμπαιδοτροφούμενοι τῇ τοῦ

[1] ὁ μὲν Μειδυλίδης [2] * τῶν περὶ [3] γνήσιον εἰσποιητὸν, καὶ

πρὸς ἀνδρῶν. IDEM.

Εἰσποιεῖ αὑτὸν] Ἑαυτόν. IDEM.

Ἐνεβάτευσεν] Ἐμβατεύειν εἰς τὴν οὐσίαν significat *cernere et adire hereditatem*, vel *immiscere se hereditati et bonis*. BUDÆUS.

Οἷος ἦν] *Cupiebat*, ἐσπούδαζε. IDEM. Hic οἷος ἦν est, *paratus erat*, *sic affectus vel animatus erat*, ut etc. Apud H. Stephanum, qui multa de οἷος et οἷός τε annotavit, hunc usum non animadverti. *Ap. Alciphr. Epist.* BEROLER.

η'. Χρόνῳ δ' ὕστερον — τοῖς γὰρ — ὁ γὰρ Λεωκράτης] Ἀνανταπόδοτον, ad exprimendum affectum soliciti hominis. WOLF.

Διατετέλεκε ποιῶν] Malim διατετελέκασι ποιοῦντες. AUGER.

Ἐμπαιδοτροφούμενοι τῇ τοῦ Ἀρχιάδου οἰκίᾳ] Ἔμπεδος, ὁ ἐν πέδῳ ἐστηριγμένος, ἰσχυρός.

Ἀρχιάδου οὐσίᾳ, ἐπανιόντες δὲ ἐπὶ τὴν πατρῴαν οὐσίαν
ἐκεῖθεν [1] ἀεί, κἀκείνην μὲν ἀκέραιον φυλάττοντες, ταύτην δ'
ἀναλίσκοντες.

θ'. Ἀλλ' ὅμως, τούτων τοιούτων ὄντων, ὅπερ εἶπον,
ἡμεῖς ὑπεμένομεν ἅπαντα, μέχρι τίνος; ἕως ὁ Λεωκράτης
ἐν τῷ οἴκῳ [2] τοῦ Ἀρχιάδου ἐγκαταλειφθεὶς υἱὸς τετελεύ-
τηκεν ἄπαις. τούτου δὲ ἄπαιδος τετελευτηκότος, ἀξιοῦμεν 1088
ἡμεῖς οἱ γένει ἐγγυτάτω ὄντες Ἀρχιάδῃ, κληρονομεῖν τῆς
οὐσίας· καὶ μὴ τῷ τετελευτηκότι, τῷ αὐτῷ εἰσποιητῷ ὄντι,
υἱὸν εἰσποιεῖν, ἐπ' ἀποστερήσει τῶν ἡμετέρων. εἰ μὲν γὰρ
αὐτὸς ζῶν ἐποιήσατο, καίπερ ὄντος παρὰ τὸν νόμον τοῦ
ἔργου, [3] οὐκ ἀντιλέγομεν· ἐπειδὴ δὲ οὔτε γένει ἦν αὐτῷ
υἱὸς οὐδείς, οὔτ' ἐποιήσατο ζῶν, ὁ δὲ νόμος τοῖς ἐγγύτατα
γένους τὰς κληρονομίας ἀποδίδωσι, πῶς οὐ δίκαιοι ἐσμὲν
ἡμεῖς τούτων μὴ ἀποστερηθῆναι κατὰ ἀμφότερα; καὶ γὰρ
τῷ Ἀρχιάδῃ, οὗ ἦν ἡ οὐσία τὸ ἐξ ἀρχῆς, ἐγγυτάτω γένει
ἐσμέν, καὶ τῷ εἰσποιητῷ Λεωκράτει. τοῦ μὲν γὰρ ὁ πατήρ,
ἐπανεληλυθὼς εἰς τοὺς Ἐλευσινίους, οὐκέτι τὴν κατὰ [4] τῶν
νόμων οἰκειότητα ἔλιπεν αὐτῷ· ἡμεῖς δέ, παρ' οἷς ἦν ἐκ τῷ
γένει, τὴν ἀναγκαιοτάτην συγγένειαν εἴχομεν, ὄντες ἀνε-
ψιαδοῖ ἐκείνῳ. ὥστ', εἰ μὲν βούλει, τοῦ Ἀρχιάδου συγγε-
νεῖς ὄντες, ἀξιοῦμεν κληρονομεῖν· εἰ δὲ βούλει, τοῦ Λεωκρά-
τους. τετελευτηκότος γὰρ ἄπαιδος αὐτοῦ, οὐδεὶς ἡμῶν γένει
ἐγγυτέρω ἐστί· καὶ διὰ μὲν σέ, ὦ Λεώστρατε, ὁ οἶκος ἐξη-
ρήμωται. τῆς γὰρ [5] οὐσίας ἕνεκα τὴν οἰκειότητα τῶν ἀν-
δρῶν τῶν ποιησαμένων διετήρεις. ἕως μέν γε, τελευτήσαντος

[1] αἰεὶ [2] τῷ [3] οὐκ * ἂν ἀντιλέγομεν [4] τοὺς νόμους οἰκ. ἔλειπεν αὐτῷ [5] οὐσίας τὴν οἰκειότητα, οὐ τῶν

Videtur per αι scribendum παιδοτροφεῖν, ut λεωνοτροφεῖν. Ut sit ἐμπαιδοτροφούμενοι, idem, quod τρεφόμενοι ὡς παῖδες ἐν τῇ οἰκίᾳ τοῦ Ἀρχιάδου. WOLF.

θ'. Καὶ μὴ τῷ τετελευτηκότι υἱὸν εἰσποιεῖν] S. ἀξιοῦμεν, τὸν Λεωχάρην. *Postulamus, ne Leochares alium adoptet in familiam Leocratis nepotis sui defuncti.* Archiadi se adoptat primum Leochares, deinde substituit filium Leostratum: hic Leocratem filium: cui defuncto alium filium surrogare studet, Leocharem, defuncti Leocratis fratrem, primi Leocharis nepotem. IDEM.

Οὐκ ἂν ἀντιλέγομεν] Sæpe hoc fit, ut in ejusdem syllabæ repetitione prior perperam omittatur. IDEM.

Τοῖς ἐγγύτατα γένους] Idem quod ἐγγυτάτω, ut supra notatum est. IDEM.

Τὴν κατὰ τῶν νόμων] Sæpe genitivi plurales pro accusativis singularibus tertiæ declinationis ponuntur, et e contrario. IDEM.

Ἀνεψιαδοῖ] Sobrini, ex fratris illius filia nati.

Archiades Fr. Medylidis
— *Filia.*
— *Aristodemus, Archiadæ neptis F.* id est, *sobrinus.* WOLF.

Τῶν ἀνδρῶν τῶν ποιησαμένων] Archiadæ,

τούτου, οὐδεὶς ἠμφισβήτει τοῦ κλήρου, οὐδένα εἰσεποίεις τῷ Ἀρχιάδῃ υἱὸν, ἐπειδὴ δὲ ἡμεῖς συγγενεῖς ὄντες ἥκομεν εἰς [1] τὸ μέσον, τηνικαῦτα εἰσποιεῖς, ἵνα τὴν οὐσίαν κατάσχῃς· καὶ [2] φῂς μὲν οὐδὲν εἶναι τῷ Ἀρχιάδῃ, πρὸς ὃν εἰσε-
1089 ποιήθης, διαμαρτυρεῖς δὲ πρὸς ἡμᾶς, τὸ ὁμολογούμενον γένος ἐξελαύνων. εἰ γὰρ μηδέν ἐστιν ἐν τῷ οἴκῳ, τί σὺ ἐλαττοῖ τοῦ μηδενὸς ἡμῶν κληρονομησάντων; ἀλλὰ γὰρ ἡ ἀναίδεια καὶ ἡ πλεονεξία τοιαύτη ἐστὶν αὐτοῦ, ὦ ἄνδρες δικασταὶ, ὥσθ' ἡγεῖσθαι δεῖν ἐν Ἐλευσινίοις τε τὴν πατρῴαν οὐσίαν ἐπανελθὼν ἔχειν, ἐφ' ἅ τ' εἰσεποιήθη, μὴ ὄντος ἐν τῷ οἴκῳ υἱοῦ, καὶ τούτων κύριος γενέσθαι· καὶ ταῦτα πάντα ῥᾳδίως διοικεῖται, πρὸς γὰρ ἀνθρώπους ἡμᾶς πένητας καὶ ἀδυνάτους, ἔχων ἀναλίσκειν ἐκ τῶν ἀλλοτρίων, πολὺ περίεστι. διόπερ οἶμαι [3] καὶ ὑμᾶς δεῖν βοηθεῖν τοῖς μὴ πλεονεκτῆσαί τι βουλομένοις, ἀλλ' ἀγαπῶσιν, ἐάν τις ἡμᾶς τῶν νόμων ἐᾷ τυγχάνειν. τί γὰρ δεῖ ποιεῖν ἡμᾶς, ὦ ἄνδρες δικασταὶ, διὰ τριῶν τῆς ποιήσεως ἐμμενούσης, καὶ τοῦ τελευταίου ἐγκαταλειφθέντος, τούτου ἄπαιδος τετελευτηκότος, μὴ κομίσασθαι τὰ ἡμέτερ' αὐτῶν χρόνῳ ποτέ; τοῦτο τοίνυν ἔχοντες τὸ δίκαιον, ἐλάχομεν τοῦ κλήρου πρὸς τὸν ἄρχοντα. οὕτω δὲ Λεωχάρης προπετῶς διαμαρτυρήσας τὰ ψευδῆ, οἴεται δεῖν παρὰ πάντας τοὺς νόμους ἀποστερῆσαι ἡμᾶς τῆς κληρονομίας.

ί. Πρῶτον μὲν οὖν, ὅτι τά τε περὶ τὰς ποιήσεις καὶ τὸ γένος τούτων ἀληθῆ εἰρήκαμεν, καὶ ἡ λουτροφόρος ἐφέστηκεν ἐπὶ τῷ τοῦ Ἀρχιάδου μνήματι, ταύτας ὑμῖν τὰς μαρτυρίας βουλόμεθ' ἀναγνῶναι· ἔπειτ' ἤδη καὶ τὰ λοιπὰ σαφῶς διδάξομεν ὑμᾶς, ὥστ' ἐξελέγξαι τούτους τὰ ψευδῆ διαμεμαρτυρηκότας. καί μοι λάβε τὰς μαρτυρίας, ἃς λέγω.

[1] [τὸ] [2] φῇς [3] Deest καί.

et Leocratis patris: etsi mortuus ille, οὐχὶ μὲν ἐποιήσατο, ποιηθέντα δ' οὐκ ἐξέβαλεν. Idem.

Τί σὺ ἐλαττοῖ, non σοι. ἐλαττοῦμαι, ἐλαττοῖ, ἐλαττοῦται. Idem.

ί. Καὶ εἰ λουτροφόρος] Ferri potest, pro *an*. sed quid si ὅτι, aut ἡ: etsi hæ voculæ omnes abesse possunt. Idem. L. ὅτι. Auger.

Λουτροφόρος] Παῖς ὑδρίαν ἔχων. Vide Suidam. Hesychius etiam ὑδρίαν, τὴν τοῖς παλαιοῖς εἰς τὰ λουτρὰ ἀπονεμομένην, exponit, quem ego secutus olim sum. Wolf.

ὁ μὲν τοίνυν τοῦ πράγματος λόγος, καὶ τὸ ἁπλοῦν δίκαιον
περὶ τῆς κληρονομίας, οὕτως ἔχει, ὦ ἄνδρες δικασταί· τῶν 1090
[1]δὲ πεπραγμένων ἐξ ἀρχῆς αὐτὰ τὰ κεφάλαια [2]σχεδὸν
διακηκόατε· ἃ δὲ μετὰ τὴν τοῦ κλήρου λῆξιν πεποιήκασι,
καὶ ὃν τρόπον ἡμῖν κεχρημένοι εἰσὶν, ἀναγκαῖον νομίζω εἰ-
πεῖν. οἴομαι γὰρ περὶ κλήρου [3]ἀγῶνας μηδένας ἄλλους
παρανενομῆσθαι τοιαῦτα, οἷα ἡμᾶς.

ιά. Ἐπειδὴ γὰρ ἐτελεύτησεν ὁ Λεωκράτης, καὶ ἡ ταφὴ
ἐγένετο αὐτῷ, πορευομένων ἡμῶν εἰς τὰ κτήματα διὰ τὸ
ἄπαιδά τε τὸν ἄνδρα καὶ ἄγαμον τετελευτηκέναι, ἐξῆγεν
ὁ Λεώστρατος οὑτοσὶ, φάσκων αὐτοῦ εἶναι· καὶ τὸ μὲν
ποιεῖν τι τῶν νομιζομένων ἐκώλυσεν ἡμᾶς τῷ τετελευτηκότι,
πατὴρ ὢν αὐτὸς ἐκείνου, [4]ὡς ἔχει λόγον, καίπερ ὄντος
παρανόμου τοῦ ἔργου. τῷ γὰρ φύσει [5]ὄντι πατρὶ τῆς τα-
φῆς τὴν ἐπιμέλειαν παραδίδοσθαι εἰκός ἐστιν· ἔπειτα μέν-
τοι καὶ τοῖς οἰκείοις ἡμῖν, ὧν ἦν συγγενὴς κατὰ τὴν ποίη-
σιν ὁ τετελευτηκώς. ἐπεὶ δὲ τὰ νομιζόμενα ἐγένετο, κατὰ
ποῖον νόμον φανεῖται, ἐρήμου ὄντος τοῦ οἴκου, τοὺς ἐγγυ-
τάτω γένους ἡμᾶς ἐξαγαγὼν ἐκ τῆς οὐσίας; ὅτι νὴ Δία
πατὴρ ἦν τοῦ τετελευτηκότος; ἀπεληλυθώς γε εἰς τὸν
πατρῷον οἶκον, καὶ οὐκέτι τῆς οὐσίας, ἐφ' ᾗ ἐγκαταλέλοιπε
τὸν υἱὸν, κύριος ὤν. εἰ δὲ μὴ, τί τῶν νόμων ὄφελος; γενο-
μένης οὖν τῆς ἐξαγωγῆς, ἵνα τὰ πλεῖστα παραλείπω,
ἐλάχομεν πρὸς τὸν ἄρχοντα τοῦ κλήρου, οὔτε γόνῳ, ὥσπερ
εἶπον, οὐδενὸς ὄντος τῷ τετελευτηκότι, οὔτ' εἰσποιητοῦ γε-
γενημένου κατὰ τοὺς νόμους. μετὰ δὲ ταῦτα Λεώστρατος
οὑτοσὶ, παρακαταβάλλει, ὡς υἱὸς Ἀρχιάδου ἐκείνου, οὐκ
ἐπιλογισάμενος οὐθ' ὅτι ἐπανεληλύθει εἰς τοὺς Ἐλευσινίους, 1091
οὐθ' ὅτι οἱ [6]εἰσποιητοὶ αὐτοὶ οὐχ ὑφ' αὐτῶν, ἀλλ' ὑπὸ τῶν
εἰσποιουμένων καθίστανται· ἀλλὰ γὰρ, οἶμαι, ἁπλοῦν τι

[1] τε [2] σχεδὸν τι ἀκηκόατε [3] ἀγῶνα [4] ὡς * καὶ ἔχει [5] [ὄντι]
[6] εἰσποιητοὶ οὐκ αὐτοὶ ὑφ'

Ἀγῶνας] M. ἀγῶνα. Wolf. Auger.
ιά. Καὶ τὸ μὲν ποιεῖν τι τῶν νομιζομένων ἐκώλυσεν] Aut καὶ ὅτι ἐκώλυσεν, aut τὸ κωλῦσαι legendum. et v. 14. pro ὡς, ἴσως ἔχει λόγον. nisi ὡς pro οὕτως malis. *In farrag.* F. κωλῦσαι, vel καὶ ὅτι μὲν ποιεῖν τι τῶν νομιζομένων ἐκώλυσεν ἡμᾶς. et v. seq. ὡς, ἀντὶ τοῦ, ἀμφιγνόως. M. ἴσως. Wolf. Hic mihi videtur legendum ὅτι ἐκώλυσεν, et v. seq. pro ὡς ἔχει λόγον leg. τίνα ἔχει λόγον, nisi pro ὡς legere malis ὅμως. Auger.

διελογίσατο δεῖν αὐτὸν καὶ δικαίως καὶ ἀδίκως ἀμφισβητεῖν τῶν ἀλλοτρίων. καὶ πρῶτον μὲν ἐλθὼν οἷός τ' ἦν εἰς τὸν Ὀτρυνέων πίνακα τὸν ἐκκλησιαστικὸν ἐγγράφειν αὐτὸν, Ἐλευσίνιος ὢν, καὶ τοῦτο διῳκεῖτο· ἔπειτα πρὶν ἐγγραφῆναι καὶ ἐν τῷ ληξιαρχικῷ γραμματείῳ τῷ τῶν Ὀτρυνέων, μετέχειν τῶν κοινῶν, τηλικαύτην παρανομίαν προαιρούμενος παρανομεῖν ἕνεκα πλεονεξίας. αἰσθόμενοι δ' ἡμεῖς, μαρτύρων ἐναντίον ἐκωλύσαμεν τὸ γιγνόμενον· καὶ ᾠόμεθα δεῖν κριθῆναι πρῶτον [1]μὲν τὴν κληρονομίαν παρ' ὑμῖν, πρὶν ἐπὶ τὸ ὄνομά τινα τὸ τοῦ Ἀρχιάδου εἰσποιηθῆναι. κωλυθεὶς δὲ, καὶ ἐξελεγχόμενος πρὸς τῷ πίνακι καὶ ἐν τῇ τῶν ἀρχόντων ἀγορᾷ, ὅτι ἠδίκει, πολλῶν ἐναντίον, ᾤετο δεῖν μηδὲν ἧττον βιάζεσθαι, καὶ κρείττων ταῖς παρασκευαῖς τῶν ὑμετέρων νόμων γενέσθαι.

ιϐ΄. Τί τούτου τεκμήριον; συναγαγών τινας τῶν Ὀτρυνέων ὀλίγους καὶ τὸν δήμαρχον, πείθει, ἐπειδὰν ἀνοιχθῇ τὸ γραμματεῖον, ἐγγράψαι αὐτόν· καὶ μετὰ ταῦτα ἧκε Παναθηναίων ὄντων τῶν μεγάλων τῇ διαδόσει πρὸς τὸ θεωρικόν· καὶ, ἐπειδὴ οἱ ἄλλοι δημόται ἐλάμβανον, ἠξίου καὶ [2]αὐτῷ δίδοσθαι, καὶ ἐγγραφῆναι εἰς τὸ γραμματεῖον ἐπὶ τὸ τοῦ Ἀρχιάδου ὄνομα. διαμαρτυρομένων δὲ ἡμῶν, καὶ τῶν ἄλλων δεινὸν φασκόντων εἶναι τὸ γιγνόμενον, ἀπῆλθεν
1092 οὔτ' ἐγγραφεὶς οὔτε τὸ θεωρικὸν λαϐών. τὸν δὲ παρὰ τὸ ψήφισμα τὸ ὑμέτερον ἀξιοῦντα τὸ θεωρικὸν λαμβάνειν, πρὶν ἐγγραφῆναι εἰς τοὺς Ὀτρυνεῖς, ὄντα ἐξ ἑτέρου δήμου, τοῦτον οὐκ οἴεσθε τοῦ κλήρου παρὰ τοὺς νόμους ἀμφισβητεῖν; ἢ τὸν, πρὸ τῆς τοῦ δικαστηρίου γνώσεως, οὕτως ἀδίκους πλεονεξίας διοικούμενον, τοῦτον πῶς εἰκὸς τῷ πρά-

[1] * Deest μέν.

[2] αὐτῷ

Οἷός τ' ἦν ἐγγράφειν] Ἐπεχείρει, ἐπειρᾶτο. Sic in Midiana, p. 62. v. 14. vol. III. οἷός τ' ἦν πείθειν τοὺς ἄρχοντας. WOLF.

Πρὸς τῷ πίνακι] Quid sit, non facile intelligitur: ego interpretatus sum, quasi πίναξ esset locus ubi tabulæ asservabantur. v. 13. feliciter emendat Reiskius ἧττον pro αὐτόν. AUGER.

Ὥετο μηδὲν δεῖν αὐτὸν βιάζεσθαι· καὶ κρείττων ταῖς παρασκευαῖς τῶν ὑμετέρων νόμων γενέσθαι] Καὶ ᾤετο γενέσθαι, ἀντὶ τοῦ, γενήσεσθαι. Nam si ἀπὸ κοινοῦ negationem (quæ inclusa est in μηδὲν) repetas, καὶ οὐκ ᾤετο δεῖν γενέσθαι κρείττων, laus erit ea adversarii, et accusatoris secum ipsa pugnabit oratio. Quid si legas? ἀλλὰ κρείττων. WOLF.

ιϐ΄. Συναγαγὼν κ. τ. λ.] Vid. Petit. Comm. in Leg. Att. l. II. t. IV. §. IX. p. 230. et l. IV. t. X. §. IX. p. 476.

Ὅταν ἐξ ἑτέρου δήμου] S. ἤ. Fel. rectius ὄντα ἐξ: quod vide ut mutatum sit in ὅταν: ne ubique oscitantiæ librariorum credas. WOLF.

γματι πιστεύειν; ὁ γὰρ τὸ θεωρικὸν ἀδίκως ἀξιώσας λαμβάνειν, καὶ περὶ τοῦ κλήρου τῇ αὐτῇ διανοίᾳ δηλονότι κέχρηται νυνί. ἀλλὰ μὴν καὶ τὸν ἄρχοντά γε ἐξηπάτησε παρακαταβάλλων, καὶ ἡμᾶς ἀντεγράψατο Ὀτρυνεὺς εἶναι ἐν Ἐλευσινίοις δημοτευόμενος.

ιγ'. Ἐπειδὴ τοίνυν [1] ἐπὶ τούτων πάντων ἀπετύγχανε, ταῖς παρελθούσαις ἀρχαιρεσίαις ταύταις, παρασκευασάμενός τινας τῶν δημοτῶν, ἠξίου [2] οὗτος ἐγγράφεσθαι ποιητὸς υἱὸς τῷ Ἀρχιάδῃ. ἀντιλεγόντων δ' ἡμῶν καὶ ἀξιούντων, ἐπειδὰν τοῦ κλήρου ἡ διαδικασία γένηται, τηνικαῦτα τοὺς δημότας τὴν ψῆφον φέρειν, πρότερον δὲ μή· τοῦτο μὲν ἐπείσθησαν οὐ δι' αὐτούς, ἀλλὰ διὰ τοὺς νόμους. δεινὸν γὰρ ἐδόκει εἶναι τὸν παρακαταβεβληκότα τοῦ κλήρου εἰσποιεῖν αὐτὸν, ἔτι τῶν πραγμάτων ἀκρίτων ὄντων.

ιδ'. Ὃ δὲ μετὰ ταῦτα διοικεῖται Λεώστρατος οὑτοσὶ, τοῦτο πάντων δεινότατόν ἐστιν. ἐπειδὴ γὰρ αὐτὸς ἀπετύγχανε τοῦ ἐγγραφῆναι, εἰσποιεῖ Λεωχάρην τὸν αὐτοῦ υἱὸν Ἀρχιάδῃ παρὰ πάντας τοὺς νόμους, πρὶν τοῦ δήμου τὴν δοκιμασίαν γενέσθαι. οὐκ εἰσηγμένου δ' εἰς τοὺς φράτοράς πω τοῦ Ἀρχιάδου, ἀλλ' ἐπειδὴ ἐνεγράφη, τηνικαῦτα πείσας [3] ἕνα τῶν φρατόρων, ἐνέγραψεν εἰς τὸ φρατορικὸν γραμματεῖον. καὶ μετὰ ταῦτα τῇ διαμαρτυρίᾳ πρὸς τῷ 1093
ἄρχοντι τοῦτον ἀπογράφεται, ὡς υἱὸν ὄντα γνήσιον τοῦ τετελευτηκότος ἔτη πολλὰ, τὸν πρώην καὶ χθὲς ἐγγραφέντα. καὶ συμβαίνει ἀμφοτέρους αὐτοὺς τῆς κληρονομίας ἀμφισβητεῖν. ὅ τε γὰρ Λεώστρατος οὑτοσὶ [4] παρακατεβάλετο τοῦ κλήρου, ὡς υἱὸς γνήσιος Ἀρχιάδῃ, ὅ τε Λεωχάρης οὑτοσὶ διαμεμαρτύρηκεν, [5] ὡς υἱὸς ὢν γνήσιος τοῦ αὐτοῦ πατρός· οὐδ' ἕτερος δὲ αὐτῶν ζῶντι, ἀλλὰ τετελευτηκότι εἰσποιεῖ αὐτόν. ἡμεῖς δὲ ᾠόμεθα δεῖν, ὦ ἄνδρες δικασταὶ, [6] ἐπειδὴ περὶ τούτου τοῦ ἀγῶνος ὑμεῖς τὴν ψῆφον [7] ἠνέγκατε, τηνικαῦτα ἐκ τῶν κατὰ γένος ἐγγυτάτω ἡμῖν

[1] Deest ἐπί. [2] οὕτως [3] ἕνα τινὰ τῶν [4] παρακατέβαλε [5] [ὡς] [6] ἐπειδὰν [7] ἐνέγκατε

Καὶ ἡμᾶς ἀντεγράψατο] F. A. καὶ πρὸς ἡμᾶς. Idem. Auger.

ιδ'. Πρὶν τοῦ δήμου τὴν δοκιμασίαν γενέσθαι] Πρὶν δοκιμάσαι, εἰ Ὀτρυνεύς ἐστιν ὁ Λεωχάρης. Wolf.

Ἐνεγράφη] Scil. εἰς τοὺς δημότας. Auger.

Τοῦτον] Nempe, Leocharem. Idem.

Τοῦ αὐτοῦ πατρὸς] Τοῦ Ἀρχιάδου. Wolf.

εἰσποιεῖν υἱὸν τῷ τετελευτηκότι, ὅπως ἂν ὁ οἶκος μὴ ἐξερημωθῇ.

ιέ. Πρῶτον μὲν οὖν, ὦ ἄνδρες δικασταὶ, ὡς ἐπανῆλθεν εἰς τοὺς Ἐλευσινίους ἐκ τῶν Ὀτρυνέων Λεώστρατος οὑτοσὶ καταλιπὼν υἱὸν τῷ Ἀρχιάδῃ γνήσιον, καὶ, ὅτι ὁ πατὴρ αὐτοῦ ἔτι πρότερον τὸ αὐτὸ τοῦτ᾽ ἐπεποιήκει, καὶ, ὡς ὁ [1]καταλειφθεὶς ἄπαις τετελεύτηκε, καὶ, ὡς ὁ νῦν διαμεμαρτυρηκὼς πρότερον εἰς τοὺς δημάτας ἢ εἰς τοὺς φράτορας ἐνεγράφη, τούτων ὑμῖν τὰς τῶν φρατόρων καὶ τὰς τῶν δημοτῶν μαρτυρίας ἀναγνώσεται, καὶ τῶν [2]ἄλλων τῶν εἰρημένων, ὧν οὗτοι πεποιήκασιν, ἁπάντων ὑμῖν τὰς μαρτυρίας καθ᾽ ἓν ἕκαστον παρέξομαι. καί μοι κάλει τοὺς μάρτυρας δευρί.

ΜΑΡΤΥΡΕΣ.

τῶν μὲν τοίνυν πραγμάτων ἁπάντων ἀκηκόατε, ὦ ἄνδρες δικασταὶ, καὶ τῶν ἐξ ἀρχῆς γεγενημένων περὶ τὸν κλῆρον τοῦτον, καὶ τῶν ὕστερον συμβάντων, ἐπειδὴ τάχιστα τὴν
1094 λῆξιν ἡμεῖς ἐποιησάμεθα· λοιπὸν δ᾽ ἐστὶ, περί τε τῆς διαμαρτυρίας αὐτῆς εἰπεῖν, καὶ περὶ τῶν νόμων καθ᾽ οὓς ἀξιοῦμεν κληρονομεῖν· ἔτι δὲ, ἐὰν ἐγχωρῇ τὸ ὕδωρ καὶ μὴ μέλλωμεν ὑμῖν ἐνοχλεῖν, ἐξελέγξαι τὰ ὑπὸ τούτων ῥηθησόμενα, ὅτι οὔτε δίκαια οὔτε ἀληθῆ ἐστί. καὶ πρῶτον μὲν τὴν [3]διαμαρτυρίαν ἀναγνώτω, καὶ σφόδρα τὸν νοῦν αὐτῇ προσέχετε· περὶ γὰρ ταύτης ἡ ψῆφος οἰσθήσεται νυνί.

ΔΙΑΜΑΡΤΥΡΙΑ.

οὐκοῦν δήπου διαμεμαρτύρηκεν οὑτοσὶ, ὡς ἀκηκόατε, μὴ ἐπίδικον εἶναι τὸν κλῆρον τὸν Ἀρχιάδου, ὄντων αὐτῷ παίδων [4]γνησίων κυρίως κατὰ τὸν θεσμόν. ἐξετάσωμεν τοίνυν, εἰ εἰσὶν, ἢ τὰ ψευδῆ διαμεμαρτύρηκεν οὑτοσί. ὁ γὰρ Ἀρχιάδης ἐκεῖνος, οὗ ἐστιν ὁ κλῆρος, ἐποιήσατο υἱὸν τὸν τοῦ

[1] * ἐγκαταλειφθεὶς [2] ἄλλων δὲ τῶν [3] διαμαρτυρίαν αὐτὴν ἀναγνώτω
[4] γνησίων καὶ κυρίως

ιέ. Ἔτι δὲ, ἐὰν ἐγχωρῇ τὸ ὕδωρ] Μὴ ἐπιλίπῃ ἡμᾶς, ἀντὶ τοῦ, συγχωρῇ, καὶ μὴ μέλλωμεν. Idem.

Κυρίως κατὰ τὸν θεσμὸν] Τὸν νόμον τοῦ Σόλωνος. Nihil est, quod κατὰ τὴν θέσιν legas, *per adoptionem*. Idem.

Ἐποιήσατο υἱὸν] At supra hoc negabas, cum Leocharem sese ipsum intrusisse di-

διαμεμαρτυρηκότος νυνὶ πάππον· ἐκεῖνος δὲ, [1]καταλιπὼν υἱὸν γνήσιον τὸν [2]τούτου πατέρα Λεώστρατον, ἐπανῆλθεν εἰς τοὺς Ἐλευσινίους· μετὰ δὲ ταῦτα αὐτὸς οὑτοσὶ Λεώστρατος πάλιν, [1]καταλιπὼν υἱὸν, ᾤχετο ἀπελθὼν εἰς τὸν πατρῷον οἶκον· ὁ δ' ἐγκαταλειφθεὶς ὑπὸ τούτου, τελευταῖος ἁπάντων τῶν εἰσποιηθέντων, τετελεύτηκεν ἄπαις, ὥστε γίγνεται ἔρημος ὁ οἶκος, καὶ ἐπανελήλυθεν ἡ κληρονομία πάλιν εἰς τοὺς ἐξ ἀρχῆς ἐγγύτατα γένους ὄντας. πῶς ἂν οὖν εἴησαν κατὰ τὴν διαμαρτυρίαν υἱεῖς ἔτι τινὲς τῷ Ἀρχιάδῃ, ᾧ οἱ μὲν εἰσποιηθέντες ὁμολογοῦνται ἐπανεληλυθέναι, ὁ δ' ἐγκαταλειφθεὶς τελευταῖος ἄπαις τετελεύτηκεν; οὐκοῦν ἀνάγκη τὸν οἶκον [3]ἐρημωθῆναι· ὁπότε δὲ ἔρημος ὁ οἶκος, οὐκ ἂν εἴησαν υἱεῖς ἔτι ἐκείνῳ γνήσιοι. οὑ- 1095
τοσὶ τοίνυν διαμεμαρτύρηκε τοὺς οὐκ ὄντας εἶναι· καὶ γέγραφεν ἐν τῇ διαμαρτυρίᾳ, ὄντων παίδων, ἕνα φάσκων αὐτὸν εἶναι.

ιϛ'. Ἀλλὰ μὴν γνησίων γε ὅταν λέγῃ καὶ κυρίως κατὰ τὸν θεσμὸν, παρακρούεται παρὰ τοὺς νόμους. τὸ μὲν γὰρ γνήσιόν ἐστιν, ὅταν ᾖ γόνῳ γεγονὼς, καὶ ὁ νόμος ταῦτα μαρτυρεῖ, λέγων, ἣν ἂν ἐγγυήσῃ πατὴρ ἢ ἀδελφὸς ἢ πάππος, ἐκ ταύτης εἶναι παῖδας γνησίους· τὸ δὲ κυρίως κατὰ τῶν ποιήσεων ὁ νομοθέτης ἔλαβεν, ὑπολαμβάνων δεῖν, ὅταν τις, ὢν [4]ἄπαις κύριος τῶν ἑαυτοῦ, ποιήσηται υἱὸν, ταῦτα κύρια εἶναι. οὗτος τοίνυν γόνῳ μὲν οὐδένα φησὶν Ἀρχιάδῃ γενέσθαι υἱόν· διαμεμαρτύρηται δὲ γνησίων ὄντων, ἐναντίαν τῷ πράγματι τὴν διαμαρτυρίαν ποιησάμενος. ποιητὸς δὲ ὁμολογῶν εἶναι, φαίνεται οὐκ εἰσποιηθεὶς ὑπὸ τοῦ τετελευτηκότος αὐτοῦ· ὥστε, πῶς ἔτι σοι κύρια ταῦτ' ἂν εἴη κατὰ τὸν θεσμόν; ὅτι, νὴ Δία, ἐγγέγραπται Ἀρχιάδῃ υἱὸς, ὑπό γε τουτωνὶ πρῴην βιασαμένων, ἤδη

[1] ἐγκαταλιπὼν [2] τουτουὶ [3] ἐρημωθῆναι] ἔρημον εἶναι [4] ἄπαις καὶ κύριος

ceres: nisi ponatur τὸ ἐποιήσατο, ἀντὶ τοῦ, εἰσεποιήθη αὐτῷ οὐ κωλύσαντι, τετελευτηκότι γε. Idem.

ιϛ'. Ὁ νόμος] Vid. Petit. Comm. in Leg. Att. l. VI. t. I. §. IV. p. 535.

Ὅταν — εἶναι] *Si quem orbus, rerum suarum dominus, adoptaverit, ea adoptio rata esto.* Petitus. Quem vide in Comm. in Leg. Att. l. II. t. IV. §. IV. seqq. de adoptivis et adoptantibus legibusque ad eos spectantibus fuse disserentem.

Ἤδη — ἐνεστηκυίας] Ad verbum, *judicio jam constituta*, dici potest, h. e. dijudicatis ac disceptatis præscriptionibus litis

τῆς τοῦ κλήρου διαδικασίας ἐνεστηκυίας. οὐ δὴ δίκαιόν ἐστιν ἐν τεκμηρίου μέρει ποιεῖσθαι τἀδίκημα.

ιζ. Καὶ γὰρ ἐκεῖνο πῶς οὐ δεινόν ἐστιν, ὦ ἄνδρες δικασταί, ἐπὶ μὲν τοῦ λόγου αὐτίκα μάλα φάσκειν ποιητὸν εἶναι, ἐν δὲ τῇ διαμαρτυρίᾳ τοῦτο μὴ τολμῆσαι γράψαι· ἀλλὰ τὰ μὲν ἐν ταύτῃ διαμεμαρτυρημένα εἶναι ὡς ὑπὲρ υἱοῦ γόνῳ γεγονότος, τὰ δ' αὐτίκα μάλα ῥηθησόμενα ὡς εἰσποιήτου; εἰ δὲ τὴν ἀπολογίαν ἐναντίαν τῇ διαμαρτυρίᾳ ποιήσονται, πῶς [1] οὐχὶ τὸν λόγον ἀνάγκη ἢ τὴν διαμαρτυρίαν ψευδῆ εἶναι; εἰκότως δ' οὐ [2] προσενεγράψατο
1096 τὴν ποίησιν τῇ διαμαρτυρίᾳ. ἔδει γὰρ ἐγγράψαι αὐτοὺς, εἰσποιησαμένου τοῦ δεῖνος· ὁ δ' οὐκ εἰσεποιήσατο, ἀλλ' ἑαυτοὺς εἰσποιοῦντες ἀποστεροῦσιν ἡμᾶς τῆς κληρονομίας.

ιη. Τὸ μετὰ ταῦτα τοίνυν πῶς οὐκ ἄτοπον καὶ δεινόν ἐστιν ἅμα, παρακαταβεβληκέναι τοῦ κλήρου πρὸς τῷ ἄρχοντι, ὡς ὄντα αὐτὸν Ἀρχιάδου, Λεώστρατον τουτονὶ, τὸν Ἐλευσίνιον τοῦ Ὀτρυνέως· διαμεμαρτυρηκέναι δ' ἕτερον, ὡς αὐτοὶ ὁρᾶτε, φάσκοντα καὶ τοῦτον Ἀρχιάδου υἱὸν εἶναι; καὶ ποτέρῳ δεῖ προσέχειν [3] ἡμῶν, ὡς ἀληθῆ λέγοντι; αὐτὸ γὰρ τοῦτο τεκμήριον οὐκ ἐλάχιστόν ἐστι τοῦ ψευδῆ τὴν διαμαρτυρίαν γεγενῆσθαι, τὸ περὶ τοῦ αὐτοῦ πράγματος μὴ τὸν αὐτὸν [4] περὶ τοῦ αὐτοῦ ἀμφισβητεῖν. εἰκότως. ὅ τε γὰρ, οἶμαι, Λεώστρατος οὑτοσὶ παρεκατέβαλλε τοῦ κλήρου

[1] οὐχὶ * ἢ τὸν [2] προσέγραψαν [3] * ὑμᾶς [4] περὶ τοῦ αὐτοῦ] * πρὸς τοὺς αὐτοὺς

suspicatum morantibus. Cic. pro Rosc. "Lite contestata, judicio damni injuria constituto." BUDÆUS.

ιη. Μὴ τὸν αὐτὸν περὶ τοῦ αὐτοῦ] Τὸ περὶ τοῦ αὐτοῦ aut abundat, quia præcedit περὶ τοῦ αὐτοῦ πράγματος, aut aliquid aliud substituendum. WOLF. Vel tria verba περὶ τοῦ αὐτοῦ delenda sunt, vel sic legendum: μὴ τὸν αὐτὸν τρόπον ἀμφ. — v. seq. emendo ὅτε γὰρ - - - οὔπω διεμεμαρτυρήκει, ὁ νῦν etc. AUGER.

Ὅτε γὰρ, οἶμαι — τι τούτων;] *Cum enim Leostratus iste sponsionem nobis de hereditate subscripsit, hic Leochares, qui nunc contestatus est, nondum adscriptus erat ita ut popularis esset. Quo fit, ut si ejus contestationi vos credere institeritis, quæ rerum eventum subsecuta est, futurum sit ut injuria plane insigni nos afficiamur ipsi. Quin et ipse contestator res hujuscemodi testatus est, quarum meminisse non potest, cum earum æqualis non fuerit: etenim qui nondum in familia erat Archiadæ, cum sortitio petitionis hereditatis facta est, qui tandem nosse ille potuit eorum quicquam quæ ad causam pertinent?* Leochares igitur erat is, qui in causam incurrerat petitionis hereditatis, quæ, inter Leostratum eumque cui Demosthenes patrocinium scripsit, agitabatur: ejusque διαμαρτυρία factum est, ut intentio petitionis hereditatis interea consopiretur et consisteret. Ea autem exceptio tam ab actore quam a reo in medium proferri aut excitari poterat ad inhibendam litis contestationem super hereditatis petitione judiciique constitutionem, h. e. ἐγίγνετο ἡ διαμαρτυρία ἐφ' ᾧ μὴ εἰσάγεσθαι τὴν δίκην τὴν εὐθεῖαν ὑπὸ τοῦ παρακαταβάλλοντος. Est enim διαμαρτυρία genus exceptionis, h. e. παραγραφῆς, quæ

πρὸς ἡμᾶς, οὔπω διαμεμαρτυρηκὼς, νῦν ἐγγέγραπται ὡς δημότης εἶναι. ὥστε πάντων ἂν δεινότατα πάθοιμεν, εἰ τῇ ὕστερον τῶν πραγμάτων γεγενημένῃ διαμαρτυρίᾳ [1] πιστεύσετε ὑμεῖς.

ιθ'. Ἀλλὰ μὴν καὶ πρεσβύτερά γε αὐτοῦ διαμεμαρτύρηκεν· ὁ γὰρ μήπω ἐν τῷ οἴκῳ τῷ Ἀρχιάδου ὢν, ὅθ' ἡ λῆξις [2] αὐτὴ τοῦ κλήρου ἐγένετο, πῶς ἂν εἰδείη τι τούτων; ἔπειτ', εἰ μὲν αὐτὸν διεμεμαρτυρήκει, εἶχεν ἂν λόγον [3] αὐτὸ τὸ πρᾶγμα, ἀδίκως μὲν ἂν ἔγραψεν, οὐδὲν δ' ἧττον ὑπὲρ τοῦ κατὰ τὴν ἡλικίαν [4] λέγοντος· νῦν δὲ γνησίους υἱοὺς γέγραφε τῷ Ἀρχιάδῃ ἐκείνῳ εἶναι, τόν τε αὐτοῦ πατέρα δηλονότι καὶ αὐτὸν κατὰ τὴν ἐξ ἀρχῆς ποίησιν, οὐκ ἐπιλογισάμενος ὅτι ἐπανεληλυθότες ἦσαν. οὐκοῦν ἀνάγκη πρεσβυτέρας πράξεις αὐτὸν, καὶ μὴ τὰς ἐφ' ἑαυτοῦ γεγενημένας, διαμεμαρτυρηκέναι. εἶθ' ὑμεῖς τῷ τοῦτο τετολμηκότι [5] πιστεύσετε, ὡς ἀληθῆ λέγοντι; 1097

κ'. Νὴ Δία, ἀλλ' ἀκηκοὼς τοῦ αὐτοῦ πατρὸς διαμεμαρτύρηκεν· ὁ δέ γε νόμος ἀκοὴν τῶν τετελευτηκότων κω-

1 * πιστεύσαιτε   2 αὕτη   3 αὐτῷ   4 * τοῦ λέγοντος   5 * πιστεύσετε

παραγραφὴ differt τῆς εὐθυδικίας, estque Demostheni, *instantia litis summotrix petitionis hereditatis* aut *bonorum possessionis agnitæ a propinquis*; et διαμαρτυρεῖν verbum, quod est quasi *de scripto contestari*, ut planum fit animadvertentibus. ὁ μὲν οὖν διαμαρτυρῶν affirmabat et testificabatur quiddam non in sua, sed in aliena causa; in qua exceptionem intendens liti se offerebat, quo facto litem suam faciebat testificando. Qui si mendacii convinceretur, ψευδομαρτυριῶν i. e. *falsi criminis* damnabatur. BUDÆUS. Vid. Petit. Comm. in Leg. Attic. l. IV. t. VII. §. XIII. et Isæus de Philoct. Hered. p. 61. et Herald. Anim. in Salmas. Obss. ad Jus A. et R. l. VI. §. IX. p. 450.

Ὅ, τε γὰρ οἶμαι Λεώστρατος] Alterum hujus loci membrum deest, cujusmodi sit καὶ ὁ Λεωχάρης ποιηθῆναι φάσκων, νῦν ἐγγέγραπται ὡς δημότης εἶναι. Lego aut ὡς δημότης ὤν, aut ἐγγέγραπται δημότης εἶναι. *In farrag.* In margine [scil. ed. Benenat.] hæc adscripta sunt: τότε γὰρ, οἶμαι, Λεώστρατος οὑτοσὶ παρακατέβαλλε τοῦ κλήρου πρὸς ἡμᾶς, ὅτε ὁ Λεωχάρης οὔπω διαμεμαρτυρηκὼς ἦν, ὅτι ἐγγέγραπται ὡς δημότης εἶναι: *tunc enim scilicet Leostratus iste ex sponso in hereditatem agebat contra nos, cum Leochares nondum testatus esset, se pro municipe inscriptum esse.* Ἄλλως. οὔτε γὰρ, οἶμαι, Λεώστρατος οὔτε παρακατέβαλε, &c. *Aliter. Neque enim scilicet Leostratus neque sacramento contenderat*, &c. ὡς νῦν ἐγγέγραπται, *se nunc esse inscriptum.* WOLF.

ιγ'. Πῶς ἂν εἰδείη τι τούτων;] Σόφισμα. Scire potuit, patrem suum esse adoptatum, seque illi successurum. Sed loquitur de ætate adoptionis. Cum enim Leochares sit defuncti Leocratis quasi posthumus, infans utique habendus erit. IDEM.

Ἔπειτ', εἰ μὲν αὐτὸν διεμεμαρτυρήκει] S. υἱὸν εἶναι Ἀρχιάδῃ. IDEM.

Εἶχεν ἂν λόγον αὐτὸ τὸ πρᾶγμα] Videntur verba et distinctiones transpositæ. Quid ergo, si sic? εἶχεν ἂν λόγον, S. τὸ πραχθέν. αὐτὸ μὲν γὰρ τὸ πρᾶγμα, ἀδίκως ἂν ἐνέγραψεν· οὐδὲν δ' ἧττον. τὸ πρᾶγμα intellige τὴν εἰσποίησιν. IDEM.

Ὁ δέ γε νόμος ἀκοὴν τῶν τετελευτηκότων κωλύει διαμαρτυρεῖν ζῶντος τοῦ πατρὸς τὰ ὑπ' ἐκείνου πραχθέντα] Corruptus haud dubie locus. μαρτυρεῖν ἀκοὴν τετελευτηκότος, ἢ ὑπερορίου ὄντος, licuit, ut ex multis nostri auctoris locis constat. Quid ergo, si legas? ὁ δέ γε νόμος ἀκοὴν κωλύει μαρτυρεῖν ζῶντος τοῦ πατρὸς, ἀλλὰ τὰ ὑπὸ τῶν τετελευτηκότων πραχθέντα. etsi hæc abundarem

λύει διαμαρτυρεῖν, ζῶντος τοῦ πατρὸς, τὰ ὑπ' ἐκείνου πραχθέντα. ἐπεὶ κἀκεῖνο, διὰ τί ποτε Λεώστρατος οὑτοσὶ οὐχ αὑτὸν, ἀλλὰ τοῦτον, [1] ἐνεγράψατο τῇ διαμαρτυρίᾳ; — τὰ γὰρ πρεσβύτερα τῶν πραγμάτων τὸν πρεσβύτερον ἔδει διαμαρτυρεῖν — ὅ τι νὴ Δία, ἂν εἴποι· τοῦτον [2] γὰρ εἰσπεποίηκα υἱὸν τῷ Ἀρχιάδῃ. οὐκοῦν σὲ, τὸν εἰσποιοῦντα καὶ κατασκευάζοντα τὰ πράγματα, καὶ λόγον ἔδει διδόναι, γενόμενον ὑπεύθυνον ὧν πεποίηκας· πολλή γε ἀνάγκη. ἀλλὰ τοῦτο μὲν ἔφυγες, τῇ διαμαρτυρίᾳ δὲ τοῦτον, οὐδὲν εἰδότα, ἐπεγράψω. ὥςτε φανερὸν ὑμῖν ἐστὶν, ὦ ἄνδρες δικασταὶ, τὰ διαμαρτυρούμενα μὴ εἶναι ἀληθῆ· καὶ παρ' αὐτοῖς γε τούτοις ὁμολογεῖται. καὶ μὴν κἀκεῖνο δίκαιόν ἐστι, μὴ λέγοντος αὐτίκα μάλ' ἀκούειν Λεωστράτου τουτουῒ, ὑπὲρ ὧν γε διαμαρτυρῆσαι οὐκ ἐτόλμησεν.

κά. Ὡς δὲ καὶ τῶν ἀγώνων ἀδικώτατοι καὶ πλείστης ὀργῆς ἄξιοι τοῖς ἀγωνιζομένοις αἱ διαμαρτυρίαι εἰσὶ, μάλιστ' ἂν τις ἐκεῖθεν καταμάθοι. πρῶτον μὲν γὰρ οὐκ ἀναγκαίως ἔχουσιν, ὥσπερ οἱ ἄλλοι, ἀλλ' ἐκ προαιρέσεως καὶ βουλήσεως τοῦ διαμαρτυροῦντος γίγνονται. εἰ μὲν [3] γὰρ ὑπὲρ τῶν ἀμφισβητουμένων μή ἐστιν ἄλλον τρόπον δίκην λαβεῖν, ἢ διαμαρτυρήσαντα, ἴσως ἀναγκαῖον τὸ διαμαρτυρεῖν· εἰ δὲ καὶ ἄνευ διαμαρτυρίας πρὸς ἅπασι τοῖς συνεδρίοις

[1] ἐσεγράψατο [2] [γὰρ] [3] γὰρ διαμφισβητουμένων

videtur, et e mutilato scholio irrepsisse. *In farrag.* [e marg. Lutet.] δεῖ δὲ ζῶντος τοῦ πατρὸς τὰ ὑπ' ἐκείνου πραχθέντα διαμαρτυρεῖν: *sed oportet vivente patre ea, quæ ab illo facta sunt, testificari.* Utcunque legas, in eodem hæremus luto. WOLF. Locus hic videtur corruptus: nam lex non vetabat quemquam, ea pro testimonio dicere, quæ a mortuo acceperat, at tamen contrarium hic videtur scribere Demosthenes. Verum sola opus est interpunctione atque interpretatione ad h. m. ὁ δέ γε νόμος, ἀκοὴν τῶν τετελευτηκότων, κωλύει διαμαρτυρεῖν, ζῶντος τοῦ πατρὸς, τὰ ὑπ' ἐκείνου πραχθέντα. Prima legis verba ἀκοὴν τῶν τετελ. affert, ut doceat quænam hæc sit lex, cujus meminit, et quæ vetat διαμαρτυρεῖν, ζ. τ. π., τ. ὑ. ἐ. πραχθ. Nempe lex est, cujus initium ἀκοὴν, &c. quomodo apud M. Tullium leges designantur ex primis illarum verbis, lib. II. de Leg. c. 4. "A parvis enim, Quinte, didicimus, SI IN JUS VOCAT, atque ejusmodi alias *leges* nominare." Atque ita passim Jti leges laudant. *In leg. Attic.* l. IV. t. VII. §. X. PETITUS. Fac oratores Atticos leges ita citasse, qua de re dubito, constabitne Oratio hujus distinctionis auxilio? Non puto. Locus Demosthenis impeditus est, et, ut arbitror, mancus. Agit quidem certe non de μαρτυρίᾳ, sed διαμαρτυρίᾳ, in qua citari, quæ a defunctis audita erant, legibus fuisse vetitum significat. WESSELING.

Διαμαρτυρεῖν] Regit simul et ἀκοὴν et τὰ ὑπ' ἐκείνου πραχθέντα. Hæc vel illud sunt appositio. Pone punctum post πραχθέντα, et ad κἀκεῖνο sub. σκοπεῖτε. AUGER.

Ἐπεὶ κἀκεῖνο διὰ τί ποτε] Τὸ κἀκεῖνο abundat. WOLF.

Ὅτι] Vel ὅτι vel γὰρ delendum, ego malim abesse ὅτι. AUGER.

Ὑπὲρ ὧν γε διαμαρτυρῆσαι οὐκ ἐτόλμησεν] Nam Leocharem filium testificationi inscripsit. WOLF.

ἔνεστι λόγου μὴ ἀποστερηθῆναι, πῶς οὐ προπετείας καὶ τῆς μεγίστης ἀπονοίας σημεῖον τὸ διαμαρτυρεῖν ἐστίν; [1] οὐ γὰρ ὁ νομοθέτης ἀναγκαῖον αὐτὸ ἐποίησε τοῖς ἀντιδίκοις· ἀλλ', ἂν βούλωνται διαμαρτυρεῖν, ἔδωκεν, ὥσπερ διάπειραν 1098
ποιούμενος τῶν τρόπων ἑνὸς ἑκάστου ἡμῶν, πῶς ποτ' ἔχοιμεν πρὸς τὸ προπετῶς τι πράττειν; ἔτι τοίνυν [2] ἐπὶ τὸ τῶν διαμαρτυρούντων μέρος, οὔτε δικαστήρια ἦν ἄν, οὔτε ἀγῶνες ἐγίγνοντο. κωλύει γὰρ πάντα ταῦτα τὸ τῶν διαμαρτυριῶν γένος, καὶ ἀποκλείει εἰσαγωγῆς [3] ἕκαστα τῆς εἰς τὰ δικαστήριον, κατά γε τὴν τοῦ διαμαρτυροῦντος βούλησιν. διόπερ οἶμαι δεῖν κοινοὺς ἐχθροὺς τοὺς τοιούτους ἀνθρώπους ὑπολαμβάνειν πᾶσι τοῖς πράγμασιν εἶναι, καὶ μηδέποτε τυγχάνειν [4] αὐτοὺς ἀγωνιζομένους παρ' ὑμῖν. προελόμενος γὰρ ἕκαστος αὐτῶν τὸν ἐκ τοῦ διαμαρτυρῆσαι κίνδυνον, οὐκ ἀναγκασθεὶς εἰσέρχεται.

κβ'. Ὅτι μὲν οὖν ἡ διαμαρτυρία ψευδής ἐστι, καὶ ἐκ τῶν γεγραμμένων καὶ ἐκ τῶν εἰρημένων λόγων σχεδὸν ἀκριβῶς μεμαθήκατε· ὅτι δὲ καὶ οἱ νόμοι, ὦ ἄνδρες δικασταί, ἡμῖν τὴν κληρονομίαν ἀποδιδόασι, τοῦθ' ὑμᾶς διὰ βραχέων βούλομαι διδάξαι, οὐχ ὡς οὐ μεμαθηκότας καὶ ἐν τοῖς ἐν ἀρχῇ εἰρημένοις, ἀλλ' ἵνα μᾶλλον πρὸς τὴν τούτων ψευδολογίαν τὰ δίκαια μνημονεύητε.

κγ'. Τὸ [5] μὲν γὰρ σύνολον, ὄντες Ἀρχιάδῃ, οὗ ἐστὶν ὁ κλῆρος οὑτοσί, πρὸς ἀνδρῶν κατὰ γένος ἐγγυτάτω· καὶ τῆς ποιήσεως, ἣν ἐκεῖνος ἐποιήσατο, τῶν μὲν ἐπανεληλυθότων εἰς τὸν πατρῷον οἶκον, τοῦ δ' ἐγκαταλειφθέντος ἄπαιδος τετελευτηκότος· τούτων δ' οὕτως ἐχόντων, ἀξιοῦμεν κληρο-

[1] οὐδὲ γὰρ [2] [ἐπὶ] [3] [ἕκαστα] [4] αὐτοὺς συγγνώμης ἀγ. [5] [μὲν]

κά. Ἐπὶ τὸ τῶν διαμαρτυρούντων μέρος] F. κατὰ τὸ, etsi utraque præpositio abesse posset. IDEM.

Καὶ μηδέποτε τυγχάνειν αὐτοὺς ἀγωνιζομένους παρ' ὑμῖν] Ἀντὶ τοῦ, ἀγωνίζεσθαι. Sed quid si ἐπιτυγχάνειν, τουτέστι, κρατεῖν καὶ κατορθοῦν. *neque unquam pro illis ferendam sententiam.* IDEM. Post τυγχάνειν adde συγγνώμης, quod fuisse omissum videtur. AUGER.

κβ'. Καὶ ἐκ τῶν γεγραμμένων λόγων] Scriptas orationes appellat, opinor, leges et testimonia in tabellas relata. Nisi forte legendum censeas καὶ ἐκ τῶν γεγραμμένων νόμων καὶ ἐκ τῶν εἰρημένων λόγων, aut τὰ γεγραμμένα referas ad ipsam διαμαρτυρίαν et accusationem. WOLF. Leg. πεπραγμένων. AUGER.

κγ'. Καὶ τῆς ποιήσεως, ἣν ἐκεῖνος ἐποιήσατο, τῶν μὲν] V. A. ἐποιήσατο, ἀκύρου γενομένης, τῶν μὲν, aut aliquid simile. WOLF. Wolfium exscribit Augerus.

Ἀξιοῦμεν κληρονομεῖν τῆς ὑπ' Ἀρχιάδου, καταλειφθείσης conjunge. τὸ δὲ videtur abundare: nisi in superiore membro legas οὐδεμίαν μὲν οὐσίαν. Tum τὸ κληρονομεῖν absolute accipias, erit subintelligendum aliquod commodum participium, cujusmodi

νομεῖν, οὐδεμίαν οὐσίαν Λεωστράτου ἀφελόμενοι. οὗτοι μὲν γὰρ τὰς ἑαυτῶν ἔχουσι, τῆς ὑπ' Ἀρχιάδου δὲ καταλειφθείσης [1] καὶ οὔσης ἐκ τῶν νόμων ἡμετέρας. [2] ὁ γὰρ νόμος, ὦ
1099 ἄνδρες δικασταὶ, κελεύει κρατεῖν τοὺς ἄῤῥενας καὶ τοὺς ἐκ τῶν ἀῤῥένων· οὗτοι δ' ἡμεῖς ἐσμέν. οὐκ ἦσαν τοίνυν παῖδες ἐκείνῳ· οἱ δ' ὄντες, ἡμεῖς ἐσμέν.

κδ'. Ἔπειτα οὐ δίκαιον δήπου τὸν ποιητὸν υἱὸν ποιητοὺς ἑτέρους εἰσάγειν, ἀλλ' ἐγκαταλείπειν μὲν γιγνομένους, ὅταν δὲ τοῦτ' ἐπιλίπῃ, τοῖς γένεσιν ἀποδιδόναι τὰς κληρονομίας· ταῦτα γὰρ οἱ νόμοι κελεύουσιν. ἐπεὶ πῶς οὐκ ἐκκλείεται εἷς ἕκαστος ὑμῶν τῆς κατὰ γένος ἀγχιστείας, ὅταν τοῖς ποιητοῖς ἡ ἄδεια αὕτη δοθῇ; ὁρᾶτε γὰρ, ὅτι, ταῖς κολακείαις οἱ πλεῖστοι ψυχαγωγούμενοι καὶ ταῖς πρὸς τοὺς οἰκείους διαφοραῖς πολλάκις φιλονεικοῦντες, ποιητοὺς υἱεῖς ποιοῦνται· εἰ δ' ἔσται τῷ εἰσποιηθέντι παρὰ τὸν νόμον εἰσποιεῖν ὃν ἂν βούληται, οὐδέποτε τοῖς γένεσιν αἱ κληρονομίαι δοθήσονται. ἃ καὶ προνοηθεὶς ὁ νομοθέτης ἀπεῖπε τῷ ποιητῷ αὐτῷ ὄντι ποιητὸν υἱὸν μὴ ποιεῖσθαι. τίνα τρόπον διορίσας περὶ τούτων; ὅταν εἴπῃ, υἱὸν γνήσιον ἐγκαταλιπόντα ἐπανιέναι, δηλοῖ δήπου φανερῶς, ὅτι οὐ δεῖ ποιεῖσθαι. ἀδύνατον γάρ ἐστιν υἱὸν γνήσιον ἐγκαταλιπεῖν, ἐὰν μὴ γόνῳ γεγονὼς ᾖ τινί. σὺ τοίνυν, ὦ Λεώστρατε, ἀξιοῖς τῷ τετελευτηκότι εἰσποιητῷ εἰς τὸ ἡμέτερον γένος ὄντι ποιητὸν εἰς τὸν κλῆρον εἰσαγαγεῖν, ὥσπερ ἐπὶ τὰ σαυτοῦ κτήματα, καὶ οὐκ εἰς τὰ [3] κατὰ νόμον τῷ προσήκοντι δοθησόμενα βαδίζων.

κέ. Ἡμεῖς δ', ὦ ἄνδρες δικασταὶ, εἰ μὲν ὁ τετελευτηκὼς ἐποιήσατό τινα, καίπερ οὐ διδόντος τοῦ νόμου, συνεχωροῦμεν ἂν αὐτῷ· ἢ, εἰ διαθήκας καταλελοίπει, καὶ ταύταις ἂν ἐνεμείναμεν. ἐπεὶ καὶ τὸ ἐξ ἀρχῆς τοιοῦτοι ὄντες διετελοῦμεν, οὐκ ἐναντιούμενοι τούτοις ἔχουσι τὴν οὐσίαν, καὶ ἐπανιοῦσιν
1100 ἄνω, καθ' ὃν δήποτε τρόπον ἐβούλοντο· ἐπεὶ δὲ νυνί ποτε ὑπὸ τούτων αὐτῶν καὶ ὑπὸ τῶν νόμων τὸ πρᾶγμα ἐξελήλεγκται, καὶ οἰόμεθα δεῖν κληρονομεῖν τῶν Ἀρχιάδου, καὶ

[1] [καὶ] [2] ὁ μὲν γὰρ [3] κατὰ τὸν νόμον

Ἡμετέρας] Post ἡμετέρας add. vid. ἀντιποιούμενοι. Auger.

sit, ἀντιποιούμενοι. Wolf.

παρ' ἡμῶν εἶναι τὸν υἱὸν τὸν εἰσποιούμενον [1] τῶν μὴ πεποιημένων πρότερον, μὴ παρὰ τούτων. δικαίως γὰρ ὁ νομοθέτης, οἶμαι, ὥσπερ καὶ τὰς ἀτυχίας τῶν οἰκείων καὶ τὰς ἐκδόσεις τῶν γυναικῶν τοῖς ἐγγύτατα γένους προσέταττε ποιεῖσθαι, οὕτω καὶ τὰς κληρονομίας καὶ τὴν τῶν ἀγαθῶν μετουσίαν τοῖς αὐτοῖς ἀπέδωκε. τὸ δὲ πάντων μέγιστον καὶ γνωριμώτατον ὑμῖν· ὁ γὰρ τοῦ Σόλωνος νόμος οὐδὲ διαθέσθαι τὸν ποιητὸν ἐᾷ τὰ ἐν τῷ οἴκῳ, ὅταν ποιηθῇ. εἰκότως, οἶμαι. τῷ γὰρ κατὰ νόμον εἰσποιηθέντι [2] ἐπὶ τὰ ἑτέρου, οὐχ οὕτως, ὡς περὶ τῶν ἰδίων κτημάτων, βουλευτέον ἐστίν· ἀλλὰ τοῖς νόμοις ἀκολούθως, περὶ ἑκάστου τῶν γεγραμμένων, ὡς ὁ νόμος λέγει. ὅσοι μὴ ἐπεποίηντο, φησιν, ὅτε Σόλων εἰσῄει εἰς τὴν ἀρχὴν, ἐξεῖναι αὐτοῖς διαθέσθαι, ὅπως ἂν ἐθέλωσι· τοῖς [3] δὲ ποιηθεῖσιν οὐκ ἐξὸν διαθέσθαι, ἀλλὰ ζῶντας ἐγκαταλιπόντας υἱὸν γνήσιον ἐπανιέναι, ἢ τελευτήσαντος ἀποδιδόναι τὴν κληρονομίαν τοῖς ἐξ ἀρχῆς οἰκείοις οὖσι τοῦ ποιησαμένου.

1 * τῷ μὴ πεποιημένῳ 2 εἰς 3 δέ γε ποιηθεῖσιν

xi. Τῶν μὴ πεποιημένων] Παθητικῶς. et, v. 10. οὐχ οὕτως ὡς περὶ τῶν ἰδίων κτημάτων. et, v. pen. τελευτήσαντας, quia praecedit, ἀλλὰ ζῶντας. WOLF. ἢ τελευτήσαντας ἀποδιδόναι, vel defunctos reddere: defuncti reddent hereditatem, i. e. cum ipsi defuncti fuerint, reddetur hereditas. AUGER.

Οὐδὲ διαθέσθαι] Ne testari quidem permittit adoptivo in suo patrimonio, cum adoptatus fuerit. ὁ δὲ ἐπανιὼν est, adoptinus qui e familia adscititia ad suam naturalemque revertitur. v. 15. ἀλλὰ ζῶντας— ἐπανιέναι, sed viventes in familiam suam redire, si tamen filium legitimum e se genitum in adoptiva familia relinquant. ὁ ποιησάμενος est pater adoptivus. BUDAEUS. Vid. Petit. Comm. in Leg. Attic. l. II. t. IV. §. VI. p. 217. et l. VI. t. VI. §. VI. p. 583.

Φησιν, ὅτε Σόλων] Φησιν ὁ Σόλων, ἐξεῖναι αὐτοῖς δ' &c. [e marg. Lutet.] Solon ait, eis esse factionem testamenti. WOLF.

ΥΠΟΘΕΣΙΣ ΤΟΥ ΚΑΤΑ ΣΤΕΦΑΝΟΥ ΨΕΥΔΟΜΑΡΤΥΡΙΩΝ ΠΡΩΤΟΥ ΛΟΓΟΥ.

Pag. ed. Reisk.

1100 ΟΤΕ Ἀπολλόδωρος ἔκρινε Φορμίωνα, τῆς τραπέζης ἀφορμὴν ἐγκαλῶν, ὁ δὲ τὴν δίκην παρε-
1101 γράψατο, Στέφανος μετ' ἄλλων τινῶν ἐμαρτύρησε Φορμίωνι, ὡς ἄρα ὁ μὲν Φορμίων προὐκα-
λεῖτο Ἀπολλόδωρον, εἰ μή φησιν ἀντίγραφα εἶναι τῶν διαθηκῶν τῶν τοῦ πατρὸς [1] Φορμίωνος, Πασίωνος, παρασχεῖν ἀνοῖξαι τὰς διαθήκας αὐτάς, ἃς ἔχει καὶ παρέχεται Ἀμφίας· Ἀπολλόδωρος δὲ ἀνοίγειν οὐκ ἠθέλησεν. ἔστι δὲ ἀντίγραφα τάδε τῶν διαθηκῶν τῶν Πασίωνος. ταύτην ἐμαρτύρησαν τὴν μαρτυρίαν οἱ περὶ Στέφανον· καὶ τοῦ Ἀπολλοδώρου λέγοντος κατὰ τοῦ Φορμίωνος, ὡς ἄρα τὰς διαθήκας ἔπλασε, καὶ τὸ ὅλον πρᾶγμα σκευώρημά ἐστιν, ἡττηθεὶς τοίνυν τὴν δίκην Ἀπολλόδωρος ὑπὲρ τῆς μαρτυρίας, ὡς ψευδοῦς οὔσης, τῷ Στεφάνῳ δικάζεται.

1 Φ Ἀπολλοδώρου

ΣΤΕΦΑΝΟΥ] Stephanus hic videtur alius esse ab eo, qui in oratione contra Neaeram exagitatur. Wolf.

Τῶν διαθηκῶν τῶν τοῦ πατρὸς Φορμίωνος] Τῶν διαθηκῶν τῶν τοῦ πατρὸς, τὰ Φορμίωνος; scilicet ἀντίγραφα. Idem. F. πατρὸς Πασίωνος, Πασίωνος παρασχεῖν &c.

ΔΗΜΟΣΘΕΝΟΥΣ

ΚΑΤΑ ΣΤΕΦΑΝΟΥ

ΨΕΥΔΟΜΑΡΤΥΡΙΩΝ Α.

1101 α. ΚΑΤΑΨΕΥΔΟΜΑΡΤΥΡΗΘΕΙΣ, ὦ ἄνδρες δικασταὶ, καὶ παθὼν ὑπὸ Φορμίωνος ὑβριστικὰ καὶ δεινὰ, δίκην παρὰ τῶν αἰτίων ἥκω ληψόμενος παρ' ὑμῖν. δέομαι δὲ πάντων ὑμῶν καὶ ἱκετεύω καὶ ἀντιβολῶ, πρῶτον μὲν εὐνοϊκῶς ἀκοῦσαί μου· μέγα γὰρ τοῖς ἠτυχηκόσιν, ὥσπερ ἐγὼ, δυνηθῆναι περὶ ὧν πεπόνθασιν εἰπεῖν, καὶ εὐμενῶς ἐχόντων ὑμῶν ἀκροατῶν τυχεῖν. εἶτ', ἐὰν ἀδικεῖσθαι δοκῶ, βοηθῆσαί μοι τὰ δίκαια. ἐπιδείξω δ' ὑμῖν τουτονὶ Στέφανον καὶ μεμαρτυρηκότα [1] ψευδῆ καὶ δι' αἰσχροκέρδειαν

1 Φ τὰ ψευδῆ

τοῦτο πεποιηκότα, καὶ κατήγορον αὐτὸν αὑτοῦ γιγνόμενον· 1102
τοσαύτη περιφάνεια τοῦ πράγματός ἐστιν. ἐξ ἀρχῆς δ',
ὡς ἂν οἷός τε ὦ, διὰ βραχυτάτων εἰπεῖν πειράσομαι τὰ
πεπραγμένα μοι πρὸς Φορμίωνα· ἐξ ὧν ἀκούσαντες, τήν
τ' ἐκείνου πονηρίαν, καὶ τούτους ὅτι τὰ ψευδῆ μεμαρτυρή-
κασι, γνώσεσθε.

β΄. Ἐγὼ γὰρ, ὦ ἄνδρες δικασταὶ, πολλῶν χρημάτων
ὑπὸ τοῦ πατρὸς καταλειφθέντων μοι, καὶ ταῦτα Φορμίω-
νος ἔχοντος, καὶ ἔτι πρὸς τούτοις τὴν μητέρα γήμαντος
τὴν ἐμὴν, ἀποδημοῦντος [1] ἐμοῦ, δημοσίᾳ τριηραρχοῦντος
ὑμῖν, — ὃν δὲ τρόπον, οὐκ ἴσως καλὸν υἱεῖ περὶ μητρὸς
ἀκριβῶς εἰπεῖν —, ἐπειδὴ καταπλεύσας ᾐσθόμην, καὶ
τὰ πεπραγμένα εἶδον, πολλὰ ἀγανακτήσας καὶ χαλε-
πῶς ἐνεγκὼν, δίκην μὲν οὐχ οἷός τ' ἦν ἰδίαν λαχεῖν — οὐ
γὰρ ἦσαν ἐν τῷ τότε καιρῷ δίκαι, ἀλλ' ἀνεβάλλεσθε
ὑμεῖς διὰ τὸν πόλεμον —, γραφὴν δὲ ὕβρεως γράφομαι,
πρὸς τοὺς θεσμοθέτας αὐτόν. χρόνου [2] δὲ γιγνομένου, καὶ
τῆς μὲν γραφῆς ἐκκρουομένης, δικῶν δὲ οὐκ οὐσῶν, γίγνον-
ται παῖδες ἐκ τούτου τῇ μητρί. καὶ μετὰ ταῦτα — εἰρή-
σεται γὰρ ἅπασα πρὸς ὑμᾶς ἡ ἀλήθεια, ὦ ἄνδρες δικα-
σταὶ — πολλοὶ μὲν καὶ φιλάνθρωποι λόγοι παρὰ τῆς μη-
τρὸς ἐγίγνοντο καὶ δεήσεις ὑπὲρ Φορμίωνος τουτουΐ· πολλοὶ
δὲ καὶ μέτριοι καὶ ταπεινοὶ παρ' αὐτοῦ τούτου. ἵνα δὲ, ὦ
ἄνδρες Ἀθηναῖοι, συντέμω ταῦτα, ἐπειδὴ ποιεῖν τε οὐδὲν
ᾤετο δεῖν ὧν τότε ὡμολόγησε, καὶ τὰ χρήματα ἀποστερεῖν
ἐνεχείρησεν ἃ τῆς τραπέζης εἶχεν ἀφορμὴν, δίκην ἠναγκά-
σθην αὐτῷ λαχεῖν, ἐπειδὴ τάχιστα ἐξουσία ἐγένετο. γνοὺς 1103
δ' οὗτος, ὅτι πάντα ἐξελεγχθήσεται καὶ κάκιστος ἀνθρώ-
πων περὶ [3] ὑμᾶς γεγονὼς ἐπιδειχθήσεται, μηχανᾶται καὶ
κατασκευάζει ταῦτα, ἐφ' οἷς Στέφανος οὑτοσὶ τὰ ψευδῆ
μου κατεμαρτύρησε. καὶ πρῶτον μὲν παρεγράψατο τὴν δί-
κην, ἣν ἔφυγε, Φορμίων μὴ εἰσαγώγιμον εἶναι· ἔπειτα μάρ-
τυρας, ὡς ἀφῆκα αὐτὸν τῶν ἐγκλημάτων, παρέσχετο ψευ-
δεῖς, καὶ μισθώσεώς τινος ἐσκευωρημένης, καὶ διαθήκης

[1] ἐμοῦ δημοσίᾳ, [2] * δ' ἐγγιγνομένου [3] * ἡμᾶς

β΄. Ἐμοῦ] Forte melius, ἐμοῦ δημοσίᾳ καὶ τριηρ. Auger.

Καὶ παρεγράψατο τὴν διαθήκην] Τὴν δίκην lege, permutatis vocibus. Wolf.

οὐδὲ πώποτε γενομένης. προλαβὼν δέ μου, ὥστε πρότερον λέγειν διὰ τὸ παραγραφὴν εἶναι, καὶ μὴ εὐθυδικίᾳ εἰσιέναι· καὶ ταῦτ᾽ ἀναγνούς, καὶ τἄλλα, ὡς αὑτῷ συμφέρειν ἡγεῖτο, ψευσάμενος, οὕτω διέθηκε τοὺς δικαστάς, ὥστε φωνὴν μηδ᾽ ἡντινοῦν ἐθέλειν ἀκούειν ἡμῶν. προσόφλων δὲ τὴν ἐπωβελίαν, καὶ οὐδὲ λόγου τυχεῖν ἀξιωθείς, ὡς οὐκ οἶδ᾽, εἴ τις πώποτε ἄλλος ἀνθρώπων, ἀπῄειν βαρέως, ὦ ἄνδρες Ἀθηναῖοι, καὶ χαλεπῶς φέρων. λόγον δ᾽ ἐμαυτῷ διδούς, εὑρίσκω τοῖς δικάσασι μὲν τότε πολλὴν συγγνώμην οὖσαν — ἐγὼ γὰρ αὐτὸς οὐκ ἂν οἶδ᾽ ὅ τι ἄλλο εἶχον ψηφίσασθαι, τῶν πεπραγμένων μὲν μηδὲν εἰδώς, τὰ δὲ μαρτυρούμενα ἀκούων —, τούτους δὲ ἀξίους ὄντας ὀργῆς, οἳ τῷ τὰ ψευδῆ μαρτυρεῖν αἴτιοι τούτων ἐγένοντο. περὶ μὲν δὴ τῶν ἄλλων τῶν μεμαρτυρηκότων, ὅταν πρὸς ἐκείνους εἰσίω, τότε ἐρῶ· περὶ ὧν δ᾽ οὑτοσὶ Στέφανος μεμαρτύρηκεν, ἤδη πειράσομαι διδάσκειν ὑμᾶς. λάβε δ᾽ αὐτὴν τὴν μαρτυρίαν, καὶ ἀνάγνωθί μοι, ἵνα ἐξ αὐτῆς ἐπιδεικνύω. λέγε· σὺ δ᾽ ἐπίλαβε τὸ ὕδωρ.

1104 ## ΜΑΡΤΥΡΙΑ.

Στέφανος Μενεκλέους Ἀχαρνεύς, Σκύθης Ἁρματέως Κυδαθηναιεύς, μαρτυροῦσι παρεῖναι πρὸς τῷ διαιτητῇ Τισίᾳ Ἀχαρνεῖ, ὅτε προὐκαλεῖτο

Προλαβὼν δέ—] *Cum autem mihi perorando antevertisset* (*quippe præscriptionis instantiam ipsi, non rectæ controversiæ, in judicium deduxeramus*, vel, *propterea quod super præscriptione judicium erat constitutum, non super causæ capite*) *et hæc ipse cum legisset*, &c. Ex quibus verbis intelligimus, in exceptionis et translationis controversia, priores esse partes in dicendo ejus unde petitur, i. e. rei. Notandum præterea εὐθυδικίαν esse *rectam intentionis depulsionem, justam et plenam recusationem*, quod fit, cum is, qui in judicium vocatus est, nulla præscriptione fori aut alia exceptione summotoria utitur, nec litis excipiendæ diverticulo. Et εὐθυδικίαν ἀγωνίζεσθαι, *recta via pedem conferre cum actore, actionemque ipsam et intentionem plena recusatione propulsare*, non exceptione aliqua rejectrice, aut judicii declinatrice, experiundi juris potestatem auferre certamenque detrectare: id quod fit, cum reus translatione utitur, aut judicii, aut personæ, aut temporis, aut alia præscriptione nititur magis, quam causæ justitia et æquitate. Quas exceptiones qui transmittendas esse ducit, et controversiæ statum in summa causæ ponit, at firmitudine juris fretus, is εὐθυδικεῖν dicitur, quasi *pede collato et recto certamine confligere, collatis causæ firmamentis quasi signis ambigere et litigare, recta causæ caput petere*. Budæus.

Σὺ δ᾽ ἐπίλαβε τὸ ὕδωρ] Ergo recitatio testimoniorum non est computata in tempore habendæ orationis. Wolf.

Στέφανος Μ.] Vid. Not. §. ιϛ. II Steph. Or.

Μαρτυροῦσι παρεῖναι —] Verba sunt scribæ recitantis testificata, ac si diceret, *Aiunt hi se affuisse, cum Phormio Apollodoro denunciaret, Si Apollodorus negaret id esse exemplum testamenti Pasionis, quod Phormio in echinum intulisset, per se jam non stare quominus Apollodorus tabulas aperiret inspiceretque, quas Amphion apud arbitrum protulerat, Apollodorum autem ipsum inspicere noluisse*, h. e. cum Phormio obtulit se aperturum tabulas, aut aperiendas daturum. Ut enim alibi etiam dictum est, πρόκλησις est denunciationis genus, cum partes extra judicium diem constituunt ex composito, vel alter alteri

Φορμίων Ἀπολλόδωρον· εἰ μή φησιν, ἀντίγραφα εἶναι τῶν διαθηκῶν τῶν Πασίωνος τὸ γραμματεῖον, ὃ ἐνεβάλετο Φορμίων εἰς τὸν ἐχῖνον, ἀνοίγειν τὰς διαθήκας τὰς Πασίωνος, ἃς [1] παρείχετο πρὸς τὸν διαιτητὴν Ἀμφίας ὁ Κηφισοφῶντος κηδεστής· Ἀπολλόδωρον δὲ οὐκ ἐθέλειν ἀνοίγειν· εἶναι δὲ τὰ ἀντίγραφα τῶν διαθηκῶν τῶν Πασίωνος.

γʹ. Ἠκούσατε μὲν τῆς μαρτυρίας, ὦ ἄνδρες δικασταί· νομίζω δ' ὑμᾶς, εἰ καὶ μηδὲν τῶν ἄλλων αἰσθάνεσθέ πω, τοῦτό γε αὐτὸ θαυμάζειν, τὸ τὴν μὲν ἀρχὴν τῆς μαρτυρίας εἶναι πρόκλησιν, τὴν δὲ τελευτὴν διαθήκην. οὐ μὴν ἀλλ' ἔγωγ' [2] οἶμαι δεῖν, ἐπειδάν, ὃ τῶν μεμαρτυρημένων

[1] * παρεῖχε   [2] οἴομαι

diem dicit ad aliquem actum judicio procul agendum, ut fit, v. g. cum exhibitoria est petitio ad instrumentum exscribendum. Echinus autem est capsula, intra quam claudebatur instrumentum litis, et ea quæ in acta prolaturi erant, vel (ut erat tum mos in privatis litibus agendis) apud sequestrem depositari. Itaque, ἐμβάλλειν εἰς τὸν ἐχῖνον, dicebant pro eo quod est *apud acta proferre*. Budæus. μαρτυροῦσι παρεῖναι τῷ δ. Τισίᾳ. His verbis auditis, testes ipsi, qui ejusmodi testimonium scripserant, acclamarunt, μαρτυροῦμεν, παρῆμεν γάρ. Post eam testium vocem reliqua testimonii leguntur. Hoc igitur certum est, præsentes fuisse testes cum eorum μαρτυρία legeretur, ut confirmare possent, ita se testatos esse, et tale testimonium a se scriptum in tabella fuisse. Ideo recte Harpocration τῶν παρόντων μαρτυρίαν esse docuit, i. e. *in judicio præsentium*. Cum vero ἐκμαρτυρία absentium esset, i. e. eorum qui præsentes esse in judicio non poterant; cum eorum ἐκμαρτυρία legebatur in judicio testes alii adesse debebant qui confirmarent eorum hanc esse ἐκμαρτυρίαν quæ legebatur. Quod ἐκμαρτυρίαν ποιεῖν dicebat Isæus. *In Obss. ad Jus A. et R.* p. 835. Salmasius. Sed et scire te [Salmasium] oportet μαρτυρίαν Græcos dixisse tabulas, tam eas, quibus contineretur absentium testatio, quam eas, quibus præsentium testimonium, et non modo unius testis, sed et sæpe plurium fuisse. Testimonia omnia scriptis comprehendi jubebat lex Attica, ne quid addi, detrahi, aut immutari posset, ut, si post litem judicatam falsi testimonii institueretur accusatio, quid quisque testium testatus esset, certo constare posset. Docet hoc Demosthenes II Steph. Or. §. ί. Et nescis quid sit ἐκμαρτυρία, nec ἐκμαρτυρεῖν: quæ nunquam simpliciter accipiuntur, sed semper pro testimonio de auditione. Quare ἐκμαρτυρεῖν non dicitur simpliciter, sed ἀκοὴν ἐκμαρτυρεῖν: aut certe eo semper refertur. Ergo ἐκμαρτυρία non est testimonium absentis aut infirmi tabulis consignatum, sed hominis præsentis, qui testatur de eo, quod ex homine absente, priusquam peregre proficisceretur, audiit, aut de homine infirmo; cum ii ad futuram rei memoriam, ut nostri loquuntur, dixissent quod de re aliqua sciebant, ut si forte eorum testimonium desideraretur, cum alter adhuc peregre abesset, alter adhuc decumberet, aut ex eo morbo periisset, repræsentaretur id ab iis, coram quibus rem declarant. Nec absentis aut infirmi testimonium tabulis consignabatur; sed eorum, qui eos audierant, quique de auditione testati erant. Dixit Harpocration quidem μαρτυρίαν esse τῶν παρόντων, ἐκμαρτυρίαν autem τῶν ἀπόντων: utrumque verissime, sed quod tu pessime interpretaris; nec scivisti unquam quinam hic dicantur παρόντες, qui ἀπόντες. οἱ παρόντες sunt, qui præsentes erant, cum res, de qua testificantur, acta est: οἱ ἀπόντες, qui præsentes non erant, sed ἐκμαρτυροῦσιν quæ ex iis, qui præsentes erant, audierunt; cum hi aut ægrotarent, aut peregre profecturi essent. *In Anim. in Salmas. Obss. ad Jus A. et R.* l. VI. c. IX. §. XII. et l. VI. c. XI. §. XIII. XV. Heraldus.

Ἦ μὴν φησιν] S. ὁ Φορμίων. Verbum hoc abesse posset. Wolf.

Εἰς τὸν ἐχῖνον] Ἄγγος τι, εἰς ὃ τὰ γράμματα ἐτίθεντο τὰ πρὸς τὰς δίκας. Suidas. Idem.

Ἀνοίγειν τὰς διαθήκας] Προὐκαλεῖτο ἀνοίγειν, aut subintelligendum κελεύων. Idem.

Εἶναι καὶ τὰ ἀντίγραφα τῶν διαθηκῶν τῶν Πασίωνος] Hanc clausulam videtur commentus Apollodorus, ut ansam haberet exagitandi testes, a quibus cætera et vere et impune dici potuerant. Idem. Ut sensus clarior fieret, deberet legi: εἶναι δὲ τὸ γραμματεῖον ἀντίγραφα. Auger.

γʹ. Εἰ καὶ μηδὲν αἰσθάνεσθέ πω lego. Wolf.

ὥσπερ εἰ κεφάλαιόν ἐστιν, ἐπιδείξω ψεῦδος ὄν, τηνικαῦτ' ἤδη καὶ περὶ τῶν τοιούτων ποιεῖσθαι τοὺς λόγους. ἔστι δὴ μεμαρτυρημένον αὐτοῖς, προκαλεῖσθαι Φορμίωνα ἀνοίγειν τὰς διαθήκας, ἃς παρέχειν πρὸς τὸν διαιτητὴν Τισίαν Ἀμφίαν τὸν Κηφισοφῶντος κηδεστήν· ἐμὲ δ' οὐκ ἐθέλειν ἀνοίγειν· εἶναι δὲ ἃς αὐτοὶ μεμαρτυρήκασι διαθήκας, ἀντιγράφους ἐκείνων. εἶθ' ἡ διαθήκη γέγραπται. ἐγὼ τοίνυν περὶ μὲν τοῦ προκαλεῖσθαί με, ἢ μὴ, ταῦτα Φορμίωνα, οὐδέν πω λέγω, οὐδὲ ὑπὲρ τοῦ τὰς διαθήκας ἀληθεῖς ἢ ψευδεῖς εἶναι· ἀλλ' αὐτίχ' ὑμᾶς περὶ τούτων διδάξω.

δ'. Ἀλλ' ἃ μεμαρτυρήκασι μή με θέλειν τὸ γραμματεῖον ἀνοίγειν, ὡδὶ δὴ σκοπεῖτε, τοῦ τις ἂν εἵνεκεν ἔφευγεν
1105 ἀνοίγειν τὸ γραμματεῖον; ἵν' ἡ διαθήκη, νὴ Δία, μὴ φανερὰ γένοιτο τοῖς δικασταῖς; εἰ μὲν τοίνυν μὴ προσεμαρτύρουν τῇ προκλήσει τὴν διαθήκην οὗτοι, λόγον εἶχέ τιν' ἂν τὸ φεύγειν ἐμὲ ἀνοίγειν τὸ γραμματεῖον· προσμαρτυρούντων δὲ τούτων, καὶ τῶν δικαστῶν ὁμοίως ἀκουσαμένων, τί ἦν μοι κέρδος τὸ μὴ ἐθέλειν; οὐδὲν δήπου. αὐτὸ γὰρ τοὐναντίον, ὦ ἄνδρες Ἀθηναῖοι, κἂν εἰ μηδὲν προὐκαλοῦντο οὗτοι, λόγῳ δ' ἐχρῶντο μόνον, καὶ παρεῖχέ τις αὐτοῖς γραμματεῖον, ὡς διαθήκην, ἐμὸν ἦν τὸ προκαλεῖσθαι, καὶ ἀνοίγειν ταύτην. ἵν', εἰ μὲν ἄλλ' ἄττα τῶν ὑπὸ τούτων μεμαρτυρημένων ἦν τἀκεῖ γεγραμμένα, μάρτυρας εὐθὺς τῶν περιεστηκότων πολλοὺς ποιησάμενος, τεκμηρίῳ τούτῳ καὶ περὶ τῶν ἄλλων, ὡς κατασκευάζουσιν, ἐχρώμην· εἰ δὲ [1] ταῦτ' ἐνῆν, τὸν παρασχόντ' αὐτὸν ἠξίουν μαρτυρεῖν, καὶ

[1] * ταὐτὰ

Ἀντιγράφους ἐκείνων εἶθ' ἡ διαθήκη γέγραπται] Clausula hæc quid ad rem faciat, non video, nisi forte legendum ἴσθ' (pro ὅτι) ἡ διαθήκη γέγραπται: *exemplum id scriptum fuisse tum, cum testamentum scriberetur.* Idem.

Εἶθ' ἡ διαθήκη γέγραπται] Wolfius: *deinde testamentum scriptum est*, nullo sensu. Legendum puto: εἰ δ' ἡ δ. γ. et vertendum: *si tamen testamentum ullum scriptum est.* Tabulas igitur, de quibus Stephanus et alii testimonium dixerant, fuisse ait, non διαθήκας ipsas, non Pasionis testamentum; sed διαθήκας ἀντιγράφους, i. e. testamenti illius exemplum, quod illi aiebant: si tamen, addit Demosthenes, fuit ullum Pasionis testamentum. Nam si nullum fuit, nec ejus potuit ullum esse exemplum. *In Animadv. in Salmas. Obs. ad Jus A. et R.* l. II. c. V. §. XIV. Heraldus.

Αὐτίχ'] Hic non est *statim*, sed *postea.* Auger.

δ'. Προκαλεῖσθαι] Dele virgulam. Hic καὶ significat *etiam, vel.* Idem.

Ἀλλ' ἄττα τῶν μεμαρτυρημένων] Ἕτερα, ἢ τὰ μεμαρτυρημένα, οὐχὶ τὰ μεμαρτυρημένα, ἀλλ' ἕτερα. Wolf.

Ὡς κατασκευάζουσιν] F. A. ψευδῆ κατ' ἐμοῦ. Idem.

Ἠξίουν μαρτυρεῖν] S. ὡς εἶσιν αἱ διαθῆκαι Πασίωνος. Idem.

ἐθελήσαντος μέν γε ὑπεύθυνον ἐλάμβανον, εἰ δ' ἔφευγε, πάλιν αὐτὸ τοῦθ' ἱκανὸν τεκμήριον ἦν μοι τοῦ πεπλάσθαι τὸ πρᾶγμα· καὶ δὴ καὶ συνέβαινεν ἐκείνως μὲν ἕνα εἶναι, πρὸς ὃν τὰ πράγματα ἐγίγνετό μοι, ὡς δ' οὗτοι μεμαρτυρήκασι, πρὸς πολλούς. ἔστιν οὖν ὅστις ὑμῶν ταῦθ' εἵλετο; ἐγὼ μὲν οὐδένα ἡγοῦμαι. οὐ τοίνυν οὐδὲ κατ' ἄλλων πιστεύειν ἐστὲ δίκαιοι. καὶ γάρ, ὦ ἄνδρες Ἀθηναῖοι, ὅσοις μὲν πρόσεστιν ὀργὴ τῶν πραττομένων, ἢ λῆμμά τι κέρδους, ἢ παροξυσμός, ἢ φιλονεικία, ταῦτα μὲν ἄλλος ἂν ἄλλως πράξειε πρὸς τὸν αὑτοῦ τρόπον· ὅσοις δὲ τούτων μὲν μηδέν, λογισμὸς δ' ἐφ' ἡσυχίας τοῦ συμφέροντος, τίς οὕτως ἄφρων, ὅστις ἂν τὰ συνοίσοντα ἀφείς, ἐξ ὧν κάκιον ἔμελλεν ἀγωνιεῖσθαι, ταῦτ' ἔπραξεν; ἃ γὰρ οὔτ' εἰκότα, οὔτ' εὔ- 1106
λογα, οὔτ' ἂν ἔπραξεν οὐδείς, ταῦθ' οὗτοι μεμαρτυρήκασι περὶ ἡμῶν.

ε΄. Οὐ τοίνυν μόνον ἐξ ὧν ἐμὲ μὴ ἐθέλειν τὸ γραμματεῖον ἀνοίγειν, μεμαρτυρήκασι, γνοίη τις ἂν αὐτούς, ὅτι ψεύδονται, ἀλλὰ καὶ ἐκ τοῦ πρόκλησιν ὁμοῦ διαθήκῃ μαρτυρεῖν. [1] οἶμαι γὰρ ἅπαντας ὑμᾶς εἰδέναι, ὅτι, ὅσα μὴ δυνατὸν πρὸς ὑμᾶς ἀγαγεῖν ἐστὶ τῶν πεπραγμένων, τούτων προκλήσεις εὑρέθησαν· οἷον, βασανίζειν οὐκ ἔστιν ἐναντίον ὑμῶν, ἀνάγκη τούτου πρόκλησιν εἶναι· οἷον, εἴ τι πέπρακται καὶ γέγονεν ἔξω που τῆς χώρας, ἀνάγκη καὶ τούτου πρόκλησιν εἶναι, πλεῖν ἢ βαδίζειν οὗ τὸ πρᾶγμα ἐπράχθη· καὶ τῶν ἄλλων τῶν τοιούτων. ὅπου δ' αὐτὰ τὰ πράγματα ἐφ' αὑτῶν ἐστὶν ὑμῖν ἐμφανῆ ποιῆσαι, τί ἦν ἁπλούστερον ἢ ταῦτ' ἄγειν εἰς μέσον; Ἀθήνησι μὲν τοίνυν ὁ πατὴρ ἐτελεύτησεν ὑμῶν· ἐγίνετο δ' ἡ δίαιτα ἐν τῇ ποικίλῃ στοᾷ· μεμαρτυρήκασι δ' οὗτοι παρέχειν τὸ γραμματεῖον Ἀμφίαν πρὸς τὸν διαιτητήν. οὐκοῦν εἴπερ ἀληθὲς

[1] οἴομαι

ε΄. Πρόκλησιν—μαρτυρεῖν] Dicit Salmasius apud Demosthenem, πρόκλησιν μαρτυρεῖν dici, *qui ex denuntiatione testimonium dicunt*, ut ἀκοὴν μαρτυρεῖν, *qui ex auditione*. Quæ sunt delenda. Πρόκλησιν μαρτυρεῖν apud Demosthenem contra Stephanum, Evergum, et alibi, *testari* est πρόκλησιν *esse factam*, qualis erat testatio Stephani et Scythæ [§. β΄. fin.] Sic μαρτυρεῖν ἀκοήν, *testari* est *se audiisse*, quod dicebamus supra. *In Anim. in Salmas. Obs. ad Jus A. et R.* l. VI. c. XV. §. XX. HERALDUS.

Πλεῖν ἢ βαδίζειν] Fol. πρὶν ἢ, *priusquam eo veniatur*. Ego lego πλεῖν, παρὰ τὸ πλέω. εἶναι πρόκλησιν πλεῖν, ὅπως ἂν πλέοι τις. WOLF. Imo πλεῖν. AUGER.

ἦν, ἐχρῆν [1] αὐτῷ τὸ γραμματεῖον εἰς τὸν ἐχῖνον ἐμβαλεῖν, καὶ τὸν παρέχοντα μαρτυρεῖν, ἵν', ἐκ τῆς ἀληθείας καὶ τοῦ τὰ σημεῖα ἰδεῖν, οἱ μὲν δικασταὶ τὸ πρᾶγμα ἔγνωσαν, ἐγὼ δὲ, εἴ τις ἠδίκει με, ἐπὶ [2] τούτων εἶα. νῦν δὲ εἷς μὲν οὐδεὶς ὅλον τὸ πρᾶγμα ἀνεδέξατο, οὐδὲ μεμαρτύρηκεν ἁπλῶς, ὡς ἂν τις τἀληθῆ μαρτυρήσειε· μέρος δ' ἕκαστος, ὡς δὴ σοφὸς καὶ διὰ τοῦτο οὐ δώσων δίκην. ὁ μὲν γραμματεῖον ἔχειν, ἐφ' ᾧ γεγράφθαι, ΔΙΑΘΗΚΗ ΠΑΣΙΩΝΟΣ· ὁ δὲ πεμφθεὶς ὑπὸ τούτου παρέχειν τοῦτο, εἰ δ' ἀληθὲς ἢ ψεῦ-
1107 δος οὐδὲν εἰδέναι· οἱ δὲ τῇ προκλήσει χρησάμενοι παραπετάσματι, διαθήκας ἐμαρτύρησαν. ὡς ἂν μάλισθ' οἱ δικασταὶ ταύτην τὴν διαθήκην ἐπίστευσαν τοῦ πατρὸς εἶναι, ἐγὼ δὲ ἀπεκλείσθην τοῦ λόγου τυχεῖν ὑπὲρ ὧν ἀδικοῦμαι, αὐτοὶ δὲ φωραθεῖεν τὰ ψευδῆ μεμαρτυρηκότες· καίτοι τό γ' ἐναντίον ᾤοντο τούτου. ἵνα δ' εἰδῆτε ταῦτα ὅτι ἀληθῆ λέγω, λάβε μοι τὴν τοῦ Κηφισοφῶντος μαρτυρίαν.

ΜΑΡΤΥΡΙΑ.

Κηφισοφῶν Κεφαλῶνος Ἀφιδναῖος μαρτυρεῖ καταλειφθῆναι αὐτῷ ὑπὸ τοῦ πατρὸς γραμματεῖον, ἐφ' ᾧ ἐπιγεγράφθαι, ΔΙΑΘΗΚΗ ΠΑΣΙΩΝΟΣ.

ς'. Οὐκοῦν ἦν ἁπλοῦν, ὦ ἄνδρες δικασταὶ, τὸν ταῦτα μαρτυροῦντα προσμαρτυρῆσαι, εἶναι δὲ τὸ γραμματεῖον, ὃ αὐτὸς παρέχει, τοῦτο, καὶ τὸ γραμματεῖον ἐμβαλεῖν. ἀλλὰ τοῦτο μὲν, οἶμαι, τὸ ψεῦδος ἡγεῖτο ὀργῆς ἄξιον, καὶ δίκην ἂν ὑμᾶς παρ' αὐτοῦ λαβεῖν· γραμματεῖον δ' αὐτῷ καταλειφθῆναι μαρτυρῆσαι, φαῦλον καὶ οὐδέν. ἔστι δὲ τοῦτ' αὐτὸ τὸ δηλοῦν καὶ κατηγοροῦν, ὅτι πᾶν τὸ πρᾶγμα κατεσκευάκασιν. εἰ μὲν γὰρ ἐπῆν ἐπὶ τῆς διαθήκης ΠΑΣΙΩΝΟΣ ΚΑΙ ΦΟΡΜΙΩΝΟΣ, ἢ ΠΡΟΣ ΦΟΡΜΙΩ-

[1] αὐτὸ [2] * τούτων ᾔα

Ἐπὶ τούτων εἶα] Ἐπὶ τούτων ᾔα. οἱ, ἐκεῖνος] ἐκείνους μαρτυρεῖν. Wolf.

Ὡς ἂν μάλιστα οἱ δικασταὶ ταύτην τὴν διαθήκην ἐπίστευσαν τοῦ πατρὸς εἶναι· ἐγὼ δ' ἀπεκλείσθην] Quia sequitur φωραθεῖεν, puto legendum eodem modo, πιστεύσειαν, ἀποκλεισθείην. Idem.

Οὗτοι δὲ] Imo αὐτοί μή. μὴ loco δὲ. et v. seq. pro τούτου M. τοῦδε, i. e. ἐμαυτοῦ: is qui loquitur se ipsum demonstrat. Auger.

ς'. Καὶ τὸ γραμματεῖον ἐμβαλεῖν] S. in Echinum, id est capsulam illam, in qua acta conservabantur. Sed utrum: *et tabulas in echinum conjiceret*, an: *se conjecisse tabulas in echinum*? Potest enim τὸ ἐμβαλεῖν referri vel ad προσμαρτυρῆσαι, vel ad εἶναι δὲ καί. Wolf.

ΝΑ, ἤ τοιοῦτό τι, εἰκότως ἂν αὐτὴν ἐτήρει τούτῳ· εἰ δ', ὥσπερ μεμαρτύρηκεν, ἐπῆν ΔΙΑΘΗΚΗ ΠΑΣΙΩΝΟΣ, πῶς οὐκ ἂν ἀνῃρήμην αὐτὴν ἐγώ; συνειδὼς μὲν ἐμαυτῷ μέλλοντι δικάζεσθαι, συνειδὼς δ' ὑπεναντίαν οὖσαν, εἴπερ ἦν τοιαύτη, τοῖς ἐμαυτῷ συμφέρουσι· κληρονόμος δὲ ὢν καὶ ταύτης, εἴπερ ἦν τοὐμοῦ πατρὸς, καὶ τῶν ἄλλων πατρῴων ὁμοίως; οὐκοῦν τῷ παρέχεσθαι μὲν Φορμίωνι, [1] γεγράφθαι δὲ Πασίωνος, εἰᾶσθαι δ' ὑφ' ἡμῶν, ἐξελέγχεται κατεσκευασμένη μὲν ἡ διαθήκη, ψευδὴς δ' ἡ τοῦ Κηφισοφῶντος 1108
μαρτυρία. ἀλλ' ἐῶ Κηφισοφῶντα· οὔτε γὰρ νῦν μοι πρὸς ἐκεῖνόν ἐστιν, οὔτ' ἐμαρτύρησεν ἐκεῖνος περὶ τῶν ἐν ταῖς διαθήκαις ἐνόντων οὐδέν. καίτοι καὶ τοῦτο σκοπεῖτε, ὅσον ἐστὶ τεκμήριον, ὦ ἄνδρες Ἀθηναῖοι, τοῦ τούτους τὰ ψευδῆ μεμαρτυρηκέναι. εἰ γὰρ ὁ μὲν αὐτὸς ἔχειν τὸ γραμματεῖον μαρτυρῶν, οὐκ ἐτόλμησεν ἀντίγραφα εἶναι, ἃ παρείχετο Φορμίων, τῶν παρ' αὐτῷ, μαρτυρῆσαι· οὗτοι δὲ οὔτε ἐξαρχῆς ὡς παρῆσαν ἔχοιεν ἂν εἰπεῖν, οὔτε ἀνοιχθὲν εἶδον πρὸς τῷ διαιτητῇ τὸ γραμματεῖον, ἀλλὰ καὶ μεμαρτυρήκασιν αὐτοὶ μὴ ἐθέλειν ἐμὲ ἀνοίγειν, ταῦτα ὡς ἀντίγραφά ἐστιν ἐκείνων μεμαρτυρηκότες — τίνων ἄλλων, ἢ σφῶν αὐτῶν, κατήγοροι γεγόνασιν, ὅτι ψεύδονται;

ζ. Ἔτι τοίνυν, ὦ ἄνδρες Ἀθηναῖοι, ὡς γέγραπταί τις [2] ἀνεξετάσας τὴν μαρτυρίαν, γνοίη παντελῶς τοῦτο μεμηχανημένους αὐτοὺς, ὅπως δικαίως καὶ ἀδίκως δόξῃ ταῦτα ὁ πατὴρ οὑμὸς διαθέσθαι. λάβε δὲ αὐτὴν τὴν μαρτυρίαν, καὶ λέγ' ἐπισχὼν οὗ ἂν σε κελεύω, ἵν' ἐξ αὐτῆς δεικνύω.

ΜΑΡΤΥΡΙΑ.

Μαρτυροῦσι παρεῖναι πρὸς τῷ διαιτητῇ Τισίᾳ, ὅτε προὐκαλεῖτο Φορ-

[1] * ἐπιγεγράφθαι [2] ἂν ἐξετάσας

Ἐτήρει] Np. pater Cephisophontis. Auger.

ΔΙΑΘΗΚΗ ΠΑΣΙΩΝΟΣ] Nulla facta testium mentio, quia exemplum erat tantum, non testamentum authenticum. Quod autem dicebatur διαθήκη, fiebat id abusive, ut multa istiusmodi, quomodo observabat Ulpianus, l. 2. Quemadm. testam. aper., testamentum etsi proprie illud dicatur, quod jure perfectum est, abusive tamen quoque testamenta appellari, vel injusta, vel irrita, vel rupta, vel imperfecta. l. II. c. V. §. XX. Heraldus.

Οὔτε γὰρ νῦν μοι πρὸς ἐκεῖνόν ἐστιν] F. πρὸς ἐκεῖνον οὐδέν ἐστιν, οὔτε. Wolf. Adde οὐδὲν, vel λόγος post ἐκεῖνον. Auger.

ζ. Ὡς γέγραπταί τις ἀνεξετάσας] F. ὡς γέγραπται, pro ὅντινα τρόπον γέγραπται ἡ διαθήκη, τὶς ἂν ἐξετάσας τὴν μαρτυρίαν, γνοίη, ut sit τὶς ἐξετάσας τὴν μαρτυρίαν, γνοίη ἄν.

μίων Ἀπολλόδωρον, εἰ μή φησιν ἀντίγραφα εἶναι τῶν διαθηκῶν τῶν Πασίωνος.

ἐπίσχες. ἐνθυμεῖσθε, ὅτι τῶν διαθηκῶν γέγραπται τῶν Πασίωνος. καίτοι ἐχρῆν τοὺς βουλομένους τἀληθῆ μαρτυρεῖν, εἰ τὰ μάλιστα ἐγίγνετο ἡ πρόκλησις, ὡς οὐκ ἐγίγνετο [1] ἐκεῖνος μαρτυρεῖν. λέγε τὴν μαρτυρίαν ἀπαρχῆς πάλιν.

1109 ΜΑΡΤΥΡΙΑ.

Μαρτυροῦσι παρεῖναι πρὸς τῷ διαιτητῇ Τισίᾳ,

μαρτυροῦμεν· παρῆμεν γὰρ δή. λέγε.

ὅτε προὐκαλεῖτο Φορμίων Ἀπολλόδωρον,

καὶ τοῦτο, εἴπερ προὐκαλεῖτο, ὀρθῶς ἂν ἐμαρτύρουν.

εἰ μή φησιν, ἀντίγραφα εἶναι τῶν διαθηκῶν τῶν Πασίωνος.

ἔχε αὐτοῦ. οὐδ᾽ ἂν εἷς ἔτι δήπου τοῦτ᾽ ἐμαρτύρησεν, εἰ μή τις καὶ παρῆν διατιθεμένῳ τῷ πατρὶ τῷ ἐμῷ, ἀλλ᾽ εὐθὺς ἂν εἶπε, τί δ᾽ ἡμεῖς ἴσμεν, εἴ τινές εἰσι διαθῆκαι Πασίωνος; καὶ γράφειν ἂν αὐτὸν ἠξίωσεν, ὥσπερ ἐν ἀρχῇ τῆς προκλήσεως, εἰ μή φημ᾽ ἐγὼ ἀντίγραφα εἶναι τῶν διαθηκῶν, ὧν φησὶ Φορμίων Πασίωνα καταλιπεῖν, οὐ, τῶν Πασίωνος. τοῦτο μὲν γὰρ ἦν, εἶναι διαθήκας, μαρτυρεῖν, ὅπερ ἦν τούτοις βούλημα, ἐκεῖνο δὲ φάσκειν Φορμίωνα· πλεῖστον δὲ δήπου κεχώρισται τό τ᾽ εἶναι, καὶ τὸ τοῦτον φάσκειν. ἵνα τοίνυν εἰδῆτε, ὑπὲρ ἡλίκων καὶ ὅσων ἦν τὸ κατασκεύασμα τῆς διαθήκης, μικρὰ ἀκούσατέ μου.

η. Ἦν μὲν γὰρ, ὦ ἄνδρες Ἀθηναῖοι, τοῦτο πρῶτον μὲν ὑπὲρ τοῦ μὴ δοῦναι δίκην, ὧν διεφθάρκει, ἣν ἐμοὶ μὲν οὐ καλὸν λέγειν, ὑμεῖς δ᾽ ἴστε, κἂν ἐγὼ μὴ λέγω· ἔπειθ᾽, ὑπὲρ τοῦ κατασχεῖν, ὅσα ἦν τῷ ἡμετέρῳ πατρὶ χρήματα παρὰ τῇ μητρί· πρὸς δὲ τούτοις, ὑπὲρ τοῦ καὶ τῶν ἄλλων τῶν ἡμετέρων ἁπάντων κυρίῳ γενέσθαι. ὅτι δ᾽ οὕτω ταῦτα ἔχει, τῆς διαθήκης αὐτῆς ἀκούσαντες γνώσεσθε. φανήσε-

[1] , ἐκεῖνος

Wolf.

Εἰ τὰ μάλιστα ἂν ἐγίγνετο] F. leg. et v. 11. καὶ τοῦτο, εἴπερ ὄντως προὐκαλεῖτο, ὀρθῶς. Augur.

Εἴ τινές εἰσι διαθῆκαι] *An aliquod sit Pasionis testamentum?* F. αἵτινες, *quodnam sit Pasionis testamentum?* et v. 18. ἢ μὴν φήμ᾽ ἐγώ. Wolf.

ται γὰρ οὐ πατρὸς, [1] ὥσπερ υἱέων γράφοντος, ἐοικυῖα
διαθήκη, ἀλλὰ δούλου λελυμασμένου τὰ τῶν δεσποτῶν,
ὅπως μὴ δώσει δίκην σκοποῦντος. λέγε δ' αὐτοῖς τὴν δια- 1110
θήκην αὐτὴν, ἣν οὗτοι πρὸ τῆς κλήσεως μεμαρτυρήκασιν·
ὑμεῖς δ' ἐνθυμεῖσθε ἃ λέγω.

ΔΙΑΘΗΚΗ.

Τάδε διέθετο Πασίων Ἀχαρνεύς. Δίδωμι τὴν ἐμαυτοῦ γυναῖκα Ἀρχίππην Φορμίωνι· καὶ προῖκα ἐπιδίδωμι Ἀρχίππῃ, τάλαντον μὲν τὸ ἐκ Πεπαρήθου, τάλαντον δὲ τὸ αὐτόθεν, συνοικίαν ἑκατὸν μνῶν, θεραπαίνας, καὶ τὰ χρυσία, καὶ τἄλλ' ὅσα ἐστὶν αὐτῇ ἔνδον, ἅπαντα ταῦτα Ἀρχίππῃ δίδωμι.

ἠκούσατε, ὦ ἄνδρες Ἀθηναῖοι, τὸ πλῆθος τῆς προικὸς, τάλαντον ἐκ Πεπαρήθου, τάλαντον αὐτόθεν, συνοικίαν ἑκατὸν μνῶν, θεραπαίνας, καὶ χρυσία, καὶ τἄλλά, φησιν, ὅσα [2] ἐστὶν αὐτῇ δίδωμι· τούτῳ τῷ γράμματι καὶ τοῦ ζητῆσαί τι τῶν καταλειφθέντων ἀποκλείων ἡμᾶς.

θ'. Φέρε δὴ δείξω τὴν μίσθωσιν ὑμῖν, καθ' ἣν ἐμεμίσθωτο τὴν τράπεζαν παρὰ τοῦ πατρὸς οὗτος· καὶ γὰρ ἐκ ταύτης, καίπερ ἐσκευωρημένης, ὄψεσθε, ὅτι πλάσμα ὅλον ἐστὶν ἡ διαθήκη. δείξω δ', ἣν οὗτος παρέσχετο μίσθωσιν, [3] οὐκ ἄλλην τινὰ, ἐν ᾗ προσγέγραπται ἕνδεκα τάλαντα ὁ πατὴρ ὀφείλων εἰς τὰς παρακαταθήκας τούτῳ. ἔστι δ', οἶμαι, ταῦτα τοιαῦτα. τῶν μὲν οἴκοι χρημάτων, ὡς ἐπὶ τῇ μητρὶ δοθέντων διὰ τῆς διαθήκης, αὐτὸν ἐποίησε κύριον, ὥσπερ ἀκηκόατε ἄρτι· τῶν δ' ἐπὶ τῆς τραπέζης ὄντων, ἃ πάντες ᾔδεσαν καὶ λαθεῖν οὐκ ἦν, διὰ τοῦ προσοφείλοντα ἀποφῆναι τὸν πατέρα ἡμῶν, ἵν', ὅσα ἐξελέγχοιτο ἔχων, κεκομίσθαι φαίη. ὑμεῖς δ' ἴσως αὐτὸν ὑπειλήφατε, ὅτι σολοικίζει τῇ φωνῇ, βάρβαρον καὶ εὐκατα-

[1] ὑπὲρ [2] ἐστὶν ἔνδον αὐτῇ, [3] * οὐ καλήν τινα

ἡ. Ὥσπερ υἱέων γράφοντος] F. ὡς ὑπὲρ υἱέων, ac potius, πατρὸς ὑπὲρ υἱέων. Idem.

Ἣν οὗτοι πρὸ τῆς κλήσεως] F. πρὸ τῆς λύσεως, τῆς ἀνοίξεως. *Antequam solveretur, aut aperiretur.* aut, πρὸ τῆς λήξεως, *ante rem in judicium delatum.* Idem.

Καὶ τἄλλα, ἃ φησιν ὅσα ἐστὶν] F. καὶ τἄλλα φησὶν ὅσα ἐστὶ, etc. inquit, *quæcunque ei domi sunt,* ut redundet articulus ἃ. Sin is recte additur, addenda videtur et negatio: καὶ τἄλλ', ἃ μὴ φησιν ὅσα ἐστὶ, etc. *quæ quanta sint, non explicat.* Idem.

Φέρε δὴ δεῖξαι] F. δείξω καὶ τὴν μίσθωσιν. Nisi scribam jubeat ostendere, ut sit δεῖξαι δειξάσθω προστακτικὸν, aut desit verbum βούλομαι δεῖξαι. et v. 20. ὅτι πλάσμα ὅλη ἐστὶν ἡ διαθήκη. Idem.

Ἵν', ὅσα ἐξελέγχοιτο ἔχων] S. ὁ Φορμίων.

1111 φρόνητον εἶναι· ἔστι δὲ βάρβαρος οὗτος, τῷ μισεῖν οὓς αὐτῷ
προσῆκε τιμᾶν, τῷ δὲ κακουργῆσαι καὶ διορύξαι πρά-
γματα, οὐδενὸς λείπεται. λάβε δή μοι τὴν μίσθωσιν καὶ
λέγε, ἣν τὸν αὐτὸν τρόπον διὰ προκλήσεως ἐνεβάλοντο.

ΜΙΣΘΩΣΙΣ ΤΡΑΠΕΖΗΣ.

Κατὰ τάδε ἐμίσθωσε Πασίων τὴν τράπεζαν Φορμίωνι· μίσθωσιν φέρειν Φορμίωνα τῆς τραπέζης τοῖς παισὶ τοῖς Πασίωνος, δύο τάλαντα καὶ τετταράκοντα μνᾶς τοῦ ἐνιαυτοῦ ἑκάστου, χωρὶς τῆς καθ' ἡμέραν διοικήσεως· μὴ ἐξεῖναι δὲ τραπεζιτεῦσαι χωρὶς Φορμίωνι, ἐὰν μὴ πείσῃ τοὺς παῖδας τοὺς Πασίωνος· ὀφείλει δὲ Πασίων ἐπὶ τὴν τράπεζαν, ἕνδεκα τάλαντα εἰς τὰς παρακαταθήκας.

ἃς μὲν τοίνυν παρέσχετο συνθήκας, ὡς κατὰ ταύτας μι-
σθωσάμενος τὴν τράπεζαν, αὗταί εἰσιν, ὦ ἄνδρες δικασταί.
ἀκούετε δ' ἐν ταύταις ἀναγινωσκομέναις, μίσθωσιν μὲν
φέρειν τοῦτον, ἄνευ τῆς καθ' ἡμέραν διοικήσεως, δύο τάλαν-
τα καὶ τετταράκοντα μνᾶς τοῦ ἐνιαυτοῦ ἑκάστου· μὴ
ἐξεῖναι δὲ τραπεζιτεύειν αὐτῷ, ἐὰν μὴ ἡμᾶς πείσῃ· προσ-
γέγραπται δὲ τελευταῖον, ὀφείλει δὲ Πασίων ἕνδεκα τά-
λαντα εἰς τὰς παρακαταθήκας. ἔστιν οὖν, ὅστις ἂν τοῦ
ξύλου καὶ τοῦ χωρίου καὶ τοῦ γραμματείου τοσαύτην
ὑπέμεινε μίσθωσιν; ἔστι δ', ὅστις ἂν, δι' ὃν [1] ὠφλήκει το-
σαῦτα χρήματα ἡ τράπεζα, τούτῳ τὰ λοιπὰ ἐπέτρεψεν;
εἰ γὰρ ἐνεδέησε τοσούτων χρημάτων, τούτου διοικοῦντος
ἐνεδέησεν. ἴστε γὰρ πάντες καὶ, ὅτ' ἦν ὁ πατὴρ ἐπὶ τοῦ
τραπεζιτεύειν, τοῦτον καθήμενον καὶ [2] διοικοῦντα ἐπὶ τῇ
τραπέζῃ. ὥστε ἐν τῷ μυλῶνι προσῆκεν αὐτὸν εἶναι μᾶλλον,
1112 ἢ τῶν λοιπῶν κύριον γενέσθαι. ἀλλ' ἐῶ ταῦτα, καὶ τἄλλα
ὅσ' ἂν περὶ τῶν ἕνδεκα ταλάντων ἔχοιμι εἰπεῖν, ὡς οὐκ

[1] ὠφελήκει [2] διοικοῦντα * τὰ ἐπὶ

IDEM.

Κεκομίσθαι φαίη] Utrum ὁ Φορμίων. Se redegisse id, quod sibi deberetur? An φαίη κεκομίσθαι Πασίωνα? cui Phormio satisfecerit, dissoluto omni aere alieno. IDEM.

Διὰ προκλήσεως] Hæc verba mihi videntur sensum impedire, et forte recidenda sunt. AUGER.

Χωρὶς τῆς καθ' ἡμέραν διοικήσεως] Ὥστε καὶ τὰ καθ' ἡμέραν διοικεῖν Φορμίωνα καὶ χορηγεῖν τἀναγκαῖα. WOLF.

Ἔστιν οὖν, ὅστις —] Ξύλον hic est, tam tabernæ, quam mensæ lignum: χωρίον, locus ubi taberna erat constructa. Mensæ locatio negotii et ἀφορμῆς locationem significat. Si igitur nulla est ἀφορμὴ, si mensa instructa non est, mensam lignum tantum esse dicebat Apollodorus, nec quidquam aliud ejusmodi locatione comprehensum, nisi tabernam quoque, et commentarios negotiationis ac rationes, γραμματεῖον. *In Animadv. in Salmas. Obs. ad Jus A. et R.* l. II. c. XXV. §. XIII. HERALDUS.

ὤφειλεν ὁ πατὴρ, ἀλλ' οὗτος ὑφῄρηται. ἀλλ' οὗ ἀνέγνων εἵνεκα τοῦ τὴν διαθήκην ψευδῆ δεῖξαι, τοῦθ' ὑμᾶς ἀναμνήσω.

ι. Γέγραπται γὰρ αὐτόθι, μὴ ἐξεῖναι τραπεζιτεύειν Φορμίωνι, ἐὰν μὴ ἡμᾶς πείσῃ. τοῦτο τοίνυν τὸ γράμμα δηλοῖ ψευδῆ παντελῶς τὴν διαθήκην οὖσαν. τίς γὰρ ἀνθρώπων, ἃ μὲν [1] ἔμελλε τραπεζιτεύων οὗτος ἐργάζεσθαι, ταῦθ' ὅπως ἡμῖν τοῖς αὑτοῦ παισὶν, ἀλλὰ μὴ τούτῳ, γενήσεται, προὐνοήθη; καὶ διὰ τοῦτο μὴ ἐξεῖναι τούτῳ τραπεζιτεύειν ἔγραψεν, ἵνα μὴ ἀφίστηται ἀφ' ἡμῶν· ἃ δ' αὐτὸς εἰργασμένος ἔνδον κατέλιπε, ταῦθ' ὅπως οὗτος λήψεται, παρεσκεύασε; καὶ τῆς μὲν ἐργασίας ἐφθόνησεν, ἧς οὐδὲν αἰσχρὸν ἦν μεταδοῦναι· τὴν δὲ γυναῖκα ἔδωκεν, οὗ μεῖζον οὐδὲν ἂν κατέλιπεν [2] ὄνειδος, τυχὼν γε τῆς παρ' ἡμῶν δωρεᾶς; εἶτα ὥσπερ ἂν δοῦλος δεσπότῃ διδοὺς, ἀλλ' οὐ τοὐναντίον, εἴπερ ἐδίδου, δεσπότης οἰκέτῃ, προστιθεὶς προῖκα, ὅσην οὐδεὶς τῶν ἐν τῇ πόλει, φαίνεται; καί τοι τούτῳ μὲν αὐτὸ τοῦτο ἀγαπητὸν ἦν τῆς δεσποίνης ἀξιωθῆναι· τῷ πατρὶ δὲ, οὐδὲ λαμβάνοντι τοσαῦτα χρήματα, ὅσα φασὶ διδόντα οὗτοι, εὔλογον ἦν πρᾶξαι ταῦτα. ἀλλ' ὅμως, ἃ τοῖς εἰκόσι, τοῖς χρόνοις, τοῖς πεπραγμένοις ἐξελέγχεται ψευδῆ, ταῦτα μαρτυρεῖν οὐκ ὤκνησεν οὑτοσὶ Στέφανος· εἶτα λέγει περιιὼν, ὡς ἐμαρτύρησε μὲν Νικοκλῆς ἐπιτροπεῦσαι κατὰ τὴν διαθήκην, ἐμαρτύρησε δὲ Πασικλῆς ἐπιτροπευθῆναι κατὰ τὴν διαθήκην. ἐγὼ δὲ αὐτὰ ταῦτ' [3] οἶμαι τεκμήρια εἶναι τοῦ μήτ' ἐκείνους τἀληθῆ, μήτε 1113
τούσδε, μεμαρτυρηκέναι. ὁ γὰρ ἐπιτροπεῦσαι κατὰ διαθήκας μαρτυρῶν, δῆλον ὅτι, καθ' ὁποίας ἂν, [4] εἰδείη. τί οὖν μαθόντες ἐμαρτυρεῖτε ὑμεῖς ἐν προκλήσει διαθήκας, ἀλλ' οὐκ ἐκείνους [5] ἐᾶτε; εἰ γὰρ αὖ μὴ φήσουσιν εἰδέναι τὰ γεγραμμένα ἐν αὐταῖς, πῶς ὑμᾶς οἷόν τ' εἰδέναι, τοὺς μηδαμῇ μηδαμῶς τοῦ πράγματος ἐγγύς; τί ποτ' οὖν οἱ μὲν ἐκεῖνα, οἱ δὲ ταῦτα, ἐμαρτύρησαν; ὅπερ εἴρηκα καὶ πρότερον, διει-

[1] ἤμελλε [2] ὄνειδος. * ὃς τυχὼν γε τ. π. ὑμῶν δωρεᾶς εἶτα [3] οἴομαι [4] εἰδείη. καὶ ὁ ἐπιτροπευθῆναι κατὰ διαθήκας μαρτυρῶν, δῆλον ὅτι καθ' ὁποίας ἂν εἰδείη. τί [5] εἴατε

ι. τί οὖν μαθόντες] F. μαθόντες. Wolf.

λαττο τἀδικήματα. καὶ ἐπιτροπεῦσαι μὲν κατὰ διαθήκην, οὐδὲν δεινὸν ἡγεῖτο μαρτυρεῖν ὁ μαρτυρῶν, οὐδ' ἐπιτροπευθῆναι κατὰ διαθήκην — ἀφαιρῶν [1] ἑκατέροις τῷ μαρτυρεῖν τὰ ἐν ταῖς διαθήκαις ὑπὸ τούτου γεγραμμένα —, οὐδὲ καταλιπεῖν τὸν πατέρα αὐτῷ ἐπιγεγραμμένον γραμματεῖον διαθήκην, οὐδὲ τὰ τοιαῦτα· διαθήκας δὲ μαρτυρεῖν, ἐν αἷς χρημάτων τοσούτων κλοπὴ, γυναικὸς διαφθορὰ, γάμοι δεσποίνης, πράγματα αἰσχύνην καὶ ὕβριν τοσαύτην ἔχοντα, οὐδεὶς ἤθελε, πλὴν οὗτοι, πρόκλησιν κατασκευάσαντες, παρ' ὧν δίκαιον τῆς ὅλης τέχνης καὶ κακουργίας δίκην λαβεῖν. ἵνα τοίνυν, ὦ ἄνδρες Ἀθηναῖοι, μὴ μόνον ἐξ ὧν ἐγὼ κατηγορῶ καὶ ἐλέγχω, δῆλος ὑμῖν γένηται τὰ ψευδῆ μεμαρτυρηκὼς οὑτοσὶ Στέφανος, ἀλλὰ καὶ ἐξ ὧν πεποίηκεν ὁ παρασχόμενος αὐτὸν, τὰ πεπραγμένα ἐκείνῳ βούλομαι πρὸς ὑμᾶς εἰπεῖν· ὅπερ δ' εἶπον ἀρχόμενος τοῦ λόγου, δείξω κατηγόρους γινομένους αὐτοὺς ἑαυτῶν.

ιά. Τὴν γὰρ δίκην, ἐν ᾗ ταῦτα ἐμαρτυρήθη, παρεγρά-
1114 ψατο Φορμίων πρὸς ἐμὲ, μὴ εἰσαγώγιμον εἶναι, ὡς ἀφέντος ἐμοῦ τῶν ἐγκλημάτων αὐτόν. τοῦτο τοίνυν ἐγὼ μὲν οἶδα ψεῦδος ὂν, καὶ ἐλέγξω, ὅταν εἰσίω πρὸς τοὺς ταῦτα μεμαρτυρηκότας· τούτῳ δὲ οὐχ οἷόν τε τοῦτ' εἰπεῖν. εἰ τοίνυν ἀληθῆ [2] πιστεύετ' εἶναι τὴν ἄφεσιν, οὕτω καὶ μάλιστ' ἂν οὗτος φανείη ψευδῆ μεμαρτυρηκὼς, καὶ κατεσκευασμένης διαθήκης μάρτυς γεγονώς. τίς γὰρ οὕτως ἄφρων, ὥστε ἄφεσιν μὲν ἐναντίον μαρτύρων ποιήσασθαι τοῦ βεβαίαν αὐτῷ τὴν ἀπαλλαγὴν εἶναι· τὰς δὲ συνθήκας καὶ τὰς διαθήκας καὶ τἆλλα, ὑπὲρ ὧν ἐποιεῖτο τὴν ἄφεσιν, σεσημασμένα ἐᾶσαι καθ' αὑτοῦ κεῖσθαι; οὐκοῦν ἐναντία μὲν ἡ παραγραφὴ πᾶσι τοῖς μεμαρτυρημένοις· ἐναντία δὲ, ἣν ἀνέγνων

[1] ἑκάτερος * τὸ μαρτυρεῖν   [2] * πιστεύσαιτ'

Ἀφαιρῶν ἑκάτερος τὸ μαρτυρεῖν, pro ἑκατέροις τῷ. Idem.

Οὐδὲ καταλιπεῖν] F. ὁ δέ. et v. 6. ὁ δὲ τὰ τοιαῦτα. et v. 17. αὐτὸ ἑαυτῷ. et p. 124. v. 11. ἁπλῶς αὐτὸς μεμαρτυρηκέναι. et v. 27. καὶ λόγον ὧν βούλεται δώσει, non ὧν. Idem.

Τὴν δίκην — μὴ εἰσαγώγιμον εἶναι] Exceptione utebantur, ne res acta apud Judices repeteretur, vel de transacta moveretur controversia, aut ubi præscriptio temporis opponitur, vel cum dica, e. g., quæ παρανόμων est, scribitur, non παρανόμων, sed alterius alicujus criminis et judicii, aut apud alios Magistratus et Judices, qui legibus non sint constituti. Pollux l. VIII. c. 6. *In Comm. in Leg. Attic.* l. IV. t. IV. §. XIV. p. 489. Petitus.

ὑμῖν ἄρτι μίσθωσιν, τῇδε τῇ διαθήκῃ· οὐδὲν δὲ τῶν πεπραγμένων οὔτ' εὔλογον οὔθ' ἁπλοῦν οὔθ' ὁμολογούμενον [1]αὐτῷ ἑαυτῷ φαίνεται· ἐκ [2]δὲ τούτου τοῦ τρόπου πάντα πεπλασμένα καὶ κατεσκευασμένα ἐλέγχεται.

ιβ'. Ὡς μὲν τοίνυν ἐστὶν ἀληθῆ τὰ μεμαρτυρημένα, οὔτ' αὐτὸν τοῦτον, οὔτ' ἄλλον ὑπὲρ τούτου, δεῖξαι δυνήσεσθαι νομίζω· ἀκούω δ' αὐτὸν τοιοῦτόν τι παρεσκευάσθαι λέγειν, ὡς προκλήσεώς ἐστιν ὑπεύθυνος, οὐχὶ μαρτυρίας, καὶ, δυοῖν αὐτῷ προσήκει δοῦναι λόγον, οὐ πάντων τῶν γεγραμμένων, εἴ τε προὐκαλεῖτό με ταῦτα Φορμίων ἢ μὴ, καὶ, εἰ μὴ ἐδεχόμην ἐγώ. ταῦτα μὲν γὰρ ἁπλῶς αὐτὸς μεμαρτυρηκέναι φήσει· τὰ δ' ἄλλα ἐκεῖνον προκαλεῖσθαι, εἰ δ' ἐστὶν ἢ μὴ ταῦτα, οὐδὲν αὐτῷ προσήκει σκοπεῖν.

ιγ'. Πρὸς δὴ τὸν λόγον τοῦτον καὶ τὴν ἀναίδειαν, βέλτιστόν ἐστι μικρὰ προειπεῖν ὑμῖν, ἵνα μὴ λάθητε ἐξαπατηθέντες. πρῶτον μὲν, ὅταν ἐγχειρῇ λέγειν τοῦτο, ὡς ἄρα οὐ 1115
πάντων ὑπεύθυνός ἐστιν, ἐνθυμεῖσθε, ὅτι διὰ ταῦτα ὁ νόμος μαρτυρεῖν ἐν γραμματείῳ κελεύει, ἵνα μήτ' ἀφελεῖν ἐξῇ, μήτε προσθεῖναι τοῖς γεγραμμένοις μηδέν. τότ' οὖν αὐτὸν ἔδει ταῦτ' ἀπαλείφειν κελεύειν, ἃ νῦν οὔ φησι μεμαρτυρηκέναι, οὐ νῦν, ἐνόντων, ἀναισχυντεῖν. ἔπειτα καὶ τόδε σκοπεῖτε, εἰ ἐάσαιτ' ἂν ἐναντίον ὑμῶν ἐμὲ προσγράψαι τι λαβόντα τὸ γραμματεῖον. οὐ δήπου. οὐκοῦν οὐδὲ τοῦτον ἀφαιρεῖν τῶν γεγραμμένων ἐᾶν προσήκει· τίς γὰρ ἁλώσεται πώποτε ψευδομαρτυριῶν, εἰ μαρτυρήσει τε ἃ βούλεται, καὶ λόγον [3]ὃν βούλεται δώσει; ἀλλ' οὐχ οὕτω ταῦτα οὔθ' ὁ νόμος διεῖλεν, οὔθ' ὑμῖν ἀκούειν προσήκει· ἀλλ' ἐκεῖνο ἁπλοῦν καὶ δίκαιον, τί γέγραπται; τί μεμαρτύρηκας; ταῦθ' ὡς ἀληθῆ δείκνυε. καὶ γὰρ ἀντιγέγραψαι ταῦτα, ἀληθῆ μεμαρτύρηκα, μαρτυρήσας τὰ ἐν τῷ γραμματείῳ γεγραμμένα, οὐ τὸ, καὶ τὸ, τῶν ἐν τῷ γραμματείῳ. ὅτι δ' οὕτω ταῦτ' ἔχει, λάβε τὴν ἀντιγραφὴν αὐτήν μοι. λέγε.

[1] αὐτὸ [2] δὲ * τοῦ τούτου τρόπου [3] ὧν

ΑΝΤΙΓΡΑΦΗ.

[1] Ἀπολλόδωρος Πασίωνος Ἀχαρνεὺς, Στεφάνῳ Μενεκλέους Ἀχαρνεῖ ψευδομαρτυριῶν, τίμημα τάλαντον. τὰ ψευδῆ μου κατεμαρτύρησε Στέφανος, μαρτυρήσας τὰ ἐν τῷ γραμματείῳ γεγραμμένα — τἀληθῆ ἐμαρτύρησα, μαρτυρήσας τὰ ἐν τῷ γραμματείῳ γεγραμμένα.

1116 ταῦτα [2] οὕτως αὐτὸς ἀντεγράψατο, ἃ χρὴ μνημονεύειν ὑμᾶς, καὶ μὴ [3] τοὺς ἐξ ἀπάτης νῦν λόγους ὑπὸ τούτου ῥηθησομένους πιστοτέρους ποιεῖσθαι τῶν νόμων καὶ τῶν ὑπὸ τούτου γραφέντων εἰς τὴν ἀντιγραφήν.

ιδ'. Πυνθάνομαι τοίνυν αὐτοὺς, καὶ περὶ ὧν ἔλαχον τὴν ἐξαρχῆς δίκην, ἐρεῖν καὶ κατηγορήσειν, ὡς συκοφάντημα ἦν. ἐγὼ δ', ὃν μὲν τρόπον ἐσκευωρήσατο τὴν μίσθωσιν, ὅπως τὴν ἀφορμὴν τῆς τραπέζης κατασχῇ, εἶπον καὶ διεξῆλθον ὑμῖν· ὑπὲρ δὲ τῶν ἄλλων, οὐκ ἂν οἷός τε ἦν λέγειν ἅμα καὶ τούτους ἐλέγχειν περὶ τῆς μαρτυρίας, οὐ γὰρ ἱκανόν μοι τὸ ὕδωρ ἐστίν. ὅτι δ' οὐδ' ὑμεῖς ἐθέλοιτ' ἂν εἰκότως ἀκούειν περὶ τούτων αὐτων, ἐκεῖθεν εἴσεσθε, ἂν λογίσησθε πρὸς ὑμᾶς αὐτοὺς, ὅτι οὔτε νῦν ἐστὶ χαλεπὸν περὶ ὧν μὴ κατηγόρηται λέγειν, οὔτε, ψευδεῖς ἀναγνόντα μαρτυρίας, ἀποφεύγειν· ἀλλ' [4] οὐδ' ἕτερόν γε δίκαιον τούτων οὐδ' ἂν εἷς φήσειεν εἶναι, ἀλλ' ὃ ἐγὼ προκαλοῦμαι νῦν. σκοπεῖτε δὲ ἀκούσαντες. ἐγὼ γὰρ ἀξιῶ, οὓς μὲν ἀφείλοντό

[1] Ἀπολλόδωρος Π. Ἀ. * Στεφάνῳ Μενεκλέους Ἀ. ψ., τ. τ.. τ. ψ. μ. κ. Σ., μ. τ. ἐ. τ. γ. γ. | * Στέφανος Μενεκλέους Ἀχαρνεύς. τἀληθῆ ἐ., μ. τ. ἐ. τ. γ. γ.

[2] οὗτος [3] τοὺς * ἐπ' ἐξαπάτῃ νῦν [4] οὐδέτερόν

ΑΝΤΙΓΡΑΦΗ] Ista misere sunt confusa; puto ea ita esse in ordinem aliquem reponenda:

ΑΝΤΙΓΡΑΦΗ.
ΨΕΥΔΟΜΑΡΤΥΡΙΩΝ ΤΙΜΗΜΑ ΤΑΛΑΝΤΟΝ.

Ἀπολλόδωρος Πασίωνος Ἀχαρνεύς. τὰ ψευδῆ μου κατεμαρτύρησε Στέφανος, μαρτυρήσας τὰ ἐν τῷ γραμματείῳ γεγραμμένα. | Στέφανος Μενεκλέους Ἀχαρνεύς. τἀληθῆ ἐμαρτύρησα, μαρτυρήσας τὰ ἐν τῷ γραμματείῳ γεγραμμένα.

In Comm. in Leg. Attic. l. IV. t. III. §. II. p. 409. Petitus. Idem observarunt (scil. de loco Pollucis l. VIII. c. 6. supplendo atque emendando e Demosthene) H. Valesius in Harpocrat. p. 9. et Joach. Kuhnius, qui Petitum antestatur, ad Polluc. VIII. 58. Mox in Demosthene si Στεφάνῳ Μενεκλέους Ἀχαρνεῖ, ut viri illi præclari, legeris, cetera bene habebunt. Satis enim apparet ex Stephani ἀντιγραφῇ illa omnia esse τἀληθῆ ἐμαρτύρησα et reliqua. Nam Orator formulæ posterioris partem duntaxat exhibet. Wesseling. Legendum Στεφάνῳ Μενεκλέους Ἀχαρνεῖ, ut exigit formula. Palmer.

Στέφανος Μενεκλεὺς Ἀχαρνεῖ] Στεφάνῳ Μενεκλέους Ἀχαρνεῖ ψευδομαρτυριῶν, S. εἴληχε δίκην. Wolf.

Ἐμαρτύρησα τὰ] F. ἐμαρτύρησα μαρτυρήσας τά. Idem.

Ταῦτα οὕτως] M. ταῦθ' οὕτως αὐτός. Idem.

ιδ'. Οἷα ἂν οἷός τε ἦν] F. εἴην. Idem.

με ἐλέγχους περὶ τῶν ἐγκλημάτων, οὓς προσῆκον ἦν ῥη-
θῆναι, μὴ ζητεῖν αὐτοὺς νῦν· αἷς δὲ ἀφείλοντο μαρτυρίαις,
ὡς εἰσὶν ἀληθεῖς, δεικνύναι. εἰ δ', ὅταν μὲν τὴν δίκην εἰσίω,
τὰς μαρτυρίας με ἐλέγχειν ἀξιώσουσιν, ὅταν δὲ ταύταις
ἐπεξίω, περὶ τῶν ἐξαρχῆς ἐγκλημάτων λέγειν με κελεύ-
σουσιν, οὔτε δίκαια οὔτε ὑμῖν συμφέροντα ἐροῦσι. δικάσειν
γὰρ ὀμωμόκατε ὑμεῖς, οὐ περὶ ὧν ἂν ὁ φεύγων ἀξιοῖ, ἀλλ'
ὑπὲρ αὐτῶν ὧν ἂν ἡ δίωξις ᾖ· ταύτην δ' ἀνάγκη τῇ τοῦ
διώκοντος λήξει δηλοῦσθαι, ἣν ἐγὼ τούτῳ ψευδομαρτυριῶν
εἴληχα. μὴ δὴ τοῦτ' ἀφεὶς, περὶ ὧν οὐκ ἀγωνίζεται, λε- 1117
γέτω· μηδ' ὑμεῖς ἐᾶτε, ἐὰν ἄρα οὗτος ἀναισχυντῇ.

ιέ. Οἴομαι τοίνυν αὐτὸν, οὐδὲν οὐδαμῇ δίκαιον ἔχοντα
λέγειν, ἥξειν καὶ ἐπὶ τοῦτο, ὡς ἄτοπον ποιῶ, παραγραφὴν
ἡττημένος, τοὺς διαθήκην μαρτυρήσαντας διώκων· καὶ τοὺς
δικαστὰς τοὺς τότε [1] φήσει διὰ τοὺς ἀφεῖναι μεμαρτυρη-
κότας ἀποψηφίσασθαι μᾶλλον, ἢ διὰ τοὺς διαθήκην μαρ-
τυρήσαντας. ἐγὼ δ', ὦ ἄνδρες Ἀθηναῖοι, νομίζω πάντας
ὑμᾶς εἰδέναι, ὅτι οὐχ ἧττον τὰ πεπραγμένα εἰώθατε
σκοπεῖν, ἢ τὰς ὑπὲρ τούτων παραγραφάς. περὶ δὴ τῶν
πραγμάτων αὐτῶν τὰ ψευδῆ καταμαρτυρήσαντες οὗτοί
μου, ἀσθενεῖς τοὺς περὶ τῆς [2] γραφῆς ἐποίησαν λόγους. χω-
ρὶς δὲ τούτων, ἄτοπον πάντων τὰ ψευδῆ μαρτυρησάντων,
τίς μάλιστα ἔβλαψεν, ἀποφαίνειν· ἀλλ' οὐχ, ὡς αὐτὸς
ἕκαστος [3] ἀληθῆ μεμαρτύρηκε, δεικνύναι. οὐ γὰρ, ἂν ἕτερον
δείξῃ δεινότερα εἰργασμένον, ἀποφεύγειν αὐτῷ προσήκει·
ἀλλ' ἂν, αὐτὸς ὡς ἀληθῶς μεμαρτύρηκεν, ἀποφήνῃ.

ις'. Ἐφ' ᾧ τοίνυν, ὦ ἄνδρες Ἀθηναῖοι, μάλιστ' ἀπο-
λωλέναι δίκαιός ἐστιν οὑτοσὶ Στέφανος, τοῦτ' ἀκούσατέ
μου. δεινὸν μὲν γάρ ἐστιν, εἰ καὶ καθ' ὅτου τις ψευδῆ μαρ-
τυρεῖ· πολλῷ δὲ δεινότερον καὶ πλείονος ὀργῆς ἄξιον, εἰ κατὰ
τῶν συγγενῶν. οὐ γὰρ τοὺς γεγραμμένους νόμους ὁ τοι-
οῦτος ἄνθρωπος μόνον, ἀλλὰ καὶ τὰ τῆς φύσεως οἰκεῖα,
ἀναιρεῖ. τοῦτο τοίνυν ἐπιδειχθήσεται πεποιηκὼς οὑτοσί.
ἔστι γὰρ ἡ τούτου μήτηρ, καὶ ὁ τῆς ἐμῆς γυναικὸς πατὴρ,

[1] * φήσειν   [2] * παραγραφῆς   [3] τἀληθῆ

Οὓς προσῆκον ἦν ῥηθῆναι] Fel. ἦν τότε ῥηθῆναι. al. v. 24. οὐ γὰρ, ἂν ἕτερον δείξῃ.

ἀδελφοί· ὥστε τὴν μὲν γυναῖκα τὴν ἐμὴν ἀνεψιὰν εἶναι
1118 τούτῳ, τοὺς δὲ παῖδας τοὺς [1] ἐκείνης καὶ τοὺς ἐμοὺς ἀνε-
ψιαδοῦς. ἆρ' οὖν δοκεῖ ποτ' ἂν ὑμῖν οὗτος, εἴ τι δι' ἔνδειαν
εἶδε ποιούσας ὧν οὐ χρὴ τὰς αὑτοῦ συγγενεῖς, ὅπερ ἤδη
πολλοὶ πεποιήκασι, παρ' αὑτοῦ προῖκα ἐπιδοὺς ἐκδοῦναι,
ὃς, ὑπὲρ τοῦ μηδ', ἃ προσήκει, κομίσασθαι ταύτας, τὰ
ψευδῆ μαρτυρεῖν ἠθέλησε, καὶ περὶ πλείονος ἐποιήσατο τὸν
Φορμίωνος πλοῦτον, ἢ τὰ τῆς συγγενείας ἀναγκαῖα;
ἀλλὰ μὴν ὅτι ταῦτ' ἀληθῆ λέγω, λάβε μοι τὴν μαρτυρίαν
τὴν Δεινίου, καὶ ἀναγίνωσκε· καὶ κάλει Δεινίαν.

ΜΑΡΤΥΡΙΑ.

Δεινίας [2] Θεομνήστου Ἀθμονεὺς μαρτυρεῖ τὴν θυγατέρα αὑτοῦ ἐκδοῦναι Ἀπολλοδώρῳ κατὰ τοὺς νόμους γυναῖκα ἔχειν· καὶ, μηδὲ πώποτε παραγενέσθαι, μηδὲ αἰσθέσθαι, ὅτι Ἀπολλόδωρος ἀφῆκε τῶν ἐγκλημάτων ἁπάντων Φορμίωνα.

ὅμοιός γε ὁ Δεινίας, ὦ ἄνδρες δικασταὶ, τούτῳ, ὃς ὑπὲρ
τῆς θυγατρὸς, καὶ τῶν θυγατριδῶν, καὶ ἐμοῦ τοῦ κηδεστοῦ,
διὰ τὴν συγγένειαν, οὐδὲ τἀληθῆ μαρτυρεῖν ἐθέλει κατὰ
τούτου· ἀλλ' οὐχ [3] οὑτοσὶ Στέφανος, οὐκ ὤκνησε καθ' ἡμῶν
τὰ ψευδῆ μαρτυρεῖν, [4] οὐδ', εἰ μηδένα τῶν ἄλλων, τὴν αὑ-
τοῦ μητέρα ᾐσχύνθη, τοῖς ἀπ' ἐκείνης οἰκείοις τῆς ἐσχάτης
ἐνδείας αἴτιος γενόμενος.

ιζ'. Ὃ τοίνυν ἔπαθον δεινότατον, καὶ ἐφ' ᾧ μάλιστα
ἐξεπλάγην, ὅτ' ἠγωνιζόμην, ὦ ἄνδρες δικασταὶ, τοῦθ' ὑμῖν
εἰπεῖν βούλομαι. τήν τε γὰρ τούτου πονηρίαν ἔτι μᾶλλον
ὑμεῖς ὄψεσθε, καὶ ἐγὼ, τῶν γεγενημένων ἀποδυράμενος τὰ
πλεῖστα πρὸς ὑμᾶς, ὥσπερ ῥᾴων ἔσομαι. τὴν γὰρ μαρτυ-
1119 ρίαν, ἣν ᾤμην εἶναι, καὶ δι' ἧς ἦν ὁ πλεῖστος ἔλεγχός μοι,
ταύτην οὐχ εὗρον ἐνοῦσαν ἐν τῷ ἐχίνῳ. τότε μὲν δὴ τῷ
κακῷ πληγεὶς οὐδὲν ἄλλο εἶχον ποιῆσαι, πλὴν ὑπολαμβά-
νειν τὴν [5] ἀρχὴν ἠδικηκέναι με, καὶ τὸν ἐχῖνον κεκινηκέναι·
νῦν δ', ἀφ' ὧν [6] ὕστερόν τι πέπεισμαι, πρὸς αὐτῷ τῷ διαι-
τητῇ, Στέφανον τουτονὶ αὐτὴν ὑφῃρημένον εὑρίσκω, πρὸς

[1] * ἐκείνου [2] Θεοδμάτου [3] αὐτοσὶ Στέφανος, * ὃς οὐκ
[4] οὐδ', * εἰ καὶ μηδένα τ. ἄ., τ. αὐτοῦ * γε μητέρα [5] * Ἀρχίππην [6] ὕστερον πέπυσμαι

Idem.

ιϛ'. Τοὺς δὲ παῖδας τοὺς ἐκείνης] M. τοὺς ἐκείνου, S. τοῦ Στεφάνου. et v. 12. Θεομνήστου. Sic enim contra Neæram hujus nepos appellatur. Idem.

Ἀλλ' οὐχ οὑτοσὶ] M. αὐτοσὶ (ἐπιῤῥηματικῶς) Στέφανος αὐτοσὶν οὐκ ὤκνησεν. Idem.

ιζ'. Πρὸς μαρτυρίαν τινὰ ἵνα ἐξορκώσαιμι,

μαρτυρίαν τινὰ, ἵνα ἐξορκώσαιμι, ἀναστάντος ἐμοῦ. καὶ ὅτι ταῦτ' ἀληθῆ λέγω, πρῶτον μὲν ὑμῖν μαρτυρήσουσι τῶν τούτοις παρόντων οἱ ἰδόντες· οὐ γὰρ ἐξομνῦναι ἐθελήσειν αὐτοὺς οἴομαι. ἐὰν δ' ἄρα τοῦτο ποιήσωσιν ὑπ' ἀναιδείας, πρόκλησιν ὑμῖν ἀναγνώσεται, ἐξ ἧς τούτους τ' ἐπιορκοῦντας ἐπαυτοφώρῳ λήψεσθε, καὶ τοῦτον ὁμοίως ὑφῃρημένον τὴν μαρτυρίαν εἴσεσθε. καίτοι, ὅστις, ὦ ἄνδρες Ἀθηναῖοι, κακῶν ἀλλοτρίων κλέπτης ὑπέμεινεν ὀνομασθῆναι, τί ἂν ἡγεῖσθε ποιῆσαι [1] τοῦτον ἄλλο του; λέγε τὴν μαρτυρίαν, εἶτα τὴν πρόκλησιν ταύτην.

ΜΑΡΤΥΡΙΑ.

Μαρτυροῦσι φίλοι εἶναι καὶ ἐπιτήδειοι Φορμίωνι· καὶ παρεῖναι πρὸς τῷ διαιτητῇ Τισίᾳ, ὅτε ἦν ἀπόφανσις τῆς διαίτης Ἀπολλοδώρῳ πρὸς Φορμίωνα· καὶ εἰδέναι τὴν μαρτυρίαν ὑφῃρημένον Στέφανον, ἣν αἰτιᾶται αὐτὸν Ἀπολλόδωρος ὑφελέσθαι.

ἢ μαρτυρεῖτε, ἢ ἐξομόσασθε.

ΕΞΩΜΟΣΙΑ.

οὐκ ἄδηλον ἦν, ὦ ἄνδρες δικασταὶ, ὅτι τοῦτο ἔμελλον [2] ποιήσειν προθύμως, ἐξομεῖσθαι. ἵνα τοίνυν παραχρῆμα ἐξελεγχθῶσιν ἐπιωρκηκότες, λάβε μοι ταύτην τὴν μαρτυρίαν, καὶ τὴν πρόκλησιν ἀναγίνωσκε.

ΜΑΡΤΥΡΙΑ. ΠΡΟΚΛΗΣΙΣ. 1120

Μαρτυροῦσι παρεῖναι, ὅτε Ἀπολλόδωρος προὐκαλεῖτο Στέφανον παραδοῦναι τὸν παῖδα τὸν ἀκόλουθον εἰς βάσανον περὶ τῆς ὑφαιρέσεως τοῦ

[1] τοῦτον ὑπὲρ αὐτοῦ;

[2] ποιήσειν, προθύμως ἐξομεῖσθαι

ἀναστάντος ἐμοῦ] *Cum ego ejurandi cujusdam testimonii causa surrexissem.* Fortasse rectius fuerit: *Cum ego, ut testem quendum jurejurando obstringerem, surrexissem.* Libet, quia jurisjurandi mentio hic fit, addere locum e Moschopuli schedis, quem apud Demosthenem toties lectum me reperisse non recordor: παρ' Ἀθηναίοις λίθος τις * ἴδιος, πρὸς ᾧ τοὺς ὅρκους ἐποιοῦντο. ὡς παρὰ Δημοσθένῃ· καὶ πρὸς τὴν λίθον ἄγοντες καὶ ἐξορκοῦντες. Idem. V. Not. Meurs. p. 1265. 6. ed. R.

Κακῶν ἀλλοτρίων κλέπτης] Τὸ κακῶν Felic. omittit. F. μαρτυριῶν ἀλλοτρίων, vel ὑπὲρ ἀλλοτρίων. Idem.

Ποιῆσαι τοῦτον ἄλλο του] F. ἴσχ' ἑαυτοῦ, vel ποιῆσαι ὄκνεῖν. Locus utique depravatus est, et conjecturæ parum firmæ. Idem.

Ἢ μαρτυρεῖτε, ἢ ἐξομόσασθε] Utrum illud, μαρτυροῦσι φίλοι εἶναι, præscriptum est ab Apollodoro testibus, conceptis verbis recitandum? an Demosthenes, incertus, utrum facturi essent testes, clientem ad utrumque instruxit? Simile commentum est et in oratione contra Timarchum, ubi recitatur Hegesandri testimonium, qui mox ejusdem detrectati accusatur. Sunt ista στρατηγήματα, μᾶλλον δὲ πονηρεύματα ῥητορικά. Idem.

Ἔμελλον ποιήσειν, προθύμως ἐξομεῖσθαι] F. A. καὶ προθύμως. aut, ἔμελλον ποιήσειν προθύμως. ut τὸ ἐξομεῖσθαι sit scholion, quo declaretur τὸ ποιήσειν: aut τὸ προθύμως ἐξομεῖσθαι accedat κατ' ἐπεξήγησιν. Idem. ἐξομεῖσθαι abundat, et videtur esse glossema, quod quis ad illud ποιήσειν ad-

γραμματείου, καὶ γράμματα ἦν ἕτοιμος γράφειν Ἀπολλόδωρος, καθ' ὅ τι ἔσται ἡ βάσανος· ταῦτα δὲ προκαλουμένου Ἀπολλοδώρου, οὐκ ἐθελῆσαι παραδοῦναι Στέφανον, ἀλλὰ ἀποκρίνασθαι Ἀπολλοδώρῳ, δικάζεσθαι, εἰ βούλοιτο, εἴ τι φησὶν ἀδικεῖσθαι ὑφ' ἑαυτοῦ.

τίς ἂν οὖν ὑπὲρ τοιαύτης αἰτίας, ὦ ἄνδρες δικασταὶ, εἴπερ ἐπίστευεν ἑαυτῷ, οὐκ ἂν ἐδέξατο τὴν βάσανον; οὐκοῦν τῷ φεύγειν τὴν βάσανον ὑφῃρημένος ἐξελέγχεται. ἆρ' οὖν ἂν ὑμῖν αἰσχυνθῆναι δοκῇ τὴν τοῦ τὰ ψευδῆ μαρτυρεῖν δόξαν, ὁ τὴν τοῦ κλέπτης φανῆναι μὴ φυγών; ἢ, δεηθέντος [1] τοῦ, ὀκνῆσαι ἂν τὰ ψευδῆ μαρτυρεῖν, ὅς, ἃ μηδεὶς ἐκέλευεν, ἐθελοντὴς πονηρὸς ἦν; δικαίως τοίνυν, ὦ ἄνδρες Ἀθηναῖοι, τούτων ἁπάντων δοὺς ἂν δίκην, πολὺ μᾶλλον ἂν εἰκότως διὰ τἆλλα κολασθείη παρ' ὑμῖν.

ιή. Σκοπεῖτε δὲ τὸν βίον, ὃν βεβίωκεν, ἐξετάζοντες. οὗτος γὰρ ἡνίκα συνέβαινεν εὐτυχεῖν Ἀριστολόχῳ τῷ τραπεζίτῃ, ἴσα [2] βαίνων ἐβάδιζεν ὑποπεπτωκὼς ἐκείνῳ, καὶ ταῦτα ἴσασι πολλοὶ τῶν ἐνθάδε ὄντων ὑμῶν. ἐπειδὴ δὲ ἀπώλετο ἐκεῖνος καὶ τῶν ὄντων ἐξέστη, οὐχ ἥκιστα ὑπὸ τούτου καὶ τῶν τοιούτων διαφορηθεὶς, τῷ μὲν υἱεῖ τῷ τούτου, πολλῶν πραγμάτων ὄντων, οὐ παρέστη πώποτε, οὐδ' ἐβοήθησεν, ἀλλ' Ἀπόληξις καὶ Σόλων, καὶ πάντες ἄνθρωποι μᾶλλον βοηθοῦσι. Φορμίωνα δὲ πάλιν ἑώρακε, καὶ
1121 τούτῳ γέγονεν οἰκεῖος, ἐξ Ἀθηναίων ἁπάντων τοῦτον ἐκλεξάμενος, καὶ ὑπὲρ τούτου πρεσβευτὴς μὲν ᾤχετο εἰς Βυζάντιον πλέων, ἡνίκα ἐκεῖνοι τὰ πλοῖα τούτου κατέσχον, τὴν δὲ δίκην ἔλεγε τὴν πρὸς Καλχηδονίους, τὰ ψευδῆ δέ μου φανερῶς οὕτω καταμεμαρτύρηκεν. εἶθ', ὃς εὐτυχούντων ἐστὶ κόλαξ, κἂν ἀτυχῶσι, τῶν αὐτῶν τούτων προδότης· καὶ, τῶν μὲν ἄλλων πολιτῶν πολλῶν καὶ καλῶν κἀγαθῶν ὄντων μηδενὶ μηδ' ἐξ ἴσου χρῆται, τοῖς δὲ τοιούτοις ἐθελοντὴς ὑποπίπτει· καὶ, μήτ' εἴ τινα τῶν οἰκείων ἀδικήσει, μήτ' εἰ παρὰ τοῖς ἄλλοις φαύλην δόξαν ἕξει, ταῦτα ποιῶν, μήτ' ἄλλο μηδὲν σκοπεῖ, πλὴν ὅπως πλέον ἕξει —, τοῦτον οὐ μισεῖν, ὡς κοινὸν ἐχθρὸν τῆς φύσεως ὅλης τῆς ἀνθρωπίνης, προσήκει; ἔγωγ' ἂν φαίην. ταῦτα μέντοι τὰ

[1] τοῦ

[2] βαίνων * ὑμῖν, ἐβάδιζεν

scripserit. HERALDUS.

Οὐκοῦν τῷ φεύγειν legendum, διὰ τοῦ φεύγειν. et v. antepen. μηδ' ἄλλο μηδὲν σκοπεῖ. WOLF.

τοσαύτην ἔχοντα αἰσχύνην, ὦ ἄνδρες Ἀθηναῖοι, ἐπὶ τῷ τὴν πόλιν φεύγειν καὶ τὰ ὄντα ἀποκρύπτεσθαι, προῄρηται πράττειν, ἵνα ἐργασίας ἀφανεῖς διὰ τῆς τραπέζης ποιῆται, καὶ, μήτε χορηγῇ, μήτε τριηραρχῇ, μήτ' ἄλλο μηδὲν ὧν προσήκει ποιῇ· καὶ κατείργασται τοῦτο. τεκμήριον δέ· ἔχων γὰρ οὐσίαν τοσαύτην, ὥστε ἑκατὸν μνᾶς ἐπιδοῦναι τῇ θυγατρὶ, οὐδ' ἡντινοῦν λειτουργίαν ἑώραται ὑφ' ὑμῶν λειτουργῶν, οὐδὲ τὴν ἐλαχίστην. καίτοι πόσῳ κάλλιον φιλοτιμούμενον ἐξετάζεσθαι, καὶ προθυμούμενον εἰς ἃ δεῖ, τῇ πόλει, ἢ κολακεύοντα καὶ τὰ ψευδῆ μαρτυροῦντα; ἀλλ' ἐπὶ τῷ κερδαίνειν πᾶν ἂν οὗτος ποιήσειε. καὶ μὴν, ὦ ἄνδρες Ἀθηναῖοι, μᾶλλον ἄξιον ὀργίλως ἔχειν τοῖς μετ' εὐπορίας
πονηροῖς, ἢ τοῖς μετ' ἐνδείας. τοῖς μὲν γὰρ ἡ τῆς χρείας 1122
ἀνάγκη φέρει τινὰ συγγνώμην παρὰ τοῖς ἀνθρωπίνως λογιζομένοις· οἱ δ' ἐκ περιουσίας, ὥσπερ οὗτος, πονηροὶ, οὐδεμίαν πρόφασιν δικαίαν ἔχοιεν ἂν εἰπεῖν, ἀλλ' αἰσχροκερδείᾳ καὶ πλεονεξίᾳ καὶ ὕβρει καὶ τῷ τὰς ἑαυτῶν συστάσεις κυριωτέρας τῶν νόμων ἀξιοῦν εἶναι, ταῦτα φανήσονται πράττοντες. ὑμῖν δὲ οὐδὲν τούτων συμφέρει, [1] ἀλλὰ τὸν ἀσθενῆ παρὰ τοῦ πλουσίου δίκην, ἂν ἀδικῆται, δύνασθαι λαβεῖν. ἔσται δὲ τοῦτο, ἐὰν κολάζητε τοὺς φανερῶς οὕτως ἐξ εὐπορίας πονηρούς.

ιθ'. Οὐ τοίνυν οὐδ' ἃ πέπλασται, καὶ βαδίζει οὗτος παρὰ τοὺς τοίχους ἐσκυθρωπακὼς, σωφροσύνης εἰκότως ἄν τις ἡγήσαιτο εἶναι σημεῖα, ἀλλὰ μισανθρωπίας. ἐγὼ γὰρ, ὅστις, αὐτῷ μηδενὸς συμβεβηκότος δεινοῦ, μηδὲ τῶν ἀναγκαίων σπανίζων, ἐν ταύτῃ τῇ σχέσει διάγει τὸν βίον, τοῦτον ἡγοῦμαι συνεωρακέναι καὶ λελογίσθαι παρ' αὑτῷ, ὅτι, τοῖς μὲν ἁπλῶς, ὡς πεφύκασι, βαδίζουσι καὶ φαιδροῖς, καὶ προσέλθοι τις ἂν, καὶ δεηθείη, καὶ [2] ἀπαγγείλειεν, οὐδὲν ὀκνῶν· τοῖς δὲ πεπλασμένοις καὶ σκυθρωποῖς, ὀκνήσειέν ἄν τις προσελθεῖν πρῶτον. οὐδὲν οὖν ἄλλο, ἢ πρόβλημα τοῦ τρό-

[1] ἀλλὰ * τὸ τὸν [2] ἐπαγγείλειεν

ιή. Ἐπὶ τὸ τὴν πόλιν φεύγειν] Τὰς εἰς τὴν πόλιν λειτουργίας. Idem.

Ἐκ περιουσίας] Vid. Not. vol. II. p. 25. l. pen.

Ἐὰν κολάζητε. et v. 23. ἃ πέπλασται. et v. 28. καὶ λελογίσθαι. et v. 30. καὶ ἐπαγγείλειεν, ut in Παραπρεσβείᾳ· τί δὲ μόνος οὐδὲν ἐπαγγέλλεται. Wolf.

Τοῖς μετ' εὐπορίας πονηροῖς] Ἐκ περιουσίας, τοῖς εὐποροῦσι καὶ πονηροῖς. Idem.

που, τὸ σχῆμα τοῦτ᾽ ἔστι, καὶ τὸ τῆς διανοίας ἄγριον καὶ
πικρὸν ἐνταῦθ᾽ δηλοῖ. σημεῖον δέ· τοσούτων γὰρ ὄντων τὸ
πλῆθος τῶν Ἀθηναίων, πράττων πολὺ βέλτιον, ἢ σὲ προσ-
ῆκον ἦν, τῷ πώποτε εἰσήνεγκας; ἢ τίνι συμβέβλησαί πω;
ἢ τίνα εὖ πεποίηκας; οὐδέν᾽ ἂν εἰπεῖν ἔχοις. ἀλλὰ τοκίζων,
καὶ τὰς τῶν ἄλλων συμφορὰς καὶ χρείας, εὐτυχήματα
σαυτοῦ, νομίζων, ἐξέβαλες μὲν τὸν σαυτοῦ θεῖον Νικίαν ἐκ
1123 τῆς πατρῴας οἰκίας· ἀφῄρησαι δὲ τὴν σαυτοῦ πενθερὰν
ταῦτα, ἀφ᾽ ὧν ἔζη· ἀοίκητον δὲ τὸν Ἀρχεδήμου παῖδα,
τὸ σαυτοῦ μέρος, πεποίηκας· οὐδεὶς δὲ πώποτε οὕτω πι-
κρῶς οὐδ᾽ ὑπερήμερον εἰσέπραξεν, ὡς σὺ, τοὺς ὀφείλοντας
τοὺς τόκους. εἶτα, ὃν ὁρᾶτε ἐπὶ πάντων οὕτως ἄγριον καὶ
μιαρὸν, τοῦτον ὑμεῖς ἠδικηκότα ἐπ᾽ αὐτοφώρῳ λαβόντες οὐ
τιμωρήσεσθε; δεινὰ ἄρα, ὦ ἄνδρες δικασταὶ, ποιήσετε καὶ
οὐχὶ δίκαια.

κ᾽. Ἄξιον τοίνυν, ὦ ἄνδρες Ἀθηναῖοι, καὶ Φορμίωνι, τῷ παρασχομένῳ τουτονὶ, νεμεσῆσαι τοῖς πεπραγμένοις, τὴν ἀναίδειαν τοῦ τρόπου καὶ τὴν ἀχαριστίαν ἰδόντας. [1] οἶμαι γὰρ ἅπαντας ὑμᾶς εἰδέναι, ὅτι τοῦτον, ἡνίκ᾽ ὤνιος ἦν, εἰ συνέβη μάγειρον ἢ τινὸς ἄλλης τέχνης δημιουργὸν πρίασθαι, τὴν τοῦ δεσπότου τέχνην ἂν μαθὼν, πόῤῥω τῶν νῦν παρόντων ἦν ἀγαθῶν· ἐπειδὴ δὲ ὁ πατὴρ ὁ ἡμέτερος, τραπεζίτης ὢν, ἐκτήσατ᾽ αὐτὸν, καὶ γράμματα ἐπαίδευσε, καὶ τὴν τέχνην ἐδίδαξε, καὶ χρημάτων ἐποίησε κύριον πολλῶν, εὐδαίμων γέγονε, τὴν τύχην, ᾗ πρὸς ἡμᾶς ἀφίκετο, ἀρχὴν λαβὼν πάσης τῆς νῦν παρούσης εὐδαιμονίας. οὐκοῦν δεινὸν, ὦ γῆ καὶ θεοὶ, καὶ πέρα δεινοῦ, τοὺς Ἕλληνα μὲν ἀντὶ Βαρβάρου ποιήσαντας, γνώριμον δ᾽ ἀντ᾽ ἀνδραπόδου, τοσούτων δ᾽ ἀγαθῶν [2] ἡγεμόνα, τούτους περιορᾷν ἐν ταῖς ἐσχάταις ἀπορίαις ὄντας, ἔχοντα καὶ πλουτοῦντα· καὶ εἰς τοῦθ᾽ ἥκειν ἀναιδείας, ὥστε, ἧς παρ᾽ ἡμῶν τύχης μετέσχε, ταύτης ἡμῖν μὴ τολμᾷν μεταδοῦναι. ἀλλ᾽ αὐτὸς μὲν οὐκ

[1] οἴομαι [2] * ἡγεμόνας

ιθ᾽. Ἐνταῦθα] *Hic*, i. e. in Stephano. Auger.

Εἰσήνεγκας] Simpliciter, pro εἰσήνεγκας ἐράνους, locutione protrita.

Τίνι συμβέβλησαί πω;] Non περὶ τῶν συμβολαίων, sed περὶ τῶν συμβόλων καὶ ἐράνων haec accipio. et v. 5. οὐδένα ἂν ἔχοις εἰπεῖν. et v. 7. τὸν σαυτοῦ θεῖον. et v. 8. τὴν σαυτοῦ πενθερὰν ταῦτα. et v. 19. ὅτι τοῦτον, ὅτε. Wolf.

Ἀοίκητον] Ἀοίκητος vulgo *inhabitatus*, hic *habitatione carens*. Auger.

ᾤκησε τὴν δέσποιναν γῆμαι, καὶ, ἣ τὰ καταχύσματα αὐτοῦ κατέχεε τόθ' ἡνίκα ἐωνήθη, ταύτῃ συνοικεῖν· οὐδὲ 1124
προῖκα πέντε τάλαντα αὐτῷ γράψαι, χωρὶς ὧν, οὔσης τῆς μητρὸς κυρίας, οὗτος ἐγκρατὴς γέγονε πολλῶν χρημάτων. τί [1]γὰρ αὐτὸν οἴεσθε εἰς τὰς διαθήκας ἐγγράψαι, καὶ [2]τἄλλα, ὅσα ἐστὶν, Ἀρχίππῃ δίδωμι; τὰς δ' ἡμετέρας θυγατέρας, μελλούσας δι' ἔνδειαν ἀνεκδότους ἔνδον γηράσκειν, περιορᾷ. καὶ, εἰ μὲν πένης οὗτος ἦν, ἡμεῖς δ' εὐποροῦντες ἐτυγχάνομεν, καὶ συνέβη τι παθεῖν, οἷα πολλὰ, ἐμοὶ, οἱ παῖδες ἂν οἱ τούτου τῶν ἐμῶν θυγατέρων ἐδικάζοντο, οἱ τοῦ δούλου τῶν τοῦ δεσπότου· θεῖοι γάρ εἰσιν αὐταῖς διὰ τὸ τὴν μητέρα τὴν ἐμὴν τοῦτον λαβεῖν. ἐπειδὴ δὲ ἀπόρως ἡμεῖς ἔχομεν, τηνικαῦτα οὐ συνεκδώσει ταύτας· ἀλλὰ λέγει καὶ λογίζεται τὸ πλῆθος, ὧν ἐγὼ χρημάτων ἔχω. καὶ γὰρ τοῦτο ἀτοπώτατον πάντων. ὧν μὲν ἀπεστέρηκεν ἡμᾶς χρημάτων, οὐδέ πω καὶ τήμερον ἠθέλησεν ὑποσχεῖν τὸν λόγον, ἀλλὰ μηδ' εἰσαγωγίμους εἶναι τὰς δίκας παραγράφεται· ἃ δὲ τῶν πατρῴων ἐνειμάμην ἐγὼ, ταῦτα λογίζεται. καὶ, [3]τοὺς μὲν ἄλλους ἄν τις ἴδοι τοὺς οἰκέτας ὑπὸ τῶν δεσποτῶν ἐξεταζομένους· οὗτος δ' αὖ τοὐναντίον, τὸν δεσπότην ὁ δοῦλος ἐξετάζει, ὡς δῆτα πονηρὸν καὶ ἄσωτον ἐκ τούτων ἐπιδείξων.

κά. Ἐγὼ δ', ὦ ἄνδρες Ἀθηναῖοι, τῆς μὲν ὄψεως τῇ φύσει, καὶ τῷ ταχέως βαδίζειν, καὶ λαλεῖν μέγα, οὐ τῶν εὐτυχῶς πεφυκότων ἐμαυτὸν κρίνω· ἐφ' οἷς γὰρ οὐδὲν ὠφελούμενος λυπῶ τινὰς, ἔλαττον ἔχω πολλαχοῦ, τῷ μέντοι μέτριος κατὰ πάσας τὰς εἰς ἐμαυτὸν δαπάνας εἶναι, πολὺ τούτου, καὶ τοιούτων ἑτέρων, εὐτακτότερον ζῶν ἂν 1125
φανείην.

κβ'. Τὰ δ' εἰς τὴν πόλιν, καὶ ὅσα εἰς ὑμᾶς, ὡς δυνα-

[1] γάρ; * μάτην αὐτὸν [2] τἆλλα, ὅσα * ἔνδον ἐστὶν, [3] * τῶν μὲν ἄλλων

κ'. Καταχύσματα] De hoc more affusionum, quæ fiebant, quando servos recenter emptos in domini domum recipiebant, vide Scholiastem Aristophanis ad fabulæ Plutus hæc verba actus tertiæ scenæ secundæ: Φέρε νῦν ἰοῦσα εἴσω κομίσω καταχύσματα. Palmer.

Τί γὰρ] Hic τί, ut sæpius, τίνος ἕνεκα. Auger.

Καὶ συνέβη τι παθεῖν, οἷα πολλὰ, (S. ἐστὶ τὰ ἀνθρώπινα) ἐμοὶ] Noli conjungere οἷα πολλὰ ἐμοὶ, scilicet συνέβη. Wolf. οἷα πολλὰ, sub. ἀνθρώποις συμβαίνει. Auger.

Τῶν ἐμῶν θυγατέρων ἐδικάζοντο] F. ἐπεδικάζοντο. Unde ἐπίδικοι, al ἐπίκληροι.

μαι, λαμπρότατα, καὶ [1]ὡς ὑμεῖς σύνιστε, ποιῶ. οὐ γὰρ ἀγνοῶ τοῦθ', ὅτι τοῖς μὲν γένει πολίταις ὑμῖν ἱκανόν ἐστι λειτουργεῖν, ὡς οἱ νόμοι προστάττουσι· τοὺς δὲ ποιητοὺς ἡμᾶς, ὡς ἀποδιδόντας χάριν, οὕτω προσήκει φαίνεσθαι λειτουργοῦντας. μὴ οὖν μοι ταῦτα ὀνείδιζε, ἐφ' οἷς ἐπαίνου τύχοιμ' ἂν δικαίως· ἀλλὰ τίνα, ὦ Φορμίων, τῶν πολιτῶν ἑταιρεῖν, ὥσπερ σὺ, μεμίσθωμαι; δεῖξον. τίνα τῆς πόλεως, ἧς αὐτὸς [2]ἠξιώθης, καὶ τῆς ἐν αὐτῇ παῤῥησίας ἀπεστέρηκα, ὥσπερ σὺ τοῦτον, ὃν κατῄσχυνας; τίνος γυναῖκα διέφθαρκα, ὥσπερ σὺ, πρὸς πολλαῖς ἄλλαις, ταύτην, ᾗ τὸ μνῆμα ᾠκοδόμησεν ὁ θεοῖς ἐχθρὸς οὗτος, πλησίον τοῦ τῆς δεσποίνης, ἀνηλωκὼς πλέον ἢ τάλαντα δύο; καὶ οὐκ ᾐσθάνετο, ὅτι οὐχὶ τοῦ τάφου μνημεῖον ἔσται τὸ οἰκοδόμημα, τοιοῦτον ὂν, ἀλλὰ τῆς [3]ἀδικίας, ἧς τὸν ἄνδρα ἠδίκηκεν ἐκείνη διὰ τοῦτον. εἶτα τοιαῦτα ποιῶν, καὶ τηλικαύτας μαρτυρίας ἐξενηνοχὼς τῆς ὕβρεως τῆς σαυτοῦ, σὺ τὸν ἄλλου βίον ἐξετάζειν τολμᾷς; μεθ' ἡμέραν εἶ σὺ σώφρων, τὴν δὲ νύκτα, ἐφ' οἷς θάνατος ἡ ζημία, ταῦτα ποιεῖς.

κγ'. Πονηρὸς, ὦ ἄνδρες Ἀθηναῖοι, πονηρὸς οὗτος ἄνωθεν ἐκ τοῦ Ἀνακείου καὶ ἄδικος. σημεῖον δέ· εἰ γὰρ ἦν δίκαιος, πένης ἂν ἦν, τὰ τοῦ δεσπότου διοικήσας· νῦν δὲ τοσούτων χρημάτων τὸ πλῆθος κύριος καταστὰς, ὥστε τοσαῦτα λαθεῖν ἀπ' αὐτῶν κλέψας, ὅσα νῦν κέκτηται, οὐκ ὀφείλειν ταῦτα, ἀλλὰ πατρῷα ἔχειν ἡγεῖται. καίτοι πρὸς θεῶν, εἰ
1126 κλέπτην σε ἀπῆγον, ὡς ἐπ' αὐτοφώρῳ εἰληφὼς, τὴν οὐσίαν ἣν ἔχεις, εἶ πως οἷόν τ' ἦν, ἐπιθείς σοι, εἶτά σε ἠξίουν, εἰ μὴ φῂς ὑφῃρημένος ταῦτ' ἔχειν, ἀνάγειν ὅθεν εἴληφας, εἰς τίνα ἂν αὐτὰ ἀνήγαγες; οὔτε γάρ σοι πατὴρ παρέδωκεν, οὔθ' εὗρες, οὔτε λαβὼν ποθεν ἄλλοθεν ἦλθες ὡς ἡμᾶς· βάρβαρος γὰρ ἐωνήθης. εἶθ', ᾧ δημοσίᾳ προσῆκεν ἐπὶ τοῖς

1 * ὡς καὶ   2 * ἠξιώθην   3 ἀδικίας, * ᾗ καὶ τὸν

Wolf.

κβ'. Μεθ' ἡμέραν] Ἀντὶ τοῦ, ἐν ἡμέρᾳ. Ἀττικὸν τὸ σχῆμα. μεθ' ἡμέραν γάρ φασιν, οὐκ ἐν ἡμέρᾳ. Schol. ad Aristoph. Plut. v. 931. Cf. Hemsterh. ad Aristoph. Plut. p. 327. et D'Orvill. ad Charit. Aphrod. l. IV. c. VI. p. 412. qui μεθ' ἡμέρας vel μεθημέρας patrocinari videtur.

κγ'. Ἄνωθεν ἐκ τοῦ Ἀνακείου] Τὰ Ἀνάκεια, ἑορτὴ Κάστορος καὶ Πολυδεύκους. τὸ δὲ Ἀνάκειον, τὸ ἱερόν. Unde conjectura est, Servos veniase ad Castoris et Pollucis: ut sententia sit: *A primo emptionis die fuit improbus et injustus.* Wolf.

Ἀνακείου] L. ἀνακαίου. ἀνακαῖον, *ergastulum malorum servorum.* Auger.

εἰργασμένοις τεθνάναι, σὺ, τὸ σῶμα σεσωκὼς, καὶ πόλιν ἐκ τῶν ἡμετέρων σαυτῷ κτησάμενος, καὶ παῖδας ἀδελφοὺς τοῖς ἑαυτοῦ δεσπόταις ἀξιωθεὶς ποιήσασθαι, παρεγράψω μὴ εἰσαγώγιμον εἶναι τὴν δίκην τῶν ἐγκαλουμένων χρημάτων ὑφ᾽ ἡμῶν; εἶτα κακῶς ἡμᾶς ἔλεγες; καὶ τὸν ἡμέτερον πατέρα ἐξήταζες, ὅστις ἦν; ἐφ᾽ οἷς τίς οὐκ ἂν, ὦ ἄνδρες Ἀθηναῖοι, χαλεπῶς ἤνεγκεν; ἐγὼ γὰρ, εἰ πάντων τῶν ἄλλων ὑμῶν ἔλαττον προσήκει μοι φρονεῖν, τούτου γε μεῖζον, οἶμαι· καὶ τούτῳ γε εἰ μηδενὸς τῶν ἄλλων ἔλαττον, ἐμοῦ γε ἔλαττον. ὄντων γὰρ ἡμῶν τοιούτων, ὁποίους τινὰς ἂν καὶ σὺ κατασκευάσῃς τῷ λόγῳ, σὺ δοῦλος ἦσθα.

κδ΄. Τάχα τοίνυν ἂν ἴσως καὶ τοῦτό τις αὐτῶν εἴποι, ὡς, ἀδελφὸς ὢν ἐμὸς, Πασικλῆς οὐδὲν ἐγκαλεῖ τῶν αὐτῶν τούτῳ πραγμάτων. ἐγὼ δ᾽, ὦ ἄνδρες Ἀθηναῖοι, καὶ περὶ Πασικλέους,—παραιτησάμενος καὶ δεηθεὶς ὑμῶν συγγνώμην ἔχειν, εἰ προεληλυθὼς εἰς τοῦτο, ὥστε, ὑπὸ τῶν ἐμαυτοῦ δούλων ὑβρισθεὶς, οὐ δύναμαι κατασχεῖν, ἃ τέως οὐδὲ τῶν ἄλλων λεγόντων ἀκούειν ἐδόκουν—, ἐρῶ καὶ οὐ σιωπήσομαι. ἐγὼ γὰρ ὁμομήτριον μὲν ἀδελφὸν ἐμαυτοῦ Πασικλέα νομίζω, ὁμοπάτριον [1] γ᾽ οὐκ οἶδα. δέδοικα μέντοι μὴ τῶν Φορμίωνος ἁμαρτημάτων εἰς ἡμᾶς ἀρχὴ Πασικλῆς ᾖ. ὅταν 1127 γὰρ τῷ δούλῳ συνδικῇ τὸν ἀδελφὸν ἀτιμῶν, καὶ παραπεπτωκὼς θαυμάζῃ τούτους, ὑφ᾽ ὧν αὐτῷ θαυμάζεσθαι προσῆκε, τίν᾽ ἔχει δικαίαν ταῦθ᾽ ὑποψίαν; ἄνελε οὖν ἐκ μέσου μοι Πασικλέα, καὶ σὸς μὲν υἱὸς ἀντὶ δεσπότου καλείσθω, ἐμὸς δὲ ἀντίδικος· βούλεται γὰρ, ἀντ᾽ ἀδελφοῦ.

κέ. Ἐγὼ δὲ τούτῳ μὲν χαίρειν λέγω· οὓς δ᾽ ὁ πατήρ μοι παρέδωκε βοηθοὺς καὶ φίλους, εἰς τούτους ἥκω, εἰς ὑμᾶς, ὦ ἄνδρες δικασταί. καὶ δέομαι καὶ ἀντιβολῶ καὶ ἱκετεύω, μὴ ὑπερίδητέ με καὶ τὰς θυγατέρας, δι᾽ ἔνδειαν τοῖς ἐμαυτοῦ δούλοις καὶ τοῖς τούτου κόλαξιν [2] ἐπίχαρτον γενόμενον. ὁ ἐμὸς ὑμῖν πατὴρ χιλίας ἔδωκεν ἀσπίδας, καὶ πολλὰ χρήσιμον αὑτὸν παρέσχε, καὶ, πέντε τριήρεις ἐθε-

[1] * δὲ γ᾽ οὐκ

[2] * ἐπιχάρτους γενομένους

Ἀδελφοὺς τοῖς σεαυτοῦ δεσπόταις. Wolf. et v. 18. ἐρῶ καὶ μὴ σιωπήσομαι. aut fortassis, ἐρῶ, ἢ σιωπήσομαι; et v. 22. καὶ κδ΄. Καὶ περὶ Πασικλέους παραιτησάμενος. ὑποπεπτωκώς. Idem.

λοντὴς ἐπιδοὺς καὶ παρ' αὐτοῦ πληρώσας, [1]ἐτριηράρχησε τριηραρχίας. καὶ ταῦτα, οὐκ ὀφείλειν ὑμᾶς νομίζων χάριν ἡμῖν, ὑπομιμνήσκω, ἡμεῖς γὰρ ὀφείλομεν ὑμῖν· ἀλλ' ἵνα μὴ λάθω τι παθὼν τούτων ἀνάξιον, οὐδὲ γὰρ ὑμῖν ἂν γένοιτο καλόν.

κς'. Πολλὰ δ' ἔχων εἰπεῖν περὶ ὧν ὕβρισμαι, οὐχ ἱκανὸν ὂν τὸ ὕδωρ ὁρῶ μοι. ὡς οὖν μάλιστ' ἂν ἅπαντας ὑμᾶς ἡγοῦμαι γνῶναι τὴν ὑπερβολὴν ὧν ἠδικήμεθ' ἡμεῖς, φράσω. εἰ σκέψαιτο πρὸς ἑαυτὸν ἕκαστος ὑμῶν, τίν' οἴκοι κατέλιπεν οἰκέτην, εἶθ' ὑπὸ τούτου πεπονθόθ' ἑαυτὸν θείη ταῦθ', ἅπερ ἡμεῖς ὑπὸ τούτου. — μὴ γὰρ εἰ Σύρος, ἢ Μάνης, ἤ τις ἕκαστος ἐκείνων, οὗτος δὲ Φορμίων· ἀλλὰ τὸ πρᾶγμα τὸ αὐτὸ, δοῦλοι μὲν ἐκεῖνοι, δοῦλος δ' οὗτος ἦν, δεσπόται δ' ὑμεῖς, δεσπότης δ' ἦν ἐγώ —. ἣν τοίνυν ὑμῶν ἂν ἕκαστος δίκην ἀξιώσειε λαβεῖν, ταύτην νομίζετε κἀμοὶ προσήκειν
1128 νῦν· καὶ τὸν ἀφῃρημένον τῷ μαρτυρῆσαι τὰ ψευδῆ, καὶ ὑπὲρ τῶν νόμων, καὶ ὑπὲρ τῶν ὅρκων οὓς ὀμωμοκότες δικάζετε, τιμωρήσασθε· καὶ παράδειγμα ποιήσατε τοῖς ἄλλοις, μνημονεύοντες πάντα ὅσα ἀκηκόατε ἡμῶν, καὶ φυλάττοντες ἐὰν παράγειν ἐπιχειρῶσιν ὑμᾶς, καὶ πρὸς ἕκαστον ἀπαντῶντες ἐὰν μὴ φῶσιν ἅπαντα μεμαρτυρηκέναι. τί οὖν ἐν τῷ γραμματείῳ γέγραπται; τί οὖν οὐ τότε ἀπηλείφου; τίς οὖν ἡ παρὰ τοῖς ἄρχουσιν ἀντιγραφή; [2]ἐὰν μεμαρτυρηκέναι τὸν μὲν ἐπιτροπευθῆναι κατὰ διαθήκας, τὸν δ' [3]ἐπιτροπεύσειν, τὸν δ' ἔχειν· ποίας; ἐν αἷς τί γέγραπται; ταῦτ' ἐρωτᾶτε. ἃ γὰρ οὗτοι μεμαρτυρήκασιν, οὐδεὶς ἐκείνων προσμεμαρτύρηκεν. ἐὰν δ' ὀδύρωνται, τὸν πεπονθότα ἐλεεινότερον τῶν δωσόντων δίκην ἡγεῖσθε. ταῦτα γὰρ ἂν ποιῆτε, ἐμοί τε βοηθήσετε, καὶ τούτους τῆς ἄγαν κολακείας ἐπισχήσετε, καὶ αὐτοὶ τὰ εὔορκα ἔσεσθε ἐψηφισμένοι.

[1] * ἐτριηράρχησε [2] ἐὰν * δὲ μεμαρτυρηκέναι [3] ἐπιτροπεῦσαι

κς'. Φορμίων] Post Φορμίων sub. σκέψασθε. AUGER.

Ἐὰν μεμαρτυρηκέναι] F. τίς οὖν ἡ παρὰ τοῖς ἄρχουσιν ἀντιγραφή ἐστι; μεμαρτυρηκέναι, τὸν μέν. WOLF.

Οὗτοι] Stephanus ejusque consortes. v. seq. ἐκείνων, Pasicles, Nicocles, etc. AUGER.

Καὶ τούτους τὰς ἄγαν κολακείας ἐπισχήσετε] Aut τῆς ἄγαν, ut habet Felic. aut τούτων τάς. WOLF.

ΥΠΟΘΕΣΙΣ ΤΟΥ ΚΑΤΑ ΣΤΕΦΑΝΟΥ ΨΕΥΔΟΜΑΡΤΥΡΙΩΝ ΔΕΥΤΕΡΟΥ ΛΟΓΟΥ.

Pag. ed. Reisk.

ΕΝ τούτῳ τῷ λόγῳ καὶ τῶν φθασάντων τινὰ ἐπικατασκευάζεται, καὶ ἕτερα προσεισάγεται, 1128
εἰ καὶ παράνομοι διαθῆκαι.

Καὶ ἕτερα προσεισάγεται] F. παρεισάγεται, aut προσεισάγεται. Wolf.

ΔΗΜΟΣΘΕΝΟΥΣ

ΚΑΤΑ ΣΤΕΦΑΝΟΥ

ΨΕΥΔΟΜΑΡΤΥΡΙΩΝ Β.

α΄. ΟΤΙ μὲν οὐκ ἀπορήσειν ἔμελλε Στέφανος οὑτοσὶ ὅ 1129
τι ἀπολογήσεται περὶ τῆς μαρτυρίας, παράγων τῷ λόγῳ, ὡς οὐ πάντα μεμαρτύρηκε τὰ ἐν τῷ γραμματείῳ γεγραμμένα, καὶ ἐξαπατῶν ὑμᾶς, καὶ αὐτὸς σχεδόν τι ὑπενόουν, ὦ ἄνδρες δικασταί. πανοῦργός τε γάρ ἐστι, καὶ οἱ γράφοντες, καὶ οἱ συμβουλεύοντες ὑπὲρ Φορμίωνος πολλοί· ἅμα τ' εἰκός ἐστι τοὺς ἐγχειροῦντας τὰ ψευδῆ μαρτυρεῖν, καὶ τὴν ἀπολογίαν εὐθέως ὑπὲρ αὐτῶν μελετᾶν.

β΄. Ὅτι δὲ ἐν τοσούτῳ λόγῳ οὐδαμοῦ μάρτυρας παρέσχετο ὑμῖν, ὡς ἢ διατιθεμένῳ τῷ πατρὶ τῷ ἐμῷ παρεγένετό που αὐτὸς ταύτην τὴν διαθήκην, ὥστ' εἰδέναι ταῦτα ὅτι ἀντίγραφά ἐστιν, ὧν ὁ πατήρ μου διέθετο, ἢ ἀνοιχθὲν οἶδε τὸ γραμματεῖον, ὃ φασι διαθέμενον ἐκεῖνον καταλιπεῖν, ταῦτα συμμέμνησθέ μοι. ἀλλὰ μὴν ὁπότε μεμαρτύρηκεν, ἀντίγραφα εἶναι τῶν διαθηκῶν τῶν Πασίωνος τὰ ἐν τῷ γραμματείῳ γεγραμμένα, τὰς διαθήκας μὴ ἔχων ἐπι-

β΄. Τὰς διαθήκας μὴ ἔχων ἐπιδεῖξαι. et p. 137. v. 6. διὰ μαρτυρίας. Wolf.

δεῖξαι, μήθ' ὡς ὁ πατὴρ διέθετο ἡμῶν, μήθ' ὡς αὐτὸς οἶδε παραγενόμενος αὐταῖς διατιθεμένου τοῦ πατρὸς, πῶς οὐ περιφανῶς οὗτος ἐξελέγχεται τὰ ψευδῆ μεμαρτυρηκώς;

γ'. Εἰ τοίνυν πρόκλησίν φησιν εἶναι, καὶ μὴ μαρτυρίαν, οὐκ ἀληθῆ λέγει· ἅπαντα γὰρ, ὅσα παρέχονται εἰς τὸ
1130 δικαστήριον προκαλούμενοι ἀλλήλους οἱ ἀντίδικοι, διὰ μαρτυρίας παρέχονται. οὐ γὰρ ἂν εἰδείηθ' ὑμεῖς, εἴτ' ἐστὶν ἀληθῆ εἴτε ψευδῆ, ἅ φασιν ἑκάτεροι, εἰ μή τις καὶ τοὺς μάρτυρας παρέχοιτο· ὅταν δὲ παράσχηται, τούτοις πιστεύοντες ὑποδίκοις οὖσι, ψηφίζεσθε ἐκ τῶν λεγομένων καὶ μαρτυρουμένων, ἃ ἂν ὑμῖν δοκῇ δίκαια εἶναι.

δ'. Βούλομαι τοίνυν καὶ τὴν μαρτυρίαν ἐξελέγξαι, ὅτι οὐ πρόκλησίς ἐστι, καὶ ὡς ἔδει μαρτυρεῖν αὐτοὺς, εἴ περ ἐγίγνετο ἡ πρόκλησις, ὡς οὐκ ἐγίγνετο. μαρτυροῦσι παρεῖναι πρὸς τῷ διαιτητῇ Τισίᾳ, ὅτε προὐκαλεῖτο Φορμίων Ἀπολλόδωρον ἀνοίγειν τὸ γραμματεῖον, ὃ παρεῖχεν Ἀμφίων ὁ Κηφισοφῶντος κηδεστὴς, Ἀπολλόδωρον δ' οὐκ ἐθέλειν ἀνοίγειν. οὕτω μὲν ἂν μαρτυροῦντες, ἐδόκουν ἀληθῆ μαρτυρεῖν. ἀντίγραφα δὲ τῶν διαθηκῶν τῶν Πασίωνος μαρτυρεῖν εἶναι τὰ ἐν τῷ γραμματείῳ, [1] ἃ παρείχετο Φορμίων, μήτε παραγενομένους ἐκείνῳ διατιθεμένῳ, μήτ' εἰδότας εἰ διέθετο, πῶς οὐ περιφανῶς ἀναισχυντία δοκεῖ ὑμῖν εἶναι;

ε'. Ἀλλὰ μὴν εἰ φησὶ Φορμίωνος λέγοντος πιστεύειν

νος

γ'. Ὁ παρεῖχεν Ἀμφίων] Hoc rectius esse puto, quam Ἄμφις aut Ἀμφίας: etsi nostra nihil refert. IDEM.

Ἀλλὰ μὴν εἰ φησὶ —] Occupat hoc loco Apollodorus defensionem, qua Stephanus uti poterat: nempe non esse se testificatum testamentum Pasionis a se visum, aut scivisse se quid in eo contineretur; sed quod Phormionem dicentem audierat; quod testimonii genus legibus receptum non esse disputat Apollodorus, cum id nihil sit aliud, quam diversae partis ipsius testimonium proferre; Hoc autem leges non admittere; nec ut de auditione testetur quis generaliter, sed ut quisque testetur de iis, quae scit quibusque gerendis interfuit; et ne variare possit, addendo aut detrahendo iis, quae dixit, aut aliter immutando, eum quoque testimonium suum, ἐν γραμματείῳ, tabulis scriptum dare leges easdem jubere. Sed nec eas permittere, ut quis, quod ab homine adhuc vivente audiit, pro testimonio dicat, nisi is sit aeger, aut absens, quo casu non μαρτυρίαν, sed ἐκμαρτυρίαν dare permittere, eamque ἐν γραμματείῳ: ut si is qui testimonii auctor dicebatur, id non abnegaret, illius periculo testimonium esset; sin minus, eorum periculo, qui se id ex eo audiisse dicebant. Proprium verbum est τὸ ἀναδέχεσθαι, quo utebantur, quando is, qui testimonii auctor dicebatur, testimonium agnoscebat, et eo pacto falsi periculum in se recipiebat. *In Anim. in Salmas. Obs. ad Jus A. et R.* l. VI. c. XI. §. IV. sqq. HERALDUS.

ταῦτ' ἀληθῆ εἶναι, τοῦ αὐτοῦ ἀνδρός ἐστι πιστεύειν τε λέ-
γοντι τούτῳ ταῦτα, καὶ κελεύοντι μαρτυρεῖν. οἱ δέ γε νόμοι
οὐ ταῦτα λέγουσιν, ἀλλ' ἃ ἂν εἰδῇ τις, καὶ, οἷς
ἂν παραγένηται πραττομένοις, ταῦτα μαρτυ-
ρεῖν κελεύουσιν ἐν γραμματείῳ γεγραμμένα, ἵνα
μήτ' ἀφελεῖν ἐξῇ μηδὲν, μήτε προσθεῖναι τοῖς γεγραμ-
μένοις· ἀκοὴν δ' οὐκ ἐῶσι ζῶντος μαρτυρεῖν, ἀλλὰ
τεθνεῶτος· τῶν δὲ ἀδυνάτων καὶ ὑπερορίων ἐκ-
μαρτυρίαν γεγραμμένην ἐν [1]τῷ γραμματείῳ,
καὶ, ἀπὸ τῆς αὐτῆς ἐπισκήψεως τήν τε μαρ- 1131
τυρίαν καὶ ἐκμαρτυρίαν ἀγωνίζεσθαι ἅμα,
ἵν', ἐὰν μὲν ἀναδέχηται ὁ ἐκμαρτυρήσας, ἐκεῖνος ὑπόδικος
ᾖ τῶν ψευδομαρτυριῶν, ἐὰν δὲ μὴ ἀναδέχηται, οἱ [2]ἐκμαρ-
τυρήσαντες τὴν ἐκμαρτυρίαν. Στέφανος τοίνυν οὑτοσὶ, οὔτ'
εἰδὼς διαθήκας καταλιπόντα τὸν πατέρα ἡμῶν, οὔτε πα-
ραγενόμενος πώποτε διατιθεμένῳ τῷ πατρὶ ἡμῶν, ἀκούσας
δὲ Φορμίωνος, μεμαρτύρηκεν [3]ἀκοὴν τὰ ψευδῆ τε καὶ παρὰ
τὸν νόμον. καὶ ταῦθ' ὅτι ἀληθῆ λέγω, αὐτὸν ὑμῖν τὸν
νόμον ἀναγνώσεται.

ΝΟΜΟΣ.

Ἀκοὴν εἶναι μαρτυρεῖν τεθνεῶτος· ἐκμαρτυρίαν δὲ, ὑπερορίου καὶ ἀδυνάτου.

1 * Deest articulus. 2 * μαρτυρήσαντες 3 ἀκοὴν * ζῶντος τὰ

Ἃ ἂν εἰδῇ —] De hac lege vid. Petit. Comm. in Leg. Attic. l. IV. t. VII. §. IX. p. 445. Intempestive, in notis scribit Wesselingius, Legum augetur numerus. Eadem est ac Μαρτυρεῖν ἐν γραμματείῳ, quam et Isæus respicit de Philoct. Hered. p. 61.

Τῶν δὲ ἀδυνάτων] S. κελεύουσιν οἱ νόμοι μαρτυρεῖν, ἀπὸ κοινοῦ. et v. 10. ἀπὸ τῆς αὐτῆς ἐπισκήψεως, παρὰ τὸ ἐπισκήπτομαι. et v. 12. ἐὰν μὲν ἀναδέχηται ὁ μαρτυρήσας. et v. 13. οἱ ἐκμαρτυρήσαντες τὴν μαρτυρίαν. Wolf.

Τῶν δὲ ἀδυνάτων —] In his verbis Demosthenes τοὺς ἐκμαρτυρήσαντας τὴν ἐκμαρτυρίαν appellat, qui Isæo sunt οἱ τὴν ἐκμαρτυρίαν ποιούμενοι. Nam si is qui ἐκμαρτυρίαν absens scripto dixerat, eam approbasset postea, ac falsa deprehenderetur, ipse falsi testimonii reus erat. Sin inficiaretur, quod ἔξαρνος γενέσθαι dicit Isæus, Demosthenes vero μὴ ἀναδέχεσθαι τὴν ἐκμαρτυρίαν, qui testato eam confirmarant in judicio præsentes, ipsi falsi testimonii caussam dicebant. *In Obss. ad Jus A. et R.* p. 837. Salmasius. Plura de vocibus μαρτυρία et ἐκμαρτυρία vid. in l. l. quæ quidem fere ad unum, ut misera et crassa, exagitat Heraldus in Animadv. in Salmas. Obss. ad Jus A. et R. l. VI. c. XI.

Ἀκοὴν εἶναι —] Quanquam et de auditione testimonium dabatur, cum testes vidisse quidem se negant, sed audivisse; verum cum hac cautione, ut rem a mortuo auditam, non a vivente acceptam, testari liceat: præterea aliena fide testimonium dicere licebat de re peregre extra fines Atticæ gesta, † et cui interesse non potuerit, quod ἐκμαρτυρία dicebatur. *In Comm. in Leg. Attic.* l. IV. t. VII. §. X. p. 445. Petitus. † Id vero legis verba non docent. *ὑπερορίου καὶ ἀδυνάτου ἐκμαρτυρεῖν est testificari te audivisse ab homine peregre profecto atque eo qui ob infirmam valetudinem adesse non potest.* Explicat Isæus de Pyrrh. Hered. p. 40. Nam οἱ ἐκθανοῦντες

ς'. Ὡς τοίνυν καὶ παρ' ἕτερον νόμον μεμαρτύρηκεν, ἐπιδεῖξαι ὑμῖν βούλομαι, ἵνα εἰδῆτε, ὅτι μεγάλων ἀδικημάτων οὐκ ἔχων καταφυγὴν ὁ Φορμίων, πρόφασιν λαβὼν λόγῳ τὴν πρόκλησιν, ἔργῳ αὐτὸς αὑτῷ μεμαρτύρηκε, προστησάμενος τούτους, δι' ὧν οἱ μὲν δικασταὶ ἐξηπατήθησαν, ὡς ἀληθῆ τούτων μαρτυρούντων· ἐγὼ δὲ ἀπεστερήθην, ὧν ὁ πατήρ μοι κατέλιπε χρημάτων, καὶ τοῦ δίκην λαβεῖν περὶ ὧν ἀδικοῦμαι. μαρτυρεῖν γὰρ οἱ νόμοι οὐκ ἐῶσιν αὐτὸν αὑτῷ, οὔτ' ἐπὶ ταῖς γραφαῖς, οὔτ' ἐπὶ ταῖς δίκαις, οὔτ' ἐν ταῖς εὐθύναις. ὁ τοίνυν Φορμίων αὐτὸς αὑτῷ μεμαρτύρηκεν, ὁπότε φασὶν οὗτοι ἀκούσαντες ἐκείνου ταῦτα μεμαρτυρηκέναι. ἵνα δὲ εἰδῆτε ἀκριβῶς, αὐτὸν τὸν νόμον μοι ἀνάγνωθι.

ΝΟΜΟΣ.

Τοῖν ἀντιδίκοιν ἐπάναγκες εἶναι ἀποκρίνασθαι ἀλλήλοις τὸ ἐρωτώμενον, μαρτυρεῖν δὲ μή.

ζ'. Σκέψασθε τοίνυν τουτονὶ τὸν νόμον, ὃς κελεύει ὑπο-
1132 δίκους εἶναι τῶν ψευδομαρτυριῶν, καὶ κατ' αὐτὸ τοῦτο, ὅτι
μαρτυρεῖ παρὰ τὸν νόμον.

ΝΟΜΟΣ.

Ἔστω δὲ καὶ ὑπόδικος τῶν ψευδομαρτυριῶν ὁ μαρτυρήσας αὐτοῦ τούτου, ὅτι μαρτυρεῖ παρὰ τὸν νόμον· καὶ ὁ [1] προβαλλόμενος κατὰ ταὐτά.

η'. Ἔτι τοίνυν κἂν ἀπὸ τοῦ γραμματείου γνοίη τις, ἐν

[1] * προβαλόμενος.

et ἀποδημοῦντες aut ἀποδημεῖν μέλλοντες non alii sunt ac ὑπερόριοι et ἀδύνατοι, de quibus Lex. Non præteriit hunc errorem Petiti Salmasius Obss. ad Jus A. et R. p. 832., vicissim in quibusdam aberrans. WESSELING.

ς'. Τοῖν ἀντιδίκοιν —] Vid. Petit. Comm. in Leg. Attic. l. IV. t. VII. §. IV. p. 443. et de Leg. seq. ibid. §. VI.

Ὁ μαρτυρήσας αὐτοῦ τούτου] S. ἕνεκα. WOLF.

Ἔτι τοίνυν κἂν ἀπὸ τοῦ γραμματείου. IDEM.

Ἔτι τοίνυν κἂν κ. τ. λ.] Ex h. l. Petitus sic: Differebant tabulæ, quibus testes, qui rebus interfuerant, testimonium domi inscribebant, a tabulis illis, quibus testes, qui interfuerant rebus non advocati, sed forte fortuna, testimonium dant: illæ enim exasciatæ sunt et expolitæ; hæ vero e cera, ut e cera, ut si quid adscribere vel delere velint, facile possint. *In Comm. in Leg. Attic.* l. IV. t. VII. §. VII. p. 444. Reprehendit hæc Cl. Salmasius Obss. ad Jus A. et R. p. 824. Melius certe Petitus has tabellas *albatas* dixisset. De ipsa vero tabularum, quibus testimonia consignabantur, destinctione, a Petito inventa atque a Salmasio probata, multo rectius D. Heraldus Anim. ad Jus A. et R. l. VI. 11. WESSELING.

Ἔτι τοίνυν κἂν —] Cum Apollodorus Pasionis trapezitæ fil. peregre reversus, matrem invenisset Phormioni, quem Pasio mensæ suæ proposuerat, nuptam, ipsumque adeo Phormionem patris bona omnia possidentem, graviter id ferens, in jus eum vocat. Phormio transactionem ei opponit, sed et Pasionis testamentum allegat, quo sibi uxorem Apollodori matrem

ᾧ ἡ μαρτυρία γέγραπται, ὅτι τὰ ψευδῆ μεμαρτύρηκε· λελευκωμένον τε γάρ ἐστι καὶ οἴκοθεν κατεσκευασμένον. καίτοι τοὺς μὲν τὰ πεπραγμένα μαρτυροῦντας προσήκει οἴκοθεν τὰς μαρτυρίας κατεσκευασμένας μαρτυρεῖν, τοὺς δὲ τὰς προκλήσεις μαρτυροῦντας τοὺς ἀπὸ ταὐτομάτου

cum dote reliquerat, et in eam rem testes producit, inter quos Stephanum Meneclis F. et Scytham Harmatei F. qui de Phormiónis provocatione apud diætetam aut judicem tribulem facta, qua provocaverat, ni Pasionis testamenti exemplum esset, quod in echinum conjecerat, neque conditionem ab Apollodoro acceptam testati sunt. Hoc se testimonio cum oppressum diceret Apollodorus, egit adversus Stephanum ψευδομαρτυριῶν: (Nam etsi plures ea de re testati essent, licebat quemlibet eorum eligere, qui damnum sibi falso testimonio illatum resarciret.) Ac prima oratione cum probare aggressus esset, et falsum esse Stephani testimonium, et judicio contra se dato causam præbuisse, secunda Stephani defensionem diluere tentabat. Dicebat igitur Apollodorus falsum esse Stephani testimonium; quandoquidem non viderat patrem suum testamentum facientem, nec interfuerat cum is testamentum faceret; testimonia autem esse debere de re, quam quis viderat aut sciebat, ita ut nemo de auditu testari possit, nisi tribus casibus, cum is, a quo quid audiisse dicebat, esset mortuus, vel absens, vel infirmus. Ac cum replicaret Stephanus, se neque de testamento, neque de his quæ in eo scripta erant, testimonium dixisse, sed de conditione Apollodoro delata a Phormione, περὶ προκλήσεως ἣν Φορμίων προὐκαλέσατο: quare quod dixerat, non esse proprie μαρτυρίαν, sed πρόκλησιν, regerebat Apollodorus, primum, nullam esse πρόκλησιν sine testibus, atque eum, qui προὐκαλεῖτο, testes adhibere, quia aliter non constaret περὶ προκλήσεως. Deinde, Stephanum de Pasionis testamento esse testatum, deque iis quæ in eo scripta esse dicebat, cum patri suo testanti non affuisset, nec sciret quid in ejus testamento contineretur. Quod si diceret, id se accepisse a Phormione, atque audiisse, quid illud testamentum contineret, falsum esse testimonium, cum nemo de eo quod nescit, quia non vidit aut non interfuit cum gereretur testificari possit, nisi iis casibus, qui supra observati sunt. Denique addit, ex ipsa quoque tabellæ forma, quæ testimonium ejus continebat, agnosci, testimonium id esse de re, de qua in judicio agebatur, non πρόκλησιν, i. e. testimonium περὶ προκλήσεως: siquidem tabella erat dealbata et domi parata, cum ii, qui testantur περὶ προκλήσεως, soleant ceratis tabulis, quas secum gerant, scribere, ut delere possint, addere, aut detrahere, quod videant addendum aut detrahendum.—Aliud autem est γραμματεῖον λελευκωμένον, et alia illius causa. Nempe testes ipsos providere oportebat, ne quid in suis tabulis deleretur, adjiceretur, aut mutaretur, unde falsi testimonii accusatio concinnari quondam posset; quare eas domi parabant, et postea obsignabant, ne qua fraus fieri posset, neve aperiri possent, nisi in judicio. Creta igitur annulo impressa ea obsignabant, quæ signandi ratio frequens erat apud Græcos. Ergo si qua testimonia apparebant cretatis et dealbatis tabulis obsignata, ea dicebat Demosthenes domi parata neque ex improviso scripta: nam quæ subito et e re nata scribebantur, veluti περὶ προκλήσεως, ceratis tabulis, quæ solitæ et ordinariæ erant, scribi solita, ut ibi mutare possent οἱ μαρτυροῦντες, quod mutandum censerent, cum ad testimonia illa adhiberentur, derepente sæpius nec prius iis denuntiato. His ita expositis, Demosthenis verba facile intelliguntur. Sed quid ibi dicit, τὰ πεπραγμένα μαρτυρεῖν? Nonne quæ in ἐν τῇ προκλήσει gesta sunt, sunt etiam πεπραγμένα? Sunt sane; sed quia non ad rem ipsam, quæ litem movit, pertinent, sed ad formam et confectionem τῆς προκλήσεως, ideo τὰ πεπραγμένα, quæ sunt e visceribus causæ, ab istis separat. *In Anim. in Salmas. Obss. ad Jus A. et R.* l. VI. c. XI. §. II. III. HERALDUS.

Τοὺς δὲ τὰς προκλήσεις μαρτυροῦντας, καὶ τοὺς ἀπὸ ταὐτομάτου προστάντας] Ita scribendum. Nam diversi sunt, οἱ τὰς προκλήσεις μαρτυροῦντες, quibus testimonium lege denunciabatur, et, οἱ ἀπὸ ταὐτομάτου προστάντες, quos casus in re præsenti dabat. Ista duo genera testium in maltha, h. e. in ceratis tabulis testimonium suum scribere debuerunt, ut detrahere, delere, aut addere quæ vellent possent, cera omnis in scribendo mutationis capace. μάλθη est *tabellæ ceratæ cera*; ὁ ἐπὼν τῇ πινακίδι κηρὸς, Pollux l. X. c. XIV. qui et alio loco μάλθην exponit ᾗ κατήλειπτο τὸ πινάκιον, *ceram qua tabella* erat inducta et oblita. Voluntarii vero testes in λευκώματι id lege jubebantur scribere, et domo prolatas exhibere, ne

προστάντας [1] καὶ ἐν μάλθῃ [2] γεγραμμένους τὴν μαρτυρίαν· ἵνα, εἴ τι προσγράψαι ἢ ἀπαλεῖψαι βουληθῇ, ῥᾴδιον ἦν.

θ'. Οὐκοῦν κατὰ μὲν ταῦτα πάντα ἐξελέγχεται τὰ ψευδῆ μεμαρτυρηκὼς καὶ παρὰ τὸν νόμον· βούλομαι δ' ὑμῖν καὶ αὐτὸ τοῦτο ἐπιδεῖξαι, ὡς οὔτε διέθετο ὁ πατὴρ ἡμῶν διαθήκην οὐδεμίαν, οὔθ' οἱ νόμοι ἐῶσιν. εἰ γάρ τις ἔροιτο ὑμᾶς, καθ' ὁποίους νόμους δεῖ πολιτεύεσθαι ἡμᾶς, δῆλον, ὅτι [3] ἀποκρίνεσθ' ἂν κατὰ τοὺς κειμένους. ἀλλὰ μὴν, οἵ γε νόμοι ἀπαγορεύουσι, μηδὲ νόμον ἐπ' ἀνδρὶ ἐξεῖναι θεῖναι, ἂν μὴ τὸν αὐτὸν ἐφ' ἅπασιν Ἀθηναίοις. οὐκοῦν ὁ μὲν νόμος οὑτοσὶ τοῖς αὐτοῖς νόμοις πολιτεύεσθαι ἡμᾶς κελεύει, καὶ οὐκ [4] ἄλλους ἄλλοις· ὁ δὲ πατὴρ ἐτελεύτησεν ἐπὶ

[1] Deest * καί. [2] γεγραμμένην [3] ἀποκρίναισθ' [4] Deest ἄλλους.

quid mutare in iis possent. Non enim in *dealbata tabula* sive λευκώματι, ut in palimpsesto, deleri aut reponi quod cuique liberet, licuit. Γραμματεῖον absolute hoc vocabatur. §. ί. h. or. οἱ δὲ νόμοι κ. τ. λ. Si in cerata tabella, ut infra dicit, deleri, detrahi, vel addi quodcunque liberet licuit, oportet non ceratam fuisse tabellam in qua id fieri non poterat. Ergo illa dealbata fuerit, ut etiam paulo post vocavit. Et vereor etiam ne hic [§. ί.] scribi debeat, ἐν γραμματείῳ λελευκωμένῳ pro γεγραμμένα. Nam vox γραμματεῖον, tam de ceratis tabulis accipiebatur, quam de albatis. Unde ap. Aristophan. τὴν μάλθην ἐκ τῶν γραμματείων ἐσθίων. Videtur tamen aliis locis infra Demosthenes absolute γραμματεῖον posuisse de ea tabella quæ albata esset, ac ceratam vocare simpliciter, μάλθην, καὶ ἐν μάλθῃ γεγραμμένους τὴν μαρτυρίαν. Pollux quoque l. VIII. c. V. inter instrumenta δικαστικὰ recenset μάλθην. *In Obss. ad Jus A. et R.* p. 824. Salmasius.

Τοὺς ἀπὸ ταὐτομάτου προστάντας] F. παραστάντας, ἢ περιστάντας, ἐν μάλθῃ. et v. 2. ῥᾴδιον ᾖ. et v. ult. καὶ οὐκ ἄλλοις ἄλλους. Wolf.

θ'. Ὁ δὲ πατὴρ ἐτελεύτησεν —] Corrupta τῶν ἀρχόντων nomina. Ac primo legendum, ἐπὶ Δυσκινήτου ἄρχοντος. Summum Athenis magistratum gessit Dyscinetus hic Olymp. CII. a. III. Ita docet Anonymus in Descript. Olymp. ista Olympiade, isto anno. Neque aliter nominatur a Diodor. Sic. l. XV. Et Pausan. Messeniac. Decennio post factus est Atheniensis Phormio, archonte Nicophemo, Olymp. CIV. a. IV. Ecce seriem eo intervallo archontum. 1. Dyscinetus, 2. Lysistratus, 3. Nausigenes, 4. Polyzelus, 5. Cephisodorus, 6. Chion, 7. Timocrates, 8. Chariclides, 9. Molon, 10. Nicophemus. Ergo in Demosth. l. l. rescribendum, ἐπὶ Νικοφήμου ἄρχοντος. Ita Anonymus, et Diodor. Sic. in fin. l. XV. Observa autem de morte patris, quam ait Demosthenes incidisse in magistratum Dyscineti. Ergo amiserit patrem Orator puer fere, et annos duntaxat XI. natus. Nam ut ex eodem illo Anonymo discimus, natus est tribus annis post Aristotelem, Olymp. XCIX. a. IV. cum magistratum supremum gereret Demophilus. Huic consentit Dionysius Halic. in Ep. ad Amm. ubi natum eum dicit anno ante Olymp. C. Itaque sub Timocrate, qui præturam gessit Olymp. CIV. a. I. ipse ætatis jam annum impleverat XVII. Dionys. Hal. ibid. Idem Anonymus etiam notat. Ergo errat Plutarch. l. de X. Rhet. in Demosth. καταλειφθεὶς ὑπὸ πατρὸς ἐτῶν ἑπτά· et iterum in Vit. ej. ἑπταέτης. Errat quoque, qui eum sequitur, Photius in Biblioth. Quin, si calculum ejus ipsius sequamur, fuerit, moriente patre, annorum XV. Nam Dexitheo prætore natum eum tradit, i. e. annis totis IV. ante Demophilum, quem jam dixi. *Att. Lect.* l. III. c. XXV. Meursius. Emendat vir cl. Νικοφήμου, idque optime, sed male inde probare nititur sententiam Dionysii. Nam ista dicuntur, sive potius scribuntur ab oratore Demosthene, non de Demosthene patre et ætate sua, sed ex Apollodori, cui hanc Orationem scripserat, persona, de Pasione patre: et procul dubio vera est Plutarchi

[1] Δυσκινήτου ἄρχοντος· ὁ δὲ Φορμίων Ἀθηναῖος ἐγένετο,
ἐπὶ Νικοφήμου ἄρχοντος, δεκάτῳ ἔτει ὕστερον, ἢ ὁ πατὴρ
ἡμῶν ἀπέθανε. πῶς ἂν οὖν μὴ εἰδὼς ὁ πατὴρ αὐτὸν Ἀθη-
ναῖον ἐσόμενον, ἔδωκεν ἂν τὴν ἑαυτοῦ γυναῖκα, καὶ [2] προσ-
επηλάκισε μὲν ἂν ἡμᾶς, κατεφρόνησε δ' ἂν τῆς δωρεᾶς 1133
ἧς παρ' ὑμῶν ἔλαβε, παρεῖδε δ' ἂν καὶ τοὺς νόμους; πό-
τερα δὲ κάλλιον ἦν αὐτῷ, ζῶντι πρᾶξαι ταῦτα, εἴπερ
ἠβούλετο, ἢ ἀποθανόντα, διαθήκας καταλιπεῖν ἃς οὐ κύ-
ριος ἦν; ἀλλὰ μὴν αὐτῶν τῶν νόμων ἀκούσαντες, γνώσε-
σθε, ὡς οὐ κύριος ἦν διαθέσθαι. λέγε τὸν νόμον.

ΝΟΜΟΣ.

Ὅσοι μὴ ἐπεποίηντο, ὥςτε μήτε ἀπειπεῖν, μήτ' ἐπιδικάσασθαί, ὅτε

[1] Δυσνικήτου [2] προσεπηλάκισε

sententia, cujus vindicem dabimus et assertorem Demosthenem, qui scribit κ. Ὀνήτ. ἐξούλ. α. Aphobum tutorem suum extremo anno Præturæ Polyzeli in uxorem duxisse Onetoris sororem. Polyzeli Prætura incidit in a. II. Olymp. CIII., ut est videre ap. Diodor. Sic., Anonym. in Descript. Olymp. Cephisodoro, qui Polyzelum excepit, Archonte, Aphobum male administratæ tutelæ accusavit, qui annus erat III. Olymp. CIII., cum in viros esset adscriptus, et jam juris suæ, ut legitur ibid. Atqui in viros tantum adscribebantur, anno ætatis XX., ut in superioribus diximus, circa Hecatombæonis initia, quare dixit Demosthenes, εὐθὺς μετὰ τοὺς γάμους ἀνὴρ εἶναι δοκιμασθείς. Extremo enim Polyzeli anno sororem Onetoris duxerat in uxorem Aphobus: hunc Polyzelum in Prætura excipit Cephisodorus, quo jam Archonte δοκιμασθεὶς in viros est transcriptus noster Demosthenes. Neque ante hanc ætatem actionem ἐπιτροπῆς instituere poterat, ut qui sua ante annum ætatis XX. administrare non posset: unde in Græc. Comment. legimus, ἐγγραφέντες εἰς ἄνδρας ἔλαχον δίκην ἐπιτροπῆς. Anno autem I. Olymp. CIV., Prætore Athenis Timocrate, judicium est adeptus adversus Aphobum. Non igitur conferendus est natalis Demosthenis in a. IV. Olymp. XCIX., sed potius in a. IV. Olymp. XCVIII. *In Comm. in Leg. Attic.* l. III. t. I. p. 267. Petitus. Cf. quoque *Corsin. Fast. Attic.* tom. IV. p. 8. 11. et 17.

Νικοδήμου] Lege Νικοφήμου. Palmer.

Καὶ προσεπηλάκισε] F. προσπροεπηλάκισε, παρὰ τὸ προσπροπηλακίζω. et ibid. κατεφρόνησε δ' ἄν. Wolf.

Ὅσοι μὴ ἐπεποίηντο] Puto negationem tollendam: ὅσοι ἐπεποίηντο, aut ὅσοι μέν. Sequitur: ὥστε μήτε ἀπειπεῖν, μήτ' ἐπιδικάσασθαι: quorum prius et ad cives et ad adoptivos pertinere potest, posterius ad orbas puellas. Potest etiam sic exponi: ὅσοι μὴ ἐπεποίηντο, (scilicet οὕτως) ὥστε μήτ' ἀπειπεῖν, etc. *Quibus jus civitatis non ita datum fuit, ut nec abrogari, nec in controversiam vocari queat.* In his legibus multum est obscuritatis, tum propter vetustatem et depravationem, tum ob calliditatem oratorum, qui eas et mutilare, et suo commodo quovis detorquere solent. Demosthenes certe ex hac lege colligit, quia Pasio fuerit non φύσει πολίτης, sed ποιήσει, factionem testamenti illi non fuisse: et contra Neæram docet, populum nonnullis decretam civitatem abrogasse. Idem.

Ὅσοι μὴ ἐπεποίηντο κ. τ. λ.] Est hæc Lex proprie scripta civibus aboriginibus et indigenis, quibus solis hac Lege conceditur testamentum facere; non autem adscriptis. Existimo autem civium adscriptorum, qui orbi essent, bona in ærarium relata fuissent, cum nulla illis cum aliis civibus cognatio et necessitudo intercederet, sed cum Repub. tantum. Itaque legislator non vult quemquam testamento dare legare cuiquam ea bona, de quibus testatori controversia movetur, aut judicio experitur; neque enim ejus sunt. Hoc sensu verba ista Legis interpretor, ὥστε μήτε ἀπειπεῖν, μήτ' ἐπιδικάσασθαι, quæ Wolfio negotium exhibue-

Σόλων εἰσῆγε τὴν ἀρχὴν, τὰ ἑαυτοῦ διαθέσθαι εἶναι, ὅπως ἂν ἐθέλῃ, ἂν μὴ παῖδες ὦσι γνήσιοι ἄῤῥενες, ἂν μὴ μανιῶν, ἢ γήρως, ἢ φαρμάκων, ἢ νόσου ἕνεκεν, ἢ γυναικὶ [1] πειθόμενος, ὑπὸ τούτων του παρανόμων, ἢ ὑπ᾽ ἀνάγκης, ἢ ὑπὸ δεσμοῦ καταληφθείς.

ί. Τοῦ μὲν νόμου τοίνυν ἀκηκόατε, ὃς οὐκ ἐᾷ διαθήκας διαθέσθαι, ἐὰν παῖδες ὦσι γνήσιοι· οὗτοι δέ φασι ταῦτα διαθέσθαι τὸν πατέρα, ὡς δὲ [2] παρεγένετο, οὐκ ἔχουσιν ἐπιδεῖξαι. ἄξιον δὲ καὶ τοῦτο ἐνθυμηθῆναι, ὅτι ὅσοι μὴ ἐπεποίηντο, ἀλλ᾽ ἦσαν πεφυκότες γνήσιοι, τούτοις ὁ νόμος δίδωσιν, ἐὰν ἄπαιδες ὦσι, διαθέσθαι τὰ ἑαυτῶν. ὁ τοίνυν πατὴρ ἡμῶν ἐπεποίητο ὑπὸ τοῦ δήμου πολίτης — ὥστε οὐδὲ κατὰ τοῦτο ἐξῆν αὐτῷ διαθέσθαι διαθήκην· ἄλλως τε καὶ περὶ τῆς γυναικὸς, ἧς [3] οὔτε κύριος ἐκ τῶν νόμων ἦν —, παῖδές τε ἦσαν αὐτῷ. σκέψασθε δὲ καὶ διότι οὐδ᾽, ἂν ἄπαις τις ᾖ, κύριός ἐστι τοῦ τὰ αὑτοῦ διαθέσθαι, ἐὰν μὴ εὖ φρονῇ· νοσοῦντα δὲ, ἢ φαρμακῶντα, ἢ γυναικὶ πειθόμενον, ἢ ὑπὸ

[1] πειθόμενος, * ἢ ὑπὸ τῶν του παρανόμων [2] παρεγένοντο [3] * οὐδὲ

rant. Qui autem heredes scribebantur, etiam in filios assumebantur. Unde sequitur, non simpliciter verum esse, quemvis posse heredem scribi: non enim peregrini poterant heredes scribi ab Atheniensi cive, quia filii loco non poterat censeri, ut qui civis non esset, et, ut inquit Plato l. XI. de Legg. τῆς πόλεώς ἐστι τό τε γένος καὶ ἡ οὐσία. Neque item nothi heredes scribi poterant. At vero si nothi adoptione in familiam essent adsciti, quia cives, quibus solis jus est bona alterius adipisci, fiebant, poterant heredes scribi. Sed tamen certæ sunt cautiones, quibus coercetur ista libertas sua testamento dandi legandi cuicunque libuerit. Prima cautio est, si sint superstites legitimi masculi, quos ipse genuerit: hi enim lege paternorum bonorum sunt heredes, neque ullum est opus testari. Excipitur præterea, si furore percitus sui non sit compos, aut deliret, idque vel morbi vi, vel præ senectute, aut si venenum biberit. Tertia quoque cautio est, si quis uxori fuerit obsecutus ab ea persuasus. Quod sequitur quasi de contextu Legis, ὑπὸ τούτων τοῦ παρανόμων, non est de Lege ipsa, sed sunt oratoris verba intercipientis ista, ἢ γυναικὶ πειθόμενος: quia Pasio, siquidem testamentum fecisset, condidisset ab uxore deceptus et persuasus, quam alibi hic Apollodorus a Phormione, vivente Pasione, adulterio pollutam fuisse conqueritur; objecitque hoc ipsorum fuisse facinus, sed leviter sunt corrupta verba e compendiosa scriptura, cum enim scriptum fuisset, ὑπὸ τούτων τὸ ὑμ῀, id est ὑμῶν, facile expuncta est compendiosa linea, eaque, cui superaddebatur litera. Est igitur rescribendum: ὑπὸ τούτων τὸ ὑμῶν παράνομον. [Multo aliter censeo. Scriptum fuit παρανόμων, suntque omnino Legis verba, non intercipientis sententiam oratoris. Testem fero Isæum de Philoctem. Hered. p. 57. ἐὰν μὴ ἄρα μανεὶς, ἢ ὑπὸ γήρως, ἢ δι᾽ ἄλλο τῶν ἐκ τῶν νόμων παρανοῶν διαθῆται. et de Nicostr. Hered. p. 48. Ipse Demosthenes idem stabilit c. Olympiodor. p. 1183. v. 10. ed. R. *Wesseling*.] Denique irrita fiunt testamenta, quæ scripserit civis Atheniensis in vinculis, aut aliqua coactus necessitate. *In Comm. in Leg. Attic.* l. VI. t. VI. §. III. p. 578. sqq. PETITUS.

Ἐπεποίηντο] Sub. πολῖται. AUGER.

Ὅσοι μὴ ἐπεποίηντο] Vid. Not. F. A. Wolfii, vol. II. p. 473. v. 12.

Μανιῶν] In genitivo plurali a μανίαι, et regitur, ut alii genitivi, ab ἕνεκεν. AUGER.

Ὑπὸ τούτων τοῦ παρανόμων] F. ἢ ὑπό του τῶν παρανόμων. et v. 4. ὑπὸ δεσμοῦ καταληφθεὶς, παρὰ τὸ καταλαμβάνω. et v. 7. ὡς δὲ παρεγένοντο. WOLF.

Παρανόμων] F. παραφρονῶν. ὑπὸ τούτων του (scil. ὑπὸ μανιῶν, ἢ γήρως, ἢ φαρμάκων, ἢ νόσου, ἢ τοῦ γυναικὶ πειθόμενος εἶναι) παραφρονῶν, sub aliqua harum rerum delirans.

ί. Φαρμακῶντα] Ὑπὸ φαρμάκων διαφθαρέν-

γήρως, ἢ ὑπὸ μανιῶν, ἢ ὑπὸ ἀνάγκης τινὸς καταληφθέντα,
ἄκυρον κελεύουσιν εἶναι οἱ νόμοι. σκοπεῖτε δὲ, εἰ δοκοῦσιν
ὑμῖν εὖ φρονοῦντος ἀνδρὸς εἶναι, διαθήκας, ἅς φασι διαθέ- 1134
σθαι οὗτοι τὸν πατέρα. μὴ πρὸς ἄλλο δὲ παράδειγμα
σκέψησθε, ἢ πρὸς τὴν μίσθωσιν, εἰ δοκεῖ ὑμῖν ἀκόλουθον
εἶναι [1] τῷ τὴν τέχνην μὴ ἐξουσίαν δόντι ἐν τῷ αὐτῷ ἡμῖν
ἐργάζεσθαι, τούτῳ τὴν γυναῖκα δοῦναι τὴν ἑαυτοῦ, καὶ
τῶν παίδων ἐᾶσαι κοινωνὸν αὐτῷ γενέσθαι. καὶ μὴ θαυ-
μάζετε, εἰ, τἆλλα σκευωρουμένους αὐτοὺς τὰ ἐν τῇ μισθώ-
σει, τοῦτο παρέλαθεν. ἴσως μὲν γὰρ οὐδὲ προσεῖχον ἄλλῳ
οὐδενὶ, ἢ τῷ τὰ χρήματα ἀποστερῆσαι, καὶ τῷ προσοφεί-
λοντα τὸν πατέρα ἐγγράψαι· εἶτα οὐδὲ ἐδόκουν ἐμὲ οὕτω
δεινὸν ἔσεσθαι, ὥστε ταῦτα ἀκριβῶς ἐξετάσαι.

ιά. Σκέψασθε τοίνυν καὶ τοὺς νόμους, παρ᾽ ὧν κελεύουσι τὰς ἐγγύας ποιεῖσθαι. ἵν᾽ εἰδῆτε καὶ ἐκ τούτων, ὡς κατεσκευασμένης διαθήκης ψευδὴς μάρτυς γέγονε Στέφανος οὑτοσί. λέγε.

ΝΟΜΟΣ.

Ἣν ἂν ἐγγυήσῃ ἐπὶ δικαίοις δάμαρτα εἶναι, ἢ πατὴρ, ἢ ἀδελφὸς ὁμοπάτωρ, ἢ πάππος ὁ πρὸς πατρὸς, ἐκ ταύτης εἶναι παῖδας γνησίους. ἐὰν δὲ μηδεὶς ᾖ τούτων, ἐὰν μὲν ἐπίκληρός τις ᾖ, τὸν κύριον ἔχειν· ἐὰν δὲ μὴ ᾖ, ὅτῳ ἂν ἐπιτρέψῃ, τοῦτον κύριον εἶναι.

[1] , * ᾧ τ. τ. μ. ἐ. * δοίη ἐν τ. α. ἡμῖν ἐργ.

τα τὴν διάνοιαν. F. φαρμακευθέντα. Nam τὸ φαρμακάω non reperio. WOLF.

Διαθήκας ἃς] Aut antiptosis est, aut legendum διαθῆκαι. IDEM. Imo διαθῆκαι. AUGER.

Ἀκόλουθον εἶναι τῷ μὴ δόντι] Ὅπως ἂν ὁ μὴ δοὺς, δῷ. καὶ τὰ λοιπά. WOLF.

Τῷ τὴν τέχνην] Τῷ μὴ δόντι ἐξουσίαν ἐργάζεσθαι τὴν τέχνην ἐν ταὐτῷ ἡμῖν. IDEM.

Δοῦναι τούτῳ τὴν γυναῖκα τὴν ἑαυτοῦ. IDEM.

Κοινωνὸν αὐτῷ] F. αὐτόν. IDEM. AUGER.

Οὐδὲν ἐδόκουν] F. οὐδ᾽ ἂν ἐδόκουν. et p. 145. v. 19. αὐτὸν ἐξήτουν. WOLF.

ιά. Ἐὰν δὲ μηδεὶς — ἔχειν] Hæc Petitus [scil. l. VI. t. I. §. IV. p. 534.] vertebat: *Si nullus horum supersit, et virgo orba sit, nubito ei, qui judicio obtinuerit*: parum feliciter. Neque enim agitur in lege de virgine orba, sed de muliere nupta omnium bonorum herede, docetur que, quem ea κύριον habere debeat, sive cujus in potestate futura sit, defunctis, quos habitura fuisset, si viverent, aut patre, aut fratre germano, aut avo paterno. Priora legis verba maritum respiciunt, sed leviter vitiata et voce una defecta. Lege cum Cl. Salmasio, ἐὰν δὲ μηδεὶς ᾖ τούτων, ἐὰν μὲν ἐπικληρῖτις ᾖ, τὸν ἄνδρα κύριον ἔχειν: *si eorum superstes sit nemo, et mulier universorum sit heres, maritum habeat* κύριον. Subjungitur, ἐὰν δὲ μὴ ᾖ, ὅτῳ ἂν ἐπιτρέψῃ, τοῦτον κύριον εἶναι, quæ Latina facta erant: *si orba non sit, tutor eam desponsato*: male iterum. Nulla enim in his significatio tutoris. Sententia est. Vir si non sit fatoque concesserit, tum feminæ κύριον esse oportere ὅτῳ ἂν ἐπιτρέψῃ, cui maritus moriens eam reliquerit. Sequebatur in lege, quam partem consilio non bono hinc distraxit [vid. l. VI. t. 2. §. III. p. 154.] καὶ ἐὰν ἐξ ἐπικλήρου κ. τ. λ. p. 143. v. 12. i. e. si quis filius sit ex ἐπικλήρῳ muliere, eum statim atque ad XX. ætatis annum pervenerit, dominium bonorum matris habiturum, illique frumentum admensurum. Hæc fere Salmasius de M. U. c. IV. p. 167. seqq., quem vide sis. WES-

οὗτος μὲν τοίνυν ὁ νόμος οὓς ἐποίησε κυρίους εἶναι, ἀκηκόατε· ὅτι δ᾽ οὐδεὶς ἦν τούτων τῇ μητρὶ, οἱ ἀντίδικοί μοι αὐτοὶ μεμαρτυρήκασιν. εἰ γὰρ ἦν, παρεῖχοντ᾽ ἄν. ἢ μάρτυρας μὲν ψευδεῖς οἴεσθ᾽ ἂν παρασχέσθαι καὶ διαθήκας οὐκ οὔσας· ἀδελφὸν δὲ, ἢ πάππον, ἢ πατέρα οὐκ ἂν, εἴπερ ἦν δυνατὸν, ἕνεκα χρημάτων; ὁπότε τοίνυν μηδεὶς φαίνεται ζῶν τούτων, τότε ἀνάγκη ἐπίκληρον τὴν μητέρα ἡμῶν εἶναι.

1135 ιβ΄. Τῆς τοίνυν ἐπικλήρου, σκοπεῖτε, τίνας κελεύουσιν οἱ νόμοι κυρίους εἶναι. λέγε τὸν νόμον.

ΝΟΜΟΣ.

Καὶ ἐὰν ἐξ ἐπικλήρου τις γένηται, καὶ [1]ἅμα ἡβήσῃ ἐπὶ διετὲς, κρατεῖν τῶν χρημάτων· τὸν δὲ σῖτον μετρεῖν τῇ μητρί.

οὐκοῦν ὁ μὲν νόμος κελεύει τοὺς παῖδας ἡβήσαντας κυρίους τῆς μητρὸς εἶναι· τὸν δὲ σῖτον μετρεῖν τῇ μητρί. ἐγὼ δὲ φαίνομαι στρατευόμενος καὶ τριηραρχῶν ὑμῖν, ὅτε οὗτος συνῴκησε τῇ μητρί. ἀλλὰ μὴν, ὅτι ἐγὼ μὲν ἀπεδήμουν τριηραρχῶν, τετελευτήκει δὲ ὁ πατὴρ πάλαι, ὅτε οὗτος ἔγημε, τὰς δὲ θεραπαίνας αὐτὸν ἐξῄτουν, καὶ ἠξίουν περὶ αὐτοῦ τούτου βασανίζεσθαι αὐτὰς, εἰ ταῦτ᾽ ἀληθῆ ἐστὶ, καὶ ὡς προεκαλούμην, λάβε μοι τὴν μαρτυρίαν.

ΜΑΡΤΥΡΙΑ.

Μαρτυροῦσι παρεῖναι, ὅτε προὐκαλεῖτο Ἀπολλόδωρος Φορμίωνα, ὅτε ἠξίου ἀποδοῦναι Ἀπολλόδωρος Φορμίωνα τὰς θεραπαίνας εἰς βάσανον, εἰ μή φησι Φορμίων καὶ πρότερον διεφθαρκέναι τὴν μητέρα τὴν ἐμὴν, πρὶν οὐ ἀποφαίνει Φορμίων γῆμαι, ἐγγυησάμενος αὐτὴν παρὰ Πασίωνος. ταῦτα

[1] * ἅμα καὶ

BELING.

ιβ΄. Καὶ ἅμα ἡβήσῃ ἐπὶ διετὲς] Ἑκκαίδεκα ἐτῶν γένηται· τὸ γὰρ ἡβῆσαι μέχρι ιδ΄ ἐστί· ἔφηβοι οἱ ἑπτακαιδεκαετεῖς γενόμενοι ἐλέγοντο· καὶ ἔμενον μὲν ἐν τοῖς ἐφήβοις ἔτη β΄· ἔπειτα δὲ εἰς τὸ ληξιαρχικὸν ἐνεγράφοντο γραμματεῖον. Suidas, ubi fortassis aut pro ἑπτακαιδεκαετεῖς legendum ἑκκαιδεκαετεῖς, aut pro ἑκκαίδεκα, ἑπτακαίδεκα. Demosthenes certe videtur 17. anno tutores accusasse, cum se a patre septennem relictum, sub tutela decem annos fuisse scribat. Etsi fieri potest, ut 18. expleto demum virili toga sumta, actionem in tutores instituerit. Wolf. Verba Legis, ἐπὶ διετὲς ἡβῆσαι, varie exponuntur a veteribus. Alii enim, inter quos est Didymus, annum secundum post pubertatem, h. e. sextumdecimum agere interpretantur: alii biennium illud exponunt, quo erant Ephebi custodes publice ἐν τοῖς περιπόλοις, et annum vicesimum, quo Lexiarchico inscribebantur, intelligunt. *In Comm. in Leg. Attic.* l. VI. t. II. §. IV. p. 555. Petitus.

Ὅτι προὐκαλεῖτο] Hic velim ita legi ὅτε προὐκαλεῖτο Ἀπολλόδωρος καὶ ἠξίου Φορμίωνα παραδοῦναι τὰς θεραπαίνας εἰς βασ. Augbr.

Πρὶν οὐ ἀποφαίνει] Πρὸ τοῦ χρόνου, ὃν ἀποφαίνει. et, p. 146. v. 4. καὶ ξένον καὶ

δὲ προκαλουμένου Ἀπολλοδώρου οὐκ ἠθέλησε Φορμίων παραδοῦναι τὰς θεραπαίνας.

τὸν τοίνυν νόμον ἐπὶ τούτοις ἀνάγνωθι, ὃς κελεύει ἐπιδικασίαν εἶναι τῶν ἐπικλήρων ἁπασῶν, καὶ ξένων καὶ ἀστῶν· καὶ περὶ μὲν τῶν πολιτῶν τὸν ἄρχοντα εἰσάγειν καὶ ἐπιμελεῖσθαι, περὶ δὲ τῶν μετοίκων τὸν πολέμαρχον· καὶ ἀνεπίδικον μὴ ἐξεῖναι ἔχειν, μήτε κλῆρον, μήτε ἐπίκληρον.

ΝΟΜΟΣ. 1136

Κληροῦν δὲ [1]τὸν κλῆρον καὶ ἐπικλήρων, ὅσοι εἰσὶ μῆνες, πλὴν τοῦ Σκιροφοριῶνος, ἀνεπίδικον δὲ κλῆρον μὴ ἔχειν.

οὐκοῦν αὐτὸν, εἴπερ ἐβούλετο ὀρθῶς διαπράττεσθαι, λαχεῖν ἔδει τῆς ἐπικλήρου, εἴτε κατὰ δόσιν αὐτῷ προσήκει, εἴτε κατὰ γένος, εἰ μὲν ὡς ὑπὲρ ἀστῆς, πρὸς τὸν ἄρχοντα, εἰ δὲ ὑπὲρ ξένης, πρὸς τὸν πολέμαρχον· καὶ τότε, εἴπερ τι λέγειν εἶχε δίκαιον, πείσαντα ὑμῶν τοὺς λαχόντας, μετὰ τῶν νόμων καὶ τῆς ψήφου κύριον εἶναι, καὶ μὴ αὐτὸν αὑτῷ νόμους ἰδίους θέμενον διαπράξασθαι ἃ ἐβούλετο.

ιγ΄. Σκέψασθε δὲ καὶ τονδὶ τὸν νόμον, ὃς κελεύει τὴν διαθήκην, ἣν ἂν παίδων ὄντων γνησίων ὁ πατὴρ διάθηται, ἐὰν ἀποθάνωσιν οἱ παῖδες πρὶν ἡβῆσαι, κυρίαν εἶναι.

ΝΟΜΟΣ.

Ὅ τι ἂν γνησίων ὄντων υἱῶν ὁ πατὴρ διάθηται, ἐὰν ἀποθάνωσιν οἱ υἱεῖς πρὶν ἐπὶ δίετες ἡβᾷν, τὴν τοῦ πατρὸς διαθήκην κυρίαν εἶναι.

[1] * τῶν κλήρων

ἀστῶν. καὶ περὶ μὲν τῶν πολιτίδων. Wolf.

Καὶ ἀνεπίδικον] Περὶ ἧς ἂν διαδικασία μὴ γένοιτο. Idem.

Κληροῦν δὲ τὸν κλῆρον καὶ ἐπικλήρων] F. ἐπιδικάζεσθαι, vel λαγχάνειν δὲ τῶν κλήρων καὶ ἐπικλήρων. Idem.

Κληροῦν δὲ τὸν κλῆρον κ. τ. λ.] *Hereditatem dotalemque virginem in jure tibi vindicato: judicia redduntor singulis mensibus, excepto Scirophorione: nullus hereditatem possideto, aut dotalem virginem in matrimonio habeto nisi judicio expertus.* Legem vertimus, ut legendam putamus h. m. κληροῦν δὲ τ. κ. καὶ ἐπίκληρον, ὅ. ε. μ., π. τ. Σ., ἀνεπίδικον δὲ κλῆρον καὶ ἐπίκληρον ἔχειν. Emendationis fundus est ipse Demosthenes v. 3. τὸν τοίνυν — ἐπικλήρων. Cf. π. Μακάρτατ. p. 63. v. 13. sqq. Hæc ἐπιδικασία fiebat singulis anni mensibus, Scirophorione excepto. Ratio est, quia mensis Scirophorion est ultimus anni, eoque abeunt plerique Magistratu, aut in referendis rationibus sunt occupati. Fiebat ἐπιδικασία apud Prætorem qui signabat Fastos, si feminæ illæ ἐπίκληροι essent cives: sin inquilinæ apud Polemarchum. Debebat itaque e Lege, qui ad se delatas jure credebat *dotalis* virginis nuptias, ceteros in jus vocare, ut sciret, an vellent controversiam ei facere de *dotali* femina, alioquin jure ipso nulla erat hæc ἐπιδικασία. *In Comm. in Leg. Attic.* l. VI. t. I. §. X. p. 540. Petitus. Cf. quoque l. VI. t. VI. §. XIII. p. 589.

Πλὴν τοῦ Σκιρροφοριῶνος] An quia mense Maio nubere malæ dicuntur? Wolf.

Ἀνεπίδικον δὲ lege. et, v. 13. εἰ μὲν ὡς ὑπὲρ ἀστῆς. et, v. 14. εἰ δὲ, ὡς ὑπὲρ ξένης. Idem.

Ἐπίδικον] L. ἀνεπίδικον δὲ κλῆρον καὶ ἐπίκληρον μὴ ἔχειν. Auger.

Πείσαντα ὑμῶν τοὺς λαχόντας] Et ὑμῶν, et ὑμῶν videtur abundare. Wolf.

ιγ΄. Ὅ τι ἂν γνησίων κ. τ. λ.] Id testamen-

οἴκοῦν ὁπότε ζῶσιν, ἄκυρος μὲν ἡ διαθήκη ἐστὶν, ἣν φασιν οὗτοι τὸν πατέρα καταλιπεῖν· παρὰ πάντας δὲ τοὺς νόμους μεμαρτύρηκε Στέφανος οὑτοσὶ τὰ ψευδῆ, ὡς ἀντίγραφά ἐστι τῆς διαθήκης τῆς Πασίωνος. πῶς γὰρ σὺ οἶσθα; καὶ ποῦ παραγενόμενος διατιθεμένῳ τῷ πατρί; κακοτεχνῶν δὲ φαίνῃ περὶ τὰς διαθήκας, τὰ ψευδῆ μὲν αὐτὸς μαρτυρῶν ἑτοίμως, κλέπτων δὲ τὰς ἀληθεῖς μαρτυρίας, ἐξαπατῶν δὲ τοὺς δικαστὰς, συνιστάμενος δ' ἐπὶ ταῖς δίκαις. οἱ δὲ νόμοι καὶ περὶ τῶν τοιούτων γραφὴν πεποιήκασι. καί μοι ἀνάγνωθι τὸν νόμον.

1137 ΝΟΜΟΣ.

Ἐάν τις συνίστηται, ἢ συνδικάζῃ τὴν Ἡλιαίαν, ἢ τῶν δικαστηρίων τι τῶν Ἀθήνῃσιν, ἢ τὴν βουλὴν ἐπὶ δωροδοκίᾳ χρήματα διδοὺς ἢ δεχόμενος, ἢ ἑταιρίαν συνίστῃ ἐπὶ καταλύσει τοῦ δήμου, ἢ συνήγορος ὢν λαμβάνῃ τὰ χρήματα ἐπὶ ταῖς δίκαις ταῖς ἰδίαις ἢ δημοσίαις, τούτων εἶναι τὰς γραφὰς πρὸς τοὺς θεσμοθέτας.

ιδ'. Ἡδέως ἂν τοίνυν ὑμᾶς ἐροίμην ἐπὶ τούτοις ἅπασι, κατὰ ποίους νόμους ὀμωμοκότες δικάζετε; πότερα κατὰ τοὺς τῆς πόλεως, ἢ καθ' οὓς Φορμίων αὑτῷ νομοθετεῖ; ἐγὼ μὲν τοίνυν τούτους παρέχομαι ὑμῖν καὶ ἐξελέγχω αὐτοὺς ἀμφοτέρους παραβεβηκότας· Φορμίωνα μὲν ἐξ ἀρχῆς ἀδικήσαντα ἡμᾶς, καὶ ἀποστερήσαντα τὰ χρήματα, ἃ ὁ πατὴρ ἡμῖν κατέλιπε, καὶ ἐμίσθωσε τούτῳ μετὰ τῆς τραπέζης καὶ τοῦ ἐργαστηρίου· Στέφανον δὲ τουτονὶ τὰ ψευδῆ μεμαρτυρηκότα, καὶ παρὰ τὸν νόμον.

tum, quod sibi impuberibusque liberis fecit pater, hac lege ratum esse voluit Solo, quo scribitur heres, si filius, πρὶν ἐπιδιετὲς ἡβᾶν i. e. priusquam annos natus XX., in vivis esse desierit. Ab anno enim vicesimo filius sui erat juris, καὶ ἤδη τὰ πατρῷα παρελάμβανε: neque amplius quicquam juris in illius bona erat alteri, neque exspectanda substitutio; solam enim hanc *pupillarem* admitti voluit Solo, qui τὰ χρήματα, κτήματα, τῶν ἐχόντων ἐποίησεν. Atque est a Solone instituta, quia ejus Lege pueri ante annum ætatis XX. non poterant heredem scribere. *In Comm. in Leg. Attic.* l. VI. t. VI. §. IV. p. 582. Petitus. Cf. quoque l. VI. t. VII. §. I.

Συνιστάμενος ἐπὶ ταῖς δίκαις] Dixit, cum conveneris et coieris, quo rei judicio circumvenirentur et condemnarentur: ut Cic. pro Cluent. ex verbis legis Corneliæ loquitur, " et coire de innocentium fortunis." Budæus. Cic. pro Cluent. " qui coit, coierit, convenit, convenerit." Addit postea " et consensit, consenserit." Quibus verbis, nisi vehementer fallor, exprimebatur τὸ συνιστάναι legis Atticæ. *In Anim. in Salmas. Obs. ad Jus A. et R.* l. VI. c. IX. §. XXXIII. Heraldus.

Ἐάν τις συνίστηται] Quasi esset σαφέστερον συνίσταμαι, ἀντὶ τοῦ, συνιστᾶται, sicut ἐὰν ἐπίσταμαι, ἐπίσταται. Wolf. Vid. Petit. Comm. in L. Attic. l. IV. t. IV. §. X. p. 426.

Ἢ συνδικάζῃ] Συνδικάζεσθαι est *patrocinari*, τὸ συνδικεῖν. Sed συνδεκάζειν per ε est aliud. τὸ δικάζω et δεκάζω inscitia librariorum sæpe permutantur. Wolf.

Χρήματα διδοὺς ἢ] F. διδοῦσαν. Tu lege διδοὺς ἢ δεχόμενος. et p. 149. v. 1. ὅτι διαθήκας οὐδεὶς πώποτε. Idem.

ιδ'. Τούτους] Np. *leges civitatis.* ibid.

ιε. Ἄξιον τοίνυν, ὦ ἄνδρες δικασταὶ, καὶ τόδε ἐνθυμη-

αὐτοὺς πρ. νόμους. Augsb.

ιε. Ἄξιον τοίνυν — γεγραμμένα] Pro καταλείπουσιν legendum existimo κατακλείουσιν et vertendum *occludunt*. Postrema ista ut intelligantur, imo res tota, Phormionem observandum est Pasionis trapezitæ servum fuisse, mensæ ipsius propositum, et ab eo libertate donatum. Eo mortuo, cum Apollodorus Pasionis filius absens esset, in exercitu Atheniensi triremis quam instruxerat præfectus, Phormio Archippam Pasionis viduam, heram olim suam, uxorem duxit, et maximorum bonorum partem a Pasione relictorum invasit, hoc prætextu, quod Pasion testamento suo uxorem ei suam reliquisset, cum II. talentûm dote, domo C. minis æstimata, ancillis, et auro, omnique quæ domi erat supellectile. Apollodorus, cum domum reversus esset, Phormionem in jus vocare voluit, ut bona paterna sibi restitueret; sed quia justitium erat propter bellum, nec ideo privato judicio poterat adversus eum experiri, injuriarum eum accusavit, atque accusationem instituit apud Thesmothetas. Injuriarum quia injuria ab eo sibi erat facta et Pasionis memoriæ, Archippa Pasionis vidua, cujus Phormio servus fuerat, in uxorem ducta, et bonis ejus, quibus Pasionis liberos spoliaverat, ab eo occupatis. Injuriarum, ὕβρεως, judicium publicum erat et famosum. Accusationem autem ullam peragere non potuit, tum quod nec ipsa publica judicia propter bellum erant valde frequentia; tum quod matris precibus et obtestationibus et Phormionis promissis fuerat placatus. Bello exacto et judiciis redditis, cum nihil æqui a Phormione obtinere posset, eum in jus vocavit, et privata actione adversus eum egit, ut bona, quæ sub prætextu testamenti, quod a Pasione factum dicebat, invasisset, sibi redderet. Actionem hanc Phormio depulit præscriptione, et exceptione rei transactæ. Et quanquam ea præscriptione submotus actione videretur, quoniam tamen testes adduxerat, qui de Pasionis testamento testimonium dicerent, contendebat Apollodorus, falsis eorum testimoniis oppressum se esse: qua de causa testes falsi testimonii accusavit, atque in iis maxime Stephanum. Eorum autem omnium testimonia eo recidebant, ut dicerent Pasionem testamentum reliquisse, atque ejus, ἀντίγραφον, exemplum in echinum apud arbitrum a Phormione conjectum, Apollodoro a Phormione sponsione lacessito, ni testamenti Pasionis, quod apud Amphiam deposuerat quodque Amphias exhibebat, exemplum esset. Disputabat igitur Apollodorus testamentum illud fuisse falsum, quod pluribus argumentis efficere volebat, quorum illud postremum erat, quod testamenti nulla unquam ἀντίγραφα fierent, ob eam quam antea diximus causam; et cum tabulæ illæ, quas exhibebat Amphias, essent clausæ, quærebat Apollodorus postremis clausulæ quam exscripsimus verbis, qui scirent libellum a Phormione exhibitum exemplum esse testamenti Pasionis? [Deinde, Atticismo Salmasii plurimis excusso, affirmat V. D. apud Demosthenem διαθήκας ἀντίγραφα ποιεῖσθαι nullo modo scribi posse, quia ibi non de *tabulis authenticis*, sed de *exemplis* tantum sermo est; et dubium nullum esse putat, quin vel διαθήκης cum Wolfio vel διαθηκῶν scriptum sit a Demosthene.] Proprie igitur et vere ἀντίγραφα *exempla* tantum sunt, non *tabulæ authenticæ*, nec fidem faciunt, tanquam πρωτότυπα, nisi coram adversario fuerint ad authenticum instrumentum expressa, quo casu fidem faciebant, quod ad adversarium illum, non in universum, ut dicemus postea; nunc autem περὶ τῶν ἀντιγράφων τῶν Πασίωνος διαθηκῶν adjiciendum aliquid, quia res plurimum habet difficultatis. Phormio igitur dicebat Archippam duxisse se ex testamento Pasionis, dote accepta, quæ in testamento sibi erat constituta, et quia testamentum non habebat, ut de eo fidem faceret, illud dicebat apud arbitrum exhibitum, seque Apollodoro conditionem detulisse de testamento eo aperiendo, quod ille pati noluerit. Stephanus, cum περὶ προκλήσεως *de conditione delata* testimonium præbere rogatus esset, testatus est et de testamento, non de originali, ut loquuntur, sed de exemplo, hoc modo, qui habetur in Stephani testimonio [p. 113. v. pen. I Steph. or.], sed verbis obscuris. Στέφανος Μενεκλέους κ. τ. λ. Ut verus testimonii hujus sensus inveniatur, transpositiones quædam observandæ sunt, et omnia in suum quæque locum restituenda. Ergo cum Stephanus et Scytha testati essent, apud Tisiam arbitrum forte fuisse se, cum Phormio conditionem Apollodoro ferret, de aperiendis Pasionis tabulis, quas Amphion exhibebat, quarum exemplum esse probaretur libellum, qui in echinum conjectus fuerat, falsi id arguebat Apollodorus, cum nec Pasionis testamentum esset id, neque testamenti illius exemplum. His ita expositis, totum hunc locum ita constituendum existimo: Στέφανος - - - Ἀπολλόδωρον, ἀνοίγειν τὰς διαθήκας τὰς Πασίωνος, ὡς [ἃς] παρείχετο πρὸς τὸν διαιτητὴν Ἀμφίας ὁ Κ. κηδεστής. ὃ μὲν, φησὶν, ἀντίγραφα εἶναι τῶν διαθηκῶν τῶν Π., τὸ γραμματεῖον, ὃ ἐνεβάλετο Φ. εἰς τὸν ἐχῖνον. Ἀπολλόδ. &c. Quærebatur igitur Apollodorus passim tota

θῆναι, ὅτι [1]διαθήκας οὐδεὶς πώποτε ἀντίγραφα ἐποιήσατο· ἀλλὰ συγγραφῶν μὲν, ἵνα εἰδῶσι καὶ μὴ παραβαίνωσι, διαθηκῶν δὲ οὔ. τούτου γὰρ ἕνεκα καταλείπουσιν οἱ διατιθέμενοι, ἵνα μηδεὶς εἰδῇ ἃ διατίθενται. πῶς οὖν ὑμεῖς ἴστε, ὅτι ἀντίγραφά ἐστι τῶν διαθηκῶν τῶν Πασίωνος, τὰ ἐν τῷ γραμματείῳ γεγραμμένα;

ις΄. Δέομαι δ' ὑμῶν ἁπάντων, ὦ ἄνδρες δικασταὶ, καὶ ἱκετεύω, βοηθῆσαι μὲν ἐμοὶ, τιμωρήσασθαι δὲ τοὺς ἑτοίμως οὕτω τὰ ψευδῆ μαρτυροῦντας, ὑπέρ τε ὑμῶν αὐτῶν, καὶ ἐμοῦ, καὶ τοῦ δικαίου, καὶ τῶν νόμων.

[1] διαθηκῶν

oratione, Stephanum et alios quosdam, cum *de conditione delata*, περὶ προκλήσεως, tantum testes citati essent, etiam de testamento Pasionis aut ejus exemplo testimonium dixisse. ἠκούσατε --- διαθήκην: et postea [p. 117. v. 10.] *οἱ δὲ τῇ προκλήσει ---- ἀδικοῦμαι*. Post dictum igitur περὶ προκλήσεως testimonium, hoc adjecerat Stephanus, scriptum, quod in echinum conjecerat Phormio, testamenti Pasionis exemplum esse; quod si suo loco collocaveris, quod nos fecimus, clarum erit id testimonium, quod antea erat obscurissimum, imo quod consistere non poterat. Sane hæc ita, i. e. hoc ordine esse scripta præterquam ratio evincit, ostendit etiam clare, non uno loco, Demosthenes. Ac primum, post testimonium recitatum, ubi illud in compendium confert [p. 115. v. 2.] ἔστι δὲ *μεμαρτ. --- ἐκείνων*. Quod aperte et suo ordine est dictum. Idem II Steph. or. §. γ. Vides his locis omnibus, testimonium veluti de conditione delata fuisse dictum, verum de Pasionis testamento, deque illius exemplo fuisse interjectum. In adjectione autem illa *ἃ μέν φησι* etc. illud φησὶ quo esset referendum, diu dubitavimus, atque etiamnunc dubitamus. Existimabamus igitur cum aliis, ad Stephanum testem id pertinere, qui quoniam Phormio de testamento Pasionis aperiendo conditionem tulerat, atque id testimonio suo retulerat Stephanus, sibi postea cavere voluerit, dicendo, non de testamento se loqui, sed de testamenti exemplo. Verum aliis Demosthenis locis persuasi pene sumus, illud φησὶ ad Phormionem referendum, qui dixerit γραμματεῖον, sive scriptum illud, quod in echinum conjecerat apud arbitrum, esse testamenti Pasionis exemplum, vel certe id ita credi Stephanum voluisse; atque illud φησὶν in ejus testimonio, non intelligendum de se, sed de Phormione: quod ut credam ita se habere, facit id, quod ait II Steph. or. §. ι. certe Stephanum, cum falsi testimonii accusationem defugere vellet, id ita interpretatum esse. Ac deinde in eo quoque contra leges peccatum contendit, quæ vetant *ζῶντος ἀκοὴν μαρτυρεῖν, testari quod quis ex aliquo adhuc in vivis agente audierit*, et *αὐτὸν αὐτῷ μαρτυρεῖν, aliquem sibi ipsi testimonium dicere:* unde ita concludit, §. ς΄. *ὁ τοίνυν Φορμίων* etc. Ut ut sit, post testimonium περὶ προκλήσεως ea esse addenda satis jam constare arbitror; unde efficitur, verba ista, quæ post ἐθέλειν ἀνοίγειν ibi leguntur, esse delenda, ex iis, quæ alieno loco collocata erant repetita. *In Animadv. in Salmas. Obs. ad Jus A. et R.* l. II. c. V. §. VII. sqq. HERALDUS.

Διαθήκας — ἀντίγραφα] Correctio est imperitorum, quod legitur, διαθηκῶν. Nam Atticismus est, διαθήκας ποιεῖσθαι ἀντίγραφα pro ἐκ διαθηκῶν ἀντίγραφα ποιεῖσθαι. *In Obs. ad Jus A. et R.* p. 208. SALMASIUS. Vid. p. 535. v. ult. vol. III.

Καταλείπουσιν] *Relinquunt* i. e. *ante mortem non proferunt*. Reiskius putat hic deesse κατασεσημασμένας, huic libenter assentior. AUGER.

ΥΠΟΘΕΣΙΣ ΤΟΥ ΚΑΤΑ ΕΥΕΡΓΟΥ ΚΑΙ ΜΝΗΣΙΒΟΥΛΟΥ ΨΕΥΔΟΜΑΡΤΥΡΙΩΝ ΛΟΓΟΥ.

Pag. ed. Reisk.

ΕΠΕΙΓΟΜΕΝΩΝ Ἀθηναίων εἰς στρατείαν ναυτικὴν, ἐνδεῖ σκεύη τριηραρχικά. καὶ γράφεται 1138
ψήφισμα, κατὰ τάχος εἰσπράττειν τοὺς ὀφείλοντας σκεύη τριηραρχικὰ τῇ πόλει· οὗτοι δὲ ἦσαν τῶν τετριηραρχηκότων τινές. ἄλλος μὲν οὖν ἄλλους εἰσπράττειν ἐτάχθη· ὁ δὲ νῦν τὸν λόγον λέγων, Θεόφημον καὶ Δημοχάρην. ἀγνωμονοῦσι δὲ αὐτοῖς δίκην ἔλαχε, καὶ εἷλε. καὶ ὁ μὲν Δημοχάρης ἀποδέδωκεν, ὁ δὲ Θεόφημος ἔτι μεθοδευόμενος ἦν. ψηφισαμένης δὲ τῆς βουλῆς, ὅτῳ τις ἂν δύνηται τρόπῳ, τοὺς ὀφείλοντας εἰσπράττειν, ἧκεν ἐπὶ τὴν οἰκίαν τοῦ Θεοφήμου οὗτος ὁ νῦν δικαζόμενος. ἐκ δὲ ἀψιμαχίας ἀλλήλοις [1] ἐνέτειναν καὶ αἰκίας, καὶ κατ' ἀλλήλων δίκας ἀπήνεγκαν, ἑκάτερος φάσκων τὸν ἕτερον ἄρξαι τῶν πληγῶν· τοῦτο γὰρ ἦν ἡ αἰκία. πρότερος οὖν εἰσελθὼν ὁ Θεόφημος παρέσχετο μάρτυρας, Εὔεργον καὶ Μνησίβουλον, τὸν μὲν ἀδελφὸν ὄντα ἑαυτοῦ, τὸν δὲ κηδεστήν. οἱ δὲ ἐμαρτύρησαν, ὅτι Θεόφημος μὲν ἐβούλετο παραδοῦναι τὴν ἄνθρωπον εἰς βάσανον, τὴν παροῦσαν τῇ μάχῃ, ἵν' εἴπῃ βασανιζομένη, πότερος ἦρξατο τῶν πληγῶν· ταῦτα δὲ, προκαλουμένου τοῦ Θεοφήμου καὶ παραδιδόντος τὴν θεράπαιναν, οὐκ [2] ἐδέξαντο. τέλος, οἱ
μὲν δικασταὶ, τῇ μαρτυρίᾳ πεισθέντες, ὑπὲρ Θεοφήμου τὴν ψῆφον ἔθεντο· ὁ δὲ ἡττηθεὶς, τοῖς 1139
μάρτυσιν, ὡς ἐψευσμένοις, δικάζεται.

[1] ἐνέτειναν ᵃ πληγὰς, καὶ αἰκίας κατ' [2] ἐδέξατο

Ἐνέτειναν ἀλλήλοις καὶ αἰκίας] Quid si ita legas? ἀλλήλοις ἐνέτειναν πληγὰς, καὶ κατ' ἀλλήλων δίκας ἀπήνεγκαν αἰκίας· ἑκάτερος. et, v. antepen. οὐκ ἐδέξατο, S. ὁ διάκον. WOLF.

ΔΗΜΟΣΘΕΝΟΥΣ

ΚΑΤΑ ΕΥΕΡΓΟΥ ΚΑΙ ΜΝΗΣΙΒΟΥΛΟΥ

ΨΕΥΔΟΜΑΡΤΥΡΙΩΝ ΛΟΓΟΣ.

ά. ΚΑΛΩΣ μοι δοκοῦσιν οἱ νόμοι ἔχειν, ὦ ἄνδρες δι- 1139
κασταὶ, ὑπόλοιπον ἀγῶνα ἀποδιδόντες ταῖς δίκαις τῶν

ά. Καλῶς μοι δοκοῦσιν] Multas habet hæc oratio molestas repetitiones (quoties enim τὸ μαρτυρεῖν, τὸ προκαλεῖσθαι, τὸ ὀφείλειν τὰ σκεύη, et παραδιδόναι, et παραλαμβάνειν, et id genus alia sexcenta, quæ nec omittere, nec commode vertere aut mutare licet, occurrunt?) et genus orationis vagum atque laxum, καὶ ὕπτιον, ut Græci vocant, καὶ ἀναβεβλημένον, et (ut mihi quidem videtur) minime Demosthenicum est, ac potius molestum et inamœnum. Quare a lectoribus impetratum hoc ve-

ψευδομαρτυριῶν, ἵνα, εἴ τις, μάρτυρας τὰ ψευδῆ μαρτυροῦντας παρασχόμενος ἢ προκλήσεις μὴ γενομένας ἢ μαρτυρίας παρὰ τὸν νόμον μαρτυρηθείσας, ἐξηπάτησε τοὺς δικαστὰς, μηδὲν αὐτῷ πλέον γένηται· ἀλλ᾽, ἐπισκηψάμενος ταῖς μαρτυρίαις ὁ ἀδικηθεὶς καὶ εἰσελθὼν ὡς ὑμᾶς καὶ ἐπιδείξας περὶ τοῦ πράγματος τοὺς μάρτυρας τὰ ψευδῆ μεμαρτυρηκότας, παρά τε τούτων δίκην λάβῃ καὶ τὸν προβαλόμενον ὑπόδικον ἔχῃ τῶν κακοτεχνιῶν. καὶ διὰ τοῦτο τῷ μὲν διώκοντι ἐλάττω ἐποίησαν τὰ ἐπιτίμια, ἐὰν ἡττηθῇ, ἵνα μὴ διὰ τὸ πλῆθος ἀποτρέποιτο διώκειν τοὺς μάρτυρας τῶν ψευδομαρτυριῶν ὁ ἀδικούμενος· τῷ δὲ φεύγοντι μεγάλας ἐπέθηκαν τιμωρίας, ἐὰν ἁλῷ καὶ δοκῇ ὑμῖν τὰ ψευδῆ μεμαρτυρηκέναι. καὶ δικαίως, ὦ ἄνδρες δικασταί· ὑμεῖς γὰρ, εἰς τοὺς μάρτυρας βλέψαντες, καὶ πιστεύσαντες οἷς ἂν οὗτοι μαρτυρήσωσι, ψηφίζεσθε. ἵνα οὖν μήθ᾽ ὑμεῖς ἐξαπατᾶσθε, μήθ᾽ οἱ εἰσιόντες εἰς ὑμᾶς ἀδικῶνται, διὰ ταῦτα αὐτοὺς ὑποδίκους ἐποίησεν ὁ νομοθέτης.
1140 δέομαι δὲ ὑμῶν κἀγὼ μετ᾽ εὐνοίας μου ἀκροάσασθαι περὶ τοῦ πράγματος ἐξ ἀρχῆς ἅπαντα, ἵνα ἐκ τούτων εἰδῆτε, ὅσα ἐγώ τε ἠδικήθην, καὶ ἐξηπατήθησαν οἱ δικασταὶ, καὶ οὗτοι τὰ ψευδῆ ἐμαρτύρησαν.

β'. Μάλιστα μὲν οὖν ἂν ἠβουλόμην μὴ ἔχειν τὰ πράγματα· εἰ δ᾽ οὖν ἀναγκάζοι τις, πρὸς [1] τούτους ἡδύ ἐστιν εἰσιέναι, εἰ μὴ ἀγνῶτές εἰσιν ὑμῖν. νῦν δὲ πλείων μοι λόγος

[1] τοιούτους

lim, ut meam interpretationem cum auctore conferentes judicium faciant. Ita enim spes est, eos fore mihi æquiores. δεῖ γὰρ τὸν ἑρμηνευτὴν ἀκολουθεῖν τῷ ἡγουμένῳ· ὁ δὲ κακῶς ἡγούμενος οὐκ ἂν τὸ καλῶς ἕπεσθαι ἐμποιήσειε. Præterea, quot loca hic aut corrupta aut suspecta sint, annotationes meæ docebunt. Wolf.

Καλῶς μοι δοκοῦσιν] De actionibus ψευδομαρτυριῶν adversus testes falsi testimonii reos, et κακοτεχνιῶν adversus illum, cui testimonium dixerant, vid. Petit. in Comm. in L. A. l. IV. tit. VII. §. XIV.

Κακοτεχνιῶν] Actionem κακοτεχνιῶν contra eos datam fuisse, qui malis artibus et falsis præcipue testimoniis aliquid in judicio obtinuerant, diligenter ostendit Des. Heraldus Rer. Judicat. l. I. 3. Aliter Salmasius, κακοτεχνίου δίκην Harpocrationi invito obtrudens [et locum hunc repetens, ut ex eo efficiat κακοτεχνίου δίκην datam ei fuisse, qui uno falsi genere usus fuisset, κακοτεχνιῶν, qui pluribus; vel certe κακοτεχνιῶν δίκην dici a Demosthene hoc loco, "quia plura falsarum testationum genera enumerabat. Cum vero quis, ob unam harum quamlibet, dicam alicui scriberet, non ob omnes, libellum inscripsisse κακοτεχνίου, non κακοτεχνιῶν."] Observ. ad Jus Attic. et Rom. p. 295. et p. 841., etsi non impune. Vide Heraldi Animadv. l. VI. c. XI. p. 464. Wesseling.

Ἵνα μὴ διὰ τὸ πλῆθος] S. τῶν χρημάτων, Sed quia præcedit ἐλάττω, fortasse rectius legetur μέγεθος, etsi is comparativus etiam ad numerum referatur, ut τῶν χιλίων οὐκ ἐλάττους, non pauciores 1000. Wolf.

β'. Εἰ μὲν ἠγνόουν] Lege εἰ μέν. Ingen.

ἔσται ἐξελέγχοντι τὸν τρόπον αὐτῶν, ἢ τὴν μαρτυρίαν ψευδῆ οὖσαν. περὶ μὲν γὰρ τῆς μαρτυρίας, ὅτι ψευδῆ μεμαρτυρήκασιν, αὐτοί μοι δοκοῦσιν ἔργῳ ἐξελέγχειν αὐτὴν, καὶ οὐκ ἄλλους με δεῖ μάρτυρας παρασχέσθαι, ἢ αὐτοὺς τούτους. ἐξὸν γὰρ νῦν αὐτοὺς ἀπηλλάχθαι πραγμάτων καὶ μὴ κινδυνεύειν εἰσιόντας εἰς ὑμᾶς, ἔργῳ βεβαιώσοντας ὡς ἀληθής ἐστιν ἡ μαρτυρία, οὐκ [1]ἐθελήκασι παραδοῦναι τὴν ἄνθρωπον, ἣν μεμαρτυρήκασι προκαλέσασθαι πρὸς τῷ διαιτητῇ Πυθοδώρῳ ἐκ Κηδῶν παραδιδόναι ἕτοιμον εἶναι Θεόφημον, ἠξίουν δ᾽ ἐγὼ παραλαμβάνειν, ὡς οἱ μάρτυρες ὑμῖν οἱ τότε παραγενόμενοι ἐμαρτύρησαν ἐν τῷ δικαστηρίῳ, καὶ νυνὶ δὲ μαρτυρήσουσι· καὶ Θεόφημος αὐτοῖς, ὡς ἀληθῆ μεμαρτυρηκόσιν, οὐκ ἐπεσκήψατο, οὐδ᾽ ἐπεξέρχεται τῶν ψευδομαρτυριῶν.

γ΄. Σχεδὸν οὖν τι καὶ αὐτοί μοι ὁμολογοῦσιν ἐν τῇ μαρτυρίᾳ, ἐθέλειν με παραλαμβάνειν τὴν ἄνθρωπον, Θεόφημον δὲ ἀναβάλλεσθαι κελεύειν, ἐμὲ δὲ οὐκ ἐθέλειν. ἣν δ᾽ ἐγὼ μὲν ἠξίωσα παραλαμβάνειν, Θεόφημος δὲ προὐκαλέσατο παραδοῦναι — ὡς οὗτοί φασι —, τὸ δὲ σῶμα 1141
οὐδεὶς [2]οἶδε παρὸν, οὔτε τότε πρὸς τῷ διαιτητῇ, οὔτε πρὸς τῷ δικαστηρίῳ ὕστερον, οὔτ᾽ ἄλλοθι οὐδαμοῦ παραδιδόμενον, ἐμαρτύρησαν οἱ μάρτυρες οὗτοι, ὡς ἐθέλοι παραδοῦναι Θεόφημος καὶ πρόκλησιν προκαλοῖτο· ᾠήθησαν δὲ οἱ δικασταὶ, ἀληθῆ εἶναι τὴν μαρτυρίαν· φεύγειν δέ με τὸν ἔλεγχον ἐκ τῆς ἀνθρώπου περὶ τῆς αἰκίας, ὁπότερος ἡμῶν ἦρξε χειρῶν ἀδίκων. τοῦτο γάρ ἐστιν ἡ αἰκία. πῶς οὖν οὐκ ἀναγκαῖόν ἐστι τούτους τοὺς μάρτυρας τὰ ψευδῆ μεμαρτυρηκέναι, οἵ γε οὐδὲ νῦν πω τολμῶσι τὸ σῶμα τῆς ἀνθρώ-

[1] ἠθελήκασι [2] εἶδε * παρὸν, οὔτε

Καὶ οὐκ ἄλλους με δεῖ] M. δεῖν, ut pendeat a δοκοῦσιν, ut et τὸ ἐξελέγχειν. Idem.

Ἐξὸν γὰρ ἦν] Fel. ἐξὸν γὰρ νῦν rectius. Sed etiam legi possit, ἐξ ὧν, vel ἐξ οὗ γὰρ ἦν αὐτοὺς, etc. οὐκ ἠθελήκασι. Idem.

Βεβαιώσοντας] M. βεβαιώσαντας, et v. 9. addo καὶ ante ἕτοιμον. Auger.

Πυθοδώρῳ ἐκ Κηδῶν] Κηδὰ, ἢ Κηδαί, municipii nomen esse puto. Wolf.

Καὶ Θεόφημος αὐτοῖς —] *Eosque testes, ut vera testificatos, nec tum falsi postulavit Theophemus, nec nunc eo nomine reos facit, aut inter reos referre contendit, aut eo crimine urget.* Budaeus.

γ΄. Ἐμὲ δ᾽ οὐκ ἐθέλειν] S. ἀναβάλλεσθαι. Wolf.

Περὶ τῆς αἰκίας lege, non οἰκίας. Idem.

Τοῦτο γάρ ἐστιν ἡ αἰκία] *Hoc enim sibi vult verberationis verbum*, hanc interpretationem, ut supervacaneam, delevi: quasi vero judicibus commentario esset opus. Idem. Vid. Petit. Comm. in L. A. l. VII. t. I. §. XXII.

που παραδοῦναι —καθὰ ἔφασαν προκαλέσασθαι τὸν Θεόφημον, καὶ ἐμαρτύρησαν αὐτῷ—, [1] καὶ τὴν μὲν μαρτυρίαν ἔργῳ βεβαιοῦσθαι, ὡς ἀληθής ἐστι, καὶ τοὺς μάρτυρας ἀπηλλάχθαι τοῦ ἀγῶνος, παραδόντος τὸ σῶμα τῆς ἀνθρώπου· τὴν δ' ἄνθρωπον περὶ τῆς αἰκίας βασανίζεσθαι, ἐφ' ᾗ ἐγὼ διώκω δίκῃ τὸν Θεόφημον, ἐπειδὴ τότε οὐ παρέσχε, καὶ τὸν ἔλεγχον, ἐξ ὧν ὁ Θεόφημος ἔλεγε τότε ἐξαπατῶν τοὺς δικαστὰς, ἐκ τούτων γίγνεσθαι;

δ. Ἔφη γὰρ ἐν τῇ δίκῃ τῆς αἰκίας, τοὺς μὲν μάρτυρας τοὺς παραγενομένους καὶ μαρτυροῦντας τὰ γενόμενα ἐν γραμματείῳ κατὰ τὸν νόμον, ψευδεῖς εἶναι καὶ ὑπ' ἐμοῦ παρεσκευασμένους· τὴν δ' ἄνθρωπον τὴν παραγενομένην ἐρεῖν τἀληθῆ, οὐκ ἐκ γραμματείου μαρτυροῦσαν, ἀλλ' ἐκ τῆς ἰσχυροτάτης μαρτυρίας, βασανιζομένην, ὁπότερος ἦρξε χειρῶν ἀδίκων. ἃ δὴ, τῷ λόγῳ τότε καταχρώμενος καὶ μάρτυρας παρεχόμενος τούτων, ἐξηπάτα τοὺς δικαστὰς,
1142 νῦν ἐξελέγχεται ψευδῆ ὄντα. τὸ γὰρ σῶμα τῆς ἀνθρώπου οὐ τολμᾷ παραδοῦναι, ἀλλὰ μᾶλλον προῄρηται τὸν ἀδελφὸν καὶ τὸν κηδεστὴν ψευδομαρτυριῶν ἀγωνίζεσθαι, ἢ παραδοῦναι τὸ σῶμα τῆς ἀνθρώπου, καὶ δικαίως ἀπηλλάχθαι, καὶ μὴ διὰ λόγων καὶ δεήσεως, ἐὰν δύνωνται ἐξαπατήσαντες ὑμᾶς ἀποφεύγειν, πολλάκις ἐμοῦ προκαλεσαμένου καὶ ἐξαιτήσαντος τὴν ἄνθρωπον, καὶ τότε ἀξιοῦντος παραλαμβάνειν, καὶ μετὰ τὴν δίκην, καὶ ὅτε [2] ἐξέτεινον αὐτοῖς, καὶ ἐφ' ᾗ ἐγὼ δίκῃ τὸν Θεόφημον διώκω τῆς αἰκίας, καὶ ἐπὶ τῇ ἀνακρίσει τῶν ψευδομαρτυριῶν· καὶ τούτων οὐ προσποιουμένων, ἀλλὰ λόγῳ μὲν μαρτυρούντων τὰ ψευδῆ, ἔργῳ δὲ οὐ παραδιδόντων τὴν ἄνθρωπον. εὖ γὰρ ᾔδεσαν, ὅτι, βασανιζομένης αὐτῆς, ἐξελεγχθήσονται ἀδικοῦντες, οὐκ

[1] * καίτοι τ. μ. μ. * ἴσχειν ἔργῳ   [2] ἐξέτινον

Παραδόντος τὸ σῶμα] S. τοῦ Θεοφήμου. Sed rectius παραδόντας, ut referatur ad μάρτυρας. Wolf.

δ. Καταχρώμενος] F. A. ἔλεξεν, aut εἶπε. Idem.

Καὶ ὅτι ἐξέτεινον αὐτοῖς] Ἐκτείνω, extendo. ἐκτίνω, persolvo, luo. legendum per ι. ἐξέτινον, S. τὴν καταδίκην. Idem.

Καὶ τούτων οὐ προσποιουμένων] Προσποιεῖσθαι, arrogare, simulare, præ se ferre, augere opes, aut adsciscere clientelas, ut in Areopagitico Isocratis. Horum nihil huc quadrare videtur. Quid ergo, si προσιεμένων legas? cum horum nihil admitterent. Sunt in hac narratione περίοδοι πολύκωλοι καὶ σχοινοτενεῖς, quas imitari et mihi necesse fuit: quamvis minus bellam facere videantur orationem. Idem.

ἀδικούμενοι. ὡς δὲ ταῦτα ἀληθῆ λέγω, τούτων ὑμῖν ἀναγνώσεται τὰς μαρτυρίας.

ΜΑΡΤΥΡΙΑΙ.

ὅτι μὲν τοίνυν πολλάκις προκαλεσαμένῳ καὶ ἀξιοῦντι παραλαβεῖν τὴν ἄνθρωπον οὐδεὶς παρεδίδου, μεμαρτύρηται ὑμῖν· ἵνα δὲ καὶ ἐκ τεκμηρίων εἰδῆτε, ὅτι ψευδῆ μεμαρτυρήκασι, δηλώσω ὑμῖν.

έ. Οὗτοι γὰρ, εἴπερ ἀληθῆ ἦν, ἅ φασι προκαλέσασθαι τὸν Θεόφημον, [1] καὶ παραδιδόναι τὸ σῶμα τῆς ἀνθρώπου, οὐκ ἂν δήπου δύο μόνους μάρτυρας [2] ἐποιήσαντο, κηδεστὴν καὶ ἀδελφὸν, τἀληθῆ μαρτυροῦντας, ἀλλὰ καὶ ἄλλους ἂν πολλούς. ἡ μὲν γὰρ δίαιτα ἐν τῇ Ἡλιαίᾳ ἦν, οἱ γὰρ τὴν Οἰνηΐδα καὶ τὴν Ἐρεχθηΐδα διαιτῶντες ἐνταῦθα κάθηνται· τῶν δὲ τοιούτων προκλήσεων, ὅταν τις τὸ σῶμα παραδιδῷ κομίσας, πολλοὶ προΐστανται ἐπακούοντες τῶν λεγομένων. ὥστε οὐκ ἂν ἠπόρησαν μαρτύρων, εἴπερ καὶ ὁπωστιοῦν 1143
ἀληθὴς ἦν ἡ μαρτυρία.

ς΄. Μεμαρτυρήκασι τοίνυν, ὦ ἄνδρες δικασταὶ, ἐν τῇ αὐτῇ μαρτυρίᾳ, ὡς ἐγὼ οὐκ ἐθέλοιμι ἀναβαλέσθαι· ὁ δὲ Θεόφημος κελεύοι, ἵνα μοι παραδοίη τὴν ἄνθρωπον. ὡς δὲ οὐκ ἀληθές τοῦτ᾽ ἔστιν, ἐγὼ ὑμᾶς διδάξω. εἰ μὲν γὰρ ἐγὼ τὸν Θεόφημον προὐκαλούμην ταύτην τὴν πρόκλησιν, ἣν μεμαρτυρήκασιν αὐτῷ, ἀξιῶν αὐτὸν τὴν ἄνθρωπον παραδοῦναι, εἰκότως ἂν μοι τούτους τοὺς λόγους ἀπεκρίνατο,

[1] [καὶ] [2] * ἐποιήσατο

έ. Μάρτυρας ἐποιήσαντο lego, S. ὁ Θεόφημος. Idem.

Ἡ μὲν γὰρ δίαιτα —] Δικασταὶ et διαιτηταὶ longe diversi erant, atque ideo diversis appellationibus censebantur. Δικασταὶ, ni fallor, dicebantur judices, qui suprema auctoritate judicabant; quorum sententiæ erant κύριαι, nec retractari poterant: διαιτηταὶ autem veluti disceptatores erant, qui de causis tribulium privatis cognoscebant; quorum sententiis si stare isti nolebant, poterant ad δικαστὰς, ad δικαστήρια provocare. Diversa erant δικαστήρια, et diversis locis cogebantur: sed et διαιτηταὶ sua habebant loca, quibus conveniebant, eaque, ni fallor, prope δικαστήρια, aut in ipsis δικαστηρίοις, loco separato; quod significare videtur Demosthenes hoc in loco. Communem quidem denominationem habebant, et, ut loquuntur, genericam. Ea erat κριτής. Denominatio ista omnes judicum species complectitur, ut et κρίνειν omnes judicandi figuras. *In Anim. in Salmas. Obs. ad J. A. et R.* l. V. c. XIV. §. V. Heraldus.

Τῶν δὲ τοιούτων προκλήσεων, etc. πολλοὶ προΐστανται] F. τῶν δὲ τοιούτων προκλήσεων γιγνομένων πολλοὶ παρίστανται. τὸ προΐστασθαι, *antestare*, *præesse*, non video quid hic loci habere possit. Wolf. Mallem παρίστανται, i. e. *adsunt*, *præsentes sunt*. Palmer. Hic προΐστανται significat *adstant*, *assistunt*. Quo sensu tamen inusitatum est. Auger.

ς΄. Ὁ δὲ Θεόφημος κελεύοι] S. μὴ ἀναβα-

ἀναβαλέσθαι κελεύων τὴν δίαιταν εἰς τὴν ὑστέραν σύνο-
δον, ἵνα κομίσῃ τὴν ἄνθρωπον καὶ παραδῷ μοι· νῦν δὲ
σεαυτὸν [1] μεμαρτύρηκας, ὦ Θεόφημε, ἐθέλειν παραδιδόναι
τὴν ἄνθρωπον, καὶ ἐμὲ μὴ ἐθέλειν παραλαβεῖν. πῶς οὖν
κύριος μὲν ὢν σὺ τῆς ἀνθρώπου, μέλλων δὲ προκαλεῖσθαι
ταύτην τὴν πρόκλησιν ἣν μεμαρτυρήκασί σοι, καταφεύγων
δὲ εἰς τὴν ἄνθρωπον, μέλλων δὲ προκαλεῖσθαι [2] περὶ τοῦ
δικαίου, ἄλλου δέ σοι οὐδενὸς ὄντος μάρτυρος, ὡς ἐπλήγης
ὑπ᾽ ἐμοῦ ἄρχοντος χειρῶν ἀδίκων, οὐχ ἧκες ἔχων τὴν ἄν-
θρωπον πρὸς τὸν διαιτητήν; καὶ παρεδίδους τὸ σῶμα πα-
ρούσης τῆς ἀνθρώπου, κύριός γε ὢν αὐτῆς; ἀλλὰ τὴν μὲν
πρόκλησιν [3] φὴς προκαλέσασθαι, τὴν δ᾽ ἄνθρωπον οὐδεὶς
εἶδε, δι᾽ ἧς ἐξηπάτησας τοὺς δικαστὰς, ψευδεῖς μάρτυρας
παρεχόμενος, ὡς ἐθέλων παραδοῦναι; ἐπειδὴ τοίνυν σοι
τότε οὐ παρῆν ἡ ἄνθρωπος, ἀλλὰ πρότερον ἐσημάνθησαν οἱ
ἐχῖνοι, ὕστερόν ἐστιν ὅπου ἤγαγες τὴν ἄνθρωπον εἰς τὴν
ἀγορὰν, ἢ εἰς τὸ δικαστήριον; εἰ γὰρ μὴ τότε σοι παρεγέ-
νετο, ὕστερον δήπου ἔδει παραδιδόναι, καὶ μάρτυρας ποι-
εῖσθαι, ὡς ἐθέλεις ἐν τῇ ἀνθρώπῳ τὸν ἔλεγχον γίγνεσθαι,
1144 καθάπερ προὐκαλέσω, προκλήσεώς τε ἐμβεβλημένης σοι,
καὶ μαρτυρίας, ὡς ἤθελες παραδιδόναι τὴν ἄνθρωπον. μέλ-
λων τοίνυν εἰσιέναι τὴν δίκην, ἔστιν ὅπου τὴν ἄνθρωπον
εἰσήγαγες πρὸς τὸ δικαστήριον; καίτοι ἔδει αὐτὸν, εἴπερ
ἀληθῆ ἦν, ἅ φασιν αὐτὸν προκαλεῖσθαι, κληρουμένων τῶν
δικαστηρίων, κομίσαντα τὴν ἄνθρωπον, λαβόντα τὸν κή-
ρυκα, κελεύειν ἐμὲ εἰ βουλοίμην βασανίζειν, καὶ μάρτυρας
τοὺς δικαστὰς εἰσιόντας ποιεῖσθαι, ὡς ἕτοιμός ἐστι παρα-
δοῦναι· νυνὶ δὲ λόγῳ ἐξαπατήσας, ψευδεῖς μαρτυρίας πα-
ρασχόμενος, οὐδέπω καὶ νῦν τολμᾷ παραδοῦναι τὴν ἄνθρω-
πον, πολλάκις ἐμοῦ προκαλεσαμένου καὶ ἐξαιτήσαντος,
ὡς οἱ μάρτυρες ὑμῖν οἱ παραγενόμενοι μεμαρτυρήκασι. καί
μοι ἀνάγνωθι πάλιν τὰς μαρτυρίας.

[1] * μεμαρτυρήκασι [2] περὶ * αἰκίας, ἄλλου [3] φὴς

λέσθαι. Wolf.

Νῦν δὲ σεαυτὸν μεμαρτύρηκας] F. με-
μαρτυρήκασι, S. οἱ μάρτυρες. Idem.

Δι᾽ ἧς ἐξηπάτησας] Δι᾽ ἧς, S. γυναικός.
Sed quid, si δι᾽ ὧν, per quæ? et ἐξαπα-
τήσας καὶ ψευδεῖς. Idem.

σκεύη τῇ πόλει, ἀναγκασθήσεσθαι ἀποδοῦναι, ἥκοντα ἐνθάδε, ἢ τῷ διαδόχῳ, ὃς ἂν ἔλθῃ ἐκ τῆς συμμορίας ἐπὶ τὴν ναῦν. τί γὰρ ἂν καὶ ἀντέλεγον αὐτῷ, ψηφίσματα καὶ νόμους παρεχομένῳ, ὡς προσῆκον ἐμὲ εἰσπρᾶξαι τὰ σκεύη; 1148
ὁ δὲ Θεόφημος, χρόνου ἐγγεγενημένου, ὁπότε αὐτὸν ἥκων ἀπαιτοίην, ἔμελλε φήσειν ἀποδεδωκέναι· καὶ τούτοις τεκμηρίοις καταχρήσεσθαι, ὡς ἀποδέδωκε, τῷ καιρῷ καὶ τῇ [1] χρείᾳ· ὡς οὐκ ἠλίθιος ἦν, οὐδ᾽ αὖ φίλος αὐτῷ γενόμενος οὐδὲ πώποτε, ὥστ᾽ [2] ἐπισχεῖν τι ἄν ποτε βουλόμενος ἐγὼ, τριηραρχῶν μὲν τῇ πόλει, ἐπιμελητὴς δὲ ὢν τῆς συμμορίας, ψηφισμάτων δὲ τοιούτων καὶ νόμου ὄντος, περὶ τὴν εἴσπραξιν ἐπέσχον ἂν [3] τούτῳ. ταύτην τὴν διάνοιαν ἔχων ὁ Θεόφημος, τότε μὲν οὐκ ἀπεδίδου τὰ σκεύη, ἀλλ᾽ ἐκποδὼν ἦν· ὕστερον δὲ ᾤετό με ἀποστερήσειν· πρὸς δὲ τούτοις, εἰς ὅρκον καταφυγὼν, ῥαδίως ἐπιορκήσειν, ὅπερ καὶ ἄλλοις πεποίηκε. δεινὴ γὰρ ἡ πλεονεξία τοῦ τρόπου περὶ τὰ διάφορα, ὡς ἐγὼ ἔργῳ ὑμῖν ἐπιδείξω. ταῦτα γὰρ τὰ σκεύη ὀφείλων ὁ Θεόφημος τῇ πόλει, εἰς Ἀφαρέα ἀνέφερε λόγῳ, ἔργῳ δὲ οὐκ ἀπεγράψατο πρὸς αὐτὸν διαδικασίαν, εὖ εἰδὼς, ὅτι ἐλεγχθήσεται ψευδόμενος, ἐὰν εἰσέλθῃ εἰς δικαστήριον. ὁ γὰρ Ἀφαρεὺς ἐξήλεγχεν αὐτὸν, τιμὴν λογισάμενον αὐτῷ τῶν σκευῶν καὶ λαβόντα παρ᾽ αὐτοῦ, ὅτε παρελάμβανε τὴν τριηραρχίαν. νῦν δέ φησι Δημοχάρει παραδοῦναι, καὶ δικάζεται τοῖς παιδίοις τοῖς Δημοχάρους, τετελευτηκότος τοῦ Δημοχάρους· ὅτε δ᾽ ἔζη ὁ Δημοχάρης, οὐκ ἀπεγράψατο διαδικασίαν πρὸς αὐτὸν ὁ Θεόφημος, εἰσπραττόμενος ὑπ᾽ ἐμοῦ τὰ σκεύη, ἀλλ᾽ ἠβούλετο ἐπὶ προφάσει χρόνου ἐγγενομένου ἀποστερῆσαι τὴν πόλιν τὰ σκεύη. ὡς δ᾽ ἀληθῆ λέγω, ἀναγνώσεται τὰς μαρτυρίας.

ΜΑΡΤΥΡΙΑΙ. 1149

ι᾽. Ταῦτα τοίνυν ἐγὼ πάντα ἐνθυμούμενος, καὶ ἀκούων

[1] χρείᾳ, [2] καὶ ὡς   [2] ἐπισχεῖν. τί [2] γὰρ ἂν   [3] τούτῳ;

Ἀπαιτοίην, ἔμελλε φασὶν] Lege ἔμελλε φήσειν, τουτέστιν, ἔφησεν ἄν. IDEM.

Ὅπερ καὶ ἄλλοις] M. ὅπερ κἀν ἄλλοις, pro καὶ ἐν ἄλλοις. AUGER.

Πρὸς Ἀφαρέα] Ἴσως τὸν Ἰσοκράτους πρόγονον, περὶ οὗ ὁ Πλούταρχος. WOLF.

Ἐξήλεγχεν αὐτὸν] M. ἐξήλεγχ᾽ ἂν αὐτόν. IDEM.

Ἀναγνώσεται τὰς μαρτυρίας] S. ὁ γραμματεύς. IDEM.

ι᾽. Καὶ ἀκούων] Ἀκούων τῶν πεπλησιακότων τὸν Θεόφημον, οἷος (non οἷς) εἴη περὶ τὰ διά-

τὸν Θεόφημον τῶν πεπλησιακότων, οἷος εἴη περὶ τὰ διάφορα, καὶ οὐκ ἀπολαμβάνων τὰ σκεύη παρ' αὐτοῦ, προσῄειν πρός τε τοὺς ἀποστολέας καὶ τὴν βουλὴν καὶ τὸν δῆμον, λέγων, ὅτι οὐκ ἀποδίδωσί μοι τὰ σκεύη ὁ Θεόφημος, ἃ ὦφλεν ἐν τῷ δικαστηρίῳ· προσῄεσαν δὲ καὶ οἱ ἄλλοι τριήραρχοι τῇ βουλῇ, ὅσοι μὴ παρελάμβανον παρὰ τῶν ὀφειλόντων τὰ σκεύη καὶ, πολλῶν λόγων γενομένων, ἀποκρίνεται ἡμῖν ἡ βουλὴ [1] ψήφισμά τι, ὃ ἀναγνώσεται ὑμῖν, εἰσπράττεσθαι τρόπῳ, ᾧ ἂν δυνώμεθα.

ΨΗΦΙΣΜΑ.

γενομένου τοίνυν τοῦ ψηφίσματος τούτου ἐν τῇ βουλῇ, καὶ οὐδενὸς γραφομένου παρανόμων, ἀλλὰ κυρίου ὄντος, προσελθὼν Εὐέργῳ τούτῳ, τῷ ἀδελφῷ τοῦ Θεοφήμου, ἐπειδὴ τὸν Θεόφημον οὐχ οἷός τε ἦν ἰδεῖν, ἔχων τὸ ψήφισμα, πρῶτον μὲν ἀπῄτησα τὰ σκεύη, καὶ ἐκέλευσα αὐτὸν φράσαι τῷ Θεοφήμῳ· ἔπειτα, διαλιπὼν ἡμέρας τινὰς, ὡς οὐκ ἀπεδίδου τὰ σκεύη, ἀλλ' ἐχλεύαζέ με, παραλαβὼν μάρτυρας ἠρόμην αὐτὸν, πότερα μεμερισμένος εἴη πρὸς τὸν ἀδελφὸν, ἢ κοινὴ οὐσία εἴη αὐτοῖς, ἀποκριναμένου δέ μοι Εὐέργου, ὅτι νενεμημένος εἴη καὶ χωρὶς οἰκοίη ὁ Θεόφημος, αὐτὸς δὲ παρὰ τῷ πατρὶ, πυθόμενος, οὗ ᾤκει ὁ Θεόφημος, λαβὼν παρὰ τῆς ἀρχῆς ὑπηρέτην, ἦλθον ἐπὶ τὴν οἰκίαν τοῦ Θεοφήμου. καταλαβὼν δὲ αὐτὸν οὐκ ἔνδον ὄντα, ἐκέλευσα τὴν ἄνθρωπον τὴν ὑπακούσασαν, μετελθεῖν αὐτὸν ὅπου εἴη, ταύτην, ἣν μεμαρτυρήκασιν οὗτοι προκαλέσασθαι τὸν Θεόφημον,
1150 παραδοῦναι· ἐγὼ δὲ ἐξαιτῶν οὐ δύναμαι παραλαβεῖν, ἵν' ὑμεῖς τὴν ἀλήθειαν πύθησθε, ὁπότερος ἦρξε χειρῶν ἀδίκων.

ιά. Ὡς δὲ ἀφικνεῖται ὁ Θεόφημος, μετελθούσης αὐτὸν

[1] ψηφίσματι, ὃ

φορα, ἀντὶ τοῦ, οἷος εἴη ὁ Θεόφημος περὶ τὰ συναλλάγματα. Idem.

Οἷος εἴη περὶ τὰ διάφορα] Sic habent editiones, quas mibi contigit videre; at nullum commodum sensum elicere licet ex his verbis, ut leguntur, quæ sic emendare tentabam: ὡς εἴη περὶ τὸ διαφορεῖν, i. e. *quod erat attentus ad distractionem instrumentorum*, quod idem est ac si dixisset, *quod bona distrahebat*. Palmer.

Ἡ βουλὴ ψηφίσματι] Διὰ ψηφίσματος. Ne lege ψήφισμά τι, διαιρέτως. Wolf.

Ἰδεῖν, ἔχων] F. ἰδεῖν· καὶ ἔχων. Idem.

Ἐξ αὐτῶν οὐ δύναμαι] F. ἐξαιτῶν. Erratum ortum ex unius vocalis immutatione, υ pro ι, et divisione syllabarum. Sic non multo post, p. 163. v. 1, τὴν ἄνθρωπον οὐ δύναμαι παραλαβεῖν, πολλάκις ἐξαιτήσας.

τῆς ἀνθρώπου, ἀπῄτουν αὐτὸν τὸ διάγραμμα τῶν σκευῶν, λέγων, ὅτι ἤδη περὶ [1] ἀναγωγῆς εἴην, καὶ ἐδείκνυον τὸ ψήφισμα τῆς βουλῆς. ὡς δὲ ταῦτά μου λέγοντος οὐκ ἀπεδίδου, ἀλλὰ ἠπείλει καὶ ἐλοιδορεῖτο, ἐκέλευσα τὸν παῖδα καλέσαι, εἴ τινας ἴδοι τῶν πολιτῶν παριόντας ἐκ τῆς ὁδοῦ, ἵνα μάρτυρές μοι εἴησαν τῶν λεγομένων, καὶ ἠξίουν πάλιν τὸν Θεόφημον, ἢ αὐτὸν ἀκολουθεῖν πρὸς τοὺς ἀποστολέας καὶ τὴν βουλήν, καί, εἰ μή φησιν ὀφείλειν, ἐκείνους πείθειν τοὺς παραδιδόντας τοὺς ὀφείλοντας καὶ ἀναγκάζοντας εἰσπράττειν, ἢ ἀποδιδόναι τὰ σκεύη· εἰ δὲ μή, ἐνέχυρα ἔφην λήψεσθαι κατά τε τοὺς νόμους καὶ τὰ ψηφίσματα. οὐδὲν δὲ θέλοντος αὐτοῦ τῶν δικαίων ποιεῖν, ἦγον τὴν ἄνθρωπον ἑστηκυῖαν ἐπὶ τῇ θύρᾳ τὴν μετελθοῦσαν αὐτόν· καὶ ὁ Θεόφημός με ἀφῃρεῖτο· καὶ ἐγὼ τὴν μὲν ἄνθρωπον ἀφῆκα, εἰς δὲ τὴν οἰκίαν εἰσῄειν, ἵνα ἐνέχυρόν τι λάβοιμι τῶν σκευῶν, — ἔτυχε γὰρ ἡ θύρα ἀνεῳγμένη, ὡς ἐξῆλθεν ὁ Θεόφημος, καὶ ἔτι ἤμελλεν εἰσιέναι —, καὶ ἐπεπύσμην αὐτόν, ὅτι οὐκ εἴη γεγαμηκώς. εἰσιόντος δέ μου, παίει πὺξ ὁ Θεόφημος τὸ στόμα· καὶ ἐγώ, ἐπιμαρτυρησάμενος τοὺς παρόντας, ἠμυνάμην. ὡς οὖν ἀληθῆ λέγω, καὶ ἦρξε χειρῶν ἀδίκων ὁ Θεόφημος, οὐκ ἄλλοθεν [2] οἶμαι δεῖν τὸν ἔλεγχον γίγνεσθαι, ἢ ἐκ τῆς ἀνθρώπου, ἣν μεμαρτυρήκασιν οὗτοι οἱ μάρτυρες, ὡς ἤθελε Θεόφημος [3] [ἐκ τῆς ἀνθρώπου] παρα-
διδόναι. ταύτῃ δὲ τῇ μαρτυρίᾳ πρότερος εἰσελθὼν εἰς τὸ 1151
δικαστήριον οὐ παραγραφομένου ἐμοῦ, οὐδ' ὑπομνυομένου, διὰ τὸ καὶ πρότερόν ποτε ἐφ' ἑτέρας δίκης ταῦτά με βλάψαι, ἐξηπάτησε τοὺς δικαστάς, λέγων, οὓς μὲν ἐγὼ παρεσχόμην μάρτυρας, ψευδῆ μαρτυρεῖν· τὴν δὲ ἄνθρωπον, ἐρεῖν τὰς ἀληθείας βασανιζομένην. οἷς δὲ τότε κατεχρῶντο λόγοις, νῦν αὐτοῖς ἐξελέγχονται ὑπεναντία ποιοῦντες. τὴν

[1] ἀναγωγὴν [2] οἴομαι [3] Desunt ἐκ τῆς ἀνθρώπου.

Idem.

Περὶ ἀναγωγῆς εἴην] M. περὶ ἀναγωγὴν, aut ἐπ' ἀναγωγῆς. Idem.

Ἠξίουν πάλιν τὸν Θ.] Vid. Petit. Comm. in L. A. l. III. t. IV. §. X.

Τοὺς παραδιδόντας καὶ ὀφείλοντας] Lego καὶ τοὺς ὀφείλοντας. et v. 17. καὶ ἐπεπύσμην, παρὰ τὸ πυνθάνομαι, non ἐπεπείσμην, παρὰ τὸ πείθομαι. Sic autem construe: ἐπεπύσμην αὐτὸν, ὅτι οὐκ εἴη γεγαμηκὼς, ἀντὶ τοῦ, ὅτι αὐτὸς οὐκ εἴη γεγαμηκώς. κατ' ἀντίπτωσιν, ἢ ἐναλλαγήν τινα. Wolf.

Ταύτῃ δὲ τῇ μαρτυρίᾳ] Mutilatus est hic locus, in quo exponendum fuit Evergi et Mnesibuli falsum testimonium. Idem.

γὰρ ἄνθρωπον οὐ δύναμαι παραλαβεῖν, πολλάκις ἐξαιτήσας, ὡς μεμαρτύρηται ὑμῖν. ἐπειδὴ τοίνυν τὴν ἄνθρωπον οὐ παραδιδόασιν, ἣν αὐτοὶ ἔφασαν προκαλέσασθαι, βούλομαι ὑμῖν καὶ τοὺς μάρτυρας παρασχέσθαι, οἳ εἶδόν με πρότερον πληγέντα ὑπὸ τοῦ Θεοφήμου· ἡ δὲ αἰκία τοῦτ' ἔστιν, ὃς ἂν ἄρξῃ πρότερος χειρῶν ἀδίκων, ἄλλως τε, καὶ κατὰ τὸν νόμον καὶ κατὰ τὰ ψηφίσματα τὰ ὑμέτερα εἰσπράττοντα. καί μοι ἀνάγνωθι τὰ ψηφίσματα καὶ τὰς μαρτυρίας.

ΨΗΦΙΣΜΑΤΑ. ΜΑΡΤΥΡΙΑΙ.

ιβ΄. Ἐπειδὴ τοίνυν ἀφῃρέθην τὰ ἐνέχυρα ὑπὸ τοῦ Θεοφήμου, καὶ συνεκόπην, ἐλθὼν εἰς τὴν βουλὴν, τάς τε πληγὰς ἔδειξα, καὶ ἃ πεπονθὼς ἦν εἶπον, καὶ ὅτι εἰσπράττων τῇ πόλει τὰ σκεύη. [1]ἀγανακτήσασα ἡ βουλὴ ἐφ' οἷς ἐγὼ ἐπεπόνθειν, καὶ ἰδοῦσά με ὡς διεκείμην, καὶ ἡγησαμένη ὑβρίσθαι οὐκ ἐμὲ, ἀλλ' ἑαυτὴν, καὶ τὸν δῆμον τὸν ψηφισάμενον, καὶ τὸν νόμον τὸν ἀναγκάσαντα εἰσπράττειν τὰ σκεύη, [2]ἐκέλευσεν εἰσαγγέλλειν με, καὶ τοὺς πρυτάνεις προγράφειν αὐτῷ τὴν κρίσιν ἐπὶ δύο ἡμέρας, ὡς
1152 ἀδικοῦντι καὶ διακωλύοντι τὸν ἀπόστολον, διότι τὰ σκεύη οὐκ ἀπεδίδου, καὶ τὰ ἐνέχυρα ἀφείλετο, καὶ ἐμὲ συνέκοψε τὸν εἰσπράττοντα καὶ ὑπηρετοῦντα τῇ πόλει. γενομένης τοίνυν τῆς κρίσεως τῷ Θεοφήμῳ ἐν τῇ βουλῇ, κατὰ τὴν εἰσαγγελίαν ἣν ἐγὼ εἰσήγγειλα, καὶ ἀποδοθέντος λόγου ἑκατέρῳ, καὶ κρύβδην ἰδίᾳ ψηφισαμένων τῶν βουλευτῶν, ἑάλω ἐν τῷ βουλευτηρίῳ καὶ ἔδοξεν ἀδικεῖν· καὶ, ἐπειδὴ ἐν τῷ διαχειροτονεῖν ἦν ἡ βουλὴ, πότερα δικαστηρίῳ πα-

[1] ἀγανακτήσασα οὖν ἡ [2] ἐκέλευε

Ἣν αὐτοὶ ἔφασαν προκαλέσασθαι] Ἣν, S. παραλαβεῖν ἐμὲ, αὐτοὶ ἔφασαν τὸν Θεόφημον προκαλέσασθαι. IDEM.

Ἡ δὲ αἰκία] Si quid habeo acuminis, legendum est ἡ δὲ αἰτία, i. e. *controversia, quæstio, causa in eo vertitur, uter prior cœperit vim intentare.* PALMER.

ιϛ΄. Ἐκέλευσεν εἰσαγγέλλειν με] *Eum, me jussit,* εἰσαγγέλλειν i. e. *delatione ad ipsam curiam facta vindictam persequi.* In Anim. in Salmas. Obss. ad J. A. et R. l. III. c. VIII. §. V. HERALDUS. In quo et capite præcedente plura videnda de vocibus εἰσαγγελία et εἰσαγγέλλειν.

Καὶ ἐπειδὴ ἐν τῷ διαχειροτονεῖν] Et quidem *cum disceptatio in curia proposita esset, suffragiumque ea de re ferendum, utrum ad judicium rejiciendum esset hoc crimen, utpote cujus pœna major erat cognitione curiæ quingentorum: an potius L. drachmis reum damnarent, quatenus cum maxime, mulctare curia poterat, ego permisi* &c. διαχειροτονεῖν enim est, duarum rerum disceptationem constituere atque dijudicare in concilio aut concione ubi multitudo est consentiam. BUDÆUS.

ραθείη, ἢ ζημιώσειε ταῖς πεντακοσίαις, ὅσου ἦν κυρία κατὰ τὸν νόμον, δεομένων τούτων ἁπάντων καὶ ἱκετευόντων, καὶ τίνα οὐ προσπεμπόντων, καὶ τὸ διάγραμμα τῶν σκευῶν ἀποδιδόντων εὐθὺς ἐν τῇ βουλῇ, καὶ περὶ τῶν πληγῶν φασκόντων ἐπιτρέπειν ᾧ ἐὰν κελεύω Ἀθηναίων, συνεχώρησα, ὥστε τῷ Θεοφήμῳ πέντε καὶ εἴκοσι δραχμῶν προστιμηθῆναι. καὶ ταῦτα ὡς ἀληθῆ λέγω, ὑμῶν τε δέομαι, ὅσοι ἐβούλευον ἐπ' Ἀγαθοκλέους ἄρχοντος φράζειν τοῖς παρακαθημένοις, καί, ὅσους ἐδυνάμην ἐγὼ ἐξευρεῖν τῶν τότε βουλευόντων, μάρτυρας ὑμῖν παρέξομαι.

ΜΑΡΤΥΡΙΑΙ.

ἐγὼ μὲν τοίνυν, ὦ ἄνδρες δικασταί, οὕτως ἐπιεικὴς ἐγενόμην πρὸς τούτους. καίτοι τό γε ψήφισμα δημοσίαν τὴν οὐσίαν ἐκέλευεν εἶναι, οὐ μόνον, ὃς ἂν ἔχων σκεύη μὴ ἀποδιδῷ τῇ πόλει, ἀλλὰ καί, ὃς ἂν ἰδίᾳ κτησάμενος μὴ πωλῇ. τοιαύτη γὰρ ἡ ἀπορία οὖσα συνέβαινε τότε ἐν τῇ πόλει σκευῶν. καί μοι ἀνάγνωθι τὸ ψήφισμα.

ΨΗΦΙΣΜΑ.

ιγ'. Καταπλεύσας τοίνυν, ὦ ἄνδρες δικασταί, ὡς οὐδενὶ

Δεομένων τούτων —] *His suppliciter obsecrantibus, ac breviarium indicemque vasorum nauticorum reddere se cupere aientibus.* Quæ vasa erant publica. Idem.

Προσπεμπόντων ;] Cum puncto interrogationis. Auger.

Καὶ τὸ διάγραμμα τῶν σκευῶν ἀποδιδόντων] Ἀντὶ τοῦ, τὴν ἀπογραφήν. Wolf.

ιγ'. Καταπλεύσας τοίνυν —] *Regressus igitur Athenas, judices, cum Theophemus compromissum facere recusaret de plagis quas ab eo acceperam, in judicium vocato intendere actionem injuriarum institi. Quo facto, cum ille mihi vicissim judicium idem dictaret, (controversiæ autem eo tempore apud arbitros disceptabantur) ubi ad sententiæ ferendæ tempus ventum est, ibi Theophemus præscriptione objicienda prolatare rem cœpit, causamque speciosam jurejurando excusare: ego vero, jure atque conscientia fretus, causam hanc apud vos agere institui.* Budæus.

Καταπλεύσας τοίνυν κ. τ. λ.] Si quis fuerat pulsatus contumeliæ causa, poterat ὕβρεως vel αἰκίας experiri: si is autem qui accusabatur factum id dicebat, non contumeliæ causa, sed cum ab altero prius pulsatus esset, de exceptione prius erat videndum, atque sic exsistebat αἰκίας δίκη; np. si is qui accusabatur prior erat injuriam passus, quo casu cessabat ὕβρις, atque exceptio ventilabatur, quæ si vera reperiebatur, non modo ὕβρεως accusatio cessabat, si forte instituta erat, sed et αἰκίας δίκη judicata erat, reo dimisso. Hic igitur habes eum qui pulsaverat in jus vocatum περὶ αἰκίας. Eum autem contrario judicio actionem illam submovisse, cum se diceret ab actore lacessitum et prius violatum: atque hanc exceptionem a minoribus cognitoribus, ut ita dicam (hi enim διαιτηταὶ hoc loco) ad judices fuisse remissam, apud quos de exceptione illa disceptaretur. His ita expositis petit is, Theophemum juberi facere, quod fecisse se falsis testimoniis probaverat, np. ancillam in quæstionem dare, cujus testimonio constaret, quis prior per injuriam manus intulisset: id enim esse αἰκίαν, i. e. judicium αἰκίας inde pendere, atque in judiciis περὶ αἰκίας disceptari id

1153 ἤθελεν ἐπιτρέπειν ὁ Θεόφημος περὶ τῶν πληγῶν ὧν ἔλαβον
τότε ὑπ' αὐτοῦ, προσεκαλεσάμην αὐτὸν, καὶ ἔλαχον αὐτῷ
δίκην αἰκίας. ἀντιπροσκαλεσαμένου δὲ καὶ ἐκείνου ἐμὲ,
καὶ διαιτητῶν ἐχόντων τὰς δίκας, ἐπειδὴ ἡ ἀπόφασις ἦν
τῆς δίκης, ὁ μὲν Θεόφημος παρεγράφετο καὶ ὑπώμνυτο·
ἐγὼ δὲ, πιστεύων ἐμαυτῷ μηδὲν ἀδικεῖν, εἰσῄειν εἰς ὑμᾶς.
παρασχόμενος δὲ ἐκεῖνος ταύτην τὴν μαρτυρίαν, ἣν ἄλλος
μὲν οὐδεὶς μεμαρτύρηκεν, ὁ δὲ ἀδελφὸς καὶ ὁ κηδεστὴς,
ὡς ἐθέλοι τὴν ἄνθρωπον παραδοῦναι, καὶ προσποιούμενος
ἄκακος εἶναι, ἐξηπάτησε τοὺς δικαστάς. δέομαι δ' ὑμῶν
νυνὶ δικαίαν δέησιν, ἅμα μὲν δικάσαι περὶ τῆς μαρτυρίας,
πότερα ψευδής ἐστιν ἢ ἀληθὴς, ἅμα δὲ περὶ τοῦ πράγμα-
τος ἐξαρχῆς σκέψασθαι. ἐγὼ μὲν τοίνυν εἰς ἃ οὗτος κατ-
έφυγε τότε δίκαια, ἐκ τούτων [1] οἶμαι δεῖν τὸν ἔλεγχον
γενέσθαι, ἐκ τῆς ἀνθρώπου βασανιζομένης, ὁπότερος ἦρξε
χειρῶν ἀδίκων — τοῦτο γάρ ἐστιν ἡ αἰκία — · καὶ τοὺς
μάρτυρας διὰ τοῦτο διώκω τῶν ψευδομαρτυριῶν, ὅτι ἐμαρ-
τύρησαν ἐθέλειν παραδιδόναι τὸν Θεόφημον τὴν ἄνθρωπον,
οὐδαμοῦ τὸ σῶμα παραδιδόντος, οὔτε [2] ὅτε πρὸς τῷ διαιτη-
τῇ, οὔτε ὕστερον πολλάκις ἐμοῦ ἐξαιτήσαντος. διπλῆν οὖν
αὐτοῖς ἔδει δοῦναι δίκην, ὅτι τε ἐξηπάτησαν τοὺς δικαστὰς
ψευδεῖς μαρτυρίας παρασχόμενοι, κηδεσταῦ καὶ ἀδελφοῦ,
καὶ ὅτι ἐμὲ ἠδίκησαν, λειτουργοῦντα μὲν ὑμῖν προθύμως,
ποιοῦντα δὲ τὰ προσταττόμενα, ὑπηρετοῦντα δὲ τοῖς νόμοις
καὶ τοῖς ψηφίσμασι τοῖς ὑμετέροις.

ιδ'. Ὡς δὲ οὐκ ἐγὼ μόνος παρέλαβον παρὰ τῆς ἀρχῆς
1154 τοῦτον εἰσπράξασθαι σκεύη ὀφείλοντα τῇ πόλει, ἀλλὰ καὶ
ἄλλοι τῶν τριηράρχων ἑτέρους εἰσεπράξαντο οὓς παρέλαβον,
ἀνάγνωθί μοι αὐτῶν τὰς μαρτυρίας.

[1] δέομαι [2] ὅτε] τότε

solere. Non diffitebatur igitur Theophemus, eum, cum quo res sibi erat, a se fuisse pulsatum; sed negabat teneri se αἰκίας, cum ulciscendi sui causa et injuriae repellendae id fecisset, ἀμυνόμενος: et alterum contra contendebat ejus criminis obligatum, a quo prius pulsatus esset et verberatus. Quare contraria actione ἀντιπροσκαλεσάμενος, cum sive veris sive falsis testimoniis prius se pulsatum probasset, alterum condemnavit. *In Anim. in Salmas. Obs. ad J. A. et R.* l. II. c. XII. §. 2. HERALDUS.

Οὐδαμοῦ τὸ σῶμα παραδιδόντος. et v. 19. οὔτε τότε lego. et p. 166. v. 6. ἐδεόθην αὐτοῦ. et v. 8. ὃ vel οὗ ἤμελλον. et v. 9. διὰ τάχους δεῖ. et v. 19. ὡς οὐδὲν ἂν παραρίσαντος. WOLF.

ΜΑΡΤΥΡΙΑΙ.

ιέ. Βούλομαι τοίνυν, ὦ ἄνδρες δικασταὶ, καὶ ἃ πέπονθα ὑπ' αὐτῶν διηγήσασθαι ὑμῖν. ἐπειδὴ γὰρ ὦφλον αὐτοῖς τὴν δίκην, ἐφ' ᾗ τοὺς μάρτυρας τούτους διώκω τὰ ψευδῆ μεμαρτυρηκότας, προσελθὼν τῷ Θεοφήμῳ, μελλούσης μοι ἤδη ἐξήκειν τῆς ὑπερημερίας, ἐδεήθην [1] αὐτοὺς ἐπισχεῖν μοι ὀλίγον χρόνον, λέγων τὰς ἀληθείας, ὅτι πεπορισμένου τοῦ ἀργυρίου, ὃ ἤμελλον αὐτῷ ἐκτίνειν, συμβέβηκέ μοι τριηραρχία, καὶ ἀποστέλλειν διὰ τάχους δεῖ τὴν τριήρη· καὶ ὁ στρατηγὸς Ἀλκίμαχος ἀνάγεσθαι κελεύει τὴν ναῦν. τὸ οὖν ἀργύριον τὸ [2] πεπορισμένον τῷ Θεοφήμῳ ἀποδοῦναι, ἐνταῦθα κατεχρησάμην· ἐδεόμην δ' αὐτοῦ ἀναβαλέσθαι τὴν ὑπερημερίαν, ἕως ἂν τὴν ναῦν ἀποστείλω. ὁ δὲ ῥᾳδίως μοι καὶ ἀκάκως ἀποκρίνεται· οὐδὲν κωλύει, ἔφη, ἀλλ' ἐπειδὰν τὴν ναῦν ἀποστείλῃς, πόριζε καὶ ἐμοί. ἀποκριναμένου δέ μοι ταῦτα τοῦ Θεοφήμου καὶ [3] ἀναβαλλομένου τὴν ὑπερημερίαν, καὶ μάλιστά μου πιστεύσαντος τῇ τε ἐπισκήψει τῶν ψευδομαρτυριῶν καὶ τῷ μὴ ἐθέλειν αὐτὸν παραδοῦναι τὴν ἄνθρωπον, ὡς οὐδὲν ἂν νεωτερίσαντος περὶ ταμὰ, ἐγὼ μὲν τὴν τριήρη ἀποστείλας, οὐ πολλαῖς ἡμέραις ὕστερον πορίσας τὸ ἀργύριον, προσελθὼν αὐτῷ ἐκέλευον, ἐπὶ τὴν τράπεζαν ἀκολουθοῦντα, κομίζεσθαι τὴν καταδίκην. ὡς δὲ ταῦτ' ἀληθῆ λέγω, τούτων ὑμῖν ἀναγνώσεται τὰς μαρτυρίας.

ΜΑΡΤΥΡΙΑΙ. 1156

ὁ δὲ Θεόφημος ἀντὶ τοῦ τὴν καταδίκην ἀπολαβεῖν, ἀκολουθήσας ἐπὶ τὴν τράπεζαν, ἐλθών μου τὰ πρόβατα λαμβάνει ποιμαινόμενα πεντήκοντα μαλακὰ, καὶ τὸν ποιμένα

[1] αὐτοῦ [2] ἀπεπορισμένον * ἐπὶ τῷ [3] * ἀναβαλομένου

ιέ. Ἐπειδὴ — ὑπερημερίας] *Cum ea dies, in quam diem ego judicatum facere debebam, jam exitura esset.* Budæus.

Ἀλκίμος] Infra p. 174. v. 16. vocatur Ἀλκίμαχος. Utrum nomen verius sit, dubium. Suidas Ἀλκίμαχον Ἀναγυράσιον στρατηγὸν habet, sed non est certum de hoc intelligi debere, tamen eo inclinat animus. Palmer.

Νεωτερίσαντος] Np. Θεοφήμου. Auger.

Μαλακὰ πρόβατα] *Molles oves*, utrum intonsas, an molli præditas lana? Wolf. πρόβατα μαλακὰ Oratorem dixisse, non crediderim. Scribe mihi quæso, μαλλωτὰ, et habebis manum Demosthenis. *Valckenaer. Anim. ad Ammon.* l. I. cap. II. fin.

μετ᾽ αὐτῶν, καὶ πάντα τὰ ἀκόλουθα τῇ ποίμνῃ· ἔπειτα, παῖδα διάκονον ὑδρίαν χαλκῆν ἀποφέροντα ἀλλοτρίαν ᾐτημένην, πολλοῦ ἀξίαν. καὶ ταῦτα ἔχουσιν οὐκ ἐξήρκεσεν αὐτοῖς, ἀλλ᾽ ἐπεισελθόντες εἰς τὸ χωρίον — γεωργῶ δὲ πρὸς τῷ ἱπποδρόμῳ, καὶ οἰκῶ ἐνταῦθ᾽ ἐκ μειρακίου —, πρῶτον μὲν ἐπὶ τοὺς οἰκέτας ᾖξαν· ὡς δὲ οὗτοι διαφεύγουσιν αὐτούς, καὶ ἄλλος ἄλλῃ ἀπεχώρησεν, ἐλθόντες εἰς τὴν οἰκίαν καὶ καταβαλόντες τὴν θύραν τὴν εἰς τὸν κῆπον φέρουσαν, Εὔεργός τε οὑτοσὶ ὁ ἀδελφὸς ὁ Θεοφήμου καὶ Μνησίβουλος ὁ κηδεστὴς αὐτοῦ, οἷς οὐδεμίαν δίκην ὠφλήκειν, οὐδὲ προσῆκεν αὐτοῖς ἅπτεσθαι τῶν ἐμῶν οὐδενός, εἰσελθόντες ἐπὶ τὴν γυναῖκά μου καὶ τὰ παιδία, ἐξεφορήσαντο ὅσα ἔτι ὑπόλοιπά μοι ἦν σκεύη ἐν τῇ οἰκίᾳ. ᾤοντο μὲν γὰρ οὐ τοσαῦτα μόνον λήψεσθαι, ἀλλὰ πολλῷ [1] πλείω τὴν παροῦσάν μοι τότε κατασκευὴν τῆς οἰκίας καταλήψεσθαι. ἀλλ᾽, ὑπὸ τῶν λειτουργιῶν καὶ τῶν εἰσφορῶν καὶ τῆς πρὸς ὑμᾶς φιλοτιμίας, τὰ μὲν ἐνέχυρα κεῖται αὐτῶν, τὰ δὲ πέπραται· ὅσα δ᾽ ἦν ἔτι ὑπόλοιπα, πάντα λαβόντες ᾤχοντο.

ιϛ΄. Πρὸς δὲ τούτοις, ὦ ἄνδρες δικασταί, ἔτυχεν ἡ γυνή
μου μετὰ τῶν παίδων ἀριστῶσα ἐν τῇ αὐλῇ· καὶ μετ᾽
αὐτῆς τιτθή τις [2] ἐμὴ γεγενημένη πρεσβυτέρα, ἄνθρωπος
εὔνους καὶ πιστή, καὶ ἀφειμένη ἐλευθέρα ὑπὸ τοῦ πατρὸς
1156 τοῦ ἐμοῦ. συνῴκησε δὲ ἀνδρί, ἐπειδὴ ἀφείθη ἐλευθέρα· ὡς
δὲ οὗτος ἀπέθανε, καὶ [3] αὐτὴ γραῦς ἦν, καὶ οὐκ ἦν αὐτὴν
ὁ θρέψων, ἐπανῆκεν αὐτὴ ὡς ἐμέ. ἀναγκαῖον οὖν ἦν μὴ περιϊδεῖν ἐνδεεῖς ὄντας, μηδὲ τιτθὴν ἐμὴν γενομένην, καὶ παιδαγωγόν· ἅμα δὲ καὶ τριηραρχῶν ἐξέπλεον, ὥστε καὶ τῇ γυναικὶ βουλομένῃ ἦν τοιαύτην οἰκουρὸν μετ᾽ αὐτῆς με καταλιπεῖν. ἀριστώντων δὲ ἐν τῇ αὐλῇ, ὡς ἐπεισπηδῶσιν

[1] πλείω· τὴν γὰρ οὖσαν μοί ποτε κατασκευὴν [2] ἐμοὶ [3] * αὐτὴ

Ἐπὶ τοὺς οἰκέτας ᾖξαν] Utrum παρὰ τὸ ἄγω, an τὸ ἀΐσσω, ἤϊξαν, ᾖξαν, καίτοι πιθανώτερον τοῦτό γε. Wolf. Legendum ἤϊξαν. Palmer.

Πολλῷ πλείω] Lego et distinguo: πολλῷ πλείω, τὴν παροῦσάν μοί ποτε κατασκ. Auger.

ιϛ΄. Μὴ περιϊδεῖν ἐνδεεῖς ὄντας] Qua ratione hic masculinum plurale ponatur, cum sententia postulet singulare fœmininum (de una enim anicula vidua loquitur) ἐνδεᾶ οὖσαν, me non intelligere fateor. Quod si quis dicat, homines necessarios in genere intelligendos, et longius petitum videbitur, et sequitur statim τιτθὴν ἐμὴν γενομένην. Wolf. Imo ἐνδεᾶ οὖσαν. Deinde vel post μηδὲ addendum aliquid quod omissum fuerit, vel omnino delendum. Auger.

οὗτοι, καὶ καταλαμβάνουσιν αὐτὰς, καὶ ἥρπαζον τὰ σκεύη,
αἱ μὲν ἄλλαι θεράπαιναι—ἐν τῷ πύργῳ γὰρ ἦσαν, οὗπερ
διαιτῶνται—, ὡς ἤκουσαν τῆς κραυγῆς, κλείουσι τὸν πύρ-
γον, καὶ ἐνταῦθα μὲν οὐκ εἰσῆλθον, τὰ δ' ἐκ τῆς ἄλλης
οἰκίας ἐξέφερον σκεύη, ἀπαγορευούσης τῆς γυναικὸς μὴ
ἅπτεσθαι αὐτῶν καὶ λεγούσης, ὅτι αὐτῆς εἴη ἐν τῇ προικὶ
τετιμημένα, καὶ, ὅτι τὰ πρόβατα ἔχετε πεντήκοντα καὶ
τὸν ποιμένα πλείονος ἄξια, ἢ κατεδικάσασθε,—ἀπήγγειλε
γάρ τις αὐταῖς τῶν γειτόνων κόψας τὴν θύραν—, ἔτι δὲ
ἔφη τὸ ἀργύριον αὐτοῖς κείμενον εἶναι ἐπὶ τῇ τραπέζῃ—
ἠκηκόει γὰρ ἐμοῦ—, κἂν περιμείνητε, ἔφη, ἢ μετέλθῃ τις
ὑμῶν αὐτὸν, ἔχοντες ἄπιτε τὸ ἀργύριον ἤδη· τὰ δὲ σκεύη
ἐᾶτε, καὶ μηδὲν τῶν ἐμῶν φέρετε, ἄλλως τε καὶ ἔχοντες
ἄξια τῆς καταδίκης. ταῦτα δὲ λεγούσης τῆς γυναικὸς, οὐχ
ὅπως ἐπέσχον, ἀλλὰ καὶ τῆς τιτθῆς τὸ κυμβίον λαβούσης
παρακείμενον αὐτῇ, ἐξ οὗ ἔπινε, καὶ ἐνθεμένης εἰς τὸν κόλ-
πον, ἵνα μὴ οὗτοι λάβοιεν, ἐπειδὴ εἶδεν ἔνδον ὄντας αὐτοὺς,
κατιδόντες αὐτὴν οὕτω διέθεσαν ἀφαιρούμενοι τὸ κυμβίον 1157
Θεόφημος καὶ Εὔεργος ἀδελφὸς αὐτοῦ οὑτοσὶ, ὥστε ὕφαιμοι
μὲν οἱ βραχίονες καὶ οἱ καρποὶ τῶν χειρῶν αὐτῆς ἐγένοντο,
ἀποστρεφομένης τὼ χεῖρε καὶ ἑλκομένης ὑπὸ τούτων ἀφαι-
ρουμένων τὸ κυμβίον, ἀμυχὰς δὲ ἐν τῷ τραχήλῳ εἶχεν
ἀγχομένη, πελιὸν δὲ τὸ στῆθος· εἰς τοῦτο δ' ἦλθον πονη-
ρίας, ὥστε, ἕως ἀφείλοντο τὸ κυμβίον ἐκ τοῦ κόλπου αὐ-
τῆς, οὐκ ἐπαύσαντο ἄγχοντες καὶ τύπτοντες τὴν γραῦν.
ἀκούσαντες δὲ οἱ θεράποντες τῶν γειτόνων τῆς κραυγῆς,
καὶ ὁρῶντες τὴν οἰκίαν πορθουμένην τὴν ἐμὴν, οἱ μὲν ἀπὸ
τῶν τεγῶν τῶν ἑαυτῶν ἐκάλουν τοὺς παριόντας, οἱ δὲ καὶ
εἰς τὴν ἑτέραν ὁδὸν ἐλθόντες, καὶ ἰδόντες Ἁγνόφιλον παρι-
όντα, ἐκέλευσαν παραγενέσθαι. προσελθὼν δὲ ὁ Ἁγνόφιλος

Ἐν τῇ προικὶ τετιμημένα] F. ἀποτετιμημένα, ut alias. WOLF. AUGER.

Πλείονος ἄξια, ἢ κατεδικάσασθε] Hoc accusatorum est: τὸ καταδικάσαι, judicum. WOLF.

Περιμείνητε] Adde vel sub. τὸν ἐμὸν ἄνδρα. AUGER.

Ἢ μετέλθῃ τις ὑμῶν αὐτῶν] F. αὐτὸν, S. τὸν ἄνδρα μου. WOLF.

Ὕφαιμοι μὲν οἱ βραχίονες] *Sanguine suffusa.*-IDEM.

Καὶ οἱ καρποὶ τῶν χειρῶν] *Juncturæ manuum.* IDEM.

Ἀποστρεφομένης τὼ χεῖρε] *Cum illi manus distorquerentur.* IDEM.

Ἀμυχὰς ἐν τῷ τραχήλῳ] Παρὰ τὸ ἀμύσσω, *incisuras, vellicatus.* IDEM.

Πελιὸν δὲ τὸ στῆθος] Lexica scribunt πέλιος, προπαροξυτόνως, πελιδνὸς, ὀξυτόνως. IDEM.

προσκληθεὶς ὑπὸ τοῦ θεράποντος τοῦ Ἀνθεμίωνος ὅς ἐστί μοι γείτων, εἰς μὲν τὴν οἰκίαν οὐκ εἰσῆλθεν — οὐ γὰρ ἡγεῖτο δίκαιον εἶναι, μὴ παρόντος γε τοῦ κυρίου —, ἐν δὲ τῷ τοῦ Ἀνθεμίωνος χωρίῳ ὤν, ἑώρα τά τε σκεύη ἐκφερόμενα, καὶ Εὔεργον καὶ Θεόφημον ἐξιόντας ἐκ τῆς ἐμῆς οἰκίας. οὐ μόνον τοίνυν, ὦ ἄνδρες δικασταὶ, λαβόντες μου τὰ σκεύη ᾤχοντο, ἀλλὰ καὶ τὸν υἱὸν ἦγον ὡς οἰκέτην, ἕως τῶν γειτόνων ἀπαντήσας αὐτοῖς Ἑρμογένης, εἶπεν, ὅτι υἱός μου εἴη. ὡς δὲ ταῦτ᾽ ἀληθῆ λέγω, ἀναγνώσεται ὑμῖν τὰς μαρτυρίας.

ΜΑΡΤΥΡΙΑ.

ιζ. Ἐπειδὴ τοίνυν μοι ἀπηγγέλθη εἰς Πειραιᾶ τὰ γεγενημένα ὑπὸ τῶν γειτόνων, ἐλθὼν εἰς ἀγρὸν, τούτους μὲν οὐκέτι καταλαμβάνω· ἰδὼν δὲ τὰ ἐκ τῆς οἰκίας ἐκπεφορημένα, καὶ τὴν γραῦν ὡς διέκειτο, καὶ ἀκούσας τῆς γυναικὸς
1158 τὰ γενόμενα, προσελθὼν τῷ Θεοφήμῳ τῇ ὑστεραίᾳ ἕωθεν ἐν τῇ πόλει μάρτυρας ἔχων, ἐκέλευον αὐτὸν πρῶτον μὲν τὴν καταδίκην ἀπολαμβάνειν καὶ ἀκολουθεῖν ἐπὶ τὴν τράπεζαν· ἔπειτα, τὴν ἄνθρωπον θεραπεύειν ἣν συνέκοψαν, καὶ ἰατρὸν εἰσάγειν ὃν αὐτοὶ βούλοιντο. ταῦτα δέ μου λέγοντος καὶ διαμαρτυρομένου, κακά με πολλὰ εἰπόντες, ὁ μὲν Θεόφημος ἠκολούθει μόλις, διατριβὰς ἐμποιῶν, καὶ φάσκων βούλεσθαι καὶ αὐτὸς τινὰς παραλαβεῖν μάρτυρας, — ταῦτα δ᾽ ἔλεγε, τεχνάζων χρόνον ἐγγενέσθαι —· ὁ δ᾽ Εὔεργος οὑτοσὶ εὐθὺς ἐκ τῆς πόλεως μεθ᾽ ἑτέρων ὁμοίων αὐτῷ ἐλθὼν εἰς [1] ἀγρὸν, τὰ ὑπόλοιπα σκεύη, εἴ τινα ἐν τῇ προτεραίᾳ ἐν τῷ πύργῳ ἦν, καὶ οὐκ ἔτυχεν ἔξω ὄντα, ἐπειδὴ δ᾽ ἐγὼ ἦλθον, διὰ τὴν χρείαν κατηνέχθη, ἐκβαλὼν τὴν θύραν, ἥνπερ καὶ τῇ προτεραίᾳ ἐξέβαλε κακῶς ἑστηκυῖαν, ᾤχετό μου λαβὼν τὰ σκεύη· ᾧ οὔτε δίκην ὠφλήκειν, οὔτε συμβόλαιον ἦν μοι πρὸς αὐτὸν οὐδέν. ἐκτίνοντος δέ μου τῷ Θεοφήμῳ, ᾧ ὠφλήκειν

[1] ἀγρὸν, * ἐπὶ τὰ

ιζ. Διὰ τὴν χρείαν κατηνέχθη] S. τὰ σκεύη ἐκ τοῦ πύργου. IDEM.

Ἐκτίνοντος δὲ —— κεφάλαιον] Fœneratus est, ut puto, Theophemus, τῷ ἐφέκτῳ τόκῳ, i. e. singulis mensibus pendebatur pro drachma obolus: ergo ἔμμηνος τόκος horum MCXXXIII. drachmarum fuit drachmæ CLXXXVIII. cum obolis V. Adde sortem, fient drachmæ MCCCXXII. cum obolo. Itaque corruptus fuit Demosthenis locus, errorque ortus est ex compendiosa scripturą notisque: ita enim

τὴν δίκην, ἐπειδὴ ἐξέτινον, πολλῶν παρόντων μαρτύρων,
χιλίας μὲν καὶ ἑκατὸν δραχμὰς καὶ τρεῖς καὶ δύο ὀβολὼ
τὴν ἐπωβελίαν, τριάκοντα δὲ τὰ πρυτανεῖα, — τῶν γὰρ
ἄλλων οὐδὲν αὐτῷ ἐπιτιμίων ὦφλον —, λαβὼν τοίνυν
παρ᾽ ἐμοῦ ἐπὶ τῇ τραπέζῃ χιλίας τριακοσίας δεκατρεῖς
δύ᾽ ὀβολὼ, τὸ σύμπαν κεφάλαιον, ἀπαιτοῦντός μου τά τε
πρόβατα καὶ τὰ ἀνδράποδα καὶ τὰ σκεύη ἃ ἥρπακει μου,
οὐκ ἔφη ἀποδώσειν μοι, εἰ μή τις αὐτὸν ἀφήσει καὶ τοὺς
μετ᾽ αὐτοῦ τῶν ἐγκλημάτων, καὶ τοὺς μάρτυρας τῶν ψευ-
δομαρτυριῶν. ταῦτα δὲ ἀποκριναμένου αὐτοῦ, μάρτυρας 1159
μὲν ἐποιησάμην τῆς ἀποκρίσεως τοὺς παρόντας, τὴν δὲ
δίκην ἐξέτισα· ὑπερήμερον δὲ οὐκ ᾤμην δεῖν ἐμαυτὸν εἶναι.
τὸν δ᾽ Εὔεργον οὐδ᾽ ᾔδειν εἰσεληλυθότα μου εἰς τὴν οἰκίαν
ταύτῃ τῇ ἡμέρᾳ, ἀλλ᾽ αὐτίκα ἡ δίκη ἐξετέτιστο, καὶ εἶ-
χεν ὁ Θεόφημος τά τε πρόβατα καὶ τὰ ἀνδράποδα καὶ
τὰ σκεύη τὰ τῇ προτεραίᾳ περιγενόμενα· καὶ ἄγγελος
ἦλθέ μοί τις λιθοκόπος, τὸ πλησίον μνῆμα ἐξεργαζόμενος,
ὅτι πάλιν οἴχεται Εὔεργος τὰ ὑπόλοιπά μου σκεύη ἐκφο-
ρήσας ἐκ τῆς οἰκίας, πρὸς ὃν οὐδέν μοι πρᾶγμα ἦν. ὡς οὖν
ἀληθῆ λέγω, καὶ, ὅτι τῇ μὲν προτεραίᾳ εἰλήφεσάν μου τὰ

olim scriptum: χιλίας τ' εἰκόσια Ζ καὶ τρεῖς δύ' ὀβολὼ, i. e. χιλίας τριακοσίας εἴκοσι μίαν δραχμάς τε καὶ τρεῖς δύ' ὀβολώ. Ζ nota est drachmam significans: cf. Cels. Ep. ad Natal. ap. Marcell. Uno autem obolo hic tantum minus est. Dixit vero τρεῖς δύ' ὀβολὼ, quia proculdubio tria diobola numeravit ut summam conficeret: Pollux l. IX. c. 6. τὸ διώβολον ὡς ἐπιπολὺ λύοντες ἔλεγον δύ' ὀβολώ. Idem numerus reponendus est semel atque iterum sequentibus, hac ipsa oratione. In Comm. in L. A. l. V. t. I. §. IX. p. 488. Petitus. In hac disputatione Petitus dormit, nec scit, quid velit. Optime enim se habet Demosthenis locus, quem incassum mutare allaborat, nisi quod illud καὶ τρεῖς videtur a quodam sciolo infartum, qui non bene numerabat. Solvit Theophemo et de mensa numeravit MCCCXIII. drachmas ac II. obolos. Nempe MC. propter æstimationem litis. Tum ἐπωβελίας nomine II. oboli in singulas drachmas sunt CLXXXIII. drachmæ et II. oboli: quæ summa exacte dat sextam partem litis æstimatæ. Denique XXX. drachmæ sacramenti sive Prytaneorum nomine. Emergunt MCCCXIII. drachmæ cum II. obolis. Palmer. Vid. Herald. Anim. in Salmas. Obss. ad J. A. et R. l. III. c. IV. §. IX.

Χιλίας μὲν καὶ ἑκατὸν] Hic mihi textus videtur emendandus, et reponenda mulcta qualis postea bis posita est, ut χιλίας τριακοσίας δεκατρεῖς δύ' ὀβολώ. v. seq. ad τριάκοντα sub. δραχμάς. Auger.

Εἰ μή τις αὐτὸν ἀφήσει] Ἀντὶ τοῦ, εἰ μὴ ἐγὼ ἀφήσω. ἐναλλαγὴ προσώπου. Wolf.

Ὑπερήμερον δ' οὐκ ᾤμην δεῖν ἐμαυτὸν εἶναι] Vereor, ne accusator hoc mentiatur. Nam si ad diem solvisset, malam causam haberet Theophemus, quovis dignus supplicio ob vim publicam. Idem.

Εἰλήφεσάν μου τὰ ἐνέχυρα] Latinis aliud est *pignori capere*, aliud *pignori accipere*. Illud de pignore *coactivo*, hoc de *conventionali*. Græca autem Demosthenis εἰλήφεσαν τὰ ἐνέχυρα de illo genere intelligenda sunt, ubi quis pignora per vim capit, alienam domum ob id ingressus. Hinc ἐνεχυρασίαν ποιεῖσθαι, et ἐνεχυράζειν, ii qui id facerent, et pignora sic caperent. In hac oratione p. 173. v. pen. Ubi ἐνεχυρασίαν τινὸς ποιήσασθαι est *pignora ab aliquo capere*, idemque quod ἐνεχυράζειν, ut paulo post sequitur p. 175. v. 1. εἰ δέ μοι ὀργισθῆτε, ὅτι ἐνεχυράσων ἦλθον ἐπὶ τὴν οἰ-

[1] ἐνέχυρα, καὶ πάλιν αὐθημερὸν εἰσεληλύθεισαν εἰς τὴν οἰκίαν, ἔκτινον τὴν δίκην· τῇ δ' ὑστεραίᾳ, ἐκομίσαντο τὸ ἀργύριον παρ' ἐμοῦ — καίτοι πῶς ἂν, εἰ μὴ πεπορισμένον τε ἦν, καὶ ἐπηγγέλκειν αὐτοῖς, εὐθὺς ἂν ἀπέλαβον; — τούτων ὑμῖν ἀναγνώσεται τὰς μαρτυρίας.

ΜΑΡΤΥΡΙΑΙ.

ιη'. Ἐπειδὴ τοίνυν, ὦ ἄνδρες δικασταὶ, ἐπαγγείλαντός μου αὐτῷ θεραπεύειν τὴν ἄνθρωπον, ἣν συνέκοψαν, καὶ ἰατροὺς εἰσάγειν, οὐκ [2] ἐφρόντιζον, ἐγὼ αὐτὸς εἰσήγαγον ἰατρὸν ᾧ πολλὰ ἔτη ἐχρώμην, ὃς ἐθεράπευεν αὐτὴν ἀῤῥωστοῦσαν· καὶ ἐπέδειξα ὡς εἶχεν, ἀγαγὼν μάρτυρας. ἀκούσας δὲ τοῦ ἰατροῦ, ὅτι ἀσθενοίη, καὶ οὐδὲν οὐκέτι εἴη ἡ ἄνθρωπος, πάλιν ἑτέρους μάρτυρας παραλαβὼν, τήν τε ἄνθρωπον ἐπέδειξα ὡς εἶχε, καὶ ἐπήγγειλα τούτοις θεραπεύειν. ἕκτῃ τοίνυν ἡμέρᾳ ὕστερον, ἢ οὗτοι εἰσῆλθον εἰς τὴν
1160 οἰκίαν, ἐτελεύτησεν ἡ τιτθή. ὡς δὲ ἀληθῆ λέγω, τούτων ὑμῖν ἀναγνώσεται τὰς μαρτυρίας.

ΜΑΡΤΥΡΙΑΙ.

ἐπειδὴ τοίνυν ἐτελεύτησεν, ἦλθον ὡς τοὺς ἐξηγητὰς, ἵνα εἰδείην ὅ τι με χρὴ ποιεῖν περὶ τούτων· καὶ διηγησάμην αὐτοῖς ἅπαντα τὰ γεγενημένα, τήν τε ἄφιξιν τὴν τούτων, καὶ τὴν εὔνοιαν τῆς ἀνθρώπου, καὶ ὡς εἶχον αὐτὴν ἐν τῇ οἰκίᾳ, καὶ ὡς διὰ τὸ κυμβίον οὐκ ἀφιεῖσα τελευτήσειεν. ἀκούσαντες δέ μου οἱ ἐξηγηταὶ ταῦτα, ἤροντό με, πότερον ἐξηγήσωνταί μοι μόνον, ἢ καὶ συμβουλεύσωσιν; ἀποκριναμένου δέ μου αὐταῖς ἀμφότερα, εἶπόν μοι, ὅτι ἡμεῖς τοίνυν σοι τὰ μὲν νόμιμα ἐξηγησόμεθα, τὰ δὲ σύμφορα παραινέσομεν· πρῶτον μὲν ἐπενεγκεῖν δόρυ ἐπὶ τῇ ἐκφορᾷ, καὶ προαγορεύειν ἐπὶ τῷ μνήματι, εἴ τις προσήκων ἐστὶ τῆς

[1] ἐνέχυρα, τῇ δ' ὑ. ἐ. τ. ἀ. π. ἐμοῦ (καίτοι --- ἀπέλαβον;) * καὶ πάλιν αὐθ. ε. ε. τ. οἰκίαν, * ἐκτίνοντος τὴν δίκην· τούτων [2] * ἐφρόντιζεν

κίαν τὴν τοῦ Θεοφήμου, si mihi succenseatis, quod pignora capturus ædes Theophemi accesserim. De M. U. p. 550. SALMASIUS.

Ἔκτινον] F. ἐξέτινον. In farrag. WOLF.

ιη'. Ἐξηγητὰς] Ἐξηγηταὶ dicebantur ii qui de jure consulebantur, præsertimque de jure religionum et funerum. AUGER.

Καὶ ὡς διὰ τὸ κυμβίον οὐκ ἀφιεῖσα] Aut ὡς τὸ κυμβίον οὐκ ἀφιεῖσα, aut διὰ τὸ κυμ-

ἀνθρώπου· ἔπειτα τὸ μνῆμα φυλάττειν ἐπὶ τρεῖς ἡμέρας. τάδε συμβουλεύομέν σοι, ἐπειδὴ αὐτὸς μὲν οὐ παρεγένου, ἡ δὲ γυνὴ καὶ τὰ παιδία, ἄλλοι δέ σοι μάρτυρες οὐκ εἰσὶν, ὀνόματι μὲν οὐδενὶ μὴ προαγορεύειν, τοῖς δεδρακόσι δὲ καὶ κτείνασιν· εἶτα πρὸς τὸν βασιλέα μὴ λαγχάνειν, οὐδὲ γὰρ ἐν τῷ νόμῳ ἔστι σοι. οὐ γάρ ἐστιν ἐν γένει σοι ἡ ἄνθρωπος, οὐδὲ θεράπαινα, ἐξ ὧν σὺ λέγεις· οἱ δὲ νόμοι τούτων κελεύουσι τὴν δίωξιν εἶναι. ὥστ', εἰ διομῇ ἐπὶ Παλλαδίῳ αὐτὸς καὶ ἡ γυνὴ καὶ τὰ παιδία, καὶ καταράσεσθε [1] αὐτοῖς καὶ τῇ οἰκίᾳ, χείρων τε δόξεις πολλοῖς εἶναι· κἂν μὲν [2] ἀποφύγῃς, ἐπιωρκηκέναι, ἐὰν δὲ ἕλῃς, φθονήσῃ. ἀλλ' ὑπὲρ σεαυτοῦ καὶ τῆς οἰκίας ἀφοσιωσάμενος ὡς ῥᾷστα τὴν 1161
συμφορὰν φέρειν, ἄλλῃ δὲ, εἴ πῃ βούλει, τιμωροῦ.

ιθ'. Ταῦτα ἀκούσας ἐγὼ τῶν ἐξηγητῶν, καὶ τοὺς νόμους ἐπισκεψάμενος τοὺς τοῦ Δράκοντος ἐκ τῆς στήλης, ἐβουλευόμην μετὰ τῶν φίλων ὅ τι χρή με ποιεῖν. συμβουλευάντων δέ μοι ταῦτα, ἃ μὲν ὑπὲρ τῆς οἰκίας προσῆκέ μοι πρᾶξαι, καὶ ἃ ἐξηγήσαντό μοι οἱ ἐξηγηταὶ, ἐποίησα· ἃ δ' ἐκ τῶν νόμων οὐκέτι μοι προσῆκεν, ἡσυχίαν εἶχον. κελεύει γὰρ ὁ νόμος, ὦ ἄνδρες δικασταὶ, τοὺς προσήκοντας ἐπεξιέναι μέχρις ἀνεψιαδῶν· καὶ ἐν τῷ ὅρκῳ διορίζεται,

[1] αὐτοῖς [2] ἀποφύγῃ σε, ἐπιωρκηκέναι

βίον οὐκ ἀφεῖναι τελευτήσειεν. Wolf.

Οὐδὲ γὰρ ἐν τῷ νόμῳ ἐστί σοι] Οὐκ ἔννομόν ἐστιν, οὐκ ἔχεις πρόφασιν δικαίαν. Idem.

Νόμοι τούτων] Sub. ἕνεκα, *horum causa*, i. e. eorum causa qui sunt propinqui aut servi. Auger.

Τούτων τὴν δίωξιν εἶναι] Τούτους ἐξουσίαν ἔχειν τοῦ διώκειν τοὺς φονέας. Wolf.

Κἂν μὲν ἀποφύγῃς] F. ἀποφύγῃ σε, S. ὁ Θεόφημος, ἢ ἀποφύγωσί σε, ut etiam Evergus comprehendatur. et ibid. φθονηθήσῃ. Idem. M. ἀποφύγωσι, sp. Theophemus et alii. ibid. F. φθονηθήσῃ. Auger.

Τῇ συμφορᾷ] Lego τὴν συμφοράν. Palmer. Imo τὴν συμφοράν. Auger.

ιθ'. Τοὺς τοῦ Δράκοντος ἐκ τῆς στήλης] Τοὺς τῇ στήλῃ ἐγγεγραμμένους. Wolf.

Μετὰ τῶν φίλων lege. Idem.

Ἡσυχίαν εἶχον] Sub. ἐπὶ τούτοις.

Κελεύει γὰρ —— εἶναι] Corruptus est locus: sed facile in integritatem restituetur unius literulæ mutatione: ὅτι προσήκων ἐστὶ, etc. *et jurejurando affirmatur, quod sit cognatus, quod si sit e servis, eorum est cædem persequi.* Hujus nostræ emendationis vadem damus Pollucem l. VIII. c. 10. Demosthenis autem hæc est mens, sibi fas non esse, cædem nutricis suæ contra Evergum persequi; cognatus enim non est, ut leges jubent, et jurejurando affirmandum est: atque cum servorum cædem persequantur domini, ancilla non est, sed manumissa, temperare itaque mihi nequeo, quin apud Demosthenem rescribendam censeam: κἂν οἰκέτης ᾖ, δεσποτῶν τὰς ἐπισκήψεις εἶναι. Corrumpendo Demosthenis loco fuit, quod supra dixit v. 5. οὐδὲ γὰρ --- τούτων κελεύουσι τὴν δίωξιν εἶναι. Repetitur enim ex hoc loco vox τούτων. Atque hinc potest colligi, cum ei ἐξηγηταὶ dicant, lege licere cognatorum aut servorum cædes persequi, et servi sint ἐκ τῶν πρός τι, et ad dominum referantur, (ut sensus sit, lege cognatos cognatorum, servorum dominos cædes debere persequi) retrahendam esse fugitivam vocem δεσποτῶν, et reponendam vice τούτων. *In Comm. in L. A. l. VII. t. I. §. XVIII.* Petitus. Vide quæ pro Demosthene contra Petitum disputavit Kuhnius ad

[1] ὅτι προσῆκόν ἐστι, κἂν οἰκέτης ᾖ, τούτων τὰς ἐπισκήψεις εἶναι. ἐμοὶ δὲ οὔτε γένει προσῆκεν ἡ ἄνθρωπος οὐδὲν, εἰ μὴ ὅσον τιτθὴ γενομένη, οὐδ᾽ αὖ θεράπαινά γε· ἀφεῖτο γὰρ ὑπὸ τοῦ πατρὸς τοῦ ἐμοῦ ἐλευθέρα, καὶ χωρὶς ᾤκει, καὶ ἄνδρα ἔσχε. ψεύσασθαι δὲ πρὸς ὑμᾶς καὶ διομόσασθαι αὐτὸς τὸν υἱὸν καὶ τὴν γυναῖκα οὐκ ἂν ἐτόλμησα, οὐδ᾽ ἂν εἰ εὖ ᾔδειν, ὅτι αἱρήσομαι αὐτούς· οὐ γὰρ οὕτω τούτους μισῶ, ὡς ἐμαυτὸν φιλῶ. ἵνα δὲ μὴ λόγῳ μόνον ἀκούσητέ μου, αὐτὸν ὑμῖν τὸν νόμον ἀναγνώσεται.

ΝΟΜΟΣ.

κ΄. Πολλαχόθεν μὲν οὖν, [2] οἶμαι, ὦ ἄνδρες δικασταὶ, καταφανῆ ὑμῖν τὴν μαρτυρίαν εἶναι, ὡς ψευδής ἐστιν, οὐχ ἥκιστα δ᾽ ἐκ τῶν πεπραγμένων αὐτοῖς ῥᾴδιον γνῶναι. οὗτοι γὰρ ᾤοντο, ὦ ἄνδρες δικασταὶ, ἐμὲ, εἰ πολλά μου λάβοιεν ἐνέχυρα, ἄσμενον ἀφήσειν [3] με τοὺς μάρτυρας τῶν ψευδομαρτυριῶν, ὥστε ἀπολαβεῖν με τὰ ἐνέχυρα· καὶ, ἐπειδὴ ἐδεήθην αὐτοῦ ἀναβαλέσθαι [4] μου τὴν ὑπερημερίαν, ἄσμενος ἤκου-
1162 σεν, ἵνα ὑπερήμερος αὐτῷ γενοίμην, καὶ ἐκφορήσαιτό μου ὡς πλεῖστα. καὶ διὰ τοῦτο ἀκάκως καὶ ταχύ μοι ὡμολόγησεν, ἵνα πιθανὸς γένηται καὶ μὴ καταφανὴς ἐπιβουλεύων, ἡγούμενος οὐκ εἶναι αὐτῷ δι᾽ ἄλλου τρόπου τοὺς μάρτυρας ἀφεθῆναι τῶν ψευδομαρτυριῶν, ἢ διὰ [5] τὸ ἐξαπατῆσαι, καὶ λαβεῖν με ὑπερήμερον, καὶ ἐκφορήσασθαι ὡς πλεῖστα. οὐ γὰρ ὅσα ἔχουσί μου, ᾤετο λήψεσθαι, ἀλλὰ πολλῷ πλείω. καὶ τὸν μὲν ἄλλον χρόνον ἀνέμενεν [6] ὡς διὰ ταχέων με ποριοῦντα αὐτῷ τὸ ἀργύριον, βουλόμενος ὑπ᾽ αὐτοὺς τοὺς ἀγῶνας τῶν ψευδομαρτυριῶν τὴν ἐνεχυρασίαν μου ποιήσασθαι· ἐπειδὴ δὲ [7] ἐπείσθην αὐτῷ κομίσασθαι τὴν δίκην, ἐλθών μου τά

[1] ὅ,τι [2] οἴομαι [3] [με] [4] μοι [5] τοῦ [6] ὡς οὐ διὰ [7] ἐπήγγειλε

Polluc. l. VIII. §. 118. Wesseling.

Τούτων τὰς ἐπισκήψεις εἶναι] Τῶν μέχρις ἀνεψιαδῶν. Wolf.

Διομόσασθαι τὸν υἱὸν] Εἰ διομῇ αὐτὸς καὶ ἡ γυνὴ καὶ τὰ παιδία, antecessit p. 172. v. 8. quasi et illis jurandum fuisset: nunc solus paterfamilias se in illorum capita jurare noluisse affirmat. Idem. F. κατὰ σὺν [illegible]. Auger.

[illegible] ἂν ἐτόλμησα οὐδ᾽ ἂν εἰ εὖ ᾔδειν lege, pro εἰ δ᾽ ἄν. et v. 8. ἀκούσητέ μου. Wolf.

κ΄. Με τοὺς] Με supervacat et delendum videtur. Auger.

Με ποριοῦντα] Ἀττικῶς, ἀντὶ τοῦ, μοῦ ποριοῦντος. Wolf.

Ἐπειδὴ δὲ ἐπείσθην, αὐτῷ κομίσασθαι τὴν δίκην] Suspectus locus. Neque ἐπείσθην placet, neque κομίσασθαι, neque δίκην. Quid si legas: ἐπειδὴ δ᾽ ἠπείχθην αὐτῷ διαλύσασθαι τὴν καταδίκην. Nam τὸ κομίσασθαι

τε σκεύη καὶ τοὺς οἰκέτας καὶ τὰ πρόβατα ἔλαβεν ἀντὶ τοῦ ἀπολαβεῖν. γεωργῶ δὲ πρὸς τῷ Ἱπποδρόμῳ, ὥστε οὐ πόῤῥω ἔδει αὐτὸν ἐλθεῖν. ὅτι δ' ἀληθῆ λέγω, μέγα τεκμήριον ὑμῖν ἔστω· τῇ ὑστεραίᾳ γὰρ ἐκομίσατο τὸ ἀργύριον τῆς δίκης, ἢ τὰ ἐνέχυρα ἔλαβε, — καί τοι πῶς ἄν, εἰ μὴ πεπορισμένος ἦν, εὐθὺς ἀπέλαβε τὸ ἀργύριον, χιλίας τριακοσίας δεκατρεῖς δύ' ὀβολώ; — καὶ τὰ ἐνέχυρά μοι οὐκ ἀπεδίδου, ἀλλ' ἔτι καὶ νῦν ἔχει ὡς ὑπερημέρου ὄντος. ὅτι δ' οὐκ ἦν αὐτῷ ὑπερήμερος, ἀνάγνωθί μοι τὸν νόμον καὶ τὴν μαρτυρίαν, ὃς κελεύει κύρια εἶναι, ὅ τι ἂν ἕτερος ἑτέρῳ ὁμολογήσῃ· ὥστε οὐκέτι ἦν αὐτῷ δήπου ὑπερήμερος.

ΝΟΜΟΣ. ΜΑΡΤΥΡΙΑ.

κά. Ὡς μὲν τοίνυν ὡμολόγησέ μοι καὶ ἀνεβάλετο τὴν
ὑπερημερίαν, μεμαρτύρηται ὑμῖν· ὡς δὲ ἐτριηράρχουν, ὁ
συντριήραρχός μοι μεμαρτύρηκε, καὶ ὡς ἡ ναῦς ἡ στρατηγὶς
κατεσκευάσθη Ἀλκιμάχῳ. ὥστ' οὐκέτι ἦν αὐτῷ δήπου 1163
ὑπερήμερος [1]ἀναβαλλομένῳ μοι, ἔτι δὲ καὶ ἐκτίνειν· ἀλλὰ
δεινὴ ἡ πλεονεξία τοῦ τρόπου, ὦ ἄνδρες δικασταὶ, περὶ τὸ
πλεῖον καὶ τὸ ἔλαττον. καὶ εὖ ᾔδεσαν, ὅτι, εἰ μὲν τὴν
ἄνθρωπον παραδώσουσιν, ἐξελεγχθήσονται ψευδῆ ἐγκαλέσαντες· εἰ δὲ μὴ παραδώσουσιν, ἣν ἐμαρτύρησαν ὡς [2][οὐκ] ἤθελε παραδιδόναι, ψευδομαρτυριῶν ἁλώσονται. δέομαι δ' ὑμῶν, ὦ ἄνδρες δικασταὶ, εἴ τις ἄρα τῶν τότε δικαζόντων τυγχάνει ὢν ἐν τῷ δικαστηρίῳ, τοῖς αὐτοῖς χρήσασθαι ἔθεσιν, οἷσπερ καὶ τότε. καὶ, εἰ μὲν ἡ μαρτυρία πιστὴ ὑμῖν ἔδοξεν εἶναι, καὶ ἐγὼ φεύγειν τὸν ἔλεγχον τὸν ἐκ τῆς ἀνθρώπου, νῦν ἐξελεγχομένων αὐτῶν ψευδῆ μεμαρτυρηκότων

[1] * ἀναβαλομένῳ [2] οὗτος ἤθελε

de eo fere dicitur, qui aliquid recipit, ut supra p. 171. v. 2. ἐκομίσατο τὸ ἀργύριον παρ' ἐμοῦ. Idem. Pro κομίσασθαι L. διαλύσασθαι, et v. 2. h. p. post ἀπολαβεῖν sub. τὴν δίκην. Auger.

Εἰ μὴ πεπορισμένος ἦν] S. ἐγώ. Sin πεπορισμένον, S: τὸ ἀργύριον. Wolf.

κά. Ἀνεβάλετο τὴν ὑπερημερίαν] Ἀναβάλλεσθαι τὴν ὑπερημερίαν dicebant comiter diem præstitutum prorogare. Budæus.

Καὶ ὡς ἡ ναῦς ἡ στρατηγὶς] F. ἡ ἐμὴ, στρατηγὶς κατεσκευάσθη. Wolf.

Ἔτι δὲ καὶ ἐκτίνειν] F. A. βουλόμενος. Idem. Recte observarunt hic aliquid deesse, np. ἕτοιμος ἦν, aut ἐβουλόμην. Auger.

Ἀλλὰ δεινὴ ἡ πλεονεξία τοῦ τρόπου, ὦ ἄ. δ. περὶ τὸ πλεῖον καὶ τὸ ἔλαττον] Videntur hæc verba e scholio irrepsisse, ubi aliquis exposuerit, τὴν πλεονεξίαν καὶ μειονεξίαν παρὰ τὸ πλέον καὶ ἔλαττον ἔχειν dici. Wolf.

Ἣν ἐμαρτύρησαν ὡς οὐκ ἤθελε πα[illegible]] Negatio abundat. F. ὡς οὗτος ἤθελε. [illegible]m.

καὶ οὐ παραδιδόντων τὴν ἄνθρωπον, βοηθῆσαί μοι· εἰ δέ μοι [1] ὀργισθῆτε, ὅτι ἐνεχυράσων ἦλθον ἐπὶ τὴν οἰκίαν τὴν τοῦ Θεοφήμου, καὶ τούτοις νῦν ὀργισθῆναι, ὅτι ἐπὶ τὴν ἐμὴν ἦλθον.

κβ΄. Καὶ ἐγὼ μὲν, ὑπὸ νόμων καὶ ψηφισμάτων ἀναγκαζόμενος, πρόνοιαν ἐποιησάμην τοῦ μήτε ἐπὶ τὸν πατέρα τὸν τούτου εἰσελθεῖν, μήτε ἐπὶ τὴν μητέρα, μήτε τῶν τοῦ ἀδελφοῦ λαβεῖν μηδὲν, ἀλλ' οὗ αὐτὸς ᾤκει ὁ Θεόφημος· καὶ, ἐπειδὴ οὐ κατέλαβον αὐτὸν ἔνδον, οὐχ ἁρπάσας ᾠχόμην οὐδὲν, ἀλλὰ μετελθεῖν ἐκέλευσα αὐτόν· καὶ παρόντος, οὐκ ἀπόντος, τὴν ἐνεχυρασίαν ἐποιησάμην· καὶ ἀφαιρούμενος ἀφῆκα, καὶ ἀπῆλθον ἐπὶ τὴν βουλὴν τοὺς κυρίους· καὶ, εἰσαγγείλας καὶ ἑλὼν ἐν τῇ βουλῇ, ἀποχρῆν ἡγησάμην τὰ μὲν σκεύη ἀπολαβεῖν ἁπλᾶ, περὶ δὲ τῶν πληγῶν ἐπιτρέ-
1164 ψαι, τῷ δὲ τιμήματι συγχωρῆσαι. ὥστε ἐγὼ μὲν οὕτω πρᾶος περὶ τούτους ἦν. οὗτοι δὲ οὕτως ἀσελγεῖς καὶ βδελυροὶ, ὥστ' ἐπὶ τὴν γυναῖκα καὶ τὰ παιδία ἐλθεῖν, ἔχοντες μὲν τὰ πρόβατα καὶ τοὺς οἰκέτας, πλείονος ἄξια, ἢ κατεδικάσαντο· [2] ἀναβαλλόμενοι δὲ τὴν ὑπερημερίαν, ἐπαγγείλαντος [3] δέ μου κομίζεσθαι αὐτοὺς τὴν δίκην, ὡς μεμαρτύρηται ὑμῖν, [4] καὶ εἰσελθόντες εἰς τὴν οἰκίαν, τά τε σκεύη ἐκφορῆσαι, τήν τε τιτθὴν συγκόψαι, γραῦν γυναῖκα, ἕνεκα κυμβίου, καὶ ταῦτα πάντα ἔτι ἔχειν, καὶ μὴ ἀποδιδόναι, ἐκτετικότος ἐμοῦ τὴν δίκην χιλίας τριακοσίας δεκατρεῖς δύ' ὀβολώ.

κγ΄. Εἰ δέ τις, ἀγνοήσας αὐτοὺς, τότε ἀκάκους ἡγήσατο καὶ ἀπράγμονας εἶναι, βούλομαι ὑμῖν περὶ αὐτῶν τὰς μαρτυρίας ἀναγνῶναι, ἃς μεμαρτυρήκασί μοι οἱ ὑπὸ τούτων ἠδικημένοι, — λόγῳ μὲν γὰρ διηγήσασθαι, οὐκ ἂν ἱκανόν μοι γένοιτο τὸ ὕδωρ —, ἵν' ἐκ τούτων ἁπάντων σκεψάμενοι, τῶν τε λεχθέντων καὶ τῶν μαρτυρουμένων, ὁσίαν καὶ δικαίαν ὑπὲρ ὑμῶν αὐτῶν τιθῆσθε τὴν ψῆφον. λέγε τὰς μαρτυρίας.

ΜΑΡΤΥΡΙΑΙ.

[1] ὀργίσθητε [2] * ἀναβαλλόμενοι [3] [δὲ] [4] [καὶ]

Εἰ δέ μοι ὀργισθῆτε] M. ὀργίσθητε. Refertur enim hoc ad exactionem armamentorum. et, v. 12. ἀποχρῆν. IDEM.

κβ΄. Ἐπὶ τὴν βουλὴν] Post βουλὴν addendum [illegible] καὶ ἐπὶ, nisi τοὺς κυρίους sit quædam [illegible] appositio ad βουλὴν, quod malim. AUGER.

κγ΄. Ἀκάκους] Ἄκακος apud Demosthenem significat *circumscribendi ignarum, et cui impostura non ægre fieri possit.* BUDÆUS.

Ἀπράγμονας] *Quietos, simplices.* BERGLER.

ΥΠΟΘΕΣΙΣ ΤΟΥ ΚΑΤΑ ΟΛΥΜΠΙΟΔΩΡΟΥ ΒΛΑΒΗΣ ΛΟΓΟΥ.

Pag. ed. Reisk.

ΠΟΙΚΙΛΗΝ ἔχει περιπέτειαν πραγμάτων ὁ λόγος. Κόνων γάρ τις ἀνὴρ Ἀθηναῖος ἄπαις τε- 1164
λευτᾷ, ὡς ἐπίδικον τοῖς οἰκείοις γενέσθαι τὸν κλῆρον. Καλλίστρατος μὲν οὖν, ὁ τὸν λόγον του- 1165
τονὶ λέγων, ὅλον τὸν κλῆρον τοῦτον ἑαυτῷ προσήκειν φησίν· ἐγγυτάτω γὰρ κατὰ γένος αὐτὸς
εἶναι τῷ Κόνωνι. ἀλλὰ τοῦτο μὲν τάχ' ἂν καὶ ψεύδοιτο, καὶ λόγῳ καταχρῷτο ψιλῷ· Ὀλυμπιό-
δωρος δὲ, πρὸς ὃν ἡ δίκη, καὶ αὐτὸς ἠμφισβήτησεν ἐξαρχῆς τοῦ κλήρου. ἦσταν δὲ οἰκεῖοι ὅ τε
Ὀλυμπιόδωρος καὶ ὁ Καλλίστρατος. ἀδελφὴν γὰρ Ὀλυμπιοδώρου Καλλίστρατος εἶχε γυναῖκα.
ἔδοξεν οὖν αὐτοῖς μὴ διαφέρεσθαι πρὸς ἀλλήλους, ἀλλὰ νείμασθαι μὲν ἐξίσης τὴν οὐσίαν τοῦ
τελευτήσαντος, ὅση φανερά τε ἦν καὶ ὡμολογημένη· κοινῇ δὲ ζητεῖν τὰ ἀφανῆ, καὶ κοινῇ πράττειν
περὶ τούτων πάντα. προσεδόκων γὰρ ἥξειν τινὰς ἀμφισβητοῦντας αὐτοῖς τοῦ κλήρου. περὶ τούτων
καὶ συνθήκας ἔγραψαν, καὶ κατέθεντο παρ' Ἀνδροκλείδῃ φίλῳ τινὶ κοινῷ. οἰκέτης δὲ ἦν Κόνωνος
Μοσχίων, πάνυ πιστὸς ἐκείνῳ νομισθείς. τοῦτον Ὀλυμπιόδωρος λαμβάνει, καὶ, διαβληθέντα χιλίας
ὑφῃρῆσθαι τοῦ Κόνωνος δραχμὰς, βασανίζει μετὰ Καλλιστράτου. καὶ, ὡς ὡμολόγησεν ὁ οἰκέτης
τὸ ἀργύριον, νέμεται καὶ τοῦτο πρὸς τὸν Καλλίστρατον κατὰ τὰς συνθήκας ἐξίσης. ὑπονοήσας
δὲ καὶ πλείονας ἔχειν ἀργυρίου τὸν ἄνθρωπον, οὐκέτι παραλαβὼν τὸν Καλλίστρατον, αὐτὸς βα-
σανίζει, καὶ μνᾶς ἑβδομήκοντα λαμβάνει μόνος. περὶ δὲ τοῦτον τὸν καιρὸν ἀμφισβητοῦσι τοῦ κλήρου
Κόνωνος καὶ ἄλλοι, καὶ ὁ ἀδελφὸς ὁ Καλλιστράτου, Κάλλιππος, ὁμοπάτριος ὤν. βουλευόμενοι
κοινῇ περὶ τῶν ἀγώνων Ὀλυμπιόδωρος καὶ Καλλίστρατος συντίθενται, ὁ μὲν Ὀλυμπιόδωρος
ἀμφισβητεῖν ὅλου τοῦ κλήρου, ὁ δὲ Καλλίστρατος τοῦ ἡμικληρίου. στρατευομένων δὲ Ἀθηναίων
εἰς Ἀκαρνανίαν, ᾤχετο καὶ Ὀλυμπιόδωρος· ἦν γὰρ τῶν ἐκ καταλόγου. τῆς δὲ κυρίας ἐνστάσης, αἱ 1166
δικασταὶ, πρόφασιν τὴν στρατείαν εἶναι πεισθέντες, ἀνεῖλον [1] αὐτῶν τὴν διαδικασίαν. διό φη-
σι Καλλίστρατος καὶ αὐτὸς [2] ἐκλείπειν τὴν τοῦ ἡμικληρίου δίκην, ταῖς συνθήκαις ἐμμένων,
ἐπειδὴ κοινῇ πάντα πράττειν ἐκέλευον. ὡς δὲ ἐπανῆλθεν ἀπὸ τῆς στρατείας Ὀλυμπιόδωρος,
[3] πάλιν δι' ἐκεῖνα χρῆται πρὸς νενικηκότας. καὶ αὐτὸς καὶ ὁ Καλλίστρατος, δεδωκότος τοῦτο τοῦ
νόμου· καὶ ἀμφισβητοῦσι τοῦ κλήρου καθάπερ ἐξαρχῆς, ὁ μὲν τοῦ ἡμίσεως, ὁ δὲ καὶ τοῦ ὅλου.
πρότερος δὲ λέγων Ὀλυμπιόδωρος νικᾷ τὸν κλῆρον. νικήσας δὲ καὶ λαβὼν ὅλον, οὐκ ἐμμένει ταῖς
συνθήκαις, αἷς ἐξ ἀρχῆς ἐποιήσατο, οὐδὲ δίδωσι τὰ ἡμίση τῷ Καλλιστράτῳ. ὁ δὲ αὐτὸν ἀπαι-
τεῖ καὶ τῶν ἑβδομήκοντα μνῶν τῶν παρὰ τοῦ Μοσχίωνος τὸ ἥμισυ καὶ τῆς ὅλης οὐσίας, ταῖς συν-
θήκαις ἰσχυριζόμενος, καὶ λέγων καὶ ἐν τῇ τελευταίᾳ δίκῃ συναγωνίσασθαι τῷ Ὀλυμπιοδώρῳ,
καὶ συγκεχωρηκέναι, καὶ τοὺς λόγους εἰπεῖν οὓς ἐβούλετο, καὶ μάρτυρας παρασχέσθαι ψευδεῖς,
ὡς, εἰ μὴ κοινῇ καὶ συντιθέμενοι πρὸς ἀλλήλους ἠγωνίζοντο, ῥᾳδίως ἂν ἐξελέγξαι καὶ οὐκ ἐᾶσαι
Ὀλυμπιόδωρον νικῆσαι τὴν δίκην.

[1] * αὐτὸν τῆς διαδικασίας [2] ἐκλιπεῖν [3] παλινδικίᾳ χρῆται πρὸς τοὺς νενικηκότας

Ποικίλην ἔχει περιπέτειαν πραγμάτων] Μᾶλλόν γε πονηρίαν καὶ ἀδικίαν καὶ ψευδολογίαν. Wolf.

Καὶ πλείονας ἔχειν] F. καὶ πλεῖον ἂν ἔχειν ἀργυρίου. Idem.

Πρόφασιν εἶναι τὴν στρατείαν πεισθέντες] Ψευδῆ αἰτίαν, ἀλλὰ μὴ ἀληθῆ. Idem.

Ἀνεῖλον αὐτῶν τὴν διαδικασίαν] F. αὐτοῦ, τοῦ Ὀλυμπιοδώρου. Idem.

Πάλιν δι' ἐκεῖνα] Lego παλινδικίᾳ χρῆται. Idem. Puto legendum πάλιν διαδικασίᾳ χρῆται, optimo sensu, id est, *rursus experitur judicio.* Palmer.

Καὶ λαβὼν ὅλον] Huic non fuit πλέον ἥμισυ παντὸς, sed ἡμίσεος πλέον ἦν ὅλον ἀνδρὶ φιλοῦντι τὸ κέρδος. Wolf.

Καὶ συγκεχωρηκέναι καὶ τοὺς λόγους εἰπεῖν] Vide, ne te amphibolia decipiat, ὁ Καλλίστρατός φησι συγκεχωρηκέναι Ὀλυμπιοδώρῳ εἰπεῖν (ὅπως ἂν εἴποι ὁ Ὀλυμπιόδωρος) καὶ τοὺς λόγους, οὓς ἐβούλετο, καὶ παρασχέσθαι (ἵνα παράσχοιτο ὁ Ὀλ.) μάρτυρας ψευδεῖς. Nam hæc ad Olympiodori personam pertinere, non ad accusatoris, ipsa docet oratio. Idem.

Καὶ μάρτυρας παρασχέσθαι ψευδεῖς] Hujusmodi fallaciis etiam Theopompum Hagnianam hæreditatem evicisse, supra cognovimus. Sed o miram impudentiam hominis, qui suam improbitatem confiteri non erubescat, et dissolutionem judicum, si talia scelera ulti non sunt. Idem.

ΔΗΜΟΣΘΕΝΟΥΣ

ΚΑΤΑ ΟΛΥΜΠΙΟΔΩΡΟΥ

ΒΛΑΒΗΣ ΛΟΓΟΣ.

1167 α΄. ΑΝΑΓΚΑΙΟΝ ἴσως ἐστὶν, ὦ ἄνδρες δικασταὶ, καὶ τοὺς μὴ εἰωθότας μηδὲ δυναμένους εἰσιέναι εἰς δικαστήριον, ἐπειδὰν ὑπό τινος ἀδικῶνται, ἄλλως τε καὶ ὑφ᾽ ὧν ἥκιστα ἀδικεῖσθαι προσήκει, οἷον καὶ ἐμοὶ νυνὶ συμβαίνει. οὐ βουλόμενος γὰρ, ὦ ἄνδρες δικασταὶ, ἀγωνίζεσθαι πρὸς Ὀλυμπιόδωρον οἰκεῖον ὄντα, καὶ ἀδελφὴν τούτου ἔχων, ἠνάγκασμαι διὰ τὸ μεγάλ᾽ ἀδικεῖσθαι ὑπὸ τούτου. εἰ μὲν οὖν μὴ ἀδικούμενος, ὦ ἄνδρες δικασταὶ, ἀλλὰ ψεῦδός τι ἐγκαλῶν Ὀλυμπιοδώρῳ, τούτων τι ἐποίουν, ἢ τοῖς ἐπιτηδείοις τοῖς ἐμοῖς καὶ Ὀλυμπιοδώρου μὴ ἐθέλων ἐπιτρέπειν, ἢ ἄλλου τινὸς τῶν δικαίων ἀφιστάμενος, εὖ ἴστε, ὅτι πάνυ ἂν ᾐσχυνόμην καὶ ἐνόμιζον ἂν ἐμαυτὸν φαῦλον εἶναι ἄνθρωπον· νῦν δ᾽ οὔτε μικρὰ ἐλαττούμενος ὑπὸ Ὀλυμπιοδώρου, οὔτε διαλλακτὴν οὐδένα φεύγων, οὔτ᾽ αὖ, μὰ τὸν Δία τὸν μέγιστον, ἑκὼν, ἀλλ᾽ ὡς οἷόν τε μάλιστα ἄκων, ἠνάγκασμαι ὑπὸ τούτου ἀγωνίζεσθαι ταύτην τὴν δίκην. δέομαι οὖν ὑμῶν, ὦ ἄνδρες δικασταὶ, ἀκούσαντας ἀμφοτέρων ἡμῶν, καὶ αὐτοὺς δοκιμαστὰς τοῦ πράγματος γενομένους, μάλιστα μὲν διαλλάξαντας ἀποπέμψαι, καὶ εὐεργέτας ἡμῶν ἀμ-
1168 φοτέρων ὑμᾶς γενέσθαι· ἐὰν δ᾽ ἄρα μὴ ἐπιτυγχάνητε τούτου, ἐκ τῶν ὑπολοίπων, τῷ τὰ δίκαια λέγοντι, τούτῳ τὴν ψῆφον ὑμᾶς προσθέσθαι. πρῶτον μὲν οὖν μαρτυρίας ἀναγνώσεται, ὅτι οὐκ ἐγὼ αἴτιός εἰμι τοῦ εἰς τὸ δικαστήριον εἰσιέναι, ἀλλ᾽ αὐτὸς οὗτος. λέγε τὰς μαρτυρίας.

ΜΑΡΤΥΡΙΑΙ.

ὅτι μὲν οὖν, ὦ ἄνδρες δικασταὶ, καὶ μέτρια καὶ προσήκοντα προὐκαλούμην Ὀλυμπιόδωρον, μεμαρτύρηται ὑπὸ τῶν παραγενομένων· οὐκ ἐθέλοντος δὲ τούτου οὐδ᾽ ὁτιοῦν ποιεῖν τῶν δικαίων, ἀναγκαῖόν ἐστι πρὸς ὑμᾶς λέγειν περὶ ὧν ἀδικοῦμαι ὑπὸ Ὀλυμπιοδώρου. ἔστι δὲ βραχὺς ὁ λόγος.

β΄. Ἦν γὰρ, ὦ ἄνδρες δικασταὶ, Κόνων Ἁλαιεὺς, οἰκεῖος ἡμέτερος. οὗτος ὁ Κόνων ἐτελεύτησεν ἄπαις ὀλίγον πάνυ χρόνον ἀῤῥωστήσας· ἐβίω δὲ πολλὰ ἔτη, καὶ ἦν πρεσβύτερος ὅτε ἐτελεύτα. καὶ ἐγὼ ὡς ᾐσθόμην, ὅτι οὐχ οἷός τε ἔσται περιγενέσθαι, μετεπεμψάμην τουτονὶ Ὀλυμπιόδωρον, ὅπως ἂν παρῇ καὶ συνεπιμελῆται μεθ᾽ ἡμῶν ἁπάντων ὧν προσῆκε· καὶ Ὀλυμπιόδωρος οὑτοσὶ, ὦ ἄνδρες δικασταὶ, ἐπειδὴ ἦλθεν ὡς ἐμὲ καὶ τὴν ἀδελφὴν τὴν ἑαυτοῦ, ἐμὴν δὲ γυναῖκα, μεθ᾽ ἡμῶν ἅπαντα διῴκει. ὄντων δ᾽ ἡμῶν περὶ ταύτην τὴν πραγματείαν, ἐξαίφνης λόγον μοι προσφέρει Ὀλυμπιόδωρος οὑτοσὶ, ὅτι καὶ ἡ μήτηρ αὐτοῦ προσήκουσα εἴη τῷ Κόνωνι τῷ τετελευτηκότι, καὶ ὅτι δίκαιον εἴη καὶ αὐτὸν τὸ μέρος λαβεῖν ἁπάντων ὧν ὁ Κόνων κατέλιπε. ἐγὼ δὲ, ὦ ἄνδρες δικασταὶ, συνειδὼς ὅτι ἐψεύδετο καὶ ἀναισχυντεῖν ἐπεχείρει, καὶ ὅτι οὐδεὶς ἦν ἄλλος τῷ Κόνωνι γένει ἐγγυτέρω ἐμοῦ, τὸ μὲν πρῶτον ὡς οἷόν τε μάλιστα ὠργίσθην καὶ ἠγανάκτησα ἐπὶ τῇ ἀναισχυντίᾳ τοῦ λόγου· ἔπειτα δ᾽ ἐλογισάμην πρὸς ἐμαυτὸν, ὅτι οὐκ ἐν 1169
καιρῷ ὀργιζοίμην, καὶ τούτῳ ἀπεκρινάμην, ὅτι ἐν μὲν τῷ παρόντι προσήκει θάπτειν τὸν τετελευτηκότα καὶ τἄλλα ποιεῖν τὰ νομιζόμενα, ἐπειδὰν δὲ τούτων ἁπάντων ἐπιμεληθῶμεν, τόθ᾽ ἡμῖν αὐτοῖς διαλεξόμεθα. καὶ αὐτὸς, ὦ ἄνδρες δικασταὶ, προσωμολόγησε ταῦτα, καὶ καλῶς μ᾽ ἔφη λέγειν· ἐπειδὴ δ᾽ ἀπηλλάγημεν καὶ ἐποιήσαμεν ἅπαντα τὰ νομιζόμενα, καθ᾽ ἡσυχίαν ἤδη παρακαλέσαντες ἅπαντας τοὺς οἰκείους διελεγόμεθα ἡμῖν αὐτοῖς περὶ ὧν οὗτος ἠξίου ἑαυτῷ εἶναι. ὅσα μὲν οὖν, ὦ ἄνδρες δικασταὶ, ἡμεῖς πρὸς ἡμᾶς αὐτοὺς διηνέχθημεν περὶ τούτων διαλεγόμενοι, τί ἂν ἐγὼ, ταῦτα διηγούμενος, ἢ ὑμῖν πράγματα παρέχοιμι, ἢ ἐμαυτῷ ἐνοχλοίην; τὸ δὲ τέλος ὃ ἐγένετο, τοῦτο ὑμᾶς ἀναγκαίως ἔχει ἀκοῦσαι. αὐτὸς γὰρ ἐγὼ ἐδί-

β΄. Περιγενέσθαι] Περιγίνεσθαι, τὸ, νικᾶν καὶ κρείττονα εἶναι, ὑπεραίρειν, evadere: et περισώζεσθαι, incolumem esse et servari a morte. BUDAEUS.

Καθ᾽ ἡσυχίαν ἤδη] Utrum per silentium, ut voluerint, multos esse controversiæ conscios? an tranquillis animis? an defuncti sepulturæ munere? WOLF.

καισα τούτῳ, καὶ [1]αὐτὸς ἐμοὶ, τὰ ἡμίσεα ἑκάτερον ἡμῶν λαβεῖν, ὧν κατέλιπε Κόνων, καὶ μηδεμίαν ἀηδίαν εἶναι περαιτέρω. καὶ προειλόμην, ὦ ἄνδρες δικασταὶ, ἑκὼν μεταδοῦναι τούτῳ μᾶλλον, ἢ εἰς δικαστήριον εἰσιὼν κινδυνεύειν πρὸς οἰκεῖον ὄντα τοῦτον καὶ εἰπεῖν τι ἀηδὲς, ἀδελφὸν ὄντα τῆς ἐμῆς γυναικὸς καὶ θεῖον τῶν ἐμῶν παίδων, καὶ ὑπὸ τούτου ἀκοῦσαί τι ἀνεπιτήδειον. ταῦτα πάντα ἐνθυμούμενος, συνεχώρησα αὐτῷ· καὶ μετὰ ταῦτα συνθήκας ἐγράψαμεν πρὸς ἡμᾶς αὐτοὺς περὶ ἁπάντων, καὶ ὅρκους ἰσχυροὺς ὠμόσαμεν ἀλλήλοις, ἦ μὴν τά τε ὑπάρχοντα [2]φανερὰ ὄντα καλῶς καὶ δικαίως διαιρήσεσθαι, καὶ μηδ' ὁτιοῦν πλεονεκτήσειν τὸν ἕτερον τοῦ ἑτέρου ὧν κατέλιπε Κόνων, καὶ τἄλλα πάντα κοινῇ ζητήσειν καὶ πράξειν,
1170 μετ' ἀλλήλων βουλευόμενοι ὅ τι ἂν ἀεὶ δέῃ. ὑπενοοῦμεν γὰρ, ὦ ἄνδρες δικασταὶ, ἥξειν τινὰς ἀμφισβητήσοντας τῶν τοῦ Κόνωνος καὶ ἑτέρους, οἷον, καὶ ὁ ἐμὸς ἀδελφὸς ὁμοπάτριος μὲν, ὁμομήτριος δ' οὔ, ὃς ἀπεδήμει, καὶ εἰ δή τις ἄλλος ἠβούλετ' ἀμφισβητεῖν, οὐκ ἐνῆν ἡμῖν κωλύειν· οἱ γὰρ νόμοι κελεύουσι τὸν βουλόμενον ἀμφισβητεῖν. ταῦτα δὴ πάντα προνοούμενοι, ἐγράψαμεν τὰς συνθήκας καὶ ὅρκους ὠμόσαμεν, [3]ὅπως μήτε ἑκόντι μήτε ἄκοντι μηδετέρῳ ἐξουσία ἡμῶν γένηται μηδ' ὁτιοῦν ἰδίᾳ πρᾶξαι, ἀλλὰ κοινῇ βουλευόμενοι μεθ' ἡμῶν αὐτῶν ἅπαντα πράττωμεν· καὶ μάρτυρας ἐποιησάμεθα περὶ τούτων, πρῶτον μὲν τοὺς θεοὺς, οὓς ὠμόσαμεν ἀλλήλοις, καὶ τοὺς οἰκείους τοὺς ἡμετέρους αὐτῶν, ἔπειτ' Ἀνδροκλείδην Ἀχαρνέα, παρ' ᾧ κατεθέμεθα τὰς συνθήκας. βούλομαι οὖν, ὦ ἄνδρες δικασταὶ, τόν τε νόμον ἀναγνῶναι, καθ' ὃν τὰς συνθήκας ἐγράψαμεν πρὸς ἡμᾶς αὐτοὺς, καὶ μαρτυρίαν τοῦ ἔχοντος τὰς συνθήκας. λέγε τὸν νόμον πρῶτον.

ΝΟΜΟΣ.

ἀναγίνωσκε δὴ καὶ τὴν μαρτυρίαν τὴν Ἀνδροκλείδου.

ΜΑΡΤΥΡΙΑ.

γʹ. Ἐπειδὴ δὲ ὠμόσαμεν ἀλλήλοις, καὶ αἱ συνθῆκαι

[1] αὐτὸς   [2] * τὰ φανερὰ   [3] ὅπως δὲ μήτε

ἦσαν κείμεναι παρὰ τῷ Ἀνδροκλείδῃ, διεῖλον ἐγὼ δύο μερί-
δας, ὦ ἄνδρες δικασταί. καὶ ἡ μὲν ἑτέρα ἦν μερὶς, ἡ οἰκία
ἐν ᾗ ᾤκει αὐτὸς ὁ Κόνων, καὶ τἀνδράποδα οἱ σακχυφάνται·
ἡ δ᾽ ἑτέρα ἦν μερὶς, οἰκία ἑτέρα καὶ τἀνδράποδα οἱ φαρμα-
κοτρίβαι. ἀργύριον δὲ εἴ τι κατέλιπεν ὁ Κόνων φανερὸν ἐπὶ 1171
τῇ τραπέζῃ τοῦ Ἡρακλείδου, τοῦτο ἅπαν σχεδόν τι ἀνη-
λώθη εἴς τε τὴν ταφὴν καὶ [1] τὰ ἄλλα τὰ νομιζόμενα καὶ
εἰς τὴν οἰκοδομίαν τοῦ μνήματος. διελὼν δ᾽ ἐγὼ τὰς δύο
ταύτας μερίδας, ἔδωκα αἵρεσιν τούτῳ Ὀλυμπιοδώρῳ ὁπο-
τέραν βούλεται τῶν μερίδων λαβεῖν· καὶ οὗτος εἵλετο τοὺς
φαρμακοτρίβας καὶ τὴν οἰκίαν, ἐγὼ δ᾽ ἔλαβον τοὺς σακ-
χυφάντας καὶ τὴν οἰκίαν τὴν ἑτέραν· καὶ ταῦτά ἐστιν, ἃ
ἑκάτερος ἡμῶν εἶχεν. ἐν δὲ τῇ μερίδι τῇ τουτουῒ Ὀλυμπι-
οδώρου [2] ἦν εἷς τῶν φαρμακοτριβῶν, ὃν μάλιστα ἐνόμιζε
πιστὸν ἑαυτῷ εἶναι ὁ Κόνων· ὄνομα δὲ τῷ ἀνθρώπῳ ἐστὶ
Μοσχίων. οὗτος ὁ οἰκέτης σχεδόν τι ᾔδει τά τε ἄλλα τοῦ
Κόνωνος ἅπαντα, καὶ δὴ καὶ τὸ ἀργύριον οὗ ἦν τὸ ἔνδον
κείμενον τῷ Κόνωνι· [3] καὶ δὴ ἔλαθε τὸν Κόνωνα πρεσβύτε-
ρόν τε ὄντα καὶ πεπιστευκότα αὐτῷ, ὑφαιρούμενος [4] τὸ
ἀργύριον οὗτος ὁ οἰκέτης ὁ Μοσχίων. καὶ πρῶτον μὲν ὑφαι-
ρεῖται αὐτοῦ χιλίας δραχμὰς χωρὶς που κειμένας τοῦ
ἄλλου ἀργυρίου, ἔπειτα ἑτέρας ἑβδομήκοντα μνᾶς· καὶ,
ταῦτα ποιῶν, ἐλάνθανε τὸν Κόνωνα· καὶ τὸ ἀργύριον τοῦτο
ἅπαν εἶχεν αὐτὸς δι᾽ ἑαυτοῦ ὁ ἄνθρωπος. οὐ πολλῷ δὲ
χρόνῳ ὕστερον, ὦ ἄνδρες δικασταὶ, ἢ ἡμεῖς διειλόμεθα τὰς
μερίδας, ὑποψία τις ἐγένετο καὶ αἴσθησις περὶ τἀνθρώπου
τούτου. ἐκ δὲ ταύτης τῆς ὑποψίας ἐδόκει ἐμοὶ καὶ τουτῳῒ
Ὀλυμπιοδώρῳ βασανίζειν τὸν ἄνθρωπον. καὶ ὁ ἄνθρωπος,

[1] τἄλλα [2] ἦν [3] καὶ δὴ καὶ ἔλαθε [4] τοῦ ἀργυρίου

γ΄. Καὶ τἀνδράποδα οἱ σακχυφάνται] Παρὰ τὸ ὑφαίνειν τοὺς σάκκους. quæ vox præter Hebræam, Græcam, Latinam, Germanicam linguam, etiam aliis nationibus communis me diu frustra exercuit, donec Oporinus hanc compositionis rationem me edocuit. Idem.

Φανερὸν ἐπὶ τῇ τραπέζῃ] F. φανερὸν, ἢ ἐπὶ τῇ τραπέζῃ. Nam quæ Trapezitis dabantur, ἀφανὴς οὐσία fere dicitur. Idem.

Σακχυφάντας] Pollux l. VIII. Δημοσθένης ἐν τῷ κατ᾽ Ὀλυμπιοδώρου λέγει· Καὶ οὗτος εἵλετο τοὺς φαρμακοτρίβας καὶ τὴν σκηνὴν (οἰκίαν tamen jam illic perperam legitur.) ἐγὼ δ᾽ ἔλαβον τοὺς σακχυφάντας etc. Idem in l. X. ὅταν Δημοσθένης εἴπῃ σακχυφάντας, τοὺς πλέκοντας ταῖς γυναιξὶ τοὺς κεκρυφάλους ἀκούουσι· i. e. Cum Demosthenes dixit Sacchyphantas, eos qui plectunt, sive texunt, sive nectunt mulieribus vittas sive reticula intelligunt. *Paul. Leopard. Emend.* l. II. c. III.

Τὸ ἀργύριον οὗ ἦν] Ἐν ᾧ τόπῳ. Wolf.

ὦ ἄνδρες δικασταὶ, αὐτὸς αὑτοῦ κατεῖπε πρὶν βασανίζεσθαι, ὅτι χιλίας δραχμὰς [1]ὑφείλετο τοῦ Κόνωνος, καὶ
1172 ἔφη εἶναι παρ' ἑαυτῷ ὅσον μὴ ἦν ἀνηλωμένον· περὶ δὲ τοῦ πλείονος ἀργυρίου οὐδ' ὁτιοῦν εἶπεν ἐν τῷ τότε χρόνῳ. καὶ ἀποδίδωσι περὶ ἑξακοσίας τινὰς δραχμάς· καὶ τούτου τοῦ ἀργυρίου, οὗ ἀπέδωκεν ὁ ἄνθρωπος, καλῶς καὶ δικαίως, κατὰ τοὺς ὅρκους οὓς ὠμόσαμεν ἡμεῖς καὶ κατὰ τὰς συνθήκας τὰς κειμένας παρὰ τῷ Ἀνδροκλείδῃ, τὸ μὲν ἥμισυ ἐγὼ ἔλαβον, τὸ δ' ἥμισυ οὑτοσὶ Ὀλυμπιόδωρος.

δ'. Μετὰ δὲ ταῦτ' οὐ πολλῷ χρόνῳ ὕστερον ἐκ ταύτης τῆς ὑποψίας τῆς πρὸς τὸν οἰκέτην περὶ τοῦ ἀργυρίου, οὗ ἀπέδωκεν, ἔδησε τὸν ἄνθρωπον καὶ ἐβασάνισεν αὐτὸς ἐφ' ἑαυτοῦ· ἡμᾶς δὲ οὐ παρεκάλεσεν, ὁμωμοκὼς κοινῇ ζητήσειν καὶ πράξειν μετ' ἐμοῦ πάντα. καὶ ὁ ἄνθρωπος, ὦ ἄνδρες δικασταὶ, κατατεινόμενος ὑπὸ τῆς βασάνου, προσωμολόγησε καὶ τὰς ἑβδομήκοντα μνᾶς [2]εἰληφέναι, Κόνωνος ὑφελόμενος· καὶ ἀποδίδωσιν ἅπαν τὸ ἀργύριον τοῦτο Ὀλυμπιοδώρῳ τούτῳ. ἐγὼ δ', ὦ ἄνδρες δικασταὶ, ἐπειδὴ ἐπυθόμην περὶ τῆς βασάνου τἀνθρώπου, καὶ ὅτι ἀποδεδωκὼς εἴη τὸ ἀργύριον, ἐνόμιζόν μοι ἀποδώσειν τοῦτον τὸ ἥμισυ τοῦ ἀργυρίου, ὥσπερ καὶ τὸ πρότερον ἀπὸ τῶν χιλίων δραχμῶν ἀποδέδωκε. καὶ εὐθὺς μὲν οὐ πάνυ τι ἠνώχλουν τούτῳ, ἡγούμενος αὐτὸν τοῦτο γνώσεσθαι καὶ διοικήσειν καὶ ἐμοὶ καὶ ἑαυτῷ, ὅπως ἑκάτερος ἡμῶν ἕξει τὰ δίκαια κατὰ τοὺς ὅρκους καὶ τὰς συνθήκας τὰς πρὸς ἡμᾶς. αὐτοὺς περὶ τοῦ ἰσομοιρεῖν ἁπάντων, ὧν Κόνων ἦν καταλελοιπώς· ἐπειδὴ δ' ἐνδιέτριβε καὶ οὐδὲν ἐποίει, διελεγόμην
1173 τούτῳ Ὀλυμπιοδώρῳ καὶ ἠξίουν ἀπολαμβάνειν τὸ ἐμαυτοῦ μέρος τοῦ ἀργυρίου, οὑτοσὶ δ' Ὀλυμπιόδωρος ἀεί τι προυφασίζετο καὶ ἀναβολὰς ἐποιεῖτο.

ε'. Καὶ ἐν τούτῳ τῷ καιρῷ ἕτεροί τινες ἔλαχον τοῦ κλήρου τοῦ Κόνωνος, καὶ ὁ Κάλλιππος ἐπεδήμησεν ἐκ τῆς ἀποδημίας, ὁ ἐμὸς ἀδελφὸς ὁμοπάτριος, καὶ οὗτος ἔλαχεν

[1] ὑφείλατο   [2] εἰληφέναι ὑπὸ Κόνωνος, ὑφελόμενος.

γ. Περὶ τοῦ ἰσομοιρεῖν ἁπάντων] Τὴν ἴσην ἑκάτερον μοῖραν λαμβάνειν. In Isocrate τὰς πόλεις ἰσομοιρεῖν πρὸς ἀλλήλας. M. ἰσομοιρεῖν περὶ ἁπάντων. WOLF. Ex æquis partibus heredes esse. BUDÆUS.

ε. Ἔλαχεν — τοῦ ἡμικλήρου] Egit in so-

εὐθὺς τοῦ ἡμικληρίου· καὶ τούτῳ Ὀλυμπιοδώρῳ [1] πρόφασις αὕτη ἐγένετο πρὸς τὸ μὴ ἀποδιδόναι μοι τὸ ἀργύριον, ἐπειδὴ πολλοὶ ἦσαν οἱ ἀμφισϐητοῦντες. καὶ ἔφη χρῆναί με περιμένειν, ἕως ἂν οἱ ἀγῶνες γένωνται· καὶ ἐμοὶ ἀνάγκη ἦν ταῦτα συγχωρεῖν, καὶ συνεχώρησα. μετὰ δὲ ταῦτα ἐγὼ καὶ οὑτοσὶ Ὀλυμπιόδωρος ἐϐουλευόμεθα κοινῇ, ὥσπερ καὶ ὠμόσαμεν, ὅν τινα τρόπον ἄριστα καὶ ἀσφαλέστατα προσοισόμεθα πρὸς τοὺς ἀμφισβητοῦντας. καὶ ἔδοξεν ἡμῖν, ὦ ἄνδρες δικασταὶ, τουτονὶ μὲν Ὀλυμπιόδωρον τοῦ κλήρου ὅλου ἀμφισϐητεῖν, ἐμὲ δὲ τοῦ ἡμικληρίου· ἐπειδὴ καὶ Κάλλιππος ὁ ἀδελφὸς ὁ ἐμὸς τοῦ ἡμικληρίου μόνον ἠμφισβήτει. καὶ ἐπειδὴ ἀνεκρίθησαν πρὸς τῷ ἄρχοντι ἅπασαι αἱ ἀμφισβητήσεις, καὶ ἔδει ἀγωνίζεσθαι ἐν τῷ δικαστηρίῳ, ἀπαράσκευοι ἦμεν τοπαράπαν πρὸς τὸ ἤδη ἀγωνίζεσθαι, ἐγὼ καὶ Ὀλυμπιόδωρος οὑτοσὶ, διὰ τὸ ἐξαίφνης ἐπιπεπτωκέναι ἡμῖν πολλοὺς τοὺς ἀμφισβητοῦντας· ἐκ δὲ τῶν ὑπαρχόντων ἐσκοποῦμεν κοινῇ, εἴ πως ἀναβολή τις γένοιτο ἐν τῷ παρόντι, ὥστε παρασκευάσασθαι ἡμᾶς καθ᾽ ἡσυχίαν πρὸς τὸν ἀγῶνα. καὶ, κατὰ τύχην τινὰ καὶ δαίμονα, ὑμεῖς ἐπείσθητε ὑπὸ τῶν ῥητόρων, εἰς Ἀκαρνανίαν στρατιώτας ἐκπέμπειν, καὶ ἔδει καὶ τουτονὶ Ὀλυμπι- 1174
όδωρον στρατεύεσθαι, καὶ ᾤχετο μετὰ τῶν ἄλλων στρατευόμενος. καὶ συνεϐεβήκει, ὡς ᾠόμεθα ἡμεῖς, αὕτη [2] ἡ καλλίστη ἀναϐολὴ, δημοσίᾳ τούτου ἀποδημοῦντος καὶ στρατευομένου. ἐπειδὴ δὲ ἐκάλει ὁ ἄρχων εἰς τὸ δικαστήριον ἅπαντας τοὺς ἀμφισϐητοῦντας κατὰ τὸν νόμον, ὑπωμοσάμεθα ἡμεῖς τουτονὶ Ὀλυμπιόδωρον δημοσίᾳ ἀπεῖναι στρατευόμενον· ὑπομοθέντος δὲ τούτου, ἀνθυπωμόσαντο οἱ ἀντίδικοι, καὶ διαϐάλλοντες Ὀλυμπιόδωρον τουτονὶ, ὕστερον ἡμῶν λέγοντες, ἔπεισαν τοὺς δικαστὰς ψηφίσασθαι, τῆς δίκης ἕνεκα ἀπεῖναι τουτονὶ καὶ οὐ δημοσίᾳ. ψηφισαμένων δὲ ταῦτα τῶν δικαστῶν, διέγραψεν ὁ ἄρχων

[1] πρόφασις καὶ αὕτη

[2] Deest articulus.

missam petitione hereditatis. IDEM.

Τοῦ ἡμικλήρου] Libanius τοῦ ἡμικληρίου. et mox ipse auctor. WOLF.

Ὑπομοθέντος δὲ τούτου] Ἡμῶν ὑπομοσαμένων ὑπὲρ αὐτοῦ. WOLF. Τούτου, sp. Olympiodori. AUGER.

Ὕστερον ἡμῶν] F. ὕστεροι. WOLF.

Διέγραψεν — ἀμφισβέτουσιν] Vid. Petit.

Πυθόδωρος κατὰ τὸν νόμον τὴν τουτουῒ Ὀλυμπιοδώρου ἀμφισβήτησιν· διαγραφείσης δὲ ταύτης, ἐξ ἀνάγκης καὶ ἐμοὶ ἦν ἐκλιπεῖν τὴν τοῦ ἡμικληρίου ἀμφισβήτησιν. γενομένων δὲ τούτων, ἐπεδίκασεν ὁ ἄρχων τοῖς ἀντιδίκοις τοῖς ἡμετέροις τὸν κλῆρον τὸν Κόνωνος· ταῦτα γὰρ οἱ νόμοι αὐτὸν ἠνάγκαζον ποιεῖν. ἐπειδὴ δ' ἐπεδικάσαντο, εὐθὺς εἰς Πειραιᾶ ἐλθόντες, παρελάμβανον πάνθ' ὅσα ἡμῶν εἶχεν ἑκάτερος, νειμάμενος ἐν τῇ μερίδι. κἀγὼ μὲν ἐπιδημῶν αὐτὸς παρέδωκα, ἀνάγκη γὰρ ἦν πείθεσθαι τοῖς νόμοις· τὰ δὲ Ὀλυμπιοδώρου, ἀποδημοῦντος τούτου, ἅπαντα ᾤχοντο λαβόντες πλὴν τοῦ ἀργυρίου, οὗ εἶχεν αὐτὸς παρὰ τοῦ ἀνθρώπου τοῦ οἰκέτου ὃν ἐβασάνισεν, οὐ γὰρ εἶχον ὅπου [1]λαμβάνοιντο τοῦ ἀργυρίου. καὶ τὰ μὲν πραχθέντα ταῦτ' ἦν ἐν τῇ ἀποδημίᾳ τῇ Ὀλυμπιοδώρου, καὶ τῆς κοι-
1175 νωνίας τῆς πρὸς τοῦτον ταῦτ' ἐγὼ ἀπέλαυσα. ἐπειδὴ δ' ἐπεδήμησεν οὗτος καὶ οἱ ἄλλοι στρατιῶται, ἠγανάκτει Ὀλυμπιόδωρος οὑτοσί, ὦ ἄνδρες δικασταί, ἐπὶ τοῖς συμβεβηκόσι, καὶ ἡγεῖτο δεινὰ πεπονθέναι.

ϛ΄. Ἐπειδὴ δὲ μεστὸς ἐγένετο ἀγανακτῶν, ἐσκοποῦμεν πάλιν καὶ ἐβουλευόμεθα κοινῇ, ἐγὼ καὶ Ὀλυμπιόδωρος οὑτοσί, ὅν τινα τρόπον τούτων τι πάλιν κομιούμεθα. καὶ ἔδοξεν ἡμῖν βουλευομένοις, προσκαλεῖσθαι τοὺς ἐπιδεδικασμένους κατὰ τὸν νόμον, καὶ ἐκ τῶν ὑπαρχόντων ἀσφαλέστατον εἶναι μὴ ἐν τῷ αὐτῷ ἡμᾶς ἀμφοτέρους τὸν κίνδυνον ποιεῖσθαι πρὸς τοὺς ἀμφισβητοῦντας, ἀλλὰ χωρὶς ἑκάτερον· καὶ τοῦτον μὲν Ὀλυμπιόδωρον ὅλου τοῦ κλήρου λαχεῖν, ὥσπερ τὸ πρότερον, καὶ ἀγωνίζεσθαι καθ' αὑτόν· ἐμὲ δὲ τοῦ ἡμικληρίου, ἐπειδὴ καὶ Κάλλιππος ὁ ἀδελφὸς ὁ ἐμὸς τοῦ ἡμικληρίου μόνον ἠμφισβήτει. ὅπως, ἐὰν μὲν οὑτοσὶ Ὀλυμπιόδωρος ἐπιτύχῃ τοῦ ἀγῶνος, ἐγὼ κατὰ τὰς συν-

[1] ἐπιλάβοιντο

Comm. in L. A. l. IV. t. IV. §. II.

Πυθόδωρος] Vid. Meurs. de Arch. Athen. l. IV. c. XII.

Γενομένων δὲ —] Hic ὁ ἐπιδικάσας est *judex qui sententia sua adjudicavit hereditatem*; ὁ ἐπιδικασάμενος est *qui secundum se sententiam tulit*: ut καταδικασάμενος differt τοῦ καταδικάσαντος, et nonnulla alia inter se hoc modo differunt. Sæpius tamen ἐπιδεδικάσθαι quam ἐπιδικάσασθαι dicitur, ut v. 21. καὶ ἔδοξεν etc. et *tandem placuit civili provocatione eos aggredi, qui hereditatem abstulerant.* Erat autem ea provocatio solenniter concepta cum sponsione. Budæus.

ϛ΄. Ἐπειδὴ δὲ μεστὸς ἐγένετο ἀγανακτῶν] Τὴν ἀγανάκτησιν ἐκκεχυκὼς ἦν, ἐπειδὴ ἐπαύσατο ἀγανακτῶν. Wolf.

θήκας καὶ τοὺς ὅρκους πάλιν τὸ μέρος λάβοιμι παρὰ τού-
του· ἐὰν δ᾽ ἄρ᾽ ἀποτύχῃ, καὶ τὰ ἕτερα ψηφίσωνται οἱ δι-
κασταί, οὗτος παρ᾽ ἐμοῦ τὰ μέρη καλῶς καὶ δικαίως
ἀπολαμβάνοι, ὥσπερ ὠμόσαμεν ἀλλήλοις καὶ συνεθέμεθα.
ἐπειδὴ δὲ ταῦτ᾽ ἐβουλευσάμεθα, καὶ ἐδόκει ἀσφαλέσταθ᾽
εἶναι καὶ ἐμοὶ καὶ Ὀλυμπιοδώρῳ, προσεκλήθησαν ἅπαντες
οἱ ἔχοντες τὰ τοῦ Κόνωνος κατὰ τὸν νόμον. καί μοι ἀνά-
γνωθι τὸν νόμον, καθ᾽ ὃν ἡ πρόσκλησις ἐγένετο.

ΝΟΜΟΣ.

κατὰ τὸν νόμον τοῦτον, ὦ ἄνδρες δικασταί, ἡ πρόσκλησις
ἐγένετο, καὶ τὰς ἀμφισβητήσεις ἀντεγραψάμεθα ὃν τρόπον
τούτῳ ἐδόκει Ὀλυμπιοδώρῳ. καὶ μετὰ ταῦθ᾽ ὁ ἄρχων
ἀνέκρινε πᾶσιν ἡμῖν τοῖς ἀμφισβητοῦσι· καὶ ἀνακρίνας,
εἰσήγαγεν εἰς τὸ δικαστήριον. καὶ οὑτοσὶ Ὀλυμπιόδωρος
ἠγωνίζετο πρῶτος, καὶ ἔλεγεν ὅ τι ἠβούλετο, καὶ μαρτυ- 1176
ρίας παρείχετο ἃς ἐδόκει τούτῳ· κἀγώ, ὦ ἄνδρες δικασταί,
σιωπῇ ἐκαθήμην ἐπὶ τοῦ ἑτέρου βήματος. τοῦτον δὲ τὸν
τρόπον κατασκευασθέντος τοῦ ἀγῶνος, ἐνίκησεν οὑτοσὶ ῥα-
δίως· νικήσας δέ, καὶ διαπραξάμενος ἅπαντα ὅσα [1] ἐβου-
λήθημεν ἐν τῷ δικαστηρίῳ, καὶ ἀπολαβὼν παρὰ τῶν
ἐπιδικασαμένων [2] πρότερον ὅσα ἦσαν ἐκεῖνοι παρ᾽ ἡμῶν
εἰληφότες, ταῦτα δὴ πάντ᾽ ἔχων καὶ τὸ ἀργύριον ὃ ἔλαβε
παρὰ τοῦ ἀνθρώπου τοῦ βασανισθέντος, οὐδοτιοῦν ἠθέλησε
τῶν δικαίων πρός με ποιῆσαι· ἀλλ᾽ ἔχει αὐτὸς ἅπαντα,
ὀμωμοκὼς καὶ συνθήκας πρός με ποιησάμενος ἦ μὴν ἰσομοιρή-
σειν. καὶ αἱ συνθῆκαι αὗται ἔτι καὶ [3] νῦν κεῖνται παρὰ τῷ
Ἀνδροκλείδῃ, καὶ μεμαρτύρηκεν αὐτὸς πρὸς ὑμᾶς. βούλομαι
δὲ καὶ περὶ τῶν ἄλλων ἁπάντων, ὧν εἴρηκα, μαρτυρίας ὑμῖν

[1] ἠβουλήθημεν [2] πρότερον ἐπιδικασαμένων [3] νυνὶ

Καὶ τὰς ἀμφισβητήσεις ἀντεγραψάμεθα] *Controversias rescripsimus*, hoc est, in eos, qui hereditatem occuparunt, actiones instituimus. Idem.

Ὁ ἄρχων ἀνέκρινε πᾶσιν ἡμῖν] Suidas: ἀνάκρισις, ἐξέτασις, ὑφ᾽ ἑκάστης ἀρχῆς γινομένη πρὸ τῶν δικῶν, περὶ τῶν συντεινόντων εἰς τὸν ἀγῶνα. ἐξετάζουσι δὲ καὶ εἰ ὅλως εἰσάγειν χρὴ ταύτας. Varinus: ἀνακρίνω, ἐξετάζω τὸ πραχθέν, εἰ καλῶς ἢ κακῶς ἐπράχθη. Propriam hujus verbi interpretationem non reperio: interim *inquirere*, et *inquisitionem* ἀνάκρισιν verto. Nam *quaestionem constituere*, aut *exercere*, videntur aliud significare. Idem. *Et sententias judicum numerabat.* Is ἄρχων, qui privato nomine peculiarique dicebatur ὁ ἐπώνυμος καὶ πρύτανις Ἀθήνησιν, ὁ ἐπώνυμος τῶν ἀρχόντων, a cujus nomine Fasti perscribebantur, ut a Consulum Romae, ita praeerat judicibus judiciorumque moderator erat, ut Romae Praetor. Budaeus. Vid. vol. III. p. 74. v. ult. et vol. II. p. 98. v. 10. et Petit. Comm. in L. A. l. IV. t. III.

παρασχέσθαι, πρῶτον μὲν, τὸ ἐξαρχῆς ὅτι ἐγὼ καὶ οὗτος, ἡμῖν αὐτοῖς δικάσαντες, ἐνειμάμεθα τὸ ἴσον ἑκάτερος τῆς φανερᾶς οὐσίας, ἣς Κόνων κατέλιπε. καί μοι λάβε ταύτην τὴν μαρτυρίαν πρῶτον, ἔπειτα τὰς ἄλλας ἁπάσας ἀναγίνωσκε.

ΜΑΡΤΥΡΙΑ.

[1] λάβε μοι καὶ τὴν πρόκλησιν, ἣν προεκαλεσάμην αὐτὸν περὶ τοῦ ἀργυρίου, ὃ ἔλαβε παρὰ τοῦ ἀνθρώπου τοῦ βασανισθέντος.

ΠΡΟΚΛΗΣΙΣ.

ἀναγίνωσκε δὴ καὶ τὴν ἑτέραν μαρτυρίαν, ὅτι, ἐπειδὴ ἐπεδικάσαντο οἱ ἀντίδικοι ἡμῶν, ἅπαντα παρέλαβον, ὅσα ἡμεῖς
1177 εἴχομεν, πλὴν τῶν χρημάτων ὧν εἶχεν Ὀλυμπιόδωρος παρὰ τοῦ βασανισθέντος ἀνθρώπου.

ΜΑΡΤΥΡΙΑ.

ὃν μὲν τρόπον, ὦ ἄνδρες δικασταὶ, ἐξαρχῆς διενειμάμεθα τὴν Κόνωνος οὐσίαν τὴν φανερὰν, ἐγὼ καὶ Ὀλυμπιόδωρος, καὶ λόγῳ ἀκηκόατε, καὶ μεμαρτύρηται ὑμῖν, καὶ ὡς οὗτος ἔλαβε τὸ ἀργύριον παρὰ τοῦ ἀνθρώπου τοῦ οἰκέτου, καὶ ὅτι οἱ ἐπιδικασάμενοι ἔλαβον ὅσα ἡμεῖς εἴχομεν, ἕως πάλιν οὗτος ἐνίκησεν ἐν τῷ δικαστηρίῳ· ἃ δὲ λέγων οὐκ ἀποδίδωσί μοι, οὐδ᾽ ἐθέλει τῶν δικαίων οὐδ᾽ ὁτιοῦν ποιεῖν, τούτοις ἤδη προσέχετε τὸν νοῦν, ὦ ἄνδρες δικασταὶ, ἵνα μὴ αὐτίκ᾽ ἐξαπατήσωσιν ὑμᾶς οἱ ῥήτορες, οὓς οὑτοσὶ [2] παρεσκεύασεν ἐπ᾽ ἐμέ.

ζ. Λέγει [3] μὲν οὗτος οὐδέποτε ταὐτὰ, ἀλλ᾽ ὅ τι ἂν τύχῃ αἰεί· καὶ περιιὼν, προφάσεις ἀτόπους τινὰς καὶ ὑπονοίας καὶ αἰτίας ψευδεῖς ἐπιφέρει· καὶ περὶ τὸ πρᾶγμα ὅλον, ἄδικός ἐστιν ἄνθρωπος. πλεῖστοι δ᾽ αὐτοῦ ἀκηκόασι λέγοντος, οἱ μὲν, ὅτι τοπαράπαν οὐκ ἔλαβε τὸ ἀργύριον παρὰ τἀνθρώπου. ἐπειδὰν δὲ τοῦτ᾽ ἐξελέγχηται, πάλιν λέγει,

[1] λάβε δή μοι [2] παρεσκεύασται [3] μὲν οὖν οὗτος

§. 1. III.

Οἱ μὲν ὅτι τὸ παράπαν] Cum οἱ δὲ non sequatur, aut ἀνανταπόδοτον est, aut aliquid a librario prætermissum. Wolf. οἱ μὲν postulat οἱ δὲ, quod non sequitur quidem expressis verbis, sed tamen sequentium

ὅτι παρὰ τοῦ ἑαυτοῦ ἀνθρώπου ἔχει τὸ ἀργύριον, καὶ οὐ μεταδώσει ἐμοὶ οὔτε τοῦ ἀργυρίου οὔτε τῶν ἄλλων οὐδενὸς, ὧν κατέλιπε Κόνων. ἐπειδὰν δέ τις αὐτὸν τῶν ἐπιτηδείων τῶν τούτου καὶ τῶν ἐμῶν ἐρωτᾷ, διὰ τί οὐκ ἀποδώσει, ὁμωμοκὼς ἰσομοιρήσειν, καὶ τῶν συνθηκῶν ἔτι καὶ νῦν κειμένων; φησὶ παραβεβηκέναι με τὰς συνθήκας καὶ δεινὰ πεπονθέναι ὑπ' ἐμοῦ, καὶ διατελέσαι μέ φησιν ὑπεναντία καὶ λέγοντα καὶ πράττοντα ἑαυτῷ. καὶ ἃ μὲν προφασίζεται, ταῦτ' ἐστίν. ἃ μὲν οὖν, ὦ ἄνδρες δικασταὶ, οὗτος λέγει, 1178
ὑπόνοιαι πλασταί εἰσι καὶ [1] προφάσεις καὶ ἄδικοι πονηρίαι, ἐπὶ τῷ ἀποστερῆσαι ἃ προσήκει αὐτὸν ἀποδοῦναι ἐμοί· ἃ δὲ ἐγὼ ἐρῶ πρὸς ὑμᾶς ὅτι οὗτος ψεύδεται, [2] ταῦτα πάνθ' ὑπόνοια μὲν οὐδεμία ἔσται, φανερῶς δὲ ἐπιδείξω τὴν τούτου ἀναισχυντίαν, τεκμήρια λέγων ἀληθινὰ καὶ πᾶσι γνώριμα, καὶ μάρτυρας παρεχόμενος περὶ ἁπάντων.

η΄. Πρῶτον μὲν οὖν, ὦ ἄνδρες δικασταὶ, λέγω, ὅτι οὗτος διὰ τοῦτο τοῖς οἰκείοις καὶ τοῖς ἐπιτηδείοις τοῖς ἑαυτοῦ καὶ τοῖς ἐμοῖς, τοῖς εἰδόσιν ἀκριβῶς ἅπαντα ταῦτα τὰ πράγματα ὡς ἔχει καὶ παρηκολουθηκόσιν ἐξ ἀρχῆς, οὐκ ἠθέλησεν ἐπιτρέψαι. ἀκριβῶς γὰρ ᾔδει, ὅτι εὐθὺς παραχρῆμα ὑπ' αὐτῶν ἐξελεγχθήσεται, ἐάν τι ψεύδηται· νυνὶ δ' ἴσως ἡγεῖται, ψευδόμενος ἐν ὑμῖν λήσειν. πάλιν λέγω, ὅτι οὐκ ἀκόλουθόν ἐστιν, ὑπεναντία μὲν πράττειν σοι, ὦ Ὀλυμπιόδωρε, ἐμὲ, κοινῇ δ' ἀναλίσκειν μετὰ σοῦ εἰς ὅ τι ἂν αἰεὶ δέῃ, οὐδ' ἐκλιπεῖν τὴν ἀμφισβήτησιν αὐτὸν ἑκόντα, ὅτε ἀπεδήμεις σὺ, ἐπειδὴ καὶ ἡ σὴ διεγράφη, δόξαντός σου ἕνεκα τῆς δίκης ἀπεῖναι καὶ οὐ δημοσίᾳ. ἐξῆν γάρ ἔμοιγε τοῦ ἡμικληρίου ἐπιδικάσασθαι ἐμαυτῷ· οὐδεὶς γάρ μοι ἀνθρώπων ἀντέλεγεν, ἀλλὰ συνεχώρουν αὐτοὶ οἱ ἀντίδικοι. ἀλλὰ ταῦτα ποιήσας, εὐθὺς ἂν ἦν ἐπιωρκηκώς· ὤμοσα γὰρ καὶ συνεθέμην πρὸς σὲ, κοινῇ πράξειν ἅπαν ὅ τι ἂν δοκῇ ἐμοὶ

[1] προφάσεις ἄδικοι καὶ πονηρίαι

[2] ταῦτα δὲ πάνθ'

verborum vi includitur. Auger.

Παρὰ τοῦ ἑαυτοῦ ἀνθρώπου] F. ἀνδραπόδου. Wolf.

Ἃ δ' ἐγὼ ἐρῶ πρὸς ὑμᾶς, ὅτι οὗτος ψεύδεται] Hæc, ὅτι οὗτος ψεύδεται, videntur supervacanea esse, et e scholio irrepsisse. Satis est ἃ δ' ἐγὼ ἐρῶ πρὸς ὑμᾶς ταῦτα πάνθ' ὑπόνοια, etc. Wolf.

η. Ὅτι εὐθὺς παραχρῆμα] Ἐκ παραλλήλου. Idem.

Πάλιν λέγω] F. A. πάλιν τοίνυν λέγω. Idem.

Ἐπειδὴ καὶ ἡ σὴ] S. ἀμφισβήτησις διεγράφη, ἠφανίσθη, ἐξηλείφθη. Idem.

καὶ σοὶ βουλευομένοις βέλτιστον εἶναι. ὥςτε ὑπεραβέλτεροί εἰσιν αἱ προφάσεις καὶ αἱ αἰτίαι, δι᾽ ἃς οὐδέν μοι φὴς ποιήσειν τῶν δικαίων.

1179 θ′. Ἔτι πρὸς τούτοις ἡγῇ ἄν με ἐπιτρέπειν σοι, Ὀλυμπιόδωρε, ἐν τῷ τελευταίῳ ἀγῶνι τῷ περὶ τοῦ κλήρου, ἤ, ἃ ἔλεγες πρὸς τοὺς δικαστάς, εἰκῆ οὑτωσὶ λέγειν, ἤ, περὶ ὧν τὰς μαρτυρίας παρέσχου, εἰκῆ οὕτως ἂν παρασχέσθαι, εἰ μὴ μετὰ σοῦ κοινῇ συνηγωνιζόμην; οὗτος γάρ, ὦ ἄνδρες δικασταί, τά τε ἄλλα ἔλεγεν ἃ ἐβούλετο ἐν τῷ δικαστηρίῳ, καὶ κατεχρήσατο πρὸς τοὺς δικαστάς, ὅτι ἐγὼ τὴν οἰκίαν, ἣν ἔλαβον ἐν τῇ μερίδι τῇ ἐμαυτοῦ, μεμισθωμένος εἴην παρ᾽ αὐτοῦ· καὶ τὸ ἀργύριον, ὃ ἔλαβον, τὸ ἥμισυ τὸ ἀπὸ τῶν χιλίων δραχμῶν τῶν παρὰ τοῦ οἰκέτου, ὅτι ἐδανεισάμην παρ᾽ αὐτοῦ· καὶ οὐ μόνον ἔλεγε ταῦτα, ἀλλὰ καὶ μαρτυρίας παρείχετο περὶ τούτου. κἀγὼ οὐδ᾽ ὁτιοῦν ἀντέλεγον τούτοις· οὐδ᾽ ἤκουσέ μου φωνὴν οὐδεὶς ἀνθρώπων, ὅτε οὗτος ἠγωνίζετο, οὔτε μικρὰν οὔτε μεγάλην, ἀλλὰ προσωμολόγουν ἀληθῆ εἶναι πάνθ᾽, ὅσα οὗτος [1] ἐβούλετο λέγειν. κοινῇ γὰρ ἠγωνιζόμην μετὰ σοῦ, ὥςπερ ἔδοξεν ἐμοὶ καὶ σοί. ἐπεί, εἰ μή ἐστι ταῦτα ἀληθῆ, ἃ ἐγὼ λέγω, διὰ τί οὐκ ἐπεσκηψάμην ἐγὼ τότε τοῖς μάρτυσι τοῖς ταῦτα μαρτυροῦσιν, ἀλλ᾽ ἡσυχίαν εἶχον πολλήν; ἢ διὰ τί σύ, Ὀλυμπιόδωρε, οὐδεπώποτέ μοι ἔλαχες ἐνοικίου δίκην τῆς οἰκίας, ἧς ἔφασκες μισθῶσαί μοι, ὡς σαυτοῦ οὖσαν; οὐδὲ τοῦ ἀργυρίου, οὗ ἔλεγες πρὸς τοὺς δικαστάς, ὅτι ἐδάνεισάς μοι; τούτων οὐδὲν ἐποίησας. ὥςτε πῶς ἂν μᾶλλον ἄνθρωπος ἐξελέγχοιτο ψευδόμενος, καὶ ὑπεναντία λέγων αὐτὸς αὑτῷ, καὶ αἰτιώμενος τὰ [2] οὐδὲ πώποτε γενόμενα;

ι′. Ὃ δὲ πάντων μέγιστόν ἐστιν, ὦ ἄνδρες δικασταί,
1180 [3] ὡς γνώσεσθε τουτονί, ὅτι ἄδικός ἐστι καὶ πλεονέκτης ἄνθρωπος. ἐχρῆν γὰρ αὐτόν, εἴ τι ἀληθὲς ἦν ὧν λέγει, πρότερον ταῦτα λέγειν καὶ ἐπιδεικνύειν, πρὶν τὸν ἀγῶνα γενέσθαι καὶ διαπειρᾶσθαι τῶν δικαστῶν, ὅ τι γνώσονται· καί, παραλαβόντα πολλοὺς μάρτυρας, ἀξιοῦν ἀναιρεῖσθαι

[1] ἠβούλετο [2] οὐδεπώποτε [3] ᾧ * καὶ γνώσεσθε

θ′. Καὶ κατεχρήσατο] S. ψιλῷ τῷ λόγῳ, ἀντὶ τοῦ, κατεψεύσατο. Idem. Sub. ταύτῃ

ὅστις οἴεται δεῖν, ἃ μὲν ὡμολόγησε καὶ συνέθετο ἑκὼν πρὸς ἑκόντα καὶ ὤμοσε, τούτων μὲν μηδ᾽ ὁτιοῦν ποιεῖν, καὶ ταῦτ᾽ ἐμοῦ σπουδάζοντος οὐχ ὑπὲρ ἐμαυτοῦ μόνον, ἀλλὰ καὶ ὑπὲρ τῆς τούτου ἀδελφῆς ὁμοπατρίας καὶ ὁμομητρίας, ἣ ἐμοὶ συνοικεῖ, καὶ ὑπὲρ τῆς τούτου ἀδελφιδῆς, θυγατρὸς δὲ ἐμῆς; αὗται γάρ εἰσιν αἱ ἀδικούμεναι οὐχ ἧττον ἐμοῦ, ἀλλὰ καὶ μᾶλλον. πῶς γὰρ οὐκ ἀδικοῦνται, ἢ πῶς οὐ δεινὰ πάσχουσιν, ἐπειδὰν ὁρῶσι τὴν μὲν τούτου ἑταίραν περαιτέρω τοῦ καλῶς ἔχοντος, καὶ χρυσία πολλὰ ἔχουσαν καὶ ἱμάτια καλά, καὶ ἐξόδους λαμπρὰς ἐξιοῦσαν, καὶ ὑβρίζουσαν ἐκ τῶν ἡμετέρων, αὗται δὲ καταδεεστέρως περὶ ταῦτ᾽ ἔχωσιν ἅπαντα; πῶς οὐκ ἐκεῖναι μᾶλλον ἔτι 1183
ἀδικοῦνται, ἢ ἐγώ; οὗτος δὲ πῶς οὐ καταφανῶς μαίνεται καὶ παραφρονεῖ, τοιαῦτα περὶ αὑτοῦ βουλευόμενος; ἵνα δὲ μὴ φάσκῃ, ὦ ἄνδρες δικασταί, ἐπὶ διαβολῇ ταῦτα λέγειν με, τοῦ ἀγῶνος ἕνεκα τουτουΐ, μαρτυρίαν ὑμῖν ἀναγνώσεται τῶν τούτου οἰκείων καὶ ἐμοῦ.

ΜΑΡΤΥΡΙΑ.

Ὀλυμπιόδωρος μὲν τοίνυν τοιοῦτός ἐστιν ἄνθρωπος, οὐ μόνον ἄδικος, ἀλλὰ καὶ μελαγχολᾶν δοκῶν ἅπασι τοῖς οἰκείοις καὶ τοῖς γνωρίμοις, τῇ προαιρέσει τοῦ βίου· καί, ὅπερ Σόλων ὁ νομοθέτης λέγει, παραφρονῶν, ὡς οὐδεὶς πώποτε παρεφρόνησεν ἀνθρώπων, γυναικὶ πειθόμενος πόρνῃ. καὶ ἄκυρά γε ταῦτα πάντα ἐνομοθέτησεν εἶναι [1] ὁ Σόλων, ὅ τι ἂν τις γυναικὶ πειθόμενος πράττῃ, ἄλλως τε καὶ τοιαύτῃ.

ιδ᾽. Περὶ μὲν οὖν τούτων, καλῶς ὁ νομοθέτης ἐπεμελήθη· ἐγὼ δ᾽ ὑμῶν δέομαι, καὶ οὐ μόνον ἐγώ, ἀλλὰ καὶ ἡ ἐμὴ γυνή, Ὀλυμπιοδώρου δὲ τουτουῒ ἀδελφή, καὶ ἡ θυγάτηρ ἡ ἐμή, Ὀλυμπιοδώρου δὲ τουτουῒ ἀδελφιδῆ, ἱκετεύομεν ὑμᾶς καὶ ἀντιβολοῦμεν, ὦ ἄνδρες δικασταί, ἅπαντες ἡμεῖς — νομίσατε γὰρ ἐκείνας ἐνθάδε παρεῖναι —, μάλιστα μὲν τουτονὶ Ὀλυμπιόδωρον [2] πείσατε μὴ ἀδικεῖν ἡμᾶς·

[1] Deest articulus. [2] πεῖσαι

Πείσατε] Pro πείσατε malim πεῖσαι cum Reiskio. Auger.

ἐὰν δ' ἄρα μὴ θέλῃ πείθεσθαι, ὑμᾶς μεμνημένους ἁπάντων τῶν εἰρημένων ψηφίζεσθαι, ὅ τι ἂν ὑμῖν δοκῇ βέλτιστον καὶ δικαιότατον εἶναι. καὶ, ταῦτα ποιοῦντες, τά τε δίκαια γνώσεσθε καὶ τὰ συμφέροντα ἡμῖν ἅπασιν, οὐχ ἥκιστα δὲ Ὀλυμπιοδώρῳ αὐτῷ τούτῳ.

ΥΠΟΘΕΣΙΣ ΤΟΥ ΠΡΟΣ ΤΙΜΟΘΕΟΝ ΛΟΓΟΥ.

Pag. ed. Reisk.

ΤΙΜΟΘΕΟΝ τὸν Ἀθηναῖον, ἄνδρα ἔνδοξον καὶ στρατηγήσαντα τῆς πόλεως, Ἀπολλόδωρος 1184
ἀπαιτεῖ χρέα, λέγων, ὅτι, Πασίωνι φίλῳ χρώμενος, ὁ Τιμόθεος ἔλαβε παρ' αὐτοῦ χρήματα, καὶ ὀφείλων ἐν τοῖς τραπεζιτικοῖς λόγοις ἐγγέγραπται. τὰ μὲν δὴ πάντα ὀφλήματα τέτταρα καταριθμεῖται· ἐφ' ἑκάστου δὲ καὶ τοὺς χρόνους, καὶ τὰς αἰτίας δι' ἃς ἐδανείσατο Τιμόθεος, ἀκριβῶς εἴρηκε. καὶ τὰς μὲν πλείστας ἀποδείξεις ἐκ τῶν καλουμένων ἀτέχνων πίστεων παρέσχηται, μαρτυριῶν καὶ προκλήσεων· τινὰς δὲ καὶ ἐντέχνους ἀπὸ τῶν εἰκότων. [1] καὶ Ἀπολλόδωρος Τιμόθεον εἶναί φησι τὸν δανεισάμενον, καὶ τοῖς ὑπὲρ Τιμοθέου συσταθεῖσι δοθῆναι τὸ ἀργύριον ἀπὸ τῆς τραπέζης· ὁ δὲ οὐχ ἑαυτὸν, ἀλλ' ἐκείνους ὀφείλειν λέγει.

[1] καὶ ὁ μὲν Ἀπολλόδωρος

Ὅτι ἔλαβε, etc. ὀφείλων ἐγγεγράφθαι] Lego, ἐγγέγραπται. Nam si λέγων ἐγγεγράφθαι conjungas, ὀφείλων locum non habebit. Sed legendum erit λέγων τὸν Τιμόθεον ὀφείλοντα ἐγγεγράφθαι. Wolf.

ΔΗΜΟΣΘΕΝΟΥΣ

Ο ΠΡΟΣ

ΤΙΜΟΘΕΟΝ

ΥΠΕΡ ΧΡΕΟΥΣ ΛΟΓΟΣ.

ά. ΜΗΔΕΝΙ ὑμῶν ἄπιστον γενέσθω, ὦ ἄνδρες δικα- 1184
σταὶ, εἰ Τιμόθεος, ὀφείλων ἀργύριον τῷ πατρὶ τῷ ἐμῷ,
φεύγει νῦν ὑπ' ἐμοῦ ταύτην τὴν δίκην. ἀλλ', ἐπειδὰν ὑμᾶς
ἀναμνήσω τόν τε καιρὸν ἐν ᾧ τὸ συμβόλαιον ἐγένετο, καὶ 1185
τὰ συμβάντα τούτῳ ἐν ἐκείνῳ τῷ χρόνῳ, καὶ εἰς ὅσην
ἀπορίαν οὗτος κατέστη, τόθ' ἡγήσεσθε, τὸν μὲν πατέρα τὸν
ἐμὸν βέλτιστον γενέσθαι περὶ Τιμόθεον· τοῦτον δὲ οὐ μό-
νον ἀχάριστον εἶναι, ἀλλὰ καὶ ἀδικώτατον πάντων ἀν-
θρώπων, ὅς γε τυχὼν παρὰ τοῦ πατρὸς τοῦ ἐμοῦ ὅσων
ἐδεήθη, καὶ λαβὼν ἀργύριον ἀπὸ τῆς [1] τραπέζης ἐν πολλῇ

[1] τραπέζης, ἐν π. ἀ. [ὤν,] καὶ

ἀπορίᾳ ὢν, καὶ κινδύνοις τοῖς μεγίστοις καθεστηκὼς περὶ τῆς ψυχῆς, οὐ μόνον οὐκ ἀπέδωκε χάριν, ἀλλὰ καὶ τὸ δοθὲν ἀποστερεῖ με. καίτοι σφαλέντος μὲν τούτου, ἀπώλλυτο καὶ τῷ πατρὶ τῷ ἐμῷ τὸ συμβόλαιον — οὔτε γὰρ ἐπ' ἐνεχύρῳ οὔτε μετὰ μαρτύρων ἔδωκε —, σωθέντος δὲ, ἐπὶ τούτῳ ἐγίνετο, ὁπότε βούλοιτο εὐπορήσας ἡμῖν ἀποδοῦναι. ἀλλ' ὅμως, ὦ ἄνδρες δικασταὶ, οὐ περὶ πλείονος ἐποιήσατο ὁ πατὴρ περιουσίαν χρημάτων μᾶλλον, [1] ἢ Τιμοθέῳ ὑπηρετῆσαι, ὧν ἐδεήθη αὐτοῦ, ἐν ἀπορίᾳ ὄντι. ᾤετο μὲν οὖν, ὦ ἄνδρες δικασταὶ, ὁ πατὴρ, εἰ σωθείη Τιμόθεος τότε ἐξ ἐκείνων τῶν κινδύνων καὶ ἀφίκοιτο οἴκαδε παρὰ βασιλέως, εὐπορωτέρου γενομένου τούτου ἢ ὡς τότε διέκειτο, οὐ μόνον τὰ ἑαυτοῦ [2] κομίσασθαι, ἀλλὰ καὶ, εἴ του ἄλλου δέοιτο πρὸς Τιμόθεον [3] πρᾶξαι, ὑπάρξειν αὐτῷ· ἐπειδὴ δ' οὐχ ὡς ἐκεῖνος ᾠήθη συμβέβηκεν, ἀλλ', ἃ μετὰ χάριτος ἔλαβε Τιμόθεος ἀπὸ τῆς τραπέζης, δεηθεὶς τοῦ πατρὸς τοῦ ἐμοῦ, ταῦτα δι' ἔχθρας καὶ δίκης, τετελευτηκότος ἐκείνου, ἐξελεγχθεὶς μὲν ὡς ὀφείλει, οἴεται δεῖν ἀποδοῦναι, ἐὰν
1186 δὲ δύνηται ὑμᾶς πεῖσαι ὡς οὐκ ὀφείλει, ἐξαπατήσας τῷ λόγῳ, ἀποστερῆσαι ἡμᾶς τῶν χρημάτων — ἀναγκαῖόν μοι δοκεῖ εἶναι ἐξ ἀρχῆς ἅπαντα διηγήσασθαι ὑμῖν, τά τε ὀφειλόμενα, καὶ εἰς ὅ τι ἕκαστον αὐτῶν [4] κατεχρήσατο, καὶ τοὺς χρόνους ἐν οἷς τὸ συμβόλαιον ἐγένετο. θαυμάσῃ δὲ μηδεὶς ὑμῶν, εἰ ἀκριβῶς ἴσμεν· οἱ γὰρ τραπεζῖται εἰώθασιν ὑπομνήματα γράφεσθαι, ὧν τε διδόασι χρημάτων, καὶ εἰς ὅ τι, καὶ ὧν ἄν τις τιθῆται, ἵν' ᾖ αὐτοῖς γνώριμα, τά τε ληφθέντα, καὶ τὰ τεθέντα πρὸς τοὺς λογισμούς.

ϛ. Ἐπὶ Σωκρατίδου γὰρ ἄρχοντος, Μουνυχιῶνος μηνὸς, μέλλων ἐκπλεῖν τὸν ὕστερον ἔκπλουν Τιμόθεος οὑτοσὶ,

[1] ἢ οὐ Τιμοθέῳ [2] κομιεῖσθαι [3] [πρᾶξαι] [4] ἐχρήσατο

Ἀλλὰ καὶ εἴ του ἄλλου δέοιτο πρὸς Τιμόθεον πρᾶξαι] Sententia non est obscura: sed loquendi modus suspectus. Idem.

Κατεχρήσατο] Malim cum Reiskio ἐχρήσατο, *mutuo recepit.* Auger.

Οἱ γὰρ τραπεζῖται εἰώθασιν κ. τ. λ.] Vid. Petit. Comm. in L. A. l. V. t. IV. §. II. fin.

Τά τε ληφθέντα καὶ τὰ τεθέντα] Τά τ' ἀναλωθέντα malim: nisi pro τεθέντα legas, τὰ δοθέντα, quod participium paulo post sequitur, p. 194. v. 10. δοθέντος τοίνυν τοῦ ἀργυρίου τούτου. Wolf.

Τὰ ληφθέντα] *Accepta a mensario,* τὰ τεθέντα, *deposita ad mensarium.* Auger.

περὶ ἀναγωγὴν ἤδη ὢν ἐν τῷ Πειραιεῖ, προσδεηθεὶς ἀργυρίου, προσελθὼν τῷ πατρὶ τῷ ἐμῷ ἐν τῷ λιμένι, ἐκέλευσεν αὐτὸν χρῆσαι χιλίας τριακοσίας πεντήκοντα [1] [δραχμὰς,] μίαν, δύ' ὀβολώ. τοσούτου γὰρ ἔφη προσδεῖσθαι, καὶ δοῦναι ἐκέλευσεν Ἀντιμάχῳ τῷ ταμίᾳ τῷ ἑαυτοῦ, ὃς τούτῳ διῴκει τότε πάντα. καὶ ὁ μὲν δανεισάμενος τὸ ἀργύριον παρὰ τοῦ πατρὸς τοῦ ἐμοῦ Τιμόθεος ἦν, καὶ κελεύσας δοῦναι Ἀντιμάχῳ τῷ ταμίᾳ τῷ ἑαυτοῦ· ὁ δὲ λαβὼν τὸ ἀργύριον ἐκ τῆς τραπέζης παρὰ Φορμίωνος, Αὐτόνομος, ὅσπερ Ἀντιμάχῳ διετέλει γραμματεύων τὸν ἅπαντα χρόνον. δοθέντος τοίνυν τοῦ ἀργυρίου τούτου, ἐγράψατο μὲν ὀφείλοντα τὸν κελεύσαντα χρῆσαι Τιμόθεον· ὑπόμνημα δ' ἐγράψατο, ᾧ τε οὗτος ἐκέλευσε δοῦναι, Ἀντιμάχῳ, καὶ [2] ὃν Ἀντίμαχος συνέπεμψεν ἐπὶ τὴν τράπεζαν ληψόμενον τὸ ἀργύριον, τὸν Αὐτόνομον, τὰς χιλίας τριακοσίας δραχμὰς καὶ πεντήκοντα
καὶ μίαν καὶ δύο ὀβολώ. 1187

γ'. Τὸ μὲν τοίνυν πρῶτον χρέος, ὃ ἐκπλέων ἔλαβε στρατηγῶν τὸ ὕστερον, τοσοῦτον ὤφειλεν. ἐπειδὴ δ' ἀπεχειροτονήθη μὲν ὑφ' ὑμῶν στρατηγὸς διὰ τὸ μὴ περιπλεῦσαι Πελοπόννησον· ἐπὶ κρίσει δὲ παρεδέδοτο εἰς τὸν δῆμον, αἰτίας τῆς μεγίστης τυχών· ἐφειστήκει δ' αὐτῷ Καλλίστρατος, καὶ Ἰφικράτης, τῷ τε πράττειν καὶ τῷ εἰπεῖν δυνάμενοι· οὕτω [3] δὲ διέθεσαν ὑμᾶς κατηγοροῦντες τούτου αὐτοί τε καὶ οἱ συναγορεύοντες αὐτοῖς, ὥστ' Ἀντίμαχον μέν, ταμίαν ὄντα καὶ πιστότατα διακείμενον τούτῳ, κρίναντες ἐν τῷ δήμῳ ἀπεκτείνατε καὶ τὴν οὐσίαν αὐτοῦ ἐδημεύσατε· αὐτὸν δὲ τοῦτον, ἐξαιτουμένων μὲν τῶν ἐπιτηδείων καὶ οἰκείων αὐτοῦ ἁπάντων, ἔτι δὲ καὶ Ἀλκέτου καὶ Ἰάσονος, συμμάχων ὄντων ὑμῖν, μόλις μὲν ἐπείσθητε ἀφεῖναι, στρα-

[1] Deest δραχμάς. [2] ὃν ὁ Ἀντίμαχος [3] * δὴ

β'. Τὸν κελεύσαντα χρῆσθαι] Lege χρῆσαι. WOLF.

γ'. Ἐπειδὴ δ' ἀπεχειροτονήθη —] *Ubi vero vos illi imperium abrogastis*, hoc est, ἐπειδὴ στρατηγοῦντα αὐτὸν ἐπαύσατε, *et abrogare se coactus est propterea quod classe Peloponnesum non circumdedit, ad judicium populi rejectus est, maximo crimine postulatus*. BUDÆUS. Hæc historia exstat, sed summatim apud Xenoph. Hellen. VI. p. 342., et ex hoc loco et tota hac oratione quædam addi possunt ad vitam Timothei, quam scripsit Cornelius Nepos. PALMER.

Ἀλκέτου καὶ Ἰάσονος] Alcetam, octavum Macedoniæ regem, non puto intelligi hic posse, sed alium quempiam, Epirotam fortassis, Tharrytæ F. Arymbæ patrem. Iason Thessalus satis notus est e Xenophonte. WOLF. Vid. Corsin.

τηγοῦντα δ' αὐτὸν ἐπαύσατε. ἐν τοιαύταις δ' ὢν διαβολαῖς καὶ ἀπορίᾳ χρημάτων πολλῇ — ἡ μὲν γὰρ οὐσία ὑπόχρεως ἦν ἅπασα καὶ ὅροι αὐτῆς ἕστασαν καὶ ἄλλοι ἐκράτουν, ὁ μὲν γὰρ ἐν πεδίῳ ἀγρὸς ἀποτίμημα τῷ παιδὶ τῷ Εὐμηλίδου καθειστήκει, ἑξήκοντα δὲ τριηράρχοις τοῖς συνεκπλεύσασιν αὐτῷ ἑπτὰ μνῶν ἑκάστῳ ἡ ἄλλη οὐσία ὑπέκειτο, ἃς οὗτος [1] αὐτὸς στρατηγῶν αὐτοὺς ἠνάγκασε τοῖς ναύταις τροφὴν διαδοῦναι· ἐπειδὴ δ' ἀποχειροτονηθεὶς, ἐν ᾧ ἀπήνεγκε λόγῳ, ἐλογίσατο ἐκ τῶν στρατιωτικῶν χρημάτων αὐτὸς δεδωκὼς εἰς τὰς ναῦς τὰς ἑπτὰ μνᾶς ταύτας τότε, φοβούμενος, μὴ καταμαρτυρήσωσιν αὐτοῦ οἱ τριήραρχοι καὶ ἐξ-
1188 ελέγχηται ψευδόμενος, δάνεισμα ποιεῖται ἰδίᾳ παρ' ἑκάστου αὐτῶν. [2] τὰς ἑπτὰ μνᾶς καὶ ὑποτίθησιν αὐτοῖς τὴν οὐσίαν, ἃς νῦν αὐτοὺς ἀποστερεῖ καὶ τοὺς ὅρους ἀνέσπακε· πανταχόθεν δ' ἀπορούμενος, καὶ ἐν ἀγῶνι τῷ μεγίστῳ καθεστηκὼς περὶ τοῦ σώματος, διὰ τὸ συμβεβηκέναι τῇ πόλει τοιαῦτα πράγματα· ἄμισθον μὲν τὸ στράτευμα καταλελύσθαι ἐν Καλαυρίᾳ, πολιορκεῖσθαι δὲ τοὺς περὶ Πελοπόννησον συμμάχους ὑπὸ Λακεδαιμονίων, κατηγορούντων

[1] αὐτοὺς στρατηγῶν ἠνάγκασε τ. ν. *εἰς τροφὴν [2] [τὰς]

Fast. Attic. p. I. d. II. §. XXIV.

Ἐν τοιαύταις δ' ὢν διαβολαῖς, καὶ ἀπορίᾳ χρημάτων πολλῇ· ἡ μὲν γὰρ] Est ἀνανταπόδοτον, aut ὑπέρβατον. Sequitur enim longissimo intervallo p. 196. v. 17. τέτε ὢν ἀναγκαζόμενος, δανείζεται τὰς χιλίας δραχμάς. Wolf.

Ἀποτίμημα] Cum fundus non modo oppigneratus erat, sed etiam æstimatus, et creditori fruendus datus usurarum loco, creditor eum tantisper possidebat, titulis quoque appositis, qui oppignerationis et possessionis causam indicabant; ac res ita pignerata dicebatur ἀποτίμημα. Is autem, cui res erat ita obligata, poterat pignori incumbere corporaliter, et quemlibet, qui in re vel ad rem jus habere se diceret, depellere, si intra tempus dictum obligationi satisfactum non erat: quod duobus præcipue fiebat casibus; cum alicui pluris licitanti res locabantur in judicio, aut ubi de dote agebatur. Quare negabat Demosthenes Timotheum bonis ullis frui; quod bona ejus omnia a creditoribus tenerentur æstimata, et pignori opposita. In Anim. in Salmas. Obs. ad J. A. et R. l. III. c. VI. §. IX. Heraldus.

Ἐν ᾧ ἀπήνεγκε λόγῳ] In rationibus quas ad logistas tum retulit, ipse expensas has septem minas retulit. Est enim ἀποφέρειν λόγον et λόγους, rationes ad ærarium referre. Budæus.

Ὑποτίθησιν] Hæc hypotheca rei est immobilis, cum mentio fit ὅρων revulsorum, i. e. titulorum, qui affixi erant ex more prædiis oppigneratis. De M. U. p. 503. Salmasius.

Τοὺς ὅρους ἀνέσπακε] Doctissimus interpres, qui vertit libellis revulsis, nescivit, quid essent ὅροι. Lapides enim erant pigneratitii vel hypothecarii, qui in modum terminalium lapidum, in obligatis prædiis defigi constituique solebant. Unde ἐφεστάναι χωρίοις eos dicit Pollux, et Demosthenes in hac oratione ἑστάναι, stare vel statutos esse. Nec libelli nec tabellæ fuere isti ὅροι, sed lapidei cippi inscripti, quibus fundum illum, cui impositi erant, a se teneri fiduciæ titulo creditores testatum faciebant. Inde οὐσία ὡρισμένη eidem Demostheni, qui hujusmodi pigneratitios lapides acceperat, et χωρίον ὡρισμένον Polluci, ager columellis notatus. De M. U. p. 639. Idem.

Ἐν Καλαβρίᾳ] Et sæpius. ἐν Καλαυρίᾳ lege per υ, non per β. Wolf.

δὲ τοῦτον αἴτιον εἶναι τῆς παρούσης ἀτυχίας Ἰφικράτους
καὶ Καλλιστράτου, ἔτι δὲ τῶν ἀφικνουμένων ἀπὸ [1] στρα-
τεύματος ἀπαγγελλόντων ἐν τῷ δήμῳ τὴν παροῦσαν ἔνδειαν
καὶ ἀπορίαν, τὰ δὲ καὶ δι᾽ ἐπιστολῶν ἑκάστου πυνθανο-
μένου παρὰ τῶν οἰκείων καὶ ἐπιτηδείων ὡς διέκειντο· ὧν
ἀκούοντες ὑμεῖς ἐν τῷ δήμῳ τότε, ἀναμνήσθητε, πῶς ἕκα-
στος περὶ αὐτοῦ τὴν γνώμην εἶχεν, οὐ γὰρ ἀγνοεῖτε τὰ
λεγόμενα. — μέλλων τοίνυν καταπλεῖν ἐπὶ τὴν κρίσιν, ἐν
Καλαυρίᾳ δανείζεται χιλίας δραχμὰς παρὰ Ἀντιφάνους
τοῦ Λαμπρέως, ὃς ἐπέπλει ταμίας Φιλίππῳ τῷ ναυκλήρῳ,
ἵνα διαδοίη τοῖς Βοιωτίοις τριηράρχοις, καὶ [2] περιμένωσιν
ἕως ἂν αὐτῷ ἡ κρίσις γένηται, καὶ μὴ, καταλυθεισῶν
πρότερον τῶν Βοιωτίων τριηρῶν καὶ διαπελθόντων πρό-
τερον τῶν στρατιωτῶν, μᾶλλον αὐτῷ ὀργίζησθε ὑμεῖς.
οἱ μὲν γὰρ πολῖται ἠνείχοντο κακοπαθοῦντες, καὶ παρέ-
μενον· οἱ δὲ Βοιωτοὶ οὐκ ἔφασαν [3] παραμένειν, εἰ μή τις
αὐτοῖς τὴν καθ᾽ ἡμέραν τροφὴν δώσοι. τότε οὖν ἀναγκαζό-
μενος, δανείζεται τὰς χιλίας δραχμὰς παρὰ τοῦ Ἀντι- 1189
φάνους, ὃς ἐπέπλει ταμιεύων Φιλίππῳ τῷ ναυκλήρῳ, καὶ
δίδωσι τῷ Βοιωτίῳ ἄρχοντι τῶν νεῶν. ἐπειδὴ δ᾽ ἀφίκετο
δεῦρο, ἀπῄτουν αὐτὸν ὅ τε Φίλιππος καὶ ὁ Ἀντιφάνης τὰς
χιλίας δραχμὰς, ἃς ἐδανείσατο ἐν Καλαυρίᾳ· καὶ ἠγα-
νάκτουν, ὅτι οὐ ταχὺ ἀπελάμβανον. φοβούμενος δ᾽ οὗτος
τοὺς ἐχθροὺς τοὺς ἑαυτοῦ, μὴ πύθοιντο, ὅτι, ἃς ἐν τῷ
λόγῳ ἀπήνεγκε χιλίας δραχμὰς, δεδωκὼς εἰς τὰς Βοιωτίας
ναῦς ἐκ τῶν στρατιωτικῶν χρημάτων, ταύτας Φίλιππος
δανείσας ἀποστερεῖται, καὶ ἅμα δεδιὼς τὸν Φίλιππον, μὴ
καταμαρτυροίη αὐτοῦ ἐν τῷ ἀγῶνι, προσελθὼν τῷ πατρὶ
τῷ ἐμῷ ἐδεήθη ἀπαλλάξαι τὸν Φίλιππον καὶ χρῆσαι αὐ-
τῷ τὰς χιλίας δραχμὰς, ἵν᾽ ἀποδιδοίη Φιλίππῳ. ὁρῶν δ᾽
ὁ πατὴρ ὁ ἐμὸς τό τε μέγεθος τοῦ ἀγῶνος ἡλίκον ἦν τούτῳ
καὶ ὡς ἠπορεῖτο οὗτος, καὶ ἐλεῶν αὐτὸν, προσαγαγὼν πρὸς
τὴν τράπεζαν, ἐκέλευσεν ἀποδοῦναι χιλίας δραχμὰς Φι-
λίππῳ τὸν Φορμίωνα τὸν ἐπικαθήμενον ἐπὶ τῆς τραπέζης,
καὶ γράψαι ὀφείλοντα Τιμόθεον.

[1] τοῦ στρατεύματος [2] * παραμένωσιν [3] παραμενεῖν

ταμιεύων] Quaesturam gerens. Budaeus. τὸν ἐπικαθήμενον] Mensae praepositum.

δ. Καὶ ταῦθ' ὅτι ἀληθῆ ἐστὶ, τὸν δόντα τὸ ἀργύριον Φορμίωνα ὑμῖν μάρτυρα παρέξομαι, ἐπειδὰν καὶ περὶ τοῦ ἄλλου συμβολαίου διηγήσωμαι ὑμῖν, ἵνα τῇ αὐτῇ μαρτυρίᾳ περὶ ὅλου τοῦ χρέους ἀκούσαντες εἰδῆτε, ὅτι ἀληθῆ λέγω. καλῶ δ' ὑμῖν καὶ τὸν Ἀντιφάνην, τὸν δανείσαντα τὸ ἀργύριον τούτῳ τὰς χιλίας δραχμὰς ἐν Καλαυρίᾳ, καὶ παρόντα ὅτε ἀπέλαβε Φίλιππος τὸ ἀργύριον παρὰ τοῦ
1190 πατρὸς τοῦ ἐμοῦ ἐνθάδε. τοῦ μὲν γὰρ μαρτυρίαν [1] με ἐμβαλέσθαι πρὸς τὸν διαιτητὴν παρεκρούσατο, φάσκων [2] ἀεὶ μαρτυρήσειν μοι εἰς τὴν κυρίαν ἀπόφασιν. ἐπειδὴ δ' ἡ δίαιτα ἦν, προσκληθεὶς ἀπὸ τῆς οἰκίας — οὐ γὰρ ἦν φανερὸς — ἔλιπε τὴν μαρτυρίαν πεισθεὶς ὑπὸ τουτουΐ. τιθέντος δέ μου [3] αὐτῷ τὴν δραχμὴν τοῦ λειπομαρτυρίου κατὰ τὸν νόμον, ὁ διαιτητὴς οὐ [4] καταδεδιῃτήκει, ἀλλ' ἀπιὼν ᾤχετο ἀποδιαιτήσας τούτου τὴν δίαιταν, ἑσπέρας ἤδη οὔσης. νυνὶ δὲ τῷ Ἀντιφάνει εἴληχα βλάβης ἰδίαν δίκην, ὅτι μοι οὔτ' ἐμαρτύρησεν οὔτ' ἐξωμόσατο κατὰ τὸν νόμον. καὶ ἀξιῶ αὐτὸν ἀναβάντα εἰπεῖν ἐναντίον ὑμῶν διομοσάμενον, πρῶτον μὲν, εἰ ἐδάνεισεν ἐν Καλαυρίᾳ Τιμοθέῳ χιλίας δραχμάς· δεύτερον δ', εἰ παρὰ τοῦ πατρὸς Φίλιππος ἀπέλαβεν ἐνθάδε τοῦτο τὸ ἀργύριον. σχεδὸν μὲν οὖν καὶ αὐτὸς οὗτος ὡμολόγει πρὸς τῷ διαιτητῇ ἀποδοῦναι τῷ Φιλίππῳ τὸν πατέρα τὸν ἐμὸν τὰς χιλίας δραχμάς. οὐ μέντοι γ' ἑαυτῷ φησὶ δανεῖσαι, ἀλλὰ τῷ Βοιωτίῳ ναυάρχῳ· καὶ ὑποθεῖναι αὐτόν φησι τούτου τοῦ ἀργυρίου

[1] μὴ [2] ἀεί μοι μαρτυρήσειν [3] Deest αὐτῷ. [4] κατεδιαίτα

In Anim. in Salmas. Obss. ad J. A. et R. l. II. c. XXIV. §. VI. Heraldus.

γ. Τοῦ μὲν γὰρ μαρτυρίαν με ἐμβαλέσθαι] M. μὴ ἐμβαλέσθαι με, utraque voce retenta. Wolf.

Τοῦ μὲν γὰρ μαρτυρίαν κ. τ. λ.] In caussis civilibus λειπομαρτυρίου actionem datam existimo adversus testes, qui citati defuerant; quorum absentia qui litem perdiderant, contra eos agebant damni dati: etsi eam actionem nonnulli restringunt ad eos, qui de re sibi nota testimonium polliciti, id postea deseruerant. Pollux l. VIII. c. VI. et Suidas observationem hanc videntur sumpsisse ex hac oratione. Vides hic autem damni actionem adversus testem [Antiphanem] datam, qui testimonium deseruisset, propter quod is [Apollodorus], qui testimonium ejus volebat uti, causa excidisset, non quod is testimonium pollicitus defuisset, sed simpliciter quia vocatus ad testimonium dicendum non affuisset; ut restrictiones illae quibus λειπομαρτυρίου δίκην Grammatici illi includere voluerunt, vanae prorsus sunt et rejiciendae. *In Anim. in Salmas. Obs. ad J. A. et R.* l. VI. c. XVI. §. III. Heraldus.

Παρεκρούσατο] S. ὁ Ἀντιφάνης. Wolf.

Φάσκων ἀεί μοι μαρτυρήσειν εἰς τὴν κυρίαν ἀπόφασιν] Alias ἡ κυρία absolute dici solet. Idem.

Τιθέντος δέ μου αὐτῷ τὴν δραχμὴν] Fuit, ut apparet, ritus quidam accusandi ejus, qui testimonium dicere recusasset. Idem. Vid. Petit. Comm. in L. A. l. IV. t. VII.

χαλκόν. ὡς δ' οὐκ ἀληθῆ ἔλεγεν, ἀλλ' αὐτὸς δανεισάμε-
νος [1]ἀπεστέρει, ἐγὼ ὑμᾶς διδάξω, ἐπειδὰν καὶ περὶ τῶν
ἄλλων, ὧν ὀφείλει, καθ' ἕκαστον ὑμῖν διηγήσωμαι.

ι΄. Ἀφικομένου γὰρ Ἀλκέτου καὶ Ἰάσονος ὡς τοῦτον ἐν
τῷ Μαιμακτηριῶνι μηνὶ τῷ ἐπ' Ἀστείου ἄρχοντος, ἐπὶ τὸν
ἀγῶνα τὸν τούτου, βοηθησόντων αὐτῷ καὶ καταγομένων
εἰς τὴν οἰκίαν τὴν ἐν Πειραιεῖ τὴν ἐν τῇ Ἱπποδαμείᾳ,
ἑσπέρας ἤδη οὔσης, ἀπορούμενος ὑποδέξασθαι αὐτούς, πέμ-
ψας ὡς τὸν πατέρα τὸν ἐμὸν Αἰσχρίωνα, τὸν ἀκόλουθον
τὸν αὐτοῦ, ἐκέλευσεν αἰτήσασθαι στρώματα καὶ ἱμάτια 1191
καὶ φιάλας ἀργυρᾶς δύο, καὶ μνᾶν ἀργυρίου δανείσασθαι.
ἀκούσας δ' ὁ πατὴρ ὁ ἐμὸς Αἰσχρίωνος, τοῦ ἀκολούθου
[2]τούτου, τούς τε ἀφιγμένους, καὶ τὴν χρείαν εἰς ἣν ᾐτεῖτο,
ἐφ' ἅ τ' ἦλθον, ἔχρησε, καὶ τὴν μνᾶν τοῦ ἀργυρίου ἣν ἐδα-
νείζετο ἐδάνεισεν. ἀπολελυμένῳ τοίνυν τῆς αἰτίας πολλὴ
συνέβαινεν αὐτῷ μετὰ ταῦτα χρημάτων ἀπορία, εἴς τε τὰς
ἰδίας χρείας καὶ εἰς τὰς δημοσίας εἰσφοράς. ἃ ὁρῶν ὁ πα-
τὴρ ὁ ἐμὸς οὐκ ἐτόλμα τοῦτον εὐθὺς ἀπαιτεῖν τὸ ἀργύριον·
οὔτε γὰρ ἂν τοῦτον εὐπορήσανθ' ἡγεῖτο ἀδικῆσαι αὐτόν,
οὔτ' ἂν αὐτὸς ἀποροῦντα τοῦτον ἔχειν, ὁπόθεν εἰσπρά-
ξειεν. ἐπειδὴ τοίνυν ἀπῆλθον ὅ τε Ἀλκέτας καὶ ὁ Ἰάσων,
τὰ μὲν στρώματα καὶ τὰ ἱμάτια πάλιν ἀπήνεγκεν Αἰσχρί-
ων, ὁ ἀκόλουθος ὁ τούτου· τὰς δὲ φιάλας τὰς δύο οὐκ
ἀπήνεγκεν, ἃς ᾐτήσατο, ὥσπερ καὶ τὰ στρώματα, καὶ

[1] ἀποστερεῖ   [2] * τοῦ τούτου

§. XI. XII.

ι΄. Ἐν τῷ Μαιμακτηριῶνι μηνὶ ἐπ' Ἀστείου ἄρχοντος lege, non τῷ ἐπ' Ἀστείου. et v. 8. ἀπορούμενος. Wolf.

Ἐν τῇ Ἱπποδαμείᾳ] Apparet, esse loci nomen, fortassis a domandis equis sic appellati, unde *Equidomitorium* verti. Hippodamiae plures fuerunt, sed illa Œnomai Elei filia, celeberrima, et fieri potest, ut locus de nomine mulieris alicujus sit dictus, sicut Academia ab Academo, seu Hecademo heroe. Legi fortasse queat ἐν τῷ Ἱπποδρομίῳ, etsi ἱππόδρομος potius dici solet. τὰ Ἱπποδρόμια sunt *ludi circenses*, quae et *Equiria*. Idem. Non recte interpretatur doctissimus Wolfius. Debuisset: *quae sunt in foro Hippodamio*. Non enim ab equis ibi domitis nomen datum, sed ab Hippodamo Milesio. Vid. Suid. et Harpocrat. Porro Hippodamus hic novum aedificandi morem invenit. Aristot. Polit. l. VII, c. XI. *In Att. Lect.* l. V. c. XIX. Meursius. Ἱπποδαμεία vel Ἱπποδάμειος ἀγορὰ fuit, cujus mentionem fecit Xenophon Hellenicorum secundo, et Andocides in orat. de Mysteriis. Suidas in hac voce ait forum illud ita vocatum ab architecto Hippodamo, qui Piraeeum portum aedificaverat. Palmer.

Ἀπορούμενος ὑποδέξασθαι lege. Wolf.

Αἰτήσασθαι στρώματα] Manifestum discrimen inter αἰτήσασθαι, *stragula, vestes, phialas, utenda petere*; et *argenti minam* δανείσασθαι, ita *mutuam rogare*, ut *cum fœnore sis redditurus*: quod nihilominus Salmasii sententiam, de Usur. p. 619. 620. de M. U. p. 298., minime labefactat. *Valckenaer. Anim. ad Ammon.*

τὴν μνᾶν τοῦ ἀργυρίου ἐδανείσατο, ἀφικομένων ὡς τοῦτον
Ἀλκέτου καὶ Ἰάσονος.

ϛ'. Μέλλων τοίνυν ἀποδημεῖν ὡς βασιλέα, καὶ διαπρα-
ξάμενος ἐκπλεῦσαι, ὡς βασιλεῖ στρατηγήσων τὸν ἐπ' Αἴγυ-
πτον πόλεμον, ἵνα μὴ δῷ λόγον ἐνθάδε καὶ εὐθύνας τῆς
[1] ἐνθάδε στρατηγίας, μεταπεμψάμενος τὸν πατέρα τὸν
ἐμὸν εἰς τὸ παράλιον, τῶν τε προϋπηργμένων εἰς αὐτὸν
ἐπῄνει καὶ ἐδεῖτο αὐτοῦ, συστήσας Φιλώνδαν, ἄνδρα τὸ μὲν
γένος Μεγαρέα, μετοικοῦντα δ' Ἀθήνησι, πιστῶς δὲ τούτῳ
διακείμενον καὶ ὑπηρετοῦντα ἐν ἐκείνῳ τῷ χρόνῳ, ἐπειδὰν
1192 ἀφίκηται ἐκ Μακεδονίας ὁ Φιλώνδας — ὃν συνίστη οὗτος
τῷ πατρὶ τῷ ἐμῷ — ἄγων ξύλα τὰ δοθέντα τούτῳ ὑπὸ
Ἀμύντου, τὸ ναῦλον τῶν ξύλων παρασχεῖν, καὶ ἐᾶσαι τὰ
ξύλα ἀνακομίσαι εἰς τὴν οἰκίαν τὴν ἑαυτοῦ τὴν ἐν Πειραιεῖ·
αὐτοῦ γὰρ εἶναι τὰ ξύλα. ἅμα τε τῇ δεήσει εἶπε λόγον, ᾧ
οὐκ ἀκόλουθα ποιεῖ τὰ ἔργα [2] νῦν. ἔφη γὰρ, κἂν μὴ τύχῃ ὧν
ἐδεῖτο τοῦ πατρὸς, οὐκ ὀργισθήσεσθαι, ὥσπερ ἂν ἄλλος τις
ἀποτυχών· ἀλλ', ὧν αὐτῷ δεηθέντι ὑπηρέτηκε, τούτων, ἄν ποτε
δύνηται, χάριν ἀποδώσειν. ἀκούσας δ' ὁ πατὴρ ὁ ἐμὸς ταῦ-
τα, ἥσθη τε τοῖς λόγοις καὶ ἐπῄνει τοῦτον, ὅτι μέμνηται εὖ
παθών· καὶ, ὅσα αὐτοῦ ἐδεῖτο, ὑπέσχετο ποιήσειν. καὶ οὗτος
μὲν μετὰ ταῦτα τὴν ἀναγωγὴν ἐποιεῖτο ὡς τοὺς στρατηγοὺς
[3] τοῦ βασιλέως· ὁ δὲ Φιλώνδας, ᾧ συνέστησεν οὗτος τὸν
πατέρα τὸν ἐμὸν, ἐπειδὰν ἀφίκηται ἄγων τὰ ξύλα, τὸ
ναῦλον παρασχεῖν, εἰς τὴν Μακεδονίαν τὴν πορείαν ἐποι-
εῖτο. καὶ οὗτοι οἱ χρόνοι ἦσαν περὶ Θαργηλιῶνα μῆνα ἐπ'
Ἀστείου ἄρχοντος. τῷ δ' ὑστέρῳ ἔτει ἀφικομένου [4] Φιλώνδου
ἐκ τῆς Μακεδονίας, ἄγοντος τὰ ξύλα, — ἀποδημοῦντος τού-
του παρὰ βασιλεῖ —, [5] προσελθόντος τῷ πατρὶ τῷ ἐμῷ
[6] καὶ κελεύοντος τὸ ναῦλον τῶν ξύλων παρασχεῖν, ἵνα δια-
λύσῃ τὸν ναύκληρον, καθάπερ οὗτος ἐδεήθη, ὅτε ἐξέπλει,
τοῦ πατρὸς, καὶ συνέστησε [7] τὸν Φιλώνδαν, προσαγαγὼν
πρὸς τὴν τράπεζαν ὁ πατὴρ, ἐκέλευσε δοῦναι [8] τὸν Φορμί-

[1] [ἐνθάδε] [2] νυνὶ [3] τοὺς [4] τοῦ Φιλώνδου [5] καὶ προσελθόντος [6] [καὶ] [7] τὴν] πρὸς [8] Deest articulus.

l. I. c. II. p. 13. Budaeus.

ϛ'. Τῶν τε προϋπηργμένων —] Eum ob editam antea in se benignitatem praestitaque obsequia collaudatum, obsecrabat etiam.

Ὃ συνίστησιν] Ex superioribus leg. vid. ὃν συνέστησεν οὗτος τῷ πατρὶ τῷ ἐμῷ, δεόμενος, ἐπειδὰν - - - Auger.

ωνα τὸ ναῦλον τῶν ξύλων, χιλίας ἑπτακοσίας πεντήκοντα.
καὶ ἠρίθμησε τὸ ἀργύριον Φορμίων· καὶ ἐγράψατο μὲν ὀφεί-
λοντα Τιμόθεον — οὗτος γὰρ ἦν ὁ δεηθεὶς τοῦ πατρὸς 1193
παρασχεῖν τὸ ναῦλον τῶν ξύλων, καὶ τούτου [1] ἦν —, ὑπο-
μνήματα δὲ ἀπεγράψατο τήν τε χρείαν, εἰς ἣν ἐλήφθη τὸ
ἀργύριον, καὶ τὸ ὄνομα τοῦ λαβόντος. καὶ οὗτος ὁ χρόνος
ἦν [2] Ἀλκισθένους ἄρχοντος, ὁ ὕστερος ἐνιαυτὸς, ἢ οὗτος ἀνή-
γετο ὡς βασιλέα.

ζ΄. Ὑπὸ δὲ τὸν αὐτὸν χρόνον τοῦτον καὶ Τιμοσθένης ὁ
Αἰγιαλεὺς ἀφικνεῖται κατ' ἐμπορίαν ἰδίαν ἀποδημῶν· ἐπι-
τήδειος δὲ ὢν Φορμίωνι καὶ κοινωνὸς ὁ Τιμοσθένης, ὅτ' ἐξέ-
πλει, δίδωσιν ἀποθεῖναι τῷ Φορμίωνι μετ' ἄλλων χρημάτων
καὶ φιάλας [3] Λυκουργεῖς δύο. ἀπὸ τύχης δ' ὁ παῖς ταύ-
τας τὰς φιάλας, οὐκ εἰδὼς ὅτι ἀλλότριαι ἦσαν, δίδωσι τῷ
Αἰσχρίωνι, τῷ ἀκολούθῳ τῷ τούτου, ὅτ' ἐπέμφθη ὡς τὸν
πατέρα τὸν ἐμὸν ὑπὸ τούτου, καὶ ᾐτεῖτο τὰ στρώματα
καὶ τὰ ἱμάτια καὶ τὰς φιάλας, καὶ τὴν μνᾶν τοῦ ἀργυρίου
[4] [ὃ] ἐδανείσατο, ἀφικομένων ὡς τοῦτον Ἀλκέτου καὶ Ἰάσο-
νος. ἀπαιτοῦντος δὲ τοῦ Τιμοσθένους τὰς φιάλας τὸν Φορ-
μίωνα, ἐπειδὴ ἧκεν, — ἀποδημοῦντος Τιμοθέου παρὰ βα-
σιλεῖ —, πείθει αὐτὸν ὁ πατὴρ ὁ ἐμὸς [5] τιμὴν ἀπολα-
βεῖν τῶν φιαλῶν, ὅσον ἦγον αἱ φιάλαι, διακοσίας τριά-
κοντα ἑπτά. καὶ τῷ μὲν Τιμοσθένει [6] τιμὴν ἀπέδωκε τῶν
φιαλῶν· τοῦτον δ' ἐγράψατο αὐτῷ ὀφείλοντα, πρὸς τὸ
ἄλλο χρέος ὃ οὗτος αὐτῷ ὤφειλεν, ὃ ἀπέτισε τῷ Τιμο-
σθένει τῶν φιαλῶν. καὶ ταῦτα πάνθ' ὅτι ἀληθῆ λέγω,
τούτων ὑμῖν ἀναγνώσεται τὰς μαρτυρίας, πρῶτον μὲν τῶν
δόντων τὸ ἀργύριον, οἷς οὗτος ἐκέλευσεν ἀπὸ τῆς τραπέ-
ζης, καὶ ἐπικαθημένων τότε· ἔπειτα τοῦ ἀπολαβόντος
τὴν τιμὴν τῶν φιαλῶν.

ΜΑΡΤΥΡΙΑΙ. 1194

ὅτι μὲν τοίνυν οὐ ψεύδομαι πρὸς ὑμᾶς περὶ ὧν εἶπον, τῶν

[1] ἦν· ὑπόμνημα δ' ἀπεγράψατο τὴν [2] Ἀλκισθένης ἄρχων [3] λυκιουργεῖς
[4] Deest ὃ. [5] τὴν τιμὴν [6] * τὴν τιμὴν

ζ. Ὁ αἰγιαλεὺς] Παρὰ τὸν αἰγιαλόν. vide Stephanum. Wolf.

Λυκουργεῖς] Εἴτε ὑπὸ Λυκίου τοῦ Μύρωνος υἱοῦ κατεσκευασμένας, εἴτε ἐν Λυκίᾳ, εἴτε ἐν Λυκείῳ εἰργασμένας. Vide Suidam, qui λυκιουργεῖς habet. Idem.

Ἀπέτισε] P. ὃ ἀπέτισεν ὁ Τιμοσθένης, τῶν φιαλῶν. In farrag. Idem. Addo vel

μαρτυριῶν ἀναγινωσκομένων ἀκηκόατε· ὅτι δέ μοι καὶ αὐτὸς οὗτος ὡμολόγει τὰ ξύλα τὰ κομισθέντα ὑπὸ Φιλώνδου εἰς τὴν οἰκίαν τὴν ἑαυτοῦ ἀνακομισθῆναι τὴν ἐν Πειραιεῖ, τούτων ὑμῖν ἀναγνώσεται τὴν μαρτυρίαν.

ΜΑΡΤΥΡΙΑ.

ὡς μὲν τοίνυν τούτου ἦν τὰ ξύλα, ἃ ἤγαγεν ὁ Φιλώνδας, αὐτός μοι μεμαρτύρηκεν· ὡμολόγει γὰρ αὐτὰ πρὸς τῷ διαιτητῇ ἀνακομισθῆναι εἰς τὴν οἰκίαν τὴν ἑαυτοῦ τὴν ἐν Πειραιεῖ, ὡς μεμαρτύρηται ὑμῖν ὑπὸ τῶν ἀκουόντων.

ή. Ἔτι δὲ καὶ ἐκ τεκμηρίων πειράσομαι ὑμᾶς ἐγὼ διδάξαι, ὅτι ἀληθῆ λέγω. οἴεσθε γάρ, ὦ ἄνδρες δικασταί, τὸν πατέρα τὸν ἐμόν, εἰ μὴ Τιμοθέου ἦν τὰ ξύλα, καὶ ἐδεήθη οὗτος αὐτοῦ, συστήσας τὸν Φιλώνδαν, ὅτε ἀνήγετο ὡς τοὺς στρατηγοὺς τοῦ βασιλέως, παρασχεῖν τὸ ναῦλον, ἢ ἐᾶσαι ἄν ποτε, ὑποκειμένων αὐτῷ τῶν ξύλων τοῦ ναύλου, ἀνακομίσαι τὸν Φιλώνδαν τὰ ξύλα ἐκ τοῦ λιμένος, ἀλλ' οὐκ ἂν [1] παρακαταστήσαντά τινα τῶν οἰκετῶν φυλάττειν, καὶ τὴν τιμὴν λαμβάνειν τῶν πωλουμένων ξύλων, ἕως ἐκομίσατο τὰ ἑαυτοῦ, εἴπερ Φιλώνδου ἦν τὰ ξύλα, καὶ ἐμπορίας ἕνεκ' ἤχθη; ἔπειτα πρὸς τούτοις, τίνι ὑμῶν εἰκὸς δοκεῖ εἶναι, μὴ κελεύσαντος τούτου παρασχεῖν [2] τὸ ναῦλον τῶν ξύλων τῶν δοθέντων τούτῳ ὑπὸ Ἀμύντου, πιστεῦσαι τὸν πατέρα τὸν ἐμὸν Φιλώνδᾳ, καὶ ἐᾶσαι ἀνακομίσαι τὰ ξύλα ἐκ τοῦ λιμένος εἰς τὴν οἰκίαν τὴν τούτου; ἤ, πῶς οἷόν τ' ἐστὶ τὸν μὲν Φιλώνδαν ἐμπορίας ἕνεκα ἀγαγεῖν τὰ ξύλα, ὡς
1195 οὗτός φησι, καταχρήσασθαι δὲ τοῦτον ἥκοντ' εἰς τὴν οἰκοδομίαν τὴν αὑτοῦ τοῖς ξύλοις τούτοις; σκέψασθε δὲ κἀκεῖνο, ὅτι πολλοὶ δὴ καὶ χρηστοὶ τῶν πολιτῶν οἰκεῖοι ὄντες τούτῳ ἐπεμελοῦντο τῶν τούτου, ἀποδημοῦντος παρὰ βασιλεῖ Τιμοθέου. ὧν οὐδεὶς τετόλμηκε μαρτυρῆσαι τούτῳ, ἤ, ὡς οὐκ ἔλαβεν ὁ Φιλώνδας τὸ ναῦλον τῶν ξύλων ἀπὸ τῆς τραπέζης, ἤ, ὡς λαβὼν ἀπέδωκεν, οὐδ' αὖ ὡς αὐτῶν τις διέλυσε τὸ ναῦλον ὑπὲρ τῶν ξύλων, ὧν ἤγαγεν ὁ Φιλώνδας,

[1] παραστήσαντα sub. ὑπέρ. Auger.

[2] τὸ ναῦλον παρασχεῖν redundat. Idem.

, 4. Τούτου] Vel τούτῳ, vel Τιμοθέου

δοθέντων τούτῳ παρ' Ἀμύντου. ἡγοῦνται γὰρ περὶ πλείονος αὐτοῖς εἶναι καλοὶ κἀγαθοὶ δοκεῖν εἶναι μᾶλλον, ἢ Τιμοθέῳ χαρίσασθαι τὰ ψευδῆ μαρτυροῦντες. οὐ [1] μέντοι οὐδὲ τούτου γ' ἔφασαν καταμαρτυρῆσαι ἂν τἀληθῆ· οἰκεῖον γὰρ αὐτοῖς εἶναι. ὅπου τοίνυν μηδεὶς τετόλμηκε τῶν οἰκείων τούτῳ μαρτυρῆσαι, καὶ ἐπιμελομένων τῶν τούτου, ὅτε ἀπεδήμει οὗτος παρὰ βασιλεῖ, ἢ ὡς οὐκ ἔλαβεν ὁ Φιλώνδας τὸ ναῦλον τῶν ξύλων ἀπὸ τῆς τραπέζης, ἢ ὡς αὐτῶν τις διέλυσεν· πῶς οὐκ εἰκός ἐστιν ὑμᾶς ἡγεῖσθαί με τἀληθῆ λέγειν; καὶ μὴν οὐδ' ἐκεῖνό γε τολμήσει, ὡς ἄλλος τις διέλυσε τὸ ναῦλον ὑπὲρ τῶν ξύλων, ὧν ἤγαγεν ὁ Φιλώνδας, ἢ ὁ πατὴρ ὁ ἐμός. ἐὰν δὲ καταχρῆται τῷ λόγῳ, ἀξιοῦτε αὐτὸν καὶ τὴν μαρτυρίαν παρασχέσθαι ὑμῖν τοῦ ἀποδόντος τὸ ναῦλον ὑπὲρ τῶν ξύλων. αὐτὸς μὲν γὰρ ὁμολογεῖται ἀποδημεῖν παρὰ βασιλεῖ, τὸν δὲ Φιλώνδαν, ὃν ἔπεμψεν ἐπὶ τὰ ξύλα καὶ συνέστησε τῷ πατρὶ τῷ ἐμῷ, τεθνηκότα [2] κατέλαβεν, ἥκων παρὰ βασιλέως. ἀναγκαῖον δὴ τῶν ἄλλων οἰκείων καὶ ἐπιτηδείων, οὓς [3] κατέλιπεν, ἀποδημεῖν μέλλων, συνεπιμελεῖσθαι τῶν [4] ἑαυτοῦ, εἰδέναι 1196
τινά, ὅθεν τὸ ναῦλον τῶν ξύλων πορίσας ὁ Φιλώνδας τῷ ναυκλήρῳ διέλυσεν, εἰ [5] μή φησι τὸν πατέρα τὸν ἐμὸν συστῆσαι αὐτῷ, μηδὲ λαβεῖν τὸν Φιλώνδαν παρὰ τοῦ πατρὸς τοῦ ἐμοῦ τὸ ναῦλον τῶν ξύλων. μαρτυρίαν τοίνυν οὐδενὸς ἔχεις παρασχέσθαι τῶν οἰκείων τῶν σαυτοῦ, ὡς οὐκ ἐλήφθη σοῦ ἀποδημοῦντος τὸ ναῦλον τῶν ξύλων ἐκ τῆς τραπέζης, ἀλλὰ δυοῖν θάτερον, ἢ οὐδενὶ χρῇ τῶν οἰκείων οὐδὲ πιστεύεις τῶν σαυτοῦ οὐδενί, ἤ, εἰδὼς ἀκριβῶς τὸν Φιλώνδαν λαβόντα τὸ ναῦλον τῶν ξύλων παρὰ τοῦ πατρὸς τοῦ ἐμοῦ, ᾧπερ αὐτὸν συνέστησας, ὅτε ἐξέπλεις, οἴει δεῖν, ἀποστερήσας ἡμᾶς, ἂν δύνῃ, πλεονεκτεῖν. ἐγὼ τοίνυν, ὦ ἄνδρες δικασταί, πρὸς τῇ μαρτυρίᾳ, ἣν παρέσχημαι ὑμῖν μαρτυροῦντας τοὺς δόντας τὸ ἀργύριον, οἷς οὗτος ἐκέλευσε,

[1] μέντοι γ' οὐδὲ   [2] κατελάμβανες   [3] κατέλιπες   [4] σαυτοῦ   [5] μὴ φῂς

Καὶ καλοί] M. τὸ καλοί. In farrag. Wolf.

Τολμήσει] Post τολμήσει add. λέγειν. Auger.

Παρὰ τοῦ πατρὸς τοῦ ἐμοῦ ᾧσπερ αὐτὸν συνέστησας] F. ᾧπερ αὐτόν. Wolf.

Ἢ εἰδὼς, etc. ὅτε ἐξέπλεις ἢ οἴει] Lege ὅτε ἐξέπλεις οἴει. τὸ ἢ abundat, cum τὸ εἰδὼς

καὶ καθημένους ἐπὶ τῇ τραπέζῃ τότε, καὶ πίστιν ἠθέλησα Τιμοθέῳ ἐπιθεῖναι, ἣν ἀναγνώσεται ὑμῖν.

[1]ΟΡΚΟΣ.

οὐ τοίνυν, ὦ ἄνδρες δικασταὶ, γράψας μοι ὁ πατὴρ κατέλιπε τὰ χρέα μόνον, ἀλλὰ καὶ ἔλεγεν ἀῤῥωστῶν, ὅ τι ὀφείλοιτο αὐτῷ ἕκαστον, καὶ παρ' ὧ, καὶ εἰς ὅ τι ἐλήφθη τὸ ἀργύριον, καὶ τῷ ἀδελφῷ τῷ ἐμῷ. καὶ ὡς ταῦτ' ἀληθῆ λέγω, ἀνάγνωθί μοι τὴν μαρτυρίαν τοῦ ἀδελφοῦ.

ΜΑΡΤΥΡΙΑ.

ὡς μὲν τοίνυν κατελείφθη ὀφείλων Τιμόθεος ἡμῖν τὸ ἀργύριον ὑπὸ τοῦ πατρὸς, οὗ δικάζομαι αὐτῷ, καὶ γίνεται ἐμὸν [2]μέρος, ὅ τε ἀδελφός μοι μεμαρτύρηκε, καὶ ὁ Φορμίων ὁ δοὺς τὸ ἀργύριον, κἀγὼ τούτων πίστιν ἠθέλησα ἐπιθεῖναι.

1197 θ'. Προκαλεσαμένου δὲ τούτου πρὸς τῷ διαιτητῇ, καὶ κελεύοντος ἐνεγκεῖν τὰ γράμματα ἀπὸ τῆς τραπέζης, καὶ ἀντίγραφα αἰτοῦντος, πέμψαντος Φρασικρίδην ἐπὶ τὴν τράπεζαν· [3]τῷδε Φρασικρίδῃ ἐξενέγκας, ἔδωκα ζητεῖν τὰ γράμματα, καὶ ἐκγράφεσθαι [4]ἃ οὗτος ὤφειλε. καὶ ὡς ὡμολόγει λαβεῖν οὗτος τὰ ἀντίγραφα, ἀνάγνωθί μοι τὴν μαρτυρίαν.

ΜΑΡΤΥΡΙΑ.

πρὸς τοίνυν τὸν διαιτητὴν κομίσαντός μου τὰ γράμματα, παρὼν ὁ Φορμίων καὶ ὁ [5]Εὐφραῖος οἱ δόντες τὸ ἀργύριον οἷς ἐκέλευσεν οὗτος, ἐξήλεγχον αὐτὸν ἐν οἷς τε χρόνοις ἕκαστον ἐδανείσατο, [6]καὶ εἰς ὅ τι ἔλαβε τὸ ἀργύριον, καὶ εἰς ἃ κατεχρήσατο. ὁ δὲ, τὰς μὲν χιλίας καὶ τριακοσίας καὶ πεντήκοντα [7]καὶ μίαν καὶ δύο ὀβολὼ, ἃς πρώτας ἐδανείσατο τοῦ Μουνυχιῶνος μηνὸς, μέλλων ἐκπλεῖν ἐπὶ Σωκρατίδου ἄρχοντος, [8]ἃς καὶ ἐκέλευσε δοῦναι Ἀντιμάχῳ τῷ ταμίᾳ τῷ αὐτοῦ, ἰδίᾳ ἔφη δανεῖσαι τὸν πατέρα Ἀντι-

[1] Ορκοι. [2] τὸ μέρος [3] ● ἐγὼ δὲ [4] ἴσα [5] Εὐφραῖος [6] [καὶ - - - - ἀργύριον,] [7] [καὶ] [8] [ἃς]

ad εἰδὼς referatur. IDEM.

θ'. Τῷδε] Leg. vid. ἐγὼ γε. AUGER.

μάχῳ, καὶ οὐκ αὐτὸς λαβεῖν. καὶ ὡς μὲν ἀληθῆ λέγει, οὐδένα μάρτυρα παρέσχηται· λόγῳ δὲ καταχρῆται, ἵνα μὴ αὐτὸς δοκῇ ἀποστερεῖν, ἀλλ' Ἀντίμαχος δανείσασθαι. καίτοι, ὦ ἄνδρες δικασταὶ, μέγα ὑμῖν ἐρῶ τεκμήριον, ὅτι οὐκ Ἀντιμάχῳ ἐδάνεισεν ὁ πατὴρ [1] τοῦτο τὸ ἀργύριον, ἀλλὰ Τιμοθέῳ περὶ ἀναγωγὴν ὄντι. πότερα γὰρ ἂν οἴεσθε ῥᾷον εἶναι τῷ πατρὶ, δημευθέντων τῶν Ἀντιμάχου, ἐνεπισκήψασθαι ἐν τῇ οὐσίᾳ τῇ ἐκείνου ἐνοφειλόμενον αὐτῷ τοῦτο τὸ ἀργύριον, εἴπερ Ἀντιμάχῳ ἐδάνει- 1198
σεν, ἢ ἀναμένειν ὁπότε παρὰ τούτου κομιεῖσθαι ἔμελλεν εὐπορήσαντος, ὃς οὐ πολλὰς ἐλπίδας σωτηρίας περὶ αὐτοῦ εἶχεν ἐν ἐκείνῳ τῷ χρόνῳ; καὶ μὴν ἐνεπισκηψάμενός γε, οὔτ' ἂν παρακαταβολῆς ἠπόρησεν, οὔτ' ἂν ἠπιστήθη ὑφ' ὑμῶν. πάντες γὰρ ἴστε τὸν πατέρα τὸν ἐμὸν οὐ τῶν δημοσίων ἀδίκως ἐπιθυμοῦντα, ἀλλὰ τῶν αὑτοῦ ὑμῖν, [2] ὅτ' ἐκελεύσατε, προθύμως ἀναλίσκοντα· εἶτα καὶ [3] ἐπιτηδείου ὄντος αὐτῷ Καλλιστράτου, ὅσπερ ἐδήμευσε τὰ Ἀντιμάχου, ὥστε [4] μηδ' ἐναντιοῦσθαι. ὥστε τί ἂν ποτε βουλόμενος ὁ πατὴρ [5] ἐβούλετο Τιμόθεον χρήστην ἐγγράψας ἡμῖν καταλιπεῖν, εἴπερ μὴ ὤφειλε τοῦτο τὸ ἀργύριον, μᾶλλον, ἢ οὐκ ἐκ τῶν Ἀντιμάχου δημευθέντων ἐνεπισκηψάμενος κομίσασθαι;

ί. Περὶ δὲ τῶν χιλίων δραχμῶν, ἃς ἐδανείσατο παρὰ τοῦ Ἀντιφάνους ἐν Καλαυρίᾳ, ἵνα διαδοίη τοῖς Βοιωτίοις τριηράρχοις, μέλλων καταπλεῖν ἐπὶ τὴν κρίσιν, [6] ἃς καὶ ἀπέδωκε Φιλίππῳ τῷ ναυκλήρῳ, ἐνθάδε λαβὼν παρὰ τοῦ

[1] [τοῦτο] [2] ὅτε κελεύσαιτε [3] ἐπιτήδειον ὄντα αὐτῷ Καλλίστρατον [4] μηδὲν [5] ἠβούλετο [6] [ἃς]

Ἐνεπισκήψασθαι ἐν τῇ οὐσίᾳ τῇ ἐκείνου ἐνοφειλόμενον αὐτῷ τοῦτο τὸ ἀργύριον] Pollux lib. 8. ἐνεπισκήψασθαι ἦν, ὁπότε τις ἐν τοῖς δημευθεῖσιν ἑαυτῷ τι ὀφείλεσθαι ἢ προσήκειν λέγοι· καὶ τὸ πρᾶγμα ἐνεπίσκημμα ἐκαλεῖτο. Wolf. *Utrum existimatis expeditius patri meo fuisse, cum bona Antimachi publicarentur, in creditam ipsi antea pecuniam agere, in bonaque ipsa oppignerata incumbere, si quidem revera Antimacho non Timotheo crediderat, an expectare in longam diem, cum ab isto jam locupletato creditum servaturus foret, qui eo tempore exiguam spem salutis suæ habebat?* (Quasi dicat, hominis hoc parum frugi fuisset, ac de facultatibus suis male merentis.) *Atqui, si ad pigneranda publicata bona incubuisset, in pigneratitiamque actionem sponsione contendere instituisset, ut assolet fieri, ea utique pecunia defici non potuisset, quam sponsione provocantem deponere oportebat, neque vos non illi fidem habuissetis, quem publicorum injuste cupidum non esse novistis.* ἐνεπισκήπτεσθαι enim dicebantur creditores, qui publicatis bonis cujuspiam experiebantur contra populum, ut hodie contra fiscum, actione pigneratitia in pignora incumbentes. Budæus.

Ὥστε μηδ' ἐναντιοῦσθαι. ὥστε τί ἂν ποτε] Lego ἐναντιοῦσθαι· τί ἄν, omisso altero ὥστε. Wolf.

Ἢ οὐκ ἐκ τῶν Ἀντιμάχου] Negatio abundare videtur, quia cohæret καταλιπεῖν μᾶλλον, ἢ κομίσασθαι. Idem.

πατρὸς τοῦ ἐμοῦ, τὸν Βοιώτιον ναύαρχόν φησι δανείσασθαι,
καὶ ὑποθεῖναι τούτου τοῦ ἀργυρίου τῷ πατρὶ τῷ ἐμῷ
χαλκόν. ὡς δ' οὐκ ἀληθῆ λέγει, μέγα ὑμῖν ἐρῶ τεκμήριον.
πρῶτον μὲν γὰρ ἐν Καλαυρίᾳ οὗτος φαίνεται δανεισάμενος
τὰς χιλίας δραχμὰς, καὶ οὐχ ὁ Βοιώτιος ναύαρχος· ἔπειτ'
ἀπαιτῶν ὁ Φίλιππος ἐνθάδε τοῦτον τὰς χιλίας δραχμὰς,
καὶ οὐ τὸν Βοιώτιον ναύαρχον· καὶ ἀποδοὺς οὗτος, ἀλλ'
1199 οὐχ ὁ Βοιώτιος ναύαρχος. προσῆκε γὰρ τῷ μὲν Βοιωτίῳ
ἄρχοντι παρὰ τούτου τὴν τροφὴν τοῖς ἐν ταῖς ναυσὶ [1] πα-
ραλαμβάνειν· ἐκ γὰρ τῶν κοινῶν συντάξεων ἡ μισθαφορία
ἦν τῷ στρατεύματι. τὰ δὲ χρήματα σὺ ἅπαντα ἐξέλεξας
ἐκ τῶν συμμάχων· καὶ σὲ ἔδει αὐτῶν λόγον ἀποδοῦναι.
εἶτα καταλυθεισῶν τῶν Βοιωτίων νεῶν, καὶ διαπελθόντων
τῶν στρατιωτῶν, τῷ μὲν Βοιωτίῳ ναυάρχῳ οὐδεὶς κίνδυνος
ὑπ' Ἀθηναίων ἦν, οὐδ' ἐν ἀγῶνι καθειστήκει οὐδενὶ, σὺ δ'
ἐν τῷ μεγίστῳ· περίφοβος δ' ὢν, ἡγοῦ σοι μεγάλην ἐπι-
κουρίαν ἀπολογίας ἔσεσθαι, ἐὰν παραμείνωσιν αἱ Βοιώτιαι
τριήρεις, ἕως ἄν σοι ἡ κρίσις γένηται. ἔπειτα καὶ ἐκ τίνος
φιλίας [2] ἂν ποτ' ἐδάνεισεν ὁ πατὴρ ὁ ἐμὸς τῷ Βοιωτίῳ
ναυάρχῳ τὰς χιλίας δραχμὰς, ὃν οὐκ ἐγίνωσκεν; ἀλλὰ
γὰρ ὑποθέσθαι φησὶν [3] αὐτὸν χαλκόν. ὁπόσον τινὰ, καὶ
ποδαπὸν, καὶ πόθεν γενόμενον τὸν χαλκὸν τοῦτον τῷ Βοι-
ωτίῳ ναυάρχῳ; πότερα κατ' ἐμπορίαν ἀχθέντα, ἢ ἀπ'
αἰχμαλώτων γενόμενον; εἶτα τίνες ἦσαν οἱ ἐνεγκόντες
τὸν χαλκὸν ὡς τὸν πατέρα τὸν ἐμόν; πότερα μισθωτοὶ, ἢ
οἰκέται; ἢ τίς ὁ παραλαβὼν τῶν οἰκετῶν τῶν ἡμετέρων;
χρῆν γὰρ αὐτὸν, εἰ μὲν οἰκέται ἤνεγκαν, τοὺς κομίσαντας
παραδιδόναι· εἰ δὲ μισθωτοὶ, τὸν ὑποδεξάμενον καὶ ἀπο-
στησάμενον τὸν χαλκὸν τῶν οἰκετῶν τῶν ἡμετέρων, τοῦτον
ἐξαιτεῖν. οὐ γὰρ δήπου ἄνευ γε σταθμοῦ ἔμελλεν οὔθ' ὁ
[4] ὑποτιθέμενος* οὔθ' ὁ ὑποτιθεὶς τὸν χαλκὸν παραδώσειν, οὐδ'
1200 αὖ ὁ πατὴρ [5] ἔμελλεν αὐτὸς οὔτε οἴσειν τὸν χαλκὸν, οὔτε
στήσεσθαι. ἀλλ' οἰκέται ἦσαν αὐτῷ, οἱ τὰ ἐνέχυρα τῶν δα-

[1] λαμβάνειν [2] ἂν φιλίας ποτ' [3] * αὐτῶν
[4] οὔτε ὁ ὑποτιθέμενος * παραλήψεσθαι, οὔθ' ὁ ὑπ. [5] ἤμελλεν

ι. Ἡ μισθοφορία] In Olynth. μισθοφορὰν In farrag. Idem.
dicit. Wolf. Τὸν ἀποστησάμενον τὸν χαλκὸν] Τὸν στα-
Σὲ ἔδει αὐτῶν] F. αὐτῶν, s. χρημάτων. θμησάμενον, est scholion. Idem.

νεισμάτων παρελάμβανον. θαυμάζω δ' ἔγωγε καὶ τίνος ἄν ποτε εἵνεκα ὑπετίθει τὸν χαλκὸν τῷ πατρὶ τῷ ἐμῷ ὁ Βοιώτιος ναύαρχος, ὀφείλων Φιλίππῳ χιλίας δραχμάς. πότερον ὡς Φίλιππος οὐκ ἂν ἡδέως τόκον ἐλάμβανεν, εἴπερ ἀσφαλῶς αὐτῷ ἦν τὸ ἀργύριον δεδανεισμένον, καὶ ἐπ' ἐνεχύρῳ; ἢ ὡς οὐκ ἦν τῷ Φιλίππῳ ἀργύριον; ὥστε τί ἔδει τοῦ πατρὸς τοῦ ἐμοῦ δεηθῆναι δανεῖσαι τὰς χιλίας δραχμὰς τὸν Βοιώτιον ναύαρχον, καὶ ἀποδοῦναι Φιλίππῳ μᾶλλον; ἢ οὐ τὸν χαλκὸν ὑποθεῖναι τῷ Φιλίππῳ; ἀλλ' οὔθ' ὁ χαλκὸς ὑπετέθη, ὦ ἄνδρες δικασταὶ, οὔθ' ὁ Βοιώτιος ναύαρχος ἐδανείσατο τὰς χιλίας δραχμὰς παρὰ τοῦ πατρὸς τοῦ ἐμοῦ, ἀλλὰ Τιμόθεος οὑτοσὶ ἐν ἀπορίᾳ ὢν πολλῇ· τὴν δὲ χρείαν, εἰς ἣν κατεχρήσατο τῷ ἀργυρίῳ, εἴρηκα ὑμῖν. ἀντὶ δὲ τοῦ χάριν ἀποδοῦναι, ὧν ἐπιστεύθη καὶ ἔλαβε παρὰ τοῦ πατρὸς τοῦ ἐμοῦ, οἴεται δεῖν καὶ τὰ ἀρχαῖα, ἐὰν δύνηται, ἀποστερῆσαι.

ιά. Περὶ μὲν τοίνυν τῶν φιαλῶν, καὶ τῆς μνᾶς τοῦ ἀργυρίου ἣν ἐδανείσατο παρὰ τοῦ πατρὸς, πέμψας τὸν ἀκόλουθον τὸν αὐτοῦ Αἰσχρίωνα τῆς νυκτὸς ὡς τὸν πατέρα τὸν ἐμὸν, ἠρόμην αὐτὸν πρὸς τῷ διαιτητῇ, εἰ ἔτι δοῦλος εἴη ὁ Αἰσχρίων [1]αὐτοῦ· καὶ ἠξίουν αὐτὸν ἐν τῷ [1]αὐτοῦ δέρματι τὸν ἔλεγχον διδόναι. ἀποκριναμένου δέ μοι τούτου, ὅτι ἐλεύθερος εἴη, τῆς μὲν ἐξαιτήσεως ἐπέσχον· μαρτυρίαν δ' αὐτὸν ἠξίουν ἐμβαλέσθαι τοῦ Αἰσχρίωνος ὡς ἐλευθέρου ὄντος. ὁ δὲ 1201
οὔτε μαρτυρίαν παρέσχετο, οὔθ' ὡς δοῦλον τὸν Αἰσχρίωνα παραδοὺς, ἐκ τοῦ σώματος τὸν ἔλεγχον ἠξίου γενέσθαι, φοβούμενος, ἂν μὲν μαρτυρίαν παράσχηται, ὡς ἐλευθέρου ὄντος, μὴ ἐπισκηψάμενος ἐγὼ αὐτῷ τῶν ψευδομαρτυριῶν, καὶ ἐξελέγξας τὰ ψευδῆ μεμαρτυρηκότα Αἰσχρίωνα, ἐπὶ τόνδε τῶν κακοτεχνιῶν ἔλθοιμι κατὰ τὸν νόμον· εἰ δ' αὖ βασανίζειν παραδοίη, μὴ τὰς ἀληθείας κατείποι ὁ Αἰ-

[1] [αὐτοῦ]

Ἢ οὐ] Malim abesse οὐ. Auger.

ιά. Ἠρόμην αὐτὸν κ. τ. λ.] Vid. Petit. Comm. in L. A. l. IV. t. VII. §. II.

Τῆς Αἰσχρίωνος] F. τὸν, aut ὑπὲρ, ἢ, περὶ Αἰσχρίωνος, aut τοῦ Αἰσχρίωνος, ut jubeat Timotheus ipsum Æschrionem dicere testimonium ut ingenuum. Sequitur enim v. antepen. καὶ ἐξελέγξας τὰ ψευδῆ μεμαρτυρηκότα τὸν Αἰσχρίωνα. Wolf.

Ἐπὶ τόνδε τῶν κακοτεχνιῶν ἔλθοιμι] Πότερον τὸν Αἰσχρίωνα, ἢ τὸν Τιμόθεον; hunc opinor, quia servi delicta luere cogebatur dominus. Idem. Pro τόνδε M. αὐτὸν sp. Τιμόθεον. Auger. Vid. Petit.

σχρίων. καίτοι καλὸν ἦν αὐτῷ, εἰ τῶν ἄλλων λημμάτων τοῦ ἀργυρίου μάρτυρας μὴ εἶχε παρασχέσθαι, τοῦτό γ' ἐξελέγξαι ἐκ τοῦ Αἰσχρίωνος, ὡς οὐκ ἐλήφθησαν αἱ φιάλαι, οὐδ' ἡ μνᾶ τοῦ ἀργυρίου, οὐδ' ἐπέμφθη ὁ Αἰσχρίων ὑπὸ τούτου ὡς τὸν πατέρα τὸν ἐμόν· καὶ τεκμηρίῳ τούτῳ καταχρήσασθαι πρὸς ὑμᾶς, ὅτι ἐγὼ καὶ τἄλλα ψεύδομαι περὶ ὧν ἐγκαλῶ αὐτῷ, [1]ὅπου γε ὅν φημι λαβεῖν, οἰκέτην ὄντα τούτου, τὰς φιάλας καὶ τὴν μνᾶν τοῦ ἀργυρίου, οὗτος βασανιζόμενος οὐ φαίνεται λαβών. εἰ τοίνυν τοῦτο ἰσχυρὸν ἦν [2]ἂν τούτῳ πρὸς ὑμᾶς τεκμήριον, ὅτι ἐξεδίδου τὸν Αἰσχρίωνα, ὃν πεμφθῆναί φημι ὑπὸ τούτου, καὶ λαβεῖν τὰς φιάλας παρὰ τοῦ πατρὸς τοῦ ἐμοῦ, καὶ τὴν μνᾶν τοῦ ἀργυρίου δανείσασθαι, κἀμοὶ γενέσθω τεκμήριον πρὸς ὑμᾶς, ὅτι, συνειδώς με ἀληθῆ ἐγκαλοῦντα, οὐ τολμᾷ τὸν Αἰσχρίωνα παραδοῦναι.

ιβ. Ἀπολογίαν τοίνυν ποιήσεται, ὅτι ἐν τοῖς γράμμασι τοῖς τραπεζιτικοῖς ἐπ' Ἀλκισθένους ἄρχοντος ἦν [3]γεγραμμένος τό τε ναῦλον τῶν ξύλων εἰληφώς, καὶ τὴν τιμὴν τῶν φιαλῶν ὧν ἀπέτισε Τιμοσθένει ὑπὲρ τούτου ὁ
1202 πατήρ· καὶ, ὅτι αὐτὸς ἐν τούτῳ τῷ χρόνῳ οὐκ ἐπεδήμει, ἀλλὰ παρὰ βασιλεῖ ἦν. περὶ δὴ τούτου σαφῶς ὑμᾶς βούλομαι διδάξαι, ἵν' ἀκριβῶς εἰδῆτε, ὃν τρόπον ἔχει τὰ γράμματα τὰ [4]ἀπὸ τῆς τραπέζης. οὗτος μὲν γὰρ ἐν μὲν τῷ Θαργηλιῶνι μηνὶ, ἐπ' Ἀστείου ἄρχοντος, μέλλων ἀνάγεσθαι ὡς βασιλέα, συνέστησε τὸν Φιλώνδαν τῷ πατρὶ τῷ ἐμῷ· τοῦ δ' ὑστέρου ἐνιαυτοῦ ἐπὶ Ἀλκισθένους ἄρχοντος, ἀφικνεῖται ὁ Φιλώνδας, ἄγων τὰ ξύλα ἐκ τῆς Μακεδονίας, καὶ ἔλαβε τῶν ξύλων τὸ ναῦλον παρὰ τοῦ πατρὸς τοῦ ἐμοῦ, ἀποδημοῦντος τούτου παρὰ βασιλεῖ. ἐγράψαντο οὖν, ὅτε ἐδίδοσαν τὸ ἀργύριον ἀπὸ τῆς τραπέζης, ὀφείλοντα τοῦτον, οὐχ ὅτε συνέστησε τὸν Φιλώνδαν τῷ πατρὶ τῷ ἐμῷ ἐπιδημῶν. ὅτε μὲν γὰρ συνέστησεν, οὐδέπω τὰ ξύλα ἧκεν, ἀλλ' [5]ἔμελλεν ἐπ' αὐτὰ ὁ Φιλώνδας τὴν πορείαν ποιεῖσθαι· ὅτε δ' ἧκε τὰ ξύλα ἄγων, οὗτος μὲν ἀπεδήμει, ὁ δὲ Φιλώνδας ἔλαβε τὸ ναῦλον τῶν ξύλων, καθάπερ οὗτος ἐκέλευσε, καὶ ἀνεκομίσθη εἰς τὴν οἰκίαν τὴν ἐν Πειραιεῖ,

[1] ὅπου ὅν γε φημὶ [2] ἂν ἦν [3] ἐγγεγραμμένος [4] ἐπὶ [5] ἤμελλεν

τὴν τούτου τὰ ξύλα. ὅτι δὲ οὐκ εὐπορῶν οὗτος ἐξέπλει ἐνθένδε, ἴστε μὲν καὶ αὐτοὶ, ὅσοις αὐτοῦ ἡ οὐσία ἀφωρισμένη ἦν, οὓς νῦν ἀποστερεῖ· ἵνα δὲ εἰδῆτε, ὅτι καὶ ἄνευ ἐνεχύρων ὤφειλέ τισι τῶν πολιτῶν, οὐκ ἔχων ὑποθεῖναι τὰ ἄξια, ἀνάγνωθί μοι τὴν μαρτυρίαν.

ΜΑΡΤΥΡΙΑ.

ιγ΄. Περὶ δὲ τῶν φιαλῶν, ἃς ᾐτήσατο μὲν ἐν τῷ Μαιμακτηριῶνι μηνὶ Αἰσχρίων ὁ ἀκόλουθος τούτου ἐπ᾽ Ἀστείου ἄρχοντος, ἐπιδημοῦντος τούτου, ὅτε ὑπεδέξατο Ἀλκέτην καὶ Ἰάσονα, γεγραμμένου δὲ τὴν τιμὴν ὀφείλοντος τούτου ἐπ᾽
Ἀλκισθένους ἄρχοντος, τέως μὲν ᾤετο αὐτὸν ἀποίσειν τὰς 1203
φιάλας, ἃς ᾐτήσατο, ὁ πατήρ· ἐπειδὴ δ᾽ οὗτος μὲν ἀπῆλθε, τὰς δὲ φιάλας οὐκ ἀπενηνόχει, οὐδ᾽ ἦσαν αἱ φιάλαι τοῦ Τιμοσθένους κείμεναι παρὰ τῷ Φορμίωνι, ἥκων δ᾽ ἀπῄτει τὰς φιάλας, τότε μὲν ἀπέτισε τὴν τιμὴν τῶν φιαλῶν τῷ Τιμοσθένει, ἐγράψατο δ᾽ ὁ πατὴρ αὐτῷ τοῦτον ὀφείλοντα πρὸς τὸ ἄλλο χρέος. ὥστ᾽, ἂν ταύτῃ τῇ ἀπολογίᾳ κατα-

Comm. in L. A. l. IV. t. VII. §. XIV.

ιβ΄. Ὅτι δὲ οὐκ εὐπορῶν —] Ubi observabis et ἐνέχυρα dici ὑποθεῖναι. Ergo de his et ὑποθήκη dicitur. Οὐσίαν absolute vocabant, quæ in rebus soli consistebat, ut antea diximus. Quod vel liquet ex hoc loco ubi ἐφωρισμένη οὐσία vocatur, quæ obligata est pro debito. Quod non potest intelligi nisi de immobilium substantia. Nam quia ὅροι imponebantur prædiis oppigneratis, inde ἐφωρισμένη οὐσία appellatur, quæ ὅρους habet impositos, quibus obligata creditori ob æs alienum probatur. Legendum autem ἐφωρισμένη, non ut vulgo est ἀφωρισμένη. Nam ἐφορίζειν est ὅρους imponere h. e. titulos. Ὁρίζειν etiam simpliciter dicebant pro eodem. Ergo quod sequitur et περὶ ἐνεχύρων, plane ostendit, ea dari solita in rebus tantum mobilibus, non in prædiis, quæ solerent ἐφορίζεσθαι. Idque etiam constat ex hac oratione p. 205. v. 30. οὐ γὰρ δήπου etc. De æris certo pondere, quod obligatum erat pro debito, ibi sermo est. Dicit non nisi appensum tradi ab eo qui obligaret debere, qui et ferendum domum creditoris curare deberet, et appendere, non ipse creditor. Æs illud ita pignori obligatum, ad creditorem deferendum, eique tradendum vel ejus famulis, qui solerent pignora rerum creditarum a debitoribus suscipere, ἐνέχυρον vocat. Id et ὑποθήκη dici potuit, quatenus et ἐνέχυρον, h. e. *rei mobilis pignus* ὑποτίθεσθαι dicitur. At res immobilis, ut prædium vel fundus, quod tradi in manus non potest, ὑποθήκη quidem et ipsa est, quia ὑποτεθεῖσα est, sed non ἐνέχυρον. Quidam tamen, sed recentioribus grammaticis, ἐνέχυρον et pro ὑποθήκῃ usurparunt. *De M. U.* p. 507. SALMASIUS. Ob ὅρους illos, prædia oppignerata dicebantur ἀφωρισμένα, quasi titulis et ὅροις a pleno debitoris dominio avulsa; non quod dominium penes eum non maneret, sed quod certum non erat, cum ob æs alienum ab eo abduci posset. Nec aliter ullibi scribitur, et nunquam ἐφωρισμ. ut legi jubet Salmasius, cui impune potest non pareri. Sic et προορίσαι τὴν οἰκίαν apud eundem Demosthenem κ. Ὀνήτ. ἐξουλ. β. p. 465. v. ult. vol. III. Ergo tituli illi, ὅροι τεθέντες, rem oppigneratam indicabant, qua liberata, tituli dejiciebantur. *In Anim. in Salmas. Obss. ad J. A. et R.* l. III. c. VI. §. VIII. HERALDUS. Vid. quoque Not. p. 47. v. 1.

Ὅσοις αὐτοῦ ἡ οὐσία ἀφωρισμένη ἦν] *Quibus ejus bona oppignerata erant.* BUDÆUS.

Οὐκ ἔχων ὑποθεῖναι τὰ ἄξια] Τὰ κατ᾽ ἀξίαν τῶν δανεισμάτων. WOLF.

ιγ΄. Τέως] *Interea*, i. e. a die a quo mutuatus fuit usque ad diem profectionis.

χρῆται, ὅτι οὐκ ἐπεδήμει ἐν τοῖς χρόνοις, ἐν οἷς γέγραπται τὴν τιμὴν τῶν φιαλῶν ὀφείλων, ὑποβάλλετε αὐτῷ, ὅτι ἔλαβες μὲν ἐπιδημῶν· ἐπειδὴ δ' οὐκ ἀπέφερες — ἀπεδήμεις γὰρ —, οὐκ ἦσαν δ' αἱ φιάλαι, ἃς ὁ θέμενος ἀπῄτει, ἐγράφης τὴν τιμὴν αὐτῶν ὀφείλων, ὃ ἀπετίσθη τῶν φιαλῶν.

ιδ'. Ἀλλὰ νὴ Δία φήσει ἴσως, ἔδει τὸν πατέρα τὸν ἐμὸν ἀπαιτεῖν αὐτὸν τὰς φιάλας; ἀλλ' ἑώρα σε ὡς ἠπόρου. καὶ περὶ μὲν τοῦ ἄλλου χρέους σοι ἐπίστευε, καὶ ἡγεῖτο, ἐπειδὰν ἔλθῃς, ἀπολήψεσθαι παρὰ σοῦ εὐπορήσαντος· περὶ δὲ τῶν φιαλῶν σοι ἀπιστήσειν [1] ἔμελλε; καὶ ὑπέσχετο μέν, δεομένου σου, τὸ ναῦλον τῶν ξύλων παρασχήσειν, ὅτε ἀνῆγου ὡς βασιλέα· ἕνεκα δὲ τῶν φιαλῶν [2] δυοῖν οὐσῶν ἀπιστήσειν σοι [1] ἔμελλε; καὶ τὸ μὲν ἄλλο χρέος σε οὐκ ἀπῄτει, ἀπορούμενον ὁρῶν· τὰς δὲ φιάλας ἔμελλε;

ιε'. Βούλομαι τοίνυν ὑμῖν καὶ περὶ τῆς προκλήσεως τοῦ
ὅρκου εἰπεῖν, ἣν ἐγώ τε τοῦτον προεκαλεσάμην, καὶ οὗτος
ἐμέ. ἐμβαλομένου γάρ [3] μου ὅρκον εἰς τὸν ἐχῖνον, ἠξίου
καὶ αὐτὸς οὗτος ὀμόσας ἀπηλλάχθαι. ἐγὼ δ', εἰ μὲν μὴ
περιφανῶς αὐτὸν ᾔδειν πολλοὺς καὶ μεγάλους ὅρκους ἐπι-
1204 ωρκηκότα καὶ πόλεσι καὶ ἰδιώταις, ἔδωκα ἂν αὐτῷ [4] τόνδε
τὸν ὅρκον· νῦν δέ μοι δοκεῖ, μαρτύρων μὲν ὄντων ἐμοί, ὡς
ἔλαβον τὸ ἀργύριον ἀπὸ τῆς τραπέζης, οἷς οὗτος ἐκέλευσε
δοῦναι, περιφανῶν δὲ τεκμηρίων, δεινὸν εἶναι, [5] τὸν ὅρκον
δοῦναι τούτῳ, ὃς οὐχ ὅπως εὐορκήσῃ πρόνοιαν ποιήσεται,
ἀλλ' οὐδὲ τῶν ἱερῶν αὐτῶν ἕνεκα τοῦ πλεονεκτήματος
ἀπέσχηται. τὰ μὲν οὖν καθ' ἕκαστα πόλλ' ἂν εἴη λέγειν,
ὧν ἐπιώρκηκεν οὗτος ῥᾳδίως· οὓς δὲ περιφανέστατα καὶ
ὑμεῖς αὐτῷ πάντες σύνιστε ὅρκους ἐπιωρκηκότι, τούτους
ἀναμνήσω ὑμᾶς. ἴστε γὰρ τοῦτον ἐν τῷ δήμῳ ὀμόσαντα
καὶ ἐπαρασάμενον αὑτῷ ἐξώλειαν, εἰ μὴ γράψαιτο Ἰφι-

[1] ἤμελλε [2] δυεῖν [3] ἐμοῦ [4] Deest τόνδε. [5] * τό

Auger.

ιέ. Βούλομαι τοίνυν κ. τ. λ.] Nam quando provocatione adversariorum deferebatur jusjurandum, pactione cavebatur litem iri decisam hoc jurejurando. Veteri autem Solonis lege, per quos jurare liceret tres sanciti sunt Di, per Supplicem, per Procuratorem, per Averruncatorem, vel triplex, si forte, unius numinis nomen. Tribus his namque continetur quicquid in votis. Pollux l. VIII. c. 12. *In Comm. in L. A.* l. IV. t. VI. §. I. Petitus.

κράτην ξενίας, καὶ καθιερώσαντα τὴν οὐσίαν τὴν ἑαυτοῦ·
ὀμόσας δὲ ταῦτα καὶ ὑποσχόμενος ἐν τῷ δήμῳ, οὐ πολλῷ
χρόνῳ ὕστερον, ἕνεκα τοῦ συμφέροντος αὐτῷ, ἔδωκε τῷ υἱεῖ
τῷ ἐκείνου τὴν θυγατέρα. ὃς οὖν οὐδ᾽ ὑμᾶς ᾐσχύνθη ἐξα-
πατῆσαι ὑποσχόμενος, νόμων ὄντων, ἐάν τις τὸν δῆμον
ὑποσχόμενος ἐξαπατήσῃ, εἰσαγγελίαν εἶναι περὶ αὐτοῦ,
οὔτε, τοὺς θεοὺς ὀμόσας καὶ ἐπαρασάμενος αὐτῷ, ἔδεισεν,
οὓς ἐπιώρκησε, πῶς οὐκ εἰκός ἐστιν ἐμὲ τούτῳ μὴ ἐθέλειν
ὅρκον δοῦναι; οὔπω τοίνυν πολὺς χρόνος [1] ἐστὶν, ἐξότου ἐν
τῷ δήμῳ πάλιν διωμόσατο, μὴ εἶναι αὐτῷ ἐφόδια τῷ γήρᾳ
ἱκανὰ, τοσαύτην οὐσίαν κεκτημένος. οὕτως ἄπληστος καὶ
αἰσχροκερδὴς ὁ τρόπος αὐτοῦ ἐστίν.

ιϛ´. Ἡδέως δ᾽ ἂν ἔγωγε πυθοίμην ὑμῶν, εἰ ὀργίζεσθε
τοῖς ἀνεσκευασμένοις τῶν τραπεζιτῶν. εἰ γὰρ ἐκείνοις [2] ὀρ-
γίζοισθε δικαίως, ὅτι ἀδικοῦσιν ὑμᾶς, πῶς οὐκ εἰκός ἐστιν
ὑμᾶς βοηθεῖν τοῖς μηδὲν ἀδικοῦσι; καὶ μὴν διὰ τούτους 1205
τοὺς ἄνδρας αἱ τράπεζαι ἀνασκευάζονται, ὅταν ἀπορούμε-
νοι μὲν δανείζωνται, καὶ οἴωνται δεῖν διὰ τὴν δόξαν πι-
στεύεσθαι· εὐπορήσαντες δὲ, μὴ ἀποδιδῶσιν, ἀλλ᾽ ἀπο-
στερῶσιν.

ιζ´. Ὅσων μὲν τοίνυν, ὦ ἄνδρες δικασταὶ, ἠδυνάμην ὑμῖν
μάρτυρας παρασχέσθαι, μεμαρτυρήκασί μοι· ἔτι δὲ καὶ ἐκ
τεκμηρίων δεδήλωκα ὑμῖν, ὡς ὀφείλει Τιμόθεος τἀργύριον
τῷ πατρὶ τῷ ἐμῷ. δέομαι οὖν ὑμῶν συνεισπρᾶξαί μοι τοὺς
ὀφείλοντας, ἅ μοι ὁ πατὴρ κατέλιπεν.

[1] [ἐστὶν]   [2] ὀργίζεσθε

ιϛ´. Τοῖς ἀνεσκευασμένοις, ἢ, ἀνασκευασα-
μένοις τῶν τραπεζιτῶν. Wolf.

Τοὺς ὀφείλοντας, ἅ μοι] Ταῦτα, ἅ μοι.
Idem.

ΥΠΟΘΕΣΙΣ ΤΟΥ ΠΡΟΣ ΠΟΛΥΚΛΕΑ ΠΕΡΙ ΤΟΥ ΕΠΙΤΡΙΗΡΑΡΧΗΜΑΤΟΣ ΛΟΓΟΥ.

Pag. ed. Reisk.

1205 ΑΠΟΛΛΟΔΩΡΟΣ ὁ Πασίωνος, τριηραρχήσας φιλοτίμως τὸν ὡρισμένον χρόνον, ἐπετριηράρχησεν ἕτερον οὐκ ὀλίγον, τοῦ διαδόχου τοῦ Πολυκλέους μὴ ἐλθόντος παραχρῆμα ἐπὶ τὴν ναῦν. τούτου δὲ, ὅτε ἦλθεν, οὐ παραλαβόντος εὐθέως, ἀλλὰ σκηψαμένου [1] παραμένειν τὸν συντριήραρχον· τοσούτου δὲ χρόνου ἐπιτριηραρχοῦντος, ἀξιοῖ κομίσασθαι τὸ ἀνάλωμα παρὰ Πολυκλέους Ἀπολλόδωρος.

[1] * παραμένειν

Π. ΤΟΥ ΕΠΙΤΡΙΗΡΑΡΧΗΜΑΤΟΣ] Hoc est, ἐπιμετρουμένου τριηραρχήματος, de muneris *trierachiæ prorogatione*. BUDÆUS.

Τούτου δὲ, ὅτε ἦλθεν] F. τότε δὲ. WOLF.

Τοσούτου δὲ χρόνου ἐπιτριηραρχοῦντος] Sententia postulat: *συντριήραρχον τοσούτου χρόνου ἐπιτριηραρχήσας ἀξιοῖ κομίσασθαι τὸ ἀνάλωμα παρὰ Πολυκλέους Ἀπολλόδωρος*. IDEM.

ΔΗΜΟΣΘΕΝΟΥΣ

Ο ΠΡΟΣ

ΠΟΛΥΚΛΕΑ

ΠΕΡΙ ΤΟΥ ΕΠΙΤΡΙΗΡΑΡΧΗΜΑΤΟΣ ΛΟΓΟΣ.

1206 α΄. ΤΟΙΣ τοιούτοις τῶν ἀγώνων, ὦ ἄνδρες δικασταὶ, [1]καὶ τοὺς διαγνωσομένους προσήκει μάλιστα προσέχειν τὸν νοῦν. οὐ γὰρ ἐμὸς καὶ Πολυκλέους ἴδιός ἐστιν ὁ ἀγὼν μόνον, ἀλλὰ καὶ τῆς πόλεως κοινός. ὧν γὰρ τὰ μὲν ἐγκλήματα ἴδιά ἐστιν, αἱ δὲ βλάβαι κοιναὶ, πῶς οὐχ ὑπὲρ τούτων εἰκός ἐστιν ἀκούσαντας ὑμᾶς ὀρθῶς διαγνῶναι; εἰ μὲν γὰρ περὶ ἄλλου τινὸς συμβολαίου ἐγὼ διαφερόμενος πρὸς Πολυκλέα εἰσῄειν εἰς ὑμᾶς, [2]ἐμὸς ἂν ἦν καὶ Πολυκλέους ὁ ἀγών· νῦν δὲ [3]περὶ διαδοχῆς νεώς ἐστιν ὁ λόγος

[1] [καὶ] [2] ἐμὸς γ' ἂν [3] περί τε διαδοχῆς

καὶ ἐπιτριηραρχήματος πέντε μηνῶν καὶ ἓξ ἡμερῶν ἀνηλωμένου, καὶ περὶ τῶν νόμων, πότερα κύριοι εἰσὶν ἢ οὔ. ἀναγκαῖον δή μοι δοκεῖ εἶναι ἅπαντα ἐξ ἀρχῆς διηγήσασθαι πρὸς ὑμᾶς, καὶ πρὸς θεῶν, ὦ ἄνδρες δικασταί, δέομαι ὑμῶν μή με ἡγήσησθε ἀδολεσχεῖν, ἐὰν διὰ μακροτέρων διηγῶμαι τά τε ἀναλώματα καὶ τὰς πράξεις, ὡς ἐν καιρῷ τε ἕκαστα καὶ χρήσιμα τῇ πόλει ἐδιακονήθησαν. εἰ μὲν γάρ τις ἔχει με ἐπιδεῖξαι ὡς ψεύδομαι, ἀναστὰς ἐν τῷ ἐμῷ ὕδατι ἐξελεγξάτω, ὅ,τι ἂν μὴ φῇ με ἀληθὲς λέγειν πρὸς ὑμᾶς. εἰ δ' ἐστὶν ἀληθῆ, καὶ μηδεὶς ἂν μοι ἀντείποι ἄλλος ἢ οὗτος, δέομαι ὑμῶν ἁπάντων δικαίαν δέησιν, ὅσοι μὲν τῶν στρατιωτῶν ἐστὲ καὶ παρῆτε ἐκεῖ, αὐ- 1207
τοί τε ἀναμνήσθητε καὶ τοῖς παρακαθημένοις φράζετε τήν τε ἐμὴν προθυμίαν καὶ τὰ συμβάντα ἐν τῷ τότε καιρῷ τῇ πόλει πράγματα καὶ τὰς ἀπορίας, ἵνα ἐκ τούτων εἰδῆτε, ὁποῖός τίς εἰμι περὶ ἃ ἂν προστάξητε ὑμεῖς· ὅσοι δὲ αὐτοῦ ἐπεδημεῖτε, σιγῇ μου ἀκοῦσαι διηγουμένου ἅπαντα πρὸς ὑμᾶς, καὶ ἐπὶ τούτων ἑκάστῳ, οἷς ἂν λέγω, τούς τε νόμους παρεχομένου καὶ τὰ ψηφίσματα, τά τε τῆς βουλῆς καὶ τοῦ δήμου, καὶ τοὺς μάρτυρας.

ϛ'. Ἑβδόμῃ γὰρ φθίνοντος Μεταγειτνιῶνος μηνὸς, ἐπὶ Μόλωνος ἄρχοντος, ἐκκλησίας γενομένης, καὶ εἰσαγγελθέντων ὑμῖν πολλῶν καὶ μεγάλων πραγμάτων, ἐψηφίσασθε τὰς ναῦς καθέλκειν τοὺς τριηράρχους· ὧν καὶ ἐγὼ ἦν. καὶ τὸν μὲν καιρὸν τὸν συμβεβηκότα τῇ πόλει τότε οὐκ ἐμὲ δεῖ διεξελθεῖν, ἀλλ' αὐτοὺς ὑμᾶς ἀναμνησθῆναι, ὅτι Τῆνος μὲν καταληφθεῖσα ὑπ' Ἀλεξάνδρου ἐξηνδραποδίσθη· Μιλτοκύθης δὲ, ἀφειστήκει ἀπὸ Κότυος καὶ πρέσβεις ἐπεπόμφει περὶ συμμαχίας, βοηθεῖν κελεύων καὶ τὴν Χερρόνησον ἀποδιδούς· Προκοννήσιοι δὲ, σύμμαχοι ὄντες,

α'. Ἀκοῦσαι] F. ἀκούσατε. v. seq. lego et distinguo cum Reiskio: καὶ ἐπὶ τούτων ἑκάστῳ, οἷς ἂν λέγω, i. e. τούτοις ἃ λέγω, ut ea quae dico confirmentur. Auger.

β'. Ὑπὸ Ἀλεξάνδρου] Non utique Philippi filio, (Nam hoc ratio temporum non sinit) sed aut Pheraeo, aut alio quopiam. Miltocythis fit mentio etiam in Aristocratea: et Cotyis filiis regnantibus, Philippus adhuc rerum potitus fuit. Wolf. Pheraeo, teste Diodoro Sic. l. XV. Tenus una est Cycladum insularum. Molonis Praetura incidit in a. III. Olymp. CIV. ut liquet e Diodoro et Anonymo in Descriptione Olympiadum: a. IV. Olymp. CIV., Nicophemo Athenis Praetore, Polycles et Euripides συντριήραρχοι fuerunt. *Petit. Comm. in L. A.* l. III. t. IV. §. VII. p. 359.

ἱκέτευον ὑμᾶς ἐν τῷ δήμῳ βοηθῆσαι αὐτοῖς, λέγοντες, ὅτι ὑπὸ Κυζικηνῶν κατέχονται τῷ πολέμῳ καὶ κατὰ γῆν καὶ κατὰ θάλατταν, καὶ μὴ περιϊδεῖν ἀπολομένους· ἔτι δὲ, τῶν ἐμπόρων καὶ τῶν ναυκλήρων περὶ ἔκπλουν ὄντων ἐκ τοῦ Πόντου, καὶ Βυζαντίων καὶ Καλχηδονίων καὶ Κυζικηνῶν καταγόντων τὰ πλοῖα, ἕνεκα τῆς ἰδίας χρείας τοῦ σίτου· [1]καὶ ὁρῶντες ἐν τῷ Πειραιεῖ τὸν σῖτον ἐπιτιμώμενον καὶ οὐκ ὄντα ἄφθονον ὠνεῖσθαι. ὧν ἀκούοντες ὑμεῖς τότε ἐν τῷ δήμῳ [2]αὐ-
1208 τῶν τε καὶ τῶν συναγορευόντων αὐτοῖς, ἐψηφίσασθε τάς τε ναῦς καθέλκειν τοὺς τριηράρχους καὶ παρακομίζειν ἐπὶ τὸ χῶμα, καὶ τοὺς βουλευτὰς καὶ τοὺς δημάρχους καταλόγους ποιεῖσθαι τῶν δημοτῶν καὶ ἀποφέρειν ναύτας, καὶ διὰ τάχους τὸν ἀπόστολον ποιεῖσθαι, καὶ βοηθεῖν [3]ἑκασταχῇ. καὶ ἐνίκησε τὸ Ἀριστοφῶντος ψήφισμα τουτί.

ΨΗΦΙΣΜΑ.

γ'. Τοῦ μὲν ψηφίσματος τοίνυν ἀκηκόατε, ὦ ἄνδρες δικασταί. ἐγὼ δ', ἐπειδή μοι οὐκ ἦλθον οἱ ναῦται οἱ καταλεγέντες ὑπὸ τῶν δημοτῶν, ἀλλ' ἢ ὀλίγοι καὶ οὗτοι ἀδύνατοι, τούτους μὲν ἀφῆκα· ὑποθεὶς δὲ τὴν οὐσίαν τὴν ἐμαυτοῦ, καὶ δανεισάμενος ἀργύριον, πρῶτος ἐπληρωσάμην τὴν ναῦν, μισθωσάμενος ναύτας ὡς οἷόν τ' ἦν ἀρίστους, δωρεὰς καὶ προδόσεις δοὺς ἑκάστῳ αὐτῶν μεγάλας· ἔτι δὲ σκεύεσιν ἰδίοις τὴν ναῦν [4]ἅπασαν κατεσκεύασα, καὶ τῶν δημοσίων ἔλαβον οὐδὲν, καὶ κόσμῳ ὡς οἷόν τ' ἦν κάλλιστα καὶ διαπρεπέστατα τῶν τριηράρχων. ὑπηρεσίαν τοίνυν ἣν ἐδυνάμην

[1] Desunt καὶ - - - ὠνεῖσθαι. [2] , αὐτῶν τε λεγόντων καὶ τῶν συναγορευόντων αὐτοῖς, καὶ ὁρῶντες ἐν τῷ Πειραιεῖ τὸν σῖτον ἐπιτιμώμενον, καὶ οὐκ ὄντα ἄφθονον ὠνεῖσθαι, ἐψηφίσασθε [3] ἑκασταχοῖ [4] ἅπασι

Περὶ ἔκπλουν ὄντων] Περὶ τὴν ἀναγωγὴν ὄντων, ἀνάγεσθαι καὶ ἐκπλεῖν μελλόντων. Wolf.

Ἐν τῷ δήμῳ αὐτῶν καὶ συναγ.] F. αὐτῶν τε (S. τῶν πρέσβεων) καὶ τῶν συναγορευόντων αὐτοῖς. Idem.

Ἐπὶ τὸ χῶμα] Ὕψωμα γῆς. Est hic loci proprium nomen, ab ipsa re sumtum, et, ut Libanius ait, οἰκοδόμημα ἐν τῷ λιμένι προβεβλημένον προσορμίσεως ἕνεκα. ἐπὶ τῷ χώματι καθίζεσθαι solitos fuisse trierarchos, qui se affici injuriis putarent, ex oratione Ctesiphontea cognovimus. Idem.

Καὶ ἀποφέρειν ναύτας] Τὸ ἀποδιδόναι καὶ κερδαίνειν. Videtur legendum esse ἀποφαίνειν, τὸ αἱρεῖσθαι καὶ καταλέγειν. Idem. ἀποφέρειν est renunciare, designare, et nomen alicujus edere. Budaeus.

γ'. Οἱ ἀλλ' ἢ ὀλίγοι] Ἀντὶ τοῦ, εἰ μή. Wolf.

Δωρεὰς καὶ προδόσεις] Δόσεις πρὸ τῆς προθεσμίας. Sic postea, p. 1217. 23. ed. R. διεφθαρμένον πλήρωμα, καὶ εἰωθὸς ἀργύριον πολὺ προλαμβάνειν. Si προσδόσεις, προσθήκας τοῦ μισθοῦ. Idem.

Τοίνυν] M. τοιγαροῦν. Auger.

κρατίστην [1]ἐμισθωσάμην. οὐ μόνον τοίνυν, ὦ ἄνδρες δικα-
σταί, τὰ κατὰ τὴν τριηραρχίαν ἀνήλισκον τότε οὕτω πολυ-
τελῆ ὄντα, ἀλλὰ καὶ τῶν χρημάτων, ὧν εἰς τὸν ἔκπλουν
ἐψηφίσασθε εἰσενεχθῆναι, μέρος οὐκ ἐλάχιστον ἐγὼ ὑμῖν
προεισήνεγκα. δόξαν γὰρ ὑμῖν ὑπὲρ τῶν δημοτῶν τοὺς βου-
λευτὰς ἀπενεγκεῖν τοὺς προεισοίσοντας τῶν τε δημοτῶν καὶ
τῶν ἐγκεκτημένων, προσανηνέχθη μου τοὔνομα ἐν τριττοῖς
δήμοις, διὰ τὸ φανερὰν εἶναί μοι τὴν οὐσίαν. καὶ τούτων
ἐγὼ οὐδεμίαν πρόφασιν ποιησάμενος, οὔτε ὅτι τριηραρχῶ 1209
καὶ οὐκ ἂν δυναίμην δύο λειτουργίας λειτουργεῖν, [2]οὐδὲ οἱ
νόμοι ἐῶσιν, ἔθηκα τὰς προεισφορὰς πρῶτος· καὶ οὐκ εἰσε-
πραξάμην, διὰ τὸ τότε μὲν ἀποδημεῖν ὑπὲρ ὑμῶν τριηραρ-
χῶν, ὕστερον δὲ καταπλεύσας καταλαβεῖν τὰ μὲν εὔπορα
ὑφ' ἑτέρων προεξειλεγμένα, τὰ δὲ ἄπορα ὑπόλοιπα. καὶ
ταῦτα ὅτι ἀληθῆ λέγω πρὸς ὑμᾶς, τούτων ὑμῖν ἀναγνώ-
σεται τὰς μαρτυρίας, τῶν τε τὰ στρατιωτικὰ τότε εἰσ-
πραττόντων καὶ τῶν ἀποστολέων, καὶ τοὺς μισθοὺς, οὓς
ταῖς ὑπηρεσίαις καὶ τοῖς ἐπιβάταις κατὰ μῆνα ἐδίδουν,
παρὰ τῶν στρατηγῶν σιτηρέσιον μόνον λαμβάνων, πλὴν

[1] ἐμισθωσάμην, καὶ οὐ μόνον, ὦ

[2] * οὔτε

Οὐ μόνον τοίνυν κ. τ. λ.] Conferebantur aliquando hæ pecuniæ, si periculum esset in mora, a ditioribus, qui postea a popularibus suis exigebant: εἰσφορὰ autem fiebat ob bona, quæ possidebat quisque, ita si quis in pluribus Atticæ populis agros possideret, et inter plures et diversos populares pecuniam conferebat. Ista omnia, inquit Petitus in L. A. l. III. t. V. §. III., facile est colligere ex his Demosthenis verbis.

Δόξαν γὰρ ὑμῖν —] *Cum enim optimum factu judicassetis, ut pro popularibus et tribulibus decuriones*, vel *senatores*, *eorum nomina ederent, qui e numero popularium ac divitum collationem repræsentarent, in tribus populis nomen meum editum est atque renunciatum, quippe quod meæ facultates omnibus essent notæ.* Budæus.

Τοὺς προεισοίσοντας τῶν τε δημοτῶν] Utrum τοὺς εἰσοίσοντας πρὸ τῶν δημοτῶν, an τοὺς δημότας τοὺς προεισοίσοντας? Wolf.

Καὶ τῶν ἐγκεκτημένων] Τῶν κεκτημένων ἀγροὺς, ἢ οἰκίας, ἐν οἷς δήμοις οὐ δημοτεύονται. ut si Apollodorus Piræensis (verbi causa) non in suo tantum municipio Piræeo prædia habeat, sed et in Pæaniensi et Cholargensi. Idem.

Οὐκ ἂν δυναίμην δύο λειτουργίας λειτουργεῖν] De hac lege vid. Petit. Comm. in L. A. l. III. t. V. §. I.

Καὶ οὐκ εἰσεπραξάμην, διὰ τὸ τότε μὲν ἀποδημεῖν, ὑπὲρ ὑμῶν τριηραρχῶν] Ὅτε ἐτριηράρχουν. Wolf.

Καταλαβεῖν] Διὰ τὸ καταλαβεῖν, ἀπὸ κοινοῦ. Idem. Sententia requirit ut legatur κατέλαβεν. Palmer.

Καὶ τοὺς μισθοὺς] Καὶ ὅτι τοὺς μ. ἀπὸ κοινοῦ. Wolf.

Ταῖς ὑπηρεσίαις] Τοῖς ἐρέταις, ἢ κωπηλάταις. Sed quærendum, cum ναύτας, ἐπιβάτας καὶ ὑπηρεσίας sæpius conjungat, quid inter hos intersit? ἐπιβάται etiam a Livio sic appellantur, sive milites, sive vectores, ὑπηρεσίαι sunt remiges, ναῦται cæteri, qui in navi curant. Cicero Catone: "Qui in re gerenda versari senectutem negant, similes sunt, ut, si quis gubernatorem in navigando nihil agere dicat, cum alii malos scandant, alii per foros cursent, alii sentinam exhauriant, ille autem, clavum tenens, quietus sedeat in puppi. Idem.

Κατὰ μῆνα ἐδίδουν prima persona lego. Wolf.

Σιτηρέσιον] Observa discrimen μισθοῦ στρατιωτικοῦ καὶ σιτηρεσίου. Idem.

δυοῖν μηνοῖν μόνον μισθὸν, ἐν πέντε μησὶ καὶ ἐνιαυτῷ· καὶ τοὺς ναύτας τοὺς μισθωθέντας, καὶ ὅσον ἕκαστος ἔλαβεν ἀργύριον, ἵν' ἐκ τούτων εἰδῆτε τὴν ἐμὴν προθυμίαν, καὶ οὗτος [1] διότι παραλαβεῖν παρ' ἐμοῦ τὴν ναῦν οὐκ ἤθελεν, ἐπειδή μοι ὁ χρόνος ἐξῆλθε τῆς τριηραρχίας.

ΜΑΡΤΥΡΙΑΙ.

δʹ. Ὅτι μὲν τοίνυν οὐ ψεύδομαι πρὸς ὑμᾶς περὶ ὧν εἶπον, ὦ ἄνδρες δικασταὶ, τῶν μαρτυριῶν ἀναγινωσκομένων ἀκηκόατε· ἔτι δὲ περὶ ὧν μέλλω λέγειν, ἅπαντές μοι ὁμολογήσετε, ὅτι ἀληθῆ ἐστί. τριήρους γὰρ ὁμολογεῖται κατάλυσις εἶναι, πρώτη μὲν, ἐὰν μή μισθόν τις διδῷ· δευτέρα δὲ, ἐὰν εἰς τὸν Πειραιᾶ μεταξὺ καταπλεύσῃ. ἀπόλειψίς τε γὰρ πλείστη γίγνεται, οἵ τε παραμένοντες τῶν ναυτῶν οὐκ ἐθέλουσι πάλιν ἐμβαίνειν, ἐὰν μή τις αὐτοῖς ἕτερον ἀργύριον διδῷ, ὥστε τὰ οἰκεῖα διοικήσασθαι· ἃ ἐμοὶ ἀμφό-
1210 τερα συνέβη, ὦ ἄνδρες δικασταὶ, ὥστε πολυτελεστέραν μοι γενέσθαι τὴν τριηραρχίαν. καὶ γὰρ μισθὸν οὐδένα λαβὼν παρὰ τοῦ στρατηγοῦ ὀκτὼ μηνῶν, κατέπλευσα, τοὺς πρέσβεις ἄγων, διὰ τὸ ἄριστά μοι πλεῖν τὴν ναῦν. καὶ ἐνθένδε πάλιν προσταχθέν μοι ὑπὸ τοῦ δήμου Μένωνα τὸν στρατηγὸν ἄγειν εἰς Ἑλλήσποντον ἀντὶ Αὐτοκλέους ἀποχειροτονηθέντος, ᾠχόμην ἀναγόμενος διὰ τάχους, καὶ ἀντὶ τῶν ἀπολιπόντων [2] μὲν ναυτῶν ἑτέρους ἐμισθωσάμην ναύτας, δωρεὰς καὶ προδόσεις αὐτοῖς διδοὺς μεγάλας, τοῖς δὲ παραμείνασι τῶν ἀρχαίων ναυτῶν ἔδωκά τι εἰς διοίκησιν τῶν οἰκείων καταλιπεῖν, πρὸς ᾧ πρότερον εἶχον, οὐκ ἀγνοῶν τὴν παροῦσαν χρείαν, ὡς ἀναγκαία ἦν ἑκάστῳ· ἀπορῶν δ' αὐτὸς, ὡς μὰ τὸν Δία καὶ τὸν Ἀπόλλω οὐδεὶς ἂν ὑμῶν πιστεύσειεν, ὅστις μὴ ἀληθῶς παρηκολούθηκε τοῖς ἐμοῖς πράγμασιν, ὑποθεὶς [3] δὲ τὸ χωρίον Θρασυλόχῳ καὶ Ἀρχενέῳ, καὶ δανεισάμενος τριάκοντα μνᾶς παρ' αὐτῶν, καὶ διαδοὺς τοῖς ναύταις, ᾠχόμην ἀναγόμενος, ἵνα μηδὲν ἐλλείπῃ τῷ δήμῳ, ὧν [4] προσετάξατε, τὸ κατ' ἐμέ. καὶ ὁ δῆμος ἀκούσας ταῦτα, ἐπῄνεσέ τ' ἐμὲ, καὶ ἐπὶ δεῖπνον εἰς

[1] διότι οὗτος [2] μὲν τῶν ἀπολιπόντων μοι ν. [3] Deest δέ.
[4] προσέταξε

τὸ πρυτανεῖον ἐκάλεσε. καὶ ὡς ταῦτ' ἀληθῆ λέγω, τούτων ὑμῖν ἀναγνώσεται τὴν μαρτυρίαν καὶ τὸ ψήφισμα τὸ τοῦ δήμου.

ΜΑΡΤΥΡΙΑ. ΨΗΦΙΣΜΑ.

ϛ. Ἐπειδὴ τοίνυν εἰς Ἑλλήσποντον ἤλθομεν, καὶ [1] ὁ
χρόνος ἐξεληλύθει μοι τῆς τριηραρχίας, καὶ μισθὸς οὐκ
ἀπεδόθη τοῖς στρατιώταις, ἀλλ' ἢ δυοῖν μηνοῖν, ἕτερός τε
στρατηγὸς Τιμόμαχος ἧκε, καὶ οὗτος διαδόχους οὐκ ἄγων
ἐπὶ τὰς ναῦς, [2] ἀθυμήσαντές μοι πολλοὶ τοῦ πληρώματος 1211
ᾤχοντο ἀπολιπόντες τὴν ναῦν, οἱ μὲν εἰς τὴν ἤπειρον στρα-
τευσόμενοι, οἱ δ' εἰς τὰς Θασίων καὶ Μαρωνειτῶν ναῦς,
μισθῷ μεγάλῳ πεισθέντες καὶ ἀργύριον πολὺ προλαβόντες,
καὶ τὰ μὲν παρ' ἐμοῦ ἐξανηλωμένα ἤδη ὁρῶντες, τὰ δὲ τῆς
πόλεως ἀμελῆ, τὰ δὲ τῶν συμμάχων ἄπορα, τὰ δὲ τῶν
στρατηγῶν ἄπιστα, καὶ ὑπὸ πολλῶν αὖ τῷ λόγῳ ἐξηπα-
τημένοι, καὶ τὸν χρόνον ἐξήκοντα τῆς τριηραρχίας, καὶ τὸν
πλοῦν οὐκ ὄντα οἴκαδε, οὐδὲ διάδοχον ἥκοντα ἐπὶ τὴν ναῦν,
παρ' οὗ ἂν τις ἠξίωσεν ὠφεληθῆναι. ὅσῳ γὰρ φιλοτιμούμε-
νος ἄμεινον ἐπληρωσάμην τὴν ναῦν ἐρετῶν ἀγαθῶν, τοσούτῳ
μοι πλείστη ἀπόλειψις ἐγένετο τῶν ἄλλων τριηράρχων. τοῖς
μὲν γὰρ ἄλλοις, εἰ μή τι ἄλλο, οἵ γ' ἐκ καταλόγου ἐλθόντες
ἐπὶ τὴν ναῦν παρέμενον τηροῦντες τὴν οἴκαδε σωτηρίαν,
ὁπότε αὐτοὺς ἀφήσει ὁ στρατηγός· οἱ δ' ἐμοὶ ναῦται πι-
στεύοντες αὑτοῖς ἐπὶ τῷ δύνασθαι ἐλαύνειν, ὅπου [3] ἔμελλον
ἀργύριον πλεῖστον πάλιν λήψεσθαι, ἐνταῦθα ἀπῄεσαν,
ἡγούμενοι τὴν ἐν τῷ παρόντι εὐπορίαν κρείττω εἶναι αὐτοῖς
τοῦ μέλλοντος φόβου, εἴ ποτε ληφθείησαν ὑπ' ἐμοῦ. τοιού-
των τοίνυν μοι τῶν πραγμάτων συμβεβηκότων, καὶ τοῦ
στρατηγοῦ ἅμα Τιμομάχου προστάξαντος πλεῖν ἐφ' Ἱερὸν
ἐπὶ τὴν παραπομπὴν τοῦ σίτου καὶ μισθὸν οὐ διδόντος,
εἰσαγγελθέντων δὲ, ὅτι Βυζάντιοι καὶ Καλχηδόνιοι πάλιν

[1] ὅ, τε χρόνος [2] ἀθυμήσαντες οἱ πολλοὶ [3] ἤμελλον

ϛ. Οἱ μὲν εἰς τὴν ἤπειρον] Τὴν ὑπὸ τῷ Περσῶν βασιλεῖ χώραν οὖσαν, εἰς τὴν Ἀσίαν. Idem.

Εἰσαγγελθέντων δὲ] S. ἡμῶν, ἀντὶ τοῦ, ἐπεὶ εἰσηγγέλθη ἡμῖν, aut ἀντὶ τοῦ, εἰσαγγελθέντος. etsi legendum suspicor accusativo singulari, εἰσαγγελθὲν, ut δόξαν, συμβὰν, etc. Idem.

Εἰσαγγελθέντων κ. τ. λ.] Insignis locus, sed insignite corruptus, quem ita partim

κατάγουσι τὰ πλοῖα καὶ ἀναγκάζουσι τὸν σῖτον ἐξαιρεῖσθαι, δανεισάμενος ἐγὼ ἀργύριον παρὰ Χαιρεδήμου μὲν τοῦ
1212 Ἀναφλυστίου πεντεκαίδεκα μνᾶς ἐπὶ [1] τόκον, ἑπτακοσίας δὲ δραχμὰς παρὰ Νικίππου τοῦ ναυκλήρου ναυτικὸν ἀνειλόμην, ὃς ἔτυχεν ὢν ἐν Σηστῷ, ἐπόγδοον· σωθέντος δὲ τοῦ πλοίου Ἀθήναζε, ἀποδοῦναι αὐτὸ καὶ τοὺς τόκους, καὶ πέμψας Εὐκτήμονα τὸν πεντηκόνταρχον εἰς Λάμψακον, δοὺς αὐτῷ ἀργύριον καὶ γράμματα πρὸς τοὺς ξένους τοῦ πατρὸς τοῦ ἐμοῦ, ἐκέλευσά μοι αὐτὸν ναύτας μισθώσασθαι, ὡς ἂν δύνηται ἀρίστους· αὐτὸς δὲ ὑπομείνας ἐν Σηστῷ, τοῖς παραμείνασι τῶν ἀρχαιων ναυτῶν ἔδωκα ὁπόσον εἶχον, ἐπειδή μοι ὁ χρόνος ἐξῆκε τῆς τριηραρχίας, καὶ ἑτέρους ναύτας ἐντελομίσθους προσέλαβον, ἐν ὅσῳ ὁ στρατηγὸς τὸν ἀνάπλουν τὸν ἐφ' Ἱερὸν παρεσκευάζετο. ἐπειδὴ δὲ ὅ τε Εὐκτήμων ἧκεν ἐκ τῆς Λαμψάκου ἄγων τοὺς ναύτας, οὓς ἐμισθώσατο, καὶ ὁ στρατηγὸς παρήγγειλεν ἀνάγεσθαι, τῷ μὲν Εὐκτήμονι ἀσθενῆσαι ἐξαίφνης συνέβη, καὶ πάνυ πονήρως διετέθη. τούτῳ μὲν οὖν ἀποδοὺς τὸν μισθὸν, καὶ ἐφόδια προσθεὶς, ἀπέπεμψα οἴκαδε· αὐτὸς δὲ, πεντηκόνταρχον

[1] τόκον, [2] ὃς ἔτυχεν ὢν ἐν Σηστῷ, ἐπόγδοον· ἑπτακοσίας --- ἀνειλόμην· σωθέντος

ex libris, partim e conjectura feliciter restituimus: εἰσαγγελθέντων - - - - πεντεκαίδεκα μνᾶς ἐγγύῳ τόκῳ, ὀκτακοσίας δὲ δραχμὰς π. N. τ. ν., ν. ἀνειλόμην, ὃ ἔτυχεν ὂν ἐν Σηστῷ ἐπόγδοον, σ. δ. τ. πλοίου, Ἀθήναζε ἀποδοῦναι αὐτῷ καὶ τοὺς τόκους. Qui ἐπόγδοος non multum abest a centesima, ut alibi ostendimus. Nam octava sortis pro usura accepta dat XII. in XCVI., cum vera centesima in C. eandem summam suppetat. Fenus autem hoc ἐπόγδοον veram fuisse centesimam, qualis tempore Justiniani observabatur, in sequentibus docebimus. Quam usuram trajectitiæ pecuniæ, et frugum fenoris esse sanxit propriam. In verbis autem his non recte interpretes accipiunt κατάγουσι τὰ πλοῖα. Non enim κατάγειν τὰ πλοῖα est naves deducere aut exceptare. Nec etiam recte Harpocration interpretatur: ληΐζεσθαι καὶ κακοῦν, καὶ μὴ ἐᾷν τοὺς πλέοντας ὅπου βούλοιντο πλεῖν, ἀλλ' εἰς τὰ οἰκεῖα χωρία τοῖς λῃστεύουσι κατάγειν. Byzantii, cum laborarent annonæ caritate et pecuniæ inopia, onustas frumento naves, quæ ex Ponto Athenas aut in alias Græciæ regiones navigabant, eas ad suos portus appellere et frumentum apud se divendere cogebant. Illud igitur est quod dicit Harpocration, μὴ ἐᾷν — πλεῖν, non permittere mercatoribus, quo velint suas importare merces, sed cogere invitos, quod portarent, ubi nollent exponere et vendere. Non tamen animo prædandi hoc faciebant, sed ut in necessitate ipsi potius haberent, quam illi ad quos ea invehere destinaverant naviculatores. *De M. U.* p. 219. SALMASIUS.

Πεντεκαίδεκα δραχμὰς ἐπὶ τόκον] F. πεντεκαίδεκα μνᾶς ἐπὶ τόκῳ, ut communis usura intelligatur. WOLF. L. πέντε καὶ δέκα μνᾶς ἐπὶ τόκῳ. AUGER.

Ναυτικὸν ἀνειλόμην ἐπ' ὄγδοον] Ἐπόγδοον, Suidas ait, τὸ δεδανεισμένον, ὥστε τοῦ κεφαλαίου τὸ ὄγδοον μέρος δοθῆναι τῷ δανειστῇ, οἷον τριώβολον τοῦ τετραδράχμου. WOLF. Alii uno verbo ἐπόγδοον, quod malim. AUGER. Vid. Petit. Comm. in L. A. l. V. t. IV. §. I.

Ἀποδοῦναι αὐτῷ καὶ τοὺς τόκους] F. A. ἀποδοῦναι αὐτῷ τό τε κεφάλαιον καὶ τοὺς τόκους. WOLF. καὶ τοὺς τόκους, etiam usuras,

ἕτερον λαβὼν, ἀνηγόμην ἐπὶ τὴν παραπομπὴν τοῦ σίτου, καὶ ἐκεῖ περιέμεινα πέντε καὶ τετταράκοντα ἡμέρας, ἕως ὁ ἔκπλους τῶν πλοίων τῶν μετ' Ἀρκτοῦρον ἐκ τοῦ Πόντου ἐγένετο. ἀφικόμενος δὲ εἰς Σηστὸν, ἐγὼ μὲν ᾤμην οἴκαδε καταπλευσεῖσθαι, τοῦ τε χρόνου μοι ἐξήκοντος, καὶ ἐπιτετριηραρχημένων ἤδη μοι δυοῖν μηνοῖν, καὶ διαδόχου οὐχ ἥκοντος ἐπὶ τὴν ναῦν· ὁ δὲ στρατηγὸς Τιμόμαχος, ἀφικομένων ὡς αὐτὸν πρέσβεων Μαρωνειτῶν καὶ δεομένων αὐτοῖς 1213
τὰ πλοῖα παραπέμψαι τὰ σιτηγὰ, προσέταξεν ἡμῖν τοῖς τριηράρχοις ἀναδησαμένοις τὰ πλοῖα ἕλκειν εἰς Μαρώνειαν, πλοῦν καὶ πολὺν καὶ πελάγιον.

ϛ'. Καὶ ταῦτα ὑμῖν διὰ ταῦτα ἅπαντα διηγησάμην ἐξ ἀρχῆς, ἵνα εἰδῆτε, ὅσα ἀνηλωκὼς αὐτὸς, καὶ ἡλίκης μοι γεγενημένης τῆς λειτουργίας, ὕστερον ὅσα ἀναλώματα ὑπὲρ τούτου ἀνήλωσα ἐπιτριηραρχῶν, οὐχ ἥκοντος τούτου ἐπὶ τὴν ναῦν, καὶ κινδύνους ὅσους ἐκινδύνευσα αὐτὸς πρός τε χειμῶνας καὶ πρὸς πολεμίους. μετὰ γὰρ τὴν παραπομπὴν τῶν πλοίων [1] τῶν εἰς Μαρώνειαν καὶ τὴν ἄφιξιν τὴν εἰς Θάσον, [2] ἀφικόμενος παρέπεμπε πάλιν ὁ Τιμόμαχος μετὰ τῶν Θασίων εἰς τὴν Στρύμην σῖτον καὶ πελταστὰς, ὡς παραληψόμενος αὐτὸς τὸ χωρίον. παραταξαμένων δὲ Μαρωνειτῶν ἡμῖν ταῖς ναυσὶν ὑπὲρ τοῦ χωρίου τούτου καὶ μελλόντων ναυμαχήσειν, καὶ τῶν στρατιωτῶν ἀπειρηκότων, πλοῦν πολὺν πεπλευκότων καὶ πλοῖα ἑλκόντων ἐκ Θάσου εἰς Στρύμην, ἔτι δὲ χειμῶνος ὄντος, καὶ τοῦ χωρίου ἀλιμένου, καὶ ἐκβῆναι οὐκ ὂν, οὐδὲ δειπνοποιήσασθαι, πολεμίας τῆς χώρας οὔσης, καὶ περικαθημένων κύκλῳ τὸ τεῖχος καὶ ξένων μισθοφόρων καὶ βαρβάρων προσοίκων, ἀναγκαῖον ἦν ἐπ' ἀγκύρας ἀποσαλεύειν τὴν νύκτα μετεώρους, ἀσίτους, καὶ ἀγρύπνους, φυλαττομένους, μὴ τῆς νυκτὸς ἡμῖν ἐπίθωνται αἱ Μαρωνειτῶν τριήρεις. [3] ἐπεὶ δὲ συνέβη τῆς νυκτὸς, ὥρᾳ ἔτους, ὕδωρ καὶ βροντὰς καὶ ἄνεμον μέγαν γενέσθαι, —ὑπ' αὐτὰς [4] γὰρ Πλειάδων δύσεις οἱ χρόνοι οὗτοι ἦσαν—, ἐξ ὧν τίνα οὐκ οἴεσθε, ὦ ἄνδρες δικασταί, τοῖς στρα- 1214

[1] * τὴν [2] [ἀφικόμενος] [3] ἔτι δὲ [4] γὰρ τὰς τῶν πλειάδων

et v. 9. pro αὐτὸν M. αὐτοῦ, ibi. Auger. Τῶν μετὰ ἀρκτοῦρον] F. μετὰ τὸν ἀρκτοῦρον. et v. 31. ἔτι δὲ συνέβη. Wolf. Pro τῶν μετὰ L. μετὰ τόν. Auger.

τιώταις ἀθυμίαν ἐμπεσεῖν; πᾶσαν δέ μοι μετὰ ταῦτα ἀπόλειψιν γενέσθαι πάλιν, τῶν ἀρχαίων ναυτῶν ταλαιπωρουμένων μὲν πολλά, ὠφελουμένων δὲ βραχέα, ὅσα ἐγὼ δυναίμην ἑκάστῳ δανειζόμενος ἐπαρκέσαι, πρὸς ᾧ πρότερον εἶχον παρ' ἐμοῦ; ἐπεὶ ὅ γε στρατηγὸς [1]οὔτε τὴν ἐφ' ἡμέραν αὐτοῖς τροφὴν διαρκῆ ἐδίδου, καὶ ἤδη τρεῖς μῆνες ἐπετετριηράρχηντό μοι, καὶ οὐδέπω οὗτος ἧκεν ἐπὶ τὴν ναῦν· ἀλλ' ἐμισθούμην ναύτας ἀντὶ τῶν ἀπολιπόντων, δανειζόμενος ἀργύριον.

ζ. Μόνῳ τοίνυν τούτῳ τῶν ἄλλων διαδόχων οὐκ ἔστι πρόφασις ὑπολειπομένη, διότι οὐ πάλαι ἧκεν ἐπὶ τὴν ναῦν. ὁ γὰρ Εὐκτήμων ὁ πεντηκόνταρχος, ὡς ἐκ τοῦ Ἑλλησπόντου ἀπεστάλη οἴκαδε ἀσθενήσας, ἐπειδὴ κατέπλευσε καὶ ἤκουσε τοῦτον ἐμοὶ διάδοχον καθεστηκότα, εἰδὼς τόν τε χρόνον ἐξήκοντά μοι τῆς τριηραρχίας, καὶ ἤδη ἐπιτριηραρχοῦντά με, παραλαβὼν Δεινίαν τὸν κηδεστὴν τὸν ἐμόν, προσέρχεται αὐτῷ ἐν τῷ Δείγματι. καὶ ἐκέλευεν αὐτὸν ὡς τάχιστα ἐπὶ τὴν ναῦν ἀποπλεῖν, ὡς, τῶν ἀναλωμάτων πολλῶν ὄντων, ἃ καθ' ἑκάστην ἡμέραν, πρὸς τῷ παρὰ τοῦ στρατηγοῦ σιτηρεσίῳ εἰς τὴν ναῦν διδομένῳ, ἀνηλίσκετο, καθέκαστον αὐτῷ διεξιών, τούς τε μισθοὺς τοὺς τῇ ὑπηρεσίᾳ καὶ τοῖς ἐπιβάταις κατὰ μῆνα διδομένους, τοῖς τε ναύταις οὓς αὐτὸς ἐκ τῆς Λαμψάκου ἐμισθώσατο, καὶ τοῖς ὕστερον ἐπεμβᾶσιν ἀντὶ τῶν ἀπολιπόντων· ἔτι δὲ ἃ τῶν ἀρχαίων ναυτῶν ἑκάστῳ προσέθηκα δεηθέντι, ἐπειδή μοι ὁ χρόνος ἐξῆκε τῆς τριηραρχίας, καὶ τἄλλα ὅσα ἦν τὰ καθ' ἑκάστην ἡμέραν ἀναλισκόμενα εἰς τὴν ναῦν, οὐκ
1215 ἀπείρως ἔχων. διὰ γὰρ ἐκείνου πεντηκονταρχοῦντος καὶ ἠγοράζετο καὶ ἀνηλίσκετο· καὶ περὶ τῶν σκευῶν ἔφραζεν αὐτῷ, ὅτι ἴδια ἔχοιμι καὶ δημόσιον οὐδέν. ὡς οὖν, ἔφη, ἢ πείσων ἐκεῖνον διανοοῦ, ἢ σκεύη ἔχων σαυτῷ ἀνάπλει. [2]οἶμαι δέ σοι, ἔφη, αὐτὸν οὐδὲν διοίσεσθαι· ὀφείλει γὰρ ἀργύριον ἐκεῖ, ὃ διαλῦσαι βουλήσεται ἐκ τῆς τιμῆς τῶν

[1] οὐδὲ τὸ ἐφ'

[2] οἴομαι

ζ. Δεινίαν τὸν κηδεστὴν ἐμόν] Socerum hunc fuisse opinor Apollodori, cujus filius, Theomnestus, Apollodori filiam uxorem duxit, ut est in oratione contra Neæram, κηδεστὴς, inquit Suidas, ὁ κατ' ἐπιγαμβρίαν οἰκεῖος, ὁ πενθερός· οὐ μόνον δὲ ὁ διδοὺς, ἀλλὰ καὶ ὁ λαμβάνων. Wolf.

Πολλῶν ὄντων καθ' ἑκάστην] F. A. ἵνα καθ' ἑκάστην, etc. ἀνηλίσκετο. Alioqui constructio non constat. Idem.

σκευῶν. ἀκούσας δὲ οὗτος ταῦτα τοῦ τε Εὐκτήμονος καὶ τοῦ Δεινίου τοῦ κηδεστοῦ τοῦ ἐμοῦ, περὶ μὲν ὧν ἔλεγον αὐτῷ, οὐδὲν αὐτοῖς ἀποκρίνεται· γελάσαντα δ' ἔφασαν αὐτὸν εἰπεῖν, Ἄρτι μῦς πίττης γεύεται, ἐβούλετο γὰρ Ἀθηναῖος εἶναι. ἐπειδὴ τοίνυν τοῦ Εὐκτήμονος καὶ τοῦ Δεινίου ἀκούσας οὐδὲν ἐφρόντιζε, πάλιν αὐτῷ προσέρχονται ὕστερον [1]Πυθόδωρος [ὅ] τε Ἀχαρνεὺς καὶ Ἀπολλόδωρος Λευκονοεύς, ἐπιτήδειοι ὄντες ἐμοὶ καὶ φίλοι· καὶ ἐκέλευον αὐτὸν ἐπί τε τὴν ναῦν ἀπιέναι, ὡς διάδοχον ὄντα, καὶ περὶ τῶν σκευῶν ἔφραζον αὐτῷ, ὅτι ἴδια ἔχοιμι ἅπαντα, καὶ δημόσιον οὐδέν. εἰ μὲν οὖν ἐκείνοις [2]ἐθέλοι χρῆσθαι, κατάλιπε, ἔφασαν, ἀργύριον αὐτοῦ, καὶ μὴ διακινδύνευε, ἐκεῖσε ἄγων· ἵνα μοι λύσωνται τὸ χωρίον, ἀποδόντες Ἀρχενέῳ καὶ Θρασυλόχῳ τριάκοντα μνᾶς. περὶ δὲ ἀποτριβῆς τῶν σκευῶν ἤθελον αὐτῷ γράμματα γράφειν καὶ ἐγγυηταὶ αὐτοὶ γίγνεσθαι ὑπὲρ ἐμοῦ, ἦ μὴν ἔσεσθαι αὐτῷ, ὅ τι ἂν καὶ τοῖς ἄλλοις τριηράρχοις πρὸς τοὺς διαδόχους ᾖ. ὡς [3]οὖν ταῦτα ἀληθῆ λέγω, τούτων ὑμῖν ἀναγνώσεται τὰς μαρτυρίας.

ΜΑΡΤΥΡΙΑΙ.

ή. Ἐκ πολλῶν μὲν τοίνυν τεκμηρίων [4]οἶμαι ὑμῖν ἐπιδείξειν Πολυκλέα, ὅτι οὔτε αὐτόθεν διενοεῖτο παραλαμβάνειν παρ' ἐμοῦ τὴν ναῦν, οὔτε, ἐπειδὴ ὑφ' ὑμῶν καὶ τοῦ 1216
ψηφίσματος τοῦ ὑμετέρου ἠναγκάσθη ἐπὶ τὴν ναῦν ἀπιέναι, ἐλθὼν ἠθέλησέ μοι διαδέξασθαι αὐτήν. οὗτος γὰρ ἐπειδὴ ἀφίκετο εἰς Θάσον, ἤδη μου τέταρτον μῆνα ἐπιτριηραρχοῦντος, παραλαβὼν ἐγὼ μάρτυρας, τῶν τε πολιτῶν ὡς ἐδυνάμην πλείστους καὶ τοὺς ἐπιβάτας καὶ τὴν ὑπηρεσίαν, προσέρχομαι αὐτῷ ἐν Θάσῳ ἐν τῇ ἀγορᾷ· καὶ ἐκέ-

[1] Πυθόδωρός τε Ἀ. [2] ἐθέλεις [3] οὖν πάντα ταῦτα [4] οἴομαι

Ἄρτι μῦς πίττης γεύεται] Vide Chiliadas Erasmi. Idem.

Ἐβούλετο γὰρ Ἀθηναῖος εἶναι] S. ὁ Ἀπολλόδωρος, ut sint verba Polyclis. Atqui Pasio pater ejus jam ante factus fuerat Atheniensis. Quod si ἀστεῖος legas, interpretabere: *Facetus enim esse voluit*, S. Polycles, ut Apollodori verba sint. Idem.

Πυθόδωρος ὅ, τε Ἀχαρνεὺς] F. ὅ, τε Πυθόδωρος Ἀχαρνεύς. [*In farrag.* F. Πυθόδωρός τε ὁ Ἀχαρνεύς.] et v. 13. ἵνα μοι λύσωνται, non, ἵνα μή, et v. ult. καὶ ἐκέλευον αὐτόν, et p. 221, v. 8. καὶ ὅ, τι ποιούντων, articulo composito, S. ἡμῶν τῶν περὶ τὴν τριήρη. Idem. Ante ἵνα μοι sub. ταῦτα ἔλεγον. Auger.

λευον αὐτὸν τήν τε ναῦν παραλαμβάνειν παρ' ἐμοῦ, ὡς διάδοχον ὄντα, καὶ τοῦ ἐπιτετριηραρχημένου χρόνου ἀποδιδόναι μοι τὰ ἀναλώματα. λογίσασθαι δὲ ἤθελον αὐτῷ καθ' ἕκαστον, ἕως [1] μοι μάρτυρες παρῆσαν τῶν ἀνηλωμένων, οἵ τε ναῦται καὶ οἱ ἐπιβάται καὶ ἡ ὑπηρεσία, ἵνα, εἴ τι ἀντιλέγοι, εὐθὺς ἐξελέγχοιμι. οὕτω γάρ μοι ἀκριβῶς ἐγέγραπτο, ὥστ' οὐ μόνον αὐτά μοι τὰ ἀναλώματα ἐγέγραπτο, ἀλλὰ καὶ ὅποι ἀνηλώθη, καὶ ὅ τι ποιούντων, καὶ ἡ [2] τιμὴ [καὶ ὁπόσου] τις ἦν, καὶ νόμισμα ποδαπὸν, καὶ ἐκ πόσου ἡ καταλλαγὴ ἦν τῷ ἵνα εἴη ἀκριβῶς ἐξελέγξαι με τῷ διαδόχῳ, εἴ τι ἡγεῖτο [3] ψεῦδος αὐτῷ λογίζεσθαι. ἔτι δὲ καὶ πίστιν αὐτῷ [4] ἐπιθεὶς, ἠθέλησα λογίσασθαι τὰ ἀνηλωμένα. προκαλουμένου δέ μου [5] ταῦτα, ἀπεκρίνατό μοι, ὅτι οὐδὲν αὐτῷ μέλει ὧν λέγοιμι. ἐν δὲ τούτῳ ὑπηρέτης, ἥκων παρὰ τοῦ στρατηγοῦ, ἐμοὶ [6] παρήγγειλεν ἀνάγεσθαι, οὐ τούτῳ τῷ διαδόχῳ, οὗ ἡ λειτουργία ἤδη ἐγίγνετο· τούτου δὲ τὸ αἴτιον ἐγὼ ὑμᾶς προϊόντος τοῦ λόγου διδάξω.

θ'. Τότε μὲν οὖν μοι ἐδόκει ἀνάγεσθαι, καὶ πλεῖν, οἷ ἐκέλευεν. ἐπειδὴ δὲ κατέπλευσα πάλιν εἰς Θάσον, ἑλκύσας
1217 τὰ πλοῖα εἰς Στρύμην, οἷ προσέταξεν ὁ στρατηγὸς, κελεύσας τοὺς ναύτας ἐν τῇ νηῒ μένειν καὶ τοὺς ἐπιβάτας καὶ τὴν ὑπηρεσίαν, ἐκβὰς αὐτὸς πορεύομαι ἐπὶ τὴν οἰκίαν, οὗ κατήγετο Τιμόμαχος ὁ στρατηγὸς, βουλόμενος κἀκείνου ἐναντίον παραδιδόναι τὴν ναῦν Πολυκλεῖ τούτῳ πλήρη. καταλαμβάνω οὖν καὶ τοῦτον ἐκεῖ καὶ τοὺς τριηράρχους καὶ τοὺς διαδόχους καὶ ἄλλους τινὰς τῶν πολιτῶν· καὶ εἰσελθὼν εὐθὺς, ἐναντίον τοῦ στρατηγοῦ, λόγους πρὸς αὐτὸν ἐποιούμην, καὶ ἠξίουν αὐτὸν τήν τε ναῦν μοι παραλαμβάνειν καὶ τοῦ ἐπιτετριηραρχημένου χρόνου ἀποδιδόναι μοι τὰ ἀναλώματα, καὶ περὶ τῶν σκευῶν ἠρώτων αὐτὸν, πότερα παραλήψεται, ἢ ἴδια σκεύη ἔχων ἥκοι ἐπὶ τὴν ναῦν. ταῦτα

[1] μοι οἱ μάρτυρες [2] τιμή τις ἦν, καὶ νόμισμα ὁποδαπόν [3] ψευδῶς
[4] ἐπιτιθεὶς [5] ταῦτα αὐτῷ, ἀπεκρίνατό [6] παρήγγελλεν

ἡ. Καὶ ἡ τιμὴ, καὶ ὁπόσου] L. καὶ ἡ τιμὴ δὲ ὁπόσου, et v. seq. καὶ ἐκ πόσου intelligo subaudiendo τόκου, *et ex quanto fenore reconciliatio mihi fuisset cum pecunia*, i. e. quanto fenore pecuniam quæ mihi deerat acquisivissem. Idem.

Ἔτι δὲ καὶ πίστιν αὐτῷ ἐπιθεὶς] Ὅρκον ὀμόσας. Wolf.

δέ μου [1] προκαλουμένου αὐτὸν, ἠρώτα με διότι σκεύη τε ἴδια μόνος ἔχοιμι τῶν τριηράρχων, καὶ πότερα ἡ πόλις οὐκ εἰδείη τινὰς δυναμένους σκεύη παρασχεῖν ταῖς ναυσὶν, ὥστε αὐτὴ μὴ παρέχειν, ἢ σὺ τοσοῦτον, ἔφη, ὑπερπέπαικας πλούτῳ τοὺς ἄλλους, ὥστε καὶ τὰ σκεύη ἴδια ἔχειν, καὶ κόσμον χρυσόπαστον μόνος τῶν τριηράρχων. τίς ἂν οὖν δύναιτο, ἔφη, τὴν σὴν μανίαν καὶ πολυτέλειαν ὑπομεῖναι; διεφθαρμένον μὲν πλήρωμα, καὶ εἰωθὸς ἀργύριον πολὺ προλαμβάνειν, καὶ ἀτελείας ἄγειν τῶν νομιζομένων ἐν τῇ νηὶ λειτουργιῶν, καὶ λοῦσθαι ἐν βαλανείῳ; τρυφῶντας δὲ ἐπιβάτας καὶ ὑπηρεσίαν ὑπὸ μισθοῦ πολλοῦ καὶ ἐντελοῦς; κακῶν δ', ἔφη, διδάσκαλος γέγονας ἐν τῷ στρατεύματι, καὶ αἴτιος εἶ μέρος τι καὶ τοῖς ἄλλοις τριηράρχοις [2] πονηροτέρους εἶναι τοὺς στρατιώτας, ζητοῦντας ταὐτὰ τοῖς παρὰ σοί. ἔδει γάρ σε ταὐτὰ ποιεῖν τοῖς ἄλλοις τριηρ- 1218
άρχοις. λέγοντος δὲ αὐτοῦ ταῦτα, ἀπεκρινάμην αὐτῷ, ὅτι σκεύη μὲν διὰ τοῦτο οὐ λάβοιμι ἐκ τοῦ νεωρίου, ὅτι σὺ ἀδόκιμα ἐποίησας αὐτά. ἀλλ', εἰ μὲν βούλει, ταῦτα παράλαβε· εἰ δὲ μὴ, σκεύη σαυτῷ παρασκεύαζε. περὶ δὲ τῶν ναυτῶν καὶ τῶν ἐπιβατῶν καὶ τῆς ὑπηρεσίας, εἰ φῂς ὑπ' ἐμοῦ αὐτοὺς διεφθάρθαι, παραλαβὼν τὴν τριήρη αὐτὸς ἑαυτῷ κατασκευάσαι καὶ ναύτας καὶ ἐπιβάτας καὶ ὑπηρεσίαν, οἵ τινες μηδὲν λαβόντες συμπλεύσονται· τὴν δὲ ναῦν παράλαβε, οὐ γάρ ἔτι μοι προσήκει τριηραρχεῖν. ὅ τε γὰρ χρόνος ἐξήκει μοι τῆς τριηραρχίας, καὶ ἐπιτετριηράρχηκα τέτταρας μῆνας. λέγοντος δέ μου ταῦτα, ἀποκρίνεταί μοι, ὅτι ὁ συντριήραρχος αὐτῷ οὐχ ἥκοι ἐπὶ τὴν ναῦν· οὔκουν παραλήψομαι μόνος τὴν τριήρη. ὡς οὖν ἀληθῆ ταῦτα λέγω πρὸς ὑμᾶς, καὶ ἐν μὲν τῇ ἀγορᾷ ἀπεκρίνατό μοι τὰ πρότερον, ὅτι οὐδὲν αὐτῷ [3] μέλει ὧν λέγοιμι· ἐν δὲ τῇ οἰκίᾳ, οὗ ὁ Τιμόμαχος κατήγετο, ὅτι μόνος οὐ παραλήψεται τὴν ναῦν, τούτων ὑμῖν ἀναγνώσεται τὰς μαρτυρίας.

[1] προκαλεσαμένου [2] τοῦ ποιεῖν. [3] μέλοι

6. Τοσοῦτον ὑπερπέπαικας τῷ πλούτῳ] Ὑπερβέβληκας, ὥστε τὰ χρήματ' ἐν παιδιᾶς μέρει ποιεῖσθαι. Idem.

Διεφθαρμένον πλήρωμα] Hoc genus est, sequitur species v. 10. τρυφῶντας ἐπιβάτας καὶ ὑπειρεσίαν. Suidas ὑπειρετικὸν scribit per ει in secunda, unde et ὑπειρέσιον et ὑπειρεσία eodem modo scribendum. ὑπηρέτης, et ὑπηρετῶ, et ὑπηρεσία, et ὑπηρετικὰ πνεύματα, recte η in secunda habent. Idem. Addo καὶ ante διεφθαρμένον. Auger.

ΜΑΡΤΥΡΙΑΙ.

ί. Μετὰ ταῦτα τοίνυν, ὦ ἄνδρες δικασταὶ, ὡς οὔτε οὗτος ἤθελέ μοι τὴν ναῦν διαδέχεσθαι, οὔτε τἀναλώματα ἀπεδίδου τοῦ ἐπιτετριηραρχημένου χρόνου, ὅ τε στρατηγὸς ἐπέταττέ μοι ἀνάγεσθαι, προσελθὼν αὐτῷ ἐν Θάσῳ ἐν τῷ λιμένι, ἐναντίον τοῦ στρατηγοῦ, πλήρους οὔσης τῆς τριήρους, ἔλεγον ἃ δίκαια μὲν οὐκ ἦν, ἀλλὰ πλεονεκτήματα τούτου, ἀναγκαῖα δέ μοι ἐκ τῶν παρόντων εἰπεῖν·
1219 ἐπειδὴ σὺ φῄς, ὦ Πολύκλεις, τὸν συντριήραρχον οὐχ ἥκειν, τοῦ μὲν ἐπιτετριηραρχημένου χρόνου ἐγὼ ἐκεῖνον πράξομαι [1]τὰ ἀναλώματα, ἂν δύνωμαι, τῶν τεττάρων μηνῶν. σὺ δὲ παραλαβὼν τὴν ναῦν, πρῶτον μὲν τὸν ὑπὲρ σεαυτοῦ χρόνον τριηράρχησον, τοὺς ἓξ μῆνας· ἔπειτα, ἐὰν μέν σοι ἔλθῃ ἐν τούτῳ ὁ συντριήραρχος, ἐκείνῳ παραδώσεις λειτουργήσας, ἐὰν δὲ μὴ, οὐδὲν δεινὸν πείσῃ, δύο μῆνας ἐπιτριηραρχήσας. ἢ ἐγὼ μὲν, ὁ τόν τε ὑπὲρ ἐμαυτοῦ χρόνον καὶ τοῦ συντριηράρχου λελειτουργηκὼς, ἐπετριηράρχησα ὑπὲρ ὑμῶν· σὺ δ᾽, οὐδὲν ἀνηλωκὼς, οὐκ ἀξιοῖς οὐδὲ τὸν ὑπὲρ σεαυτοῦ χρόνον, παραλαβὼν τὴν ναῦν, λειτουργῆσαι, οὐδὲ [1] τὰ ἀναλώματα ἀποδοῦναι; λέγοντος δέ μου ταῦτα, ἀπεκρίνατό μοι, ὅτι μύθους λέγοιμι· ὁ δὲ στρατηγὸς ἐμβαίνειν με ἐκέλευεν εἰς τὴν ναῦν, καὶ ἀνάγεσθαι μεθ᾽ αὐτοῦ. ὡς οὖν ταῦτα ἀπεκρίνατο, ἀνάγνωθί μοι τὴν μαρτυρίαν.

ΜΑΡΤΥΡΙΑ.

ιά. Βούλομαι δ᾽ ὑμῖν καὶ τεκμήριόν τι εἰπεῖν, ἵνα εἰδῆτε, ὅτι περιφανῶς ἠδίκημαι. Ἁγνίᾳ γὰρ καὶ Πραξικλεῖ, ὑπὸ τὸν αὐτὸν χρόνον, κατέστησαν διάδοχοι, Μνησίλοχός τε ὁ Περιθοίδης καὶ Φρασικρίδης ὁ Ἀναφλύστιος, οὐκ ἀφικομένου δὲ τοῦ Φρασικρίδου ἐπὶ τὴν ναῦν, ὁ Μνησίλοχος, ἐλθὼν εἰς τὴν Θάσον, παρέλαβέ τε παρὰ τοῦ Ἁγνίου τὴν τριήρη, καὶ τὸ ἐπιτριηράρχημα ἀπέδωκε τῷ Ἁγνίᾳ τοῦ χρόνου, οὗ ἐπανήλωσεν ὑπὲρ αὐτῶν, ὅσον ἔπεισε, καὶ τὰ

[1] τἀναλώματ᾽

ί. Οὔτε τἀναλώματα lego, addito articulo. Wolf.

Ἀπεκρίνατό μοι, ὅτι μύθους λέγοιμι] Παροιμιῶδες. Idem.

σκεύη παρὰ τοῦ Ἁγνίου ἐμισθώσατο, καὶ αὐτὸς ἐτριηράρχει. ὕστερον δ' οἱ παρὰ τοῦ Φρασικρίδου ἐλθόντες, τῶν τε ἀνηλωμένων τὸ μέρος ἀπέδοσαν τῷ Μνησιλόχῳ, καὶ τοῦ 1220
λοιποῦ χρόνου, ὅσα ἐδεῖτο, εἰς τὴν ναῦν συνανήλισκον. καί μοι τούτων ἀνάγνωθι τὴν μαρτυρίαν.

ΜΑΡΤΥΡΙΑ.

ιϐ'. Ἴσως οὖν, ὦ ἄνδρες δικασταὶ, ποθεῖτε ἀκοῦσαι διὰ τί ποτε ὁ στρατηγὸς οὐκ ἠνάγκαζε τοῦτον παραλαμβάνειν τὴν ναῦν, διάδοχον ἥκοντα ἐπ' αὐτὴν, τῶν νόμων οὕτως ἰσχυρῶν ὄντων. περὶ δὴ τούτων βούλομαι ὑμᾶς σαφῶς διδάξαι τὸ αἴτιον. Τιμόμαχος γὰρ, ὦ ἄνδρες δικασταὶ, πρῶτον μὲν ἐβούλετο εὖ κατεσκευασμένῃ τῇ τριήρει πρὸς ἅπαντα χρῆσθαι. ᾔδει [1] οὖν, ὅτι οὗτος μὲν, παραλαβὼν αὐτὴν, κακῶς ἤμελλε τριηραρχήσειν· οὔτε γὰρ τῷ τριηραρχήματι, οὔτε τοῖς ἐπιβάταις καὶ τῇ ὑπηρεσίᾳ, χρήσοιτο, οὐδεὶς γὰρ αὐτῷ [2] παραμένει. ἔτι δὲ πρὸς τούτοις, ὁπότε μὴ διδοὺς ἀργύριον προστάττοι πλεῖν, οὐκ ἤμελλεν αὐτῷ ἀνάξεσθαι, ὥσπερ ἐγὼ, ἀλλὰ πράγματα παρέξειν. πρὸς δὲ τούτῳ δανείζεται παρ' αὐτοῦ τριάκοντα μνᾶς, ὥστε μὴ ἀναγκάσαι παραλαβεῖν τὴν ναῦν.

ιγ'. Ἐξ ὧν δέ μοι μάλιστα ὀργισθεὶς ἐπηρέαζε, καὶ οὐδὲ λόγον ἑκάστοτε ἐδίδου, οὐδὲ περὶ ἑνὸς, βούλομαι ὑμῖν σαφῶς διηγήσασθαι, ἵνα εἰδῆτε, ὅτι οὐ περὶ πλείονος ἐποιούμην οὔτε τὴν ἐμαυτοῦ ῥᾳστώνην ἐν ἐκείνῳ τῷ χρόνῳ, οὔτε τὴν ἐκείνου ῥώμην, τοῦ δήμου τῶν Ἀθηναίων καὶ τῶν νόμων· ἀλλ' ἠνειχόμην καὶ ἔργῳ ἀδικούμενος καὶ λόγῳ προπηλακιζόμενος, ἃ πολλῷ μοι βαρύτερα ἦν τῶν ἀναλωμά-

[1] γοῦν   [2] * παραμένοι

ιά. Ὕστερον δὲ παρὰ Φρασικρίδου ἐλθόντος] Sententia et constructio postulare videtur. ὕστερον δ' οἱ περὶ Φρασικρίδην ἐλθόντες, hoc est, ὁ Φρασικρίδης ἐλθών. Idem.

ιϐ'. Ἤδει—χρήσοιτο] In priore membro ad præsens tempus respexit: alioqui dixisset κακῶς μέλλοι τριηραρχήσειν, vel τριηραρχήσοι. In posteriore ad præteriti modum respexit: quod ni fecisset, ita locutus est καὶ τῇ ὑπηρεσίᾳ χρήσεσθαι. Paulo post [p. 226. v. 5.] in optativo perstitit per totam periodum: ἀποκρίνεται --- στρατηγὸν, eo vela directurus esset quo ego juberem, Thasum ad imperatorem. Budæus.

Οὔτε γὰρ τῷ τριηραρχήματι] Τοῖς σκεύεσιν, ut opinor. Sequuntur enim v. seq. ἐπιβάται καὶ ὑπηρεσίαι. Wolf. Sub. τῷ ἐμῷ, ita quoque in verbis subsequentibus. Hic intelligo τριηράρχημα, sumptus navalis. Auger.

Οὐδεὶς γὰρ αὐτῷ παραμενεῖ, futuro tempore, postulat sententia. et p. 225. v. 2. ὑπηρε-

των. ὡς γὰρ ἐν Θάσῳ διατριβαὶ τοῦ ναυτικοῦ ἐγίγνοντο,
ἀφικνεῖται ἐκ Μεθώνης τῆς Μακεδονίας ὑπηρετικὸν εἰς
Θάσον, ἄγον ἄνδρα καὶ ἐπιστολὰς παρὰ Καλλιστράτου
1221 ὡς Τιμόμαχον, ἐν αἷς [1]ἦν, ὡς ὕστερον ἐγὼ ταῦτα ἐπυθό-
μην, ἀποπέμψαι αὐτῷ τριήρη τὴν ἄριστα πλέουσαν, ἵν'
ἀφίκηται ὡς αὐτόν. εὐθὺς οὖν τῇ ὑστεραίᾳ ἅμα τῇ ἡμέρᾳ
ὁ ὑπηρέτης ἐλθὼν ἐκέλευέ με καλεῖν εἰς τὴν ναῦν τοὺς ναύ-
τας. ἐπεὶ δὲ πλήρης ἦν, ἀναβαίνει Κάλλιππος ὁ Φίλωνος
ὁ Αἰξωνεὺς καὶ φράζει πρὸς τὸν κυβερνήτην τὸν ἐπὶ Μα-
κεδονίας πλοῦν πλεῖν. ἐπειδὴ δὲ ἀφικόμεθα εἰς χωρίον τι ἐν
τῇ κατ' ἀντικρὺ ἠπείρῳ, Θασίων ἐμπόριον, καὶ ἐκβάντες
ἠριστοποιούμεθα, προσέρχεταί μοι τῶν ναυτῶν [2]ὁ Καλλι-
κλῆς Ἐπιτρεφοῦς Θριάσιος, λέγων, ὅτι βούλοιτό μοι δια-
λεχθῆναι ἐμόν τι πρᾶγμα. κελεύσαντος δέ μου, λέγει, ὅτι
βούλοιτό μοι χάριν ἀποδοῦναι καθ' ὅ τι δύναται, ὧν αὐτῷ
ἀπορηθέντι ἔδωκα. σὺ οὖν, ἔφη, τὸν πλοῦν τοῦτον οἶσθα
ἐφ' ὅ τι πλεῖς, ἢ [3]ποῖ; ἀποκριναμένου δ' αὐτῷ ἐμοῦ, ὅτι
οὐκ εἰδείην, ἀλλ' ἐγώ σοι, ἔφη, ἐρῶ. δεῖ γάρ σε ἀκούσαντα
ὀρθῶς βουλεύσασθαι· μέλλεις γὰρ, ἔφη, ἄγειν ἄνδρα φυ-
γάδα, οὗ Ἀθηναῖοι θάνατον δὶς κατεψηφίσαντο, Καλλί-
στρατον ἐκ Μεθώνης εἰς Θάσον ὡς Τιμόμαχον τὸν κηδεστὴν,
ὡς ἐγὼ, ἔφη, πέπυσμαι τῶν παίδων τῶν Καλλίππου. [4]σὺ
οὖν, ἐὰν σωφρονῇς, οὐδένα τῶν φευγόντων ἐάσεις εἰς τὴν ναῦν
ἀναβαίνειν· οὐ γὰρ ἐῶσιν οἱ νόμοι. ἀκούσας δ' ἐγὼ ταῦτα
τοῦ Καλλικλέους, προσέρχομαι τῷ Καλλίππῳ, καὶ ἐρωτῶ
αὐτὸν, ὅποι τε τὸν πλοῦν ποιεῖται, καὶ ἐπὶ τίνα. διαχλευά-
σαντος δ' αὐτοῦ με καὶ ἀπειλήσαντος ἃ οὐδ' ἂν ὑμεῖς
ἀγνοήσαιτε — καὶ γὰρ τοῦ τρόπου τοῦ Καλλίππου οὐκ
1222 ἀπείρως ἔχετε —, λέγω αὐτῷ, ὅτι ἀκούω σε πλεῖν ἐπὶ
Καλλίστρατον. ἐγὼ οὖν τῶν φευγόντων οὐδένα ἄξω, οὐδὲ
πλευσοῦμαι ἐπ' αὐτόν· οἱ γὰρ νόμοι οὐκ ἐῶσιν ὑποδέχε-
σθαι τῶν φευγόντων οὐδένα, ἢ ἐν τοῖς αὐτοῖς κελεύουσιν
ἐνέχεσθαι τὸν ὑποδεχόμενον τοὺς φεύγοντας. ἀποπλευ-

[1] ἦν [2] Deest articulus. [3] ὅποι [4] σὺ γοῦν

τικὸν εἰς Θάσον ἄγον ἄνδρα. Wolf.

Ὁ Ἐξωνεύς] Alias per αι, Αἰξωνεύς. Idem. Lege ὁ Αἰξωνεὺς, a pago seu demo qui Αἰξώνη vocabatur in Attica. Palmer.

Τὸν ὑποδεχόμενον τοὺς φεύγοντας] F. A. καὶ τοὺς φεύγοντας. Wolf.

σοῦμαι οὖν πάλιν ὡς τὸν στρατηγὸν εἰς Θάσον· καὶ ἐπειδὴ ἐνέβησαν οἱ ναῦται, λέγω τῷ κυβερνήτῃ ἀποπλεῖν εἰς τὴν Θάσον. ἀντιλέγοντος δὲ τοῦ Καλλίππου καὶ κελεύοντος πλεῖν εἰς τὴν Μακεδονίαν, οἷ προσέταξεν ὁ στρατηγὸς, ἀποκρίνεται αὐτῷ Ποσείδιππος ὁ κυβερνήτης, ὅτι τριήραρχός τε ἐγὼ τῆς νεὼς εἴην καὶ ὑπεύθυνος, καὶ τὸν μισθὸν παρ' ἐμοῦ λαμβάνοι. πλεύσοιτο οὖν, οἷ ἐγὼ κελεύω, εἰς Θάσον ὡς τὸν στρατηγόν.

ιδ'. Ἀφικομένων δὲ ἡμῶν τῇ ὑστεραίᾳ εἰς τὴν Θάσον, μεταπέμπεταί με ὁ Τιμόμαχος, οὗ κατήγετο ἔξω τείχους. φοβούμενος δ' ἐγὼ, μὴ δεθείην, διαβληθεὶς ὑπὸ τοῦ Καλλίππου, αὐτὸς μὲν οὐχ ὑπακούω, ἀλλὰ λέγω τῷ ὑπηρέτῃ, ὅτι, εἴ τι βούλεταί μοι διαλέγεσθαι, ἐν τῇ ἀγορᾷ ἔσομαι· τὸν δὲ παῖδα συμπέμπω αὐτῷ, ἵν', εἴ τι μοι προστάττοι, ἀκούσας ἀπαγγεῖλαί μοι. διὰ μὲν ταύτας τὰς αἰτίας, ὦ ἄνδρες δικασταὶ, ἃς εἴρηκα πρὸς ὑμᾶς, ὁ Τιμόμαχος σὺκ ἠνάγκαζε παραλαμβάνειν τοῦτον τὴν ναῦν· ἔτι δὲ καὶ βουλόμενος αὐτὸς χρῆσθαι τῇ νηὶ ὡς ἄριστα πλεούσῃ. [1] τὴν μὲν γὰρ τοῦ Θρασυλόχου τοῦ Ἀναγυρασίου τριήρη, ἐφ' ἧς αὐτὸς ἔπλει, τὸν Θρασύλοχον πείθει τῷ Καλλίππῳ μισθῶσαι τὴν τριηραρχίαν, ἵνα αὐτοκράτωρ ὢν ὁ Κάλλιππος τῆς νεὼς, περιάγοι τὸν Καλλίστρατον· αὐτὸς δὲ, ἀναβὰς ἐπὶ τὴν ἐμὴν ναῦν, περιέπλει [2] πανταχῆ, ἕως ἀφίκετο εἰς Ἑλλήσποντον. ἐπειδὴ δὲ οὐκέτι χρεία ἦν αὐτῷ τριήρων, 1223
ἐμβιβάσας μοι Λυκῖνον τὸν Παλληνέα ἄρχοντα εἰς τὴν ναῦν, καὶ προστάξας αὐτῷ [3] καθημέραν ἀργύριον διδόναι τοῖς ναύταις, ἀποπλεῖν οἴκαδέ με ἐκέλευεν.

ιέ. Ἐπειδὴ τοίνυν καταπλέοντες οἴκαδε ἦμεν ἐν Τενέδῳ, καὶ οὔτε ὁ Λυκῖνος, ᾧ προσέταξεν ὁ Τιμόμαχος, ἐδίδου τοῖς ναύταις σιτηρέσιον — οὐ γὰρ ἔφη ἔχειν, ἀλλ' ἐκ Μιτυλήνης λήψεσθαι —, οἵ τε στρατιῶται εἶχον οὐδὲν, ὅτου ἂν ἐπισιτίσαιντο, ἄσιτοι δὲ οὐκ ἂν ἠδύναντο ἐλαύνειν· πάλιν παραλαβὼν ἐγὼ μάρτυρας τῶν πολιτῶν, προσελθὼν Πολυκλεῖ τούτῳ ἐν Τενέδῳ, ἐκέλευον αὐτὸν τήν τε ναῦν πα-

[1] * τῆς ------ τριήρους [2] πανταχοῦ. [3] καθ' ἡμέραν

ιέ. Ὅτου ἂν ἐπισιτίσαιντο] Γενικὴ, τιμῆς σημαντική. WOLF.

ραλαμβάνειν, ὡς διάδοχον ὄντα, καὶ τὸ ἐπιτριηράρχημα ἀποδιδόναι τοῦ χρόνου, οὗ ἐπανήλωσα ὑπὲρ τούτου ἐπιτριηραρχῶν, ἵνα μὴ πρόφασις αὐτῷ γένοιτο ἀπολογίας πρὸς ὑμᾶς, ὡς ἐγὼ διὰ τοῦτο οὐκ ἤθελον αὐτῷ παραδοῦναι τὴν ναῦν, φιλοτιμούμενος, ἵνα καταπλεύσαιμι οἴκαδε ἐπὶ νεὼς εὖ πλεούσης, καὶ ἐνδειξαίμην ὑμῖν τὰ ἀναλώματα. οὐκ ἐθέλοντος δ' αὐτοῦ παραλαμβάνειν, τῶν δὲ ναυτῶν ἀργύριον αἰτούντων, ἵν' ἀγοράσωνται τὰ ἐπιτήδεια, πάλιν αὐτῷ προσέρχομαι μάρτυρας ἔχων, καὶ ἠρώτων αὐτὸν, εἰ ἀναπλεύσειεν ἔχων ἀργύριον, ὡς διαδεξόμενός μοι τὴν ναῦν, ἢ οὔ; ἀποκριναμένου δ' αὐτοῦ, ὅτι ἔχων ἀργύριον ἥκοι, ἐκέλευον αὐτόν μοι δανεῖσαι ὑποθέμενον τὰ σκεύη τῆς νεὼς, ἵνα ἔχοιμι διαδοῦναι τοῖς ναύταις, καὶ κατακομίσαι τὴν ναῦν, ἐπειδὴ οὐ βούλεται παραλαβεῖν διάδοχος ὤν. δεομένου δέ μου ταῦτα, ἀπεκρίνατό μοι, ὅτι οὐδ' ἀκαρῆ δανείσοι. ἐγὼ μὲν οὖν παρὰ ξένων Τενεδίων τοῦ πατρὸς,
1224 Κλεάνακτος καὶ Ἐπηράτου, ἐδανεισάμην, καὶ ἔδωκα τοῖς ναύταις τὸ σιτηρέσιον. διὰ γὰρ τὸ Πασίωνος εἶναι, καὶ ἐκεῖνον ἐπεξενῶσθαι πολλοῖς καὶ πιστευθῆναι ἐν τῇ Ἑλλάδι, οὐκ ἠπόρουν, ὅπου δεηθείην δανείσασθαι. ὡς οὖν ταῦτ' ἀληθῆ πρὸς ὑμᾶς λέγω, τούτων ὑμῖν τὰς μαρτυρίας παρέξομαι.

ΜΑΡΤΥΡΙΑΙ.

ις'. Ὅσων μὲν τοίνυν ὑμῖν ἐδυνάμην τὰς μαρτυρίας παρασχέσθαι τῶν παραγενομένων, ὡς παρεδίδουν τὴν ναῦν Πολυκλεῖ πολλάκις, οὗτος δὲ οὐκ ἤθελε παραλαβεῖν, [1] ἀνέγνων μὲν ὑμῖν· ἔτι δὲ καὶ ἐκ τεκμηρίων ἱκανῶν δεδήλωκα ὑμῖν, διότι οὐκ ἤθελε παραλαβεῖν τὴν ναῦν. βούλομαι δ' ὑμῖν καὶ τὸν νόμον ἀναγνωσθῆναι τὸν περὶ τῶν διαδόχων,

[1] ἀνέγνωσαν ὑμῖν

Ὑποθέμενον τὰ σκεύη τῆς νεὼς] Ὑποθήκην λαβόντα. Idem. *Sumptis in pignus instrumentis nauticis.* Ita loqui solent de oppigneratione, et de eo quidem, cui pignus datur, *passive:* de eo autem qui pignus dat, *active;* sic §. γ'. ὑποθεὶς δὲ τὴν οὐσίαν τὴν ἐμαυτοῦ, *cum autem pignori opposuissem opes meas.* Alciphr. Ep. l. I. ep, XXVI. Bergler.

Ὅτι οὐδ' ἀκαρῆ δανείσοι] Παροιμιῶδες. Wolf.

ις'. Διότι οὐκ ἤθελε παραλαβεῖν τὴν ναῦν] Πότερον δι' ἥντινα αἰτίαν, ἢ ἁπλῶς, οὐκ ἠθέλησαι αὐτὸν παραλαβεῖν τὴν ναῦν. Idem.

Καὶ τὸν νόμον ἀναγνωσθῆναι] Ὑπὸ τοῦ γραμματέως. Idem. Vid. Petit. Comm. in

ἵνα εἰδῆτε, ἡλίκων τῶν ἐπιτιμίων ὄντων, ἐάν τις μὴ διαδέξηται τὴν ναῦν ἐν τῷ χρόνῳ τῷ εἰρημένῳ, κατεφρόνησεν οὐκ ἐμοῦ μόνον, ἀλλὰ καὶ ὑμῶν καὶ τῶν νόμων, καὶ διὰ μὲν τοῦτον ἅπαντα τῇ πόλει ἄπρακτα γέγονε καὶ τοῖς συμμάχοις. οὔτε γὰρ ἀφίκετο ἐπὶ τὴν ναῦν κατὰ τὸν νόμον, οὔτ᾽, ἐπειδὴ ἦλθεν, ἠθέλησε διαδέξασθαι. ἐγὼ δὲ καὶ τὸν ὑπὲρ ἐμαυτοῦ ὑμῖν χρόνον, καὶ τὸν ὑπὲρ τοῦ συντριηράρχου, ἐλειτούργησα· καί, ἐπειδὴ ἐξῆλθέ μοι ὁ χρόνος τῆς τριηραρχίας, προστάττοντός μοι τοῦ στρατηγοῦ πλεῖν ἐφ᾽ Ἱερόν, παρέπεμψα τῷ δήμῳ τὸν σῖτον, ἵν᾽ ἔχητε ἄφθονον ὠνεῖσθαι, καὶ μηδὲν ὑμῖν κατ᾽ ἐμὲ ἐλλείπηται· καὶ ἄλλα, ὅσα ἢ ἐμοὶ ἢ τῇ τριήρει ἐβουλήθη ὁ στρατηγὸς χρῆσθαι, παρέσχον αὐτῷ, οὐ μόνον τὴν οὐσίαν ἀναλίσκων, ἀλλὰ καὶ τῷ σώματι κινδυνεύων, συνεπιπλέων, τῶν οἰκείων μοι πραγμάτων τοιούτων συμβεβηκότων ἐν τῷ τότε καιρῷ, ὥστε ὑμᾶς ἂν ἀκούσαντας [1] ἡμᾶς ἐλεῆσαι. ἡ μέν γε μήτηρ 1225
ἔκαμνε καὶ ἐπιθάνατος ἦν, ἐμοῦ ἀποδημοῦντος, ὥστε μὴ δύνασθαι ἂν ἔτι αὐτὴν βοηθῆσαι τοῖς ἐμοῖς πράγμασιν ἀνηλωμένοις, ἀλλ᾽ ἢ βραχέα. ἑκταῖος γὰρ ἥκων ἐτύγχανον· καὶ ἐκείνη, ἰδοῦσά με καὶ προσειποῦσα, τὴν ψυχὴν ἀφῆκεν, οὐκέτι τῶν ὄντων κυρία οὖσα, ὥστε δοῦναι ὅσα ἐβούλετό μοι. πολλάκις δὲ καὶ πρότερον μετεπέμπετό με, ἀφικέσθαι δεομένη αὐτόν, εἰ [2] μὴ τῇ τριήρει οἷόν τ᾽ εἴη. ἡ δὲ γυνή, ἣν ἐγὼ περὶ πλείστου ποιοῦμαι, ἀσθενῶς διέκειτο πολὺν χρόνον ἐν τῇ ἐμῇ ἀποδημίᾳ· τὰ δὲ παιδία, μικρά· ἡ δὲ οὐσία, ὑπόχρεως· ἡ δὲ γῆ, οὐχ ὅπως τινὰ καρπὸν ἤνεγκεν, ἀλλὰ καὶ τὸ ὕδωρ ἐν ἐκείνῳ τῷ ἐνιαυτῷ, ὡς πάντες ἴστε, ἐκ τῶν φρεάτων ἐπέλιπεν, ὥστε μηδὲ λάχανον γενέσθαι ἐν τῷ κήπῳ· οἱ δεδανεικότες δὲ ἧκον ἐπὶ τοὺς τό-

1 [ἡμᾶς] 2 μὴ καὶ τῇ

L. A. l. III. t. IV. §. XI. XII.

Ἐπιτιμίων] Haud scio an huc pertineat pœna, de qua in Argumento Orat. Dem. περὶ Στεφάνου τριηραρχίας. Wesseling.

Κινδυνεύων συνεπιπλέων] Si mendo vacat locus, exponas ἐν τῷ συνεπιπλεῖν. Wolf.

Ἑκταῖος γὰρ ἥκων ἐτύγχανον] Τῇ ἕκτῃ ἡμέρᾳ πρὸ τῆς τελευτῆς τῆς μητρός, ἀγγελθείσης δήπου μοι τῆς ἀῤῥωστίας. Idem.

Εἰ μὴ τῇ τριήρει] Σὺν τῇ τριήρει. Idem.

Ἡ δὲ γυνή, ἣν ἐγὼ περὶ πλείστου ποιοῦμαι] Quomodo? si vere dicit Phormio, te pellicem aluisse, nisi forte præ amore uxoris id feceris, ut illi parceres. Idem.

Οἱ δεδανεικότες δὲ ἧκον ἐπὶ τοὺς τόκους] F. ἐπὶ τὸ χωρίον, ἢ ἐπὶ τὰς ὑποθήκας. Hanc sententiam ego nunc in vertendo sum secutus. Nam exigere usuras parva res erat. In fatrag. Fortasse sic restituendus hic locus: ἧκον ἐπὶ τὸ χωρίον, ἐπειδὴ

κους, ἐπειδὴ ὁ ἐνιαυτὸς ἐξῆλθεν, εἰ μή τις ἀποδοίη αὐτοῖς κατὰ τὰς συγγραφάς.

ιζ. Ὧν ἀκούοντά με καὶ παρὰ τῶν ἀφικνουμένων λόγῳ, τὰ δὲ καὶ δι' ἐπιστολῶν παρὰ τῶν οἰκείων, τίνα με οἴεσθε ψυχὴν ἔχειν, ἢ πόσα δάκρυα ἀφιέναι, τὰ μὲν ἐκλογιζόμενον περὶ τῶν παρόντων, τὰ δὲ καὶ ποθοῦντα ἰδεῖν παιδία, καὶ γυναῖκα, καὶ μητέρα ἣν ἐγὼ οὐ πολλὰς ἐλπίδας εἶχον [1]ζῶσαν καταλήψεσθαι; ὧν τί ἥδιόν ἐστιν ἀνθρώπῳ, ἢ τίνος ἕνεκ' ἄν τις εὔξαιτο, τούτων στερηθεὶς, ζῆν; τοιούτων τοίνυν συμβεβηκότων [2]μοι τῶν πραγμάτων, οὐ περὶ πλείονος ἐποιησάμην τὰ ἐμαυτοῦ ἴδια, ἢ τὰ ὑμέτερα· ἀλλ' ἡγούμην δεῖν καὶ χρημάτων ἀναλισκομένων κρείττων εἶναι καὶ τῶν οἴκοι ἀμελουμένων καὶ γυναικὸς καὶ μητρὸς νοσούσης, ὥστε μήτε τὴν τάξιν αἰτιάσασθαί μέ τινα λιπεῖν,
1226 μήτε τὴν τριήρη τῇ πόλει ἄχρηστον γενέσθαι. ἀνθ' ὧν ἁπάντων νῦν ὑμῶν δέομαι, ὥσπερ ἐγὼ ὑμῖν εὔτακτον καὶ χρήσιμον ἐμαυτὸν παρέσχον, οὕτω καὶ ὑμᾶς νῦν περὶ ἐμοῦ πρόνοιαν ποιησαμένους, καὶ ἀναμνησθέντας ἁπάντων ὧν τε διηγησάμην πρὸς ὑμᾶς, τῶν τε μαρτυριῶν ὧν παρεσχόμην καὶ τῶν ψηφισμάτων, βοηθῆσαι μὲν ἐμοὶ ἀδικουμένῳ, τιμωρήσασθαι δ' ὑπὲρ ὑμῶν, εἰσπρᾶξαι δὲ τὰ ὑπὲρ τούτου ἀναλωμένα. ἢ τίς ἐθελήσει φιλοτιμεῖσθαι πρὸς ὑμᾶς, ὅταν ὁρῶσι μήτε τοῖς χρηστοῖς καὶ εὐτάκτοις χάριν οὖσαν, μήτε τοῖς πονηροῖς καὶ ἀκοσμοῦσι τιμωρίαν παρ' ὑμῶν; ἀναγνώσεται δὲ καὶ τὸν νόμον ὑμῖν, καὶ τὰ ἀναλώματα τοῦ χρόνου οὗ ἐπετριηράρχησα ὑπὲρ τούτου καθ' ἕκαστον, καὶ τοὺς λιπόνεως, ὅσον ἕκαστος ἔχων ἀργύριον ἀπέδρα, καὶ [3]ὅπου, ἵνα εἰδῆτε, ὅτι οὔτε νῦν πρὸς ὑμᾶς ψεῦδος οὐδὲν λέγω, οὔτε ἐν τῷ πρόσθεν χρόνῳ.

ιη. Ἡγοῦμαί τε δεῖν τὸν μὲν ὑπὸ τῶν νόμων χρόνον ὡρισμένον ἀμέμπτως ὑμῖν λειτουργεῖν· τοὺς δὲ καταφρονοῦντας καὶ ὑμῶν καὶ τῶν νόμων, καὶ οὐκ ἐθέλοντας πείθεσθαι τοῖς νόμοις, ἐξελέγξας ἐν ὑμῖν ἀδικοῦντας τιμωρή-

[1] ζῶσαν ἂν καταλήψεσθαι [2] μοι συμβεβηκότων [3] * ὅποι

ὁ ἐνιαυτὸς ἐξῆλθεν εἰ μὴ ἀποδοίη τις αὐτοῖς τό τε κεφάλαιον καὶ τοὺς τόκους κατὰ τὰς συγγραφὰς, invadebant prædium, cum exisset annus: nisi ipsis et sors et usuræ secundum tabulas redderentur. IDEM.

Εἰ μή τις ἀποδοίη] Ἀντὶ τοῦ, εἰ μὴ ἐγὼ ἀποδοίην, ut et supra. IDEM.

ιζ. Χρόνῳ] Hic videntur legenda esse et

σασθαι. εὖ δ' ἴστε, ὅτι οὐ περὶ τῶν ἐμῶν ἰδίων μᾶλλον τιμωρήσεσθε Πολυκλέα, [1]ἢ ὑπὲρ ὑμῶν αὐτῶν, οὐδὲ περὶ τῶν παρεληλυθότων τριηράρχων ἐπιμέλειαν ποιήσεσθε μόνον, ἀλλὰ καὶ περὶ τῶν μελλόντων πρόνοιαν, ὥστε μήτε τοὺς λειτουργοῦντας ἀθυμεῖν, μήτε τοὺς διαδόχους καταφρονεῖν τῶν νόμων· ἀλλ' ἀπιέναι ἐπὶ τὰς ναῦς, ὅταν κατασταθῶσιν. ἃ προσήκει ὑμᾶς ἐνθυμηθέντας ὀρθῶς καὶ
δικαίως διαγνῶναι περὶ πάντων. ἡδέως δ' ἂν ὑμῶν πυθοί- 1227
μην, ὦ ἄνδρες δικασταί, τίν' ἄν ποτε γνώμην περὶ ἐμοῦ εἴχετε, εἰ, τοῦ τε χρόνου ἐξήκοντος καὶ τούτου μὴ ἥκοντος ἐπὶ τὴν ναῦν, μὴ ἐπετριηράρχησα, κελεύσαντος τοῦ στρατηγοῦ, ἀλλὰ πλέων ᾠχόμην. ἆρ' οὐκ ἂν ὠργίζεσθέ μοι, καὶ ἡγεῖσθε ἂν ἀδικεῖν με; εἰ τοίνυν ἂν ἐμοὶ τότε ὀργίζοισθε, ὅτι οὐκ ἐπετριηράρχησα, πῶς οὐχὶ νῦν προσήκει ὑμᾶς τοῦτον εἰσπρᾶξαί μοι τὰ ἀναλώματα, ἃ ἐγὼ ὑπὲρ τούτου ἀνάλωσα, τὸν οὐ διαδεξάμενον τὴν ναῦν; ὅτι δ' οὐκ ἐμοὶ μόνῳ οὐ διεδέξατο τὴν ναῦν, ἀλλὰ καὶ πρότερον Εὐριπίδῃ, συντριήραρχος ὤν, καὶ συνθηκῶν οὐσῶν αὐτοῖς τοὺς ἓξ μῆνας ἑκάτερον πλεῖν, ἐπειδὴ Εὐριπίδης ἐξέπλευσε, καὶ ὁ χρόνος ἐξῆκεν, οὐ διεδέξατο τὴν ναῦν αὐτῷ, ἀναγνώσεται τὴν μαρτυρίαν.

ΜΑΡΤΥΡΙΑ.

[1] ἢ οὐχ ὑπὲρ

lex et sumptus facti, et deesse tituli, ΝΟΜΟΣ. ΑΝΑΛΩΜΑΤΑ. AUGER.

ἰή. Ὅτι οὐ περὶ τῶν ἐμῶν ἰδίων μᾶλλον τιμωρήσεσθε Πολυκλέα, ἢ καὶ ὑπὲρ ὑμῶν αὐτῶν lego, non τιμωρήσεσθαι, et ἢ οὐχ ὑπέρ. WOLF.

Οὐκ ἐπετριηράρχησα] F. add. ἂν post οὐκ. AUGER.

Ἀλλὰ καὶ πρότερον Εὐριπίδῃ] Οὐχὶ τῷ τραγικῷ, (πρεσβύτερος γὰρ ἐκεῖνος) ἀλλ' ἑτέρῳ τινί. WOLF.

ΥΠΟΘΕΣΙΣ ΤΟΥ ΠΕΡΙ ΣΤΕΦΑΝΟΥ ΤΗΣ ΤΡΙΗΡΑΡΧΙΑΣ ΛΟΓΟΥ.

Pag. ed. Reisk.

1227 ΠΟΛΛΩΝ καὶ μεγάλων πραγμάτων κατεπειγόντων τοὺς Ἀθηναίους τριήρεις πληρῶσαι καὶ τῆς κατὰ θάλατταν ἐπιμεληθῆναι δυνάμεως, γράφεται ψήφισμα, τῶν τριηράρχων, τὸν μὲν πρῶτον τῶν ἄλλων τὴν ναῦν [1] κατέχοντα πεπληρωμένην, τὸν στέφανον λαβεῖν· τὸν δὲ μὴ πρὸ τῆς [2] ἕνης καὶ νέας, ἥτις ἐστὶν ἡ τελευταία τοῦ μηνός, περιορμίσαντα τὴν ναῦν,
1228 ἐπὶ τὸ χῶμα δεθῆναι. τὸ χῶμα δὲ ἦν οἰκοδόμημα ἐν τῷ λιμένι προβεβλημένον προσορμίσεως ἕνεκα καὶ ἀγορᾶς τῶν ναυτῶν. Ἀπολλόδωρος οὖν ὁ Πασίωνος, πρῶτος τὴν ναῦν περιορμίσας, ἔλαβε τὸν στέφανον· [3] προστεθείσης δὲ πάλιν δοκιμασίας, ὅστις κάλλιστα παρεσκευάσατο τὴν τριήρη, στεφανῶσαι καὶ τοῦτον, [4] ἀντιποιεῖται καὶ τούτου ἐστεφάνωσεν ὁ Ἀπολλόδωρος.

[1] παρέχοντα [2] ἕνης [3] προτεθείσης [4] ἀντιποιεῖται καὶ τούτου * ἐστεφανῶσθαι ὁ Ἀ.

Τὴν ναῦν κατέχοντα] M. παρέχοντα. Wolf.

Ἥτις ἐστὶν ἡ τελευταία τοῦ μηνός] Ἡ τριακάς. Idem.

Τεθῆναι] Melius margo edit. Benenat. exhibet δεθῆναι. Nam patet sic legendum esse ex ipsa oratione, ubi ait δῆσαι καὶ δικαστηρίῳ παραδοῦναι. Palmer.

Προστεθείσης] M. προτεθείσης. Wolf.

Ἀντιποιεῖται καὶ τούτου ἐστεφάνωσεν] Lego στεφανῶσαι καὶ τοῦτον· ἀντιποιεῖται καὶ τούτου τοῦ στεφάνου Ἀπολλόδωρος. Idem.

ΔΗΜΟΣΘΕΝΟΥΣ

Ο ΠΕΡΙ ΣΤΕΦΑΝΟΥ ΤΗΣ ΤΡΙΗΡΑΡΧΙΑΣ ΛΟΓΟΣ.

α΄. ΕΙ μὲν ὅτῳ πλεῖστοι συνείποιεν, ὦ βουλή, τὸ ψήφισμα ἐκέλευσε δοῦναι τὸν στέφανον, κἂν ἀνόητος ἦν, εἰ λαβεῖν αὐτὸν ἠξίουν, Κηφισοδότου μόνου μοι συνειρηκότος, τούτοις δὲ παμπόλλων. νῦν δὲ τῷ πρώτῳ παρασκευάσαντι τὴν τριήρη τὸν ταμίαν προσέταξεν ὁ δῆμος δοῦναι· πεποίηκα δὲ τοῦτ᾽ ἐγώ, διό φημι δεῖν αὐτὸς στεφανοῦσθαι. θαυμάζω δὲ καὶ τούτων, ὅτι, τῆς τριήρους ἀμελήσαντες, τοὺς ῥήτορας

α΄. Ὁ δῆμος δοῦναι] S. τὸν στέφανον. Wolf.

παρεσκεύασαν, καὶ δοκοῦσί μοι παντὸς διημαρτηκέναι τοῦ πράγματος, καὶ νομίζειν, οὐχὶ τοῖς ποιοῦσιν ἃ δεῖ χάριν ὑμᾶς ἔχειν, ἀλλὰ τοῖς φάσκουσιν, οὐ τὸν αὐτὸν τρόπον ἐγνωκότες, ὅνπερ ἐγὼ, περὶ ὑμῶν. καὶ κατ' αὐτὸ δὴ τοῦτο δικαίως ἂν ἔχοιτ' εὐνοϊκωτέρως ἐμοί· φαίνομαι γὰρ βελτίους ὑμᾶς ὑπολαμβάνων, ἢ οὗτοι. ἐχρῆν μὲν οὖν, ὦ ἄνδρες Ἀθηναῖοι, καὶ δίκαιον ἦν, τοὺς τὸν στέφανον οἰομένους δεῖν 1229
παρ' ὑμῶν λαβεῖν, αὐτοὺς ἀξίους ἐπιδεικνύναι τούτου, μὴ ἐμὲ κακῶς λέγειν· ἐπειδὴ δὲ, τοῦτο παρέντες, ἐκεῖνο ποιοῦσιν, ἐπιδείξω ψευδομένους [1] ἀμφότερα αὐτοὺς, ἅ τε αὐτοὺς ἐνεκωμίασαν, καὶ ὅσα εἰς ἡμᾶς ἐβλασφήμησαν, ἐξ αὐτῶν τῶν πεπραγμένων ἑκατέροις.

β'. Ψήφισμα γὰρ ὑμῶν ποιησαμένων, ὃς ἂν μὴ πρὸ τῆς [2] ἔνης καὶ νέας ἐπὶ χῶμα τὴν ναῦν περιορμίσῃ, δῆσαι καὶ δικαστηρίῳ παραδοῦναι, καὶ ταῦτα κυρωσάντων, ἐγὼ μὲν περιώρμισα καὶ στέφανον διὰ ταῦτα παρ' ὑμῶν ἔλαβον· οὗτοι δὲ οὐδὲ καθείλκυσαν, ὥστ' ἔνοχοι δεσμοῦ γεγόνασι. πῶς οὖν οὐκ ἀτοπώτατον ἂν διαπράξαισθε ἔργον, εἰ, τοὺς καθ' ἑαυτῶν ἐάσαντας τίμημα τοιοῦτον ἐπαχθῆναι, τούτους στεφανώσαντες ὑμεῖς φαίνοισθε; τὰ σκεύη τοίνυν, ὅσα δεῖ παρέχειν τὴν πόλιν τοῖς τριηράρχοις, ἐγὼ μὲν ἐκ τῶν ἰδίων ἀνήλωσα, καὶ τῶν δημοσίων ἔλαβον οὐδέν· οὗτοι δ' ὑμετέροις κέχρηνται, καὶ τῶν σφετέρων οὐδὲν εἰς ταῦτα προεῖνται. καὶ μὴν οὐδ' ἂν ἐκεῖνό γ' ἔχοιεν εἰπεῖν, ὡς ἀνεπειρῶντο ἐμοῦ πρότεροι· πρὶν γὰρ ἧφθαι μόνον τῆς τριήρους τούτους, ἐπεπλήρωτό μοι, καὶ πάντες ἑωρᾶθ' ὑμεῖς αναπειρωμένην τὴν ναῦν. ἔτι τοίνυν ὑπηρεσίαν τὴν κρατίστην ἔλαβον, πολλῷ πλεῖστον ἀργύριον δούς. οὗτοι δὲ εἰ μὲν εἶχον [3] χείρονα ἡμῶν, οὐδὲν ἂν ἦν δεινόν· νῦν δ' οὐδ' [4] ὁποιαντινοῦν μεμίσθωνται, περὶ τοῦ πλείονος ἀντιλέγοντες. καί

[1] ἀμφότερ' αὐτοὺς ἐπιδείξω ψευδομένους [2] ἕνης [3] χείρον' ἂν ἡμῶν
[4] ὁποιαντινοῦν πω μεμίσθωνται

Ἐπειδὴ δὲ τοῦτο παρέντες, ἐκεῖνο ποιοῦσιν] Παρὰ τὸ παρίημι, non παρόντες, coram, ut habet vetus Hervagiana. IDEM. τοῦτο ad remotius, ἐκεῖνο ad propius redit contra morem consuetum. AUGER.

β'. Ἀν ἐπειρῶντο] Lege conjunctim ἀνεπειρῶντο. Verbum est solenne in eo significatu, id est, *periculum fecerunt, num triremis bene instructa foret remigibus et cætero instrumento.* Ea voce in eo significatu et alii. PALMER.

Καὶ πάντες ἑωρᾶθ' ὑμεῖς ἀναπληρουμένην]. Alii ἀναπειρωμένην. F. πεπληρωμένην. Nam ἀναγομένην non placet. WOLF.

Περὶ τοῦ πλείονος ἀντιλέγοντες] Φάσκοντες, ὅτι πλέον ἀργυρίου ἀνήλωσαν. IDEM.

τοι πῶς εἰσὶ δίκαιοι, ταῦτα μὲν ὕστερον [1] ἐξαναπληροῦν, νῦν δ', ὡς πρῶτοι παρασκευασάμενοι, τὸν στέφανον λαβεῖν; ἡγοῦμαι τοίνυν, ὅτι μὲν δικαιότατ' ἂν στεφανώ-
1230 σαιτε ἐμὲ, καὶ μηδὲν εἰπόντος ἐμοῦ, γιγνώσκειν ὑμᾶς· ὅτι δ' οὐ μέτεστι μόνοις τούτοις περὶ τοῦ στεφάνου λόγος, τοῦτ' ἐπιδεῖξαι βούλομαι. πόθεν οὖν τοῦτο μάλιστα ἔσται δῆλον; ἀφ' ὧν αὐτοὶ πεποιήκασι. σκεψάμενοι γὰρ τὸν ἐξ ἐλαχίστου τριηραρχεῖν βουλόμενον, μεμισθώκασι τὴν λειτουργίαν. καί τοι πῶς οὐκ ἄδικον, τῶν μὲν ἀναλωμάτων ἀφεστηκέναι, τῶν δὲ γιγνομένων δι' ἐκεῖνα τιμῶν ἀξιοῦν αὐτοῖς μετεῖναι; καὶ τοῦ μὲν μὴ περιορμίσαι τὴν ναῦν τότε τὸν μεμισθωμένον αἰτιᾶσθαι, τῶν δὲ καλῶς δεδιηκονημένων νῦν αὐτοῖς κελεύειν χάριν ὑμᾶς ἔχειν;

γ'. Δεῖ τοίνυν [2] ὑμᾶς μὴ μόνον ἐκ τούτων σκοπεῖν τὸ δίκαιον, ἀλλὰ καὶ ἐξ ὧν αὐτοὶ πρότερον πεποιήκατε, ταῦτα τινῶν διαπραξαμένων τούτοις. ὅτε γὰρ τῇ ναυμαχίᾳ τῇ πρὸς Ἀλέξανδρον ἐνικήθητε, τότε τῶν τριηράρχων τοὺς μεμισθωκότας τὰς τριηραρχίας αἰτιωτάτους τοῦ γεγενημένου νομίζοντες, παρεδώκατε εἰς τὸ δικαστήριον, καταχειροτονήσαντες προδεδωκέναι τὰς ναῦς καὶ λελοιπέναι τὴν τάξιν· καὶ κατηγόρει μὲν Ἀριστοφῶν, ἐδικάζετε δ' ὑμεῖς· εἰ δὲ μὴ μετριωτέραν ἔσχετε τὴν ὀργὴν τῆς ἐκείνων πονηρίας, οὐδὲν ἂν αὐτοὺς ἐκώλυε τεθνάναι. ταῦτα τοίνυν εἰδότες οὗτοι πεπραγμένα αὐτοῖς καὶ ἐκείνοις, οὐχὶ φρίττουσιν ἐν ὑμῖν ὑπὲρ ὧν προσήκει παθεῖν αὐτοὺς, ἀλλὰ δημηγοροῦσι κατ' ἄλλων καὶ στεφανοῦν κελεύουσιν αὐτούς. καίτοι σκέψασθε, τίν' ἂν ποτε δόξαιτε βεβουλεῦσθαι τρόπον, εἰ, διὰ τὴν αὐτὴν πρόφασιν, τοὺς μὲν θανάτου κρίναντες, τοὺς δὲ στεφανώσαντες, φανείητε; καὶ μὴν οὐ μόνον εἰ τοῦτο
1231 ποιήσαιτε, δοκοῖτ' ἂν ἁμαρτεῖν, ἀλλ' εἰ καὶ μὴ κολάσαιτε τοὺς τὰ τοιαῦτα ποιοῦντας, ἔχοντες. οὐ γὰρ, ἐπειδὰν ἐάσητέ τι τῶν ὑμετέρων ἀπολέσθαι, τότε χρὴ χαλεπαίνειν·

[1] ἐξ ἀνάγκης πληροῦν

[2] ὑμᾶς, ὦ ἄνδρες Ἀθηναῖοι, μὴ

λαβεῖν] M. προλαβεῖν. In farrag. IDEM.

Σκεψάμενοι γὰρ τὸν ἐξ ἐλαχίστου τριηραρχεῖν βουλόμενον] F. σκεψάμενοι γὰρ, καὶ ἐξ ἐλαχίστου τριηραρχεῖν βουλόμενοι. IDEM. σκεψάμενοι, considerantes, intuentes, pro exemplo sumentes. AUGER.

γ'. Ταῦτα τοίνυν εἰδότες] Tolle accentum circumflexum, et lege ταὐτὰ, id est, eadem. PALMER.

Τοὺς τὰ τοιαῦτα ποιοῦντας, ἔχοντες] S.

ἀλλ' ἐν ᾧ τὰ μὲν ὑμέτερά ἐστι σῶα, καθορᾶτε δὲ τοὺς ἐφεστηκότας δι' αἰσχροκέρδειαν οὐχὶ προσήκουσαν πρόνοιαν περὶ σωτηρίας αὐτῶν ποιουμένους. καὶ μηδεὶς ὑμῶν ἐπιτιμήσῃ τῷ λόγῳ, πικρὸν εἶναι νομίσας, ἀλλὰ τοῖς τὸ ἔργον αὐτὸ πεποιηκόσι· διὰ γὰρ τοὺς τοιούτους, τοῦτό ἐστι. θαυμάζω δ' ἔγωγε, τί δή ποτε τῶν μὲν ναυτῶν τοὺς ἀπολειπομένους, ὧν τριάκοντα δραχμὰς ἕκαστος ἔχει μόνας, δέουσι καὶ κολάζουσιν οὗτοι, τῶν δὲ τριηράρχων τοὺς μὴ συμπλέοντας, ὧν τριάκοντα μνᾶς εἰς ἐπίπλουν εἴληφεν ἕκαστος, οὐ ταὐτὰ ποιεῖθ' ὑμεῖς· ἀλλ', ἐὰν μὲν πένης ὤν τις δι' ἔνδειαν ἁμάρτῃ, τοῖς ἐσχάτοις ἐπιτιμίοις ἐνέξεται, ἐὰν δὲ πλούσιος ὢν δι' αἰσχροκέρδειαν ταὐτὰ ποιήσῃ, συγγνώμης τεύξεται; καὶ ποῦ τὸ πάντας ἔχειν ἴσον καὶ δημοκρατεῖσθαι [1] φαίνεται, τοῦτον τὸν τρόπον ὑμῶν ταῦτα βραβευόντων;

δ΄. Ἔτι τοίνυν ἔμοιγε δοκεῖ κἀκεῖνο ἀλόγως [2] ἔχειν, τὸν μὲν εἰπόντα τι μὴ κατὰ τοὺς νόμους, ἐὰν ἁλῷ, τὸ τρίτον μέρος ἠτιμῶσθαι τοῦ σώματος· τοὺς δὲ μὴ λόγον, ἀλλ' ἔργον, παράνομον πεποιηκότας, μηδεμίαν δοῦναι δίκην. καὶ μήν, ὦ ἄνδρες Ἀθηναῖοι, πάντες ἂν ὑμεῖς φήσαιτε τὸ πρὸς τὰ τοιαῦτα πρᾴως ἔχειν, προδιδάσκειν ἑτέρους ἀδίκους εἶναι. βούλομαι τοίνυν, [3] ἐπειδήπερ παρῆλθον, καὶ τὰ συμβαίνοντα ἀπὸ τῶν τοιούτων ὑμῖν διεξελθεῖν.

ε΄. Ἐπειδὰν γάρ τις μισθωσάμενος τριηραρχίαν ἐκπλεύ-

[1] φανεῖται [2] ἴσχειν, * τὸ τὸν [3] ἐπειδήπερ εἰς τούτους τοὺς λόγους παρῆλθον

κολάσαι, ἀντὶ τοῦ, δυνάμενοι. Wolf.

δ΄. Τὸ τρίτον μέρος ἠτιμῶσθαι τοῦ σώματος] Τὸ καθάπαξ ἠτιμῶσθαι [ἄτιμος] §. κδ΄. fin. in Midiana et alibi habuimus: ut videantur et Athenienses diminutionem capitis habuisse magnam, majorem et maximam, ut nostri Jurisconsulti. Idem.

Προδικάζειν ἑτέρους] Lege προδιδάσκειν. Idem.

Προδικάζειν] Sic et aliæ editiones, sed in margine Benenatianæ adscriptum est προδιδάσκειν, quod melius. Palmer.

ε΄. Ἐπειδὰν γὰρ μισθωσάμενος κ. τ. λ.] Quæ pessime reddidit doctus interpres. Τριηραρχία munus Athenis fuit, gravissimum et magnis constans sumptibus, trieris ad bellum instruendæ et complendæ. Qui eas conducebant navium præfecturas, abutebantur ea potestate ad expilandos in mari ac capiendos quoscunque prehendere possent, prætexta ἀνδρολη‌ψίων. Cum quis homicidii reus aufugerat Athenis in aliam civitatem, Athenienses negotium dabant suis Trierarchis ac navium bellicarum præfectis, ut quoscunque in mari possent ex illa civitate homines comprehendere, caperent atque abducerent, ipsorumque bona diriperent, ἀνδρολη‌ψίου nomine. Quod jus *repræsaliorum* vulgo vocamus. Junxit ergo hic Demosthenes ἀνδρολη‌ψίας et σύλας, quia diripiebant eos et eorum naves expilabant, adversus quos sibi esse jus ἀνδρολη‌ψίου prætendebant. Ex hoc prætextu multos ex sociis spoliabant innoxios et immerentes. Qui, ut se vindicarent, quoscunque etiam Athenienses privatis navibus

1232 ση, πάντας ἀνθρώπους ἄγει καὶ φέρει· καὶ τὰς μὲν ὠφελείας ἰδίᾳ καρποῦται, τὰς δὲ δίκας τούτων ὁ τυχὼν δίδωσιν ὑμῶν, καὶ μόνοις ὑμῖν οὐδαμόσε ἐστὶν ἄνευ κηρυκείου βαδίσαι, διὰ τὰς ὑπὸ τούτων ἀνδροληψίας καὶ σύλας κατεσκευασμένας. ὥστε τῇ γ' ἀληθείᾳ σκοπῶν ἄν τις εὕροι τὰς τοιαύτας τριήρεις οὐχ ὑπὲρ ὑμῶν, ἀλλὰ καθ' ὑμῶν, ἐκπεπλευκυίας. τὸν γὰρ ὑπὲρ τῆς πόλεως τριήραρχον οὐκ ἀπὸ τῶν κοινῶν προσδοκᾶν χρὴ πλουτήσειν, ἀλλὰ ἀπὸ τῶν ἰδίων τὰ τῆς πόλεως ἐπανορθώσειν, εἴπερ ἔσται τι τῶν δεόντων ὑμῖν· τούτων δὲ τἀναντία ἕκαστος ἐγνωκὼς ἐκπλεῖ. καὶ γάρ τοι [1] τὰ τῶν αὐτῶν τρόπων ἁμαρτήματα ταῖς ὑμετέραις βλάβαις ἐπανορθοῦνται. καὶ τούτων οὐδέν ἐστιν ἄλογον. δεδώκατε γὰρ τοῖς βουλομένοις ἀδικεῖν, ἂν μὲν λάθωσιν, ἔχειν· ἂν δὲ ληφθῶσι, συγγνώμης τυχεῖν· τοῖς οὖν ἠμεληκόσι δόξης ἄδεια ποιεῖν ὅ τι ἂν βούλωνται γέγονε. τῶν μὲν τοίνυν ἰδιωτῶν τοὺς μετὰ τὸ παθεῖν μανθάνοντας ἀπροσκέπτους ὀνομάζομεν· ὑμᾶς δ', οἵτινες οὐδὲ

[1] τὰ παρὰ τὸν αὐτῶν τρόπον

navigantes capere possent, par pari eis rependebant, et abducebant, navigiaque eorum expilabant. Ob eas injurias quas illæ civitates ab Atheniensium trierarchis accipiebant, non audebant privati, nec ipsi mercatores, ex urbe quoquam navigare sine caduceo. Adversus igitur hujusmodi civitates, quæ homicidii convictos aut læsæ majestatis reos nollent ad supplicium reddere, ἀνδρολήψια et σύλας habere se intendebant, hoc est, jus hominum ex illis civitatibus, quocunque loco possent apprehendi, capiendorum, et bonorum, quæ ad eos pertinerent, diripiendorum, tanquam adversus hostes. *De M. U.* p. 212. Salmasius. De Atheniensium trierarchis quod dicit Salmasius, merum somnium est. Dicit Demosthenes, eos, qui quandoque τριηραρχίαν conducebant, multa mala patrare solitos, direptis quibusque, sive amicis sive inimicis; atque inde fieri, ut Athenienses quilibet comprehenderentur aut spoliarentur sæpe ab iis, quos expilati fuerant, jure talionis, quod nos *repræsalias* dicimus. At Salmasius contrario omnino sensu vult trierarchiæ illos conductores sub prætextu ἀνδροληψίων *repræsaliarum* obvios quosque spoliare solitos, contra Demosthenis mentem apertam, et verborum elegantiam; quæ optime vertebat Wolfius, ex mente Demosthenis. Si qui igitur ab Atheniensium trierarchiæ redemptoribus spoliati fuerant nec jus obtinere potuerant, dabantur iis a sua repub. adversus Athenienses σύλαι, et, ut loquimur, *repræsaliæ*; per quas vexabantur, non trierarchi, qui injuriam fecerant, et inde locupletati erant, quod ait Demosthenes, sed quilibet alii, nec delicti nec lucri participes, ita ut vix possent Athenienses (quod ait oratorie Demosthenes) iter facere sine caduceo, διὰ τὰς ὑπὸ τούτων ἀνδροληψίας καὶ σύλας κατεσκευασμένας, *propter tam corporum quam bonorum direptiones ab his excitatas*, aut quibus hi suis deprædationibus causam præstiterant. Ἀνδροληψίαι igitur illæ et σύλαι non erant Atheniensium, nec sub earum prætextu deprædationes illæ fiebant a trierarchiæ conductoribus, sed aliorum contra, quos hi trierarchi injuria spoliaverant. Cur igitur ad trierarchos illos, de quibus boni illi mercatores nunquam cogitarant, verba Salmasius torqueret, causa non erat. *In Anim. in Salmas. Obss. ad J. A. et R.* l. II. c. XX. §. XXI. Heraldus. Vid. vol. III. p. 518. v. ult.

Καὶ γάρ τοι τὰ τῶν αὐτῶν τρόπων ἁμαρτήματα] M. τὰ παρὰ τὸν τρόπον τὸν αὐτῶν ἁμαρτήματα. *In farrag.* M. τῶν τρόπων τῶν αὐτῶν. Wolf.

πεπονθότες πολλάκις ἤδη φυλάττεσθε, τί τις καλέσειεν ἄν;

ϛ'. Ἄξιον τοίνυν καὶ περὶ τῶν συνειρηκότων εἰπεῖν. οὕτω γὰρ ἡγοῦνταί τινες ἐξουσίαν εἶναι σφίσι καὶ ποιεῖν ὅ τι βούλονται καὶ λέγειν παρ' ὑμῖν, ὥστε τῶν [1] ποτὲ συγκατηγορούντων μετὰ Ἀριστοφῶντος καὶ πικρῶν ὄντων τοῖς μεμισθωκόσι τὰς τριηραρχίας νῦν κελεύουσί τινες τούτους στεφανῶσαι· καὶ δυοῖν θάτερον ἐξελέγχουσιν αὑτούς, ἢ τότ' ἐκείνους ἀδίκως συκοφαντοῦντες, ἢ νῦν τοῖσδ' ἐπὶ μισθῷ συνηγοροῦντες· καὶ χαρίσασθαι κελεύουσιν ὑμᾶς,
[2] ὥσπερ περὶ δωρεᾶς, ἀλλ' οὐ περὶ νικητηρίων, τῶν λόγων 1233
ὄντων, ἢ καὶ χάριν τιθεμένων διὰ τῶν τοιούτων τοῖς ἀμελοῦσιν ὑμῶν, ἀλλ' οὐ διὰ τῶν βελτιόνων, τοῖς ὑπηρετοῦσιν ἃ δεῖ, χαρίζεσθαι προσῆκον.

ζ'. Ἐπειδ' οὕτως ὀλιγωροῦσι τοῦ δοκεῖν ἐπιεικεῖς εἶναι, καὶ παντελῶς τἄλλα πάρεργα πρὸς τὸ λαβεῖν νομίζουσιν, ὥστ' οὐ μόνον τοῖς πρότερον ῥηθεῖσιν ὑφ' αὑτῶν ἐναντία τολμῶσι δημηγορεῖν, ἀλλὰ καὶ νῦν οὐ ταὐτὰ λέγουσιν ἑαυτοῖς, οἵτινες τοὺς μὲν ναύτας φασὶ δεῖν οἰκείους εἶναι τῆς τριήρους τῆς ληψομένης τὸν στέφανον, τῶν δὲ τριηράρχων τοὺς ἠλλοτριωκότας αὑτοὺς ἀπὸ τῆς λειτουργίας τούτους στεφανῶσαι κελεύουσι· καὶ φασὶ μὲν οὐδένα τούτων πρότερον παρασκευάσασθαι, κελεύουσι δὲ κοινῇ στεφανοῦν ὑμᾶς, τοῦ ψηφίσματος οὐ ταῦτα λέγοντος. ἐγὼ δὲ τοσούτου δέω [3] τοῦτο συγχωρεῖν, ὅσουπερ καὶ μεμισθωκέναι τὴν τριηραρχίαν· οὔτε γὰρ τοῦθ' ὑπομείναιμ' ἄν, οὔτ' ἐκεῖν' ἐποίησα. προσποιοῦνται μὲν τοίνυν ὑπὲρ τοῦ δικαίου συνηγορεῖν· σπουδάζουσι δὲ μᾶλλον, ἢ προῖκ' ἄν τις ὑμῶν πράττων, [4] ὥσπερ ἄξια τοῦ μισθοῦ ποιῆσαι προσῆκον ἑαυτοῖς, ἀλλ' οὐ γνώμην ἀποφήνασθαι. εἶθ', ὥσπερ οὐχὶ πολιτείας κοινῆς μετέχοντες, καὶ διὰ ταῦτα τῷ βουλομένῳ λέγειν ἐξόν, ἀλλ' ἱερωσύνην ἰδίαν αὐτοί τινα ταύτην ἔχον-

[1] τότε [2] ὡς περὶ [3] τοῦ τοῦτο σ., δ. π. καὶ * τοῦ μεμισθωκέναι
[4] ὥσπερ * οὐκ, ἄξια τοῦ μισθοῦ ποιῆσαι, πρ. ἑαυτ. ἀλλὰ * γνώμην

ϛ'. Χάριν τιθεμένων] M. καταθεμένων. Idem. L. χάριν τιθέναι ὑμᾶς, referendo ad προσῆκον: vel potius, χάριν τινὰ θησομένων; vel τιθησομένων. Auger.

Ἀλλ' οὐ διὰ τῶν βελτιόνων, τοῖς ὑπηρετοῦσιν, ἃ δεῖ, χαρίζεσθαι προσῆκον] Suspectus locus, in quo convertendo me non ineptam conjecturam secutum confido. Wolf.

ζ'. Ἢ προῖκ' ἄν τις ὑμῶν πράττων] S. σπουδάσειε. Idem.

τες, ἐὰν ὑπὲρ τῶν δικαίων ἐν ὑμῖν τις εἴπῃ, δεινὰ πάσχουσι καὶ θρασὺν εἶναί φασι· καὶ εἰς τοσοῦτον ἀναισθησίας προήκουσιν, ὥστ᾽ οἴονται, τὸν ἅπαξ εἰρηκότα ἂν καλέσωσιν ἀναιδῆ, σφᾶς αὐτοὺς πάντα τὸν βίον καλοὺς κἀγαθοὺς νομίζεσθαι. καίτοι, διὰ μὲν τὰς τούτων δημηγορίας,
1234 πολλὰ χεῖρον ἔχει· διὰ δὲ τοὺς οἰομένους δεῖν τὰ δίκαια ἀντιλέγειν, οὐ πάντ᾽ ἀπόλωλε. τοιούτους τοίνυν τοὺς συνηγοροῦντας αὐτοῖς παρεσκευασμένοι, καὶ τοσαύτην βλασφημίαν εἰδότες οὖσαν καθ᾽ αὐτῶν τοῖς βουλομένοις τι λέγειν [1] φλαῦρον, ὅμως εἰς λόγον ἠξίωσαν καταστῆναι, καὶ κακῶς τιν᾽ ἐτόλμησαν εἰπεῖν, οἷς ἀγαπητὸν ἦν μὴ πάσχουσι κακῶς αὐτοῖς. τοῦ τοίνυν τούτους ἀδίκους εἶναι καὶ θρασεῖς οὐδένες ὑμῶν εἰσὶν αἰτιώτεροι· παρὰ γὰρ τῶν λεγόντων, οὓς ἴστε ἐπὶ μισθῷ τοῦτο πράττοντας, πυνθάνεσθε ποῖόν τιν᾽ ἕκαστον δεῖ νομίζειν, οὐκ αὐτοὶ θεωρεῖτε. καίτοι πῶς οὐκ ἄτοπον, τούτους μὲν αὐτοὺς πονηροτάτους τῶν πολιτῶν νομίζειν, τοὺς δ᾽ ὑπὸ τούτων ἐπαινουμένους χρηστοὺς ἡγεῖσθαι; καὶ γάρ τοι πάντα δι᾽ αὐτῶν ποιοῦνται καὶ μονονουχὶ ὑπὸ κήρυκος πωλοῦσι τὰ κοινά, καὶ στεφανοῦν, ὃν ἂν αὐτοῖς δοκῇ, καὶ μὴ στεφανοῦν, κελεύουσι, κυριωτέρους αὐτοὺς τῶν ὑμετέρων δογμάτων καθιστάντες. ἐγὼ δ᾽ ὑμῖν, ὦ ἄνδρες Ἀθηναῖοι, παραινῶ, μὴ ποιεῖν τὴν τῶν ἀναλίσκειν ἐθελόντων φιλοτιμίαν ἐπὶ τῇ τῶν λεγόντων πλεονεξίᾳ. εἰ δὲ μή, διδάξετε πάντας τὰ μὲν ὑφ᾽ ὑμῶν προσταττόμενα ὡς εὐτελέστατα διοικεῖν, τοὺς δ᾽ ὑπὲρ τούτων ἀναιδῶς εἰς ὑμᾶς ψευδομένους ὡς πλείστου μισθοῦσθαι.

[1] φαῦλον

Δεινὰ πάσχουσι] Ἀγανακτοῦσιν ἀδικεῖσθαι προσποιούμενοι. Idem.

Ἂν καλέσωσι] M. ἄν τινα καλέσωσι. Idem.

Τὰ δίκαια ἀντιλέγειν] F. πρὸς τὰ δίκαια, aut τοῖς δικαίοις. Idem.

Πάντα δι᾽ αὐτῶν ποιοῦνται] Non placet. F. διοικεῖται, aut διοικοῦνται, ἀντὶ τοῦ, διοικοῦσι δι᾽ ἑαυτῶν. Idem.

ΥΠΟΘΕΣΙΣ ΤΟΥ ΠΡΟΣ ΚΑΛΛΙΠΠΟΝ ΛΟΓΟΥ.

Pag. ed. Reisk.

ΛΥΚΩΝ τις, τὸ γένος Ἡρακλεώτης, τῇ Πασίωνος ἐχρῆτο τραπέζῃ. οὗτος, μέλλων ἐκ- 1234
πλεῖν εἰς Λιβύην, κατέλιπεν ἀργύριον παρὰ Πασίωνι, ὡς μὲν Πασίων ζῶν ἔλεγε, καὶ 1235
Ἀπολλόδωρος λέγει νῦν, ἐντειλάμενος ἀποδοῦναι Κηφισιάδῃ· ὡς δὲ Κάλλιππός φησιν, ἑαυτῷ
χαρισάμενος, φίλῳ τε ὄντι καὶ προξένῳ τῶν πάντων Ἡρακλεωτῶν. ἀποθανόντος δὲ τοῦ
Λύκωνος, τὸ ἀργύριον ἀπεδόθη Κηφισιάδῃ· Κάλλιππος δὲ, ὥς φησιν Ἀπολλόδωρος, ἐπειδὴ
πείθειν τὸν Πασίωνα οὐκ ἠδύνατο μεθ' ἑαυτοῦ γενόμενον συνεπιθέσθαι τῷ ξένῳ, ἐπ' αὐτὸν
ἦλθε τὸν Πασίωνα, βλάβης αὐτῷ δικαζόμενος, καὶ Λυσιθείδῃ τὸ πρᾶγμα ἐπέτρεψεν, ὅσ-
τις, Πασίωνος ζῶντος, οὐδὲν ἀπεφήνατο. ἀποθανόντος δὲ ἐκείνου, αὖθις Ἀπολλοδώρῳ λαγχά-
νει δίκην τοῦ ἀργυρίου Κάλλιππος, καὶ ἠξίου πάλιν ἐπιτρέψαι τῷ Λυσιθείδῃ. ὁ δὲ Ἀπολ-
λόδωρος τὸν μὲν διαιτητὴν ἐδέξατο· πρὸς δὲ τὴν ἀρχὴν τοῦ νόμου Λυσιθείδου ἀπήνεγκεν, ἵν',
ὥς φησιν, ὀμόσας δικάσῃ, καὶ μὴ χωρὶς ὅρκου διαιτῶν τῷ Καλλίππῳ χαρίσηται. ὁ δὲ Λυ-
σιθείδης [1] οὐκ ὀμόσας ἀπεφήνατο, καὶ κατεδιῄτησε τὴν δίκην. διόπερ, ἔφεσιν δοὺς, ὁ Ἀπολλό-
δωρος εἰς τὸ δικαστήριον εἰσέρχεται.

[1] Deest οὐκ.

Πρὸς δὲ τὴν ἀρχὴν τοῦ νόμου, Λυσιθείδου ἀπήνεγκεν] F. πρὸς δὲ τὴν ἀρχὴν κατὰ τοὺς νόμους Λυσιθείδην ἀπήνεγκεν. Oratio habet p. 247. v. 5. κατὰ τοὺς νόμους γὰρ ἐπέτρεψα, καὶ ἀπήνεγκα πρὸς τὴν ἀρχήν. et v. pen. ὁ δὲ Λυσιθείδης οὐκ ὀμόσας, addita negatione. Oratio habet p. 247. v. 6. οὗτος δὲ τὸν κατὰ τοὺς νόμους ἀπενηνεγμένον διαιτητὴν ἔπεισεν ἀνώμοτον διαιτῆσαι. Wolf.

Εἰς δικαστήριον εἰσέρχεται] Vid. Petit. Comm. in L. A. l. IV. t. V. §. IV.

ΔΗΜΟΣΘΕΝΟΥΣ

Ο

ΠΡΟΣ ΚΑΛΛΙΠΠΟΝ

ΛΟΓΟΣ.

ά. ΟΥΚ ἔστι χαλεπώτερον οὐδὲν, ὦ ἄνδρες δικασταὶ, 1235
ἢ ὅταν ἄνθρωπος, δόξαν ἔχων καὶ δυνάμενος εἰπεῖν, τολμᾷ
ψεύδεσθαι καὶ μαρτύρων εὐπορῇ. ἀνάγκη γὰρ ἤδη ἐστὶ τῷ
φεύγοντι, μηκέτι περὶ τοῦ πράγματος μόνον λέγειν, ἀλλὰ 1236
καὶ περὶ αὐτοῦ τοῦ λέγοντος, ὡς οὐκ εἰκὸς αὐτῷ διὰ τὴν
δόξαν πιστεύειν. εἰ γὰρ ἔθος καταστήσετε τοῖς δυναμένοις

εἰπεῖν καὶ δόξαν ἔχουσι μᾶλλον πιστεύειν, ἢ τοῖς ἀδυνατωτέροις, ἐφ' ὑμῖν αὐτοῖς ἔσεσθε τὸ ἔθος τοῦτο κατεσκευακότες. δέομαι οὖν ὑμῶν, εἴπερ τι καὶ ἄλλο πώποτε πρᾶγμα αὐτὸ καθ' αὐτὸ ἐδικάσατε, μηδὲ μεθ' ἑτέρων τὴν γνώμην γενόμενοι, μήτε μετὰ τῶν διωκόντων μήτε μετὰ τῶν φευγόντων, ἀλλὰ τὸ δίκαιον σκεψάμενοι, οὕτω καὶ νῦν διαγνῶναι. ἐξ ἀρχῆς δ' ὑμῖν διηγήσομαι.

ϛ'. Λύκων γὰρ ὁ Ἡρακλεώτης, ὦ ἄνδρες δικασταί, οὗτος [1]ὃν καὶ αὐτὸς λέγει, τῇ τραπέζῃ τῇ τοῦ πατρὸς ἐχρῆτο, ὥσπερ καὶ οἱ ἄλλοι ἔμποροι, ξένος μὲν ὢν Ἀριστόνῳ τῷ Δεκελεῖ καὶ Ἀρχεβιάδῃ τῷ Λαμπρεῖ, ἄνθρωπος [2]δὲ σώφρων. οὗτος, ἐπειδὴ ἐκπλεῖν ἤμελλεν εἰς τὴν Λιβύην, διαλογισάμενος πρὸς τὸν πατέρα τὸν ἐμὸν ἐναντίον Ἀρχεβιάδου καὶ Φρασίου προσέταξε τὸ ἀργύριον, ὃ κατέλιπεν, — ἦν δὲ τοῦτο ἑκκαίδεκα μναῖ καὶ τετταράκοντα δραχμαί, ὡς ἐγὼ ὑμῖν πάνυ ἀκριβῶς ἐπιδείξω —, Κηφισιάδῃ ἀποδοῦναι, λέγων, ὅτι κοινωνὸς αὐτοῦ εἴη ὁ Κηφισιάδης οὗτος, οἰκήτωρ μὲν ὢν ἐν Σκύρῳ, ἐν δὲ τῷ παρόντι ἐφ' ἑτέρᾳ ἀποδημῶν ἐμπορίᾳ· δεῖξαι δὲ ἂν αὐτὸν τῷ πατρὶ τῷ ἐμῷ καὶ συστῆσαι τῷ Ἀρχεβιάδῃ καὶ τῷ Φρασίᾳ προσέταξεν, ἐπειδὴ ἥκοι ἐκ τῆς ἀποδημίας. εἰώθασι δὲ πάντες οἱ τραπεζῖται, ὅταν τις ἀργύριον τιθεὶς ἰδιώτης

[1] * ὃν καὶ οὗτος αὐτὸς [2] δέ τις σώφρων

δ'. Ἐφ' ὑμῖν αὐτοῖς] M. ἐφ' ὑμᾶς αὐτούς, etsi non ignoro, sæpius in auctoribus ita legi: sed illud dubito, errorene librariorum id fiat, an auctoritate scriptorum. Wolf. Dicitur pro ἐφ' ὑμᾶς αὐτούς. Auger.

Μηδὲ μεθ' ἑτέρων τὴν γνώμην γενόμενοι] Ἀντὶ τοῦ, μετὰ μηδετέρων, κατ' Ἀττικὴν χρῆσιν. Wolf.

ϛ'. Τῷ Δεκελεῖ] Alii Δεκελαιεῖ, παρὰ τὴν Δεκέλειαν. Sed malo Δεκελεῖ, ut Ἀλεξανδρεῖ, κατὰ συγκοπήν. Idem.

Εἰώθασι δὲ πάντες] Hic vides præcipuum trapezitarum ministerium, apud quos pecuniæ a peregrinis vel aliis deponebantur, recipiendæ, vel iis dandæ, quibus convenerat, qui ideo rationes conficiebant, quibus continebatur inter cætera, quid a quoque accepissent, quid et quibus dare aut reddere aliquid tenerentur. *In Anim. in Salmas. Obs. ad J. A. et R.* l. II. c. XXIV. §. VIII. Heraldus.

Ὅταν τις ἀργύριον τιθεὶς ἰδιώτης] Τὸ ἰδιώτης suspectum est: malim aliud. Wolf.

Ὅταν τις — προστάττῃ] Hic ἰδιώτης quibusdam displicet, nec immerito. Scriptum fortasse fuerat, ὅταν ἀργύριον τιθεὶς ἴδιόν τις ἀποδοῦναί τῳ προστάττῃ, *cum quis pecuniam suam deponit alicui reddendam, vel, quam jubet alicui reddi.* τιθέναι hac in re proprium est. Unde θέματα ejusmodi pecuniæ apud argentarios depositæ, Plutarch. Consol. ad Apollon. Sic apud Plautum in Curculione [act. III. v. 62.]

Tecum oro, et quæso, qui has tabellas afferet,
Tibi, ut ei detur, quam istic emi virginem,
Quod te præsente istic egi, teque interprete,
Et aurum, et vestem: jam scis, ut convenerit.
Argentum des lenoni, huic des virginem.

Ibid. §. IX. Heraldus.

ἀποδοῦναί τῳ προστάττῃ, πρῶτον τοῦ θέντος τοὔνομα γρά- 1237
φειν καὶ τὸ κεφάλαιον τοῦ ἀργυρίου· ἔπειτα παραγράφειν, τῷ δεῖνι ἀποδοῦναι δεῖ. καὶ, ἐὰν μὲν γινώσκωσι τὴν ὄψιν τοῦ ἀνθρώπου, ᾧ ἐὰν δέῃ ἀποδοῦναι, τοσοῦτον μόνον ποιεῖν, γράψαι, ᾧ δεῖ ἀποδοῦναι· ἐὰν δὲ μὴ γινώσκωσι, καὶ τούτου τοὔνομα προσπαραγράφειν, ὃς ἂν μέλλῃ συστήσειν καὶ δείξειν τὸν ἄνθρωπον, ὃν ἂν δέῃ κομίσασθαι τὸ ἀργύριον.

γ΄. Τύχης δὲ συμβάσης τοιαύτης τῷ Λύκωνι τούτῳ, ὥστε, εὐθὺς ἐκπλέοντα αὐτὸν, περὶ τὸν Ἀργολικὸν κόλπον ὑπὸ λῃστρίδων νεῶν τά τε χρήματα καταχθῆναι εἰς Ἄργος καὶ αὐτὸν τοξευθέντα ἀποθανεῖν, ἔρχεται ἐπὶ τὴν τράπεζαν Κάλλιππος αὐτοσὶ εὐθὺς ἐρωτῶν Λύκωνα Ἡρακλεώτην εἰ γιγνώσκοιεν. ἀποκριναμένου δὲ Φορμίωνος τουτουὶ, ὅτι γιγνώσκοιεν· ἆρα καὶ ἐχρῆτο ὑμῖν; ἔφη ὁ Φορμίων· ἀλλὰ πρὸς τί ἐρωτᾷς; πρὸς τί; ἔφη, ἐγώ σοι ἐρῶ. ἐκεῖνος μὲν τετελεύτηκεν· ἐγὼ δὲ προξενῶν τυγχάνω τῶν Ἡρακλεωτῶν. ἀξιῶ [1] δέ σε δεῖξαί μοι τὰ γράμματα, ἵν' εἴδω, εἴ τι καταλέλοιπεν ἀργύριον· ἐξ ἀνάγκης γάρ μοι ἐστὶν ἁπάντων Ἡρακλεωτῶν ἐπιμελεῖσθαι. ἀκούσας δ' αὐτοῦ ὁ Φορμίων, ὦ ἄνδρες δικασταὶ, ἔδειξεν εὐθέως παρα-

[1] δὴ

Ὧ ἐὰν] Imo ἂν pro ἐάν. Auger.

Τοσοῦτον μόνον ποιεῖν] S. εἰώθασιν. Wolf.

Ὃς ἂν μέλλῃ συστήσειν] *Quem oporteat ostendere et testificari eum esse cui dari oportet.* Budæus.

Ὃς ἂν μέλλῃ συστήσειν] Verba ista male accipiunt docti interpretes. συστήσειν non est hic *commendare*, sed *testatione sua indicare.* Is igitur, qui hoc munere fungitur, est notor et cognitor. Quomodo συστατικαὶ ἐπιστολαὶ non semper *commendatitiæ*, sed *testimoniales.* συστῆσαι apud Isocratem in Trapezit. est *dare aliquem qui se constituat soluturum.* Ibid. §. X. Heraldus.

γ΄. Ἐκπλέοντα αὐτὸν] Hæc verba cum nulla re cohærent; deberet legi ἐκπλέοντος αὐτοῦ. Auger.

Ἆρα καὶ ἐχρῆτο] Verba hæc sunt distinguenda; ἆρα καὶ ἐχρῆτο ὑμῖν; ἔφη ὁ Φορμίων. Quod dicit ἐχρῆτο ὑμῖν i. e. τῇ ὑμῶν τραπέζῃ. *An pecunias suas mensæ vestræ credebat? apud vos collocabat,* aut *deponebat?* Peregrini pecunias suas apud mensarios sæpius deponebant, ut eæ essent in tuto. Qui igitur mensarios habebant peculiares ad eam rem, et cætera istiusmodi, dicebantur αὐτοῖς χρῆσθαι, vel τῇ αὐτῶν τραπέζῃ. Isocr. in Trapezit. et Demosth. supra p. 239. v. 9. *Ibid.* §. XI. Heraldus.

Ἐγὼ δὲ προξενῶν τυγχάνω] *Cum autem sim proxeneta omnium negotiatorum Heracleensium in universum, quæso exhibe mihi rationes mensæ tuæ, ut sciam ecquid ille pecuniarum apud mensam depositarum habuerit.* Proxenetæ sunt conciliatores et interventores quasique conglutinatores hominum inter se stipulantium et spondentium, aut quemvis contractum conventumque ineuntium. Apud Senecam non semel legimus pro iis, qui nominibus faciendis intervenire solent. Budæus.

Ἔδειξεν εὐθέως παραχρῆμα] Ἐκ παραλλήλου τὰ χρήματα δέδωκεν, ἃ κατέχθη. Sed si λῃστρίδες νῆες fuerunt, cur Argos redierunt? cur pecuniam non eripuerunt? An a republica missæ fuerunt contra alios? et miser hic Lycon obiter periit. *In farrag.* Neutrum placet [nec παραχρῆμα nec τὰ χρήματα], τὰ γράμματα probo. Wolf.

χρῆμα. δείξαντος δὲ αὐτοῦ τὸ γραμματεῖον, ἀναγνοὺς αὐτὸς καὶ ἄλλος οὐδεὶς, καὶ ἰδὼν γεγραμμένον ἐν αὐτῷ Λύκων Ἡρακλεώτης-- Χιλίας ἑξακοσίας τετταράκοντα Κηφισιάδῃ ἀποδοῦναι δεῖ -- Ἀρχεβιάδης Λαμπρεὺς δείξει τὸν Κηφισιάδην ᾤχετο ἀπιὼν σιωπῇ, καὶ πλέον ἢ πέντε μηνῶν οὐδένα λόγον ἐποιήσατο. ἐπιδημήσαντος δὲ τοῦ Κηφισιάδου μετὰ ταῦτα καὶ προσελθόντος πρὸς τὴν τράπεζαν καὶ ἀπαι-
1238 τοῦντος τὰ χρήματα, παρόντος δὲ, ὦ ἄνδρες δικασταὶ, Ἀρχεβιάδου καὶ τοῦ Φρασίου, οὓς ὁ Λύκων τῷ πατρὶ συνέστησε καὶ ἐκέλευσε τὸν Κηφισιάδην δεῖξαι, ὃς εἴη, ἐπειδὴ ἔλθοι, [1] παρόντων καὶ ἄλλων, ἐξαριθμήσας αὐτῷ τὰς ἑκκαίδεκα μνᾶς καὶ τετταράκοντα δραχμὰς ἀπέδωκε Φορμίων οὑτοσί. ὡς δὲ ἀληθῆ λέγω, τούτων ἁπάντων ὑμῖν τὰς μαρτυρίας ἀναγνώσεται.

ΜΑΡΤΥΡΙΑΙ.

δ΄. Ὅτι μὲν ἀληθῆ ἅπαντα εἶπον πρὸς ὑμᾶς, ὦ ἄνδρες δικασταὶ, τῶν μαρτυριῶν ἀκηκόατε. προσελθὼν δὲ συχνῷ χρόνῳ ὕστερον πρὸς τὸν πατέρα Κάλλιππος οὑτοσὶ ἐν ἄστει, ἤρετο αὐτὸν, εἰ ἤδη ἐπιδεδημηκὼς εἴη ὁ Κηφισιάδης, ὅτῳ ἐπιγεγραμμένον εἴη ἀποδοῦναι τὸ ἀργύριον τὸ ὑπὸ τοῦ Λύκωνος τοῦ Ἡρακλεώτου καταλειφθέν; ἀποκριναμένου δὲ τοῦ πατρὸς, ὅτι οἴοιτο μὲν, εἰ μέντοι βούλοιτο εἰς Πειραιᾶ καταβῆναι, τὴν ἀκρίβειαν εἴσοιτο· οἶσθά τοι, ἔφη, ὅ τι ἐστὶν, ὦ Πασίων, ὅ σε ἐρωτῶ; — καὶ, μὰ τὸν Δία καὶ τὸν Ἀπόλλω καὶ τὴν Δήμητρα, οὐ ψεύσομαι πρὸς ὑμᾶς, ὦ ἄνδρες δικασταὶ, ἀλλ᾽, ἃ τοῦ πατρὸς ἤκουον, διηγήσομαι

[1] παρόντων * δὲ καὶ

Εὐθέως τὰ γράμματα] Pro verbis istis pleraque exemplaria habent εὐθέως παραχρῆμα. Sed vera lectio est τὰ γράμματα. Ergo rationes argentariorum rem omnem cum iis gestam continebant; pecunias apud eos depositas, et quibus conditionibus, sive cum usuris reddendas, sive sine usuris, et totam negotii rationem: et ideo tam jure Græco, quam jure Romano edi debuerunt iis, quorum intererat, etsi nemo invitus rem suam edere et exhibere cogendus sit; cum ejusmodi rationes non sint argentarii propriæ, sed et iis communes, quibuscum ei res est. Et ideo summa diligentia conficiebantur. Demosth. π. Τιμόθ. [p. 193. v. 23] Et cum cui pecuniam de mensa dabant, adscribere solebant sæpius ad quem usum eam darent, ut de re omni constaret certius. π. Τιμόθ. [p. 200. v. 2.] *Ibid.* §. XII. HERALDUS.

Οὓς ὁ Λύκων] Verti quasi legeretur: οὓς ὁ Λύκων τῷ πατρὶ συστῆσαι ἐκέλευσε τὸν Κηφισιάδην καὶ δεῖξαι. AUGER.

ὑμῖν. — ἔξεστί σοι, ἔφη, ἐμέ τε εὖ ποιῆσαι καὶ σεαυτὸν μηδὲν βλαβῆναι. προξενῶν μὲν γὰρ τυγχάνω τῶν Ἡρακλεωτῶν, βούλοιο δ᾽ ἂν, ὡς οἶμαι ἐγὼ, ἐμὲ μᾶλλον τὸ ἀργύριον λαβεῖν, ἢ τὸν μέτοικον ἄνθρωπον καὶ ἐν Σκύρῳ κατοικοῦντα καὶ οὐδενὸς ἄξιον. συμβέβηκε δὲ τοιοῦτόν τι. ὁ Λύκων τυγχάνει ὢν καὶ ἄπαις καὶ κληρονόμον οὐδένα οἴκοι καταλιπὼν, ὡς ἐγὼ πυνθάνομαι· πρὸς δὲ τούτῳ, ἐπειδὴ εἰς Ἄργος κατήχθη τετρωμένος, τῷ προξένῳ τῶν Ἡρακλεωτῶν τῷ Ἀργείῳ τὰ χρήματα δέδωκεν, ἃ κατήχθη μετ᾽ αὐτοῦ. οἷος οὖν εἰμὶ καὶ ἐγὼ τὰ ἐνθάδε αὐτὸς 1239
ἀξιοῦν λαμβάνειν· ἡγοῦμαι γὰρ δίκαιος εἶναι ἔχειν. σὺ οὖν, εἰ ἄρα μὴ ἀπείληφε, λέγε, ὅτι ἐγὼ ἀμφισβητῶ, ἂν ἄρα ἔλθῃ ὁ Κηφισιάδης· εἰ δ᾽ ἄρα ἀπείληφε, λέγε, ὅτι ἐγὼ, μάρτυρας ἔχων, ἠξίουν ἐμφανῆ καταστῆσαι τὰ χρήματα ἢ τὸν κεκομισμένον, καὶ, εἴ τι με βούλεται ἀφελέσθαι, πρόξενον ὄντα ἀφαιρεθῆναι. ἐπειδὴ δὲ αὐτῷ εἴρητο, ἐγὼ, ἔφη ὁ πατὴρ, ὦ Κάλλιππε, χαρίζεσθαι μέν σοι βούλομαι — καὶ γὰρ ἂν καὶ μαινοίμην, εἰ μὴ —, οὕτω μέντοι, ὅπως ἂν αὐτός τε δόξω μὴ χείρων εἶναι καὶ ἐκ τοῦ πράγματος μηδὲν ζημιώσομαι. εἰπεῖν μὲν οὖν μοι ταῦτα πρὸς τὸν Ἀρχεβιάδην καὶ τὸν Ἀριστόνουν, καὶ πρὸς αὐτὸν δὲ τὸν Κηφισιάδην, οὐδὲν διαφέρει· ἐὰν μέντοι μὴ θέλωσι ταῦτα ποιεῖν εἰπόντος ἐμοῦ, αὐτὸς ἤδη διαλέγου αὐτοῖς. ἀμέλει, ἔφη οὗτος, ὦ Πασίων, ἐὰν βούλει σὺ, ἀναγκάσεις αὐτοὺς ταῦτα ποιῆσαι. ἃ μὲν οὖν διελέχθη, ὦ ἄνδρες δικασταὶ, οὗτος μὲν τῷ πατρὶ, ἐκεῖνος δὲ τῷ Ἀρχεβιάδῃ καὶ τῷ Κηφισιάδῃ, τούτου δεηθέντος, καὶ τούτῳ χαριζόμενος, ταῦτά ἐστιν, ἐξ ὧν κατὰ μικρὸν ἡ δίκη αὕτη πέπλασται· ὧν ἐγὼ ἤθελον τούτῳ ταύτην, ἥτις εἴη μεγίστη πίστις, δοῦναι, ἦ μὴν ἐγὼ τοῦ πατρὸς ἀκούειν. οὗτος δὲ ὁ ἀξιῶν ὑφ᾽ ὑμῶν πιστεύεσθαι, ὡς ἀληθῆ λέγων, τρία ἔτη διαλιπὼν, ἐπειδὴ, τοπρῶτον διαλεχθέντος τοῦ πατρὸς τῷ Ἀρχεβιάδῃ καὶ τοῖς ἄλλοις τοῖς Κηφισιάδου [1] ἐπιτηδείοις,

[1] ἐπιτηδείοις τοῖς Κηφισιάδου

γ. Οἷός εἰμι ἀξιοῦν λαμβάνειν] Ἀντὶ τοῦ, λαμβάνειν ἀξιῶ. ἢ, νομίζω δίκαιος εἶναι λαμβάνειν. Wolf.

Πρόξενον] L. πρόξενον ὄντα ἂν ἀφαιρεθῆναι. Auger.

Πρὸς τὸν Ἀρχεβιάδην καὶ τὸν Ἀριστόνουν] Supra Φρασίαν dixit. Wolf.

Ὧν ἐγὼ ἤθελον τούτῳ ταύτην ἥτις εἴη μεγίστη πίστις δοῦναι, ἦ μὴν ἐγὼ τοῦ πατρὸς ἀκούειν] Ἀντὶ τοῦ, ὅτι ἐγὼ ἤκουσα. Idem.

οὐκ ἔφασαν Καλλίππῳ προσέχειν τὸν νοῦν [1] οὐδὲν οἷς λέγει· ἐπειδὴ δὲ ᾔσθετο ἀδυνάτως ἤδη ἔχοντα τὸν πατέρα καὶ μόγις εἰς ἄστυ ἀναβαίνοντα καὶ τὸν ὀφθαλμὸν αὐτὸν
1240 προδιδόντα, λαγχάνει αὐτῷ δίκην, οὐ μὰ Δί' οὐχ ὥσπερ νῦν ἀργυρίου, ἀλλὰ βλάβης, ἐγκαλέσας βλάπτειν ἑαυτὸν ἀποδιδόντα Κηφισιάδῃ τὸ ἀργύριον, ὃ κατέλιπε Λύκων ὁ Ἡρακλεώτης παρ' αὐτῷ, ἄνευ αὐτοῦ, ὁμολογήσαντα μὴ ἀποδώσειν. λαχὼν δὲ, παρὰ μὲν τοῦ διαιτητοῦ ἀνείλετο τὸ γραμματεῖον· προὐκαλέσατο δ' αὐτὸν ἐπιτρέψαι Λυσιθείδῃ, αὐτοῦ μὲν καὶ Ἰσοκράτους καὶ Ἀφαρέως ἑταίρῳ, γνωρίμῳ δὲ τοῦ πατρός. ἐπιτρέψαντος δὲ τοῦ πατρὸς, ὃν μὲν χρόνον ἔζη ὁ πατὴρ, ὅμως, καίπερ οἰκείως ἔχων τούτοις, ὁ Λυσιθείδης οὐκ ἐτόλμα οὐδὲν εἰς ἡμᾶς ἐξαμαρτάνειν. καίτοι οὕτω τινὲς ἀναίσχυντοί εἰσι τῶν οἰκείων τῶν τουτουῒ, ὥστε ἐτόλμησαν μαρτυρῆσαι, ὡς ὁ μὲν Κάλλιππος ὅρκον τῷ πατρὶ δοίη, ὁ δὲ πατὴρ οὐκ ἐθέλοι ὀμόσαι παρὰ τῷ Λυσιθείδῃ· καὶ οἴονται ὑμᾶς πείσειν, ὡς ὁ Λυσιθείδης οἰκεῖος μὲν ὢν τῷ Καλλίππῳ, διαιτῶν δὲ τὴν δίαιταν, ἀπέσχετ' ἂν μὴ οὐκ εὐθὺς τοῦ πατρὸς καταδιαιτῆσαι, δι' αὐτοῦ γε ἑαυτῷ μὴ [2] θέλων δικαστοῦ γενέσθαι τοῦ πατρός. ὡς δὲ ἐγὼ μὲν ἀληθῆ λέγω, οὗτοι δὲ ψεύδονται, πρῶτον μὲν αὐτὸ ὑμῖν τοῦτο γενέσθω τεκμήριον, ὅτι κατεγνώκει ἂν αὐτοῦ ὁ Λυσιθείδης, καὶ ὅτι ἐγὼ ἐξούλης ἂν ἔφευγον νῦν, ἀλλ' οὐκ ἀργυρίου δίκην· πρὸς δὲ τούτῳ ἐγὼ ὑμῖν τοὺς παρόντας ἑκάστοτε τῷ πατρὶ ἐν ταῖς συνόδοις ταῖς πρὸς τοῦτον, αἳ παρὰ τῷ Λυσιθείδῃ ἐγίγνοντο, μάρτυρας παρέξομαι.

ΜΑΡΤΥΡΕΣ.

έ. Ὅτι μὲν, [3] οὐ προκαλεσάμενος εἰς ὅρκον τὸν πατέρα τότε, νυνὶ ἐκείνου τετελευτηκότος καταψεύδεται, καὶ κατ'

[1] οὐδὲν αὐτοῖς λέγει [2] * θέλοντος [3] ὢν * οὐ προκαλεσάμενος

Οὐκ ἔφασαν Καλλίππῳ προσέχειν τὸν νοῦν οὐδὲν. οἷς λέγει] Καλλίππῳ οἷς λέγει, ἀντὶ τοῦ, τοῖς Καλλίππου λόγοις. Idem.

Δι' αὐτοῦ γε ἑαυτῷ μὴ θέλων δικαστοῦ γενέσθαι τοῦ πατρὸς] Lego μὴ θέλοντος. Hanc enim constructionem neque regula, neque exemplo ullo, possum defendere. Idem.

Τοῦ πατρὸς] Hoc alterum τοῦ πατρὸς supervacuum videtur et recidendum. Auger.

έ. Ὅτι μὲν οὐ προκαλεσαμένου] Sententia

ἐμοῦ ῥᾳδίως τὰ ψευδῆ μαρτυροῦντας τοὺς οἰκείους τοὺς 1241
ἑαυτοῦ παρέχεται, ἔκ τε τῶν τεκμηρίων καὶ ἐκ τῆς μαρτυρίας ταύτης ῥᾴδιον ὑμῖν εἰδέναι. ὅτι δὲ ἐγὼ ὑπὲρ τοῦ πατρὸς ἠθέλησα αὐτῷ πίστιν δοῦναι, ἥνπερ ὁ νόμος κελεύει, ἐάν τις τεθνεῶτι ἐπικαλῶν δικάζηται τῷ κληρονόμῳ, μὴ δοκεῖν μοι μήτε ὁμολογῆσαι τὸν πατέρα τούτῳ ἀποδώσειν τὸ ἀργύριον ὃ κατέλιπε Λύκων, μήτε συσταθῆναι αὐτὸν τῷ πατρὶ ὑπὸ τοῦ Λύκωνος· καὶ Φορμίων, ἦ μὴν διαλογίσασθαί τε ἐναντίον Ἀρχεβιάδου τῷ Λύκωνι αὐτὸς καὶ προσταχθῆναι αὐτῷ Κηφισιάδῃ ἀποδοῦναι τὸ ἀργύριον· τὸν δὲ Κηφισιάδην δεῖξαι αὐτῷ τὸν Ἀρχεβιάδην· καὶ ὅτε Κάλλιππος προσῆλθε τοπρῶτον πρὸς τὴν τράπεζαν, λέγων, ὅτι τετελευτηκὼς εἴη ὁ Λύκων, καὶ αὐτὸς ἀξιοίη τὰ γράμματα ἰδεῖν, εἴ τι καταλελοιπὼς εἴη ὁ ξένος ἀργύριον, ἦ μὴν δείξαντος ἑαυτοῦ εὐθὺς αὐτῷ τὰ γράμματα, ἰδόντα αὐτὸν τῷ Κηφισιάδῃ γεγραμμένον ἀποδοῦναι, σιωπῇ οἴχεσθαι ἀπιόντα, οὐδὲν οὔτε ἀμφισβητήσαντα, οὔτ' ἀπειπόντ' αὐτὸν περὶ τοῦ ἀργυρίου — τούτων ὑμῖν τάς τε μαρτυρίας ἀμφοτέρας καὶ τὸν νόμον ἀναγνώσεται.

ΜΑΡΤΥΡΙΑΙ. ΝΟΜΟΣ.

ϛ'. Φέρε δὴ ὑμῖν, ὦ ἄνδρες δικασταί, ὡς οὐδ' ἐχρῆτο Λύκων τῷ Καλλίππῳ, ἐπιδείξω. [1] οἶμαι γάρ τί μοι καὶ τοῦτο εἶναι πρὸς τὴν ἀλαζονείαν τὴν τουτουῒ, τοῦ φάσκοντος αὐτῷ δωρεὰν δοθῆναι τὸ ἀργύριον τοῦτο παρὰ τοῦ Λύκωνος. ἐκεῖνος γὰρ τετταράκοντα μνᾶς ἔκδοσιν ἐκδοὺς εἰς Θρᾴκην Μεγακλείδῃ τῷ Ἐλευσινίῳ καὶ Θρασύλλῳ τῷ ἀδελφῷ αὐτοῦ, μεταδόξαν αὐτῷ μὴ ἐκεῖσε πλεῖν, μηδὲ κινδυνεύειν,

[1] οἴομαι

postulat ὡς προκαλεσαμένου. Wolf.

Ὅτι δὲ ἐγὼ ὑπὲρ κ. τ. λ.] Vid. Petit. Comm. in L. A. l. II. t. IV. §. XVIII.

Ὑπὸ τοῦ Λύκωνος καὶ Φορμίωνος] Vetus Hervagiana rectius ὑπὸ τοῦ Λύκωνος· καὶ Φορμίων, S. ἠθέλησεν αὐτῷ πίστιν δοῦναι. Wolf.

Οὔτ' ἀπειπόντ' αὐτὸν] Ἀπαγορεύσαντα. non est opus mutare in ἀντειπόντα. Idem.

Ἀμφοτέρας] Ipsius Phormionis, et eorum quibuscum egit, et qui cum eo egerunt. Auger.

ϛ'. Οἶμαι γὰρ τί μοι καὶ τοῦτο εἶναι] S. τεκμήριον. Wolf.

Μεταδόξαν αὐτῷ μὴ ἐκεῖσε πλεῖν] Si τοὺς δανεισαμένους subintelligas, verte: *cum mutata sententia non committendum esse putasset, ut illi cum periculo illuc navigarent.* Sed durum hoc est, et parum consentaneum. Quare legere malim, μεταδόξαν αὐτοῖς. Idem. Imo αὐτοῖς. Auger.

1242 ἐγκαλέσας τι τῷ Μεγακλείδῃ περὶ τῶν τόκων, ὡς ἐξηπατημένος, διεφέρετο καὶ ἐδικάζετο, βουλόμενος τὴν ἔκδοσιν κομίσασθαι. συχνῆς δὲ πάνυ πραγματείας περὶ τοσαῦτα χρήματα γενομένης, τὸν μὲν Κάλλιππον ὁ Λύκων οὐδαμοῦ πώποτε παρεκάλεσε, τὸν δὲ Ἀρχεβιάδην καὶ τοὺς τοῦ Ἀρχεβιάδου φίλους· καὶ ὁ διαλλάξας αὐτοὺς Ἀρχεβιάδης ἦν. ὡς δὲ ἀληθῆ λέγω, τούτων ὑμῖν αὐτὸν τὸν Μεγακλείδην μάρτυρα παρέξομαι.

ΜΑΡΤΥΡΙΑ.

οὑτωσὶ μὲν οἰκείως χρώμενος, ὦ ἄνδρες δικασταὶ, ὁ Λύκων τῷ Καλλίππῳ, ὥςτε μήτε παρακαλεῖν αὐτὸν ἐπὶ τὰ αὑτοῦ πράγματα, μήτε κατάγεσθαι ὡς τοῦτον μηδεπώποτε· καὶ αὐτό γε τοῦτο μόνον οὐ τετολμήκασιν οἱ οἰκεῖοι τούτου μαρτυρῆσαι, ὡς κατήγετο παρὰ τούτῳ ἐκεῖνος, εὖ εἰδότες, ὅτι διὰ βασάνου ἐκ τῶν οἰκετῶν ὁ ἔλεγχος ἤδη ἔσοιτο, εἴ τι τοιοῦτο ψεύσαιντο.

ζ. Βούλομαι δ' ὑμῖν καὶ τεκμήριόν τι εἰπεῖν τηλικοῦτον, ᾧ δῆλον ὑμῖν ἔσται, ὡς ἔγωγε οἶμαι, ὅτι πάντα πρὸς ὑμᾶς ἔψευσται. τῷ γὰρ Λύκωνι, ὦ ἄνδρες δικασταὶ, εἴπερ ἠσπάζετο μὲν καὶ τοῦτον καὶ οἰκείως εἶχεν, ὥςπερ οὗτός φησιν, ἐβούλετο δὲ δωρεὰν δοῦναι αὐτῷ, εἴ τι πάθοι, τὸ ἀργύριον, πότερον κάλλιον ἦν ἄντικρυς παρὰ τῷ Καλλίππῳ καταλιπεῖν τὸ ἀργύριον, ὃ ἤμελλε, σωθεὶς μὲν, ὀρθῶς καὶ δικαίως ἀπολήψεσθαι παρὰ φίλου γε ὄντος αὐτῷ καὶ προξένου, εἰ δέ τι πάθοι, ἄντικρυς ἔσεσθαι δεδωκὼς, ὥςπερ καὶ ἐβούλετο· ἢ ἐπὶ τῇ τραπέζῃ καταλιπεῖν; ἐγὼ μὲν γὰρ [1] οἶμαι ἐκεῖνο καὶ δικαιότερον καὶ μεγαλοπρεπέστερον εἶναι. οὐ τοίνυν φαίνεται τούτων οὐδὲν ποιήσας, ὥςτε καὶ
1243 ταῦτα ὑμῖν τεκμήρια ἔστω· ἀλλὰ τῷ Κηφισιάδῃ καὶ γράψας καὶ προστάξας ἀποδοῦναι.

[1] οἴομαι

Περὶ τοσαῦτα χρήματα] F. περὶ ταῦτα τὰ χρήματα. *In farrag.* Wolf.

Χρώμενος] Adde vel sub. φαίνεται. Auger.

Κατάγεσθαι ὡς τοῦτον lege, S. πρὸς Κάλλιππον. et, v. 13. καὶ αὐτό γε τοῦτο μόνον οὐ τετολμήκασι, lege διαιρέτως, non ὑφὲν, μονονοὺ, quod est σχεδόν. Wolf.

ζ'. Ἐβούλετο δὲ δωρεὰν] *Si quidem volebat donationem hujus pecuniæ in eum conferre, si quid sibi accidisset*, h. e. si donare volebat causa mortis. Budæus.

ή. Ἔτι τοίνυν καὶ τοδὶ σκέψασθε, ὦ ἄνδρες δικασταὶ, ὅτι Κάλλιππος μὲν ἦν πολίτης ἡμέτερος, καὶ οὐκ ἀδύνατος [1]οὐδ᾽ ἕτερα ποιῆσαι, οὔτε κακῶς οὔτε εὖ· ὁ δὲ Κηφισιάδης καὶ μέτοικος καὶ οὐδὲν δυνάμενος, ὥςτε μὴ προσθέσθαι ἂν παρὰ τὸ δίκαιον τῷ Κηφισιάδῃ μᾶλλον τὸν πατέρα, ἢ τούτῳ τὰ δίκαια ποιῆσαι.

θ'. Ἀλλὰ, νὴ Δία, ἴσως ἂν εἴποι, ἐκέρδαινέ τι ἰδίᾳ ὁ πατὴρ ἀπὸ τοῦ ἀργυρίου· διὸ ἐκείνῳ μᾶλλον προσετίθετο τὴν γνώμην, ἢ τούτῳ. εἶτα πρῶτον μὲν τὸν δυνησόμενον διπλάσιον τοῦ λήμματος κακὸν ποιῆσαι ἠδίκει; ἔπειτα ἐνταῦθα μὲν αἰσχροκερδὴς ἦν, εἰς δὲ τὰς εἰσφορὰς καὶ λειτουργίας καὶ δωρεὰς τῇ πόλει οὔ; καὶ τῶν ξένων οὐδένα ἠδίκει, Κάλλιππον δέ; καὶ οὗτος, ὥς φησιν, ὡς χρηστῷ μὲν αὐτῷ ὄντι καὶ [2]οὐδὲν ψευσαμένῳ ὅρκον ἐδίδου, ὡς περὶ πονηροῦ δὲ καὶ ἀπαλείφοντος ἀπὸ τῶν παρακαταθηκῶν νυνὶ διαλέγεται; κἀκεῖνος οὔτ᾽ ὀμόσαι θέλων, ὡς οὗτός φησιν, οὔτ᾽ ἀποδιδοὺς, οὐκ εὐθὺς ἂν ὠφλήκει; τῷ ταῦτα πιστὰ, ὦ ἄνδρες δικασταί; ἐγὼ μὲν γὰρ οὐδενὶ οἴομαι. καὶ ὁ Ἀρχεβιάδης εἰς τοῦτο φαυλότητος ἥκει, ὥςτε τοῦ Καλλίππου, δημότου ὄντος αὐτῷ καὶ πολιτευομένου καὶ οὐκ ἰδιώτου ὄντος, καταμαρτυρεῖ, καὶ φησὶν ἡμᾶς μὲν ἀληθῆ λέγειν, τοῦτον δὲ ψεύδεσθαι· καὶ ταῦτα εἰδὼς ὅτι, ἂν οὗτος βούληται ἐπισκήψασθαι αὐτῷ τῶν ψευδομαρτυριῶν καὶ ἄλλο μηδὲν ποιῆσαι ἢ ἐξορκῶσαι, ἀνάγκη αὐτῷ ἔσται πίστιν ἐπιθεῖναι, ἣν ἂν κελεύῃ οὗτος. ἔπειτα, ἵνα ὁ Κηφισιάδης ἔχῃ τὸ ἀργύριον, ἄνθρωπος μέτοικος, ἢ Φορμίων, ὃν φησιν ἀπηλειφέναι τι οὗτος τοῦ ἀργυρίου, πεισθήσεσθε ὑμεῖς, ὡς [3]ἐπιορκήσειεν ὁ Ἀρχεβιάδης; οὐκ ἔκ γε τῶν εἰ- 1244
κότων, ὦ ἄνδρες δικασταί. οὐ γὰρ ἄξιον, οὔτε Ἀρχεβιάδου κακίαν οὐδεμίαν καταγνῶναι, οὔτε τοῦ πατρὸς τοῦ ἡμετέρου· πολλὰ γὰρ αὐτὸν φιλότιμον ἴστε μᾶλλον ὄντα, ἢ κακόν τι ἢ αἰσχρὸν ἐπιτηδεύοντα, καὶ πρὸς Κάλλιππον οὐχ οὕτως ἔχοντα, ὥςτε καταφρονήσαντα τούτου ἀδικῆσαι ἄν τι

[1] οὐδέτερα [2] οὐδὲν ἂν ψευσαμένῳ [3] ἐπιορκήσειεν ἂν ὁ

θ'. Κερδαίνοντι ἰδίᾳ] Fel. ἐκέρδαινέ τι. Wolf.
Καὶ οὐδὲν ψευσαμένῳ] M. καὶ οὐδὲν ἂν ψευσομένῳ. Idem.
Ὃν φησιν ἀπειληφέναι τι οὗτος τοῦ ἀργυρίου] Supra v. 15. legitur καὶ ἀπαλείφοντος. Unde et hic legendum puto ἀπηλειφέναι, in secunda per η, in tertia per ει, παρὰ τὸ ἀπαλείφω. Idem.

αὐτόν· οὐ γὰρ οὕτω μοι δοκεῖ δύνασθαι, ὥστ' εὐκαταφρόνητος εἶναι, ὃς οὕτως ἐῤῥωμένος ἐστὶν, ὥστε πέρυσί μοι λαχὼν τὴν δίκην ταυτηνὶ καὶ προκαλεσάμενος τῷ Λυσιθείδῃ ἐπιτρέψαι, ἐγὼ μὲν καίπερ καταπεφρονημένος ὑπ' αὐτοῦ τοῦτό γε ὀρθῶς ἐβουλευσάμην, κατὰ τοὺς νόμους γὰρ ἐπέτρεψα καὶ ἀπήνεγκα πρὸς τὴν ἀρχήν· οὗτος δὲ τὸν κατὰ τοὺς νόμους ἀπενηνεγμένον διαιτητὴν ἔπεισεν ἀνώμοτον διαιτῆσαι, ἐμοῦ διαμαρτυραμένου κατὰ τοὺς νόμους ὀμόσαντα διαιτᾶν, ἵνα αὐτῷ ᾖ πρὸς ὑμᾶς λέγειν, ὅτι καὶ Λυσιθείδης ἀνὴρ καλὸς κἀγαθὸς ἔγνω περὶ αὐτῶν. Λυσιθείδης γὰρ, ὦ ἄνδρες δικασταὶ, ἕως μὲν ὁ πατὴρ ἔζη, καὶ ἄνευ ὅρκου καὶ μεθ' ὅρκου ἴσως ἂν οὐκ ἠδίκησεν ἐκεῖνον· ἔμελε γὰρ αὐτῷ ἐκείνου. ἐμοῦ δὲ ἄνευ μὲν ὅρκου οὐδὲν αὐτῷ ἔμελε, μεθ' ὅρκου δὲ ἴσως ἂν οὐκ ἠδίκησε διὰ τὸ αὐτοῦ ἴδιον· διόπερ ἀνώμοτος ἀπεφήνατο. ὡς δὲ ἀληθῆ λέγω, καὶ τούτων ὑμῖν τοὺς παραγενομένους μάρτυρας παρέξομαι.

ΜΑΡΤΥΡΕΣ.

ί. Ὅτι μὲν οὖν καὶ παρὰ τοὺς νόμους καὶ παρὰ τὸ δίκαιον δύναται διαπράττεσθαι Κάλλιππος, ὦ ἄνδρες δικα-
1245 σταὶ, τῆς μαρτυρίας ἀκηκόατε. δέομαι δὲ ὑμῶν, αὐτός τε ὑπὲρ ἐμαυτοῦ καὶ ὑπὲρ τοῦ πατρὸς, ἀναμνησθέντας, ὅτι πάντων μὲν ὑμῖν καὶ μάρτυρας καὶ τεκμήρια καὶ νόμους καὶ πίστεις παρεσχόμην, ὧν εἴρηκα· τούτῳ δὲ ἐπιδείκνυμι, ὅτι ἐξὸν, εἴπερ τι αὐτῷ προσῆκε τοῦ ἀργυρίου, ἐπὶ τὸν Κηφισιάδην βαδίζειν τὸν ὁμολογοῦντα κεκομίσθαι καὶ ἔχειν τὸ ἀργύριον, καὶ ταῦτα μηδὲν ἧττον τὰ πιστὰ παρ' ἡμῶν λαβόντα, οὐκ ἔρχεται, εἰδὼς, ὅτι οὐκ ἔστι παρ' ἡμῖν τὸ ἀργύριον — δέομαι ὑμῶν ἀποψηφίσασθαί μου. καὶ ταῦτα ποιοῦντες, πρῶτον μὲν τὰ δίκαια καὶ κατὰ τοὺς νόμους ἔσεσθε ἐψηφισμένοι, ἔπειτα ἄξια μὲν ὑμῶν αὐτῶν, ἄξια δὲ τοῦ πατρὸς τοῦ ἐμοῦ· ὡς ἐγὼ ὑμᾶς ἂν δεξαίμην ἅπαντα τὰ ἐμαυτοῦ λαβεῖν μᾶλλον, ἢ ἀδίκως τι συκοφαντούμενος ἀποτῖσαι.

Λαχὼν] Pendet hic nominativus, et deberet legi, ut recta esset oratio, λαχόντος τούτου καὶ προκαλεσαμένου. Auger.

Κατὰ τοὺς νόμους] Vid. Petit. Comm. in L. A. l. IV. t. V. §. II.

Μηδὲν ἧττον τὰ πιστὰ παρ' ἡμῶν λαβόντα] *Cum nos nihilominus ei fidem firmaremus.* Wolf.

ΥΠΟΘΕΣΙΣ ΤΟΥ ΠΡΟΣ ΝΙΚΟΣΤΡΑΤΟΝ ΠΕΡΙ ΤΩΝ ΑΡΕΘΟΥΣΙΟΥ ΑΝΔΡΑΠΟΔΩΝ ΛΟΓΟΥ.

Pag. ed. Reisk.

ΑΠΟΛΛΟΔΩΡΟΣ γραψάμενος [1] ψευδοκλητίας Ἀρεθούσιον εἷλεν. ὀφείλοντος γὰρ τοῦ Ἀρε- 1245
θουσίου τάλαντον τῇ πόλει καὶ ἀποδοῦναι μὴ δυνηθέντος, καὶ διὰ τοῦτο εἰς τὰ δημόσια ἀπο-
γραφομένης αὐτοῦ τῆς οὐσίας, ἀπογράφει ὁ Ἀπολλόδωρος οἰκέτας, ὡς [2] οὐκ ὄντας Ἀρεθουσίου,
[3] μεταποιεῖται ὡς ἰδίων καὶ ἐκείνῳ προσηκόντων οὐδέν. ἐπεὶ δὲ τὸ πρᾶγμα μοχθηρόν, διὰ
τοῦτο ὁ ῥήτωρ διηγεῖται, ὁπολίκα πέπονθεν Ἀπολλόδωρος ὑπ' Ἀρεθουσίου, ἵνα δοκῇ μὴ φύσει 1246
πονηρὸς ὢν ταῦτα πράττειν, ἀλλὰ ἀμυνόμενος τὸν ἀδικοῦντα.

[1] ψευδοκλητείας [2] Deest οὐκ. [3] ὁ δὲ Νικόστρατος μετὰ ποιεῖται

Εἰς τὰ δημόσια ἀπογραφομένης] Δημευθείσης αὐτοῦ τῆς οὐσίας. WOLF.

Ὡς οὐκ ὄντας Ἀρεθουσίου, μεταποιεῖται δὲ ὡς ἰδίων] Locus corruptus, et ex ipso auctore sic corrigendus: ἀπογράφει Ἀπολλόδωρος οἰκέτας, ὡς ὄντας Ἀρεθουσίου, ὁ δὲ Νικόστρατος μεταποιεῖται ὡς ἰδίων. IDEM.

Ἐπειδὴ δὲ τὸ πρᾶγμα μοχθηρόν] Ἡ δήμευσις καὶ ἀπογραφὴ τῆς οὐσίας ἐπίφθονος καὶ ἀπάνθρωπος. IDEM.

ΔΗΜΟΣΘΕΝΟΥΣ

Ο ΠΡΟΣ ΝΙΚΟΣΤΡΑΤΟΝ ΠΕΡΙ ΑΝΔΡΑΠΟΔΩΝ ΑΠΟΓΡΑΦΗΣ ΑΡΕΘΟΥΣΙΟΥ ΛΟΓΟΣ.

α΄. ΟΤΙ μὲν οὐ συκοφαντῶν, ἀλλ' ἀδικούμενος καὶ 1246
ὑβριζόμενος ὑπὸ τούτων καὶ οἰόμενος δεῖν τιμωρεῖσθαι, τὴν ἀπογραφὴν ἐποιησάμην, μέγιστον ὑμῖν ἔστω τεκμήριον, ὦ ἄνδρες δικασταί, τό τε μέγεθος τῆς ἀπογραφῆς, καὶ ὅτι αὐτὸς ἐγὼ ἀπέγραψα. οὐ γὰρ δήπου, συκοφαντεῖν γε βουλόμενος, ἀπέγραψα [1] μὲν ἂν πένθ' ἡμιμναίων

[1] Deest μέν.

α΄. Πένθ' ἡμιμναίων ἄξια] Τεττάρων μνῶν καὶ ἡμισείας. WOLF.

ἄξια ἀνδράποδα, ὡς αὐτὸς ὁ ἀμφισβητῶν τετίμηται αὐτά· ἐκινδύνευον δ' ἂν περί τε χιλίων δραχμῶν, καὶ τοῦ μηδέποτ' αὖθις μηδένα ὑπὲρ ἐμαυτοῦ γράψασθαι. οὐδ' αὖ οὕτως ἄπορος ἦν, οὐδ' ἄφιλος, ὥστε οὐκ ἂν ἐξευρεῖν τὸν ἀπογράψοντα, ἀλλὰ τῶν ἐν ἀνθρώποις ἁπάντων ἡγησάμενος δεινότατον εἶναι, ἀδικεῖσθαι μὲν αὐτὸς, ἕτερον δ' ὑπὲρ ἐμοῦ τοῦ ἀδικουμένου τοὔνομα παρέχειν, καὶ εἶναι ἄν τι τούτοις τοῦτο τεκμήριον, ὁπότε ἐγὼ λέγοιμι τὴν ἔχθραν πρὸς ὑμᾶς, ὡς ψεύδομαι, — οὐ γὰρ ἄν ποτε ἕτερον ἀπογράψαι, εἴπερ ἐγὼ αὐτὸς ἠδικούμην, — διὰ μὲν ταῦτα ἀπέγραψα· ἀπογράψας δὲ, ἐὰν ἀποδείξω [1]τὰ ἀνδράποδα
1247 Ἀρεθουσίου ὄντα, οὗπερ [2]ἐγέγραπτο εἶναι, τὰ μὲν τρία μέρη, ἃ ἐκ τῶν νόμων τῷ ἰδιώτῃ τῷ ἀπογράψαντι γίγνεται, τῇ πόλει ἀφίημι, αὐτῷ δέ μοι τετιμωρῆσθαι ἀρκεῖ μόνον. εἰ μὲν οὖν ἦν μοι ἱκανὸν τὸ ὕδωρ διηγήσασθαι πρὸς ὑμᾶς [3]τὰ ἐξαρχῆς, ὅσα ἀγαθὰ πεπονθότες ὑπ' ἐμοῦ, οἷά με εἰργασμένοι εἰσὶν, εὖ οἶδ', ὅτι ὑμεῖς τ' ἂν μοι ἔτι μᾶλ-

[1] τἀνδράποδα [2] ἀπεγέγραπτο [3] [τὰ]

Ὡς αὐτὸς] Quid si ὅσου αὐτός; Idem.

Περὶ χιλίων δραχμῶν καὶ τοῦ lege. Idem.

Μηδένα ὑπὲρ ἐμαυτοῦ γράψασθαι] Μηδένα κατηγορῆσαι ἑτέρου, ἐμοὶ χαριζόμενον. Sed fortassis rectius est: *in eo discrimine verser, ne quem unquam pro defensione mei ipsius accusare mihi liceat.* Fortassis enim falsa descriptio cum ea ignominia conjuncta fuit, ut ne quem alium posthac in simili crimine accusare liceret. Idem.

Οὐ γὰρ ἄν ποτε ἕτερον ἀπογράψαι] Multa sunt Græcæ consuetudinis forensis verba, quæ equidem, quibus Latinis proprie respondeant, ignoro: eaque de causa malo ad verbum vertere, quam agere ambages, et elegantias consectando ab auctoris sententia longius aberrare. E quo numero et hoc verbum ἀπογράψαι est. Quicquid autem παρὰ τὸ γράφειν componitur, id eam vim habet, ut significet, causam in literas relatam, vel propositam fuisse judicibus, vel in publicis monimentis asservatam. Nec ignoro, me rideri a nonnullis, ut qui ad verbum vertam, quod interpretatio mea non habeat illa: *ex jure manu consertum trahere, in æstimationem accipere, repetundarum reum facere*, et id genus alia: quæ ut Latina et Ciceroniana esse fateor, ita plurimum a Græcorum consuetudine abhorrent. Ac vereor, ne merito reprehendar, quod alicubi, τὸ ἀνδρωθέντα εἰς ληξιαρχικὸν γραμματεῖον ἐγγραφῆναι, *togam virilem sumere*, verti, cum Græca gens palliata fuerit, non togata. Idem.

Διὰ μὲν ταῦτα —— ἀφίημι] His verbis planum fit delatori tres partes rerum delatarum deberi. Nec mirum: quippe qui magna pecunia periclitaretur, h. e. decem minis, atque ignominia, ut ipse in principio orationis docet. v. 2. Erat autem Arethusius olim præs populo factus, nec liberatus. Cujus mancipia ut publica ab accusatore delata erant: mater autem ejus et soror, ut Arethusio servarent, ea sua esse asserebant. Delator igitur in principio orationis ait, non esse verisimile se lucri cupidum ad delationem accessisse, sed magis ut inimicum suum legibus ulcisceretur. Se enim mancipia CCL. drachmis ab ipso vindice et assertore æstimata deferre: cujus delationis tres partes erant præmium, cum calumniæ pœna M. drachmarum esset, καὶ τὸ μηδέποτ' αὖθις μηδένα ὑπ' αὐτοῦ γράφεσθαι, ne unquam postea accusare ei liceret ut calumniæ damnato. ἀπογράψαι autem ideo hoc dicebatur, quod is qui deferebat, in libello delationis res delatas recensebat, et eorum quasi enumerationem faciebat. Budæus. Vid. Petit. Comm. in L. A. l. IV. t. IX. §. XVII.

λον συγγνώμην εἴχετε τοῦ ὀργίζεσθαι αὐτοῖς, τούτους τ' ἀνοσιωτάτους ἀνθρώπων ἡγήσασθε εἶναι· νῦν δὲ, οὐδὲ διπλάσιόν μοι τούτου ὕδωρ ἱκανὸν ἂν γένοιτο. τὰ μὲν οὖν μέγιστα καὶ περιφανῆ τῶν ἀδικημάτων, καὶ ὁπόθεν ἡ ἀπογραφὴ αὕτη γέγονεν, ἐρῶ πρὸς ὑμᾶς· τὰ δὲ πολλὰ ἐάσω.

β'. Νικόστρατος γὰρ οὑτοσὶ, ὦ ἄνδρες δικασταὶ, γείτων μοι ὢν ἐν ἀγρῷ καὶ ἡλικιώτης, γνωρίμως μέν μοι εἶχε καὶ πάλαι· ἐπειδὴ δὲ ἐτελεύτησεν ὁ πατὴρ, καὶ ἐγὼ ἐν ἀγρῷ κατῴκουν, οὗπερ καὶ νυνὶ οἰκῶ, καὶ μᾶλλον ἀλλήλοις ἤδη ἐχρώμεθα, διὰ τὸ γείτονές τε εἶναι καὶ ἡλικιῶται. χρόνου δὲ προβαίνοντος, καὶ πάνυ οἰκείως διεκείμεθα· καὶ ἐγώ τε οὕτως οἰκείως διεκείμην πρὸς τοῦτον, ὥστε οὐδενὸς πώποτε, ὧν ἐδεήθη οὗτος ἐμοῦ, ἀπέτυχεν, οὗτός τε αὖ ἐμοὶ οὐκ ἄχρηστος ἦν πρὸς τὸ ἐπιμεληθῆναι καὶ διοικῆσαι· καὶ ὁπότε ἐγὼ ἀποδημοίην, ἢ δημοσίᾳ τριηραρχῶν ἢ ἰδίᾳ κατ' ἄλλο τι, κύριον τῶν ἐν ἀγρῷ τοῦτον ἁπάντων κατέλιπον. συμβαίνει δή μοι τριηραρχία περὶ Πελοπόννησον· ἐκεῖθεν δὲ εἰς Σικελίαν ἔδει [1][πρὸς] τοὺς πρέσβεις ἄγειν, οὓς ὁ δῆμος ἐχειροτόνησεν. ἡ οὖν ἀναγωγὴ διὰ ταχέων ἐγίγνετό μοι. ἐπιστέλλω δὴ αὐτῷ, ὅτι αὐτὸς μὲν
ἀνῆγμαι, καὶ οὐχ οἷός τ' εἴην οἴκαδε ἀφικέσθαι, ἵνα μὴ 1248
κατακωλύοιμι τοὺς πρέσβεις· τούτῳ δὲ προσέταξα ἐπιμελεῖσθαί τε τῶν οἴκοι καὶ διοικεῖν, ὥσπερ καὶ ἐν τῷ ἔμπροσθεν χρόνῳ.

γ'. Ἐν δὲ τῇ ἐμῇ ἀποδημίᾳ ἀποδιδράσκουσιν αὐτὸν οἰκέται τρεῖς ἐξ ἀγροῦ παρὰ τούτου· οἱ μὲν δύο ὧν ἐγὼ ἔδωκα αὐτῷ, ὁ δὲ εἷς ὧν αὐτὸς ἐκτήσατο. διώκων οὖν ἁλίσκεται ὑπὸ τριήρους, καὶ κατήχθη εἰς Αἴγιναν, καὶ ἐκεῖ ἐπράθη. ἐπειδὴ δὲ κατέπλευσα ἐγὼ τριηραρχῶν, προσέρχεταί μοι Δείνων ὁ ἀδελφὸς [2]τούτου, λέγων τήν τε τούτου συμφορὰν, αὐτός τε ὅτι δι' ἀπορίαν ἐφοδίων οὐ πεπορευμένος εἴη ἐπὶ τοῦτον, πέμποντος τούτου αὐτῷ ἐπιστολὰς, καὶ ἅμα

[1] Deest πρός.

[2] ὁ τούτου

β'. Οὐδενὸς πώποθ', ὧν ἐδεήθη, οὗτος ἐμοῦ ἀπέτυχεν] Τινὰ ἀποτυγχάνειν οὐδενός τινος videndum an similia exempla occurrant. Mihi videtur falsa esse distinctio, et sic legendum: οὐδενὸς πώποθ', ὧν ἐδεήθη οὗτος ἐμοῦ, ἀπέτυχεν. ut, οὐδενὸς ἀπέτυχεν conjungas, et ὧν ἐδεήθη μου eodem modo. Wolf.

λέγων πρὸς ἡμᾶς, ὡς ἀκούοι αὐτὸν δεινῶς διακεῖσθαι. ἀκούσας δ' ἐγὼ ταῦτα, καὶ συναχθεσθεὶς ἐπὶ τῇ ἀτυχίᾳ τῇ τούτου, πέμπω τὸν Δείνωνα τὸν ἀδελφὸν τούτου εὐθὺς ἐπὶ τοῦτον, δοὺς ἐφόδιον αὐτῷ τριακοσίας δραχμάς. ἀφικόμενος δ' οὗτος, καὶ ἐλθὼν ὡς [1]ἐμέ, πρῶτον μὲν ἠσπάζετο καὶ ἐπῄνει, ὅτι παρέσχον τὰ ἐφόδια τῷ ἀδελφῷ αὐτοῦ, [2]κἆτ' ὠδύρετο τὴν αὐτοῦ συμφοράν, καί, κατηγορῶν ἅμα τῶν ἑαυτοῦ οἰκείων, ἐδεῖτό μου βοηθῆσαι αὐτῷ, ὥσπερ καὶ ἐν τῷ ἔμπροσθεν χρόνῳ ἦν περὶ αὐτὸν ἀληθινὸς φίλος· καὶ κλαίων ἅμα, καὶ λέγων ὅτι ἓξ καὶ εἴκοσι μνῶν λελυμένος εἴη, εἰσενεγκεῖν αὐτῷ [3]τι ἐκέλευέ με εἰς τὰ λύτρα. ταῦτα δὲ ἐγὼ ἀκούων, καὶ ἐλεήσας τοῦτον, καὶ ἅμα ὁρῶν κακῶς διακείμενον καὶ ἐπιδεικνύοντα ἕλκη ἐν ταῖς κνήμαις ὑπὸ τῶν δεσμῶν — ὧν ἔτι τὰς οὐλὰς ἔχει, καὶ ἐὰν κελεύσητε αὐτὸν δεῖξαι, οὐ μὴ ἐθελήσῃ —, ἀπεκρινάμην αὐτῷ, ὅτι
1249 καὶ ἐν τῷ ἔμπροσθεν χρόνῳ εἴην αὐτῷ φίλος ἀληθινός, καὶ νῦν ἐν τῇ συμφορᾷ βοηθήσαιμι αὐτῷ· καὶ τάς τε τριακοσίας, ἃς τῷ ἀδελφῷ αὐτοῦ ἔδωκα ἐφόδια, ὅτε ἐπορεύετο ἐπὶ τοῦτον, ἀφείην αὐτῷ, χιλίας τε δραχμὰς ἔρανον αὐτῷ

[1] ἐμέ, πρῶτον, ἠσπάζετο [2] καὶ διωδύρετο [3] [τι]

γ'. Καὶ ὠδύρετο] F. leg. ἔπειτα δὲ καὶ ὠδύρετο, quia praecessit πρῶτον μέν. Auger.

Ὅτι ἓξ καὶ εἴκοσι μνῶν λελυμένος εἴη] Robustum hinc nebulonem fuisse apparet Nicostratum istum. Wolf.

Καὶ ἐὰν κελεύσητε αὐτὸν δεῖξαι, οὐ μὴ ἐθελήσει] Scomma est, quo ei servitutem objicit, tanquam mancipio. Idem.

Ἔρανον αὐτῷ —] *Collationem, donum, munusque conferam pro virili parte amici ad λύτρα conficienda.* Budaeus. Sane ἔρανον donum fuisse gratuitum constare videtur ex iis, quae supra observata sunt. Sed et hoc evincit clare hic locus, ubi Apollodorus, pro quo scripta erat oratio, a Nicostrato, cum quo magna familiaritas intercesserat, in mari capto, et in Aeginam abducto, et vendito, ac viginti sex minis redempto, rogatum se ait, ut aliquam summam conferre vellet, ad solvendum redemptionis pretium v. 9. καὶ κλαίων etc. Nota ibi εἰσενεγκεῖν. Respondisse igitur, se in tanta calamitate ei non defuturum; sed et CCC. drachmas, quas ejus fratri, cum ad eum liberandum proficisceretur, mutuas dederat, ei se donare, et M. drachmarum eranum ad redemptionis pretium ex parte solvendum collaturum, χιλίας τε δραχμὰς ἔρανον αὐτῷ εἰς τὰ λύτρα εἰσοίσειν. Sequitur postea: καὶ τοῦτο — δεδωκέναι. Ergo ἔρανος non erat mutuum, sed gratis quid donatum. Etsi autem mutuum non esset, et ideo de eo agi non potuisse, nec eum, qui ἔρανον acceperat, in judicio pulsari, si quis tamen in ea re cessabat meliore usus fortuna, non levi infamia laborabat. Nec verisimile sane est, eos, qui eranos ab amicis corrogabant, pecunias illas petiisse dono sibi dari nunquam reddendas, sed tantisper donec fortunam meliorem nacti, reddere eas possent. Quoniam autem e collatione plurium corrogabantur in re angusta, fortunae id credebatur, cum incertum esset an mutata sorte id unquam posset reddi. Atque ex ejusmodi collationibus aes alienum quandoque solvebant, p. 252. v. ult. συλλέξας — χρήσῃς. p. 253. v. 11. τῶν δὲ κτημάτων — λῦσαί μοι. Vides pecuniam ibi creditam sine usuris sub spe ejus post annum recipiendae ex collecta, quam debitor ex amicorum benignitate facturus esset. Nisi fortasse ἔρανος eo loco est pecunia a pluribus

εἰς τὰ λύτρα εἰσοίσοιμι. καὶ τοῦτο οὐ λόγῳ μὲν ὑπεσχόμην, ἔργῳ δὲ οὐκ ἐποίησα· ἀλλ᾽, ἐπειδὴ οὐκ εὐπόρουν ἀργυρίου, διὰ τὸ διαφόρως ἔχειν τῷ Φορμίωνι, καὶ ἀποστερεῖσθαι ὑπ᾽ αὐτοῦ τὴν οὐσίαν ἥν μοι ὁ πατὴρ κατέλιπε, κομίσας ὡς Θεοκλέα, τὸν τότε τραπεζιτεύοντα, ἐκπώματα καὶ στέφανον χρυσοῦν, [1] ἅ παρ᾽ ἐμοὶ ἐκ τῶν πατρῴων ὄντα ἐτύγχανεν, ἐκέλευσα δοῦναι τούτῳ χιλίας δραχμάς· καὶ τοῦτο ἔδωκα δωρεὰν αὐτῷ τὸ ἀργύριον, καὶ ὁμολογῶ δεδωκέναι.

δ'. Ἡμέραις δὲ οὐ πολλαῖς ὕστερον προσελθών μοι κλαίων, ἔλεγεν, ὅτι οἱ ξένοι ἀπαιτοῖεν αὐτὸν οἱ δανείσαντες τὰ λύτρα, τὸ λοιπὸν ἀργύριον· καὶ ἐν ταῖς συγγραφαῖς εἴη, τριάκονθ᾽ ἡμερῶν αὐτὸν ἀποδοῦναι, ἢ διπλάσιον ὀφείλειν· καὶ ὅτι τὸ χωρίον, τὸ ἐν γειτόνων μοι τοῦτο, οὐδεὶς ἐθέλοι οὔτε πρίασθαι οὔτε τίθεσθαι. ὁ γὰρ ἀδελφὸς, ὁ Ἀρεθούσιος, οὗ τἀνδράποδ᾽ ἐστὶ ταῦτα, ἃ νῦν ἀπογέγραπται, οὐδένα ἐῴη οὔτε ὠνεῖσθαι οὔτε τίθεσθαι, ὡς ἐνοφειλομένου αὐτῷ ἀργυρίου. σὺ οὖν μοι, ἔφη, πόρισον τὸ ἐλλεῖπον τοῦ ἀργυρίου πρὶν τὰς τριάκονθ᾽ ἡμέρας παρελθεῖν, ἵνα μὴ ὅ τε ἀποδέδωκα, ἔφη, τὰς χιλίας δραχμὰς, [2] ἀπόληται, καὶ αὐτὸς ἀγώγιμος γένωμαι. συλλέξας δ᾽, ἔφη,

[1] ἅπερ ἐμοὶ

[2] ἀπόλωνται

mutuo data, τῷ ἐράνῳ in eo similis, quod a pluribus confertur. Verum et hic præstat pecuniam gratuito a pluribus collatam accipere, quam tamen is, qui accipiebat, redditurum se profiteretur, si quando meliorem fortunam nactus esset. Atque sic ἐρανίσαι accipi videtur in Epist. ad S. P. Q. A. de Lycurgi liberis, ubi et de sua ipsius fortuna, deque Atheniensium erga se inclementiam expostulat. λίαν —— ὀργιοῦμαι. p. 1483. v. 24. ed. R. *In Anim. in Salmas. Obss. ad J. A. et R.* l. VI. c. III. HERALDUS.

δ'. Καὶ ὅτι τὸ χωρίον —] *Aiebatque hoc vicinum mihi prædium nullum nec emere velle nec in pignus accipere: fratrem autem ejus Arethusium - - - intercedere quo minus aut emeret aliquis id prædium, aut in eo pignus contraheret, videlicet quod certa pecunia obnoxium jam haberet.* Hoc enim significat ἐνοφειλόμενον, *quod contracta hypotheca creditum est.* BUDÆUS.

Ἐνγειτόνων] L. ἐν γειτόνων, quod adverbialiter sumitur, *in proximo.* AUGER.

Οὔτε τίθεσθαι] Ὑποθήκην λαμβάνειν. WOLF.

Σὺ οὖν μοι, ἔφη, —] *Proinde tu, inquit, cura mihi hujus pecuniæ reliquum, priusquam XXX. dies prætereant, intra quos ad pecuniam reddendam me obstrinxi, ne illi addicar cui debeo.* Non enim nescius *es, legibus constitutum esse, qui ab hostibus redemptus est, sese ut aut ipse luat, aut servus sit ejus qui redemerit.* BUDÆUS. Vid. Petit. Comm. in L. A. l. II. t. VI. §. XI.

Ἵνα μὴ ὅτε ἀποδέδωκα ἔφη τὰς χιλίας δραχμὰς ἀπόληται] F. ὅ, τε, S. ἀργύριον. et p. 253. v. 12. ὅ, τι βούλῃ θέντα lege διαῤῥήτως. WOLF.

Ὅ τε] Emenda cum Reiskio ὅ τε sub. ἀργύριον, ita ut τὰς χιλίας δραχμὰς sit quædam appositio ad ὅ τε. Prò ἀποδέδωκα M. ἀπεδώκεις. AUGER.

Αὐτὸς ἀγώγιμος γένωμαι] *Ipse in servitutem abducar.* Plenam fuisse ex Lege Solonis creditori in debitorem potestatem merito credidit Salmasius Obss. ad J. A.

τὸν ἔρανον, ἐπειδὰν τοὺς ξένους ἀπαλλάξω, σοὶ ἀποδώσω,
1250 ὃ ἄν μοι χρήσῃς· οἶσθα δ᾽, ἔφη, ὅτι καὶ οἱ νόμοι κελεύουσι,
τοῦ λυσαμένου ἐκ τῶν πολεμίων εἶναι τὸν λυθέντα, ἐὰν μὴ
ἀποδιδῷ τὰ λύτρα. ἀκούων δ᾽ αὐτοῦ ταῦτα καὶ δοκῶν οὐ
ψεύδεσθαι, ἀπεκρινάμην αὐτῷ, ἅπερ ἂν νέος τε ἄνθρωπος
καὶ οἰκείως χρώμενος, οὐκ ἂν νομίσας ἀδικηθῆναι, ὅτι, ὦ
Νικόστρατε, καὶ ἐν τῷ πρὸ [1]τούτου σοι χρόνῳ φίλος ἦν
ἀληθινὸς, [2]καὶ ἐν ταῖς συμφοραῖς σου, καθ᾽ ὅσον ἐγὼ ἐδυ-
νάμην, βεβοήθηκα· ἐπειδὴ δὲ ἐν τῷ παρόντι οὐ δύνασαι
πορίσαι ἅπαντα τὰ χρήματα, ἀργύριον μὲν ἐμοὶ οὐ πάρε-
στιν, οὐδ᾽ ἔχω οὐδ᾽ αὐτὸς, τῶν δὲ κτημάτων σοι τῶν ἐμῶν
κίχρημι, ὅ τι βούλει, θέντα τοῦ ἐπιλοίπου ἀργυρίου ὅσον
ἐνδεῖ σοι, ἐνιαυτὸν [3]ἀτόκως χρῆσθαι τῷ ἀργυρίῳ, καὶ ἀπο-
δοῦναι τοῖς ξένοις· συλλέξας δὲ ἔρανον, ὥσπερ αὐτὸς φῂς,
λῦσαί [4]μοι. ἀκούσας δ᾽ οὗτος ταῦτα καὶ ἐπαινέσας με,
ἐκέλευσε τὴν ταχίστην πρᾶξαι, πρὶν ἐξήκειν τὰς ἡμέρας,
ἐν αἷς ἔφη δεῖν τὰ λύτρα καταθεῖναι. τίθημι οὖν τὴν συν-
οικίαν ἑκκαίδεκα μνῶν Ἀρκέσαντι Παμβωτάδῃ, ὃν αὐτὸς
οὗτος προὐξένησεν, ἐπὶ ὀκτὼ ὀβολοῖς τὴν μνᾶν δανείσαντι
τοῦ μηνὸς ἑκάστου.

ε΄. Λαβὼν δὲ τὸ ἀργύριον οὐχ ὅπως χάριν τινά μοι
ἀποδίδωσιν, ὧν εὖ ἔπαθεν, ἀλλ᾽ εὐθέως ἐπεβούλευσέ μοι,
ἵν᾽ ἀποστερήσειε τὸ ἀργύριον καὶ εἰς ἔχθραν κατασταίη·
καὶ ἀπορούμενος [5]ἐγὼ τοῖς πράγμασι νέος ὢν ὅ τι χρη-
σαίμην, καὶ ἄπειρος πραγμάτων, [6]ὅπως μὴ εἰσπράττοιμι
αὐτὸν τἀργύριον, οὗ ἡ συνοικία ἐτέθη, ἀλλ᾽ ἀφείην ἂν αὐ-
τῷ. πρῶτον μὲν οὖν ἐπιβουλεύει μοι μετὰ τῶν ἀντιδίκων,
1251 καὶ πίστιν αὐτοῖς δίδωσιν. ἔπειτα ἀγῶνάν μοι συνεστη-

[1] τοῦ [2] καὶ νῦν ἐν [3] ἀτόκῳ [4] μοι τὰ κτήματα. [5] ἐγὼ, νέος ὢν, τοῖς πράγμασι [6] [ὅπως]

et R. c. XI. p. 324. Neque est, quod obnitatur Heraldus: clarissimus est Demosth. locus. *Valckenaer. Animadv. ad Ammon.* l. I. c. VII. p. 31.

Τίθημι οὖν —] *Oppigneravi igitur diversorium meum in sedecim minas Arcesanti Pambotadæ, qui eam pecuniam repræsentavit, in singulas minas octonis obolis quolibet mense creditori fenoris nomine constitutis.* Atque hæc et hoc ipso interprete et proxeneta facta est constitutio. Hæc usura centesimam triente excedit. Quare fenus est sesquitertium centesimi fenoris. Mina enim centum drachmas continet, quot drachmæ in singulas minas centesimo mense pariuntur centesimo fenore: tum scilicet cum primum sors duplicatur. Budæus.

ἐ. Νέος ὢν] Malim collocari prope καὶ ἄπειρος. Auger.

κότων πρὸς αὐτοὺς, τούς τε λόγους ἐκφέρει μου, εἰδὼς, καὶ ἐγγράφει τῷ δημοσίῳ ἀπρόσκλητον ἐξ ἐμφανῶν καταστάσεως ἐπιβολὴν ἑξακοσίας καὶ δέκα δραχμὰς, διὰ Λυκίδου τοῦ μυλωθροῦ ποιησάμενος τὴν δίκην. κλητῆρα δὲ κατ' ἐμοῦ τόν τε ἀδελφὸν τὸν αὐτοῦ [1][τὸν] Ἀρεθούσιον τοῦτον ἐπιγράφεται, ὥσπέρ ἐστι [2]τὰ ἀνδράποδα ταῦτα, καὶ ἄλλον τινά. καὶ παρεσκευάζοντο, εἰ ἀνακρινοίμην κατὰ τῶν οἰκείων τῶν ἀδικούντων με τὰς δίκας, ἃς εἰλήχειν αὐτοῖς, ἐνδεικνύναι με καὶ ἐμβάλλειν εἰς τὸ δεσμωτήριον. ἔτι δὲ πρὸς τούτοις, ὁ Ἀρεθούσιος, ἀπρόσκλητόν μου δέκα δραχμῶν δίκην καταδικασάμενος, ὡς [3]ὀφείλοντα τῷ δημοσίῳ, κλητῆρας ἐπιγραψάμενος, καὶ εἰσελθὼν εἰς τὴν οἰκίαν βίᾳ, τὰ σκεύη πάντα ἐξεφόρησε, πλεῖον ἢ εἴκοσι μνῶν ἄξια, καὶ οὐδ' ὁτιοῦν κατέλιπεν. ὅτε δὲ τιμωρεῖσθαι ᾤμην δεῖν, [4]καὶ ἐκτίσας τῷ δημοσίῳ τὸ ὄφλημα, ἐπειδὴ ἐπυθόμην τὴν [5]ἐπιβουλὴν, ἐβάδιζον ἐπὶ τὸν κλητῆρα τὸν ὁμολογοῦντα κεκλητευκέναι τὸν Ἀρεθούσιον τῆς ψευδοκλητείας κατὰ τὸν νόμον· ἐλθὼν εἰς τὸ χωρίον τῆς νυκτὸς, ὅσα ἐνῆν φυτὰ

[1] Deest articulus. [2] τἀνδράποδα [3] * ὀφείλοντος [4] Deest * καί. [5] ἐπιβολὴν, καὶ ἐβάδιζον

Καὶ ἐγγράφει τῷ δημοσίῳ ἀπρόσκλητον ἐξ ἐμφανῶν καταστάσεως ἐπιβολὴν ἑξακοσίας καὶ δέκα δραχμὰς] Verti: *et exscribit publico exsortem mulctam ex evidentium constitutione*: verba secutus. Sententia quæ sit, Œdipus divinet. Me et Budæus, et lexica Græca Latinaque omnia destituunt: quæsivi ἀπρόσκλητος, quæsivi ἐμφανὴς, quæsivi κατάστασις, quæsivi ἐξ ἐμφανῶν καταστάσεως. sed aut muta, aut ἀπροσδιόνυσα omnia. Doctiores, si boni viri sunt, explicanto potius, quam me sugillanto. Wolf. L. ἐγγράφει, et ἀπρόσκλητον quod referri debet ad ἐπιβολήν. Deinde ἐξ ἐμφανῶν καταστάσεως etc. ex his verbis non facile est sensum aliquem eruere. Ex hoc loco intricatissimo, si non ut volui, saltem ut potui, multo me labore expedivi. Auger. Vid. c. Dionysodor. p. 1294. v. 12. ed. R.

Διὰ Λυκίδου τοῦ Μυλωθροῦ] S. υἱοῦ. Quod si non placet, *molitorem* repone, si appellativum esse videbitur. Wolf.

Εἰ ἀνακρινοίμην τὰς δίκας] Περὶ τῆς ἀνακρίσεως supra dictum est. Idem.

Ἀπρόσκλητόν μου δέκα δραχμῶν δίκην καταδικασάμενος] Suidas οὐ προσκεκλημένην, hoc est, ut in Midiana, p. 50. v. 7. μὴ προσκαλεσάμενος ἐμοῦ. Arethusius denuntiare judicium debuit. Quod cum ille de industria non fecisset, Apollodorus absens et ignarus rei pro contumaci est condemnatus. Idem.

Δέκα δραχμῶν] Mihi vid. leg. ἑξακοσίων καὶ δέκα δραχμῶν, et v. 11. addo με ad ὀφείλοντα, qui accusativus absolute sumitur. Auger.

Ὡς ὀφείλοντα τῷ δημοσίῳ] Ἀντὶ τοῦ, ὡς ὀφείλοντος, ὡς ὀφείλοιμι. Wolf.

Κλητῆρας ἐπιγραψάμενος] *Cum eos adscripsisset, qui in jus me vocaverunt, pignora mea cepit, et domo extulit.* ἀπρόσκλητος δίκη dicitur, cum judicium in eum intenditur qui in judicium vocatus non est, ut eremodicii damnetur, i. e. deserti vadimonii. Budæus.

Ἐβάδιζον ἐπὶ τὸν κλητῆρα τῆς ψευδοκλητείας] Sic πρὸς Τιμόθεον p. 206. v. pen. μὴ ἐπὶ τόνδε τῶν κακοτεχνιῶν ἔλθοιμι. Wolf. ψευδοκλητείας refero ad ἐβάδιζον, subaudiendo ἕνεκα. Auger.

Ὅσα ἐνῆν φυτὰ ἀκροδρύων γενναῖα ἐμβεβλημένα] Utrum ἐμπεφυτευμένα τῷ ἀγρῷ, ἢ τοῖς δένδροις; ut non sit consitio, sed insitio, qua, ut Cato Ciceronianus ait, nihil invenit ars agricolarum solertius. ἀκρόδρυα

ἀκροδρύων [1] γενναίων ἐμβεβλημένα, καὶ τὰς ἀναδενδράδας ἐξέκοψε, καὶ φυτευτήρια ἐλαιῶν περιστοίχων κατέκλασεν οὕτω δεινῶς, ὡς οὐδ' ἂν οἱ πολέμιοι διαθεῖεν. πρὸς δὲ τούτοις, μεθ' ἡμέραν παιδάριον ἀστὸν εἰσπέμψαντες διὰ τὸ γείτονές τε εἶναι καὶ ὅμορον τὸ χωρίον, ἐκέλευον τὴν ῥοδωνιὰν βλαστάνουσαν ἐκτίλλειν, ἵν', [2] εἰ καταλαβὼν αὐτὸν
1252 [3] ἐγὼ δήσαιμι ἢ πατάξαιμι ὡς δοῦλον ὄντα, γραφήν με γράψαιντο ὕβρεως. ὡς δὲ τούτου διήμαρτον, κἀγὼ μάρτυρας μὲν ὧν ἔπασχον ἐποιούμην, αὐτὸς δὲ οὐδὲν ἐξημάρτανον εἰς αὐτούς, ἐνταῦθ' ἤδη μοι ἐπιβουλεύουσι τὴν μεγίστην ἐπιβουλήν. ἀνακεκριμένου γὰρ ἤδη μου κατ' αὐτοῦ τὴν τῆς ψευδοκλητείας γραφὴν καὶ μέλλοντος εἰσιέναι εἰς τὸ δικαστήριον, τηρήσας με [4] ἀπιόντα ἐκ Πειραιῶς ὀψὲ περὶ τὰς λιθοτομίας, παίει [5] τε πὺξ καὶ ἁρπάζει μέσον, καὶ ὠθεῖ με εἰς τὰς λιθοτομίας, εἰ μή τινες προσιόντες, βοῶντός μου ἀκούσαντες, παρεγένοντο καὶ ἐβοήθησαν. ἡμέραις δὲ οὐ πολλαῖς ὕστερον, εἰσελθὼν εἰς τὸ δικαστήριον πρὸς ἡμέραν διαμεμετρημένην, καὶ ἐξελέγξας αὐτὸν τὰ ψευδῆ κεκλητευκότα καὶ τὰ ἄλλα ὅσα εἴρηκα ἠδικηκότα, εἷλον. καὶ ἐν τῇ τιμήσει βουλομένων τῶν δικαστῶν θανάτου τιμῆσαι αὐτῷ, ἐδεήθην [6] [μὲν] ἐγὼ τῶν δικαστῶν μηδὲν δι' [7] ἐμοῦ τοιοῦτον

[1] γενναίων [2] εἴπερ [3] ἐγὼ πρὸς ὀργὴν δήσαιμι [4] ἀπιόντα [5] με [6] Deest μὲν. [7] ἐμὲ

et *fructus* et *arbores frugiferas* interpretantur, sive nuces, sive pomiferas. Vox ipsa significat vel *cacumina quercuum*, vel *excellentiam*: ut ἀκρόδρυα sint arbores, quæ quercubus, unde olim victitabant, antecellunt. Wolf.

Τὰς ἀναδενδράδας —] *Arbustivas vites excidit, et oliveta in versus quoquoversum digesta confregit.* Quod verbum [sc. περιστοίχων] Suidas assequi non potuit. Hoc Columella l. iiii. ita expressit, "Hæc in quincuncem vinearum metatio expeditissima ratione conficitur." *De Asse* etc. l. I. f. 13. Budæus.

'Ανακεκριμένου γὰρ —] *Cum jam judicium mihi falsæ renunciationis in ipsum constitutum esset, et percunctationes factæ essent, quæ ante judicii ingressum solennes sunt.* ψευδοκλητεία est, accusatio apparitoris, qui falso renunciavit se quempiam in jus vocasse, ob eamque renunciationem is qui vocatus esse dicitur, in fraudem deserti vadimonii incidit. ἔστι δὲ κατηγορία κατὰ τοῦ κλητῆρος κεκλητευκέναι ἐψευσμένου. Idem. Grammatici [Refer huc egregium Grammatici scholion in Biblioth. Coislin. p. 490. Wesseling.] ψευδοκλητεία, ὄνομα δίκης ἐστίν, ἣν εἰσίασιν οἱ ἐγγεγραμμένοι ὀφείλειν τῷ δημοσίῳ, ἐπειδὰν αἰτιῶνταί τινας ψευδῶς κατεσκευάσθαι κλητῆρας καθ' ἑαυτῶν πρὸς τὴν δίκην ἀφ' ἧς ὦφλον. Petit. Comm. in L. A. l. IV. t. II. §. IV.

'Ανακεκριμένου γὰρ ἤδη μου. et v. 14. ὠθεῖ ἄν με. Nec enim præcipitatus est, sed interventu aliorum periculo liberatus. Wolf.

'Ημέραν διαμεμετρημένην] Dicebatur διαμεμετρημένη ἡμέρα, modus quidam aquæ ad dimensum diei spatium fluens. Dividebatur autem in tres partes aqua illa fluens; una actori, alia reo, tertia judici præbebatur. Auger.

'Εξελέγξας αὐτὸν —] *Cum eum docuissem falso renunciasse ac testificatum esse in jus vocationem, apud judices damnavi*, h. e. *reum peregi*. Duo etenim hoc verbum, κλητεύειν, significat, *in jus vocare alio postulante*, et *testem esse in jus vocationis*, h. e. τοῖς καλοῦσι καὶ προσκαλουμένοις μαρ-

πρᾶξαι, ἀλλὰ συγχωρῆσαι ὅσουπερ αὐτοὶ ἐτιμῶντο ταλάντου. οὐχ, ἵνα μὴ ἀποθάνῃ ὁ Ἀρεθούσιος — ἄξια γὰρ αὐτῷ θανάτου εἴργαστο εἰς ἐμὲ —, ἀλλ', ἵνα ἐγώ, Πασίωνος ὤν, καὶ κατὰ [1][τὸ] ψήφισμα πολίτης, μηδένα Ἀθηναίων ἀπεκτονὼς εἴην. ὡς δ' ἀληθῆ εἴρηκα πρὸς ὑμᾶς, τούτων ὑμῖν πάντων τοὺς μάρτυρας παρέξομαι.

ΜΑΡΤΥΡΕΣ.

ϛ'. Ἃ μὲν [2][οὖν] τοίνυν ἀδικούμενος ὑπ' αὐτῶν, ὦ ἄνδρες δικασταί, τὴν ἀπογραφὴν ἐποιησάμην, δεδήλωκα ὑμῖν· ὡς δὲ ἐστὶν Ἀρεθουσίου [3] τὰ ἀνδράποδα ταῦτα, καὶ ὄντα ἐν τῇ οὐσίᾳ τῇ [4] ἐκείνου [, ἃ] ἀπέγραψα, ἐπιδείξω ὑμῖν. τὸν μὲν γὰρ Κέρδωνα ἐκ μικροῦ παιδαρίου ἐξεθρέψατο· καί, ὡς ἦν Ἀρεθουσίου, τούτων ὑμῖν τοὺς εἰδότας μάρτυρας παρέξομαι.

ΜΑΡΤΥΡΕΣ. 1253

παρ' οἷς τοίνυν εἰργάσατο πώποτε, ὡς τοὺς μισθοὺς Ἀρεθούσιος ἐκομίζετο [5] ὑπὲρ αὐτοῦ, καὶ δίκας ἐλάμβανε, καὶ ἐδίδου, ὁπότε κακόν τι ἐργάσαιτο, ὡς δεσπότης ὤν, τούτων ὑμῖν τοὺς εἰδότας μάρτυρας παρέξομαι.

ΜΑΡΤΥΡΕΣ.

τὸν δὲ Μάνην, δανείσας ἀργύριον Ἀρχεπόλιδι τῷ Πειραιεῖ, ἐπειδὴ οὐχ οἷός τ' ἦν αὐτῷ ἀποδοῦναι ὁ Ἀρχέπολις, οὔτε τὸν τόκον οὔτε τὸ ἀρχαῖον, ἄπαν ἐναπετίμησεν αὐτῷ. καί, ὅτι ἀληθῆ λέγω, τούτων ὑμῖν τοὺς μάρτυρας παρέξομαι.

ΜΑΡΤΥΡΕΣ.

ἔτι τοίνυν καὶ ἐκ τῶνδε γνώσεσθε, ὦ ἄνδρες δικασταί, ὅτι εἰσὶν Ἀρεθουσίου οἱ ἄνθρωποι. ὁπότε γὰρ οἱ ἄνθρωποι οὗτοι ἢ ὀπώραν πρίαιντο, ἢ θέρος μισθοῖντο ἐκθερίσαι, ἢ ἄλλο

[1] Deest articulus. [2] Deest οὖν. [3] τἀνδράποδα [4] ἐκείνου ἀπέγραψα
[5] τοὺς ὑπὲρ α., κ. δ. καὶ ἐλάμβανε

τυρεῖν. Budæus.

ϛ'. Τὸν δὲ Μάνην] Est accusativus absolutus, *quod autem ad Manem attinet*; nisi mavis regi ab ἐναπετίμησεν αὐτῷ, *ipsi servum pro pecunia dedit.* Auger.

Ἐναπετίμησεν αὐτῷ] *Pignori accepit, vel, in æstimationem accepit,* hoc est, *servum pro pecuniæ parte dedit.* Wolf.

τι τῶν περὶ γεωργίαν ἔργων ἀναιροῖντο, Ἀρεθούσιος ἦν ὁ ὠνούμενος καὶ μισθούμενος ὑπὲρ αὐτῶν. ὡς δ' ἀληθῆ λέγω, καὶ τούτων ὑμῖν τοὺς μάρτυρας παρέξομαι.

ΜΑΡΤΥΡΕΣ.

ζ'. Ὅσας μὲν τοίνυν μαρτυρίας παρασχέσθαι εἶχον
ὑμῖν, ὡς ἔστιν Ἀρεθουσίου τὰ ἀνδράποδα, δεδήλωκα ὑμῖν·
βούλομαι δὲ καὶ περὶ τῆς προκλήσεως εἰπεῖν, ἣν οὗτοί με
προὐκαλέσαντο, καὶ ἐγὼ τούτους. οὗτοι μὲν γάρ με
προὐκαλέσαντο, ὅτε ἡ πρώτη [1] ἀνάκρισις ἦν, φάσκοντες
ἕτοιμοι εἶναι παραδιδόναι ἐμοὶ αὐτῷ [2] τὰ ἀνδράποδα βα-
σανίσαι, βουλόμενοι μαρτυρίαν τινὰ αὐτοῖς ταύτην γε-
νέσθαι. ἐγὼ δὲ ἀπεκρινάμην αὐτοῖς ἐναντίον μαρτύρων, ὅτι
1254 ἕτοιμός εἰμι ἰέναι εἰς τὴν βουλὴν μετ' αὐτῶν, καὶ παρα-
λαμβάνειν μετ' ἐκείνης ἢ μετὰ τῶν ἕνδεκα, λέγων, ὅτι,
εἰ μὲν ἰδίαν δίκην ἐδικαζόμην αὐτοῖς, εἰ ἐμοὶ ἐξεδίδοσαν,
παρελάμβανον ἄν· νυνὶ δὲ τῆς πόλεως εἴη [2] τὰ ἀνδρά-
ποδα, καὶ ἡ ἀπογραφή. δεῖν οὖν δημοσίᾳ βασανίζεσθαι.
ἡγούμην γὰρ οὐ προσήκειν ἐμοὶ, ἰδιώτῃ ὄντι, τοὺς δημοσίους
βασανίζειν· [3] οὔτε γὰρ τῆς βασάνου κύριος ἐγιγνόμην, οὔτε
καλῶς ἔχειν τὰ λεγόμενα ὑπὸ τῶν ἀνθρώπων ἐμὲ κρίνειν.
ἡγούμην [4] τε δεῖν τὴν ἀρχὴν ἢ τοὺς ᾑρημένους ὑπὸ τῆς βου-
λῆς γράφεσθαι, καὶ κατασημηναμένους τὰς βασάνους ὅ τι
εἴποιεν οἱ ἄνθρωποι, παρέχειν εἰς τὸ δικαστήριον· ἵνα
ἀκούσαντες ἐκ τούτων ἐψηφίσασθε, ὁποῖόν τι ὑμῖν ἐδόκει.
ἰδίᾳ μὲν γὰρ βασανιζομένων τῶν ἀνθρώπων ὑπ' ἐμοῦ, ἀντ-
ελέγετ' ἂν ἅπαντα ὑπὸ τούτων· εἰ δὲ δημοσίᾳ, ἡμεῖς μὲν

[1] ἀνάγνωσις [2] τἀνδράποδα [3] (* οὐδὲ γὰρ τ. β. κ. ἐγιγνόμην,) [4] δὲ

Ἀνέροιντο] Lego ἀναιροῖντο, aut ἀνέλοιντο, ἀντὶ τοῦ, ὁπότε ἐπιχειρήσαιεν ἔργῳ τινί. IDEM.

ζ'. Ὅτε ἡ πρώτη ἀνάγνωσις ἦν] Suidæ est ἀναγνώρισις, ἡ ἀνάπεισις· ἀναγινώσκειν, ἀναπεῖθειν, διαλεχθέντα γνῶναι. Hesychio ἀναγνωρισμός. Varino ἡ τῶν πρώτων μαθημάτων τῆς ψυχῆς ἀναγνώρισις, ὡς προειδυίας ταῦτα. Hic vero ea vox nihil tale significare videtur, si locus mendo vacat. IDEM.

Ἀνθρώπων. ἡγούμην] F. leg. οὔτε καλῶς ἐ. τ. λ. ὑ. τῶν ἀνθρώπων ἡγούμην μὴ οὐ τὸν ἄλλον ἢ τὴν ἀρχὴν ἢ τ. ᾑρ. ὑ. τ. β. γράφεσθαι, καὶ κατασημ. βασ. [ὅ τι εἴ. οἱ ἄνθρ.] παρέχειν &c. p. 1490. v. 15. ed. R. ἧς τῷ μετασχόντι· μὴ οὐχὶ ἀψευδεῖν καὶ πρὸς ἅπαντας ἀγαθῷ εἶναι οὐχ ὅσιον ἡγοῦμαι. Æsch. κ. Τιμαρχ. p. 59. v. 14. οὔτε αὐτὸς ἐξαρνοῦμαι μὴ οὐ γεγονέναι ἐρωτικός. et v. 16. οὐκ ἀρνοῦμαι μὴ οὐχὶ συμβεβηκέναι μοι.

Κατασημηναμένους τὰς βασάνους] Idem usurpatum in foro Romano, si quando quæstiones habitæ fuerant. Cic. pro Cluent. "Nam tabellæ quæstionis plures proferuntur; quæ recitatæ vobisque editæ sunt, illæ ipsæ, quas tunc obsignatas esse dixi." l. VI. c. XIV. §. XIV. HERALDUS.

Ἵνα ἐκ τούτων ψηφίσησθε] Pro ἐψηφίσασθε lego. WOLF.

ἂν ἐσιωπῶμεν, οἱ δὲ ἄρχοντες [1] ἢ οἱ ᾑρημένοι ὑπὸ τῆς βουλῆς ἐβασάνιζον ἂν μέχρι οὗ αὐτοῖς ἐδόκει. ταῦτα δέ μου ἐθέλοντος, οὐκ ἂν ἔφασαν παραδοῦναι τῇ ἀρχῇ, οὐδ᾽ εἰς τὴν βουλὴν ἤθελον ἀκολουθεῖν. ὡς οὖν ἀληθῆ λέγω, κάλει μοι τοὺς μάρτυρας τούτων.

ΜΑΡΤΥΡΕΣ.

ή. Κατὰ πολλὰ μὲν οὖν ἔμοιγε δοκοῦσιν εἶναι ἀναί-
σχυντοι, ἀμφισβητοῦντες τῶν ὑμετέρων, οὐχ ἥκιστα δὲ
ὑμῖν αὐτοὺς ἐπιδείξω ἐκ τῶν νόμων τῶν ὑμετέρων. οὗτοι
γὰρ, ὅτε οἱ δικασταὶ [2] ἐβούλοντο θανάτου τιμῆσαι τῷ Ἀρε-
θουσίῳ, ἐδέοντο τῶν δικαστῶν χρημάτων τιμῆσαι καὶ ἐμοῦ
συγχωρῆσαι· καὶ ὡμολόγησαν αὐτοὶ συνεκτίσειν. τοσούτου
δὴ δέουσιν ἐκτίνειν [3] καθὰ ἐνεγγυήσαντο, ὥστε καὶ τῶν
ὑμετέρων ἀμφισβητοῦσι. καίτοι οἵ γε νόμοι κελεύουσι τὴν
οὐσίαν δημοσίαν εἶναι, ὃς ἂν ἐγγυησάμενός τι τῶν τῆς πό- 1255
λεως, μὴ ἀποδιδῷ τὴν ἐγγύην. ὥστε καὶ, εἰ τούτων ἦν [4] τὰ
ἀνδράποδα, προσῆκεν αὐτὰ δημόσια εἶναι, εἴπερ τι τῶν νό-
μων ὄφελος. καὶ πρὶν μὲν ὀφείλειν τῷ δημοσίῳ, ὁ Ἀρεθού-
σιος ὡμολογεῖτο τῶν ἀδελφῶν εὐπορώτατος εἶναι· ἐπειδὴ δὲ
οἱ νόμοι κελεύουσι τἀκείνου ὑμέτερα εἶναι, τηνικαῦτα πένης
ὢν φαίνεται ὁ Ἀρεθούσιος, καὶ τῶν μὲν ἡ μήτηρ ἀμφισβητεῖ,
τῶν δὲ ἡ ἀδελφή. χρῆν δ᾽ αὐτοὺς, εἴπερ [2] ἐβούλοντο δικαίως
προσφέρεσθαι πρὸς ὑμᾶς, ἀποδείξαντας ἅπασαν τὴν οὐ-
σίαν τὴν ἐκείνου, τὰ τούτων αὐτῶν εἴ τις ἀπέγραψεν,
ἀμφισβητεῖν. ἐὰν [5] [μὲν] οὖν ἐνθυμηθῆτε, ὅτι οὐδέποτε ἔσται
ἀπορία τῶν ἀμφισβητησόντων ὑμῖν περὶ τῶν ὑμετέρων,—
ἢ γὰρ ὀρφανοὺς ἢ ἐπικλήρους κατασκευάσαντες, ἀξιώσουσιν
ἐλεεῖσθαι ὑφ᾽ ὑμῶν, ἢ γῆρας καὶ ἀπορίας καὶ τροφὰς μη-
τρὶ λέγοντες, καὶ [6] ὀδυρόμενοι, δι᾽ ὧν μάλιστα ἐλπίζουσιν
ἐξαπατήσειν ὑμᾶς, πειράσονται καὶ [7] ἀποστερῆσαι τὴν πό-
λιν τοῦ ὀφλήματος—, ἐὰν οὖν, ταῦτα παριδόντες πάντα,
καταψηφίσησθε, ὀρθῶς βουλεύσεσθε.

[1] Deest ἢ. [2] ἠβούλοντο [3] καθ᾽ ἃ [4] τἀνδράποδα [5] Deest μέν. [6] ἀποδυρόμενοι [7] ἀποστερήσειν

ή. Τοσούτου δὴ] F. τοσούτου δ᾽ ἤδη. Idem.
Ὃς ἂν ἐγγυησάμενός τι τῶν τῆς πόλεως] Ἐγγυητὴς γενόμενος ὑπὲρ τῶν τῇ πόλει προσηκόντων. Idem.
Τὰ τούτων αὐτῶν] I. e. τὰ ἑαυτῶν, ea bona quæ ipsorum propria essent. Auger.
Ἐὰν μὲν οὖν ἐνθυμηθῆτε, ὅτι, etc. ἐὰν οὖν ταῦτα παριδόντες πάντα] Ἀνανταπόδοτον καὶ ἐπανάληψις. Wolf.
Καταψηφίσησθε] S. τῶν φευγόντων. Idem.

ΥΠΟΘΕΣΙΣ ΤΟΥ ΚΑΤΑ ΚΟΝΩΝΟΣ ΑΙΚΙΑΣ ΛΟΓΟΥ.

Pag. ed. Reisk.

1255 ΑΡΙΣΤΩΝ Ἀθηναῖος δικάζεται Κόνωνι αἰκίας, λέγων ὑπ' αὐτοῦ καὶ τοῦ παιδὸς αὐτοῦ
1256 τετυπτῆσθαι, καὶ μάρτυρας τούτου παρεχόμενος. ὁ δὲ Κόνων ἀρνεῖται τὸ πρᾶγμα, καὶ μάρτυρας ἀντιπαρέχεται, οὓς ὁ Δημοσθένης οὔ φησι πιστούς· βεβιωκέναι γὰρ φαύλως, καὶ εὐχερῶς ἔχειν πρὸς τὸ ψεύδεσθαι.

Τετυπτῆσθαι] Τύπτω καὶ τυπτέω usitata sunt, unde fit τετύφθαι et τετυπτῆσθαι. τυπέω an dicatur, nescio. Wolf.

ΔΗΜΟΣΘΕΝΟΥΣ

Ο

ΚΑΤΑ ΚΟΝΩΝΟΣ

ΑΙΚΙΑΣ ΛΟΓΟΣ.

1256 α'. ΥΒΡΙΣΘΕΙΣ, ὦ ἄνδρες δικασταί, καὶ παθὼν ὑπὸ Κόνωνος τουτουῒ τοιαῦτα, ὥστε πολὺν χρόνον πάνυ μήτε τοὺς οἰκείους μήτε τῶν ἰατρῶν μηδένα προσδοκᾶν [1] περιφεύξεσθαί με, ὑγιάνας καὶ σωθεὶς ἀπροσδοκήτως, ἔλαχον αὐτῷ τὴν δίκην τῆς αἰκίας ταυτηνί. πάντων δὲ τῶν οἰκείων καὶ τῶν φίλων, οἷς συνεβουλευόμην, ἔνοχον μὲν φασκόντων αὐτὸν ἐκ τῶν πεπραγμένων εἶναι καὶ τῇ τῶν λωποδυτῶν ἀπαγωγῇ καὶ ταῖς τῆς ὕβρεως γραφαῖς, συμβουλευόντων δέ μοι καὶ παραινούντων μὴ μείζω πράγματα, ἢ δυνήσομαι φέρειν, ἐπάγεσθαι, μηδ' ὑπὲρ τὴν ἡλικίαν [2] ὧν ἐπεπόνθειν ἐγκαλοῦντα φαίνεσθαι, οὕτως ἐποίησα· καὶ δι' ἐκείνους ἰδίαν ἔλαχον δίκην, ἥδιστ' ἄν, ὦ ἄνδρες Ἀθηναῖοι, θανάτου κρίνας τουτονί. καὶ τούτου συγγνώμην ἕξετε, εὖ

[1] περιφεύξεσθαι

[2] ἣν ⁸ ἔχω, ὧν ἐπεπόνθειν

οἶδ᾽ ὅτι πάντες, ἐπειδὰν ἃ πέπονθα ἀκούσητε· δεινῆς γὰρ οὔσης τῆς τότε συμβάσης ὕβρεως, οὐκ ἐλάττων ἡ μετὰ ταῦτα ἀσέλγειά ἐστι τουτουΐ. ἀξιῶ δὲ καὶ δέομαι πάντων ὁμοίως ὑμῶν, πρῶτον μὲν εὐνοϊκῶς ἀκοῦσαί μου περὶ ὧν πέπονθα λέγοντος· εἶτ᾽, ἐὰν ἠδικῆσθαι καὶ παρανενομῆ- 1257
σθαι δοκῶ, βοηθῆσαί μοι τὰ δίκαια. ἐξ ἀρχῆς δ᾽ ὡς πέπρακται [1]ἕκαστα, διηγήσομαι πρὸς ὑμᾶς, ὡς ἂν οἷός τε ὦ διὰ βραχυτάτων.

β. [2]Ἐξῆλθον, ἔτος τουτὶ τρίτον, εἰς Πάνακτον φρουρᾶς ἡμῖν προγραφείσης. ἐσκήνωσαν οὖν οἱ υἱεῖς οἱ Κόνωνος τουτουῒ ἐγγὺς ἡμῶν, ὡς οὐκ ἂν ἐβουλόμην· ἡ γὰρ ἐξ ἀρχῆς ἔχθρα καὶ τὰ προσκρούσματα ἐκεῖθεν ἡμῖν συνέβη, ἐξ ὧν δ᾽ ἀκούσεσθε. ἔπινον ἑκάστοτε οὗτοι τὴν ἡμέραν, ἐπειδὴ τάχιστα [3]ἀριστήσαιεν, ὅλην· καὶ τοῦτο, ἕως περ ἦμεν ἐπὶ τῇ φρουρᾷ, διετέλουν ποιοῦντες. ἡμεῖς δ᾽, ὥσπερ ἐνθάδε εἰώθαμεν, οὕτω διήγομεν καὶ ἔξω. ἣν οὖν δειπνοποιεῖσθαι τοῖς ἄλλοις ὥραν συμβαίνοι, ταύτην ἂν ἤδη ἐπαροίνουν οὗτοι, τὰ μὲν πολλὰ εἰς τοὺς παῖδας ἡμῶν τοὺς ἀκολούθους, τελευτῶντες δὲ καὶ εἰς ἡμᾶς αὐτούς. φήσαντες γὰρ καπνίζειν αὐτοὺς ὀψοποιουμένους τοὺς παῖδας ἢ κακῶς λέγειν, ὅ τι τύχοιεν, ἔτυπτον, καὶ τὰς ἀμίδας κατεσκεδάννυον, καὶ προσεούρουν, καὶ ἀσελγείας καὶ ὕβρεως οὐδ᾽ ὁτιοῦν ἀπέλειπον. ὁρῶντες δὲ ἡμεῖς ταῦτα καὶ λυπούμενοι, τὸ μὲν πρῶτον ἀπεπεμψάμεθα· ὡς δ᾽ ἐχλεύαζον ἡμᾶς καὶ [4]οὐκ ἐπαύοντο, τῷ στρατηγῷ τὸ πρᾶγμα εἴπομεν, κοινῇ πάντες οἱ σύσσιτοι προσελθόντες, οὐκ ἐγὼ τῶν ἄλλων ἔξω. λοιδορηθέντος δ᾽ αὐτοῖς ἐκείνου καὶ κακίσαντος αὐτοὺς οὐ μόνον περὶ ὧν εἰς ἡμᾶς ἠσέλγαινον, ἀλλὰ καὶ περὶ ὧν ὅλως ἐποίουν ἐν τῷ στρατοπέδῳ, τοσούτου ἐδέησαν παύσασθαι ἢ αἰσχυνθῆναι, ὥστ᾽, ἐπειδὴ θᾶττον συνεσκότασεν, εὐθὺς ὡς ἡμᾶς εἰσεπήδησαν ταύτῃ τῇ ἑσπέρᾳ. καὶ

[1] ἕκαστα πέπρακται [2] ἐξήλθομεν [3] ἀριστήσειαν [4] οὐδ᾽

β. Προσεούρουν] Vid. Leopard. Emend. l. IX. c. IX. vol. III. p. 176. Thes. Crit. Gruter.

Ἀπεπεμψάμεθα] Ἀπεδιώξαμεν, ἀπηλαύνομεν, ἀφροντίστως εἴχομεν, λόγον οὐκ ἐποιησάμεθα. WOLF.

Σύσσιτοι] Generaliter dicti, quicumque cibum una capiebant, certis legibus et conditionibus, si quas dicere volebant. Ita dicti in *bello contubernales* ap. Demosth. c. Conon. *Herald. Anim. in Salmas. Obs. ad J. A. et R.* p. 85.

Ἐπειδὴ θᾶττον συνεσκότασεν] *Cum statim advesperasset*, BUDÆUS.

1258 τὸ μὲν πρῶτον κακῶς ἔλεγον, τελευτῶντες δὲ καὶ πληγὰς ἐνέτειναν ἐμοί· καὶ τοσαύτην κραυγὴν καὶ θόρυβον περὶ τὴν σκηνὴν ἐποίησαν, ὥστε καὶ τὸν στρατηγὸν καὶ τοὺς ταξιάρχους ἐλθεῖν καὶ τῶν ἄλλων στρατιωτῶν τινὰς, οἵ περ ἐκώλυσαν μηδὲν ἡμᾶς ἀνήκεστον παθεῖν, μηδ' αὐτοὺς ποιῆσαι, παροινουμένους ὑπὸ τούτων. τοῦ δὲ πράγματος εἰς τοῦτο προελθόντος, ὡς δεῦρ' ἐπανήλθομεν, ἦν ἡμῖν, οἷον εἰκὸς, ἐκ τούτων ὀργὴ καὶ ἔχθρα πρὸς ἀλλήλους. μὰ τοὺς θεοὺς [1] οὐ μὴν ἔγωγε ᾤόμην δεῖν οὔτε δίκην λαχεῖν αὐτοῖς, οὔτε λόγον ποιεῖσθαι τῶν συμβάντων οὐδένα· ἀλλ' ἁπλῶς ἐκεῖνο ἐγνώκειν, τολοιπὸν εὐλαβεῖσθαι καὶ φυλάττεσθαι μὴ πλησιάζειν τοῖς τοιούτοις.

γ'. Πρῶτον μὲν οὖν τούτων, ὧν εἴρηκα, βούλομαι τὰς μαρτυρίας παρασχόμενος, μετὰ ταῦτα, οἷα ὑπ' αὐτοῦ τούτου πέπονθα, ἐπιδεῖξαι, ἵνα εἰδῆτε, ὅτι ᾧ προσῆκε τοῖς τὸ πρῶτον ἁμαρτηθεῖσιν ἐπιτιμᾷν, οὗτος αὐτὸς πρότερος πολλῷ δεινότερα εἴργασται.

ΜΑΡΤΥΡΙΑΙ.

ὧν μὲν τοίνυν οὐδένα ᾤμην δεῖν λόγον ποιήσασθαι, ταῦτά ἐστι. χρόνῳ δ' ὕστερον οὐ πολλῷ περιπατοῦντος, ὥσπερ εἰώθειν, ἑσπέρας ἐν ἀγορᾷ μου μετὰ Φανοστράτου τοῦ Κηφισιέως τῶν ἡλικιωτῶν τινὸς, παρέρχεται Κτησίας ὁ υἱὸς ὁ τούτου, μεθύων, κατὰ τὸ Λεωκόριον, ἐγγὺς τῶν Πυθοδώρου. κατιδὼν δὲ ἡμᾶς καὶ κραυγάσας καὶ διαλεχθείς τι πρὸς αὑτὸν οὕτως ὡς ἂν μεθύων, ὥστε μὴ μαθεῖν ὅ τι λέγοι, παρῆλθεν πρὸς Μελίτην ἄνω· ἔπινον γὰρ ἐνταῦθα — ταῦ-
1259 τα γὰρ ὕστερον ἐπυθόμεθα — παρὰ Παμφίλῳ τῷ κναφεῖ, Κόνων οὑτοσὶ, Θεότιμός τις, Ἀρχεβιάδης, Σπίνθαρος ὁ Εὐβούλου, Θεογένης ὁ Ἀνδρομένους, πολλοί τινες· οὓς ἐξαναστήσας ὁ Κτησίας ἐπορεύετο εἰς τὴν ἀγοράν. καὶ ἡμῖν συμβαίνει, ἀναστρέφουσιν ἀπὸ τοῦ Φερρεφαττίου καὶ περιπατοῦσι, πάλιν κατ' αὐτό πως τὸ Λεωκόριον εἶναι, καὶ τούτοις περιτυγχάνομεν. ὡς δ' ἀνεμίχθημεν, εἷς μὲν αὐτῶν,

[1] οὐ μὴν ἔγωγε μὰ τοὺς θεοὺς ᾤόμην

γ'. Κηφισιέως] Lege Κηφισιέως, cujus rectus Κηφισιεὺς, a demo Attico, cui nomen Κηφισία. PALMER.

Ἐγγὺς τῶν Πυθοδώρου] S. οἰκιῶν, ἃ ἐρ-

ἀγνώς τις, τῷ Φανοστράτῳ προσπίπτει καὶ κατεῖχεν ἐκεῖνον· Κόνων δ' οὑτοσὶ καὶ ὁ υἱὸς αὐτοῦ καὶ ὁ Ἀνδρομένους υἱὸς ἐμοὶ περιπεσόντες, τὸ μὲν πρῶτον ἐξέδυσαν, εἶθ' ὑποσκελίσαντες καὶ ῥάξαντες εἰς τὸν βόρβορον, οὕτω διέθηκαν ἐναλλόμενοι καὶ ὑβρίζοντες, ὥςτε τὸ μὲν χεῖλος διακόψαι, τοὺς δὲ ὀφθαλμοὺς συγκλεῖσαι, οὕτω δὲ κακῶς ἔχοντα [1] καταλιπεῖν, ὥςτε μήτε ἀναστῆναι μήτε φθέγξασθαι δύνασθαι. κείμενος δ' αὐτῶν ἤκουον πολλὰ καὶ δεινὰ λεγόντων. καὶ τὰ μὲν ἄλλα καὶ βλασφημίαν ἔχει [2] τινά, καὶ ὀνομάζειν ὀκνήσαιμ' ἂν ἐν ὑμῖν ἔνια· ὃ δὲ τῆς ὕβρεώς ἐστι τῆς τούτου σημεῖον, καὶ τεκμήριον τοῦ πᾶν τὸ πρᾶγμα ὑπὸ τούτου γεγενῆσθαι, τοῦθ' ὑμῖν ἐρῶ. ᾖδε γάρ, τοὺς ἀλεκτρυόνας μιμούμενος τοὺς νενικηκότας· οἱ δὲ κροτεῖν τοῖς ἀγκῶσιν αὐτὸν ἠξίουν ἀντὶ πτερύγων τὰς πλευράς. καὶ μετὰ ταῦτα ἐγὼ μὲν ἀπεκομίσθην ὑπὸ τῶν παρατυχόντων γυμνός· οὗτοι δ' ᾤχοντο, θοἰμάτιον λαβόντες μου. ὡς δ' ἐπὶ τὴν θύραν ἦλθον, κραυγὴ καὶ βοὴ τῆς μητρὸς καὶ τῶν θεραπαινίδων ἦν· καί, μόλις ποτὲ εἰς βαλανεῖον ἐνεγκόντες με καὶ περιπλύναντες, ἔδειξαν τοῖς ἰατροῖς. ὡς οὖν ταῦτ' ἀληθῆ λέγω, τούτων ὑμῖν τοὺς μάρτυρας παρέξομαι.

ΜΑΡΤΥΡΕΣ. 1260

συνέβη τοίνυν, ὦ ἄνδρες δικασταί, καὶ Εὐξίθεον τουτονὶ τὸν Χολλίδην, ὄνθ' ἡμῖν συγγενῆ, καὶ Μειδίαν μετὰ τούτου, ἀπὸ δείπνου ποθὲν ἀπιόντας, περιτυχεῖν πλησίον ὄντι μοι τῆς οἰκίας ἤδη, καὶ εἰς τὸ βαλανεῖον φερομένῳ παρακολουθῆσαι, καὶ ἰατρὸν ἄγουσι παραγενέσθαι, οὕτω δ' εἶχον ἀσθενῶς, ὥςθ', ἵνα μὴ μακρὰν φεροίμην οἴκαδε ἐκ τοῦ βαλανείου, ἐδόκει τοῖς παροῦσιν ὡς τὸν Μειδίαν ἐκείνην τὴν ἑσπέραν κομίσαι με· καὶ ἐποίησαν οὕτω. λάβε οὖν καὶ

[1] κατέλειπον [2] τινά, ἃ καὶ

γαστηρίαν. Wolf.

Οὕτω διέθηκαν] *Sic habitus sum, sic illi me tractarunt.* Bergler. Vid. Hemsterhus. ad Lucian. Nigrin. §. 38.

Ἦδε] Vid. Valckenaer. Animadv. ad Ammon. l. III. c. XVIII. p. 229.

Οἱ δὲ κρατεῖν] Οἱ δὲ κροτεῖν τοῖς ἀγκῶσιν lego. Wolf.

Κρατεῖν τοῖς ἄλλοισι] Benenatus habet ἀγκῶσι, et in margine κροτεῖν, unde efficitur κροτεῖν τοῖς ἀγκῶσι, optime. Palmer.

Ὄνθ' ἡμῖν συγγενῆ lego, non οὐδ'. Nota ον et ου sæpe commutari. Wolf.

Καὶ ἰατρὸν ἄγουσι παραγενέσθαι] Suspecta

τὰς τούτων μαρτυρίας, ἵν' εἰδῆθ', ὅτι πολλοὶ συνίσασιν, ὡς ὑπὸ τούτων ὑβρίσθην.

ΜΑΡΤΥΡΙΑΙ.

λάβε δὴ καὶ τὴν τοῦ ἰατροῦ μαρτυρίαν.

ΜΑΡΤΥΡΙΑ.

δ'. Τότε μὲν τοίνυν παραχρῆμα ὑπὸ τῶν πληγῶν, ὧν ἔλαβον, καὶ τῆς ὕβρεως οὕτω διετέθην, ὡς ἀκούετε καὶ μεμαρτύρηται παρὰ πάντων ὑμῖν τῶν εὐθὺς ἰδόντων. μετὰ δὲ ταῦτα, τῶν μὲν οἰδημάτων τῶν ἐν τῷ προσώπῳ καὶ τῶν ἑλκῶν οὐδὲν ἔφη φοβεῖσθαι λίαν ὁ ἰατρός· πυρετοὶ δὲ παρηκολούθουν μοι συνεχεῖς, καὶ ἀλγήματα ὅλου μὲν τοῦ σώματος πάνυ σφοδρὰ καὶ δεινὰ, μάλιστα δὲ τῶν πλευρῶν καὶ τοῦ ἤτρου, καὶ τῶν σιτίων ἀπεκεκλείσμην. καὶ, ὡς μὲν ὁ ἰατρὸς ἔφη, εἰ μὴ κάθαρσις αἵματος αὐτομάτη μοι πάνυ πολλὴ συνέβη, περιωδύνῳ ὄντι καὶ ἀπορουμένῳ ἤδη, κἂν ἔμπυος γενόμενος διεφθάρην· νυνὶ δὲ τοῦτ' ἔσωσε τὸ αἷμα ἀποχωρῆσαν. ὡς [1] οὖν ταῦτ' ἀληθῆ λέγω, καὶ παρηκολού-
1261 θησέ μοι τοιαύτη νόσος, ἐξ ἧς εἰς τοὔσχατον ἦλθον, ἐξ ὧν ὑπὸ τούτων ἔλαβον πληγῶν, λέγε τὴν τοῦ ἰατροῦ μαρτυρίαν καὶ τὴν τῶν ἐπισκοπουμένων.

ΜΑΡΤΥΡΙΑΙ.

έ. Ὅτι μὲν τοίνυν οὐ μετρίας τινὰς καὶ φαύλας λαβὼν πληγὰς, ἀλλ' εἰς πᾶν ἐλθὼν διὰ τὴν ὕβριν καὶ τὴν ἀσέλγειαν τὴν τούτων, πολὺ τῆς προσηκούσης ἐλάττω δίκην [2] εἴληχα, νομίζω δῆλον ὑμῖν γεγενῆσθαι· οἴομαι δ' ὑμῶν ἐνίους θαυμάζειν, τίνα ποτέ ἐστιν ἃ πρὸς ταῦτα τολμήσει Κόνων λέγειν. βούλομαι δὴ προειπεῖν ὑμῖν, ἃ ἐγὼ πέπυ-

[1] οὖν καὶ ταῦτ'

[2] εἴληχα, πολλαχόθεν νομίζω

lectio. Wolf.

δ'. Καὶ τῶν σιτίων ἀπεκεκλείσμην] Οὐκ ἠδυνάμην φαγεῖν. Idem.

Περιωδύνῳ] Περιώδυνος apud Demosthenem, qui *toto corpore contusus est et vehementi dolore affectus.* Budæus.

έ. Πληγὰς] Πληγὴ in numero singularitatis pro *vulnere* tantum accipitur, non pro *pulsatione* aut *verberatione.* In numero multitudinis, ceu ap. Demosth. c. Conon. πληγαὶ sunt *verbera* non *vulnera.* Salmas. Obss. ad Jus A. et R. p. 232.

Ἀλλ' εἰς πᾶν ἐλθὼν] F. A. πᾶν δεινοῦ ἢ κινδύνου ἐλθών. Wolf.

σμαι λέγειν αὐτὸν παρεσκευάσθαι· ἀπὸ τῆς ὕβρεως καὶ τῶν πεπραγμένων τὸ πρᾶγμ' ἀπαγαγόντα εἰς γέλωτα καὶ σκώμματα ἐμβαλεῖν πειράσεσθαι, καὶ ἐρεῖν, ὡς εἰσὶν ἐν τῇ πόλει πολλοὶ καλῶν κἀγαθῶν ἀνδρῶν υἱεῖς, οἳ παίζοντες, οἷα ἄνθρωποι νέοι, σφίσιν αὐτοῖς ἐπωνυμίας πεποίηνται, καὶ καλοῦσι τοὺς μὲν ἰθυφάλλους, τοὺς δὲ αὐτοληκύθους, ἐρῶσι δ' ἐκ τούτων ἑταιρῶν τινὲς, καὶ δὴ καὶ τὸν υἱὸν τὸν ἑαυτοῦ εἶναι τούτων ἕνα, καὶ πολλάκις περὶ ἑταίρας καὶ εἰληφέναι καὶ δεδωκέναι πληγὰς, καὶ ταῦτ' εἶναι νέων ἀνθρώπων· ἡμᾶς δὲ πάντας τοὺς ἀδελφοὺς παροίνους [1] μὲν καὶ ὑβριστὰς κατασκευάσειν, ἀγνώμονας δὲ καὶ πικρούς.

ϛ'. Ἐγὼ δ', ὦ ἄνδρες δικασταὶ, χαλεπῶς ἐφ' οἷς πέπονθα, ἐνηνοχὼς, οὐχ ἧττον τοῦτ' ἀγανακτήσαιμ' ἂν καὶ ὑβρισθῆναι νομίσαιμι, εἰ οἷόν τ' εἰπεῖν, εἰ ταῦτ' ἀληθῆ δόξει Κόνων οὑτοσὶ λέγειν περὶ ἡμῶν, καὶ τοσαύτη τις ἄγνοια παρ' ὑμῖν ἐστὶν, ὥςθ', ὁποῖός τις ἂν ἕκαστος εἶναι φῇ ἢ ὁ πλησίον αὐτὸν αἰτιάσηται, τοιοῦτος νομισθήσεται· τοῦ δὲ καθ' ἡμέραν βίου καὶ τῶν ἐπιτηδευμάτων μηδ' ὁτιοῦν 1262
ἔσται τοῖς μετρίοις ὄφελος. ἡμεῖς γὰρ, οὔτε παροινοῦντες οὔθ' ὑβρίζοντες, ὑπ' οὐδενὸς ἀνθρώπων ἑωράμεθα· οὔτ' ἄγνωμον οὐδὲν ἡγούμεθα ποιεῖν, εἰ, περὶ ὧν ἠδικήμεθα, ἀξιοῦμεν κατὰ τοὺς νόμους δίκην λαμβάνειν. ἰθυφάλλοις δὲ καὶ αὐτοληκύθοις συγχωροῦμεν εἶναι τοῖς υἱέσι τοῖς τούτου· καὶ ἔγωγε εὔχομαι τοῖς θεοῖς, εἰς Κόνωνα καὶ τοὺς υἱεῖς τοὺς τούτου καὶ ταῦτα καὶ τὰ τοιαῦτα ἅπαντα τρέπεσθαι. οὗτοι γάρ εἰσιν οἱ τελοῦντες ἀλλήλους τῷ ἰθυφάλλῳ, καὶ τοιαῦτα ποιοῦντες, ἃ πολλὴν αἰσχύνην ἔχει καὶ λέγειν, μὴ ὅτι γε δὴ ποιεῖν, ἀνθρώπους μετρίους.

ζ'. Ἀλλὰ τί ταῦτα ἐμοί; θαυμάζω γὰρ ἔγωγε, εἴ τις ἐστὶ πρόφασις παρ' ὑμῖν ἢ σκῆψις εὑρημένη, δι' ἣν, ἂν ὑβρίζων τις ἐξελέγχηται καὶ τύπτων, δίκην οὐ δώσει. οἱ μὲν γὰρ νόμοι πολὺ τἀναντία καὶ τὰς ἀναγκαίας προφάσεις

[1] μέν τινας καὶ ὑβριστὰς * οὐ κατασκευάσει

Αὐτοληκύθους] Αὐτολήκυθος inopem scurram, mendicumque nebulonem, ac parasitum significat, quique se ad omnia obeunda munera paratum ultro offert. Brodæi Miscell. l. V. c. XXXIV. vol. II. Thes. Crit. Gruter.

ὅπως μὴ μείζους γίγνωνται, προείδοντο, οἷον — ἀνάγκη
γάρ μοι καὶ ζητεῖν ταῦτα καὶ πυνθάνεσθαι [1] διὰ τοῦτον
γέγονεν — εἰσὶ κακηγορίας δίκαι· φασὶ τοίνυν ταύτας διὰ
τοῦτο γίγνεσθαι, ἵνα μὴ λοιδορούμενοι τύπτειν ἀλλήλους
προάγωνται. πάλιν αἰκίας εἰσί· καὶ ταύτας ἀκούω διὰ
τοῦτο εἶναι τὰς δίκας, ἵνα μηδεὶς, ὅταν ἥττων ᾖ, λίθῳ ἢ
τῶν τοιούτων ἀμύνηται μηδενὶ, ἀλλὰ τὴν ἐκ τοῦ νόμου δί-
κην ἀναμείνῃ. τραύματος πάλιν εἰσὶ γραφαὶ, τοῦ μὴ τι-
τρωσκομένων τινῶν φόνους γίγνεσθαι. τὸ φαυλότατον, οἶ-
μαι, τὸ τῆς λοιδορίας, πρὸ τοῦ τελευταίου καὶ δεινοτάτου
προεώραται, τοῦ μὴ φόνον γίγνεσθαι, μηδὲ κατὰ μικρὸν
1263 ὑπάγεσθαι, ἐκ μὲν λοιδορίας εἰς πληγὰς, ἐκ δὲ πληγῶν
εἰς τραύματα, ἐκ δὲ τραυμάτων εἰς θάνατον· ἀλλ᾽ ἐν τοῖς
νόμοις εἶναι τούτων ἑκάστου τὴν δίκην, μὴ τῇ τοῦ προστυ-
χόντος ὀργῇ μηδὲ βουλήσει ταῦτα κρίνεσθαι. εἶτ᾽ ἐν μὲν
τοῖς νόμοις οὕτως· ἂν δ᾽ εἴποι Κόνων, ἰθύφαλλοί τινες
ἐσμὲν ἡμεῖς συνηγμένοι, καὶ ἐρῶντες οὓς ἂν ἡμῖν δόξῃ
παίομεν καὶ ἄγχομεν, εἶτα γελάσαντες ὑμεῖς ἀφήσετε;
[2] οὐκ οἶμαί γε. οὐ γὰρ ἂν γέλως ὑμῶν ἔλαβεν οὐδένα, εἰ
παρὼν ἐτύγχανεν, ἡνίκα εἱλκόμην καὶ ἐξεδυόμην καὶ ὑβρι-
ζόμην, καὶ ὑγιὴς ἐξελθὼν φοράδην ἦλθον οἴκαδε· ἐξεπεπη-
δήκει δὲ μετὰ ταῦθ᾽ ἡ μήτηρ, καὶ κραυγὴ καὶ βοὴ τῶν
γυναικῶν τοσαύτη παρ᾽ ἡμῖν ἦν, ὡςπερανεὶ τεθνεῶτός τινος,
ὥστε τῶν γειτόνων τινὰς πέμψαι πρὸς ἡμᾶς, ἐρησομένους
ὅ τι ἐστὶ τὸ συμβεβηκός.

η΄. Ὅλως δ᾽, ὦ ἄνδρες δικασταὶ, δίκαιον μὲν οὐδενὶ δήπου
σκῆψιν οὐδεμίαν τοιαύτην οὐδὲ ἄδειαν ὑπάρχειν παρ᾽ ὑμῖν,
δι᾽ ἣν ὑβρίζειν ἐξέσται· εἰ δ᾽ ἄρα ἐστί τῳ, τοῖς δι᾽ ἡλικίαν
[3] ἢ νεότητα τούτων τι πράττουσι, τούτοις ἀποκεῖσθαι προσ-

[1] Φ. διὰ τί ταῦτα γέγονεν [2] οὐκ οἴομαί [3] [ἢ νεότητα,]

Δι᾽ ἃ ταῦτα γέγονεν] Nescio, quid hæc verba sibi velint. Videntur ex inferioribus etiam huc perperam translata. Sequitur v. 3. φασὶ τοίνυν ταῦτα διὰ τοῦτο γίνεσθαι, ubi malim ταύτας, S. τὰς τῆς κακηγορίας δίκας. Wolf.

Πάλιν αἰκίαι εἰσὶ] Legendum αἰκίας. Dixerat paulo ante, εἰσὶ κακηγορίας δίκαι, deinde subjicit, πάλιν αἰκίας εἰσὶ, subaudiendum δίκαι. *Salmas. Obs. ad Jus A. et* R. c. IX. p. 267. Ex hoc Demosthenico et aliis ejusdem aliorumque locis, vid., si lubet, Salmasius in capite proxime laudato et Heraldus in Animadvers. in Salmas. Obs. ad Jus A. et R. l. II. c. IX—XIII., de ὕβρεως, αἰκίας, κακηγορίας, τραύματος, &c. δίκαις acerrime inter sese litigantes.

Καὶ ὑγιὴς — οἴκαδε] Male congruit sensus: credo Demosthenem scripsisse καὶ ἡμιθνὴς ἐξελθών. Palmer.

ἥκει τὰς τοιαύτας καταφυγὰς, καὶ ἐκείνοις οὐκ εἰς τὸ μὴ δοῦναι δίκην, ἀλλ᾽ εἰς τὸ τῆς προσηκούσης ἐλάττω. ὅςτις δὲ ἐτῶν μέν ἐστι πλειόνων ἢ πεντήκοντα, παρὼν δὲ νεωτέροις ἀνθρώποις καὶ τούτοις υἱέσιν, οὐχ ὅπως ἀπέστρεψεν ἢ διεκώλυσεν, ἀλλ᾽ αὐτὸς ἡγεμὼν καὶ πρῶτος καὶ πάντων βδελυρώτατος γεγένηται, τίνα ἂν οὗτος ἀξίαν τῶν πεπραγμένων ὑπόσχοι δίκην; ἐγὼ μὲν γὰρ οὐδ᾽ ἀποθανόντα οἴομαι. καὶ γὰρ, εἰ μηδὲν αὐτὸς εἴργαστο τῶν πεπραγμένων, ἀλλ᾽ εἰ, παρεστηκότος τούτου, Κτησίας ὁ υἱὸς ὁ τού- 1264
του ταῦθ᾽, ἅπερ οὗτος νυνὶ, πεποιηκὼς ἐφαίνετο, τοῦτον ἐμισεῖτ᾽ ἂν δικαίως. εἰ γὰρ οὕτω τοὺς ἑαυτοῦ προῆκται παῖδας, ὥςτ᾽ ἐναντίον ἐξαμαρτάνοντας ἑαυτοῦ, καὶ ταῦτα, ἐφ᾽ ὧν ἐνίοις θάνατος ἡ ζημία κεῖται, μήτε φοβεῖσθαι μήτε αἰσχύνεσθαι, τί τοῦτον οὐκ ἂν εἰκότως παθεῖν οἴεσθε; ἐγὼ μὲν γὰρ ἡγοῦμαι ταῦτ᾽ εἶναι σημεῖα τοῦ μηδὲ τοῦτον τὸν ἑαυτοῦ πατέρα αἰσχύνεσθαι. εἰ γὰρ ἐκεῖνον αὐτὸς ἐτίμα καὶ ἐδεδίει, κἂν τούτους αὐτὸν ἠξίου.

θ΄. Λάβε δή μοι καὶ τοὺς νόμους τοὺς τῆς ὕβρεως, καὶ τὸν περὶ τῶν λωποδυτῶν· καὶ γὰρ τούτοις ἀμφοτέροις ἐνόχους τούτους ὄψεσθε. λέγε.

ΝΟΜΟΙ.

τούτοις τοῖς νόμοις ἀμφοτέροις ἐκ τῶν πεπραγμένων ἔνοχος Κόνων ἐστὶν οὑτοσί· καὶ γὰρ ὕβριζε, καὶ ἐλωποδύτει. εἰ δὲ μὴ κατὰ τούτους προειλόμεθ᾽ ἡμεῖς δίκην λαμβάνειν, ἡμεῖς μὲν ἀπράγμονες καὶ μέτριοι φανοίμεθ᾽ ἂν εἰκότως, οὗτος δ᾽ ὁμοίως πονηρός. καὶ μὴν, εἰ παθεῖν τί μοι συνέβη, φόνου καὶ τῶν δεινοτάτων ἂν ἦν ὑπόδικος. τὸν γοῦν τῆς Βραυρωνόθεν ἱερείας πατέρα ὁμολογουμένως οὐχ ἁψάμενον τοῦ τελευτήσαντος, ὅτι τῷ πατάξαντι τύπτειν παρεκελεύσατο, ἐξέβαλεν [1] αὐτὸν ἡ βουλὴ ἡ ἐξ Ἀρείου πάγου. δικαίως.

[1] [αὐτὸν]

8. Προῆκται] Legendum προῆκε, vel προῆγε, vel προῆχε, instituit, educat vel educavit. Idem.

Ἐφ᾽ ὧν ἐνίοις] Sicut ἐπὶ τούτων ἐνίοις. Wolf.

θ΄. Λάβε δή μοι] Vid. leg. λάβε δή μοι τοὺς νόμους καὶ τὸν περὶ τῆς ὕβρεως. Auger.

Τὸν περὶ τῶν λωποδυτῶν] Λώψ, ὁ χλαμύς, καὶ λώπη, ἡ λώπιον, ἱμάτιον, λῶπαι Germanice Lumpen [rags]. Hinc λωποδῦσαι, καὶ λωποδυτῆσαι, καὶ λωποδύτης, καὶ λωποδυσίου δίκη, καὶ λωπίζω, τὸ λωποδυτῶ. Wolf.

εἰ γὰρ οἱ παρόντες, ἀντὶ τοῦ κωλύειν, τοὺς ἢ δι' οἶνον ἢ δι' ὀργὴν ἤ τιν' ἄλλην αἰτίαν ἐξαμαρτάνειν ἐπιχειροῦντας αὐτοὶ παροξυνοῦσιν, οὐδεμί' ἐστὶν ἐλπὶς σωτηρίας τῷ περιπίπτοντι τοῖς ἀσελγαίνουσιν, ἀλλ', ἕως ἂν ἀπείπωσιν, ὑβρίζεσθαι ὑπάρξει· ὅπερ ἐμοὶ συνέβη.

1265 ί. Ἃ τοίνυν, ὅθ' ἡ δίαιτα ἐγίγνετο, ἐποίουν, βούλομαι πρὸς ὑμᾶς εἰπεῖν· καὶ γὰρ ἐκ τούτων τὴν ἀσέλγειαν θεάσεσθε αὐτῶν. ἐποίησαν μὲν γὰρ ἔξω μέσων νυκτῶν [1][εἶναι] τὴν ὥραν, οὔτε τὰς μαρτυρίας ἀναγινώσκειν ἐθέλοντες, οὔτε ἀντίγραφα διδόναι, τῶν τε παρόντων ἡμῖν καθ' ἕνα οὑτωσὶ πρὸς τὸν βωμὸν ἄγοντες καὶ ἐξορκίζοντες, καὶ γράφοντες μαρτυρίας οὐδὲν πρὸς τὸ πρᾶγμα, ἀλλ', ἐξ ἑταίρας εἶναι παιδίον αὐτῷ τοῦτο καὶ πεπονθέναι τὰ καὶ τά, ἃ μὰ τοὺς θεούς, ὦ ἄνδρες δικασταί, οὐδεὶς ἔστιν, ὅστις οὐκ ἐπετίμα τῶν παρόντων καὶ ἐμίσει· τελευτῶντες δὲ, καὶ αὐτοὶ οὗτοι ἑαυτούς. ἐπειδὴ δ' οὖν ποτε ἀπεῖπον καὶ ἐνεπλήσθησαν ταῦτα ποιοῦντες, προκαλοῦνται, ἐπὶ διακρούσει καὶ τῷ μὴ σημανθῆναι τοὺς ἐχίνους, ἐθέλειν ἐκδοῦναι περὶ τῶν πληγῶν παῖδας, ὀνόματα γράψαντες· καὶ νῦν [2]οἶμαι περὶ τοῦτ' ἔσεσθαι τοὺς πολλοὺς τῶν λόγων αὐτοῖς. ἐγὼ δ' [2]οἶμαι δεῖν πάντας ὑμᾶς ἐκεῖνο σκοπεῖν, ὅτι οὗτοι, εἰ τοῦ γενέσθαι τὴν βάσανον ἕνεκα προὐκαλοῦντο καὶ ἐπίστευον τῷ δικαίῳ τούτῳ, οὐκ ἄν, ἤδη τῆς διαίτης ἀποφαινομένης, νυκτός, οὐδεμιᾶς ὑπολοίπου σκήψεως οὔσης, προὐκαλοῦντο· ἀλλὰ πρῶτον μέν, πρὸ τοῦ τὴν δίκην ληχθῆναι, ἡνίκα ἀσθενῶν ἐγὼ κατεκείμην, καί, οὐκ

[1] Absunt ucci.

[2] οἴομαι

l. Ἐποίησαν ἔξω μέσων νυκτῶν τὴν ὥραν] S. τῆς διαίτης. ἔξω μέσων νυκτῶν, extra medias noctes, utrum post, an ante mediam noctem? et quomodo fieri hoc potuit? cum hujusmodi negotia tantum interdiu tractentur? Fortassis cum sero ad arbitrum venissent, rem de industria in multam noctem protraxerunt. Nam sequitur v. 23. τῆς διαίτης ἀποφαινομένης νυκτός. Wolf.

Τῶν τε παρόντων ἡμῖν καθ' ἕνα οὑτωσὶ πρὸς τὸν βωμὸν ἄγοντες] F. οὑτωσί, ἐπιῤῥηματικῶς καὶ δεικτικῶς. Nam οὑτωσὶ ἄγοντες dura fuerit ἀριθμοῦ ἐνάλλαξις. Idem.

Πρὸς τὸν λίθον ἄγοντες] Ita laudant hæc verba Harpocration, Suidas et Moschopulus. Hodie tamen in editis Demosthenis exemplaribus legitur πρὸς τὸν βωμὸν ἄγοντες. Itaque puto vocem fugitivam restitui oportere, ex auctoritate Grammaticorum: nam vocem βωμὸν glossema censeo, et verbi λίθον, quo orator usus erat, interpretationem. Sic ap. Hesych. λίθος hic explicatur βωμός. Erat Athenis lapis in foro, ad quem ex lege Solonis jurabant Thesmothetæ, se leges servaturos esse; aut, si quam violassent, statuam pondere sibi parem ex auro Delphis dedicaturum. Att. Lect. l. I. c. VI. Meursius. Vid. Pet. Petit. Miscell. Obss. l. IV. c. VII. p. 274.

Ἑαυτούς] Sub. ἐπετίμων. Auger.

Πρὸ τοῦ τὴν δίκην ληχθῆναι] M. λαχθῆναι, παρὰ τὸ λήχω, ἢ λαγχάνω. Wolf.

εἰδὼς εἰ [1]περιφεύξομαι, πρὸς ἅπαντας τοὺς εἰσιόντας τοῦτον ἀπέφαινον τὸν πρῶτον πατάξαντα, καὶ τὰ πλεῖστα ὧν ὑβρίσμην διαπεπραγμένον, τότ' ἂν εὐθέως ἧκεν ἔχων μάρτυρας πολλοὺς ἐπὶ τὴν οἰκίαν, τότ' ἂν τοὺς οἰκέτας παρεδίδου καὶ τῶν ἐξ Ἀρείου πάγου τινὰς παρεκάλει. εἰ γὰρ ἀπέθανον, παρ' ἐκείνοις ἂν ἦν ἡ δίκη. εἰ δ' ἄρα 1266
ἠγνόησε ταῦτα, καὶ τοῦτο τὸ δίκαιον ἔχων, ὡς νῦν φήσει, οὐ παρεσκευάσατο ὑπὲρ τηλικούτου κινδύνου· ἐπειδή γε ἀνεστηκὼς ἤδη προσεκαλεσάμην αὐτὸν, ἐν τῇ πρώτῃ συνόδῳ πρὸς τῷ διαιτητῇ παραδιδοὺς ἐφαίνετ' ἄν. ὧν οὐδὲν πέπρακται τούτῳ. ὅτι δ' ἀληθῆ λέγω, καὶ διακρούσεως ἕνεκα ἡ πρόκλησις ἦν, λέγε ταύτην τὴν μαρτυρίαν· ἔσται γὰρ ἐκ ταύτης φανερόν.

ΜΑΡΤΥΡΙΑ.

περὶ μὲν τοίνυν τῆς βασάνου ταῦτα μέμνησθε, τὴν ὥραν ἡνίκα προὐκαλεῖτο, [2][καὶ] ὧν ἕνεκα ἐκκρούων ταῦτα ἐποίει, τοὺς χρόνους τοὺς πρώτους, ἐν οἷς οὐδαμοῦ τοῦτο βουληθεὶς τὸ δίκαιον αὑτῷ γενέσθαι φαίνεται, οὐδὲ προκαλεσάμενος, οὐδ' ἀξιώσας.

ιά. Ἐπειδὴ τοίνυν πάντα ταῦτα ἠλέγχετο, [3]ἅπερ παρ' ὑμῖν, πρὸς τῷ διαιτητῇ, καὶ φανερῶς ἐδείκνυτο πᾶσιν ὧν ἔνοχος τοῖς ἐγκεκλημένοις, ἐμβάλλεται μαρτυρίαν ψευδῆ, καὶ ἐπιγράφεται μάρτυρας ἀνθρώπους, οὓς οὐδ' ὑμᾶς ἀγνοήσειν οἴομαι, ἐὰν ἀκούσητε·

Διότιμος Διοτίμου Ἰκαριεύς, Ἀρχεβιάδης Δημοτέλους Ἁλαιεύς, Χαιρέτιμος Χαριμένους Πιτθεύς, μαρτυροῦσιν ἀπιέναι ἀπὸ δείπνου μετὰ Κόνωνος, καὶ προσελθεῖν ἐν ἀγορᾷ μαχομένοις Ἀρίστωνι καὶ τῷ υἱεῖ τῷ Κόνωνος, καὶ μὴ πατάξαι Κόνωνα [2][καὶ] Ἀρίστωνα·

ὡς ὑμᾶς εὐθέως πιστεύσοντας, τὸ δὲ ἀληθὲς οὐ λογιουμένους, [4]ὅτι πρῶτον μὲν οὐδέποτ' ἂν οὔθ' ὁ Λυσίστρατος, οὔθ' ὁ Πασέας, οὔθ' ὁ Νικήρατος, οὔθ' ὁ Διόδωρος, οἱ διαρ-

[1] περιφευξοῦμαι [2] Deest καί. [3] ἅπερ καὶ νῦν παρ' [4] οὔθ' ὅτι

Τοῦ βασάνου] F. τῆς β. usitatius quidem est hoc. Idem.

Βουληθεὶς τὸ δίκαιον αὐτὸ] Fel. αὐτοῦ. lego αὑτῷ. et v. 20. ἠλέγχετο. Idem.

ιά. Καὶ μὴ πατάξαι Κόνωνα καὶ Ἀρίστωνα] S. ἀλλήλους. Sed F. Κόνωνα τὸν Ἀρίστωνα. Idem. Lego et distinguo: καὶ Κόνωνα μὴ πατάξαι Ἀρίστωνα. Auger.

ῥήδην μεμαρτυρήκασιν ὁρᾶν ὑπὸ Κόνωνος τυπτόμενον ἐμὲ, καὶ θοιμάτιον ἐκδυόμενον, καὶ τἄλλα ὅσα ἔπασχον ὑβρι-
1267 ζόμενον, ἀγνῶτες ὄντες καὶ ἀπὸ ταυτομάτου παραγενόμενοι τῷ πράγματι, τὰ ψευδῆ μαρτυρεῖν ἠθέλησαν, εἰ μὴ ταῦθ' ἑώρων πεπονθότα· ἔπειτ' αὐτὸς ἐγὼ οὐδέποτ' ἂν, μὴ παθὼν ὑπὸ τούτου ταῦτα, ἀφεὶς τοὺς καὶ παρὰ [1][τῶν] αὐτῶν τούτων ὁμολογουμένους τύπτειν ἐμὲ, πρὸς τὸν οὐδ' ἁψάμενον πρῶτον εἰσιέναι προειλόμην. τί γὰρ ἄν; ἢ διὰ τί; ἀλλ', ὑφ' οὗ τε πρώτου ἐπλήγην καὶ μάλισθ' ὑβρίσθην, τούτῳ καὶ δικάζομαι, καὶ μισῶ, καὶ ἐπεξέρχομαι. καὶ τὰ μὲν παρ' ἐμοῦ πάντα οὕτως ἐστὶν ἀληθῆ καὶ φαίνεται· τούτῳ δὲ μὴ παρασχομένῳ τούτους μάρτυρας ἦν δήπου λόγος οὐδεὶς, ἀλλ' ἡλωκέναι παραχρῆμα ὑπῆρχε σιωπῇ. συμπόται δ' ὄντες τούτου καὶ πολλῶν τοιούτων ἔργων κοινωνοὶ εἰκότως τὰ ψευδῆ μεμαρτυρήκασιν. εἰ δ' ἔσται τὸ πρᾶγμα τοιοῦτον, ἐὰν ἅπαξ ἀπαναισχυντήσωσί τινες καὶ φανερῶς τὰ ψευδῆ τολμήσωσι μαρτυρεῖν, οὐδὲν δὲ τῆς ἀληθείας ὄφελος, πάνδεινον ἔσται πρᾶγμα.

ιϛ'. Ἀλλὰ νὴ Δία οὐκ εἰσὶ τοιοῦτοι; ἀλλ' ἴσασιν ὑμῶν, ὡς ἐγὼ νομίζω, πολλοὶ καὶ τὸν Διότιμον καὶ τὸν Ἀρχεβιάδην καὶ τὸν Χαιρέτιμον τὸν ἐπιπόλιον τουτονὶ, οἳ μεθ' ἡμέραν μὲν ἐσκυθρωπάκασι, καὶ λακωνίζειν φασὶ, καὶ τρίβωνας ἔχουσι, καὶ ἁπλᾶς ὑποδέδενται· ἐπειδὰν δὲ συλλεγῶσι καὶ μετ' ἀλλήλων γένωνται, κακῶν καὶ αἰσχρῶν οὐδὲν ἐλλείπουσι. καὶ ταῦτα τὰ λαμπρὰ καὶ νεανικὰ αὐτῶν [2]ἐστίν· Οὐ γὰρ ἡμεῖς μαρτυρήσομεν ἀλλήλοις; οὐ γὰρ ταῦθ' ἑταίρων ἐστὶ καὶ φίλων; τί δὲ καὶ δεινόν ἐστιν ὧν παρέξεται κατὰ σοῦ; τυπτόμενόν φασί τινες ὁρᾶν; ἡμεῖς δὲ μηδ' ἧφθαι τὸ παράπαν μαρτυρήσομεν.
1268 ἐκδεδύσθαι θοιμάτιον; τοῦτ' ἐκείνους πρότερον πεποιηκέναι

[1] Deest articulus.

[2] ἐστιν αὐτῶν

Θοιμάτιον] Τὸ ἱμάτιον, Ἀττικῇ κράσει. Wolf.

Τί γὰρ ἄν, ἢ διὰ τί;] Ταυτολογία ἔοικεν. F. τί γὰρ ἂν βουλόμενος, ἢ διὰ τί; S. ἐποίησα. Idem.

Τοῦτο καὶ δικάζομαι] Fel. τοῦτον, lego τούτῳ. Idem.

Οὕτως ἐστὶν ἀληθῆ] F. ὄντως ἐστὶν ἀληθῆ καὶ φαίνεται. Nam τὸ ὄντως et φαίνεται belle inter se opponuntur. Idem.

ιϛ'. Χαίρετιμον τὸν ἐπιπόλιον] Hanc vocem vetera Lexica non habent. Unde initio ratus, παρὰ τὸ ἐπιπολεῖν fieri, verteram, vagabundum illum. Sed quia τὸ ἐπιπολιοῦσθαι idem, quod πολιοῦσθαι, significare volunt, muto sententiam, et incanum verto. Idem.

Καὶ αἰσχρῶν οὐδὲν] Lego οὐδὲ ἕν, Ἀττικῇ τμήσει. et p. 270. v. 22. ἐπαράσασθαι.

ἡμεῖς μαρτυρήσομεν. τὸ χεῖλος ἐῤῥάφθαι; τὴν κεφαλὴν δέ γε ἡμεῖς ἢ ἕτερόν τι κατεαγέναι φήσομεν.—ἀλλὰ καὶ μάρτυρας ἰατροὺς παρέχομαι. τοῦτ' οὐκ ἔστιν, ὦ ἄνδρες δικασταὶ, παρὰ τούτοις. ὅσα γὰρ μὴ δι' αὐτῶν, οὐδενὸς μάρτυρος καθ' ἡμῶν εὐπορήσουσιν· ἡ δ' ἀπ' αὐτῶν ἑτοιμότης, οὐδ' ἂν εἰπεῖν, μὰ τοὺς θεοὺς, δυναίμην, ὅση καὶ οἵα πρὸς τὸ ποιεῖν ὁτιοῦν ὑπάρχει. ἵνα δ' εἰδῆτε, οἷα καὶ διαπραττόμενοι περιέρχονται, λέγε αὐτοῖς ταυτασὶ τὰς μαρτυρίας, σὺ δ' ἐπίλαβε τὸ ὕδωρ.

ΜΑΡΤΥΡΙΑΙ.

τοίχους τοίνυν διορύττοντες καὶ παίοντες τοὺς ἀπαντῶντας, ἆρ' ἂν ὑμῖν ὀκνῆσαι δοκοῦσιν ἐν γραμματιδίῳ τὰ ψευδῆ μαρτυρεῖν ἀλλήλοις οἱ κεκοινωνηκότες τοσαύτης καὶ τοιαύτης φιλαπεχθημοσύνης καὶ πονηρίας καὶ ἀναιδείας καὶ ὕβρεως; πάντα γὰρ ταῦτα ἔμοιγε ἐν τοῖς ὑπὸ τούτων πραττομένοις ἐνεῖναι δοκεῖ. καίτοι καὶ τούτων ἕτερ' ἐστὶ πεπραγμένα τούτοις δεινότερα· ἀλλ' ἡμεῖς οὐχ οἷοί τε γενοίμεθ' ἂν πάντας ἐξευρεῖν τοὺς ἠδικημένους.

ιγ'. Ὃ τοίνυν πάντων ἀναιδέστατον μέλλειν αὐτὸν
ἀκούω ποιεῖν, βέλτιον νομίζω προειπεῖν ὑμῖν εἶναι. φασὶ
γὰρ παραστησάμενον τοὺς παῖδας αὐτὸν κατὰ τούτων
ὀμεῖσθαι, καὶ ἀράς τινας δεινὰς καὶ χαλεπὰς [1] ἐπαράσασθαι,
καὶ τοιαύτας, οἵας ἀκηκοώς γέ τις θαυμάσας ἀπήγγειλεν
ἡμῖν. ἔστι δὲ, ὦ ἄνδρες δικασταὶ, ἀνυπόστατα μὲν
τὰ τοιαῦτα τολμήματα· οἱ γὰρ, οἶμαι, βέλτιστοι, καὶ
ἥκιστ' ἂν αὐτοί τι ψευσάμενοι, μάλιστα ὑπὸ τῶν τοιούτων
ἐξαπατῶνται. οὐ μὴν, ἀλλὰ δεῖ πρὸς τὸν βίον καὶ τὸν 1269
τρόπον ἀποβλέποντας πιστεύειν. τὴν δὲ τούτου πρὸς τὰ
τοιαῦτα ὀλιγωρίαν ἐγὼ πρὸς ὑμᾶς ἐρῶ· πέπυσμαι γὰρ ἐξ
ἀνάγκης.

ιδ'. Ἀκούω γὰρ, ὦ ἄνδρες δικασταὶ, Βάκχιόν τέ τινα ὃς παρ' ὑμῖν ἀπέθανε, καὶ Ἀριστοκράτην τὸν τοὺς ὀφθαλ-

[1] * ἐπαράσεσθαι

Idem.

Ὅσα γὰρ μὴ δι' αὐτῶν (sub. δύνανται βεβαιοῦν), οὐδενὸς μάρτυρος καθ' ἡμῶν εὐπορήσουσιν, sub. ὃς βεβαιώσῃ. Auger.

ιγ'. Ἀποβλέποντας] Sub. ἀνθρώπους. Idem.

μοὺς διεφθαρμένον, καὶ τοιούτους [1] ἑτέρους, καὶ Κόνωνα τουτονὶ, ἑταίρους εἶναι, μειράκια ὄντας, καὶ Τριβαλλοὺς ἐπωνυμίαν ἔχειν· τούτους τά τε Ἑκαταῖα κατεσθίειν, καὶ τοὺς ὄρχεις τοὺς ἐκ τῶν χοίρων, οἷς καθαίρουσιν, ὅταν εἰσιέναι μέλλωσι, συλλέγοντας ἑκάστοτε συνδειπνεῖν ἀλλήλοις· καὶ ῥᾷον ὀμνύναι καὶ ἐπιορκεῖν, ἢ ὁτιοῦν. οὐ δὴ Κόνων ὁ τοιοῦτος πιστός ἐστιν ὀμνύων — οὐδὲ πολλοῦ δεῖ —, ἀλλ' ὁ μηδ' εὔορκον μηδὲν ἂν ὀμόσας, κατὰ δὲ δὴ παίδων, ὧν μὴ νομίζετε, μηδ' ἂν μελλήσας, ἀλλὰ κἂν ὁτιοῦν παθὼν πρότερον· εἰ δ' ἄρ' ἀναγκαῖον, ὀμνύων ὡς νόμιμον, ἀξιοπιστότερος τοῦ κατὰ τῶν παίδων [2] ὀμνύοντος καὶ διὰ τοῦ πυρός. ἐγὼ τοίνυν, ὁ δικαιότερόν σου πιστευθεὶς ἂν κατὰ πάντα, ὦ Κόνων, ἠθέλησα ὀμόσαι ταυτὶ, οὐχ, ὑπὲρ τοῦ

[1] ἑτέρους τινὰς, καὶ

[2] ὀμνύντος

Κατακαίειν] F. leg. κατακάρφειν. Vox vel rarissima, sed ad sententiam optima. Hesych. κατακάρφει· ἀφανίζει, ξηραίνει. hac significatione ap. Æschyl. Agam. v. 80. φυλλάδος ἤδη κατακαρφομένης, illa quod scio nusquam. Unde suspicor Hesychium, κατακάρφειν verbum verbo ἀφανίζειν exponentem, hunc istum Nostri locum in oculis habuisse: præsertim cum animum attendissem ad sequentia, κατακάρψεις· καταφλέξεις (Quam quidem formam futuri aversatur doctissimus Blomfieldius ad Æschyl. l. s. l.: at vero simplex se invenit ap. Hom. Odyss. N. v. 398. κάρψω μὲν χρόα καλὸν etc. et aor. 1. ibid. v. 430. κάρψε μέν οἱ χρόα καλὸν ἐνὶ γναμπτοῖσι μέλεσσι.), quod quantum corruptam lectionem κατακαίειν sapit, quis non videt. Nunc demum verteris: eos et carnes in triviis Hecatæ oblatas surripuisse, et etc. quas miris modis furtim evasulsse, norunt, qui in Attica vel pernoctarint.

Ib. Καὶ τὰς ὄρνεις τὰς ἐκ τῶν χοιρῶν] Sive aves, sive gallinas lustrales, quibus greges ludionum, antequam in theatrum ingrediantur, expiantur. Vetus editio habet χωρῶν, e regionibus, seu vicis. Utra lectio sit verior, dubito. Neutra enim mihi satisfacit. τὸ εἰσιέναι et ad eos, qui magistratus inituri sunt, et ad ludiones theatrum ingressuros referri potest. Wolf. Locus insigni descriptorum flagitio mutilatus, in quo testiculis avulsis nescio quas aves importune subdiderunt. Aristo audire se refert Bacchium quendam (Bacchium inquam, auctoritatem optimi Cod. Aug. secutus; nam Κάκχιος nullum in Græcia nomen reperitur) et Aristocratem, ipsumque illum Cononem ἑταίρους - - - μέλλωσιν. Wolfius, qui, ut institutam versionem quomodocunque impleret, aviculas lustrales e cœtibus dedit, ingenue fassus nihil horum sibi placere, veniam meretur: reponendum est sine dubio καὶ τοὺς ὄρχεις τοὺς ἐκ τῶν χοίρων, οἷς καθαίρουσι. Cui quidem emendationi, haud vereor, ne quis rerum Atticarum peritus non subscribat. Ostendit Harpocrat. in καθάρσιον, et Pollux VIII. 104. solitos fuisse Περιστιάρχους, antequam populi concio haberetur, καθαίρειν χοιριδίοις μικροῖς τὴν ἐκκλησίαν καὶ τὸ θέατρον. In Not. ad Lucian. Dial. Mort. vol. I. p. 330. Hemsterhus.

Ἀλλ' ὁ μηδ' εὔορκον μηδὲν ἂν ὀμόσας· κατὰ δὲ δὴ παίδων, ὧν μὴ νομίζεται, μηδ' ἂν μελλήσας] S. ὀμνύειν πιστὸς ἂν εἴη. Sic Lucianus: ἀλλ' οὐκ ὀρθῶς ὑμεῖς γε οὐδὲ μελλήσαντες, S. βιάζεσθαι τὸν Δημοσθένην. εὔορκον ὀμόσαι, et κατὰ παίδων ὀμόσαι, inter se opponuntur. Wolf.

Ὧν μὴ νομίζεται] Atqui et Demosthenis mater, et alii multi hoc jurisjurandi genere uti voluerunt, ut in superioribus orationibus vidimus. Idem.

Ὧν μὴ νομίζεται] Lego et distinguo: ὡς μὴ νομίζεται, μηδ' ἂν &c. ὡς μὴ νομίζεται, ut non legitimum est et solenne, quod non fieri solet; quod moribus vestris interdictum est. Auger.

Ἀλλὰ κἂν ὁ,τιοῦν παθὼν πρότερον] S. ἢ πιστὸς εἶναι. etsi locus hic mendi suspicione haud vacat. Non enim bellissime verba inter se cohærent, ut videatur aliquid deesse, cujusmodi sit: virum bonum quidvis potius facturum, quam temere juraturum, tale præsertim jusjurandum tanquam insolens. Wolf.

Εἰ δ' ἄρ' ἀναγκαῖον] S. ὀμνύειν. ὁ ὀμνύων ὡς νόμιμον. Idem.

μὴ δοῦναι δίκην ὧν ἠδίκηκα, καὶ ὁτιοῦν ποιῶν, ὥσπερ σὺ, ἀλλ' ὑπὲρ τῆς ἀληθείας καὶ ὑπὲρ τοῦ μὴ [1] προσυβρισθῆναι, ὡς οὐ κατεπιορκησόμενος τὸ πρᾶγμα. λέγε τὴν πρόκλησιν.

ΠΡΟΚΛΗΣΙΣ.

ταῦτ' ἐγὼ καὶ τότε ἠθέλησα ὀμόσαι, καὶ νῦν ὀμνύω τοὺς θεοὺς καὶ τὰς θεὰς ἅπαντας καὶ πάσας ὑμῶν ἕνεκα, ὦ ἄνδρες δικασταὶ, καὶ τῶν περιεστηκότων, ἦ μὴν παθὼν ὑπὸ Κόνωνος ταῦ- 1270 τα, ὧν δικάζομαι, καὶ λαβὼν πληγὰς, καὶ τὸ χεῖλος διακοπεὶς οὕτως ὥστε καὶ ῥαφῆναι, καὶ ὑβρισθεὶς, τὴν δίκην διώκειν. καὶ, εἰ μὲν εὐορκῶ, πολλά μοι ἀγαθὰ γένοιτο, καὶ μηδέποτ' αὖθις τοιοῦτο μηδὲν πάθοιμι· εἰ δ' ἐπιορκῶ, ἐξώλης ἀπολοίμην αὐτός τε, καὶ εἴ τι μοι ἐστὶν ἢ μέλλει ἔσεσθαι. ἀλλ' οὐκ ἐπιορκῶ, οὐδ' ἂν Κόνων διαῤῥαγῇ.

ιέ. Ἀξιῶ τοίνυν ὑμᾶς, ὦ ἄνδρες δικασταὶ, πάνθ', ὅσα ἐστὶ δίκαια, ἐπιδείξαντος ἐμοῦ, καὶ πίστιν προσθέντος ὑμῖν, ὥσπερ ἂν αὐτὸς ἕκαστος παθὼν τὸν πεποιηκότα ἐμίσει, οὕτως ὑπὲρ ἐμοῦ πρὸς Κόνωνα τουτονὶ τὴν ὀργὴν ἔχειν· καὶ μὴ νομίζειν ἴδιον τῶν τοιούτων μηδὲν, ὃ κἂν ἄλλῳ τυχὸν συμβαίη, ἀλλ', ἐφ' ὅτου ποτ' ἂν συμβῇ, βοηθεῖν καὶ τὰ δίκαια ἀποδιδόναι· καὶ μισεῖν τοὺς πρὸ μὲν τῶν ἁμαρτημάτων θρασεῖς καὶ προπετεῖς, ἐν δὲ τῷ δίκην ὑπέχειν ἀναισχύντους καὶ πονηροὺς, καὶ, μήτε δόξης μήτε ἔθους μήτ' ἄλλου μηδενὸς φροντίζοντας, πρὸς τὸ μὴ δοῦναι δίκην.

ιϛ'. Ἀλλὰ δεήσεται Κόνων καὶ κλαιήσει. σκοπεῖτε δὴ, πότερός ἐστιν ἐλεεινότερος, ὁ πεπονθὼς οἷα ἐγὼ πέπονθα ὑπὸ τούτου, εἰ προσυβρισθεὶς ἄπειμι καὶ δίκης μὴ τυχὼν, ἢ Κόνων, εἰ δώσει δίκην; πότερον δ' ὑμῶν ἑκάστῳ συμφέρει, ἐξεῖναι τύπτειν καὶ ὑβρίζειν, ἢ μή; ἐγὼ μὲν οἴομαι μή.

[1] προσυβρισθῆναι * παρὰ τῶν, ὡς σὺ, κατεπιορκησομένων

Καὶ ὁτιοῦν] Aut recidendum est καὶ, aut interpretandum *vel, etiam*. Deinde post προσυβρισθῆναι lego οὐχὶ δ' ὡς σὺ κατεπ. AugER. Ὡς οὐ κατεπιορκησόμενος τὸ πρᾶγμα] *Tanquam non perjurio defensurus causam.* Non placet. F. legendum καὶ ὑπὲρ τοῦ μὴ προσυβρισθῆναι, οὐχὶ δ' ὡς σὺ κατεπιορκησόμενος τὸ πρᾶγμα. Wolf.

οὐκοῦν, ἂν μὲν [1]ἀφῆτε, ἔσονται πολλοί· ἐὰν δὲ κολάζητε, ἐλάττους.

ιζ. Πόλλ' ἂν εἰπεῖν ἔχοιμι, ὦ ἄνδρες δικασταί, ὡς καὶ ἡμεῖς [2]χρήσιμοι, καὶ ὁ πατὴρ ἕως ἔζη, καὶ τριηραρχοῦντες
1271 καὶ στρατευόμενοι καὶ τὸ προσταττόμενον ποιοῦντες· καὶ ὡς οὐδὲν οὔθ' οὗτος, οὔτε τῶν τούτου οὐδείς. ἀλλ' οὔτε τὸ ὕδωρ ἱκανὸν, οὔτε νῦν περὶ τούτων ὁ λόγος ἐστίν. εἰ γὰρ δὴ ὁμολογουμένως ἔτι τούτων καὶ ἀχρηστοτέροις καὶ πονηροτέροις ἡμῖν εἶναι συνέβαινεν, οὐ τυπτητέοι οὐδὲ ὑβριστέοι δήπου ἐσμέν. οὐκ οἶδ' ὅ τι δεῖ πλείω λέγειν· [3]οἶμαι γὰρ ὑμᾶς μηδὲν ἀγνοεῖν τῶν εἰρημένων.

[1] ἀφίετε [2] χρήσιμοι, καὶ αὐτοὶ, καὶ ὁ [3] οἴομαι

ις'. Πολλὰ] Sub. οἱ ὑβρίζοντες, et v. 3. καὶ ὁ πατὴρ. Augen. f. leg. ὡς καὶ ἡμεῖς χρήσιμοι, καὶ αὐτὸς

ΥΠΟΘΕΣΙΣ ΤΟΥ ΠΡΟΣ ΚΑΛΛΙΚΛΕΑ ΠΕΡΙ ΧΩΡΙΟΥ ΛΟΓΟΥ.

Pag. ed. Reisk. 1271

ΚΑΛΛΙΚΛΗΣ, πρὸς ὃν ὁ λόγος, καὶ ὁ τὴν δίκην ὑπ' ἐκείνου φεύγων, γείτονες ἦσαν ἐν χωρίῳ, ὁδῷ μέσῃ διειργόμενοι. ἐπομβρίας δὲ συμβάσης, εἰς τὸ Καλλικλέους χωρίον ὕδωρ ἐμπεσὸν ἐκ τῆς ὁδοῦ κατελυμήνατο. ἐπὶ τούτῳ δικάζει βλάβης τὸν γείτονα. εἶναι γάρ φησιν ἐν τῷ Τισίου χωρίῳ χαράδραν, εἰς ὑποδοχὴν τοῦ ὕδατος τοῦ ἐκ τῆς ὁδοῦ ποιηθεῖσαν· ἣν [1] ἀποικοδομήσας νῦν, αἴτιον ἑαυτῷ βλάβης γενέσθαι. ὁ δὲ τοῦ Τισίου παῖς, πρῶτον μὲν παλαιόν, καὶ οὐ δι' ἑαυτοῦ τὸ ἔργον δείκνυσι· ζῶντος γὰρ ἔτι καὶ τοῦ Καλλικλέους πατρός, ἀποικοδομηθῆναι τὴν χαράδραν φησὶν ὑπὸ τοῦ Τισίου. ἔπειτα συνίστησιν, ὡς οὐδὲ χαράδρα τις τὸ χωρίον ἐστί. διασύρει δὲ καὶ τὴν συμβᾶσαν τῷ Καλλικλεῖ βλάβην, ὡς μικρὰν καὶ οὐκ ἀξίαν τηλικαύτης δίκης· καὶ τὸ ὅλον ἀδικεῖσθαι μὲν οὐδέν φησι τὸν Καλλικλέα, ἐπιθυμεῖν δὲ τῶν χωρίων ἑαυτοῦ, καὶ διὰ τοῦτο συκοφαντίας μηχανᾶσθαι πάσας.

[1] * ἀποικοδομηθεῖσαν

Καὶ ὁ τὴν δίκην ὑπ' ἐκείνῳ διώκων] Lego ex sententia: καὶ ὁ τὴν δίκην ὑπ' ἐκείνου φεύγων. In *farrag.* F. ὑπ' ἐκείνου διωκόμενος. Wolf.

Χαράδραν] Hesychius: χαράδραι, αἱ χαράξεις τοῦ ἐδάφους, καὶ οἱ κοῖλοι τόποι ἀπὸ τῶν καταφερομένων ὀμβρίων ὑδάτων. Idem: χαράδρα, χειμάῤῥους ποταμός. κατάγει δ' οὗτος παντοῖα ἐν τῷ ῥεύματι, καὶ κατασύρει. Suidas: χαράδρα, διώρυξ πηλοῦ μεστή, ὄλεθρον, οὐχ ὕδωρ, ἔχουσα. et χαράδραι, αἱ διαφόρσεις καὶ τὰ σχίσματα γῆς καὶ χίμαῤῥοι. Varinus: χαράδρα κυρίως ἐστὶ χειμάῤῥου. ὃς ῥέων χαράττει δραστηρίως τὴν γῆν. Etymologicon: χαραδροῦσθαι, ὀρύσσεσθαι, κοιλαίνεσθαι. Unde apparet, sive fossam esse, cujusmodi ab Augustanis dicuntur, *die Schwindgruben* [*sinks*] ab aqua absorbenda, aut torrentis alveum. Idem.

ΔΗΜΟΣΘΕΝΟΥΣ

Ο

ΠΡΟΣ ΚΑΛΛΙΚΛΕΑ ΠΕΡΙ ΧΩΡΙΟΥ

ΛΟΓΟΣ.

ά. ΟΥΚ ἦν ἄρα, ὦ ἄνδρες Ἀθηναῖοι, χαλεπώτερον οὐδὲν ἢ γείτονος πονηροῦ καὶ πλεονέκτου τυχεῖν, ὅπερ ἐμοὶ νυνὶ συμβέβηκεν. ἐπιθυμήσας γὰρ τῶν χωρίων μου Καλλικλῆς, οὕτω διατέθεικέ με συκοφαντῶν, ὥστε πρῶτον μὲν 1272

ά. Οὕτω διατέθεικέ με συκοφαντῶν] Μ. οὕτω διετέλεσε. Wolf. Auger.

τὸν ἀνεψιὸν τὸν ἑαυτοῦ κατεσκεύασεν ἀμφισβητεῖν μοι τῶν χωρίων· ἐξελεγχθεὶς δὲ φανερῶς, καὶ περιγενομένου μου τῆς τούτων σκευωρίας, πάλιν δύο δίκας ἐρήμους μου κατεδιῃτήσατο, τὴν μὲν αὐτὸς χιλίων δραχμῶν, τὴν δὲ τὸν ἀδελφὸν τουτονὶ πείσας Καλλικράτην. δέομαι δὴ πάντων ὑμῶν ἀκοῦσαί μου καὶ προσέχειν τὸν νοῦν, οὐχ ὡς αὐτὸς δυνησόμενος εἰπεῖν, ἀλλ' ἵν' ὑμεῖς ἐξ αὐτῶν τῶν πραγμάτων καταμάθητε, ὅτι φανερῶς συκοφαντοῦμαι.

β'. Ἓν μὲν οὖν, ὦ ἄνδρες Ἀθηναῖοι, πρὸς ἅπαντας τοὺς τούτων λόγους ὑπάρχει μοι δίκαιον. τὸ γὰρ χωρίον τοῦτο περιῳκοδόμησεν ὁ πατὴρ μικροῦ δεῖν πρὶν ἐμὲ γενέσθαι, ζῶντος μὲν ἔτι Καλλιππίδου τοῦ τούτων πατρὸς καὶ γειτνιῶντος, ὃς ἀκριβέστερον ᾔδει δήπου τούτων, ὄντος δὲ Καλλικλέους ἀνδρὸς ἤδη καὶ ἐπιδημοῦντος Ἀθήνησιν· ἐν δὲ τούτοις τοῖς ἔτεσιν ἅπασιν, οὔτε ἐγκαλῶν οὐδεὶς πώποτ' ἦλθεν οὔτε μεμφόμενος — καίτοι δῆλον, ὅτι καὶ τόθ' ὕδατα πολλάκις ἐγίνετο —, [1][καὶ] οὔτ' ἐκώλυσεν ἐξ ἀρχῆς,
1273 εἴπερ ἠδίκει τινὰ περιοικοδομῶν ὁ πατὴρ τὸ [2]ἡμέτερον χωρίον, ἀλλ' οὐδ' ἀπηγόρευσεν, οὐδὲ διεμαρτύρατο, πλέον μὲν ἢ πεντεκαίδεκα ἔτη τοῦ πατρὸς ἐπιβιοῦντος, οὐκ ἐλάττω δὲ τοῦ τούτων πατρὸς Καλλιππίδου. καίτοι, ὦ Καλλίκλεις, ἐξῆν δήπου τόθ' ὑμῖν, ὁρῶσιν ἀποικοδομουμένην τὴν χαράδραν, ἐλθοῦσιν εὐθὺς ἀγανακτεῖν καὶ λέγειν πρὸς τὸν πατέρα, Τισία, τί ταῦτα ποιεῖς; ἀποικοδομεῖς τὴν χαράδραν; εἶτ' ἐμπεσεῖται τὸ ὕδωρ εἰς τὸ χωρίον τὸ ἡμέτερον. ἵν', εἰ μὲν ἐβούλετο παύσασθαι, μηδὲν ὑμῖν δυσχερὲς πρὸς ἀλλήλους ἦν· εἰ δ' ὠλιγώρησε, καὶ συνέβη τι τοιοῦτον, μάρτυσιν εἶχες τοῖς τότε παραγενομένοις χρήσασθαι. καὶ νὴ Δί' ἐπιδεῖξαί [3]σε ἔδει πᾶσιν ἀνθρώποις χαράδραν οὖσαν, ἵνα μὴ λόγῳ μόνον, ὥσπερ νῦν, ἀλλ' ἔργῳ, τὸν πατέρ' ἀδικοῦντα ἀπέφαινες. τούτων τοίνυν οὐδὲν πώποτ' οὐδεὶς ποιεῖν ἠξίωσεν. οὐ γὰρ ἂν οὔτ' ἐρήμην, ὥσπερ ἐμοῦ [4]νυνὶ, κατεδιῃτήσασθε, οὔτε πλέον ἂν

[1] Deest καί. [2] [ἡμέτερον] [3] σέ γε πᾶσιν ἔδει [4] νυνὶ ἐμοῦ

γ'. Τούτων] Regitur ab ἀκριβέστερον, ad ᾔδει sub. τὰ πάλαι γεγονότα, vel aliud quid. Auger.

Οὐ γὰρ ἂν οὔτ' ἐρήμην] Significat, patrem suum potuisse resistere sycophantis. Wolf.

ἣν ὑμῖν συκοφαντοῦσιν οὐδέν· ἀλλ᾽, εἰ ἠνέγκατε τότε μάρτυρα καὶ ἐπεμαρτύρασθε, νῦν ἀπέφαινεν ἂν ἐκεῖνος, εἰδὼς ἀκριβῶς ὅπως εἶχεν ἕκαστα τούτων, καὶ τοὺς [1]ῥαδίως μαρτυροῦντας τούτοις ἐξήλεγχεν. ἀνθρώπου δ᾽, οἶμαι, τηλικούτου καὶ ἀπείρου τῶν πραγμάτων, ἅπαντες καταπεφρονήκατέ μου. ἀλλ᾽ ἐγὼ πρὸς ἅπαντας τούτους, ὦ ἄνδρες Ἀθηναῖοι, τὰς αὐτῶν πράξεις ἰσχυροτάτας μαρτυρίας παρέξομαι. διὰ τί γὰρ οὐδεὶς οὔτ᾽ ἐπεμαρτύρατο, οὔτ᾽ ἐνεκάλεσεν, ἀλλ᾽ οὐδ᾽ ἐμέμψατο πώποτε, ἀλλ᾽ ἐξήρκει ταῦτα αὐτοῖς ἀδικουμένοις περιορᾶν;

γ΄. Ἐγὼ τοίνυν ἱκανὰ μὲν ἡγοῦμαι καὶ ταῦτ᾽ εἶναι 1274
πρὸς τὴν τούτων κατηγορίαν· ἵνα δ᾽ εἰδῆτε, ὦ ἄνδρες Ἀθηναῖοι, καὶ περὶ τῶν ἄλλων, ὡς οὔθ᾽ ὁ πατὴρ οὐδὲν ἠδίκει περιοικοδομῶν τὸ χωρίον, οὗτοί τε κατεψευσμένοι πάντ᾽ εἰσὶν ἡμῶν, ἔτι σαφέστερον ὑμᾶς πειράσομαι διδάσκειν. τὸ μὲν γὰρ χωρίον ὁμολογεῖται καὶ παρ᾽ αὐτῶν τούτων ἡμέτερον ἴδιον εἶναι· τούτου δ᾽ ὑπάρχοντος, ὦ ἄνδρες Ἀθηναῖοι, μάλιστα μὲν ᾔδειτε ἂν ἰδόντες τὸ χωρίον, ὅτι συκοφαντοῦμαι. διὸ καὶ τοῖς εἰδόσιν ἐπιτρέπειν ἐβουλόμην ἐγὼ, τοῖς ἴσοις· ἀλλ᾽ οὐχ οὗτοι, καθάπερ νυνὶ λέγειν ἐπιχειροῦσι· δῆλον δ᾽ ὑμῖν καὶ τοῦτ᾽ αὐτίκ᾽ ἔσται πᾶσιν. ἀλλὰ προσέχετε, ὦ ἄνδρες Ἀθηναῖοι, πρὸς Διὸς καὶ θεῶν τὸν νοῦν. τοῦ γὰρ χωρίου τοῦ τ᾽ ἐμοῦ καὶ τοῦ τούτων τὸ μέσον ὁδός ἐστιν· ὄρους δὲ περιέχοντος κύκλῳ, τοῖς χωρίοις τὸ καταῤῥέον ὕδωρ, τῇ μὲν εἰς τὴν ὁδὸν, τῇ δ᾽ εἰς τὰ χωρία, συμβαίνει φέρεσθαι. καὶ δὴ καὶ τοῦτ᾽ εἰσπίπτον ἐνίοτε εἰς τὴν ὁδὸν, ᾗ μὲν ἂν εὐοδῇ, φέρεται [2]κάτω κατὰ τὴν ὁδὸν, ᾗ δ᾽ ἂν ἐνστῇ τι, τηνικαῦτα τοῦτ᾽ εἰς τὰ χωρία ὑπεραίρειν ἀναγκαῖον ἤδη. καὶ δὴ καὶ κατὰ τοῦτο τὸ χωρίον, ὦ ἄνδρες δικασταὶ, γενομένης ἐπομβρίας, συνέβη τὸ ὕδωρ ἐμβαλεῖν· ἀμεληθὲν δὲ, οὔπω τοῦ πατρὸς ἔχοντος αὐτὸ, ἀλλ᾽ ἀνθρώπου δυσχεραίνοντος ὅλως τοῖς τόποις καὶ μᾶλλον ἀστυκοῦ, δὶς καὶ τρὶς ἐμβαλὸν τὸ ὕδωρ τά τε χωρία ἐλυ-

[1] ῥᾳδίως μισθοῦ μαρτυροῦντας [2] [κάτω]

Τούτοις] Pro τούτοις M. ὑμῖν. Auger. γ΄. Ὅρους δὲ περιέχοντος κύκλῳ τοῖς χωρίοις] F. ὅρους δὲ περιέχοντος κύκλῳ τὰ χωρία. Wolf. τοῖς χωρίοις non a περιέχοντος regitur, quod accusativum sibi jungi postulat, sed a συμβαίνει: nisi forte hic contra usum περιέχω cum dativo construatur, quod malim. Auger.

μήνατο καὶ μᾶλλον ὡδοποίει. διὸ δή, ταῦθ᾿ ὁ πατὴρ ὁρῶν, ὡς ἐγὼ τῶν εἰδότων ἀκούω καὶ τῶν γειτόνων ἐπινεμόντων ἅμα καὶ βαδιζόντων διὰ τοῦ χωρίου, τὴν αἱμασιὰν περιῳκοδόμησε ταύτην.

1275 δ΄. Καὶ ὡς ταῦτ᾿ ἀληθῆ λέγω, παρέξομαι μὲν καὶ μάρτυρας ὑμῖν τοὺς εἰδότας· πολὺ δέ, ὦ ἄνδρες Ἀθηναῖοι, τῶν μαρτύρων ἰσχυρότερα τεκμήρια. Καλλικλῆς μὲν γάρ φησι τὴν χαράδραν ἀποικοδομήσαντα βλάπτειν ἐμὲ αὐτόν· ἐγὼ δ᾿ ἀποδείξω χωρίον ὂν τοῦτο, ἀλλ᾿ οὐ χαράδραν. εἰ μὲν οὖν μὴ συνεχωρεῖτο ἡμέτερον ἴδιον εἶναι, τάχ᾿ ἂν τοῦτο ἠδικοῦμεν, εἴ τι τῶν δημοσίων ᾠκοδομοῦμεν· νυνὶ δ᾿ οὔτε τοῦτο ἀμφισβητοῦσιν, ἔστι τ᾿ ἐν τῷ χωρίῳ δένδρα πεφυτευμένα, ἄμπελοι καὶ συκαῖ. καίτοι τίς ἐν χαράδρᾳ ταῦτ᾿ ἂν φυτεύειν ἀξιώσειεν; οὐδείς γε. τίς δὲ πάλιν τοὺς αὑτοῦ προγόνους θάπτειν; οὐδὲ τοῦτ᾿ οἶμαι. ταῦτα τοίνυν ἀμφότερ᾿, ὦ ἄνδρες δικασταί, συμβέβηκε· καὶ γὰρ τὰ δένδρα πεφύτευται πρότερον ἢ τὸν πατέρα περιοικοδομῆσαι τὴν αἱμασιάν, καὶ τὰ μνήματα παλαιὰ καὶ πρὶν ἡμᾶς κτήσασθαι τὸ χωρίον γεγενημένα ἐστί. καίτοι τούτων ὑπαρχόντων, τίς ἂν ἔτι λόγος ἰσχυρότερος γένοιτο, ὦ ἄνδρες Ἀθηναῖοι; τὰ γὰρ ἔργα φανερῶς ἐξελέγχει. καί μοι λάβε νυνὶ [1] πάσας ἤδη τὰς μαρτυρίας, καὶ λέγε.

ΜΑΡΤΥΡΙΑΙ.

ἀκούετε, ὦ ἄνδρες Ἀθηναῖοι, τῶν μαρτυριῶν; ἆρ᾿ ὑμῖν δοκοῦσι διαῤῥήδην μαρτυρεῖν, καὶ τὸ χωρίον εἶναι δένδρων μεστόν, καὶ μνήματα ἔχειν τινά, καὶ τἄλλα, ἅπερ καὶ τοῖς ἄλλοις χωρίοις συμβέβηκε; καὶ πάλιν ὅτι περιῳκοδομήθη τὸ χωρίον, ζῶντος μὲν ἔτι τοῦ τούτων πατρός, οὐκ ἀμφισβητούντων δὲ οὔτε τούτων, οὔτ᾿ ἄλλου τῶν γειτόνων οὐδενός;

έ. Ἄξιον δέ, ὦ ἄνδρες δικασταί, καὶ περὶ τῶν ἄλλων, ὧν
1276 εἴρηκε Καλλικλῆς, ἀκοῦσαι. καὶ σκέψασθε πρῶτον μέν, εἴ τις ὑμῶν ἑώρακεν ἢ ἀκήκοε πώποτε παρ᾿ ὁδὸν χαράδραν οὖσαν. οἶμαι γὰρ ἐν ἁπάσῃ τῇ χώρᾳ μηδεμίαν εἶναι. τοῦ γὰρ ἕνεκα, ὃ διὰ τῆς ὁδοῦ τῆς δημοσίας ἔμελλε βαδιεῖ-

[1] πάσας νυνὶ

σθαι φερόμενον, τούτῳ διὰ τῶν ἰδίων χωρίων χαράδραν ἐποίησέ τις; ἔπειτα τίς ἂν ὑμῶν εἴτ' ἐν ἀγρῷ, νὴ Δί', εἴτ' ἐν ἄστει, τὸ διὰ τῆς ὁδοῦ ὕδωρ ῥέον εἰς τὸ χωρίον ἢ τὴν οἰκίαν δέξαιτ' ἂν αὐτοῦ; ἀλλ' οὐκ αὐτὸ τοὐναντίον, κἂν βιάσηταί ποτε, ἀποφράττειν ἅπαντες καὶ παροικοδομεῖν εἰώθαμεν; οὗτος τοίνυν ἀξιοῖ με ἐκ τῆς ὁδοῦ τὸ ὕδωρ εἰσδεξάμενον εἰς τὸ ἐμαυτοῦ χωρίον, ὅταν τὸ τούτου παραλλάξῃ χωρίον, πάλιν εἰς τὴν ὁδὸν ἐξάγειν. οὐκοῦν πάλιν ὁ μετὰ τοῦτόν μοι γεωργῶν τῶν γειτόνων ἐγκαλεῖ· τὸ γὰρ ὑπὲρ τούτου δίκαιον, δῆλον, ὅτι κἀκείνοις ὑπάρξει πᾶσι λέγειν. ἀλλὰ μὴν εἴ γε εἰς τὴν ὁδὸν ὀκνήσω τὸ ὕδωρ ἐξάγειν, ἦπου σφόδρα θαῤῥῶν εἰς τὸ τοῦ πλησίον χωρίον ἀφείην ἄν. ὅπου γὰρ νυνὶ ἀτιμήτους φεύγω δίκας, διότι τὸ ἐκ τῆς ὁδοῦ ῥέον ὕδωρ εἰς τὸ τούτου χωρίον εἰσέπεσε, τί πείσομαι πρὸς Διὸς ὑπὸ τῶν ἐκ τοῦ χωρίου τοῦ ἐμοῦ τοῦ ὕδατος εἰσπεσόντος βλαπτομένων; ὅπου δὲ μήτ' εἰς τὴν ὁδὸν μήτ' εἰς τὰ χωρία ἀφεῖναί μοι τὸ ὕδωρ [1]ἔξεστι δεξαμένῳ, τί λοιπὸν, ὦ ἄνδρες δικασταὶ, πρὸς θεῶν; οὐ γὰρ ἐκπιεῖν γε δήπου με Καλλικλῆς αὐτὸ προσαναγκάσει.

ς'. Ταῦτα τοίνυν ἐγὼ πάσχων ὑπὸ τούτων, καὶ πολλὰ ἕτερα καὶ δεινὰ, μὴ ὅτι δίκην λαβεῖν, ἀλλὰ μὴ προσοφείλειν, ἀγαπήσαιμ' ἄν. εἰ μὲν γὰρ ἦν, ὦ ἄνδρες δικασταὶ, 1277 χαράδρα πάλιν ὑποδεχομένη, τάχα ἂν ἠδίκουν ἐγὼ μὴ δεχόμενος, ὥσπερ ἀνὰ θάτερ' ἄττα τῶν χωρίων εἰσὶν ὁμολογούμεναι χαράδραι· καὶ ταύτας δέχονται μὲν οἱ πρῶτοι, καθάπερ τοὺς ἐκ τῶν οἰκιῶν χειμάῤῥους, παρὰ τούτων δ' ἕτεροι παραλαμβάνουσιν ὡσαύτως· ταύτην δ' οὔτε παραδίδωσιν οὐδεὶς, οὔτε παρ' ἐμοῦ παραλαμβάνει. πῶς ἂν οὖν εἴη τοῦτο χαράδρα; τὸ δ' εἰσπεσὸν ὕδωρ ἔβλαψε μὲν, οἶμαι, πολλάκις ἤδη πολλοὺς μὴ φυλαξαμένους, ἔβλαψε δὲ νῦν καὶ τουτονί. ὃ καὶ πάντων ἐστὶ δεινότατον, εἰ Καλλικλῆς μὲν, εἰς τὸ χωρίον ἐμπεσόντος τοῦ ὕδατος, ἁμαξιαίους

[1] ἐξέσται

ε'. Ἀτιμήτους φεύγω δίκας] De hac formula supra actum est. Wolf.

ς'. Ὥσπερ ἀνὰ θάτερ' ἄττα] M. ὥσπερ ἂν ἕτερ' ἄττα. et v. 28. πῶς οὖν ἂν εἴη. et v. 30. πολλοὺς οὐ φυλαξαμένους, *Nocuit multis incautis.* Idem.

Ταύτας] Np. χαράδρας, alveos, i. e. aquam ex alveis effluentem: et v. 27. ταύτην sub. χαράδραν, et simili modo interpretare. Auger.

λίθους προσκομίσας ἀποικοδομεῖ· τοῦ δὲ πατρὸς, ὅτι τοῦτο παθόντος τοῦ χωρίου περιῳκοδόμησεν, ὡς ἀδικοῦντος, ἐμοὶ βλάβης εἴληχε δίκην. καίτοι, εἰ ὅσοι κακῶς πεπόνθασιν ὑπὸ τῶν ὑδάτων τῶν ταύτῃ ῥεόντων ἐμοὶ λήξονται δίκας, οὐδὲ πολλαπλάσια γενόμενα τὰ ὄντα ἐξαρκέσειεν ἄν μοι. τοσοῦτον τοίνυν διαφέρουσιν οὗτοι τῶν ἄλλων, ὥςτε πεπονθότες μὲν οὐδὲν, ὡς αὐτίκα ἐγὼ σαφῶς ὑμῖν ἐπιδείξω, πολλῶν δὲ πολλὰ καὶ μεγάλα βεβλαμμένων, μόνοι δικάζεσθαι τετολμήκασιν οὗτοί μοι· καίτοι πᾶσι μᾶλλον ἐνεχώρει τοῦτο πράττειν. οὗτοι μὲν γὰρ, εἰ καί τι πεπόνθασιν, αὐτοὶ δι' αὑτοὺς βεβλαμμένοι συκοφαντοῦσιν· ἐκεῖνοι δὲ, εἰ καὶ μηδὲν ἄλλο, τοιαύτην γ' οὐδεμίαν αἰτίαν ἔχουσιν. ἀλλ', ἵνα μὴ πάντα ἅμα συνταράξας λέγω, λάβε μοι τὰς τῶν γειτόνων μαρτυρίας.

ΜΑΡΤΥΡΙΑΙ.

οὐκοῦν δεινὸν, ὦ ἄνδρες δικασταὶ, τούτους μὲν μηδὲν ἐγκαλεῖν μοι, τοσαῦτα βεβλαμμένους, μηδ' ἄλλον μηδένα τῶν
1278 ἠτυχηκότων, ἀλλὰ τὴν τύχην στέργειν, τουτονὶ δὲ συκοφαντεῖν; ὃν, ὅτι μὲν αὐτὸς ἐξήμαρτε, πρῶτον μὲν τὴν ὁδὸν [1] στενοτέραν ποιήσας, ἐξαγαγὼν ἔξω τὴν αἱμασιὰν, ἵνα τὰ δένδρα τῆς ὁδοῦ ποιήσειεν εἴσω, ἔπειτα δὲ τὸν χλίδον ἐμβαλὼν εἰς τὴν ὁδὸν, ἐξ ὧν ὑψηλοτέραν τὴν ὁδὸν καὶ [1] στενοτέραν πεποιῆσθαι συμβέβηκεν, ἐκ τῶν μαρτυριῶν αὐτίκα εἴσεσθε σαφέστερον· ὅτι δ', οὐδὲν ἀπολωλεκὼς οὐδὲ καταβεβλαμμένος ἄξιον λόγου, τηλικαύτην μοι δίκην εἴληχε, τοῦθ' ὑμᾶς ἤδη πειράσομαι διδάσκειν.

ζ. Τῆς γὰρ μητρὸς τῆς ἐμῆς χρωμένης τῇ τούτων μητρὶ, πρὶν τούτους ἐπιχειρῆσαί με συκοφαντεῖν, καὶ πρὸς ἀλλήλας ἀφικνουμένων, οἷον εἰκὸς, ἅμα μὲν οἰκουσῶν ἀμφοτέρων ἐν ἀγρῷ καὶ γειτνιωσῶν, ἅμα δὲ τῶν ἀνδρῶν χρωμένων ἀλλήλοις, ἕως ἔζων· ἐλθούσης [2] δὲ τῆς ἐμῆς μητρὸς ὡς τὴν τούτων, καὶ ἀποδυρομένης ἐκείνης τὰ συμβάντα καὶ

[1] στενωτέραν [2] δ᾽

Τούτους μὲν] Sc. vicinos qui adsunt, et qui modo testati sunt in gratiam rei. Idem.

Τὸν χλίδον] Vide Suidam, qui τὸ χλίδος citat ex hac oratione. Wolf.

ζ. Ἐλθούσης δὲ τῆς] M. ἐλθούσης δ᾽. Idem.

δεικνυούσης, — οὕτως ἐπυθόμεθα πάντα ἡμεῖς, ὦ ἄνδρες δικασταί· καὶ, εἰ λέγω μὲν ἅπερ ἤκουσα τῆς μητρὸς, οὕτω μοι πολλὰ ἀγαθὰ γένοιτο, εἰ δὲ ψεύδομαι, τἀναντία τούτων —, ἦ μὴν ὁρᾶν καὶ τῆς τούτων μητρὸς ἀκούειν ἔφη, κριθῶν μὲν βρεχθῆναι, καὶ ξηραινομένους ἰδεῖν αὐτὴν, μηδὲ τρεῖς μεδίμνους, ἀλεύρων δ' ὡς ἡμιμέδιμνον, ἐλαίου δ' ἀποκλινθῆναι μὲν κεράμιον φάσκειν, οὐ μέντοι παθεῖν γε οὐδέν. τοσαῦτα, ὦ ἄνδρες δικασταὶ, τὰ συμβάντα ἦν τούτοις, ἀνθ' ὧν ἐγὼ χιλίων δραχμῶν δίκην ἀτίμητον φεύγω. οὐ γὰρ δὴ, εἰ τειχίον γε παλαιὸν ἐπῳκοδόμησεν, ἐμοὶ καὶ τοῦτο λογιστέον ἐστιν, ὃ μήτε ἔπεσε, μήτ' ἄλλο μηδὲν δεινὸν ἔπαθεν. ὥστ', εἰ συνεχώρουν αὐτοῖς ἁπάντων αἴτιος 1279
εἶναι τῶν συμβεβηκότων, τά γε βρεχθέντα ταῦτ' ἦν.

η'. Ὁπότε δὲ μήτε ἐξ ἀρχῆς ὁ πατὴρ ἠδίκει, τὸ χωρίον περιοικοδομῶν, μήθ' οὗτοι πώποτε ἐνεκάλεσαν, τοσούτου χρόνου διελθόντος, οἵ τ' ἄλλοι, πολλὰ καὶ δεινὰ πεπονθότες, μηδὲν μᾶλλον ἐγκαλοῦσιν ἐμοὶ, πάντες τε ὑμεῖς τὸ ἐκ τῶν οἰκιῶν καὶ τὸ ἐκ τῶν χωρίων ὕδωρ εἰς τὴν ὁδὸν ἐξάγειν εἰώθατε, ἀλλ' οὐ μὰ Δί' εἴσω τὸ ἐκ τῆς ὁδοῦ δέχεσθαι, τί δεῖ πλείω λέγειν; οὐδὲ γὰρ ἐκ τούτων ἄδηλον, ὅτι φανερῶς συκοφαντοῦμαι, οὔτ' ἀδικῶν οὐδὲν, οὔτε βεβλαμμένων ἅ φασιν.

θ'. Ἵνα δ' εἰδῆτε, ὅτι καὶ εἰς τὴν ὁδὸν χλίδον ἐμβεβλήκασι· καὶ, τὴν αἱμασιὰν προαγαγόντες, [1]στενοτέραν τὴν ὁδὸν πεποιήκασιν· ἔτι δ', ὡς ὅρκον ἐδίδουν ἐγὼ τῇ τούτων μητρὶ, καὶ τὴν ἐμαυτοῦ τὸν αὐτὸν ὀμόσαι προὐκαλούμην, λάβε μοι τάς τε μαρτυρίας καὶ τὴν πρόκλησιν.

ΜΑΡΤΥΡΙΑΙ. ΠΡΟΚΛΗΣΙΣ.

εἶτα τούτων ἀναισχυντότεροι γένοιντ' ἂν ἄνθρωποι ἢ περιφανέστερον συκοφαντοῦντες, οἵ τινες αὐτοὶ τὴν αἱμασιὰν προαγαγόντες καὶ τὴν ὁδὸν ἀνακεχωκότες ἑτέροις βλάβης δικάζονται, καὶ [2]ταῦτα χιλίων δραχμῶν ἀτίμητον, οἵ γ'

[1] στενωτέραν [2] ταύτην

Ἐλαίου δ' ἀποκλινθῆναι] F. ἀποκλυσθῆναι, ἢ ἀποκυλισθῆναι. IDEM.

Εἴ γε τειχίον παλαιὸν ἐπῳκοδόμησεν] Ἐπέθηκε τειχίῳ παλαιῷ οἰκοδόμημα. Videtur esse irrisio stulti ædificatoris. Verteram: *si parietinam veterem adstruxit.* Sed minus placet. Nova enim structura qui vetus esse potest? Veteri quidem fundamento nihil vetat inædificare. IDEM.

Ib. βεβλαμμένων] Adde vel sub. τούτων.

οὐδὲ πεντήκοντα δραχμῶν τὸ παράπαν ἅπαντα ἀπολωλέκασι; καίτοι σκοπεῖτε, ὦ ἄνδρες δικασταὶ, πόσους ὑπὸ τῶν ὑδάτων ἐν τοῖς ἀγροῖς βεβλάφθαι συμβέβηκε, τὰ μὲν [1] [ἐν] Ἐλευσῖνι, τὰ δ' ἐν τοῖς ἄλλοις τόποις· ἀλλ' οὐ δήπου τούτων, ὦ γῆ καὶ θεοὶ, παρὰ τῶν γειτόνων ἕκαστος ἀξιώσει τὰς βλάβας κομίζεσθαι. καὶ ἐγὼ μὲν, ὃν προσῆκεν ἀγανακτεῖν, τῆς ὁδοῦ στενωτέρας γεγενημένης καὶ μετεωροτέρας,
1280 ἡσυχίαν ἔχω· τούτοις δὲ τοσοῦτον περίεστιν, ὡς ἔοικεν, ὥςτε τοὺς ἠδικημένους προσσυκοφαντοῦσι. καίτοι, ὦ Καλλίκλεις, εἰ καὶ ὑμῖν περιοικοδομεῖν ἔξεστι τὸ ὑμέτερον αὐτῶν χωρίον, καὶ ἡμῖν δήπου τὸ ἡμέτερον ἐξῆν· εἰ δ' ὁ πατὴρ ὁ ἐμὸς ἠδίκει περιοικοδομῶν ὑμᾶς, καὶ νῦν ὑμεῖς ἀδικεῖτε ἐμὲ περιοικοδομοῦντες οὕτω. δῆλον γὰρ, ὅτι μεγάλοις λίθοις ἀποικοδομηθέντος, πάλιν τὸ ὕδωρ εἰς τὸ ἐμὸν ἥξει χωρίον· εἶθ', ὅταν τύχῃ, καταβαλεῖ τὴν αἱμασιὰν ἀπροσδοκήτως. ἀλλ' οὐδὲν μᾶλλον ἐγκαλῶ τούτοις ἐγὼ διὰ τοῦτο, ἀλλὰ στέργω τὴν τύχην, καὶ τἀμαυτοῦ φυλάττειν πειράσομαι. καὶ γὰρ τοῦτον, φράττοντα μὲν τὰ ἑαυτοῦ, σωφρονεῖν ἡγοῦμαι· δικαζόμενον δέ μοι, πονηρότατόν τ' εἶναι καὶ διεφθαρμένον ὑπὸ νόσου νομίζω.

ι΄. Μὴ θαυμάζετε δὲ, ὦ ἄνδρες δικασταὶ, τὴν τούτου προθυμίαν· μηδ', εἰ τὰ ψευδῆ κατηγορεῖν νῦν τετόλμηκε. καὶ γὰρ τὸ πρότερον, πείσας τὸν ἀνεψιὸν ἀμφισβητεῖν μοι τοῦ χωρίου, συνθήκας οὐ γενομένας ἀπήνεγκε, καὶ νῦν αὐτὸς ἐρήμην μου καταδεδιῄτηται τοιαύτην ἑτέραν δίκην, Κάλλαρον ἐπιγραψάμενος [2] τῶν ἐμῶν δούλων. πρὸς γὰρ τοῖς ἄλλοις κακοῖς καὶ τοῦτο εὕρηνται σόφισμα· Καλλάρῳ τὴν αὐτὴν δίκην δικάζονται. καίτοι τίς ἂν οἰκέτης τὸ τοῦ δεσπότου χωρίον περιοικοδομήσειεν ἂν, μὴ προστάξαντος τοῦ δεσπότου; Καλλάρῳ δὲ ἕτερον ἐγκαλεῖν οὐδὲν ἔχοντες, ὑπὲρ ὧν ὁ πατὴρ πλέον ἢ πεντεκαίδεκα ἔτη φράξας ἐπεβίω, δικάζονται. κἂν μὲν ἐγὼ τῶν χωρίων ἀποστῶ τούτοις ἀποδόμενος ἢ πρὸς ἕτερα χωρία ἀλλαξάμενος, οὐδὲν ἀδικεῖ

[1] Deest ἐν.

[2] * τὸν ἐμὸν δοῦλον

Auger.

Ἀποικοδομηθέντος] Sub. τοῦ χωρίου τοῦ ὑμετέρου. Idem.

ι΄. Τὴν τούτου προθυμίαν] F. προσποίησιν. Wolf.

Τοιαύτην ἑτέραν δίκην] Np. litem qualis

Κάλλαρος· ἂν δ' ἐγὼ μὴ βούλωμαι τἀμαυτοῦ τούτοις προέσθαι, πάντα τὰ δεινότατα ὑπὸ Καλλάρου πάσχουσιν 1281 οὗτοι, καὶ ζητοῦσι καὶ διαιτητὴν, ὅςτις αὐτοῖς τὰ χωρία προσκαταγνώσεται, καὶ διαλύσεις τοιαύτας, ἐξ ὧν τὰ χωρία ἕξουσιν. εἰ μὲν οὖν, ὦ ἄνδρες δικασταὶ, τοὺς ἐπιβουλεύοντας καὶ συκοφαντοῦντας δεῖ πλέον ἔχειν, οὐδὲν ἂν ὄφελος εἴη τῶν εἰρημένων· εἰ δ' ὑμεῖς τοὺς μὲν τοιούτους μισεῖτε, τὰ δὲ δίκαια ψηφίζεσθε, μήτ' ἀπολωλεκότος Καλλικλέους μηδὲν μήτ' ἠδικημένου μήθ' ὑπὸ Καλλάρου μήθ' ὑπὸ τοῦ πατρὸς, οὐκ οἶδ', ὅτι δεῖ πλείω λέγειν.

ια. Ἵνα δ' εἰδῆτε, ὅτι καὶ πρότερον, ἐπιβουλεύων μου τοῖς χωρίοις, τὸν ἀνεψιὸν κατεσκεύασε, καὶ νυνὶ τὴν ἑτέραν αὐτὸς κατεδιῃτήσατο Καλλάρου ταυτηνὶ τὴν δίκην, ἐπηρεάζων ἐμοὶ, διότι τὸν ἄνθρωπον περὶ πολλοῦ ποιοῦμαι, καὶ Καλλάρῳ πάλιν εἴληχεν ἑτέραν, ἁπάντων ὑμῖν ἀναγνώσεται τὰς μαρτυρίας.

ΜΑΡΤΥΡΙΑΙ.

ιβ. Μὴ οὖν πρὸς Διὸς καὶ θεῶν, ὦ ἄνδρες δικασταὶ, πρόησθέ με τούτοις, μηδὲν ἀδικοῦντα. οὐ γὰρ τῆς ζημίας τοσοῦτόν τί μοι μέλει, χαλεπὸν ὂν πᾶσι τοῖς μικρὰν οὐσίαν ἔχουσιν· ἀλλ' ἐκβάλλουσιν ὅλως ἐκ τοῦ δήμου με ἐλαύνοντες καὶ συκοφαντοῦντες. ὅτι δ' οὐκ ἀδικοῦμεν μηδὲν, ἕτοιμοι μὲν ἦμεν ἐπιτρέπειν τοῖς εἰδόσιν, ἴσοις καὶ κοινοῖς, ἕτοιμοι δ' ὀμνύναι τὸν νόμιμον ὅρκον· ταῦτα γὰρ ᾠόμεθα ἰσχυρότατα παρέχεσθαι τοῖς αὐτοῖς ὑμῖν ὀμωμοκόσι. καί μοι λάβε τήν τε πρόκλησιν καὶ τὰς ὑπολοίπους ἔτι μαρτυρίας.

ΠΡΟΚΛΗΣΙΣ. ΜΑΡΤΥΡΙΑΙ.

prior illa fuit. Auger.

Ὅστις αὐτοῖς τὰ χωρία προσκαταγνώσεται] Ὅστις καταγνοὺς ἐμοῦ τὰ χωρία τούτοις ἀπονεμεῖ. Wolf.

Καὶ διαλύσεις τοιαύτας] Alii διαλύσεις. Idem.

Συκοφαντοῦντας] Συκοφαντεῖν in foro Attico, quod ἐπηρεάζειν sæpius dicebant, non solum erat *calumniari*, et *delationibus homines insectari*; sed quocunque modo litibus aliquem vexare, contra jus et æquum *lites movere* aut *agitare*, quod Gallice dicimus *chicaner*. Sic accipitur a Demosthene locis infinitis; solaque ejus contra Calliclem oratio plus quam viginti exempla suppeditabit. Sed et *cavillari verba* simpliciter, quod ὀνόματα σοφίζεσθαι dixerunt quidam, συκοφαντεῖν quoque dixerunt, et συκοφάντην *cavillatorem*. Herald. Anim. in Salmas. Obss. ad J. A. et R. l. II. c. XV. §. XIV.

ιϛ. Τοσοῦτόν τί μοι μέλει, χαλεπὸν ὂν] F. A. τοσοῦτόν μοι μέλει, καίτοι χαλεπὸν ὄν. Wolf.

ΥΠΟΘΕΣΙΣ ΤΟΥ ΚΑΤΑ ΔΙΟΝΥΣΟΔΩΡΟΥ ΒΛΑΒΗΣ ΛΟΓΟΥ.

Pag. ed. Reisk.

1282 ΔΑΡΕΙΟΣ καὶ Πάμφιλος Διονυσοδώρῳ δανείζουσι τρισχιλίας δραχμὰς, ἐπὶ τῷ πλεῦσαι αὐτὸν εἰς Αἴγυπτον, κἀκεῖθεν αὖθις Ἀθήναζε. καὶ λαμβάνουσι μὲν ὑποθήκην, τὴν ναῦν· διομολογοῦνται δὲ καὶ τόκους, ὅσους ὤφειλεν Ἀθήναζε καταπλεύσαντος Διονυσοδώρου κομίσασθαι. Διονυσόδωρος δὲ ἀναπλέων ἐκ τῆς Αἰγύπτου, τῇ Ῥόδῳ προσχὼν, ἐκεῖ τὸν γόμον ἐξέθετο ὡς μὲν αὐτός φησι, διὰ τὸ ῥαγῆναι τὴν ναῦν καὶ εἶναι σαθράν· ὡς δὲ Δαρεῖος λέγει, διὰ τὸ πυθέσθαι τὸν σῖτον Ἀθήνησιν εὔωνον ὄντα. τὴν γὰρ ναῦν σῴαν ὑπάρχειν φησὶ, καὶ πλεῖν ἔτι καὶ νῦν. οἱ μὲν οὖν δανείσαντες καὶ κατηγοροῦσι τοῦ Διονυσοδώρου παραβεβηκέναι τὴν συγγραφὴν, διότι τὴν ὑποθήκην, τουτέστι τὴν ναῦν, οὐ παρέσχεν ἐμφανῆ· καὶ ἀπαιτοῦσιν αὐτὸν τοὺς ὁμολογηθέντας τόκους τελείους. ὁ δὲ οὐ πάντας ἀποδιδόναι [1] βούλεται.

[1] βούλεται, ἀλλὰ πρὸς * λόγον τοῦ πλοῦ πλευσθέντος.

ΔΗΜΟΣΘΕΝΟΥΣ

Ο

ΚΑΤΑ ΔΙΟΝΥΣΟΔΩΡΟΥ ΒΛΑΒΗΣ ΛΟΓΟΣ.

α΄. ΚΟΙΝΩΝΟΣ εἰμι τοῦ δανείσματος τούτου, ὦ ἄνδρες
δικασταί· συμβαίνει δ' ἡμῖν, τοῖς κατὰ θάλατταν τὴν ἐργα-
1283 σίαν προῃρημένοις καὶ τὰ ἡμέτερα αὐτῶν ἐγχειρίζουσιν ἑτέ-
ροις, ἐκεῖνο [1] μὲν σαφῶς εἰδέναι, ὅτι [2] ὁ δανειζόμενος ἐν παντὶ
προέχει ἡμῶν. λαβὼν γὰρ ἀργύριον φανερὸν καὶ ὁμολογούμε-
νον, ἐν γραμματιδίῳ δυοῖν χαλκοῖν ἐωνημένῳ καὶ βιβλιδίῳ

[1] Deest μὲν.

[2] ὁ * μὲν δανειζόμενος

α΄. Γραμματιδίῳ — καὶ βιβλιδίῳ] Per γραμματίδιον intelligit *tabulas syngrapharum*, per βιβλίδιον *chirographa*, quia ut syngraphæ in tabulis ceratis perscribebantur, ita chirographa in chartaceis, quæ βιβλίδια appellabantur. Duobus autem his modis tam in terra Græcia, quam apud Romanos pecuniam reddendam creditori cavebant debitores per syngraphas et chirographa. Hæc scribi solita in papyro Ægyptiaca, illa in ceratis tabulis. *De M. U.* p. 403. Salmasius.

Γραμματιδίῳ] *Syngrapha:* mox syngrapham vocat. Bergler. Nescio quid

μικρῷ πάνυ τὴν ὁμολογίαν καταλέλοιπε τοῦ ποιήσειν τὰ δίκαια· ἡμεῖς δ᾽ οὔ φαμὲν δώσειν, ἀλλ᾽ εὐθὺς τῷ δανειζομένῳ δίδομεν τὸ ἀργύριον. τῷ οὖν ποτὲ πιστεύοντες καὶ τί λαβόντες, τὸ βέβαιον προϊέμεθα; ὑμῖν, ὦ ἄνδρες δικασταὶ, καὶ τοῖς νόμοις τοῖς ὑμετέροις, οἳ κελεύουσιν, ὅσα ἄν τις ἑκὼν ἕτερος ἑτέρῳ ὁμολογήσῃ, ταῦτα κύρια εἶναι. ἀλλά μοι δοκεῖ, οὔτε τῶν νόμων οὔτε συγγραφῆς οὐδεμιᾶς ὄφελος εἶναι οὐδὲν, ἂν ὁ λαμβάνων τὰ χρήματα μὴ πάνυ δίκαιος ᾖ τὸν τρόπον, καὶ δυοῖν θάτερον, ἢ ὑμᾶς δέδιὼς, ἢ τὸν συμβαλόντα αἰσχυνόμενος. ὧν οὐδέτερον πρόσεστι Διονυσοδώρῳ τούτῳ· ἀλλ᾽ εἰς τοσοῦτον ἥκει τόλμης, ὥστε δανεισάμενος παρ᾽ ἡμῶν ἐπὶ τῇ νηῒ τρισχιλίας δραχμὰς, ἐφ᾽ ᾧ τε τὴν ναῦν καταπλεῖν Ἀθήναζε, καὶ δέον ἡμᾶς ἐν τῇ πέρυσιν ὥρᾳ κεκομίσθαι τὰ χρήματα, τὴν μὲν ναῦν εἰς Ῥόδον κατεκόμισε καὶ τὸν γόμον ἐκεῖσε ἐξελόμενος ἀπέδοτο παρὰ τὴν συγγραφὴν καὶ τοὺς νόμους τοὺς ὑμετέρους, ἐκ δὲ τῆς Ῥόδου πάλιν ἀπέστειλε τὴν ναῦν εἰς Αἴγυπτον κἀκεῖθεν εἰς Ῥόδον, ἡμῖν δὲ τοῖς Ἀθήνησι δανείσασιν οὐδέπω καὶ νῦν οὔτε τὰ χρήματα ἀποδίδωσιν οὔτε τὸ ἐνέχυρον καθίστησιν εἰς τὸ ἐμφανὲς, ἀλλὰ δεύτερον ἔτος τουτὶ καρπούμενος τὰ ἡμέτερα, καὶ ἔχων τό τε δάνειον καὶ τὴν ἐργασίαν καὶ τὴν ναῦν τὴν ὑποκειμένην ἡμῖν, οὐδὲν
ἧττον εἰσελήλυθε πρὸς ὑμᾶς, δηλονότι ὡς ζημιώσων ἡμᾶς 1284
τῇ ἐπωβελίᾳ καὶ καταθησόμενος εἰς τὸ οἴκημα πρὸς τῷ ἀποστερεῖν τὰ χρήματα. ὑμῶν οὖν, ὦ ἄνδρες Ἀθηναῖοι, ὁμοίως ἁπάντων δεόμεθα καὶ ἱκετεύομεν βοηθῆσαι ἡμῖν, ἐὰν δοκῶμεν ἀδικεῖσθαι. τὴν δ᾽ ἀρχὴν τοῦ συμβολαίου διεξελθεῖν ὑμῖν πρῶτον βούλομαι· οὕτω γὰρ καὶ ὑμεῖς ῥᾷστα παρακολουθήσετε.

β´. Διονυσόδωρος γὰρ οὑτοσὶ, ὦ ἄνδρες Ἀθηναῖοι, καὶ ὁ κοινωνὸς αὐτοῦ Παρμενίσκος, προσελθόντες ἡμῖν πέρυσι

inter se differant γραμματίδιον et βιβλίδιον. Forte idem est diverso nomine enunciatum. Auger. Cf. D'Orville ad Charit. Aphrod. l. VIII. c. IV. p. 680.

Ἐπὶ τῇ νηΐ] Vid. Not. v. antepen. p. 501. vol. III. π. Φορμ.

Ἐν τῇ πέρυσιν ὥρᾳ] Ἀντὶ τοῦ, χρόνῳ. Nisi forte legendum sit ὡραίᾳ. Sicut postea dicit, p. 291. v. 14. ἐνταῦθ᾽ ἐπιδημήσαντες παραχειμάζειν ἔδει, καὶ περιμένειν τὴν ὡραίαν. quod vertisse me non pœnitet: navigationem vernam fuisse expectandam. Phil. 1. Lacedæmonios bellum gessisse τέτταρας ἢ πέντε μῆνας, τὴν ὡραίαν αὐτὴν, ut vernum et æstivum tempus intelligatur. Wolf. ὥρα sine ullo additamento dicitur apud scriptores de tempore æstatis. Auger.

τοῦ Μεταγειτνιῶνος μηνὸς, ἔλεγον, ὅτι βούλονται δανείσασθαι ἐπὶ τῇ νηῒ, ἐφ' ᾧ τε πλεῦσαι εἰς Αἴγυπτον καὶ ἐξ Αἰγύπτου εἰς Ῥόδον ἢ εἰς Ἀθήνας, διομολογησάμενοι τοὺς τόκους εἰς ἑκάτερον τῶν ἐμπορίων τούτων. ἀποκρινομένων δ' ἡμῶν, ὦ ἄνδρες δικασταὶ, ὅτι οὐκ ἂν δανείσαιμεν εἰς ἕτερον ἐμπόριον οὐδὲν, ἀλλ' ἢ εἰς Ἀθήνας, οὕτω προσομολογοῦσι πλευσεῖσθαι δεῦρο, καὶ ἐπὶ ταύταις ταῖς ὁμολογίαις δανείζονται παρ' ἡμῶν ἐπὶ τῇ νηῒ τρισχιλίας δραχμὰς ἀμφοτερόπλουν, καὶ συγγραφὴν ἐγράψαντο ὑπὲρ τούτων. ἐν μὲν οὖν ταῖς συνθήκαις δανειστὴς ἐγράφη Πάμφιλος οὑτοσὶ, ἐγὼ δ' ἔξωθεν μετεῖχον αὐτῷ τοῦ δανείσματος. καὶ πρῶτον μὲν ὑμῖν ἀναγνώσεται αὐτὴν τὴν συγγραφήν.

ΣΥΓΓΡΑΦΗ.

κατὰ ταύτην τὴν συγγραφὴν, ὦ ἄνδρες δικασταὶ, λαβόν-
τες παρ' ἡμῶν τὰ χρήματα, Διονυσόδωρός τε οὑτοσὶ καὶ ὁ
κοινωνὸς αὐτοῦ Παρμενίσκος ἀπέστελλον τὴν ναῦν εἰς τὴν
Αἴγυπτον ἐνθένδε· καὶ ὁ μὲν Παρμενίσκος ἐπέπλει ἐπὶ τῆς
1285 νεὼς, οὑτοσὶ δὲ αὐτοῦ κατέμενεν. ἦσαν γὰρ, ὦ ἄνδρες δι-
κασταὶ, ἵνα μηδὲ τοῦτ' ἀγνοῆτε, ὑπηρέται καὶ συνεργοὶ
πάντες οὗτοι Κλεομένους τοῦ ἐν τῇ Αἰγύπτῳ ἄρξαντος, ὃς,
ἐξ οὗ τὴν ἀρχὴν παρέλαβεν, οὐκ ὀλίγα κακὰ εἰργάσατο
τὴν πόλιν τὴν ὑμετέραν, μᾶλλον δὲ καὶ τοὺς ἄλλους Ἕλ-
ληνας, παλιγκαπηλεύων καὶ συνιστὰς τὰς τιμὰς τοῦ σίτου,
καὶ αὐτὸς καὶ οὗτοι μετ' αὐτοῦ. οἱ μὲν γὰρ αὐτῶν ἀπέστελ-
λον ἐκ τῆς Αἰγύπτου τὰ χρήματα, οἱ δ' ἐπέπλεον ταῖς [1] ἐμ-
πορίαις, οἱ δ' ἐνθάδε μένοντες διετίθεντο τὰ ἀποστελλόμενα.
εἶτα πρὸς τὰς καθεστηκυίας τιμὰς ἔπεμπον γράμματα οἱ
ἐπιδημοῦντες τοῖς ἀποδημοῦσιν, ἵνα, ἐὰν μὲν παρ' ὑμῖν
τίμιος ᾖ ὁ σῖτος, δεῦρο αὐτὸν κομίσωσιν· ἐὰν δ' εὐωνότερος
γένηται, εἰς ἄλλο τι καταπλεύσωσιν ἐμπόριον. ὅθεν περ
οὐχ ἥκιστα, ὦ ἄνδρες δικασταὶ, συνετιμήθη τὰ περὶ τὸν
σῖτον ἐκ τῶν τοιούτων ἐπιστολῶν καὶ συνεργιῶν.

[1] ἐμπορείαις

Τὰς καθεστηκυίας τιμάς] Καθεστηκυῖα τιμὴ, constitutum unius cujusque rei pretium, *le pris courant.* In Anim. in Salmas. Obss. ad J. A. et R. l. III. c. IX. §. XI. Heraldus.

Συνετιμήθη] M. ἐσυνετιμήθη. Wolf. Aug.

γ΄. Ὅτε μὲν οὖν ἐνθένδε ἀπέστελλον οὗτοι τὴν ναῦν,
ἐπιεικῶς ἔντιμον κατέλιπον τὸν σῖτον· διὸ καὶ ὑπέμειναν ἐν
τῇ συγγραφῇ γράψασθαι εἰς Ἀθήνας πλεῖν, εἰς δ' ἄλλο
μηδὲν ἐμπόριον. μετὰ δὲ ταῦτ', ὦ ἄνδρες δικασταὶ, ἐπειδὴ
ὁ Σικελικὸς κατάπλους ἐγένετο, καὶ αἱ τιμαὶ τοῦ σίτου
ἐπ' ἔλαττον ἐβάδιζον, καὶ ἡ ναῦς ἡ τούτων ἀνῆκτο εἰς Αἴ-
γυπτον, εὐθέως οὗτος ἀποστέλλει τινὰ εἰς τὴν Ῥόδον ἀπαγ-
γελοῦντα τῷ Παρμενίσκῳ τῷ κοινωνῷ τἀνθάδε καθεστη-
κότα, ἀκριβῶς εἰδὼς, ὅτι ἀναγκαῖον εἴη τῇ νηὶ προσέχειν εἰς
Ῥόδον. πέρας δ' οὖν, λαβὼν γὰρ ὁ Παρμενίσκος ὁ [1] τούτου
κοινωνὸς τὰ γράμματα τὰ παρὰ τούτου ἀποσταλέντα, καὶ
πυθόμενος τὰς τιμὰς τὰς ἐνθάδε τοῦ σίτου καθεστηκυίας,
ἐξαιρεῖται τὸν σῖτον ἐν τῇ Ῥόδῳ κἀκεῖ [2] ἀποδίδοται, κα- 1289
ταφρονήσαντες μὲν τῆς συγγραφῆς, ὦ ἄνδρες δικασταὶ, καὶ
τῶν ἐπιτιμίων ἃ συνεγράψαντο αὐτοὶ οὗτοι καθ' αὑτῶν,
ἐάν τι παραβαίνωσι, καταφρονήσαντες δὲ τῶν νόμων τῶν
ὑμετέρων, οἳ κελεύουσι τοὺς ναυκλήρους καὶ τοὺς ἐπιβάτας
πλεῖν εἰς ὅ τι ἂν συνθῶνται ἐμπόριον, εἰ δὲ μὴ, ταῖς με-
γίσταις ζημίαις εἶναι ἐνόχους.

δ΄. Καὶ ἡμεῖς, ἐπειδὴ τάχιστα ἐπυθόμεθα τὸ γεγονὸς,
ἐκπεπληγμένοι τῷ πράγματι, [3] προσῆμεν τούτῳ τῷ ἀρ-
χιτέκτονι τῆς ὅλης ἐπιβουλῆς, ἀγανακτοῦντες, ὡς εἰκὸς,
καὶ ἐγκαλοῦντες ὅτι, διαῤῥήδην ἡμῶν διορισαμένων ἐν ταῖς
συνθήκαις, ὅπως ἡ ναῦς μηδαμοῦ καταπλευσεῖται ἀλλ' ἢ
εἰς Ἀθήνας, καὶ [4] ὅτι, ἐπὶ ταύταις ταῖς ὁμολογίαις δανει-
σάντων τὸ ἀργύριον, ἡμᾶς μὲν ἐν ὑποψίᾳ καταλέλοιπε τοῖς
βουλομένοις αἰτιᾶσθαι καὶ λέγειν, ὡς ἄρα καὶ ἡμεῖς κεκοι-
νωνήκαμεν τῆς σιτηγίας τῆς εἰς τὴν Ῥόδον, αὐτοὶ δ' οὐδὲν
μᾶλλον τὴν ναῦν ἥκουσι κατακομίζοντες εἰς τὸ ὑμέτερον
ἐμπόριον, εἰς ὃ συνεγράψαντο. ἐπεὶ δ' οὐδὲν ἐπεραίνομεν
ὑπὲρ τῆς συγγραφῆς καὶ τῶν δικαίων διαλεγόμενοι, ἀλλὰ

[1] τουτουὶ [2] * ἀποδίδονται [3] προσῄειμεν
[4] [ὅτι]

δ΄. Τούτῳ τῷ ἀρχιτέκτονι τῆς ὅλης ἐπιβουλῆς] Ita *architectum sceleris* in orat. pro Cluent. Cicero vocavit, qui ad facinus ceteros impulerat et omne negotium animo cogitarat: 'Et illi, qui Fabricii libertum, quia minister in maleficio fuerat; patronum, quia conscius, condemnassent: ipsum principem atque architectum sceleris absolverent?' *Victor. Variar. Lect.* l. XI. c. XI.

Καταλέλοιπε] Np. Parmeniscus. Auger.

τό γε δάνειον καὶ τοὺς τόκους ἠξιοῦμεν ἀπολαβεῖν τοὺς ἐξ ἀρχῆς ὁμολογηθέντας. οὗτος δὲ οὕτως ὑβριστικῶς ἐχρήσατο ἡμῖν, ὥστε τοὺς μὲν τόκους τοὺς ἐν τῇ συγγραφῇ γεγραμμένους οὐκ ἔφη δώσειν· εἰ δὲ βούλεσθε, ἔφη, κομίζεσθαι τὸ πρὸς μέρος τοῦ πλοῦ τοῦ πεπλευσμένου, δώσω ὑμῖν, φησὶ, τοὺς εἰς Ῥόδον τόκους, πλείους δ' οὐκ ἂν δοίην, αὐτὸς αὑτῷ νομοθετῶν καὶ οὐχὶ τοῖς ἐκ τῆς συγγραφῆς
1287 δικαίοις πειθόμενος. ὡς δ' ἡμεῖς οὐκ ἂν ἔφαμεν συγχωρῆσαι οὐδὲν τούτων, λογιζόμενοι ὅτι, ὁπότε τοῦτο [1] πράξομεν, ὁμολογοῦμεν καὶ αὐτοὶ εἰς Ῥόδον σεσιτηγηκέναι, ἔτι μᾶλλον ἐπέτεινεν οὗτος καὶ μάρτυρας πολλοὺς παραλαβὼν προσῄει, φάσκων ἕτοιμος εἶναι ἀποδιδόναι τὸ δάνειον καὶ τοὺς τόκους τοὺς εἰς Ῥόδον, οὐδὲν μᾶλλον, ὦ ἄνδρες δικασταὶ, ἀποδοῦναι διανοούμενος, ἀλλ' ἡμᾶς ὑπολαμβάνων οὐκ ἂν ἐθελῆσαι ἀπολαβεῖν τὸ ἀργύριον διὰ τὰς ὑπούσας αἰτίας. ἐδήλωσε δ' αὐτὸ τὸ ἔργον.

ε'. Ἐπειδὴ γὰρ, ὦ ἄνδρες Ἀθηναῖοι, τῶν ὑμετέρων πολιτῶν τινὲς παραγενόμενοι ἀπὸ ταυτομάτου συνεβούλευον ἡμῖν τὸ μὲν διδόμενον λαμβάνειν, περὶ δὲ τῶν ἀντιλεγομένων κρίνεσθαι, τοὺς δὲ εἰς Ῥόδον τόκους μὴ καθομολογεῖν τέως ἂν κριθῶμεν, ἡμεῖς μὲν ταῦτα συνεχωροῦμεν, οὐκ ἀγνοοῦντες, ὦ ἄνδρες δικασταὶ, τὸ ἐκ τῆς συγγραφῆς δίκαιον, ἀλλ' ἡγούμενοι δεῖν ἐλαττοῦσθαί τι καὶ συγχωρεῖν, ὥστε μὴ δοκεῖν φιλόδικοι εἶναι· οὗτος δ', ὡς ἑώρα ἡμᾶς ὁμόσε πορευομένους, ἀναιρεῖσθέ, φησι, τοίνυν τὴν συγγραφήν. ἡμεῖς ἀναιρώμεθα; οὐδέν γε μᾶλλον, ἢ ὁτιοῦν· ἀλλὰ κατὰ μὲν τἀργύριον, ὃ ἂν ἀποδῷς, ὁμολογήσομεν ἐναντίον τοῦ τραπεζίτου ἄκυρον ποιεῖν τὴν συγγραφὴν, τὸ μέντοι σύνολον οὐκ ἂν ἀνελοίμεθα, ἕως ἂν περὶ τῶν ἀντιλεγομένων κριθῶμεν. τί γὰρ ἔχοντες δίκαιον ἢ τί τὸ ἰσχυρὸν ἀντιδικήσομεν, ἐάν τε πρὸς διαιτητὴν, ἐάν τε εἰς δικαστήριον δέῃ βαδίζειν, ἀνελόμενοι τὴν συγγραφὴν, ἐν ᾗ τὴν ὑπὲρ τῶν δικαίων βοήθειαν ἔχομεν; ταῦτα δὲ ἡμῶν λε-

[1] πράξωμεν

b. Ἀλλὰ κατὰ μὲν τἀργύριον—] *Atqui quod ad pecuniam attinet, quamcunque reddideris, fatebimur eatenus irritam fore syngrapham; in universum vero nequaquam expungemus.* ἀναιρεῖσθαι τὴν συγγραφὴν et ἄκυρον ποιεῖν τὴν συγγραφὴν est enim *syngrapham irritam facere et circumducere.* Sic ἀναλέσθαι τὴν γραφὴν accusationem inducere. BUDAEUS.

γόντων, ὦ ἄνδρες δικασταί, καὶ ἀξιούντων Διονυσόδωρον τουτονὶ τὴν μὲν συγγραφὴν μὴ κινεῖν, μηδ' ἄκυρον ποιεῖν 1288
τὴν ὁμολογουμένην καὶ ὑπ' αὐτῶν τούτων κυρίαν εἶναι, τῶν δὲ χρημάτων ὅσα μὲν αὐτὸς ὁμολογεῖ, ἀποδοῦναι ἡμῖν, περὶ δὲ τῶν ἀντιλεγομένων, ὡς ἑτοίμων ὄντων κριθῆναι, εἴτε βούλοιντο ἐφ' ἑνὶ εἴτε καὶ πλείοσι τῶν ἐκ τοῦ ἐμπορίου, οὐκ ἔφη προσέχειν Διονυσόδωρος τούτων οὐδενί, ἀλλ', ὅτι τὴν συγγραφὴν ὅλως οὐκ ἀνῃρούμεθα ἀπολαμβάνοντες ἃ οὗτος ἐπέταττεν, ἔχει δεύτερον ἔτος τὰ ἡμέτερα καὶ χρῆται τοῖς χρήμασι, καὶ ὃ πάντων ἐστὶ δεινότατον, ὦ ἄνδρες δικασταί, ὅτι αὐτὸς μὲν οὗτος παρ' ἑτέρων εἰσπράττει ναυτικοὺς τόκους ἀπὸ τῶν ἡμετέρων χρημάτων, οὐκ Ἀθήνησι δανείσας οὐδ' εἰς Ἀθήνας, ἀλλ' εἰς Ῥόδον καὶ Αἴγυπτον, ἡμῖν δὲ τοῖς δανείσασιν εἰς τὸ ὑμέτερον ἐμπόριον οὐκ οἴεται δεῖν τῶν δικαίων οὐδὲν ποιεῖν. ὅτι δὲ ἀληθῆ λέγω, ἀναγνώσεται ὑμῖν τὴν πρόκλησιν, ἣν ὑπὲρ τούτων προὐκαλεσάμεθ' αὐτόν.

ΠΡΟΚΛΗΣΙΣ.

ταῦτα τοίνυν, ὦ ἄνδρες δικασταί, προκαλεσαμένων ἡμῶν Διονυσόδωρον τουτονὶ πολλάκις, καὶ ἐπὶ πολλὰς ἡμέρας ἐκτιθέντων τὴν πρόκλησιν, εὐήθεις ἔφη παντελῶς εἶναι ἡμᾶς, εἰ [1]ὑπολαμβάνομεν αὐτὸν οὕτω παντελῶς ἀλογίστως ἔχειν, ὥστ' ἐπὶ διαιτητὴν βαδίζειν, προδήλου ὄντος ὅτι καταγνώσεται αὐτοῦ ἀποτίσαι τὰ χρήματα, ἐξὸν αὐτῷ ἐπὶ τὸ δικαστήριον ἥκειν φέροντα τἀργύριον· εἶτα, ἐὰν μὲν δύνηται ὑμᾶς παρακρούσασθαι, ἀπιέναι τἀλλότρια ἔχοντα, εἰ δὲ μή, τηνικαῦτα καταθεῖναι τὰ χρήματα, ὡς ἄνθρωπος οὐ τῷ δικαίῳ πιστεύων, ἀλλὰ διάπειραν ὑμῶν λαμβάνειν βουλόμενος.

ϛʹ. Τὰ μὲν τοίνυν πεπραγμένα Διονυσοδώρῳ, ἀκηκόατε, 1289
ὦ ἄνδρες δικασταί· [2]οἶμαι δ' ὑμᾶς ἀκούοντας θαυμάζειν τὴν τόλμαν αὐτοῦ πάλαι, καὶ τῷ ποτὲ πιστεύων εἰσελήλυθε δευρί. πῶς γὰρ οὐ τολμηρόν, εἴ τις ἄνθρωπος, δανεισάμενος χρήματα ἐκ τοῦ ἐμπορίου τοῦ Ἀθηναίων, καὶ

[1] ὑπολαμβάνομεν αὐτὸν οὕτως ἀλογίστως ἔχειν

[2] οἴομαι

συγγραφὴν διαῤῥήδην γραψάμενος, ἐφ' ᾧ τε καταπλεῖν τὴν ναῦν εἰς τὸ ὑμέτερον ἐμπόριον, εἰ δὲ μὴ, ἀποτίνειν διπλάσια τὰ χρήματα, μήτε τὴν ναῦν κατακεκόμικεν εἰς τὸν Πειραιᾶ, μήτε τὰ χρήματ' ἀποδίδωσι τοῖς δανείσασι, τόν τε σῖτον ἐξελόμενος ἐν Ῥόδῳ ἀπέδοτο; καὶ ταῦτα διαπεπραγμένος, οὐδὲν ἧττον τολμᾷ βλέπειν εἰς τὰ ὑμέτερα πρόσωπα; ἃ δὴ λέγει πρὸς ταῦτα, ἀκούσατε. φησὶ γὰρ τὴν ναῦν πλέουσαν ἐξ Αἰγύπτου ῥαγῆναι, καὶ διὰ ταῦτ' ἀναγκασθῆναι [1] προσχεῖν εἰς τὴν Ῥόδον καὶ ἐκεῖ ἐξελέσθαι τὸν σῖτον. καὶ τούτου τεκμήριον λέγει, ὡς ἄρ' ἐκ τῆς Ῥόδου μισθώσαιτο πλοῖα καὶ δεῦρ' ἀποστείλειε τῶν χρημάτων ἔνια. ἓν μὲν τοῦτ' ἔστιν αὐτῷ μέρος τῆς ἀπολογίας. δεύτερον δ' ἐκεῖνο. φησὶ γὰρ ἑτέρους τινὰς δανειστὰς συγκεχωρηκέναι αὐτῷ τοὺς τόκους, τοὺς εἰς Ῥόδον· δεινὸν οὖν, εἰ ἡμεῖς μὴ συγχωρήσομεν ταὐτὰ ἐκείνοις. τρίτον πρὸς τούτοις, τὴν συγγραφὴν κελεύειν φησὶν αὐτὸν, σωθείσης τῆς νεὼς, ἀποδοῦναι τὰ χρήματα· τὴν δὲ ναῦν οὐ σεσῶσθαι εἰς τὸν Πειραιᾶ.

ζ'. Πρὸς ἕκαστον δὴ τούτων ἀκούσατε, ὦ ἄνδρες δικασταὶ, ἃ λέγομεν δίκαια. πρῶτον μὲν τὸ ῥαγῆναι τὴν ναῦν ὅταν λέγῃ, πᾶσιν ὑμῖν [2] οἶμαι φανερὸν εἶναι, ὅτι ψεύδεται.
1290 εἰ γὰρ τοῦτο συνέβη παθεῖν τῇ νηῒ, οὔτ' ἂν εἰς τὴν Ῥόδον ἐσώθη, οὔτ' ἂν ὕστερον [3] πλόϊμος ἦν· νῦν δὲ φαίνεται εἰς τὴν Ῥόδον σωθεῖσα, καὶ πάλιν ἐκεῖθεν ἀποσταλεῖσα εἰς Αἴγυπτον, καὶ ἔτι καὶ νῦν πλέουσα πανταχόσε, πλὴν οὐκ εἰς Ἀθήνας. καίτοι πῶς οὐκ ἄτοπον, ὅταν μὲν εἰς τὸ Ἀθηναίων ἐμπόριον δέῃ κατάγειν τὴν ναῦν, ῥαγῆναι φάσκειν· ὅταν δ' εἰς τὴν Ῥόδον τὸν σῖτον ἐξελέσθαι, τηνικαῦτα δὲ [4] πλόϊμον οὖσαν φαίνεσθαι τὴν αὐτὴν ναῦν; διὰ τί οὖν, φησὶν, ἐμισθωσάμην ἕτερα πλοῖα, καὶ μετεξειλόμην τὸν γόμον, καὶ δεῦρο ἀπέστειλα; ὅτι, ὦ ἄνδρες Ἀθηναῖοι, οὐ τῶν ἁπάντων ἀγωγίμων οὔθ' οὗτος ἦν κύριος οὔθ' ὁ κοινωνὸς αὐτοῦ, ἀλλ' οἱ ἐπιβάται τὰ ἑαυτῶν χρήματ'

[1] καὶ προσχεῖν [2] οἴομαι [3] πλώϊμος [4] πλώϊμον

Ἐφ' ᾧ τε] Dicitur πλεονάζοντος τοῦ τε more Ionico. Et construitur cum infinitivo praesenti et praeterito. IDEM.

Ἐφ' ᾧτε καταπλεῖν] *Ea conditione ut navis redeat in vestrum emporium.* Non enim dicitur κατάπλους, nisi cum navis in eundem portum revertitur, unde exierat. Et sic καταπλεῖν passim apud Demosthenem accipitur, de nave regressa, unde egressa fuerat. *De M. U.* p. 357. SALMASIUS.

ἀπέστελλον, οἶμαι, δεῦρο ἐν ἑτέροις πλοίοις ἐξ ἀνάγκης, ἐπειδὴ προκατέλυσαν οὗτοι τὸν πλοῦν· ὧν μέντοι [1]αὐτοὶ ἦσαν κύριοι, [αὐτοὶ δὲ] οὐ ταῦτ' ἀπέστελλον πάντα δεῦρο, ἀλλ' ἐκλεγόμενοι, τίνων αἱ τιμαὶ ἐπετέταντο. ἐπεὶ τί δήποτε μισθούμενοι ἕτερα πλοῖα, ὥς φατε, οὐχ ἅπαντα τὸν γόμον τῆς νεὼς μετενέθεσθε, ἀλλὰ τὸν σῖτον αὐτοῦ ἐν τῇ Ῥόδῳ κατελίπετε; ὅτι, ὦ ἄνδρες δικασταί, τοῦτον μὲν συνέφερεν αὐτοῖς ἐκεῖσε πωλεῖν, τὰς γὰρ τιμὰς ἐνθάδε ἀνεικέναι ἤκουον· τὰ δ' ἄλλα ἀγώγιμα ὡς ὑμᾶς ἀπέστελλον, ἀφ' ὧν κερδανεῖν ἤλπιζον. ὥστε τὴν μίσθωσιν τῶν πλοίων ὅταν λέγῃς, οὐ τοῦ ῥαγῆναι τὴν ναῦν τεκμήριον λέγεις, ἀλλὰ τοῦ συμφέροντος ὑμῖν.

η'. Περὶ μὲν οὖν τούτων ἱκανά μοι τὰ εἰρημένα· περὶ δὲ
τῶν δανειστῶν, οὕς φασι συγκεχωρηκέναι λαβεῖν παρ' αὐ-
τῶν τοὺς εἰς Ῥόδον τόκους, ἔστι μὲν οὐδὲν πρὸς ἡμᾶς τοῦτο.
εἰ γάρ τις ὑμῖν ἀφῆκέ τι τῶν αὐτοῦ, οὐδὲν [2]ἀδικεῖται ὁ 1291
πεισθεὶς ἢ ὁ πείσας· ἀλλ' ἡμεῖς οὔτ' ἀφείκαμέν σοι οὐδὲν,
οὔτε συγκεχωρήκαμεν τῷ πλῷ τῷ εἰς Ῥόδον, οὐδέ ἐστιν
ἡμῖν κυριώτερον οὐδὲν τῆς συγγραφῆς. αὕτη δὲ τί λέγει,
καὶ ποῖ προστάττει τὸν πλοῦν ποιεῖσθαι; Ἀθήνηθεν εἰς
Αἴγυπτον, καὶ ἐξ Αἰγύπτου εἰς Ἀθήνας· εἰ δὲ μὴ, ἀποτί-
νειν κελεύει διπλάσια τὰ χρήματα. ταῦτ' εἰ μὲν πεποίη-
κας, οὐδὲν ἀδικεῖς· εἰ δὲ μὴ πεποίηκας, μηδὲ κατακεκό-
μικας τὴν ναῦν Ἀθήναζε, προσήκει σε ζημιοῦσθαι τῷ ἐπι-
τιμίῳ τῷ ἐκ τῆς συγγραφῆς. τοῦτο γὰρ τὸ δίκαιον οὐκ
ἄλλος οὐδεὶς, ἀλλ' αὐτὸς σὺ σαυτῷ ὥρισας. δεῖξον οὖν τοῖς
δικασταῖς δυοῖν θάτερον, ἢ τὴν συγγραφὴν ὡς οὐκ ἔστιν
ἡμῖν κυρία, ἢ ὡς οὐκ εἶ δίκαιος πάντα [3][τὰ] κατὰ ταύ-
την πράττειν. εἰ δέ τινες ἀφείκασί τι σοι καὶ συγκεχωρή-
κασι τοὺς εἰς Ῥόδον τόκους, ὅτῳ δήποτε τρόπῳ πεισθέντες,
διὰ ταῦτα οὐδὲν ἀδικεῖς ἡμᾶς, οὓς παρασυγγεγράφηκας εἰς

[1] αὐτοὶ, ἦσαν κύριοι· οὗτοι, οὐδὲ ταῦτ' [2] ἀδικεῖται οὔθ' ὁ δοὺς, οὔθ' ὁ πεισθεὶς, ἀλλ' ἡμεῖς
[3] Deest articulus.

ζ. Αὐτοὶ δὲ] F. leg. *αὐτὰ δή*.

Σῖτον αὐτοῦ] Αὐτοῦ vel significat *ibi*, vel refertur ad *γόμον*, *partem oneris*. Augen.

η. Πάντα τὰ κατὰ ταῦτα] Malim abesse τὸ τά. Wolf.

Οὓς παρασυγγεγράφηκας] Quos ideo fefellisti, quod contra quam syngrapha nautica cautum erat, tu navem in Ægyptum appulisti, h. e. *παραβὰς τὰ συγκείμενα καὶ τὰ προσδιωρισμένα ἐν τῇ συγγραφῇ*. Sic enim dicitur ut *παρασπονδεῖν, τὸ τὰς σπονδὰς καὶ συνθήκας παραβαίνειν*. Budæus.

Ῥόδον καταγαγὼν τὴν ναῦν; οὐκ οἴομαί γε. οὐ γὰρ τὰ ὑφ' ἑτέρων συγκεχωρημένα δικάζουσιν οὗτοι νῦν, ἀλλὰ τὰ ὑπ' αὐτοῦ σοῦ πρὸς ἡμᾶς συγγεγραμμένα.

θ'. Ἐπεὶ, ὅτι γε καὶ τὸ περὶ τὴν ἄφεσιν τῶν τόκων, εἰ ἄρα γέγονεν, ὡς οὗτοι λέγουσι, μετὰ τοῦ συμφέροντος τοῦ τῶν δανειστῶν γέγονε, πᾶσιν ὑμῖν φανερόν ἐστιν. οἱ γὰρ ἐκ τῆς Αἰγύπτου δανείσαντες τούτοις ἑτερόπλουν τἀργύριον εἰς Ἀθήνας, ὡς ἀφίκοντο εἰς τὴν Ῥόδον, καὶ τὴν ναῦν ἐκεῖσε οὗτοι κατεκόμισαν, οὐδὲν, οἶμαι, διέφερεν αὐτοῖς ἀφειμένοις τῶν τόκων καὶ κομισαμένοις τὸ δάνειον ἐν τῇ
1292 Ῥόδῳ, πάλιν ἔνεργὸν ποιεῖν εἰς τὴν Αἴγυπτον· ἀλλ' ἐλυσιτέλει πολλῷ μᾶλλον τοῦτο, ἢ δεῦρ' ἐπαναπλεῖν. ἐκεῖσε μέν γε ἀκαριαῖος ὁ πλοῦς, καὶ δὶς ἢ τρὶς ὑπῆρχεν αὐτοῖς ἐργάσασθαι τῷ αὐτῷ ἀργυρίῳ· ἐνταῦθα δ' ἐπιδημήσαντας παραχειμάζειν ἔδει, καὶ περιμένειν τὴν ὡραίαν. ὥστ' ἐκεῖνοι μὲν οἱ δανεισταὶ [1] προσκεκερδήκασι, καὶ οὐκ ἀφείκασι τούτοις οὐδέν· ἡμῖν δ' οὐχ ὅπως περὶ τοῦ τόκου ὁ λόγος ἐστὶν, ἀλλ' οὐδὲ τἀρχαῖα ἀπολαβεῖν δυνάμεθα. μὴ οὖν ἀποδέχεσθε τούτου φενακίζοντος ὑμᾶς, καὶ τὰ πρὸς τοὺς ἄλλους δανειστὰς πεπραγμένα παραβάλλοντος· ἀλλ' ἐπὶ τὴν συγγραφὴν ἀνάγετε αὐτὸν, καὶ τὰ ἐκ τῆς συγγραφῆς δίκαια.

ι'. Ἔστι γάρ ἔμοι [2] γε λοιπὸν διδάξαι ὑμᾶς τοῦτο, [3] καὶ [ᾧ] οὗτος ἰσχυρίζεται τῷ αὐτῷ τούτῳ, φάσκων τὴν συγγραφὴν κελεύειν, σωθείσης τῆς νεὼς, ἀποδιδόναι τὸ δάνειον. καὶ ἡμεῖς ταῦτα οὕτω φαμὲν δεῖν ἔχειν. ἡδέως δ' ἂν πυθοίμην αὐτοῦ σοῦ, πότερον ὡς [4] ὑπὲρ διεφθαρμένης τῆς νεὼς

[1] προσκεκερδάγκασι [2] τε [3] καὶ οὗτος διϊσχυρίζεται [4] περὶ

θ'. Οἱ γὰρ ἐκ τῆς Αἰγύπτου —] *Nam qui ex Ægypto pecuniam trajectitiam Athenas fenerati fuerant in unum tantum commeatum, ii ut Rhodum pervenerunt, quo isti navem appulerant, nimirum nihil jam sua interesse ducebant, simul ut pecuniam suam una cum fenore ibi acceperant, missos istos facere, cautione trajectititia antiquata, retroque in Ægyptum rursus pecuniam occupare.* χρήματα ἔνεργὰ dicta *quæstuose fenusque pensitantes pecuniæ.* Latine dicitur *pecunia fenore occupata.* Idem.

Ἀφειμένοις τῶν τόκων] *Liberatis usura.* Utrum recepta, ut jam nullas acciperent? loquitur enim de creditoribus. Wolf.

Ἀφειμένοις τῶν τόκων] F. leg. τοὺς τόκους, ita ut ἀφειμένοις accipiatur in sensu activo, *remittentibus usuram,* sp. usque Athenas. Auger.

Παραβάλλοντος] F. παραμβάλλοντος. Wolf.

ι'. Ἔστι γὰρ ἔμοιγε] F. ἔτι δ' ἔμοιγε. Idem.

Τοῦτο, καὶ ᾧ] Post τοῦτο forte desideratur *μέγιστον*, ita ut ᾧ sequens non regatur ab ἰσχυρίζεται, sed significet, *et per quod,* τῷ αὐτῷ τούτῳ, sp. iis standum esse

διαλέγῃ, ἢ ὡς ὑπὲρ σεσωσμένης. εἰ μὲν γὰρ διέφθαρται ἡ ναῦς καὶ ἀπόλωλε, τί περὶ τῶν τόκων διαφέρῃ, καὶ ἀξιοῖς ἡμᾶς κομίζεσθαι τοὺς εἰς Ῥόδον τόκους; οὔτε γὰρ τοὺς τόκους οὔτε τἀρχαῖα προσήκει ἡμᾶς ἀπολαβεῖν. εἰ δ' ἐστὶν ἡ ναῦς σῴα καὶ μὴ διέφθαρται, διὰ τί ἡμῖν οὐκ ἀποδίδως τὰ χρήματα, ἃ συνεγράψω;

ιά. Πόθεν οὖν ἀκριβέστατ' ἂν μάθοιτε, ὦ ἄνδρες Ἀθηναῖοι, ὅτι σέσωσται ἡ ναῦς; μάλιστα μὲν ἐξ αὐτοῦ τοῦ εἶναι τὴν ναῦν ἐν [1][τῷ] πλῷ, οὐχ ἧττον δὲ καὶ ἐξ ὧν αὐτοὶ οὗτοι λέγουσιν. ἀξιοῦσι γὰρ ἡμᾶς τά τε ἀρχαῖα ἀπολαβεῖν καὶ μέρος τι τῶν τόκων, ὡς σεσωσμένης μὲν τῆς νεώς, οὐ πεπλευκυίας δὲ πάντα τὸν πλοῦν. σκοπεῖτε δὲ, ὦ ἄν- 1293
δρες Ἀθηναῖοι, πότερον ἡμεῖς τοῖς ἐκ τῆς συγγραφῆς δικαίοις χρώμεθα, ἢ οὗτοι, οἳ οὔτε εἰς τὸ συγκείμενον ἐμπόριον πεπλεύκασιν, ἀλλ' εἰς Ῥόδον καὶ Αἴγυπτον; σωθείσης τε τῆς νεὼς καὶ οὐ διεφθαρμένης, ἄφεσιν οἴονται δεῖν εὑρίσκεσθαι τῶν τόκων παρασυγγεγραφηκότες, καὶ αὐτοὶ μὲν πολλὰ χρήματ' εἰργασμένοι παρὰ τὴν σιτηγίαν τὴν εἰς Ῥόδον, τὰ δ' ἡμέτερα χρήματ' ἔχοντες καὶ καρπούμενοι δεύτερον ἔτος τουτί. καινότατον δ' ἐστὶ πάντων τὸ γιγνόμενον. τὸ μὲν γὰρ δάνειον τὸ ἀρχαῖον ἀποδιδόασιν ἡμῖν ὡς σεσωσμένης τῆς νεώς· τοὺς τόκους δ' ἀποστερῆσαι οἴονται δεῖν, ὡς διεφθαρμένης. καίτοι ἡ συγγραφὴ οὐχ ἕτερα μὲν λέγει περὶ τῶν τόκων, ἕτερα δὲ περὶ τοῦ ἀρχαίου δανείσματος· ἀλλὰ [2]κοινὰ τὰ δίκαια [3]ταῦτα περὶ ἀμφοῖν ἐστί, καὶ ἡ πρᾶξις ἡ αὐτή. ἀνάγνωθι δέ μοι πάλιν τὴν συγγραφήν.

ΣΥΓΓΡΑΦΗ.

Ἀθήνηθεν εἰς Αἴγυπτον, καὶ ἐξ Αἰγύπτου Ἀθήναζε.

ἀκούετε, ὦ ἄνδρες Ἀθηναῖοι, Ἀθήνηθεν, φησίν, εἰς Αἴγυπτον, καὶ ἐξ Αἰγύπτου Ἀθήναζε. λέγε τὰ λοιπά.

[1] Deest articulus. [2] [κοινὰ] [3] ταὐτὰ

quæ in syngrapha continentur. Auger. ...α συνεγράψω] Συγγραφὴ enim non semper obligatione reciproca constabat, sed etiam unius tantum sponsione et alterius

ΣΥΓΓΡΑΦΗ.

Σωθείσης δὲ τῆς νεὼς εἰς τὸν Πειραιᾶ.

ἄνδρες δικασταί, πάνυ ἁπλοῦν ἐστὶ διαγνῶναι ὑμῖν ὑπὲρ ταυτησὶ τῆς δίκης· καὶ οὐδὲν δεῖ λόγων πολλῶν. ἡ γὰρ ναῦς ὅτι μὲν σέσωσται καὶ ἔστι σῴα, καὶ παρ' αὐτῶν τούτων ὁμολογεῖται· οὐ γὰρ ἂν ἀπεδίδοσαν τό τε ἀρχαῖον δάνειον καὶ τῶν τόκων μέρος τι. οὐ κατακεκόμισται δὲ εἰς τὸν Πειραιᾶ. διὰ τοῦτο ἡμεῖς μὲν οἱ δανείσαντες ἀδικεῖσθαι φαμέν,
1294 καὶ ὑπὲρ τούτου δικαζόμεθα, ὅτι οὐ κατέπλευσεν εἰς τὸ συγκείμενον ἐμπόριον. Διονυσόδωρος δ' οὔ φησιν ἀδικεῖν δι' αὐτὸ τοῦτο· οὐ γὰρ δεῖν ἀποδοῦναι πάντας τοὺς τόκους, ἐπειδὴ ἡ ναῦς οὐ κατέπλευσεν εἰς τὸν Πειραιᾶ. ἡ δὲ συγγραφὴ τί λέγει; οὐ μὰ [1][τὸν] Δί', οὐ ταῦθ', ἃ σὺ λέγεις, ὦ Διονυσόδωρε· ἀλλ', ἐὰν μὴ ἀποδιδῷς τὸ δάνειον καὶ τοὺς τόκους, ἢ μὴ παράσχῃς τὰ ὑποκείμενα ἐμφανῆ καὶ ἀνέπαφα, ἢ ἄλλο τι παρὰ τὴν συγγραφὴν ποιῇς, ἀποτίνειν κελεύει σε διπλάσια τὰ χρήματα. καί μοι λέγε αὐτὸ τοῦτο [1]τὸ τῆς συγγραφῆς.

ΣΥΓΓΡΑΦΗ.

Ἐὰν δὲ μὴ παράσχωσιν ἐμφανῆ τὰ ὑποκείμενα καὶ ἀνέπαφα, ἢ ποιήσωσί τι παρὰ τὴν συγγραφήν, ἀποδιδότωσαν διπλάσια τὰ χρήματα.

[1] Deest articulus.

stipulatione. Budæus.

ιά. Πειραιᾶ] Pone punctum infra post Πειραιᾶ. Deinde geminandum forte εἰς τὸν Πειραιᾶ, et pungendum post δικασταί. Auger.

Ἐὰν δὲ μὴ παράσχωσιν —— χρήματα] Darius et Pamphilus cum mutuo pecuniam Dionysodoro et Parmenisco dedissent sub usuris nauticis, ac per syngrapham convenisset, ut, navi ex Ægypto in Athenarum portum reversa, sors redderetur cum usuris, et, si contra conventionem factum quid esset, dupla pecunia redderetur, eaque navis ei conventioni esset specialiter obligata, navi frumento onusta ex Ægypto Rhodum appulsa, et ibi mercibus expositis, id quod conventum erat Darius et Pamphilus solvi sibi postulabant. Dionysodorus autem et Parmeniscus sortem quidem et usuras Rhodum usque offerebant, nihil amplius deberi contendentes, hoc colore, quod navis fracta esset nec potuisset usque in Atticum emporium navigare; Dario et Pamphilo contra negantibus, navem eam fractam, quæ etiam tum navigaret, et in Ægyptum reversa esset. Quoniam igitur nec pecunia cum usuris conventis reddebatur, nec navis, quæ conventionibus illis specialiter obligata erat, exhibebatur, ut vendi posset, et ex venditionis pretio pecunia illa confici, Darius et Pamphilus Dionysodorum convenerant, cujus nomine syngrapha conscripta fuerat, ut duplam pecuniam, sicut convenerat, solvere damnaretur, secundum conventionem in syngrapha contentam his verbis: ἐὰν &c. Syngrapha igitur jubebat ἀνέπαφον καὶ ἐμφανῆ τὴν ναῦν παρέχειν, quod factum non esse querebantur creditores his verbis [p. 284. v. 18.] ἡμῖν δὲ etc. Vides igitur eos petiisse τὸ ἐνέχυρον i. e. τὴν ναῦν, quæ sibi obligata erat, καθίστασθαι εἰς τὸ ἐμφανές, navim pignori sibi obligatam exhiberi, distrahen-

ἔστιν οὖν ὅπου παρέσχηκας ἐμφανῆ τὴν ναῦν, ἀφ' οὗ τὰ χρήματα ἔλαβες παρ' ἡμῶν, ὁμολογῶν σῴαν εἶναι αὐτός; ἢ καταπέπλευκας ἐξ ἐκείνου τοῦ χρόνου εἰς τὸ Ἀθηναίων ἐμπόριον, τῆς συγγραφῆς διαῤῥήδην λεγούσης, εἰς τὸν Πειραιᾶ κατάγειν τὴν ναῦν, καὶ ἐμφανῆ παρέχειν τοῖς δανείσασι;

ιβ'. Καὶ γὰρ τοῦτο, ὦ ἄνδρες Ἀθηναῖοι. θεάσασθε τὴν ὑπερβολήν. ἐῤῥάγη ἡ ναῦς, ὥς φησιν οὗτος, καὶ διὰ τοῦτο εἰς Ῥόδον κατήγαγεν αὐτήν· οὐκοῦν τὸ μετὰ τοῦτο ἐπεσκευάσθη καὶ [1] πλόϊμος ἐγένετο. διὰ τί οὖν, ὦ βέλτιστε, εἰς μὲν τὴν Αἴγυπτον καὶ τἄλλα ἐμπόρια ἀπέστελλες αὐτὴν, Ἀθήναζε δ' οὐκ ἀπέσταλκας οὐδέπω καὶ νῦν πρὸς ἡμᾶς τοὺς δανείσαντας, οἷς ἡ συγγραφὴ κελεύει σε ἀνέπαφον καὶ ἐμφανῆ τὴν ναῦν παρέχειν, καὶ ταῦτ' ἀξιούντων ἡμῶν καὶ προκαλεσαμένων σε πολλάκις; ἀλλ' οὕ- 1295
τως ἀνδρεῖος εἶ, μᾶλλον δ' ἀναίσχυντος, ὥστε, ἐκ τῆς συγγραφῆς ὀφείλων ἡμῖν διπλάσια τὰ χρήματα, οὐκ οἴει δεῖν οὐδὲ τοὺς τόκους τοὺς γινομένους ἀποδοῦναι, ἀλλὰ τοὺς εἰς Ῥόδον προστάττεις ἀπολαβεῖν, ὥσπερ τὸ σὸν πρόσταγμα τῆς συγγραφῆς δέον κυριώτερον γενέσθαι; καὶ τολμᾷς λέγειν, ὡς οὐκ ἐσώθη ἡ ναῦς εἰς τὸν Πειραιᾶ, ἐφ' ᾧ δικαίως ἂν ἀποθάνοις ὑπὸ τῶν δικαστῶν. διὰ τίνα γὰρ ἄλλον, ὦ ἄνδρες δικασταὶ, οὐ σέσωσται ἡ ναῦς εἰς τὸν Πειραιᾶ; πότερον δι' ἡμᾶς τοὺς διαῤῥήδην δανείσαντας εἰς Αἴγυπτον καὶ

[1] πλώϊμος

dam scilicet, unde exsistebat δίκη εἰς ἐμφανῶν κατάστασιν: ad quam quidem pertinet Pollucis interpretatio l. VIII. c. VI., sed longe latius patet. Nam et cum syngrapha, aut quod aliud scriptum erat apud aliquem depositum, poterat is, cujus intererat, depositarium προκαλεῖσθαι εἰς ἐμφανῶν κατάστασιν, et in jus vocare, ad exhibendum scriptum, quod ejus fidei creditum erat. *In Anim. in Salmas. Obss. ad Jus A. et R.* l. II. c. VI. §. IV. HERALDUS. Cf. Salmas. de M. U. p. 194.

ιβ'. Καὶ γὰρ τοῦτο] Hic aliquid videtur deesse et ita supplendum: καὶ γὰρ τοῦτο, ὦ ἄ. Ἀ., θεάσασθε, καὶ τὴν ὑπερβολὴν τῆς ἀλογίας καὶ τῆς ἀναιδείας. AUGER.

Διὰ τί οὖν, ὦ βέλτιστε, —] *Cur in Ægyptum aliaque emporia appulsam navem voluisti et mandasti, Athenas noluisti nec curasti ad hunc diem, ad nos scilicet qui in eam ipsi navem exercendam pecuniam fœnerati sumus, quibus syngrapha dictabat ipsa intactam navem exhibere, omnique pignore solutam et liberam?* et p. 295. v. 5. εἰ γὰρ etc. *Nam si navis fracta esset, ut ipsi falso dictitant, simulac eam ipsi refecerunt, non in alia utique emporia appellendam locassent, sed ad nos potius recta reducendam curássent, videlicet ut quod fortuito acciderat emendarent hoc facto atque restituerent.* Est enim ἀποστέλλειν *cursum navis aliquo dirigere et contendere;* quod non tantum is facit qui in nave est cum vectoribus, sed etiam qui magistrum præposuit et exercitorem navis. BUDÆUS.

Οὐκ οἴει δεῖν —] Id est οἴει δεῖν οὐκ ἀποδοῦναι τόκους οὐδὲ γινομένους, hoc est, *ne usuras quidem legitimas et civiles censes*

εἰς Ἀθήνας, ἢ διὰ τοῦτον καὶ τὸν κοινωνὸν αὐτοῦ, οἳ, ἐπὶ ταύταις ταῖς ὁμολογίαις δανεισάμενοι, ἐφ' ᾧ τε καταπλεῖν Ἀθήναζε, εἰς Ῥόδον κατήγαγον τὴν ναῦν;

ιγ'. Ὅτι δ' ἑκόντες καὶ οὐκ ἐξ ἀνάγκης ταῦτ' ἔπραξαν, δῆλον ἐκ πολλῶν. εἰ γὰρ ὡς ἀληθῶς ἀκούσιον τὸ συμβὰν ἐγένετο, καὶ ἡ ναῦς ἐῤῥάγη, τὸ μετὰ τοῦτ', ἐπειδὴ ἐπεσκεύασαν τὴν ναῦν, οὐκ ἂν εἰς ἕτερα δήπου ἐμπόρια ἐμίσθουν αὐτὴν, ἀλλ' ὡς ὑμᾶς ἀπέστελλον ἐπανορθούμενοι τὸ ἀκούσιον σύμπτωμα· νῦν δ' οὐχ ὅπως ἐπηνωρθώσαντο, ἀλλὰ πρὸς τοῖς ἐξ ἀρχῆς ἀδικήμασι πολλῷ μείζω προσεξημαρτήκασι, καὶ, ὥςπερ ἐπὶ καταγέλωτι, ἀντιδικοῦντες εἰσεληλύθασιν, ὡς ἐπ' αὐτοῖς ἐσόμενον, ἐὰν καταψηφίσησθε αὐτῶν, τἀρχαῖα μόνον ἀποδοῦναι καὶ τοὺς τόκους. ὑμεῖς οὖν, ὦ ἄνδρες Ἀθηναῖοι, μὴ ἐπιτρέπετε [1] τούτοις οὕτως ἔχουσι, μηδὲ ἐπὶ δυοῖν ἀγκύραιν ὁρμεῖν αὐτοὺς ἐᾶτε, ὡς, ἂν
1296 μὲν κατορθώσωσι, τὰ ἀλλότρια ἕξοντας, ἐὰν δὲ μὴ δύνωνται ἐξαπατῆσαι ὑμᾶς, αὐτὰ τὰ ὀφειλόμενα ἀποδώσοντας· ἀλλὰ τοῖς ἐπιτιμίοις ζημιοῦτε τοῖς ἐκ τῆς συγγραφῆς. καὶ γὰρ ἂν δεινὸν εἴη αὐτοὺς μὲν τούτους διπλασίαν καθ' ἑαυτῶν τὴν ζημίαν γράψασθαι, ἐάν τι παραβαίνωσι τῶν ἐν τῇ συγγραφῇ· ὑμᾶς δ' ἠπιωτέρως ἔχειν πρὸς αὐτοὺς, καὶ ταῦτ' οὐχ ἧττον ἡμῶν συνηδικημένους.

ιδ'. Τὰ μὲν οὖν περὶ τοῦ πράγματος δίκαια βραχέα ἐστὶ καὶ εὐμνημόνευτα. ἐδανείσαμεν Διονυσοδώρῳ τούτῳ καὶ τῷ κοινωνῷ αὐτοῦ τρισχιλίας δραχμὰς, Ἀθήνηθεν εἰς Αἴγυπτον καὶ ἐξ Αἰγύπτου Ἀθήναζε. οὐκ ἀπειλήφαμεν τὰ χρήματα, οὐδὲ τοὺς τόκους, ἀλλ' ἔχουσι τὰ ἡμέτερα καὶ χρῶνται δεύτερον ἔτος. οὐ κατακεκομίκασι τὴν ναῦν εἰς τὸ ὑμέτερον ἐμπόριον οὐδέπω καὶ νῦν, οὐδ' ἡμῖν παρεσχήκασιν ἐμφανῆ· ἡ δὲ συγγραφὴ κελεύει, ἐὰν μὴ παρέχωσιν ἐμφανῆ τὴν ναῦν, ἀποτίνειν αὐτοὺς διπλάσια τὰ χρήματα, τὴν δὲ πρᾶξιν εἶναι καὶ ἐξ ἑνὸς καὶ ἐξ ἀμφοῖν. ταῦτ' ἔχοντες τὰ δίκαια, εἰσεληλύθαμεν πρὸς

[1] τοῖς

te reddere oportere. IDEM.

ιγ'. Τἀρχαῖα μόνον ἀποδοῦναι καὶ τοὺς τόκους] F. καὶ τοὺς εἰς Ῥόδον τόκους. WOLF.

Τοῖς ἐπιτιμίοις] Vid. Herald. Anim. in Salmas. Obss. ad Jus A. et R. l. II. c. XX. §. IX.

ὑμᾶς, ἀξιοῦντες τὰ ἡμέτερα αὐτῶν ἀπολαβεῖν δι' ὑμῶν, ἐπειδὴ παρ' αὐτῶν τούτων οὐ δυνάμεθα. ὁ μὲν παρ' ἡμῶν λόγος οὗτός ἐστιν. οὗτοι δὲ δανείσασθαι μὲν ὁμολογοῦσι καὶ μὴ ἀποδεδωκέναι· διαφέρονται δ', ὡς οὐ δεῖ τελεῖν αὐτοὺς τοὺς τόκους τοὺς ἐν τῇ συγγραφῇ, ἀλλὰ τοὺς εἰς Ῥόδον, οὓς οὔτε συνεγράψαντο οὔτ' ἔπεισαν ἡμᾶς. εἰ μὲν οὖν, ὦ ἄνδρες Ἀθηναῖοι, ἐν τῷ Ῥοδίων δικαστηρίῳ ἐκρινόμεθα, ἴσως ἂν ἐπλεονέκτουν οὗτοι ἡμῶν, σεσιτηγηκότες πρὸς αὐτοὺς καὶ καταπεπλευκότες τῇ νηὶ εἰς τὸ ἐκείνων 1297
ἐμπόριον· νῦν δ' [1] εἰς Ἀθηναίους εἰσεληλυθότες καὶ συγγραψάμενοι εἰς τὸ ὑμέτερον ἐμπόριον, οὐκ ἀξιοῦμεν ἐλαττωθῆναι ὑπὸ τῶν καὶ ὑμᾶς καὶ [2] ἡμᾶς ἠδικηκότων.

ιέ. Χωρὶς δὲ τούτων, ὦ ἄνδρες Ἀθηναῖοι, μὴ ἀγνοεῖτε, ὅτι νυνὶ, μίαν δίκην δικάζοντες, νομοθετεῖτε ὑπὲρ ὅλου τοῦ ἐμπορίου· καὶ παρεστᾶσι πολλοὶ τῶν κατὰ θάλατταν ἐργάζεσθαι προαιρουμένων, ὑμᾶς θεωροῦντες πῶς τὸ πρᾶγμα τουτὶ κρίνετε. εἰ μὲν γὰρ ὑμεῖς τὰς συγγραφὰς καὶ τὰς ὁμολογίας τὰς πρὸς ἀλλήλους γιγνομένας ἰσχυρὰς οἰήσεσθε δεῖν εἶναι, καὶ τοῖς παραβαίνουσιν αὐτὰς μηδεμίαν συγγνώμην ἕξετε, ἑτοιμότερον προήσονται τὰ ἑαυτῶν οἱ ἐπὶ τοῦ ἐμπορίου δανείζοντες· ἐκ δὲ τούτων αὐξηθήσεται ὑμῖν τὸ ἐμπόριον. εἰ μέντοι ἐξέσται τοῖς ναυκλήροις, συγγραφὴν γραψαμένοις ἐφ' ᾧ τε καταπλεῖν εἰς Ἀθήνας, ἔπειτα κατάγειν τὴν ναῦν εἰς ἕτερα ἐμπόρια, φάσκοντας ῥαγῆναι, καὶ τοιαύτας προφάσεις πορίζομένους οἵαισπερ Διονυσόδωρος οὑτοσὶ χρῆται, καὶ τοὺς τόκους μερίζειν πρὸς τὸν πλοῦν ὃν ἂν φήσωσι πεπλευκέναι, καὶ μὴ πρὸς τὴν συγγραφὴν, οὐδὲν κωλύσει ἅπαντα τὰ συμβόλαια διαλύεσθαι. τίς [3] γὰρ ἐθελήσει τὰ ἑαυτοῦ προέσθαι, ὅταν ὁρᾷ τὰς μὲν συγγραφὰς ἀκύρους, ἰσχύοντας δὲ τοὺς τοιούτους λόγους καὶ τὰς αἰτίας τῶν ἠδικηκότων ἔμπροσθεν οὔσας τοῦ δικαίου; μηδαμῶς, ὦ ἄνδρες δικασταί. οὔτε γὰρ τῷ πλήθει τῷ ὑμετέρῳ συμφέρει ταῦτα, οὔτε τοῖς ἐργάζεσθαι

[1] ὡς [2] ἡμᾶς καὶ ὑμᾶς [3] γὰρ ἂν ἐθελήσει

ιέ. Κρίνετε] M. κρινεῖτε. Auger. Ἑτοιμότερον προήσονται τὰ ἑαυτῶν] Lego προήσονται, τουτέστι δανείσουσι. et v. 21. Idem. αὐξηθήσεται ὑμῖν τὸ ἐμπόριον. Wolf. Ἀκύρους] F. A. γεγραμμένας. In farrag.

1298 προῃρημένοις, οἵπερ χρησιμώτατοί εἰσι καὶ κοινῇ πᾶσιν ὑμῖν καὶ ἰδίᾳ τῷ ἐντυγχάνοντι· διόπερ δεῖ ὑμᾶς αὐτῶν ἐπιμέλειαν ποιεῖσθαι.

ιϛʹ. Ἐγὼ μὲν οὖν, ὅσαπερ οἷός τ᾽ ἦν, εἴρηκα· ἀξιῶ δὲ καὶ τῶν φίλων μοι τινὰ συνειπεῖν. δεῦρο, Δημόσθενες.

ιϛʹ. Ἀξιῶ δὲ καὶ —] His verbis Demosthenem advocabat, sive suo ipsius ore, sive per præconem aut scribam, impetrata prius venia. Sic apud Isocratem c. Lochit. in fin. orat. εἰ δέ τις ἔχει μοι τῶν παρόντων συνειπεῖν, ἀναβὰς εἰς ὑμᾶς λεγέτω. Ergo συναγορεύειν, συνηγορεῖν, συνειπεῖν dicebant hac in re proprie, quomodo et βοηθεῖν. Ita c. Theocrin. fin. Lysias pro Call. sacr. reo, Isocrat. ad Demonic. In foro enim Attico privati causas suas ipsi agebant, aut amicorum opem implorabant, qui sibi præsto essent. In publicis quoque judiciis accusatores agebant ipsi, rei sese defendebant: utrique tamen et aliorum, quos amicos dicebant, opem quandoque advocabant, qui orationem suam subsequerentur et causam perorarent, venia prius petita, causati vel infirmitatem vel imperitiam vel quam aliam causam; cujus moris exemplum illustre exstat ap. Demosth. c. Neær. p. 1349. v. 27. ed. R. ubi Theomnestus accusationem exorsus subjicit: *Δέομαι κ. τ. λ.* et statim post sequitur Apollodori *συνηγορία*. Sic et rei, petita quoque prius venia, adjutorem advocabant. Æschin. c. Ctesiph. §. ξζʹ. Sed in causis privatis id erat usitatum. *In Anim. in Salmas. Obs. ad J. A. et R.* l. VI. c. X. §. III. Heraldus.

ΔΗΜΟΣΘΕΝΟΥΣ

ΠΡΟΣ ΕΥΒΟΥΛΙΔΗΝ

ΕΦΕΣΙΣ.

ΔΗΜΟΣΘΕΝΟΥΣ

ΠΡΟΣ ΕΥΒΟΥΛΙΔΗΝ

ΕΦΕΣΙΣ.

I. TAYLORI

PRÆFATIO

AD

DEMOSTHENIS

APPELLATIONEM ADVERSUS EUBULIDEM.

Lex, quæ in Argumento citatur, satis fideliter nos ducit ad mentem istius Orationis intelligendam. Euxitheus quidam dolis Eubulidis, adversarii ejus, et malis artibus circumventus, peregrinitatis damnatur a suis popularibus; et proinde nomen ejus e tabulis istius populi (Alimusii erant) deletum. Verum cum Lex provocationem ad Curiam a Populi sententia fieri permittebat, jam causa apud judices perorata, statum suum defendit, fretus testimonio *συγγενῶν*, *Cognatorum*, *δημοτῶν*, *Popularium*, *φρατόρων*, *Curialium*, et *γεννητῶν*, sive *Gentilium*. Utile erit conferre Herald. Animadv. L. II. C. I. et Petit. ad LL. Attic. Lib. II. Tit. III. Lege XII.

In quodam exemplari meo annotatum inveni, hanc Orationem non videri a Demosthene esse profectam; tum quia ἀποψηφίζεσθαι hic sæpiuscule in sensu condemnandi, quod videtur esse insolentius, occurrat; tum quod ex quibusdam indiciis constet, hæc temporibus esse superiora, quam ut ad Demosthenis ætatem pertingere potuerint. Ait enim Euxitheus, patrem suum natum esse ante Euclidem, Olymp. XCIV. 2. immo captivum fuisse bello Decelico, Olymp. XCI. 4. Porro se ipsum natum esse commemorat, cum Thrasybulus ab Abydum militaverit. Illud autem contigit circa Olymp. XCVII. Deinde matrem ejus esse superstitem, cum hæc causa agitaretur, multosque adeo familiares, qui illius nuptiis interfuerant.

Non constanter negabo, potuisse hunc esse fœtum rhetoris, qui Demosthene major esset natu; Lysiæ nimirum, a cujus charactere et genere orationis non abludunt multæ causæ forenses, quæ hodie in corpore Demosthenico reperiuntur, et nominatim hæc ipsa adversus Eubulidem, prout a summo Critico memoriæ proditur: Εἰ γοῦν μὴ διὰ τῆς ἐπιγραφῆς, οὗτινός ἐστιν, ἑκάτερος τῶν λόγων γνώριμος ἦν, ἀλλ' ἀνεπιγράφοις περιετύχομεν αὐτοῖς, οὐ πολλοὺς ἂν ἡμῶν οἴομαι διαγνῶναι ῥᾳδίως, πότερον Δημοσθένους ἐστὶν, ἢ Λυσίου. τοσαύτην οἱ χαρακτῆρες ὁμοιότητα πρὸς ἀλλήλους ἔχουσι. τοιοῦτός ἐστι καὶ ὁ πρὸς Ἀπολλόδωρον ὑπὲρ Φορμίωνος, καὶ ὁ κατ' Ὀλυμπιοδώρου τῆς βλάβης, καὶ ὁ πρὸς Βοιωτὸν ὑπὲρ τοῦ ὀνόματος, ἥ, τε πρὸς Εὐβουλίδην Ἔφεσις κ. τ. λ. Dionys. Halic. π. τῆς Δημ. δεινότ. §. 13. Verum utcunque ea res sit, non adducor ex notis istis chronologicis, ut ad antiquiorem natu, quam Demosthenem, protinus referrem. Qui enim Olymp. XCVII. in lucem editus erat, cur non per ætatem ei licuisset Olymp. CVII. vel CVIII. vel etiam CIX. causam apud judices dicere, et matrem porro superstitem habere?

Multo minus ducor ea crisi, quæ movetur περὶ τοῦ ἀποψηφίζεσθαι, ut hæc Demostheni abjudicem. Nobis non displicet usus ille, qui aliis novus, vel etiam absurdus esse videtur. Contra ea vero scimus, Scriptorem Atticum non potuisse accuratius et expressius rem eam designare, quam in animo instituit. Ordinarie quidem judex ἀποψηφίζεσθαι dicitur, cum ad salutem pronunciat, atque id ut plurimum obtinet. At vero cum instituitur διαψήφισις ἐν δήμοις, cum unusquisque Populus de statu suorum sententiam ferre tenetur: eum, quem reprobant, ἀποψηφίζεσθαι dicuntur, contra quam ea vox generaliter adhiberi solet. Φύλλοις δὲ ἐψηφίζοντο οἱ κατὰ δήμους δικάζοντες, οἷς ἐπέγραφον, εἴ τις ὡς παρέγγραπτος ἐκρίνετο. καὶ τὸ καταγνῶναι ἐκαλεῖτο ἐκφυλλοφορῆσαι, καὶ ὁ κατεγνωσμένος ἐκπεφυλλοφορημένος. ὠνομάζετο δὲ ταὐτὸν τοῦτο ἀποψηφίσασθαι, καὶ ἀπεψηφισμένον, ἀπεναντίως τὸ (malim τῷ) παρὰ τοῖς δικασταῖς. ἐκεῖ γὰρ τὸ ἀποψηφίσασθαι τὸ ἀφεῖναι ἐστίν· ἐν δὲ τοῖς κατὰ δήμους δικαστηρίοις, ἀντὶ τοῦ, καταψηφίσασθαι τάττεται. Pollux L. VIII. C. V. §. 18. Κατὰ δὲ τῶν παρεγγεγραμμένων, ξενίας γραφὴ, καὶ δωροξενίας, ἂν διαφθείρωσι τοὺς δικάζοντας. ὁ δὲ καταδικασθεὶς, ἀπεψηφισμένος, ἐκπεφυλλοφορημένος. καὶ τὰ ῥήματα παρεγγραφῆναι, ξενίας ἁλῶναι, ξενίας ἀποφυγεῖν, ἐκπεφυλλοφορῆσθαι, ἀποψηφίσασθαι. Idem L. III. C. IV. §. 57. ἀποψηφίζονται, ἀντὶ τοῦ καταδικάζουσιν αὐτὸν μὴ εἶναι πολίτην. Δείναρχος ἐν τῷ κατὰ Ἀρχεστράτου, καὶ ἀποψήφισιν δὲ τὸ πρᾶγμα λέγει Δημοσθένης ἐν τῇ πρὸς Εὐβουλίδην ἐφέσει. Harpocr. in v. Εἴ τις ξένος ἔδοξεν εἶναι, καὶ οὐ πολίτης, τοῦτον ἐν ταῖς διαψηφίσεσι τῶν δήμων ἀπεψηφίζοντο οἱ δημόται, καὶ ἐλέγετο ἀπεψηφισμένος. εἶτα εἰσήγετο εἰς τὸ δικαστήριον, καὶ ἐκρίνετο ξενίας, καὶ εἰ μὲν ἑάλω, ἐπιπράσκετο ὡς ξένος· εἰ δὲ ἐκράτει, ἀνελαμβάνετο εἰς τὴν πολιτείαν. οὕτω Δημοσθένης. Suidas v. Ἀποψηφισθέντα. Ἐπὶ τοῖς δήμοις ἀποψηφίσεις ἐγένοντο τῶν γεγραμμένων μὲν εἰς τὸ ληξιαρχικὸν γραμματεῖον, οὐκ ὄντων δὲ ἀστῶν, ἀλλὰ παρεγγεγραμμένων εἰς τὴν πολιτείαν· καὶ οὗτοι ἐλέγοντο ἀπεψηφισμένοι, ἐπειδὴ, ψήφου περὶ αὐτῆς ἐπαχθείσης, οὐκέτι μετεῖχον τῆς πολιτείας. Idem in Ἀπεψηφίσατο. Οἱ πολῖται συνίασιν ἕκαστοι κατὰ τοὺς αὐτῶν, καὶ περὶ τῶν αἰτίαν ἐχόντων, ἢ παρεγγεγραμμένων εἰς τὴν πολιτείαν, ψῆφον φέρουσι κρύβδην, οἷον. Ἀχαρνεῖς περὶ Ἀχαρνέων, καὶ περὶ Ἐλευσινίων οἱ Ἐλευσίνιοι, καὶ οἱ λοιποὶ δημόται παραπλησίως. καὶ τοῦτο διαψήφισις καλεῖται. οἱ μὲν οὖν πλειόνων ψήφων τυγχάνοντες ἀναμφισβητήτως τὴν πολιτείαν ἔχουσιν· ὅσοι δ' ἂν ἐλάττονας ψήφους λάβωσιν, οὐκέτι νομίζονται. καὶ τοῦτό ἐστιν ἡ ἀποψήφισις. Idem in Διαψήφισις. Ἐγένετο δὲ [Ἔφεσις] Ἀθήνησιν ἐπὶ τῶν ἐν τοῖς δήμοις ἀποψηφισθέντων. ἐφεῖσθαι γὰρ αὖθις ἐξῆν αὐτοῖς εἰς δικαστήριον περὶ τῆς πολιτείας, καὶ εἰ μὲν ἑάλωσαν, ἐπωλοῦντο ὡς ξένοι· εἰ δὲ μὴ, ἐπανίεσαν εἰς τοὺς, ἐξ ὧν ἐξώσθησαν, δήμους. Etym. M. v. Ἔφεσις. col. 401. Adde Vales. Not. ad Harpocr. p. 20. 243. potissimum vero Maussac. ad pag. 43. Harpocrat. et Budæum pag. 145. Edit. Ascens. 1529. Salmas. de M. U. pag. 751. 752. [Dorvilre ad Chariton. p. 57. Vales. ad Harpocr. p. 20. 40. 243. Ἀποψ. Suid. v. Ἀπεψηφίσατο. Ἔκλειψις. Not. ad Suid. Not. ad Dem. pro Ctesiphont. Ulpian. Petit. Sch. Aristoph. TAYLOR *in schedis.*] [Corsin. Fast. Att. par. I. d. V. §. VI.] Hæc autem ideo a me paulo fusius deducuntur, quoniam, quæ dixi, stabilient insolentiorem eam vocis proprietatem, et quodammodo una enarrant causam et sedem hujus Orationis, qua Euxitheus a suis δημόταις damnatus, sive ἀποψηφισθεὶς, provocat ad Curiam, Populique auctoritatem. Ea utique provocatio est Ἔφεσις. Unde hæc actio sive oratio a magistris perpetuo Ἔφεσις appellabatur. Harpocr. v. Ἔφεσις. ἡ ἐξ ἑτέρου δικαστηρίου εἰς ἕτερον μεταγωγή. — Δημοσθένους λόγος ἐστὶν ἐπιγραφόμενος, Ἔφεσις πρὸς Εὐβουλίδην. ἐν δὲ τῷ λόγῳ τούτῳ πολλάκις ἐστὶν ἡ Ἔφεσις, καὶ τὸ Ἐφεῖναι ῥῆμα.

Eorundem magistrorum constantiam quoque et religionem non inutile erit observare, a quibus eadem oratio perpetuo πρὸς Εὐβουλίδην inscribitur. Si accusasset, inscripta esset utique κατὰ Εὐβουλίδου, non πρὸς Εὐβουλίδην. Ita ea oratio, qua Demosthenes Æschinem exagitavit ob legationem mala fide gestam, ab antiquioribus uno ore, κατὰ Αἰσχίνου, *in* Æschinem, dicitur, illa altera, qua Ctesiphontem adversus Æschinem defendit, nunquam. Sic dicimus πρὸς Λεπτίνην, *contra* vel *adversus* Leptinem, attamen κατὰ Μειδίου, Τιμοκράτους, aut Ἀριστοκράτους, *in* Midiam etc. Serior ætas, atque hæc nostra, non eo, quo tamen debuit, usa est rigore et diligentia. Vide istud socordiæ exprobrantem Robortell. Emendat. T. II. apud Gruter. C. XXXVII. p. 63. et quæ non inscite de hac re annotavit Auctor posterioris Argumenti πρὸς Λεπτίνην.

Sane videtur ad nos nostramque ætatem integra non descendisse, cum hæc babeat Harpocr. Suidas, et Photius. MS. Πόρος. Δημοσθένης ἐν τῇ πρὸς Εὐβουλίδην ἐφέσει. δῆμος τῆς Ἀκαμαντίδος ὁ Πόρος, καὶ ὁ δημότης, Πόριος. Ni igitur Populi alicujus nomen, cujusmodi per banc orationem plurima sunt, in exemplaribus corruptum, hodie depravate pro Πόριος legatur, senties id, quod modo dixi, defecisse alicubi orationem nostram. Potissimum vero, si adjunxeris Priscianum Lib. XVIII. col. 1199. Attici πλείω ἡμέρας τρεῖς, καὶ πλείω ἡμερῶν τριῶν. — Δημοσθένης quoque πρὸς Εὐβουλίδην, Ἐφομείφη πλείους ἕνα. Quæ quidem postrema verba, ex Eubulidea adducta a principe illo Grammaticorum, quanquam, cum sint mendosissima, isti rei, quam dixi, vix possunt esse argumento, attamen eam constructionem, quæ in illo loco tractatur, πλείους ἕνα, per totam hanc orationem, quanta quanta supersit, reperiri hodie non posse contendo. Mihi quidem satis constat, locum Prisciani ita esse emendandum: Δημοσθένης πρὸς Εὐβουλίδην ἐφέσει, ἔφη πλείους ἕνα. Atque hæc hactenus. TAYLOR.

ΥΠΟΘΕΣΙΣ ΤΟΥ ΠΡΟΣ ΕΥΒΟΥΛΙΔΗΝ ΛΟΓΟΥ.

Pag. ed. Reisk.

1298 ΓΡΑΦΕΤΑΙ νόμος παρ' Ἀθηναίοις, γενέσθαι ζήτησιν πάντων τῶν ἐγγεγραμμένων τοῖς ληξιαρχικοῖς γραμματείοις, εἴτε γνήσιοι πολῖταί εἰσιν, εἴτε

ΥΠΟΘΕΣΙΣ] Crediderim, hoc argumentum, et paucula, quæ supersunt, scholia, conscripsisse (nam qui hæc, et illud etiam conscribere solebat) Didymum, veterem Demosthenis Criticum et Commentatorem. Quod ut crederem, me impulit auctoritas Harpocrationis v. Ἐξένισε. Δημοσθένης ἐν τῷ πρὸς Εὐβουλίδην ἐφέσει. διαβεβλήκασι γάρ μου τὸν πατέρα, ὡς ἐξένιζε. μή ποτε ἀντὶ τοῦ ξένος ἦν, καὶ οὐχ, ὡς Δίδυμός φησιν, ἀντὶ τοῦ οὐκ Ἀττικῶς ἐλέγετο, ἀλλὰ ξενικῶς. Iterumque v. Ξενίζειν. Δημοσθένης ἐν τῷ πρὸς Εὐβουλίδην ἐφέσει, πολλάκις. ἔνιοι μὲν οὖν (Didymum nimirum innuens) οἷον ξένῃ διαλέκτῳ χρῆσθαι. τάλλα δ' ἂν εἴη μᾶλλον τὸ ἐν τῇ ξένῃ διατρίβειν. Similiter Pollux L. III. C. IV. §. 59. Ξενίζειν οἱ μὲν παλαιοὶ τὸ ἑστιᾶν λέγουσι· Δημοσθένης δὲ, τὸ τῇ φωνῇ ξενιζούσῃ χρῆσθαι. Et Ammonius, licet in nomine orationis titubaverit: Ξενίζειν μὲν οὐ μόνον τὸ καταδέχεσθαι ξένον, ἀλλὰ καὶ τὸ ξένως διαλέγεσθαι, ὡς Δημοσθένης ἐν τῷ πρὸς Βοιωτόν. Ex his Moschopulus, recentior scriptor, hortos suos irrigavit. Ξενίζω, τὸ ξένῃ διαλέκτῳ χρῶμαι, ἢ μᾶλλον, τὸ ἐν τῇ ξένῃ διατρίβειν. Verba Didymi, vel quæ ego suspicor ejus esse, ita se habent in argumento p. 306. v. pen. ὁ δὲ πατὴρ ἐξένισε τῇ γλώττῃ, αἰχμάλωτος γενόμενος. Jam ergo scrutemur, utra præstiterit expositio τοῦ Ξενίζειν, illane, quam adduxit Didymus, an ea, quam, Didymum exagitans, prætulerit Harpocratio. Ait Orator pag. 311. v. 26. διαβεβλήκασί μου τὸν πατέρα, ὡς ἐξένισε, et paucis interjectis, p. 312. v. 1. τὸ ξενίζειν αὐτοῦ κατηγορήκασι. Ait demum v. 7. οὐδαμοῦ τὸν ξενίζοντα οὐδεὶς πώποτε ᾐτιάσατο, ὡς εἴη ξένος. Sane, ni hæc ultima addidisset, in incerto adhuc fuissemus, cuinam potius credendum esset, Didymo, an Harpocrationi. Jam autem Orator noster disertissime definit, aliud omnino esse τὸ Ξενίζειν, aliud longe τὸ Ξένον εἶναι. Ea res ita se habet. *Ut me arguant peregrinitatis*, ait Auctor, *contendunt, patrem meum non Attice, sed peregrine loqui fuisse solitum. Huic argumento duo habeo quæ opponam. Primo: in bello Peloponnesiaco ab hostibus captus et peregre venum datus, ibi paulisper desivit Attice loqui ob diuturnam in iis regionibus mansionem. Eum autem et bello captum esse, et postliminio Athenas reversum, id utique testibus evincam. Secundo autem: quanquam exotico sermone uteretur, quanquam* ἐξένισε, *nemo tamen eum per tot annos, non in tribu sua, non in curia, nullibi, ubi de statu disceptaretur, eum in judicium adduxit, ut peregrinum*, ὡς εἴη ξένος. Ξενίζειν *quidem potuit, attamen* ξένος *non erat, neque quisquam insimulavit eum ita fuisse.* Verum et alii scriptores ita loqui amant. Ἡ λέξις δὲ ὅμως ἐπὶ γῆς βεβηκέτω, τῷ μὲν κάλλει καὶ τῷ μεγέθει τῶν λεγομένων συνεπαιρομένη, καὶ ὡς ἔνι μάλιστα ὁμοιουμένη, μὴ ξενίζουσα δὲ, μηδ' ὑπὲρ τὸν καιρὸν ἐνθουσιῶσα. Lucian. Quom Hist. conscrib. sit. §. 45. Ξενίζειν enim generaliter est *peregrinum agere*, sive id voce fiat, sive moribus. Ita D. Paulo, qui videbatur ξένων δαιμονίων καταγγελεὺς εἶναι, Act. Apost. XVII. 18. dixerunt Athenienses: ξενίζοντα γάρ τινα εἰσφέρεις εἰς τὰς ἀκοὰς ἡμῶν. Utrum intelligendum sit, in hoc loco, qui sequitur, Luciani, non plane liquet: Πάλαι ἐπακροῶμαί σου παρακολουθῶν ἡλίους καὶ σελήνας, ἔτι δὲ τὰ φορτικὰ ταῦτα, σταθμούς τινας, καὶ παρασάγγας ὑποξενίζοντος. Lucian. Icaro. Menipp. init. Anne peregrinis *vocibus*, an *mensuris*, uti? Fortasse utrumque. Miror interea, Lexici Rhetorici consarcinatorem adeo somniculose Rhetorum principem lectitasse. Rursus ad Didymum revertor: de quo ita Harpocratio: Γαμηλία. Δ. ἐν τῇ πρὸς Εὐβουλίδην ἐφέσει, καὶ Ἰσαῖος, καὶ Δίδυμος ὁ γραμματικὸς ἐν μὲν τοῖς Ἰσαίου ὑπομνήμασί φησιν εἶναι τὴν τοῖς φράτορσιν ἐπὶ γάμοις διδομένην, παρατιθέμενος λέξιν Φανοδήμου, ἐν ᾗ οὐδὲν τοιοῦτον γέγραπται. ἐν δὲ τοῖς εἰς Δημοσθένην, ὁ αὐτὸς πάλιν γαμηλίαν φησὶν εἶναι, τὴν εἰς τοὺς φράτορας εἰσαγωγὴν τῶν γυναικῶν, οὐδεμίαν ἀπόδειξιν τῆς ἐξηγήσεως παραθέμενος. Suidas in eadem voce: Γαμηλία ἡ διδομένη τοῖς φράτορσιν ἐπὶ γάμοις· ἢ ἡ τῶν γυναικῶν εἰς τοὺς φράτορας εἰσαγωγή. οὕτως Δίδυμος ὁ γραμματικός. Profecto hæc eadem verba, quæ Lexicographi adduxerunt, hic in scholiis ad hanc orationem leguntur. Ita enim ad pag. 320. v. 14. Γαμηλία διδομένη τοῖς φράτορσιν ἐπιγάμοις (lege disjunctim

μή· τοὺς δὲ μὴ γεγονότας ἐξ ἀστοῦ καὶ ἐξ ἀστῆς, ἐξαλείφεσθαι· διαψηφίζεσθαι δὲ περὶ πάντων τοὺς δημότας· καὶ τοὺς μὲν ἀποψηφισθέντας καὶ ἐμμείναντας τῇ ψήφῳ τῶν δημοτῶν, ἐξαληλίφθαι καὶ εἶναι μετοίκους, τοῖς δὲ βουλομένοις ἔφεσιν εἰς δικαστὰς δεδόσθαι· κἂν μὲν ἁλῶσι καὶ παρὰ τῷ δικαστηρίῳ, πεπρᾶσθαι, ἐὰν δὲ ἀποφύγωσιν, εἶναι πολίτας. κατὰ τοῦτον τὸν νόμον τοῦ Ἁλιμουσίων δήμου διαψηφιζομένου, ἀποψηφίζεταί Εὐξίθεός τις· φάσκων δὲ ἑαυτὸν ὑπὸ Εὐβουλίδου, ἐχθροῦ ὄντος, κατεστασιάσθαι, ἐφῆκεν εἰς τὸ δικαστήριον, καὶ ἐπιδεικνύει ἑαυτὸν ἐξ ἀστοῦ καὶ ἐξ ἀστῆς· εἰ δὲ ἐτίτθευσεν ἡ μήτηρ μου, δι' ἀπορίαν τοῦτο ἐποίησεν. ὁ δὲ πατὴρ ἐξένισε τῇ γλώττῃ, αἰχμάλωτος γενόμενος καὶ πραθείς. δεῖ δὲ μὴ τὰ ἀτυχήματα προφέρειν, ἀλλὰ τὰ γένη ζητεῖν.

ἐπὶ γάμοις) δωρεά. ἄλλως. γαμηγία ἡ τῶν γυναικῶν εἰς τοὺς φράτορας εἰσαγωγή. Restituendum certe γαμηλία, non γαμηγία. Nam ex tenore scholii non sibi proposuit distinguere inter γαμηλίαν et γαμηγίαν, sed, ut fit, unius vocabuli *duas* expositiones prodere. Eamque rem confirmant Lexicographi modo adducti. De voce ista γαμηλία consule Valesium ad Harpocrat. pag. notar. 33. Meurs. Attic. Lect. III. 1. Them. Attic. II. 14. et Græc. Feriat. in Ἀπατούρια, Castellanum de Festis Græcorum, Petit. LL. Attic. Lib. II. Tit. IV. §. IX. p. 228. sq. Celeberrimum I. Alberti ad Hesych. v. Γαμηλία et Γάμων ἔθη. Taylor.

Γενέσθαι ζήτησιν πάντων —] De hac lege vid. Petit. Comm. in Leg. Att. l. II. t. III. §. XII. et Meurs. Them. Attic. l. II. c. V.

Κἂν μὲν ἁλῶσι, καὶ παρὰ τῷ δικαστηρίῳ πεπρᾶσθαι] Ita hæc inemendate in Edit. Luteciana panguntur. Restitue: κἂν μὲν ἁλῶσι καὶ παρὰ τῷ δικαστηρίῳ, πεπρᾶσθαι, *quod si in judicio etiam convincentur*, ut recte Wolfius. Taylor.

Προφέρειν] Recte. *exprobrare*. Atque ita edidit Wolfius juxta editiones a Manutio et Feliciano procuratas. Male Aldus cum Parisiensibus προσφέρειν. Idem.

ΔΗΜΟΣΘΕΝΟΥΣ

ΕΦΕΣΙΣ

ΠΡΟΣ ΕΥΒΟΥΛΙΔΗΝ.

ά. [1]ΠΟΛΛΑ ψευδῆ κατηγορηκότος ἡμῶν Εὐβουλίδου, 1299
καὶ βλασφημίας οὔτε προσηκούσας, οὔτε δικαίας πεποιημένου, πειράσομαι τἀληθῆ καὶ τὰ δίκαια λέγων, ὦ ἄνδρες δικασταὶ, δεῖξαι καὶ μετὸν τῆς πόλεως ἡμῖν, καὶ πεπονθότα ἐμαυτὸν οὐχὶ προσήκοντα ὑπὸ τούτου. δέομαι δὲ ἁπάν-

[1] Πολλὰ καὶ ψευδῆ

ΕΦΕΣΙΣ] Est apud Ciceronem in Quintiana: *Videturne intercessisse Appellatio Tribunorum?* Sic Ἔφεσις πρὸς τοὺς δικαστὰς, *Appellatio Judicum*. Wolf.

ά. Πολλὰ ψευδῆ] Repone, quod melius, πολλὰ καὶ ψευδῆ juxta fidem Cod. Ven. et marg. Parisiensis. Taylor.

Μετόν] Μετὸν habuerunt ex editis quidam. Verum id dudum correxerat Lambinus. Idem.

των ὑμῶν, ὦ ἄνδρες δικασταὶ, [1]ἱκετεύω καὶ ἀντιβολῶ, λογισαμένους τό τε μέγεθος τοῦ παρόντος ἀγῶνος, καὶ τὴν αἰσχύνην, μεθ' ἧς ὑπάρχει τοῖς ἁλισκομένοις ἀπολωλέναι, ἀκοῦσαι καὶ ἐμοῦ σιωπῇ, μάλιστα μὲν, εἰ δυνατὸν, μετὰ πλείονος εὐνοίας ἢ τούτου· τοῖς γὰρ ἐν κινδύνῳ καθεστηκόσιν, εἰκὸς εὐνοϊκωτέρους ὑμᾶς ὑπάρχειν· εἰ δὲ μὴ, μετά γε τῆς ἴσης.

β. Συμβαίνει δέ μοι τὸ μὲν καθ' ὑμᾶς, ὦ ἄνδρες δικασταὶ, καὶ τὸ προσήκειν μοι τῆς πόλεως, θαῤῥεῖν, καὶ πολλὰς ἔχειν ἐλπίδας καλῶς ἀγωνιεῖσθαι· τὸν καιρὸν δὲ, καὶ τὸ [2]παροξύνεσθαι τὴν πόλιν πρὸς τὰς ἀποψηφίσεις, φοβεῖσθαι. πολλῶν γὰρ ἐξεληλαμένων δικαίως ἐκ πάντων τῶν δήμων, συγκεκοινωνήκαμεν τῆς δόξης ταύτης οἱ κατεστασιασμένοι, καὶ πρὸς τὴν κατ' ἐκείνων αἰτίαν, οὐ πρὸς τὸ καθ' αὑτὸν ἕκαστος ἀγωνιζόμεθα· ὥστ' ἐξ ἀνάγκης μέγαν ἡμῖν εἶναι τὸν φόβον. οὐ μὴν ἀλλὰ καίπερ τούτων
1300 οὕτως ἐχόντων, ἃ νομίζω περὶ τούτων αὐτῶν πρῶτον εἶναι δίκαια, ἐρῶ πρὸς ὑμᾶς. ἐγὼ γὰρ οἴομαι δεῖν ὑμᾶς, τοῖς μὲν ἐξελεγχομένοις ξένοις οὖσι χαλεπαίνειν, εἰ μήτε πείσαντες, μήτε δεηθέντες ὑμῶν, λάθρα καὶ βίᾳ τῶν ὑμετέρων ἱερῶν καὶ κοινῶν μετεῖχον, τοῖς δ' ἠτυχηκόσι, καὶ δεικνύουσι πολίτας ὄντας αὑτοὺς, βοηθεῖν καὶ σώζειν· ἐνθυμουμένους, ὅτι πάντων οἰκτρότατον πάθος ἡμῖν ἂν συμβαίη τοῖς ἠδικημένοις, εἰ τῶν λαμβανόντων δίκην [3]ὅτε ἂν δικαί-

[1] καὶ ἱκετεύω καὶ [2] παροξύνεσθαι [3] ὄντες ἂν δ. μ. ὑμῶν,

Πλείονος] Πάσης in exemplaribus Aldino et Luteciano. Nos cum impressorum reliquis, cum Ven. et marg. Benenati, πλείονος restituimus. Melius id sane, saltem meliori fide commendatum, quam quod in Bodl. alleverat nescio quis μείζονος. Idem.

Εἰ δὲ μὴ] Ita lege cum omnibus, non cum Wolfio solo, εἰ καὶ μή. Idem.

ς. Παροξύνεσθαι] Malim τὸ παρωξύνθαι. Wolf. Propemodum Cod. Ven. παροξύνθαι enim. Taylor.

Καὶ πρὸς τὴν κατ' ἐκείνων] Hæc indistincte a Wolfio vertuntur: et haud tamen scio, an melius quis Latine verteret. Sensus est: *Cum tanta exorta sit iracundia ob multos, qui in civitatem fraude irrepserant, ea etiam in nos cadit, qui non jure in hoc discrimen adducti sumus, verum factionibus oppressi. Inde fit, ut nobis his subnasceretur insolita et nova, sc. ut responderemus non privatæ et propriæ criminationi, sed illi, quæ ab aliis orta, nos quoque, licet innocentes, oppressit.* Idem.

Εἰ τῶν λαμβανόντων] Locus suspectus, qui sic tamen ferri posse videtur: εἰ (sc. ἡμεῖς οἱ ἠδικημένοι) γενοίμεθα ἐν τοῖς διδοῦσι δίκην, τῶν (malim τούτων τῶν) ἀντιδίκων λαμβανόντων δίκην μεθ' ὑμῶν (sc. τῶν δικαστῶν) ὅτε ἂν δικαίως (sc. λάβωσι παρὰ τῶν ἀδικούντων.) Sed quid si legas? εἰ τῶν ἄλλων λαμβανόντων δίκην, ὅταν ἀδικηθῶσι, μεθ' ὑμῶν· ἡμεῖς ἐν τοῖς κ. τ. λ. *cum alii, læsi injuria, vestra ope pœnas expetant: nos injuriis affici apud vos.* Quam conjecturam etsi prætero conversioni auctoris, (*si, cum vestra quibusdam auctoritate pœnæ merito instigantur, nos una inter*

ως μεθ᾽ ὑμῶν ἐν τοῖς διδοῦσι γενοίμεθα, καὶ συναδικηθείημεν διὰ τὴν τοῦ πράγματος ὀργήν.

γʹ. Ὤιμην μὲν οὖν ἔγωγε, ὦ ἄνδρες δικασταὶ, προσήκειν Εὐβουλίδῃ, καὶ πᾶσι δὲ, ὅσοι νῦν ἐπὶ ταῖς ἀποψηφίσεσι κατηγοροῦσιν, ὅσα ἴσασιν ἀκριβῶς, λέγειν, καὶ μηδεμίαν προσάγειν ἀκοὴν πρὸς τὸν τοιοῦτον ἀγῶνα. οὕτω γὰρ τοῦτο ἄδικον καὶ σφόδρα πάλαι κέκριται, ὥστε οὐδὲ μαρτυρεῖν ἀκοὴν ἐῶσιν οἱ νόμοι, οὐδ᾽ ἐπὶ τοῖς φαύλοις πάνυ ἐγκλήμασιν. εἰκότως. ὅπου γὰρ εἰδέναι τινὲς ἤδη φήσαντες ψευδεῖς ἐφάνησαν, πῶς, ἅ γε μηδ᾽ αὐτὸς οἶδεν ὁ λέγων, προσήκει πιστεύεσθαι; ἀλλὰ μὴν ὅπου γε μηδ᾽ ὑπεύθυνον καθιστάντα ἑαυτὸν ἔξεστι, δι᾽ [1] ὧν ἀκοῦσαί τις φῇ, βλάπτειν μηδένα, πῶς ἀνυπευθύνῳ γε λέγοντι προσήκει πιστεύειν ὑμᾶς;

δʹ. Ἐπειδὴ τοίνυν οὗτος εἰδὼς τοὺς νόμους, καὶ μᾶλλον ἢ προσῆκεν, ἀδίκως καὶ πλεονεκτικῶς τὴν κατηγορίαν πεποίηται, ἀναγκαῖον ἐμοὶ περὶ ὧν ἐν τοῖς δημόταις ὑβρίσθην, πρῶτον εἰπεῖν. ἀξιῶ δ᾽, ὦ ἄνδρες Ἀθηναῖοι, μηδέπω τὴν τῶν δημοτῶν ἀποψήφισιν ποιεῖσθαι τεκμήριον ὑμᾶς, 1301
ὡς ἄρα οὐχὶ προσήκει μοι τῆς πόλεως. εἰ γὰρ πάντα ἐνομίζετε τὰ δίκαια δυνήσεσθαι τοὺς δημότας [2] διακρίναι, οὐκ ἂν ἐδώκατε τὴν εἰς ὑμᾶς ἔφεσιν· νῦν δὲ διὰ [3] φιλονεικίαν, καὶ δι᾽ ἔχθραν, καὶ δι᾽ ἄλλας προφάσεις ἔσεσθαι τι τοιοῦ-

[1] ὧν ἂν ἀκοῦσαί [2] διακρῖναι [3] φιλονεικίαν, καὶ διὰ φθόνον, καὶ

eos censeamur) tamen nihil mutare audeo. Wolf. Hic vir operose nihil agit. Restitue cum MSto Veneto, et Edit. Morelii, pro ὄτε, ὄντες. *Inique nobiscum agi contendo, si in numero reorum sistar, atque inter eos, qui pœnas pendunt; cum propter jus civitatis inter vos esse deberem* judices, *eosque, qui pœnas* exposcunt. Pro τῶν λαμβανόντων in Bodl. reperitur: ἴσως τινῶν λαμβ. ἢ, γενοίμεθα τῶν λαμβανόντων. Quod neque verum est, neque acutum. Taylor. Sensum hujus loci videtur aliquatenus tradidisse Wolfius, quem tamen miror qua ratione exsculpere potuerit ex hac lectione. Quod si rescribamus: εἰ τῶν λαμβανόντων δίκην ὄντες δικαίως μεθ᾽ ὑμῶν, ἐν τοῖς διδοῦσι γενοίμεθα, tum demum omnia plana sunt. *Miserrima omnium,* inquit, *res fuerit, si nos, qui una cum vobis decrevimus pœnas juste exigendas a civibus supposititiis, ipsi in eorum numero habeamur, quibus pœnæ dandæ sint.* Opponuntur nempe οἱ λαμβάνοντες, et οἱ διδόντες, δίκην. Jurin. Post ὑμῶν sub. γενοίμεθα, quod sequitur. Auger.

Ὀργὴν] An ὁρμὴν potius? Taylor.

γʹ. Ἀνυπευθύνῳ] Cuncti olim universi mendosissime ἂν ὑπευθύνῳ. Reformarunt Bodl. Lambin. Wolfius. Idem. Vid. Herald. Anim. in Salmas. Obss. ad J. A. et R. l. VI. c. XI. §. V.

δʹ. Εἰδὼς τοὺς νόμους] Utrum: εἰδὼς τοὺς νόμους καὶ μᾶλλον, ἢ προσῆκεν, τουτέστιν ἐμπειρότερος τῶν νόμων τοῦ δέοντος, τουτέστιν, ἀκριβοδίκαιος, καὶ λίαν ἀκριβῶς ὁρῶν τούτους, καὶ συκοφάντης γιγνόμενος, ut ait Menander: an: καὶ μᾶλλον ἀδίκως, ἀντὶ τοῦ, ἀδικώτερον, ἢ προσῆκεν? Wolf. Forte: Ἐπειδὴ τοίνυν οὗτος εἰδὼς τοὺς νόμους, ἀδίκως καὶ πλεονεκτικῶς, καὶ μᾶλλον, ἢ προσῆκεν, τὴν κατηγορίαν πεποίηται. Taylor.

Δυνήσεσθαι] Legendum δυνήσασθαι.

τον ἡγούμενοι, τὴν εἰς ὑμᾶς τοῖς ἀδικηθεῖσιν ἐποιήσατε καταφυγήν. δι' ἣν καλῶς ποιοῦντες, ὦ ἄνδρες Ἀθηναῖοι, τοὺς ἠδικημένους ἅπαντας σεσώκατε.

έ. Πρῶτον μὲν οὖν ὃν τρόπον ἐν τοῖς δημόταις συνέβη τὴν διαψήφισιν γενέσθαι, φράσω πρὸς ὑμᾶς. τὸ γὰρ εἰς αὐτὸ τὸ πρᾶγμα πάντα λέγειν, τοῦτ' [1]ἐγὼ ὑπολαμβάνω, ὅσα τις παρὰ τὸ ψήφισμα πέπονθεν ἀδίκως καταστασιασθεὶς ἐπιδεῖξαι. Εὐβουλίδης γὰρ οὗτος, ὦ ἄνδρες Ἀθηναῖοι, ὡς ὑμῶν ἴσασι πολλοὶ, γραψάμενος ἀσεβείας τὴν ἀδελφὴν [2]τοῦ Λακεδαιμονίου, τὸ πέμπτον μέρος τῶν ψήφων οὐ μετέλαβεν. ὅτι δὴ ἐν ἐκείνῳ τῷ ἀγῶνι τὰ δίκαια, τούτῳ δὲ τἀναντία ἐμαρτύρησα, διὰ ταύτην τὴν ἔχθραν ἐπιτίθεταί μοι. καὶ βουλεύων, ὦ ἄνδρες δικασταὶ, καὶ κύριος ὢν τοῦ τε ὅρκου καὶ τῶν γραμματείων, ἐξ ὧν [3]ἐκάλει τοὺς δημότας, τί ποιεῖ; πρῶτον μὲν, ἐπειδὴ συνελέγησαν οἱ δημόται, κατέτριψε τὴν ἡμέραν δημηγορῶν, καὶ ψηφίσματα γράφων. τοῦτο δ' ἦν οὐκ ἀπὸ τοῦ αὐτομάτου, ἀλλ' ἐπιβουλεύων ἐμοὶ, ὅπως ὡς ὀψιαίτατα ἡ διαψήφισις ἡ περὶ ἐμοῦ γένοιτο. καὶ διεπράξατο τοῦτο. καὶ τῶν μὲν δημοτῶν οἱ ὀμόσαντες ἐγενόμεθα τρεῖς καὶ ἑβδομήκοντα. ἠρξάμεθα δὲ τοῦ διαψηφίζεσθαι δείλης ὀψίας, ὥστε συνέβη ἡνίκα
1302 τοὐμὸν ὄνομα [4]ἐκάλει, τὸ σκότος ἤδη εἶναι· καὶ γὰρ ἦν περὶ ἑξηκοστὸν, καὶ ἐκλήθην ὕστατος ἁπάντων τῶν ἐν ἐκείνῃ τῇ ἡμέρᾳ κληθέντων, ἡνίκα οἱ μὲν πρεσβύτεροι τῶν δημοτῶν ἀπεληλύθεσαν εἰς τοὺς ἀγρούς. τοῦ γὰρ δήμου ἡμῖν, ὦ ἄνδρες δικασταὶ, πέντε καὶ τριάκοντα στάδια τοῦ

[1] ἔγωγε [2] τὴν [3] ἐπεκάλει [4] ἐκαλεῖτο, σκότος

Omnino. IDEM.

Δι' ἣν] Punge mecum salutariter: δι' ἣν, καλῶς ποιοῦντες, cætera. IDEM.

έ. Ὅτι δὴ] Vel fortean ὅτι δέ. IDEM.

Ἐξ ὧν ἐπεκάλει] M. ἐκάλει. WOLF. Atque ita typis dedit. Et recte, credo, licet quatuor priores editiones aliter sentiant. *Unde jus habuit populares suos vel municipes conuocandi, ad concilium cogendi.* Cum Wolfio est, qui Bodleianum exemplar notaverit. TAYLOR.

Κατέτριψε τὴν ἡμέραν] A Græcis, ἐκκρούειν τὸ πρᾶγμα τῷ χρόνῳ, τὴν ἡμέραν ἐν τῷ λέγειν κατατρίβειν, τὸν χρόνον ὑποτέμνεσθαι, τὴν ἡμέραν ὑφαιρεῖν vel καταναλίσκειν, quod a Latinis *tollere* vel *eximere diem, horam* &c., dicitur. BUDÆUS.

Καὶ διεπράξατο τοῦτο] Margo Editionis Parisinæ hoc pacto, neglecta conjunctione: ἀλλ' ἐπιβουλεύων ἐμοὶ, ὅπως ὡς ὀψιαίτατα ἡ διαψήφισις ἡ περὶ ἐμοῦ γένοιτο, διεπράξατο τοῦτο. TAYLOR.

Ἐκάλει] Ἐκαλεῖτο marg. Benenati. Fortasse ἡνίκα τοὐμὸν ὄνομα ἐκαλεῖτο, σκότος εἶναι. IDEM.

Καὶ γὰρ ἦν περὶ ἑξηκοστὸν] Videtur aliqua dinumeratio horologii aut clepsydræ hic contineri. Nisi quis putat, jam sexagesimum municipem citatum fuisse. Quod non placet, cum de 70 restitisse adhuc 15 tradat Auctor. WOLF. Verte: *Ego enim eram circa sexagesimum.* TAYLOR.

ἄστεος ἀπέχοντος, καὶ τῶν πλείστων ἐκεῖ οἰκούντων, ἀπεληλύθεσαν οἱ πολλοὶ, οἱ δὲ κατάλοιποι ἦσαν οὐ πλείους ἢ τριάκοντα· ἐν δὲ τούτοις ἦσαν ἅπαντες οἱ τούτῳ παρεσκευασμένοι. ἐπειδὴ δὲ ἐκλήθη τὸ ἐμὸν ὄνομα, ἀναπηδήσας οὗτος ἐβλασφήμει κατ' ἐμοῦ ταχὺ καὶ πολλὰ, καὶ μεγάλῃ τῇ φωνῇ, ὥσπερ καὶ νῦν, [1] μάρτυρα ὧν κατηγόρησεν οὐδένα παρασχόμενος, οὔτε τῶν δημοτῶν, οὔτε τῶν ἄλλων πολιτῶν· παρεκελεύετο δὲ τοῖς δημόταις ἀποψηφίζεσθαι. ἀξιοῦντος δέ μου εἰς τὴν ὑστεραίαν ἀναβαλέσθαι, διά τε τὴν ὥραν, καὶ τὸ μηδένα μοι παρεῖναι, τό τε πρᾶγμα ἄφνω προσπεπτωκέναι, ἵνα τούτῳ τε ἐξουσία προσγένοιτο ὁπόσα βούλοιτο κατηγορῆσαι, καὶ μάρτυρας, εἴ τινας ἔχοι, παρασχέσθαι, ἐμοί τε ἐκγένοιτο [2] ἀπολογίσασθαι ἐν ἅπασι τοῖς δημόταις, καὶ τοὺς οἰκείους μάρτυρας παρασχέσθαι, καὶ [3] ὅτι γνοίησαν περὶ ἐμοῦ, τούτοις ἤθελον ἐμμένειν· οὗτος ὧν μὲν ἐγὼ προὐκαλούμην, οὐδὲν ἐφρόντισε, τὴν δὲ ψῆφον εὐθὺς ἐδίδου τοῖς παροῦσι τῶν δημοτῶν, οὔτε [4] ἀπολογίαν οὐδεμίαν δοὺς, οὔτ' ἔλεγχον οὐδένα ἀκριβῆ ποιήσας, οἱ δὲ τούτῳ συνεστῶτες, ἀναπηδήσαντες ἐψηφίζοντο. καὶ ἦν μὲν σκότος· οἱ δὲ, λαμβάνοντες δύο καὶ τρεῖς ψήφους ἕκαστος παρὰ [5] τούτων ἐνέβαλλον εἰς τὸν καδίσκον. σημεῖον δέ· οἱ μὲν γὰρ ψηφισάμενοι οὐ πλείους ἢ τριάκοντ' ἦσαν, αἱ δὲ 1303
ψῆφοι ἠριθμήθησαν πλείους ἢ ἑξήκοντα. ὥστε πάντας ἡμᾶς ἐκπλαγῆναι. καὶ ταῦτα ὡς ἀληθῆ λέγω, καὶ ὅτι οὔτε ἐδόθη ἡ ψῆφος [6] ἐν ἅπασι, πλείους τε ἐγένοντο τῶν ψηφισαμένων, μάρτυρας ὑμῖν παρέξομαι. συμβαίνει δέ μοι περὶ τούτων, τῶν μὲν φίλων, ἢ τῶν ἄλλων Ἀθηναίων μηδένα μάρτυρα παρεῖναι, διά τε τὴν ὥραν, καὶ διὰ τὸ μηδένα παρακαλέσαι, αὐτοῖς δὲ τοῖς ἠδικηκόσι με χρήσασθαι μάρ-

[1] μάρτυρα μὲν ὧν [2] ἀπολογήσασθαι [3] ὅ,τι [4] ἀπολογίαν ἐμοὶ δοὺς οὐδεμίαν [5] τούτου [6] Deest ἐν.

Μάρτυρα κ. τ. λ.] Restitue, ut optimus Parisiensis legit, μάρτυρα μὲν, ὧν κατηγόρησεν οὐδένα παρασχόμενος κ. τ. λ. IDEM.

Ἀπολογίσασθαι] Editi omnes et MSti ἀπολογήσασθαι, et culpam credo fuisse non Wolfii, sed operarum, ut aliter hodie legeremus. IDEM.

Ψῆφον — ἐδίδου] Vide Vales. pag. 39. Not. ad Harpocrat. IDEM.

Παρὰ τούτων] Omnino rescribendum παρὰ τούτου, ab Eubulide scil. qui suffragiis ferendis præfuit. JURIN. Ita in Bodl. annotatur, et ego olim divinabam. Pariter etiam vertit Wolfius. TAYLOR.

Ἡ ψῆφος ἐν ἅπασι] Malim ἡ ψῆφος ἅπασι. WOLF. Ita etiam marg. Paris. TAYLOR.

Πλείους τε ἐγένοντο] Sc. αἱ ψῆφοι. WOLF.

τυσιν. ἃ οὖν οὐ δυνήσονται ἔξαρνοι γενέσθαι, ταῦτα γέγραφα αὐτοῖς. λέγε.

ΜΑΡΤΥΡΙΑ.

εἰ μὲν τοίνυν, ὦ ἄνδρες δικασταὶ, συνέβαινε τοῖς Ἁλιμουσίοις περὶ ἁπάντων τῶν δημοτῶν διαψηφίσασθαι ἐν ἐκείνῃ τῇ ἡμέρᾳ, εἰκὸς ἦν καὶ εἰς ὀψὲ ψηφίζεσθαι, ἵνα ἀπηλλαγμένοι εἴησαν ποιήσαντες τὰ [1] ἡμῖν ἐψηφισμένα· εἰ δὲ πλείους ἢ εἴκοσιν ὑπόλοιποι ἦσαν τῶν δημοτῶν, περὶ ὧν ἔδει τῇ ὑστεραίᾳ διαψηφίσασθαι, καὶ ὁμοίως ἦν ἀνάγκη συλλέγεσθαι τοὺς δημότας, τί ποτ' ἦν τὸ δυσχερὲς Εὐβουλίδῃ ἀναβαλέσθαι εἰς τὴν ὑστεραίαν, καὶ περὶ ἐμοῦ πρώτου τὴν ψῆφον διδόναι τοῖς δημόταις; διότι, ὦ ἄνδρες δικασταὶ, οὐκ ἠγνόει Εὐβουλίδης, ὅτι, εἰ λόγος ἀποδοθήσοιτο, καὶ παραγένοιντό μοι πάντες οἱ δημόται, καὶ ἡ ψῆφος δικαίως δοθείη, οὐδαμοῦ γενήσονται οἱ μετὰ τούτου συνεστηκότες.

ϛ'. Ὅθεν δ' οὗτοι συνέστησαν, ταῦτα, ἐπειδὰν περὶ τοῦ γένους εἴπω, τότε, ἂν βούλησθε [2] λέγειν, ἐρῶ· νῦν δὲ τί δίκαιον νομίζω, καὶ τί παρεσκεύασμαι ποιεῖν, ἄνδρες δικασταί; δεῖξαι πρὸς ὑμᾶς ἐμαυτὸν Ἀθηναῖον ὄντα, καὶ τὰ πρὸς πατρὸς, καὶ τὰ πρὸς μητρὸς, καὶ μάρτυρας τούτων,
1304 οὓς ὑμεῖς ἀληθεῖς φήσετε εἶναι, παρασχέσθαι, τὰς δὲ λοιδορίας καὶ τὰς αἰτίας ἀνελεῖν· ὑμᾶς δ' ἀκούσαντας τούτων, ἐὰν μὲν ὑμῖν πολίτης ὢν κατεστασιάσθαι δοκῶ, σώζειν, εἰ δὲ μὴ, πράττειν ὁποῖον ἄν τι ὑμῖν εὐσεβὲς εἶναι δοκῇ. ἄρξομαι δὲ ἐντεῦθεν. διαβεβλήκασι γάρ μου τὸν πατέρα, ὡς ἐξένισε· καὶ ὅτι μὲν ἁλοὺς ὑπὸ τῶν πολεμίων ὑπὸ τὸν [3] Δεκελικὸν πόλεμον, καὶ πραθεὶς εἰς Λευκάδα, [4] Λεάνδρῳ περιτυχὼν τῷ ὑποκριτῇ, πρὸς τοὺς οἰκείους [5] ἐσώθη δεῦρο πολλοστῷ χρόνῳ, παραλελοίπασιν. ὥςπερ δὲ δέον ἡμᾶς δι'

[1] ὑμῖν [2] ἀκούειν [3] δεκελεικὸν [4] Κλεάνδρῳ [5] διεσώθη

Ἡμῖν ἐψηφισμ.] Sc. nobis, a nostra tribu, ab Alimusiis. Male Wolfius: vestrum decretum exsecuti. TAYLOR.

ϛ'. Ἂν βούλησθε] Τότε, ἄν με βούλησθε λέγειν, ἐρῶ. WOLF.

Ὑμᾶς δὲ ἀκούσαντας] Sc. δίκαιον νομίζω. IDEM.

Δεκελικὸν] Potius Δεκελεικὸν, uti in marg. Benenati. Ita exarari semper fere solet, et debet. De Decelico bello, praeter Scriptores istius argumenti, vide Harpocr. v. Δεκελεικὸς et Ἀρχιδάμιος πόλεμος, Valesium pariter pag. 39. TAYLOR.

Πολλοστῷ χρόνῳ] Μετὰ πολὺν χρόνον.

ἐκείνας τὰς ἀτυχίας ἀπολέσθαι, τὸ ξενίζειν αὐτοῦ κατηγορήκασιν. ἐγὼ δ' ἐξ αὐτῶν τούτων μάλιστ' ἂν [1] οἶμαι ὑμῖν Ἀθηναῖον ὄντα ἐπιδείξειν. καὶ πρῶτον μὲν ὡς ἑάλω καὶ ἐσώθη, μάρτυρας ὑμῖν παρέξομαι· ἔπειτα ὅτι ἀφικόμενος, τῆς οὐσίας παρὰ τῶν θείων τὸ μέρος μετέλαβεν· εἶτα, [2] ὅτι ἐν τοῖς δημόταις, οὔτ' ἐν τοῖς φράτορσιν, οὔτε ἄλλοθι οὐδαμοῦ τὸν ξενίζοντα οὐδεὶς πώποτε ᾐτιάσατο, ὡς εἴη ξένος. καί μοι λάβε τὰς μαρτυρίας.

ΜΑΡΤΥΡΙΑΙ.

περὶ [3] μὲν τῆς ἁλώσεως, καὶ τῆς σωτηρίας, ἣν συνέβη γενέσθαι τῷ πατρὶ δεῦρο, ἀκηκόατε. ὡς δ' ὑμέτερος ἦν πολίτης, ὦ ἄνδρες δικασταί,—τὸ γὰρ ὂν καὶ ἀληθὲς οὕτως ὑπάρχει—, μάρτυρας καλῶ τοὺς ζῶντας [4] ὑμῖν τῶν συγγενῶν τῶν πρὸς πατρός. κάλει [5] δέ μοι πρῶτον μὲν Θουκριτίδην καὶ [6] Χαρεισιάδην. ὁ γὰρ τούτων πατὴρ [7] Χαρείσιος ἀδελφὸς ἦν τοῦ πάππου τοῦ ἐμοῦ Θουκριτίδου, καὶ [8] τῆς Λυσαρέτης τῆς ἐμῆς τίτθης, θεῖος δὲ τοῦ πατρὸς τοῦ ἐμοῦ·
ἀδελφὴν γὰρ ὁ πάππος οὑμὸς ἔγημεν, οὐχ ὁμομητρίαν. 1305
ἔπειτα Νικιάδην· καὶ γὰρ ὁ τούτου πατὴρ Λυσανίας ἀδελφὸς ἦν τοῦ Θουκριτίδου, καὶ τῆς Λυσαρέτης, θεῖος δὲ τοῦ [9] πατρὸς τοῦ ἐμοῦ. ἔπειτα Νικόστρατον· καὶ γὰρ ὁ τούτου πατὴρ [10] Νικιάδης, ἀδελφιδοῦς ἦν τῷ πάππῳ τῷ ἐμῷ, καὶ τῇ τίτθῃ, ἀνεψιὸς δὲ τῷ πατρί. καί μοι κάλει τούτους πάντας. σὺ δὲ ἐπίλαβε τὸ ὕδωρ.

ΜΑΡΤΥΡΕΣ.

τῶν μὲν τοίνυν πρὸς ἀνδρῶν τῷ πατρὶ συγγενῶν ἀκηκόατε, ὦ ἄνδρες Ἀθηναῖοι, καὶ μαρτυρούντων, καὶ διομνυμένων

[1] οἴομαι ὑμῖν ἐμαυτὸν Ἀθηναῖον [2] ὅτι οὔτ' ἐν [3] μὲν τοίνυν τῆς [4] ἡμῖν [5] δὲ [6] Χαρισιάδην [7] Χαρίσιος [8] Deest articulus. [9] πατρὸς ἦν τοῦ [10] ὁ Νικιάδης

Wolf.

Εἶτα] Restitue cum Parisiensi: εἶτα, ὅτι οὔτε ἐν τοῖς δημόταις, οὔτ' ἐν τοῖς φράτορσιν etc. Taylor.

Τοὺς ζῶντας ὑμῖν] Potius τοὺς ζῶντας ἡμῖν, ex marg. Benenati. Taylor.

Λυσαρέτης] [Ut Editi.] Alias hujusmodi composita penacuuntur, ut Ἰσαρέτη.

Wolf.

Τῆς ἐμῆς τίτθης] Aviam paternam hic intelligendam, non nutricem, aut materteram, aut matris matrem, Genealogia docet, cum Thucritides et Lysarete, patre eodem nati, conjuges fuerint. Idem.

Ἐπίλαβε] Alii ὑπόλαβε, sed infeliciter. Vide annotata ad Lysiam pag. 737. pen.

[1] οἰκεῖον εἶναι [2] καὶ συγγενῆ τὸν ἐμὸν πατέρα αὐτοῖς, ὧν οὐδεὶς δήπου παραστησάμενος τοὺς συνεισομένους [3] αὐτῷ τὰ ψευδῆ μαρτυροῦντι, κατ' ἐξωλείας ἐπιορκεῖ. λάβε δὴ καὶ [4] τὰς πρὸς γυναικῶν τῷ πατρὶ συγγενῶν μαρτυρίας.

ΜΑΡΤΥΡΙΑΙ.

οἱ μὲν τοίνυν ζῶντες οὗτοι τῶν συγγενῶν τοῦ πατρὸς, καὶ πρὸς ἀνδρῶν, καὶ πρὸς γυναικῶν, μεμαρτυρήκασιν, ὡς ἦν ἀμφοτέρωθεν Ἀθηναῖος, καὶ μετῆν τῆς πόλεως αὐτῷ δικαίως. κάλει δή μοι καὶ τοὺς φράτορας, ἔπειτα τοὺς γεννητάς.

ΜΑΡΤΥΡΕΣ.

λάβε δὴ καὶ τὰς τῶν δημοτῶν μαρτυρίας καὶ τὰς τῶν συγγενῶν περὶ τῶν φρατόρων, ὡς εἵλοντό με φρατρίαρχον.

[1] Deest οἰκεῖον. [2] Deest καί. [3] αὐτῷ [4] τὰς τῶν πρὸς

TAYLOR.

Οἰκεῖον] Cum in omnibus exemplaribus, tam manu exaratis, quam prelo excusis, ea vox desideraretur, nescio, unde arriperet, miror, quod arriperet tacitus, bonus noster Wolfius. Id tamen certe necessarium, vel aliquid demum ejusmodi, quale est id, quod habet marg. Paris. διαμαρτυρούμενον εἶναι πολίτην καὶ συγγενῆ. IDEM.

Παραστησάμενος] Suidas interpretatur, παραλαβὼν, ἰδὼν, καταστρεψάμενος. Sed hoc ad rem bellicam pertinet. In Orationibus Tutoriis est τοὺς παῖδας παραστήσασθαι, qua de re suo loco. Hic non videtur aliud significare, quam *in conspectu*, aut *adhibitis*. Reliqui enim populares Alimusii non ignorassent perjurium. Verti *productis iis*, sed minus placet. WOLF. Proprie *sistens*, *producens*, *prodire faciens*. Hic verto cum Wolfio. AUGER.

Αὐτῷ] Editio Parisina legit αὐτοῦ, quod melius. Proxime μαρτυροῦντα editi universi ante Wolfium. Ven. ut debuit, μαρτυροῦντι. TAYLOR.

Κάλει δή μοι καὶ τοὺς φράτορας] Sunt apud Athenienses πολῖται καὶ πολίτιδες, ἀστοὶ καὶ ἀσταὶ, hoc est, πάντες οἱ συμπολιτευόμενοι. ἀστὸν enim et πολίτην differre, ut ἄστυ et πόλιν, etsi non est absurdum, non tamen perpetuo observatur. Horum alii sunt πολιτικοὶ, ἢ πολιτευόμενοι, alii ἰδιῶται, ἰδιωτεύοντες, ἢ ἀπολίτευτοι. Sequuntur φυλέται, *Tribules*, δημόται, *Populares*, aut *Municipes*, (etsi non ignoro, Ciceronem Cimonis curiales Laciadas dicere) φράτορες, *Curiales*, γεννηταὶ, *Gentiles*. Quibus vocibus uti mihi ut liceat, impetratum velim ab æquis lectoribus. Ac cæteræ vocabula obscura non sunt: φράτορες autem et γεννηταὶ quod munus habuerint, tradit Suidas hoc modo. Φυλαὶ *Tribus* olim fuerunt quatuor, ad numerum anni temporum: harum singulæ tribuebantur in tres φρατρίας, ἢ τριττῦς, id est *curias*, quæ duodecim fuerunt imitatione duodecim mensium. Unde φράτορες. Unaquæque φρατρία ἢ τριττὺς habuit γένη, id est, *gentes* triginta, pro numero dierum mensis. Unde Γεννηταὶ dicti *Gentiles*, non quidem ratione cognationis, sed propter familias ad hunc modum distributas. Vide γεννηταὶ et φράτορες. Etsi et ex Auctore nostro pleraque hujus generis perspiciuntur, cujus accurata lectio, et index loca similia demonstrans, homini vigilanti commentarii loco erunt. WOLF. Vide Harpocrat. v. Γεννηταὶ, ea, quæ diximus ad Orat. c. Neæram p. 1365. v. 10. ed. R. et ad Lycurgum. Notavi antea, legendum videri, ut quidam legunt non γεννητὰς, sed γενητὰς, quo modo et hic etiam exhibetur in marg. Morelii. Vide Orat. Isæi de Apollodori hæreditate, et H. St. annotationes ad marg. TAYLOR.

ΜΑΡΤΥΡΙΑΙ.

ζ΄. Τὰ μὲν τοίνυν ὑπὸ [1] τῶν συγγενῶν, καὶ φρατόρων, καὶ δημοτῶν, καὶ γεννητῶν, ὧν προσήκει μαρτυρούμενα, ἀκηκόατε· ἐξ ὧν ἐστὶν ὑμῖν εἰδέναι, πότερόν ποτε ἀστὸς ἢ ξένος ἦν, ᾧ ταῦθ' ὑπῆρχε. καὶ γὰρ εἰ μὲν εἰς ἕνα ἢ δύο ἀνθρώπους κατεφεύγομεν, εἴχομεν ἄν τινα ὑποψίαν παρεσκευάσθαι τούτους· εἰ δ' ἐν ἅπασιν, ὅσοισπερ ἕκαστος ὑμῶν, ἐξητασμένος φαίνεται καὶ ζῶν ὁ πατὴρ, καὶ νῦν [2] ἐγὼ 1306
ὁ λέγων, φράτορσι, συγγενέσι, δημόταις, γεννηταῖς, πῶς ἔνεστιν, [3] ἢ πῶς δυνατὸν τούτους ἅπαντας, μὴ μετ' ἀληθείας ὑπάρχοντας, κατεσκευάσθαι; εἰ μὲν τοίνυν εὔπορος ὢν ὁ πατὴρ χρήματα δοὺς τούτοις ἐφαίνετο, πείσας συγγενεῖς αὐτοὺς ἑαυτοῦ φάσκειν εἶναι, λόγον εἶχεν ὑποψίαν τιν' ἔχειν ὡς οὐκ ἦν ἀστός· εἰ δὲ πένης ὢν ἅμα συγγενεῖς τε παρέσχετο τοὺς αὐτοὺς, καὶ μεταδιδόντας τῶν ὄντων ἐπεδείκνυε, πῶς οὐκ εὔδηλον, ὅτι τῇ ἀληθείᾳ προσήκει τούτοις; οὐ γὰρ ἂν δήπου, εἴ γε μηδενὶ ἦν οἰκεῖος, χρήματ' αὐτῷ προστιθέντες οὗτοι, τοῦ γένους μετεδίδοσαν· ἀλλ' ἦν, ὡς τό τε ἔργον ἐδήλωσε, καὶ ὑμῖν μεμαρτύρηται.

ή. Ἔτι τοίνυν ἀρχὰς ἔλαχε, καὶ ἦρξε δοκιμασθείς. καί μοι λάβε τὴν μαρτυρίαν.

ΜΑΡΤΥΡΙΑ.

οἴεταί τις οὖν [4] ὑμῖν ἐᾶσαι ποτ' ἂν τοὺς δημότας [5] ἐκεῖνον ξένον ὄντα, καὶ μὴ πολίτην, ἄρχειν παρ' αὐτοῖς, ἀλλ' οὐκ ἂν κατηγορεῖν; οὐ τοίνυν κατηγόρησεν οὐδὲ εἷς, οὐδ' ᾐτιά-

[1] τῶν ζώντων συγγενῶν [2] ἐγώ, λέγω, φράτορσι [3] [ἢ πῶς δυνατὸν] [4] ὑμῶν
[5] ἐκεῖνον τὸν ξένον, καὶ μὴ

ζ. Εἰ δ' ἐν ἅπασιν — ἐξητασμένος] Ἅπαντα διεληλυθὼς, ἅπασι κεχρημένος. Wolf.

Καὶ νῦν κ. τ. λ.] Καὶ νῦν ἐγὼ ὁ λέγων. Idem. Editiones superiores ad unam omnes, καὶ νῦν ἐγὼ λέγω. Fortasse recte. εἰ δ' ἐν ἅπασιν — ἐξητασμένος φαίνεται καὶ ζῶν ὁ πατὴρ, καὶ νῦν ἐγὼ, λέγω, φράτορσι, συγγενέσι κ. τ. λ. si pater, dum vixit, et ego nunc, apud omnes eos probati sumus, apud quos unusquisque vestrum, nempe, curiales etc. Taylor.

λόγον εἶχεν] Οὐκ ἂν ἀλόγως ὑπωπτεύετο. Wolf. Mox τιν' non refertur ad ὑποψίαν. Rationi congruum esset aliquem habere suspicionem etc. Auger.

ή. Ὑμῖν] Ὑμῶν. Jurin.

Ξένον καὶ μὴ πολίτην] Forte ξένον ὄντα, καὶ μὴ πολίτην. Et [p. 315. v. 22.] τεθέντας ἐάσαι, pro ἐάσειε, tertia optativi. Et [p. 316. v. 6.] ὅπου καὶ ταύτην. Et [v. 10.] ὑπο-χον εἶναι τῇ πανηγύρει. Infames tamen fuisse circumforaneos homines, ex Orat. contra Neaeram videmus. Et v. 16. ὅτι οἷα ἐξέστι. Wolf. Certe sine ulla necessitate addidit istud ὄντα Wolfius. Neque agnoscunt aut Editi, aut MSti. Taylor.

σατο. ἀλλὰ μὴν καὶ διαψηφίσεις ἐξ ἀνάγκης ἐγένοντο τοῖς
δημόταις, ὀμόσασι καθ' ἱερῶν, ὅτ' ἀπώλετο αὐτοῖς τὸ λη-
ξιαρχικὸν γραμματεῖον, δημαρχοῦντος Ἀντιφίλου τοῦ πα-
τρὸς τοῦ Εὐβουλίδου· καὶ τινὰς ἀπήλασαν [1] αὐτῶν. περὶ
ἐκείνου δὲ οὐδεὶς οὔτ' εἶπεν, οὔτ' ᾐτιάσατο τοιοῦτον οὐδέν.
καίτοι πᾶσίν ἐστιν ἀνθρώποις τέλος τοῦ βίου θάνατος.
καὶ περὶ ὧν μὲν ἄν τις ζῶν αἰτίαν σχῇ περὶ τοῦ γένους,
δίκαιον τοὺς παῖδας τὴν ἀπολογίαν παρέχειν· περὶ ὧν δ'
ἂν μηδεὶς αὐτὸν ζῶντα καταιτιάσηται, πῶς οὐ δεινὸν, εἰ
1307 τοὺς παῖδας ὁ βουλόμενος κρινεῖ; εἰ μὲν τοίνυν περὶ τούτων
μηδεὶς λόγος ἐξητάσθη, δῶμεν τοῦτο λεληθέναι· εἰ δ' ἐδόθη,
καὶ διεψηφίσαντο, καὶ μηδὲν ᾐτιάσατο πώποτε μηδεὶς,
πῶς οὐ δικαίως ἂν [2] ἐγὼ κατ' ἐκεῖνον Ἀθηναῖος εἴην, τὸν
τελευτήσαντα πρὶν ἀμφισβητηθῆναι τοῦ γένους αὐτῷ; ὡς
δὴ ταῦτ' ἀληθῆ λέγω, κάλει καὶ τούτων μάρτυρας.

ΜΑΡΤΥΡΕΣ.

θ'. Ἔτι τοίνυν παίδων αὐτῷ τεττάρων γενομένων ὁμομητρίων ἐμοὶ, καὶ τελευτησάντων, ἔθαψε τούτους εἰς τὰ πατρῷα μνήματα, ὧν, ὅσοιπέρ εἰσι τοῦ γένους, κοινωνοῦσι· καὶ τούτων οὐδεὶς οὐκ ἀπεῖπε πώποτε, οὐκ ἐκώλυσεν, οὐ δίκην ἔλαχε. καίτοι τίς ἂν ἐστιν, ὅστις εἰς τὰ πατρῷα μνήματα τοὺς μηδὲν ἐν [3] γένει τιθέντας ἐάσαι; ὡς τοίνυν καὶ ταῦτ' ἀληθῆ λέγω, λάβε τὴν μαρτυρίαν.

ΜΑΡΤΥΡΙΑ.

ι'. Περὶ μὲν τοίνυν τοῦ πατρὸς, ὡς Ἀθηναῖος ἦν, ταῦτ' ἔχω λέγειν, καὶ μάρτυρας παρέσχημαι τοὺς ὑπ' αὐτῶν τούτων ἐψηφισμένους εἶναι πολίτας, μαρτυροῦντας ἐκεῖνον ἑαυτοῖς ἀνεψιὸν εἶναι. φαίνεται δὲ βιοὺς ἔτη τόσα καὶ τόσα

[1] αὐτῶν [2] ἔγωγε [3] γένει προσήκοντας τιθέναι ἐᾶσαι

Περὶ τοῦ γένους] Dele otiosa ista vocabula. Loquitur generaliter, περὶ ὧν ἄν τις ζῶν αἰτίαν σχῇ, δίκαιον τοὺς παῖδας τὴν ἀπολογίαν παρέχειν. Curiosus aliquis annotator, nimium memor causæ, quæ in hac quæstione tractatur, ista ingeminavit, quæ sane perturbant etiam constructionem. Idem.

Πῶς οὐ δικαίως κ. τ. λ.] Omittitur in versione τὸν τελευτήσαντα, qui diem suum obiit. Malim etiam κατ' ἐκεῖνον reddi ejus jure, vel secundum illum, quam, propter illum. Jurin.

θ'. Τοὺς μηδὲν ἐν γένει —] Leg. vid. τοὺς μηδὲν γένει προσήκοντας ἐντιθέναι ἐᾶσαι. Auger.

ἐνθάδε, καὶ οὐδαμοῦ πώποτε ὡς ξένος ἐξετασθεὶς, ἀλλὰ πρὸς τούτους ὄντας συγγενεῖς καταφεύγων· οὗτοι δὲ καὶ προσδεχόμενοι, καὶ τῆς οὐσίας μεταδιδόντες, ὡς αὐτῶν ἑνί. τοῖς χρόνοις τοίνυν οὕτω φαίνεται γεγονὼς, ὥστε, εἰ καὶ κατὰ θάτερα ἀστὸς ἦν, εἶναι πολίτην προσήκειν αὐτόν· γέγονε γὰρ πρὸ Εὐκλείδου. περὶ δὲ τῆς μητρὸς [1] — ἐπεὶ καὶ ταύτην διαβεβλήκασί μου — λέξω, καὶ μάρτυρας ὧν ἂν λέγω, καλῶ. καίτοι, ὦ ἄνδρες Ἀθηναῖοι, οὐ μόνον παρὰ 1308
τὰ ψηφίσματα τὰ περὶ [2] τὴν ἀγορὰν, διέβαλεν ἡμᾶς Εὐβουλίδης, ἀλλὰ καὶ παρὰ τοὺς νόμους, οἳ κελεύουσιν ἔνοχον εἶναι τῇ [3] κατηγορίᾳ τὸν τὴν ἐργασίαν τὴν ἐν τῇ ἀγορᾷ, ἢ τῶν πολιτῶν, ἢ τῶν πολιτίδων ὀνειδίζοντά τινι. ἡμεῖς δὲ ὁμολογοῦμεν [4] μὲν ταινίας πωλεῖν, καὶ ζῆν οὐχ ὃν τινα τρόπον βουλόμεθα. καὶ εἴ σοι ἐστὶ τοῦτο σημεῖον, ὦ Εὐβουλίδη, τοῦ μὴ Ἀθηναίους εἶναι ἡμᾶς, ἐγώ σοι τούτου ὅλως τοὐναντίον ἐπιδείξω, ὅτι οὐκ [5] ἐξέσται ξένῳ ἐν τῇ ἀγορᾷ ἐργάζεσθαι. καί μοι λαβὼν ἀνάγνωθι πρῶτον τὸν Σόλωνος νόμον.

ΝΟΜΟΣ.

λάβε δὴ καὶ τὸν Ἀριστοφῶντος. οὕτω γὰρ, ὦ ἄνδρες Ἀθη-

[1] (καὶ γὰρ καὶ τ. δ. * μοι,) [2] * τῆς ἀγορᾶς διέβαλλεν [3] καπηλείᾳ [4] μὲν] καὶ [5] ἔξεστι

l. Ὥστε εἰ καὶ κατὰ θάτερα] Lambinus: ὥστε εἰ καὶ μὴ κατὰ θάτερα. Sed locum non intellexit, qui quidem bene a Wolfio redditur. Ἀριστοφῶν δὲ ὁ ῥήτωρ, ὁ τὸν νόμον εἰσενεγκὼν ἐπ' Εὐκλείδου ἄρχοντος, ὃς ἂν μὴ ἐξ ἀστῆς γένηται νόθον εἶναι, αὐτὸς ἀπεδείχθη — ἐκ — τῆς ἑταίρας παιδοποιησάμενος. Athen. l. XIII. p. m. 285. Taylor. Quin hoc ipsum multo ante sciverat Pericles; ut Plutarcho in ejus vita memoratur. Sed dissidium compono: ac sciendum, legem a Pericle latam quidem, verum mox et abrogatam; ut videre est in verbis Athenæi: posteaque ab Euclide restitutam. *Meurs. Them. Attic.* l. II. c. XII.

Ψηφίσματα] Distingue: οὐ μόνον παρὰ τὰ ψηφίσματα, τὰ περὶ ἀγορὰν διέβαλεν ἡμᾶς Εὐβουλίδης, ἀλλὰ καὶ παρὰ τοὺς νόμους. Taylor.

Κατηγορίᾳ] Eruditissimus Wesselingius ad Petit. LL. Attic. pag. 644. recte admonuit, rescribendum esse καπηλείᾳ. Vide supra ad p. 315. v. pen. Usu venit maxime, ut hæ voces permiscerentur. Dixi ad Lysiam pag. 353. ult. Idem.

Ταινίας πωλεῖν] Hermogenes Cap. περὶ Ἀφελείας. Ἔτι ἀφελεῖς ἔννοιαι, καὶ αἱ πλησιάζειν πως δοκοῦσαι τῷ εὐτελεῖ. γίνονται δὲ αὗται, ὅταν περὶ εὐτελῶν καὶ τῶν τυχόντων πραγμάτων λέγῃ τις. ὡς ἐν τῷ κατὰ Στεφάνου ψευδομαρτυριῶν· ἢ τὰ καταχύσματά φησιν αὐτοῦ κατέχει. καὶ πάλιν, ἐτρέφετο τὴν ῥαφανίδα ἐκτίλλειν. καὶ ἐν τῇ πρὸς Εὐβουλίδην ἐφέσει, τὸ λέγειν, ὅτι ταινίας ἐπίπρασκεν ἐν τῇ ἀγορᾷ ἡ μήτηρ. Adi porro Casaub. ad Athen. VII. 22. Herald. Animadv. Lib. II. Cap. II. §. 14. Idem.

Βουλόμεθα] Vel ἐβουλόμεθα potius. Idem.

Ἐξέσται] Ita Editi constanter. Melius tamen ἔξεστι, ut Wolfius dedit, et uti nos quoque, nescio tamen, qua fortuna impediti, dare voluimus. Vide supra ad p. 315. v. pen. Idem.

ναῖοι, τοῦτον ἔδοξεν· ἐκεῖνος [1] ὑμῖν καλῶς καὶ δημοτικῶς νομοθετῆσαι, ὥστε [2] ψηφίσασθαι πάλιν ἀνανεώσασθαι.

ΝΟΜΟΣ.

προσήκει τοίνυν ὑμῖν, βοηθοῦσι τοῖς νόμοις, μὴ τοὺς ἐργαζομένους ξένους νομίζειν, ἀλλὰ τοὺς συκοφαντοῦντας πονηρούς. ἐπεί, ὦ Εὐβουλίδη, ἔστι καὶ ἕτερος περὶ τῆς ἀργίας νόμος· ᾧ αὐτὸς ἔνοχος ὤν, ἡμᾶς τοὺς ἐργαζομένους διαβάλλεις. ἀλλὰ γὰρ τοσαύτη τις ἀτυχία ἐστὶ περὶ ἡμᾶς νῦν, ὥστε τούτῳ μὲν ἔξεστιν ἔξω τοῦ πράγματος βλασφημεῖν, καὶ πάντα ποιεῖν, ὅπως μηδενὸς τῶν δικαίων [3] ἐγὼ τύχω· ἐμοὶ δ' ἐπιτιμήσετε ἴσως, ἐὰν λέγω, ὃν τρόπον οὗτος ἐργάζεται περιιὼν ἐν τῇ πόλει. καὶ εἰκότως. ἃ γὰρ ὑμεῖς ἴστε, τί δεῖ λέγειν; σκοπεῖτε δή. νομίζω γὰρ ἔγωγε τὸ ἐν τῇ ἀγορᾷ ἡμᾶς ἐργάζεσθαι, μέγιστον εἶναι σημεῖον τοῦ
1309 ψευδεῖς ἡμῖν αἰτίας τοῦτον ἐπιφέρειν. ἣν γάρ φησι ταινιόπωλιν εἶναι, καὶ φανερὰν πᾶσι, προσῆκε δήπουθεν εἰδότας [4] αὐτοὺς πολλοὺς ἥτις ἐστὶ, μαρτυρεῖν, καὶ μὴ μόνον ἀκοήν. ἀλλ' εἰ μὲν ξένη ἦν, τὰ τέλη ἐξετάσαντας τὰ ἐν τῇ ἀγορᾷ, εἰ ξενικὰ ἐτέλει, καὶ ποδαπὴ ἦν, ἐπιδεικνύντας· εἰ δὲ δούλη, μάλιστα μὲν τὸν πριάμενον, εἰ δὲ μή, τὸν ἀποδόμενον ἥκειν καταμαρτυροῦντα, εἰ δὲ μή, τῶν ἄλλων τινά, ἢ ὡς ἐδούλευσεν, ἢ ὡς ἀφείθη ἐλευθέρα. νῦν δὲ τούτων μὲν ἀπέδειξεν οὐδέν· λελοιδόρηκε δὲ ὡς ἐμοὶ δοκεῖ [5] οὐδέν τι. τοῦτο γάρ ἐστιν ὁ συκοφάντης, αἰτιάσασθαι μὲν πάντα, ἐξελέγξαι δὲ μηδέν. ἔπειτα κἀκεῖνο περὶ τῆς μητρὸς εἴρηκεν, ὅτι ἐτίτθευσεν. ἡμεῖς δέ, ὅτε ἡ πόλις ἠτύχει, καὶ πάντες κακῶς ἔπραττον, οὐκ ἀρνούμεθα τοῦτο γενέσθαι· ὃν δὲ τρόπον,

[1] Deest ὑμῖν. [2] ἐψηφίσασθε πάλιν τὸν αὐτὸν ἀνανεώσασθαι [3] ἐγὼ τῶν δικαίων [4] αὐτὴν [5] οὐδὲν ὅ,τι οὔ.

Ὑμῖν] Abest ab omnibus, tam cusis, quam manu exaratis, priusquam Wolfius in impressione sua dederit. Miror autem dedisse, lectore de ea re non admonito. Fortasse, deleta rursus ea voce, quæ occulte videtur irrepsisse, ita legendum: οὕτω γὰρ — τούτῳ (i. e. Aristophonti) ἔδοξεν ἐκεῖνος καλῶς καὶ δημοτικῶς νομοθετῆσαι, ὥστε ψηφίσασθαι πάλιν ἀνανεώσασθαι. Idem.

Αὐτοὺς] Melius αὐτὴν cum Ven. et marg. Benenati. Idem.

Τὰ τέλη ἐξετάσαντας] *Excutienda fuerunt vectigalia.* Wolfius. Male, ut arbitror. Ait Orator: *si allegaverint fuisse eam peregrinam, adducendi erant illi, qui peregrinantium vectigalia exegerint; si ancillam, emtor.* Idem.

Δοκεῖ οὐδέν τι] Lego et suppleo: δοκεῖ οὐδέν τι ἄλλο πράξας. Auger.

καὶ ὧν ἕνεκα ἐτίτθευσεν, ἐγὼ σαφῶς ὑμῖν ἐπιδείξω. μη-
δεὶς δ' ὑμῶν, ὦ ἄνδρες Ἀθηναῖοι, δυσχερῶς ὑπολάβῃ.
καὶ γὰρ νῦν ἀστὰς γυναῖκας πολλὰς εὑρήσετε τιτθευού-
σας, ἃς ὑμῖν καὶ κατ' ὄνομα, ἐὰν βούλησθε, ἐροῦμεν. εἰ δέ
γε πλούσιοι ἦμεν, οὔτ' ἂν τὰς ταινίας ἐπωλοῦμεν, οὔτ' ἂν
ὅλως ἦμεν ἄποροι. ἀλλὰ τί ταῦτα κοινωνεῖ τῷ γένει; ἐγὼ
μὲν οὐδὲν οἶμαι. μηδαμῶς, ὦ ἄνδρες δικασταί, τοὺς πένη-
τας ἀτιμάζετε — ἱκανὸν γὰρ [1] αὐτοῖς τὸ πένεσθαι κα-
κὸν —, μηδέ γε τοὺς ἐργάζεσθαι, καὶ ζῆν ἐκ τοῦ δικαίου
προαιρουμένους. ἀλλ' ἀκούσαντες, ἐὰν ὑμῖν ἐπιδεικνύω τῆς
μητρὸς τοὺς οἰκείους, οἵους [2] προσῆκεν εἶναι ἀνθρώποις
ἐλευθέροις, [3] ἐὰν καταιτιᾶται περὶ αὐτῆς ταύτας τὰς δια- 1310
βολὰς, ἐξομνυμένους, καὶ μαρτυροῦντας, αὐτὴν ἀστὴν
οὖσαν εἰδέναι, οὓς ὑμεῖς φήσετε πιστοὺς εἶναι, [4] καὶ δικαίαν
ἡμῖν θέσθε τὴν ψῆφον.

ιά. Ἐμοὶ γὰρ ἦν πάππος, ὦ ἄνδρες Ἀθηναῖοι, τῆς
μητρὸς πατὴρ Δαμόστρατος Μελιτεύς. τούτῳ γίγνονται
τέτταρες παῖδες. ἐκ μὲν ἧς [5] τὸ πρῶτον ἔσχε γυναικὸς,
θυγάτηρ καὶ υἱὸς, ᾧ ὄνομα Ἀμυθέων· ἐκ δὲ τῆς ὕστερον
Χαιρεστράτης, ἡ μήτηρ ἡ ἐμὴ, καὶ Τιμοκράτης. τούτοις δὲ
γίγνονται παῖδες, τῷ μὲν Ἀμυθέωνι Δαμόστρατος τοῦ
πάππου τοὔνομα ἔχων, καὶ Καλλίστρατος, καὶ Δεξίθεος.
καὶ ὁ μὲν Ἀμυθέων, ὁ τῆς μητρὸς ἀδελφὸς, τῶν ἐν Σικε-
λίᾳ στρατευσαμένων καὶ τελευτησάντων ἐστί· καὶ τέ-
θαπται ἐν τοῖς δημοσίοις μνήμασι. καὶ ταῦτα μαρτυρή-
σεται. τῇ δὲ ἀδελφῇ αὐτοῦ συνοικησάσῃ Διοδώρῳ Ἁλαιεῖ
υἱὸς γίνεται Κτησίβιος. καὶ οὗτος μὲν ἐτελεύτησεν ἐν
Ἀβύδῳ, μετὰ Θρασυβούλου στρατευόμενος· ζῇ δὲ τούτων
ὁ Δαμόστρατος, ὁ τοῦ Ἀμυθέωνος, τῆς μητρὸς ἀδελφιδοῦς

[1] αὐτοῖς ἐστὶ τὸ [2] προσήκει [3] ἐὰν] ἃ οὗτος [4] Deest καί. [5] τοπρῶτον

Ἀλλ' ἀκούσαντες] Ita arbitror locum hunc esse reformandum, literula vix immutata, verum ordine instaurato, sc. ἀλλ' ἀκούσαντες, ἐὰν ὑμῖν ἐπιδεικνύω τῆς μητρὸς τοὺς οἰκείους, οἵους προσῆκεν εἶναι ἀνθρώπους ἐλευθέρους, καὶ οὓς ὑμεῖς φήσετε πιστοὺς εἶναι (ἐὰν καταιτιᾶται περὶ αὐτῆς ταύτας τὰς διαβολὰς) ἐξομνυμένους, καὶ μαρτυροῦντας αὐτὴν ἀστὴν οὖσαν εἰδέναι, δικαίαν ἡμῖν θέσθε τὴν ψῆφον. Taylor.

ιά. Δεξίθεος] Postea Εὐξίθεος. [p. 319. v. 10.] δε et ευ sæpe permutantur ob non dissimiles ductus literarum. Wolf. Hic Dexitheus non idem est cum illo Euxitheo, qui postea occurrit. Fallitur Wolfius. Taylor.

Καὶ ὁ μὲν Ἀμυθέων] Male Wolfius: ac *Dexitheus ex eorum numero est* etc. cum id de Amytheone dicitur. Idem.

Μαρτυρήσεται] Sensu passivo: *et hæc testimonio confirmabuntur*. Auger.

τῆς ἐμῆς. τῆς δὲ Χαιρεστράτης, τῆς ἐμῆς τίτθης τὴν ἀδελφὴν λαμβάνει Ἀπολλόδωρος Πλωθεύς. τούτων γίνεται Ὀλύμπιχος, τοῦ δὲ Ὀλυμπίχου, Ἀπολλόδωρος. καὶ οὗτος ζῇ. καί μοι κάλει αὐτούς.

ΜΑΡΤΥΡΕΣ.

τούτων μὲν τοίνυν ἀκηκόατε μαρτυρούντων καὶ διομνυμένων. τὸν δὲ καὶ ὁμομήτριον, καὶ κατ᾽ ἀμφότερ᾽ ἡμῖν συγγενῆ καλῶ, καὶ τοὺς υἱεῖς αὐτοῦ. τῷ γὰρ Τιμοκράτει τῷ τῆς μητρὸς ἀδελφῷ τῆς ἐμῆς ὁμοπατρίῳ καὶ ὁμομητρίῳ γίνεται
1311 Εὐξίθεος· τοῦ δ᾽ Εὐξιθέου τρεῖς υἱεῖς. οὗτοι πάντες ζῶσι. καί μοι κάλει τοὺς ἐπιδημοῦντας αὐτῶν.

ΜΑΡΤΥΡΕΣ.

λάβε δή μοι καὶ τὰς μαρτυρίας τῶν φρατόρων καὶ συγγενῶν τῶν τῆς μητρὸς καὶ δημοτῶν, καὶ ὧν τὰ μνήματα ταὐτά.

ΜΑΡΤΥΡΙΑΙ.

τὰ μὲν τοίνυν τοῦ γένους τοῦ τῆς μητρὸς, οὕτως ὑμῖν ἐπιδεικνύω, καὶ πρὸς ἀνδρῶν καὶ πρὸς γυναικῶν ἀστήν. τῇ δὲ μητρὶ τῇ ἐμῇ γίγνεται, ὦ ἄνδρες δικασταὶ, τὸ μὲν πρῶτον ἐκ Πρωτομάχου, ᾧ αὐτὴν ὁ Τιμοκράτης ὁμομήτριος καὶ ὁμοπάτριος ὢν ἀδελφὸς ἔδωκε, θυγάτηρ· εἶτα ἐκ τοῦ πατρὸς τοῦ ἐμοῦ, ἐγώ. ὃν δὲ τρόπον τῷ πατρὶ τῷ ἐμῷ συνῴκησε, ταῦθ᾽ ὑμᾶς ἀκοῦσαι δεῖ. καὶ γὰρ ἃ περὶ τὸν Κλεινίαν αἰτιᾶται, καὶ τὸ τιτθεῦσαι τὴν μητέρα, καὶ ταῦτα πάντα ἐγὼ σαφῶς ὑμῖν διηγήσομαι.

ιβ΄. Ὁ Πρωτόμαχος πένης ἦν. ἐπικλήρου δὲ κληρονομήσας εὐπόρου, τὴν μητέρα βουληθεὶς ἐκδοῦναι, πείθει λαβεῖν αὐτὴν [1] τὸν Θούκριτον τὸν πατέρα τὸν ἐμὸν, ὄντα ἑαυτοῦ γνώριμον· καὶ ἐγγυᾶται ὁ πατὴρ τὴν μητέρα τὴν ἐμὴν παρὰ τοῦ ἀδελφοῦ αὐτῆς Τιμοκράτους Μελιτέως, παρόντων [2] τῶν θείων ἀμφοτέρων τῶν ἑαυτοῦ, καὶ ἄλλων μαρτύρων. καὶ τούτων ὅσοι ζῶσι μαρτυρήσουσιν [3] ἡμῖν. μετὰ δὲ ταῦτα χρόνῳ ὕστερον παιδίων αὐτῇ δυοῖν ἤδη γεγε-

[1] Deest articulus. [2] τῶν τε θείων [3] ὑμῖν

νημένων, καὶ τοῦ μὲν πατρὸς στρατευομένου, καὶ ἀποδη-
μοῦντος μετὰ Θρασυβούλου, αὐτὴ δὲ οὖσα ἐν ἀπορίαις,
ἠναγκάσθη τὸν Κλεινίαν τὸν τοῦ [1] Κλιδίκου τιτθεῦσαι, τῷ
μὲν εἰς ἐμὲ ἥκοντι κινδύνῳ [2] νῦν, μὰ τὸν Δία, οὐχὶ συμφέρον
πρᾶγμα ποιήσασα — ἀπὸ γὰρ ταύτης τῆς τιτθείας ἅπα- 1312
σα. ἡ περὶ ἡμᾶς γέγονε βλασφημία —, τῇ μέντοι ὑπαρ-
χούσῃ πενίᾳ ἴσως καὶ ἀναγκαῖα καὶ ἁρμόττοντα ποιοῦσα.
φαίνεται τοίνυν οὐχ ὁ [3] ἐμὸς, ὦ ἄνδρες Ἀθηναῖοι, πρῶτος
λαβὼν τὴν ἐμὴν μητέρα, ἀλλ' ὁ Πρωτόμαχος, καὶ παῖδας
ποιησάμενος, καὶ θυγατέρα ἐκδούς· ὃς καὶ τετελευτηκὼς
ὅμως μαρτυρεῖ τοῖς ἔργοις, ἀστὴν ταύτην καὶ πολῖτιν εἶναι.
ὡς οὖν ταῦτ' ἀληθῆ λέγω, κάλει μοι πρῶτον μὲν τοὺς τοῦ
Πρωτομάχου υἱεῖς· ἔπειτα τοὺς ἐγγυωμένῳ παρόντας τῷ
πατρὶ, καὶ τῶν φρατόρων τοὺς οἰκείους, οἷς τὴν γαμηλίαν
εἰσήνεγκεν ὑπὲρ τῆς μητρὸς ὁ πατήρ· εἶτα Εὔνικον Χολαρ-
γέα [4] τὴν ἀδελφὴν λαβόντα τὴν ἐμὴν παρὰ τοῦ Πρωτο-
μάχου· εἶτα τὸν υἱὸν τῆς ἀδελφῆς. κάλει τούτους.

ΜΑΡΤΥΡΕΣ.

πῶς οὖν οὐκ ἂν οἰκτρότατα, ὦ ἄνδρες Ἀθηναῖοι, πάντων ἐγὼ πεπονθὼς εἴην, εἰ τῶν συγγενῶν ὄντων τοσούτων [5] τούτων, καὶ μαρτυρούντων, καὶ διομνυμένων ἐμοὶ προσήκειν, μηδεὶς μηδενὶ τούτων ἀμφισβητῶν, ὡς οὐκ εἰσὶ πολῖται, ἐμὲ [6] ψηφίσαιντο εἶναι ξένον; λάβε δή μοι καὶ τὴν τοῦ Κλεινίου, καὶ τὴν τῶν συγγενῶν αὐτοῦ μαρτυρίαν, οἳ ἴσασι δήπου, τίς οὖσά ποτε ἡ ἐμὴ μήτηρ ἐτίτθευσεν αὐτόν. οὐ γὰρ ἃ τήμερον ἡμεῖς φαμὲν, εὔορκον αὐτοῖς μαρτυρεῖν· ἀλλ' ἃ πάντα τὸν χρόνον [7] ᾔδεσαν αὐτὴν, ἡμετέραν μὲν μητέρα, τίτθην δὲ τούτου νομιζομένην. καὶ γὰρ εἰ ταπεινὸν ἡ τίτθη, τὴν ἀλήθειαν οὐ φεύγω. οὐ γὰρ, εἰ πένητες

[1] Κλειδίκου [2] νυνὶ [3] ἐμὸς πατὴρ, ὦ [4] τὸν τὴν [5] τουτωνὶ [6] ψηφίσαιτο [7] ᾔδεσαν [8] ὡς τὴν ἡμετέραν

ιβ. ψηφίσαιντο] ψηφίσαιτο marg. Morel. Sed illud non utique rem expedit. ψηφίσαισθε Lambinus. Melius sane. Verum adhuc Grammaticae non satis consulitur. Mentem scriptoris video. *Indignissimum esset, si, cum tot Cives, quibus nemo unquam peregrinitatem objecit, me cognatum esse sibi et familiarem testentur, vos decerneretis, me esse peregrinum.* Taylor. L. ψηφίσαιτο referendo ad μηδείς, quae ultima vox ita resolvi debet et explicari: ἄνδρες ὧν μηδεὶς μηδενὶ τούτων ἀμφισβητεῖ - - - ψηφίσαιτο. Auger.

ἦμεν, ἠδικήκαμεν, ἀλλ' εἰ μὴ πολῖται· οὐδὲ περὶ ψυχῆς,
1313 οὐδὲ περὶ χρημάτων ἡμῖν ἐστὶν ὁ παρὼν ἀγὼν, ἀλλ' ὑπὲρ γένους. πολλὰ ταπεινὰ καὶ δουλικὰ πράγματα τοὺς ἐλευθέρους ἡ πενία βιάζεται ποιεῖν· ἐφ' οἷς ἐλεοῖντ' ἂν, ὦ ἄνδρες Ἀθηναῖοι, δικαιότερον, ἢ προσαπολλύοιντο. ὡς γὰρ ἐγὼ ἀκούω, πολλαὶ καὶ τίτθαι, καὶ ἔριθοι, καὶ τρυγήτριαι γεγόνασιν ὑπὸ τῶν τῆς πόλεως κατ' ἐκείνους τοὺς χρόνους συμφορῶν ἀσταὶ γυναῖκες, πολλαὶ δ' ἐκ πενήτων πλούσιαι νῦν. ἀλλ' αὐτίκα ὑπὲρ τούτων· νῦν δὲ τοὺς μάρτυρας κάλει.

ΜΑΡΤΥΡΕΣ.

ιγ'. Οὐκοῦν ὅτι μὲν καὶ τὰ πρὸς μητρὸς εἰμὶ ἀστὸς, καὶ τὰ πρὸς πατρὸς, τὰ μὲν ἐξ ὧν ἄρτι μεμαρτύρηται, μεμαθήκατε πάντες, τὰ δ' ἐξ ὧν πρότερον περὶ τοῦ πατρός· λοιπὸν δέ μοι περὶ ἐμαυτοῦ πρὸς ὑμᾶς εἰπεῖν τὸ μὲν ἁπλούστατον, οἶμαι, καὶ δικαιότατον, ἐξ ἀμφοτέρων [1] ἀστῶν ὄντα με, κεκληρονομηκότα καὶ τῆς οὐσίας καὶ τοῦ γένους, εἶναι πολίτην. οὐ μὴν ἀλλὰ καὶ τὰ προσήκοντα πάντα ἐπιδείξω, μάρτυρας παρεχόμενος, ὡς εἰσήχθην εἰς τοὺς φράτορας, ὡς ἐνεγράφην εἰς τοὺς δημότας, ὡς ὑπ' αὐτῶν τούτων προεκρίθην ἐν τοῖς εὐγενεστάτοις κληροῦσθαι τῆς ἱερωσύνης τῷ Ἡρακλεῖ, ὡς ἦρχον ἀρχὰς δοκιμασθείς. καί μοι κάλει αὐτούς.

ΜΑΡΤΥΡΕΣ.

οὐκοῦν δεινὸν, ὦ ἄνδρες δικασταὶ, εἰ μὲν ἔλαχον ἱερεὺς, ὥσπερ προεκρίθην, ἔδει ἄν με καὶ αὐτὸν θύειν ὑπὲρ τούτων,

[1] ἀστὸν

Ἠδικήκαμεν] Wolfius hæc non satis accurate. Verte: *Non enim, si pauperes fuissemus, rei sumus, sed, si peregrini.* Agitur enim hodie, ut ait ille in sequentibus, non de facultatibus, sed de genere et civitate. TAYLOR.

Ψυχῆς] M. τυχῆς. AUGER.

Δουλικὰ] Δωλικὰ, inquit Poll. L. III. C. VIII. §. 81. παρὰ Δημοσθένει. Quod referunt, nec injuria, ad hunc locum. TAYLOR.

ιγ'. Κεκληρονομηκότα] Forte καὶ κεκληρονομηκότα. Hunc locum aliter distinxi, atque distinxerat Wolfius, et, credo, melius. Judicet æquus lector ex Versione. IDEM.

Οὐκοῦν] Οὔκουν Lambinus, retracto accentu. Illud autem, quoniam in suis exemplaribus hæc interrogative pungerentur, p. 322. v. 2. Ad quam legem sententiam hanc reddidit Wolfius. Sed perinde erit, si tollas interrogationem, uti ego sustuli. IDEM.

Ὥσπερ προεκρίθην]. Sc. ἐν τῷ κληρῷ-

καὶ [1]τούτους μετ' ἐμοῦ συνθύειν· νῦν δὲ τοὺς αὐτοὺς [2]τούτους μεθ' αὑτῶν οὐδὲ συνθύειν ἐᾶν. φαίνομαι τοίνυν, ὦ ἄνδρες Ἀθηναῖοι, τὸν μὲν ἄλλον χρόνον ἅπαντα παρὰ πᾶσι τοῖς νῦν κατηγοροῦσι πολίτης ὡμολογημένος. οὐ γὰρ 1314
ἂν δήπου τόν γε ξένον, καὶ μέτοικον, ὡς νῦν φησὶν Εὐβουλίδης, οὔτ' ἀρχὰς ἄρχειν, οὔτε ἱερωσύνην κληροῦσθαι μεθ' ἑαυτοῦ προκριθέντα εἴασε· καὶ γὰρ οὗτος ἦν τῶν κληρουμένων καὶ προκριθέντων· [3]οὐδέ γ', ὦ ἄνδρες Ἀθηναῖοι, παλαιὸς ἂν ἐχθρὸς ὢν ἐμοὶ τοῦτον τὸν καιρὸν περιέμεινεν, ὃν οὐδεὶς ᾔδει γενησόμενον, εἴπερ [4]τί συνῄδει τοιοῦτον. ἀλλ' οὐ συνῄδει. διόπερ τὸν μὲν ἄλλον ἅπαντα χρόνον δημοτευόμενος μετ' ἐμοῦ, καὶ κληρούμενος, οὐδὲν ἑώρα τούτων· ἐπειδὴ δὲ ἡ πόλις πᾶσι τοῖς ἀσελγῶς εἰσπεπηδηκόσιν εἰς τοὺς δήμους ὀργιζομένη [5]παρωξύνετο, τηνικαῦτά μοι ἐπεβούλευσεν. ἦν δ' ἐκεῖνος μὲν ὁ καιρὸς τοῦ συνειδότος αὑτῷ τἀληθῆ λέγειν· ὁ δὲ νυνὶ παρὼν, ἐχθροῦ, καὶ συκοφαντεῖν βουλομένου. ἐγὼ δὲ, ὦ ἄνδρες δικασταὶ, — καί μοι, πρὸς Διὸς καὶ θεῶν, μηδεὶς θορυβήσῃ, μηδ' ἐφ' ᾧ μέλλω λέγειν ἀχθεσθῇ —, ἐμαυτὸν Ἀθηναῖον ὑπείληφα, ὥσπερ ὑμῶν ἕκαστος ἑαυτὸν, μητέρα [6]ἐξ ἀρχῆς νομίζων, ἥν περ εἰς ὑμᾶς ἀποφαίνω, καὶ οὐχ ἑτέρας μὲν ὢν, ταύτης δὲ προσποιούμενος. πατέρα πάλιν, ὦ ἄνδρες Ἀθηναῖοι, τὸν αὐτὸν τρόπον. καί τοι εἰ τοῖς ἐξελεγχομένοις, ὧν μέν εἰσιν ἀποκρυπτομένοις, ὧν δὲ οὐκ εἰσὶ προσποιουμένοις, δίκαιον ὑπάρχειν παρ' ὑμῖν τοῦτο σημεῖον, ὡς εἰσὶ ξένοι· ἐμοὶ δήπου τοὐναντίον, ὡς εἰμὶ πολίτης. οὐ [7]γὰρ ξένην καὶ ξένον τοὺς

[1] τούτων [2] τούτους ἐμὲ μεθ' — ἐᾶν; [3] οὐδὲ γάρ, ὦ [4] τι [5] παρώξυντο [6] ἐξαρχῆς [7] γὰρ ἂν ξένην

σθαι. Wolf. Minime omnium. Non προσεκρίθη ἐν τῷ κληροῦσθαι, sed προεκρίθη εἰς τὸ κληροῦσθαι. Municipes quosdam e suo demo praetulerant, selegerant, ut ex iis unus sorte Herculanum sacerdotium sortiretur. Aliter, unde haec explicaret? εἰ μὲν ἔλαχον, ὥσπερ προεκρίθην, aut illud v. 6. ἱερωσύνην κληροῦσθαι μεθ' ἑαυτοῦ προκριθέντα. De his rebus accuratissime Desid. Herald. L. II. c. III. §. 3. Taylor.

Ἤδη ἂν με] Opinor legendum ᾔδειν ἂν με. Jurin.

Καὶ τούτων] [Ita Edit. Lutec.] Marg. Paris. καὶ τούτους. Verissime. Idem.

Παρωξύνετο] Malim παρώξυντο. Wolf. Auger.

Συνειδότος αὐτῷ τἀληθῆ λέγειν] Usitatius dici videtur: τῷ συνειδότος αὐτῷ τἀληθῆ λέγοντι. Alias etiam accusativo jungitur, ut apud Aristotelem, συνειδότες ἑαυτοῖς ἄγνοιαν. Wolf. Restitui autem αὑτῷ cum adspiratione. Taylor.

Ἀχθεσθῇ] Editiones omnes, et membranae μηδεὶς — ἀχθεσθῇ, εἰ ἐμαυτὸν κ. τ. λ. Idem.

Οὐ γὰρ ξένην καὶ ξένον] Sc. ὑπὸ τῶν ἀντιδίκων λεγόμενον. Wolf.

ἐμαυτοῦ γονέας ἐπιγραψάμενος, μετέχειν ἠξίουν τῆς πόλεως· ἀλλ᾽ εἴ τι τοιοῦτον συνῄδειν, [1]ἐζήτησα ὧν φήσω γονέων εἶναι. ἀλλ᾽ οὐ συνῄδειν. διόπερ μένων ἐπὶ τοῖς οὖσι δι-
1315 καίως γονεῦσιν ἐμαυτῷ, τῆς πόλεως μετέχειν ἀξιῶ.

ιδ΄. Ἔτι τοίνυν ὀρφανὸς κατελείφθην, καί φασί με εὔπορον εἶναι, καὶ τῶν μαρτύρων ἐνίους [2]ὀφελουμένους μοι μαρτυρεῖν συγγενεῖς εἶναι. καὶ ἅμα μὲν κατ᾽ ἐμοῦ λέγουσι τὰς ἐκ τῆς πενίας ἀδοξίας, καὶ περὶ τὸ γένος διαβάλλουσιν· ἅμα δὲ δι᾽ εὐπορίαν φασὶ πάντα με ὠνεῖσθαι. ὥστε πότερα χρὴ αὐτοῖς πιστεύειν; ἐξῆν δὲ [3]δήπου, εἰ νόθος, ἢ ξένος ἦν ἐγώ, [4]κληρονόμους εἶναι τῶν ἐμῶν πάντων. εἶθ᾽ οὗτοι μικρὰ λαμβάνειν, καὶ κινδυνεύειν ἐν ψευδομαρτυρίαις, καὶ ἐπιορκεῖν μᾶλλον αἱροῦνται, ἢ πάντ᾽ ἔχειν, καὶ ταῦτ᾽ ἀσφαλῶς, καὶ μηδεμιᾶς ἐξωλείας ὑπόχους ἑαυτοὺς ποιεῖν; οὐκ ἔστι ταῦτα. ἀλλ᾽, οἶμαι, συγγενεῖς ὄντες, τὰ δίκαια ποιοῦσι, βοηθοῦντες αὑτῶν ἑνί. καὶ ταῦτα οὐχὶ νῦν πεπεισμένοι ποιοῦσιν, ἀλλὰ παιδίον ὄντα με εὐθέως ἦγον εἰς τοὺς φράτορας, εἰς Ἀπόλλωνος πατρῴου ἦγον, εἰς τἄλλα ἱερά. καί τοι οὐ δήπου παῖς ὢν ἐγὼ ταῦτα ἔπειθον αὐτοὺς, ἀργύριον διδούς. ἀλλὰ μὴν ὁ πατὴρ αὐτὸς ζῶν, ὀμόσας τὸν νόμιμον τοῖς φράτερσιν ὅρκον, [5]εἰσήγαγέ με ἀστὸν ἐξ ἀστῆς ἐγγυητῆς [6]αὐτῷ γεγενημένον εἰδώς. καὶ ταῦτα μεμαρτύρηται. εἶτ᾽ ἐγὼ ξένος; ποῦ μετοίκιον καταθείς; ἢ

[1] ἐζήτησ᾽ ἂν ὧν [2] ὠφελουμένους [3] δήπου τούτοις, εἰ [4] κληρονόμοις [5] εἰσήγαγεν ἐμὲ [6] αὐτῷ

Ἐζήτησα] Malim ex Cod. ἐζήτησα. *D'Orvill. ad Charit. Aphrod.* l. I. c. V. p. 57.

Ἐμαυτῷ] Ἐμαυτὸν Bodl. et marg. Morelii. Sc. ut concordia fieret cum verbo, quod sequitur, *μετέχειν*. Rursus in eod. margine, γρ. ἐμαυτῷ τῆς πόλεως μετεῖναι. Sed fortasse nostra pungendi ratio omnem istam difficultatem eximet. Taylor.

ιδ΄. Ὀφελουμένους] *Propter emolumenta,* Wolfius. Frigide. Lege ὀφειλομένους μοι, *falsum dicere testimonium in gratiam meum, propter æs alienum, quo mihi obstringuntur.* Idem. Imo ὠφελουμένους, *beneficiis et donis adjutus.* Auger.

Κληρονόμους] Κληρονόμοις Ven. Quod satius est. Taylor. Vid. Petit. Comm. in Leg. Att. l. VI. t. VI. §. III. p. 579.

Ἐν ψευδομαρτυρίαις] Vel fortasse melius ἐκ ψευδομαρτυρίας. Taylor.

Μηδεμιᾶς ἐξωλείας ὑπόχους ἑαυτοὺς ποιεῖν] Ἀντὶ τοῦ, ἐνόχους ἐξωλείᾳ, δεῖν ὑπέχειν τιμωρίας τὴν ἐξώλειαν. Hanc vocem [ὑπόχους] alibi me legisse non recordor, nec in veteribus Lexicis reperio. Wolf. F. ἐνόχους pro ὑπόχους. Auger.

Ἀστὸν ἐξ αὐτῆς ἐγγυητῆς] Legendum esse ἐξ ἀστῆς ἐγγυητῆς, vel cæcus viderit, et tamen hic nihil vident octo Codices, ac potius quindecim, Augustano etiam annumerato. Nam et cæteri omnes in manifesto errore consentiunt. Wolf. αὐτῆς quidem Editi omnes et Membranæ. Cum Wolfio restituit etiam Lambinus. Cæterum et alio errore tenentur Editiones Manutiana et Parisiensis, sc. ἐξ αὐτῆς ἐγγυητῆς: quem sane sustulit margo: ἐξ αὐτῆς ἐγγυητῆς αὐτῷ, et ἐξ αὐτῆς τῆς ἐγγυητῆς. Taylor.

τίς τῶν ἐμῶν πώποτε; ποῦ πρὸς ἄλλους δημότας ἐλθὼν, καὶ οὐ δυνηθεὶς ἐκείνους πεῖσαι, δεῦρ' ἐμαυτὸν ἐνέγραψα; [1]ποῦ; τί ποιήσας, ὧν ὅσοι μὴ καθαρῶς ἦσαν πολῖται πεποιηκότες φαίνονται; οὐδαμοῦ. [2]ἀλλὰ πῶς; ἐν οἷς ὁ πάππος ὁ τοῦ πατρὸς, ὁ [3]ἐμὸς πατὴρ, ἐνταῦθα καὶ αὐτὸς φαίνομαι δημοτευόμενος.

ιέ. Καὶ νῦν πῶς ἄν τις [4]ὑμῶν σαφέστερον ἐπιδείξειε
μετὸν τῆς πόλεως αὐτῷ; ἐνθυμείσθω γὰρ ἕκαστος ὑμῶν, 1316
ὦ ἄνδρες Ἀθηναῖοι, τοὺς ἑαυτῷ προσήκοντας, τίν' ἄλλον
ἂν δύναιτο ἐπιδεῖξαι τρόπον, ἢ τὸν αὐτὸν ἐμοὶ, [5]μαρτυροῦντας, ὀμνύοντας, πάλαι τοὺς αὐτοὺς ἀπὸ τῆς ἀρχῆς ὄντας; διὰ ταῦτα τοίνυν ἐγὼ πιστεύων ἐμαυτῷ, κατέφυγον εἰς ὑμᾶς. ὁρῶ γὰρ, ὦ ἄνδρες Ἀθηναῖοι, οὐ μόνον τῶν ἀποψηφισαμένων Ἁλιμουσίων ἐμοῦ, κυριώτερα ὄντα τὰ δικαστήρια, ἀλλὰ καὶ τῆς βουλῆς, καὶ τοῦ δήμου. δικαίως. κατὰ γὰρ πάντα αἱ παρ' [6]ὑμῶν εἰσὶ κρίσεις δικαιόταται. ἐνθυμεῖσθε τοίνυν κἀκεῖνο, ὅσοι τῶν μεγάλων δήμων ἐστὲ, ὡς [7]οὐδὲν ἀποστερεῖτε οὔτε κατηγορίας, οὔτε ἀπολογίας. καὶ πολλὰ ἀγαθὰ γένοιτο πᾶσιν ὑμῖν τοῖς δικαίως τούτῳ τῷ πράγματι χρησαμένοις, ὅτι καὶ τῶν ἀναβαλέσθαι δεομένων, οὐκ ἀφῄρησθε τὸ παρασκευάσασθαι. [8]ὃ καὶ τοὺς συκοφαντοῦντας, καὶ δι' ἔχθραν ἐπιβουλεύοντας [9]ἐξελέγχετε. καὶ ὑμᾶς μὲν ἐπαινεῖν ἄξιον, ὦ ἄνδρες Ἀθηναῖοι, τοὺς δὲ καλῷ καὶ δικαίῳ πράγματι μὴ καλῶς χρησαμένους ψέγειν. ἐν οὐδενὶ τοίνυν εὑρήσετε τῶν δήμων δεινότερα γεγενημένα τῶν παρ' ἡμῖν. οὗτοι γὰρ ἀδελφῶν ὁμομητρίων καὶ ὁμοπατρίων, τῶν μὲν εἰσὶν ἀπεψηφισμένοι, τῶν δ' οὔ· καὶ πρεσβυτέρων ἀνθρώπων ἀπόρων, ὧν τοὺς υἱεῖς ἐγκαταλελοίπασι. καὶ τούτων, ἂν βούλησθε, μάρτυρας παρέξομαι. ὃ δὲ πάντων δεινότατον, οἱ συνεστηκότες πεποιήκασι·

[1] ποῦ τί [2] ἀλλ' ἁπλῶς, ἐν [3] * ἐμὸς, ὁ πατὴρ [4] ὑμῶν [5] μαρτυροῦντας ὀμνύντας, [6] ὑμῖν [7] οὐδέν' * ἀποστερεῖτε [8] ᾧ [9] ἐξηλέγχετε

Καθαρῶς — πολῖται] Ita loquuntur puri et emendati scriptores. Lucian. in Timone, §. 52. Τύπτεις ἐλευθέρους, οὐ καθαρῶς ἐλεύθερος οὐδ' ἀστὸς ὤν. Libanius in vita Demosth. init. p. ccxxiv. v. pen. vol. I. Τὸ μέντοι μητρῷον γένος τοῦ ῥήτορος οὐκ ἦν, ὥς φασι, καθαρῶς Ἀττικόν. Inde optimo jure Lysiam olim emendavi c. Agoratum, pag. 482. ult. τοῦτον μέντοι, ὡς οὐ καθαρῶς Ἀθηναῖον ὄντα, ἐβούλοντό τινες βασανισθῆναι. Legebatur olim καλῶς, nulla gratia aut sapore. Idem.

ιέ. Οὐδὲν] Lege οὐδένα omnino; atque ita divinavit Wolfius quoque. Idem.

Ὃ καὶ] Atqui restitui velim ᾧ, quo re. Uti est in Bodleiano. Idem.

καί μοι, πρὸς Διὸς καὶ θεῶν, μηδεὶς ὑπολάβῃ δυσκόλως,
1317 ἐὰν τοὺς ἠδικηκότας ἐμαυτὸν πονηροὺς ὄντας ἐπιδεικνύω. νομίζω γὰρ ὑμῖν τὴν τούτων πονηρίαν δεικνὺς, αὐτὸ τὸ πρᾶγμα λέγειν τὸ γενόμενόν μοι. οὗτοι γὰρ, ὦ ἄνδρες Ἀθηναῖοι, βουλομένους τινὰς ἀνθρώπους ξένους πολίτας γενέσθαι, Ἀναξιμένην καὶ Νικόστρατον, κοινῇ διανειμάμενοι, πέντε δραχμὰς ἕκαστος, προσεδέξαντο· καὶ ταῦτα οὐκ ἂν ἐξομόσαιτο Εὐβουλίδης, οὐδὲ οἱ μετ' αὐτοῦ μὴ οὐκ εἰδέναι. καὶ νῦν τούτων οὐκ ἀπεψηφίσαντο. τί οὖν οὐκ ἂν οἴεσθε τούτους ἰδίᾳ ποιῆσαι, οἳ κοινῇ ταῦτ' ἐτόλμων; πολλοὺς, ὦ ἄνδρες δικασταὶ, οἱ μετ' Εὐβουλίδου συνεστῶτες, καὶ ἀπολωλέκασι καὶ σεσώκασιν ἕνεκ' ἀργυρίου. ἐπεὶ καὶ [1]τὸ πρότερον — ἐρῶ δ' εἰς αὐτὸ τὸ πρᾶγμα, ὦ ἄνδρες Ἀθηναῖοι — δημαρχῶν ὁ Εὐβουλίδου πατὴρ, ὥςπερ εἶπον, Ἀντίφιλος, τεχνάζει, βουλόμενος παρά τινων λαβεῖν ἀργύριον, καὶ ἔφη, τὸ κοινὸν γραμματεῖον ἀπολωλέναι. ὥστε ἔπεισε διαψηφίσασθαι τοὺς Ἁλιμουσίους περὶ [2]αὑτῶν· καὶ κατηγορῶν, δέκα τῶν δημοτῶν ἐξέβαλεν, οὓς ἅπαντας πλὴν ἑνὸς κατεδέξατο τὸ δικαστήριον. καὶ ταῦτα πάντες ἴσασιν οἱ πρεσβύτεροι. πολλοῦ [3]γε δέον τινὰς ἐγκαταλιπεῖν τῶν μὴ Ἀθηναίων, ὅπου καὶ τοὺς ὄντας πολίτας συνιστάμενοι ἐξέβαλον, οὓς τὸ δικαστήριον κατεδέξατο. καὶ ὢν ἐχθρὸς τῷ ἐμῷ πατρὶ τότε, οὐ μόνον οὐ κατηγόρησεν, ἀλλ' οὐδὲ τὴν ψῆφον ἤνεγκεν, ὡς οὐκ ἦν Ἀθηναῖος. [4]τῷ

[1] τοπρότερον [2] αὐτῶν [3] * γ' ἰδεῖν τινας [4] τῷ τοῦτο; δῆλον,

Τί οὖν κ. τ. λ.] Wolfius interpretatur hæc juxta ac ego edendum curavi: *quid autem eos privatim non facturos putatis —?* Ille tamen, uti cæteri omnes, aliter Græca distinxit: τί οὖν; οὐκ ἂν οἴεσθε —; duplici interrogatione. Et profecto ex ista pungendi ratione, et lectione, quam suppeditant Codd. Luteciani, bellissima orietur sententia: sc. τί οὖν; οὐκ ἂν οἴεσθε τούτους ἰδίᾳ ποιῆσαι ταῦτα, ἃ κοινῇ ἐτόλμων; Et opinor, eam posse esse veram lectionem, cum utique Codd. plures etiam ἃ pro οἳ retineant. Idem.

Περὶ αὐτῶν] Lege περὶ αὑτῶν, *de seipsis, de statu suorum*, qualis solebat esse διαψήφισις. Idem.

Κατεδέξατο τὸ δικαστήριον] Ita infra v. 21. τοὺς ὄντας πολίτας συνιστάμενοι ἐξέβαλον, οὓς τὸ δικαστήριον κατεδέξατο. Alludit sc. ad istam provocationem ad Curiam, quæ legibus erat concessa. De qua nonnihil dixi ad initium hujus orationis. Atque id potissimum videtur esse καταδέχεσθαι, solenniter dictum, cum quis una sententia damnatus, altera, ad quam appellaverit, erit absolutus. Ita Æsch. c. Timarch. p. 51. v. 6. μετὰ ταῦτα ὡς ἐπανῆλθεν ἡ βουλὴ εἰς τὸ βουλευτήριον, ἐξεφυλλοφόρησε μὲν αὐτὸν, ἐν δὲ τῇ ψήφῳ κατεδέξατο. *Secundis nimirum sententiis.* Ἀντὶ τῆς ψήφου φύλλοις ἐχρῶντο — ὥσπερ ὀστράκῳ ἐπὶ τοῦ ὀστρακισμοῦ. καὶ ἐλέγετο ἐπὶ τούτῳ ἐκφυλλοφορῆσαι —. Ἐξῆν μέντοι ἐν τῷ δικαστηρίῳ καταδέχεσθαι τοὺς ἐκφυλλοφορηθέντας, ὡς καὶ Δημοσθένης φησὶν ἐν τῷ κατὰ Νεαίρας. Etym. M. 325. 18. Ubi tamen id non dixit, si integra ad nos pervenerit ea Oratio. Idem.

Τῷ τοῦτο δῆλον; ὅτι ἁπάσαις ἔδοξε] Forte τί τοῦτο δηλοῖ; ὅτι ἁπάσαις (sc. ταῖς ψή-

τοῦτο δῆλον; ὅτι ἁπάσαις ἔδοξε δημότης εἶναι. καὶ τί δεῖ
περὶ τῶν πατέρων λέγειν; ἀλλ' Εὐβουλίδης αὐτὸς οὑτοσί, 1318
ἡνίκα ἐνεγράφην ἐγώ, καὶ ὀμόσαντες οἱ δημόται δικαίως
πάντες περὶ ἐμοῦ τὴν ψῆφον ἔφερον, οὔτε κατηγόρησεν,
οὔτε ἐναντίαν τὴν ψῆφον ἤνεγκε. καὶ γὰρ ἐνταῦθα πάλιν
ἐμὲ πάντες ἐψηφίσαντο δημότην. καὶ εἴ φησί με τοῦτο
ψεύδεσθαι, ἐπὶ τοῦ ἐμοῦ ὕδατος ὅστις βούλεται τούτων
τἀναντία μαρτυρησάτω. εἰ τοίνυν, ὦ ἄνδρες Ἀθηναῖοι,
τοῦτο δοκοῦσιν οὗτοι λέγειν μάλιστα ἰσχυρόν, ὡς ἀπεψη-
φίσαντό μου νῦν οἱ δημόται, ἐγὼ τετράκις ἐπιδεικνύω πρό-
τερον, ὅτε ὁσίως ἄνευ [1] συστάσεως ἐψηφίσαντο καὶ ἐμὲ καὶ
τὸν πατέρα δημότας αὐτῶν εἶναι ψηφισαμένους· πρῶτον
μέν γε τοῦ πατρὸς δοκιμασθέντος, [2] εἶτ' ἐμοῦ, [2] εἶτ' ἐν τῇ
προτέρᾳ δοκιμασίᾳ, ὅτε ἠφάνισαν οὗτοι τὸ γραμματεῖον,
[3] τὸ τελευταῖον προκρίναντες ἐμὲ ἐψηφίσαντο ἐν τοῖς εὐγε-
νεστάτοις κληροῦσθαι τῆς ἱερωσύνης τῷ Ἡρακλεῖ. καὶ ταῦ-
τα πάντα μεμαρτύρηται.

ιϛ'. Εἰ δὲ δεῖ τὴν δημαρχίαν λέγειν, δι' ἣν ὠργίζοντό
μοι τινές, ἐν ᾗ διάφορος ἐγενόμην, εἰσπράττων ὀφείλοντας
πολλοὺς αὐτῶν μισθώσεις [4] τεμένων, καὶ ἕτερα, ἃ τῶν κοι-
νῶν διηρπάκεισαν, ἐγὼ μὲν ἂν βουλοίμην ὑμᾶς ἀκούειν·
ἀλλ' ἴσως ἔξω τοῦ πράγματος ὑπολήψεσθε ταῦτ' εἶναι.
ἐπεὶ καὶ τοῦτ' ἔχω δεικνύναι τεκμήριον, ὡς συνέστησαν. ἔκ
τε γὰρ τοῦ ὅρκου [5] ἐξήλειφαν τὸ ψηφιεῖσθαι γνώμῃ
τῇ δικαιοτάτῃ, καὶ οὔτε χάριτος ἕνεκα οὔτε
ἔχθρας, καὶ γὰρ τοῦτο φανερὸν ἐγένετο. καὶ [6] ὅτι ἱερο-
συλήσαντες τὰ ὅπλα — εἰρήσεται γάρ —, ἃ ἐγὼ ἀνέθη-
κα τῇ Ἀθηνᾷ, καὶ τὸ ψήφισμα ἐκκολάψαντες, ὃ ἐμοὶ

[1] διστάσεως [2] εἶτ' [3] τὸ δὲ τελευταῖον [4] τεμενῶν [5] ἐξήλειψαν
[6] ὅτι γ' ἱεροσυλήσαντες

φεις) τουτέστι, ὅτι οὐδὲ εἷς ἀντέλεγε τοῦ μὴ εἶναι δημότην αὐτόν. Et v. 11. ὅτε ἄνευ συστάσεως. WOLF.

Ἐψηφίσαντο] Ἐφημίσαντο Quatuor impressi. Wolfius lectionem excudit, quam repraesentant margo Benenati, et Venetus noster. TAYLOR.

Ὅτι — ψηφισαμένους] Ferri potest, si pro ὅτι [ut Editi] legas ὅτε. Sin ὅτι, recte ψηφισάμενοι substituitur. WOLF.

Συστάσεως] Διστάσεως Editi, et melius. Vide supra ad p. 325. v. ult. TAYLOR.

Δοκιμασίᾳ] Posuit et διαψηφίσει legi. WOLF.

ιϛ'. Ἐξήλειφαν] Ἐξήλειψαν Bodl. cum marg. Benenati, quod necesse est, nisi ἐξήλειφον legi malis. TAYLOR.

Ἐκκολάψαντες] Ἐκκόψαντες marg. Paris. et MS. Ven. Quae lectio diu inveteraverat, ut liquet ex scholio ad hunc locum. Vide contra Neaeram 1378. 12. ed. R. IDEM.

1319 ἐψηφίσαντο οἱ δημόται, συνώμνυσαν οὗτοι ἐπ' ἐμὲ οἱ [1]ἐπ' ἐμοῦ τὰ κοινὰ εἰσπραχθέντες. καὶ εἰς τοσοῦτον ἀναιδείας ἐληλύθασιν, ὥςτε ἔλεγον περιιόντες, ἐμὲ τῆς ἀπολογίας ἕνεκεν ταῦτα ποιῆσαι. καὶ τίς ὑμῶν ἂν καταγνοίη μου τοσαύτην μανίαν, ὦ ἄνδρες δικασταὶ, ὥςτε τηλικούτων ἕνεκεν πρὸς τὸ πρᾶγμα τεκμηρίων ἄξια θανάτου διαπράξασθαι, καὶ ἃ ἐμοὶ φιλοτιμίαν ἔφερε, ταῦτα ἀφανίζειν; τὸ δὲ πάντων δεινότατον, οὐ δήπου γε [2]φήσαιεν ἂν ἐμὲ κατασκευάσαι. οὐ γὰρ ἔφθη μοι συμβᾶσα ἡ ἀτυχία, καὶ εὐθὺς ὥςπερ φυγάδος ἤδη μου ὄντος καὶ ἀπολωλότος, τούτων τινὲς ἐπὶ τὸ οἰκίδιον ἐλθόντες ἐν ἀγρῷ νύκτωρ ἐπεχείρησαν διαφορῆσαι [3]τὰ ἔνδοθεν. οὕτω σφόδρα ὑμῶν καὶ τῶν νόμων κατεφρόνησαν. καὶ ταῦτα τοὺς εἰδότας, ἐὰν βούλησθε, καλοῦμεν.

ιζ'. Πολλὰ δ' [4]ἔχων ἄλλα ἐπιδεῖξαι, ἃ τούτοις ἐστὶ διαπεπραγμένα, καὶ ἃ εἰσιν ἐψευσμένοι, ἡδέως μὲν ἂν ὑμῖν λέγοιμι· ἐπειδὴ δὲ ἔξω τοῦ πράγματος νομίζετ' εἶναι, ἐάσω. ἀναμνήσθητε δ' ἐκείνων, καὶ θεάσασθε ὡς πολλὰ καὶ δίκαια ἔχων πρὸς ὑμᾶς ἥκω. ὥςπερ γὰρ τοὺς θεσμοθέτας ἀνακρίνετε, ἐγὼ τὸν αὐτὸν τρόπον ἐμαυτὸν [5]ὑμῖν ἀνακρίνω. ὦ ἄνθρωπε, τίς ἦν σοι πατήρ; [6]ἐμοί; Θούκριτος. οἰκεῖοί τινες εἶναι μαρτυροῦσιν αὐτῷ; πάνυ γε. πρῶτον μέν γε τέτταρες ἀνεψιοί· εἶτα ἀνεψιαδοῦς· εἶτα οἱ τὰς ἀνεψιὰς λαβόντες αὐτῶν· εἶτα φράτορες· εἶτα Ἀπόλλωνος

[1] ὑπ' [2] φήσειεν [3] τἄνδοθεν [4] ἔχων καὶ ἄλλα [5] ἐν ὑμῖν
[6] ἐμοὶ Θούκριτος

Τῆς ἀπολογίας ἕνεκα ποιῆσαι] Συλῆσαι τὰ ὅπλα, καὶ ἐκκολάψαι τὸ ψήφισμα. Quod adversarii fecerint, id eos sibi crimini dare queritur. Wolf.

Τηλικούτων ἕνεκεν — τεκμηρίων] Τηλικούτων, forte, ἀντὶ τοῦ, οὕτω μικρῶν. Etsi me fateor non intelligere, quid ea res reo patrocinari potuerit. Ideoque absurditate refutatur. Idem. τηλικούτων, hic tantillorum. Auger.

Οὐ γὰρ ἔφθη μοι —] Ut enim primum ea calamitate afflictus sum, protinus isti tanquam me jam extorri patria facto et fortunis everso, in gurgustium agreste invaserunt; ac deripere omnia quæ intus erant et exportare aggressi sunt. Budæus.

ιζ'. Ἀπόλλωνος πατρῴου καὶ Διὸς Ἑρκείου] Ἐκαλεῖτο δέ τις Θεσμοθετῶν ἀνάκρισις· εἰ Ἀθηναῖοί εἰσιν ἑκατέρωθεν ἐκ τριγονίας, καὶ τὸν δῆμον πόθεν; καὶ εἰ Ἀπόλλων ἐστὶν αὐτοῖς πατρῷος, καὶ Ζεὺς Ἕρκιος. Poll. L. VIII. C. IX. init. Ἑρκεῖος Ζεύς. Δείναρχος ἐν τῷ κατὰ Μοσχίωνος. Εἰ φράτορες αὐτῷ καὶ βωμοὶ Διὸς Ἑρκείου, καὶ Ἀπόλλωνος πατρῴου εἰσίν. Ἑρκεῖος Ζεὺς, ᾧ βωμοὶ ἐντὸς ἕρκους ἐν τῇ αὐλῇ ἵδρυνται. τὸν γὰρ περίβολον ἕρκος ἔλεγον. ὅτι δὲ τούτοις μετῆν τῆς πολιτείας, οἷς εἴη Ζεὺς Ἑρκεῖος, δεδήλωκε καὶ Ὑπερίδης ἐν τῷ ὑπὲρ δημοποιητοῦ, εἰ γνήσιος, καὶ Δημήτριος ἐν τοῖς περὶ τὴν ἐν Ἀθήνησι νομοθεσίαν. Harpocr. v. Ἑρκεῖος Ζεύς. Vide Valesium ad locum, Sigon. de Rep. Athen. IV. 3. Gyrald. Histor. Deor. col. 96. Ulpian. ad Midianam §. vi. Petit. LL. Attic. l. III. t. II. §. XIX. pag. 321. 322. Edit. Wesselingii. σχ. Euripid. He-

πατρῴου, καὶ Διὸς [1] Ἑρκίου γεννηταί· εἶτα οἷς ἠρία ταὐτά·
εἶτα οἱ δημόται, πολλάκις αὐτὸν δεδοκιμάσθαι, καὶ ἀρ-
χὰς ἄρξαι, καὶ αὐτοὶ διεψηφισμένοι φαίνονται. τὰ μὲν
τοίνυν περὶ τοῦ πατρός, πῶς ἂν ὑμῖν δικαιότερον, ἢ καθα- 1320
ρώτερον ἐπιδείξαιμι; καλῶ δὲ ὑμῖν τοὺς οἰκείους εἰ βού-
λεσθε· τὰ δὲ περὶ τῆς μητρὸς ἀκούσατε. ἐμοὶ γάρ ἐστι
μήτηρ Νικαρέτη Δημοστράτου θυγάτηρ Μελιτέως. ταύ-
της τίνες οἰκεῖοι μαρτυροῦσι; πρῶτον μὲν [2] ἀδελφιδοῦ δύο
υἱοί· εἶτα ἀνεψιοὶ αὐτῆς· εἶτα οἱ Πρωτομάχου υἱεῖς τοῦ
λαβόντος τὴν ἐμὴν μητέρα πρότερον· εἶτα ὁ τὴν ἀδελφὴν
τὴν ἐμὴν τὴν ἐκ τοῦ Πρωτομάχου γήμας Εὔνικος Χο-
λαργεύς· εἶτα υἱὸς τῆς ἀδελφῆς· ἀλλὰ μὴν καὶ φράτορες
τῶν οἰκείων αὐτῆς καὶ δημόται ταῦτα μεμαρτυρήκασι. τί-
νος οὖν ἂν προσδέοισθε; καὶ γὰρ ὅτι κατὰ τοὺς νόμους ὁ
πατὴρ ἔγημε, καὶ γαμηλίαν τοῖς φράτορσιν εἰσήνεγκε,
μεμαρτύρηται· πρὸς δὲ τούτοις καὶ ἐμαυτὸν ἐπέδειξα πάν-
των μετειληφότα, ὅσων προσήκει τοὺς ἐλευθέρους. ὥστε
πανταχῇ δικαίως καὶ προσηκόντως ἡμῖν ἂν προσθέμενοι
τὴν ψῆφον, εὐορκοίητε. ἔτι τοίνυν, ὦ ἄνδρες δικασταί, τοὺς
ἐννέα ἄρχοντας ἀνακρίνετε, εἰ γονέας εὖ ποιοῦσιν· ἐγὼ δὲ
τοῦ μὲν πατρὸς ὀρφανὸς κατελείφθην, τὴν δὲ μητέρα, ἱκε-

[1] ἑρκείου [2] ἀδελφοῦ δύο υἱοί· εἶτα τοῦ ἑτέρου ἀδελφιδοῦ δύο υἱοί. εἶτ' ἀνεψιοί

sub. v. 23. Eustath. ad Odyss. X. 335. Heins. ad Ovid. Heroid. VII. 113. Ios. Laurent. Var. Sac. Gentil. C. VIII. Taylor.

Εἶτα οἷς ἠρία ταὐτά] In Aldinis post εἶτα οἱ cætera deerant in lacunula, quam Vir doctus his vocabulis ex conjectura sua depromtis non bene supplevit, sc. εἶτα οἱ φράτορες τῶν οἰκείων. Vide Kuhn. ad Poll. L. VIII. C. IX. Not. 91. Ab iis, qui Aldum excipiebant, optime ex membranis restitutum οἷς τὰ ἠρία ταὐτά. *qui commune jus habent sepulturæ.* Vide Schol. ad hunc loc. Herald. Animadv. L. II. C. I. §. 15. Viros doctos ad Lucian. Contemplant. T. I. p. 518. Harpocr. in v. et σχ. ad Theocrit. Idyll. B. 13.

Φαῖνε καλόν. τὶν γὰρ ποταείσομαι ἅσυχα, δαῖμον,
Τᾷ χθονίᾳ θ' Ἑκάτᾳ, τὰν καὶ σκύλακες τρομέοντι,
Ἐρχομέναν νεκύων ἀνά τ' ἠρία καὶ μέλαν αἷμα.

In iis tamen, qui isti hiatui satisfecerant, male ubique ταῦτα, non ταὐτά. Quod mendum eo libentius sustulimus, propterea quod recte vertat Wolfius, licet incommode ediderit. Taylor.

Ἀδελφιδοῦ] Ita Editi ad unum omnes. Quod non bene vertitur. Neque profecto verum est, si locum superiorem consulas, ubi hæc magis explicate traduntur. Nos magis vera, quæ ex MSto Veneto et marg. Benenati adducuntur pro varia lectione, πρῶτον μὲν ἀδελφιδοῖ δύο· εἶτα τοῦ ἑτέρου ἀδελφιδοῦ υἱοί, vel υἱοὶ δύο. Ubi pro ἀδελφιδοῦ Wolfius conjectavit ἀδελφοῦ. Idem.

Ταῦτα] Potius ταὐτὰ cum marg. Benenati. Idem.

Προσθέμενοι] Recte, non, ut Aldus cum Parisiensibus, προθέμενοι. Idem.

Τοὺς ἐννέα ἄρχοντας] Wolfius *sexviros*. Male. Idem.

τεύω ὑμᾶς καὶ ἀντιβολῶ, διὰ τοῦτον τὸν ἀγῶνα, ἀπόδοτέ μοι θάψαι εἰς τὰ πατρῷα μνήματα, καὶ μή με κωλύσητε, μηδὲ ἄπολιν ποιήσητε, μηδὲ τῶν οἰκείων ἀποστερήσητε, τοσούτων ὄντων τὸ πλῆθος, καὶ ὅλως ἀπολέσητε. πρότερον γὰρ ἢ προλείπειν τούτους, εἰ μὴ δυνατὸν ὑπ᾽ αὐτῶν εἴη σωθῆναι, ἀποκτείναιμ᾽ ἂν ἐμαυτὸν, ὥστ᾽ ἐν τῇ πατρίδι γε ὑπὸ τούτων ταφῆναι.

Καὶ ὅλως ἀπολέσητε] L. καὶ ὅλως μὴ ἀπολέσητε. Auger.

ΔΗΜΟΣΘΕΝΟΥΣ

ΚΑΤΑ ΘΕΟΚΡΙΝΟΥ

ΕΝΔΕΙΞΙΣ.

ΔΗΜΟΣΘΕΝΟΥΣ

ΚΑΤΑ ΘΕΟΚΡΙΝΟΥ

ΕΝΔΕΙΞΙΣ.

I. TAYLORI

PRÆFATIO

AD

ORATIONEM DEMOSTHENIS

CONTRA THEOCRINEM.

A PLURIMIS judicatur hæc Oratio contra Theocrinem non a Demosthene, verum a Dinarcho fuisse conscripta. Uti vides in Argumento. Harpocratio in v. Ἀγραφίου· — διδάσκουσι τοῦθ' οὕτως ἔχειν Δημοσθένης τε καὶ Δείναρχος (Rescribes Δημοσθένης τε, ἢ Δείναρχος) ἐν τῷ κατὰ Θεοκρίνου, κ. τ. λ. Iterumque in Θεοκρίνης. Δημοσθένης ἐν τῷ ὑπὲρ Κτησιφῶντος λοιδορούμενος Αἰσχίνῃ φησὶ, τραγικὸς Θεοκρίνης. βούλεται δὲ λέγειν αὐτὸν συκοφάντην, ἐπειδὴ ὁ Θεοκρίνης τοιοῦτος, ὡς ἐστι δῆλον ἐκ τοῦ κατὰ Θεοκρίνου, εἴτε Δημοσθένους ἐστὶν, εἴτε Δεινάρχου, οὗτος ὁ λόγος. Paria habet Apostol. Proverb. XIX. 49. Porro Dionysius Halicarnassensis Dinarcho diserte attribuit, Edit. Hudson. p. 186. in eo diversus a Callimacho, qui a Demosthene scribi contendit. Quod sane excidisse Callimacho valde miror, cum nonnulla dicuntur infra, ad Auctorem nostrum spectantia, quæ nemo de se lubens audiret dici, nedum ipse literis consignaret.

Videtur nonnullis hic esse Theocrines, ad quem alludit Demosthenes, Æschinem adversarium exagitans, π. Στεφ. §. ϟζ'. fin. λαμπροφωνότατος, μνημονικώτατος, ὑποκριτὴς ἄριστος, τραγικὸς Θεοκρίνης. Sit ita sane! Verum quod hæc postrema in Proverbium abiere, ut Erasmus opinatus est, id vehementer dubito. Hieronymus certe non iis adagialibus usus est, sed, si emendatissimis exemplaribus credendum est, ita scripsit: *Ubicunque viderint Christianum, statim illud de trivio:* ὁ Γραϊκὸς, ὁ ἐπιθέτης. Epist. XLVII. ad Furiam, de Viduitate servanda.

Hujus Orationis Actor fuit Epichares quidam, post Olymp. CIX. 1. TAYLOR.

ΛΙΒΑΝΙΟΥ ΥΠΟΘΕΣΙΣ ΤΟΥ ΚΑΤΑ ΘΕΟΚΡΙΝΟΥ ΛΟΓΟΥ.

Pag. ed. Reisk.

ΤΟΥΤΟΝ τὸν λόγον οὐκ οἶδ᾽ ὅπως ἐν τοῖς ἰδιωτικοῖς ἀναγράφουσιν οἱ πολλοὶ, δημόσιον ὄντα 1321
φανερῶς. δῆλον δὲ ἔσται τοῦτο ἐξ αὐτῆς τῆς ὑποθέσεως. κατὰ τῶν ἑτέρωσέ ποι καὶ μὴ Ἀθήναζε σεσιτηγηκότων ἐμπόρων ἢ ναυκλήρων Ἀθηναίων φάσεις ἦσαν δεδομέναι. νόμος δὲ ἦν, ἐάν τις τινὰ φήνας μὴ ἐπεξίῃ, ἢ ἐπεξιὼν μὴ λάβῃ τὸ πέμπτον μέρος τῶν ψήφων, χιλίας ἐκτίνειν τῷ δημοσίῳ· τοῖς δὲ ὀφείλουσι μὴ ἐξεῖναι λέγειν. καὶ τρίτος, ἐὰν μή τις δόξῃ δικαίως εἰς ἐλευθερίαν ἀφελέσθαι τινὰ, τὸ ἥμισυ τοῦ τιμήματος ὀφείλειν τῷ δημοσίῳ. Ἐπιχάρης οὖν ἔδειξε Θεοκρίνην οὐκ ἐξὸν αὐτῷ λέγειν ἐκ τριῶν τούτων νόμων. καὶ γὰρ [1] Μίκωνα ὡς ἑτέρωσέ ποι σεσιτηγηκότα φῆναι μὲν αὐτόν λέγει, μὴ ἐπεξελθεῖν δέ· καὶ ἐπιμελητὴν ὑπὸ τῶν φυλετῶν ἀποδειχθέντα [2] εὐθύναις ἁλῶναι κλοπῆς χρημάτων, ἃ ἦν ἱερὰ τῶν Ἐπωνύμων· καὶ τρίτον, Κηφισοδώρου θεράπαιναν εἰς ἐλευθερίαν ἀδίκως ἀφελόμενον τὸν πατέρα τοῦ Θεοκρίνου, προσοφλῆσαι δραχμὰς πεντακοσίας. ἐπὶ τούτοις μὲν ἡ ἔνδειξις. καὶ τὸ πρᾶγμα φανερῶς δημόσιον. τὸν δὲ λόγον οἱ πολλοὶ νομίζουσιν εἶναι Δεινάρχου, καίτοι γε οὐκ ἀπεοικότα τῶν τοῦ Δημοσθένους.

[1] Μικίωνα   [2] ἐν εὐθύναις

Φάσεις] Παρὰ τὸ πέφασμαι, πέφανσαι, πέφανται. Unde φάσμα, φάνσις, (pro quo sæpe φάσις, et apud Laertium, συκόφασις, ἀντὶ συκοφαντίας) unde ἀπόφανσις, συκοφάντης, ἱεροφάντης, ἀποφαντικὸς λόγος. Wolf. φάσις est *delatio certorum criminum* proprie, sed καταχρηστικῶς omnium. Budæus.

Μὴ ἐξεῖναι λέγειν] Hic inserenda est *secunda* Lex, cujusmodi fuerit: καὶ δεύτερος, τὸν ἁλόντα κλοπῆς ἱερῶν χρημάτων ἄτιμον εἶναι· καὶ τρίτος, κ. τ. λ. Wolf. Alia via aggreditur Petitus LL. Attic. l. IV. t. IX. §. XII. pag. 464. legitque καὶ δεύτερος, τοῖς ὀφείλουσι μὴ ἐξεῖναι λέγειν. Eam quidem esse *secundam* legem, censent Viri præclarissimi, Salvin. et Duker. ad istum Petiti locum; verum parum necesse esse existimarunt, ut istæ leges eo rigore atque distinctione recenserentur. Certissimum est, hoc non longe abesse a vero, idque evincit redditio sententiæ, v. 7. seq. Verum istos viros eruditos consule: nam rem recte exposuerunt. Taylor. Cf. quoque Petit. l. II. t. VI. §. IV. et l. V. t. V. §. VI.

Ἔδειξε] Forte: ἐνέδειξε τὸν Θεοκρίνην λέγειν, οὐκ ἐξὸν αὐτῷ, ἐκ τριῶν τούτων νόμων. Wolf.

Ἔδειξε] Nonne ἐνέδειξε? Jurin.

Εὐθύναις] Forte ἐν εὐθύναις, et [v. 10.] εἰς ἐλευθερίαν. [Aberat enim ab omnibus.] Wolf.

ΔΗΜΟΣΘΕΝΟΥΣ

ΕΝΔΕΙΞΙΣ

ΚΑΤΑ ΘΕΟΚΡΙΝΟΥ.

α΄. ΤΟΥ πατρὸς ἡμῶν, ὦ ἄνδρες δικασταὶ, διὰ τουτονὶ 1322
Θεοκρίνην ἀτυχήσαντος πρὸς τὴν πόλιν, καὶ ὄφλοντος δέκα

ΕΝΔΕΙΞΙΣ] Suidas: Ἐνδεικνύναι τὸ καταγγέλλειν τινὰ κακουργοῦντα περὶ τὰ κοινὰ, τὸν κακῶς λέγοντα τοὺς τεθνεῶτας ἀδίκως. καὶ Ἔνδειξις, δίκη, ἐάν τις ἄτιμος ὢν ἢ ὀφλὼν

τάλαντα, καὶ τούτου διπλοῦ γεγενημένου, ὥςτε μηδ' ἐλπίδα ἡμῖν εἶναι σωτηρίας μηδεμίαν· ἡγησάμην δεῖν ἐπὶ τῷ τιμωρεῖσθαι μεθ' ὑμῶν τοῦτον, μήτε ἡλικίαν, μήτε ἄλλο μηδὲν ὑπολογισάμενος, δοῦναι τὴν ἔνδειξιν ταύτην. καὶ γὰρ ὁ πατὴρ, ὦ ἄνδρες δικασταὶ, ᾧπερ πάντα πειθόμενος πεποίηκα, πρὸς ἅπαντας ὠδύρετο τοὺς γνωρίμους, εἰ παραλιπὼν ἐγὼ τὸν καιρὸν, ἐν ᾧ διὰ τὸ τὸν πατέρα ζῆν, ἔξεστί μοι τοῦτον ἀμύνεσθαι, τὴν ἀπειρίαν καὶ τὴν ἡλικίαν προφασιζόμενος, αὐτὸν μὲν περιόψομαι πάντων ἀπεστερημένον, Θεοκρίνην δὲ παρὰ τοὺς νόμους γραφὰς γραφόμενον, καὶ συκοφαντοῦντα πολλοὺς τῶν πολιτῶν, οὐκ ἐξὸν αὐτῷ. δέομαι οὖν ὑμῶν ἁπάντων, ὦ ἄνδρες Ἀθηναῖοι, καὶ ἱκετεύω, μετ' εὐνοίας ἀκοῦσαί μου, πρῶτον μὲν ὅτι τῷ πατρὶ βοηθῶν καὶ πειθόμενος ἀγωνίζομαι, ἔπειθ' ὅτι καὶ νέος ὢν καὶ ἄπειρος· ὥστ' ἀγαπητὸν εἶναί μοι, ἐὰν, τῆς παρ' ὑμῶν ὑπαρξάσης εὐνοίας, δυνηθῶ δηλῶσαι τὰ πεπραγμένα τούτῳ. πρὸς δὲ τούτοις, ὅτι, ὦ ἄνδρες δικασταὶ, προδέδομαι— τὰ γὰρ ἀληθῆ πρὸς ὑμᾶς εἰρήσεται — ὑπ' ἀνθρώπων, [1] οἳ πιστευθέντες ὑφ' ἡμῶν διὰ τὴν πρὸς τοῦτον ἔχθραν, καὶ πυθόμενοι τὰ πράγματα, καὶ φήσαντες ἐμοὶ συναγω-
1323 νιεῖσθαι, ἐγκαταλελοίπασι νυνί με, καὶ διαλέλυνται πρὸς τοῦτον ἐν τοῖς ἐμοῖς πράγμασιν, ὥςτε μοι μηδὲ τὸν συνεροῦντα εἶναι, ἐὰν μή τις ἄρα μοι τῶν οἰκείων βοηθήσῃ.

β'. Πολλαῖς μὲν οὖν ἐνδείξεσιν ἦν ἔνοχος οὑτοσὶ, καὶ ἅπαντας τοὺς περὶ ταῦτα νόμους ἐφαίνετο παραβεβηκώς· καινότατον δὲ τῶν ἔργων τῶν τούτου, τὴν περὶ τὸ πλοῖον

[1] οἱ

τῷ δημοσίῳ, καὶ μὴ ἐκτετικὼς, ἄρχειν ἢ δικάζειν ἐπιχειροίη, ἢ ἀντιποιοῖτο πράξεων, ἢ τόπων ἀπηγορευμένων ἐν τοῖς νόμοις. οἷον ὁ ἠταιρηκὼς τῆς ἀγορᾶς καὶ τοῦ λέγειν ἐν τῷ δήμῳ. Wolf.

Ὑπολογισάμενος] Lego ὑπολογισάμενον. Taylor.

Διὰ τὸ τὸν πατέρα ζῆν] Mortuo enim parente, filius fit hæres ejus debiti, eoque insoluto, ignominiæ etiam, quæ sequitur. Infra 1326. ult. ed. R. ὀφείλοντος αὐτῷ τοῦ πάππου πάλαι, καὶ τοῦ νόμου κελεύοντος κληρονομεῖν τοῦτον τῶν ἐκείνου. Et 1340. 18. ed. R.: πότε γάρ με καὶ δεῖ βοηθεῖν αὐτῷ; οὐχ ὅταν ἡ μὲν τιμωρία κατὰ τοὺς νόμους ᾖ; Dixit Demosthenes c. Androt. §. ι. οὐκ ἐξὸν γέγραφας. κληρονόμον γάρ σε καθίστησιν ὁ νόμος τῆς ἀτιμίας τῆς τοῦ πατρός· ὄντι δ' ἀτίμῳ σοι λέγειν οὐ προσῆκεν, οὐδὲ γράφειν. Legem disertissime scriptam habes: Νόμος γὰρ ἦν· Εἴ τις ὀφείλων πρὸ τῆς ἐκτίσεως τελευτήσει, τοὺς παῖδας ἀποδιδόναι τὸ ὄφλημα· εἰ δὲ μὴ, καὶ αὐτοὺς ἀτίμους εἶναι, ἕως ἂν ἀποδῶσι. Hæc dedit Ulpianus ad illa Demosth. c. Timocrat. §. μς'. μέλλων κληρονομήσειν τῆς ἀτιμίας, ἂν ἐκεῖνός τι πάθοι. Idem.

φάσιν εὑρίσκομεν γεγονυῖαν. διόπερ ταῦτα γράψας εἰς τὴν ἔνδειξιν, ἔδωκεν ὁ πατήρ μοι. πρῶτον μὲν οὖν, τὸν νόμον ὑμῖν ἀναγνώσεται τὸν περὶ τῶν φαινόντων, καὶ οὐκ ἐπεξιόντων, ἀλλὰ διαλυομένων παρὰ τοὺς νόμους· ἐντεῦθεν γὰρ οἶμαι προσήκειν μοι ποιήσασθαι τὴν ἀρχὴν τοῦ λόγου· εἶτα τὴν φάσιν αὐτὴν, ἣν οὗτος ἐποιήσατο κατὰ τοῦ [1] Μίκωνος. λέγε.

ΝΟΜΟΣ. [2] ΦΑΣΙΣ.

ὁ νόμος οὗτος, ὦ ἄνδρες δικασταὶ, τοῖς προαιρουμένοις ἢ γράφεσθαι γραφὰς, ἢ φαίνειν, ἢ ἄλλο τι ποιεῖν τῶν ἐν τῷ νόμῳ τούτῳ γεγραμμένων, προλέγει διαῤῥήδην, ἐφ᾽ οἷς ἕκαστόν ἐστι τούτων ποιητέον. [3] ἔστι δὲ ταῦτα, ὥσπερ ἠκούσατε ἐξ αὐτοῦ τοῦ νόμου, ἐὰν ἐπεξιών τις μὴ μεταλάβῃ τὸ πέμπτον μέρος τῶν ψήφων, χιλίας ἀποτίνειν, κἂν μὴ ἐπεξίῃ, ὦ Θεοκρίνη, χιλίας ἑτέρας· ἵνα μήτε συκοφαντῇ μηδεὶς, μήτε ἄδειαν ἔχων ἐργολαβῇ, καὶ καθυφείη τὰ τῆς πόλεως. φημὶ δὴ κατὰ ταύτην τὴν ἔνδειξιν ἔνοχον εἶναι Θεοκρίνην, τῷ, φήναντα [4] Μίκωνα Χολλίδην, μὴ ἐπεξελθεῖν, ἀλλ᾽ ἀργύριον λαβόντα ἀποδόσθαι τὸ πρᾶγμα. καὶ τοῦτο ἀποδείξω σαφῶς, ὡς ἐγὼ νομίζω. καί τοι Θεοκρίνης γε, ὦ ἄνδρες δικασταὶ, καὶ οἱ μετὰ τούτου, οὐδὲν ὅ,τι οὐ πεποιήκασι, προσιόντες τοῖς μάρτυσι, [5] καὶ τὰ μὲν ἀπειλοῦντες αὐτοῖς, τὰ δὲ πείθοντες μὴ μαρτυρεῖν· ἀλλ᾽ ὅμως ἐὰν ὑμεῖς 1334

[1] Μικίωνος [2] Deest ΦΑΣΙΣ. [3] * ἔτι δὲ [4] Μικίωνα [5] Deest καί.

Ϛ'. ΦΑΣΙΣ] Dele. Sedem hic habere nequit: infra autem p. 337. v. 6. Idem. Auger.

Οὗτος] Restitui eam vocem ex auctoritate Cod. Aug. et Edit. Lutecianæ. Taylor.

Ὁ νόμος οὗτος —] Vid. Herald. Anim. in Salmas. Obs. ad J. A. et R. l. VII. c. XVI. §. XVI.

Ἐὰν ἐπεξιών τις] *Si quis delationem ad sententiam usque prosecutus etc.* κἂν μὴ ἐπεξίῃ, *quod si delationem institutam prodiderit, etc.* Budæus.

Ἵνα μήτε συκοφαντῇ etc.] *Ut nec calumniando, nec negotia facessendo lucrum aucupetur, nec prævaricationes factitet in reipub. detrimentum.* ἐργολαβεῖν enim est, *rem perficiendam suscipere et inde lucrum facere*, ut redemptores solent: quod genus Cicero *sequestres* appellare solet. Hoc autem verbo oratores pro iis interpretibus et sequestribus utuntur, qui judiciis corrumpendis, aut ejuscemodi maleficiis suscipiendis operam suam locant. παρεγγυᾷν est *mandare*, idem fere quod παραγγέλλειν, h. e. *nunciare et indicere.* Budæus.

Τῷ φήναντι etc.] Forte: τῷ φήναντα (ἐπειδὴ ἔφηνε) Μίκωνα Κολλυτέα, μὴ ἐπεξελθεῖν. Sed cum Χολλίδης sæpius occurrat, nihil est, quod in Κολλυτέα vertamus. Wolf. Recte Wolfius in priori causa, invitis omnibus libris cusis. Auctoritatem suam addidit marg. Morelii. τῷ φήσαντι Cod. August. Quid hominem impulit ad posteriorem illam, petulantem sane, Crisin, ego prorsus divinare nequeo. Taylor.

βούλησθε τὰ δίκαια βοηθεῖν μοι, καὶ κελεύητε αὐτοὺς, μᾶλλον δὲ ἀναγκάζοντος ἐμοῦ, συναναγκάζητε ἤτοι μαρτυρεῖν, ἢ ἐξόμνυσθαι, [1] καὶ μηδὲ ἐᾶτε λόγους λέγειν, εὑρεθήσεται τἀληθές. λέγε οὖν πρῶτον μὲν τὴν φάσιν, εἶτα τὰς μαρτυρίας.

ΦΑΣΙΣ.

ταύτην τὴν φάσιν, ὦ ἄνδρες δικασταὶ, ἔδωκε μὲν οὑτοσὶ προσκαλεσάμενος τὸν [2] Μίκωνα· ἔλαβε δὲ ὁ γραμματεὺς ὁ

[1] καὶ μὴ ἐᾶτε λόγους αὐτοὺς λέγειν, εὑρήσετε τἀληθές. [2] Μικίωνα

Μηδὲ ἐᾶτε λόγους λέγειν] *Si eos non sinatis aliud atque aliud causificando verba loquaciter facere.* Budæus.

Προσκαλεσάμενος] In margine Benenati προκαλεσάμενος. Quas voces cum sæpe misceri video, id non vitio, aut ἀκυρολογίᾳ elegantissimæ Gentis, quæ sermonem accuratum semper affectabat, tribuere soleo, verum librariorum imperitiæ vel festinationi, qui eorum monumenta descripsere. Nonnulli sunt, et in isto numero doctissimum Budæum video, quos quasi pertæsos tantæ ἀκριβείας omnem omnino distinctionem plane tollere velle sentio. Sed non ita est: Non. Πρόσκλησις est *in Jus vocatio, Litis Denunciatio*, Actionis principium et fundamentum. Ita Romani ICti, *in jus ad Prætorem vocare, clamare.* Vid. l. 3. C. de annali except. *Ex quacunque causa ad Prætorem, vel alios, qui jurisdictioni præsunt, in jus vocatus venire debet.* l. 2. D. Si quis in jus vocatus. Atque ita vulgus quoque nostrum loqui solet. Πρόκλησις est quædam quasi *Conventio*, Actus extrajudicialis, *Provocatio* quædam, sive *Invitatio*; veluti solet fieri, ubi quis adversarium suum ad Arbitros potius invitat, quam apud Judicem sistit, Civem ad testimonium dicendum, aut Servum alienum ad quæstionem postulat. Ideoque *provocatis* est potius, quam *in jus vocatis*: itaque προσκαλεῖσθαι ad litem instituendam, προκαλεῖσθαι autem ad finiendam, dirimendamve. Hæc omnia exemplis probabo; Tu fac attento sis animo. Demosth. c. Pantænet. §. γ'. a med. Προκαλοῦνται πρόκλησιν ἡμᾶς, ὡς οὐ δεξομένους, ἢ κομίσασθαι πάντα τὰ χρήματα παρ' αὐτῶν καὶ ἀπελθεῖν, ἢ διαλῦσαι σφᾶς, ὑπὲρ ὧν ἐνεκάλουν. In arbitrio itaque litigantium, non in jure constitit. Pergo. Demosth. c. Steph. ψευδομαρτ. A. §. ι. Οἶμαι γὰρ ἅπαντας ὑμᾶς εἰδέναι, ὅτι, ὅσα μὴ δυνατὸν πρὸς ὑμᾶς ἀγαγεῖν ἐστι τῶν πεπραγμένων, τούτων προκλήσεις εὑρέθησαν οἷον, βασανίζειν οὐκ ἔστιν ἐναντίον ὑμῶν· ἀνάγκη τούτου πρόκλησιν εἶναι. οἷον, εἴ τι πέπρακται καὶ γέγονεν ἔξω που τῆς χώρας, ἀνάγκη καὶ τούτου πρόκλησιν εἶναι, πλεῖν ἢ βαδίζειν, οὗ τὸ πρᾶγμα ἐπράχθη, καὶ τῶν ἄλλων τῶν τοιούτων. Suidas: Προσκλήσεις, πρὸς ἃς καλεῖ τις εἰς δικαστήριον ἢ βουλὴν κλητῆρας ἔχων· Πρόκλησις δὲ χωρὶς τοῦ σ, καὶ προκαλεῖσθαι ἐπὶ διαιτητήν. Pollux L. VIII. C. VI. §. 62. Πρόσκλησίς ἐστιν ἐπὶ τῶν ἀμφισβητούντων — ὁ γὰρ ἀμφισβητῶν προσκαλεῖται τὸν ἐπιδεδικασμένον πρὸς τὸν ἄρχοντα — Πρόκλησις δὲ ἐστι λύσις τῆς δίκης ἐπί τινι ὡρισμένῳ, ὅρκῳ, ἢ μαρτυρίᾳ, ἢ βασάνῳ, ἢ ἄλλῳ τινὶ τοιούτῳ. Occurrit Formula Προκλήσεως in Orat. c. Neæram juxta finem, p. 1387. 13. ed. R. Hi igitur sint vocabulorum istorum termini sacri; atque, hac oratione mea duce, rescribes semper, vel volentibus, vel etiam invitis MStis, prout hæc legitima et perennis distinctio postulabit. Verbi gratia, παρακλήσει c. Aphob. A. §. ιβ'. fin. non erit cum Codd. προσκλήσει, sed mecum προκλήσει. Vicissim προσκαλοῦμαι c. Aphob. ψευδομαρτ. §. ς'. erit προκαλοῦμαι, opem ferentibus membranis. Et similiter in locis innumeris. Hæc autem fusius persequenda, ubi de Rep. Atheniensi liberius disseruero. Taylor. [v. Suid. et Harpocr. v. πρόκλησις et πρόσκλησις. Salmas. ad Jus Attic. extrem. Idem ad Achill. Tat. Herald. Animadv. L. VI. c. pen. Petit. LL. Att. p. 440. 441. Pollux. Demosth. pro Corona et contra Pantænet. c. Neæram sæpius, §. ις'. fin. c. Theocr. §. β'. med. §. γ'. post med. §. ζ'. fin. §. ι. fin. §. ϑ'. c. Aphob. A. §. ιβ'. fin. Aphob. ψευδομ. §. ς'. Wolf. ad Macart. §. γ'. Index ad Lysiam. Demosth. c. Bœotum π. ὀνόμ. §. ι. post med. c. Macart. §. δ'. fin. sæpius, omnino §. ις'. med. ιζ'. fin. c. Everg. §. ι. §. ιγ'. c. Olymp. §. ς'. ante med. sæp. adv. Callip.

τῶν τοῦ ἐμπορίου ἐπιμελητῶν Εὐθύφημος· ἐξέκειτο δὲ πολὺν χρόνον ἔμπροσθεν τοῦ συνεδρίου ἡ φάσις, ἕως λαβὼν ἀργύριον οὗτος εἴασε, [1]διαγραφάντων, καὶ καλούντων αὐτὸν εἰς τὴν ἀνάκρισιν τῶν ἀρχόντων. ὅτι δὲ ταῦτα ἀληθῆ λέγω, πρῶτον μὲν κάλει, ὃς ἐγραμμάτευε τῇ ἀρχῇ, Εὐθύφημον.

ΜΑΡΤΥΡΙΑ.

λέγε δὴ καὶ τὴν τῶν ἰδόντων [2]ἐγκειμένην τὴν φάσιν μαρτυρίαν. λέγε.

ΜΑΡΤΥΡΙΑ.

κάλει δὲ καὶ τοὺς τοῦ ἐμπορίου ἐπιμελητὰς, καὶ αὐτὸν τὸν [3]Μίκωνα, οὗ ἔφηνε τὸ πλοῖον, καὶ τὰς μαρτυρίας ἀναγίγνωσκε.

[4]ΜΑΡΤΥΡΙΑ.

γ'. Ὡς μὲν τοίνυν, ὦ ἄνδρες δικασταὶ, ἔφηνε Θεοκρίνης [5]τὸ τοῦ Μίκωνος πλοῖον, καὶ ὡς ἐξέκειτο πολὺν χρόνον ἡ φάσις, καὶ ὡς εἰς τὴν ἀνάκρισιν καλούμενος οὐχ ὑπήκουσεν,

[1] διαγραφῆναι καλούντων [2] ἐκκειμένην [3] Μικίωνα [4] Μαρτυρίαι. [5] τὸ Μικίωνος

pum §. ι. §. θ'. Vales. ad Harpocr. p. 161. 163. Dem. adv. Eubul. p. 1303. 5. ed. R. pro Phorm. §. ι. fin. §. β'. fin. προκαλ. — κλητεύειν εἰς δίκην. π. Στεφ. §. μθ'. fin. Not. ad Lycurgi §. 9. Lysias bis wrong. *In schedis* Taylor.]

Ἐπιμελητῶν] De his consule Petitum LL. Attic. pag. 511. Vales. ad Harpocrat. p. 70. Meurs. in Piræeo C. V. et Attic. Lect. I. 19. Idem.

Διαγραφούντων] [Nam vulgo ita editur] Lege διαγραφόντων. Τῶν ἀρχόντων διαγραφόντων, τουτέστιν, ἀναιρούντων τὴν ἔνδειξιν, καὶ καλούντων αὐτὸν εἰς τὴν ἔνδειξιν, καὶ καλούντων αὐτὸν εἰς τὴν ἀνάκρισιν (quam secuta est, ut apparet, ἡ ἀναίρεσις) τῆς φάσεως. Suidas: Διαγραφὴ δίκης, ὅταν ἀπαλλαγῇ τοῦ ἐγκλήματος ὁ φεύγων, ἢ κατὰ συγχώρησιν τοῦ διώκοντος, ἢ κατὰ διάγνωσιν τῶν δικαστῶν, καὶ μηκέτι παρὰ μηδενὸς ἐγκαλῆται. Idem: Ἀνάκρισις, ἐξέτασις ὑφ' ἑκάστης ἀρχῆς γενομένη πρὸ τῶν δικῶν περὶ τῶν συντεινόντων εἰς τὸν ἀγῶνα· ἐξετάζουσι δὲ καὶ εἰ ὅλως εἰσάγειν χρὴ ταύτας. Locus est sane dubius. Verti: *recensentibus prætoribus.* Pro quo reponas licet: *indicationem tollentibus.* Wolf. Lege cum MSto Aug. εἴασε διαγραφῆναι, καλούντων αὐτὸν εἰς τὴν ἀνάκρισιν τῶν ἀρχόντων. Jam locus non amplius erit *dubius*, et quæ adduxit noster Wolfius ad exponendum, quid sit Διαγραφὴ, quid Ἀνάκρισις, locum habebunt optimum. *Jacuit diutius ante concilium ea Indicatio, donec ille argento accepto siverit eam induci, antiquari, e rotulis expungi, vocantibus eum (sed frustra) ad quæstionem de causa introducenda, sive consistenda, Judicibus, qui isti rei præerant.* Vide omnino Vales. ad Harpocrat. p. 10. et 41. infra ad v. ult. Taylor. L. διαγραφῆναι καλούντων αὐτὸν, ex MS. Aug. Auger.

Ἐγκειμένην] Ita Editi nonnulli. Sed corrigendum est ἐκκειμένην, ut modo ἐξέκειτο, v. 1. et pen. Infra, p. 345. v. 5. in loco parili, τῶν ἰδόντων ἐκκειμένην τὴν φάσιν. Noster c. Midiam, §. μθ'. ἵνα ἐκκέοιτο πρὸ τῶν Ἐπωνύμων, καὶ πάντες ὁρῷεν, Εὐκτήμων Λουσιεὺς ἐγράψατο Δημοσθένην Παιανιέα λειποταξίου. Taylor.

γ'. Ἀνάκρισιν] Recte Budæus hæc vertit: *ad judicii constitutionem, causæque exordium.* Vide supra ad v. 3. Ea mente scripsit A. Gellius V. 10. *Et cum ad judices* conjiciendæ consistendæque Causæ *gratia venissent, tum Protagoras sic exor-*

οὐδὲ [1] ἐπῆλθεν, ἀκηκόατε μαρτυρούντων τούτων, οὓς εἰδέναι
μάλιστα προσῆκεν. ὅτι δ᾽ οὐ ταῖς χιλίαις μόνον ἔνοχός
ἐστιν, ἀλλὰ καὶ ἀπαγωγῇ, καὶ τοῖς ἄλλοις ὅσα κελεύει
1325 πάσχειν ὁ νόμος ούτοσὶ, [2] συκοφαντοῦντα τοὺς ἐμπόρους
καὶ τοὺς ναυκλήρους, ῥᾳδίως ἐξ αὐτοῦ τοῦ νόμου γνώσεσθε.
βουλόμενος γὰρ ὁ τὸν νόμον τιθεὶς, μήτε τοὺς ἀδικοῦντας
τῶν ἐμπόρων ἀθῴους εἶναι, μήτε [3] τηνάλλως πράγματ᾽
ἔχειν, ἁπλῶς ἀπεῖπε τοῖς τοιούτοις τῶν ἀνθρώπων μὴ
φαίνειν, εἰ μὴ πιστεύει [4] τίς αὐτῷ δείξειν ἐν ὑμῖν [5] τὰ γεγενημένα, περὶ ὧν ποιεῖται τὴν φάσιν. ἐὰν δέ τις [6] παρ᾽
αὐτὰ ποιῇ τῶν συκοφαντούντων, ἔνδειξιν αὐτῶν εἶναι, καὶ
ἀπαγωγήν. μᾶλλον δὲ λέγε τὸν νόμον αὐτόν. πολὺ γὰρ
ἐμοῦ σαφέστερον διδάξει.

ΝΟΜΟΣ.

ἀκούετε [7] τῶν νόμων ἃ κελεύουσι πάσχειν, ὦ ἄνδρες δικασταὶ, τὸν συκοφάντην; οὐκοῦν εἰ μέν [8] τι πεποιηκότα τού-

[1] ἐπεξῆλθεν [2] τὸν συκοφαντοῦντα [3] τηνάλλως] τοὺς ἄλλους [4] τις [5] τὰ] ταῦτα [6] παρὰ ταῦτα ποιῇ * τὰ τῶν [7] τοῦ νόμου ἃ κελεύει [8] τι * εἰδὼς πεποιηκότα

sus est etc. Non est Judicium ipsum, sed ipsius praeparatorium, ubi quaeritur περὶ τῶν συντεινόντων εἰς τὸν ἀγῶνα, utrum causa instituenda sit, necne. Οὐ πάσας δίκας, inquit Suidas, κελεύουσιν οἱ νόμοι εἰσάγεσθαι, ἀλλ᾽ ὁ φεύγων ἀντιλέγῃ, καὶ παραγράφεται, λέγων εἰσαγώγιμον μὴ εἶναι αὐτὴν, πρότερον ἐπὶ τούτῳ γίνεται κρίσις, ἥτις δίκης ἀνάκρισις λέγεται. Idem.

Ἐπῆλθεν] Repono, Cod. Aug. fidejussore, ἐπεξῆλθεν. Ita in Argumento, p. 334. v. 8. φησὶ μὲν αὐτὸν λέγειν, οὐκ ἐπεξελθεῖν δέ. Et, Oratione ineunte, p. 336. v. 3. φανέντων καὶ οὐκ ἐπεξιόντων. Infra p. 344. v. pen. δοὺς Θεοκρίνης αὐτοσὶ τὴν φάσιν οὐκ ἐπεξῆλθε. et p. 348. v. pen. ἵνα Δημοσθένει μὴ ἐπεξέλθῃ τὴν γραφὴν, ἣν ἐγράψατο αὐτόν. Verte autem: *eum non peruisse, neque litem intendisse.* Idem. M. ἐπεξῆλθεν. Auger.

Ἀθῴους εἶναι] Τοὺς ἀδικοῦντας τῶν ἐμπόρων τινὰ, ἀθῴους εἶναι, marg. Morelii. Verum omnino extra id, quod res est. Et optime mentem Auctoris repraesentavit ejus fidissimus Interpres: *neque delinquentes esse indemnes, neque insontes vexari.* Taylor.

Μήτε τοὺς ἄλλους] Alii μήτε καὶ ἄλλους. Forte: μήτε τηνάλλως πράγματ᾽ ἔχειν, τουτέστι, μάτην ἐνοχλεῖσθαι. Wolf. Restitue omnino antiquam lectionem, quam adeo inconsiderate exterminavit Wolfius. Miror, hominem, qui tam benè verterit, tam infeliciter hariolari. Taylor. Repone ut in vulgatis μήτε τοὺς ἄλλους, *alios*, i.e. eos qui sunt insontes. Auger. V. Bergler. ad Alciphr. Epist. l. I. ep. 19. et Petit. Comm. in L. A. l. V. t. V. §. V.

Ἁπλῶς ἀπεῖπε —] *Plane hujusmodi homines vetuit delationes factitare: nisi si quis est qui confidat se palam facturum vobis ea esse perpetrata, quorum ipse delationem fecerit. Quod si quis alioqui calumniator esse sustinuerit, hunc et postulare licere et deferre voluit.* Budaeus.

Τοῖς τοιούτοις] Forte τοὺς τοιούτους. ἁπλῶς ἀπεῖπε sc. μὴ φαίνειν τοὺς τοιούτους. Et recte satis Interpres. Taylor. L. τοὺς τοιούτους. Auger. Credo non opus esse τοὺς τοιούτους. *D'Orville ad Char. Aphrod.* l. VII. c. VI. p. 630.

Τὰ γεγενημένα] Forte ταῦτα γεγενημένα. Et [p. 340. v. 6.] τοὺς ναυκλήρους, τὸν νόμον. Τὸ καὶ παρέλκει. Wolf. Recte hoc quidem. Taylor.

Ἔνδειξιν — ἀπαγωγήν] Vide Salmas. de M. U. pag. 781. 782. Herald. Animadv. L. IV. C. IX. §. 9. seq. Idem.

Οὐκοῦν εἰ μέν τι πεποιηκότα τούτων, ὧν ἔγραψεν ἐν τῇ φάσει Θεοκρίνης πεποιηκέναι τὸν

των, ὧν ἔγραψεν ἐν τῇ φάσει Θεοκρίνης πεποιηκέναι τὸν [1] Μίκωνα, καθυφῆκε τὸ πρᾶγμα, καὶ διαλέλυται πρὸς τὸν ἄνθρωπον, ἀδικεῖ πάντας ὑμᾶς, καὶ δικαίως ὀφείλει τὰς χιλίας. εἰ δὲ πλεύσαντα αὐτὸν [2] δικαίως οὐ προσῆκεν — ἔσται γὰρ [3] τοῦθ' ὁπότερον οὗτος βούλεται — φαίνει, καὶ προσκαλεῖται, [4] καὶ συκοφαντεῖ τοὺς ναυκλήρους, καὶ τὸν [5] νόμον οὐ μόνον τὸν πρότερον, ἀλλὰ καὶ τὸν ἀρτίως ἀναγνωσθέντα παραβέβηκε, καὶ καταμεμαρτύρηκεν αὑτοῦ μηδὲν ὑγιὲς, μήτε λέγειν, μήτε πράττειν. τίς γὰρ ἂν παρεὶς τὸ, δικαίως πράττοντα λαβεῖν τὸ μέρος τῶν χρημάτων κατὰ τὸν νόμον, διαλυσάμενος [6] ἐβουλήθη μικρὰ κερδᾶναι, καὶ τούτοις ἔνοχον αὑτὸν καταστῆσαι τοῖς νόμοις, ἐξὸν, ὅπερ ἀρτίως εἶπον, τὰ ἡμίσεα τῶν φανθέντων λαβεῖν; οὐδ' ἂν εἷς, ὦ ἄνδρες δικασταὶ, μὴ οὐ συνειδὼς ἑαυτῷ συκοφαντοῦντι.

δ'. Δύο μὲν τοίνυν οὗτοι νόμοι εἰσὶν, οὓς παραβέβηκεν ὁ 1326
τοὺς ἄλλους παρανόμων γραφόμενος. ἕτερον δὲ [7] τὸν τρίτον, ὃς ὁμοίως κελεύει κατά τε τῶν ὀφειλόντων τῷ δημοσίῳ τὰς ἐνδείξεις τὸν βουλόμενον ποιεῖσθαι τῶν πολιτῶν, καὶ ἐάν τις ὀφείλῃ τῇ Ἀθηνᾷ, ἢ τῶν ἄλλων θεῶν, ἢ τῶν ἐπωνύμων [8] τῳ. φανήσεται οὗτος ὀφείλων, καὶ οὐκ ἐκτετικὼς ἑπτακοσίας δραχμὰς, ἃς ὦφλεν ἐν ταῖς εὐθύναις τῷ ἐπωνύμῳ τῆς αὑτοῦ φυλῆς. καί μοι λέγε τοῦτ' αὐτὸ τοῦ νόμου.

1 Μικίωνα, καθυφεῖκε 2 δικαίως αὐτὸν 3 [τοῦθ'] 4 [καὶ]
5 νόμον, εἰ καὶ μὴ τὸν πρ., ἀλλὰ γε τὸν ἀρτ. 6 ἠβουλήθη 7 Deest articulus.
8 τῳ. ᾧ φανήσεται

Μίκωνα, καθυφῆκε τὸ πρᾶγμα] Vix sanam crediderim constructionem, nisi et lectione et interpunctione hunc in modum correcta: εἰπεῖν εἰ μέν τι πεποιηκότος τούτων, ὧν ἔγραψεν ἐν τῇ φάσει Θεοκρίνης πεποιηκέναι, τοῦ Μίκωνος, καθυφῆκε τὸ πρᾶγμα. Nolim vero contendere, si velis retinere πεποιηκέναι τὸν Μίκωνα. JURIN.

Μίκωνα] Μίκωνα φήνας, καθυφῆκε κ. τ. λ. Imperfecta est enim aliogvin constructio. deleto Micone prævaricatus est. WOLF. Omnino erit aliquid istiusmodi. Labat enim Sententia. Diu suspicabar, πεποιηκέναι — τὸν Μίκωνα absolute dici, ut solent aliquando Græci Scriptores. TAYLOR. Minime male, Taylorus accusativum absolutum agnoscit. Credo accusativum præmissum, quia sequitur accusativus τὸ πρᾶγμα per quasi appositionem. Certe cum Jurino, et hic more suo mutationem tentante, nullo fecerim modo. *D'Orville ad Char. Aphrod.* l. VII. c. VI. p. 642.

Καὶ τὸν νόμον] Dele καὶ. JURIN. Vid. Petit. Comm. in L. A. l. V. t. V. §. IV.

Πράττοντα] Ferri potest, sed quia sequitur διαλυσάμενος, quid si πράττων legas? WOLF. Verte: *Quis, neglecto beneficio Legis, quæ ei dimidium bonorum assignat recte peragenti, parvum lucellum malit rem transigendo?* Mox, v. 12. καὶ τοῦτο Ald. haud male. Et deinde, ibid. καταστήσας Cod. Aug. TAYLOR. Sed vulgata satis proba. *D'Orville ad Char. Aphrod.* l. V. c. IV. p. 452.

δ'. φανήσεται] Ante φανήσεται videtur desiderari καθ' ὃν vel ᾧ. AUGER.

ΝΟΜΟΣ.

ἐπίσχες. ἀκούεις οὑτοσὶ τί λέγει; ἢ τῶν ἐπωνύμων τῳ. λέγε δὴ τὴν τῶν φυλετῶν μαρτυρίαν.

ΜΑΡΤΥΡΙΑ.

ταχύ γ' ἂν οὗτος, ὦ ἄνδρες δικασταί, ἀνθρώπων ὀλίγων φροντίσειεν, ἢ τῶν [1] τὸ πλεῖστον τοῦ χρόνου πλεόντων, ὥσπερ ὁ [2] Μίκων, ὅστις τοὺς φυλέτας παρόντας οὔτ' ἔδεισεν, οὔτ' [3] ᾐσχύνθη; τοῦτο μὲν, οὕτως αὐτῶν τὰ κοινὰ διοικήσας, ὥστ' ἐκείνους κλοπὴν αὐτοῦ καταγνῶναι· τοῦτο δὲ, ὄφλων, καὶ τοὺς νόμους ἀκριβῶς εἰδὼς, ὅτι [4] κωλύουσιν αὐτὸν γράφεσθαι γραφὰς ἕως ἂν ἐκτίσῃ, βιαζόμενος, καὶ νομίζων δεῖν τοὺς μὲν ἄλλους τοὺς ὀφείλοντας μηδενὸς μετέχειν τῶν κοινῶν, αὐτὸν δὲ κρείττω τῶν νόμων εἶναι. φήσει τοίνυν τὸν πάππον, [5] οὐκ αὐτὸν, εἶναι, τὸν ἐν τῷ γραμματείῳ γεγραμμένον· καὶ περὶ τούτου πολλοὺς ἐρεῖ λόγους, ὡς ἐκεῖνός ἐστιν. ἐγὼ δὲ τὸ μὲν ἀκριβὲς, ὁπότερός ἐστιν, οὐκ ἔχω λέγειν· εἰ δ' οὖν ἐστὶν, ὡς οὗτος ἐρεῖ, πολὺ δικαιότερον εἶναι νομίζω καταψηφίσασθαι ὑμᾶς αὐτοῦ, εἰ ταῦθ' οὕτως ἐστίν. εἰ γὰρ, ὀφείλοντος αὐτῷ τοῦ πάπ-
1327 που πάλαι, καὶ τοῦ νόμου κελεύοντος κληρονομεῖν τοῦτον τῶν ἐκείνου, προσῆκον αὐτῷ μηδὲ πάλαι γράφεσθαι, γράφεται, καὶ διὰ τοῦτο αἰτήσεται δεῖν ἀποφεύγειν, ὅτι πονηρὸς ἐκ τριγονίας ἐστὶν, οὐ δίκαια ἐρεῖ, ὦ ἄνδρες δικασταί. ὡς οὖν καὶ παρ' αὐτοῦ Θεοκρίνου ὁμολογεῖται [6] ταῦτ' εἶναι τὸ ὄφλημα, καὶ κατετάξατο τοῖς φυλέταις ὑπὲρ [7] αὐτοῦ

[1] τὸν [2] Μικίων [3] ᾐσχύνθη, [4] κωλύουσιν [5] οὐχ αὐτὸν [6] ταὐτοῦ [7] αὐτοῦ κ. τ. λ., καὶ τοῖς

Ὀλίγων] Ita impressi omnes præter Morelianum, qui clare habet ὀλίγον. Eam lectionem defendit Scholiastes: Ὀλίγων φροντίσειεν] τοῦτ' ἔστιν ὀλιγωρήσειεν. Et recte sane. Delendum est ergo τὸ ἢ post φροντίσειεν, nempe, ἀνθρώπων τῶν τὸ πλεῖστον τοῦ χρόνου πλεόντων. *Curabit iste scilicet eos homines, qui maximam ætatis partem in navigando contererunt!* Inter quos et τοὺς παρόντας φυλέτας utilis est distinctio. Taylor.

Βιαζόμενος] Repone τούτους βιαζόμενος, ad sustentandam Grammaticam, quæ visa est laborare. Aut hoc pacto demum: τοὺς νόμους, οὓς ἀκριβῶς ᾔδει — βιαζόμενος. Idem. Vid. Petit. Comm. in L. A. l. IV. t. IX. §. XIII.

Γράφεται] Ita marg. Benenati. ἐγράφετο Aug. ἐγγράφεται Editi. Forte εἰ γὰρ — προσῆκον αὐτῷ μηδὲ πάλαι γράφεσθαι, ἔτι γράφεται. Taylor.

Κατετάξατο] Κατατάξασθαι apud Demosthenem est quod JCti vocant *pecuniam constituere*, cujus rei tractatus est l. XIII. digestorum. Cic. ad Attic. l. XVI. 'Scis me jampridem constituisse Montani no-

καὶ τοῦ ἀδελφοῦ, τοῖς βουλομένοις εὐορκεῖν οὐ καλῶς ἔχει ταύτην ἀπογινώσκειν τὴν ἔνδειξιν· λαβὲ μοι τὸ ψήφισμα ὃ εἶπεν ἐν τοῖς φυλέταις Σκιρωνίδης.

ΨΗΦΙΣΜΑ.

προσελθὼν δ' οὑτοσὶ Θεοκρίνης ὡμολόγησεν ὀφείλειν καὶ ἐκτίσειν ἐναντίον τῶν φυλετῶν, ἐπειδὴ προσιόντας ἡμᾶς ᾔσθετο, καὶ βουλομένους ἀντίγραφα τῶν ἐν τῷ γραμματείῳ γεγραμμένων λαβεῖν.

ΨΗΦΙΣΜΑ.

πολύ γ', ὦ ἄνδρες Ἀθηναῖοι, [1] Λεοντίδας τοὺς ἀναγκάσαντας ἀποδοῦναι Θεοκρίνην τὰς ἑπτὰ μνᾶς ἐπῃνέσατ' ἂν μᾶλλον, ἢ τοῦτον.

ε΄. Τέταρτος τοίνυν ἕτερος νόμος ἐστίν, — ὁμολογῶ γὰρ
τῶν τούτῳ πεπραγμένων τὰ πλεῖστα ἐξητακέναι —,
καθ' ὃν ὀφείλει πεντακοσίας δραχμὰς Θεοκρίνης οὑτοσί,
οὐκ ἐκτετικότος αὐτῷ τοῦ πατρός, ἃς προσῶφλεν ἀφελόμενος
τὴν Κηφισοδώρου θεράπαιναν εἰς ἐλευθερίαν, ἀλλὰ
διοικησαμένου πρὸς Κτησικλέα τὸν λογογράφον, ὃς ἦν ἐπὶ
τοῖς τῶν ἀντιδίκων πράγμασιν, ὥστε μήτ' ἐκτίσαι, μήτ'
εἰς ἀκρόπολιν ἀνενεχθῆναι. ἃς οὐδὲν [2] μὲν ἧττον οἶμαι
Θεοκρίνης ὀφείλει νυνὶ κατὰ τὸν νόμον. οὐ γάρ, ἐὰν Κτησικλῆς
ὁ μέτοικος συγχωρήσῃ τούτῳ, πονηρὸς πονηρῷ, μὴ
παραδοθῆναι τοῖς πράκτορσι τὸν [3] προσόφλοντα κατὰ τὸν 1328
νόμον, διὰ τοῦτο δεῖ τὴν πόλιν [4] ἀποστερεῖσθαι τῶν ἐκ τῶν
νόμων ἐπικειμένων [5] ζημιῶν· ἀλλὰ προσήκει τοὺς ἀντιδίκους,
ὑπὲρ μὲν τῶν ἰδίων, ὅπως ἂν [6] αὐτοὺς πείθωσι, διοικεῖσθαι
πρὸς ἀλλήλους, ὑπὲρ δὲ τῶν πρὸς τὸ δημόσιον,

[1] Λεοντίδας [2] [μὲν] [3] προσοφείλοντα [4] ἀποστερεῖσθαι [5] ζημιῶν; [6] αὐτὰς

mine H-S. XX. dissolvere.' BUDÆUS.

Τοῖς βουλομένοις] Melius καὶ τοῖς βουλομένοις, ut recte se habent Editiones superiores. TAYLOR.

ΨΗΦΙΣΜΑ. πολύ γ'] Delerem titulum ΨΗΦΙΣΜΑ, quæ mihi videtur recidendus, ut superfluus et sensum impediens. AUGER.

Ἐπῃνέσατ'] Ἐπαινέσαιτ'. JURIN. AUGER.

Ἢ τοῦτον] Deesse aliquid post hanc vocem omnino arbitror: Πολὺ — Λεοντίδας — ἐπῃνέσατ' ἂν μᾶλλον, ἢ τοῦτον * * *. Vel fortasse post λαβεῖν supra v. 8. Nam quæ ibi sequuntur, ex abrupto omnino sequi videntur. TAYLOR.

ε΄. Ὀφείλει] Scribe, ut alii, ἃς οὐδὲν μὲν ἧττον (οἶμαι) Θεοκρίνης ὀφείλει, vel, ut alii demum, ἃς οὐδὲν μὲν ἧττον οἶμαι Θεοκρίνην ὀφείλειν. IDEM.

Αὐτοὺς] Lege αὑτοὺς, i. e. se invicem. In Oratione proxima, c. Neæram, p. 1360. 20. ed. R. ἐὰν δὲ καὶ ἄλλως πως ἀλλήλους

ὅπως ἂν οἱ νόμοι κελεύωσι. καί μοι λέγε [1] τὸν νόμον, ὃς κελεύει τὸ ἥμισυ τοῦ τιμήματος ὀφείλειν τῷ δημοσίῳ, ὃς ἂν δόξῃ μὴ δικαίως [2] εἰς ἐλευθερίαν ἀφελέσθαι, καὶ τὴν τοῦ Κηφισοδώρου μαρτυρίαν.

ΝΟΜΟΣ. ΜΑΡΤΥΡΙΑ.

λέγε δὴ κἀκεῖνον τὸν νόμον, τὸν ἀπ' ἐκείνης κελεύοντα τῆς ἡμέρας ὀφείλειν, ἀφ' ἧς ἂν ὄφλῃ, ἐάν τε ἐγγεγραμμένος ᾖ, ἐάν τε μή.

ΝΟΜΟΣ.

ϛʹ. Πῶς οὖν ἄλλως, ὦ ἄνδρες δικασταὶ, προσήκει τὸν δικαίως κατηγοροῦντα ἀποφαίνειν ὀρθῶς ἐνδεδειγμένον Θεοκρίνην τουτονὶ, καὶ μὴ μόνον ἔνοχον ὄντα τῇ ἐνδείξει κατὰ τὰς χιλίας ἐφ' αἷς ἐνδέδεικται, ἀλλὰ καὶ [3] πολλοῖς ὀφλήμασιν; ἐγὼ μὲν οὐδαμῶς νομίζω. οὐ γὰρ δή γε προσδοκᾶν δεῖ, Θεοκρίνην αὐτὸν ὁμολογήσειν ὀφείλειν [4] ὑμῖν τῷ δημοσίῳ, καὶ δικαίως ἐνδεδεῖχθαι φήσειν· ἀλλὰ τοὐναντίον, πάντα λόγον μᾶλλον ἐρεῖν, καὶ πάσας αἰτίας οἴσειν ὡς καταστασιάζεται, ὡς διὰ τὰς τῶν παρανόμων γραφὰς εἰς ταῦθ' ἥκει. λοιπὸν γάρ ἐστι τοῦτο τοῖς ἐν αὐτοῖς τοῖς πράγμασιν ἐξελεγχομένοις, αἰτίας καὶ προφάσεις εὑρίσκειν, αἵ τινες τοῦ παρόντος ὑμᾶς ποιήσουσι πράγματος ἐπιλαθομένους, τοῖς ἔξω τῆς κατηγορίας λόγοις προσέχειν. ἐγὼ δὲ, ὦ ἄνδρες δικασταὶ, εἰ μὲν ἑώρων ἐν τοῖς ἀνεγνω-
1329 σμένοις νόμοις γεγραμμένον, ταῦτα δ' εἶναι κύρια περὶ τῶν συκοφαντούντων, ἂν μὴ Θεοκρίνης ἐνδειχθεὶς αἰτιᾶσθαι βούληται Θουκυδίδην, ἢ Δημοσθένην, ἢ καὶ τῶν πολιτευομένων ἄλλον τινὰ, ἡσυχίαν ἂν ἦγον· νῦν δὲ τούτων οὐδεμίαν ὁρῶ τῶν σκήψεων [5] ὑπὸ λόγον οὖσαν ἐν τοῖς νόμοις, οὐδὲ

[1] τόν τε νόμον [2] εἰς τὴν ἐλευθερίαν [3] πολλοῖς ἄλλοις ὀφλήμασιν [4] ὑμῖν ὀφείλειν [5] ὑπόλογον

πείθωσι. Idem.

ϛʹ. Ὁμολογήσειν] Forte ὁμολογήσειν ὑμῖν ὀφείλειν. Ὑμῶν τῷ δημοσίῳ, aut ὑμῖν καὶ τῷ δημοσίῳ minus placent. Wolf. ὑμῖν τῷ δημ. pro ὑμετέρῳ δημ. Auger.

Ἐν αὐτοῖς τοῖς πράγμασιν] Dele præpositionem. Ita c. Aristogit. A. §. ιζʹ. ἐν τοῖς πράγμασιν αὐτοῖς ἁλισκόμενοι. Taylor.

Ὑπὸ λόγον] Ὑπόλογον marg. Benenati. Et, melius adhuc, ὑπόλοιπον, MS. Augustanus. Taylor. M. ὑπόλογον,

καινήν, ὥς τε [1] προσέχειν νῦν πρῶτον ἀκούσαντας, ἀλλὰ μυριάκις παρὰ τῶν κρινομένων εἰρημένην. ἀκούω δὲ καὶ [2] παρὰ τῶν πρεσβυτέρων, ὦ ἄνδρες δικασταὶ, ὡς ἄρα προσῆκόν ἐστιν, ὅλως μὲν μηδενὶ μηδεμίαν συγγνώμην ὑπάρχειν παραβαίνοντι τοὺς νόμους· εἰ δ' ἄρα δεῖ, μὴ τοῖς συνεχῶς οὖσι πονηροῖς, μηδὲ τοῖς ἐπ' ἀργυρίῳ τοὺς νόμους προϊεμένοις, — οὐ γὰρ εἰκός —· ἀλλ' οἵ τινες ἂν διὰ τὴν αὐτῶν ἀπραγμοσύνην ἄκοντές τι τῶν γεγραμμένων παραβῶσιν, ὧν οὐδεὶς ἂν δήπου Θεοκρίνην τουτονὶ φήσειεν εἶναι, ἀλλὰ τοὐναντίον, οὐδενὸς τῶν ἐν τοῖς νόμοις ἄπειρον. διὸ καὶ δεῖ φυλάττειν αὐτὸν, μὴ πρὸς τοὺς ἐμοὺς λόγους, μηδὲ τοὺς ὑπὸ τούτου ῥηθησομένους ἀποβλέποντας· οὐ γὰρ δίκαιον, τοὺς ὑπὲρ τῶν νόμων καθημένους, μακροῖς λόγοις καὶ κατηγορίαις προσέχειν, ἀλλ' οἷς ἂν ἅπαντες ῥᾳδίως [3] ἐπακολουθήσετε, καὶ δι' ὧν δόξετε πᾶσι τοῖς ἐν τῇ πόλει, τῶν νόμων ἀξίως ταύτην τὴν ἔνδειξιν δικάσαι· σαφῶς [4] ἐρωτῶντας, τί λέγεις, Θεοκρίνη, καὶ πάντες οἱ τῶν αὐτῶν [5] τούτων μετέχοντες; ἀξιοῦθ' ἡμᾶς, κατὰ τοὺς νόμους ὀμωμοκότας δικάσειν, παρὰ τούτους διὰ τοὺς ὑμετέρους λόγους ψηφίζεσθαι; μεμαρτυρηκότος [6] μὲν ἡμῖν τοῦ Μίκωνος, καθ' οὗ δοὺς Θεοκρίνης οὑτοσὶ τὴν φάσιν, οὐκ ἐπεξῆλθε, καὶ πεποιηκότος [7] αὐτὸν τούτοις ὑπόδικον; ὁμολο-

[1] προσέχειν, [2] [παρὰ] [3] ἐπακολουθήσοντε [4] ἐρωτῶντες [5] τούτων
[6] μὲν [6] ἐν ἡμῖν τοῦ Μικίωνος [7] αὐτὸν

uno verbo. AUGER.

Φυλάττειν] Idem est quod τηρεῖν. Quæ ambo verba non solum notant apud Atticos, *custodire, servare:* sed *observare* aliquem vel aliquid, ut ne faciat vel ne fiat, vel ut aliquid faciat vel fiat. *D'Orville ad Charit. Aphrod.* l. V. c. II. p. 442.

Τῶν αὐτῶν τούτων μετέχοντες] Forte τῶν αὐτῶν τούτῳ μ. WOLF. Similiter scribit Cod. Aug. sine dubio recte. Mox, v. 18, adde ex marg. Benenati, ἡμᾶς, τοὺς κατὰ τοὺς νόμους ὀμ. δικ. TAYLOR. τούτων delendum mihi videtur. AUGER.

Μεμαρτυρηκότος] Verte hæc: *Quid? Num postulatis, ut — nos — contra leges decernamus: Cum Mico testimonium perhibuit —? Cum Scriba confessus sit —?* Cætera. TAYLOR.

Ἡμῖν] Perperam hæc Wolfius; nec enim hæc accipienda sunt, quasi Orator judices alloquatur, sed quasi judices patronis Theocrinis respondeant. JURIN.

Πεποιηκότος αὐτὸν τούτοις ὑπόδικον] Πότερον τοῖς ὑπ' ἐμοῦ λεγομένοις, ἢ τοῖς δικασταῖς; WOLF. Magnus sane est error, quem hic erravit Wolfius. Res ita se habet, contra ac ille opinatur. Quanquam improbavit maxime Jurisprudentia Attica *de auditione*, ut dicitur, *testimonium*, οὐδὲ μαρτυρεῖν ἀκοὴν ἐῶσιν οἱ νόμοι, ait Demosthenes in Orat. c. Eubul. p. 1300. 16. ed. R. οὐδ' ἐπὶ τοῖς φαύλοις πάνυ ἐγκλήμασι, verumtamen erat in ea Gente Ἐκμαρτυρία, quæ diceretur. Id vocabuli expediunt Grammatici. Nempe ubi ille, qui alicujus rei αὐτόπτης fuerit, vel 1) supremum diem obierit, vel 2) peregre abesset, vel 3) morbo sontico laboraret, ibi aliena fide necesse erat agere; atque admissæ Tabulæ non *scientiæ*, sed *auditionis*. Admissæ nempe, in quantum valere aut poterant, aut deberent. Pæne erat, ut hujusmodi esset testimonium Mi-

γοῦντος δὲ τοῦ γραμματέως λαβεῖν τὴν φάσιν παρὰ τού-
1330 του, καὶ [1] πεποιηκυίας τῆς μαρτυρίας τῆς ὀλίγον τι πρότερον ἀναγνωσθείσης [2] αὐτὸν ὑπόδικον; ἔτι δὲ τῶν τοῦ ἐμπορίου ἐπιμελητῶν μόλις μὲν, ἀλλ' οὖν ταῦτα τούτοις μεμαρτυρηκότων; πρὸς δὲ τούτοις τῶν ἰδόντων ἐκκομιζομένην τὴν φάσιν, καὶ προσελθόντων τοῖς ἄρχουσι μαρτυρούντων, ὥσπερ [3] ὀλίγον πρότερον ἠκούσατε;

ζ. Ἀλλ' οὐ δίκαιον, ὦ ἄνδρες δικασταί. οὐ γὰρ δὴ διὰ τὸν τρόπον γε τὸν τοῦ φεύγοντος, καὶ τὸν βίον, ψευδεῖς ὑπολήψεσθε τὰς μαρτυρίας τὰς ἀνεγνωσμένας εἶναι. πολὺ γὰρ ἐκ τοῦ τρόπου σαφέστερον ἐπιδείκνυται Θεοκρίνης τοιοῦτος ὢν, ἢ διὰ τῶν εἰρημένων. τί γὰρ οὐ πεποίηκεν οὗτος, ὧν ἂν πονηρὸς καὶ συκοφάντης ἄνθρωπος ποιήσειεν; οὐ διὰ μὲν τὴν τούτου πονηρίαν [4] ὁ ἀδελφὸς αὐτοῦ θεσμοθετῶν, καὶ τούτῳ χρώμενος συμβούλῳ, τοιοῦτος ἔδοξε παρ' ὑμῖν ἄνθρωπος εἶναι, ὥστε οὐ μόνον αὐτὸς ἀπεχειροτονήθη τῶν [5] ἐπιχειροτονιῶν, ἀλλὰ καὶ τὴν ἀρχὴν ἅπασαν ἐποίησε; καὶ εἰ μὴ δεομένων αὐτῶν, καὶ ἱκετευόντων, καὶ λεγόντων, ὡς οὐκ ἔτι πρόσεισι Θεοκρίνης πρὸς τὴν ἀρχὴν, ἐπείσθηθ' ὑμεῖς, καὶ πάλιν ἀπέδοτε τοὺς στεφάνους αὐτοῖς, πάντων ἂν αἴσχιστα οἱ συνάρχοντες ἐπεπόνθεισαν. καὶ τούτων οὐδέν με δεῖ μάρτυρας ὑμῖν παρασχέσθαι. πάντες γὰρ ἴστε τοὺς ἐπὶ Λυκίσκου ἄρχοντος θεσμοθέτας, ἀποχειροτονηθέντας ἐν τῷ δήμῳ διὰ τοῦτον. ὧν ἀναμιμνησκομένους ὑμᾶς χρὴ τὸν αὐτὸν ὑπολαμβάνειν εἶναι τοῦτον καὶ πρότερον καὶ νῦν. οὐ πολλῷ τοίνυν χρόνῳ ὕστερον τῆς ἀποχει-

[1] πεποιηκότος καὶ τούτου διὰ τῆς μ. [2] αὑτὸν [3] ὀλίγον τι πρότερον
[4] Deest articulus. [5] ἐπιχειροτονιῶν οὐσῶν, ἀλλὰ

conia: qui, cum ad mercaturam animum applicuit, plusculum ætatis (p. 341. v. 7.) peregre contrivit. Id tamen est secus. Ille enim, dum forte fortuna aderat domi, sciens prudensque testimonium dixit, jurejurando præsens confirmavit, seque obnoxium iis actionibus fecit, quæ in malæ fidei testes instituuntur. TAYLOR. [v. Schol. ad Æschin. π. π. p. 30, 32. ed. Steph. *In schedis* IDEM.] αὑτὸν cum spiritu aspero. τούτοις, i. e. suo et ejus advocatis. AUGER.

Καὶ πεποιηκυίας] Cod. Augustanus habet; καὶ πεποιηκότος καὶ τούτου διὰ τῆς μαρτυρίας κ. τ. λ. Quo sane admisso, iterum corrigas αὑτὸν ὑπόδικον. Sed vulgata arbitror satis bene se habere. TAYLOR. F. add. καὶ ante αὐτόν. AUGER.

Ὀλίγον πρότερον] Ὀλίγου πρότερον. JURIN.

ζ. Ἐπιχειροτονιῶν] Neglexit id Wolfius inter interpretandum. Nimirum commode vertendi spem omnem abjecit. Repone cum Aug. ἐπιχειροτονιῶν οὐσῶν, *cum suffragia celebrarentur, in tempore suffragandi, die suffragationis.* TAYLOR. Taylorum exscribit Augerus. Vid. Petit. Comm. in L. A. l. III. t. II. §. VI.

Καὶ ἱκετευόντων] Restitui conjunctionem ex Editt. Ald. et Lutec. TAYLOR.

ροτονίας, τελευτήσαντος αὐτῷ τοῦ ἀδελφοῦ βιαίῳ θανάτῳ, τοιοῦτος ἐγένετο περὶ αὐτὸν οὗτος, [1] ὥς τε ζητῆσαι τοὺς 1331
δράσαντας, καὶ πυθόμενος οἵ τινες ἦσαν, ἀργύριον λαβὼν ἀπηλλάγη. καὶ τὴν μὲν ἀρχὴν ἣν ἐκεῖνος ἄρχων ἐτελεύτησεν, ἱεροποιὸς ὢν, παρὰ τοὺς νόμους ἦρχεν οὗτος, οὔτε λαχὼν, οὔτ' ἐπιλαχών· ὑπὲρ ὧν δ' ἔπαθεν [2] ἐκεῖνος, μέχρι τούτου σχετλιάζων περιῄει, καὶ φάσκων εἰς Ἄρειον πάγον Δημοχάρην προσκαλεῖσθαι, ἕως διελύσατο πρὸς τοὺς τὴν αἰτίαν ἔχοντας. χρηστός γ' [3] ἐστὶ, καὶ κρείττων χρημάτων; οὐδ' ἂν αὐτὸς φήσειεν. οὐ γὰρ τοσούτων δεῖσθαί φασι δεῖν τὸν δικαίως καὶ μετρίως τῶν κοινῶν ἐπιμελησόμενον· ἀλλὰ πάντων τούτων εἶναι κρείττω, δι' ὧν ἀναλίσκουσιν εἰς ἑαυτοὺς ἃ λαμβάνουσι.

η'. Καὶ τὰ μὲν πρὸς τὸν ἀδελφὸν [4] αὐτοῦ πεπραγμένα, τοιαῦτά ἐστιν, ἃ δὲ πρὸς τὴν πόλιν προσελθὼν διῴκηται — δευτέρους γὰρ ὑμᾶς φήσει φιλεῖν μετὰ τοὺς οἰκείους —, ἄξιον ἀκοῦσαι. ἄρξομαι δὲ ἀπὸ τῶν πρὸς ἡμᾶς αὐτῷ πεπραγμένων. τοῦ γὰρ πατρὸς κατηγορῶν, ὦ ἄνδρες δικασταὶ, ὅτε τὴν τῶν παρανόμων αὐτὸν ἐδίωκε γραφὴν, ἔλεγεν ὡς [5] ἐπιβουλευόμενος ὁ παῖς εἴη, περὶ οὗ τὸ ψήφισμα γεγραμμένον ἦν, ἐν ᾧ τὴν [6] σίτησιν ἔγραψε Χαριδήμῳ ὁ πατὴρ τῷ [7] Ἰσομάχου υἱῷ· λέγων, ὡς, ἐὰν ἐπανέλθῃ εἰς τὸν πατρῷον οἶκον ὁ παῖς, ἀπολωλεκὼς ἔσται τὴν οὐσίαν ἅπασαν, ἣν Αἰσχύλος ὁ ποιησάμενος αὐτὸν υἱὸν, ἔδωκεν αὐτῷ. ψευδόμενος. οὐδενὶ γὰρ πώποτε, ὦ ἄνδρες δικασταὶ, τοῦτο τῶν εἰσποιηθέντων συνέβη. καὶ τούτων πάντων αἴτιον ἔφη Πολύευκτον γεγενῆσθαι, τὸν ἔχοντα τὴν μητέρα τοῦ παιδὸς, βουλόμενον ἔχειν αὐτὸν τὴν τοῦ παιδὸς οὐσίαν. ὀργισθέν- 1332
των δὲ τῶν δικαστῶν ἐπὶ τοῖς λεγομένοις, καὶ νομισάντων

[1] ὥστ' ἀναζητήσας [2] ἐκεῖνος, οὗτος μέχρι [3] ἐστὶ, καὶ πιστὸς, καὶ κρείττων [4] αὐτῷ [5] ἐπιβεβουλευμένος [6] σίτισιν [7] Ἰσχομάχου

Ὥστε ζητῆσαι] Aug. ὥστ' ἀναζητήσας etc. Recte hoc quidem, *Talem se erga fratrem praebuit modo funeratum, ut, postquam reos istius caedis investigaverit, et tandem exploraverit, ubi essent, argento accepto dimiserit.* Idem. M. ἀναζητήσας. Auger.

Προσκαλεῖσθαι] Omnino. In Editt. Ald. et Par. erat προσκαλεῖσθαι. Vide, quae modo attulimus ad p. 337. v. ult. Taylor.

η'. Δευτέρους etc.] *Se dicit, cum a domestica caritate recesserit, neminem vobis habere cariorem.* Wolf.

Ἐπιβουλευόμενος] Vel ἐπιβεβουλευμένος potius, quo modo scribitur in Augustano optimo. Taylor. Auger.

Σίτησιν] Hoc explanabit Valesius ad Harpocrat. pag. 171. Taylor.

αὐτὸ μὲν τὸ ψήφισμα, καὶ τὴν δωρεὰν κατὰ τοὺς νόμους εἶναι, τῷ δὲ ὄντι τὸν παῖδα μέλλειν ἀποστερεῖσθαι τῶν χρημάτων, τῷ μὲν πατρὶ δέκα ταλάντων ἐτίμησαν, ὡς μετὰ Πολυεύκτου ταῦτα πράττοντι, τούτῳ δ᾽ ἐπίστευσαν, ὡς δὴ βοηθήσαντι τῷ παιδί. καὶ τὰ μὲν ἐπὶ τοῦ δικαστηρίου γενόμενα, τοιαῦτα καὶ παραπλήσια τούτοις ἦν. ὡς δ᾽ ὁ χρηστὸς οὗτος ὠργισμένους ᾔσθετο τοὺς ἀνθρώπους, καὶ πεπιστευμένον αὐτὸν, ὡς οὐ παντάπασιν ἀνόσιον ὄντα, προσκαλεσάμενος τὸν Πολύευκτον, ἀποφέρει γραφὴν κατ᾽ αὐτοῦ κακώσεως πρὸς τὸν ἄρχοντα, καὶ [1] δίδωσι τὴν πρώτην λῆξιν Μνησαρχίδῃ τῷ παρέδρῳ. λαβὼν δὲ [2] τὰς τριακοσίας δραχμὰς παρὰ τοῦ Πολυεύκτου, καὶ τὰ δεινὰ ταῦτα ἀποδόμενος μικροῦ λήμματος, ἐφ᾽ οἷς τῷ πατρὶ ἐτιμήσατο δέκα ταλάντων, ἀπηλλάγη, καὶ τὴν γραφὴν ἀνείλετο, προδοὺς τὸν ὀρφανόν. καί μοι κάλει τούτων τοὺς μάρτυρας.

ΜΑΡΤΥΡΕΣ.

θ΄. Εἰ τοίνυν εὔπορος ἦν ὁ πατὴρ, καὶ δυνατὸς, [3] ὦ ἄνδρες δικασταὶ, πορίσαι χιλίας δραχμὰς, ὅλως ἂν ἀπηλλάγη τῆς γραφῆς τῆς τῶν παρανόμων· τοσοῦτον γὰρ αὐτὸν ᾔτει οὑτοσί. καί μοι κάλει Φιλιππίδην τὸν Παιανιέα, πρὸς ὃν ἔλεγε ταῦτα Θεοκρίνης οὑτοσὶ, καὶ τοὺς ἄλλους, οἳ συνίσασι τούτῳ ταῦτα λέγοντι.

[1] δίδωσι [πρὸ] τὴν λῆξιν   [2] [τὰς]   [3] ὦ ἄνδρες δικασταὶ, καὶ δυνατὸς

Τὴν πρώτην] Non intelligo *primam* et *secundam* λῆξιν. Neque de iis verba faciunt, quibus hoc negotii datur. Forte cum Editis (nam unde hanc lectionem arripuerit Wolfius, nondum investigare potui) δίδωσι πρὸς τὴν λῆξιν, *dicam ei scribit, et Mnesarchidæ dat, ut hominem compellaret in judicium.* Idem.

Παρέδρῳ] Forte προέδρῳ, *præsidi.* Wolf. Inaniter. Πάρεδροι sunt Assessores, juris scientia imbuti, additique iis magistratibus, qui, sorte delecti ad munus aliquod publicum administrandum, id propter imperitiam, aut aliud vitium, plene exsequi non poterant. Ita noster infra c. Neær. p. 1372. 24. ed. R. διὰ τὴν ἀπειρίαν τῶν πραγμάτων, καὶ τὴν ἀκακίαν τὴν ἑαυτοῦ, τοῦτον πάρεδρον ἐποιήσατο, ἵνα διοικήσῃ τὴν ἀρχήν. Ita etiam c. Midiam §. μθ΄. Ἕτερος ἀδικεῖν ποτ᾽ ἔδοξεν — καὶ κατεχειροτονήσατ᾽ αὐτοῦ παρεδρεύοντος ἄρχοντι τῷ υἱεῖ. Harpocr. in v. Πολύ ἐστι τοὔνομα παρά τε τοῖς ῥήτορσι, καὶ ἐν τῇ ἀρχαίᾳ κωμῳδίᾳ. Ἀριστοτέλης δ᾽ ἐν τῇ Ἀθηναίων πολιτείᾳ φησί· λαμβάνουσι δὲ παρέδρους ὅ τε Ἄρχων καὶ ὁ Πολέμαρχος, δύο ἑκάτερος, οὓς ἂν βούληται· καὶ οὗτοι δοκιμάζονται ἐν τῷ δικαστηρίῳ, πρὶν παρεδρεύειν, καὶ εὐθύνας διδόασιν, ἐπὰν παρεδρεύσωσιν. Adde Bisct. ad Aristoph. Av. 1751. Sigon. de Rep. Athen. IV. 3. Poll. L. VIII. C. IX. §. 92. Taylor.

Ἐτιμήσατο] *Litem æstimavit, condemnandum postulavit et curavit, eo modo quo*

ΜΑΡΤΥΡΕΣ.

ὅτι μὲν τοίνυν, ὦ ἄνδρες δικασταί, Θεοκρίνης, εἴ τις αὐτῷ τὰς χιλίας δραχμὰς ἐδίδου, τὴν [1] γραφὴν ἀνείλετο, τὴν κατὰ τοῦ πατρός, ἡγοῦμαι πάντας ὑμᾶς πιστεύειν, καὶ 1333
[2] εἰ μηδεὶς ἐμαρτύρησεν· ὅτι δὲ πολλὰς ἑτέρας προσκαλεσάμενος καὶ γραψάμενος καθυφῆκε, καὶ μικρὸν ἀργύριον λαμβάνων ἀπαλλάττεται, τοὺς δόντας ὑμῖν αὐτοὺς καλῶ, ἵνα μὴ πιστεύητε αὐτῷ λέγοντι, ὡς αὐτὸς φυλάττει τοὺς παράνομα γράφοντας, καὶ ὡς, ὅταν αἱ τῶν παρανόμων γραφαὶ ἀναιρεθῶσιν, ὁ δῆμος καταλύεται. [3] ταῦτα γὰρ οἱ πάντα πωλοῦντες λέγειν εἰθισμένοι εἰσί. κάλει μοι Ἀριστόμαχον Κριτοδήμου Ἀλωπεκῆθεν· οὗτος γὰρ ἔδωκε, μᾶλλον δ᾽ ἐν τῇ τούτου οἰκίᾳ ἐδόθη τρί᾽ ἡμιμναῖα τούτῳ τῷ ἀδωροδοκήτῳ ὑπὲρ τοῦ ψηφίσματος, ὃ Αὐτομέδων ἔγραψε τοῖς Τενεδίοις.

[4] ΜΑΡΤΥΡΙΑΙ.

λέγε δὴ καὶ τῶν ἄλλων ἐφεξῆς τὰς τοιαύτας μαρτυρίας, καὶ τὴν Ὑπερίδου, καὶ Δημοσθένους. τοῦτο γὰρ ἔσται ὑπερβολή, τὸ παρ᾽ ὧν οὐδ᾽ ἂν εἷς ἀξιώσαι λαβεῖν, [5] τοῦτον ἥδιστα λαμβάνειν, πωλοῦντα τὰς γραφάς.

ΜΑΡΤΥΡΙΑΙ.

ί. Οὗτος τοίνυν αὐτίκα φήσει, διὰ τοῦτο τὴν ἔνδειξιν καθ᾽ αὑτοῦ γεγονέναι, ἵνα Δημοσθένει μὴ ἐπεξέλθῃ τὴν γραφήν, ἣν ἐγράψατο αὐτόν, μηδὲ Θουκυδίδῃ· δεινὸς γὰρ

[1] γραφὴν ἂν ἀνείλετο [2] εἴ μοι μηδεὶς [3] (ταῦτα γ. ο. π. π. λ. εἰθισμένοι πάντες εἰσί.) [4] Μαρτυρία. [5] τοῦτον παρὰ τούτων ἥδιστα

καταδικάσασθαι dicitur. BUDÆUS.

θ'. Ἀνείλετο] Rescribe: Ὅτι — Θεοκρίνης — τὴν γραφὴν ἂν ἀνείλετο. TAYLOR.

Πολλὰς ἑτέρας] Lege πολλοὺς ἑτέρους. Constare quidem potuit, si solummodo dixisset γραψάμενος, sc. γραφάς: at cum προσκαλεσάμενος quoque adjecit, necesse est, ut *personas* intelligamus, quibus utrumque congruit. IDEM.

Τρί᾽ ἡμιμναῖα] Δύο μναῖ καὶ ἡμίσεια, ut in Androtioniana, [§. ς'.] πένθ᾽ ἡμιτάλαντα. WOLF. Falsa hæc. Intellige omnino *unam minam cum semisse*. Vide Casaubon. ad Theophrast. C. 6. et quæ nos annotavimus ad Orat. c. Androt. §. ς'. et ad Marmor Sandvicense pag. 32. TAYLOR. *Sesqui* Græci non habent quomodo uno vocabulo significent, nec ideo minus eleganter id exprimunt. Cum sesquiminam dicere vellet Demosthenes, *τρία ἡμιμναῖα* dixit, hic est, *tres semiminas*. De Asse etc. l. 1. p. 111. BUDÆUS.

Ἀξιώσαι] Vel ἀξιώσειε. TAYLOR.

Τοῦτον] Plenius et melius Aug. τοῦτον παρὰ τούτων ἥδιστα λαμβάνειν. IDEM.

ἔστι ψεύσασθαι, καὶ μηδὲν ὑμᾶς εἰπεῖν. ἡμεῖς δὲ, ὦ ἄνδρες δικασταὶ, καὶ τοῦτ᾽ ἐπεσκεψάμεθα, καὶ δείξομεν ὑμῖν οὐδὲν τὴν πόλιν βλαπτομένην, οὔτε, μὰ τὸν Δία, ἐὰν κύριον γένηται τὸ ψήφισμα τὸ Θουκυδίδου, οὔτ᾽ ἂν ἄκυρον. καίτοι γε τὰς τοιαύτας ἀπολογίας οὐ δίκαιόν ἐστι [1]προφέρειν τοῖς κατὰ τοὺς νόμους ὀμωμοκόσι δικάσειν· ἀλλ᾽ ὅμως ἐξ
1334 αὐτῆς τῆς γραφῆς αὐτίκα γνώσεσθε, διότι πρόφασίς ἐστι τῆς ἐνδείξεως ἡ γραφή. λέγε τὰς γραφὰς ταύτας.

[2]ΨΗΦΙΣΜΑ. ΓΡΑΦΑΙ.

τούτων τῶν ψηφισμάτων, ὦ ἄνδρες δικασταὶ, ἢ μενόντων κατὰ χώραν, ἢ ἁλόντων, —οὐδὲν γάρ ἔμοι γε διαφέρει —, τί ἡ [3]πόλις κερδαίνει, ἢ βλάπτεται; ἐγὼ μὲν γὰρ οὐδὲν οἶμαι. τοὺς γὰρ [4]Τενεδίους φασὶν οὔτε προσέχειν τῇ πόλει, [5]τοῦτο δὲ γεγονέναι διὰ Θεοκρίνην τουτονί. συκοφαντούμενοι γὰρ ἐν ἐκείνοις τοῖς χρόνοις ὑπὸ τούτου, ἐν οἷς οἱ [6]μὲν ἐφιλίππιζον, οἱ δ᾽ ἠττίκιζον [7]αὐτῶν, καὶ πυνθανόμενοι γεγράφθαι τὸ ψήφισμα παρανόμων, ὃ Χαρῖνος πρότερον ἐγράψατο, τοῦτο τὸ περὶ τῆς συντάξεως, [8]ὃ Θουκυδίδης εἶπε, καὶ πέρας τῶν πραγμάτων οὐδὲν γιγνόμενον, ἀλλὰ τὸν μὲν δῆμον συγχωροῦντα τὴν σύνταξιν διδόναι τοὺς [9]Τενεδίους, ὅσην Χάρητι τῷ στρατηγῷ συνεχώρησαν, τοῦτον δὲ τὸν μιαρὸν παραδεξάμενον Χαρίνῳ τῷ προδότῃ [10]ταύ-

1 προσφέρειν 2 Ψηφίσματα. 3 πόλις ἢ κερδαίνει 4 Αἰνίους
5 τοῦτό τε γεγονέναι 6 μὲν αὐτῶν ἐφιλίππιζον 7 Deest αὐτῶν. 8 ὃ] ἢ
9 Αἰνίους 10 ταῦτα

l. Διότι etc.] Ὅτι Θεοκρίνης ἐγράψατο ψήφισμα ὑπὲρ τοῦ ἀποκρούσασθαι τὴν ἔνδειξιν. Wolf. Converti quasi legeretur: ἀλλ᾽ ὅμως ἐξ αὐτῶν τῶν γραφῶν αὐτίκα γνώσεσθε, διότι [pro ὅτι] πρόφασίς εἰσι τ. ἐ. αἱ γραφαί. Auger.

Τοὺς γὰρ Ἰνίους] [Uti o. l. tam scripti, quam impressi] Apparet legendum τοὺς γὰρ Τενεδίους. Sic et post [v. pen.] διδόναι τοὺς Τενεδίους, ὅσην συνεχώρησαν. Supra enim [p. 348. v. 14.] aperte scriptum est, ὑπὲρ τοῦ ψηφίσματος, ὃ Αὐτομέδων ἔγραψε τοῖς Τενεδίοις. Wolf. Apparet quidem, lectionem utrobique, tam hic, quam infra v. pen. esse depravatam. Verum non protinus arbitror, rescribi oportere, uti ille rescripsit. Quod enim adduxit ex loco superiori ad fidem faciendam, de alia prorsus re intelligi potest, et nihil attinere ad præsens institutum. Aio, nihil videri esse commune inter decretum, quod scripsit Automedo in gratiam Tenediorum, et eam historiam, quæ hoc commate continetur. Suspicor potius, pro Ἰνίους scribendum esse Αἰνίους. Nam cum ista civitate rem habuerunt Athenienses; et litera E cum diphthongo AI in nostris Codd. sæpissime commiscetur. Neque aliter fieri potuit, cum per plurima secula, in quibus enituit Calligraphia, ne sono quidem distarent. Non dissimulabo porro, exemplar Augustanum p. 356. v. 9. pro Μηλίους exhibere Τηνίους. Quæ forte vox utroque loco admitti debet. Sed in re adeo incerta quidnam certi afferri potest? Taylor.

Γεγράφθαι] Mihi videtur addendum esse μὲν post γεγράφθαι, deinde pro καὶ πέρας legendum πέρας δέ. Auger.

τὰ πράττειν, ὅπερ ἦν ἀναγκαῖον αὐτοῖς, τοῦτ' ἔπραξαν. εἵλοντο γὰρ τῶν παρόντων κακῶν τὰ ἐλάχιστα. καίτοι τί χρὴ νομίζειν αὐτοὺς πάσχειν ὑπὸ τῶν ἐνθάδε γραφομένων, οἷς ἦν αἱρετώτερον [1] φρουρὰς ὑποδέχεσθαι, καὶ Βαρβάρων ἀκούειν, ὑμῶν ἀποστάντας; ἀλλ' οἶμαι τὴν τούτου πονηρίαν ὑμεῖς μόνοι δύνασθε φέρειν, [2] ἄλλος οὐδεὶς τῶν Ἑλλήνων.

ιά. Ὅτι μὲν οὖν οὔτε διὰ τὰς γραφὰς τὰς ἀνεγνωσμέ-
νας, οὔτε δι' ἄλλην αἰτίαν οὐδεμίαν ἄξιόν ἐστι παραβάν-
τας τοὺς νόμους τοὺς περὶ τῶν ἐνδείξεων, ἀφεῖναι Θεοκρίνην,
σχεδὸν καὶ διὰ τῶν εἰρημένων φανερόν ἐστιν· ἐγὼ δὲ τὰς
μὲν τούτων προφάσεις, ὦ ἄνδρες δικασταί, καὶ τὰς κατη-
γορίας, καὶ τὰς προσποιήτους ταυτασὶ ἔχθρας, οὐ λαν- 1335
θάνειν ὑμᾶς νομίζω. οὐ γὰρ ὀλιγάκις ἑωράκατ' αὐτοὺς ἐπὶ
μὲν [3] τοῦ δικαστηρίου καὶ τοῦ βήματος ἐχθροὺς εἶναι φά-
σκοντας ἀλλήλοις, ἰδίᾳ δὲ ταὐτὰ πράττοντας, καὶ μετέ-
χοντας τῶν λημμάτων· καὶ [4] ποτὲ μὲν λοιδορουμένους καὶ
πλύνοντας [5] αὐτοὺς τἀπόῤῥητα, μικρὸν δὲ [6] διαλιπόντας,
τοῖς αὐτοῖς τούτοις [7] συνενδεκατίζοντας, καὶ τῶν αὐτῶν
ἱερῶν κοινωνοῦντας. καὶ τούτων οὐδὲν ἴσως θαυμάσαι ἄξιόν
ἐστι. φύσει τε γάρ εἰσι πονηροί, καὶ τὰς τοιαύτας προφά-
σεις ὁρῶσιν ὑμᾶς ἀποδεχομένους. ὥστε τί κωλύει [8] τούτοις
αὐτοὺς χρωμένους ἐξαπατᾷν ὑμᾶς πειρᾶσθαι; ὅλως δ'
ἔγωγε οἶμαι δεῖν ὑμᾶς, ὦ ἄνδρες δικασταί, ὑπὲρ αὐτοῦ τοῦ
πράγματος σκεψαμένους, εἰ μὲν δίκαια λέγω, καὶ κατὰ

[1] φρουρὰν [2] ἄλλος δ' οὐδεὶς [3] τῶν δικαστηρίων [4] τοτὲ [5] αὑτοὺς [6] διαλείποντας [7] ἐνδεκάζοντας [8] ταύταις

ιά. Πλύνοντας] Præter Lexicographos et σχ. ad locum, consule Brodæum Miscell. apud Gruterum IV. 32. Statim autem, emendabis αὑτοὺς, *conviciari se invicem*. Taylor. αὑτοὺς cum spiritu aspero. τἀπόῤῥητα, sub. κατά. Auger.

Ἐνδεκάζοντας] Harpocratio et Suidas citantes hunc locum habent ἐνδεκάζοντας, συνεορτάζοντας, τὴν δεκάτην ἐν τῷ αὐτῷ ἄγοντας. Felicianus edidit συνενδεκατίζοντας. Unde colligo, legendum συνενδεκατίζοντας [Fortasse dicere voluit συνδεκατίζοντας]. Τὸ συν mutatum est in εν, et δε in δι, et syllaba τι omissa, cum imperitus aliquis putaret, eos vel inter sese patrocinari alios aliis, vel easdem causas defendere. Τὸ συνενδεκατίζειν, ἀντὶ τοῦ, ὁμοῦ τῶν ἕνδεκα εἶναι, καὶ εἰς τὸ δεσμωτήριον ἀπάγειν, non placet. Itaque repudio illud, *collegas eosdem esse in XIviratu*. Wolf. Ita nempe olim interpretatus est noster in ea versione, quam excudit Oporinus. Recte autem hic legit συνδεκατίζοντας, uti inter alias varias lectiones reperitur in marg. Lutec. adjecto etiam hoc scholiolo: τουτέστιν ἅμα τὴν δεκάτην ἑστιωμένους. Vide omnino Cel. Kusterum ad Suid. v. Ἐνδεκάζοντας. Taylor.

Τούτοις] Vel potius ταύταις, ut recte Cod. Aug. nimirum προφάσεσι. Quæ quidem vox non bene redditur a Wolfio. Idem.

τοὺς νόμους, [1] βοηθεῖν, μηδὲν ὑπολογισαμένους, εἰ μὴ Δη-
μοσθένης ἐστὶν ὁ κατηγορῶν, ἀλλὰ μειράκιον· μηδὲ νομί-
ζειν κυριωτέρους δεῖν εἶναι τοὺς νόμους, ἂν εὖ τις τοῖς ὀνό-
μασι συμπλέξας τοὺς αὐτοὺς τούτους [2] ὑμῖν παράσχηται,
τῶν ὅπως ἔτυχε λεγόντων, ἀλλὰ τοὺς αὐτοὺς, καὶ τοσ-
ούτῳ μᾶλλον τοῖς ἀπείροις καὶ τοῖς νέοις βοηθεῖν, ὅσῳ περ
ἂν ἧττον ἐξαπατήσειαν ὑμᾶς. ἐπεὶ διότι τοὐναντίον ἐστὶ,
καὶ οὐχ οὗτος, ἀλλ' ἐγὼ κατεστασίασμαι, καὶ φησάντων
τινῶν μοι συναγωνιεῖσθαι, προδέδομαι διὰ τὰς τούτων
ἑταιρίας, [3] ἐκεῖνος δ' οὔ, δῆλον ὑμῖν ἔσται. καλείτω ὁ κῆρυξ
[4] οὗτος τὸν Δημοσθένην. οὐκ ἀναβήσεται. τούτου δ' αἴτιόν
ἐστιν, οὐ τὸ, ἐμὲ ὑπό τινων πεπεισμένον ἐνδεῖξαι τουτονὶ,
ἀλλὰ τὸ, [5] τοῦτον καὶ τὸν ἄρτι καλούμενον [6] διαλελῦσθαι.
καὶ τοῦθ' ὅτ' ἐστὶν ἀληθὲς, ἀναγκάσω μὲν μαρτυρεῖν καὶ
Κλεινόμαχον τὸν συναγαγόντα αὐτοὺς, καὶ Εὐβουλίδην τὸν
1336 ἐν Κυνοσάργει παραγενόμενον. οὐ μὴν ἔλαττόν γε τούτου
σημεῖον ὑμῖν, [7] ἀλλὰ μεῖζον παρασχήσομαι, διότι τοῦτ'
ἔστιν ἀληθές· ὃ πάντες ἀκούσαντες ὁμολογήσετε. Θεοκρίνης
γὰρ οὑτοσὶ τοῦτον διώκων παρανόμων τὸν μιαρὸν, ὡς αὐ-
τίκα φήσει, καὶ τῶν νῦν αὐτῷ κακῶν αἴτιον, φανερῶς ἀφῆκε
τῆς γραφῆς, ἐφ' ᾗ δέκα τάλαντα ἐπεγράψατο τίμημα.
πῶς; οὐδὲν καινὸν διαπραξάμενος, ἀλλ' ὅπερ ἕτεροί τινες
τῶν ὁμοίων τούτῳ. τὸν μὲν Δημοσθένην τις ὑπωμόσατο,
καλουμένης τῆς γραφῆς, ὡς νοσοῦντα, τὸν περιιόντα, καὶ
λοιδορούμενον Αἰσχίνῃ· τοῦτον δ' οὗτος τὸν ἐχθρὸν εἴασε,
καὶ οὔτε τότε ἀνθυπωμόσατο, οὔθ' ὕστερον ἐπήγγελκεν.

[1] βοηθεῖν μοι, μηδὲν [2] ὑμῖν τούτους [3] ἐκεῖνος δῆλον [4] οὑτοσὶ [5] τουτονὶ, [6] διαλελύσθαι [7] ἀλλὰ [8] καὶ μεῖζον

Εἰ μὴ Δημ.] Vide, ut Demosthenem Demosthenes accusat! Wolf.

Τοὺς αὐτοὺς τούτους] Hic delerem τοὺς αὐτοὺς ut male repetitum ex sequentibus. Deinde, ἀλλὰ τοὺς αὐτοὺς &c. *sed existimare easdem esse leges, sive quis exquisite legat sive simpliciter*. et v. 7. ἐπεὶ, διότι &c. Nam *quod contrarium est*, nempe, ejus quod affirmat Theocrines. Auger.

Τοῦθ' ὅτ' ἐστὶν ἀληθὲς] Ita quatuor exemplaria typis cusa. Wolfius incuria, consilio enim non potuit, neglexit vocem secundam. Taylor.

Ἀλλὰ μεῖζον] Recte fortasse Wolfius. Vulgabatur enim in omnibus: οὐ μὴν ἔλαττόν γε τούτου σημεῖον ὑμῖν ἄλλο μεῖζον παρασχήσομαι. Idem.

Ἀνθυπωμόσατο] Est jusjurandum, quod interponitur contra eum, qui dato sacramento, ὑπωμοσίᾳ, causae dilationem impetrat, propter alicujus vel absentiam, vel morbum sonticum, etc. Ὑπωμοσία, τὸ ὑπερτίθεσθαι δίκην, προφάσει χρώμενον ἀποδημίας, ἢ νόσῳ, ἤ τινι τῶν παραπλησίων, μεθ' ὅρκου, οὕτως ἐλέγετο· καὶ τὸ ποιεῖν τοῦτο, ὑπόμνυσθαι. Ita Grammatici, qui illud alterum negligunt, quod tamen ex hoc loco plane colligitur, uti et ex illo quoque e.

πᾶσι δῆλον, ὅτι πολλαχῶς καὶ ὀφείλουσι τῷ δημοσίῳ, καὶ ἐκτίνουσιν, οἱ βουλόμενοι τοῖς νόμοις πείθεσθαι. καὶ ταῦτ' ἐξ αὐτοῦ τοῦ νόμου [1] δῆλον. καί μοι λάβε τὸν νόμον τοῦτον πάλιν.

ΝΟΜΟΣ.

ἀκούεις, ὦ μιαρὸν σὺ θηρίον, τί κελεύει; ἀφ' ἧς ἂν [2] ὀφείλῃ ἢ τὸν νόμον παραβῇ. ἀκούω τοίνυν αὐτοὺς κἀκεῖνον ὑμῖν μέλλειν δεικνύναι τὸν νόμον, ὃς ἀπαλείφειν κελεύει τοὺς ἐγγεγραμμένους ἀπὸ τοῦ ὀφλήματος, καθ' ὅ τι ἂν ἐκτίνῃ, καὶ ἐρήσεσθαι, πῶς [3] ἀπὸ τούτου ἐγγεγραμμένους ἀπαλείφουσιν· ὥσπερ οὐ περὶ μὲν τῶν ἐγγεγραμμένων τοῦτον κείμενον, περὶ δὲ τῶν μὴ ἐγγεγραμμένων, ὀφειλόντων δ', ἐκεῖνον, ὃς κελεύει ἀπ' ἐκείνης ὀφείλειν τῆς ἡμέρας, ἀφ' ἧς ἂν [2] ὀφείλῃ, ἢ παραβῇ τὸν νόμον, ἢ τὸ ψήφισμα. τί οὖν οὐκ ἀγραφίου μέ, φησι, γράφῃ τὸν ὀφείλοντα, καὶ μὴ ἐγγεγραμμένον; ὅτι ὁ νόμος οὐ κατὰ τῶν ὀφειλόντων καὶ μὴ ἐγγραφέντων κελεύει τὰς γραφὰς τοῦ ἀγραφίου εἶναι· ἀλλ' οἵ τινες ἂν ἐγγραφέντες, καὶ μὴ

[1] δῆλον; [2] ὄφλῃ [3] ἀπὸ τοῦ μηδ' ἐγγεγραμμένου ἀπαλείφουσιν;

v. ult. post παραβῇ addendum mihi videtur ἢ τὸ ψήφισμα, ut supra legitur et infra. Idem.

Ὀφείλῃ] Debuerit, Wolfius. Nollem post ea, quæ modo annotaverat. Verte: damnatus fuerit. Taylor.

Ὃς ἀπαλείφειν — ἐγγεγραμμένους ἀπαλείφουσιν] Ὃς κελεύει τοὺς ἐγγεγραμμένους ἀπαλείφειν ἀπὸ τοῦ ὀφλήματος, καθότι ἂν ἐκτίνῃ, Sub. τις, aut, καθ' ἑτέρωσιν ἀριθμοῦ, καθότι ἂν ἐκτίνωσιν οἱ ἐγγεγραμμένοι. Hoc sic intelligo, ut, verbi gratia, cum X talenta deberet Aristogito, duobus solutis, exactores, illo præsente, VIII pro X reponerent. Sed id, quod sequitur, πῶς ἀπὸ τούτου μὴ ἐγγεγραμμένους ἀπαλείφουσιν, [Ita Ald. μηδ' Aug.] videtur corruptum, et legendum πῶς καὶ τοῦ μὴ ἐγγεγραμμένου ἀπαλείφουσι. Wolf.

Καθ' ὅ, τι ἂν ἐκτίνῃ] Incogitanter Wolfius: si mulcta soluta fuerit. Potius: delere, in quantum solverit, ut bene explicat, licet infeliciter interpretetur. Taylor.

Πῶς ἀπὸ τούτου ἐγγεγραμμένους ἀπαλείφουσιν] Revoco lectionem Edit. Aldinæ, quam immerito damnat Wolfius, aliam ex ingenio suo recudens. Nimirum πῶς ἀπὸ τούτου μὴ ἐγγεγραμμένους —. Reus argumentum instituit ab absurdo. Ait enim: *Lex jubet, in quantum quis solverit, in tantum expungatur ejus debitum a tabulis publicis. Hoc autem quid ad me spectat, cujus nomen in tabulis istis non exstat? quo modo delebor ex ea cera, quam nunquam impressi? Leges ergo Atticæ de non inscriptis nihil statuunt.* Subjungit Orator: *Duæ sunt Leges: Hæc quidem pertinet ad eos, quorum nomina inscripta sunt; illa autem superior ad eos, quorum nomina in acropoli inscripta non sunt, nihilo minus debent tamen.* Idem. Sensus postulat, ut rescribamus πῶς ἀπὸ τούτου τοὺς μὴ ἐγγεγραμμένους ἀπαλείφουσιν, vel forte τοὺς οὐκ, quod omittendi causam dederit librario præcedens τούτου. Jurin. L. πῶς τοὺς μηδὲ ἐγγεγραμμένους ἀπαλείφουσι. Auger. Vid. Petit. Comm. in L. A. L. IV. t. IX. §. XVI.

Ἀγραφίου] Ex hoc loco videtur ista Actio competere adversus eos debitores, quorum nomina, ære non soluto, e cera publica delerentur: alia autem posse eos invadi, quorum nomina nunquam erant inscripta, sc. Ἐνδείξει. Vide autem de hac re disputantem, atque hunc Demo-

ἐκτίσαντες τῇ πόλει τὸ ὄφλημα, ἐξαλειφθῶσι. καί μοι λάβε τὸν νόμον, καὶ ἀνάγνωθι.

ΝΟΜΟΣ.

ἀκούετε τοῦ νόμου, ὦ ἄνδρες δικασταὶ, ὅτι διαῤῥήδην λέγει, ἐάν τις τῶν ὀφειλόντων τῷ δημοσίῳ μὴ ἐκτίσας τὸ ὄφλημα τῇ πόλει ἐξαλειφθῇ, εἶναι κατ' αὐτοῦ τὰς γραφὰς πρὸς τοὺς θεσμοθέτας τοῦ ἀγραφίου, καὶ οὐ κατὰ τοῦ ὀφείλοντος καὶ μὴ ἐγγεγραμμένου, ἀλλ' ἔνδειξιν κελεύει καὶ ἄλλας τιμωρίας κατ' αὐτοῦ εἶναι. ἀλλὰ σὺ τί διδάσκεις με πάντας τοὺς τρόπους, [1] οὓς ἔξεστι τιμωρεῖσθαι τοὺς ἐχθροὺς, ἀλλ' οὐ καθ' ὃν εἰσελήλυθας, τοῦτον ἀπολογῇ;

1339 ιδ'. Μοιροκλῆς τοίνυν, ὦ ἄνδρες δικασταὶ, ὁ γράψας τὸ ψήφισμα κατὰ τῶν τοὺς ἐμπόρους ἀδικούντων, καὶ πείσας οὐ μόνον ὑμᾶς, ἀλλὰ καὶ τοὺς συμμάχους φυλακήν τινα τῶν κακούργων ποιήσασθαι, οὐκ αἰσχυνεῖται αὐτίκα μάλα λέγων ὑπὲρ Θεοκρίνου ἐναντία τοῖς αὑτοῦ ψηφίσμασιν, ἀλλὰ τολμήσει πείθειν ὑμᾶς, ὡς χρὴ τὸν οὕτω φανερῶς ἐξεληλεγμένον φάσεις ποιούμενον [2] ἀδίκως κατὰ τῶν ἐμπόρων ἀφεῖναι, καὶ μὴ τιμωρήσασθαι· ὥσπερ ἕνεκα τούτου γράψας καθαρὰν εἶναι τὴν θάλατταν, ἵνα σωθέντες οἱ πλέοντες ἐκ τοῦ πελάγους, ἐν τῷ λιμένι τούτοις χρήματα ἀποτίνωσιν, ἢ διαφέρον τι τοῖς ἐμπόροις, ἂν [3] Μακρὸν δια-

[1] οἷς [2] ἀδίκους [3] μακρὸν διαφυγόντες πλοῖον, Θ.

sthenis locum illustrantem, Cel. Tib. Hemsterhus. ad Poll. L. VIII. C. VI. §. 54. Conf. Suid. in v. Taylor. Cf. quoque Petit. Comm. in L. A. l. IV. t. IX. §. XX. et Meurs. Them. Attic. L. II. c. III.

'Αλλὰ σὺ τί] Lambinus legit: ἀλλὰ τί σὺ caetera. Taylor.

Οὓς] Idem Lambinus καθ' οὕς. Idem. M. οἷς. Auger.

Καθ' ὃν — τοῦτον] S. τρόπον. Wolf. Ante τοῦτον f. add. κατά. Auger.

ιδ'. Μοιροκλῆς] Vide plura de hoc homine apud Vales. ad Harpocrat. pag. 200. Meurs. Attic. Lect. l. 13. Suid. in 'Αντίπατρος, et Kuster. ad loc. Adjunge ingeniosissimum juvenem, Bartonum ad Plutarch. in vit. Demosth. §. ιγ'. Taylor.

'Αδίκως] M. ἀδίκους referendo ad φάσεις. Auger.

Διαφέρον] Legerem lubens διαφέροι τι. Sed et illud commode ferri potest. Taylor.

Μακρὸν] Apparet, Piratae celebris esse nomen, ut et Sostratus fuit. Nisi forte legendum sit μακρὸν πλοῖον, quod sequitur, τουτέστι, πολεμικόν. Wolf. πλοῖον quidem marg. Benenati. Sed legendum est: ἂν μακρὸν διαφυγόντες πλοῦν, Θεοκρίνη περιπέσωσιν. Ita enim emendatissimae membranae Augustanae. *Post confecta longissima Maris itinera.* Ita videntur Athenien-

φυγόντες, Θεοκρίνῃ περιπέσωσιν. ἐγὼ δ᾽ [1]οἶμαι τῶν μὲν
κατὰ πλοῦν γιγνομένων οὐχ ὑμᾶς, ἀλλὰ τοὺς στρατη-
γοὺς, καὶ τοὺς ἐπὶ τοῖς μακροῖς πλοίοις, αἰτίους εἶναι·
τῶν δ᾽ ἐν τῷ Πειραιεῖ, καὶ πρὸς ταῖς ἀρχαῖς, ὑμᾶς, οἳ
τούτων κύριοι ἁπάντων ἐστέ. διὸ καὶ μᾶλλόν ἐστι τηρητέον
τοὺς ἐνθάδε παραβαίνοντας τοὺς νόμους, τῶν ἔξω τοῖς ψη-
φίσμασιν οὐκ ἐμμενόντων· ἵνα μὴ δοκῆτε αὐτοὶ πρᾴως ἐπὶ
τοῖς γιγνομένοις φέρειν, καὶ συνειδέναι τούτοις ὧν πράτ-
τουσιν. οὐ γὰρ δήπου Μηλίους μὲν, ὦ Μοιρόκλεις, κατὰ
τὸ σὸν ψήφισμα δέκα τάλαντα νῦν εἰσπράξομεν, ὅτι τοὺς
λῃστὰς ὑπεδέξαντο, τουτονὶ δὲ ἀφήσομεν, ὃς καὶ τὸ σὸν
ψήφισμα, καὶ τοὺς νόμους, δι᾽ οὓς οἰκοῦμεν τὴν πόλιν, πα-
ραβέβηκε· καὶ τοὺς μὲν τὰς νήσους οἰκοῦντας κωλύσομεν
ἀδικεῖν, ἐφ᾽ οὓς τριήρεις δεῖ πληρώσαντας, ἀναγκάσαι τὰ
δίκαια ποιεῖν, [2]ὑμᾶς δὲ τοὺς μιαροὺς, οἷς αὐτοῦ δεῖ καθη-
μένους τουτουσὶ [3]κατὰ τοὺς νόμους ἐπιθεῖναι δίκην, [4]ἐάσου- 1340
σιν. οὐκ ἄν γε σωφρονεῖτε. λέγε τὴν στήλην.

ΣΤΗΛΗ.

ιέ. Περὶ μὲν οὖν τῶν νόμων, καὶ τοῦ πράγματος, οὐκ οἶδ᾽ [5]ὅτι δεῖ πλείω λέγειν,—ἱκανῶς γάρ μοι δοκεῖτε μεμαθηκέναι—, βούλομαι δὲ, δεηθεὶς ὑμῶν τὰ δίκαια ὑπὲρ ἐμαυτοῦ, καὶ τοῦ πατρὸς, καταβαίνειν, καὶ μὴ ἐνοχλεῖν ὑμῖν.

[1] οἴομαι [2] ὑμεῖς [3] * κατὰ τουτουσὶ τοὺς νόμους, [4] ἐάσετε; οὐκ, ἄν γε σωφρονῆτε. [5] ὅ,τι

ses navigationem ad Pontum nominare. TAYLOR. L. μακρὸν διαφυγόντες πλοῖον. μακρὸν πλοῖον, *navigium piraticum.* AUGER.

Μακροῖς πλοίοις] Loci hujus Sententia ita se habere videtur: *Mercatores, dum per mare navigant, sub præsidio sunt Ducum, longarumque navium præfectorum [the Convoy]: hic autem sub vestro, Legumque.* TAYLOR.

Ἐπὶ τοῖς γιγνομένοις] Ἀντὶ τοῦ, τὰ γιγνόμενα. WOLF.

Ἐφ᾽ οὓς τριήρεις δεῖ πληρώσαντας, ἀναγκάσαι] S. τούτους. Πληροῦν τριήρεις ἐπί τινας recte legitur. Sed si τὸ ἐφ᾽ abesset, planior esset constructio: οὓς δεῖ (S. ἡμᾶς) πληρώσαντας τριήρεις, ἀναγκάσαι. IDEM.

Ἐπιθεῖναι δίκην, ἐᾶσαι] Alii ἐάσουσι, S. οἱ δικασταί. Antecessit κωλύσομεν, v. 13. cui responderet ἐάσομεν, sed sequitur, οὐκ ἄν γ᾽ ἐσωφρονεῖτε, ut videatur legendum ἐάσετε. Sed nec hoc cohæret cum eo, quod antecessit, v. 15. καθημένους τουτουσὶ, cum subito persona mutetur. IDEM. Totum hoc comma ita ordinandum est: Καὶ τοὺς μὲν τὰς νήσους οἰκοῦντας κωλύσομεν ἀδικεῖν, ἐφ᾽ οὓς τριήρεις δεῖ ὑμᾶς πληρώσαντας ἀναγκάσαι τὰ δίκαια ποιεῖν· τοὺς δὲ μιαροὺς, οἷς αὐτοῦ δεῖ καθημένους τουτουσὶ κατὰ τοὺς νόμους ἐπιθεῖναι δίκην ἐάσομεν. *Absurdum est utique, tanto apparatu atque etiam impensis insulanos, eosque, qui longe distant, cogere ad officium præstandum: et interea homines scelestos impunitos dimittere, quos in ordinem, legum auxilio, possimus redigere domi sedentes.* Proxime universi habent: οὐκ ἄν γ᾽ ἐσωφρονεῖτε. Quod miror Wolfio displicuisse. TAYLOR. L. τοὺς δὲ μιαροὺς τουτουσὶ, οἷς α. δ. κ. κατὰ τοὺς νόμους, ἐ. δ. ἐάσομεν. οὐκ ἄν γε σωφρονῆτε. AUGER.

ἐγὼ γὰρ, ὦ ἄνδρες δικασταὶ, βοηθεῖν οἰόμενος δεῖν τῷ πατρὶ, καὶ τοῦτο δίκαιον νομίζων εἶναι, τὴν ἔνδειξιν ταύτην ἐποιησάμην, ὥσπερ [1] ἐξ ἀρχῆς εἶπον, οὐκ ἀγνοῶν, οὔτε τοὺς βλασφημεῖν [2] βεβουλημένους, ὅτι λόγους εὑρήσουσι τοὺς διαβαλοῦντας τὴν ἐμὴν ἡλικίαν, οὔτε τοὺς ἐπαινέσοντας καὶ σωφρονεῖν με νομιοῦντας, εἰ τὸν ἐχθρὸν τοῦ πατρὸς τιμωρεῖσθαι προαιροῦμαι· ἀλλ᾽ ἡγούμενος ταῦτα μὲν οὕτως, ὅπως ἂν τύχοι, παρὰ τοῖς ἀκροωμένοις συμβήσεσθαι, ἐμοὶ δὲ τὸ προσταχθὲν ὑπὸ τοῦ πατρὸς, ἄλλως τε καὶ δίκαιον ὂν, τοῦτ᾽ εἶναι ποιητέον. πότε [3] γὰρ δεῖ με καὶ βοηθεῖν αὐτῷ; οὐχ ὅταν ἡ μὲν τιμωρία κατὰ τοὺς νόμους ᾖ, μετέχων δ᾽ αὐτὸς τυγχάνω τῆς τοῦ πατρὸς [4] ἀτυχίας, μόνος [5] δὲ καταλελειμμένος ὁ πατήρ; ὅπερ νῦν συμβέβηκε. πρὸς γὰρ τοῖς ἄλλοις ἀτυχήμασι, καὶ τοῦθ᾽ ἡμῖν, ὦ ἄνδρες δικασταὶ, συμβέβηκε. παροξύνουσι μὲν ἡμᾶς ἅπαντες, καὶ συνάχθεσθαί φασι τοῖς γεγενημένοις, καὶ δεινὰ πεπονθέναι λέγουσι, καὶ τοῦτον εἶναι ἔνοχον τῇ ἐνδείξει· συμπράττειν δὲ οὐδεὶς ἐθέλει τῶν εἰπόντων, οὐδέ φησιν ἀπεχθάνεσθαι βούλεσθαι φανερῶς. οὕτως ἔλαττον παρά τισι τὸ δίκαιον ἰσχύει τῆς παῤῥησίας. πολλῶν δ᾽ ἡμῖν, ὦ
1341 ἄνδρες δικασταὶ, διὰ τουτονὶ Θεοκρίνην ἀτυχημάτων ἐν [6] οὐκ ὀλίγῳ χρόνῳ συμβεβηκότων, οὐδενὸς ἔλαττόν ἐστι τὸ νῦν συμβαῖνον, ὅτι τὰ δεινὰ, καὶ [7] τὰ παρὰ τοὺς νόμους πεπραγμένα Θεοκρίνῃ, τῷ μὲν πατρὶ τῷ πεπονθότι καὶ δυναμένῳ ἂν δηλῶσαι πρὸς ὑμᾶς, [8] ἐξ ἀνάγκης ἡσυχίαν ἐκτέον ἐστὶν, — οἱ γὰρ νόμοι ταῦτα κελεύουσιν —· ἐμοὶ δὲ τῷ πάντων τούτων ὑστερίζοντι λεκτέον. καὶ τοῖς μὲν ἄλλοις τοῖς τηλικούτοις οἱ πατέρες βοηθοῦσιν· οὗτος δ᾽ ἐν ἐμοὶ νῦν ἔχει τὰς ἐλπίδας.

ιϛ΄. Τοιοῦτον οὖν ἀγωνιζόμενοι ἀγῶνα, δεόμεθ᾽ ὑμῶν ἐπικουρεῖν ἡμῖν, καὶ δεῖξαι πᾶσιν, ὅτι κἂν παῖς, κἂν γέρων, κἂν ἄλλην ἡντινοῦν ἡλικίαν ἔχων [9] ἥκει πρὸς ὑμᾶς, καὶ τοὺς νόμους, οὗτος τεύξεται πάντων τῶν δικαίων. καλὸν γὰρ, ὦ

[1] ἐξαρχῆς [2] με βουλομένους [3] γάρ με καὶ δεῖ β. [4] ἀτυχίας; [5] δ᾽ ᾖ καταλελειμμένος ὁ πατὴρ, [6] [οὐκ] [7] [τὰ] [8] ἐξ ἀνάγκης ἡ. ἐκτέον [9] ἥκῃ

ib. βεβουλημένους] Rectius Aug. με βουλομένους. Taylor. Auger.
ἔλαττον ἰσχύει τὸ δίκαιον τῆς παῤῥησίας] Quid si τῆς ἀπεχθείας, aut ἡσυχίας? Wolf. Pro παῤῥησίας leg. ἀπεχθείας vel aliud quid, et v. 22. οὐκ del. vid. Auger.

Ἠετιώνειαν, εἰς ἣν τοὺς Λακεδαιμονίους ἤμελλον οἱ περὶ
Κριτίαν [1] ἀποδέχεσθαι, καθεῖλε μὲν τὸ ἐπιτείχισμα, κατ-
ήγαγε δὲ τὸν δῆμον, κινδυνεύων αὐτὸς οὐ τοιούτους κινδύ-
νους, ἀλλ' ἐν οἷς καὶ παθεῖν τι καλόν [2] ἐστιν, ἔπαυσε δὲ
τοὺς ἐπιβουλεύοντας [3] ὑμῖν. δι' ὃν, εἰ Θεοκρίνῃ τούτῳ ὅμοιοι
ὄντες ἐτυγχάνομεν, εἰκότως ἐσώζετ' ἂν ἡμᾶς, μὴ ὅτι βελτί-
ους ὄντας τούτου, καὶ δίκαια λέγοντας. οὐ γὰρ [4] πολλάκις
ὑμᾶς ταῦτα λέγοντες ἐνοχλήσομεν. οὕτω γὰρ ἡμᾶς οὗτος
διατέθεικεν, ὥσθ', ὅπερ ἐξ ἀρχῆς εἶπον, οὐδ' ἐλπίδα εἶναι
ἡμῖν μηδεμίαν τοῦ μετασχεῖν τῆς καὶ τοῖς ξένοις δεδομένης
παῤῥησίας. ἵν' οὖν, εἰ καὶ μηδὲν ἄλλο, ταύτην γ' ἔχωμεν
παραψυχὴν, τὸ καὶ τοῦτον ὁρᾶν ἡσυχίαν ἄγοντα, βοηθή-
σαθ' ἡμῖν· ἐλεήσατε τοὺς ὑπὲρ τῆς πατρίδος [5] ἡμῶν τετε-
λευτηκότας· ἀναγκάσατ' αὐτὸν ὑπὲρ αὐτῆς τῆς ἐνδείξεως
ἀπολογεῖσθαι· καὶ τοιοῦτοι γένεσθ' αὐτῷ δικασταὶ τῶν
λεγομένων, οἷος οὗτος ἐγένετο ἡμῶν κατήγορος. ὃς ἐξαπα-
τήσας τοὺς δικαστὰς, οὐκ ἠθέλησε τιμήσασθαι μετρίου τι-
νὸς [6] τιμήματος τῷ πατρὶ, πόλλ' ἐμοῦ δεηθέντος, καὶ τοῦ-
τον ἱκετεύσαντος πρὸς τῶν γονάτων, ἀλλ', ὥσπερ τὴν πό- 1344
λιν προδεδωκότι, τῷ πατρὶ δέκα ταλάντων ἐτιμήσατο. δεό-
μεθ' οὖν, [7] ὦ ἄνδρες δικασταὶ, καὶ ἀντιβολοῦμεν, τὰ δίκαια
ψηφίζεσθε. βοήθησον ἡμῖν ὁ δεῖνα εἴ τι ἔχεις, καὶ σύνειπε.
ἀνάβηθι.

[1] ὑποδέχεσθαι [2] ἐστιν. [3] ὑμῖν, δι' οὓς, εἰ καὶ Θ.
[4] πολλάκις γε πρὸς ὑμᾶς ταῦτα λεγ. [5] ὑμῶν [6] [τιμήματος]
[7] Desunt ὦ ἄνδρες δικασταί.

Τὴν Ἠετιώνειαν] Ἡ ἑτέρα τοῦ Πειραιέως ἄκρα ἀπὸ Ἠετίωνος. Stephanus. Wolf. Memoria lapsum esse Demosthenem, sive quicunque fuerit Auctor hujus Orationis, ostendit doctissimus Valesius IV. Emendat. 7. ex Thucydide VIII. 89. 90. et res gestas sub CCCC. per incogitantiam applicare ad dominatum XXXviralem. Taylor.

Ἀποδέχεσθαι] M. ὑποδέχεσθαι. Auger.

Δι' ὃν] Lambinus hariolatur δι' ὧν, credo, quia ex majoribus duos addaxit bene meritos, Epicharem sc. et Aristocratem. Non malo certe ingenio. Sed Grammaticæ melius litasset, si cum August. emendasset δι' οὓς εἰ καὶ Θεοκρίνῃ κ. τ. λ. Quod unice verum est. Taylor.

Δικασταὶ τῶν λεγομένων] F. τῶν γενομένων. Wolf.

Πρὸς τῶν γονάτων] Per genua. Forte πρὸ, ad genua provolutus. Idem.

Ψηφίζεσθε] F. ψηφίζεσθαι. Idem.

ΔΗΜΟΣΘΕΝΟΥΣ

Ο ΚΑΤΑ ΝΕΑΙΡΑΣ

ΛΟΓΟΣ.

ΔΗΜΟΣΘΕΝΟΥΣ

Ο ΚΑΤΑ ΝΕΑΙΡΑΣ

ΛΟΓΟΣ.

I. TAYLORI

PRÆFATIO

AD

ORATIONEM DEMOSTHENIS

CONTRA NEÆRAM.

Si auctoritati cedendum esset, nulla foret inter Orationes Demosthenicas, quam tanta facilitate expungi sinerem, quanta illam, quam jam tractare incipis. Pleni sunt antiquorum Criticorum libri gravissimis de ista causa suspicionibus. Dolet interea, interceptum esse tractatulum, ubi, inter quasdam alias, hanc non esse genuinum Demosthenis fœtum ostendebat Vir ingenio acerrimo præditus, Dionysius Halicarnassensis. Vide π. Δημοσθ. δεινότ. versus finem. Restant tamen alii, quos sequor, et quos merito suo maximo maximi facio. Phrynichus pag. 112. Edit. novissimæ: Σὺ δὲ βασιλικὸς ἐπιστολεὺς ἐπιφανεὶς, ἀνάλογον τῇ σαυτοῦ παρασκευῇ, γενικώτατον ἡμῖν ἐκόμισας μάρτυρα, τὸν συγγράψαντα τὸν κατὰ Νεαίρας· ὅς διά τε τὰ ἄλλα ὑπωπτεύθη μὴ εἶναι Δημοσθένους, καὶ διὰ τὰ τοιαῦτα τῶν ἀδοκίμων ὀνομάτων. Athenæus l. 13. Δημοσθένης ὁ ῥήτωρ ἐν τῷ κατὰ Νεαίρας λόγῳ, εἰ γνήσιος, ὃν Ἀπολλόδωρος εἴρηκε. Futiliter Interpres, uti ad Lysiam admonui, *si modo germana est, ut Apollodorus censuit.* Intellige mecum: *Oratio, quam Demosthenes scripsit, si tamen scripsit, Apollodorus autem peroravit.* Rursus in eodem libro idem Athenæus: ὁ τὸν κατὰ Νεαίρας λόγον γράψας, proinde quasi levis esset hominis, et in re critica mediocriter versati, Demosthenem citare istius opellæ Scriptorem. Similiter Photius Cod. CCLXV. Καὶ τὸν κατὰ Νεαίρας δὲ λόγον ὑπτιότητός τινες αἰτιώμενοι τῶν Δημοσθενικῶν ἀποκρίνουσι λόγων. His adjunge Argumenti Auctorem, sive Libanius sit, sive quispiam alius, Harpocrationem item Lexicographum, qui eam ejusque auctoritatem nusquam fere, nisi cum suspicione, allegat. Verum neque tantus Auctorum cumulus, neque ipsa res, quæ loquitur, uti mihi videtur, disertissime, Obsopœo nostro satisfecerunt, qui ita scribit. Διαγράφονταί τινες καὶ τοῦτον τὸν λόγον, ὡς οὐ γνήσιον, δηλονότι, ὕπτιον ὄντα, ὥς φησι Λιβάνιος, καὶ πολλαχῇ τῆς τοῦ ῥήτορος δυνάμεως ἐνδεέστερον. ἀλλ' ἔμοιγε ἀξιώτατος εἶναι δοκεῖ τῆς ἀναγνώσεως, εἰδότι πλείστους ἄνδρας τῶν λογιωτάτων περὶ πλείστου τοῦτον ποιουμένους.

Quos nominasset utinam, ut nos quoque saperemus, eorum auctoritate permoti!

Me profecto non pudet dicere, opus esse putidissimum, nullius aut decoris, aut gravitatis: et præter nævos orationis, quibus passim scatet, nihil ibi dictum, quod Lectorem percellere, aut allicere, aut morari demum potest. Est autem Oratio satis antiqua, et videtur ad usum forensem fuisse conscripta, non ad ostentationem, aut ad imitationem concinnata. Passim inter annotandum suspicionibus meis auctoritatem addidi. Inde lector meus judicium capere poterit, jurene, an injuria agam, cum hæc futilia non amplectar.

Adhæsit olim Demosthenicis, sive quod hic (strictim licet) memoretur de *pecuniis theatralibus*, in qua causa tantum præcelluit Demosthenes; sive quod infra Phrynionis cujusdam res agatur, quem Oratori nostro domo et familia conjunctum fuisse suspicor; sive denique quod Demosthenis (nostrine, an alterius, parum interest) testimonium infra adducatur. Quam necessitudinem, tenuissimam licet, superiorem illam orationem c. Theocrinem, nostris adjunxisse arbitror. Norunt, qui hasce res tractant, quam levi consuetudine devincti Scriptores vetusti quandoque simul conglutinari, et sibi invicem adhærere consuescant; quorum unus, qui excellit, cæterorum non solum famam et existimationem, verum etiam nomen prægravare solet.

Videri potest nonnullis aut lacunosa esse, aut diversa ab ea, quam versarunt antiqui, cum legerint ista Hermogenis, Edit. Crispin. p. 318. τοιοῦτόν ἐστι καὶ τὸ ἐν τῷ κατὰ Νεαίρας ὠβελισμένον ὑπό τινων, τὸ ἀπὸ τριῶν τρυπημάτων τὴν ἐργασίαν πεποιῆσθαι etc. deinde ista Etym. M. 325. 18. ἐξῆν μέντοι ἐν τῷ δικαστηρίῳ καταδέχεσθαι τοὺς ἐκφυλλοφορηθέντας, ὡς καὶ Δημοσθένης φησὶν ἐν τῷ κατὰ Νεαίρας. Adjunge Suidam in v. Ἐκφυλλοφορῆσαι. Nam de iis in hac Oratione, prout hodie scribunt membranæ, nihil prorsus. Locus tamen iste Hermogenis erit infra a me expendendus.

Viderint otiosiores, an ad hanc Bellatulam pertineat Inscriptio adducta a Laur. Pignorio, Symbol. Epistolic. 25. pag. 93. et Reines. I. 126.

ΕΛΕΥΘΕΡΙΑΣ
ΧΑΡΙΣΤΗΡΙΑ ΤΗΙ ΝΕΜΕΣΕΙ
ΡΑΜΝΟΥΝΤΟΘΕΝ ΝΕΑΙΡΑ
ΑΘΗΝΑΙΑ ΧΑΡΙΤΟΒΑΣΦΑΡΟΣ
ΑΝΕΘΗΚΕΝ.

TAYLOR.

[1] ΛΙΒΑΝΙΟΥ ΥΠΟΘΕΣΙΣ ΤΟΥ ΚΑΤΑ ΝΕΑΙΡΑΣ ΛΟΓΟΥ.

Pag. ed. Reisk.

1344 ΚΑΙ τοῦτον τὸν λόγον οὐκ οἴονται Δημοσθένους εἶναι, ὕπτιον ὄντα, καὶ πολλαχῇ τῆς τοῦ ῥήτορος δυνάμεως ἐνδεέστερον. ὑπόθεσιν δὲ ἔχει τοιαύτην. νόμου κελεύοντος, ἐὰν ἀνδρὶ Ἀθηναίῳ ξένη συνοικῇ, πεπρᾶσθαι ταύτην, κατὰ τοῦτον τὸν νόμον ἐπὶ Νέαιραν ἥκει Θεόμνηστος, λέγων συνοικεῖν αὐτὴν Στεφάνῳ, γεγονυῖαν μὲν δούλην Νικαρέτης, ἑταιρήσασαν δὲ πρότερον, νῦν δὲ Στεφάνῳ νόμῳ συνοικοῦσαν, καὶ πεπαιδοποιημένην ἐξ αὐτοῦ. ὁ δὲ Στέφανος οὐχ ὁμολογεῖ ταῦτα· ἀλλὰ συνεῖναι μὲν αὐτῇ φησὶν, ὡς ἑταίρᾳ δὲ, καὶ οὐ γυναικὶ, καὶ τοὺς παῖδας οὐκ ἐκ ταύτης ἔχειν. πρὸς ὅπερ ὁ κατήγορος ἀνθιστάμενος, οὐκ ὀλίγα τεκμήρια παρέχεται, ὡς γυναικὶ συνοικεῖν αὐτῇ. γίνεται τοίνυν ἡ στάσις τοῦ λόγου στοχαστική. περὶ γὰρ οὐσίας τὸ ζήτημα, καὶ οὔτε περὶ ἰδιότητος, οὔτε περὶ ποιότητος. τὰ μὲν οὖν πρῶτα τοῦ λόγου Θεόμνηστος λέγει· ἔπειτα συνήγορον Ἀπολλόδωρον καλεῖ, κηδεστὴν ὄντα ἑαυτοῦ, κἀκεῖνος τὸν ἀγῶνα πεποίηται.

[1] Deest ΛΙΒΑΝΙΟΥ.

ΛΙΒΑΝΙΟΥ] Nomen hoc Auctoris primus adjecit Wolfius contra consensum Codicum. Taylor.

Νόμῳ συνοικοῦσαν] Incredibile illud dictu, et sine dubio mendosum. Nam in Orationis contextu, p. 371. v. 3. ἥκω ἐπιδείξων εἰς ὑμᾶς, ξένην μὲν γυναικὶ συνοικοῦντα παρὰ τὸν νόμον. Et recte sane. Iterum p. 372. v. 4. ὡς δ' ἐστι ξένη Νέαιρα, καὶ παρὰ τοὺς νόμους συνοικεῖ Στεφάνῳ, τοῦτο ὑμῖν κ. τ. λ. Dele ergo in posterum inutile istud vocabulum, νόμῳ. Idem.

Ἰδιότητος] Ἰδιότητα videtur appellare τὴν ὁρικὴν στάσιν. Wolf.

ΔΗΜΟΣΘΕΝΟΥΣ

Ο ΚΑΤΑ ΝΕΑΙΡΑΣ

ΛΟΓΟΣ.

1345 ά. ΠΟΛΛΑ με τὰ παρακαλοῦντα ἦν, ὦ ἄνδρες Ἀθηναῖοι, γράψασθαι Νέαιραν τὴν γραφὴν ταυτηνὶ, καὶ εἰσελθεῖν εἰς ὑμᾶς. καὶ γὰρ ἠδικήμεθα ὑπὸ Στεφάνου μεγάλα, καὶ εἰς κινδύνους τοὺς ἐσχάτους κατέστημεν ὑπ' αὐτοῦ, ὅ,

ΚΑΤΑ ΝΕΑΙΡΑΣ] Cicero, ne quid Demostheni concederet, in oratione Cæliana Clodiam sibi sumsisse exagitandam videtur. Wolf. v. Basil. Fabr. in voce. Taylor.

ά. Εἰς κινδύνους τοὺς ἐσχάτους κατέστημεν] In brevissimo ambitu orationis hæc ad nauseam repetuntur: pag. 367.

τε κηδεστὴς, καὶ ἐγὼ, καὶ ἡ ἀδελφὴ, καὶ ἡ γυνὴ ἡ ἐμή· ὥςτ᾽ οὐχ ὑπάρχων, ἀλλὰ τιμωρούμενος ἀγωνιοῦμαι τὸν

v. 5. ὡς εἰς τοὺς ἐσχάτους κινδύνους κατέστημεν. Proxime p. 369. v. 2. εἰς τὴν ἐσχάτην ἀπορίαν καταστήσεις. Et, v. 10. εἰς τὴν ἐσχάτην ἀπορίαν καταστήσεσθαι. Tanta inopia sermonis Macedonem illum, credo, concutere non potuit. Idem.

Καὶ ἡ ἀδελφὴ] Omisit has voces in interpretando Wolfius. Quod non debuit. Idem.

Ὥστ᾽ οὐχ ὑπάρχων κ. τ. λ.] Doctissimus Gatakerus noster Miscell. Posthum. C. XII. censet hos esse duos Senarios, hoc modo digerendos:

> Ὥστ᾽ οὐχ ὑπάρχων, ἀλλὰ τιμωρούμενος
> Ἀγωνιοῦμαι τόν γ᾽ (vel τόνδ᾽) ἀγῶνα τουτονί.

Certe prior ille a Cothurno sumitur, et variis attribuitur: ab Athenæo diserte Aristarcho tragico: Ἐγὼ δὲ, κατὰ τὸν Ἀρίσταρχον τὸν τραγικὸν ποιητὴν,

> Τάδ᾽ οὐχ ὑπάρχων, ἀλλὰ τιμωρούμενος,

καταπαύσω τὸν πρὸς σὲ καὶ τοὺς ἄλλους κύνας ἐνταῦθα λόγον. l. XIII. extrem. Adde Casaubon. ad loc. Suid. in Ὑπάρχων et Ὡς οὐχ ὑπάρχων. Excidisse nimirum necopinanti scriptori numerosam quandoque orationem, pedibusque apte ligatam, neque mirum esse debet, et id multi olim animadverterunt. Vide, si vacat, Barth. Adversar. IV. 13. XI. 16. XLI. 22. eumque manipulum Auctorum, quem conscripsit Fabricius in Bibl. Lat. T. II. L. II. C. XXI. *Incidere vero omnes [numeros] in orationem, etiam ex hoc intelligi potest, quod versus sæpe in oratione per imprudentiam dicimus: quod vehementer est vitiosum; sed non attendimus, neque exaudimus nosmet ipsos. Senarios vero et Hipponacteos effugere vix possumus. Magnam enim partem ex Iambis nostra constat oratio. Sed tamen eos versus facile agnoscit auditor: sunt enim usitatissimi. Inculcamus autem per imprudentiam sæpe etiam minus usitatos, sed tamen versus; vitiosum genus, et longa animi provisione fugiendum.* Cic. Orat. C. LVI. Olim similia deprehenderunt in scriptore nostro Scholiastes ad Hephæst. Enchirid. pag. 76. et Longinus in Prolegomenis ad eundem Auctorem, cujus hæc sunt verba: διὰ τοῦτο πολλὰ τῶν μέτρων συμβέβηκεν ἀποκρύπτεσθαι συμπιπτόμενα ἐν τῇ κατὰ πεζὸν φράσει· — εὕροι γοῦν ἄν τις παρὰ Δημοσθένει τῷ ῥήτορι στίχον ἡρωϊκὸν κεκρυμμένον, ὃς ἐδυνήθη λαθεῖν διὰ τὸ πεζὴν οὖσαν τὴν προφορὰν συναρπάσαι τῷ λόγῳ τὴν ἀκοήν. φησὶ γοῦν·

> Τὸν γὰρ ἐν Ἀμφίσσῃ πόλεμον, δι᾽ ὃν εἰς Ἐλάτειαν
> Ἦλθε Φίλιππος,

στίχος ἐστὶν ἡρῷος, ἀλλὰ μὴν καὶ Ἰωνικὸν [ἀπὸ μείζονος], ὅταν λέγῃ·

> Πολλῶν δὲ λόγων καὶ θορύβου γιγνομένου παρ᾽ ὑμῖν.

Similiter in Philip. I. §. γ΄. fin. observant esse purum Hexametrum:

> Καὶ προσέχειν τὸν νοῦν τούτοις ἐθέλουσιν ἅπαντες.

In Aristocratea §. λγ΄. post med. una periodus duos istiusmodi versus complectitur: sc. ἔστι γὰρ φίλων ἀγαθῶν οὐ τὰ τοιαῦτα χαρίζεσθαι

> τοῖς εὔνοις, ἐξ ὧν κἀκείνοις καὶ σφίσιν αὐτοῖς
> ἔσται τις βλάβη, ἀλλ᾽ ὃ μὲν ἂν μέλλῃ συνοίσειν
> ἀμφοῖν, συμπράττειν, ὃ δ᾽ ἂν αὐτὸς ἄμεινον ἐκείνου
> προορᾷ, πρὸς τὸ καλῶς ἔχον τίθεσθαι.

In eadem porro Oratione plures insunt. Ita §. δ΄. a med.

> ὑμᾶς καὶ μόνον ἀνθρώπων ἂν ἔφη Χαρίδημον.

Et §. θ΄. fin.

> ἁπλῶς ἄν τις ἀποκτείνῃ Χαρίδημον ἀγέσθω.

Adde 644. 6. 658. 6. 665. pen. 668. 3. ed. R. Hæc autem leviuscula. Ego tamen arbitror, vix esse Demosthenis, ut ad sensum non maximi ponderis expromendum, neque insigni aliqua gravitate aut auctoritate nobilitatum, qualemque vel ex plebecula aliquando concipere solent, verba mutuo sumere e scena, et numerosos Iambos pedestri suæ orationi temere immisceret. Non ita solens est. Taylor. [Demosth. vol. II. p. 237. 5. οὐδ᾽ ἄλλους πολλούς. ἀλλ᾽ ὅτι συμφέρον ἦν. Ibid. 8. ἢ ἄλλου τινὸς ἀνθρώπου, μετὰ τοὺς παρὰ τούτου. Ibid. pen. οἱ Φωκεῖς αὐτοὺς ὑποποιήσονται. ἐπειδὴ δ᾽ ἧκεν εἰς Πύλας, οἱ Λακεδαιμόνιοι. p. 304. 11. βουλομένους εἰπεῖν διεκώλυσεν, οὐκ ἀναμνησθείς. p. 158. 1. τῆς ἀγαθῆς καὶ μεγάλης. καὶ πῶς ἔτι τοῦτο γενέσθαι. Primus intellexit [Isocrates] etiam in soluta oratione, *dum versum effugeres*, modum tamen et numerum quendam oportere servari. Cicero Bruto c. 8. v. Corrad. ad locum. Cic. III. de orat. Idem orat. Quintil. IX. 4. et ult.

ἀγῶνα τουτονί. τῆς γὰρ ἔχθρας πρότερος αὐτὸς ὑπῆρξεν, οὐδὲν ὑφ' ἡμῶν πώποτε οὔτε ἔργῳ, οὔτε λόγῳ κακὸν παθών. βούλομαι δ' ὑμῖν προδιηγήσασθαι πρῶτον, ἃ πεπόνθαμεν ὑπ' αὐτοῦ· ἵνα μᾶλλόν μοι συγγνώμην ἔχητε ἀμυνομένῳ, καὶ [1] εἰδῆτε ὡς εἰς [2] τοὺς ἐσχάτους κινδύνους κατέστημεν περί τε τῆς πατρίδος, καὶ περὶ ἀτιμίας.

β'. Ψηφισαμένου γὰρ τοῦ δήμου [3] τῶν Ἀθηναίων, Ἀθηναῖον εἶναι Πασίωνα, καὶ ἐκγόνους τοὺς ἐκείνου, διὰ τὰς εὐεργεσίας τὰς εἰς τὴν πόλιν, ὁμογνώμων καὶ ὁ πατὴρ ἐγένετο ὁ ἐμὸς τῇ τοῦ δήμου δωρεᾷ, καὶ ἔδωκεν Ἀπολλοδώρῳ, τῷ υἱεῖ τῷ ἐκείνου, θυγατέρα μὲν [4] αὐτοῦ, ἀδελφὴν δὲ ἐμήν· ἐξ ἧς Ἀπολλοδώρῳ οἱ παῖδές εἰσιν. ὄντος δὲ χρηστοῦ τοῦ Ἀπολλοδώρου περί τε τὴν ἀδελφὴν τὴν ἐμὴν, καὶ περὶ ἡμᾶς ἅπαντας, καὶ ἡγουμένου τῇ ἀληθείᾳ οἰκείους ὄντας, καὶ κοινωνεῖν πάντων τῶν ὄντων, ἔλαβον καὶ ἐγὼ
1346 γυναῖκα, Ἀπολλοδώρου μὲν θυγατέρα, ἀδελφιδῆν δ' ἐμαυτοῦ. προεληλυθότος δὲ χρόνου λαγχάνει βουλεύειν Ἀπολλόδωρος. δοκιμασθεὶς δὲ καὶ ὀμόσας τὸν νόμιμον ὅρκον, συμβάντος τῇ πόλει καιροῦ τοιούτου καὶ πολέμου, ἐν ᾧ [5] ἦν κρατήσασιν ὑμῖν μεγίστοις τῶν Ἑλλήνων εἶναι, καὶ ἀναμφισβητήτως τά τε ὑμέτερα αὐτῶν κεκομίσθαι, καὶ καταπεπολεμηκέναι Φίλιππον, ἢ ὑστερήσασι τῇ βοηθείᾳ, καὶ [6] προεμένους τοὺς συμμάχους, δι' ἀπορίαν χρημάτων καταλυθέντος τοῦ στρατοπέδου, τούτους τ' ἀπολέσαι, καὶ τοῖς ἄλλοις Ἕλλησιν ἀπίστους εἶναι δοκεῖν, καὶ κινδυνεύειν περὶ τῶν ὑπολοίπων — περί τε Λήμνου, καὶ Ἴμβρου, καὶ Σκύρου, καὶ Χεῤῥονήσου —, καὶ μελλόντων στρατεύεσθαι

[1] Deest εἰδῆτε. [2] Deest articulus. [3] τοῦ [4] αὑτοῦ [5] ἦν ἢ κρατήσασιν [6] προεμένοις

Fortunat. l. 3. v. Not. ad Cornel. Nep. præfat. Barth. Adversar. LIV. 22. Climax Rhomnus. Aquila Rhetor. Dionys. Halic. π. συνθέσεως sæpe. Δημοσθένης Δημοσθένους Παιανιεύς. Plutarch. in vita. Ἐγὼ νομίζω τὸν μὲν εὖ σταθέντα δεῖν. Demosth. pro Coron. p. 165. v. 13. *In schedis* TAYLOR.]

β'. Τοῦ δήμου τῶν Ἀθηναίων] Hæc in aliis exemplaribus aliter scribuntur. Legerem lubens: ψηφισαμένου γὰρ δήμου, Ἀθηναῖον εἶναι Πασίωνα. TAYLOR.

Καὶ κοινωνεῖν] F. addendum χρῆναι. WOLF.

Τὸν νόμιμον ὅρκον] De hoc jurejurando senat. vid. Petit. Comm. in L. A. l. III. t. 1. §. II.

Ἐν ᾧ ἦν] Recte Codd. Ven. Bar. et Ital. ἐν ᾧ ἦν ἢ κρατήσασιν ὑμῖν — ἢ ὑστερήσασι κ. τ. λ. TAYLOR.

Προεμένους] Lambinus et Bodl. multo satius, προεμένοις. IDEM. Lege: καὶ προεμένοις. JURIN. Imo προεμένοις. AUGER.

Ἀπίστους εἶναι δοκεῖν] Magis Attice puto ἀπίστοις. JURIN.

ὑμῶν πανδημεὶ εἴς τε Εὔβοιαν, καὶ εἰς Ὄλυνθον, ἔγραψε
ψήφισμα ἐν τῇ βουλῇ Ἀπολλόδωρος βουλεύων, καὶ ἐξή-
νεγκε προβούλευμα εἰς τὸν δῆμον, λέγων, διαχειροτονῆσαι
τὸν δῆμον, εἴτε δοκεῖ τὰ περιόντα χρήματα τῆς διοικήσεως
στρατιωτικὰ εἶναι, εἴτε θεωρικὰ, κελευόντων μὲν τῶν νό-
μων, ὁπόταν πόλεμος ᾖ, τὰ περιόντα χρήματα τῆς διοική-
σεως στρατιωτικὰ εἶναι, κύριον δ' ἡγούμενος δεῖν τὸν δῆμον
εἶναι περὶ τῶν αὑτοῦ ὅ,τι ἂν βούληται πρᾶξαι, ὀμωμο-
κὼς δὲ τὰ βέλτιστα [1] βουλεύσειν τῷ δήμῳ τῶν Ἀθηναίων,
ὡς ὑμεῖς πάντες ἐμαρτυρήσατε ἐν ἐκείνῳ τῷ καιρῷ. γενο-
μένης γὰρ τῆς διαχειροτονίας, οὐδεὶς [2] ἀπεχειροτόνησεν ὡς
οὐ δεῖ τοῖς χρήμασι τούτοις στρατιωτικοῖς χρῆσθαι, ἀλλ'
ἔτι καὶ νῦν, [3] ἄν που λόγος γένηται, παρὰ πάντων ὁμολο-
γεῖται, ὡς τὰ βέλτιστα εἰπὼν ἄδικα πάθοι. τῷ οὖν ἐξα- 1347
πατήσαντι τῷ λόγῳ τοὺς δικαστὰς, δίκαιον ὀργίζεσθαι, οὐ
τοῖς ἐξαπατηθεῖσι. γραψάμενος γὰρ παρανόμων τὸ ψήφι-
σμα Στέφανος οὑτοσὶ, καὶ εἰσελθὼν εἰς τὸ δικαστήριον
ἐπὶ διαβολῇ, ψευδεῖς μάρτυρας παρασχόμενος, καὶ ἔξω
τῆς γραφῆς πολλὰ κατηγορῶν, εἷλε τὸ ψήφισμα. καὶ
τοῦτο μὲν εἰ αὐτῷ ἐδόκει διαπράξασθαι, οὐ χαλεπῶς [4] φέ-
ρομεν· ἀλλ' ἐπειδὴ περὶ τοῦ τιμήματος ἐλάμβανον τὴν ψῆ-
φον οἱ δικασταὶ, δεομένων ἡμῶν συγχωρῆσαι, οὐκ ἤθελεν,
ἀλλὰ πεντεκαίδεκα ταλάντων ἐτιμᾶτο, ἵνα [5] ἀτιμάσειεν

[1] * συμβουλεύσειν [2] ἀντεχειροτόνησεν [3] ἐὰν [4] ἐφέρομεν
[5] ἀτιμάσειεν αὐτὸν, καὶ * τοὺς παῖδας

Διαχειροτονῆσαι] Consule Vales. ad Harpocrat. p. 45. Taylor.

Διοικήσεως] Male Wolfius *vectigalium*. Dixi satis ad Timocrateam p. 282. v. ult. vol. III. Hanc autem historiam Apollodori tangit Ulpianus ad 1. Olynthiacam: ἰστέον δὲ, ὅτι τὰ χρήματα ταῦτα τὰ δημόσια, θεωρικὰ ἐποίησεν ἐξ ἀρχῆς ὁ Περικλῆς — εἶτα ἐπιχειρήσαντος Ἀπολλοδώρου τινὸς πάλιν αὐτὰ ποιῆσαι στρατιωτικὰ, βουλόμενος Εὔβουλος ὁ πολιτευόμενος, δημαγωγὸς ὢν, πλείονα εὔνοιαν ἐπισπάσασθαι τοῦ δήμου πρὸς ἑαυτὸν, ἔγραψε νόμον τὸν κελεύοντα, θανάτῳ ζημιοῦσθαι, εἴ τις ἐπιχειρήσειε μεταποιεῖν τὰ θεωρικὰ στρατιωτικά. Idem. Vid. Petit. Comm. in L. A. l. IV. t. X. §. X.

Βουλεύσειν] L. *συμβουλεύσειν*. *βουλεύσειν* tamen posset retineri, nam Apollodorus ἐβούλευε. Mox post Ἀθηναίων punctum infra, ut finita phrasi. Deinde lego: *καὶ ὑμεῖς π. ἐ. ἐν ἐ. τ. καιρῷ· γενομένης γὰρ* etc. Auger.

Γενομένης] In quibusdam exemplaribus ita olim inemendate legebatur: *γενομένης γὰρ τῆς διαχειροτονίας, οὐδεὶς ἀντέχει, ἀλλὰ καὶ νῦν ἔτι κ. τ. λ.* Ubi pro ἀντέχει Wolfius conjecit ἀντέλεγεν, Lambinus ἀπεχειροτόνησεν. In quibusdam Codd. ἀντεπεχειροτόνησεν. Taylor.

Φέρομεν] Vel ἐφέρομεν potius. Idem. Auger.

Δεομένων ἡμῶν —] Ait *πεντεκαίδεκα ταλάντων ἐτιμᾶτο*, i. e. in æstimatione libello comprehensa perseveravit, nec deprecationibus nostris ab ea abduci potuit. Dicit, *δεομένων ἡμῶν συγχωρῆσαι*, verbo ad eam rem proprio. Nam et judices deprecabantur *ἐν ἀντιτιμήσει*, vel *ὑποτιμήσει*, *συγχωρῆσαι*, i. e. omissa litis æstimatione ab accusatore facta, eam pœnam decernere, qua reus delictum suum taxaverat et æstimaverat. *In Anim. ad Salmas. Obs. ad J. A. et R.* l. III. c. I. §. X. Heraldus.

αὐτὸν, καὶ παῖδας τοὺς ἐκείνου, καὶ τὴν ἀδελφὴν τὴν ἐμὴν, καὶ ἡμᾶς ἅπαντας εἰς τὴν ἐσχάτην ἀπορίαν καταστήσειν, καὶ ἔνδειαν ἁπάντων. ἡ μὲν γὰρ οὐσία οὐδὲ τριῶν ταλάντων πάνυ τι ἦν, ὥστε δυνηθῆναι ἐκτῖσαι τοσοῦτον ὄφλημα· μὴ ἐκτισθέντος δὲ τοῦ ὀφλήματος ἐπὶ τῆς ἐνάτης πρυτανείας, διπλοῦν ἔμελλεν ἔσεσθαι τὸ ὄφλημα, καὶ ἐγγραφήσεσθαι Ἀπολλόδωρος τριάκοντα τάλαντα ὀφείλων τῷ δημοσίῳ· ἐγγεγραμμένου δὲ τῷ δημοσίῳ ἀπογραφήσεσθαι ἔμελλεν ἡ ὑπάρχουσα οὐσία Ἀπολλοδώρῳ δημοσία εἶναι· πραθείσης δ' αὐτῆς εἰς τὴν ἐσχάτην ἀπορίαν καταστήσεσθαι, καὶ αὐτὸς, καὶ παῖδες οἱ ἐκείνου, καὶ γυνὴ, καὶ ἡμεῖς ἅπαντες. ἔτι δὲ καὶ ἡ ἑτέρα θυγάτηρ ἀνέκδοτος ἤμελλεν ἔσεσθαι. τίς γὰρ ἄν ποτε παρ' ὀφείλοντος τῷ δημοσίῳ καὶ ἀποροῦντος ἔλαβεν ἄπροικον;

γ'. Οὐκοῦν τηλικούτων κακῶν αἴτιος ἡμῖν πᾶσιν ἐγίγνετο, οὐδὲν πώποτε ὑφ' ἡμῶν ἠδικημένος. τοῖς μὲν οὖν δικασταῖς τοῖς τότε δικάσασι πολλὴν χάριν, κατά γε τοῦτο,
1348 ἔχω, ὅτι οὐ περιεῖδον αὐτὸν ἀναρπασθέντα, ἀλλ' ἐτίμησαν ταλάντου, ὥστε [1] καὶ δυνηθῆναι. ἂν [2] ἐκτῖσαι μόλις· τούτῳ δὲ δικαίως τὸν αὐτὸν ἔρανον ἐνεχειρήσαμεν ἀποδοῦναι. καὶ γὰρ οὐ μόνον ταύτῃ ἐζήτησεν ἀνελεῖν ἡμᾶς, ἀλλὰ καὶ ἐκ τῆς πατρίδος αὐτὸν ἠβουλήθη ἐκβαλεῖν. ἐπενέγκας γὰρ αὐτῷ αἰτίαν ψευδῆ, ὡς ὦφλε τῷ δημοσίῳ ἐκ πέντε καὶ εἴκοσι ἐτῶν, ὡς Ἀφίδναζέ ποτε ἀφικόμενος ἐπὶ δραπέτην [3] αὐτοῦ ζητῶν, πατάξειε γυναῖκα, καὶ ἐκ τῆς πληγῆς τελευτήσειεν ἡ ἄνθρωπος, παρακελευσάμενος ἀνθρώπους δούλους, καὶ κατασκευάσας ὡς Κυρηναῖοι εἴησαν, προεῖπεν

[1] Deest καί [2] ἐκτεῖσαι [3] αὐτοῦ

γ'. Αὐτὸν ἠβουλ.] Pro αὐτὸν M. τοῦτον, sc. Apollodorum qui aderat. Auger.

Ὡς ὦφλε τῷ δημοσίῳ] Quid agant hoc loco ista verba, ego plane non perspicio. Agitur enim hic non de ullo debito, sed de homicidio. Forte in alium locum reponenda sunt, et scribendum v. 19. ὥστε καὶ δυνηθῆναι ἂν ἐκτῖσαι μόλις, ὃ ὦφλε τῷ δημοσίῳ. Jurin. Jurino assentitur Augerus.

Ἐπὶ δραπέτην αὐτοῦ ζητῶν] Omnino legendum videtur vel τὸν δραπέτην αὐτοῦ ζητῶν, ut in Parisiensi margine, vel ἐπὶ δραπέτην αὐτοῦ ζητεῖν. Jurin. F. ἐπὶ τῷ δραπέτην αὐτοῦ ζητεῖν, vel τὸν δραπέτην αὐτοῦ ζητῶν. Auger.

Παρακελευσάμενος] Forte παρακαλεσάμενος, aut παρασκευασάμενος. Wolf.

Ὡς Κυρηναῖοι εἴησαν] Non intelligo istam constructionem, κατασκευάσας, ὡς εἴησαν: neque melius video, quid ad rem nostram conferret, si quam maxime Cyrenaei essent, aut potius, esse viderentur. In Cod. Ital. tria ista vocabula non reperiuntur. Id tamen rem non expedit. Taylor.

αὐτῷ ἐπὶ Παλλαδίῳ φόνου· καὶ ἔλεγε τὴν δίκην Στέφανος οὑτοσὶ, διομοσάμενος ὡς ἔκτεινεν Ἀπολλόδωρος τὴν γυναῖκα αὐτοχειρίᾳ, [1] ἀρώμενος ἐξώλειαν αὐτῷ, καὶ γένει, καὶ οἰκίᾳ, ἐπαρασάμενος ἃ οὔτε ἐγένετο, οὔτε εἶδεν, οὔτε ἤκουσεν οὐδενὸς πώποτ' ἀνθρώπων. ἐξελεγχθεὶς δ' ἐπιορκῶν, καὶ ψευδῆ αἰτίαν ἐπιφέρων, καὶ καταφανὴς γενόμενος μεμισθωμένος ὑπὸ Κηφισοφῶντος καὶ Ἀπολλοφάνους, ὥστ' ἐξελάσαι Ἀπολλόδωρον, ἢ ἀτιμῶσαι ἀργύριον εἰληφὼς, ὀλίγας ψήφους μεταλαβὼν ἐκ πεντακοσίων ἀνδρῶν, ἀπῆλθεν ἐπιωρκηκὼς, καὶ δόξας πονηρὸς εἶναι.

δ'. Σκοπεῖτε δὴ αὐτοὶ, ὦ ἄνδρες δικασταὶ, ἐκ τῶν εἰκότων λογιζόμενοι πρὸς ὑμᾶς αὐτοὺς, τί ἂν ἐχρησάμην ἐμαυτῷ, καὶ τῇ γυναικὶ, καὶ τῇ ἀδελφῇ, εἴ τι Ἀπολλοδώρῳ συνέβη παθεῖν, ὧν Στέφανος οὑτοσὶ ἐπεβούλευσεν αὐτῷ, ἢ ἐν τῷ προτέρῳ, ἢ ἐν τῷ ὑστέρῳ [2] ἀγῶνι. ἢ ποίᾳ αἰσχύνῃ οὐκ ἂν καὶ συμφορᾷ περιπεπτωκὼς [3] ἦν. παρακαλούντων
δή με [4] ἀπάντων ἰδίᾳ, προσιόντων τέ μοι ἐπὶ τιμωρίαν τρα- 1349
πέσθαι ὧν ἐπάθομεν ὑπ' αὐτοῦ, καὶ ὀνειδιζόντων μοι, ἀνανδρότατον ἀνθρώπων εἶναι, εἰ οὕτως οἰκείως ἔχων τὰ πρὸς τούτους, μὴ λήψομαι δίκην ὑπὲρ ἀδελφῆς, καὶ κηδεστῶν, καὶ ἀδελφιδῶν, καὶ γυναικὸς ἐμαυτοῦ, μηδὲ τὴν περιφανῶς εἰς τοὺς θεοὺς ἀσεβοῦσαν, καὶ εἰς τὴν πόλιν ὑβρίζουσαν, καὶ τῶν νόμων καταφρονοῦσαν τῶν ὑμετέρων, εἰσαγαγὼν εἰς ὑμᾶς, καὶ ἐξελέγξας τῷ λόγῳ ὡς ἀδικεῖ, κυρίους καταστήσω, ὅ,τι ἂν βούλησθε χρῆσθαι αὐτῇ. [5] καὶ ὥσπερ

[1] * ἐπαρώμενος [2] ἀγῶνι; [3] ἦν;
[4] ἀπάντων, ἰδίᾳ προσιόντων * ἐμοὶ, ἐπὶ τιμ. τρέπεσθαι [5] καὶ * δὲ ὥσπερ

Ἔλεγε] Rescribendum ἔλαχε. Nota ea res Juris Attici peritis: et hoc abunde confirmabunt ea, quæ dixi ad Lysiam, π. δημοσ. ἀδικ. p. 595. alt. ubi hunc locum cum aliis parilibus jampridem restituerim. IDEM. F. ἔλαχε. AUGER.

Ἐπαρασάμενος] Lambin. ἐπαιτιασάμενος. Non inscite. TAYLOR. AUGER.

Οὐδενὸς] Bodl. habet, οὔτε ἤκουσεν οὐδεὶς πώποτ' ἀνθρώπων. TAYLOR.

Μεμισθωμένος — ἀργύριον εἰληφὼς] Vel hoc vel illud glossæ simile videtur. Alterutrum sane. IDEM.

δ'. Παρακαλούντων] Malim inverso ordine, προσιόντων δή μοι ἀπάντων, καὶ παρακαλούντων με ἐπὶ τιμωρίαν τραπέσθαι. WOLF. Vel potius: παρακαλούντων δή μοι ἀπάντων ἰδίᾳ προσιόντων μοι. Cum illi, qui me privatim convenirent, (necessarii mei et familiares utique) hortarentur ad injurias ulciscendas. TAYLOR.

Τὰ πρὸς τούτους] Τὰ delet Lambinus. Recte. IDEM.

Χρῆσθαι αὐτῇ. καὶ ὥσπερ] Periodo, cui hæc insunt, videbitis, puto, sensum non constare, nisi sic interpungas, et deleas τὸ καὶ, χρῆσθαι αὐτῇ· ὥσπερ Στέφανος. JURIN. Hic ego addendum aliquid arbitror: οἰκείους, ὡς παρὰ τ. ν. κ. τ. ψ. τ.

Στέφανος οὑτοσὶ ἐμὲ ἀφῄρητο τοὺς οἰκείους παρὰ τοὺς νόμους, καὶ τὰ ψηφίσματα τὰ ὑμέτερα, οὕτω καὶ ἐγὼ τοῦτον ἥκω ἐπιδείξων εἰς ὑμᾶς, ξένῃ μὲν γυναικὶ συνοικοῦντα παρὰ τὸν νόμον· ἀλλοτρίους δὲ παῖδας εἰσαγαγόντα εἴς τε τοὺς φράτορας, καὶ εἰς τοὺς δημότας· ἐγγυῶντα δὲ τὰς τῶν ἑτέρων θυγατέρας ὡς [1] αὐτοῦ οὔσας· ἠσεβηκότα δ' εἰς τοὺς θεούς· ἄκυρον δὲ ποιοῦντα τὸν δῆμον τῶν [1] αὐτοῦ, ἄν τινα βούληται, πολίτην ποιήσασθαι. τίς γὰρ ἂν ἔτι παρὰ τοῦ δήμου ζητήσειε λαβεῖν δωρεὰν, μετὰ πολλῶν ἀναλωμάτων καὶ πραγματείας πολίτης μέλλων ἔσεσθαι, ἐξὸν παρὰ Στεφάνου ἀπ' ἐλάττονος ἀναλώματος, εἴ γε τὸ αὐτὸ τοῦτο γενήσεται αὐτῷ;

έ. Ἃ μὲν οὖν ἐγὼ ἀδικηθεὶς ὑπὸ Στεφάνου πρότερος, ἐγραψάμην τὴν γραφὴν ταύτην, εἴρηκα πρὸς ὑμᾶς· ὡς δ' ἔστι ξένη Νέαιρα αὕτη, καὶ συνοικεῖ Στεφάνῳ τούτῳ, καὶ πολλὰ παρανενόμηκεν εἰς τὴν πόλιν, ταῦτ' ἤδη δεῖ μαθεῖν ὑμᾶς. δέομαι οὖν ὑμῶν, ὦ ἄνδρες δικασταὶ, ἅπερ ἡγοῦμαι προσήκειν δεηθῆναι νέον τε ὄντα, καὶ ἀπείρως ἔχοντα τοῦ λέγειν, συνήγορόν με κελεῦσαι καλέσαι τῷ ἀγῶνι τούτῳ Ἀπολλόδωρον. καὶ γὰρ πρεσβύτερός ἐστιν ἢ ἐγὼ, καὶ
1350 ἐμπειροτέρως ἔχει τῶν νόμων, καὶ ἠδίκηται ὑπὸ Στεφάνου τουτουῒ, καὶ μεμέληκεν αὐτῷ περὶ τούτων ἁπάντων ἀκριβῶς, ὥστε καὶ ἀνεπίφθονον [2] αὐτῷ τιμωρεῖσθαι τὸν ὑπάρξαντα· δεῖ δ' ὑμᾶς ἐξ αὐτῆς τῆς ἀληθείας τὴν ἀκρίβειαν ἀκούσαντας τῆς τε κατηγορίας, καὶ τῆς ἀπολογίας, οὕτως ἤδη τὴν ψῆφον φέρειν ὑπέρ τε τῶν θεῶν, καὶ τῶν νόμων, καὶ τοῦ δικαίου, καὶ ὑμῶν αὐτῶν.

[1] αὑτοῦ [2] αὐτῷ * εἶναι τιμωρεῖσθαι

ὑμέτερα ψηφισαμένους, et sic verti. Auger.

Παρὰ τῶν νόμων] [Uti Editi omnes] Lego παρὰ τοὺς νόμους. Wolf.

Ἑτέρων] F. ἑταιρῶν, *meretricum.* Wolf. Auger.

Τῶν αὐτοῦ] Scil. δικαίων. Wolf.

Ἀναλώματος] Sub. ζητεῖν δωρεάν. Auger.

έ. Συνήγορόν με] Lego μοι. In foro Attico privati causas ipsi agebant, aut amicorum opem implorabant, qui sibi præsto essent. In publicis quoque judiciis accusatores agebant ipsi, rei sese defendebant: utrique tamen et aliorum, quos amicos dicebant, opem quandoque advocabant, qui orationem suam subsequerentur, et causam perorarent, venia prius petita; causati vel infirmitatem vel imperitiam vel quam aliam causam. Cujus moris exemplum illustre hic exstat, ubi Theomnestus accusationem exorsus subjicit: δέομαι — ἀκριβῶς. Statim post sequitur Apollodori συνηγορία. *In Anim. in Salmas. Obs. ad J. A. et R.* l. VI. c. X. §. III. Heraldus.

Ὑπάρξαντα] Male *Parisienses* ὑπάρ-

ΣΥΝΗΓΟΡΙΑ.

ϛʹ. Ἃ μὲν ἠδικημένος, ὦ ἄνδρες Ἀθηναῖοι, ὑπὸ Στεφάνου ἀνέβην κατηγορήσων Νεαίρας ταυτησὶ, Θεόμνηστος εἴρηκε πρὸς ὑμᾶς· ὡς δ' ἔστι ξένη [1]Νέαιρα, καὶ παρὰ τοὺς νόμους συνοικεῖ [2]Στεφάνῳ, τοῦτο ὑμῖν βούλομαι σαφῶς ἐπιδεῖξαι. [3]πρῶτον οὖν τὸν νόμον ὑμῖν ἀναγνώσεται, καθ' ὃν τήν τε γραφὴν ταυτηνὶ Θεόμνηστος ἐγράψατο, καὶ ὁ ἀγὼν οὗτος εἰσέρχεται εἰς ὑμᾶς.

ΝΟΜΟΣ.

Ἐὰν δὲ ξένος ἀστῇ συνοικῇ τέχνῃ ἢ μηχανῇ ᾑτινιοῦν, γραφέσθω πρὸς τοὺς θεσμοθέτας Ἀθηναίων ὁ βουλόμενος, οἷς ἔξεστιν· ἐὰν δὲ ἁλῷ, πεπράσθω καὶ αὐτὸς καὶ ἡ οὐσία αὐτοῦ, καὶ τὸ τρίτον μέρος ἔστω τοῦ ἑλόντος. ὡσαύτως δὲ καὶ ἐὰν [4]ἡ ξένη τῷ ἀστῷ συνοικῇ, κατὰ ταὐτὰ, καὶ ὁ συνοικῶν τῇ ξένῃ τῇ ἁλούσῃ ὀφειλέτω χιλίας δραχμάς.

ζʹ. Τοῦ μὲν νόμου τοίνυν ἀκηκόατε, ὦ ἄνδρες δικασταὶ,
ὃς οὐκ ἐᾷ τὴν ξένην τῷ ἀστῷ συνοικεῖν, οὐδὲ τὴν ἀστὴν τῷ
ξένῳ, οὐδὲ παιδοποιεῖσθαι τέχνῃ, οὐδὲ μηχανῇ οὐδεμιᾷ·
ἐὰν δέ τις παρὰ ταῦτα ποιῇ, γραφὴν πεποίηκε κατ' [5]αὐ-
τοῦ εἶναι πρὸς τοὺς θεσμοθέτας, κατά τε τοῦ ξένου καὶ
τῆς ξένης, κἂν ἁλῷ, [6]πεπρᾶσθαι κελεύει. ὡς οὖν ἐστὶ 1351
ξένη Νέαιρα αὑτη, τοῦθ' ὑμῖν βούλομαι ἐξ [7]ἀρχῆς ἐπιδεῖ-
ξαι. ἑπτὰ γὰρ ταύτας παιδίσκας ἐκ μικρῶν παιδίων ἐκτή-
σατο Νικαρέτη, Χαρισίου μὲν οὖσα τοῦ Ἠλείου ἀπελευθέ-

[1] Νέαιρα αὕτη, καὶ [2] Στεφάνῳ τούτῳ, τοῦτο [3] πρῶτον μὲν οὖν [4] * Deest articulus. [5] αὐτῶν [6] πεπρᾶσθαι [7] ἀρχῆς ἀκριβῶς ἐπιδεῖξαι

ξαντα. Taylor.

ϛʹ. Ἁλόντος] [Ita perpetuo excusum] Non est moris, condemnato decerni præmium, sed ei, qui sontem reum peregerit. Quare ἑλόντος legendum per ε. ὁ ἁλοὺς καὶ ὁ ἑλὼν plurimum differunt. Wolf.

Κατὰ ταὐτὰ] Similiter si et peregrina civi cuipiam nupserit, κατὰ ταὐτὰ, pari ratione: πεπράσθω scilicet. Tria sunt capita hujus Legis, ut recte Petitus [l. VI. t. I. §. VI.] Taylor. Punctum infra post κατὰ ταὐτά. ita ut phrasis concludatur, et transitus fiat ad tertium legis caput. Deinde legerem συνὼν pro συνοικῶν, ut tertium caput differat a primo. Auger.

Αὐτοῦ] Αὐτῶν rectius MSS. Herveg. Bar. Obsop. Ital. Taylor.

Νικαρέτη, Χαρισίου — ἀπελευθέρα] Paulo aliter Athenæus l. XIII. pag. 593. partim, ut videtur, suo, partim exemplarium vitio: Νικαρέτη δὲ ἡ ἑταίρα ἐρωμένη ἦν τοῦ Στεφάνου τοῦ ῥήτορος, Λυσίου δὲ τοῦ σοφιστοῦ Μετάνειρα. ἦσαν δὲ αὗται δοῦλαι Κασίου τοῦ Ἠλείου μετὰ καὶ ἄλλων ἑταιρῶν, Ἀντείας, Στρατόλας, Ἀριστοκλείας, Φίλας, Ἰσθμιάδος, Νεαίρας. ἡ δὲ Νέαιρα ἦν Στρατοκλείδου ἐρωμένη, καὶ Ξενοκλείδου τοῦ ποιητοῦ, καὶ Ἱππάρχου τοῦ ὑποκριτοῦ, καὶ Φρυνίωνος τοῦ Παιανιέως, ὃς ἦν Δήμωνος μὲν υἱὸς, Δημοχάρους δὲ ἀδελφιδοῦς. τὴν δὲ Νέαιραν εἶχον ἡμέραν παρ' ἡμέραν, διαιτητῶν γενομένων φίλων, Φρυνίων καὶ Στέφανος ὁ ῥήτωρ· ὃς καὶ τῆς Νεαίρας θυγατέρα Στροβύλην, τὴν ὕστερον Φανὼ κλη-

ρα, Ἱππίου δὲ τοῦ μαγείρου τοῦ ἐκείνου γυνή. δεινὴ δὲ καὶ δυναμένη φύσιν μικρῶν παιδίων συνιδεῖν εὐπρεπῆ, καὶ ταῦτα ἐπισταμένη θρέψαι καὶ παιδεῦσαι ἐμπείρως, τέχνην ταύτην κατεσκευασμένη, καὶ ἀπὸ τούτων τὸν βίον συνειλεγμένη, προσειποῦσα [1]δ' αὐτὰς ὀνόματι θυγατέρας, ἵν' ὡς μεγίστους μισθοὺς πράττοιτο τοὺς βουλομένους πλησιάζειν αὐταῖς, ὡς ἐλευθέραις οὔσαις· ἐπειδὴ τὴν ἡλικίαν ἐκαρπώσατο αὐτῶν ἑκάστης, συλλήβδην καὶ τὰ σώματα ἀπέδοτο ἁπασῶν, ἑπτὰ οὐσῶν, Ἀντίαν, καὶ Στρατόλαν, καὶ Ἀριστόκλειαν, καὶ Μετάνειραν, καὶ Φίλαν, καὶ Ἰσθμιάδα, καὶ Νέαιραν ταυτηνί. ἣν μὲν οὖν ἕκαστος αὐτῶν ἐκτήσατο, καὶ ὡς ἠλευθερώθησαν ὑπὸ τῶν πριαμένων αὐτὰς παρὰ τῆς Νικαρέτης, προϊόντος τοῦ λόγου, ἂν βούλησθε ἀκούειν, καί μοι περιουσία ᾖ τοῦ ὕδατος, δηλώσω ὑμῖν· ὡς δὲ Νέαιρα αὕτη Νικαρέτης ἦν, καὶ εἰργάζετο τῷ σώματι, μισθαρνοῦ-

[1] [δ']

...ουσαν, ὡς ἰδίαν θυγατέρα ἐξέδοτο Φάστορι τῷ Αἰγιαλεῖ, ὥς φησι Δημοσθένης ἐν τῷ κατὰ Νεαίρας. Vide P. Leopard. Emend. XI. 16. TAYLOR.

Ἐκείνου] *Illius*, quia nempe Hippias erat notissimus. Deinde καὶ δυναμένη superflua videntur et de Scholio in textum irrepsisse. AUGER.

Ἀντίαν] Bar. Ἀντείαν. Idem Athenæus l. XIII. pag. 586. Ψαμάθη, καὶ Λαγνίσκη, καὶ Ἄνθεια· μήποτε δὲ δεῖ γράφειν ἀντὶ τῆς Ἀνθείας, Ἄντειαν. οὐ γὰρ εὑρίσκομεν παρ' οὐδενὶ Ἄνθειαν ἀναγεγραμμένην ἑταίραν· ἀπὸ δὲ Ἀντείας καὶ ὅλον δρᾶμα ἐπιγραφόμενον, ὡς προεῖπον, Εὐνίκου ἢ Φιλυλλίου Ἄντεια ἐστί. καὶ ὁ τὸν κατὰ Νεαίρας δὲ λόγον γράψας μνημονεύει αὐτῆς. Conjunge Harpocr. v. Ἄνθεια. Eunici sive Philyllii Drama, nomine Ἄντεια, laudatur a plurimis, a Suid. Polluce, etc. Πολλὰ δὲ τῶν ἀρχαίων δράματα, inquit Athenæus libro citato, ἀπὸ ἑταιρῶν ἔσχε τὰς ἐπιγραφὰς, Θάλαττα Διοκλέους, Φερεκράτους Κοριαννώ, Εὐνίκου ἢ Φιλυλλίου Ἄντεια, Μενάνδρου δὲ Θαῒς καὶ Φάννιον, Ἀλέξιδος Ὀπώρα, Εὐβούλου Κλεψύδρα. Ita Comœdiam scripsit Timocles, ex Neæra nostra procul dubio cognominatam, (Τιμοκλῆς — τῶν δραμάτων αὐτοῦ — Νέαιρα, ἑταίρας δὲ ὄνομά ἐστιν ἡ Νέαιρα, cætera. Suidas) et Philemo, cujus nonnulla fragmenta ab Athenæo laudantur; atque inter Romanos Licinius Imbrex. Gell. XIII. 22. *Præter Plautum etiam præterque Gellium Licinius Imbrex, vetus Comœdiarum Scriptor, in Fabula, quæ Neæra inscripta est, ita scripsit :*

Nolo ego Neæram te vocent, sed Nerienem,
Cum quidem Marti es in connubium data. TAYLOR.

Ἰσθμιάδα] Pari appellatione mulierculas alias, Νεμεάδα, Πυθιονίκην etc. passim dictas reperimus. Athenæus tamen l. XIII. p. 587. Καὶ Νεμεάδος δὲ τῆς αὐλητρίδος Ὑπερίδης μνημονεύει ἐν τῷ κατὰ Πατροκλέους. περὶ ἧς ἄξιον θαυμάζειν, πῶς περιεῖδον Ἀθηναῖοι οὕτω προσαγορευομένην τὴν πόρνην, πανηγύρεως ἐνδοξοτάτης ὀνόματι κεχρημένην. κεκώλυτο γὰρ τὰ τοιαῦτα τίθεσθαι ὀνόματα, οὐ μόνον ταῖς ἑταιρούσαις, ἀλλὰ καὶ ταῖς ἄλλαις δούλαις, ὥς φησι Πολέμων ἐν τοῖς περὶ Ἀκροπόλεως. IDEM.

Ἣν μὲν οὖν ἕκαστος αὐτῶν ἐκτήσατο] Nove sane et insolenter dictum! Ego, si scripturus eram, scripsissem lubentius: τίνας μὲν οὖν ἑκάστην αὐτῶν ἐκτήσαντο, aut juxta illud. IDEM.

Εἰργάζετο τῷ σώματι μισθαρνοῦσα] Ad hunc locum, et parilem, infra §. 9. annotavit Dionysius Lambinus, emendanti similis, εἰργάσατο τρισὶ τρυπάναις μισθαρνοῦσα. Cum illa in Codd. suis offendere vix potuit, necesse est omnino, ut lecto Hermogene, uti olim admonui, hoc adduceret, quæ Rhetor ille in Cap. περὶ Ἀφελείας. Ταῦτα γὰρ καὶ τὰ τοιαῦτα ἐν μὲν ἰδιωτικοῖς λόγοις ἴσως ἂν ἁρμόσειεν· ἐν δημοσίῳ καὶ τηλικοῦτον ἔχοντι ἀξίωμα λόγῳ,

σα τοῖς βουλομένοις αὐτῇ πλησιάζειν, τοῦθ' ὑμῖν βούλομαι
πάλιν ἐπανελθεῖν. Λυσίας γὰρ ὁ σοφιστὴς, Μετανείρας ὢν
ἐραστὴς, ἠβουλήθη πρὸς τοῖς ἄλλοις ἀναλώμασιν, οἷς ἀνή-
λισκεν εἰς αὐτὴν, καὶ μυῆσαι· ἡγούμενος, τὰ μὲν ἄλλα
ἀναλώματα τὴν κεκτημένην αὐτὴν λαμβάνειν, ἃ δ' ἂν εἰς
τὴν ἑορτὴν καὶ τὰ μυστήρια ὑπὲρ αὐτῆς ἀναλώσῃ, πρὸς αὐ-
τὴν τὴν ἄνθρωπον χάριν καταθήσεσθαι. ἐδεήθη οὖν τῆς
Νικαρέτης, ἐλθεῖν εἰς τὰ μυστήρια, ἄγουσαν τὴν Μετάνει- 1352
ραν ἵνα μυηθῇ, καὶ αὐτὸς ὑπέσχετο μυήσειν. ἀφικομένας
δ' αὐτὰς ὁ Λυσίας εἰς μὲν τὴν [1] αὑτοῦ οἰκίαν οὐκ εἰσάγει,
αἰσχυνόμενος τήν τε γυναῖκα, ἣν εἶχε, Βραχύλλου μὲν θυ-
γατέρα, ἀδελφιδῆν δὲ [1] αὑτοῦ, καὶ τὴν μητέρα τὴν [1] αὑτοῦ,
πρεσβυτέραν τε οὖσαν, καὶ ἐν τῷ αὐτῷ διαιτωμένην· ὡς
Φιλόστρατον δὲ τὸν Κολωνῆθεν, ἠΐθεον ἔτι ὄντα καὶ φίλον
αὐτῷ, καθίστησιν ὁ Λυσίας αὐτὰς, τήν τε Μετάνειραν καὶ
τὴν Νικαρέτην. συνηκολούθει δὲ καὶ Νέαιρα αὕτη, ἐργαζο-
μένη μὲν ἤδη τῷ σώματι, νεωτέρα δὲ οὖσα, διὰ τὸ [2] μηδέπω
τὴν ἡλικίαν αὐτῇ παρεῖναι. ὡς οὖν ἀληθῆ λέγω, ὅτι Νικα-
ρέτης ἦν, καὶ ἠκολούθει ἐκείνῃ, καὶ ἐμισθάρνει τῷ βουλο-
μένῳ ἀναλίσκειν, τούτων ὑμῖν αὐτὸν τὸν Φιλόστρατον
μάρτυρα καλῶ.

[1] αὐτοῦ [2] μήπω

πῶς ἂν ἁρμόττοι; τοιοῦτόν ἐστι καὶ τὸ ἐν τῷ κατὰ Νεαίρας, ὠβελισμένον ὑπό τινων, τὸ ἀπὸ τριῶν τρυπημάτων τὴν ἐργασίαν πεποιῆσθαι. λίαν γὰρ εὐτελές ἐστι, καὶ εἰ σφοδρὸν εἶναι δοκεῖ. Similiter Tzetzes Chiliad. VI, 36.

Πάλιν σεμνοστομώτερον φησὶ κατὰ Νεαίρας,
Ἀπὸ τριῶν ἐργάζεσθαι ὀπῶν τὴν ἐργασίαν.
Καὶ ἄλλον αἰσχροτάτων δὲ βορβόρους ἀποπτύει,
Οὕσπερ ὁ Διονύσιος ἀρώματα νομίζει.
Τὴν δ' ἐργασίαν, ἣν φησὶ τριῶν ἐκ τρυπημάτων,
Ἐκ τοῦ Λυσίου ῥήτορος σεμνῶς γλαφυρωτάτως
Ῥηθεῖσαν ἔκλεψεν, αἰσχρῶς ἐξαναπτύξας ταύτην.
Ἡ Ἀντιόπη μόνον γὰρ Λυσίας εἶπε πόρνη,
Ἤτοι ἡ ἄμφω ταῖς ὀπαῖς τῇ μίξει κεχρημένη·
Παναίσχρως δ' οὗτος ηὔξησεν ἀναφανδὰ ληρήσας,
Τὸ ἔργον Νέαιραν τελεῖν τριῶν ἐκ τρυπημάτων.

Simile his immunditiis sunt illa Athenæi, l. XIII. p. 587. ἡ δὲ Κορώνη τῆς Νάννίου θυγάτηρ, τὸ τῆς Τήθης ἀναφέρουσα ἐκ τριπορνείας ὄνομα. A me autem procul esto, ut hæc Orgia enarrarem. TAYLOR.

Ἐπανελθεῖν] Credo, olim ἐπανελθὼν scriptum fuisse, et Infinitivum aliquod, ut ἐπιδεῖξαι, aut simile, strangulatum. Melius non occurrit, et suspicor prorsus rem ita se habere. IDEM. ἐπανελθεῖν, *enarrare regrediendo*, quia nempe redit ad principia, cum puellæ Nicaretæ adhuc essent servæ. AUGER.

Νεωτέρα δὲ οὖσα διὰ τὸ μηδέπω τὴν ἡλικίαν αὐτῇ παρεῖναι] Quid hoc sibi velit, non satis perspicio. Num junior erat Neæra, quod maturitatem nondum adepta esset? Hoc perinde est, ac si dicas: *junior est, quia junior*. Forte sic rescribendum est: νεωτέρα δὲ οὖσα, ὥστε μηδέπω τὴν ἡλικίαν αὐτῇ παρεῖναι. Excidisse poterat istud ὥστε propter similitudinem præcedentis οὖσα, et διὰ videtur esse a manu emendatrice. JURIN. Forte legendum cum Jurino. AUGER.

ΜΑΡΤΥΡΙΑ.

Φιλόστρατος Διονυσίου Κολωνῆθεν μαρτυρεῖ εἰδέναι Νέαιραν Νικαρέτης οὖσαν, ἧς περ καὶ Μετάνειρα ἐγένετο, καὶ κατάγεσθαι παρ' αὐτῷ, ὅτε εἰς τὰ μυστήρια ἐπεδήμησαν, ἐν Κορίνθῳ οἰκοῦσαι· καταστῆσαι δὲ αὐτὰς ὡς αὐτὸν Λυσίαν τὸν Κεφάλου φίλον ὄντα ἑαυτῷ καὶ ἐπιτήδειον.

ή. Πάλιν τοίνυν, ὦ ἄνδρες Ἀθηναῖοι, μετὰ ταῦτα Σιμὸς
ὁ Θετταλὸς, ἔχων Νέαιραν ταυτηνὶ, ἀφικνεῖται δεῦρο εἰς
τὰ Παναθήναια τὰ μεγάλα· συνηκολούθει δὲ καὶ ἡ Νικα-
ρέτη [1] αὕτη· κατήγοντο δὲ παρὰ Κτησίππῳ τῷ [2] Γλαυκω-
νίδου. καὶ συνέπινε καὶ συνεδείπνει ἐναντίον πολλῶν Νέαιρα
αὕτη, ὡς ἂν ἑταίρα οὖσα. καὶ ὅτι ἀληθῆ λέγω, τούτων
1353 ὑμῖν τοὺς μάρτυρας καλῶ. καί μοι κάλει Εὐφίλητον Σί-
μωνος Αἰξωνέα, καὶ Ἀριστόμαχον Κριτοδήμου Ἀλωπε-
κῆθεν.

ΜΑΡΤΥΡΕΣ.

Εὐφίλητος Σίμωνος Αἰξωνεὺς, Ἀριστόμαχος Κριτοδήμου Ἀλωπεκῆθεν, μαρτυροῦσιν εἰδέναι Σιμὸν τὸν Θετταλὸν ἀφικόμενον Ἀθήναζε εἰς τὰ Παναθήναια τὰ μεγάλα, καὶ μετ' αὐτοῦ Νικαρέτην καὶ Νέαιραν τὴν νυνὶ ἀγωνιζομένην, καὶ κατάγεσθαι αὐτοὺς παρὰ Κτησίππῳ τῷ Γλαυκωνίδου, καὶ συμπίνειν μετ' αὐτῶν Νέαιραν ὡς ἑταίραν οὖσαν, καὶ ἄλλων πολλῶν παρόντων καὶ συμπινόντων παρὰ Κτησίππῳ.

θ'. Μετὰ ταῦτα τοίνυν ἐν τῇ Κορίνθῳ αὐτῆς ἐπιφανῶς ἐργαζομένης, καὶ οὔσης λαμπρᾶς, ἄλλοι τε ἐρασταὶ γίγνονται, καὶ Ξενοκλείδης ὁ ποιητὴς, καὶ Ἵππαρχος ὁ ὑποκριτὴς, καὶ εἶχον αὐτὴν μεμισθωμένοι. καὶ ὅτι ἀληθῆ λέγω, τοῦ μὲν Ξενοκλείδου οὐκ ἂν δυναίμην ὑμῖν μαρτυρίαν παρασχέσθαι—οὐ γὰρ ἐῶσιν αὐτὸν οἱ νόμοι μαρτυρεῖν. ὅτε γὰρ Λακεδαιμονίους ὑμεῖς ἐσώζετε, πεισθέντες ὑπὸ Καλλιστράτου, τότε ἀντειπὼν ἐν τῷ δήμῳ τῇδε τῇ βοηθείᾳ, ἐωνημένος τὴν πεντηκοστὴν τοῦ σίτου ἐν εἰρήνῃ, καὶ δέον αὐτὸν καταβάλλειν τὰς καταβολὰς εἰς τὸ βουλευτήριον

[1] * αὐτῇ [2] Γλαυκωνίδου, τῷ Κυδαντίδῃ. καὶ

ή. Αὕτη] Hic αὕτη superfluum videtur ac recidendum. IDEM.

Κτησίππῳ τῷ Γλαυκωνίδου] Quidam adjiciunt praeterea nomen δήμου, quod solet fieri, τῷ Κυδαντίδῃ. Ven. Bar. Obsop. Ital. MSS. Hervag. et margo Parisiensis. TAYLOR.

Καὶ συνέπινε] Æmilius Probus in praefatione: *In Græcia mater familias nec in convivium adhibetur, nisi propinquorum, neque sedet, nisi in interiore ædium parte, quæ gynæconitis appellatur: quo nemo accedit, nisi propinqua cognatione conjunctus.* WOLF.

θ'. Καταβάλλειν τὰς καταβολὰς] *Menstruas pensiones vectigalium solvere*, vel *pendere*

κατὰ πρυτανείαν καὶ οὔσης αὐτῷ ἀτελείας ἐκ τῶν νόμων, οὐκ ἐξελθὼν ἐκείνην [1] στρατείαν, γραφεὶς ὑπὸ Στεφάνου τούτου [2] ἀστρατίας, καὶ διαβληθεὶς τῷ λόγῳ ἐν τῷ δικαστηρίῳ, ἥλω καὶ ἠτιμώθη. καί τοι πῶς οὐκ οἴεσθε δεινὸν εἶναι, εἰ τοὺς μὲν φύσει πολίτας, καὶ γνησίως μετέχοντας τῆς πόλεως, ἀπεστέρηκε τῆς παῤῥησίας Στέφανος οὑτοσί· τοὺς δὲ μηδὲν προσήκοντας βιάζεται Ἀθηναίους εἶναι παρὰ 1354
πάντας τοὺς νόμους; — τὸν δ' Ἵππαρχον αὐτὸν ὑμῖν καλῶ, καὶ ἀναγκάσω μαρτυρεῖν, ἢ ἐξόμνυσθαι κατὰ τὸν νόμον, ἢ κλητεύσω αὐτόν. καί μοι κάλει Ἵππαρχον.

ΜΑΡΤΥΡΙΑ.

Ἵππαρχος [3] Ἀθμονεὺς μαρτυρεῖ Ξενοκλείδην καὶ αὐτὸν μισθώσασθαι Νέαιραν ἐν Κορίνθῳ τὴν νῦν ἀγωνιζομένην, ὡς ἑταίραν οὖσαν τῶν μισθαρνουσῶν, καὶ συμπίνειν ἐν Κορίνθῳ Νέαιραν μετ' αὐτοῦ καὶ Ξενοκλείδου τοῦ ποιητοῦ.

ί. Μετὰ ταῦτα τοίνυν αὐτῆς γίγνονται ἐρασταὶ δύο, [4] Τιμανορίδης τε ὁ Κορίνθιος, καὶ Εὐκράτης ὁ Λευκάδιος. οἳ, ἐπειδήπερ πολυτελὴς ἦν ἡ Νικαρέτη τοῖς ἐπιτάγμασιν, ἀξιοῦσα τὰ καθ' ἡμέραν ἀναλώματα ἅπαντα τῇ οἰκίᾳ παρ' αὐτῶν λαμβάνειν, κατατιθέασιν αὐτῆς τιμὴν τριάκοντα μνᾶς τοῦ σώματος τῇ Νικαρέτῃ, καὶ ὠνοῦνται αὐτὴν παρ' αὐτῆς νόμῳ πόλεως, καθάπαξ [5] αὐτῶν δούλην εἶναι, καὶ εἶχον, καὶ ἐχρῶντο ὅσον ἐβούλοντο αὐτῇ χρόνον. μέλλοντες δὲ γαμεῖν, προαγορεύουσιν αὐτῇ, ὅτι οὐ βούλονται αὐτὴν, σφῶν αὐτῶν ἑταίραν γεγενημένην, ὁρᾶν ἐν Κορίνθῳ ἐργαζομένην, οὐδ' ὑπὸ πορνοβοσκῷ οὖσαν· ἀλλ' ἡδέως ἂν αὐτοῖς εἴη, ἔλαττόν τε τἀργύριον κομίσασθαι παρ' αὐτῆς ἢ κατέθεσαν, καὶ αὐτὴν ταύτην ὁρᾶν τι ἀγαθὸν ἔχου-

[1] τὴν στρατείαν [2] ἀστρατείας [3] Ἀθμονεὺς [4] Τιμανορίδας [5] αὐτῶν

menstruas summas. Budæus.

Κατὰ πρυτανείαν] Utrum singulis Senatus conventibus? An deest numerus, κατὰ τὴν ἐννάτην πρυτανείαν, ut est in Timocratea? Wolf.

Καὶ οὔσης] Fortasse οὐκ οὔσης. Sed totus hic locus impeditior mihi videtur, et historia ignoratur. Taylor.

Ἀναγκάσω μαρτυρεῖν κ. τ. λ.] Cum antecedat, ὑμῖν καλῶ, sensus esse videtur: si ultro prodierit, aut testimonium dicere cogam, aut ejurare: Sin recusarit, misso viatore accersam, et ad horum alterutrum eum adigam. Wolf. Vide annotata a me ad Lycurgum, pag. 151. Not. 40. Taylor.

ί. Πολυτελὴς ἦν ἡ Νικαρέτη τοῖς ἐπιτάγμασιν] Πολυτελὴς τοῖς ἐπιτάγμασι non placet. Forte addendum: καὶ βαρεῖα τοῖς ἐπιτάγμασι. Wolf. Quod non improbarim. Auger.

Κατατιθέασιν αὐτῆς] Pro ὑπὲρ αὐτῆς, ut infra non semel. Auger.

Ἀλλ' ἡδέως ἂν αὐτοῖς εἴη] Ἀντὶ τοῦ, βουλομένοις, ἢ ἡδὺ ἂν αὐτοῖς εἴη. Sed suspecta

σθαι. ἀφιέναι τὸν αὑτῇ ἔφασαν εἰς ἐλευθερίαν χιλίας δραχμάς, πεντακοσίας ἑκάτερος· τὰς δ᾽ εἴκοσι μνᾶς ἐκέλευον αὐτὴν ἐξευροῦσαν αὑτοῖς ἀποδοῦναι. ἀκούσασα δ᾽ αὕτη τοὺς λόγους τούτους, τοῦ τε Εὐκράτους [1] καὶ Τιμανορίδου, με-
1355 ταπέμπεται εἰς τὴν Κόρινθον ἄλλους τε τῶν ἐραστῶν τῶν γεγενημένων αὐτῇ, καὶ Φρυνίωνα τὸν Παιανιέα, Δήμωνος μὲν ὄντα υἱόν, Δημοχάρους δὲ ἀδελφόν, ἀσελγῶς δὲ καὶ πολυτελῶς διάγοντα τὸν βίον· ὡς ὑμῶν οἱ πρεσβύτεροι μνημονεύουσιν. ἀφικομένου δ᾽ ὡς αὐτὴν τοῦ Φρυνίωνος, λέγει πρὸς αὐτὸν τοὺς λόγους οὓς εἶπον πρὸς αὐτὴν ὅ, τε Εὐκράτης καὶ Τιμανορίδας, καὶ δίδωσιν αὐτῷ τἀργύριον, ὃ παρὰ τῶν ἄλλων ἐραστῶν ἐδασμολόγησεν, ἔρανον εἰς τὴν ἐλευθερίαν συλλέγουσα, καὶ εἴ τι ἄρα αὐτὴ περιεποιήσατο. καὶ δεῖται αὐτοῦ προσθέντα τὸ ἐπίλοιπον, οὗ προσέδει εἰς τὰς εἴκοσι μνᾶς, καταθεῖναι [2] ὑπὲρ αὐτῆς τῷ τε Εὐκράτῃ καὶ τῷ Τιμανορίδῃ, ὥστε ἐλευθέραν εἶναι. ἄσμενος δ᾽ ἀκούσας ἐκεῖνος τοὺς λόγους τούτους αὐτῆς, καὶ λαβὼν τἀργύριον, ὃ παρὰ τῶν ἐραστῶν τῶν ἄλλων εἰσηνέχθη αὐτῇ, καὶ προσθεὶς τὸ ἐπίλοιπον αὐτός, κατατίθησιν αὐτῆς τὰς εἴκοσι μνᾶς τῷ τε Εὐκράτῃ καὶ τῷ Τιμανορίδῃ ἐπ᾽ ἐλευθερίᾳ, καὶ ἐφ᾽ ᾧ ἐν Κορίνθῳ μὴ ἐργάζεσθαι. καὶ ὅτι ταῦτ᾽ ἀληθῆ λέγω, τούτου ὑμῖν τὸν παραγενόμενον μάρτυρα καλῶ. καί μοι κάλει Φίλαγρον Μελιτέα.

ΜΑΡΤΥΡΙΑ.

Φίλαγρος Μελιτεὺς μαρτυρεῖ παρεῖναι ἐν Κορίνθῳ, ὅτε Φρυνίων ὁ Δημοχάρους ἀδελφὸς κατετίθει εἴκοσι μνᾶς Νεαίρας τῆς νῦν ἀγωνιζομένης [3] Τιμανορίδῃ τῷ Κορινθίῳ καὶ Εὐκράτῃ τῷ Λευκαδίῳ, καί, καταθεὶς τὸ ἀργύριον, ᾤχετο ἀπάγων Ἀθήναζε Νέαιραν.

ιά. Ἀφικόμενος τοίνυν δεῦρο, ἔχων αὐτήν, ἀσελγῶς καὶ προπετῶς ἐχρῆτο αὐτῇ, καὶ ἐπὶ τὰ δεῖπνα ἔχων αὐτὴν
1356 [4] πανταχοῦ ἐπορεύετο, ὅποι πίνοι, ἐκώμαζέ τ᾽ ἀεὶ μετ᾽ αὐ-

[1] καὶ τοῦ Τ. [2] Deest ὑπέρ. [3] Τιμανορίδῃ. [4] πανταχοῦ ἐπορεύετο, ὅπου

est Scriptura. Wolf.

καταθεῖναι αὐτῆς] Forte ὑπὲρ αὐτῆς, et v. ult. ἐκώμαζέ τ᾽ ἀεὶ μετ᾽ αὐτῆς, quia et reliqua ad personam Phrynionis referuntur. Wolf. ὑπὲρ in omnibus libris desideratur, neque necesse erat Wolfio inserere. Supra p. 376. v. 20. κατατιθέασιν αὐτῆς τιμὴν τριάκοντα μνᾶς, ubi quidam Codd. male αὐτῶν et αὐτοῖς. Infra v. 19. κατατίθησιν αὐτῆς τὰς εἴκοσι μνᾶς, et denuo, v. 26. κατετίθει εἴκοσι μνᾶς Νεαίρας τῆς νῦν ἀγωνιζομένης. Ea solet esse constructio, ubi de pretio agitur. Taylor.

ult. Μετ᾽ αὐτοῦ] Imo μετ᾽ αὐτῆς. Auger.

τοῦ, συνῆν τ' ἐμφανῶς ὁπότε βουληθείη πανταχοῦ, φιλοτιμίαν τὴν ἐξουσίαν πρὸς τοὺς ὁρῶντας ποιούμενος, καὶ ὡς ἄλλους τε πολλοὺς ἐπὶ κῶμον ἔχων ἦλθεν αὐτὴν, καὶ ὡς Χαβρίαν τὸν Αἰξωνέα, ὅτε ἐνίκα ἐπὶ Σωκρατίδου ἄρχοντος τὰ Πύθια τῷ τεθρίππῳ, ὃ ἐπρίατο παρὰ τῶν παίδων τῶν Μίτυος τοῦ [1] Ἀργυρίου, καὶ ἥκων ἐκ Δελφῶν εἱστία τὰ ἐπινίκια ἐπὶ Κωλιάδι. καὶ ἐκεῖ ἄλλοι τε πολλοὶ συνεγίνοντο [2] αὐτῇ μεθυούσῃ, καθεύδοντος τοῦ Φρυνίωνος, καὶ οἱ διάκονοι οἱ Χαβρίου, [3] οἱ τράπεζαν παραθέμενοι. καὶ ὅτι ταῦτ' ἀληθῆ λέγω, τοὺς ὁρῶντας ὑμῖν καὶ παρόντας μάρτυρας παρέξομαι. καί μοι κάλει Χιωνίδην Ξυπεταιῶνα, καὶ Εὐθετίωνα Κυδαθηναιέα.

ΜΑΡΤΥΡΙΑ.

Χιωνίδης Ξυπεταιὼν, Εὐθετίων Κυδαθηναιεὺς, μαρτυροῦσι κληθῆναι ὑπὸ Χαβρίου ἐπὶ δεῖπνον, ὅτε τὰ ἐπινίκια εἱστία Χαβρίας τῆς νίκης τοῦ ἅρματος, καὶ εἱστιᾶσθαι ἐπὶ Κωλιάδι, καὶ εἰδέναι Φρυνίωνα παρόντα ἐν τῷ δείπνῳ [4] τούτου ἔχοντα Νέαιραν τὴν νυνὶ ἀγωνιζομένην, καὶ καθεύδειν σφᾶς αὐτοὺς καὶ Φρυνίωνα καὶ Νέαιραν, καὶ αἰσθάνεσθαι αὐτοὶ ἀνισταμένους τῆς νυκτὸς πρὸς Νέαιραν ἄλλους τε, καὶ τῶν διακόνων τινὰς, οἳ ἦσαν Χαβρίου οἰκέται.

ιβ'. Ἐπειδὴ τοίνυν ἀσελγῶς προὐπηλακίζετο ὑπὸ τοῦ Φρυνίωνος, καὶ οὐχ ὡς ᾤετο ἠγαπᾶτο, οὐδ' ὑπηρέτει αὐτῇ ἃ ἐβούλετο· συσκευασαμένη αὐτῷ τὰ ἐκ τῆς οἰκίας, καὶ ὅσα ἦν αὐτῇ ὑπ' ἐκείνου περὶ τὸ σῶμα κατεσκευασμένα ἱμάτια καὶ χρυσία, καὶ θεραπαίνας δύο, Θρᾶτταν, καὶ [5] Κοκκαλίνην, ἀποδιδράσκει εἰς Μέγαρα. ἦν δὲ ὁ χρόνος 1357
οὗτος, ᾧ Ἀστεῖος μὲν ἦν ἄρχων Ἀθήνησιν, ὁ καιρὸς δὲ, ἐν ᾧ ἐπολεμεῖθ' ὑμεῖς πρὸς τοὺς Λακεδαιμονίους τὸν ὕστερον

[1] ἀργείου [2] αὐτῇ [3] Deest articulus. [4] τούτῳ [5] Κοκκαλίνην

Τοῦ Ἀργυρίου] Codd. Ven. Bar. Ital. cum marg. Benenati, Ἀργείου. Quod lubens præfero. Inter populos Atticæ, non novi, qui ad istam scripturam accedat. TAYLOR. Imo Ἀργείου. AUGER.

Κωλιάδι] Ἄκρα τῆς Ἀττικῆς. Vide Pausaniæ Attica. WOLF. Harpocr. Κωλιὰς, Δημοσθένης ἐν τῷ κατὰ Νεαίρας, εἰ γνήσιος, ἐπιθαλασσία ἄκρα Ἀττικὴ etc. Hunc sc. locum respexit Lexicographus. Plura dabit Stephanus Byzant. virique ad eum eruditi. TAYLOR.

Διάκονοι οἱ Χαβρίου τράπεζαν παραθέμενοι] [Legit cum vulgatis] Malim οἱ τράπεζαν παραθέμενοι, qui mensam struxerant. Aliqui videri queant apposita mensa flagitium celare voluisse. WOLF.

Τούτου] Rectius τούτῳ, uti habent Ven. Ital. et margo Benenati. TAYLOR. AUGER.

ιβ'. Αὐτῷ τὰ ἐκ τῆς οἰκίας] Scribitur, et melius, συσκευασαμένη αὐτοῦ τὰ ἐπὶ τῆς οἰκίας. TAYLOR. L. αὐτοῦ, sc. Phrynionis. AUGER.

Χρόνος — καιρὸς] Observa distinctionem vocum. WOLF.

Ὕστερον] *Posterius.* Intelligit Auctor postremum bellum, quod gererent Atheni-

πόλεμον. διατρίψασα δ' ἐν τοῖς Μεγάροις δύο ἔτη, τόν τ'
ἐπ' Ἀστείου ἄρχοντος καὶ Ἀλκισθένους ἐνιαυτὸν, ὡς αὐτῇ
ἡ ἀπὸ τοῦ σώματος ἐργασία οὐχ ἱκανὴν εὐπορίαν παρεῖ-
χεν, ὥστε διοικεῖν τὴν οἰκίαν, πολυτελὴς δ' ἦν· [1]οἱ μὲν
γὰρ ἦσαν ἀνελεύθεροι καὶ μικρολόγοι, ξένων δὲ οὐ πάνυ
ἐπιδημία ἦν αὐτόθι, διὰ τὸ πόλεμον εἶναι, καὶ τοὺς Μεγα-
ρέας Λακωνίζειν, τῆς δὲ θαλάττης ὑμᾶς ἄρχειν, εἰς δὲ τὴν
Κόρινθον οὐκ ἐξῆν αὐτῇ ἐπανελθεῖν, διὰ τὸ ἐπὶ τούτῳ
ἀπηλλάχθαι ἀπὸ τοῦ Εὐκράτους καὶ τοῦ Τιμανορίδου, ὥστ'
ἐν Κορίνθῳ μὴ ἐργάζεσθαι. ὡς οὖν γίγνεται ἡ εἰρήνη ἡ ἐπὶ
Φρασικλείδου ἄρχοντος, καὶ ἡ μάχη ἡ ἐν Λεύκτροις Θηβαί-
ων καὶ Λακεδαιμονίων, τότ' ἐπιδημήσαντα Στέφανον τουτονὶ
εἰς τὰ Μέγαρα, καὶ καταγόμενον ὡς αὐτὴν, [2]ἑταίραν οὖσαν,
καὶ πλησιάσαντα αὐτῇ, διηγησαμένη πάντα τὰ πεπρα-
γμένα, καὶ τὴν ὕβριν τοῦ Φρυνίωνος, καὶ ἐπιδοῦσα ἃ ἐξ-
ῆλθεν ἔχουσα παρ' αὐτοῦ, ἐπιθυμοῦσα μὲν τῆς ἐνθάδε οἰ-
κήσεως, φοβουμένη δὲ τὸν Φρυνίωνα, διὰ τὸ ἠδικηκέναι μὲν
αὐτὴν, ἐκεῖνον δὲ ὀργίλως ἔχειν αὐτῇ, σοβαρὸν δὲ καὶ ὀλί-
γωρον εἰδυῖα αὐτοῦ τὸν τρόπον ὄντα, προΐσταται Στέφανον
τουτονὶ [3]αὐτῆς. ἐπάρας δὲ αὐτὴν οὗτος ἐν τοῖς Μεγάροις
τῷ λόγῳ, καὶ φυσήσας, ὡς κλαύσοιτο ὁ Φρυνίων, εἰ ἅψαι-
το αὐτῆς, αὐτὸς δὲ γυναῖκα αὐτὴν ἕξων, τούς τε παῖδας
1358 τοὺς ὄντας αὐτῇ τότε εἰσάξων εἰς τοὺς φράτορας ὡς αὐ-
τοῦ ὄντας, καὶ πολίτας ποιήσων, ἀδικήσει δὲ οὐδεὶς ἀνθρώ-
πων· ἀφικνεῖται αὐτὴν ἔχων δεῦρο ἐκ τῶν Μεγάρων, καὶ
παιδία μετ' αὐτῆς τρία, Πρόξενον, καὶ Ἀρίστωνα, καὶ
θυγατέρα, ἣν νυνὶ Φανὼ καλοῦσι, καὶ εἰσάγει αὐτὴν καὶ
τὰ παιδία εἰς οἰκίδιον, ὃ ἦν αὐτῷ παρὰ τὸν ψιθυριστὴν

[1] οἱ μεγαρεῖς δ' ἀνελεύθεροι [2] ἑταίραν et ἑταίρα passim. [3] αὐτῆς. ἐπάρας

enses cum Lacedæmoniis, ut notum est ex historia. TAYLOR.

Οἱ μὲν γὰρ ἦσαν ἐλεύθεροι] Lego ἀνελεύθεροι. Nam Megarensium disciplina fuit, φείδεσθαι καὶ κερδαίνειν. Unde ait Isocrates, eos μεγίστους οἴκους κεκτῆσθαι τῶν Ἑλλήνων. Male quidem audierunt Megarenses a Græcis: sed cum, teste Isocrate, rem et publicam et privatam bene gesserint, velim nos et publice et privatim eorum exemplum sequi, potius, quam Sybaritarum τὸ μηδεὶς ὑμῶν σωφρονείτω. Quod dum faciunt studentes nostri, et nihil illis satis est, et alii turpiter egent, alii in militiam profugiunt, non servata fide nec parentibus, nec præceptoribus, nec patronis. WOLF.

Ἐπάρας — φυσήσας] Similiter Horat. Sat. l. II. sat. V. v. 96.

——— donec, ohe jam
Ad cœlum manibus sublatis dixerit, urge; et
Crescentem tumidis infla sermonibus utrem.

Παρὰ τὸν ψιθυριστὴν Ἑρμῆν] Non bellum

Ἑρμῶν μεταξὺ τῆς Δωροθέου τοῦ Ἐλευσινίου οἰκίας, καὶ τῆς Κλεινομάχου, ἣν νυνὶ Σπίνθαρος παρ' αὐτοῦ ἐώνηται ἑπτὰ μνῶν. ὥστε ἡ μὲν ὑπάρχουσα Στεφάνῳ οὐσία αὕτη ἦν, καὶ ἄλλο οὐδέν. δυοῖν δ' οὕνεκα ἦλθεν ἔχων αὐτήν, ὡς ἐξ ἀτελείας τε ἕξων καλὴν ἑταίραν, καὶ τὰ ἐπιτήδεια ταύτην ἐργασομένην, καὶ θρέψουσαν τὴν οἰκίαν· οὐ γὰρ ἦν αὐτῷ ἄλλη πρόσοδος, [1]ὅτι μὴ συκοφαντήσας τι λάβοι. πυθόμενος δὲ ὁ Φρυνίων ἐπιδημοῦσαν αὐτήν, καὶ οὖσαν παρὰ τούτῳ, παραλαβὼν νεανίσκους μεθ' ἑαυτοῦ, καὶ ἐλθὼν ἐπὶ τὴν οἰκίαν τὴν τοῦ Στεφάνου, ἦγεν αὐτήν. ἀφαιρουμένου δὲ τοῦ Στεφάνου κατὰ τὸν νόμον εἰς ἐλευθερίαν, κατηγγύησεν αὐτὴν πρὸς τῷ πολεμάρχῳ. καὶ ὡς ἀληθῆ λέγω, τούτων αὐτῶν μάρτυρα ὑμῖν τὸν τότε πολέμαρχον παρέξομαι. καί μοι κάλει Αἰήτην [2]Κιριάδην.

ΜΑΡΤΥΡΙΑ.

Αἰήτης [3]Κιριάδης μαρτυρεῖ, πολεμαρχοῦντος αὐτοῦ κατεγγυηθῆναι Νέαιραν τὴν νυνὶ ἀγωνιζομένην ὑπὸ Φρυνίωνος [3]Δημοχάρους ἀδελφοῦ, καὶ ἐγγυητὰς γενέσθαι Νεαίρας, Στέφανον, [4]Εὐροιάδην, Γλαυκέτην Κηφισιέα, Ἀριστοκράτην Φαληρέα.

ιγ'. Διεγγυηθεῖσα δὲ ὑπὸ Στεφάνου, καὶ οὖσα παρὰ τούτῳ, τὴν μὲν αὐτὴν ἐργασίαν οὐδὲν ἧττον ἢ [5]τὸ πρότερον εἰργάζετο, τοὺς δὲ μισθοὺς μείζους ἐπράττετο τοὺς βουλο- 1350
μένους αὐτῇ πλησιάζειν· ὡς ἐπὶ προσχήματος ἤδη τινὸς οὖσα, καὶ ἀνδρὶ συνοικοῦσα. συνεσυκοφάντει δὲ καὶ αὐτός,

[1] ὅτι μὴ συκοφ. [2] τὴν λάβοι [3] Καιριάδ. [3] τοῦ Δημοχ. [4] Ἐροιάδην [5] τὸ πρότερον

Epitheton, sed Aulis familiare. WOLF. Hunc locum ex nostro jam olim produxerunt Harpocr. in v. Τιθυμιστὴς Ἑρμ. et Eustath. ad Odyss. τ. Vide doctissimum Maussacum ad istum locum Harpocrationis; ea, quæ attexuit Valesius; et quæ corrasit Meurs. Lect. Attic. IV. 12. TAYLOR.

Ὅτι μὴ] Ἀντὶ τοῦ, εἰ μή. WOLF.

Κατηγγύησεν] Budæus ἐξεγγυᾶσθαι et διεγγυᾶσθαι, *sponsores et vades dare*, et διεγγύησιν *fidejussoris intercessionem* interpretatur, κατεγγυᾶν, *vadimonio, sponsione, satisdatione obstringere, aut pro credito pignerare, manum prædibus bonis injicere, quæ bona satis accepto habeas obnoxia*: et κατεγγυᾶσθαι μὲν ὁ ἐγγυητὴν καταστὰς (Forte ἐγγυητὰς καθιστὰς) κατεγγυᾷ δὲ ὁ δανειστής. μεσεγγυᾶσθαι, *pecuniam apud sequestrem deponendam stipulari et contendere*. κατεγγυῶν *sorem*, *dependere praebere*. WOLF. Vid. Petit. Comm. in L. A. l. II. t. VI. §. III.

Εὐροιάδην] Ἐροιάδην rescribit Meursius de populis Atticis. Ita MSti nostri, et Harpocratio. Emendat etiam Valesius ad Harpocr. pag. 78. Supra restitue Κειριάδην cum diphthongo, ut semper fere exarari solet. TAYLOR. Imo Κειριάδην et Ἐροιάδην. AUGER.

Διεγγυηθεῖσα] Corrige διεγγυηθεῖσα. Locum tangunt Harpocr. et Suid. v. Διεγγύησιν. TAYLOR.

ιγ'. Ὡς ἐπὶ προσχήματος] Vertit Wolfius: *ut quæ jam prætextum haberet suæ turpitudinis, et nupta esset*. Immo: *ut quæ jam prætextum haberet suæ avaritiæ*. Majorem nempe mercedem exigebat, prætextu periculi sui a marito. JURIN.

Συνεσυκοφάντει] Lege: συνεσυκοφάντει δὲ

εἴ τινα ξένον ἀγνῶτα πλούσιον λάβοι ἐραστὴν αὐτῆς, ὡς μοιχὸν ἐπ᾽ αὐτῇ ἔνδον ἀποκλείων, καὶ ἀργύριον πραττόμενος πολύ. εἰκότως. οὐσία μὲν γὰρ οὐχ ὑπῆρχε Στεφάνῳ, οὔτε Νεαίρᾳ, ὥστε τὰ καθ᾽ ἡμέραν ἀναλώματα δύνασθαι ὑποφέρειν· ἡ δὲ διοίκησις συχνή, ὁπότε δέοι τοῦτόν [1]γε καὶ αὑτὴν τρέφειν, καὶ παιδάρια τρία, ἃ ἦλθεν ἔχουσα ὡς αὐτόν, καὶ θεραπαίνας δύο, καὶ οἰκέτην διάκονον, ἄλλως τε καὶ μεμαθηκυῖα μὴ κακῶς ἔχειν τὰ ἐπιτήδεια, ἑτέρων ἀναλισκόντων [2]αὐτὴν τὸ πρότερον. οὔτε γὰρ ἀπὸ τῆς πολιτείας προσῄει Στεφάνῳ τούτῳ ἄξιον λόγου, — οὐ γάρ πω ἦν ῥήτωρ, ἀλλ᾽ ἔτι συκοφάντης τῶν παραβοώντων παρὰ τὸ βῆμα, καὶ γραφομένων μισθοῦ, καὶ φαινόντων, καὶ ἐπιγραφομένων ταῖς ἀλλοτρίαις γνώμαις —, ἕως ὑπέπεσε Καλλιστράτῳ τῷ Ἀφιδναίῳ. ἐξ ὅτου δὲ τρόπου, καὶ δι᾽ ἣν αἰτίαν, ἐγὼ ὑμῖν καὶ περὶ τούτου διέξειμι, ἐπειδὰν περὶ ταυτησὶ Νεαίρας ἐπιδείξω ὡς ἔστι ξένη, καὶ ὡς μεγάλα ὑμᾶς ἠδίκηκε, καὶ ὡς ἠσέβηκεν εἰς τοὺς θεούς· ἵν᾽ εἰδῆτε ὅτι καὶ αὐτὸς οὗτος ἄξιός ἐστιν οὐκ ἐλάττω δοῦναι δίκην, ἢ καὶ Νέαιρα αὕτη, ἀλλὰ καὶ πολλῷ μείζω, καὶ μᾶλλον, ὅσῳ Ἀθηναῖος φάσκων εἶναι, οὕτω πολὺ τῶν νόμων καταπεφρόνηκε, καὶ ὑμῶν, καὶ τῶν θεῶν, ὥστ᾽ οὐδ᾽ ὑπὲρ τῶν ἡμαρτημένων [3]αὐτῷ αἰσχυνόμενος τολμᾷ ἡσυχίαν ἄγειν, ἀλλὰ συκοφαντῶν ἄλλους τε καὶ ἐμέ, τουτονὶ πεποίηκεν
1360 αὐτὸν καὶ ταύτην εἰς τηλικοῦτον ἀγῶνα καταστῆσαι, ὥστε ἐξετασθῆναι μὲν ταύτην ἥτις ἐστίν, ἐξελεγχθῆναι δὲ τὴν αὐτοῦ πονηρίαν.

ιδ΄. Λαχόντος τοίνυν αὐτῷ τοῦ Φρυνίωνος δίκην, ὅτι αὐ-

[1] τε καὶ αὐτὴν [2] εἰς αὐτὴν τοπρότερον [3] αὑτῷ

αὐτῆς, καὶ, εἴ τινα etc. TAYLOR.

Ἡ δὲ διοίκησις συχνή] Ἡ δαπάνη, ἣ οἱ κατὰ τὸν οἶκον τρέφονται. Alias αἱ δημόσιαι πρόσοδοι hoc nomine intelliguntur. Unde οἱ ἐπὶ τῆς διοικήσεως. Videtur hac καταχρήσει luxum mulierculae exaggerare. WOLF.

Αὐτὴν] Lege αὑτήν. TAYLOR.

Ἑτέρων ἀναλισκόντων αὐτὴν πρότερον] Forte αὐτῇ, vel εἰς αὐτήν. χορηγούντων αὐτῇ τὰ ἐπιτήδεια. WOLF. Non memini, τὸ ἀναλίσκειν conjungi cum accusativo personae, sed poni vel absolute, vel cum accusativo rei. Itaque non vereor rescribere ἀναλισκόντων εἰς αὐτήν. JURIN. εἰς αὐτήν, et v. praec. L. μεμαθηκυῖαν. AUGER.

Προσῄει] Forte οὐδὲν προσῄει. WOLF.

Ἢ καὶ Νέαιρα αὕτη] Malim ἢ καὶ Νέαιρα αὐτή. JURIN. Ita Cod. Ital. et recte. TAYLOR.

Καὶ μᾶλλον, ὅσῳ] Fortasse addendum: καὶ τοσούτῳ μᾶλλον, ὅσῳ — et v. 20. εἰς τηλικοῦτο. WOLF. F. leg. καὶ τοσούτῳ μᾶλλον. AUGER.

Εἰς] Restituit istud εἰς cum bono nostro Wolfio Cod. Bav. et marg. Benenati. Vulgabatur ὡς. Totum vero locum ita emendo: πεποίηκεν αὐτὴν καὶ ταύτην εἰς τηλικοῦτον ἀγῶνα καταστῆσαι. Bav. κατα-

Ἑρμῶν μεταξὺ τῆς Δωροθέου τοῦ Ἐλευσινίου οἰκίας, καὶ τῆς Κλεινομάχου, ἣν νυνὶ Σπίνθαρος παρ' αὐτοῦ ἐώνηται ἑπτὰ μνῶν. ὥστε ἡ μὲν ὑπάρχουσα Στεφάνῳ οὐσία αὕτη ἦν, καὶ ἄλλο οὐδέν. δυοῖν δ' οὕνεκα ἦλθεν ἔχων αὐτήν, ὡς ἐξ ἀτελείας τε ἕξων καλὴν ἑταίραν, καὶ τὰ ἐπιτήδεια ταύτην ἐργασομένην, καὶ θρέψουσαν τὴν οἰκίαν· οὐ γὰρ ἦν αὐτῷ ἄλλη πρόσοδος, [1]ὅτι μὴ συκοφαντήσας τι λάβοι. πυθόμενος δὲ ὁ Φρυνίων ἐπιδημοῦσαν αὐτήν, καὶ οὖσαν παρὰ τούτῳ, παραλαβὼν νεανίσκους μεθ' ἑαυτοῦ, καὶ ἐλθὼν ἐπὶ τὴν οἰκίαν τὴν τοῦ Στεφάνου, ἦγεν αὐτήν. ἀφαιρουμένου δὲ τοῦ Στεφάνου κατὰ τὸν νόμον εἰς ἐλευθερίαν, κατηγγύησεν αὐτὴν πρὸς τῷ πολεμάρχῳ. καὶ ὡς ἀληθῆ λέγω, τούτων αὐτῶν μάρτυρα ὑμῖν τὸν τότε πολέμαρχον παρέξομαι. καί μοι κάλει Ἀήτην [2]Κιριάδην.

ΜΑΡΤΥΡΙΑ.

Ἀήτης [3]Κιριάδης μαρτυρεῖ, πολεμαρχοῦντος αὐτοῦ κατεγγυηθῆναι Νέαιραν τὴν νυνὶ ἀγωνιζομένην ὑπὸ Φρυνίωνος [3]Δημοχάρους ἀδελφοῦ, καὶ ἐγγυητὰς γενέσθαι Νεαίρας, Στέφανον, [4]Ἐῤῥοιάδην, Γλαυκέτην Κηφισιέα, Ἀριστοκράτην Φαληρέα.

ιγ'. Διεγγυηθεῖσα δὲ ὑπὸ Στεφάνου, καὶ οὖσα παρὰ τούτῳ, τὴν μὲν αὐτὴν ἐργασίαν οὐδὲν ἧττον ἢ [5]τὸ πρότερον
εἰργάζετο, τοὺς δὲ μισθοὺς μείζους ἐπράττετο τοὺς βουλο- 1350
μένους αὐτῇ πλησιάζειν· ὡς ἐπὶ προσχήματος ἤδη τινὸς οὖσα, καὶ ἀνδρὶ συνοικοῦσα. συνεσυκοφάντει δὲ καὶ αὐτὸς,

[1] ἔξω μὴ [illegible] [2] [illegible] λάβοι [3] κειριάδ. [3] τοῦ Δημ. [4] ἐρροιάδην [5] [illegible]

Epithetum, sed Aulæ familiare, Wolf. Hunc locum ex nostro jam olim produxerant Harpocr. in v. Τιθρασιοτὴς Ἑρμ. et Eustath. ad Odyss. Υ. Vide doctissimum Maussacum ad istum locum Harpocrationis; ea, quæ attexuit Valesius; et quæ corrasit Meurs. Lect. Attic. IV. 12. Taylor.

Ὅτι μὴ] Ἀντὶ τοῦ, εἰ μή. Wolf.

Κατηγγύησεν] Budæus ἐξεγγυᾶσθαι et διεγγυᾶσθαι, sponsores et vades dare, et διεγγύησιν fidejussoris intercessionem interpretatur, κατεγγυᾶν, vadimonio, sponsione, satisdatione obstringere, aut pro credito pignerari, manum prædibus bonis injicere, quæ bona satis accepto habeas obnoxia: et κατεγγυᾶται μὲν ὁ ἐγγυητὰς καταστὰς (Forte ἐγγυητὰς καθιστὰς) κατεγγυᾷ δὲ ὁ δανειστής. μεσεγγυᾶσθαι, pecuniam apud sequestrem deponendam stipulari et expendere. κατεγγυᾶν λόγον, despondere promissum. Wolf. Vid. Petit. Comm. in L. A. l. II. t. VI. §. III.

Ἐῤῥοιάδην] Ἑρσιάδην rescribit Meursius de populis Atticæ. Ita MSti nostri, et Harpocratio. Emendat etiam Valesius ad Harpocr. pag. 78. Supra restitue Κειριάδην cum diphthongo, ut semper fere exarari solet. Taylor. Imo Κειριάδην et Ἑρσιάδην. Auger.

Διεγγυηθεῖσα] Corrige διεγγυηθεῖσα. Locum tangunt Harpocr. et Suid. v. Διεγγύησιν. Taylor.

ιγ'. Ὡς ἐπὶ προσχήματος] Vertit Wolfius: ut quæ jam prætextum haberet suæ turpitudinis, et nupta esset. Immo: ut quæ jam prætextum haberet suæ avaritiæ. Majorem nempe mercedem exigebat, prætextu pensionis sui a marito. Jurin.

Συνεσυκοφάντει] Lege: συνεσυκοφάντει δὲ

εἴ τινα ξένον ἀγνῶτα πλούσιον λάβοι ἐραστὴν αὐτῆς, ὡς μοιχὸν ἐπ᾽ αὐτῇ ἔνδον ἀποκλείων, καὶ ἀργύριον πραττόμενος πολύ. εἰκότως. οὐσία μὲν γὰρ οὐχ ὑπῆρχε Στεφάνῳ, οὔτε Νεαίρᾳ, ὥστε τὰ καθ᾽ ἡμέραν ἀναλώματα δύνασθαι ὑποφέρειν· ἡ δὲ διοίκησις συχνή, ὁπότε δέοι τοῦτόν [1]γε καὶ αὐτὴν τρέφειν, καὶ παιδάρια τρία, ἃ ἦλθεν ἔχουσα ὡς αὐτόν, καὶ θεραπαίνας δύο, καὶ οἰκέτην διάκονον, ἄλλως τε καὶ μεμαθηκυῖα μὴ κακῶς ἔχειν τὰ ἐπιτήδεια, ἑτέρων ἀναλισκάντων [2]αὐτὴν τὸ πρότερον. οὔτε γὰρ ἀπὸ τῆς πολιτείας προσῄει Στεφάνῳ ταυτῳ ἄξιον λόγου, — οὐ γάρ πω ἦν ῥήτωρ, ἀλλ᾽ ἔτι συκοφάντης τῶν παραβοώντων παρὰ τὸ βῆμα, καὶ γραφομένων μισθοῦ, καὶ φαινόντων, καὶ ἐπιγραφομένων ταῖς ἀλλοτρίαις γνώμαις —, ἕως ὑπέπεσε Καλλιστράτῳ τῷ Ἀφιδναίῳ. ἐξ ὅτου δὲ τρόπου, καὶ δι᾽ ἣν αἰτίαν, ἐγὼ ὑμῖν καὶ περὶ τούτου διέξειμι, ἐπειδὰν περὶ ταυτησὶ Νεαίρας ἐπιδείξω ὡς ἔστι ξένη, καὶ ὡς μεγάλα ὑμᾶς ἠδίκηκε, καὶ ὡς ἠσέβηκεν εἰς τοὺς θεούς· ἵν᾽ εἰδῆτε ὅτι καὶ αὐτὸς οὗτος ἄξιός ἐστιν οὐκ ἐλάττω δοῦναι δίκην, ἢ καὶ Νέαιρα αὕτη, ἀλλὰ καὶ πολλῷ μείζω, καὶ μᾶλλον, ὅσῳ Ἀθηναῖος φάσκων εἶναι, οὕτω πολὺ τῶν νόμων καταπεφρόνηκε, καὶ ὑμῶν, καὶ τῶν θεῶν, ὥστ᾽ οὐδ᾽ ὑπὲρ τῶν ἡμαρτημένων [3]αὐτῷ αἰσχυνόμενος τολμᾷ ἡσυχίαν ἄγειν, ἀλλὰ συκοφαντῶν ἄλλους τε καὶ ἐμέ, τουτονὶ πεποίηκεν
1360 αὐτὸν καὶ ταύτην εἰς τηλικοῦτον ἀγῶνα καταστῆσαι, ὥστε ἐξετασθῆναι μὲν ταύτην ἥτις ἐστίν, ἐξελεγχθῆναι δὲ τὴν αὐτοῦ πονηρίαν.

ιδ΄. Λαχόντος τοίνυν αὐτῷ τοῦ Φρυνίωνος δίκην, ὅτι αὐ-

[1] τε καὶ αὐτὴν [2] εἰς αὐτὴν τοπρότερον [3] αὐτῷ

αὐτὴν, καὶ, εἴ τινα etc. TAYLOR.

Ἡ δὲ διοίκησις συχνή] Ἡ δαπάνη, ἣ οἱ κατὰ τὸν οἶκον τρέφονται. Alias αἱ δημόσιαι πρόσοδοι hoc nomine intelliguntur. Unde οἱ ἐπὶ τῆς διοικήσεως. Videtur hac καταχρήσει laxum muliercolae exaggerare. WOLF.

Αὐτὴν] Lege αὐτῇ. TAYLOR.

Ἑτέρων ἀναλισκόντων αὐτὴν πρότερον] Porte αὐτῇ, vel εἰς αὐτήν. χορηγούντων αὐτῇ τὰ ἐπιτήδεια. WOLF. Non memini, τὸ ἀναλίσκειν conjungi cum accusativo personae, sed poni vel absolute, vel cum accusativo rei. Itaque non vereor rescribere ἀναλισκόντων εἰς αὐτήν. JURIN. εἰς αὐτὴν, et v. praec. l. μεμαθηκυῖαν. AUGER.

Προσῄει] Forte οὐδὲν προσῄει. WOLF.

Ἢ καὶ Νέαιρα αὕτη] Malim ἣ καὶ Νέαιρα αὐτή. JURIN. Ita Cod. Ital. et recte. TAYLOR.

Καὶ μᾶλλον, ὅσῳ] Fortasse addendum: καὶ τοσούτῳ μᾶλλον, ὅσῳ — et v. 24. εἰς τηλικοῦτον. WOLF. F. leg. καὶ τοσούτῳ μᾶλλον. AUGER.

Εἰς] Restituit istud εἰς cum bono nostro Wolfio Cod. Bav. et marg. Benenati. Vulgabatur ὡς. Totum vero locum ita emenda: πεποίηκεν αὐτὸν καὶ ταύτην εἰς τηλικοῦτον ἀγῶνα καταστῆσαι. Bav. κατα-

τοῦ ἀφείλετο Νέαιραν ταυτηνὶ εἰς ἐλευθερίαν, καὶ ὅτι ἃ ἐξῆλθεν ἔχουσα παρ' αὐτοῦ αὕτη, ὑπεδέξατο, συνῆγον αὐτοὺς οἱ ἐπιτήδειοι, καὶ ἔπεισαν [1] καὶ δίαιταν ἐπιτρέψαι αὐτοῖς. καὶ ὑπὲρ μὲν τοῦ Φρυνίωνος διαιτητὴς ἐκαθέζετο Σάτυρος Ἀλωπεκῆθεν ὁ Λακεδαιμονίου ἀδελφὸς, ὑπὲρ δὲ Στεφάνου τουτουῒ [2] Σαβρίας Λαμπρεύς· κοινὸν δὲ [3] αὐτοῖς προσαιροῦνται Διογείτονα Ἀχαρνέα. συνελθόντες δ' οὗτοι ἐν τῷ ἱερῷ, ἀκούσαντες ἀμφοτέρων, καὶ αὐτῆς τῆς ἀνθρώπου τὰ πεπραγμένα, γνώμην ἀπεφήναντο, καὶ οὗτοι ἐνέμειναν αὐτῇ· τὴν μὲν ἄνθρωπον ἐλευθέραν εἶναι, καὶ αὐτὴν [4] αὐτῆς κυρίαν· ἃ δ' ἐξῆλθεν ἔχουσα Νέαιρα παρὰ Φρυνίωνος, χωρὶς ἱματίων, καὶ χρυσίων, καὶ θεραπαινῶν, ἃ αὐτῇ [5] ἀνθρώπῳ ἠγοράσθη, ἀποδοῦναι Φρυνίωνι πάντα· συνεῖναι δ' ἑκατέρῳ ἡμέραν παρ' ἡμέραν· ἐὰν δὲ καὶ ἄλλως πως ἀλλήλους πείθωσι, ταῦτα κύρια εἶναι· τὰ δ' ἐπιτήδεια τῇ ἀνθρώπῳ τὸν ἔχοντα ἀεὶ παρέχειν· καὶ ἐκ τοῦ λοιποῦ χρόνου φίλους εἶναι ἀλλήλοις, καὶ μὴ μνησικακεῖν. ἡ μὲν οὖν γνωσθεῖσα διαλλαγὴ ὑπὸ τῶν διαιτητῶν Φρυνίωνι καὶ Στεφάνῳ περὶ Νεαίρας ταυτησὶ αὕτη ἐστίν. ὅτι δ' ἀληθῆ λέγω ταῦτα, τούτων ὑμῖν τὴν μαρτυρίαν ἀναγνώσεται. κάλει μοι Σάτυρον Ἀλωπεκῆθεν, [6] Σαβρίαν Λαμπρέα, Διογείτονα Ἀχαρνέα.

ΜΑΡΤΥΡΙΑ. 1361

Σάτυρος Ἀλωπεκῆθεν, [7] Σαβρίας Λαμπρεὺς, Διογείτων Ἀχαρνεὺς, μαρτυροῦσι διαλλάξαι, διαιτηταὶ γενόμενοι περὶ Νεαίρας τῆς νυνὶ ἀγωνιζομένης, Στέφανον καὶ Φρυνίωνα· τὰς δὲ διαλλαγὰς εἶναι, καθ' ἃς διήλλαξαν, οἵας παρέχεται Ἀπολλόδωρος.

ΔΙΑΛΛΑΓΑΙ.

Κατὰ τάδε διήλλαξαν Φρυνίωνα καὶ Στέφανον, χρῆσθαι ἑκάτερον Νεαίρᾳ

[1] Deest καί. [2] Σαυρίας ὁ Λαμπρεὺς [3] αὐτοῖς [4] αὐτῆς [5] τῇ ἀνθρώπῳ [6] Σαυρίαν [7] Σαυρίας

στῆναι. Ital. ἐνστῆναι. Taylor.

Καὶ δίαιταν] Lege cum universis prelo cusis ante Wolfium, καὶ ἔπεισαν δίαιταν ἐπιτρέψαι αὐτοῖς, sine conjunctione. Nescio, unde ille arripuerit. Agnoscunt quidem Codices nostri, sed perperam. Idem. Posterius καὶ delendum est. Auger.

Αὐτὴν] Rescribendum puto καὶ αὐτὴν αὐτῆς κυρίαν. Jurin.

Καὶ χρυσίων] Revocavi conjunctionem, adjutus MStis Ven. Bar. Ital. marg. Paris. et Editione emendata Feliciani. Taylor.

Ἃ ἐν τῇ ἀνθρώπῳ ἠγοράσθη] Ἃ εἶχε συμπρασσομένη. Sed fortasse τὸ ἐν abundat, ut sit, *quæ emta fuere mulieri ab amatoribus et Phrynione*. Wolf. ἐν dele ut superfluum, nisi potius legas cum Reiskio. Auger.

Διήλλαξαν] Corrige διήλλαξαν αὐτοὺς, cum Ven. Bar. Ital. et marg. Parisiensi. Taylor.

τὰς ἴσας ἡμέρας τοῦ μηνὸς παρ' ἑαυτοῖς ἔχοντας, ἂν μή τι ἄλλο αὐτοὶ αὑτοῖς συγχωρήσωσιν.

ὡς δ' ἀπηλλαγμένοι ἦσαν οἱ παρόντες ἑκατέρῳ ἐπὶ τῇ διαίτῃ, καὶ τοῖς πράγμασιν, οἷον, οἶμαι, φιλεῖ γίγνεσθαι ἑκάστοτε, ἄλλως τε καὶ περὶ ἑταίρας οὔσης αὐτοῖς τῆς διαφορᾶς, ἐπὶ δεῖπνον ᾔεσαν ὡς ἑκάτερον αὐτῶν, ὁπότε καὶ Νέαιραν ἔχοιεν· καὶ αὐτὴ συνεδείπνει καὶ συνέπινεν, ὡς ἑταίρα οὖσα. καὶ ὅτι ταῦτ' ἀληθῆ λέγω, κάλει μοι μάρτυρας τοὺς συνόντας αὐτοῖς, Εὔβουλον Προβαλείσιον, Διοπείθην Μελιτέα, Κτήσωνα ἐκ Κεραμέων.

ΜΑΡΤΥΡΙΑ.

Εὔβουλος Προβαλείσιος, Διοπείθης Μελιτεύς, Κτήσων ἐκ Κεραμέων, μαρτυροῦσιν, ἐπειδὴ αἱ διαλλαγαὶ ἐγένοντο αἱ περὶ Νεαίρας Φρυνίωνι καὶ Στεφάνῳ, πολλάκις συνδειπνῆσαι αὐτοῖς, καὶ συμπίνειν μετὰ Νεαίρας τῆς νυνὶ ἀγωνιζομένης, καὶ ὁπότε παρὰ Στεφάνῳ εἴη Νέαιρα, καὶ ὁπότε παρὰ Φρυνίωνι.

ιέ. Ὅτι μὲν τοίνυν ἐξ ἀρχῆς δούλη ἦν, καὶ ἐπράθη
δὶς, καὶ εἰργάζετο τῷ σώματι, ὡς ἑταίρα οὖσα, καὶ ἀπέ-
δρα τὸν Φρυνίωνα εἰς Μέγαρα, καὶ ἥκουσα κατηγγυήθη,
1362 ὡς ξένη οὖσα, πρὸς τῷ πολεμάρχῳ, τῷ τε λόγῳ ἀπο-
φαίνω ὑμῖν, καὶ μεμαρτύρηται· βούλομαι δ' ὑμῖν καὶ αὐ-
τὸν Στέφανον τουτονὶ ἐπιδεῖξαι καταμεμαρτυρηκότ' αὐτῆς
ὡς ἐστι ξένη. τὴν γὰρ θυγατέρα τὴν ταυτησὶ Νεαίρας, ἣν
ἦλθεν ἔχουσα ὡς τουτονὶ, παιδίον μικρὸν, ἣν τότε μὲν
Στρυβήλην ἐκάλουν, νυνὶ δὲ Φανὼ, ἐκδίδωσι Στέφανος οὑ-
τοσὶ, ὡς οὖσαν [1] αὐτοῦ θυγατέρα, ἀνδρὶ Ἀθηναίῳ, Φρά-
στορι Αἰγιλιεῖ, καὶ προῖκα ἐπ' αὐτῇ δίδωσι τριάκοντα

[1] αὑτοῦ

Ἑκάτερον] *Utrumque.* Non sane, sed *alterutrum.* IDEM.

Προβαλείσιον] Demus erat Προβάλινθος. Unde Meursius de populis corrigere voluit Προβαλίνθιον. Sed non debuit tam festinanter rem agere. Legitur in Saxis Προβαλείσιος quoque, vel, ut Codd. Ven. et Bar. hic legunt, Προβαλίσιος cum ι. IDEM.

enim Aldus habet] Felicianus ὡς τουτονὶ μικρὸν παιδίον, ἣν τότε μέν. Ego lego ὡς τουτονὶ, scil. τὸν Στέφανον. et, p. 384. v. 3. ἀλλ' ἐξαιτεῖ τὰ τῆς μητρὸς ἔθη, nisi forte placeat ἐζήλου. Nam ἐξαιτεῖ, παρὰ τὸ ἐξαιτῶ, alienum est huic loco. Et v. 8. Νεαίρας δὲ, καὶ τὸ μὲν πρῶτον ἐξηπατήθη, ὅτε —. Et v. 9. ἀλλὰ τούτῳ ἐξ ἄλλης αὐτὴν γυναικὸς οὖσαν. Et v. 15. δίκην εἰς Ὠδεῖον, quæ Curia quædam fuit Athenis, cujus et Aristoteles meminit Γ. μετὰ τὰ φυσικά. Vide Lexic. Rob. Constantini. WOLF. Cum Wolfio legit Cod. Obsop. Item Editi a Feliciano, Manutio et Parisi-

quam mendam sustulit Noster. Baroc. ita: ἣν ἦλθεν ἔχουσα ὡς ἣν τουτονὶ παιδίον μικρὸν ἣν τότε κ. τ. λ. Insincera quidem lectio, sed, unde sinceram nullo negotio eruere possis. TAYLOR.

μένης. ὡς δ᾽ ἦλθεν ὡς τὸν Φράστορα, ἄνδρα ἐργάτην, καὶ ἀκριβῶς τὸν βίον συνειλεγμένον, οὐκ ἠπίστατο τοῖς τοῦ Φράστορος τρόποις ἀρέσκειν, ἀλλ᾽ ἐζήτει τὰ τῆς μητρὸς ἤθη, καὶ τὴν παρ᾽ αὐτῇ ἀκολασίαν, ἐν τοιαύτῃ, οἶμαι, ἐξουσίᾳ τεθραμμένη. ὁρῶν δὲ Φράστωρ αὐτὴν οὔτε κοσμίαν οὖσαν, οὔτε θέλουσαν αὐτοῦ ἀκροᾶσθαι, ἅμα δὲ καὶ πεπυσμένος σαφῶς [1] ἤδει, ὅτι Στεφάνου μὲν οὐκ εἴη θυγάτηρ, Νεαίρας δέ, [2] καὶ τὸ μὲν πρῶτον ἐξηπατήθη, ὅτι ἠγγυᾶτο ὡς Στεφάνου θυγατέρα λαμβάνων, καὶ οὐ Νεαίρας, ἀλλὰ τούτῳ ἐξ [3] ἄλλης αὐτὴν γυναικὸς οὖσαν πρότερον, πρὶν ταύτῃ συνοικῆσαι, ὀργισθεὶς δ᾽ ἐπὶ τούτοις ἅπασι, καὶ ὑβρίσθαι ἡγούμενος, καὶ ἐξηπατῆσθαι, ἐκβάλλει τὴν ἄνθρωπον, ὡς ἐνιαυτὸν συνοικήσας αὐτῇ, κύουσαν, καὶ τὴν προῖκα οὐκ ἀποδίδωσι. λαχόντος δὲ τοῦ Στεφάνου αὐτῷ δίκην σίτου εἰς Ὠδεῖον [4] τῆς προικὸς κατὰ τὸν νόμον, ὃς κελεύει, ἐὰν ἀποπέμπῃ τὴν γυναῖκα, ἀποδιδόναι τὴν προῖκα, ἐὰν δὲ μή, ἐπ᾽ ἐννέ᾽ ὀβολοῖς τοκοφορεῖν, καὶ σίτου εἰς

[1] ἤδη [2] Deest καί. [3] ἀστῆς [4] Desunt τῆς προικός.

Ἀκριβῶς τὸν βίον συνειλεγμένον] *Qui rem familiarem accurate instruxisset.* Wolfius. Non satis fideliter. Verte potius: *qui multa cum diligentia victum quæritabat.* Idem.

Ἐζήτει] Ἐξῄσει Editi omnes. ἐζήτει Cod. Baroc. et marg. Benenati cum Wolfio. Vide supra ad p. 383. v. 23. et Dorville ad Chariton. p. 57. Idem.

Ἅμα δὲ καὶ πεπυσμένος σαφῶς ἤδει] Labat Sententia, nisi rescribas ἅμα δὲ καὶ πεπυσμένος σαφῶς ἤδη. Jurin. ἤδη etiam Edit. Parisina, et propemodum Aldina. Taylor. Hæc verba includerem signo parentheseos usque ad ὀργισθεὶς, et aliunde omnia optime constare arbitror. Auger.

Καὶ τὸ μὲν] Καὶ addidit Wolfius [scil. καὶ τὸ μὲν πρ.] contra consensum Codd. universorum. Pro ἐξηπατήθη marg. Benenati ἐξαπατηθεὶς ᾔσθετο, et etiam melius adhuc, ἐδεινοπάθησεν. Deinde pro ὅτι Wolfii, iterum Codd. universi ὅτι. Tu ergo ex lectione, quam eorum ope refingo, disces, quam misere ille totam orationem funestavit: ἅμα δὲ καὶ πεπυσμένος σαφῶς ἤδη, ὅτι Στεφάνου μὲν οὐκ εἴη θυγάτηρ, Νεαίρας δέ, τὸ μὲν πρῶτον ἐδεινοπάθησεν, ὅτι ἠγγυᾶτο κ. τ. λ. Taylor.

Ἄλλης] Ea est divinatio Wolfii. Vide supra ad p. 383. v. 23. Quatuor cusi αὐτῆς. Nescio, an non Wolfianis præferenda sit lectio, in qua conspirant Codd. Ven. Bar. Ital. cum margine Parisiensi, ἀστῆς. *Graviter id tulit Phrastor, quandoquidem eam despondisset sibi uxorem, ut Stephani filiam, non ex Neæra prognatam, sed olim ex altera uxore,* cive Attica. Idem.

Εἰς Ὠδεῖον] De ista Curia Suid. in Ὠδεῖον, Poll. L. VIII. c. VI. §. 33. Aristoph. Vesp. 1104. Meurs. Ceram. Gemin. C. XI. et Attic. Lect. IV. 22. et Areopag. C. extrem. versus finem. Casaubon. ad Theophrast. p. 33. Edit. Cant. Duport. p. 254. P. Leopard. Emend. XI. 17. In Editis omnibus et MSS. εἰσωδεῖον et εἰσοδεῖον, proclivi errore, cum scribarum vitio dictiones cum suis præpositionibus in unam vocem sæpenumero coalescunt. Idem.

Τῆς προικὸς] Actio *una* erat de dote, τῆς προικὸς, erat *altera* de usuris dotis non restitutæ, sive de alimentis, τοῦ σίτου. Inducit ergo ὁ μέγας Salmasius de M. U. pag. 162. verba illa τῆς προικὸς in hoc loco, annuente doctissimo Wesselingio ad Petit. LL. Attic. p. 556. Petitus alio, sed non æque felici, conatu rem aggreditur, quem vide l. c. Δίκην σίτου explanabant Petitus p. 558. Duportus ad Theophrast. p. 254. et Salmasius de M. U. p. 160. seq. Idem. Possent tamen servari, si nempe legatur ex S. Petito δίκην προικὸς, σίτου, εἰς Ὠδεῖον κατὰ etc. Auger.

Ἐπ᾽ ἐννέ᾽ ὀβολοῖς τοκοφορεῖν] Vide Salmas.

Ὠιδεῖον εἶναι δικάσασθαι ὑπὲρ τῆς γυναικὸς τῷ κυρίῳ, γράφεται ὁ Φράστωρ Στέφανον τουτονὶ γραφὴν πρὸς τοὺς
1363 θεσμοθέτας, Ἀθηναῖον ὄντα ξένης θυγατέρα αὐτῷ ἐγγυῆσαι, ὡς αὐτῷ προσήκουσαν κατὰ τὸν νόμον τουτονί. καί μοι ἀνάγνωθι αὐτόν.

ΝΟΜΟΣ.

Ἐὰν δέ τις ἐκδιδῷ ξένην γυναῖκα ἀνδρὶ Ἀθηναίῳ ὡς ἑαυτῷ προσήκουσαν, ἄτιμος ἔστω, καὶ ἡ οὐσία αὐτοῦ δημοσία ἔστω, καὶ τοῦ ἑλόντος τὸ τρίτον μέρος· γραφέσθω δὲ πρὸς τοὺς θεσμοθέτας, οἷς ἔξεστι, καθάπερ τῆς ξενίας.

τὸν μὲν τοίνυν νόμον ἀνέγνω ὑμῖν, καθ᾽ ὃν ἐγράφη Στέφανος οὑτοσὶ ὑπὸ τοῦ Φράστορος πρὸς τοὺς θεσμοθέτας. γνοὺς δ᾽ ὅτι κινδυνεύσει ἐξελεγχθεὶς ξένης θυγατέρα ἐγγεγυηκέναι, [1]καὶ ταῖς ἐσχάταις ζημίαις περιπεσεῖν, διαλλάττεται πρὸς τὸν Φράστορα, καὶ ἀφίσταται τῆς προικὸς, καὶ τὴν δίκην τοῦ σίτου ἀνείλετο, καὶ ὁ Φράστωρ τὴν γραφὴν παρὰ τῶν θεσμοθετῶν. καὶ ὡς ἀληθῆ λέγω, τούτων ὑμῖν μάρτυρα τὸν Φράστορα αὐτὸν καλῶ, καὶ ἀναγκάσω μαρτυρεῖν κατὰ τὸν νόμον. κάλει μοι Φράστορα Αἰγιλιέα.

ΜΑΡΤΥΡΙΑ.

Φράστωρ Αἰγιλιεὺς μαρτυρεῖ, ἐπειδὴ ᾔσθετο Νεαίρας θυγατέρα ἐγγυήσαντα αὐτῷ Στέφανον ὡς ἑαυτοῦ οὖσαν θυγατέρα, γράψασθαι αὐτὸν γραφὴν πρὸς τοὺς θεσμοθέτας κατὰ τὸν νόμον, καὶ τὴν ἄνθρωπον ἐκβαλεῖν ἐκ τῆς ἑαυτοῦ οἰκίας, καὶ οὐκέτι συνοικεῖν αὐτῇ, καὶ, λαχόντος αὐτῷ Στεφάνου εἰς Ὠιδεῖον σίτου, διαλύσασθαι πρὸς αὐτὸν Στέφανον, ὥστε τὴν γραφὴν ἀναιρεθῆναι παρὰ τῶν θεσμοθετῶν καὶ τὴν δίκην τοῦ σίτου ἣν ἔλαχεν ἐμοὶ Στέφανος.

1364 ιϛ΄. Φέρε δὴ ὑμῖν καὶ ἑτέραν μαρτυρίαν [2]παράσχωμεν τοῦ τε Φράστορος, καὶ τῶν φρατόρων αὐτοῦ καὶ γεννητῶν, ὡς ἔστι ξένη Νέαιρα αὕτη. οὐ πολλῷ χρόνῳ γὰρ ὕστερον ἢ ἐξέπεμψεν ὁ Φράστωρ τὴν τῆς Νεαίρας θυγατέρα, ἠσθένησε, καὶ πάνυ πονήρως διετέθη, καὶ εἰς πᾶσαν ἀπορίαν

[1] [καὶ]   [2] παράσχωμαι

de M. U. pagg. 57. 151. 161. TAYLOR. Cf. quoque Budæus de Asse etc. l. I. p. 30.

Ἐὰν δέ τις ἐκδιδῷ] Vid. Petit. Comm. in L. A. l. VI. t. I. §. V.

Περιπεσεῖν] Vel περιπεσεῖ potius, ut quidam in exemplari Bodleiano admonuit. TAYLOR. Imo περιπεσεῖ. AUGER.

ιϛ΄. φρατόρων — γεννητῶν] Vide Appellationem CONTRA EUBULIDEM. WOLF.

κατέστη. διαφορᾶς δ' οὔσης αὐτῷ παλαιᾶς πρὸς τοὺς οἰκείους τοὺς αὑτοῦ, καὶ ὀργῆς, καὶ μίσους, πρὸς δὲ καὶ ἄπαις ὤν, ψυχαγωγούμενος ἐν τῇ ἀσθενείᾳ τῇ θεραπείᾳ, ὑπό τε τῆς Νεαίρας καὶ τῆς θυγατρὸς αὐτῆς· ἐβάδιζον γὰρ πρὸς αὐτὸν ὡς ἠσθένει καὶ ἔρημος ἦν τοῦ θεραπεύοντος τὸ νόσημα, τὰ πρόσφορα τῇ νόσῳ φέρουσαι ἐπισκοποῦμεναι. [1]ἴστε δήπου καὶ αὐτοὶ ὅσου ἀξία ἐστὶ γυνὴ ἐν ταῖς νόσοις παροῦσα κάμνοντι ἀνθρώπῳ. ἐπείσθη δὴ τὸ παιδίον ὃ ἔτεκεν ἡ θυγάτηρ ἡ Νεαίρας ταυτησί, ὅτ' ἐξεπέμφθη ὑπὸ τοῦ Φράστορος κύουσα, πυθομένου, ὅτι οὐ Στεφάνου εἴη θυγάτηρ, ἀλλὰ Νεαίρας, καὶ ὀργισθέντος ἐπὶ τῇ ἀπάτῃ, πάλιν λαβεῖν, καὶ ποιήσασθαι υἱὸν [2]αὑτοῦ, λογισμὸν ἀνθρώπινον, καὶ εἰκότα λογιζόμενος, ὅτι πονήρως μὲν ἔχει, καὶ οὐ πολλὴ ἐλπὶς εἴη αὐτὸν περιγενήσεσθαι· τοῦ [3]δὲ μὴ λαβεῖν τοὺς συγγενεῖς τὰ [2]αὑτοῦ, μηδ' ἄπαις τετελευτηκέναι, ἐποιήσατο τὸν παῖδα, καὶ ἀνέλαβεν ὡς [4]αὑτόν. ἐπεὶ ὅτι γε ὑγιαίνων οὐκ ἄν ποτε ἔπραξε, μεγάλῳ τεκμηρίῳ καὶ περιφανεῖ ἐγὼ ὑμῖν ἐπιδείξω. ὡς γὰρ ἀνέστη τάχιστα ἐξ ἐκείνης τῆς ἀσθενείας ὁ Φράστωρ, καὶ ἀνέλαβεν αὐτὸν, καὶ ἔσχεν ἐπιεικῶς τὸ σῶμα, λαμβάνει γυναῖκα ἀστὴν κατὰ τοὺς νόμους, Σατύρου μὲν τοῦ Μελιτέως θυγατέρα γνησίαν, Διφίλου δὲ ἀδελφήν. ὥστε ὅτι μὲν οὐχ ἑκὼν ἀνεδέξατο 1386
τὸν παῖδα, ἀλλὰ βιασθεὶς ὑπὸ τῆς νόσου, καὶ τῆς ἀπαιδίας, καὶ τῆς αὐτῶν θεραπείας, καὶ τῆς ἔχθρας τῆς πρὸς τοὺς οἰκείους, ἵνα μὴ κληρονόμοι γένωνται τῶν [2]αὑτοῦ ἄν τι πάθοι, ταῦτ' ἔστω ὑμῖν τεκμήρια. [5]δηλώσω δὲ καὶ τὰ ἀκόλουθα αὐτῶν ἔτι μᾶλλον. ὡς γὰρ εἰσῆγεν ὁ Φράστωρ εἰς τοὺς φράτορας τὸν παῖδα ἐν τῇ [6]ἀσθενείᾳ, ὡς τὸν ἐκ τῆς θυγατρὸς τῆς Νεαίρας, καὶ εἰς τοὺς Βρυτιάδας, ὧν καὶ

[1] (ἴστε δὲ δήπου --- ἀνθρώπῳ) * ἐπείσθεν' ἤδη τὸ [2] αὐτοῦ [3] * δὴ [4] αὐτὸν
[5] δηλώσει [6] ἀσθενείᾳ ὡς * ἑαυτοῦ, τὸν

Ἴστε δήπου] Cum marg. Benenati ἴστε δὲ δήπου. TAYLOR. AUGER.

Ἀνέλαβεν ὡς αὐτὸν] Ὡς αὑτὸν, *ad seipsum*. TAYLOR.

Δηλώσω] Δηλώσει. WOLF. JURIN. AUGER.

Ὡς] Tanquam *e Neæræ filia susceptum*. Male. Corrige cum Bar. Ven. Ital. ὤν. ὡς γὰρ εἰσῆγεν ὁ Φράστωρ εἰς τοὺς φράτορας τὸν παῖδα, ἐν τῇ ἀσθενείᾳ ὤν, τὸν ἐκ τῆς θυγατρὸς τῆς Νεαίρας, *nam cum puerum Phrastor ad tribules introduceret, dum in morbo erat, eum nempe, quem ex filia Neæræ susceperat.* Valesius ad Harpocrat. in v. Βρυτίδαι de hoc loco pessime meretur. TAYLOR. Tayloro assentitur Augerus.

Βρυτιάδας] MSti nonnulli cum Harpocratione Βρυτίδας. Confer Meurs. At-

αὐτός ἐστιν ὁ Φράστωρ γέννητὴς, εἰδότες, οἶμαι, οἱ γεννηταὶ τὴν γυναῖκα ἥτις ἦν, ἣν ἔλαβεν ὁ Φράστωρ [1] τὸ πρῶτον, τὴν τῆς Νεαίρας θυγατέρα, καὶ τὴν ἀπόπεμψιν τῆς ἀνθρώπου, καὶ διὰ τὴν ἀσθένειαν πεπεισμένον αὐτὸν πάλιν ἀναλαβεῖν, καὶ ποιήσασθαι τὸν παῖδα, ἀποψηφίζονται τοῦ παιδὸς, καὶ οὐκ ἐνέγραφον αὐτὸν εἰς σφᾶς αὐτούς. λαχόντος δὲ τοῦ Φράστορος αὐτοῖς δίκην, ὅτι οὐκ ἐνέγραφον αὐτοῦ τὸν υἱὸν, προκαλοῦνται αὐτὸν οἱ γεννηταὶ πρὸς τῷ διαιτητῇ, ὀμόσαι καθ' ἱερῶν τελείων, ἦ μὴν νομίζειν εἶναι αὑτοῦ υἱὸν ἐξ ἀστῆς γυναικὸς, καὶ ἐγγυητῆς κατὰ τὸν νόμον. προκαλουμένων δὲ ταῦτα τῶν γεννητῶν τὸν Φράστορα πρὸς τῷ διαιτητῇ, ἔλιπεν ὁ Φράστωρ τὸν ὅρκον, καὶ οὐκ ὤμοσε. καὶ ὅτι ἀληθῆ ταῦτα λέγω, τούτων ὑμῖν μάρτυρας τοὺς παρόντας Βρυτιαδῶν παρέξομαι.

ΜΑΡΤΥΡΕΣ.

Τιμόστρατος [2] Κεφαλῆθεν, Ξάνθιππος [3] Εὐροιάδης, Εὐλάβης Φαληρεὺς, Ἄνυτος Λακιάδης, Εὐφράνωρ Αἰγιλιεὺς, Νίκιππος Κεφαλῆθεν, μαρτυροῦσιν, εἶναι καὶ αὐτοὺς καὶ Φράστορα τὸν Αἰγιλιέα τῶν γεννητῶν οἳ καλοῦνται Βρυτιάδαι, καὶ, ἀξιοῦντος Φράστορος εἰσάγειν τὸν υἱὸν αὐτοῦ εἰς τοὺς
1366 γεννητὰς, εἰδότες αὐτοὶ ὅτι Φράστορος υἱὸς εἴη ἐκ τῆς θυγατρὸς τῆς Νεαίρας, κωλύειν εἰσάγειν Φράστορα τὸν υἱόν.

ιζ. Οὐκοῦν περιφανῶς [4] ἐπιδεικνύω ὑμῖν καὶ αὐτοὺς τοὺς οἰκειοτάτους Νεαίρας ταυτησὶ καταμεμαρτυρηκότας ὡς

[1] τοπρῶτον [2] ἐκαλῆθεν [3] ἐροιάδης [4] ὑποδεικνύω

tic. Lect. VI. 26. TAYLOR.

Γεννητὴς] Margo Benenati hic et infra constanter legit γεννητής. A γένος quippe deducitur. Ἔστι δ' ὅτε καὶ διαφερομένους ἀλλήλοις καὶ πολεμοῦντας ἐκεῖνον [Theseus] ἀνέπεισθε κατὰ δήμους καὶ γένη. Plutarch. in Theseo. Ὅτε μέντοι τέσσαρες ἦσαν αἱ φυλαὶ, εἰς τρία μέρη ἑκάστη διῄρητο, καὶ τὸ μέρος τοῦτο ἐκαλεῖτο τριττὺς, καὶ ἔθνος, καὶ φρατρία. ἑκάστου δὲ ἔθνους γένη τριάκοντα, ἐξ ἀνδρῶν τοσούτων, ἃ ἐκαλεῖτο τριακάδες, καὶ οἱ μετέχοντες τοῦ γένους, γεννηταί. Poll. L. VIII. C. IX. §. III. Corrige Etym. M. γεννηταὶ ἀπὸ γένους, σύστημα ἐκ λ ἀνδρῶν συνεστὸς, οὗ οἱ μετέχοντες ἐκαλοῦντο γεννηταὶ, οὐ κατὰ γένος ἀλλήλοις προσήκοντες, οὐδ' ἀπὸ τοῦ αὐτοῦ αἵματος, ἀλλ' ὥσπερ οἱ δημόται καὶ οἱ φράτορες νόμων κοινωνίαν τινὰ ἔχοντες, οὕτω καὶ οἱ γεννηταὶ συγγενικῶν ὀργίων ἢ θεῶν, ἀφ' ὧν ὀργεῶνες ὠνομάσθησαν, cætera. Et similiter Suidam etiam, Hesychium et Harpocrationem corrigi velim. De his nonnulla diximus in vita Lycurgi, plurima restant dicenda in Commentario de Rep. Athen. Vide Salmas. ad Jus Attic. per totum Cap. IV. et Heraldum in Animadversionibus, [l. II. c. I.] D' Arnaud Var. Conject. II. 4. Maussac. ad Harpocr. v. Γεννηταί. Vales. ad notas Maussaci, pagg. 264. 315. Petit. Att. Legg. pag. 165. 169. Meurs. Attic. Lect. l. 3. V. 10. et ult. IDEM.

Ὀμόσαι καθ' ἱερῶν τελείων] Fuisse etiam τίμια [τόμια], id est, victimas in frusta dissectas, ex Aristocratea didicimus. Apud Homerum sæpe legimus τελήεσσας Ἑκατόμβας. Ritus hujusmodi sacramentorum enucleandos aliis relinquo. WOLF.

Κεφαλῆθεν] Ἐκαλῆθεν MSS. Fel. Man. et Hervag. Ital. Ven. Bar. Obsop. cum margine Morelii. Uterque δῆμος occurrit in monumentis Vett. TAYLOR.

Εὐροιάδης] Εὐρειάδης edidit Wolfius. Utrumque male. Vide supra ad p. 380.

ἔστι ξένη, Στέφανόν τε τουτονὶ τὸν ἔχοντα ταύτην νυνὶ, καὶ συνοικοῦντ' αὐτῇ, καὶ Φράστορα τὸν λαβόντα τὴν θυγατέρα· Στέφανον μὲν οὐκ ἐθελήσαντα ἀγωνίσασθαι ὑπὲρ τῆς θυγατρὸς τῆς ταύτης, γραφέντα ὑπὸ Φράστορος πρὸς τοὺς θεσμοθέτας, ὡς Ἀθηναῖος ὢν ξένης θυγατέρα αὐτῷ ἐνεγγύησεν, ἀλλ' ἀποστάντα τῆς προικὸς, καὶ οὐκ ἀπολαβόντα· Φράστορα δ' ἐκβαλόντα τὴν θυγατέρα τῆς Νεαίρας ταυτησὶ, γήμαντά τε, ἐπειδὴ ἐπύθετο οὐ Στεφάνου οὖσαν, καὶ τὴν προῖκα οὐκ ἀποδόντα, [1] ἐπειδὴ ἐπείσθη ὕστερον διὰ τὴν ἀσθένειαν τὴν [2] αὐτοῦ, καὶ τὴν ἀπαιδίαν, καὶ τὴν ἔχθραν τὴν πρὸς τοὺς οἰκείους ποιήσασθαι τὸν υἱὸν, καὶ ἐπεὶ εἰσῆγεν εἰς τοὺς γεννητὰς, ἀποψηφισαμένων τῶν γεννητῶν, καὶ διδόντων ὅρκον αὐτῷ, οὐκ ἐθελήσαντα ὀμόσαι, ἀλλὰ μᾶλλον εὐορκεῖν προελόμενον, καὶ ἑτέραν ὕστερον γήμαντα γυναῖκα ἀστὴν κατὰ τὸν νόμον. αὗται γὰρ αἱ πράξεις περιφανεῖς οὖσαι, μεγάλας μαρτυρίας δεδώκασι κατ' αὐτῶν, ὅτι ἔστι ξένη Νέαιρα αὕτη.

ιή. Σκέψασθε δὲ καὶ τὴν αἰσχροκέρδειαν τὴν Στεφάνου τουτουῒ, καὶ τὴν πονηρίαν· ἵνα καὶ ἐκ ταύτης εἰδῆτε, ὅτι οὐκ ἔστι Νέαιρα αὕτη ἀστή. Ἐπαίνετον γὰρ τὸν Ἄνδριον, ἐραστὴν ὄντα Νεαίρας ταυτησὶ παλαιὸν, καὶ πολλὰ ἀνηλωκότα εἰς αὐτὴν, καὶ καταγόμενον παρὰ τούτοις, ὁπότε ἐπιδημήσειεν Ἀθήναζε διὰ τὴν φιλίαν τῆς Νεαίρας, ἐπι- 1367
βουλεύσας ὁ Στέφανος οὑτοσὶ, μεταπεμψάμενος εἰς ἀγρὸν, ὡς θύων, λαμβάνει μοιχὸν ἐπὶ τῇ θυγατρὶ τῆς Νεαίρας ταυτησὶ, καὶ εἰς φόβον καταστήσας, πράττεται μνᾶς τριάκοντα· καὶ λαβὼν ἐγγυητὰς τούτων Ἀριστόμαχόν τε τὸν θεσμοθετήσαντα, καὶ Ναυσίφιλον τὸν Ναυσινίκου τοῦ ἄρξαντος υἱὸν, ἀφίησιν ὡς ἀποδώσοντ' αὐτῷ τὸ ἀργύριον. ἐξελθὼν δὲ ὁ Ἐπαίνετος, καὶ αὐτὸς [3] αὐτοῦ κύριος γενόμενος, γράφεται πρὸς τοὺς θεσμοθέτας γραφὴν Στέφανον

[1] ἐπειδή τε ἐπείσθη [2] αὐτοῦ [3] αὑτοῦ

v. 18. Idem.

ιζ. Φράστορα δ' ἐκβαλόντα κ. τ. λ.] Vix sunt hæc sana, nisi transpositis vocibus scribas: Φράστορα δὲ γήμαντα τὴν θυγατέρα τῆς Νεαίρας ταυτησὶ, ἐκβαλόντα τε, ἐπειδὴ, ἐπύθετο οὐ Στεφάνου οὖσαν. Jurin.

Ἀποδόντα] Punge plenius post ἀποδόντα, et ita lege cum Cod. Baroc. ἀποδόντα. ἐπειδή τε ἐπείσθη ὕστερον κ. τ. λ. Taylor.

Ἐπειδὴ δὲ ἐπείσθη leg. Auger.

ιή. Ἄνδριον] Recte Wolfius. Editi ἀνδρεῖον. Taylor.

Μοιχὸν] Forte ὡς μοιχόν. Wolf.

τουτονὶ, ἀδίκως εἰρχθῆναι ὑπ' αὐτοῦ, κατὰ τὸν νόμον, ὃς κελεύει, ἐάν τις ἀδίκως εἵρξῃ ὡς μοιχὸν, γράφεσθαι πρὸς τοὺς θεσμοθέτας ἀδίκως εἰρχθῆναι. κἂν μὲν ἕλῃ τὸν εἵρξαντα καὶ δόξῃ ἀδίκως ἐπιβεβουλεῦσθαι, ἀθῷον εἶναι αὐτὸν, καὶ τοὺς ἐγγυητὰς ἀπηλλάχθαι τῆς ἐγγύης· ἐὰν δὲ δόξῃ μοιχὸς εἶναι, παραδοῦναι αὐτὸν κελεύει τοὺς ἐγγυητὰς τῷ ἑλόντι, ἐπὶ δὲ τοῦ δικαστηρίου, ἄνευ ἐγχειριδίου, χρῆσθαι ὅ,τι ἂν βουληθῇ, ὡς μοιχῷ ὄντι. κατὰ δὴ τοῦτον τὸν νόμον γράφεται αὐτὸν ὁ Ἐπαίνετος, καὶ ὡμολόγει μὲν χρῆσθαι τῇ ἀνθρώπῳ, οὐ μέντοι μοιχός γε εἶναι· οὔτε γὰρ Στεφάνου θυγατέρα αὐτὴν εἶναι, ἀλλὰ Νεαίρας, τήν τε μητέρα αὐτῆς συνειδέναι πλησιάζουσαν αὐτῷ, ἀνηλωκέναι τε πολλὰ εἰς αὐτὰς, τρέφειν τε, ὁπότε ἐπιδημήσειε, τὴν οἰκίαν ὅλην, τόν τε νόμον ἐπὶ τούτοις παρεχόμενος, ὃς οὐκ ἐᾷ ἐπὶ ταύταις μοιχὸν λαβεῖν, ὁπόσαι ἂν ἐπ' ἐργαστηρίου κάθωνται, ἢ ἐν τῇ ἀγορᾷ πωλῶσί [1] τι ἀποπεφασμένως, ἐργαστήριον φάσκων καὶ τοῦτο εἶναι τὴν Στεφάνου οἰκίαν, καὶ τὴν ἐργασίαν ταύτην εἶναι, καὶ ἀπὸ τούτων αὐτοὺς εὐ-
1368 πορεῖν μάλιστα. τούτους δὲ τοὺς λόγους λέγοντος τοῦ Ἐπαινέτου, καὶ τὴν γραφὴν γεγραμμένου, γνοὺς Στέφανος οὑτοσὶ, ὅτι ἐξελεγχθήσεται πορνοβοσκῶν καὶ συκοφαντῶν, δίαιταν ἐπιτρέπει πρὸς τὸν Ἐπαίνετον αὐτοῖς τοῖς ἐγγυη-

[1] τι, ἀποπεφασμένως ἰγ.

Ἐάν τις ἀδίκως εἵρξῃ] De hac lege vid. Petit. Comm. in L. A. l. VI. t. IV. §. III.

Ἐπὶ δὲ τοῦ δικαστηρίου—] *In ipso autem judicio, lex jubet praeterea adulterum sic convictum pro arbitrio mulctare, duntaxat quod sine gladio fiat.* Id quod simile est iis quæ περὶ ἀτίμων diximus. Quod autem dixit, κἂν ἕλῃ τὸν εἵρξαντα, hoc significat, καὶ ἐὰν ἐξελέγξῃ καὶ καταδικάσηται, hoc est, *judicio vicerit, et apud judices condemnaverit, ob insidiosam comprehensionem suam.* τῷ ἑλόντι vero significat τῷ ἁλώσαντι *deprehensori.* Budæus. Post ἑλόντι ponerem tantum virgulam, et delerem δὲ post ἐπί. Auger.

Ὡμολόγει] Ita edendum volui juxta Editos et manu exaratos plurimos. Wolfius ὁμολογεῖ. Taylor.

Πλησιάζουσαν] *Matrem consciam esse ipsorum consuetudinis.* Recte Wolfius. Verum iste sensus postulat, ut scribatur συνειδέναι πλησιαζούσῃ. Omnino. Cujus autem vitio fit, ut non ita scriberetur. Auctoris, anne Librarii? Idem. Malim πλησιαζούσῃ. Auger.

Πωλῶσι] In oratione contra Eubulidem Euxitheus affirmat, venditare in foro solis civibus fuisse concessum; sed sordidum eum quæstum fuisse non negat. Wolf. Heraldus, Vir doctissimus, legit πωλῶνται πεφασμένως, vel ἀποπεφασμένως. Vide Animadvers. in Salmas. L. V. C. VIII. Adde Lysiam c. Theomnestum Orat. I. Petit. Att. Legg. pag. 573. Corrige autem versionem: *quæ in taberna meritoria sedeant*, aut publice prostituant. Πωλεῖσθαι *itare et ventitare* mercedis causa. Antiqua erat ea labes, πωλῶσι, *vendere*, quæ olim Harpocrationem, mox Wolfium nostrum, Salmasiumque [Obss. ad Jus Att. et Rom. p. 353.], contra quem militat Heraldus, in fraudem tantam induxit. Taylor.

Ἀποπεφασμένως] Non ἀπειρημένον hic significare, sed ἀποδεδειγμένον καὶ πεφανερωμένον, tradit Suidas. Wolf.

ταῖς, ὥστε τῆς μὲν ἐγγύης [1] αὐτὸν ἀφεῖσθαι, τὴν δὲ γραφὴν ἀνελέσθαι τὸν Ἐπαίνετον. πεισθέντος δὲ τοῦ Ἐπαινέτου ἐπὶ τούτοις, καὶ ἀνελομένου τὴν γραφὴν ἣν ἐδίωκε Στέφανον, γενομένης συνόδου αὐτοῖς, καὶ καθεζομένων διαιτητῶν τῶν ἐγγυητῶν, δίκαιον μὲν οὐδὲν εἶχε λέγειν Στέφανος, εἰς ἔκδοσιν δ' ἠξίου τὸν Ἐπαίνετον τῇ τῆς Νεαίρας θυγατρὶ συμβαλέσθαι, λέγων τὴν ἀπορίαν τὴν αὐτοῦ, καὶ τὴν ἀτυχίαν τὴν πρότερον γενομένην τῇ ἀνθρώπῳ πρὸς τὸν Φράστορα, καὶ ὅτι ἀπολωλεκὼς εἴη τὴν προῖκα, καὶ οὐκ ἂν δύναιτο πάλιν αὐτὴν ἐκδοῦναι. σὺ δὲ καὶ κέχρησαι, ἔφη, τῇ ἀνθρώπῳ, καὶ δίκαιος εἶ ἀγαθόν τι ποιῆσαι αὐτὴν, καὶ ἄλλους ἐπαγωγοὺς λόγους, οὓς ἄν τις δεόμενος ἐκ πονηρῶν πραγμάτων εἴπεν ἄν. ἀκούσαντες [2] ἀμφοτέρων αὐτῶν οἱ διαιτηταὶ διαλλάττουσιν αὐτοὺς, καὶ πείθουσι τὸν Ἐπαίνετον χιλίας δραχμὰς εἰσενεγκεῖν εἰς τὴν ἔκδοσιν τῇ θυγατρὶ τῆς Νεαίρας. καὶ ὅτι πάντα ταῦτα ἀληθῆ λέγω, τούτων ὑμῖν μάρτυρας αὐτοὺς [3] τοὺς ἐγγυητὰς καὶ διαιτητὰς γενομένους καλῶ.

ΜΑΡΤΥΡΕΣ.

Ναυσίφιλος Κεφαλῆθεν, Ἀριστόμαχος Κεφαλῆθεν, μαρτυροῦσιν, ἐγγυη-
ταὶ γενέσθαι Ἐπαινέτου τοῦ Ἀνδρίου, ὅτ' ἔφη Στέφανος μοιχὸν εἰληφέναι
Ἐπαίνετον· καὶ, ἐπειδὴ ἐξῆλθεν Ἐπαίνετος παρὰ Στεφάνου καὶ κύριος
ἐγένετο [4] αὐτοῦ, γράψασθαι γραφὴν Στέφανον πρὸς τοὺς θεσμοθέτας, ὅτι 1360
αὐτὸν ἀδίκως εἶρξε· καὶ, αὐτοὶ διαλλακταὶ γενόμενοι διαλλάξαι Ἐπαίνετον
καὶ Στέφανον, τὰς δὲ διαλλαγὰς εἶναι ἃς παρέχεται Ἀπολλόδωρος.

ΔΙΑΛΛΑΓΑΙ.

Ἐπὶ τοῖσδε διήλλαξαν Στέφανον καὶ Ἐπαίνετον οἱ διαλλακταὶ, τῶν μὲν γεγενημένων περὶ τὸν εἱργμὸν μηδεμίαν μνείαν ἔχειν· Ἐπαίνετον δὲ δοῦναι χιλίας δραχμὰς Φανοῖ εἰς ἔκδοσιν, ἐπειδὴ κέχρηται αὐτῇ πολλάκις· Στέφανον δὲ παρέχειν Φανὼ Ἐπαινέτῳ, ὁπόταν ἐπιδημῇ καὶ βούληται συνεῖναι αὐτῇ.

ιθ'. Τὴν τοίνυν περιφανῶς ἐγνωσμένην ξένην εἶναι, καὶ ἐφ' ᾗ μοιχὸν οὗτος ἐτόλμησε λαβεῖν, εἰς τοσοῦτον ὕβρεως καὶ ἀναιδείας ἦλθε Στέφανος οὑτοσὶ, καὶ Νέαιρα αὑτη, ὥστε [5] ἐτόλμησαν μὴ ἀγαπᾷν [6] εἰ ἔφασκον αὐτὴν ἀστὴν εἶναι, ἀλλὰ κατιδόντες Θεογένην Κοθωκίδην λαχόντα βα-

[1] * αὐτοὺς [2] δ' ἀμφοτέρων [3] τοὺς ἐγγυητὰς * τοὺς καὶ [4] αὐτῷ
[5] * Deest ἐτόλμησαν [6] εἰ μόνον ἔφασκον

Μοιχὸν] Male Wolfius: *in adulterio.* TAYLOR.
Passim ita errat. Verte: *pro mœcho.* ιθ'. Κατιδόντες — συμπαραγενόμενος] Hic

σιλέα, ἄνθρωπον εὐγενῆ μὲν, πένητα δὲ, καὶ ἄπειρον πρα-
γμάτων, συμπαραγενόμενος αὐτῷ δοκιμαζομένῳ, καὶ συνευ-
πορήσας ἀναλωμάτων, ὅτε εἰσῄει εἰς τὴν ἀρχὴν, Στέφανος
οὑτοσὶ, καὶ ὑπελθὼν, καὶ τὴν ἀρχὴν παρ' αὐτοῦ πριάμε-
νος, πάρεδρος γενόμενος, δίδωσι τὴν ἄνθρωπον ταύτην γυ-
ναῖκα, τὴν τῆς Νεαίρας θυγατέρα, καὶ ἐγγυᾷ Στέφανος
οὑτοσὶ, ὡς αὑτοῦ θυγατέρα οὖσαν· οὕτω πολὺ τῶν νόμων
καὶ ὑμῶν κατεφρόνησε. καὶ αὕτη ἡ γυνὴ ὑμῖν ἔθυε τὰ ἱερὰ
τὰ [1] ἄῤῥητα ὑπὲρ τῆς πόλεως, καὶ εἶδεν ἃ οὐ προσῆκεν
αὐτὴν ὁρᾶν, ξένην οὖσαν, καὶ τοιαύτη [2] οὖσα εἰσῆλθεν, οἷ
οὐδεὶς ἄλλος Ἀθηναίων, τοσούτων ὄντων, εἰσέρχεται, ἀλλ'
[3] ἡ τοῦ βασιλέως γυνὴ, ἐξώρκωσέ τε τὰς [4] Γεραίρας τὰς
1370 ὑπηρετούσας τοῖς ἱεροῖς, ἐξεδόθη δὲ τῷ Διονύσῳ γυνὴ, ἔπραξε
δὲ ὑπὲρ τῆς πόλεως τὰ πάτρια τὰ πρὸς τοὺς θεοὺς, πολλὰ,
καὶ ἅγια, καὶ ἀπόῤῥητα. ἃ δὲ μηδ' [5] ἀκοῦσαι οἷόν τ' ἐστὶ,
πῶς ποιῆσαί γε τῇ ἐπιτυχούσῃ εὐσεβῶς ἔχει, ἄλλως τε,
καὶ τοιαύτῃ γυναικὶ, καὶ τοιαῦτα ἔργα διαπεπραγμένῃ;

κ'. Βούλομαι δ' ὑμῖν ἀκριβέστερον περὶ αὐτῶν ἄνωθεν διηγήσασθαι καθ' ἕκαστον, ἵνα μᾶλλον ἐπιμέλειαν ποιήσησθε τῆς τιμωρίας, καὶ εἰδῆτε, ὅτι οὐ μόνον ὑπὲρ ὑμῶν αὐτῶν καὶ τῶν νόμων τὴν ψῆφον οἴσετε, ἀλλὰ καὶ τῆς πρὸς τοὺς θεοὺς εὐλαβείας, τιμωρίαν ὑπὲρ τῶν ἠσεβημένων ποιούμενοι, καὶ κολάζοντες τοὺς ἠδικηκότας. τὸ γὰρ ἀρ-

[1] ἄῤῥητα ἱερὰ ὑπὲρ [2] οὖσα, εἰσῆλθεν οἷ [3] ἡ [4] γεραιρὰς [5] ἀκοῦσαι πᾶσιν οἷόντ' ἐστι

labare constructionem et a plurali numero ad singularem transitum fieri, nemo non videt. AUGER.

Γεραίρας] Suidas Γεραιαὶ (non Γεραιραὶ) αἱ τῷ Διονύσῳ ἱερωμέναι γυναῖκες. Obsop. et Fel. legunt Γεραραί. WOLF. Varie item in nostris Codd. exaratur, et in Scriptoribus antiquis. Sed recepta lectio videtur multo cæteris præstare Γεραῖραι sc. Fœminæ, quæ Dionysio sacra γεραίρουσιν, uti infra legimus in formula jurisjurandi. p. 393. v. pen. De his scribit Hesychius: Ἱέρειαι κοινῶς. ἰδίως καὶ αἱ τῷ Διονύσῳ τῷ ἐν Λίμναις τὰ ἱερὰ ἐπιτελοῦσαι, ἀριθμῷ δεκατέσσαρες. Etym. M. Γεραῖραι παρ' Ἀθηναίοις γυναῖκές τινες ἱεραὶ, ἃς βασιλεὺς καθίστησιν ἰσαρίθμους τοῖς βωμοῖς τοῦ Διονύσου· παρὰ τὸ γεραίρειν τὸν θεόν. οὕτω Διονύσιος ὁ Ἁλικαρνασσεύς. Præter ea, quæ de his sacerdotibus apud Lexicographos reperiuntur, paucissima sane restant. Vide potissimum annotata ad Poll. VIII. §. 108. Spanhem. ad Callimach. Hymn. Apoll. v. 110. Casaub. ad Athen. X. 10. Herald. Animadv. ad Salmas. L. II. C. III. §. 8. Maussac. ad Harpocr. in v. TAYLOR. Et Meurs. Athen. Att. l. III. c. IV.

Ἃ δὲ] MSti Ven. Bar. Ital. ἃ δὲ μηδ' ἀκοῦσαι πᾶσιν οἷόν τ' ἐστι, πῶς ποιῆσαί γε τῇ ἐπιτυχούσῃ εὐσεβῶς ἔχει; Recte procul dubio: ubi sententia æque libratur, ἀκοῦσαι—ποιῆσαι, πᾶσιν—ἐπιτυχούσῃ. TAYLOR. Post ἀκοῦσαι addo πᾶσιν. AUGER.

κ'. Εὐλαβείας] Annon præstat εὐσεβείας? TAYLOR.

Τὸ γὰρ ἀρχαῖον] Narrationem incœptat de Rege et Regina sacrorum apud Athenienses. Utile erit conferre Anton. van

χαῖον, ὦ ἄνδρες Ἀθηναῖοι, δυναστεία ἐν τῇ πόλει ἦν, καὶ ἡ βασιλεία τῶν ἀεὶ ὑπερεχόντων, διὰ τὸ αὐτόχθονας εἶναι· τὰς δὲ θυσίας ἁπάσας ὁ βασιλεὺς ἔθυε, καὶ τὰς σεμνοτάτας καὶ ἀῤῥήτους ἡ γυνὴ αὐτοῦ ἐποίει. εἰκότως, βασίλισσα οὖσα. ἐπειδὴ δὲ Θησεὺς συνῴκισεν αὐτοὺς, καὶ δημοκρατίαν ἐποίησε, καὶ ἡ πόλις πολυάνθρωπος ἐγένετο, τὸν μὲν βασιλέα οὐδὲν ἧττον ὁ δῆμος ᾑρεῖτο ἐκ προκρίτων κατ' ἀνδραγαθίαν χειροτονῶν, τὴν δὲ γυναῖκα αὐτοῦ, νόμον [1]ἔθετο, ἀστὴν εἶναι, καὶ μὴ ἐπιμεμιγμένην ἑτέρῳ ἀνδρὶ, ἀλλὰ παρθένον γαμεῖν, ἵνα κατὰ τὰ πάτρια θύηται τὰ ἄῤῥητα ἱερὰ ὑπὲρ τῆς πόλεως, καὶ τὰ νομιζόμενα γίγνηται τοῖς θεοῖς εὐσεβῶς, καὶ μηδὲν καταλύηται, μηδὲ καινοτομῆται. καὶ τοῦτον τὸν νόμον γράψαντες ἐν στήλῃ λιθίνῃ, ἔστησαν ἐν τῷ ἱερῷ τοῦ Διονύσου παρὰ τὸν βωμὸν ἐν λίμναις· καὶ αὕτη ἡ στήλη ἔτι καὶ νῦν ἕστηκεν, ἀμυδροῖς γράμμασιν Ἀττικοῖς δηλοῦσα τὰ γεγραμμένα. ἣν μαρτυ-
ρίαν ποιούμενος ὁ δῆμος ὑπὲρ τῆς [2]αὐτοῦ εὐσεβείας πρὸς 1371
τὸν θεὸν, καὶ παρακαταθήκην καταλείπων τοῖς ἐπιγιγνομένοις, ὅτι τήν γε [3]σοι γυναῖκα δοθησομένην καὶ ποιήσου-

1 ἔθεντο 2 αὑτοῦ 3 σοι] Διονύσῳ

Dale Dissert. II. Cap. 3. Idem.

Βασίλισσα] Βασίλισσα οὐδεὶς τῶν ἀρχαίων εἶπεν, ἀλλὰ βασίλεια, ἢ βασιλίς. Phrynich. p. 96. Edit. postremæ. Eodem animo est Magister. Iterum vide Phrynich. p. 112. ubi hunc Demosthenis locum exagitat, contraque fidem istius orationis concludit. Quidam sunt Atticistæ ex antiquioribus, qui contendunt, recte dici βασίλινναν, pro *Regina*. MSS. nostri βασιλίνα, Ven. Bar. βασιλίννα Ital. Idem. V. D'Orville ad Char. Aphrod. l. V. c. III. p. 445.

Συνῴκισεν] Ita nos primi edidimus, ex auctoritate marg. Benenati. Vulgo συνῴκησεν. Taylor. Imo συνῴκισεν. Auger.

Τὸν μὲν βασιλέα οὐδὲν ἧττον] Pausanias in Atticis meminit στοᾶς βασιλείου, ἔνθα καθίζει βασιλεὺς, ἐνιαυσίαν ἄρχων ἀρχὴν, καλουμένην βασιλείαν. Wolf.

Γράψαντες] Refertur ad δῆμος, quod sequitur, et nomen est collectivum. Itaque ut totus hic locus plana constructione elucesceret, ita deberet legi et distingui: καὶ τοῦτον τὸν - - - - - λίμναις, (καὶ αὕτη - - - - - γεγραμμένα) ταύτην μαρτυρίαν - - - - ὅτι τήν γε Διονύσῳ γυναῖκα etc. Διονύσῳ pro σοι. Posset tamen σοι retineri, supponendo, quod verum est, ipsissima hæc esse verba inscriptionis ex ipsa excerpta, et ad Bacchum ipsum loqui inscriptionem. Auger.

Ἀμυδροῖς γράμμασιν Ἀττικοῖς] Græci olim Φοινικικοῖς usi traduntur. Vide Dictyes Cretensis præfationem. Τῶν Ἀττικῶν γραμμάτων et Pausanias in Atticis meminit, sed cujusmodi fuerint, non explicat. Wolf. Ἀττικοῖς γράμμασι, Δημοσθένης κατὰ Νεαίρας, ἀντὶ τοῦ, παλαιοῖς. τὴν γὰρ τῶν εἴκοσι τεσσάρων στοιχείων γραμματικὴν ὀψὲ παρὰ τοῖς Ἴωσιν εὑρεθῆναι etc. Harpocr. Videndi sunt Ios. Scaliger ad Eusebium n. MDCXVII. Salmas. ad Inscript. Herod. et Regill. p. 44. seq. Edit. Cren. Suid. v. Ἀττικισμὸς, Maussacus ad Harpocr. l. c. Valesius ad Maussac. pag. 252. Spanhem. de Usu et Præst. Num. T. l. p. 91. Taylor. Et Meurs. de Fort. Athen. c. VIII.

Ἣν μαρτυρίαν] Hæret Constructio in fine hujus sententiæ, et credo, locum esse mendosum. Taylor.

Τήν γέ σοι] Fortasse ὅτι τὴν Διονύσῳ γυναῖκα δοθησομένην. p. 391. v. 13. ἐξεδόθη δὲ (sc. Regina Sacrorum) τῷ Διονύσῳ γυνή. Et p. 405. v. 24. καὶ τῷ Διονύσῳ γυνὴ ἐδόθη, Neæra [Phano] sc. Idem.

σαν τὰ ἱερὰ, τοιαύτην ἀξιοῦμεν εἶναι, καὶ διὰ ταῦτα ἐν τῷ ἀρχαιοτάτῳ ἱερῷ τοῦ [1] Διονύσου ἐν λίμναις ἔστησαν, ἵνα μὴ πολλοὶ εἰδῶσι τὰ γεγραμμένα· ἅπαξ γὰρ τοῦ ἐνιαυτοῦ ἑκάστου ἀνοίγεται, τῇ δωδεκάτῃ τοῦ Ἀνθεστηριῶνος μηνός. ὑπὲρ τοίνυν ἁγίων καὶ σεμνῶν ἱερῶν, ὧν οἱ πρόγονοι ὑμῶν οὕτω καλῶς καὶ μεγαλοπρεπῶς ἐπεμελήθησαν, ἄξιον καὶ ὑμᾶς σπουδάσαι, ὦ ἄνδρες Ἀθηναῖοι, καὶ τοὺς ἀσελγῶς μὲν καταφρονοῦντας τῶν νόμων τῶν ὑμετέρων, ἀναιδῶς δ' ἠσεβηκότας εἰς τοὺς [2] θεοὺς, ἄξιον τιμωρήσασθαι, δυοῖν ἕνεκα· ἵνα οὗτοί τε τῶν ἠδικημένων δίκην δῶσιν, οἵ τ' ἄλλοι πρόνοιαν ποιῶνται, καὶ φοβῶνται, μηδὲν εἰς τοὺς θεοὺς καὶ τὴν πόλιν ἁμαρτάνειν. βούλομαι δ' ὑμῖν καὶ τὸν ἱεροκήρυκα καλέσαι, ὃς ὑπηρετεῖ τῇ τοῦ βασιλέως γυναικὶ, ὅταν [3] ἐξορκῇ τὰς Γεραίρας ἐν κανοῖς πρὸς τῷ βωμῷ, πρὶν ἅπτεσθαι τῶν ἱερῶν· ἵνα καὶ τοῦ ὅρκου, καὶ τῶν λεγομένων ἀκούσητε, ὅσα οἷόν τ' ἐστὶν ἀκούειν, καὶ εἰδῆτε, ὡς σεμνὰ, καὶ ἅγια, καὶ ἀρχαῖα τὰ νόμιμά ἐστιν.

ΟΡΚΟΣ ΓΕΡΑΙΡΩΝ.

Ἁγιστεύω καὶ εἰμὶ καθαρὰ καὶ ἁγνὴ ἀπὸ τῶν ἄλλων τῶν οὐ καθαρευόντων καὶ ἀπ' ἀνδρὸς συνουσίας, καὶ τὰ Θεόγνια καὶ Ἰοβάκχεια γεραίρω τῷ Διονύσῳ κατὰ τὰ πάτρια καὶ ἐν τοῖς καθήκουσι χρόνοις.

[1] Διονύσου καὶ ἁγιωτάτῳ * τῷ ἐν Λίμναις   [2] θεοὺς, * ἢ ἄξιον, τιμωρήσασθαι, δυοῖν   [3] ἐξορκοῖ τὰς γεραιράς

*Ἅπαξ γὰρ] Scilicet hoc Festum est, quod ἀρχαῖα Διονύσια dicebatur. Triplex enim erat dies festus Dionyso dicatus Athenis: hic scilicet, de quo hic sermo: Διονύσια Ληναῖα, qui et τὰ κατ' ἀγροὺς, in fine mensis Posideonis celebrabatur: et Διονύσια τὰ κατ' ἄστυ, quæ et *magna Dionysia* dicebantur, et in 16. Elaphebolionis diem cadebant. Palmer. Thucyd. II. 15. Τὰ γὰρ ἱερὰ ἐν αὐτῇ τῇ ἀκροπόλει καὶ ἄλλων θεῶν ἐστὶ, καὶ τὰ ἔξω πρὸς τοῦτο τὸ μέρος τῆς πόλεως μᾶλλον ἵδρυται, τό τε τοῦ Διὸς τοῦ Ὀλυμπίου, καὶ τὸ Πύθιον, καὶ τὸ τῆς Γῆς, καὶ τὸ ἐν Λίμναις Διονύσου, ᾧ τὰ ἀρχαιότερα Διονύσια τῇ δωδεκάτῃ ποιεῖται ἐν μηνὶ Ἀνθεστηριῶνι. Vide Auctores, quos ibi compellant Viri eruditi. Taylor.

Τῶν νόμων τῶν ὑμετέρων] *Sacra vestra* Wolfius. Male. Idem.

Ἄξιον] Alterum hoc ἄξιον otiosum mihi videtur et recidendum, nisi forte hujus loco legas ἀξίως, quod admitto. Auger.

Sed vid. D'Orville ad Char. Aphrod. l. II. c. VII. p. 200. seq. de hac repetitione vocabulorum et elegantia.

Ἐξορκῇ] Ἐξορκεῖ Baroc. Wolfius interpretatur, *cum lustrat ministras.* In superioribus recte dedit ista, ἐξόρκωσε τὰς Γεραίρας. Taylor. Imo ἐξορκοῖ. Deinde ἐν κανοῖς *ante canistra*, quibus nempe sacra quælibet instrumenta continebantur. Auger.

Θεόγνια] Θεοίνια o. fere l. s. Ven. Bar. Obsop. Ital. MSS. Herv. Fel. Man. cum margine Luteciano. Similiter Harpocratio v. Θεοίνιον — τὰ κατὰ δήμους Διονύσια Θεοίνια ἐλέγετο, ἐν οἷς οἱ γεννηταὶ ἐπέθυον· τὸν γὰρ Διόνυσον Θέοινον ἔλεγον, ὡς δηλοῖ Αἰσχύλος κ. τ. λ. Ita etiam jamdudum correxit Meursius in Græcia Feriata, [l. IV. p. 149.] Taylor. Vid. Corsin. Fast. Att. par. I. d. XIII. §. XX. voc. Ἀσχώλια.

Ἰοβάκχεια] Alii καὶ τὰ Βακχεῖα, fortasse melius. Taylor.

κά. Τοῦ μὲν ὅρκου τοίνυν, καὶ τῶν νομιζομένων πατρί-
ων, ὅσα οἷόν τ' ἐστὶν εἰπεῖν, ἀκηκόατε, καὶ ὡς, ἣν Στέφα-
νος ἠγγύησε τῷ Θεογένει γυναῖκα βασιλεύοντι, ὡς αὑτοῦ
οὖσαν θυγατέρα, αὕτη ἐποίει τὰ ἱερὰ ταῦτα, καὶ ἐξώρκου 1372
τὰς [1]Γεραίρας, καὶ ὅτι οὐδ' αὐταῖς ταῖς [2]ὁρώσαις τὰ ἱερὰ
ταῦτα οἷόν τέ ἐστι λέγειν πρὸς ἄλλον οὐδένα· φέρε δὴ καὶ
μαρτυρίαν [3]παράσχωμεν ὑμῖν, δι' ἀποῤῥήτου μὲν γεγενη-
μένην, ὅμως δὲ αὐτοῖς τοῖς πεπραγμένοις [4]ἐπιδείξω φανερὰν
οὖσαν [5]αὐτὴν καὶ ἀληθῆ. ὡς γὰρ ἐγένετο τὰ ἱερὰ ταῦτα,
καὶ ἀνέβησαν εἰς Ἄρειον πάγον οἱ ἐννέα ἄρχοντες ἐν ταῖς
καθηκούσαις ἡμέραις, εὐθὺς ἡ βουλὴ ἡ ἐν Ἀρείῳ πάγῳ,
ὥσπερ καὶ τἄλλα πολλοῦ [6]ἀξία ἐστὶ τῇ πόλει περὶ εὐ-
σέβειαν, ἐζήτει τὴν γυναῖκα ταύτην τοῦ Θεογένους ἥτις
ἦν, καὶ ἐξήλεγχε, καὶ περὶ τῶν ἱερῶν πρόνοιαν ἐποιεῖτο,
καὶ ἐζημίου τὸν Θεογένην ὅσα κυρία ἐστὶν, ἐν ἀποῤῥήτῳ δὲ
καὶ διὰ κοσμιότητος· οὐ γὰρ αὐτοκράτορές εἰσιν, ὡς ἂν
βούλωνται, Ἀθηναίων τινὰ κολάσαι. γενομένων δὲ λόγων,
καὶ χαλεπῶς φερούσης τῆς ἐν Ἀρείῳ πάγῳ βουλῆς, καὶ
ζημιούσης τὸν Θεογένην, ὅτι τοιαύτην ἔλαβε γυναῖκα, καὶ
ταύτην εἴασε ποιῆσαι τὰ ἱερὰ τὰ ἄῤῥητα ὑπὲρ τῆς πό-
λεως, ἐδεῖτο ὁ Θεογένης ἱκετεύων καὶ ἀντιβολῶν, λέγων,
ὅτι οὐκ ᾔδει Νεαίρας αὐτὴν οὖσαν θυγατέρα, ἀλλ' ἐξαπα-
τηθείη ὑπὰ Στεφάνου, ὡς αὐτοῦ θυγατέρα οὖσαν αὐτὴν
λαμβάνων γνησίαν, κατὰ τὸν νόμον, καὶ διὰ τὴν ἀπειρίαν
τῶν πραγμάτων, καὶ τὴν ἀκακίαν τὴν ἑαυτοῦ, τοῦτον
πάρεδρον ποιήσαιτο, ἵνα διοικήσῃ τὴν ἀρχὴν, ὡς εὔνουν ὄντα,
καὶ διὰ τοῦτο κηδεύσειεν αὐτῷ. ὅτι δ', ἔφη, οὐ ψεύδομαι,
μεγάλῳ τεκμηρίῳ καὶ περιφανεῖ ἐπιδείξω ὑμῖν. τὴν γὰρ
ἄνθρωπον ἀποπέμψω ἐκ τῆς οἰκίας, ἐπειδὴ οὐκ ἔστι Στε-

[1] γεραιρὰς [2] * ἱερώσαις [3] παράσχωμαι [4] * ἐπιδείξουσαν [5] αὐτὸν [6] ἄξιά ἐστι

κά. Γεραίρας] Aliter hunc locum accipit Wolfius, ut ex ejus interpretatione liquet. Pungit enim ad hanc vocem, deinde pergit, καὶ ὅτι οὐδ' αὐταῖς — φέρε δὴ καὶ μαρτυρίαν παράσχωμεν ὑμῖν. Sed non recte accipit. Idem.

Πρὸς ἄλλον οὐδένα] Interpungo sic: πρὸς ἄλλον οὐδένα. Hic enim videtur finis sententiæ, cum ad omnia hucusque dicta pertineat verbum ἀκηκόατε: sequens vero testimonium sit plane diversi argumenti, quod vellem animadvertisset Wolfius. Jurin.

Ὡς γὰρ ἐγένετο τὰ ἱερὰ ταῦτα] Vid. Corsin. Fast. Att. par. I. d. I. §. XXVIII. seqq.

Ἀκακίαν] Sic dixit ut εὐήθειαν Plato in II. de Leg. hoc est, innocentiam, quæ ma-

φάνου θυγάτηρ, ἀλλὰ Νεαίρας. κἂν μὲν ταῦτα ποιήσω,
1373 ἤδη πιστοὶ ὑμῖν ἔστωσαν οἱ λόγοι, οἱ παρ' ἐμοῦ λεγόμενοι,
ὅτι ἐξηπατήθην· ἐὰν δὲ μὴ ποιήσω, τότ' ἤδη με κολάζετε,
ὡς πονηρὸν ὄντα, καὶ εἰς τοὺς θεοὺς ἠσεβηκότα. ὑποσχο-
μένου δὲ ταῦτα τοῦ Θεογένους, καὶ δεομένου, ἅμα μὲν καὶ
ἐλεήσασα αὐτὸν ἡ ἐν Ἀρείῳ πάγῳ βουλὴ διὰ τὴν ἀκακίαν
τοῦ τρόπου, ἅμα δὲ καὶ ἐξηπατῆσθαι τῇ ἀληθείᾳ ἡγου-
μένη ὑπὸ τοῦ Στεφάνου, ἐπέσχεν. ὡς δὲ κατέβη ἐξ Ἀρείου
πάγου ὁ Θεογένης, εὐθὺς τήν τε ἄνθρωπον τὴν ταυτησὶ
Νεαίρας θυγατέρα ἐκβάλλει ἐκ τῆς οἰκίας, τόν τε Στέ-
φανον τὸν ἐξαπατήσαντα αὐτὸν τουτονὶ ἀπελαύνει ἀπὸ
τοῦ συνεδρίου. καὶ οὕτως ἐπαύσαντο οἱ Ἀρεοπαγῖται κρί-
νοντες τὸν Θεογένην, καὶ ὀργιζόμενοι αὐτῷ, καὶ συγγνώμην
εἶχον ἐξαπατηθέντι. καὶ ὅτι ταῦτ' ἀληθῆ λέγω, τούτων
ὑμῖν μάρτυρα αὐτὸν τὸν Θεογένην καλῶ, καὶ ἀναγκάσω
μαρτυρεῖν. κάλει μοι Θεογένην Ἐρχιέα.

ΜΑΡΤΥΡΙΑ.

Θεογένης Ἐρχιεὺς μαρτυρεῖ, ὅτε αὐτὸς ἐβασίλευε, γῆμαι Φανώ, ὡς Στεφάνου οὖσαν θυγατέρα· ἐπεὶ δὲ ᾔσθετο ἐξηπατημένος, τήν τε ἄνθρωπον ἐκβαλεῖν καὶ οὐκέτι συνοικεῖν αὐτῇ. καὶ Στέφανον ἀπελάσαι ἀπὸ τῆς παρεδρίας καὶ οὐκ ἐᾶν ἔτι παρεδρεύειν αὐτῷ.

κβ'. Λάβε δή μοι τὸν νόμον ἐπὶ τούτοις τουτονί, καὶ
ἀνάγνωθι· ἵν' εἰδῆτε, ὅτι οὐ μόνον προσῆκεν αὐτὴν ἀπέχε-
σθαι τῶν ἱερῶν τούτων, τοιαύτην οὖσαν, καὶ τοιαῦτα δια-
πεπραγμένην, τοῦ ὁρᾶν, καὶ θύειν, καὶ ποιεῖν τι τῶν νο-
μιζομένων ὑπὲρ [1] τῶν τῆς πόλεως πατρίων, ἀλλὰ καὶ τῶν
ἄλλων τῶν Ἀθήνησιν ἁπάντων. ἐφ' ᾗ γὰρ ἂν μοιχὸς ἁλῷ
1374 γυναικί, οὐκέτ' ἔξεστιν αὐτῇ ἐλθεῖν [2] εἰς οὐδὲν τῶν ἱερῶν τῶν

[1] Deest articulus. [2] ὡς

litiam non novit. Budæus.

Τόν τε Στέφανον] Scribendum puto, τόν τε Στέφανον τουτονὶ τὸν ἐξαπατήσαντα αὐτὸν ἀπελαύνει. Jurin.

Ἐρχιέα] Ἀρχιερέα Cod. Bar. et proxime, v. 18. Θεογένης ἀρχιερεύς. Illud tamen nomen populare malim, licet nuper, p. 390. v. ult. erat Theogenes Κοθωκίδης. Taylor. Vid. Corsin. Fast. Attic. par. I. d. V. §. XX. pop. LXXVII.

κβ'. Ἐπὶ τούτοις] Præterea. τουτονὶ hanc, quam digito demonstrat scribæ, nempe legem adulterii. Auger.

Τῶν ἱερῶν τῶν δημοτελῶν] Quid sint τὰ ἱερὰ τὰ δημοτελῆ, optime explicat Hesychius, np. in quibus sacra fiunt publicis totius civitatis impensis, quemadmodum τὰ δημοτικὰ sunt, in quibus sacra fiunt unius tantum Atheniensis Demi impensis. *In Comm. in L. A.* l. I. t. I. §. VII. Petitus. Clarissime orator infra explicat τὰ ἱερὰ τῆς πόλεως. Atque ita δημοτελεῖς

δημοτελῶν, εἰς ὃ καὶ τὴν ξένην καὶ τὴν δούλην ἐλθεῖν ἐξουσίαν ἔδοσαν οἱ νόμοι, καὶ θεασομένην καὶ ἱκετεύσουσαν εἰσιέναι, ἀλλὰ μόναις ταύταις ἀπαγορεύουσιν οἱ νόμοι ταῖς γυναιξὶ μὴ εἰσιέναι εἰς τὰ ἱερὰ τὰ δημοτελῆ, ἐφ᾽ ᾗ ἂν μοιχὸς ἁλῷ· ἐὰν δ᾽ εἰσίωσι καὶ παρανομῶσι, νηποινὶ πάσχειν ὑπὸ τοῦ βουλομένου, ὅ,τι ἂν πάσχῃ, πλὴν θανάτου, καὶ ἔδωκεν ὁ νόμος τὴν τιμωρίαν ὑπὲρ αὐτῶν τῷ ἐντυχόντι. διὰ τοῦτο δ᾽ ἐποίησεν ὁ νόμος πλὴν θανάτου τἄλλα [1]ὑβρισθείσας, αὐτὴν μηδαμοῦ λαβεῖν δίκην, ἵνα μὴ μιάσματα μηδ᾽ ἀσεβήματα γίγνηται ἐν τοῖς [2]ἱεροῖς ἱκανὸν φόβον ταῖς γυναιξὶ παρασκευάζων τοῦ σωφρονεῖν, καὶ μηδὲν ἁμαρτάνειν, ἀλλὰ δικαίως οἰκουρεῖν, [3]διδάσκων, ὡς ἄν τι ἁμάρτῃ τούτων, ἅμα ἔκ τε τῆς οἰκίας τοῦ ἀνδρὸς ἐκβεβλημένη ἔσται, καὶ ἐκ τῶν ἱερῶν τῶν τῆς πόλεως. καὶ ὅτι ταῦθ᾽ οὕτως ἔχει, τοῦ νόμου αὐτοῦ ἀκούσαντες ἀναγνωσθέντος, εἴσεσθε. καί μοι λάβε τὸν νόμον.

ΝΟΜΟΣ ΜΟΙΧΕΙΑΣ.

Ἐπειδὰν δὲ ἕλῃ τὸν μοιχὸν, μὴ ἐξέστω τῷ ἑλόντι συνοικεῖν τῇ γυναικί· ἐὰν δὲ συνοικῇ, ἄτιμος ἔστω. μηδὲ τῇ γυναικὶ ἐξέστω εἰσιέναι εἰς τὰ ἱερὰ τὰ δημοτελῆ, ἐφ᾽ ᾗ ἂν μοιχὸς ἁλῷ· ἐὰν δ᾽ [4]εἰσίῃ, νηποινεὶ πασχέτω ὅ,τι ἂν πάσχῃ, πλὴν θανάτου.

κγ΄. Βούλομαι τοίνυν ὑμῖν, ὦ ἄνδρες Ἀθηναῖοι, καὶ τοῦ δήμου τῶν Ἀθηναίων μαρτυρίαν παρασχέσθαι, ὡς σπουδάζει περὶ τὰ ἱερὰ ταῦτα, καὶ ὡς πολλὴν πρόνοιαν περὶ
αὐτῶν πεποίηται. ὁ γὰρ δῆμος ὁ Ἀθηναίων, κυριώτα- 1375
τος ὢν τῶν ἐν τῇ πόλει ἁπάντων, καὶ ἐξὸν αὐτῷ ποιεῖν ὅ,τι ἂν βούληται, οὕτω καλὸν καὶ σεμνὸν ἡγήσατ᾽ εἶναι δῶρον τὸ Ἀθηναῖον γενέσθαι, ὥστε νόμους ἔθετο αὑτῷ καθ᾽ οὓς ποιεῖσθαι δεῖ, ἐάν τινα βούλωνται, πολίτην· οἱ νῦν

[1] ὑβρισθεῖσαν αὐτὴν [2] ἱεροῖς, φόβον τ. γ. π., * ἱκανὸν τοῦ σωφρονεῖν, [3] * διδάσκαλον [4] εἰσίωσι

ἑορταὶ, δημοτελὴς εὐωχία, opponuntur sacris familiarum privatis in Phil. Jud. Leg. Cai. p. 1071. D. et iii. Maccab. 4. 1. Bene Phintis Pythagorea matronas exire debere tradit, τὰς δημοτελέας θυηπολούσας τῷ ἀρχαγέτᾳ θεῷ τᾶς πόλιος ὑπὲρ αὐτᾶς καὶ τῶ ἀνδρὸς καὶ τῶ παντὸς οἴκω, in J. Stobæi Florileg. tit. LXXII. p. 445. Wesseling.

Ὑπὸ τοῦ βουλομένου] Ὑπὸ Restituo. Prætermisit Wolfius ex incuria. Taylor.

Πλὴν θανάτου] Hunc locum illustrat P. Faber Semestr. L. III. c. 21. pag. 334. Idem.

Τἄλλα ὑβρισθείσας, αὐτὴν] Αὐτῶν puto, et referendum ad τἄλλα. Jurin. αὐτάς. Auger.

Ἐπειδὰν δὲ ἕλῃ] Petit. in L. A. l. VI. t. IV. §. V.

κγ΄. Κυριώτατος] Forte κύριος. Wolf.

προπεπηλακισμέναι εἰσὶν ὑπὸ Στεφάνου τουτουῒ καὶ τῶν οὕτω γεγαμηκότων. ὅμως δ' ἀκούσαντες αὐτῶν, βελτίους ἔσεσθε, [1]καὶ κάλλιστα καὶ τὰ σεμνότατα δῶρα τοῖς εὐεργετοῦσι τὴν πόλιν διδόμενα, γνώσεσθε ὡς λελυμασμέναι εἰσί. πρῶτον μὲν γὰρ νόμος ἐστὶ τῷ δήμῳ κείμενος, μὴ ἐξεῖναι ποιήσασθαι Ἀθηναῖον, ὃν ἂν μὴ δι' ἀνδραγαθίαν εἰς τὸν δῆμον [2]τῶν Ἀθηναίων, ἄξιον ᾖ γενέσθαι πολίτην. ἔπειτ', ἐπειδὰν πεισθῇ ὁ δῆμος, καὶ δῷ τὴν δωρεὰν, οὐκ ἐᾷ κυρίαν γενέσθαι τὴν ποίησιν, ἐὰν μὴ τῇ ψήφῳ εἰς τὴν ἐπιοῦσαν ἐκκλησίαν ὑπερεξακισχίλιοι Ἀθηναῖοι ψηφίσωνται, κρύβδην ψηφιζόμενοι. τοὺς δὲ πρυτάνεις κελεύει τιθέναι τοὺς καδίσκους ὁ νόμος, καὶ τὴν ψῆφον διδόναι προσιόντι τῷ δήμῳ, πρὶν τοὺς ξένους εἰσιέναι, καὶ τὰ [3]γέρα ἀναιρεῖν·

[1] καὶ τὰ κάλλιστα   [2] τὸν   [3] γέῤῥα [4] ἀναίρειν

Τῷ δήμῳ] Absunt a Ven. Bar. Quod nollem. Adjecta sunt enim significanter, ut satis ostendit Petit. LL. Attic. l. II. t. III. §. X. pag. 206. Edit. Nov. Caeterum de hoc membro orationis intelligendus est iste titulus in Harpocratione. Δημοποίητος. ὁ ξένος μὲν ὢν τῇ φύσει, ὑπὸ δὲ τοῦ δήμου πολίτης γεγενημένος· ὃν δὲ τρόπον γίνονταί τινες δημοποίητοι, δεδήλωκε Δημοσθένης ἐν τῷ κατὰ Νεαίρας, εἰ γνήσιος. TAYLOR.

Καὶ τὰ γέρα ἀναιρεῖν] Suidas ἀμοιβὰς, ἀνταποδόσεις, τιμάς. Sed utrum, πρὶν τοὺς ξένους τὰ γέρα ἀναιρεῖν, an, τοὺς πρυτάνεις τὰ γέρα ἀναιρεῖν? Et quae sunt illa γέρα? WOLF. De hoc loco disputant Petitus ad LL. Attic. pag. 206. seq. Ubbo Emmius in Appendice de Rep. Attica, T. IV. Antiqu. Graec. col. 607. Valesius ad Harpocr. in v. Γέῤῥα, Sigonius de Rep. Athen. II. 4. H. Steph. Thes. L. Gr. Append. col. 676. Quorum pro se sibi sapit Petitus, dum somniat somnium hujuscemodi, nimirum, illos, qui civium numero adscriberentur, *clypeos* populo dono dare solitos, γέῤῥον autem Persici clypei genus: deinde loci sententiam fere esse ejusmodi: *Populum prius in suffragia mitti oportere, quam hospites, quorum res agebatur, advenirent, et γέῤῥα, id est, munera sua, afferrent, quibus populum demererentur.* ideo autem ait ea voce usum Auctorem, qua clypei Persici vocitari solebant, quia lata esset ea Lex non ita multo post victos Persas ad Plataeas; nullo autem potiori argumento suam ἀνδραγαθίαν hospites ostentare poterant, quam ἀναιροῦντες τὰ γέῤῥα, id est, offerentes P. A. clypeos Persicos, quasi illos Persis infensissimis Atheniensium hostibus eripuissent. Caetera, quae nives nostras Caledonias frigiditate ipsa superant. Γέῤῥα (ita enim scribe, non γέρα, praemia) sunt in potiori et principali significatu Clypei viminei, quibus corpora militantium obtegerentur contra vim hostium; deinde περιφράγματα, tegumenta quaevis, ad rem quamcunque contegendam et cooperiendam apta. Ideoque si tentoria corio, pellibus, aut tegete, plaustrum cratibus stragulisve obducas, id γέῤῥον rite exponere possis. Ut recte Harpocratio, in v. Γέῤῥα. Ἅπαν σκέπασμα, εἴτε δερμάτινον εἴη, εἴτε ἄλλης τινὸς ὕλης. Exemplo uno et altero res erit luculentior. Comicus lentitudinem popularium exprobrans, ait Acharn. 19.

Ὡς νῦν, ὁπότ' οὔσης κυρίας ἐκκλησίας,
Ἑωθινῆς, ἔρημος ἡ πνὺξ αὑτηί.
Οἱ δ' ἐν ἀγορᾷ λαλοῦσι, κἄνω καὶ κάτω
Τὸ σχοινίον φεύγουσι τὸ μεμιλτωμένον.

Ad quae verba Scholiastes: Ὑπὲρ τοῦ ἐξ ἀνάγκης αὐτοὺς εἰς τὰς Ἐκκλησίας συνιέναι, τοῦτο ἐμηχανῶντο, καὶ πολλὰ ἄλλα. ἀνεπετάννυσαν γὰρ τὰ γέῤῥα, καὶ ἀπέκλειον τὰς ὁδοὺς, τὰς μὴ φερούσας εἰς τὴν ἐκκλησίαν καὶ τὰ ὤνια ἀνῄρουν ἐν ταῖς ἀγοραῖς, ὅπως μὴ περὶ ταῦτα διατρίβοιεν· ἔτι μὴν καὶ μεμιλτωμένῳ σχοινίῳ περιβάλλοντες αὐτοὺς συνήλαυνον εἰς τὰς ἐκκλησίας. τοῦτο δὲ ἐποίουν ὑπὲρ τοῦ μὴ βραδύνειν. ὅσοι γὰρ ἐχρίοντο, ζημίαν ἐξέτινον. Liquere hinc arbitror posse, res venales in foro sub tentoriis prostituisse, et, cum seria res agebatur,

ἵνα κύριος ὢν αὐτὸς [1] αὑτοῦ ἕκαστος, σκοπῆται πρὸς αὑ-
τὸν, ὅν τινα μέλλει πολίτην ποιήσεσθαι, εἰ ἄξιός ἐστι
τῆς δωρεᾶς ὁ μέλλων λήψεσθαι. ἔπειτα μετὰ ταῦτα πα-
ρανόμων γραφὴν ἐποίησε κατ' αὐτοῦ τῷ βουλομένῳ Ἀθη-
ναίων· καί ἐστιν εἰσελθόντα εἰς τὸ δικαστήριον ἐξελέγξαι,
ὡς οὐκ ἄξιός ἐστι τῆς δωρεᾶς, ἀλλὰ παρὰ τοὺς νόμους
Ἀθηναῖος γέγονε. καὶ ἤδη τισὶ τοῦ δήμου δόντος τὴν δω-
ρεὰν, λόγῳ ἐξαπατηθέντος ὑπὸ τῶν αἰτούντων, παρανόμων
γραφῆς γενομένης, καὶ εἰσελθούσης εἰς τὸ δικαστήριον, 1376
ἐξελεγχθῆναι συνέβη τὸν εἰληφότα τὴν δωρεὰν, μὴ ἄξιον
εἶναι αὐτῆς· καὶ ἀφείλετο τὸ δικαστήριον. καὶ τοὺς μὲν
[2] πολλοὺς, καὶ παλαιοὺς, ἔργον διηγήσασθαι· ἃ δὲ πάντες
μνημονεύετε, Πειθόλαν τε τὸν Θετταλὸν, καὶ Ἀπολλω-
νίδην τὸν Ὀλύνθιον, πολίτας ὑπὸ τοῦ δήμου γενομένους,

[1] αὐτοῦ [2] [πολλοὺς καὶ]

sublata ea integumenta, quibus cooperiebantur, aut saltem alia aliunde adhibita, ad viarum aditus obstruendos, ne elaberetur populus. Iterum: allato Athenas nuncio de Philippo Elateam occupante, et quæstione de aris focisque jamjam habenda, εὐθὺς ἐξαναστάντες — τούς τε ἐκ τῶν σκηνῶν (ait Orator de Corona §. νγ'.) τῶν κατὰ τὴν ἀγορὰν ἐξεῖργον, καὶ τὰ γέῤῥα ἐνεπίμπρασαν, ne quis sc. in mora esset, cum populus de salute consuleret, verum unusquisque patriæ periclitanti opem ferret. Post hæc fortasse æquius accipiet lector meus, quæ Harpocratio non inscite de his locis Demosthenis observavit. Γέῤῥα. Δημ. — τὰ γέῤῥα ἐνεπίμπρασαν. νῦν γοῦν τὰ τῶν σκηνῶν σκεπάσματα καὶ παρακαλύμματα ἐμπεπρῆσθαί φησιν ὁ Δημοσθένης, ὑπὲρ τοῦ μὴ συνεστάναι περὶ τὰ ὤνια ἐπὶ τῆς ἀγορᾶς, μηδὲ πρὸς ἄλλοις τισὶ τὰς διατριβὰς ἔχειν. ἐν δὲ τῷ κατὰ Νεαίρας, εἰ γνήσιος ὁ λόγος, φησὶν οὕτω· τοὺς δὲ πρυτάνεις κελεύει τιθέναι τοὺς καδίσκους ὁ νόμος, καὶ τὴν ψῆφον διδόναι προσιόντι τῷ δήμῳ, πρὶν τοὺς ξένους εἰσιέναι, καὶ τὰ γέῤῥα ἀναιρεῖν. ἤτοι οὖν ταὐτὸν τῷ ὑπὲρ Κτησιφῶντος, ἢ τοιοῦτό τι ὑποληπτέον, ὡς παρὰ τοῖς ἐκκλησιάζουσι πολίταις ἡ ψῆφος ὑπὸ τῶν πρυτανέων ἐδίδοτο, πρὶν εἰσιέναι τοὺς ξένους, καὶ πρὶν ἀναιρεθῆναι τὰ περιφράγματα· τουτέστι, πρὶν ἀναπετασθῆναι τῇ ἐκκλησίᾳ, παντὶ τῷ εἰσιέναι βουλομένῳ. Sit ita igitur: Aut suffragia erant capienda, frequenti adhuc concione, priusquam Aulæa tollerentur, et populo domuitionis venia facta esset. Unde non admodum absimile esset istud Horatianum, A. P. 154.

Si Fautoris eges aulæa manentis, *et usque*
Sessuri, donec Cantor, Vos plaudite, dicat.

Adducam alia, unde hæc notio τῶν γέῤῥων stabiliri possit et in perpetuum confirmari. Γέῤῥον τετράγωνον σκέπασμα ἐκ στερεᾶς βύρσης, ᾧ ἀντὶ ἀσπίδος ἐχρῶντο Σκύθαι ἐν τοῖς πολέμοις ἐσκεπασμένοι. φέρεται δὲ καὶ ἐπὶ ἄλλων σημαινομένων παρὰ τοῖς παλαιοῖς. παρ' Ἐπιχάρμῳ μὲν γὰρ γεῤῥοπαξία, καὶ εἴρηται ἐπὶ τῶν αἰδοίων. Ἀλκμὰν δὲ ἐπὶ τῶν οἰστῶν τέθεικε τὴν λέξιν. Δημοσθένης δὲ ἐπὶ τῶν σκηνῶν καὶ τῶν περιφραγμάτων — σκηνώματά ἐστιν, ἐν οἷς παραφυλάττοντες τὰς εἰσόδους διατρίβουσι. Etym. M. Γέῤῥα. Περσικὰ μέν ἐστιν ὅπλα, δερμάτινα κυρίως, καταχρηστικῶς δὲ, ἅπαν σκέπασμα, εἴτε δερμάτινον, εἴτε ἐξ ἄλλης τινὸς ὕλης, γέῤῥον ἐλέγετο — γέῤῥα (ita enim lego, non δέῤῥα) καὶ αἱ σκηναὶ, ἐν αἷς τὰ ὤνια ἐπιπράσκετο, καὶ τὰ στρωτήρια λέγοιτ' ἂν ὁμοίως, καὶ τὰ τῶν σκηνῶν περιφράγματα. διὸ καὶ Δημοσθένης τὰ τῶν σκηνῶν σκεπάσματα γέῤῥα καλῶν ἐμπεπρῆσθαι λέγει· ἐπὶ σταυροῦ δέ φησιν Εὔπολις καὶ Δημοσθένης, τὰ γέῤῥα ἐνεπίμπρασαν. καὶ οἱ τόποι οἱ περιπεφραγμένοι. Strabo L. VII. p. m. 294. de Cimbris: ἐν δὲ τοῖς ἀγῶσιν ἔτυπτον τὰς βύρσας τὰς περιτεταμένας τοῖς γέῤῥοις τῶν ἁρμαμαξῶν, ὥστ' ἀποτελεῖσθαι ψόφον ἐξαίσιον. Adde Eustath. ad Odyss. X. pag. 780. Edit. Bas. Taylor.

Σκοπῆται] Ita ex Ven. Bav. et Edit. Luteciana, pro σκοπεῖται. Idem.

ἀφείλετο τὸ δικαστήριον. ταῦτα γὰρ οὐ πάλαι ἐστὶ γεγενημένα, ὥςτε ἀγνοεῖν ὑμᾶς.

κδ΄. Οὕτω τοίνυν καλῶς καὶ ἰσχυρῶς τῶν νόμων κειμένων ὑπὲρ τῆς πολιτείας, δι᾽ ὧν δεῖ Ἀθηναῖον γενέσθαι, ἕτερός τίς [1]ἐστιν ἐφ᾽ ἅπασι τούτοις κυριώτατος [2]νόμος κείμενος· οὕτω πολλὴν ὁ δῆμος πρόνοιαν ἐποιεῖτο ὑπὲρ αὑτοῦ, καὶ τῶν θεῶν, ὥςτε δι᾽ εὐσεβείας τὰ ἱερὰ θύεσθαι ὑπὲρ τῆς πόλεως. ὅσους γὰρ ἂν ὁ δῆμος ποιήσηται ὁ Ἀθηναίων πολίτας, ὁ νόμος ἀπαγορεύει διαῤῥήδην, μὴ ἐξεῖναι αὐτοῖς τῶν ἐννέα ἀρχόντων γενέσθαι, μηδὲ ἱερωσύνης μηδεμιᾶς μετασχεῖν· τοῖς δ᾽ ἐκ τούτων μετέδωκεν ἤδη ὁ δῆμος ἁπάντων, καὶ προσέθηκεν, ἐὰν ὦσιν ἐκ γυναικὸς ἀστῆς, καὶ ἐγγυητῆς κατὰ τὸν νόμον. καὶ ὅτι ταῦτ᾽ ἀληθῆ λέγω, μεγάλῃ καὶ περιφανεῖ μαρτυρίᾳ ἐγὼ ὑμῖν δηλώσω. βούλομαι δ᾽ ὑμῖν τὸν νόμον πόῤῥωθεν προδιηγήσασθαι, ὡς ἐτέθη, καὶ πρὸς οὓς διωρίσθη, ὡς ἄνδρας ἀγαθοὺς ὄντας, καὶ βεβαίους φίλους περὶ τὸν δῆμον γεγονότας. ἐκ τούτων γὰρ ἁπάντων εἴσεσθε τήν τε τοῦ δήμου δωρεὰν τὴν ἀπόθετον τοῖς εὐεργέταις προπηλακιζομένην, καὶ ὅσων ὑμᾶς
1377 ἀγαθῶν κωλύουσι κυρίους εἶναι, Στέφανός τε οὑτοσὶ, καὶ
οἱ τὸν αὐτὸν τρόπον τούτῳ γεγαμηκότες, καὶ παιδοποιούμενοι.

κέ. Πλαταιεῖς γὰρ, ὦ ἄνδρες Ἀθηναῖοι, μόνοι τῶν Ἑλλήνων ὑμῖν ἐβοήθησαν [3]Μαραθῶναδε, ὅτε Δάτις, ὁ βασιλέως Δαρείου στρατηγὸς, ἀναχωρῶν ἐξ Ἐρετρίας, Εὔβοιαν ἐφ᾽ ἑαυτῷ ποιησάμενος, ἀπέβη εἰς τὴν χώραν πολλῇ δυνάμει, καὶ ἐπόρθει· καὶ ἔτι καὶ νῦν τῆς ἀνδραγαθίας αὐτῶν ὑπομνήματα [4]ἐν τῇ Ποικίλῃ στοᾷ γραφὴ δεδήλωκεν. ὡς ἕκαστος γὰρ τάχους εἶχεν, εὐθὺς προσβοηθῶν γέγραπται,

[1] Deest ἐστιν. [2] νόμος ἐστὶ κείμενος [3] Μαραθῶνάδε [4] ἡ ἐν

κέ. Ἀπέβη] Ἀνέβη puto, vel ἐπέβη. Jurin.

Χώραν] Sub. ἡμετέραν. Auger.

Ἐν τῇ Ποικίλῃ στοᾷ γραφὴ] Puto, ἡ ἐν τῇ Π. στοᾷ γραφή. Jurin. His lubet adjicere Harpocrationis verba: Ὅτι διαμαρτάνει Δημοσθένης ἐν τῷ κατὰ Νεαίρας, λέγων Πλαταιέας γεγράφθαι ἐν τῇ Ποικίλῃ στοᾷ. οὐδεὶς γὰρ τοῦτο εἴρηκεν, ὥσπερ οὐδὲ Κρατερὸς ἐν τῇ τῶν ψηφισμάτων συναγωγῇ. Eadem habet Suidas v. Ὁ κάτωθεν νόμος. Frustra vero fuisse doctissimum istum Criticum contendit Meursius Attic. Lect. I. 26. auctoritate Pausaniæ. Taylor. L. ἡ ἐν τῇ etc. Auger.

Ὡς—τάχους] *Quantum celeritatis:* intellige, *cum tanta celeritate quantam quisque habuit.* et p. 400. v. 1. οἱ τὰς κυνᾶς etc. sub. εἰσὶ, *sunt hi qui habent galeas Bœotias.* κυνᾶς contracte pro κυνέας, np. *galeas quales Bœoti gestabant.* Auger.

Γέγραπται, οἱ τὰς κύνας τὰς Βοιωτίας

οἱ τὰς [1]κύνας τὰς Βοιωτίας ἔχοντες. πάλιν δὲ Ξέρξου
ἰόντος ἐπὶ τὴν Ἑλλάδα, Θηβαίων Μηδισάντων, οὐκ ἐτόλ-
μησαν ἀποστῆναι τῆς ἡμετέρας φιλίας· ἀλλὰ μόνοι τῶν
ἄλλων Βοιωτῶν οἱ μὲν ἡμίσεις αὐτῶν, μετὰ Λακεδαιμονίων
καὶ Λεωνίδου ἐν Θερμοπύλαις παραταξάμενοι τῷ βαρβάρῳ
ἐπιόντι, συναπώλοντο· οἱ δὲ λοιποὶ ἐμβάντες εἰς τὰς ἡμε-
τέρας τριήρεις, ἐπειδὴ αὐτοῖς οἰκεῖα σκάφη οὐχ ὑπῆρχε,
συνεναυμάχουν ὑμῖν ἐπί τε Ἀρτεμισίῳ, καὶ ἐν Σαλαμῖνι·
καὶ τὴν τελευταίαν μάχην [2]Πλαταιέσι Μαρδονίῳ, τῷ βα-
σιλέως στρατηγῷ, μεθ' ὑμῶν καὶ τῶν συνελευθερούντων
τὴν Ἑλλάδα μαχεσάμενοι, εἰς κοινὸν τὴν ἐλευθερίαν τοῖς
ἄλλοις Ἕλλησι κατέθηκαν. ἐπεὶ δὲ Παυσανίας, ὁ Λακε-
δαιμονίων βασιλεὺς, ὑβρίζειν ἐνεχείρει ὑμᾶς, καὶ οὐκ
ἠγάπα ὅτι τῆς ἡγεμονίας [3]μόνοι ἠξιώθησαν Λακεδαιμόνιοι
ὑπὸ τῶν Ἑλλήνων· καὶ ἡ πόλις τῇ μὲν ἀληθείᾳ ἡγεῖτο
τῆς ἐλευθερίας τοῖς Ἕλλησι, τῇ δὲ φιλοτιμίᾳ οὐκ ἠναντι-
οῦτο τοῖς Λακεδαιμονίοις, ἵνα μὴ φθονηθῶσιν ὑπὸ τῶν
συμμάχων· ἐφ' οἷς φυσηθεὶς Παυσανίας, ὁ τῶν Λακεδαι- 1378
μονίων βασιλεὺς, ἐπέγραψεν ἐπὶ τὸν τρίποδα ἐν Δελφοῖς,
ὃν οἱ Ἕλληνες οἱ συμμαχεσάμενοι τὴν [4]ἐν [2]Πλαταιέσι
μάχην, καὶ τὴν ἐν Σαλαμῖνι ναυμαχίαν ναυμαχήσαντες,
κοινῇ ποιησάμενοι, ἀνέθηκαν ἀριστεῖον τῷ Ἀπόλλωνι ἀπὸ
τῶν βαρβάρων,

> Ἑλλήνων ἀρχηγὸς ἐπεὶ στρατὸν ὤλεσε Μήδων
> Παυσανίας, Φοίβῳ μνῆμ' ἀνέθηκε τόδε,

[1] κυνᾶς [2] Πλαταιᾶσι [3] μόνον [4] Deest ἐν.

ἔχοντες] Videtur aliquid deesse. Wolf.

Κύνας τὰς Βοιωτίας] *Canes illi Bœotias habentes.* Wolfius. Rescribendum est κυνᾶς, sive κυνέας, *galeas.* Vide Suid. v. Κυνέας. Hoc monstri procurarunt olim Valesius ad Harpocr. pag. 143. P. Leopard. Emend. XVI. 12. et Kuster. ad Suidam v. c. Galea Bœotica memoratur ab Antiquorum plerisque. Κράνος γε μὴν κράτιστον εἶναι νομίζομεν τὸ Βοιωτιουργές· τοῦτο γὰρ αὖ στεγάζει μάλιστα πάντα τὰ ὑπερέχοντα τοῦ θώρακος, ὁρᾶν δὲ οὐ κωλύει. Xenopho π. Ἱππικῆς non procul a fine. Ἔχει δὲ πτέρυγας τὸ φύλλον καὶ ἐπ' ἔλαττον, ὥστε τὴν ὅλην μορφὴν εἶναι κυκλοειδῆ καὶ παρόμοιον μάλιστα ταῖς Βοιωτίαις κυνέαις. Theophrast. Hist. Plant. III. 10. Λέγεται οὖν ὁ τοῦ Γρύλλου τὴν μὲν ἀσπίδα Ἀργολικὴν ἔχειν, τὸν δὲ θώρακα Ἀττικὸν, τὸ δὲ κράνος Βοιωτιουργές. Ælian. V. H. III. 24. Εὐδόκιμα δὲ, θώραξ Ἀττικουργὸς, κράνος Βοιωτιουργές. Poll. L. I. C. X. Taylor.

Πλαταιέσι] Forte Πλαταιεῦσι, nisi legendum sit Πλαταιᾶσι, ut Θεσπιᾶσι, et Ὀλυμπιᾶσι, aut Πλαταιεῦσι. Paulo post v. 20. iterum legitur τὴν ἐν Πλαταιέσι μάχην, cum Πλαταιεῦσι postulet ἀναλογία, si sit Dativus, ut, ἐν τοῖς Ἕλλησιν, ἀντὶ τοῦ, ἐν τῇ Ἑλλάδι. Historiam vide II. Thucyd. Wolf. Malim Πλαταιᾶσι. Auger.

Ἑλλήνων ἀρχηγὸς] Thucyd. I. §. 132. Plutarch. de Herodoti malign. juxta finem, et Suid. v. Παυσανίας, eadem habent. Confer eruditissimum Wesselingium ad

ὡς αὐτοῦ [1] τοῦ ἔργου ὄντος, καὶ τοῦ ἀναθήματος, ἀλλ' οὐ κοινοῦ τῶν συμμάχων. ὀργισθέντων [2] δὲ τῶν Ἑλλήνων, οἱ Πλαταιεῖς λαγχάνουσι δίκην τοῖς Λακεδαιμονίοις εἰς τοὺς Ἀμφικτύονας χιλίων ταλάντων ὑπὲρ τῶν συμμάχων, καὶ ἠνάγκασαν αὐτοὺς, ἐκκόψαντας τὰ ἐλεγεῖα, ἐπιγράψαι τὰς πόλεις τὰς κοινωνούσας τοῦ ἔργου· διόπερ αὐτοῖς οὐχ ἥκιστα παρηκολούθει ἡ ἔχθρα παρὰ Λακεδαιμονίων, [3] καὶ ἐκ τοῦ γένους τοῦ βασιλείου. καὶ ἐν μὲν τῷ παρόντι, οὐκ εἶχον αὐτοῖς ὅ,τι χρήσωνται οἱ Λακεδαιμόνιοι· ὕστερον δὲ ὡς πεντήκοντα ἔτεσιν, Ἀρχίδαμος ὁ Ζευξιδάμου, [4] Λακεδαιμονίων βασιλεὺς, εἰρήνης οὔσης, ἐνεχείρησεν αὐτῶν καταλαβεῖν τὴν πόλιν. ἔπραξε δὲ ταῦτ' ἐκ Θηβῶν δι' Εὐρυμάχου τοῦ Λεοντιάδου Βοιωταρχοῦντος, ἀνοιξάντων τὰς πύλας τῆς νυκτὸς Ναυκλείδου καὶ ἄλλων τινῶν μετ' αὐτοῦ, πεισθέντων χρήμασιν. αἰσθόμενοι δ' οἱ Πλαταιεῖς ἔνδον ὄντας τοὺς Θηβαίους τῆς νυκτὸς, καὶ ἐξαπίνης [5] αὐτῶν τὴν πόλιν ἐν εἰρήνῃ κατειλημμένην, προσεβοήθουν καὶ αὐτοὶ, καὶ συνετάττοντο. καὶ ἐπειδὴ ἡμέρα ἐγίγνετο, καὶ εἶδον οὐ πολλοὺς ὄντας τοὺς Θηβαίους, ἀλλὰ τοὺς πρώτους
1379 αὐτῶν εἰσεληλυθότας — ὕδωρ γὰρ γενόμενον τῆς νυκτὸς πολὺ ἐκώλυσεν αὐτοὺς πάντας εἰσελθεῖν, ὁ γὰρ Ἀσωπὸς ποταμὸς μέγας ἐῤῥύη, καὶ διαβῆναι οὐ ῥᾴδιον ἦν, ἄλλως τε καὶ νυκτὸς —, ὡς οὖν εἶδον οἱ Πλαταιεῖς τοὺς Θηβαίους ἐν τῇ πόλει, καὶ ἔγνωσαν ὅτι οὐ πάντες πάρεισιν, ἐπιτίθενται, καὶ εἰς μάχην ἐλθόντες κρατοῦσι, καὶ φθάνουσιν ἀπολέσαντες αὐτοὺς πρὶν τοὺς ἄλλους προσβοηθῆσαι· καὶ ὡς ὑμᾶς πέμπουσιν εὐθὺς ἄγγελον, τήν τε πρᾶξιν φράσοντα, καὶ τὴν μάχην δηλώσοντα ὅτι νικῶσι, καὶ βοηθεῖν ἀξιοῦντες, ἂν οἱ Θηβαῖοι τὴν χώραν αὐτῶν δῃῶσιν. ἀκούσαντες δὲ οἱ [6] τότ' Ἀθηναῖοι τὰ γεγονότα, διὰ τά-

[1] τοῦ * τε ἔργου [2] [δὲ] [3] καὶ * τῶν ἐκ [4] ὁ Λακεδ. [5] αὐτῶν [6] Deest τότ'.

Diod. Sic. L. XI. §. 33. Porro Cornelius Nepos in Pausania eandem historiam narrat: *Primum in eo est reprehensus, quod ex præda tripodem aureum Delphis posuisset, epigrammate scripto, in quo hæc erat sententia:* SUO DUCTU BARBAROS APUD PLATÆAS ESSE DELETOS EJUSQUE VICTORIÆ ERGO APOLLINI DONUM DEDISSE. *Hos versus Lacedæmonii exsculpserunt, neque aliud scripserunt, quam nomina earum Civitatum, quarum auxilio Persæ erant victi.* Taylor.

Ἐκκόψαντας] Lege ἐκκολάψαντας, monente marg. Benenati, et Bodl. Ita quoque scribunt Auctores, quos proxime super hoc monumento adduxi, Thucydides et Plutarchus. Vide Orat. contr. Eubul. p. 1318. ult. ed. R. Idem.

Ἀκούσαντες δ' οἱ Ἀθηναῖοι] Perinde se

χους ἐβοήθουν εἰς τὰς Πλαταιάς. καὶ οἱ Θηβαῖοι ὡς ἑώρων
τοὺς Ἀθηναίους βεβοηθηκότας τοῖς [1] Πλαταιέσιν, ἀνεχώ-
ρησαν ἐπ᾽ οἴκου. ὡς οὖν ἀπέτυχον οἱ Θηβαῖοι τῆς πείρας,
καὶ οἱ Πλαταιεῖς τοὺς ἄνδρας οὓς ἔλαβον αὐτῶν [2] ἐν μάχῃ,
ζῶντας ἀπέκτειναν, ὀργισθέντες οἱ Λακεδαιμόνιοι ἀπροφα-
σίστως ἤδη στρατεύουσιν ἐπὶ τὰς Πλαταιάς, Πελοποννη-
σίοις μὲν ἅπασι πλὴν Ἀργείων, τὰ δύο μέρη τῆς στρατι-
ᾶς ἀπὸ τῶν πόλεων ἑκάστων πέμπειν ἐπιτάξαντες, Βοιω-
τοῖς δὲ τοῖς ἄλλοις ἅπασι, καὶ Λοκροῖς, καὶ Φωκεῦσι, καὶ
Μαλιεῦσι, καὶ Οἰταίοις, καὶ Αἰνιᾶσι πανδημεὶ ἐπαγγεί-
λαντες στρατεύειν. καὶ περικαθεζόμενοι αὐτῶν τὸ τεῖχος
πολλῇ δυνάμει, ἐπηγγέλλοντο, εἰ βούλοιντο τὴν μὲν πόλιν
αὐτοῖς παραδοῦναι, τὴν [3] καὶ χώραν ἔχειν, καὶ καρποῦσθαι
τὰ [4] αὐτῶν, ἀφίστασθαι δὲ τῆς Ἀθηναίων συμμαχίας.
οὐκ ἐθελησάντων δὲ τῶν Πλαταιέων, ἀλλ᾽ ἀποκριναμένων,
ὅτι ἄνευ Ἀθηναίων οὐδὲν ἂν πράξειαν, ἐπολιόρκουν αὐτοὺς
διπλῷ τείχει περιτειχίσαντες δέκα ἔτη, πολλὰς καὶ 1380
παντοδαπὰς πείρας προσάγοντες. ἐπεὶ δ᾽ ἀπειρήκεσαν οἱ
Πλαταιεῖς, καὶ ἐνδεεῖς ἦσαν ἁπάντων, καὶ ἠποροῦντο τῆς
σωτηρίας, διακληρωσάμενοι πρὸς σφᾶς αὐτοὺς, οἱ μὲν,
ὑπομείναντες ἐπολιορκοῦντο· οἱ δὲ, τηρήσαντες νύκτα, καὶ
ὕδωρ, καὶ ἄνεμον πολὺν, ἐξελθόντες ἐκ τῆς πόλεως, καὶ

[1] πλαταιεῦσιν [2] ἐν τῇ μάχῃ ζῶντας, [3] δὲ [4] αὐτῶν

si ex Historico aliquo hæc decerpta sint. Alias dicere solet: ἀκούσαντες δ᾽ οἱ πρόγονοι, ἢ, οἱ πατέρες ὑμῶν. Sed quid si legatur: οἱ τότ᾽ Ἀθηναῖοι, vel, οἱ κατ᾽ ἐκεῖνον τὸν χρόνον Ἀθηναῖοι? WOLF. Ἀξιοῦντες pro ἀκούσαντες habent Editi a Feliciano et Manutio. Wolfianam lectionem ignorant cuncti. Nec satis video, quid recepta habeant in se difficultatis, ut tantopere æstuaret Wolfius, aut cur in alio loco annotaret, *videri sibi hunc locum mendosum*. TAYLOR.

Πλαταιέσιν] Ita omnes editi. Wolfius dedit Πλαταιεῦσιν, quo pacto reperitur in Codd. Ven. et Bar. IDEM.

Ἐν μάχῃ, ζῶντας ἀπέκτειναν] Interpungendum, ἐν μάχῃ ζῶντας, ἀπέκτειναν. JURIN.

Μαλιεῦσι] Varie in exemplaribus nostris exaratur; in nonnullis voces καὶ Αἰνιᾶσι desunt. Certe, si integra sit vulgata lectio, Scriptoris istius fidem id merito levare potest: cum harum civitatum alias in fide semper videam perseverasse Atheniensium, alias serius in Lacedæmoniorum amicitiam receptos, quam hæc acta sint. TAYLOR.

Πόλιν — παραδοῦναι] Hæc inaccurate et indistincte ab Auctore nostro traduntur. Thucydides, unde tota hæc de Platæensibus historia desumitur, ita habet: Ὑμεῖς πόλιν καὶ οἰκίας παράδοτε ἡμῖν τοῖς Λακεδαιμονίοις, καὶ γῆς ὅρους ἀποδείξατε, καὶ δένδρα ἀριθμῷ τὰ ὑμέτερα, καὶ ἄλλο εἴ τι δυνατὸν εἰς ἀριθμὸν ἐλθεῖν. αὐτοὶ δὲ μεταχωρήσατε, ὅποι βούλεσθε, ἕως ἂν ὁ πόλεμος ᾖ· ἐπειδὰν δὲ παρέλθῃ, ἀποδώσομεν. μέχρι δὲ τοῦδε ἕξομεν παρακαταθήκην, ἐργαζόμενοι, καὶ φορὰν φέροντες, ἣ ἂν ὑμῖν μέλλῃ ἱκανὴ ἔσεσθαι. II. 27. TAYLOR.

Τὴν καὶ χώραν] Τὴν δὲ χώραν. JURIN.

Περιτειχίσαντες δέκα ἔτη] Peccat contra historiam hic numerus. Lege δύο ἔτη ex Thucydide et aliis. PALMER. Similiter quoque Wassæus ad Thucyd. III. 52. TAYLOR. Imo δύο ἔτη, quod historiæ

ὑπερβάντες τὸ [1] περιτείχισμα τῶν πολεμίων, λαθόντες τὴν στρατιὰν, ἀποσφάξαντες τοὺς φύλακας, διασώζονται δεῦρο, δεινῶς διακείμενοι καὶ ἀπροσδοκήτως· οἱ δ' ὑπομείναντες αὐτῶν, ἁλούσης τῆς πόλεως κατὰ κράτος, ἀπεσφάγησαν πάντες οἱ ἡβῶντες, παῖδες δὲ καὶ γυναῖκες ἐξηνδραποδίσθησαν, ὅσοι μὴ προαισθόμενοι ἐπιόντας τοὺς Λακεδαιμονίους ὑπεξῆλθον Ἀθήναζε. τοῖς οὖν οὕτω φανερῶς ἐνδεδειγμένοις τὴν εὔνοιαν τῷ δήμῳ, καὶ προεμένοις ἅπαντα τὰ αὐτῶν, καὶ παῖδας καὶ γυναῖκας, πάλιν σκοπεῖτε, πῶς μετέδοτε τῆς πολιτείας. ἐκ γὰρ τῶν ψηφισμάτων τῶν ὑμετέρων καταφανὴς πᾶσίν ἐστιν ὁ νόμος, καὶ γνώσεσθ' ὅτι ἀληθῆ λέγω. καί μοι λάβε τὸ ψήφισμα τοῦτο, καὶ ἀνάγνωθι αὐτοῖς.

ΨΗΦΙΣΜΑ ΠΕΡΙ ΠΛΑΤΑΙΕΩΝ.

Ἱπποκράτης εἶπε· Πλαταιέας εἶναι Ἀθηναίους ἀπὸ τῆσδε τῆς ἡμέρας, ἐντίμους, καθάπερ οἱ ἄλλοι Ἀθηναῖοι, καὶ μετεῖναι αὐτοῖς, ὧνπερ Ἀθηναίοις μέτεστι, πάντων, καὶ ἱερῶν καὶ ὁσίων, πλὴν εἴ τις ἱερωσύνη ἢ τελετή ἐστιν ἐκ γένους, μηδὲ τῶν ἐννέα ἀρχόντων, τοῖς δ' ἐκ τούτων· καταvεῖμαι δὲ τοὺς Πλαταιέας εἰς τοὺς δήμους καὶ τὰς φυλάς· ἐπειδὰν δὲ νεμη-
1381 θῶσι, μὴ ἐξέστω ἔτι Ἀθηναίῳ μηδενὶ γίγνεσθαι Πλαταιέων, μὴ εὑρομένῳ παρὰ τοῦ δήμου τοῦ Ἀθηναίων.

ὁρᾶτε δὴ, ὦ ἄνδρες Ἀθηναῖοι, ὡς καλῶς καὶ δικαίως ἔγραψεν ὁ ῥήτωρ ὑπὲρ τοῦ δήμου τοῦ Ἀθηναίων, καὶ ἠξίωσε τοὺς Πλαταιέας [2] λαμβάνοντας τὴν δωρεὰν, πρῶτον μὲν δοκιμασθῆναι ἐν τῷ δικαστηρίῳ κατ' ἄνδρα ἕκαστον, εἰ

[1] περιτείχισμα, τῶν πολεμίων λαθόντες τὴν στρατιὰν, [2] * τοὺς λαμβάνοντας

eorum est. Auger.

Ἀποσφάξαντες τοὺς φύλακας] Sed neque hoc verum est. Taylor.

Ἁλούσης τῆς πόλεως κατὰ κράτος] Neque illud. Thucyd. III. 52. Γνοὺς δὲ ὁ Λακεδαιμόνιος ἄρχων τὴν ἀσθένειαν αὐτῶν, βίᾳ μὲν οὐκ ἐβούλετο ἑλεῖν· εἰρημένον γὰρ ἦν αὐτῷ ἐκ Λακεδαίμονος. — προσπέμπει αὐτοῖς κήρυκα, λέγοντα, εἰ βούλονται παραδοῦναι τὴν πόλιν ἑκόντες — οἱ δὲ (ἦσαν γὰρ ἤδη ἐν τῷ ἀσθενεστάτῳ) παρέδοσαν τὴν πόλιν.

Ὁ νόμος] Forte ὁ τρόπος. Wolf. Vertit Wolfius: *evidens omnibus erit ea ratio.* Potius: *evidens omnibus erit ea lex.* Loquitur nempe de ea lege, quæ vetat cives adscititios in collegium novemvirorum cooptari, etc. Vid. §. λγ'. Jurin.

Πλὴν εἴ τις ἱερωσύνη, ἢ τελετή ἐστιν ἐκ γένους] Ait Petitus ad LL. Attic. L. II. Tit. III. hæc non recte dici, quoniam *ne indigenæ quidem Cives poterant capi sacerdotes, ubi sacerdotium erat alicujus gentis aut familiæ proprium*, ideoque legi debere arbitratur: πλὴν εἴ τις ἱερωσύνη ἢ τελετή ἐστιν συγγενῶν μηδὲ τῶν ἐννέα ἀρχόντων. En hominem, neque natum, neque factum, ad Scriptorem antiquum emaculandum! Sed de ista causa satis doctissimus Wesselingius ad locum. Taylor. Vid. Corsin. Fast. Att. par. I. d. I. §. XII. XIII.

Ὑπὲρ τοῦ δήμου τοῦ Ἀθηναίων] Restitui τοῦ δήμου. Elapsum, credo, id non sciente Wolfio. Taylor.

Δοκιμασθῆναι] Hoc in decreto non est, sive ad integrum adscriptum non est, sive Orator oscitantia judicum abuti voluit.

ἔστι Πλαταιεὺς, καὶ εἷς τῶν φίλων τῶν τῆς πόλεως· ἵνα μὴ ἐπὶ ταύτῃ τῇ προφάσει πολλοὶ μεταλάβωσι τῆς πολιτείας. ἔπειτα τοὺς δοκιμασθέντας ἀναγραφῆναι ἐν στήλῃ λιθίνῃ, καὶ στῆσαι ἐν ἀκροπόλει πρὸς τῇ θεῷ· ἵνα σώζηται ἡ δωρεὰ τοῖς ἐπιγιγνομένοις, καὶ ᾖ ἐξελέγξαι ὅτου ἂν ἕκαστος ᾖ συγγενής. καὶ ὕστερον οὐκ [1]ἐᾷ γίγνεσθαι Ἀθηναῖον ἐξεῖναι, ὃς ἂν μὴ νῦν γένηται, καὶ δοκιμασθῇ ἐν τῷ δικαστηρίῳ· τοῦ μὴ πολλοὺς φάσκοντας Πλαταιέας εἶναι, κατασκευάζειν [2]αὐτοῖς πολιτείαν. ἔπειτα καὶ τὸν νόμον διωρίσατο ἐν τῷ ψηφίσματι πρὸς αὐτοὺς εὐθέως ὑπέρ τε τῆς πόλεως καὶ τῶν θεῶν, καὶ μὴ ἐξεῖναι αὐτῶν μηδενὶ τῶν ἐννέα ἀρχόντων λαχεῖν, μηδὲ ἱερωσύνης μηδεμιᾶς, τοῖς δ' ἐκ τούτων, ἂν ὦσιν ἐξ ἀστῆς γυναικὸς καὶ ἐγγυητῆς κατὰ τὸν νόμον.

κς'. Οὐκοῦν [3]δεινὸν πρὸς μὲν τοὺς ἀστυγείτονας καὶ [4]ὁμολογουμένως ἀρίστους τῶν Ἑλλήνων εἰς τὴν πόλιν γεγενημένους, οὕτω καλῶς καὶ ἀκριβῶς [5]διορίσασθαι περὶ ἑκάστου, ἐφ' οἷς δεῖ ἔχειν τὴν δωρεάν· τὴν δὲ περιφανῶς [6]καὶ ἀκριβῶς ἐν ἁπάσῃ τῇ Ἑλλάδι πεπορνευμένην, οὕτως αἰσχρῶς καὶ ὀλιγώρως ἐάσετε ὑβρίζουσαν εἰς τὴν πόλιν, καὶ ἀσεβοῦσαν εἰς τοὺς θεοὺς, ἀτιμώρητον εἶναι, ἣν οὔτε 1382
οἱ πρόγονοι ἀστὴν κατέλιπον, οὔθ' ὁ δῆμος [7]πολίτην ἐποιήσατο. ποῦ γὰρ αὐτῇ οὐκ εἴργασται τῷ σώματι; ἢ [8]ποῦ οὐκ ἐλήλυθεν ἐπὶ τῷ καθ' ἡμέραν μισθῷ; οὐκ ἐν Πελοποννήσῳ μὲν πάσῃ, ἐν Θετταλίᾳ δὲ καὶ Μαγνησίᾳ, μετὰ Σιμοῦ τοῦ Λαρισσαίου καὶ Εὐρυδάμαντος τοῦ Μειδίου υἱοῦ, ἐν Χίῳ δὲ καὶ ἐν Ἰωνίᾳ τῇ πλείστῃ, μετὰ Σωτάδου τοῦ Κρητὸς ἀκολουθοῦσα, μισθωθεῖσα ὑπὸ τῆς Νικαρέτης, ὅτε ἔτι ἐκείνης ἦν; τὴν δὲ ὑφ' ἑτέροις οὖσαν, καὶ ἀκολουθοῦσαν τῷ διδόντι, τί οἴεσθε ποιεῖν; ἆρ' οὐχ ὑπηρετεῖν

1 ° εἴα 2 αὐτοῖς 3 δεινὸν, ° εἰ πρὸς 4 ὁμολογουμένους 5 ° διωρίσασθε 6 [καὶ ἀκριβῶς] 7 πολῖτιν 8 ποῖ

Wolf.

κς'. Ὁμολογουμένως] Editi et MSti ὁμολογουμένους. Taylor.

Καὶ ἀκριβῶς] Delent Ven. et Bar. Idque recte. Natum est ex simili in linea superiore, quod etiam abest ab cod. Ven. Idem. Delenda vid. Auger.

Οὐδ' ὁ δῆμος πολίτην] Πολῖτιν per ι, fœminino genere. Wolf. Ita Editi MStique. Taylor. Imo πολῖτιν. Auger.

Ποῦ γὰρ αὐτῇ οὐκ εἴργασται τῷ σώματι;} Passive pro ὑπ' αὐτῆς. Sed quid si αὐτὴ οὐκ εἴργασται? nominativo et activa. Wolf.

τοῖς χρωμένοις εἰς ἁπάσας ἡδονάς; εἶτα τὴν τοιαύτην, καὶ περιφανῶς ἐγνωσμένην ὑπὸ πάντων γῆς περίοδον εἰργασμένην, ψηφιεῖσθε ἀστὴν εἶναι; καὶ τί καλὸν φήσετε πρὸς τοὺς ἐρωτῶντας διαπεπρᾶχθαι; ἢ ποίᾳ αἰσχύνῃ καὶ ἀσεβείᾳ οὐκ ἔνοχοι αὐτοὶ εἶναι; πρὶν μὲν γὰρ γραφῆναι ταύτην, καὶ εἰς ἀγῶνα καταστῆναι, καὶ πυθέσθαι πάντας, ἥ τις ἦν, καὶ [1] οἷς ἠσέβηκε, τὰ μὲν ἀδικήματα ταύτης ἦν ἄν, ἡ δ᾽ ἀμέλεια τῆς πόλεως, καὶ οἱ μὲν οὐκ ᾔδεσαν ὑμῶν, οἱ δὲ πυθόμενοι τῷ μὲν λόγῳ ἠγανάκτουν, τῷ δ᾽ ἔργῳ οὐκ εἶχον ὅ,τι χρήσαιντο αὐτῇ, οὐδενὸς εἰς ἀγῶνα καθιστάντος, οὐδὲ διδόντος περὶ αὐτῆς τὴν ψῆφον· ἐπειδὴ δὲ καὶ ἴστε πάντες, καὶ ἔχετε ἐφ᾽ ὑμῖν αὐτοῖς, καὶ κύριοί ἐστε κολάσαι, ὑμέτερον ἤδη τὸ ἀσέβημα γίγνεται τὸ πρὸς τοὺς θεούς, ἐὰν μὴ ταύτην κολάσητε. τί δὲ καὶ φήσειεν ἂν ὑμῶν ἕκαστος ἀπιὼν πρὸς τὴν ἑαυτοῦ γυναῖκα, ἢ θυγατέρα, ἢ μητέρα, ἀποψηφισάμενος ταύτης, ἐπειδὰν ἔρη-
1383 ται ὑμᾶς, ποῦ ἦτε; καὶ εἴπητε, ὅτι ἐδικάζομεν. [2] τῷ; ἐρήσεται εὐθύς. Νεαίρᾳ δηλονότι φήσετε. [3] οὐ δέ; ὅτι ξένη οὖσα ἀστῷ συνοικεῖ παρὰ τὸν νόμον, καὶ ὅτι τὴν θυγατέρα μεμοιχευμένην ἐξέδωκε Θεογένει τῷ βασιλεύσαντι, καὶ αὕτη ἔθυσε τὰ ἱερὰ τὰ ἄῤῥητα ὑπὲρ τῆς πόλεως, καὶ τῷ Διονύσῳ γυνὴ ἐδόθη, καὶ τἄλλα, διηγούμενοι τὴν κατηγορίαν αὐτῆς, ὡς εὖ, καὶ μνημονικῶς, καὶ ἐπιμελῶς περὶ ἑκάστου κατηγορήθη. αἱ δὲ ἀκούσασαι ἐρήσονται, τί οὖν ἐποιήσατε; ὑμεῖς δὲ φήσετε, ἀπεψηφίσμεθα. οὐκοῦν ἤδη αἱ μὲν [4] σω-

[1] οἷα [2] τῷ [3] (οὐ γάρ;) [4] * σωφρονέστεραι

Εἶτα τὴν τοιαύτην κ. τ. λ.] Vix putarim, hæc Græca esse, nisi vocula καὶ transposita, et interpunctione mutata in hunc modum: εἶτα τὴν τοιαύτην περιφανῶς ἐγνωσμένην, καὶ ὑπὸ πάντων γῆς περίοδον εἰργασμένην, ψηφιεῖσθε ἀστὴν εἶναι; Poni autem videtur absolute γῆς περίοδον, quasi dicat κατὰ πᾶσαν τῆς γῆς περίοδον. Jurin.

Περίοδον] Novo sane illud dictum, εἰργασμένην περίοδον γῆς, orbem terrarum propter quæstum corporis pervagari. Neque satis placet ὑπὸ πάντων γῆς περιόδων. Taylor.

Πρὶν μὲν γὰρ] Restitui γὰρ juxta auctoritatem impressorum a Feliciano et Parisiensibus. Idem.

Οἷς] Vide, an non multo melius sit legere cum MStis Ven. Bar. Ital. et marg. Benenati, οἷα ἠσέβηκε. Idem.

Ἀποψηφισάμενος ταύτης] Ita excudit Wolfius. Eamque lectionem confirmant Ven. Bar. Obsop. et marg. Paris. Ab aliis editur ἀποψηφισαμένης. Quam constructionem si probes, legendum est cum eod. marg. ἀποψηφισαμένης ταύτης. Idem.

Φήσετε. οὐ γὰρ] [Ita constanter edi solitum.] Forte οὐ δέ; ut sit Interrogatio de causa judicii et crimine. Sequitur enim ὅτι. Wolf. Recte, atque ita edidi Wolfium secutus. Taylor. οὐ δέ; sub ἕνεκα. Auger.

Θυγατέρα μεμοιχευμένην] Filiam prostitutam, devirginatam. Wolfii fidem jam olim de hac-de deploravi. Taylor.

φρονέσταται τῶν γυναικῶν ὀργισθήσονται ὑμῖν, διότι ὁμοί-
ως αὐταῖς ταύτην κατηξιοῦτε μετέχειν τῶν τῆς πόλεως
καὶ τῶν ἱερῶν· ὅσαι δ' ἀνόητοι, φανερῶς [1]ἐπιδείκνυνται
ποιεῖν ὅ,τι ἂν βούλωνται, ὡς ἄδειαν ὑμῶν καὶ τῶν νόμων
δεδωκότων. δόξετε γὰρ ὀλιγώρως, καὶ ῥαθύμως φέροντες,
ὁμογνώμονες καὶ αὐτοὶ εἶναι τοῖς ταύτης τρόποις. ὥστε
πολὺ μᾶλλον ἐλυσιτέλει, μὴ γενέσθαι τὸν ἀγῶνα τουτονὶ,
ἢ γενόμενον ἀποψηφίσασθαι ὑμᾶς. κομιδῇ γὰρ ἤδη παντε-
λῶς ἐξουσία ἔσται ταῖς πόρναις συνοικεῖν οἷς ἂν βούλωνται,
καὶ τοὺς παῖδας φάσκειν οὗ ἂν τύχωσιν εἶναι. καὶ οἱ μὲν
νόμοι ἄκυροι ὑμῖν ἔσονται, οἱ δὲ τρόποι τῶν ἑταιρῶν κύριοι
ὅ,τι ἂν βούλωνται διαπράττεσθαι. ὥστε καὶ ὑπὲρ τῶν
πολιτίδων σκοπεῖτε, τοῦ μὴ ἀνεκδότους γίγνεσθαι τὰς
τῶν πενήτων θυγατέρας. νῦν μὲν γὰρ κἂν ἀπορηθῇ τις,
ἱκανὴν προῖκ' αὐτῇ ὁ νόμος συμβάλλεται, ἂν καὶ ὁπωστι-
οῦν μετρίαν ἡ φύσις ὄψιν ἀποδῷ· προπηλακισθέντος δὲ
τοῦ νόμου ὑφ' ὑμῶν, ἀποφυγούσης ταύτης, καὶ ἀκύρου γε-
νομένου, παντελῶς ἤδη ἡ μὲν τῶν πορνῶν ἐργασία ἥξει εἰς 1384
τὰς τῶν πολιτίδων θυγατέρας δι' ἀπορίαν, ὅσαι ἂν μὴ
δύνωνται ἐκδοθῆναι, τὸ δὲ τῶν ἐλευθέρων γυναικῶν ἀξίωμα
εἰς τὰς ἑταίρας, ἂν ἄδειαν λάβωσι τοῦ ἐξεῖναι αὐταῖς
παιδοποιεῖσθαι ὡς ἂν βούλωνται, καὶ τελετῶν, καὶ ἱερῶν,
καὶ τιμῶν μετέχειν τῶν ἐν τῇ πόλει. ὥστε εἷς ἕκαστος
ὑμῶν νομιζέτω, ὁ μὲν, ὑπὲρ γυναικὸς, ὁ δ', ὑπὲρ θυγα-
τρὸς, ὁ δ', ὑπὲρ μητρὸς, ὁ δ', ὑπὲρ τῆς πόλεως καὶ τῶν
νόμων καὶ τῶν ἱερῶν, τὴν ψῆφον φέρειν, τοῦ μὴ [2]ἐξ ἴσου
φανῆναι ἐκείνας τιμωμένας ταύτῃ τῇ πόρνῃ· μηδὲ τὰς με-
τὰ πολλῆς καὶ καλῆς σωφροσύνης καὶ ἐπιμελείας τραφεί-
σας ὑπὸ τῶν προσηκόντων, καὶ ἐκδοθείσας κατὰ τοὺς νό-

[1] ἐπιδείκνυντι * ταύτας ποιεῖν [2] ἐξίσου

Φανερῶς ἐπιδείκνυνται] Quaero commodius verbum, sed nullum occurrit. Wolf. Alibi legit idem vir doctissimus, φανερῶς ἐπιδείξονται ποιήσειν. Si mentem Scriptoris rite teneam, ita dedit: ὅσαι δ' ἀνόητοι, *illis vero, quæ amentes sunt, et omnem modestiam exuerunt, illis, inquam,* φανερῶς ἐπιδείκνυνται, *clarissimum signum datur, licere, quodcunque libuerit.* Taylor. L. φανερῶς ἐπιδείξονται ποιήσειν. Auger.

Τοὺς μὴ ἀνεκδότους] Forte τοῦ μὴ ἀνεκδότους γίγνεσθαι. Wolf. Recte. Atque ita dedit, omnibus, præter Aldinos, libris consentientibus. Taylor. Subaudi ὑπὲρ ante τοῦ. Auger.

Εἰς τὰς τῶν πολιτίδων θυγατέρας] M. πολιτῶν. Forte scriptum fuit εἰς τὰς πολιτίδας, quod aliquis interpretatus est, εἰς τὰς τῶν πολιτῶν θυγατέρας. Wolf. M. πολιτῶν. Auger.

μοὺς, ταύτας ἐν τῷ ἴσῳ φαίνεσθαι μετεχούσας τῇ μετὰ πολλῶν καὶ ἀσελγῶν τρόπων πολλάκις πολλοῖς ἑκάστης ἡμέρας συγγεγενημένῃ, ὡς ἕκαστος ἠβούλετο. ἡγεῖσθε δὲ μήτ᾽ ἐμὲ τὸν λέγοντα εἶναι Ἀπολλόδωρον, μήτε τοὺς ἀπολογησομένους καὶ συνεροῦντας πολίτας· ἀλλὰ τοὺς νόμους καὶ Νέαιραν ταυτηνὶ περὶ τῶν πεπραγμένων αὐτῇ πρὸς ἀλλήλους διαδικάζεσθαι. καὶ ὅταν μὲν ἐπὶ τῆς κατηγορίας γένησθε, τῶν νόμων αὐτῶν ἀκούετε, δι᾽ ὧν οἰκεῖται ἡ πόλις, καὶ καθ᾽ οὓς ὀμωμόκατε δικάσειν, τί κελεύουσι καὶ τί παραβεβήκασιν· ὅταν δὲ ἐπὶ τῆς ἀπολογίας ἦτε, μνημονεύοντες τὴν τῶν νόμων κατηγορίαν, καὶ τὸν ἔλεγχον τῶν εἰρημένων, τήν τε ὄψιν αὐτῆς ἰδόντες, ἐνθυμεῖσθε τοῦτο μόνον, εἰ, Νέαιρα οὖσα, ταῦτα διαπέπρακται.

κζʹ. Ἄξιον δὲ κἀκεῖνο ἐνθυμηθῆναι, ὦ ἄνδρες Ἀθηναῖοι,
ὅτι Ἀρχίαν τὸν ἱεροφάντην γενόμενον, ἐξελεγχθέντα ἐν τῷ
δικαστηρίῳ ἀσεβεῖν, θύοντα παρὰ τὰ πάτρια τὰς θυσί-
1385 ας, ἐκολάσατε ὑμεῖς· καὶ ἄλλα τε κατηγορήθη αὐτοῦ,
καὶ ὅτι Σινώπῃ τῇ ἑταίρᾳ [1] ἁλῷ, οἷς ἐπὶ τῆς ἐσχάρας τῆς

[1] ἁλῴοις, ἐπὶ

Καὶ τί παραβεβήκασιν] Legendum videtur καὶ τί παραβεβήκασιν οὗτοι. Excidit, puto, τὸ οὗτοι, propter similitudinem sequentis ὅταν. JURIN.

κζ΄. Σινώπῃ τῇ ἑταίρᾳ ἀλῷ οἷς ἐπὶ τῆς ἐσχάρας] Forte ἀλῷ ὡς ἐπί. WOLF. Lege Ἀλώοις conjuncta voce. Harpocr. Ἀλῶα. Δημοσθένης ἐν τῷ κατὰ Νεαίρας. ἑορτή ἐστιν Ἀττικὴ τὰ Ἀλῶα. Ita etiam hunc legit locum Ed. Paris. et Athenæus l. 13. pag. 594. [Demosthenes] ὃς καὶ περὶ Σινώπης τῆς ἑταίρας τάδε λέγει, Ἀρχίαν τὸν ἱεροφάντην ἐξελεγχθέντα ἐν τῷ δικαστηρίῳ, ὡς ἀσεβοῦντα καὶ θύοντα παρὰ τὰ πάτρια τὰς θυσίας ἐκολάσατε· καὶ ἄλλα τε κατηγορήθη αὐτοῦ, καὶ ὅτι Σινώπῃ τῇ ἑταίρᾳ Ἀλώοις ἐπὶ τῆς ἐσχάρας τῆς ἐν τῇ αὐλῇ Ἐλευσῖνι προσαγούσης ἱερεῖον θύσειεν, νομίμου ὄντος ἐν ταύτῃ τῇ ἡμέρᾳ μὴ θύειν, οὐδ᾽ ἐκείνου οὔσης τῆς θυσίας, ἀλλὰ τῆς ἱερείας. Quæ sic interpretantur: *Idem Orator de Sinope scorto hæc recitat; In Archiam sacrorum præsidem, apud judices convictum impietatis, quod præter leges patrias sacra fecerit, vos animadvertistis.* Archiæ quidem alia Demosthenes objecit, sed *hoc præcipue,* quod per Aloa, *Eleusine,* in cœnaculi foco, *Sinopæ amicæ illuc deductæ rem divinam fecisset, cum per eos dies lege vetitum sit, ne quis sacris operetur, nec ad eum sacrificandi jus pertineret, sed ad sacrorum antistitem.* Vide Leopard. Emend. XI. 16. Maussac. ad Harpocrat. p. 30. qui hæc verba Demosthenis recte emendant. Ἀλῶα Festum est Agricolarum, post comportatas fruges in area celebrari solitum, ubi frumenti primitias consecrabant Cereri et Baccho, arationis sationisque inventoribus. Eadem videntur esse Θαλύσια, et quæ Rhetores quidam, admonente Eustathio, Συγκομιστήρια vocant. Vide Hesych. v. Συγκομιστήρια. Varinus-Camers: Θαλύσια αἱ ἀπαρχαί. ἤγουν αἱ μετὰ τὴν συλλογὴν τῶν καρπῶν διδόμεναι Θεῷ, ὑπὲρ τοῦ καὶ εἰς ἔπειτα θάλλειν τὰς ἀρούρας. — ἰστέον δὲ, ὅτι ἐπὶ συγκομιδῇ καρπῶν, ἐφ᾽ ᾗ καὶ τὰ Θαλύσια ἐθύετο, ἑορτὴ ἤγετο Δήμητρος καὶ Διονύσου κατὰ Παυσανίαν, Ἀλῶα καλουμένη, διὰ τὸ ταῖς ἀπαρχαῖς, καὶ μάλιστα ἐν Ἀθήναις, ἀπὸ τῆς ἅλω τότε καταχρῆσθαι, φέροντας εἰς Ἐλευσῖνα ὅ ἐστι, καθὰ καὶ Ὅμηρος ἐμφαίνει, ἐν ἅλωσιν ἔπαιζον κατὰ τὴν ἑορτὴν, ἐν ᾗ καὶ Ποσειδῶνος ἦν πομπή. Ita Theocrit. in Θαλυσίαις, Idyll. Z. [v. 154.]

Οἷον δὴ τόκα πῶμα διεκρανάσατε, Νύμφαι,
Βωμῷ πὰρ Δάματρος Ἁλωάδος.

De Halois mentio facta est in Alciphronis

ἐν τῇ [1] αὐτῇ Ἐλευσῖνι προσαγούσῃ ἱερεῖον θύσειεν, οὐ νομίμου ὄντος ἐν ταύτῃ τῇ ἡμέρᾳ ἱερεῖα θύειν, οὐδὲ [2] ἐκείνης οὔσης τῆς θυσίας, ἀλλὰ τῆς ἱερείας. οὐκοῦν δεινὸν, τὸν μὲν καὶ ἐκ γένους ὄντα τοῦ Εὐμολπιδῶν, καὶ προγόνων καλῶν κἀγαθῶν, καὶ πολίτην τῆς πόλεως, ὅτι ἐδόκει τι παραβῆναι τῶν [3] νόμων, δοῦναι δίκην, καὶ οὔθ' ἡ τῶν συγγενῶν, οὔθ' ἡ τῶν φίλων ἐξαίτησις ὠφέλησεν αὐτὸν, οὔθ' αἱ λειτουργίαι ἃς ἐλειτούργησε τῇ πόλει αὐτὸς, καὶ οἱ πρόγονοι αὐτοῦ, οὔτε τὸ ἱεροφάντην εἶναι, ἀλλ' ἐκολάσατε δόξαντα ἀδικεῖν· Νέαιραν δὲ ταυτηνὶ, εἰς τε τὸν αὐτὸν θεὸν τοῦτον ἠσεβηκυῖαν καὶ τοὺς νόμους, καὶ αὐτὴν, καὶ τὴν θυγατέρα αὐτῆς οὐ [4] τιμωρήσεσθε.

κή. Θαυμάζω δ' ἔγωγε τί ποτε καὶ ἐροῦσι πρὸς ὑμᾶς ἐν τῇ ἀπολογίᾳ, πότερον ὡς ἀστή ἐστι Νέαιρα αὕτη, καὶ κατὰ τοὺς νόμους συνοικεῖ [5] αὐτῷ; ἀλλὰ μεμαρτύρηται ἑταίρα οὖσα, καὶ δούλη Νικαρέτης γεγενημένη. ἀλλ' οὐ γυναῖκα εἶναι αὐτοῦ, ἀλλὰ παλλακὴν ἔχειν ἔνδον; ἀλλ' οἱ παῖδες ταύτης ὄντες, καὶ εἰσηγμένοι εἰς τοὺς φράτορας ὑπὸ Στεφάνου, καὶ ἡ θυγάτηρ ἀνδρὶ Ἀθηναίῳ ἐκδοθεῖσα,

[1] αὐλῇ [2] ἐκείνου [3] νομίμων [4] τιμωρήσεσθε; [5] * ἀστῷ

Epistolis sæpiuscule, Lucian. Dial. Meretric. I. et VII. ubi consulendus est Scholiastes, a Meursio de Festis Græcorum l. I. p. 15. et Petito ad LL. Attic. pag. 125. Videtur ergo, hoc Festo die, nefas fuisse *victimam*, ἱερεῖον, cædere, cum utique *frugibus*, et ob fruges domum comportatas, sacra fierent: eoque nomine luisse pœnas Hierophantam, quod, patrio ritu neglecto, Sinopæ meretrici operam præstitit, ejusque victimam ad aram Eleusiniam mactavit. TAYLOR. [Eadem fere, quæ produximus ex Phavorino, habet Lexic. Coislin. apud Montfaucon. n. 4. v. prout emendatur ab Hadriano Heringa Observ. Crit. pag. 153. *In schedis* TAYLOR.] Legendum videtur Ἁλώοις, ut in Parisiensi. Id autem Festum Ἁλῶα, quamvis in Cereris honorem institui solitum dicant Lexicographi, tamen vel Baccho soli fuisse sacrum, vel certe Deo utrique commune, docet hæc Oratio. Nempe Archias et Neæra eundem Deum, τὸν αὐτὸν Θεὸν, violarant: Archias deum illum, in cujus honorem celebrabatur Festum Ἁλῶα, Neæra Bacchum, quippe filiam suam Regi sacrorum nuptam dando, effecerat, ut meretrice orta Baccho uxor daretur. JURIN. Vid. quoque Corsin. Fast. Att. par. I. d. XIII. §. XI. in voc. Ἁλῶα.

Τῆς ἐν τῇ αὐτῇ Ἐλευσῖνι] Forte τῆς ἐν Ἐλευσῖνι [cæteris omissis]. Locus hic omnino corruptus est. Οἴας et contracte οἶς προσαγαγούσῃ, ἀντὶ τοῦ, πρόβατα, haud scio, quam verum sit. Bacchum ab Arthia [f. Archia] mox dicet violatum, ut et a Neæra. WOLF. Ex notis, quæ paulo præcesserant, magna pars eorum, quæ hic a Wolfio afferuntur, plane præciditur. Cætera non intelligo. Pro ἐν τῇ αὐτῇ Ἐλευσῖνι scribi video in Ven. Bar. Ital. et marg. Benenati ἐν τῇ αὐλῇ Ἐλευσῖνι. Quo modo etiam scripsit Athenæus l. 13. TAYLOR. τῇ αὐτῇ delerem. AUGER.

Ἐκείνης] Potius ἐκείνου cum Athenæo. *Si victimam ferire licuisset eo die, ista res non ad Archiam hierophantam, sed ad Cereris sacrificulam spectabat.* TAYLOR. ἐκείνου. AUGER.

Τοῦ Εὐμολπιδῶν] Lego cum Cod. Bar. τῶν Εὐμολπιδῶν, et v. 6. melius τῶν νομίμων, ut præbetur in MStis, Ven. Bar. Ital. et marg. Parisiensi. TAYLOR. νομίμων. AUGER.

περιφανῶς αὐτὴν ἀποφαίνουσι γυναῖκα ἔχοντα. ὡς μὲν τοίνυν οὐκ ἀληθῆ ἐστὶ τὰ κατηγορημένα καὶ μεμαρτυρημένα, οὔτ᾽ αὐτὸν Στέφανον, οὔτ᾽ ἄλλον ὑπὲρ τούτου οἶμαι ἐπιδείξειν, [1] ὡς ἔστιν ἀστὴ Νέαιρα αὕτη· ἀκούω δὲ αὐτὸν τοιοῦτόν τι μέλλειν ἀπολογεῖσθαι, ὡς οὐ γυναῖκα ἔχει αὐτὴν, ἀλλ᾽ ἑταίραν, καὶ οἱ παῖδες οὐκ εἰσὶ ταύτης, ἀλλ᾽ ἐξ ἑτέρας γυναικὸς αὐτῷ ἀστῆς, ἣν φησι πρότερον γῆμαι,
1386 συγγενῆ [2] αὐτοῦ. πρὸς δὴ τὴν ἀναίδειαν αὐτοῦ τοῦ λόγου, καὶ τὴν παρασκευὴν τῆς ἀπολογίας, καὶ τῶν μαρτυρεῖν αὐτῷ παρεσκευασμένων, πρόκλησιν αὐτὸν προεκαλεσάμην ἀκριβῆ καὶ δικαίαν, δι᾽ ἧς ἐξῆν ὑμῖν πάντα τἀληθῆ εἰδέναι· παραδοῦναι τὰς θεραπαίνας τὰς Νεαίρᾳ τότε προσκαρτερούσας, ὅτ᾽ ἦλθεν ὡς Στέφανον ἐκ Μεγάρων, Θράτταν καὶ Κοκκαλίνην, καὶ ἃς ὕστερον παρὰ τούτῳ οὖσα ἐκτήσατο, [3] Ξεννίδα καὶ Δροσίδα, αἳ ἴσασιν ἀκριβῶς Πρόξενόν τε τὸν τελευτήσαντα, καὶ Ἀρίστωνα τὸν νῦν ὄντα, καὶ Ἀντιδωρίδην τὸν σταδιοδρομοῦντα, καὶ Φανὼ τὴν Στρυβήλην καλουμένην, ἣ Θεογένει τῷ βασιλεύσαντι συνῴκησε, Νεαίρας ὄντας. καὶ ἐὰν φαίνηται ἐκ τῆς βασάνου γήμας Στέφανος οὑτοσὶ ἀστὴν γυναῖκα, καὶ ὄντες αὐτῷ οἱ παῖδες οὗτοι ἐξ ἑτέρας γυναικὸς ἀστῆς, καὶ μὴ Νεαίρας, ἤθελον ἀφίστασθαι τοῦ ἀγῶνος, καὶ μὴ εἰσιέναι τὴν γραφὴν ταύτην. τὸ γὰρ συνοικεῖν τοῦτ᾽ ἔστιν, [4] ὡς ἂν παιδοποιῆται καὶ εἰσάγῃ εἴς τε τοὺς φράτορας καὶ δημότας τοὺς υἱεῖς, καὶ τὰς θυγατέρας ἐκδιδῷ, ὡς [5] αὐτοῦ οὔσας, τοῖς ἀνδράσι. τὰς μὲν γὰρ ἑταίρας ἡδονῆς ἕνεκ᾽ ἔχομεν· τὰς δὲ παλλα-

[1] οὔθ᾽ ὡς [2] αὐτῷ [3] Ξενίδα [4] ὃς [5] αὑτοῦ

Ὡς ἔστιν] Οὔτε ὡς ἔστιν marg. Lutecianus, et recte. TAYLOR. AUGER.

Τῆς ἀπολογίας] Malim legi: τούτου τε τῆς ἀπολογίας κ. τ. μ. αὐτῷ βουλομένων. AUGER.

Τὰς Νέαιραν τότε προσκαρτερούσας] Forte Νεαίρᾳ. Nam Dativo verbum hoc jungitur, et sic legit Robertus Constantinus. Et p. 410. v. ult. ὅτι μὴ ἐκ Στεφάνου. Et p. 411. v. 5. ἀφίστασθαι τοῦ ἀγῶνος ἤθελε τοῦ κατὰ Νεαίρας. WOLF. Recte quidem Νεαίρᾳ in dandi casu, ut exhibent MSti nostri Ven. et Bar. In ousis omnibus inemendatissime Νέαιραν legitur. TAYLOR. Legendum arbitror Νεαίρᾳ in dativo, ut προσκαρτερούσας intelligamus asseclas et pedissequas. BUDÆUS.

Εἰσιέναι] F. εἰσάγειν. AUGER.

Ὡς ἂν παιδοποιῆται] Malim, uti ex Editis nonnulli, ὅς. Τὸ γὰρ συνοικεῖν τοῦτ᾽ ἔστιν, ὃς ἂν παιδοποιῆται, καὶ εἰσάγῃ, — καὶ ἐκδιδῷ. TAYLOR. AUGER.

Ὡς ἂν παιδοποιῆται] Videtur loco ὡς ἂν legendum ὅταν τις. JURIN.

Τὰς μὲν γὰρ ἑταίρας] Hunc locum ita legit Athenæus l. 13. pag. 573. τὰς μὲν ἑταίρας ἡδονῆς ἕνεκα ἔχομεν, τὰς δὲ παλλακὰς τῆς καθ᾽ ἡμέραν παλλακείας, τὰς δὲ γυναῖκας τοῦ παιδοποιεῖσθαι γνησίως, καὶ τῶν ἔνδον φύλακα πιστὴν ἔχειν. Idque anno-

κάς, τῆς καθ' ἡμέραν θεραπείας τοῦ σώματος· τὰς δὲ γυναῖκας, τοῦ παιδοποιεῖσθαι γνησίως, καὶ τῶν ἔνδον φύλακα πιστὴν ἔχειν. ὥστ' εἰ πρότερον ἔγημε γυναῖκα ἀστὴν, καὶ εἰσὶν οὗτοι οἱ παῖδες ἐξ ἐκείνης, καὶ μὴ Νεαίρας, ἐξῆν αὐτῷ ἐκ τῆς ἀκριβεστάτης μαρτυρίας ἐπιδεῖξαι, παραδόντι τὰς θεραπαίνας ταύτας. ὡς δὲ προεκαλεσάμην, τούτων ὑμῖν τήν τε μαρτυρίαν, καὶ τὴν πρόκλησιν ἀναγνώσεται. λέγε τὴν μαρτυρίαν, ἔπειτα τὴν πρόκλησιν.

ΜΑΡΤΥΡΙΑ. 1387

Ἱπποκράτης Ἱπποκράτους Προβαλείσιος, Δημοσθένης Δημοσθένους Παιανιεὺς, Διοφάνης Διοφάνους Ἀλωπεκῆθεν, Διομένης Ἀρχελάου Κυδαθηναιεὺς, Δεινίας Φορμίδου Κυδαντίδης, Λυσίμαχος Λυσίππου Αἰγιαλεὺς, μαρτυροῦσι, παρεῖναι ἐν ἀγορᾷ, ὅτ' Ἀπολλόδωρος προὐκαλεῖτο Στέφανον, ἀξιῶν παραδοῦναι εἰς βάσανον τὰς θεραπαίνας, περὶ ὧν ᾐτιᾶτο Ἀπολλόδωρος Στέφανον περὶ Νεαίρας· Στέφανον δ' οὐκ ἐθελῆσαι παραδοῦναι τὰς θεραπαίνας· τὴν δὲ πρόκλησιν εἶναι, ἣν παρέχεται Ἀπολλόδωρος.

λέγε δὴ αὐτὴν τὴν πρόκλησιν, ἣν προὐκαλούμην ἐγὼ Στέφανον τουτονί.

ΠΡΟΚΛΗΣΙΣ.

Τάδε προὐκαλεῖτο Ἀπολλόδωρος Στέφανον, περὶ ὧν τὴν γραφὴν γέγραπται, Νέαιραν ξένην οὖσαν ἀστῷ συνοικεῖν, ἕτοιμος ὢν τὰς θεραπαίνας παραλαμβάνειν τὰς Νεαίρας, ἃς ἐκ Μεγάρων ἔχουσα ἦλθε, Θρᾶτταν καὶ Κοκκαλίνην, καὶ, ἃς ὕστερον παρὰ Στεφάνῳ ἐκτήσατο, [1] Ξεννίδα καὶ Δροσίδα, τὰς εἰδυίας ἀκριβῶς περὶ τῶν παίδων τῶν ὄντων Νεαίρᾳ, ὅτι [2] μὴ ἐκ Στεφά-

[1] Ξενίδα   [2] Deest μή.

tavit Ioan. Hartungus Decur. I. Cap. 1. At Stobæus Serm. LXIV. cum vulgatis Scriptoris nostri consentit. Constat interea ex hoc loco differentia, quam statuerant Græci inter Ἑταίραν, Παλλακὴν, et Γυναῖκα, sive matremfam. *Prima* est Scortum, quæ vulgo prostat et corpore quæstum facit: *Secunda*, ea, quæ uxoris loco sine nuptiis in domo est, (Vide l. 144. D. de V. S.) vel, ut plenius ICtis definiri solet, *Ea, quam quis non mariti animo, sed concubitus tantum causa, sine stupri tamen crimine, flagitione domi habeat.* Concubina ergo cum uno peccat: meretrix cum pluribus. Harum autem utraque voluptatis causa: sequitur *tertia* Materfam. sive uxor justa, quam liberorum procreandorum ergo, et in semen civitatis, domum, peractis sacrificiis, rite ducimus. *Patere, me,* ait Imp. Verus in Spartiano c. 5. *per alias exercere cupiditates meas; Uxor enim nomen dignitatis est, non voluptatis.* Non aliter de his distinguitur in Jurisprudentia Romana. Taylor. Vid. Petit. Comm. in L. A. l. II. t. IV. §. II.

Τούτων ὑμῖν] Np. *horum testium qui hic adsunt.* Auger.

Αἰγιαλεὺς] Lege Αἰγιλιεὺς, vel Ἀγγελεύς. Nam fuit Αἰγίλα pagus seu demus Antiochidis tribus, et Ἀγγέλη Pandionidis. Palmer. Recte Αἰγιλιεύς. Ita supra pag. 1362. 8. ed. R. Φράστωρ Αἰγιλιεῖ. Vide Valesium ad Harpocr. p. 4. et Meursium de pagis Atticæ. Taylor. Imo Αἰγιλιεύς. Auger.

ΠΡΟΚΛΗΣΙΣ] Vid. Herald. Anim. in Salmas. Obss. ad J. A. et R. l. VI. c. XIV. §. IX.

Ὅτι μὴ ἐκ] Deerat in omnibus libris, tam scriptis, quam prelo cusis. Recte autem revocavit bonus Wolfius. ὅτι οὐ Στεφάνου εἰσί. Bodl. Taylor. Ego censeo non addendum μὴ, sed post Στεφάνου

νου εἰσὶ, Πρόξενός τε ὁ τελευτήσας, καὶ Ἀρίστων ὁ νῦν ὢν, καὶ Ἀντιδωρίδης ὁ σταδιοδρομῶν, καὶ Φανὼ, ἐφ' ᾧ τε βασανίσαι αὐτάς. καὶ, εἰ μὲν ὁμολογοῖεν ἐκ Στεφάνου εἶναι καὶ Νεαίρας τούτους τοὺς παῖδας, πεπράσθαι Νέαιραν κατὰ τοὺς νόμους, καὶ τοὺς παῖδας ξένους εἶναι· εἰ δὲ μὴ ὁμολογοῖεν ἐκ ταύτης εἶναι αὐτοὺς, ἀλλ' ἐξ ἑτέρας γυναικὸς ἀστῆς, ἀφίστασθαι τοῦ ἀγῶνος ἤθελον τοῦ κατὰ Νεαίρας. καὶ, εἴ τι ἐκ τῶν βασάνων βλαφθείησαν αἱ ἄνθρωποι, ἀποτίνειν ὅ,τι βλαβείησαν.

1388 ταῦτα προκαλεσαμένου ἐμοῦ, ἄνδρες δικασταὶ, Στέφανον τουτονὶ, οὐκ [1]ἠθέλησε δέξασθαι. οὐκοῦν ἤδη δοκεῖ ὑμῖν δεδικάσθαι ὑπ' αὐτοῦ Στεφάνου τουτουῒ, ὦ ἄνδρες δικασταὶ, ὅτι ἔνοχός ἐστι τῇ γραφῇ Νέαιρα, ἣν ἐγὼ αὐτὴν ἐγραψάμην· καὶ ὅτι ἐγὼ μὲν ἀληθῆ εἴρηκα πρὸς ὑμᾶς, καὶ τὰς μαρτυρίας παρεσχόμην ἀληθεῖς, οὑτοσὶ δ' ὅ,τι ἂν λέγοι, ἅπαντα ψεύσεται, καὶ ἐξελέγξει αὐτὸς [2]αὐτὸν, ὅτι οὐδὲν ὑγιὲς λέγει, οὐκ ἐθελήσας παραδοῦναι εἰς βασάνους τὰς θεραπαίνας, ἃς ἐγὼ ἐξῄτουν αὐτόν. ἐγὼ μὲν οὖν, ὦ ἄνδρες δικασταὶ, καὶ τοῖς θεοῖς, εἰς οὓς οὗτοι ἠσεβήκασι, καὶ ἐμαυτῷ τιμωρῶν, κατέστησά τε τουτουσὶ εἰς ἀγῶνα, καὶ ὑπὸ τὴν ὑμετέραν ψῆφον ἤγαγον. καὶ ὑμᾶς δὲ χρὴ, νομίσαντας μὴ λήσειν τοὺς θεοὺς, εἰς οὓς οὗτοι παρανενομήκασιν, ὅ,τι ἂν ἕκαστος ὑμῶν ψηφίσηται, ψηφίσασθαι τὰ δίκαια, καὶ τιμωρεῖν, μάλιστα μὲν τοῖς θεοῖς, ἔπειτα δὲ καὶ ὑμῖν αὐτοῖς. καὶ ταῦτα ποιήσαντες, δόξετε πᾶσι καλῶς καὶ δικαίως δικάσαι ταύτην τὴν γραφὴν, ἣν Νέαιραν ἐγὼ ἐγραψάμην, ξένην οὖσαν ἀστῷ συνοικεῖν.

[1] ἠθέλησαν [2] αὑτὸν

addo καὶ Νεαίρας, ut infra legitur. Auger.

Ἤθελον] Ἤθελε Wolfius. Vide supra ad p. 409. v. 12. Modo etiam τοῦ κατὰ Νεαίρας, eodem suasore. Quæ vox [sc. κατὰ] aberat ab omnibus. Taylor. M. ἤθελε. Auger.

Ψεύσεται] Ita primus dedit Wolfius, credo, ob sequens ἐξελέγξει. Cæteri uno ore ψεύδεται. Taylor.

ΔΗΜΟΣΘΕΝΟΥΣ

ΕΠΙΤΑΦΙΟΣ ΛΟΓΟΣ.

Pag. ed. Reisk.

ά. ΕΠΕΙΔΗ τοὺς ἐν τῷ τάφῳ κειμένους, ἄνδρας ἀγα- 1388
θοὺς ἐν τῷδε τῷ πολέμῳ γεγενημένους, ἔδοξε τῇ πόλει δη-
μοσίᾳ θάπτειν, καὶ προσέταξεν ἐμοὶ τὸν νομιζόμενον λόγον
εἰπεῖν ἐπ' αὐτοῖς, ἐσκόπουν μὲν εὐθὺς, ὅπως του προσήκον- 1389
τος ἐπαίνου [1] τεύξονται· ἐξετάζων δὲ καὶ σκοπῶν ἀξίως εἰπεῖν τῶν τετελευτηκότων, ἕν τι τῶν ἀδυνάτων εὕρισκον ὄν. οἳ γὰρ τὴν ὑπάρχουσαν πᾶσιν ἔμφυτον τοῦ ζῆν ὑπερεῖδον ἐπιθυμίαν, καὶ τελευτῆσαι καλῶς μᾶλλον ἠβουλήθησαν ἢ ζῶντες τὴν Ἑλλάδα ἰδεῖν ἀτυχοῦσαν, πῶς οὐκ ἀνυπέρβλητον παντὶ λόγῳ τὴν αὑτῶν ἀρετὴν καταλελοίπασιν; ὁμοίως μέντοι διαλεχθῆναι τοῖς πρότερόν ποτε εἰρηκόσιν ἐνθάδ', εἶναί μοι δοκεῖ. ὡς μὲν οὖν ἡ πόλις σπουδάζει περὶ τοὺς ἐν τῷ πολέμῳ τελευτῶντας, ἔκ τε τῶν ἄλλων ἐστὶν ἰδεῖν, καὶ μάλιστα ἐκ τοῦδε τοῦ νόμου καθ' ὃν αἱρεῖται τὸν ἐροῦντα ἐπὶ ταῖς δημοσίαις ταφαῖς. εἰδυῖα γὰρ παρὰ τοῖς χρηστοῖς ἀνδράσι τὰς μὲν τῶν χρημάτων κτήσεις [2] καὶ τῶν κατὰ βίον ἡδονῶν ἀπολαύσεις ὑπερεωραμένας, τῆς δ' ἀρετῆς καὶ τῶν ἐπαίνων πᾶσαν τὴν ἐπιθυμίαν

[1] τεύξονται

[2] καὶ τὰς τῶν

ά. Ἐν τῷδε τῷ πολέμῳ] Ad Chæroneam cum Philippo commisso, de quo præter Diodorum Siculum et Justinum, vide Plutarchum in vita nostri auctoris et adversarias etiam Æschinis et Demosthenis orationes. WOLF.

Ἕν τι τῶν ἀδυνάτων] Isocrates in oratione κατὰ Σοφιστῶν. Ὅμηρος ὑμῖν ἐνδείξασθαι βουλόμενος, ὅτι τοῖς ἀνθρώποις ἕν τι τοῦτο (τὸ τὰ μέλλοντα προγινώσκειν) τῶν ἀδυνάτων ἐστί. IDEM.

Εἰρηκόσιν ἐνθάδε] Exstat oratio Periclis funebris τῇ β' Thucydidis συγγραφῇ, et Menexenus Platonis, quem edicto jussum esse recitari quotannis publice Athenis ferunt, propter sententiarum gravitatem, quibus ad virtutem, atque amorem patriæ, defensionemque cives accenderentur: et Lysiæ ἐπιτάφιος τοῖς τῶν Κορινθίων βοηθοῖς: cui multa non dissimilia habet Isocratis Panegyricus. Ejusdem generis est et ejusdem Isocratis Evagoras: qui a studiosis et utiliter et jucunde inter se conferentur. Hujus autem instituti primi auctores fuerunt Ægyptii, auctore Diodoro Siculo l. I. quorum institutum æmulatum Solonem ex Diogene Laertio apparet, cujus hæc verba sunt: ἀπειρόκαλον ἐξαίρειν τὰς τῶν ἀθλητῶν τιμάς, ἀλλὰ μόνων ἐκείνων τῶν ἐν πολέμοις τελευτησάντων, ὧν καὶ τοὺς υἱοὺς δημοσίᾳ τρέφεσθαι καὶ παιδεύεσθαι· ὅθεν καὶ ἐζήλουν καλοὶ κἀγαθοὶ γενέσθαι κατὰ

οὖσαν, ἐξ ὧν ταῦτ' ἂν αὐτοῖς μάλιστα γένοιτο λόγων, τούτοις ᾠήθησαν δεῖν αὐτοὺς τιμᾶν, ἵν', ἣν ζῶντες ἐκτήσαντο εὐδοξίαν, αὕτη καὶ τετελευτηκόσιν αὐτοῖς ἀποδοθείη.

β'. Εἰ μὲν οὖν τὴν ἀνδρίαν μόνον αὐτοῖς τῶν εἰς ἀρετὴν ἀνηκόντων ὑπάρχουσαν ἑώρων, ταύτην ἂν ἐπαινέσας ἀπηλλαττόμην τῶν λοιπῶν· ἐπειδὴ δὲ καὶ γεγενῆσθαι καλῶς καὶ πεπαιδεῦσθαι σωφρόνως καὶ βεβιωκέναι φιλοτίμως συμβέβηκεν αὐτοῖς, ἐξ ὧν εἰκότως ἦσαν σπουδαῖοι, αἰσχυνοίμην ἂν εἴ τι τούτων φανείην παραλιπών. ἄρξομαι δ' ἀπὸ τῆς τοῦ γένους αὐτῶν ἀρχῆς. ἡ γὰρ εὐγένεια τῶνδε τῶν ἀνδρῶν ἐκ πλείστου χρόνου παρὰ πᾶσιν ἀνθρώποις
1390 ἀνωμολόγηται. οὐ γὰρ μόνον εἰς πατέρ' αὐτοῖς καὶ τῶν ἄνω προγόνων κατ' ἄνδρα ἀνενεγκεῖν ἑκάστῳ τὴν φύσιν ἐστίν· ἀλλ' εἰς ὅλην κοινῇ τὴν ὑπάρχουσαν πατρίδα, ἧς αὐτόχθονες ὁμολογοῦνται εἶναι. μόνοι γὰρ πάντων ἀνθρώπων, ἐξ ἧσπερ ἔφυσαν, ταύτην ᾤκησαν καὶ τοῖς ἐξ [1] αὐτῶν παρέδωκαν· ὥστε δικαίως ἄν τις ὑπολάβοι, τοὺς μὲν εἰς τὰς ἐπήλυδας ἐλθόντας πόλεις καὶ τούτων πολίτας προσ-

[1] αὐτῶν

πόλεμον. Idem.

Τούτοις ᾠήθησαν] S. οἱ τετελευτηκότες. αὐτοὺς pro ἑαυτοὺς, sed quia præcessit ἡ πόλις, malim omnino legere ᾠήθη: idque in vertendo sequi non dubitavi. tametsi ᾠήθη δεῖν minus belle sonat. Idem.

β'. Τῶν εἰς ἀρετὴν ἀνηκόντων] *Ad virtutem spectantium.* Budæus.

Φιλοτίμως] *Præclare, honeste.* φιλοτιμία enim *studium honoris et laudis* significat, rectum etiam et verum, nec semper eam, quæ in vitio ponitur, ambitionem. Unde φιλοτιμεῖσθαι ἐπί τινι, *rem aliquam sibi ducere laudi* significat. Wolf.

Τὴν ὑπάρχουσαν πατρίδα] Laudes αὐτοχθόνων, quos *indigenas* verto, alii *Aborigines* dicere malunt, vide in Isocratis Panegyrico. Idem. Vid. Meurs. de Fort. Athen. c. I.

Ἐξ ἧσπερ ἔφυσαν] Activum pro passivo ἐφύθησαν, vel a verbo, quod absolute capitur, φῦμι: unde ἔφυν potius, quam a φύω et ἔφυσα. Wolf.

Εἰς τὰς ἐπήλυτας] Ἐπήλυτον Hesychius προσήλυτον, ἔποικον, ὁ καὶ μέτοικος auctore Suida, ἐπήλυδας, ξένους νεωστὶ ἄλλοθεν ἐλθόντας ἐπιλέκτους, ἢ οὐκ ἰθαγενεῖς, interpretatur, hoc est, *advenam, inquilinum, hospites nuper aliunde huc profectos, adscitos, aut non indigenas.* Est autem ἰθαγενὴς ὁ ἐνταῦθα γεννηθεὶς, αὐτόχθων, γνήσιος παῖς, ὁ ἀδιάστροφον ἔχων τὸ γένος, id est, *hic natus, indigena, germanus filius, incorrupto genere ortus.* Sed ad rem, si τὰς ἐπήλυτας πόλεις *adventitias urbes* exponas, ineptum fuerit: sin ἐπηλυτὰς cum accentu in ultima passive legas, quasi *adventas urbes,* (si ita liceat dicere) vel *in quas adventum est ab aliis,* hoc est, in quas alii advenerunt, idem erit, quod ἀποικίας, *coloniæ.* Quod si durius videbitur, mutato verborum ordine, τοὺς μὲν ἐπήλυδας (sic enim habet Aldinum exemplar per δ, non per τ) ἐλθόντας εἰς τὰς πόλεις, *eos qui aliunde in civitates venerunt:* sed ego Brucioli retineo lectionem, transposito tantum accentu, τοὺς εἰς τὰς ἐπηλυτὰς πόλεις, hoc est, εἰς ἀποικίας, *qui profecti sunt in colonias.* Idem. Præstantias. Interpreti aqua hæsit, dum, τοὺς μὲν εἰς τὰς ἐπήλυδας ἐ. π. vertit: *qui in colonias peregre advenerunt.* Ergone ἐπήλυδες πόλεις sunt *coloniæ?* Nolo in hac versione refellenda operam perdere. Pristina depravati loci scriptio facillimo negotio reduci potest, legendo: τοὺς μὲν εἰς ἑτέρας ἐπήλυδας ἐλθόντας πόλεις, *advenas, qui ex patria urbe in alias demigrant.* Ἐπήλυδας. Hesychius

ἀγορευομένους ὁμοίους εἶναι τοῖς εἰσποιητοῖς τῶν παίδων, τούτους δὲ γνησίους γόνῳ τῆς πατρίδος πολίτας εἶναι. δοκεῖ δέ μοι καὶ τὸ τοὺς καρποὺς, οἷς ζῶσιν ἄνθρωποι, παρ' ἡμῖν πρώτοις φανῆναι, χωρὶς τοῦ μέγιστον εὐεργέτημ' εἰς πάντας γενέσθαι, ὁμολογούμενον σημεῖον ὑπάρχειν τοῦ μητέρα τὴν χώραν εἶναι τῶν ἡμετέρων προγόνων. πάντα γὰρ τὰ τίκτοντα ἅμα καὶ τροφὴν τοῖς γιγνομένοις ἀπ' αὐτῆς τῆς φύσεως φέρει· ὅπερ ἥδε ἡ χώρα πεποίηκε.

γʹ. Τὰ μὲν οὖν εἰς γένος ἀνήκοντα τοιαῦτα δι' αἰῶνος ὑπάρχει τοῖς τῶνδε τῶν ἀνδρῶν προγόνοις. τὰ δ' εἰς ἀνδρίαν καὶ τὴν ἄλλην ἀρετὴν πάντα μὲν κατοκνῶ λέγειν, φυλαττόμενος, μὴ μῆκος ἄκαιρον ἐγγένηται τῷ λόγῳ· ἃ δὲ καὶ τοῖς εἰδόσι χρήσιμα ἀναμνησθῆναι καὶ τοῖς ἀπείροις κάλλιστα ἀκοῦσαι, καὶ ζῆλον ἔχει πολὺν, [1]καὶ μῆκος λόγων ἄλυπον ἔχοντα, ταῦτα ἐπὶ κεφαλαίων εἰπεῖν πειράσομαι. οἱ γὰρ τῆς κατὰ τὸν παρόντα χρόνον γενεᾶς πρόγονοι καὶ πατέρες καὶ τούτων ἐπάνω τὰς προσηγορίας ἔχοντες, αἷς ὑπὸ τῶν ἐν γένει γνωρίζονται, ἠδίκησαν μὲν οὐδένα πώποτε, οὔτε Ἕλληνα οὔτε βάρβαρον, ἀλλ' ὑπῆρχεν αὐτοῖς πρὸς ἅπασι τοῖς ἄλλοις καλοῖς κἀγαθοῖς καὶ δικαιοτάτοις εἶναι· 1391
ἀμυνόμενοι δὲ πολλὰ καὶ λαμπρὰ διεπράξαντο. καὶ γὰρ τὸν Ἀμαζόνων στρατὸν ἐλθόντα ἐκράτησαν οὕτως ὥστ' ἔξω Φάσιδος ἐκβαλεῖν, καὶ τὸν Εὐμόλπου καὶ [2][τῶν] πολλῶν ἄλλων στόλον οὐ μόνον ἐκ τῆς οἰκείας, ἀλλὰ καὶ

[1] [καὶ]

[2] Deest τῶν.

exponit ποτὲ ἐλθόντας ἐξ ἑτέρας γῆς — ἢ οὐκ ἰθαγενεῖς. et videri posset, eundem hunc locum respexisse. *Valckenaer. Animadv. ad Ammon.* l. I. c. VI. fin.

Πάντα γὰρ τὰ τίκτοντα] Sic Plutarchus περὶ παίδων ἀγωγῆς: Σοφὸν (F. σοφῶς), inquit, ἄρα ἡ πρόνοια διττοὺς ἐνέθηκε ταῖς γυναιξὶ τοὺς μαστοὺς, ἵνα καὶ, εἰ δίδυμα τέκοιεν, διττὰς ἔχοιεν τὰς τῆς τροφῆς πηγὰς, hoc est, *sapienter certe providentia bina mulieribus indidit ubera, ut, si forte gemellos peperissent, geminos haberent alimoniæ fontes.* Wolf.

γʹ. Τὰ εἰς γένος ἀνήκοντα] *Ad natalium nobilitatem spectantia.* Budæus.

Ζῆλον ἔχει πολὺν] *Quæ admodum gloriosa sunt.* Sed quia sequitur καὶ μῆκος λόγων ἄλυπον ἔχοντα, quid si pro ἔχει legas ζηλωτὸν, ut jungas, ἐστὶν ἔχοντα, ἀντὶ τοῦ, ἔχει. Wolf.

Ἐπὶ κεφαλαίων] Id est, *summatim et distincte.* Idem.

Ὑπὸ τῶν ἐν γένει] *A cognatis, ab his, qui ex eadem sunt oriundi familia.* Intelligi autem debent non tam οἱ δῆμοι καὶ αἱ φυλαὶ, secundum quas Attici distinguebantur, quam gradus cognationum in linea, ut vocant, descendente: cujusmodi sunt: Tritavus, atavus, abavus, proavus, avus, pater, filius, nepos, pronepos, abnepos, etc. Idem.

Ἠδίκησαν μὲν οὐδένα] Ῥᾴδιον ἐγκωμιάζειν Ἀθηναίους ἐν Ἀθηναίοις. Idem.

Πρὸς ἅπασι τοῖς ἄλλοις καλοῖς, κἀγαθοῖς καὶ δικαιοτάτοις εἶναι] Comma post ἀγαθοῖς delendum, ante καλοῖς ponendum est. Nam *præter cætera omnia, insigni etiam bonitatis et justitiæ laude florebant.* Idem.

Ἐκ τῆς οἰκείας] Id est, τῆς Ἀττικῆς. De his, sive fabulis, sive historiis, Iso-

ἐκ τῆς τῶν ἄλλων Ἑλλήνων, χώρας ἐξήλασαν· οὓς οἱ πρὸ ἡμῶν οἰκοῦντες πρὸς ἑσπέραν πάντες οὔθ' ὑπέμειναν, οὔτ' ἠδυνήθησαν κωλῦσαι. καὶ μὴν καὶ τῶν Ἡρακλέους παίδων, ὃς τοὺς ἄλλους ἔσωζε, σωτῆρες ὠνομάσθησαν, ἡνίκα ἦλθον εἰς τήνδε τὴν γῆν ἱκέται, φεύγοντες Εὐρυσθέα. καὶ πρὸς πᾶσι τούτοις καὶ πολλοῖς ἄλλοις καὶ καλοῖς ἔργοις τὰ τῶν κατοιχομένων νόμιμα οὐ περιεῖδον ὑβριζόμενα, ὅτε τοὺς ἑπτὰ ἐπὶ Θήβας θάπτειν ἐκώλυε Κρέων.

δ'. Τῶν μὲν οὖν εἰς μύθους ἀνηνεγμένων ἔργων πολλὰ παραλιπὼν, τούτων ἐπεμνήσθην, ὧν οὕτως ἕκαστον εὐσχήμονας καὶ πολλοὺς ἔχει λόγους, ὥστε καὶ τοὺς ἐμμέτρους καὶ τοὺς τῶν ᾀδομένων ποιητὰς καὶ πολλοὺς τῶν συγγραφέων ὑποθέσεις τὰ ἐκείνων ἔργα τῆς αὑτῶν μουσικῆς πεποιῆσθαι· ἃ δὲ τῇ μὲν ἀξίᾳ τῶν ἔργων οὐδέν ἐστι τούτων ἐλάττω, τῷ δ' [1] ὑπογυιώτερ' εἶναι τοῖς χρόνοις οὔπω μεμυθολόγηται, οὐδ' εἰς τὴν ἡρωϊκὴν ἐπανῆκται τάξιν, ταῦτ' ἤδη λέξω. ἐκεῖνοι τὸν ἐξ ἁπάσης τῆς Ἀσίας στόλον ἐλθόντα μόνοι δὶς ἠμύναντο καὶ κατὰ γῆν καὶ κατὰ θάλ-

[1] ὑπογυιότερ'

cratem et Pausaniam consulito. Idem. Vid. Thes. Meurs. c. XX.

Οἱ πρὸ ἡμῶν οἰκοῦντες πρὸς ἑσπέραν] Πρὸς δύσιν. Eumolpum Thracem fuisse, et Amazones ad Thermodontem Themiscyræ seu Cappadociæ fluvium habitasse tradunt. Qua autem ratione versus occasum aut septentrionem progressi sint, et quos populos subegerint, nostra nihil interest. Illud nostra interest, cavere, ne Scythicæ gentes toto Christiano adhuc reliquo orbe, propter intestina bella nostra, potiantur. Wolf.

Πάντες οὔθ'] Pro οὐδένες. Sic Isocrates: ὡς πάντες οὐκ ἐτόλμησαν, pro οὐδένες. quanquam πάντες ἐμφατικώτερον est propter antithesin, quasi dicat: *soli Athenienses vicerunt eos, quibus alii universi resistere non audebant.* Idem.

Τῶν Ἡρακλέους] Ea de re exstat elegans Euripidis tragœdia, Heraclidæ. Idem.

Τοὺς ἑπτὰ ἐπὶ Θήβας] S. στρατεύσαντας. οἱ ἑπτὰ ἐπὶ Θήβαις dativo, ut subintelligas ἀποθανόντες, apud Æschylum inscribitur Tragœdia. Vide Ἱκέτιδας et Phœnissas Euripidis, et Antigonen Sophoclis. Idem.

δ'. Τῶν εἰς μύθους ἀνηνεγμένων ἔργων] Ab ἀνάγομαι. Alii ἀνενηνεγμένων, ab ἀναφέρομαι. Sic Isocrates: εἰ καὶ μυθώδης ὁ λόγος γέγονεν. Idem.

Τοὺς ἐμμέτρους καὶ τοὺς τῶν ᾀδομένων ποιητὰς] Malim τοὺς ἐμμέτρους τοὺς τῶν, omissa καὶ conjunctione, cum τὰ ᾀδόμενα sint fere ἔμμετρα, et τὰ ᾀδόμενα non tam pro *cantatis*, quam pro *laudatissimis*, accipio, ἀντὶ τῶν φημιζομένων καὶ εὐφημουμένων. Nam τὸ ᾄδειν Varinus exponit ψάλλειν, φημίζειν, et poetice capi pro ἀείδειν, hoc est, ἐμμέτρως καὶ ἐμμελῶς λέγειν, *cum certa mensura et modo dicere.* Licet igitur, ut ἐμμέτρους ποιητὰς intelligas hoc loco, *eos qui ligata oratione scripserunt*, τοὺς τῶν ᾀδομένων ποιητὰς, *auctores cantilenarum.* Idem.

Τῆς αὑτῶν μουσικῆς] *Eruditionis et eloquentiæ suæ*, ut etiam ad συγγραφέας, id est, *rerum gestarum scriptores*, referatur. Idem.

Οὔπω μεμυθολόγηται] *Nondum a poetis celebrata sunt*, quanquam inter Æschyli tragœdias est, quæ Πέρσαι inscribitur. Quod μῦθον esse aiunt λόγον ψευδῆ, τὴν ἀλήθειαν εἰκονίζοντα, hoc non pertinet, sicut nec eo, ubi dicit Isocrates: ὡς οἱ μῦθοι λέγουσι καὶ πάντες πιστεύουσι, *ut poetæ, vel arcanæ literæ, tradunt.* Sed ibi plura de hoc vocabulo, quæ consulas licet. Idem.

Μόνοι δὶς ἠμύναντο] Pugna Marathonia

λαττὰν, καὶ διὰ τῶν ἰδίων κινδύνων κοινῆς σωτηρίας πᾶσι
τοῖς Ἕλλησιν αἴτιοι κατέστησαν. καὶ προείρηται μὲν ὃ
μέλλω λέγειν ὑπ᾽ ἄλλων πρότερον, δεῖ δὲ μηδὲ νῦν τοῦ δι-
καίου καὶ καλῶς ἔχοντος ἐπαίνου τοὺς ἄνδρας ἐκείνους 1392
στερηθῆναι. τοσοῦτον γὰρ ἀμείνους τῶν ἐπὶ Τροίαν στρα-
τευσαμένων νομίζοιντ᾽ ἂν εἰκότως, ὅσον οἱ μὲν ἐξ ἁπάσης
τῆς Ἑλλάδος ὄντες ἀριστεῖς, δέκ᾽ ἔτη τῆς Ἀσίας ἓν χωρίον
πολιορκοῦντες, μόλις εἷλον· οὗτοι δὲ τὸν ἐκ πάσης τῆς
ἠπείρου στόλον ἐλθόντα μόνοι, τἆλλα πάντα κατεστραμ-
μένον, οὐ μόνον ἠμύναντο, ἀλλὰ καὶ τιμωρίαν ὑπὲρ ὧν τοὺς
ἄλλους ἠδίκουν ἐπέθηκαν. ἔτι τοίνυν τὰς ἐν αὐτοῖς τοῖς
Ἕλλησι πλεονεξίας κωλύοντες, πάντας ὅσους συνέβη γε-
νέσθαι κινδύνους ὑπέμειναν, ὅπου τὸ δίκαιον εἴη τεταγμένον,
ἐνταῦθα προσνέμοντες ἑαυτοὺς, ἕως εἰς τὴν νῦν ζῶσαν ἡλι-
κίαν ὁ χρόνος προήγαγεν ἡμᾶς. μηδεὶς δὲ ἡγείσθω με ἀπο-
ροῦντα, ὅ τι χρὴ περὶ τούτων εἰπεῖν ἑκάστου, ταῦτα τὰ
πραχθέντα ἀπηριθμηκέναι. εἰ γὰρ ἁπάντων ἀμηχανώτα-
τος ἦν ὅ τι χρὴ λέγειν πορίσασθαι, ἡ ἐκείνων ἀρετὴ πολ-
λὰ καλὰ [1] δίδωσιν εἰπεῖν καὶ πρόχειρα, ἃ ῥᾴδιον μέν ἐστι
διελθεῖν· ἀλλὰ προαιροῦμαι, τῆς εὐγενείας καὶ τῶν παρὰ
τοῖς προγόνοις μεγίστων μνησθεὶς, ὡς τάχιστα συνάψαι
τὸν λόγον πρὸς τὰ τοῖσδε πεπραγμένα, ἵν᾽, ὥσπερ τὰς
φύσεις ἦσαν συγγενεῖς, οὕτω καὶ τοὺς ἐπαίνους ἐπ᾽ αὐτῶν
κοινοὺς ποιήσωμαι, ὑπολαμβάνων ταῦτ᾽ ἂν εἶναι κεχαρι-
σμένα κἀκείνοις καὶ μάλιστ᾽ ἀμφοτέροις, εἰ τῆς ἀλλήλων
ἀρετῆς μὴ μόνον τῇ φύσει μετάσχοιεν, ἀλλὰ καὶ τοῖς
ἐπαίνοις.

ί. Ἀνάγκη δ᾽ ἐν τῷ μεταξὺ διαλαβεῖν, καὶ πρὸ τοῦ

[1] δίδωσιν αὐτὰ εἰπεῖν

et expeditio Xerxis vel pueris notæ sunt. Idem.

Προείρηται μὲν ὃ μέλλω λέγειν ὑπ᾽ ἄλλων] Sic Isocrates, in oratione ad Philippum, Herculem Agamemnoni præfert, in hanc (ut nos quidem vertimus) sententiam: 'Susceptaque adversus Trojam expeditione, quæ tum in Asia potentissima erat, tanto præstantior imperator fuit illis, qui post eandem oppugnarunt, ut, quam illi totius suffulti Græciæ viribus decimo demum anno vix expugnarunt, eam ipse intra dies pauciores, quam illi annos, facile vi in potestatem suam redegerit.' Paulo post v. 3. lege δεῖ δὲ μηδὲ νῦν. Idem.

Τὰς φύσεις ἦσαν συγγενεῖς] Quomodo? ut majores et posteri. Nam ad Chæroneam interfecti ab illis Persarum victoribus oriundi fuerunt. Idem.

Κἀκείνοις καὶ μάλιστ᾽ ἀμφοτέροις] Nescio, quomodo hæc verba mihi non placent, et tamen nihil habeo melius. κἀκείνοις accipio, τοῖς προγόνοις. pro μάλιστα malim legere *μᾶλλον, vel potius, atque adeo utrisque.* Idem.

τὰ τοῖςδε πεπραγμένα τοῖς ἀνδράσι δηλοῦν καὶ τοὺς ἔξω
1393 τοῦ γένους πρὸς τὸν τάφον ἠκολουθηκότας πρὸς εὔνοιαν
παρακαλέσαι. καὶ γὰρ εἰ μὲν εἰς χρημάτων δαπάνην ἤ
τινα ἄλλην θεωρίαν ἱππικῶν ἢ γυμνικῶν ἄθλων ἐτάχθην
κοσμῆσαι τὸν τάφον, ὅσωπερ ἂν προθυμότερον καὶ ἀκρι-
βέστερον τοῦτο παρεσκευάσμην, τοσούτῳ μᾶλλον ἂν προσ-
ήκοντα ἔδοξα πεποιηκέναι· λόγῳ δ' ἐπαινέσαι τούςδε τοὺς
ἄνδρας αἱρεθεὶς, ἐὰν μὴ τοὺς ἀκούοντας συμβουλομένους λά-
βω, φοβοῦμαι, μὴ τῇ προθυμίᾳ τοὐναντίον οὗ δεῖ ποιήσω. ὁ
μὲν γὰρ πλοῦτος καὶ τὸ τάχος καὶ ἡ ἰσχὺς καὶ ὅσα ἄλλα
τούτοις ὅμοια αὐτάρκεις ἔχει τὰς ὀνήσεις τοῖς κεκτημένοις,
καὶ κρατοῦσιν ἐν αὐτοῖς, οἷς ἂν παρῇ, κἂν μηδεὶς τῶν ἄλλων
βούληται· ἡ δὲ τῶν λόγων πειθὼ τῆς τῶν ἀκουόντων εὐνοί-
ας προσδεῖται, καὶ μετὰ μὲν ταύτης, κἂν μετρίως ῥηθῇ,
δόξαν ἤνεγκε καὶ χάριν προσποιεῖ, ἄνευ δὲ ταύτης, κἂν
ὑπερβάλῃ τῷ λέγειν καλῶς, προσέστη τοῖς ἀκούουσι.

ϛ'. Πολλὰ τοίνυν ἔχων εἰπεῖν ὧν οἵδε πράξαντες δικαίως ἐπαινεθήσονται, ἐπειδὴ πρὸς αὐτοῖς εἰμὶ τοῖς ἔργοις, ἀπορῶ τί πρῶτον εἴπω· προϊστάμενα γάρ [1] μοι πάντα εἰς ἕνα καιρὸν δύσκριτον καθίστησί μοι τὴν αἵρεσιν αὐτῶν. οὐ μὴν ἀλλὰ πειράσομαι τὴν αὐτὴν ποιήσασθαι τοῦ λόγου τάξιν, ἥπερ ὑπῆρξε τοῦ βίου τούτοις. οἵδε γὰρ ἐξ ἀρχῆς ἐν πᾶσι τοῖς παιδεύμασιν ἦσαν ἐπιφανεῖς, τὰ πρέποντα καθ' ἡλικίαν ἀσκοῦντες ἑκάστην, καὶ πᾶσιν ἀρέσκοντες οἷς χρὴ, γονεῦσι, φίλοις, οἰκείοις. τοιγαροῦν ὥσπερ ἴχνη γνωρίζουσα νῦν ἡ τῶν οἰκείων αὐτοῖς καὶ φίλων μνήμη πᾶσαν ὥραν

[1] [μοι]

Τοὐναντίον οὗ δεῖ] Ἐκείνου, ὃ δεῖ. Idem.

Αὐτάρκεις ἔχει τὰς ὀνήσεις] *Uberes suis possessoribus fructus suppeditant, nec alienis adminiculis egent.* αὐτάρκης, *seipso contentum, quod ipsum sibi satis est, quod nihil aliunde requirit ad se tuendum.* Idem.

Ἐνήνεγκε] Malim cum Bruciolo ἤνεγκε καὶ χάριν προσποιεῖ legere. Est autem in his verbis, ῥηθῇ, ὑπερβάλῃ, προσέστη, repetenda ἡ τῶν λόγων πειθώ. Idem.

Προσέστη τοῖς ἀκούουσι] *Assistit audientibus*, id est, *offendit audientes*. de hac phrasi diximus in Isocratis vita. Idem.

ϛ'. Προϊστάμενά μοι] Id est, ἐπιπολάζοντα, *eminentia, ingerentia sese.* προΐστασθαι cum genitivo *praeesse tuerique* significat. Unde προστάτης, *patronus, defensor.* προΐστασθαι cum genitivo similiter exponit Varinus: sin dativo jungatur, ἐμποδίζειν, ἐναντιοῦσθαι, id est, *impedire et adversari.* Fortasse παριστάμενα, τουτέστιν, ἐπὶ νοῦν ἐρχόμενα: unde formula ἐκ τοῦ παρισταμένου λέγειν. *In farrag.* F. προσιστάμενα. Idem.

Ὥσπερ ἴχνη γνωρίζουσα] *Memoria cognatorum eis, vestigia recognoscens*, etc. S. τῶν παιδευμάτων, *exercitationum.* Si pro τοιγαροῦν legeretur τούτων οὖν, planior esset Latinis constructio, hujusmodi ἐλλείψεων insuetis. Idem.

ἐπὶ τούτους φέρεται τῷ πόθῳ, πολλὰ ὑπομνήματα λαμ-
βάνουσα, ἐν οἷς συνῄδει τούτοις ἀρίστοις οὖσιν. ἐπειδὴ δὲ 1394
εἰς ἄνδρας ἀφίκοντο, οὐ μόνον τοῖς πολίταις γνώριμον τὴν αὑτῶν φύσιν, ἀλλὰ καὶ πᾶσιν ἀνθρώποις, κατέστησαν.

ζ'. Ἔστι γὰρ, ἔστιν ἁπάσης ἀρετῆς ἀρχὴ μὲν σύνεσις, πέρας δὲ ἀνδρία· καὶ τῇ μὲν δοκιμάζεται, τί πρακτέον ἐστὶ, τῇ δὲ σώζεται. ἐν τούτοις ἀμφοτέροις οἵδε πολὺ διήνεγκαν. καὶ γὰρ, εἴ τις ἐφύετο κοινὸς πᾶσι κίνδυνος τοῖς Ἕλλησιν, οὗτοι πρῶτοι προείδοντο καὶ πολλάκις εἰς σωτηρίαν ἅπαντας παρεκάλεσαν· ὅπερ γνώμης ἀπόδειξίς ἐστιν εὖ φρονούσης. καὶ τῆς παρὰ τοῖς Ἕλλησιν ἀγνοίας μεμιγμένης κακίᾳ, ὅτ' ἐνῆν ταῦτα κωλύειν ἀσφαλῶς, τὰ μὲν οὐ προορώσης, τὰ δ' εἰρωνευομένης, ὅμως, ἡνίχ' ὑπήκουσαν καὶ τὰ δέοντα ποιεῖν ἠθέλησαν, οὐκ ἐμνησικάκησαν, ἀλλὰ προστάντες καὶ παρασχόντες ἅπαντα προθύμως, καὶ σώματα καὶ χρήματα καὶ συμμάχους, εἰς πεῖραν ἦλθον ἀγῶνος· εἰς ὃν οὐδὲ τῆς ψυχῆς ἐφείσαντο. ἐξ ἀνάγκης δὲ συμβαίνει, ὅταν μάχη γίγνηται, τοῖς μὲν ἡττᾶσθαι, τοῖς δὲ νικᾷν. οὐκ ἂν ὀκνήσαιμι δ' εἰπεῖν, ὅτι μοι δοκοῦσιν οἱ τελευτῶντες ἑκατέρων ἐν τάξει, τῆς μὲν ἥττης οὐ μετέχειν, νικᾷν δὲ ὁμοίως ἀμφότεροι. τὸ μὲν γὰρ κρατεῖν ἐν τοῖς ζῶσιν, ὡς ἂν ὁ δαίμων παραδῷ, κρίνεται· ὃ δ' εἰς τοῦτο ἕκαστον ἔδει παρασχέσθαι, πᾶς ὁ μένων ἐν τάξει πεποίηκεν. εἰ δὲ θνητὸς ὢν τὴν εἱμαρμένην ἔσχε, τῇ τύχῃ πέπονθε τὸ συμβαῖνον, οὐχὶ τὴν ψυχὴν ἥττηται τῶν ἐναντίων. νο-
μίζω τοίνυν καὶ τοῦ τῆς χώρας ἡμῶν μὴ ἐπιβῆναι τοὺς 1395
πολεμίους, πρὸς τῇ τῶν ἐναντίων ἀγνωμοσύνῃ, τὴν τούτων

ζ'. Ἔστι γὰρ, ἔστιν ἁπάσης] Cicero pro Sestio; 'Hoc sentire prudentiæ est, facere fortitudinis:' et de Inventione: 'Sapientia est moderatrix omnium rerum.' Idem.

Ὅτ' ἐνῆν ταῦτα κωλύειν ἀσφαλῶς, τὰ μὲν] *Cum liceret illa* (τὰ ἐπικίνδυνα, *pericula*) *sine periculo prohibere, partim non prospiceret, partim dissimularet.* τὰ μὲν, τὰ δὲ, adverbialiter accipienda sunt. Idem.

Οἱ τελευτῶντες ἑκατέρων ἐν τάξει] *Qui ex utrisque*, id est, *utrinque*, *in acie occumbunt*, tam in victore, quam victo exercitu. Idem.

Τὴν εἱμαρμένην ἔσχε τῇ τύχῃ] *Fatum habuit fortuna*, id est, *fortunæ arbitrio naturæ debitum exsolvit.* Potest etiam post ἔσχε comma poni, et conjungi τῇ τύχῃ τὸ συμβαῖνον πέπονθε, *id, quod accidit, Fortunæ perpessus est arbitrio.* Licet etiam (sed id minus probo) πέπονθε τὸ συμβαῖνον, *id passus est, quod fieri solet*, id est, *nihil ei novi accidit*, multi fortissimi viri in acie ceciderunt: Mars fortissimum quemque pigneratur. Idem.

Πρὸς τῇ τῶν ἐναντίων ἀγνωμοσύνῃ] *Præter hostium imprudentiam.* Sic Pœnus ille ad Hannibalem, cum post insignem victoriam Roma abstineret, 'Vincere,' inquit, 'scis, Hannibal, uti victoria nescis.' ἀγνώμων, auctoribus Hesychio et Suida, est *incogitans, inconsideratus, inconsultus*, *stupidus*,

ἀρετὴν αἰτίαν γεγενῆσθαι. κατ' ἄνδρα γὰρ πεῖραν εἰληφότες οἱ τότε συμμίξαντες ἐκεῖ οὐκ ἠβούλοντο αὖθις εἰς ἀγῶνα καθίστασθαι τοῖς ἐκείνων οἰκείοις, ὑπολαμβάνοντες ταῖς μὲν φύσεσι ταῖς ὁμοίαις ἀπαντήσεσθαι, τύχην δὲ οὐκ εὔπορον εἶναι τὴν ὁμοίαν λαβεῖν. δηλοῖ δὲ οὐχ ἥκιστα, ὅτι ταῦτα οὕτως ἔχει, καὶ τὰ τῆς γεγονυίας εἰρήνης· οὐ γὰρ ἔνεστιν εἰπεῖν οὔτ' ἀληθεστέραν οὔτε καλλίω πρόφασιν τοῦ τῆς τῶν τετελευτηκότων ἀγασθέντα ἀρετῆς τὸν τῶν ἐναντίων κύριον φίλον γενέσθαι τοῖς ἐκείνων οἰκείοις βούλεσθαι μᾶλλον, ἢ πάλιν τὸν ὑπὲρ τῶν ὅλων κίνδυνον ἄρασθαι. οἶμαι δ' ἄν, εἴ τις αὐτοὺς τοὺς παραταξαμένους ἐρωτήσειε, πότερ' ἡγοῦνται ταῖς αὐτῶν [1] ἀρεταῖς, ἢ τῇ παραδόξῳ καὶ χαλεπῇ τύχῃ κατωρθωκέναι καὶ τῇ τοῦ προεστηκότος αὐτῶν ἐμπειρίᾳ καὶ τόλμῃ καὶ ψυχῇ, οὐδένα οὔτ' ἀναίσχυντον οὔτε τολμηρὸν οὕτως εἶναι, ὅντιν' ἀντιποιήσεσθαι τῶν πεπραγμένων. ἀλλὰ μὴν ὑπὲρ ὧν ὁ πάντων κύριος δαίμων, ὡς ἠβούλετο, ἔνειμε τὸ τέλος, πάντας ἀφεῖσθαι κακίας ἀνάγκη τοὺς λοιπούς, ἀνθρώπους

[1] ἀρεταῖς, * καὶ τῇ τοῦ προεστηκότος αὐτῶν ἐμπειρίᾳ καὶ τόλμῃ, ἢ τῇ παραδόξῳ καὶ χαλεπῇ τύχῃ κατωρθωκέναι, οὐδένα etc.

ingratus, dissentiens, negligens, errans, indignus venia. Quod addunt σύμψηφος, nescio, quam bene τῷ ἐναντιογνώμων quadret. Fortassis ἀσύμψηφος legendum, aut ἀγνώμων pro ἀμαγνώμων, ut ἀκόλουθος pro ἀμακέλευθος. εὐγνώμων est εὐχάριστος, εὔνους, ἀνθρώπινος, γνήσιος, εὐδιάθετος, id est, *gratus, benevolus, humanus, germanus, bene affectus:* hinc εὐγνωμοσύνη, ἀγνωμοσύνη substantiva, et adverbia εὐγνωμόνως, ἀγνωμόνως. Quod ad historiam attinet, Athenienses in maxima fuisse trepidatione, ex Lycurgo et aliis Græcis oratoribus apparet, ne Philippus hostiliter in Atticam irrumperet, ut alibi annotavimus. IDEM.

Κατ' ἄνδρα] *Viritim enim experti.* IDEM.

Τοῖς ἐκείνων οἰκείοις] Possit et legi: πρὸς τοὺς ἐκείνων οἰκείους. *In farrag.* IDEM.

Δηλοῖ δ' οὐχ ἥκιστα] Humanitas quidem Philippi in causa fuit, ut et Diodorus et Plutarchus testantur. IDEM.

Κίνδυνον ἄρασθαι] *Subire* vel *adire periculum.* In Thes. Crit. Grut. Emend. l. XI. c. 1. PAUL. LEOPARD.

Τῇ παραδόξῳ καὶ χαλεπῇ] S. τοῖς ἀγαθοῖς ἀνδράσι. *admirabili et iniqua fortuna.* Unde Virgilius, sive quis alius, in eam non immerito invehitur, his versibus:

O FORTUNA potens,
Tantum juris atrox quæ tibi vendicas,
Evertisque bonos, evehis improbos,
Nec servare potes muneribus fidem, etc.

Eadem pene Lucianus in encomio Demosthenis. WOLF.

Τοῦ προεστηκότος αὐτῶν] Philippum acerrimus ejus hostis, Demosthenes, summis laudibus, etiam inter accusandum, vehit. Quare necesse est, eum excellentem fuisse virum, tametsi callidior in gerendis rebus, quam in servanda fide religiosior, fuisse perhibetur. IDEM.

Ὅντιν' ἀντιποιήσεσθαι] F. ὅστις ἀντιποιήσεται: vel, ὥστ' ἀντιποιήσασθαι, *qui sibi vendicet, adscribat.* IDEM.

Πάντας ἀφεῖσθαι κακίας] Idem in horum epitaphio carmine, quod in oratione περὶ Στεφάνου citatur, hoc disticho dicitur perquam eleganti:

Πάντα κατορθοῦν ἐστὶ θεῶν καὶ μηδὲν ἁμαρτεῖν
Ἐν βιοτῇ· μοῖραν δ' οὔ τι φυγεῖν ἔπορεν.

Dii bene perficiunt, quicquid voluere, nec usquam
Errant: mortales fata maligna trahunt.

IDEM.

γε ὄντας· περὶ ὧν δ᾽ ὁ τῶν ἐναντίων ἡγεμὼν ὑπερῆρε τοὺς ἐπὶ τούτῳ ταχθέντας, οὐχὶ τοὺς πολλοὺς οὔτ᾽ ἐκείνων οὔθ᾽ ἡμῶν αἰτιάσαιτ᾽ ἄν τις εἰκότως. εἰ δ᾽ ἄρα ἐστί τις ἀνθρώπων ὅτῳ περὶ τούτων ἐγκαλέσαι προσήκει, τοῖς ἐπὶ τούτῳ ταχθεῖσι Θηβαίων, οὐχὶ τοῖς πολλοῖς οὔθ᾽ ἡμῶν οὔτ᾽ ἐκείνων ἐγκαλέσειεν ἄν τις εἰκότως· οἳ, δύναμιν λα- 1396
βόντες ἔχουσαν θυμὸν ἀήττητον καὶ ἀπροφάσιστον καὶ φιλοτιμίαν ἐφάμιλλον, οὐδενὶ τούτων ὀρθῶς ἐχρήσαντο. καὶ τὰ μὲν ἄλλ᾽ ἐστὶ τούτων, ὡς ἕκαστος ἔχει γνώμης, οὕτως ὑπολαμβάνειν· ὃ δὲ ἅπασιν ὁμοίως ἀνθρώποις τοῖς οὖσι γεγένηται φανερὸν, ὅτι ἡ πᾶσα τῆς Ἑλλάδος ἅμα ἐλευθερία ἐν ταῖς τῶνδε τῶν ἀνδρῶν ψυχαῖς διεσώζετο. ἐπειδὴ οὖν ἡ πεπρωμένη τούτους ἀνεῖλεν, οὐδεὶς ἀντέστη τῶν λοιπῶν. καὶ φθόνος μὲν ἀπείη τοῦ λόγου· δοκεῖ δέ μοί τις ἂν εἰπὼν, ὡς ἡ τῶνδε τῶν ἀνδρῶν ἀρετὴ τῆς Ἑλλάδος ἦν ψυχὴ, τἀληθὲς εἰπεῖν. ἅμα γὰρ τά τε τούτων πνεύματα ἀπηλλάγη τῶν οἰκείων σωμάτων, καὶ τὸ τῆς Ἑλλάδος ἀξίωμα ἀνῄρηται. μεγάλην μὲν οὖν ἴσως ὑπερβολὴν δόξομεν λέγειν· ῥητέον δ᾽ ὅμως. ὥσπερ γὰρ, εἴ τις ἐκ τοῦ καθεστηκότος κόσμου τὸ φῶς ἐξέλοι, δυσχερὴς καὶ χαλεπὸς ἅπας ὁ λειπόμενος βίος γένοιτ᾽ ἄν· οὕτω, τῶνδε τῶν ἀνδρῶν ἀναιρεθέντων, ἐν σκότει καὶ πολλῇ δυσκλείᾳ πᾶς ὁ πρὸ τοῦ ζῆλος τῶν Ἑλλήνων γέγονε. διὰ πολλὰ δ᾽ εἰκότως ὄντες τοιοῦτοι, διὰ τὴν πολιτείαν οὐχ ἥκιστα ἦσαν σπουδαῖοι. αἱ μὲν γὰρ διὰ τῶν ὀλίγων δυναστεῖαι δέος μὲν ἐνεργάζονται τοῖς πολίταις, αἰσχύνην δ᾽ οὐ παριστᾶσιν. ἡνίκα γοῦν ὁ ἀγὼν ἔλθῃ τοῦ πολέμου, πᾶς τις εὐχερῶς ἑαυτὸν σώζει, συνειδὼς ὅτι, ἐὰν τοὺς κυρίους ἢ δώροις ἢ δι᾽ ἄλλης ἡστινοσοῦν ὁμιλίας ἐξαρέσηται, κἂν τὰ δεινότατα ἀσχημονήσῃ, μικρὸν ὄνειδος τὸ λοιπὸν αὐτῷ καταστήσεται. αἱ δὲ δημοκρατίαι πολλά τε ἄλλα καὶ καλὰ [1] καὶ δίκαια

[1] [καὶ]

Ὁ δὲ ἅπασιν] Malim τοῦτο δὲ, et postea v. 11. γεγένηται φανερὸν sine distinctione post γεγένηται. *Hoc vero æque omnibus, qui sunt, hominibus cognitum est, totius Græciæ libertatem*, etc. Idem.

Ἐπειδὴ οὖν] F. ἐπειδὴ γοῦν. *In farrag.* Idem.

Ἐκ τοῦ καθεστηκότος] *Ex hoc, in quo vivimus, mundo.* Cicero in Lælio: 'Solem e mundo tollere videntur, qui amicitiam e vita tollunt, qua nihil a diis immortalibus melius habemus, nihil jucundius.' Idem.

Πᾶς ὁ πρὸ τοῦ ζῆλος] Ita legendum est: πᾶς ὁ πρὸ τούτου ζῆλος. Obsopœus.

Αἱ διὰ τῶν ὀλίγων δυναστεῖαι] Αἱ ὀλιγαρχίαι. Wolf.

1397 ἔχουσιν, ὧν τὸν εὖ φρονοῦντα ἀντέχεσθαι δεῖ, καὶ τὴν παῤῥησίαν ἐκ τῆς ἀληθείας [1]ἠρτημένην οὐκ ἔστιν ἀποτρέψαι τἀληθὲς δηλοῦν. οὔτε γὰρ πάντας ἐξαρέσασθαι τοῖς αἰσχρόν τι ποιήσασι δυνατὸν, οὔτε μόνος ὁ τἀληθὲς ὄνειδος λέγων λυπεῖ· καὶ γὰρ οἱ μηδὲν ἂν εἰπόντες αὐτοὶ βλάσφημον, ἄλλου γε λέγοντος χαίρουσιν ἀκούοντες. ἃ φοβούμενοι πάντες, εἰκότως τῇ τῶν μετὰ ταῦτα ὀνειδῶν αἰσχύνῃ, τόν τε προσιόντα ἀπὸ τῶν ἐναντίων κίνδυνον εὐρώστως ὑπέμειναν, καὶ θάνατον καλὸν εἵλοντο μᾶλλον ἢ βίον αἰσχρόν.

η. Ἃ μὲν οὖν κοινῇ πᾶσιν ὑπῆρχε τοῖσδε τοῖς ἀνδράσιν εἰς τὸ καλῶς ἐθέλειν ἀποθνήσκειν, εἴρηται, γένος, παιδεία, χρηστῶν ἐπιτηδευμάτων συνήθεια, τῆς ὅλης πολιτείας ὑπόθεσις· ἃ δὲ κατὰ φυλὰς παρεκάλεσεν ἑκάστους εὐρώστους εἶναι, ταῦτ' ἤδη λέξω. ᾔδεσαν ἅπαντες Ἐρεχθεῖδαι τὸν ἐπώνυμον αὐτῶν Ἐρεχθέα, ἕνεκα τοῦ σῶσαι τὴν χώραν, τὰς αὑτοῦ παῖδας, ἃς Ὑακινθίδας καλοῦσιν, εἰς προῦπτον θάνατον δόντα ἀναλῶσαι. αἰσχρὸν οὖν ἡγοῦντο τὸν μὲν ἀπ' ἀθανάτων πεφυκότα πάντα ποιεῖν ἕνεκα τοῦ τὴν πατρίδα ἐλευθερῶσαι, αὐτοὶ δὲ φανῆναι θνητὸν σῶμα ποιούμενοι περὶ πλείονος ἢ δόξαν ἀθάνατον. οὐκ ἠγνόουν Αἰγεῖδαι Θησέα τὸν Αἰγέως πρῶτον ἰσηγορίαν καταστησάμενον τῇ πόλει· δεινὸν οὖν ἡγοῦντο τὴν ἐκείνου προδοῦναι προαίρεσιν, καὶ τεθνάναι μᾶλλον ᾑροῦντο ἢ καταλυομένης [2]ταύτης παρὰ τοῖς Ἕλλησι ζῆν φιλοψυχήσαντες. παρειλήφεσαν Πανδιονίδαι Πρόκνην καὶ Φιλομήλαν τὰς Πανδίο-

[1] ἠρτημένην, * ἣν οὐκ ἔ. ἀ. * τοῦ τἀληθὲς δ. [2] αὐτῆς

Ἐξαρέσασθαι] Ἐξαρκέσασθαι inepte, nec ἐξακέσασθαι placet. *In farrag.* IDEM.

Οὔτε ὁ μόνος τἀληθὲς] Malim μόνος ὁ τἀληθὲς, articulo transposito. IDEM.

η. Ἃ δὲ κατὰ φυλὰς—] Vid. Corsin. Fast. Attic. par. I. d. IV. §. 2. seq.

Τὸν ἐπώνυμον αὐτῶν] *Eum heroem, a quo cognominati sunt.* ἐπώνυμοι dicuntur hi decem, qui hic enumerantur, qui tribubus nomina imposuerunt. WOLF.

Ἐρεχθέα] Cum ab Eumolpo Thrace bello peteretur, responsum est a vatibus, fore superiorem, si filias suas immolasset. Sic Codrus, sic Macaria, Herculis filia, sic apud Romanos Decii perierunt, mendacis illius et sanguinarii insidiis, qui hominum interitu delectatur. IDEM.

Ἃς Ὑακινθίδας] Suidas aliter, τὰς Ὑακίνθου τοῦ Λακεδαιμονίου θυγατέρας sic dici scribit. IDEM. Eo nomine dictæ sunt, quod una ex iis Lusia nomine filia erat Hyacinthi cujusdam. Ideo non omnes erant Erechthei filiæ. Hæc ait Stephanus in Λουσίᾳ. PALMER. Vid. Meurs. Att. Lect. l. IV. c. XVIII.

Ἰσηγορίαν] *Æqualitatem, par et æquum jus*, hoc est, democratiam. WOLF.

Φιλοψυχήσαντες] *Formidine mortis, in vitæ cupiditate.* IDEM.

Πρόκνην] Vide metamorphoseos Ovidia-

νος θυγατέρας, ὡς ἐτιμωρήσαντο Τηρέα διὰ τὴν εἰς αὐτὰς 1398
ὕβριν. οὐ βιωτὸν οὖν ἐνόμιζον αὐτοῖς, εἰ μὴ συγγενεῖς ὄντες θυμὸν ἔχοντες [1]ὅμοιον ἐκείναις φανήσονται, ἐφ᾽ οἷς τὴν Ἑλλάδα ἑώρων ὑβριζομένην. ἠκηκόεσαν [2]Λεοντίδαι μυθολογουμένας τὰς Λεωκόρας, ὡς αὑτὰς ἔδοσαν σφάγιον τοῖς πολίταις ὑπὲρ τῆς χώρας. ὅτε δ᾽ οὖν γυναῖκες ἐκεῖναι τοιαύτην ἔσχον ἀνδρείαν, οὐ θεμιτὸν αὐτοῖς ὑπελάμβανον χείροσιν, ἀνδράσιν οὖσιν, ἐκείνων φανῆναι. ἐμέμνηντο Ἀκαμαντίδαι τῶν ἐπῶν, ἐν οἷς Ὅμηρος ἕνεκα τῆς μητρός φησιν Αἴθρας Ἀκάμαντα εἰς Τροίαν στεῖλαι. ὁ μὲν οὖν παντὸς ἐπειρᾶτο κινδύνου τοῦ σῶσαι τὴν ἑαυτοῦ μητέρα ἕνεκα· οἱ δὲ τοὺς οἴκοι σύμπαντας [3]οἰκείους καὶ γονέας ἕνεκα τοῦ σῶσαι πῶς οὐκ

[1] ὅμοιον φανήσονται τὸν θυμὸν ἔχοντες ἐκείναις, [2] λεωντίδαι
[3] Desunt οἰκείους καί.

næ lib. 6. Idem.

Τὰς Λεωκόρας] De his Pausanias in Atticis, et Suidas in voce Λεωκόριον. Idem. L. τὰς Λεὼ κόρας. Taylor.

Οὐ θεμιτὸν αὐτοῖς] Turpis est enim exprobratio.

Vos etenim juvenes animos geritis muliebres,
Illaque virgo viri. Wolf.

Ἕνεκα τῆς μητρὸς] Homerus Ἰλιάδος γ΄. [v. 143.]

Οὐκ οἴη, ἅμα τῇ γε καὶ ἀμφίπολοι δύ᾽ ἕποντο,
Αἴθρη Πιτθῆος θυγάτηρ, Κλυμένη τε βοῶπις. Idem.

Φαίδρας] Videtur ἁμάρτημα μνημονικόν. Æthra Acamantis avia fuit, Phædra mater, quam Euripides in Hippolyto suo suspendio periisse tradit. Εὐριπίδου εἰς Ἑκάβην σχολιαστής: Ἀκάμας καὶ Δημοφῶν, οἳ ἦσαν Ἀθηναῖοι τὸ γένος, ἐστράτευσαν ἐπὶ τὸ Ἴλιον, οὐχ ἡγούμενοί τινων. διὸ καὶ Ὅμηρος λέγει, τὸν Μενεσθέα μόνον ἡγεῖσθαι τῶν Ἀθηναίων. ἀλλ᾽ ἐπὶ τὴν ἀπολύτρωσιν τῆς Αἴθρας τούτους ἐστρατευκέναι φασίν. Ἑλλάνικος δὲ λέγει, διὰ τοῦτ᾽ αὐτοὺς ἀπελθεῖν ἐκεῖσε, ὅπως, εἰ μὲν ἕλοιεν Ἕλληνες τὴν Τροίαν, λάφυρον αὐτὴν καὶ γέρας λάβωσιν. εἰ δὲ μὴ, κἂν λυτρώσασθαι δώροις. ἡ δὲ Αἴθρα Θησέως μήτηρ, Ἀκάμαντος μάμμη, Αἰγέως γυνὴ, Πιτθέως θυγάτηρ. Homeri item scholiastes εἰς τὴν γ΄ τῆς Ἰλιάδος ῥαψῳδίαν: ὡς ἱστορεῖ Ἑλλάνικος, Πειρίθους καὶ Θησεὺς, ὁ μὲν Διὸς ὢν, ὁ δὲ Ποσειδῶνος, συνέθεντο γαμῆσαι Διὸς θυγατέρας, καὶ ἁρπάσαντες τὴν Ἑλένην, κομιδῇ νέαν, παρακατατίθενται εἰς Ἄφιδνας τῆς Ἀττικῆς, Αἴθρᾳ, τῇ Πιτθέως μὲν θυγατρὶ, μητρὶ δὲ Θησέως. καὶ οὕτως εἰς ᾅδου παραγίγνονται ἐπὶ τὴν Περσεφόνην. οἱ δὲ Διόσκουροι, μὴ ἀπολαμβάνοντες τὴν ἀδελφὴν, τὴν Ἀττικὴν σύμπασαν πορθοῦσιν, Αἴθραν δ᾽ αἰχμαλωτίζουσι. Idem. Hujus rei nulla prorsus mentio apud Homerum, illisque Homericis quæ exstant. Phædræ quidem Odyss. Λ. aliqua mentio est, sed nihil ad præsentem locum. *In Thesaur. Crit. Grut.* par. II. dec. I. c. X. I. Hartung. Nusquam apud Homerum hoc tempore Acamantis filii Thesei mentio est: meminit ille Acamantis f. Eüssori Il. Z. Acamantis Asiadæ Il. M. Acamantis f. Antenoris Il. Π. Sed illi nihil ad nostrum. Deinde Phædra Thesei uxor nunquam Trojam adducta est, quippe quæ mortem sibi ipsa ante Trojanam expeditionem conscivit, ut ex Euripid. Hippolyt. notum est; nedum illa mater Acamantis fuit: ortus ille Ariadna est, Phædræ sorore, teste brevium schol. auct. Odyss. Λ. 330. Estne ergo Αἴθρας, hoc loco, quod Hervagiana editio exhibet, legendum? Equidem id mallem. Eam Trojam cum Helena esse asportatam ex Plut. in Thes. et enarr. vet. ad Euripid. Hecub. v. 125. edocti sumus. Sed ita alia nascetur difficultas. Æthra enim non mater sed avia Acamantis fuit: manebit præterea prior de Acamante Trojam profecto et ab Homero commemorato. Quid vero his faciemus? Subvereri dudum cœpi, ne orator, sive is Demosthenes, seu quis alius fuerit, memoriæ vitio tribuerit Homero, quod in reliquis Trojani belli scriptoribus sæpe legerat. Illi Acamanta cum Demophoonte fratre militiæ Trojanæ adscribunt, liberasseque aviam Æthram affirmant. V. Quint. Smyrn. l. XIII. v. 496. *Observ.* l. II. c. XXVI. Pet. Wesseling.

ἤμελλον πάντα κίνδυνον ὑπομένειν; οὐκ ἐλάνθανεν Οἰνεΐδας, ὅτι Κάδμου μὲν Σεμέλη, τῆς δὲ υἱὸν ὄντα, ὃν οὐ πρέπον ἐστὶν ὀνομάζειν ἐπὶ τοῦδε τοῦ τάφου, τοῦ δὲ Οἰνεὺς γέγονεν, ὃς ἀρχηγὸς αὐτῶν ἐκαλεῖτο. κοινοῦ δ' ὄντος ἀμφοτέραις ταῖς πόλεσι τοῦ παρόντος κινδύνου, ὑπὲρ ἀμφοτέρων ἅπασαν ᾤοντο δεῖν ἀγωνίαν ἐκτίναι. ᾔδεσαν Κεκροπίδαι τὸν ἑαυτῶν ἀρχηγὸν, τὰ μὲν ὡς ἔστι δράκων, τὰ δ' ὡς ἔστιν ἄνθρωπος, λεγόμενον οὐκ ἄλλοθέν ποθεν, ἢ τῷ τὴν σύνεσιν [1] αὐτοῦ προσομοιοῦν ἀνθρώπῳ, τὴν ἀλκὴν δὲ δράκοντι. ἄξια δὴ τούτων πράττειν ὑπελάμβανον αὐτοῖς προσήκειν. ἐμέμνηντο Ἱπποθοωντίδαι τῶν Ἀλώπης γάμων, ἐξ ὧν Ἱπποθόων ἔφυ, καὶ τὸν ἀρχηγὸν ᾔδεσαν· ὧν, τὸ πρέπον φυλάττων ἐγὼ τῷδε τῷ καιρῷ, τὸ σαφὲς εἰπεῖν
1399 ὑπερβαίνω. ἄξια δὴ τούτων ᾤοντο δεῖν προσήκειν ποιοῦντες ὀφθῆναι. οὐκ ἐλάνθανεν Αἰαντίδας, ὅτι τῶν ἀριστείων στερηθεὶς Αἴας ἀβίωτον ἑαυτῷ ἡγήσατο τὸν βίον. ἡνίκ' οὖν ὁ δαίμων ἄλλῳ τἀριστεῖα ἐδίδου, τότε τοὺς ἐχθροὺς ἀμυνόμενοι τεθνάναι δεῖν ᾤοντο, ὥστε μηδὲν ἀνάξιον αὐτῶν παθεῖν. οὐκ ἠμνημόνουν Ἀντιοχίδαι Ἡρακλέους ὄντα Ἀντίοχον. δεῖν οὖν ἡγήσαντο ἢ ζῆν ἀξίως τῶν ὑπαρχόντων ἢ τεθνάναι καλῶς.

θ'. Οἱ μὲν οὖν ζῶντες οἰκεῖοι τούτων ἐλεεινοὶ, τοιούτων ἀνδρῶν ἐστερημένοι καὶ συνηθείας πολλῆς καὶ φιλανθρώπου διεζευγμένοι, καὶ τὰ τῆς πατρίδος πράγματ' ἔρημα καὶ δακρύων καὶ πένθους πλήρη. οἱ δὲ εὐδαίμονες τῷ δικαίῳ λογισμῷ, πρῶτον μὲν ἀντὶ μικροῦ χρόνου πολὺν καὶ τὸν ἅπαντα εὔκλειαν [2] ἀγήρω καταλείπουσιν, ἐν ᾗ καὶ

[1] * αὐτὸν   [2] ἀγήρων

Ὅτι Κάδμου μὲν Σεμέλη] M. Κάδμου μὲν Σεμέλην, ut sibi constet constructio: aut v. 2. τῆς δὲ υἱός ἐστιν. Wolf.

Τῆς δ' υἱὸν ὄντα ὃν] Bacchum scilicet, quia pollui Dii superi et immortales putabantur ea mentione: sicut postea τῶν Ἀλώπης γάμων paucis meminit, quia inter nuptias et funus summum est dissidium. Suidas Alopen Cercyonis filiam esse scribit, e qua Neptunus Hippothoontem procrearit, tribus Hippothoontiæ Eponymum. Idem.

Ἀμφοτέραις] Athenis et Thebis propter Bacchum ibi natum. Idem.

Λεγόμενος] M. λεγόμενον. Refertur enim ad ἀρχηγόν. ος pro ον sæpe scribitur, ob confusionem characterum. Idem.

Δεῖν προσήκειν] Alterutrum abundat. Idem.

Ἠρήσατο] Ἡγήσατο lego. In farrag. F. ἠρνήσατο, inficias ivit. Idem.

Ἄλλῳ] Φιλίππῳ. Idem.

θ'. Οἱ δὲ δαίμονες] Lego cum Bruciolo εὐδαίμονας. Intelligendi autem sunt in pugna interfecti. Idem.

Πολὺν καὶ τὸν ἅπαντα] Mendosa videtur lectio, nec tamen occurrit, quo pacto sit restituenda. Sententia quidem plana est,

παῖδες οἱ τούτων ὀνομαστοὶ [1]τραφήσονται, καὶ γονεῖς οἱ
τούτων περίβλεπτοι γηροτροφήσονται, παραψυχὴν τῷ
πένθει τὴν τούτων εὔκλειαν ἔχοντες· ἔπειτα νόσων ἀπα-
θεῖς τὰ σώματα καὶ λυπῶν ἄπειροι τὰς ψυχὰς, ἃς ἐπὶ
τοῖς συμβεβηκόσιν οἱ ζῶντες ἔχουσιν, ἐν μεγάλῃ τιμῇ καὶ
πολλῷ ζήλῳ τῶν νομιζομένων τυγχάνουσιν. οὓς γὰρ ἅπα-
σα μὲν ἡ πατρὶς θάπτει δημοσίᾳ, κοινῶν δ' ἐπαίνων μό-
νοι τυγχάνουσι, ποθοῦσι δ' οὐ μόνον οἱ συγγενεῖς καὶ πο-
λῖται, [2]ἀλλὰ πᾶσαν ὅσην Ἑλλάδα χρὴ προσειπεῖν, συμ-
πεπένθηκε δὲ καὶ τῆς οἰκουμένης τὸ πλεῖστον μέρος, πῶς
οὐ χρὴ τούτους εὐδαίμονας νομίζεσθαι; οὓς παρέδρους εἰ-
κότως ἄν τις φήσαι τοῖς κάτω θεοῖς εἶναι, τὴν αὐτὴν τά-
ξιν ἔχοντας τοῖς προτέροις ἀγαθοῖς ἀνδράσιν ἐν μακάρων 1400
νήσοις. οὐ γάρ ἰδών τις οὐδὲ περὶ ἐκείνων ταῦτ' ἀπήγγελ-
κεν, ἀλλ', οὓς οἱ ζῶντες ἀξίους ὑπειλήφαμεν τῶν ἄνω τι-
μῶν, τούτους τῇ δόξῃ καταμαντευόμενοι κἀκεῖ τῶν αὐτῶν
τιμῶν ἡγούμεθ' [3]αὐτοὺς τυγχάνειν.

ι΄. Ἔστι μὲν οὖν ἴσως χαλεπὸν τὰς παρούσας συμφορὰς λόγῳ κουφίσαι· δεῖ δ' ὅμως πειρᾶσθαι καὶ πρὸς τὰ παρηγοροῦντα τρέπειν τὴν ψυχὴν, ὡς τοὺς τοιούτους ἄνδρας γεγονότας καὶ πεφυκότας [4]αὐτοὺς ἐκ τοιούτων ἑτέρων καλόν ἐστι τὰ δεινὰ εὐσχημονέστερον τῶν ἄλλων φέροντας ὁρᾶσθαι, καὶ πάσῃ τύχῃ χρωμένους ὁμοίους εἶναι. καὶ γὰρ ἐκείνοις ταῦτ' ἂν εἴη μάλιστ' ἐν κόσμῳ καὶ τιμῇ, καὶ πάσῃ τῇ πόλει καὶ τοῖς ζῶσι ταῦτ' ἂν ἐνέγκοι πλείστην εὐδοξίαν. χαλεπὸν πατρὶ καὶ μητρὶ παίδων στερηθῆναι καὶ ἐρήμοις εἶναι τῶν οἰκειοτάτων γηροτρόφων· σεμνόν δέ γε ἀγήρως τιμὰς καὶ μνήμην ἀρετῆς δημοσίᾳ κτησαμένους.

[1] γραφήσονται [2] ἀλλὰ καὶ πᾶσα, ὅσην [3] αὐτοῖς [4] * αὐτοὺς καὶ πεφυκότας ἐκ

quam, neglectis verbis, in vertendo sequendam duxi. Idem.

Γραφήσονται] Omnino legendum est τραφήσονται. Loquitur enim de alendis pueris atque etiam parentibus eorum qui in bello ceciderant, sicut more sequitur: καὶ γονεῖς οἱ τούτων περίβλεπτοι γηροτροφήσονται. Obsopœus.

Πᾶσαν ὅσην] Lego πᾶσα, *omnis, quæ appellari Græcia meretur*: perstringi videntur, qui a Philippi stetere partibus, tanquam Barbari. Wolf.

Τοῖς προτέροις ἀγαθοῖς] Ut Æacus, de quo Isocrates in Evagora, Minos, Rhadamanthus, etc. Idem.

Οὐ γὰρ ἰδών τις] Tali occupatione perquam opportuna utitur Isocrates in Nicocle de Monarchia Jovis, et in oratione contra sophistas, de Deorum apud Homerum deliberationibus. Idem.

Τῶν ἄνω τιμῶν] *Honoribus apud superos*, id est, *in terris*. Nam, ut nobis Dii, sic nos in Elysio campo degentibus superi sumus. Idem.

ἐπιδεῖν, καὶ θυσιῶν καὶ ἀγώνων ἠξιωμένους ἀθανάτων. λυπηρὸν παισὶν ὀρφανοῖς γεγενῆσθαι πατρός· καλὸν δέ γε κληρονομεῖν πατρῴας εὐδοξίας. καὶ τοῦ μὲν λυπηροῦ τούτου τὸν δαίμονα αἴτιον εὑρήσομεν ὄντα, ᾧ φύντας ἀνθρώπους εἴκειν ἀνάγκη· τοῦ δὲ τιμίου καὶ καλοῦ τὴν τῶν ἐθελησάντων καλῶς ἀποθνήσκειν αἵρεσιν.

ιά. Ἐγὼ μὲν οὖν οὐχ ὅπως πολλὰ λέξω, τοῦτ᾽ ἐπεσκεψάμην, ἀλλ᾽ ὅπως τἀληθῆ· ὑμεῖς δὲ ἀποδυράμενοι, καὶ τὰ προσήκοντα ὡς χρὴ καὶ νόμιμα ποιήσαντες, ἄπιτε.

Αἵρεσιν] M. ἀρετὴν, aut προαίρεσιν. Idem.

ΔΗΜΟΣΘΕΝΟΥΣ

ΕΡΩΤΙΚΟΣ ΛΟΓΟΣ.

Pag. ed. Reisk. 1401

ά. ἈΛΛ' ἐπειδήπερ ἀκούειν βούλει τοῦ λόγου, δείξω σοι καὶ ἀναγνώσομαι. δεῖ δέ σε τὴν προαίρεσιν αὐτοῦ πρῶτον εἰδέναι. βούλεται μὲν γὰρ ὁ τὸν λόγον ποιῶν, ἐπαινεῖν Ἐπικράτην, ὃν ᾤετο, πολλῶν καὶ καλῶν καὶ ἀγαθῶν ὄντων νέων ἐν τῇ πόλει, χαριέστατον εἶναι, καὶ πλεῖον τῇ συνέσει προέχειν ἢ τῷ κάλλει τῶν ἡλικιωτῶν. ὁρῶν δ', ὡς ἔπος εἰπεῖν, τὰ πλεῖστα τῶν ἐρωτικῶν συνταγμάτων αἰσχύνην μᾶλλον ἢ τιμὴν περιάπτοντα τούτοις, περὶ ὧν ἐστὶ γεγραμμένα, τοῦτο ὅπως μὴ πείσεται, πεφύλακται· καὶ, ὅπερ καὶ πεπεῖσθαί φησι τῇ γνώμῃ, τοῦτο καὶ γέγραφεν, ὡς δίκαιος ἐραστὴς οὔτ' ἂν ποιήσειεν οὐδὲν αἰσχρὸν, οὔτ' ἀξιώσειεν. ὃ μὲν οὖν, ὥσπερ εἰ μάλιστ' ἂν ἐρωτικὸν λάβοις τοῦ λόγου, περὶ τοῦτ' ἔστιν· ὁ δ' ἄλλος λόγος τὰ μὲν αὐτὸν ἐπαινεῖ τὸν νεανίσκον, τὰ δὲ αὐτῷ συμβουλεύει περὶ παιδείας τε καὶ προαιρέσεως τοῦ βίου. πάντα δὲ ταῦτα γέγραπται τὸν τρόπον, ὅν τις ἂν εἰς βιβλίον κατάθοιτο. τοῖς μὲν γὰρ λεκτικοῖς τῶν λόγων ἁπλῶς καὶ ὁμοίως, οἷς ἂν ἐκ τοῦ παραχρῆμά τις εἴποι, πρέπει γεγράφθαι· τοῖς δ' εἰς τὸν πλείω χρόνον τεθησομένοις ποιητικῶς καὶ περιττῶς ἁρμόττει συγκεῖσθαι. τοὺς μὲν γὰρ, πιθανοὺς, τοὺς δὲ, ἐπιδεικτικοὺς, εἶναι προσήκει. ἵν' οὖν μὴ παρὰ τὸν

ά. Ὁ δ' ἄλλος] Legendum est, et non ἄλλοις. Obsopœus.

Λεκτικοῖς] Lego cum Bruciolo λεκτικοῖς, etsi λεκτοῖς mallem. Vocat autem λεκτοὺς, ut opinor, λόγους, auditoriis, aut etiam judiciis, non lectioni, comparatos. Wolf.

Ποιητικῶς καὶ περιττῶς] *Poemati similes et exquisitum in modum confectas esse.* Idem.

Τοὺς μὲν γὰρ πιθανοὺς, τοὺς δ' ἐπιδεικτικοὺς εἶναι προσήκει] Πιθανοὺς, S. τοὺς λεκτικοὺς, id est, δικανικούς. ἐπιδεικτικοὺς, (nam ἀποδεικτικοὺς prave legitur) S. τοὺς ἐγκωμιαστικούς. Sic Isocrates in Panegyrico prava de orationibus vulgi judicia reprehendens: καὶ τοσοῦτον, inquit, διημαρτήκασιν, ὥστε τοὺς πρὸς ὑπερβολὴν πεπονημένους πρὸς τοὺς ἀγῶνας τοὺς περὶ τῶν ἰδίων συμβολαίων σκοποῦσιν, ὥσπερ ὁμοίως ἀμφοτέρους δέον ἔχειν, ἀλλ' οὐ τοὺς μὲν ἀσφαλῶς, τοὺς δ' ἐπιδεικτικῶς. id est: *Ac in tanto errore versantur, ut orationes summo studio elaboratas cum forensibus privatarum rationum conflictatiunculis conferant: quasi vero eas inter sese oporteat esse similes, ac non hæ securitati, illæ ostentationi servire debeant.* Idem.

1402 λόγον σοι λέγω, μηδὲ ἅπερ γιγνώσκω περὶ τούτων αὐτὸς διεξίω, πρόσεχ', ὡς αὐτοῦ τοῦ λόγου ἤδη ἀκουσόμενος, ἐπειδὴ καὶ αὐτὸς ἥκει, ὃν ἠβουλήθην ἀκούειν, Ἐπικράτης.

β'. Ὁρῶν ἐνίους τῶν ἐρωμένων τε καὶ κάλλους μετεσχηκότων, οὐδετέρᾳ δὴ τῶν εὐτυχιῶν τούτων ὀρθῶς χρωμένους, ἀλλ' ἐπὶ μὲν τῇ τῆς ὄψεως εὐπρεπείᾳ σεμνυνομένους, τὴν δὲ πρὸς τοὺς ἐραστὰς ὁμιλίαν δυσχεραίνοντας, καὶ τοσοῦτον διημαρτηκότας τοῦ τὰ βέλτιστα κρίνειν, ὥστε, διὰ τοὺς λυμαινομένους τῷ πράγματι καὶ [1] [πρὸς] τοὺς μετὰ σωφροσύνης πλησιάζειν ἀξιοῦντας [2] δυσκόλως διακειμένους, ἡγησάμην τοὺς μὲν τοιούτους οὐ μόνον αὑτοῖς ἀλυσιτελῶς ἔχειν, ἀλλὰ καὶ τοῖς ἄλλοις μοχθηρὰς συνηθείας [3] ἐργάζεσθαι· τοῖς δὲ καλῶς φρονοῦσιν οὐκ ἐπακολουθητέον εἶναι τῇ τούτων ἀπονοίᾳ· μάλιστα μὲν ἐνθυμουμένοις, ὅτι, τῶν πραγμάτων οὔτε καλῶν οὔτ' αἰσχρῶν ἀποτόμως ὄντων, ἀλλὰ παρὰ τοὺς χρωμένους τὸ πλεῖστον διαλλαττόντων, ἄλογον μιᾷ γνώμῃ περὶ ἀμφοτέρων χρῆσθαι· ἔπειθ', ὅτι πάντων ἀτοπώτατόν ἐστι, ζηλοῦν μὲν τοὺς πλείστους φίλους καὶ βεβαιοτάτους ἔχοντας, ἀποδοκιμάζειν δὲ τοὺς ἐραστὰς, ὃ μόνον ἴδιον [4] ἔθος οὐχ ἅπασιν, ἀλλὰ τοῖς καλοῖς καὶ σώφροσιν οἰκειοῦσθαι πέφυκεν· ἔτι δὲ τοῖς μὲν μηδεμίαν πω τοιαύτην φιλίαν ἑωρακόσι καλῶς ἀποβᾶσαν,

[1] Absunt unci. [2] δυσκόλως * ὁρᾶσθαι διακειμένους [3] ἐνεργάζεσθαι [4] * ἔθνος

Ἀπογινώσκω] Ἅπερ γινώσκω lege cum Bruciolo. Idem.

Προσεχῶς] Lege πρόσεχε, ὡς. et postea v. 3. pro ὧν ἠβουλήθη lege ὃν ἠβουλήθην. post Ἐπικράτην v. 3. interpungito. Idem.

β'. Οὐ μόνον αὐτὸς] Αὑτοῖς. et postea, v. 13. pro ἐργάζεται, ἐργάζεσθαι. Idem.

Μιᾷ γνώμῃ περὶ ἀμφοτέρων χρῆσθαι] Hoc est, vel honestis vel turpibus de rebus judicare sine consideratione circumstantiarum. Sed hæc sententia de rebus mediis, quæ Græci *μέσα καὶ ἀδιάφορα* nominant, intelligenda est. Nam ut virtute male uti nemo potest, (cum primum enim a recto, id est, medio, deflexerit, desinit esse virtus, vitiique sortitur nomen) sic nec vitio bene quisquam; at vino, conjugio, amore, bello, eruditione, eloquentia, et quæ sunt hujus generis aliis rebus, quæ sunt *δυνάμεις, ὄργανα, τέχναι*, et recte uti et abuti queas. In hanc sententiam Isocrates in Panathenaico. *Rerum ipsarum* naturæ, inquit, *neque prosunt, neque obsunt nobis: sed hominum usus atque actiones causæ nobis omnium eorum sunt, quæ a rebus proveniunt.* Græca sic habent: οὐχ αἱ φύσεις αἱ τῶν πραγμάτων οὔτ' ὠφελοῦσιν, οὔτε βλάπτουσιν ἡμᾶς· ἀλλ' αἱ τῶν ἀνθρώπων χρήσεις καὶ πράξεις ἁπάντων ἡμῖν αἴτιαι τῶν συμβαινόντων εἰσί. Idem.

Οἷς μόνον ἴδιον ἔθος] *Quibus duntaxat peculiaris hic mos insitus est, ut non omnes, sed bona et honesta ingenia sibi concilient.* Aldinum exemplar habet ὃ *μόνον* pro οἷς. Potest etiam sic exponi: nec verbis, nec sententia repugnante. *quibus solis, nec iis tamen omnibus, sed bonis et honestis duntaxat, proprius mos conciliari solet.* Ἴδιον ἔθος, S. τῶν ἐρωμένων. *animi amasiorum solis honestis amatoribus ita sunt dediti, ut eorum proprii esse videantur.* In quam sententiam Æschines in Timarchum, et Lucianus in Amoribus, et alii passim plura disserunt, quam bonis moribus expedit.

ἢ σφόδρα κατεγνωκόσιν αὐτῶν, ὡς οὐκ ἂν δυνηθεῖεν σωφρό-
νως τοῖς ἐντυγχάνουσιν ὁμιλεῖν, ἴσως οὐκ ἄλογον ταύτην
ἔχειν τὴν διάνοιαν, τοῖς δ' ὥσπερ σὺ διακειμένοις, καὶ μήτε
παντάπασιν ἀνηκόοις οὖσιν, ὅσαι δὴ χρεῖαι δι' ἔρωτος χωρὶς
αἰσχύνης ηὐξήθησαν, καὶ μετὰ τῆς ἀκριβεστάτης εὐλα- 1403
βείας τὸν ἄλλον χρόνον βεβιωκόσιν, οὐδ' ὑποψίαν ἔχειν
εὔλογον, ὡς ἄν τι πράξειαν αἰσχρόν. διὸ δὴ καὶ μᾶλλον
ἐπήρθην τοῦτον γράψαι τὸν λόγον, ἡγούμενος δυοῖν τοῖν
καλλίστοιν οὐ διαμαρτήσεσθαι. τὰ μὲν γὰρ ὑπάρχοντά
σοι ἀγαθὰ διελθὼν, ἅμα σέ τε ζηλωτὸν καὶ ἐμαυτὸν οὐκ
ἀνόητον ἐπιδείξειν ἐλπίζω, εἴ σε τοιοῦτον ὄντα ἀγαπῶ·
συμβουλεύσας δ' ἃ μάλιστα κατεπείγει, νομίζω τῆς μὲν
εὐνοίας τῆς ἐμῆς δεῖγμα, τῆς δὲ κοινῆς φιλίας ἀφορμὴν
ἀμφοτέροις εἰσοίσειν. καίτοι μ' οὐ λέληθεν, ὅτι χαλεπὸν
μέν ἐστι, καὶ τὴν σὴν φύσιν ἀξίως τῶν ὑπαρχόντων διελ-
θεῖν· ἔτι δὲ ἐπικινδυνότερον τὸν συμβουλεύειν μέλλοντα
αὐτὸν ὑπεύθυνον τῷ πεισθέντι καταστῆσαι. ἀλλὰ νομίζω
τοῖς μὲν δικαίως ἐγκωμίων τυγχάνουσι περιγενέσθαι τῆς
τῶν ἐπαινούντων δυνάμεως προσήκειν, τῇ τῆς ἀληθείας
ὑπερβολῇ· τῆς δὲ συμβουλῆς οὐ διαμαρτήσεσθαι, συνειδὼς,
ὅτι διὰ μὲν ἀνοήτων καὶ παντελῶς ὑπ' ἀκρασίας διεφθαρ-
μένων, οὐδὲ τῶν καθ' ὑπερβολὴν ὀρθῶς βουλευθέντων οὐδὲν
ἂν καλῶς ἐξενεχθείη, διὰ δὲ τῶν σωφρόνως καὶ καθαρῶς
ζῆν αἱρουμένων, οὐδὲ τὰ μετρίως ἐσκεμμένα διαμαρτάνε-
σθαι πέφυκε.

γ'. Τὰς μὲν οὖν ἐλπίδας ἔχων τοιαύτας, ἐγχειρῶ τῷ λόγῳ· ἡγοῦμαι δὲ πάντας ἂν ὁμολογῆσαί μοι τοῖς τηλι-

Idem.

Κατεγνωκόσιν αὐτῶν] Qui conscii suæ incontinentiæ, se abstinere a flagitio data occasione, non posse sperant, de quibus illud usurpari queat, ὅτι προφάσεως δεῖται μόνον ἡ πονηρία, *Improbitati nihil deesse præter occasionem.* Sed prudenter Cyrus apud Xenophontem: *οὐδὲ σοὶ συμβουλεύω*, inquit, *ὦ Ἀράσπα, ἐν τοῖς καλοῖς τὴν ὄψιν ἐνδιατρίβειν. ὡς τὸ μὲν πῦρ τοὺς ἁπτομένους καίει, οἱ δὲ καλοὶ καὶ τοὺς ἄπωθεν θεωμένους ὑφάπτουσιν, ὥστε αἴθεσθαι τῷ ἔρωτι. Tibi etiam, Araspa, suadeo, ne in formosa facie defigas oculos: Nam ignis tangentes urit: ac formosi etiam eos, qui eminus spectant, ita succendunt, ut amore ardeant.* Recte igitur Hebræus sapiens: "Qui periculum amat," inquit, "dignus est, qui in eo pereat." Idem.

Ὑποψίαν ἔχειν] Ὑπόπτους γενέσθαι, *suspectos haberi de turpitudine.* Idem.

Ἀνόητον] Lege οὐκ ἀνόητον. Idem.

Τὸν συμβουλεύειν μέλλοντα] Malim cum Bruciolo *τὸ συμβουλεύειν, μέλλοντα αὐτὸν ὑπεύθυνον.* Suasor obnoxius est consultori ad præstandum consilii eventum. Iniquissima certe lex, si transferatur et ad ea negotia, in quibus fortuna dominatur, morum quidem præcepta minus periculosa sunt. Idem.

Τὰ μετρίως] Lege οὐδὲ τὰ μετρίως. Idem. Obsopœus.

τούτοις μάλιστα καθήκειν, κάλλος μὲν ἐπὶ τῆς ὄψεως, σωφροσύνην δ' ἐπὶ τῆς ψυχῆς, ἀνδρίαν δ' ἐπ' ἀμφοτέρων τούτων, χάριν δὲ ἐπὶ τῶν λόγων διατελεῖν ἔχοντας. ὧν τὰ μὲν τῆς φύσεως οὕτω καλῶς ἡ τύχη σοι παραδέδωκεν, ὥστε
1404 περίβλεπτον καὶ θαυμαζόμενον διατελεῖν· τὰ δ' αὐτὸς παρὰ τὴν ἐπιμέλειαν εἰς τοῦτο προαγαγὼν ἥκεις, ὥστε μηδέν' ἄν σοι τῶν εὖ φρονούντων ἐπιτιμῆσαι. καίτοι χρὴ τὸν τῶν μεγίστων ἐπαίνων ἄξιον, ὑπὸ μὲν τῶν θεῶν ἠγαπημένον φαίνεσθαι· παρὰ δὲ τοῖς ἀνθρώποις, τὰ μὲν δι' αὐτὸν, τὰ δὲ διὰ τὴν τύχην θαυμάζεσθαι. καθόλου μὲν τοίνυν τῶν ὑπαρχόντων σοι πρὸς ἀρετὴν ἴσως ὕστερον ἁρμόττει τὰ πλείω διελθεῖν· ἃ δ' ἑκάστου τούτων ἐγκώμια εἰπεῖν ἔχω, ταῦτα δηλῶσαι πειράσομαι μετ' ἀληθείας.

δ'. Ἄρξομαι δὲ πρῶτον ἐπαινεῖν, ὅπερ πρῶτον ἰδοῦσιν ἅπασίν ἐστι γνῶναί σου τὸ κάλλος, καὶ τούτου τὸ χρῶμα, δι' οὗ καὶ τὰ μέλη καὶ ὅλον τὸ σῶμα φαίνεται. ᾧ τίν' ἂν ἁρμόττουσαν εἰκόνα ἐνέγκω, σκοπῶν οὐχ ὁρῶ· ἀλλὰ παρίσταταί μοι δεῖσθαι τῶν ἀναγνόντων τόνδε τὸν λόγον, σὲ θεωρῆσαι καὶ ἰδεῖν, ἵνα συγγνώμης τύχω μηδὲν ὅμοιον ἔχων εἰπεῖν αὐτῷ. τῷ γὰρ εἰκάσειέ τις [1]θνητὸν, ὃ ἀθάνατον τοῖς ἰδοῦσιν ἐργάζεται πόθον, καὶ ὁρώμενον οὐκ ἀποπληροῖ, καὶ μεταστὰν μνημονεύεται, καὶ

[1] θνητῶν

γ'. Μάλιστα κατειπεῖν] Lege πρέπειν, ac potius καθήκειν. Isocrates in Evagora: παῖς μὲν γὰρ ὢν, ἔσχε κάλλος καὶ ῥώμην καὶ σωφροσύνην, ἅπερ τῶν ἀγαθῶν πρεπωδέστατα τοῖς τηλικούτοις ἐστί. *Nam in puerili ætate forma floruit et robore et modestia, quæ dotes eam ætatem in primis decent.* Wolf.

Παρὰ τὴν ἐπιμέλειαν εἰς τοῦτο προαγαγὼν ἥκεις] Pro προήγαγες: *tua diligentia eo evexisti.* ἥκεις, pro quo alias τυγχάνεις dicunt. Idem.

Οὐχ ὑπὸ μὲν τῶν θεῶν, etc. θαυμάζεσθαι;] Si interrogationis notam verbo apponas, tolerari negatio potest, quam Bruciolus omisit, fortasse quod ἀγωνιστικώτερος ὁ λόγος διὰ τῆς ἐρωτήσεως videretur. quanquam Isocrates etiam interrogationibus in encomiis utitur, præsertim in conclusionibus aliquorum locorum. Idem.

Ὑπὸ μὲν τῶν θεῶν] Plerumque congruunt hominum judicia cum fortunæ favore. Ac ita oportere fieri præcipit Manilius Astrologus, de fatali necessitate scribens sapientissimis versibus, quos adscribere placet:

Nec tamen hæc ratio facinus defendere pergit:
Virtutemve suis fraudare in præmia donis.
Nam neque mortiferas quisquam minus oderit herbas,
Quod non arbitrio veniunt, sed semine certo:
Gratia nec levior tribuetur dulcibus escis,
Quod natura dedit fruges, non ulla voluntas.
Sic hominum menti tanto sit gloria major,
Quod cælo gaudente venit: rursusque nocentes
Oderimus magis in culpam pœnamque creatos.
Nec refert, scelus unde cadat, scelus esse fatendum.
Hoc quoque fatale est, sic ipsum expendere fatum. Idem.

δ'. Θνητὸν, ὃν] Θνητῶν, ὃ. Idem.

τὴν τῶν θεῶν ἀξίαν ἐπ᾽ ἀνθρώπου [1] φύσιν ἔχει, πρὸς μὲν
τὴν εὐπρέπειαν ἀνθηρὸν, πρὸς δὲ τὰς αἰτίας ἀνυπονόητον;
ἀλλὰ μὴν οὐδὲ ταῦτ᾽ ἐστὶν αἰτιάσασθαι πρὸς τὴν σὴν
ὄψιν, ἃ πολλοῖς ἤδη συνέπεσε τῶν κάλλους μετασχόντων.
ἢ γὰρ διὰ ῥαθυμίαν τοῦ σώματος, ἅπασαν συνετάραξαν
τὴν ὑπάρχουσαν εὐπρέπειαν, ἢ δι᾽ ἀτύχημά τι καὶ τὰ
καλῶς πεφυκότα συνδιέβαλον αὐτῷ· ὧν οὐδενὶ τὴν σὴν ὄψιν
εὕροιμεν ἂν ἔνοχον γεγενημένην. οὕτω γὰρ σφόδρα ἐφυλά-
ξατο πάσας τὰς τοιαύτας κῆρας, ὅστις ποτ᾽ ἦν θεῶν ὁ τῆς 1405
σῆς ὄψεως προνοηθεὶς, ὥστε μηδὲν μέμψεως ἄξιον, τὰ δὲ
πλεῖστα περίβλεπτά σου καταστῆσαι. καὶ μὲν δὴ καὶ
τῶν ὁρωμένων, ἐπιφανεστάτου μὲν ὄντος τοῦ προσώπου,
τούτου δὲ αὐτοῦ τῶν ὀμμάτων, ἔτι μᾶλλον ἐν τούτοις ἐπε-
δείξατο τὴν εὔνοιαν, ἣν εἶχεν εἰς σὲ, τὸ δαιμόνιον. οὐ γὰρ
μόνον πρὸς τὸ τὰ κατεπείγονθ᾽ ὁρᾷν αὐτάρκη παρέσχηται,
ἀλλ᾽, ἐνίων οὐδ᾽ ἐκ τῶν πραττομένων γιγνωσκομένης τῆς
ἀρετῆς, [2] σοῦ διὰ τῶν τῆς ὄψεως σημείων τὰ κάλλιστα
τῶν ἠθῶν ἐνεφάνισε, πρᾷον μὲν καὶ φιλάνθρωπον τοῖς ὁρῶσι,
μεγαλοπρεπῆ δὲ καὶ σεμνὸν τοῖς ὁμιλοῦσιν, ἀνδρεῖον δὲ καὶ
σώφρονα πᾶσιν ἐπιδείξας· ὃ καὶ μάλιστ᾽ ἄν τις θαυμάσειε.
τῶν γὰρ ἄλλων ἐπὶ μὲν τῆς πρᾳότητος ταπεινῶν, ἐπὶ δὲ
τῆς σεμνότητος αὐθαδῶν ὑπολαμβανομένων, καὶ διὰ μὲν
τὴν ἀνδρίαν θρασυτέρων, διὰ δὲ τὴν ἡσυχίαν ἀβελτέρων
εἶναι δοκούντων, τοσαύτας ὑπεναντιώσεις πρὸς ἄλληλα λα-
βοῦσα ἡ τύχη πρὸς τὸ δέον ἅπανθ᾽ ὁμολογούμενα ἀπέ-

[1] φύσεως

[2] * σοι

Πολλοῖς ἤδη] Πολλοῖς ἄλλοις ἤδη. IDEM.

Διὰ ῥαθυμίαν] *Propter ignaviam.* Cogita, num potius legendum videatur δι' ἀῤῥυθμίαν, *propter indecora lineamenta malamque proportionem*, aut etiam *gestus et motus corporis indecoros.* ῥυθμὸς, εὔρυθμος, εὐρυθμία, ἄῤῥυθμος, ἀῤῥυθμία. IDEM.

Συνέσπαξαν] Συνετάραξαν. IDEM.

Συνδιέβαλον αὐτῷ] Id est, διέβαλον, σὺν τῷ ἀτυχήματι. IDEM.

Κατεπάγονθ'] Κατεπείγονθ', *necessaria, urgentia*, hoc est, oculi non videndi modo usum tibi præbent. IDEM.

Γιγνομένης] Γιγνωσκομένης τῆς ἀρετῆς. IDEM.

Τοσαύτας ὑπεναντιώσεις πρὸς ἄλληλα λαβοῦσα ἡ τύχη] Id est, cum vitia virtutibus proxima sint: unde fit, ut locus reprehensioni facillime detur. Hinc sunt illa Ciceronis in partitionibus, de cavendis iis vitiis, quæ virtutem videntur imitari. 'Nam et prudentiam (inquit) malitia, et temperantiam immunitas in voluptatibus aspernandis, et magnitudinem animi superbia in animis extollendis, et despicientia in contemnendis honoribus, et liberalitatem effusio, et fortitudinem audacia imitatur, et patientiam duritia immanis, et justitiam acerbitas, et religionem superstitio, et lenitatem mollitia animi, et verecundiam timiditas, et illam disputandi prudentiam concertatio captatioque verborum, et hanc oratoriam vim inanis quædam profluentia loquendi: Studiis autem bonis similia videntur ea, quæ sunt in eodem genere nimia.' IDEM.

δωκεν, ὥσπερ εὐχὴν ἐπιτελοῦσα, ἢ παράδειγμα τοῖς ἄλλαις ἐπιδεῖξαι βουληθεῖσα, ἀλλ᾽ οὐ θνητὴν, ὡς εἴθιστο, φύσιν ἱστᾶσα. εἰ μὲν οὖν οἷόν τ᾽ ἦν ἐφικέσθαι τῷ λόγῳ τοῦ κάλλους τοῦ σοῦ, ἢ τοῦτο ἦν μόνον τῶν σῶν ἀξιέπαινον, οὐδὲν ἂν παραλιπεῖν ᾠόμεθα δεῖν ἐπαινοῦντες τῶν προσόντων σοι· νῦν δὲ δέδοικα μὴ πρὸς τὰ λοιπὰ ἀπειρηκόσι χρησώμεθα τοῖς ἀκροαταῖς [1] καὶ περὶ τούτου μάτην τερθρευώμεθα. πῶς
1406 γὰρ ἄν τις ὑποβάλοι τῷ λόγῳ τὴν σὴν ὄψιν, ἧς μηδ᾽ ἃ τέχνη πεποίηται τῶν ἔργων τοῖς ἀρίστοις δημιουργοῖς δύναται ὑπερτεῖναι; καὶ θαυμαστὸν οὐδέν. τὰ μὲν γὰρ ἀκίνητον ἔχει τὴν θεωρίαν, ὥστ᾽ ἄδηλον εἶναι, τί ποτ᾽ ἂν ψυχῆς μετασχόντα φανείη· σοῦ δὲ τὸ τῆς γνώμης ἦθος, ἐν πᾶσιν, οἷς ποιεῖς, μεγάλην εὐπρέπειαν ἐπαυξάνει τῷ σώματι. περὶ μὲν οὖν τοῦ κάλλους πολλὰ παραλιπὼν, τοσαῦτα [2] ἐπαινέσαι ἔχω.

ε΄. Περὶ δὲ τῆς σωφροσύνης, κάλλιστον μὲν τοῦτο ἔχοιμ᾽ ἂν εἰπεῖν, ὅτι, τῆς ἡλικίας τῆς τοιαύτης εὐδιαβόλως ἐχούσης, σοὶ μᾶλλον ἐπαινεῖσθαι συμβέβηκεν. οὐ γὰρ μόνον οὐδὲν ἐξαμαρτάνει, ἀλλὰ καὶ φρονιμώτερον ἢ κατὰ τὴν ὥραν ζῆν προῄρηται. καὶ τούτων μέγιστον τεκμήριον ἡ πρὸς τοὺς ἀνθρώπους ὁμιλία. πολλῶν γὰρ ἐντυγχανόντων σοι καὶ παντοδαπὰς φύσεις ἐχόντων, ἔτι δὲ προσαγομένων ἁπάντων ἐπὶ τὰς ἑαυτῶν συνηθείας, οὕτω καλῶς προέστης τῶν τοιούτων, ὥστε πάντας τὴν πρὸς σὲ φιλίαν ἠγαπηκότας ἔχειν. ὃ σημεῖον τῶν ἐνδόξως καὶ φιλανθρώπως ζῆν προαιρουμένων ἐστί. καίτοι τινὲς εὐδοκίμησαν ἤδη τῶν τε συμβουλευόντων, ὡς οὐ χρὴ τὰς τῶν τυχόντων ὁμιλίας προσδέχεσθαι, καὶ τῶν πεισθέντων τούτοις· ἢ γὰρ πρὸς χάριν ὁμιλοῦντα τοῖς φαύλοις ἀναγκαῖον [3] εἶναι διαβάλλεσθαι

[1] εἰ [2] * ἐπαινέσας, ἐῶ. [3] * ἐστὶ

Ὡς εἴθιστο] F. ὡς εἴθισται φύσιν συνιστᾶσα. IDEM.

Εἰ μὲν οὖν οἷόν τ᾽ ἦν] Legendum οἷός τ᾽ ἦν. *si dicendi facultate pulcritudinis tuæ laudes queam assequi.* OBSOPŒUS.

Τερθρευώμεθα] Τερθρεύειν Hesychius τηρεῖν, σκοπεῖν, λιπαρεῖν, *custodire, considerare, orare,* τερθρεύεσθαι, ἀπατᾶσθαι, *seduci,* τερθρείαν καὶ τέρθρευμα, λογομαχίαν, φλυαφίαν, φλυαρίαν, ἀπάτην, id est, *controversiam verborum, nugas, imposturam* exponit. WOLF.

ε΄. Ἐξαμαρτάνει, προῄρηται] Lege in secunda persona ἐξαμαρτάνεις, προῄρησαι. IDEM.

Οὕτω καλῶς προέστης τῶν τοιούτων] Utrum τῶν ὁμιλιῶν, ἢ ἀνθρώπων; *ita tractas eos homines: an ita te geris in iis familiaritatibus?* etsi eadem est utrobique sententia. IDEM.

Ἢ γὰρ χάριν] Πρὸς χάριν. IDEM. OBSO-

παρὰ τοῖς πολλοῖς, ἢ διευλαβούμενον τὰς τοιαύτας ἐπι-
πλήξεις ὑπ᾽ αὐτῶν τῶν ἐντυγχανόντων δυσχεραίνεσθαι
[1]συμπίπτειν. ἐγὼ δὲ διὰ τοῦτο καὶ μᾶλλον οἴομαί σε δεῖν
ἐγκωμιάζειν, ὅτι, τῶν ἄλλων ἕν τι τῶν ἀδυνάτων οἰομένων
εἶναι τὸ τοῖς ἄλλων τρόποις ἀρέσκειν, σὺ τοσοῦτο τούτων
διήνεγκας, ὥςτε τῶν χαλεπῶν καὶ δυσκόλων ἁπάντων πε- 1407
ριγεγενῆσθαι, τοῦ μὲν συνεξαμαρτάνειν [2]τισὶν οὐδ᾽ ὑποψίαν
ἐνδιδοὺς τοῖς ἄλλοις· τῆς δὲ πρὸς αὐτοὺς δυσχερείας, τῇ
τῶν τρόπων εὐαρμοστίᾳ κρατήσας. πρὸς τοίνυν τοὺς ἐρα-
στὰς, εἰ χρὴ καὶ περὶ τούτων εἰπεῖν, οὕτω καλῶς μοι δο-
κεῖς καὶ σωφρόνως ὁμιλεῖν, ὥςτε, τῶν πλείστων οὐδὲ ὃν ἂν
προέλωνται μετρίως ἐνεγκεῖν δυναμένων, σοὶ πᾶσι καθ᾽
ὑπερβολὴν ἀρέσκειν συμβέβηκεν. ὃ τῆς σῆς ἀρετῆς σημεῖον
ἐναργέστατόν ἐστιν. ὧν μὲν γὰρ δίκαιον καὶ καλὸν, οὐδεὶς
ἄμοιρος αὐτῶν παρὰ σοῦ καθέστηκεν· ἃ δ᾽ εἰς αἰσχύνην
ἥκει, τούτων οὐδ᾽ εἰς ἐλπίδα οὐδεὶς ἔρχεται, τοσαύτην τοῖς
μὲν τῶν βελτίστων ὀρεγομένοις ἐξουσίαν, τοῖς δ᾽ ἀποθρα-
σύνεσθαι βουλομένοις ἀτολμίαν, ἡ σὴ σωφροσύνη παρεσκεύ-
ακεν. ἔτι τοίνυν τῶν πλείστων ἐκ τῆς σιωπῆς, ὅταν ὦσι
νέοι, τὴν τῆς σωφροσύνης δόξαν θηρωμένων, σὺ τοσοῦτον τῇ
φύσει διενήνοχας, ὥςτε ἐξ ὧν λέγεις καὶ ὁμιλεῖς τοῖς ἐντυγ-
χάνουσι, μηδὲν ἐλάττω τὴν περὶ σεαυτοῦ εὐδοξίαν, ἢ διὰ
πάντα τὰ λοιπὰ πεποιῆσθαι· τοσαύτη πειθὼ καὶ χάρις,
καὶ ἐν οἷς σπουδάζεις, ἐστί σοι, καὶ ἐν οἷς παίζεις. καὶ
γὰρ εὐήθης ἀναμαρτήτως, καὶ δεινὸς οὐ κακοήθως, καὶ φι-
λάνθρωπος ἐλευθερίως, καὶ τοσύνολον τοιοῦτος εἶ, οἷος ἂν τις
ἐξ Ἀρετῆς υἱὸς Ἔρωτι γένοιτο.

[1] συμπίπτει

[2] τί τισιν

pœus.

Συμπίπτει] Συμπίπτειν. Wolf.

Τὸ τοῖς ἄλλων τρόποις] M. τὸ τοῖς τῶν ἄλλων τρόποις, aut forlasse, τοῖς τῶν πολλῶν τρόποις. Idem.

Τῆς δὲ πρὸς αὐτοὺς δυσχερείας] Eam, *quæ adversus ipsos est, difficultatem*: τὸ ὑπ᾽ αὐτῶν τῶν ἐντυγχανόντων δυσχεραίνεσθαι, *odium eorum, qui te salutant, et tuam consuetudinem expetunt.* Idem.

Εὐαρμοστίᾳ] M. συναρμογῇ. *In farrag.* Idem.

Οὐδὲν ἂν προέλωνται] Οὐδ᾽ ὃν ἂν προέλωνται. *Ne eum quidem, quem cæteris prætulerint.* Idem.

Ἥκει τούτων, οὐδ᾽] Ἥκει, τούτων οὐδ᾽: comma ponendum post ἥκει. Idem.

Θηρωμένης] Θηρωμένων. Idem.

Εὐήθης ἀναμαρτήτως] Εὐήθεια medium est vocabulum: alias τῇ πανουργίᾳ opponitur, alias τῇ φρονήσει. Hoc loco *simplicitas* intelligitur. Idem.

Οἷος ἄν τις ἐξ ἀρετῆς υἱὸς ἐρῶντι γένοιτο] *Qualis aliquis ex virtute filius amanti nasceretur*, vel *fieret.* Ambiguum est, τὸ ἐξ ἀρετῆς, utrum ad ἐρῶντι, an ad γένοιτο referatur? οἷος ἂν γένοιτο υἱὸς, *talis, qualis fieri queat filius*, hoc est, *adoptari*, ἐρῶντι ἐξ

ς'. Τὴν τοίνυν ἀνδρίαν — οὐδὲ γὰρ τοῦτο ἄξιόν ἐστι παραλιπεῖν, οὐχ, ὡς οὐ πολλὴν ἐπίδοσιν ἐχούσης ἔτι τῆς σῆς φύσεως, καὶ τοῦ μέλλοντος [1] χρόνου πλείους ἀφορμὰς παραδώσοντος λόγων τοῖς ἐπαινεῖν σε βουλομένοις, ἀλλ'
1408 ὡς καλλίστων ὄντων τῶν μετὰ ταύτης τῆς ἡλικίας ἐπαίνων, ἐν ᾗ τὸ μηδὲν ἐξαμαρτάνειν τοῖς ἄλλοις εὐκτόν ἐστι — σοῦ δ' ἐπὶ πολλῶν μὲν ἄν τις καὶ ἑτέρων τὴν ἀνδρείαν διέλθῃ, μάλιστα δ' ἐπὶ τῆς ἀσκήσεως, ἧς καὶ πλεῖστοι γεγένηνται μάρτυρες. ἀνάγκη δ' ἴσως πρῶτον εἰπεῖν ταύτην τὴν ἀγωνίαν, ὡς καλῶς προείλου. τὸ γὰρ ὀρθῶς, ὅ τι πρακτέον ἐστὶ, νέον ὄντα δοκιμάσαι, καὶ ψυχῆς ἀγαθῆς καὶ γνώμης φρονίμου κοινόν ἐστι σημεῖον. δι' ὧν οὐδέτερον παραλιπεῖν ἄξιον τὸν τῆς προαιρέσεως ἔπαινον. συνειδὼς τοίνυν τῶν μὲν ἄλλων ἀθλημάτων καὶ δούλους καὶ ξένους μετέχοντας, τοῦ δ' ἀποβαίνειν μόνοις μὲν τοῖς πολίταις ἐξουσίαν οὖσαν, ἐφιεμένους δὲ τοὺς βελτίστους, οὕτως ἐπὶ τοῦτον τὸν ἀγῶνα ὥρμησας. ἔτι δὲ κρίνων τοὺς μὲν τὰ δρομικὰ γυμναζομένους οὐδὲν πρὸς ἀνδρείαν οὐδ' εὐψυχίαν ἐπιδιδόναι, τοὺς δὲ τὴν πυγμὴν καὶ τὰ τοιαῦτα ἀσκήσαντας πρὸς τῷ σώματι καὶ τὴν γνώμην διαφθείρεσθαι, τὸ σεμνότατον καὶ κάλλιστον τῶν ἀγωνισμάτων καὶ μάλιστα πρὸς τὴν σαυτοῦ φύσιν ἁρμόττον ἐξελέξω, τῇ μὲν συνηθείᾳ τῶν ὅπλων, καὶ τῇ τῶν δρόμων φιλοπονίᾳ, τοῖς ἐν τῷ πολέμῳ συμβαίνουσιν ὡμοιωμένον· τῇ δὲ μεγαλοπρε-

[1] χρόνου * οὐ πλείους

ἀρετῆς, *ab amante propter virtutem.* Sicut Pauli Æmilii filium, eum, qui postea Scipio Æmilianus, et Scipio minor cognominatus est, majoris Africani filius adoptavit. Sic intelligere malo, quam γένοιτο υἱὸς ἐξ ἀρετῆς. *Si quis deam virtutem amaret, non alius ei filius ex ea nasceretur.* Est enim ποιητικώτερον: etsi demonstrativum genus fateor esse liberius. Idem.

ς'. Ἐχούσης ἐστι] Ἔτι. Idem.

Τοιαύτην τὴν ἀγωνίαν] M. ταύτην, vel τὴν τοιαύτην. Idem.

Ὡς καλῶς προείλου] *Quem præclare præ cæteris delegeris.* τὸ ἱπποτροφεῖν τῶν εὐδαιμονεστάτων ἔργον εἶναι, id est, *studium equos alendi beatissimorum esse munus,* in oratione περὶ ζεύγους testatur Isocrates. Idem.

Δι' ὧν οὐδέτερον παραλιπεῖν] Braciolas δι' ὃ οὐδέ. Malim sic: δι' ὃ παραλιπεῖν ἄξιον οὐδὲ τόν. Idem.

Τοῦτ' ἀποβαίνειν] M. τούτου δ' ἐπιβαίνειν, *hoc certamen aggredi, amplecti.* Idem.

Γυμναζομένους οὐδὲν, πρὸς] Γυμναζομένους, οὐδὲν πρός. Comma ponendum ante οὐδέν. Idem.

Ἀνδρείαν] Ἀνδρίαν. Utrum rectius sit, divinet Apollo. Nam codicum paria fere sunt testimonia. Si tamen παιδία τὴν παιδικὴν ἡλικίαν significat: videtur et ἀνδρία, per ι simplex, τὴν ἀνδρικὴν ἡλικίαν significare; ἀνδρεία vero, per ει diphthongum, τὴν ἀνδράσι πρέπουσαν ἀρετήν. In farrag. Idem.

Τοὺς τὴν πυγμὴν] Lege τοὺς δὲ τήν. Idem.

Ἐξελέγξω] Ἐξελέξω, ab ἐκλέγομαι, non ab ἐξελέγχω. Idem.

πεία, καὶ τῇ σεμνότητι τῆς παρασκευῆς, πρὸς τὴν τῶν
θεῶν δύναμιν εἰκασμένον· πρὸς δὲ τούτοις ἡδίστην μὲν θέαν
ἔχον, ἐκ πλείστων δὲ καὶ παντοδαπῶν συγκείμενον, μεγί-
στων δ' ἄθλων ἠξιωμένον. πρὸς γὰρ τοῖς τιθεμένοις, τὸ
γυμνασθῆναι καὶ μελετῆσαι τοιαῦτα, οὐ μικρὸν ἆθλον
προφανήσεται τοῖς καὶ μετρίως ἀρετῆς ἐφιεμένοις. τεκμήρι- 1409
ον δὲ μέγιστον ἄν τις ποιήσαιτο τὴν Ὁμήρου ποίησιν, ἐν
ᾗ καὶ τοὺς Ἕλληνας, καὶ τοὺς Βαρβάρους μετὰ τοσαύτης
παρασκευῆς πολεμήσαντας πεποίηκεν ἀλλήλοις· ἔτι δὲ καὶ
νῦν τῶν πόλεων τῶν Ἑλληνίδων οὐ ταῖς ταπεινοτάταις, ἀλ-
λὰ ταῖς μεγίσταις ἐν τοῖς ἀγῶσι χρῆσθαι σύνηθές ἐστιν.

ζ. Ἡ μὲν οὖν προαίρεσις οὕτω καλὴ καὶ παρὰ πᾶσιν ἀνθρώποις ἠγαπημένη. νομίζων δ' οὐδὲν εἶναι προὔργου τῶν σπουδαιοτάτων ἐπιθυμεῖν, οὐδὲ καλῶς πρὸς ἅπαντα πεφυκέναι τὸ σῶμα, μὴ τῆς ψυχῆς φιλοτίμως παρεσκευασμένης, τὴν μὲν [1][οὖν] φιλοπονίαν εὐθέως ἐν τοῖς γυμνασίοις ἐπιδειξάμενος, οὐδ' ἐν τοῖς ἔργοις ἐψεύσω· τὴν δ' ἄλλην ἐπιφάνειαν τῆς σαυτοῦ φύσεως, καὶ τὴν τῆς ψυχῆς ἀνδρείαν, ἐν τοῖς ἀγῶσι μάλιστα ἐνεδείξω. περὶ ὧν ὀκνῶ μὲν ἄρξασθαι λέγειν, μὴ λειφθῶ τῷ λόγῳ τῶν τότε γεγενημένων· ὅμως δ' οὐ παραλείψω. καὶ γὰρ αἰσχρὸν, ἃ θεωροῦντας ἡμᾶς εὐφραίνει, ταῦτ' ἀπαγγεῖλαι μὴ ἐθέλειν. ἅπαντας μὲν οὖν εἰ διεξῄειν τοὺς ἀγῶνας, ἴσως ἂν ἄκαιρον μῆκος ἡμῖν ἐπιγένοιτο τῷ λόγῳ· ἑνὸς δ' ἐν ᾧ πολὺ διήνεγκας μνησθεὶς, [2]ταῦτα δηλώσω καὶ τῇ τῶν ἀκουόντων δυνάμει συμμετρότερον φανήσομαι χρώμενος. τῶν γὰρ ζευγῶν ἀφεθέντων, καὶ τῶν μὲν προορμησάντων, τῶν δ' ὑφη-

[1] Deest οὖν.

[2] πάντας

Πρὸς γὰρ τοῖς τιθεμένοις] Præclara sententia. Sic etiam philosophiæ studiosi non tam malignas illas mercedes, quæ ipsis hoc numerari tempore solent, in præmiis numerandas putabunt, quam ipsam et cognitionis suavitatem et honestatem exercitationis. Idem.

Πεποίηκεν] Aut deest aliquid, aut certe subintelligendum, χρῆσθαι ταύτῃ τῇ ἀγωνίᾳ. Idem.

ζ. Νομίζω δ' οὐδὲν εἶναι προὔργου] Lego νομίζων δ'. sequitur enim ἐψεύσω. cum autem putares. Idem.

Ἑνὸς ἐν] Ἑνὸς δ' ἐν. Idem.

Ταῦτα δηλώσω] M. πάντας, vel πάντα τἄλλα. Idem.

Συμμετριώτερον] M. μετριώτερον, aut συμμετρότερον. et pro δυνάμει, quod antecedit, fortasse rectius συνέσει, aut εὐνοίᾳ, legeretur. Idem.

Ἀφαιρεθέντων] Sublatis. ἀφεθέντων, dimissis, cum Bruciolo legito. Idem.

Τῶν μὲν προορμησάντων, τῶν δ' ὑφηνιοχουμένων] Cum quidem alii provecti essent, alii subaurigarent. ὑφηνίοχον, aurigæ ministrum, ὑφηνιοχεῖν, aurigæ fungi officio, vulgata Lexica interpretantur. in ὑφηνίοχος præpositionem ὑπὸ redundare asserit Phavorinus, et

ἡνιοχουμένων, ἀμφοτέρων περιγενόμενος, ἑκατέρων, ὡς προσῆκε, τὴν νίκην ἔλαβες, τοιούτου στεφάνου τυχὼν, ἐφ' ᾧ, καίπερ καλοῦ τοῦ νικᾶν ὄντος, κάλλιον ἐδόκει καὶ παρα-
1410 λογώτερον εἶναι τὸ σωθῆναι. φερομένου γὰρ ἐναντίου μέν σοι τοῦ τῶν ἀντιπάλων ἅρματος, ἁπάντων δ' ἀνυπόστατον οἰομένων εἶναι τὴν τῶν ἵππων δύναμιν, ὁρῶν αὐτῶν ἐνίους καὶ μηδενὸς δεινοῦ παρόντος ὑπερηγωνιακότας, οὐχ ὅπως ἐξεπλάγης ἢ κατεδειλίασας, ἀλλὰ τῇ μὲν ἀνδρείᾳ καὶ [1] τῇ τοῦ ζεύγους ὁρμῇ κρείττων ἐγένου, τῷ δὲ τάχει καὶ τοὺς διευτυχηκότας τῶν ἀνταγωνιστῶν παρῆλθες. καὶ γάρ τοι τοσοῦτον μετήλλαξας τῶν ἀνθρώπων τὰς διανοίας, ὥστε πολλῶν θρυλλούντων ὡς ἐν τοῖς ἱππικοῖς ἀγῶσιν ἡδίστην θέαν παρέχεται τὰ ναυαγοῦντα, καὶ δοκούντων ἀληθῆ ταῦτα λέγειν, ἐπὶ σοῦ τοὐναντίον, τοὺς θεατὰς φοβεῖσθαι

1 * τῆς τοῦ ζ. ὁρμῆς

Hesychius *ὑφηνίοχον* exponit *ἡνίοχον*. *ἡνιοχεῖν* *aurigare* est, quo verbo Suetonius et Plinius utuntur. Varro etiam *aurigor*. *ὑφηνιοχεῖσθαι* autem utrum *pone sequi ac regere currum*, an *contra ferri*, *ἐναντίον φέρεσθαι καὶ ὑφορμᾶν*, significet, statuere non possum: nisi quod existimo, currule hoc certamen fuisse potissimum celeritatis equorum, et aurigandi peritiæ, non etiam conflictum virorum, ut in nostris ludis equestribus, fieri solitum, cum quod Horatius canit:

Sunt, quos curriculo pulverem Olympicum
Collegisse juvat, metaque fervidis
Evitata rotis;

tum quod ex Isocratis oratione *περὶ ζεύγους*, ubi *ζεύγη γὰρ*, inquit, *καθῆκε τοσαῦτα μὲν τὸν ἀριθμὸν, ὅσοις οὐδ' αἱ μέγισται τῶν ἄλλων πόλεων ἠγωνίσαντο, τοιαῦτα δὲ τὴν ἀρετὴν, ὥστε καὶ πρῶτος καὶ δεύτερος καὶ τρίτος γενέσθαι*, et e Sophocle, ubi nullius conflictus mentio fit, aliter statuere non possum. Quod autem ait, *φερομένου γὰρ ἐναντίου μέν σοι τοῦ τῶν ἀντιπάλων ἅρματος*, id sic intelligo: *τοῦ προορμήσαντος*, id est, ejus, qui antevertisset, equos perterritos, conversos, et cum impetu in Epicratis currum esse illatos *ἐξ ὑποστροφῆς*, ut ait Sophocles. *ὑφηνιοχουμένων* igitur *pone sequentibus* interpretatus sum, ut antitheton *τῶν προορμησάντων*. Sed de re incerta pro suo quisque judicio statuat. Idem.

Τὸ *σωθῆναι*] Periculo non carere ejus generis ludos, etiam his temporibus vidimus, et ex fictitio Orestis Sophoclei interitu intelligitur in Electra, e qua hos versus adscribendos duxi: [v. 724.]

Ἔπειτα δ' Αἰνιᾶνος ἀνδρὸς ἄστομοι
Πῶλοι βίᾳ φέρουσιν, ἐκ δ' ὑποστροφῆς
Τελοῦντες ἕκτον ἕβδομόν τ' ἤδη δρόμον,
Μέτωπα συμπαίουσι Βαρκαίοις ὄχοις·
Κἀντεῦθεν ἄλλος ἄλλον, ἐξ ἑνὸς κακοῦ,
Ἔθραυε, κἀνέπιπτε· πᾶν δ' ἐνεπίμπλατο
Ναυαγίων Κρισαῖον ἱππικῶν πέδον. id est:

Post autem Æniani viri effrenes
Pulli vi ruunt: eque reversione (id est, conversi)
Absolventes sextum septimumque jam cursum
Frontes illidunt Barcæis curriculis.
Exinde alius alium ex uno malo
Vulnerabat et delabebatur, omnisque complebatur
Naufragiis Crisæus equestribus campus.

Vide ibidem totam illam narrationem, e qua hunc locum rectius fortassis intelliges. Idem.

Ὁρῶν *αὐτῶν ἐνίους καὶ μηδενὸς δεινοῦ παρόντος ὑπερηγωνιακότας*] Τὸ *αὐτῶν* neque ad *ἵππους* referri, neque ad spectatores, neque ad certatores, commode potest, cum nihil præcesserit. Quare expungendum censeo, et legendum *γενικῶς*, *ὁρῶν ἐνίους*: iis intellectis, qui extra periculum erant. Idem.

Οὐχ *ὅπως ἐξεπλάγης, ἀλλὰ*] *Non modo non perculsus es: adeo non, tantum abest, ut* etc. Idem.

Τοὺς *διευτυχηκότας*] *Jam ab initio usque prospero cursu usos, quibus nemo se contrarium, ut tibi, intulerat.* Idem.

Τὰ *ναυαγοῦντα*] Vocat etiam Sophocles

πάντας, μή τι συμπέσῃ τοιοῦτο περί σε. τοιαύτην εὔνοιαν
καὶ φιλοτιμίαν ἡ σὴ φύσις αὐτοῖς παρέσχεν. εἰκότως. κα-
λὸν μὲν γὰρ καὶ τὸ καθ' ἕν τι περίβλεπτον γενέσθαι·
πολὺ δὲ κάλλιον τὸ πάντα περιλαβεῖν, ἐφ' οἷς ἄν τις νοῦν
ἔχων φιλοτιμηθείη.

η'. Δῆλον δ' ἐκεῖθεν. εὑρήσομεν γὰρ Αἰακὸν μὲν καὶ
Ῥαδάμανθυν διὰ σωφροσύνην, Ἡρακλέα δὲ καὶ Κάστορα
καὶ Πολυδεύκην δι' ἀνδρίαν, Γανυμήδην δὲ καὶ Ἄδωνιν καὶ
ἄλλους τοιούτους διὰ κάλλος ὑπὸ θεῶν ἀγαπηθέντας.
ὥστε ἔγωγε οὐ θαυμάζω τῶν ἐπιθυμούντων τῆς σῆς φιλί-
ας, ἀλλὰ τῶν μὴ τὸν τρόπον τοῦτον διακειμένων. ὅπου γὰρ
ἑνὸς ἑκάστου τῶν προειρημένων μετασχόντες τινὲς τῆς τῶν
θεῶν ὁμιλίας ἠξιώθησαν, ἦ που τοῦ γ' ἁπάντων κυρίου κα-
ταστάντος εὐκτὸν θνητῷ φύντι φίλον γενέσθαι. δίκαιον μὲν
οὖν καὶ πατέρα καὶ μητέρα καὶ τοὺς ἄλλους οἰκείους τοὺς
σοὺς ζηλοῦσθαι, τοσοῦτον ὑπερέχοντός σου τῶν ἡλικιωτῶν 1411
ἀρετῇ· πολὺ δὲ μᾶλλον οὓς σὺ, ὁ τῶν τηλικούτων ἀγαθῶν
ἠξιωμένος, σαυτοῦ προκρίνας ἀξίους εἶναι φίλους ἐξ ἁπάν-
των αἱρῇ. τοὺς μὲν γὰρ ἡ τύχη σοι μετόχους κατέστησε·
τοὺς δ' ἡ σφετέρα καλοκαγαθία προσσυνέστησεν. οὓς οὐκ
οἶδα πότερον ἐραστὰς, ἢ [1] μόνους ὀρθῶς γιγνώσκοντας, προσ-
αγορεῦσαι χρή. δοκεῖ γάρ μοι καὶ καταρχὰς ἡ τύχη, τῶν
μὲν φαύλων καταφρονοῦσα, τὰς δὲ τῶν σπουδαίων ἀνδρῶν
διανοίας ἐρεθίσαι βουληθεῖσα, τὴν σὴν φύσιν οὐ πρὸς ἡδο-
νὴν [2] ἐξαπατηθῆναι καλὴν ποιῆσαι, ἀλλὰ πρὸς ἀρετὴν
ἐνευδαιμονῆσαι χρήσιμον.

θ'. Πολλὰ δ' ἔχων ἔτι περὶ σοῦ διελθεῖν, αὐτοῦ κατα-
λύσειν μοι δοκῶ τὸν ἔπαινον, δεδιὼς, μὴ καθ' ὑπερβολὴν.

[1] μόνους * σ' ὀρθῶς [2] *ἐπεξαπατηθῆναι

eversionem curruum ναυάγια. IDEM.

Καθέντι] Καθ' ἕν τι tria verba sunt: in uno quopiam. IDEM.

η'. Ῥαδάμανθυν διὰ σωφροσύνην] Vide, num potius legendum sit δικαιοσύνην, ne sit παρ' ἱστορίαν. IDEM.

Τῶν μὴ τὸν τρόπον τοῦτον διακειμένων] Hoc est, τῶν μὴ ἐπιθυμούντων τῆς σῆς φιλίας. IDEM.

Κυρίου καταστάντος] Qui potitus est universis, videlicet, temperantia, fortitudine, justitia, pulcritudine. IDEM.

Ζηλοῦσθαι] Ζηλοῦσθαι, fortunatos judicari. IDEM.

Σαυτὸν] Σαυτοῦ. IDEM. OBSOPOEUS.

Προσυνέστησε] Προσσυνέστησε. WOLF.

Τὰς δὲ τὸν] Τῶν. IDEM.

Καλὴν ποιῆσαι] Καλήν. IDEM.

Εὐδαιμονῆσαι] Εὐδαιμονῆσαι. tuam naturam fecisse formosam, non ut seduceres, sed utilem, ut beatus esses: pro quo fortassis εὐδαιμονίσαι commodius legeretur: ut laudareris. IDEM.

θ'. Καθ' ὑπερβολὴν τῆς ἀνθρωπίνης φύσεως] Ὥστε τοὺς ἐπαίνους ὑπερβάλλειν τὴν ἀνθρωπίνην φύσιν. IDEM.

τῆς ἀνθρωπίνης φύσεως ὑπὲρ σοῦ διαλέγεσθαι δόξω. τοσοῦτον γὰρ, ὡς ἔοικεν, ἡ τῶν λόγων δύναμις ἔλαττον ἔχει τῆς ὄψεως, ὥστε τοῖς μὲν ὁρατοῖς οὐδεὶς ἀπιστεῖν ἀξιοῖ τοὺς δὲ τούτων ἐπαίνους, οὐδ' ἂν ἐλλείπωσιν, ἀληθεῖς εἶναι νομίζουσι. παυσάμενος οὖν περὶ τούτων, ἤδη πειράσομαί σοι συμβουλεύειν, ἐξ ὧν ἂν ἐντιμότερον ἔτι τὸν σαυτοῦ βίον καταστήσεις. βουλοίμην δ' ἂν σε μὴ πάρεργον ποιήσασθαι τὸ προσέχειν τὸν νοῦν τοῖς μέλλουσι ῥηθήσεσθαι, μηδ' ὑπολαμβάνειν τοῦθ', ὡς ἄρα ἐγὼ τούτοις κέχρημαι τοῖς λόγοις, οὐ τῆς σῆς ὠφελείας ἕνεκα, ἀλλ' ἐπιδείξεως ἐπιθυμῶν, [1][ἀλλ'] ἵνα μήτε διαμάρτῃς τῆς ἀληθείας, μήτ' ἀντὶ τῶν βελτίστων τὰ τυχόντα ἑλόμενος, χεῖρον περὶ σαυτοῦ βουλεύσῃ. καὶ γὰρ τοῖς μὲν ἀφανῆ καὶ τα-
1412 πεινὴν τὴν φύσιν ἔχουσιν, οὐδ' ὅταν μὴ καλῶς τι πράξωσιν, ἐπιπλήττομεν· τοῖς δ', ὥσπερ σὺ, περιβλέπτοις γεγενημένοις, καὶ τὸ παραμελῆσαί τινος τῶν καλλίστων, αἰσχύνην φέρειν εἴωθεν. ἔτι δ' οἱ μὲν ἐπὶ τῶν ἄλλων λόγων ψευσθέντες, καθ' ἑνὸς μόνου πράγματος οὐ τὰ κράτιστα ἔγνωσαν· οἱ δὲ τῆς τῶν ἐπιτηδευμάτων συμβουλίας διαμαρτόντες ἢ καταφρονήσαντες, παρ' ὅλον τὸν βίον τῆς ἑαυτῶν ἀγνωσίας ὑπομνήματα ἔχουσι. τούτων μὲν οὖν οὐδὲν δεῖ σε παθεῖν, σκοπεῖσθαι δὲ, τί τῶν ἀνθρωπίνων μεγίστην δύναμιν ἔχει· καὶ τίνος καλῶς μὲν ἀποβάντος πλεῖστ' ἂν κατορθοῖμεν, διαφθαρέντος δὲ μέγιστ' ἂν βλαπτοίμεθα παρὰ τὸν βίον. οὐ γὰρ ἄδηλον, ὅτι τούτου καὶ μάλιστ' [2][ἂν] ἐπιμέλειαν ποιητέον, ὃ μεγίστην ῥοπὴν ἐφ' [3]ἑκατέρων ἐργάζεσθαι πέφυκε.

ί. Τὴν μὲν τοίνυν ἐν ἀνθρώποις διάνοιαν ἁπάντων εὑρήσομεν ἡγεμονεύουσαν· ταύτην δὲ φιλοσοφίαν μόνην παιδεῦσαί τε ὀρθῶς καὶ γυμνάσαι δυναμένην. ἧς οἴομαί σε δεῖν

[1] Deest ἀλλ'. [2] Deest ἂν. [3] Φ ἑκάτερον

Ὁρᾷ τοῖς] Ὁρατοῖς, vel οἷς μὲν ὁρᾷ τις, *adspectabilibus*, his, quæ sub adspectum oculorum cadent. Idem.

Σε συμβουλεύειν] Malim σοί. Idem.

Καταστήσεις] Malim καταστήσαις, vel καταστήσῃς, optativo, vel subjunctivo. Idem.

Καὶ γὰρ τοῖς μὲν ἀφανῆ] Similis in Isocratica Parænesi est sententia: τοῖς μὲν φαύλοις ἐνδέχεται τὰ τυχόντα πράττειν etc. Idem.

Ἐπὶ τῶν ἄλλων λόγων ψευσθέντες] Qui in *aliis deliberationibus falluntur*. Idem.

Διαμαρτόντες] Διαμαρτόντες, *qui aberrarunt*, id est, caruerunt institutione liberali. Potest etiam exponi, *qui in errorem inducti sunt*, sicut supra v. 18. ψευσθέντες. Idem.

μετασχεῖν, καὶ μὴ κατοκνῆσαι, μηδὲ φυγεῖν τὰς ἐνούσας
ἐν αὐτῇ πραγματείας, ἐνθυμούμενον, ὅτι διὰ μὲν ἀργίας
καὶ ῥᾳθυμίας καὶ τὰ παντελῶς ἐπιπολῆς δυσχειρωτά
ἐστι, διὰ δὲ καρτερίας καὶ φιλοπονίας οὐδὲν τῶν ὄντων
ἀγαθῶν ἀνάλωτον πέφυκε. καὶ διότι πάντων ἀλογώτα-
τόν ἐστι, πρὸς μὲν χρηματισμὸν καὶ ῥώμην καὶ τὰ τοιαῦ-
τα φιλοτίμως ἔχειν καὶ πολλὰς ὑπομένειν κακοπαθείας,
ἃ πάντα θνητά ἐστι καὶ τῇ διανοίᾳ [1]δουλεύειν εἴωθε·
τὴν δ' ἐπιστατοῦσαν μὲν τῶν ἄλλων, συνδιατελοῦσαν δὲ
τοῖς ἔχουσιν, ὅλου δ' ἡγεμονεύουσαν τοῦ βίου, μὴ ζητεῖν 1413
ὅπως διακείσεται βέλτιον. καίτοι καλὸν μὲν καὶ διὰ τύ-
χην ἐν τοῖς σπουδαιοτάτοις θαυμάζεσθαι· πολὺ δὲ κάλ-
λιον, διὰ τὴν ἐπιμέλειαν τὴν αὑτοῦ, μηδενὸς τῶν ἐνδόξων
ἄμοιρον γενέσθαι. τῆς μὲν γὰρ ἐνίοτε καὶ τοῖς φαύλοις
μετασχεῖν συνέβη· τῆς δ' οὐκ ἔστιν ἄλλοις μετουσία,
πλὴν τοῖς ἐν ἀνδραγαθίᾳ διαφέρουσιν. ἀλλὰ μὴν περί γε
τῆς φιλοσοφίας ἀκριβῶς μὲν ἕκαστα διελθεῖν, ἡγοῦμαι τὸν
μέλλοντα χρόνον ἡμῖν ἐπιτηδειοτέρους καιροὺς παραδώσειν·
συντόμως δ' εἰπεῖν, οὐδὲ νῦν οὐδὲν κωλύσει περὶ αὐτῆς.

[1] δουλεύειν * οὐκ εἴωθε

l. Τὰ παντελῶς ἐπιπολῆς] Attice pro ἐπ' ἐπιπολῆς. ἐπιπόλαια, ἢ ἐπιπολαῖα, expedita, in extremitate, seu summitate, quam superficiem vocant, hærentia. Idem.

Ἀνάλωτον πέφυκε] Similem ex Euripide, ni fallor, sententiolam citat Plutarchus: πᾶν ζητούμενον ἁλωτὸν, ἐκφεύγει δ' ἀμελούμενον. Quicquid quæritur, comprehendi potest, sed quod negligitur, id effugit. Idem.

Τὴν δ' ἐπιστατοῦσαν etc. ὅπως διακείσεται βέλτιον] Καλῶς διακεῖσθαι τὴν γνώμην satis nota formula. Sic Isocrates in Evagora: θαυμάζων δὲ, ὅσοι τῆς μὲν ψυχῆς ἕνεκα τῶν ἄλλων ποιοῦνται τὴν ἐπιμέλειαν, αὐτῆς δὲ μηδὲν τυγχάνουσι φροντίζοντες, ἔπειτα καὶ περὶ τῶν πραγμάτων τὴν αὐτὴν διάνοιαν εἶχεν. Demirans eos, qui vitæ causa cæterarum rerum curam susciperent, ipsam vero mentem, a qua vitæ totius universa ratio pendet, omnino negligerent, in rebus deinde administrandis idem plane sensit ac tenuit. Idem.

Συνδιατελοῦσαν δὲ τοῖς ἔχουσι] Sic Cicero pro Archia: 'Hæc studia adolescentiam alunt, senectutem oblectant, secundas res ornant, adversis perfugium et solatium præbent, oblectant domi, non impediunt foris, pernoctant nobiscum, peregrinantur, rusticantur.' Quod Demosthenes breviter τῇ διανοίᾳ attribuit, id Cicero prolixiore paraphrasi studiis adscribit. τοῖς ἔχουσι, habentibus, id est, mente præditis, hoc est, hominibus. Qui enim διάνοιαν non habet, bellua, non homo, est. Idem.

Ἐν τοῖς σπουδαιοτάτοις] S. ἀνθρώποις, admirationi esse inter præstantissimos viros: si subintelligas πράγμασι, propter res præstantissimas in admiratione, durius videbitur. Idem.

Τῆς μὲν γὰρ] S. τύχης. Idem.

Τῆς δὲ] Τῆς ἐπιμελείας. Idem.

Ἐν ἀνδραγαθίᾳ] Præpositio ἐν haud scio an redundet. Nam verbum διαφέρειν dativo simplici fere ac genitivo jungitur, ut Isocrates in Evagora: τοσοῦτον δὲ καὶ τῷ σώματι τῶν ἄλλων καὶ τῇ ῥώμῃ διήνεγκεν, ὥστε etc. Ibidem sine genitivo: τυραννίδος, τῷ πᾶσι τούτοις διαφέρειν. Interdum præpositiones adduntur, ut paulo infra p. 439. v. 14. πρὸς τὸ φρονεῖν εὖ παρὰ τὴν ἐπιστήμην διαφέρομεν ἀλλήλων. Isocrates in Helenæ encomio præpositionem ἐπὶ addit: τῶν ἐπ' ἀρετῇ διαφερόντων. Legendum igitur et hic fortasse ἐπ' ἀνδραγαθίᾳ. Est autem ἀνδραγαθία, fortitudo militaris, virtus, tropæum, præclarum facinus. ἀνδραγαθεῖν et ἀνδραγα-

ιά. Ἓν οὖν πρῶτον ἐκεῖνό σε δεῖ καταμαθεῖν ἀκριβῶς,
ὅτι πᾶσα μὲν παιδεία δι' ἐπιστήμης καὶ μελέτης τινὸς
συνέστηκεν, ἡ δὲ φιλοσοφία καὶ μᾶλλον τῶν ἄλλων. ὅσῳ
γὰρ ἀκριβεστέρους καὶ φρονιμωτέρου ἔχει τοὺς ἐφεστῶ-
τας, τοσούτῳ κάλλιον αὐτὴν συγκεῖσθαι προσήκει. καίτοι
τί ποτ' ἂν βουληθείημεν, τῆς μὲν διανοίας ἐπὶ τοῦ λέγειν
καὶ βουλεύεσθαι τεταγμένης, τῆς δὲ φιλοσοφίας ἑκατέρου
τούτων ἐμπειρίαν παραδιδούσης, μὴ ταύτην κατασχεῖν τὴν
πραγματείαν, δι' ἧς ἀμφοτέρων τούτων ἐγκρατῶς ἕξομεν;
τότε γὰρ εἰκὸς καὶ τὸν βίον ἡμῶν μεγίστην ἐπίδοσιν λα-
βεῖν, ὅταν, τῶν κρατίστων ὀρεγόμενοι, τὰ μὲν διδακτὰ
τέχνῃ, τὰ δὲ λοιπὰ γυμνασίᾳ τινὶ καὶ συνηθείᾳ κατα-
σχεῖν δυνηθῶμεν. οὐ γὰρ δήπου τοῦτό γε ἐστὶν εἰπεῖν, ὡς
οὐδὲν πρὸς τὸ φρονεῖν εὖ παρὰ τὴν ἐπιστήμην διαφέρομεν
ἀλλήλων. ὅλως μὲν γὰρ ἅπασα φύσις βελτίων γίγνεται
παιδείαν προσλαβοῦσα τὴν προσήκουσαν· πολὺ δὲ μάλισθ'
1414 ὅσαις ἐξαρχῆς εὐφυέστερον τῶν ἄλλων ἔχειν ὑπῆρξε. τοῖς
μὲν γὰρ αὑτῶν μόνον βελτίοσι γίγνεσθαι, τοῖς δὲ καὶ τῶν
ἄλλων συμβαίνει διενεγκεῖν. εὖ δ' ἴσθι τὴν μὲν ἐκ τῶν
πράξεων ἐμπειρίαν γιγνομένην, σφαλερὰν οὖσαν καὶ πρὸς
τὸν λοιπὸν βίον ἀχρήστως ἔχουσαν· τὴν δ' ἐκ τοῦ φιλο-
σοφεῖν παιδείαν πρὸς ἅπαντα ταῦτα εὐκαίρως συγκεκρα-
μένην. καίτοι τινὲς ἤδη καὶ δι' εὐτυχίαν πραγμάτων
γυμνασθέντες ἐθαυμάσθησαν. σοὶ δὲ προσήκει τούτων μὲν
καταφρονεῖν, σαυτοῦ δ' ἐπιμέλειαν ἔχειν. οὐ γὰρ αὐτοσχε-
διάζειν, ἀλλ' ἐπίστασθαί σε δεῖ περὶ τῶν μεγίστων· οὐδ'
ἐπὶ τῶν καιρῶν μελετᾶν, ἀλλ' ἀγωνίζεσθαι καλῶς ἐπί-
στασθαι. νόμιζε δὲ πᾶσαν μὲν τὴν φιλοσοφίαν μεγάλα
τοὺς χρωμένους ὠφελεῖν, πολὺ δὲ μάλιστα τὴν περὶ τὰς

θίζεσθαι, *viri fungi officio*, ἀνδρός τι ποιεῖν. Idem.

ιά. Τοὺς ἐφεστῶτας] *Præfectos, præsides, curatores*, hi sunt ipsi philosophi. Idem.

Τεταγμένοις] Τεταγμένης. Idem.

Τί ποτ' ἂν βουληθείημεν — μὴ ταύτην κατασχεῖν] *Cur ea potiri nolimus?* Idem.

Τὰ μὲν διδακτὰ τέχνῃ] Similes fere versiculos citat Plutarchus:

Τὰ μὲν διδακτὰ μανθάνω, τὰ δ' εὑρετὰ
Ζητῶ, τὰ δ' εὐκτὰ παρὰ θεῶν ᾐτησάμην.

Quæ doceri possunt, disco: quæ inveniri,
Quærito; optanda quæ sunt, a diis precor.
Idem.

Ἅπασα φύσις κ. τ. λ.] Vid. Valckenaer. Animadv. ad Ammon. l. II. c. II. p. 90.

Οὐδ' ἐπὶ τῶν καιρῶν μελετᾶν] *Nec in re præsenti meditari.* Isocrates in oratione ad Nicoclem præcipit, ἐπὶ τῶν καιρῶν θεωρεῖν τοὺς συμβουλεύοντας, id est, *in subitis arduisque negotiis*. sed ibi plura περὶ τῶν καιρῶν annotavimus. Wolf.

πράξεις καὶ τοὺς πολιτικοὺς λόγους ἐπιστήμην. τῆς γὰρ
γεωμετρίας καὶ τῆς ἄλλης τοιαύτης παιδείας ἀπείρως μὲν
ἔχειν αἰσχρὸν, ἄκρον δὲ ἀγωνιστὴν γενέσθαι ταπεινότερον
τῆς σῆς ἀξίας· ἐν ἐκείνῃ δὲ τὸ μὲν διενεγκεῖν ζηλωτὸν, τὸ
δ' ἄμοιρον γενέσθαι παντελῶς καταγέλαστον.

ιβ'. Γνοίης δ' ἂν ἐξ ἄλλων τε πολλῶν, καὶ παραθεω-
ρήσας τοὺς πρὸ σαυτοῦ γεγενημένους ἐνδόξους ἄνδρας. τοῦ-
το μὲν [1][γὰρ] Περικλέα, τὸν συνέσει πλεῖστον τῶν καθ'
αὑτὸν διενεγκεῖν δόξαντα πάντων, ἀκούσεις πλησιάσαντα
Ἀναξαγόρᾳ τῷ Κλαζομενίῳ, καὶ, μαθητὴν ἐκείνου γενόμε-
νον, ταύτης τῆς δυνάμεως μετασχόντα. τοῦτο δ' Ἀλκι-
βιάδην εὑρήσεις φύσει μὲν πρὸς ἀρετὴν πολλῷ χεῖρον δια-
κείμενον, καὶ τὰ μὲν ὑπερηφάνως, τὰ δὲ ταπεινῶς, τὰ δ'
ὑπεράκρως ζῆν προῃρημένον· ἀπὸ δὲ τῆς Σωκράτους ὁμιλί- 1415
ας, πολλὰ μὲν ἐπανορθωθέντα τοῦ βίου, τὰ δὲ λοιπὰ τῷ
μεγέθει τῶν ἄλλων ἔργων ἐπικρυψάμενον. εἰ δὲ δεῖ μὴ πα-
λαιὰ λέγοντας διατρίβειν, ἔχοντας ὑπογυιοτέροις παραδεί-
γμασι χρῆσθαι, τοῦτο μὲν Τιμόθεον, οὐκ ἐξ ὧν νεώτερος
ὢν ἐπετήδευσεν, ἀλλ' ἐξ ὧν Ἰσοκράτει συνδιατρίψας ἔπραξε,
μεγίστης δόξης καὶ πλείστων τιμῶν εὑρήσεις ἀξιωθέντα.
τοῦτο δὲ Ἀρχύταν τὴν Ταραντίνων πόλιν οὕτω καλῶς καὶ
φιλανθρώπως διοικήσαντα καὶ κύριον αὐτῆς καταστάντα,
ὥστ' εἰς ἅπαντας τὴν ἐκείνου μνήμην διενεγκεῖν· ὃς, ἐν ἀρχῇ
καταφρονούμενος, ἐκ τοῦ Πλάτωνι πλησιάσαι τοσαύτην
ἔλαβεν ἐπίδοσιν. καὶ τούτων οὐδὲν ἀλόγως ἀποβέβηκε· πο-
λὺ γὰρ ἦν ἀτοπώτερον, εἰ τὰ μὲν μικρὰ δι' ἐπιστήμης καὶ
μελέτης ἠναγκαζόμεθα ἐπιτελεῖν, τὰ δὲ μέγιστα ἄνευ

[1] Deest γάρ.

Τοὺς πολιτικοὺς λόγους] Sic nominat etiam *præcepta gerendæ reipublicæ*, non tantum *forensem et senatoriam dictionem*. Vide vitam Isocratis et orationem κατὰ σοφιστῶν. Idem.

ιβ'. Ἀκούσειν] Ἀκούσεις. Idem.

Ὑπερηφάνως] Unde etiam suspectus fuit affectati regni. Idem.

Τὰ δὲ ταπεινῶς] Referendum hoc videtur ad familiaritates scurrarum et meretricum, et ingenii levitatem: qui se omnium moribus accommodarit, nec tamen libidinibus suis modum fecerit. Unde etiam apud Lacedæmonios ἡ αὐτὴ ἦν γυνὴ, ut ait Plutarchus. Idem.

Ὑπεράκρως] Luxus et libidines Alcibiadis nemo ignorat, qui historicos attigit. Idem.

Καὶ κύριον αὐτῆς καταστήσαντα] M. κύριον αὐτῆς καταστάντα, omissa conjunctione, et ἀορ. ά in β' mutato, qui passive usurpatur. *ejus imperio potitum, summa reipublicæ ad eum delata*. post v. 23. pro διενεγκεῖν lege διελθεῖν. et v. 25. pro ἀποβέβληκε, ἀποβέβηκε, et pro πολὺν, πολύ. Idem. Pro πολὺν πολὺ legendum est. Obsopœus.

Ἄνευ τέχνης ταύτης τῆς πραγματείας] *Absque hujus disciplinæ*, id est, *philosophiæ*,

τέχνης καὶ ταύτης τῆς πραγματείας ἠδυνάμεθα πράττειν. περὶ μὲν οὖν τούτων οὐκ οἶδ' ὅτι δεῖ πλείω λέγειν. οὐδὲ γὰρ ἐξ ἀρχῆς ὡς παντελῶς ἀπείρως ἔχοντός σου περὶ αὐτῶν ἐμνήσθην· ἀλλ' ἡγούμενος τὰς τοιαύτας παρακλήσεις τοὺς μὲν ἀγνοοῦντας προτρέπειν, τοὺς δ' εἰδότας παροξύνειν.

ιγ'. Μηδὲν δὲ ὑπολάβῃς τοιοῦτον, ὡς ἄρα ἐγὼ ταῦτα εἴρηκα, διδάξειν αὐτὸς ἐπαγγελλόμενος σέ τι τούτων: οὐ γὰρ ἂν αἰσχυνθείην εἰπών, ὅτι πολλὰ μαθεῖν αὐτὸς ἔτι δέομαι, καὶ μᾶλλον ἀγωνιστὴς προῄρημαι τῶν [1] πολλῶν ἢ διδάσκαλος εἶναι τῶν [2] ἄλλων· οὐχ ὡς ἀναινόμενος δὲ ταῦτα διαιροῦμαι τὴν τῶν σοφιστεύειν ἑλομένων δόξαν, ἀλλ' ὅτι
1416 τἀληθὲς τοῦτον ἔχον τυγχάνει τὸν τρόπον, ἐπεὶ σύνοιδά γε πολλοὺς μὲν ἐξ ἀδόξων καὶ ταπεινῶν ἐπιφανεῖς διὰ τῆς πραγματείας ταύτης γεγενημένους, Σόλωνα δὲ καὶ ζῶντα καὶ τελευτήσαντα μεγίστης δόξης ἠξιωμένον· ὃς οὐκ ἀπεληλαμένος τῶν ἄλλων τιμῶν, ἀλλὰ τῆς μὲν ἀνδρείας τὸ πρὸς Μεγαρέας τρόπαιον ὑπόμνημα καταλιπών, τῆς δ' εὐβουλίας τὴν Σαλαμῖνος κομιδήν, τῆς δ' ἄλλης συνέσεως τοὺς νόμους, οἷς ἔτι καὶ νῦν οἱ πλεῖστοι τῶν Ἑλλήνων χρώμενοι διατελοῦσιν. ὅμως τοσούτων αὐτῷ καλῶν ὑπαρχόντων, ἐπ' οὐδενὶ μᾶλλον ἐσπούδασεν, ἢ τῶν ἑπτὰ σοφιστῶν ὅπως γένηται, νομίζων τὴν φιλοσοφίαν οὐκ ὄνειδος, ἀλλὰ τιμὴν τοῖς χρωμένοις φέρειν· καλῶς ἐγνωκὼς αὐτὸ τοῦτο οὐχ ἧττον, ἢ καὶ τἆλλα, ἐφ' οἷς διήνεγκεν.

ιδ'. Ἐγὼ μὲν οὖν οὔτ' αὐτὸς ἄλλως γιγνώσκω, σοί τε παραινῶ φιλοσοφεῖν, μεμνημένῳ τῶν ἐξ ἀρχῆς ὑπαρξάντων σαυτῷ. τούτου γὰρ ἕνεκα διῆλθον ἐν ἀρχῇ τοῦ λόγου κἀγὼ

[1] * πόνων [2] * ἄθλων

arte. malim tamen cum Bruciolo, καὶ ταύτης τῆς πραγματείας, legere. Wolf.

ιγ'. Ἔτι τούτων] Σέ τι. Idem.

Προῄρημαι τῶν πολλῶν] M. πολιτικῶν, ut est in variis lectionibus annotatum: etsi τῶν καλῶν et τῶν ἄλλων non incommoda esset παρονομασία. Idem.

Διαιροῦμαι] Bruciolus annotavit δὴ αἱροῦμαι, ego malim διηγοῦμαι. Idem.

Πραττείας] Πραγματείας ταύτης, id est, ἐκ τοῦ σοφιστεύειν. Idem. Legendum est: πραγματείας. Obsopoeus.

Τὸ πρὸς Μεγαρέας] Vide Diogenem Laertium in vita Solonis de simulata ejus insania recipiendæ gratia Salaminos. Wolf.

Οἱ πλεῖστοι ἐπὶ Ἑλλήνων] Οἱ πλεῖστοι τῶν Ἑλλήνων. Idem.

Τῶν ἑπτὰ σοφιστῶν] Solonem etiam Isocrates in oratione περὶ ἀντιδόσεως inter sophistas recenset. Malim tamen hic σοφῶν legere. Idem.

ιδ'. Ὑφ' ὧν οὖν σοί τε παραινῶ] Lego cum Bruciolo: ἐγὼ μὲν οὖν οὔτ' αὐτὸς ἄλλως γιγνώσκω, σοί τε παραινῶ φιλοσοφεῖν μεμνημένῳ. Idem.

Διήλθομεν] Lego διῆλθον. Idem.

περὶ αὐτῶν, οὐχ ὡς ἐκ τοῦ τὴν σὴν φύσιν ἐπαινεῖν ἀνακτή-
σεσθαί σε προσδοκῶν, ἀλλ' ἵνα μᾶλλον προτρέψω σε πρὸς
τὴν φιλοσοφίαν, ἐὰν μὴ παρὰ μικρὸν ποιήσῃ, μηδ', ἐπὶ
τοῖς ὑπάρχουσιν ἀγαθοῖς μέγα φρονήσας, τῶν μελλόντων
ὀλιγωρήσῃς, μηδ', εἰ τῶν ἐντυγχανόντων κρείττων εἶ, μη-
δὲν τῶν ἄλλων ζήτει διενεγκεῖν. ἀλλ' ἡγοῦ κράτιστον μὲν
εἶναι τὸ πρωτεύειν ἐν ἅπασι· τούτου δ' ὀρεγόμενον ὀφθῆναι
μᾶλλον συμφέρειν, ἢ προέχοντα ἐν τοῖς τυχοῦσι. καὶ μὴ
καταισχύνῃς τὴν φύσιν, μηδὲ ψευσθῆναι ποιήσῃς τῶν ἐλπί-
δων τοὺς ἐπὶ σοὶ μέγα φρονοῦντας· ἀλλ' ὑπερβάλλεσθαι
πειρῶ τῇ σαυτοῦ δυνάμει τὴν τῶν εὐνουστάτων ἐπιθυμίαν. 1417
καὶ νόμιζε τοὺς μὲν ἄλλους λόγους, ὅταν ἐπιεικῶς ἔχωσι,
τοῖς εἰποῦσι δόξαν περιτιθέναι, τὰς δὲ συμβουλίας τοῖς
πεισθεῖσιν ὠφέλειαν καὶ τιμὴν προσάπτειν· καὶ τὰς μὲν
περὶ τῶν ἄλλων κρίσεις τὴν αἴσθησιν ἣν ἔχομεν δηλοῦν,
τὰς δὲ τῶν ἐπιτηδευμάτων αἱρέσεις τὴν ὅλην φύσιν ἡμῶν δο-
κιμάζειν. ἐν αἷς ἅμα κρίνων, αὐτὸς κριθήσεσθαι προσδόκα
παρὰ πᾶσι· κἀμὲ, τὸν οὕτως ἐγκωμιάσαντά σε ἑτοίμως,
ἐν ἀγῶνι γενήσεσθαι τῆς σῆς δοκιμασίας. διὸ δεῖ σέ τε
τῶν ἐπαίνων ἄξιον εἶναι δόξαντα, κἀμὲ τῆς σῆς φιλίας
ἀνεπιτίμητον εἶναι.

ιέ. Οὐχ οὕτω δ' ἂν σε προθύμως ἐπὶ τὴν φιλοσοφίαν
[1] παρεκάλουν, εἰ μὴ τῆς μὲν εὐνοίας τῆς ἐμῆς τοῦτον ἂν
σοι κάλλιστον ἔρανον εἰσενεγκεῖν ᾤμην· τὴν δὲ πόλιν ἑώρων,
διὰ μὲν ἀπορίαν τῶν καλῶν κἀγαθῶν ἀνδρῶν τοῖς τυχοῦσι
πολλάκις χρωμένην, διὰ δὲ τὰς τούτων ἁμαρτίας αὐτὴν
ταῖς μεγίσταις ἀτυχίαις περιπίπτουσαν. ἵν' οὖν ἡ μὲν τῆς
σῆς ἀρετῆς, σὺ δὲ τῶν παρὰ ταύτης τιμῶν ἀπολαύσῃς,
προθυμότερόν σοι παρεκελευσάμην. καὶ γὰρ οὐδ' ἐπὶ σοὶ
νομίζω γενήσεσθαι ζῆν ὡς ἔτυχεν· ἀλλὰ προστάξειν σοὶ

1 * παρεκαλούμην

'Αναστήσασθαι] *Redire tecum in gratiam.* quanquam hic καταχρηστικῶς accipi videtur, pro *emereri favorem tuum.* Idem.

'Εὰν μὴ παρὰ μικρὸν ποιήσῃ] S. τὰς παραινέσεις τὰς ἐμάς: *si non parvi feceris mea monita.* Idem.

Μὴ δ' εἰ τῶν ἐντυγχανόντων] *Neque vero, si etc.* Est prohibendi particula τὸ μὴ, non copulativa. Idem.

Προσέχοντα] Προέχοντα. Idem.

'Ετοίμως ἐν ἀγῶνι] Bifariam intelligi potest, vel, *me cupide spectaturum, quodnam de te specimen præbeas:* vel, *statim fore, qui mihi litem moveant, si te secus gesseris:* et sic accipiendum probat id, quod statim sequitur. Idem.

Τῆς σῆς φιλίας ἀνεπιτίμητον] S. *bene, mihi tua amicitia non debet crimini dari,*

τὴν πόλιν τῶν αὐτῆς τι διοικεῖν, καὶ ὅσῳ τὴν φύσιν ἐπιφανεστέραν ἔχεις, τοσούτῳ μειζόνων ἀξιώσειν, καὶ θᾶττον βουλήσεσθαι πεῖραν σου λαμβάνειν. καλὸν οὖν παρεσκευάσθαι τὴν γνώμην, ἵνα μὴ τότε πλημμελῇς. τὸ μὲν οὖν ἐμὸν ἦν ἔργον, εἰπεῖν ἅ σοι συμφέρειν ἡγοῦμαι πεπρᾶχθαι· σὸν δὲ, βουλεύσασθαι περὶ αὐτῶν.

ιϛ'. Προσήκει δὲ καὶ τοὺς ἄλλους τοὺς ζητοῦντας οἰκείως
1418 πρὸς σὲ διακεῖσθαι, μὴ τὰς ἐπιπολαίους ἡδονὰς καὶ διατριβὰς
ἀγαπᾶν, μηδ' ἐπὶ ταύτας προκαλεῖσθαι· ἀλλὰ φιλοπονεῖν καὶ σκοπεῖν, ὅπως τὸν σὸν βίον ὡς λαμπρότατον καταστήσουσιν. αὐτοί τε γὰρ οὕτως ἂν μάλιστα ἐπαινοῖντο, καὶ σοὶ πλείστων ἀγαθῶν αἴτιοι γένοιντο. μέμφομαι μὲν οὖν οὐδὲ νῦν οὐδένα τῶν σοὶ πλησιαζόντων — καὶ γάρ μοι δοκεῖ τῆς ἄλλης εὐτυχίας τῆς σῆς καὶ τοῦθ' ἓν εἶναι, τὸ μηδενὸς φαύλου τυχεῖν ἐραστοῦ —, ἀλλ' οὓς ἄν τις ἕλοιτο βουλόμενος φίλους ἐκ τῶν ἡλικιωτῶν ἐκλέγεσθαι. παραινῶ μέντοι σοι φιλοφρονεῖσθαι μὲν πρὸς ἅπαντας τούτους καὶ ἔχειν ἡδέως· πείθεσθαι δὲ τοῖς πλεῖστον νοῦν ἔχουσιν αὐτῶν, ἵνα καὶ τούτοις αὐτοῖς ἔτι σπουδαιότερος δοκῇς εἶναι, καὶ τοῖς ἄλλοις πολίταις. Εὐτύχει.

aut esse fraudi. Idem.

ιέ. Τὸ μὲν οὖν ἐμὸν ἦν ἔργον] Ἦν Bruciolus recte omisit. Idem.

ιϛ'. Ἐπιπολαίους] *Leves, parvi momenti, non solidas, nec diu duraturas.* Idem.

Ἕλοιτο, βουλόμενος φίλους] Post ἕλοιτο interpungendum, comma ante φίλους delendum. Idem.

ΔΗΜΟΣΘΕΝΟΥΣ

ΠΡΟΟΙΜΙΑ ΔΗΜΗΓΟΡΙΚΑ.

Pag. ed. Reisk.

α΄.

1418 ΕΙ μὲν περὶ καινοῦ τινὸς πράγματος προὐτίθετο, ὦ ἄν-
δρες Ἀθηναῖοι, λέγειν, ἐπισχὼν ἂν ἕως οἱ πλεῖστοι τῶν
εἰωθότων γνώμην ἀπεφήναντο, εἰ μὲν ἤρεσκέ τί μοι τῶν
ῥηθέντων, ἡσυχίαν ἂν ἦγον· εἰ δὲ μὴ, τότ' ἂν καὶ αὐτὸς
ἐπειρώμην, ἃ γιγνώσκω, λέγειν. ἐπειδὴ δ', ὑπὲρ ὧν πολλά-
κις εἰρήκασιν οὗτοι πρότερον, περὶ τούτων νυνὶ σκοπεῖτε,
ἡγοῦμαι καὶ πρῶτος ἀναστὰς, εἰκότως ἂν μετὰ τούτους
δοκεῖν λέγειν. εἰ μὲν οὖν εἶχε καλῶς τὰ πράγματα, οὐδὲν
1419 ἂν ἔδει συμβουλεύειν· ἐπειδὴ δ', ὡς ἅπαντες ὁρᾶτ', ἔχει
δυσκολίαν, ὡς ἐκ τοιούτων, πειράσομαι συμβουλεύειν ἃ
κράτιστα εἶναι νομίζω. πρῶτον μὲν οὖν ὑμᾶς ἐκεῖνο ἐγνω-
κέναι δεῖ, ὡς οὐδὲν, ὧν ἐποιεῖτε ἐπὶ τοῦ πολεμεῖν ὄντες,
τοῦ λοιποῦ πρακτέον ἐστὶν, ἀλλὰ πάντα τἀναντία· εἰ
γὰρ ἐκεῖνα φαῦλα πεποίηκε τὰ πράγματα, τἀναντία εἰ-
κὸς βελτίω ποιῆσαι. ἔπειτα νομιστέον, οὐχ, ὃς ἂν ὑμῖν ἢ
μηδὲν ἢ μικρὰ προστάττῃ, τοῦτον ὀρθῶς λέγειν — ὁρᾶτε
γὰρ ὡς ἐκ τῶν τοιούτων ἐλπίδων καὶ λόγων εἰς πᾶν προε-
λήλυθε μοχθηρίας τὰ παρόντα —, ἀλλ' ὃς ἂν, τὸ χαρίζε-
σθαι παρεὶς, ἃ δεῖ καὶ δι' ὧν παυσαίμεθα αἰσχύνην

ά.] Initium hujus exordii fere convenit cum exordio primæ Philippicæ. Wolf.

Οἱ πλεῖστοι τῶν εἰωθότων] *Plurimi solitorum.* Hæc sat commode reddi nequeunt. Nam et eandem brevitatem Latinus sermo respuit, et, si participio infinitivum, qui subintelligitur, subjicias, molesta est repetitio. Sed ego meum tenebo institutum, ut non temere ullum verbum, cujus aliqua modo vis sit, prætermittam, Lectorem orans, ut asperitatem dictionis non tam oderit, quam veritatem interpretationis amet. Idem.

Κατὰ τούτους] *Secundum hos dicere*, id est, illis assentiri. Legendum μετὰ τούτους, ut sit antitheton τοῦ πρῶτος, *primus, post hos.* Idem.

Ὡς ἐκ τοιούτων] Hoc est, δυσκολίαν ἐχόντων πραγμάτων, *ut talium*, hoc est, *arduorum rerum, natura patitur.* Idem.

Ἐπὶ τοῦ πολεμεῖν ὄντες] *Dum in bellando essetis.* Sic Terentius: 'Ctesipho totus in amore est.' ὁ Κτησιφῶν ὅλος ἐστὶ τοῦ ἐρᾷν, ἢ, ἐπὶ τοῦ ἐρωτικός ἐστι: vel, ἐν τῷ ἔρωτι. Idem.

Εἰ γὰρ ἐκεῖνα] Τὰ ἐπὶ τοῦ πολεμεῖν. Idem.

Βελτίω] Scilicet τὰ πράγματα. Idem.

Προστάττῃ τοῦτον, ὀρθῶς] Lego προστάττει, τοῦτον ὀρθῶς λέγειν, *mandet, cum recte dicere.* Idem.

ὀφλισκάνοντες καὶ ζημιούμενοι, ταῦτα λέγῃ. καὶ γὰρ ὡς ἀληθῶς, εἰ μὲν, ὅσα ἂν τῷ λόγῳ τις ὑπερβῇ, λυπῆσαι μὴ βουλόμενος, καὶ τὰ πράγματα ὑπερβήσεται, δεῖ πρὸς ἡδονὴν δημηγορεῖν· εἰ δ' ἡ τῶν λόγων χάρις, ἂν ᾖ μὴ προσήκουσα, ἔργῳ ζημία γίγνεται, αἰσχρόν ἐστι φενακίζειν ἑαυτοὺς, καὶ μετὰ τῆς ἐσχάτης ἀνάγκης πρᾶξαι ταῦτα, ἃ πάλαι ἐθελοντὰς προσῆκε ποιεῖν.

β'.

Οὐχὶ ταὐτὰ γιγνώσκειν, ὦ ἄνδρες Ἀθηναῖοι, παρίσταταί   τό τε τῆς πολιτείας ὄνομα ὑμῶν ἀκούσω, καὶ   τρόπον, ὃν προσφέρονταί τινες ὑμῶν τοῖς ὑπὲρ ταύτης λέγουσιν, ἴδω. τὴν μὲν γὰρ πολιτείαν δημοκρατίαν, ὥσπερ ἅπαντες ἴστε, ὀνομάζετε· τῶν δὲ τἀναντία ταύτῃ λεγόντων ἐνίους ἥδιον ἀκούοντας ὁρῶ. ὃ καὶ θαυμάζω τίς ποτε ἡ πρόφασις. πότερον προῖκα λέγειν ταῦτ' αὐτοὺς οἴεσθε; ἀλλ' οἱ τῶν ὀλιγαρχιῶν, ὑπὲρ
γουσι, κύριοι καὶ πλείω σιωπῇ μᾶλλον ἂν
βελτίω ταῦτ' εἶναι τῶν ἑτέρων ὑπειλήφατε; βελτίων ἄρα ὑμῖν ὀλιγαρχία δημοκρατίας φ
βελτίους ἡγεῖσθε; καὶ τίς ἂν ὑφ' ὑμῶν χρη
το εἰκότως, ἐναντία τῇ καθεστώσῃ πολιτείᾳ
οὐκοῦν λοιπὸν ἁμαρτάνειν ὑμᾶς, ὅταν οὕτως ἔχητε τὴν γνώμην. τοῦτο τοίνυν φυλάττεσθε μὴ πάσχειν, ὦ ἄνδρες

Καὶ ζημιούμενοι, ταῦτα λέγῃ] Ante ταῦτα comma ponendum. Est autem familiare Demostheni, relativa priore, antecedentia posteriore loco ponere, ἃ ταῦτα. Similis fere sententia est in 2. Olynthiaca, et oratione περὶ τῶν ἐν Χερρονήσῳ. Idem.

Ἂν ᾖ μὴ προσήκουσα, ἔργῳ ζημία γίγνεται] Sic distinguendus hic locus, ut interpungas ante ἂν, et post προσήκουσα. Mox v. 7. ἐθελοντὰς lege, ab ἐθελοντής. Idem.

β'. Παρίσταταί μοι] Assistit mihi, id est, δύναμαι, possum, in promtu mihi est. ut in Olynth. 3. annotavimus.

Τό τε τῆς πολιτείας ὄνομα ὑμῶν ἀκούσω] Ambiguum est, ὑμῶν utro referatur, ad πολιτείας-ne, an ad ἀκούσω. malo tamen exponere: audito e vobis reipublicæ nomine: quam, audito reipublicæ vestræ nomine. Sequitur enim v. 12. τὴν πολιτείαν δημοκρατίαν ὀνομάζετε, rempublicam democratiam nominatis. Idem.

Ἀκούοντας] Malim ἀκούοντες. Idem.

Ὃ καὶ θαυμάζω τίς ἡ πρόφασις] Pro ὃ δ', τίς τούτου. est Græca brevitas et ἔλλειψις: nisi forte legendum sit οὗ. Idem.

Πότερον προῖκα] Utrum gratuito dicere illa ipsos putatis? perstringit oratores adversæ factionis, ut largitionibus corruptos. Idem.

Καὶ πλείω σιωπῇ] Plura etiam silentio potius darent, id est, tacentibus, quam dicentibus: et fortasse legendum σιωπῶσι. Hoc non ita intelligo, ut Demosthenes in Harpali causa, Plutarcho auctore, viginti talentis tacuit. Sed hoc dici puto, illos oratores non modo esse corruptos, sed etiam ineptos, ut qui illis noceant, quos defensos velint. Præstat autem taceri omnino, quam male agi causam. Idem.

Τοῦτο τοίνυν φυλάττεσθε μὴ πάσχειν] Sine interpunctione legendum, μὴ πάσχειν τοῦτο, ἀντὶ τοῦ, μὴ οὕτω διακεῖσθαι τὴν γν-

Ἀθηναῖοι, ὅπως μή ποτε τοῖς ἐπιβουλεύουσι λαβὴν δώσετε· εἶτα τότε αἰσθήσεσθε ἡμαρτηκότες, ἡνίκα οὐδ᾽ ὁτιοῦν ὑμῖν πλέον ἔσται. τὸ μὲν οὖν, ὦ ἄνδρες Ἀθηναῖοι, μὴ πάνθ᾽ ὡς ἂν ἡμεῖς βουλοίμεθα ἔχειν, μήτε παρ᾽ αὐτοῖς ἡμῖν μήτε παρὰ τοῖς συμμάχοις, ἴσως οὐδέν ἐστι θαυμαστόν. πολλῶν γὰρ τὸ τῆς τύχης αὐτόματον κρατεῖ, καὶ πολλαὶ προφάσεις τοῦ μὴ πάντα κατὰ γνώμην συμβαίνειν ἀνθρώποις οὖσι. τὸ δὲ μηδ᾽ ὁτιοῦν μεταλαμβάνειν τὸν δῆμον, ἀλλὰ τοὺς ἀντιπράττοντας περιεῖναι, τοῦτο καὶ θαυμαστὸν, ὦ ἄνδρες Ἀθηναῖοι, καὶ φαβερὸν τοῖς εὖ φρονοῦσιν, ὡς καὶ ἐγὼ κρίνω. ἡ μὲν οὖν ἀρχὴ παντός ἐστιν αὕτη μοι τοῦ λόγου.

γ΄.

Ἀντὶ πολλῶν, ὦ ἄνδρες Ἀθηναῖοι, χρημάτων, εἰ φανερὸν γένοιτο τὸ μέλλον συνοίσειν περὶ ὧν νυνὶ τυγχάνετε σκοποῦντες, οἶμαι πάντας ὑμᾶς ἑλέσθαι. ὅτε τοίνυν τοῦθ᾽ οὕτως ἔχει, προσήκει ἐθελοντὰς ἀκούειν ὑμᾶς αὐτοὺς τῶν βουλομένων συμβουλεύειν. οὐ γὰρ μόνον, εἴ τι χρήσιμον ἐσκεμμένος ἥκει τις, τοῦτ᾽ ἂν ἀκούσαντες λάβοιτε· ἀλλὰ καὶ τῆς ὑμετέρας τύχης ὑπολαμβάνω, πολλὰ τῶν δεόντων ἐκ τοῦ παραχρῆμα ἐνίοις ἐπελθεῖν ἂν εἰπεῖν. ὥστ᾽ ἐξ ἁπάντων
1421 ῥᾳδίαν τὴν τοῦ συμφέροντος ὑμῖν αἵρεσιν γενέσθαι.

δ΄.

Ἔστιν, ὦ ἄνδρες Ἀθηναῖοι, δίκαιον, ἐπειδὴ ἐφ᾽ ὑμῖν

χήν. IDEM. Pro φυλάττεσθε, μὴ πάσχοιτε. BERGLER. *Hoc autem caveatis pati ut ne detis*, i. e. caveatis ne id vobis accidat ut detis. AUGER.

Ἡνίκα οὐδοτιοῦν ὑμῖν πλέον ἔσται] *Quando vobis nihilo plus erit*, id est, ἡνίκα οὐδὲν ὠφελήσει, *cum intellecto errore nihilo vobiscum agetur melius*. D. Basilius huic formulæ dativum participii addit: ὅταν οὐδὲν ἔσται πλέον ἀνιωμένοις. WOLF.

Τὸ δὲ μηδοτιοῦν μεταλαμβάνειν τὸν δῆμον] *At rei prorsus nullius participem esse populum*, id est, sublatam esse populi auctoritatem. Potest etiam exponi: *Illud autem, quod populus nihil omnino mutat, nullum hisce malis remedium quærit*, etc. Sic verbo μεταλαμβάνειν usus est Isocrates in Panathenaico: καὶ μηδεὶς ὑπολάβῃ με ταῦτ᾽ εἰρηκέναι περὶ ταύτης, ἣν ἀναγκασθέντες μετελάβομεν. *Nec vero de ea me republica quisquam dixisse hæc existimet, quam coacti pro altera sumus amplexi*. Dubitari tamen potest, an ibi legendum sit potius μετεβάλομεν, a μεταβάλλειν, non a μεταλαμβάνειν, quod Hesychius μεταλαγχάνειν καὶ μετέχειν exponit. IDEM. *Populum vero nullius rei esse participem*. AUGER.

Τοὺς ἀντιπράττοντας περιεῖναι] S. τῷ δήμῳ. *eos, qui populo adversantur, superiores esse*, vel *superstites, non tolli e medio*. Nam utraque est verbi περιεῖναι significatio. WOLF.

γ΄.] Hoc est primæ Olynthiacæ exordium, paucis duntaxat verbis mutatis. Lego et hic v. 16. ἐθελοντὰς, ὀξυτόνως. pro αὐτοὺς ibid. fortasse legendum ἁπάντων τῶν βουλομένων. IDEM.

δ΄. Ἔστιν, ὦ ἄνδρες Ἀθηναῖοι] Aldinus co-

ἐστὶν ἑλέσθαι τῶν ῥηθέντων ὅ τι ἂν βούλησθε, ἁπάντων ἀκοῦσαι· καὶ γὰρ πολλάκις συμβαίνει τὸν αὐτὸν ἄνθρωπον τοῦτο μὲν μὴ λέγειν ὀρθῶς, ἕτερον δέ τι. ἐκ μὲν οὖν τοῦ θορυβεῖν, τάχ' ἂν δυσχεράναντες πολλῶν χρησίμων ἀποστερηθείητε· ἐκ δὲ τοῦ μετὰ κόσμου καὶ σιγῆς ἀκοῦσαι, καὶ τὰ καλῶς ἔχοντα ἅπαντα ποιήσετε, κἂν δοκῇ τις παραληρεῖν, παραλείψετε. ἐγὼ μὲν οὖν οὔτ' εἴωθα μακρολογεῖν, οὔτ' ἄν, εἰ τὸν ἄλλον εἰώθειν χρόνον, νῦν ἂν ἐχρησάμην τούτῳ, ἀλλά, ἃ συμφέρειν ὑμῖν νομίζω, ταῦτα, ὡς ἂν δύνωμαι, διὰ βραχυτάτων ἐρῶ πρὸς ὑμᾶς. ὁρῶ μὲν γάρ, ὦ ἄνδρες Ἀθηναῖοι, παντάπασι πρόδηλον ὄν, οὕς τε ἂν ἀκούσητε λόγους ἡδέως, καὶ πρὸς οὓς οὐκ οἰκείως ἔχετε· οὐ μὴν ἀλλὰ τὸ μὲν λέγειν ἅ τις οἴεται χαριεῖσθαι, τῶν παρακρούσασθαί τι βουλομένων εἶναι νομίζω, τὸ δ' ὑφίστασθαι, περὶ ὧν πέπεικεν ἑαυτὸν συμφέρειν τῇ πόλει, κἂν θορυβηθῆναι κἂν ἄλλο τι βούλησθ' ὑμεῖς, εὔνου καὶ δικαίου πολίτου τοῦτο κρίνω. βουλοίμην δ' ἂν ὑμᾶς, εἰ καὶ μηδὲ δι' ἓν τῶν ἄλλων, δι' ἐκεῖνο ὑπομεῖναι τοὺς λόγους ἀμφοτέρων, ἵν', ἐὰν μὲν ὀρθότερον φανῇ τις λέγων ὧν ὑμεῖς ὡρμήκατε, χρήσησθε τούτῳ· ἂν δ' ἀπολειφθῇ καὶ μὴ δύνηται διδάξαι, δι' αὐτόν, ἀλλὰ μὴ δι' ὑμᾶς οὐκ ἐθέλοντας ἀκούειν, τοῦτο πεπονθέναι δοκῇ. ἔτι δ' οὐδὲ πάθοιτ' ἂν ἀηδὲς οὐδὲν τοιοῦτον, εἰ πολλά τινος ληροῦντος ἀκούσαιτε, ἢ εἰ τῶν δεόν-

dex habet ἔστι δὲ, ὦ. Sic continuaretur cum quarto. Parum autem refert, sive novum hic exordium facias, sive cum superiore, (quod quidem non inepte fieri potest) conjungas. Ego in iis, quæ separavi, particulas connectentes, οὖν, δὲ, et similes, delevi. IDEM.

Ἁπάντων ἀκοῦσαι] S. τῶν βουλομένων συμβουλεύειν. IDEM.

Καὶ γὰρ πολλάκις συμβαίνει] M. ἂν συμβαίνοι, vel συμβαίνει per ει. IDEM.

Ἕτερον δέ τι] S. ὀρθῶς. IDEM.

Ἐκ μὲν οὖν τοῦ θορυβεῖν] Hoc est, τῷ θορυβεῖν καὶ δυσχερᾶναι. *dum tumultuamini, et fastiditis ea, quæ dicuntur.* Nihil opus est subtiliter disputare, utrum τὸ θορυβεῖν antecedat, et τὸ δυσχερᾶναι sequatur, an τὸ δυσχερᾶναι causa sit τοῦ θορυβεῖν, cum utraque conjungi soleant. IDEM.

Παραλήψετε] Παραλείψετε legendum per ει, a παραλείπω, non per η, a παραλαμβάνω: quorum verborum tempora, quæ η et ει habent, crebro permutantur. IDEM.

Ὁρῶν μὲν, ὦ ἄνδρες Ἀθηναῖοι] Videtur hic novum esse exordium. Fel. legit ὁρῶν μὲν γὰρ, ut cum superiori connectatur. Sed haud dubie legendum ὁρῶ, alioqui, cum sequatur οὐ μὴν ἀλλὰ, v. 12. esset ἀνανταπόδοτον. IDEM.

Οὕς τε ἂν ἀκούσητε λόγους ἡδέως] Atticum pro ὧν τε λόγων. IDEM.

Ἅ τις οἴεται χαριεῖσθαι] *Ea dicere, quibus te gratiam initurum putes.* IDEM.

Ὑφίστασθαι περὶ ὧν] Περὶ ἐκείνων, ἃ. *Sustinere propter ea, quæ prodesse putet, sive explodi, sive quid vobis aliud visum fuerit.* IDEM.

Κἂν ἄλλο τι βούλησθ' ὑμεῖς] F. A. ὑπομένειν. IDEM.

Χρήσεσθε τούτῳ] Malim χρῆσθε, vel χρήσησθε, propter particulam ἵνα. IDEM. M. χρήσησθε. AUGER.

Ἀηδὲς οὐδὲν τοιοῦτον] Malim τοσοῦτον. particulam οὐδὲν non puto rejiciendam, tametsi οὐδὲ negatio præcessit. Sed duriuscule cohærent τοσοῦτον ἢ εἰ. F. τοσοῦτον,

1422 των τι λέγειν ἔχοντά τινα εἰπεῖν κωλύσαιτε. ἡ μὲν οὖν ἀρχὴ τοῦ δοκιμάζειν ὀρθῶς ἅπαντ' ἐστὶ, μηδὲν οἴεσθαι πρότερον γιγνώσκειν, πρὶν μαθεῖν, ἄλλως τε καὶ συνειδότας πολλάκις ἤδη πολλοὺς μετεγνωκότας. ἂν τοίνυν ὑμεῖς ταῦθ' ὑπάρξητε νῦν πεπεισμένοι, οἶμαι μετὰ βραχέων λόγων καὶ αὐτὸς ἄν τι λέγειν εἰκότως [1] δόξαι καὶ ὑμῖν τὰ βέλτιστα φαίνεσθαι λέγων.

έ.

Πολλῶν, ὦ ἄνδρες Ἀθηναῖοι, λόγων εἰρημένων παρὰ πάντων τῶν συμβεβουλευκότων, οὐδὲν ὑμᾶς νῦν ὁρῶ ὄντας ἐγγυτέρω τοῦ, τί πρακτέον, εὑρῆσθαι, ἢ πρὶν εἰς τὴν ἐκκλησίαν ἀναβῆναι. αἴτιον δὲ τούτου ταὐτὸ, ὅπερ, οἶμαι, τοῦ κακῶς ἔχειν τὰ ὅλα. οὐ γὰρ παραινοῦσιν ὑμῖν ὑπὲρ τῶν παρόντων οἱ λέγοντες· ἀλλ' ἑαυτῶν κατηγοροῦσι καὶ λοιδοροῦνται, ὡς μὲν ἐγὼ κρίνω, συνεθίζοντες ὑμᾶς ἄνευ κρίσεως, ὅσων εἰσὶν αἴτιοι κακῶν, ἀκούειν, ἵν', ἄν ποτ' ἄρα εἰς ἀγῶνα καθιστῶνται, μηδὲν ἡγούμενοι καινὸν ἀκούειν, ἀλλ' ὑπὲρ ὧν ὤργισθε πολλάκις, πρᾳότεροι δικασταὶ καὶ κριταὶ γίγνησθε τῶν πεπραγμένων αὐτοῖς. τὴν μὲν οὖν αἰτίαν, δι' ἣν ταῦτα ποιοῦσιν, ἴσως ἀνόητον ἀκριβῶς ζητεῖν εἴη ἂν ἐν τῷ παρόντι· ὅτι δὲ ὑμῖν οὐχὶ συμφέρει, διὰ τοῦτο ἐπιτιμῶ. ἐγὼ δ' οὔτε κατηγορήσω τήμερον οὐδενὸς, οὔτε ὑποσχήσομαι τοιοῦτο οὐδὲν, ὃ μὴ παραχρῆμα ἐπιδείξω, οὐδ' ὅλως τῶν αὐτῶν τούτοις οὐδὲν ποιήσω· ἀλλ' ἃ βέλτι-

[1] δόξαιν

etc. δέον εἰ. Wolf. M. δέον εἰ. Auger.

Ἄλλως τε καὶ συνειδότας] Pro συνειδότων, ἐπειδὴ σύνοίδατε, præsertim cum noveritis. Wolf.

Μετεγνωκότας] Mutasse sententiam. Idem.

Ἀντιλέγειν] Lege ἄν τι λέγειν, tribus verbis. Idem.

έ. Παρὰ πάντων τῶν συμβεβηκότων] Ab his, M. περὶ, de his, quæ acciderunt, vel de eventis. Sed legendum censeo συμβεβουλευκότων. Idem.

Ὄντας ἐγγυτέρω τοῦ, τί πρακτέον, εὑρῆσθαι] Esse propiores, ut, quid agi debeat, inventum sit, id est, nihilo propius accessisse ad inventionem, vel, æque longe abesse ab ejus inventione, quod fieri conveniat, etc. Idem.

Ἀναβῆναι] Videtur idem esse, quod ἄνω βῆναι, adscendisse. Unde et Κύρου καὶ Ἀλεξάνδρου ἀνάβασις dicitur a Xenophonte et Arriano descripta expeditio contra Persas: et Plutarchus in vita Demosthenis: τῷ δ' ἄνωθεν ἐκ Σούσων καὶ Ἐκβατάνων ἐπιβατὴς χρυσίῳ γεγονώς. Unde apparet, verbum ἀναβαίνειν de loco editiore proprie intelligi. Et Isocrates in Panegyrico de Persis loquens: Τοιγαροῦν, inquit, οἱ καταβαίνοντες αὐτῶν ἐπὶ θάλατταν, οὓς καλοῦσι σατράπας, οὐ καταισχύνουσι τὴν ἐκείνων παίδευσιν. Idem.

Ἑαυτῶν κατηγοροῦσι] Id est, ἀλλήλων, mutuo accusant, vel, se invicem. Idem.

Ὅτι δὲ ὑμῖν] Quia vero vobis non confert, scilicet, aures præbere vitilitigatoribus. Idem.

Τῶν αὐτῶν τούτοις οὐδὲν] Nihil eorundem

ξαν γιγνομένην αὐτοῖς, ἱκανὴν φιλοτιμίαν ἡγεῖσθαι· ἐγὼ 1425
δὲ νομίζω χρῆναι τὸν τῇ πόλει περὶ πραγμάτων ἐπιχειροῦντα συμβουλεύειν, μᾶλλον, ὅπως τὰ δόξαντα συνοίσει, σκοπεῖν, ἢ ὅπως οἱ παραχρῆμα λόγοι χάριν ἕξουσι. δεῖ γὰρ τοῖς ἐπὶ τῶν λόγων εὐδοκιμοῦσι, συμφέροντός τινος ἔργου πρᾶξιν προσεῖναι, ἵνα μὴ νῦν μόνον, ἀλλ' ἀεὶ τὰ ῥηθέντα καλῶς ἔχῃ.

θ'.

Εἰ μὲν ἐγνώκατ', ὦ ἄνδρες Ἀθηναῖοι, τί βέλτιστον ὂν τυγχάνει πρᾶξαι περὶ τῶν παρόντων, ἁμάρτημα τὸ συμβουλεύειν προτιθέναι· ἃ γὰρ αὐτοὶ, πρὶν ἀκοῦσαι, δοκιμάζετε συμφέρειν, τί δεῖ ταῦτα ἀκούοντας μάτην ἐνοχλεῖσθαι; εἰ δὲ σκοπεῖτε καὶ βουλεύεσθε, ὡς ἐκ τῶν ῥηθησομένων δοκιμάσαι δέον, οὐκ ὀρθῶς ἔχει τὸ κωλύειν τοὺς βουλομένους λέγειν. παρὰ μὲν γὰρ τῶν ὅλως ἀποστερεῖσθε ἐκ τοῦ τοῦτο ποιεῖν, εἴ τι χρήσιμον ἐντεθύμηνται· τοὺς δ', ἀφέντας ἃ τυγχάνουσιν ἐγνωκότες, ὧν ὑμᾶς ἐπιθυμεῖν οἴονται, ταῦτα ποιεῖτε συμβουλεύειν. ἔστι δὲ ἁμαρτάνειν μὲν βουλομένων, τὸ συναναγκάζειν τὸν παριόντα, ἃ βούλεσθε, λέγειν· βουλευομένων δὲ, ἀκούσαντας ἃ γιγνώσκει, σκοπεῖν, κἄν τι καλῶς ἔχῃ, χρῆσθαι. λέγω δὲ ταῦτα, οὐκ ἐναντία τοῖς ὑμῖν ἀρέσκουσι μέλλων παραινεῖν· ἀλλ' ἐκεῖνο εἰδὼς, ὅτι, ἂν μὲν μὴ θελήσητε τῶν ἀντιλεγόντων ἀκοῦσαι, ἐξηπατῆσθαι φήσουσιν ὑμᾶς, ἂν δ' ἀκούσαντες μὴ πεισθῆτε, ἐξεληλεγμένοι παραχρῆμ' ἔσονται τὰ χείρω παραινοῦντες.

ι.

Οἴομαι πάντας ὑμᾶς, ὦ ἄνδρες Ἀθηναῖοι, γιγνώσκειν,
ὅτι οὐ κρινοῦντες ἥκετε σήμερον οὐδένα τῶν ἀδικούντων, 1426
ἀλλὰ βουλευσόμενοι περὶ τῶν παρόντων. δεῖ τοίνυν τὰς μὲν κατηγορίας προέσθαι πάσας, καὶ τότ' ἐν ὑμῖν λέγειν καθ'

θ'. Ἁμάρτημα τὸ συμβουλεύειν προτιθέναι] Erratum fuerit, convocare senatum, proponere deliberationem, dare consulendi potestatem. Idem.

Ὡς δοκιμάσαι δέον] Quasi probandum sit. Idem.

Τοὺς βουλομένους λέγειν] Quæ sequuntur, v. 15. sic legenda sunt: παρὰ μὲν γὰρ τῶν ὅλως ἀποστερεῖσθε ἐκ τοῦ τοῦτο ποιεῖν, etc. et postea v. 17. pro οἴον τι lege οἴονται. Idem.

ι. Κατηγορίας προέσθαι] Accusationes abjicere. malim ὑπερθέσθαι, differre, in aliud tempus rejicere. Idem.

Καθ' ὅτου [illegible]] Contra quem. malim

ὅτου πέπεικεν ἕκαστος ἑαυτὸν, ὅταν τινὰ κρίνωμεν· εἰ δέ τίς τι χρήσιμον ἢ συμφέρον εἰπεῖν ἔχοι, τοῦτο νῦν ἀποφαινέσθω. τὸ μὲν γὰρ κατηγορεῖν, τοῖς πεπραγμένοις ἐγκαλούντων ἐστί· τὸ δὲ συμβουλεύειν, περὶ τῶν παρόντων καὶ γενησομένων προτίθεται. οὐκοῦν οὐ λοιδορίας οὐδὲ μέμψεως ὁ παρὼν καιρὸς, ἀλλὰ συμβουλῆς, εἶναί μοι δοκεῖ. διὸ πειράσομαι μὲν φυλάξασθαι, ὃ τούτοις ἐπιτιμῶ, μὴ παθεῖν αὐτός· συμβουλεῦσαι δὲ, ἃ κράτιστα νομίζω περὶ τῶν παρόντων.

ιά.

Οὐδένα ἀντειπεῖν, ὦ ἄνδρες Ἀθηναῖοι, νομίζω, ὡς οὐ κακοῦ πολίτου καὶ φαύλου τὴν γνώμην ἀνδρός ἐστιν, οὕτω τινὰ μισεῖν ἢ φιλεῖν τῶν ἐπὶ τὰ κοινὰ προσιόντων, ὥστε τοῦ τῇ πόλει βελτίστου μηδὲν φροντίζειν, ἀλλὰ τὰ μὲν πρὸς ἐπήρειαν, τὰ δὲ πρὸς φιλονεικίαν δημηγορεῖν· ἃ ποιοῦσιν ἔνιοι τῶν δευρὶ παριόντων. ἐγὼ δὲ τούτοις μὲν τοσοῦτον ἂν εἴποιμι, ὅτι μοι δοκοῦσιν, οὐδ' εἴ τι πεποιήκασι τοιοῦτον, μέγιστα ἡμαρτηκέναι, ἀλλ', ὅτι δηλοῦσιν οὐδέ ποτ' οὐδὲ παύσασθαι παρεσκευασμένοι· ὑμῖν δὲ παραινῶ, μὴ, προϊεμένους ὑμᾶς αὐτοὺς, ἱκανὸν τοῦτο νομίζειν, δίκην, ὅταν ὑμῖν δόξῃ, παρὰ τούτων λαβεῖν, ἀλλὰ καὶ τούτους, ὅσον ἐστὶν ἐν ὑμῖν, κωλύειν, καὶ αὐτοὺς, ὥσπερ ὑπὲρ πόλεως προσήκει, βουλευομένους, τὰς ἰδίας ἀνελόντας φιλονεικίας, τὸ κοινῇ βέλτιστον σκοπεῖσθαι, ἐνθυμουμένους, ὅτι
1427 οὐδεὶς, οὐδ' ἅμα πάντες οἱ πολιτευόμενοι, τῶν νόμων, ἐφ' οἷς ὑμεῖς ἐστὲ, [1] ἀξιόχρεώς ἐστι διαφθαρέντων δίκην δοῦναι.

ιβ΄.

Ἴσως ἐπίφθονον ἂν τισιν, ὦ ἄνδρες Ἀθηναῖοι, δόξειεν εἶναι, εἴ τις ὢν ἰδιώτης καὶ τῶν πολλῶν ὑμῶν εἷς, ἑτέρων συμβεβουλευκότων, οἳ καὶ τῷ πάλαι πολιτεύεσθαι καὶ

[1] ἀξιόχρεῴ εἰσι

καθ' ὅ, τι, *prout visum fuerit*. IDEM.

Τοῖς πεπραγμένοις] Malim τῶν τοῖς. IDEM.

ιά. Οὐ τὸ] Οὕτω. IDEM.

Τοῦ τοσοῦτον] Τοῦ delendum. IDEM.

Προσήκειν] Προσήκει. IDEM.

Ἀξιόχρεώς ἐστι] Sententia est, eversionem legum rem esse tantam, ut nullo satis magno supplicio coerceri possit et vindicari, neque, etiamsi mulcta irrogetur delinquenti, propterea quicquam consultum esse reipublicæ. IDEM.

τῷ παρ' ὑμῖν δόξαν ἔχειν προέχουσι, παρελθὼν εἴποι· ὅτι οὐ μόνον αὐτῷ δοκοῦσιν οὐκ ὀρθῶς λέγειν, ἀλλ' οὐδ' ἐγγὺς εἶναι τοῦ τὰ δέοντα γιγνώσκειν. οὐ μὴν ἀλλ' ἔγωγε οὕτω σφόδρα [1] οἶμαι μᾶλλον ὑμῖν συμφέροντα ἐρεῖν τούτων, ὥστε οὐκ ὀκνήσω πάντα, ἃ τυγχάνουσιν εἰρηκότες, ἄξια μηδενὸς εἶναι φῆσαι· νομίζω δὲ καὶ ὑμᾶς ὀρθῶς ἂν ποιεῖν, εἰ μὴ τὸν λέγοντα, ἀλλὰ τὰ συμβουλευόμενα, σκοποῖτε. δεῖ γάρ, ὦ ἄνδρες Ἀθηναῖοι, τὴν παρ' ὑμῶν εὔνοιαν μὴ τισὶν, ὥσπερ ἐκ γένους, ἀλλὰ τοῖς τὰ βέλτιστα ἀεὶ λέγουσιν, ὑπάρχειν.

ιγ΄.

Βουλοίμην ἂν ὑμᾶς, ὦ ἄνδρες Ἀθηναῖοι, προσέχοντας, ἃ μέλλω λέγειν, ἀκοῦσαι· καὶ γάρ ἐστιν οὐ μικρά. ἐγὼ θαυμάζω, τί δή ποτε, πρὶν μὲν εἰς τὴν ἐκκλησίαν ἀναβῆναι, ὅτῳ τις ἂν ὑμῶν ἐντύχῃ, οὗτος εὐπόρως εἰπεῖν ἔχει, δι' ὧν ἂν τὰ παρόντα πράγματα βελτίω γένοιτο, καὶ πάλιν αὐτίκα δὴ μάλα, ἐὰν ἀπέλθητε, ὁμοίως ἕκαστος ἐρεῖ τὰ δέοντα· ἐν δὲ τῷ περὶ τούτων σκοπεῖν ὄντες καὶ συνειλεγμένοι, πάντα μᾶλλον, ἢ ταῦτα λεγόντων τινῶν ἀκούετε; ἆρά γε, ὦ ἄνδρες Ἀθηναῖοι, γνῶναι μέν ἐστιν ἑκάστῳ τὰ δέονθ' ὑμῶν, καὶ τὰ τῶν ἄλλων εἰπεῖν ἐπίσταται, ποιῶν δ' αὐτὸς ἕκαστος οὐ χαριεῖται; καὶ ἰδίᾳ μὲν, ὡς ἄρα αὐτὸς [2] ἑτοίμως τὰ βέλτιστα πράττειν δόξων, τοῖς ἄλλοις 1428
ἐπιτιμᾷ· κοινῇ δ' εὐλαβεῖται τὰ τοιαῦτα ψηφίζεσθαι, δι' ὧν ἐν τῷ λειτουργεῖν τι τῶν καθηκόντων ἅπαντες ἔσεσθε; εἰ μὲν τοίνυν μηδένα καιρὸν οἴεσθε ἥξειν, ὃς εἴσω τῆς εἰρωνείας ἀφίξεται ταύτης, καλῶς ἂν ἔχοι τοῦτον τὸν τρόπον διάγειν· εἰ δὲ τὰ πράγματα ὁρᾶτε ἐγγυτέρω

[1] οἴομαι [2] ἕτοιμος

ιβ΄. Ὅτι μόνον] Ὅτι οὐ μόνον lege. IDEM.

Ἀλλ' οὐδ' ἐγγὺς εἶναι] *Sed nec prope esse recte sentiendo*, id est, multum abesse, ut recte sentiant. IDEM.

Ὥσπερ ἐκ γένους] *Tanquam e familia* vel *genere*, hoc est, hæreditariam. IDEM.

ιγ΄. Βουλοίμην τοίνυν ἂν] Τοίνυν recte videtur omitti, alioqui hoc erit cum superiore conjungendum. IDEM.

Καὶ τὰ τῶν ἄλλων] S. ἔργα τὰ προσήκοντα τοῖς ἄλλοις. *Quid alii præstare debeant.* IDEM. Subaudi *εὑρήματα*, *et ea quæ alii invenerunt.* Ibidem ὑμῶν cohæret cum ἑκάστῳ. et ποιῶν, *faciens*, i. e. proloquens in suggestu. AUGER.

Ἰδίᾳ] Καὶ ἰδίᾳ. WOLF.

Ἐπιτιμᾷν, εὐλαβεῖσθαι] Malim ἐπιτιμᾷ, εὐλαβεῖται. IDEM.

Καθηκόντων ἅπαντες ἔσεσθε] Censeo legendum: καθηκόντων ἅπαντες διαπεπραγμένοι, vel πεποιηκότες ἔσεσθε. IDEM.

Ὃς εἴσω τῆς εἰρωνείας] *Quod intra istam dissimulationem veniat*, id est, interpellet, abjicere cogat. IDEM.

προσάγοντα, δεῖ σκοπεῖσθαι, ὅπως μὴ πλησίον αὐτοῖς μάχησθε, ἃ πόῤῥωθεν ἔξεστι φυλάξασθαι, καὶ τοὺς νῦν περιοφθέντας, ἐφηδομένους ὕστερον ἔχητε, οἷς ἂν πάσχητε.

ιδ΄.

Περὶ μὲν τῶν παρόντων, ὦ ἄνδρες Ἀθηναῖοι, πραγμάτων τῇ πόλει, καίπερ οὐκ ἐχόντων ὡς δεῖ, οὐ πάνυ μοι δοκεῖ τῶν χαλεπῶν εἶναι ζητῆσαι, τί ἄν τις πράξας βελτίω ποιήσειεν. ὃν τινα [1] μέντοι χρὴ τρόπον πρὸς ὑμᾶς εἰπεῖν περὶ αὐτῶν, τοῦτο παμπόλλην δυσκολίαν ἔχειν νομίζω, οὐχ ὡς οὐ συνησόντων [2] ὅ τι ἄν τις λέγῃ, ἀλλ' οὕτω πολλὰ καὶ ψευδῆ καὶ πάντα μᾶλλον, ἢ τὰ βέλτιστα τοῖς πράγμασι, συνειθίσθαι μοι δοκεῖτε ἀκούειν, ὥστε δέδοικα, μὴ τῷ τὰ νῦν βέλτιστα εἰπόντι, ἣν τοῖς ἐξηπατηκόσι προσῆκεν ἀπέχθειαν ὑπάρχειν παρ' ὑμῶν, ταύτην ἀπενέγκασθαι συμβῇ. ὁρῶ γὰρ ὑμᾶς πολλάκις, οὐ τοὺς αἰτίους τῶν πραγμάτων μισοῦντας, ἀλλὰ τοὺς ὑστάτους περὶ αὐτῶν εἰπόντας τι πρὸς ὑμᾶς. οὐ μὴν ἀλλὰ καίπερ οὕτως ἀκριβῶς ταῦτα λογιζόμενος, ὅμως οἶμαι πάντα παρεὶς τἄλλα περὶ αὐτῶν τῶν παρόντων, ἃ κράτιστα νομίζω, λέγειν.

ιε΄.

Ἐβουλόμην ἂν ὑμᾶς, ὦ ἄνδρες Ἀθηναῖοι, ᾗ πρὸς τοὺς ἄλλους ἅπαντας εἰώθατε προσφέρεσθαι φιλανθρωπίᾳ,
1429 ταύτῃ καὶ πρὸς ὑμᾶς αὐτοὺς χρῆσθαι· νυνὶ δὲ ἀμείνους ἐστὲ τὰ τῶν ἄλλων δεινὰ ἐπανορθοῦν, ἢ τῶν ὑμῖν αὐτοῖς συμβαινόντων φροντίζειν. ἴσως μὲν οὖν αὐτὸ τοῦτό τις ἂν φήσειε, μέγιστον ἔπαινον φέρειν τῇ πόλει, τὸ μηδενὸς ἕνεκα

[1] μέντοι] δὴ

[2] ὅταν τις

Προσάγοντα] Προσάγειν οἱ πολέμιοι dicuntur hostes, cum exercitum admovent. Legi etiam queat προσιόντα. Idem. προσάγοντα sensu passivo vel neutrali, quasi esset προσαγόμενα vel προσιόντα. Auger.

ιδ΄. Περὶ μὲν τῶν παρόντων] Pleraque sumta ex oratione περὶ συντάξεως. Wolf.

Οὐχ ὡς οὐ συνοισόντων, ὅταν τις λέγῃ] Παρὰ τὸ συμφέρειν. Non quasi non utilia dictu futura sint. Sed malim συνησόντων, παρὰ τὸ συνιέναι. Non quin intellecturi sitis. Ita enim sententia postulat. Etiam 3. Olynth. tribuit Atheniensibus intelligendi acumen, sed cum ignavia, hic vero cum perversitate conjunctam. Vides, una litera permutata, ο ἀντὶ τοῦ η, quantum discrimen faciat? Idem.

Ἀλλὰ τοὺς ὑστάτους] Belle inter se respondent, αἰτίους, ὑστάτους, ὁμοιοτέλευτα. Idem.

κέρδους ἰδίου πολλοὺς κινδύνους ὑπὲρ αὐτοῦ τοῦ δικαίου προῃρῆσθαι· ἐγὼ δὲ ταύτην τ' ἀληθῆ τὴν δόξαν εἶναι νομίζω κατὰ τῆς πόλεως καὶ βούλομαι, κἀκεῖνο δ' ὑπολαμβάνω σωφρόνων ἀνθρώπων ἔργον εἶναι, ἴσην πρόνοιαν τῶν αὑτοῖς οἰκείων, ὅσην περὶ τῶν ἀλλοτρίων, ποιεῖσθαι, ἵνα μὴ φιλάνθρωποι μόνον, ἀλλὰ καὶ νοῦν ἔχοντες φαίνησθε.

ιϛ'.

Ἴσως, ὦ ἄνδρες Ἀθηναῖοι, προσήκει τῷ βουλομένῳ τι παραινεῖν ὑμῖν, οὕτω πειρᾶσθαι λέγειν, ὡς καὶ δυνήσεσθε ὑπομεῖναι· εἰ δὲ μὴ τοῦτ', ἀφέντα τοὺς ἄλλους ἅπαντας λόγους, περὶ αὐτῶν, ὧν σκοπεῖτε, συμβουλεύειν, καὶ ταῦθ' ὡς διὰ βραχυτάτων. οὐ γὰρ ἐνδείᾳ μοι δοκεῖτε λόγων οὐδὲ νῦν ὁρᾷν τὰ πράγματα πάντα λελυμασμένα, ἀλλὰ τῷ τοὺς μὲν ἑαυτῶν ἕνεκα δημηγορεῖν καὶ πολιτεύεσθαι, τοὺς δὲ μήπω τούτου δεδωκότας πεῖραν, μᾶλλον, ὅπως εὖ δόξουσι λέγειν, σπουδάζειν, ἢ πῶς ἔργον, ἐξ ὧν λέγουσί, τι συμφέρον πραχθήσεται· ἐγὼ δ', ἵνα μὴ λάθω τοὐναντίον, οὔ φημι δεῖν, αὐτὸς ποιῶν, καὶ πλείω περὶ τῶν ἄλλων λέγω, ἢ περὶ ὧν ἀνέστην ἐρῶν, ἀφεὶς τἆλλα πάντα, ἃ παραινῶ, καὶ δὴ πειράσομαι πρὸς ὑμᾶς εἰπεῖν.

ιζ'.

Δοκεῖτέ μοι δικαίως, ὦ ἄνδρες Ἀθηναῖοι, προσέχειν τὸν νοῦν, εἴ τις ὑπόσχοιτο ὑμῖν ταὐτὰ δίκαια καὶ συμφέροντα 1430
δείξειν ὄντα, ὑπὲρ ὧν βουλευόμεθα. ἐγὼ τοίνυν [1] οἶμαι τοῦτο ποιήσειν οὐ χαλεπῶς, ἂν ὑμεῖς βραχύ τί μοι πεισθῆτε πάνυ. μὴ πάνθ', ὡς ἕκαστος ἔχει γνώμης ὑμῶν περὶ τῶν

[1] οἴομαι,

ιε'. Ταύτην τε ἀληθῆ] Similem sententiam in Panegyrico habet Isocrates, cui Demosthenes opportune hic illud pervulgatum adjungit, μισῶ σοφιστὴν, ὅστις οὐχ αὑτῷ σοφός. Idem.

ιϛ'. Παραίνειν] Malo παραινεῖν. Idem.

Τοῦτ' ἀφέντας] Lego: εἰ δὲ μὴ, τότ' ἀφέντα. *Sin minus, tum omissis.* Idem. Est in vulgatis; εἰ δὲ μὴ τοῦτ', ἀφέντα etc., quod malim. Auger.

Μήπω τούτου δεδωκότας πεῖραν] *De quibus id nondum compertum est.* Sententia est, veteres magistratus emolumenta, novitios gloriam habere propositam, neutros spectare utilitatem publicam. Wolf.

Εὐδοξοῦσι] Lego εὖ δόξουσι. Idem.

Τῶν ἄλλων] In neutro, *de aliis rebus ac de iis de quibus agitur.* Auger.

Ἃ παραινῶ] Quid si ἅπερ αἰνῶ, *ea, quæ probo*, legas? Wolf.

ιζ'. Ἂν ὑμεῖς] Quæ sequuntur, sic legi et distingui velim: βραχύ τί μοι πεισθῆτε παρόντων, ὀρθῶς ἐγνωκέναι πεπείσθω, ἀλλ', ἐὰν παρὰ ταῦτά τι συμβαίνῃ λέγεσθαι, σκοπείτω, πάντα ὑπομείνας ἀκοῦσαι· εἶτ', ἐὰν ὀρθῶς εἰρῆσθαί τι δοκῇ, χρήσθω. οὐ γὰρ ἧττον ὑμέτερον ἔσται τῶν χρησομένων τὸ κατορθωθὲν ἢ τοῦ πρὸς ὑμᾶς εἰπόντος. ἡ μὲν οὖν ἀρχὴ τοῦ σκοπεῖν ὀρθῶς ἐστὶ, μὴ βεβουλεῦσθαι, πρὶν ἐξ ὧν δεῖ βουλεύσασθαι ἀκοῦσαι. οὐ γὰρ [1] ὁ αὐτὸς οὔτε καιρὸς, οὔτε τρόπος, τοῦ τ' ἐπικυρῶσαι τὰ δοκοῦντα, καὶ τοῦ σκέψασθαι τί πρῶτον δοκεῖ συμφέρειν.

ιή.

Μεθ' ὑμῶν, ὦ ἄνδρες Ἀθηναῖοι, παρελήλυθα βουλευσόμενος, πότερον χρή με λέγειν, ἢ μή· διὸ δ' αὐτὸς τοῦτ' ἀπορῶ κρῖναι, φράσω πρὸς ὑμᾶς. ἀναγκαῖον εἶναί μοι δοκεῖ τῷ μήθ' αὑτῷ μήτε τισὶ χαρίσασθαι βουλομένῳ, ἀλλ' ὑπὲρ ὑμῶν εἰπεῖν ἃ πέπεικεν ἑαυτὸν μάλιστα συμφέρειν, καὶ συνειπεῖν ἃ καλῶς λέγουσιν ἀμφότεροι, καὶ τοὐναντίον ἀντειπεῖν ὅσα μὴ δίκαια ἀξιοῦσιν. εἰ μὲν οὖν ὑμεῖς [2] ὑπομείναιτε ἀκοῦσαι ταῦτ' ἀμφότερα διὰ βραχέων, πολλῷ βέλτιον ἂν περὶ τῶν λοιπῶν βουλεύσαισθε· εἰ δὲ πρὶν μαθεῖν ἀποσταίητε, γένοιτ' ἂν ἐμοὶ μηδ' ἑτέρους ἀδικοῦντι πρὸς ἀμφοτέρους διαβεβλῆσθαι. τοῦτο δ' οὐχὶ δίκαιός εἰμι παθεῖν. ἐὰν μὲν οὖν κελεύητε, ἕτοιμός εἰμι λέγειν· εἰ δὲ μὴ, καὶ σιωπᾶν ἔχει μοι καλῶς.

ιθ'.

1431 Καὶ δίκαιον, ὦ ἄνδρες Ἀθηναῖοι, καὶ συμφέρον ὑμῖν ἡγοῦμαι, τὰς μὲν αἰτίας καὶ τὰς κατηγορίας, ὅταν βουλεύεσθαι δέῃ, παραλείπειν· περὶ τῶν παρόντων δὲ λέγειν, ὅ τι βέλτιστον ἕκαστος ἡγεῖται. ὅτι μὲν γάρ, τινων αἰτίων ὄν-

[1] Deest articulus.

[2] * ὑπομείνατε

πάνυ. Idem.

Τοῦ πρὸς] Malim ἢ τοῦ. aut certe subintelligitur hæc particula: *non minus, quam ejus.* Alioqui significaret, *non minus, quam is* etc., quod est ineptum. Idem.

Οὐ γὰρ αὐτὸς] Lego ὁ αὐτός. Similis sententia est in exordio Isocraticæ orationis περὶ εἰρήνης. Idem.

Τί πρῶτον δοκεῖ συμφέρειν;] Si legas, καὶ τοῦ σκέψασθαί τι, πότερον δ. σ. vertes: *et considerandi quippiam, utrum id profuturum esse videatur?* Idem.

ιή. Βουλευόμενος] M. βουλευσόμενος. et v. 17. ὑπομείνατε. Idem.

των, κακῶς τὰ πράγματα ἔχει, πάντες ἐπιστάμεθα· ἐξ ὅτου δὲ τρόπου βελτίω δύναιτ' ἂν γενέσθαι, τοῦτο τοῦ συμβουλεύοντος ἔργον εἰπεῖν. ἔπειτ' ἔγωγε νομίζω καὶ κατηγόρους εἶναι τῶν ἀδικούντων χαλεπούς, οὐ τοὺς ἐν τοιούτοις καιροῖς ἐξετάζοντας τὰ πεπραγμένα, ὅτ' οὐδεμίαν δώσουσι δίκην· ἀλλὰ τοὺς τοιοῦτό τι συμβουλεῦσαι δυνηθέντας, ἀφ' οὗ βελτίω τὰ παρόντα γένοιτ' ἄν. διὰ γὰρ τούτους ἐφ' ἡσυχίας καὶ παρ' ἐκείνων ἐγγένοιτ' ἂν ὑμῖν δίκην λαβεῖν. τοὺς μὲν οὖν ἄλλους λόγους πάντας περιέργους ἡγοῦμαι· ἃ δ' ἂν [1] οἶμαι συνενεγκεῖν περὶ ὧν νυνὶ σκοπεῖτε, ταῦτ' εἰπεῖν πειράσομαι, τοσοῦτον ἀξιώσας μόνον, ἂν ἄρα του μέμνημαι τῶν πεπραγμένων, μὴ κατηγορίας με ἕνεκα ἡγεῖσθε λέγειν, ἀλλ' ἵνα δείξας ἃ τότε ἡμάρτετε, νῦν ἀποτρέψω ταὐτὰ παθεῖν.

κ'.

Εἰ καὶ τὸν ἄλλον χρόνον, ὦ ἄνδρες Ἀθηναῖοι, μηδενὶ συμπολιτευόμενοι τοσαύτην ἤγομεν ἡσυχίαν, ὅσηπερ ἐν τῷ παρόντι, οὔτε τὰ νῦν ἂν γεγενημένα συμβῆναι νομίζω, τῶν τε ἄλλων οἶμαι πολλὰ βέλτιον ἂν ὑμῖν ἔχειν. νῦν δ' ὑπὸ τῆς ἐνίων ἀσελγείας, οὔτε παρελθεῖν, οὔτε εἰπεῖν, οὐθ' ὅλως λόγου τυχεῖν ἐστίν. ὅθεν συμβαίνει πολλὰ καὶ οὐκ ἐπιτήδεια ἴσως. εἰ μὲν οὖν δεῖ ταῦτα πυνθάνεσθαι, καὶ σκοπεῖν

[1] οἴομαι

ιθ'. Ἐφ' ἡσυχίας] *Per otium.* Idem.

Περιέργους] *Supervacanea.* παρέργους, *præter rem, aliena ab instituto.* Idem.

Ἐὰν ἄρα του] Pro τινός, *si alicujus rei mentionem fecero.* Idem.

κ'. Εἰ καὶ τὸν ἄλλον χρόνον, ὦ ἄ. Ἀ. μηδενὶ συμπολιτευόμενοι] *Si sine studiis partium et factionibus curassemus rempublicam.* συμπολιτεύεσθαι et ἀντιπολιτεύεσθαι contraria sunt. Idem.

Λόγου τυχεῖν] *Dicendi potestas datur.* Idem.

Εἰ μὲν οὖν δεῖ ταῦτα πυνθάνεσθαι] Corruptum esse hunc locum existimo, nec habeo tamen in præsentia, qui emendem. Divinandum igitur hic potius, quam interpretandum fuit. Veneta Francisci Brucioli editio hic tria fere magna folia, et exordia circiter quindecim, non quidem prætermisit, sed in aliam locum transtulit, et cum hoc exordio, ejus exordii, cujus initium est: Οὐ μοι δοκεῖτε, ὦ ἄ. Ἀ. περὶ ἧς οἴεσθε, etc. p. 478. v. 5. hæc verba ἐκ τῶν παρεληλυθότων χρόνων καθέλκειν τριήρεις, p. 461. v. 2. continuavit: et postea hoc exordium subjecit: Οἶμαι πάντας ἂν ὑμᾶς, ὦ ἄ. Ἀ, ὁμολογῆσαι, etc. Quæ editio, quia Io. Bernardi Feliciani, viri doctissimi, et de Demosthene præclare meriti, industria, infinitis prope locis longe est, quam aut Aldina, aut Hervagiana vetus, emendatior, operæ pretium esse putavi, in hac postrema recognitione a mei exemplaris ordine recedere: ac Brucioli editionem, quam Hervagiana posterior, a me cum annotatiunculis meis ad Oporinum missa, imitata est, sequi. Habet autem hoc exordium lemmata quædam Philippicarum orationum, in quibus hæc corrigenda videntur. Idem. Quod si hæc di-

1432 ὅ τι χρὴ ποιῆσαι, καὶ πάσχειν οἰόμενοι νυνὶ βούλεσθε, ψηφιεῖσθε, ἅπερ ἐκ τῶν παρεληλυθότων χρόνων, καθέλκειν τριήρεις, ἐμβαίνειν, εἰσφέρειν, πάντα ταῦτ' ἤδη· ἃ τριῶν ἡμερῶν ἢ πέντε, ἂν σιωπηθῇ τὰ παρὰ τῶν πολεμίων καὶ σχῶσιν ἡσυχίαν ἐκεῖνοι, πάλιν οὐκέτι καιρὸν εἶναι πράττειν ὑπολήψεσθε. ὅπερ, ἡνίκα ἐν Ἑλλησπόντῳ Φίλιππον ἠκούσαμεν, συνέβη· καὶ πάλιν, ἡνίκ' εἰς Μαραθῶνα τριήρεις αἱ λῃστρίδες προσέσχον. ὡς γὰρ ἂν χρήσαιτό τις, ὦ ἄνδρες Ἀθηναῖοι, καλῶς δυνάμει παρεσκευασμένῃ, οὕτως ὑμεῖς εἰώθατε τῷ βουλεύεσθαι χρῆσθαι, ὀξέως. δεῖ δὲ βουλεύεσθαι μὲν ἐφ' ἡσυχίας, ποιεῖν δὲ τὰ δόξαντα μετὰ σπουδῆς, καὶ λογίσασθαι τοῦθ', ὅτι, εἰ μὴ καὶ τροφὴν ἱκανὴν ποριεῖτε καὶ στρατηγόν τινα τοῦ πολέμου νοῦν ἔχοντα προστήσεσθε καὶ μένειν ἐπὶ τῶν οὕτω δοξάντων [1] ἐθελήσετε, ψηφίσμαθ' ὑμῖν περιέσται, καὶ παραναλώσετε μὲν πάνθ' ὅσ' ἂν δαπανήσητε, βελτίω δ' οὐδ' ὁτιοῦν τὰ πράγματα ἔσται, κρινεῖτε δὲ ὃν ἂν βούλησθε ὀργισθέντες. ἐγὼ δὲ βούλομαι τοὺς ἐχθροὺς ὑμᾶς ἀμυνομένους ὀφθῆναι πρότερον, ἢ τοὺς πολίτας κρίνοντας· οὐ γὰρ ἡμῖν αὐτοῖς πολεμεῖν μᾶλλον, ἢ ἐκείνοις ἐσμὲν δίκαιοι. ἵν' οὖν μὴ — τὸ ῥᾷστον ἁπάντων — ἐπιτιμήσω μόνον, ὃν τρόπον ἄν μοι [2] δοκεῖτε ταῦτα ποιῆσαι, διδάξω, δεηθεὶς ὑμῶν, μὴ θορυβῆσαι, μηδ' ἀναβαλεῖν νομίσαι με καὶ χρόνον ἐμποιεῖν. οὐ γὰρ οἱ ταχὺ καὶ τήμερον εἰπόντες μάλιστ' εἰς τὸ δέον λέγουσιν — οὐ γὰρ ἂν τά γ' ἤδη γεγενημένα κωλῦσαι δυνηθείημεν τῇ νῦν βοηθείᾳ —, ἀλλ' ὃς ἂν δείξῃ, τίς πορισθεῖσα παρασκευὴ νυνὶ διαμεῖναι δυνήσεται, τέως ἂν ἢ περιγενώμεθα τῶν ἐχθρῶν, ἢ
1433 πεισθέντες διαλυσώμεθα τὸν πόλεμον. οὕτω γὰρ οὐκέτι τοῦ λοιποῦ σχοῖμεν ἂν κακῶς.

κά.

[3] Οἶμαι πάντας ἂν ὑμᾶς, ὦ ἄνδρες Ἀθηναῖοι, ὁμολογῆ-

[1] ἐθελήσητε [2] δοκεῖτε [3] οἴομαι

scere tantum oportet ab oratore, et non perpendere quid agendum sit ut finem habeant. AUGER.

Καὶ σκοπεῖν] Καὶ μὴ σκοπεῖν. WOLF.

Καὶ πάσχειν] F. καὶ φάσκειν. et v. 15. περιέσται. IDEM.

Κρίνετε δ' ὃν] Κρινεῖτε δ' ὃ ἄν. IDEM.

Ἐγὼ δὲ βούλομαι] M. ἐγὼ δὲ βουλοίμην ἄν. IDEM.

Μηδ' ἀναλαβεῖν] Μηδ' ἀναβάλλειν. IDEM.

σαι, ὅτι δεῖ τὴν πόλιν ἡμῶν, ὅταν μὲν περὶ τῶν ἰδίων τινὸς τῶν αὑτῆς βουλεύηται, ἴσην πρόνοιαν ἔχειν τοῦ συμφέροντος, ὅσηνπερ τοῦ δικαίου· ὅταν δ' ὑπὲρ τῶν συμμαχικῶν ἢ τῶν κοινῶν, οἷον καὶ τὸ νυνὶ παρὸν, μηδενὸς οὕτως ὡς τοῦ δικαίου φροντίζειν. ἐν μὲν γὰρ ἐκείνοις, τὸ λυσιτελὲς ἐξαρκεῖ· ἐν δὲ τοῖς τοιούτοις, καὶ τὸ καλὸν προσεῖναι δεῖ. τῶν μὲν γὰρ πράξεων εἰς οὓς ἂν ἥκωσι, κύριοι καθίστανται· τῆς δ' ὑπὲρ τούτων δόξης, οὐδεὶς τηλικοῦτος ἔσθ', ὅστις ἔσται κύριος, ἀλλ' ὁποίαν ἄν τινα τὰ πραχθέντα ἔχῃ δόξαν, τοιαύτην οἱ πολλοὶ περὶ τῶν πραξάντων διήγγειλαν. διὸ δεῖ σκοπεῖν καὶ προσέχειν, ὅπως δίκαια φανεῖται. χρὴ μὲν οὖν οὕτως ἅπαντας ἔχειν τὴν διάνοιαν περὶ τῶν ἀδικουμένων, ὥσπερ ἂν, εἴ τι γένοιτο, ὃ μὴ συμβαίη, τοὺς ἄλλους ἀξιώσειε πρὸς αὐτὸν ἕκαστος ἔχειν· ἐπειδὴ δὲ καὶ παρὰ τὴν αὐτῶν γνώμην ἐναντιοῦνταί τινες, μικρὰ πρὸς τούτους εἰπὼν, ἃ βέλτισθ' ὑμῖν ὑπολαμβάνω, ταῦτ' ἤδη συμβουλεύσω.

κϛ'.

Οὐ μικρὰν ἄν μοι δοκεῖτε, ὦ ἄνδρες Ἀθηναῖοι, ζημίαν νομίσαι, εἴ τις ἀηδὴς δόξα καὶ μὴ προσήκουσα τῇ πόλει παρὰ τοῖς πολλοῖς περιγίγνοιτο. τοῦτο τοίνυν οὕτω καλῶς ἐγνωκότες, οὐκ ἀκόλουθα ποιεῖτε τὰ λοιπὰ, ἀλλ' ὑπάγεσθε ἑκάστοτε πράττειν ἔνια, ἃ οὐδ' ἂν αὐτοὶ φήσαιτε καλῶς ἔχειν. ἐγὼ δ' οἶδα μὲν τοῦθ', ὅτι τοὺς ἐπαινοῦντας ἥδιον προσδέχονται πάντες τῶν ἐπιτιμώντων· οὐ μὴν οἴομαι δεῖν ταύτην τὴν φιλανθρωπίαν διώκων, λέγειν παρ' ἃ συμ- 1434
φέρειν ὑμῖν ἡγοῦμαι. τὴν μὲν οὖν ἀρχὴν εἰ καλῶς ἐγιγνώσκετε, οὐδὲν ἔδει κοινῇ ποιεῖν [1]ὑποληπτέον εἶναι, ὧν ἰδίᾳ

[1] [ὑποληπτέον εἶναι]

κέ. Ὅσων ὑπὲρ] M. ὅσηνπερ. Idem.

Εἰς οὓς ἂν ἥκωσιν] S. αἱ πράξεις, *ad quos ea venerint.* Res enim in eorum potestate sunt, a quibus administrantur. Idem.

Παρὰ τὴν αὑτῶν γνώμην] *Ob eandem sententiam*, id est, negant, alios ita esse defendendos, ut ipsi, necesse si sit, defendi nos velimus. quid vero, si legas καὶ παρὰ τὴν αὑτῶν, *contra sui animi sententiam?* Idem. M. παρὰ ταύτην τὴν γνώμην. Auger.

κϛ'. Φήσετε] Malim φήσαιτε. Wolf.

Τῶν ἐπιτιμώντων] Id est, ἢ τοὺς ἐπιτιμῶντας. Sic Aristoteles: τοῖς εἰδόσιν ἔλεγχον ἢ διαγωγὴ τῶν ζητούντων, id est, ἢ τοῖς ζητοῦσι. Idem.

Τὴν ἀρχὴν] *Prorsus, omnino.* Auger.

Ὑποληπτέον εἶναι] *Existimandum esse.* hæc duo verba, undecunque in contextum orationis irrepserint, supervacanea esse

μέμφεσθε, ἵνα μὴ συνέβαινεν, ὅπερ νυνὶ γίγνεται. περὶ ὧν μὲν ἕκαστος, ὡς αἰσχρὰ καὶ δεινά, λέγει· καί, μέχρι τοῦ προβήσεται τὰ πράγματα; συγκαθεζόμενος δ' αὐτὸς ἕκαστός ἐστι τῶν τὰ τοιαῦτα ποιούντων. ἐγὼ μὲν οὖν ἐβουλόμην ἄν, ὥσπερ, ὅτι ὑμῖν συμφέρει τοῦ τὰ βέλτιστα λέγοντος ἀκούειν, οἶδα, οὕτως εἰδέναι τὸ συνοῖσον καὶ τῷ τὰ βέλτιστα λέγοντι. πολλῷ γὰρ ἂν ἥδιον [1] εἶπον. νῦν δὲ φοβοῦμαι μέν, ὅμως δέ γε πιστεύω χρηστὰ φανεῖσθαι. κἂν ὑμεῖς μὴ πεισθῆτε, οὐκ ἀποτρέψομαι λέγειν.

κγ'.

Εἰ καὶ μηδὲν ἄλλο τις, ὦ ἄνδρες Ἀθηναῖοι, πρότερον παρ' ὑμῖν εἰρηκὼς εἴη, νῦν γε λέγων περὶ ὧν οὐκ ὀρθῶς ἐγκαλοῦσιν οἱ πρέσβεις τῇ πόλει, παρὰ πάντων ἄν μοι δοκεῖ δικαίως συγγνώμης τυχεῖν. καὶ γὰρ ἐν ἄλλοις μέν τισιν ἡττᾶσθαι τῶν ἐναντίων, οὐχ οὕτως ὄνειδος, ὡς ἀτύχημα ἂν φαίη· καὶ γὰρ τῇ τύχῃ καὶ τοῖς ἐφεστηκόσι καὶ πολλοῖς μέτεστι τοῦ καλῶς ἢ μὴ [2] πρότερον ἀγωνίσασθαι. ἐν δὲ τῷ τὰ δίκαια ὑπὲρ αὐτῶν μὴ ἔχειν ἀξίως τῶν ὑπαρχόντων λέγειν, αὐτῆς τῆς γνώμης τῆς τῶν τοῦτο παθόντων τὸ ὄνειδος εὑρήσομεν. εἰ μὲν οὖν ἕτεροί τινες ἦσαν, ἐν οἷς ἐγίγνονθ' οἱ λόγοι περὶ ὑμῶν, οὔτε τούτους ἂν οἶμαι ῥᾳδίως οὕτω ψεύδεσθαι, οὔτε τοὺς ἀκούοντας πολλὰ τῶν εἰρημένων ἀνασχέσθαι· νῦν δὲ [3] τἄλλά τε, οἶμαι, τῆς ὑμετέρας πλεονεκτοῦσιν εὐηθείας ἅπαντες, καὶ δὴ καὶ τοῦτο νῦν οὔ-
1435 τοι. ἀκροαταῖς γὰρ ἐχρήσαντο καθ' ὑμῶν ὑμῖν, οἵοις [4] οὐδέσιν ἂν τῶν ἄλλων, ἀκριβῶς οἶδα τοῦτ' ἐγώ. ἄξιον δ' εἶναί

[1] εἴπω [2] [πρότερον] [3] * ἄλλα [4] οὐδέ τις ἂν

puto. Wolf.

Καὶ μέχρι τοῦ] *Et quo usque tandem hæc progredientur?* μιμητικῶς hæc accipienda sunt. Idem. Hic inducit orator homines loquentes. Auger.

κγ'. Ὡς ἀτύχημα ἂν φαίη] Aut φανείη, aut φαίη τις. Wolf.

Ὑπὲρ αὐτῶν μὴ ἔχειν] S. εἰπεῖν. *At sua facta non posse, ut cujusque dignitas postulat, defendere.* Idem. Lego et distinguo: ὑπὲρ αὐτοῦ δηλῶσαι, μὴ ἔχειν ἀξίως τῶν ὑπαρχόντων λέγειν, αὐτῆς τῆς γνώμης τῶν τοῦτο παθόντων, *eorum qui hoc patiuntur*, i. e. quibus evenit, ut non possint sua jura defendere. Auger.

Πλεονεκτοῦσιν εὐηθείας] *Vestra bonitate fruuntur.* hoc malo, quam εὐπορίας, quod Bruciolus habet. Wolf.

Οἵοις οὐδ' ἔστιν ἂν τῶν ἄλλων] Bruciolus οὐδέ τις ἄν. Ego malim οἵοις οὐδέσιν ἂν τῶν ἄλλων, *qualibus aliorum nullis uti queant.* ac prope affirmarim, ita esse legendum. Nam et facilis lapsus est, οὐδ' ἔστιν pro οὐδέσιν scribere, et alioqui constructio non

μοι δοκεῖ διὰ ταῦτα τοῖς θεοῖς χάριν ὑμᾶς ἔχειν, ὦ ἄνδρες Ἀθηναῖοι, καὶ τούτους μισεῖν. τὸ μὲν γὰρ ὁρᾶν τούτους τὸν Ῥοδίων δῆμον, τὸν πολὺ τούτων ποτ' ἀσελγεστέρους λόγους λέγοντα πρὸς ὑμᾶς, ἱκέτην ὑμέτερον γεγενημένον, εὐτύχημα εἶναι νομίζω τῆς πόλεως. τὸ δὲ τοὺς ἀνοήτους τούτους μήτε τοῦτο λογίζεσθαι, παρὸν οὕτως ἐναργὲς ἰδεῖν, μήθ' ὅτι πολλάκις καθ' ἕν' αὐτῶν ἕκαστον ὑμεῖς σεσώκατε, καὶ πλείω πράγματ' ἐσχήκατε, τὴν τούτων θρασύτητα καὶ κακοδαιμονίαν ἐπανορθοῦντες, ἐπειδὰν δι' αὑτοὺς ἀνέλωνται πόλεμον, ἢ τὰ ὑμέτερ' αὐτῶν πράττοντες, τοῦτο παμπόλλην ὑμῖν ὀργὴν εἰκότως ἂν παραστῆσαί μοι δοκεῖ. οὐ μὴν ἀλλ' ἴσως τούτοις μὲν εἵμαρται μηδέποτ' εὖ πράττουσιν εὖ φρονῆσαι· ἡμῖν δὲ προσήκει καὶ δι' ἡμᾶς αὐτοὺς, καὶ διὰ τἄλλ' ἃ πέπρακται τῇ πόλει, σπουδάσαι δεῖξαι πᾶσιν ἀνθρώποις, ὅτι καὶ πρότερον καὶ νῦν καὶ ἀεὶ ἡμεῖς μὲν τὰ δίκαια προαιρούμεθα πράττειν, ἕτεροι δέ τινες, καταδουλοῦσθαι βουλόμενοι τοὺς αὑτῶν πολίτας, διαβάλλουσι πρὸς ἡμᾶς.

κδ'.

Εἰ μετὰ τῆς αὐτῆς γνώμης, ὦ ἄνδρες Ἀθηναῖοι, τούς τε
λόγους ἠκούετε τῶν συμβουλευόντων, καὶ τὰ πράγματα
ἐκρίνετε, πάντων ἀσφαλέστατον ἦν τὸ συμβουλεύειν. καὶ
γὰρ εὐτυχῶς καὶ καλῶς πράξασι — λέγειν γὰρ εὐφήμως
πάντα δεῖ — κοινὰ ἂν ἦν τὰ τῆς αἰτίας ὑμῖν καὶ τῷ
πείσαντι. νῦν δ' ἀκούετε μὲν τῶν ἃ βούλεσθε λεγόντων
ἥδιστα· αἰτιᾶσθε δὲ πολλάκις ἐξαπατᾶν ὑμᾶς αὐτοὺς,
ἂν μὴ πάνθ', ὃν ἂν ὑμεῖς τρόπον βούλησθε, γένηται, οὐ 1436

quadrat. Idem.

Τούτους Ῥοδίων] F. τὸν τῶν Ῥοδίων. Idem.

Καταδουλοῦσθαι βουλόμενοι τοὺς αὑτῶν πολίτας, διαβάλλουσιν ἡμᾶς] *Qui suos cives opprimere servitute studeant, calumniari nos.* comma non post βουλόμενοι, sed ante διαβάλλουσι ponendum. præpositionem πρὸς redundare puto. nam verbum διαβάλλειν e superioribus liquet ad Athenienses pertinere. Idem.

κδ'. Πράξασιν] Id est, si ἂν ἐπράξατε, *si felix esset eventus.* Idem.

Λέγειν γὰρ εὐφήμως πάντα δεῖ] *Omnia enim placide sunt dicenda*, id est, non est utendum verbis asperioribus, aut vocibus mali ominis. Hac parenthesi rationem reddit, cur dicat potius εὐτυχῶς καὶ καλῶς: quod alterum membrum hac de causa prætermisit. Idem.

Τὰ τῆς αἰτίας] *Causa* hic potius, ut de rebus prosperis, quam *crimen*. Idem.

Ἐξαπατᾶν ὑμᾶς αὐτοὺς] *Ab eis seduci vos.* Idem. αὐτοὺς non refertur ad ὑμᾶς, sed ad eos qui dicunt. Paulo ante ἥδιστα refertur ad ἀκούετε, et significat *libentissime.* Auger.

λογιζόμενοι τοῦθ᾽, ὅτι τοῦ μὲν ζητῆσαι καὶ λογίσασθαι τὰ βέλτισθ᾽, ὡς [1]ἄνθρωπος, καὶ πρὸς ὑμᾶς εἰπεῖν, αὐτὸς ἕκαστός ἐστι κύριος, τοῦ δὲ πραχθῆναι ταῦτα καὶ συνενεγκεῖν ἐν τῇ τύχῃ τὸ πλεῖστον μέρος γίγνεται. ἔστι δὲ ἄνθρωπον ὄντα ἀγαπητὸν τῆς αὑτοῦ διανοίας λόγον ὑπέχειν, τῆς δὲ τύχης προσυποσχεῖν ἕν τι τῶν ἀδυνάτων. εἰ μὲν οὖν εὑρημένον ἦν, πῶς ἄν τις ἀσφαλῶς ἄνευ κινδύνου δημηγοροίη, μανία παραλείπειν τοῦτον ἦν τὸν τρόπον· ἐπεὶ δ᾽ ἀνάγκη τὸν περὶ τῶν μελλόντων πραγμάτων γνώμην ἀποφαινόμενον κοινωνεῖν τοῖς ἀπ᾽ αὐτῶν γενομένοις καὶ μετέχειν τῆς ἀπὸ τούτων αἰτίας, αἰσχρὸν ἡγοῦμαι λέγειν μὲν, ὡς εὔνους, μὴ ὑπομένειν δὲ, εἴ τις ἐκ τούτου κίνδυνος ἔσται. εὔχομαι δὲ τοῖς θεοῖς, ἃ καὶ τῇ πόλει καὶ ἐμοὶ συμφέρειν μέλλει, ταῦτ᾽ ἐμοί τε εἰπεῖν ἐλθεῖν ἐπὶ νοῦν, καὶ ὑμῖν ἑλέσθαι. τὸ γὰρ πάντα τρόπον ζητεῖν νικῆσαι, δυοῖν θάτερον, ἢ μανίας ἢ κέρδους ἕνεκα ἐσπουδακότος φήσαιμ᾽ ἂν εἶναι.

κέ.

Εἴη μὲν, ὦ ἄνδρες Ἀθηναῖοι, καὶ περὶ ὧν νυνὶ τυγχάνετε ἐκκλησιάζοντες, καὶ περὶ τῶν ἄλλων [2]ἁπάντων, ταὐτὰ καὶ δοκοῦντα βέλτισθ᾽ ὑμῖν εἶναι [3]καὶ ὄντα ἀληθῶς. δεῖ μέντοι περὶ πραγμάτων μεγάλων βουλευομένους, καὶ κοινῶς ἁπάντων ἐθέλειν ἀκούειν τῶν συμβουλευόντων, ὡς ἐμοὶ δοκεῖ, [4]ἐνθυμουμένους, ὅτι αἰσχρόν ἐστιν, ὦ ἄνδρες Ἀθηναῖοι, νῦν μὲν βουλομένων τι παραινεῖν ἐνίων θορυβεῖν, ὕστερον δὲ κατηγορούντων τῶν αὐτῶν τούτων [5]πεπραγμένων ἡδέως ἀ-

[1] ἀνθρώπους [2] ἀπάντων * τὰ δοκοῦντα [3] καὶ * εἶναι ὡς ἀληθῶς.
[4] ἐνθυμουμένους, ὅτι αἰσχρόν ἐστιν, * ὡς ἐμοὶ δοκεῖ, ὦ [5] τῶν πεπραγμένων

Ὡς ἄνθρωπος (non ἀνθρώποις) καὶ πρὸς ὑμᾶς εἰπεῖν] *Ut homo et coram vobis auditoribus.* Wolf.

Προσυποσχεῖν] S. λόγον. *Fortunam quoque præstare.* Sic Cicero: 'Nihil est sapientis præstare præter culpam.' Idem.

Ὡς εὔνους] S. ἐστὶ, *se esse benevolum, bene velle.* Idem.

Εὔχομαι δὲ] Alii δή. Idem.

Ἐσπουδακότας] Ἐσπουδακότος in genitivo. Idem.

κέ. Εἴη εἶναι] Id est, δύναιτο εἶναι. *Fieri queat, ut eadem et probentur nobis, et utilissima sint.* Idem.

Καὶ ὄντων ἀληθῶς] Ὄντων pro imperativo accipio, ὑποθετικῶς. *Esto sane, revera ita sit.* Quid vero, si pro καὶ ὄντα legas κρινόντων, scilicet ὑμῶν, *si vere judicetis?* Aut, ταὐτὰ καὶ δοκεῖν τὰ βέλτισθ᾽ ὑμῖν, καὶ εἶναι ἀληθῶς. Idem. Lego: ταὐτὰ καὶ δοκεῖν τὰ βέλτισθ᾽ ὑμῖν καὶ εἶναι ἀληθῶς. Auger.

Δεῖ μέντοι] Jam concessioni correctionem subjicit. Wolf.

Βουλομένους καὶ κοινῶς] Βουλευομένους καὶ κοινῶν, scilicet πραγμάτων. Sin κοινῶς ad verbum ἀκούειν referes, particulam καὶ omissam velim. Mox v. ult. τῶν αὐτῶν τούτων τῶν πεπραγμένων, addito articulo. Idem. Deleo καὶ et refero κοινῶς ad ἀκούειν. Auger.

κούειν. ἐγὼ γὰρ οἶδα, νομίζω δὲ καὶ ὑμᾶς, ὅτι νῦν μὲν 1437
ἀρέσκουσι μάλισθ' ὑμῖν, οἱ ταῦτα, οἷα ὑμεῖς βούλεσθε,
λέγοντες. ἂν δέ τι συμβῇ παρ' ἃ νῦν οἴεσθε, ὃ μὴ συμβαίη, τούτους μὲν ἐξηπατηκέναι νομιεῖτε ὑμᾶς· ὧν δὲ νῦν οὐκ ἀνέχεσθε, τότε ὀρθῶς δόξουσι λέγειν. ἔστι δὲ τοῖς μάλιστα πεπεικόσιν ὑμᾶς ταῦτα, ἐφ' ὧν νῦν ἐστὲ, τούτοις καὶ μάλιστα συμφέρον τὸ λόγου τυχεῖν τοὺς ἀντιλέγοντας. ἂν μὲν γὰρ διδάξαι δυνηθῶσιν, ὡς οὐκ ἔστιν ἄριστα, ἃ τούτοις δοκεῖ, ὅτ' οὐδὲν ἡμάρτηταί πω, τοῦτο πράξαντες ἀθῴους τοὺς κινδύνους ποιήσουσιν αὐτοῖς· ἐὰν δὲ μὴ δυνηθῶσιν, οὔκουν ὕστερόν γε ἐπιτιμᾷν ἕξουσιν, ἀλλ' ὅσα ἀνθρώπων ἦν [1]ἔργον, ἀκοῦσαι, τούτων τετυχηκότες, ἂν ἡττῶνται, δικαίως στέρξουσι, καὶ μεθ' ἁπάντων τῶν ἀποβαινόντων, ὁποῖ' ἄττ' ἂν ᾖ, κοινωνήσουσιν.

κϛʹ.

Οἶμαι δεῖν ὑμᾶς, ὦ ἄνδρες Ἀθηναῖοι, περὶ τηλικούτων βουλευομένους, διδόναι παῤῥησίαν ἑκάστῳ τῶν συμβουλευόντων. ἐγὼ δὲ οὐδὲ πώποθ' ἡγησάμην χαλεπὸν τὸ διδάξαι τὰ βέλτισθ' ὑμᾶς — ὡς γὰρ ἁπλῶς εἰπεῖν, πάντες ὑπάρχειν ἐγνωκότες ἔμοιγε δοκεῖτε —, ἀλλὰ τὸ πεῖσαι πράττειν ταῦτα. ἐπειδὰν γάρ τι δόξῃ καὶ ψηφισθῇ, τότε ἴσον τοῦ πραχθῆναι ἀπέχει, ὅσονπερ πρὶν δόξαι. ἔστι μὲν οὖν πολλὰ, ὧν ἐγὼ νομίζω χάριν ὑμᾶς τοῖς θεοῖς ὀφείλειν, μάλιστα δὲ τοῦ τοὺς διὰ τὴν αὐτῶν ὕβριν ὑμῖν πολε-

[1] ἢ εὔνοιαν

Νομίζω δὲ καὶ ὑμᾶς] S. εἰδέναι. Wolf.

Ἔστι δὲ τοῖς μάλιστα πεπεικόσιν ὑμᾶς ταῦτα, ἐφ' ὧν νῦν ἐστὲ, τούτοις καὶ μάλιστα συμφέρον, τὸ λόγου τυχεῖν τοὺς ἀντιλέγοντας] *Est autem, qui ista, in quibus nunc estis, maxime persuaserunt, his vel maxime utile, ut, qui contrarium sentiunt, audiantur.* τούτοις pleonasmus elegans. καὶ μάλιστα, *vel maxime*, οὐχ ἥκιστα. Similis sententia est in fine orationis περὶ Συμμοριῶν. κἂν ταῦτα ποιῆτε, καὶ ὑμῖν αὐτοῖς καὶ τοῖς τἀναντία πείθουσι τὰ συμφέροντα πράξετε· οὐ γὰρ ὀργισθήσεσθε αὐτοῖς ὕστερον, νῦν ἁμαρτόντες. Idem.

Τοῦτο πράξαντες] Id est, ἀντιλέξαντες. Idem.

Ἀθῴους τοὺς κινδύνους] *Innoxia pericula*, id est, vel non accusabuntur, vel absolventur sententiis judicum. Idem. M. ἀθῴους τῶν κινδύνων ποιήσουσιν αὐτοὺς, *immunes a periculis ipsos facient.* Auger.

Ποιήσουσιν αὐτοῖς] Τοῖς ὑμᾶς πείθουσι. Wolf.

Οὔκουν γε ἕξουσιν] *Saltem non poterunt.* Idem.

Ἦν ἔργον] Ἔργον. *Audire, quæcunque hominis officium fuerit:* fortassis ἠκοῦσθαι, *ut auditi sunt.* Nam audire licuit omnibus, perorare non item. Idem. Lego et distinguo: ἀλλ' ὅσα ἀνθρώπων ἦν ἔργον διδόναι, ἠκοῦσθαι, τούτων τετυχηκότες, ἂν etc. Auger.

κϛʹ. Οἶμαι δεῖν ὑμᾶς] Est exordium orationis de libertate Rhodiis restituenda. Wolf.

μήσαντας πάλαι νῦν ἐν ὑμῖν μόνοις τῆς αὐτῶν σωτηρίας ἔχειν τὰς ἐλπίδας. ἄξιον δ' ἡσθῆναι τῷ παρόντι καιρῷ. συμβήσεται γὰρ ὑμῖν, ἂν, ἃ χρὴ, βουλεύσησθε ὑπὲρ αὐ-
1438 τοῦ, τὰς παρὰ τῶν διαβαλλόντων τὴν πόλιν ἡμῶν βλασφημίας ἔργῳ μετὰ δόξης καλῆς ἀπολύσασθαι.

κζ΄.

Αἱ μὲν ἐλπίδες, ὦ ἄνδρες Ἀθηναῖοι, μεγάλαι καὶ καλαὶ τῶν προειρημένων, πρὸς ἃς οἴομαι τοὺς πολλοὺς ἄνευ λογισμοῦ τι πεπονθέναι· ἐγὼ δὲ οὐδὲ πώποτε ἔγνων, ἕνεκα τοῦ παραχρῆμα ἀρέσαι, λέγειν τι πρὸς ὑμᾶς, ὅ τι ἂν μὴ καὶ μετὰ ταῦτα συνοίσειν ἡγῶμαι. ἔστι μὲν οὖν τὸ κοινὸν ἔθος τῶν πλείστων, τοὺς μὲν συνεπαινοῦντας ἑαυτοῖς ὅ τι ἂν πράττωσι φιλεῖν· πρὸς δὲ τοὺς ἐπιτιμῶντας ἀηδῶς ἔχειν. οὐ μὴν ἀλλὰ δεῖ τὸν εὖ φρονοῦντα τὸν λογισμὸν ἀεὶ τῶν ἐπιθυμιῶν κρείττω πειρᾶσθαι ποιεῖν. ἐγὼ δὲ ἡδέως ἑώρων, ἃ καὶ συνοίσειν ἤμελλε, ταῦτ' ἐν ἡδονῇ πράττειν ὄνθ' ὑμῖν, ἵνα καὶ χαριζόμενος καὶ χρηστὰ λέγων ἐφαινόμην. ἐπειδὴ δὲ τἀναντία ὁρῶ τούτων ἐπιχειροῦντας ὑμᾶς, οἴομαι δεῖν ἀντειπεῖν, εἰ καί τισι μέλλω ἀπεχθήσεσθαι. ἂν μὲν οὖν μηδ' ὑπομείνητε ἀκοῦσαι μηδὲ ἓν, οὐ, τῷ δοκιμάζοντες διαμαρτεῖν, ἀλλὰ τῷ φύσει πονηρὰ ἐπιθυμεῖν πράττειν, τοιαῦτα προαιρεῖσθαι δόξετε· ἐὰν δ' ἀκούσητε, τυχὸν μὲν ἴσως καὶ μεταπεισθείητε, ὃ μάλιστα ἐγὼ νομίζω συνενεγκεῖν ἂν ὑμῖν, εἰ δὲ μὴ, οἱ μὲν [1] ἀγνοεῖν τὸ συμφέρον, οἱ δ', ὅ τι ἂν τις βούληται, τοῦτ' ἐρεῖ.

κή.

Πρῶτον μὲν οὐδέν ἐστι καινὸν, ὦ ἄνδρες Ἀθηναῖοι, τοῖς

[1] ἀγνοεῖν * ὑμᾶς τὸ

κζ΄. Ἄνευ λογισμοῦ τι πεπονθέναι] *Quibus sine ratione vulgus nonnihil esse affectum, vel motum*, ἐν πάθει γεγονέναι. Idem.

Μὴ καὶ μετὰ] Lege μή. Idem.

Τῶν ἐπιθυμιῶν κρείττω] *Affectus rationi obedientes præbendi*. et Cato:

'Pauca voluptati debentur, plura saluti.' Idem.

Ἐν ἡδονῇ πράττειν ὄνθ'] Ἡδέα εἶναι, *esse voluptati*. Idem.

Τἀναντία — τούτων] *Contraria his quæ vobis conducunt*. Auger.

Δοκιμάζοντες] Τῷ δοκιμάζειν, *non inopia judicii, sed pravitate ingenii*. Mox v. 23. lege καὶ μεταπεισθείητε. Wolf.

Ὁ μὲν ἀγνοεῖν ὑμᾶς τὸ συμφέρον, ὁ δ'] Sic legendum puto, pro οἱ μὲν, οἱ δέ. *Sin minus, alius vos dicet in ignoratione versari, alius, quod aliquis voluerit, id dicet*: id est: Erunt, qui vos reprehendant, erunt etiam, qui vobis blandiantur et assenten-

ἄλλο τι, πλὴν ἅ ποθ' ἡγοῦνται συμφέρειν, λέγοντας, παύσασθαι. τὸ γὰρ καταράσασθαι συμβουλεύοντι, ἴσως ἔστ' ἄτοπον. αἰτιασαίμην μὲν οὖν ἔγωγ' ἂν οὐδένα, ὦ ἄν- 1441
δρες Ἀθηναῖοι, τοῦ κακῶς τὰ πράγματ' ἔχειν, ἀλλ' ἢ πάντας τούτους. οἴομαι δὲ δεῖν παρὰ μὲν τούτων ἐφ' ἡσυχίας λόγον ὑμᾶς λαβεῖν· νῦν δ' ὑπὲρ τῶν παρόντων, ὅπως ἔσται βελτίω, σκοπεῖν.

λά.

Ἠβουλόμην ἄν, ὦ ἄνδρες Ἀθηναῖοι, τὴν ἴσην σπουδὴν ἐνίους τῶν λεγόντων ποιεῖσθαι, ὅπως τὰ βέλτιστ' ἐροῦσιν, ὅσηνπερ, ὅπως εὖ δόξουσι λέγειν, ἵν' οὗτοι μὲν, ἀντὶ τοῦ δεινοὶ λέγειν, ἐπιεικεῖς ἐνομίζοντο εἶναι· τὰ δ' ὑμέτερα, ὥσπερ ἐστὶ προσῆκον, βέλτιον εἶχε. νῦν δ' ἔνιοί μοι δοκοῦσι παντάπασι τὴν ἀπὸ τοῦ λόγου δόξαν ἠγαπηκότες, τῶν μετὰ ταῦτα συμβησομένων ὑμῖν οὐδὲν φροντίζειν. καὶ δῆτα θαυμάζω, πότερά ποθ' οἱ τοιοῦτοι λόγοι τὸν λέγονθ' ὁμοίως πεφύκασιν ἐξαπατᾷν, ὥσπερ, πρὸς οὓς ἂν λέγωνται, ἢ συνιέντες οὗτοι τἀναντία τοῖς δοκοῦσιν ἑαυτοῖς εἶναι βελτίστοις, δημηγοροῦσιν, εἰ μὲν γὰρ ἀγνοοῦσιν, ὅτι τὸν μέλλοντα πράξειν τὰ δέοντα οὐκ ἐπὶ τῶν λόγων θρασὺν, ἀλλ' ἐπὶ τῆς παρασκευῆς ἰσχυρὸν εἶναι δεῖ, οὐδ' ἐπὶ τῷ, τοὺς ἐχθροὺς μὴ δυνήσεσθαι, θαῤῥεῖν, ἀλλ' ἐπὶ τῷ, κἂν δύνωνται, κρατῆσαι, τὰ τῶν λόγων ἀστεῖα, ὡς ἔοικε, τοῦ τὰ μέγιστα αἰσθάνεσθαι κεκώλυκεν αὐτούς. εἰ δὲ ταῦτα μὲν μηδ' ἂν φήσαιεν ἀγνοεῖν, πρόφασις δ' ἄλλη τις ὕπεστι, δι' ἣν ταῦτα προαιροῦνται, πῶς οὐ χρὴ φαύλην ταύτην ὑπολαμβάνειν, ἥτις ποτ' ἐστίν; ἐγὼ δ' οὐκ ἀποτρέψομαι λέγειν ἃ δοκεῖ μοι, καίπερ ὁρῶν [1] ἠγμένους ὑμᾶς. καὶ γὰρ

[1] * ἡγουμένους

alterutri. Wolf. Auger.

Τὸ γὰρ καταράσασθαι συμβουλεύοντι] Id est, ὅπως ὁ συμβουλεύων καταράσηται. *Non decuerit consiliarium devovere quemquam, vel, diris persequi.* Magna fuit religio veterum, ne qua vel in auspicandis novis rebus ominosa, vel alioqui propositæ rei minus congrua vox audiretur. Unde in epitaphio noster auctor Bacchum nominare, nuptiarum item prolixius meminisse, nefas ducit. Wolf.

Αἰτιασαίμην μὲν οὖν] Lego pro οὖν, οὐδένα. Sequitur enim v. 4. ἀλλ' ἤ, nec aliter sententia constabit. Idem.

λά. Εὐδοξοῦσι] Et hic εὖ δόξουσιν. εὐδοξεῖν (sed εὐδοκιμεῖν usitatius) est *florere gloria*, cujus contrarium ἀδοξεῖν, vel *in obscuro esse*, vel etiam, *male audire*. Idem.

Οὐδ' ἐπὶ τῷ] *Neque hostium infirmitate fretos esse, sed, etiamsi potentes illi sint, tamen sperari victoriam debere:* ἐπὶ τῷ κρατῆσαι, v. 22. conjunge. et postea, ibid. κἂν δύνωνται, S. οἱ ἐχθροί. Idem.

Καίπερ ὁρῶν ἡγουμένους ὑμᾶς] *Tametsi*

1442 εὔηθες, λόγῳ ψυχαγωγηθέντων ὑμῶν οὐκ ὀρθῶς, λόγον αὖ τὸν μέλλοντα [1]βελτίω λέγειν, καὶ μᾶλλον συμφέρονθ' ὑμῖν καταδεῖσαι. ἀξιῶ δὲ καὶ ὑμᾶς ὑπομεῖναι, ἐνθυμηθέντας, ὅτι οὐδὲ τὰ νῦν δοκοῦντα ἔδοξεν ἂν ὑμῖν, εἰ μὴ τοὺς λόγους ἠκούσατ', ἐξ ὧν ἐπείσθητε. ὥσπερ ἂν τοίνυν, εἰ νόμισμα [2]ἐκρίνετο ὁποῖόν τί ποτ' ἐστὶ, δοκιμάσαι δεῖν ἂν ᾠήθητε, οὕτω καὶ τὸν λόγον ἀξιῶ τὸν εἰρημένον, ἐξ ὧν ἀντειπεῖν ἡμεῖς ἔξομεν, σκεψαμένους, ἐὰν μὲν συμφέροντα εὑρήσητε, ἀγαθῇ τύχῃ πείθεσθαι· ἂν δ' ἄρα ἕκαστα λογιζομένοις ἀλλοιότερος φανῇ, πρὶν ἁμαρτεῖν μεταβουλευσαμένους, τοῖς ὀρθῶς ἔχουσι χρήσασθαι.

λβ'.

Μάλιστα μὲν, ὦ ἄνδρες Ἀθηναῖοι, βουλοίμην ἂν ὑμᾶς ἃ μέλλω λέγειν πεισθῆναι· εἰ δ' ἄρα τοῦτ' ἄλλῃ πῇ συμβαίνοι, ἐμαυτῷ γ' ἂν εἰρῆσθαι πρὸ παντὸς αὐτὸ δεξαίμην. ἔστι δ' οὐ μόνον, ὡς δοκεῖ, τὸ πρὸς ὑμᾶς εἰπεῖν χαλεπὸν τὰ δέοντα, ἀλλὰ καὶ καθ' αὑτὸν σκοπούμενον εὑρεῖν. γνοίη δ' ἄν τις, εἰ μὴ τὸν λόγον ὑμᾶς, ἀλλὰ τὰ πράγματα ἐφ' ὧν ἐστὲ σκέψασθαι νομίσαι, καὶ πλείω σπουδὴν τοῦ δο-

[1] * τὰ βελτίω [2] * ἐκρίνετε

vos duci video. ἡγοῦμαι nunquam passiva significatione legi. quare κηλουμένους legendum censeo, id est, *demulceri:* vel πειθομένους, *persuaderi*, vel potius (quod est et scripturæ et pronunciationi propius) ἡδομένους τούτοις, (S. τοῖς ἐξαπατῶσι τῶν ῥητόρων, vel τούτοις τοῖς λόγοις: quod perinde est) *delectari*. Inter enim dictandum librarius facile ἡγου pro ἡδο accipere potuit; et ex ea re, cum vel anagnostes obscurius locutus est, vel librarius surdaster fuit, consentaneum est, multos bonos auctores male esse depravatos. Idem.

Λόγον καταδεῖσαι] *Pertimescere orationem*, id est, diffidere orationi, si sis meliora dicturus. Observa et hoc, λόγον τὸν μέλλοντα λέγειν, *orationem dicturam:* etsi fortasse verba sic ordinanda sunt: εὔηθες, τὸν μέλλοντα λέγειν λόγον βελτίω, etc. καταδεῖσαι: *ut is sibi metuat, qui meliorem et utiliorem habiturus est orationem.* Idem.

λβ'. Εἰ δ' ἄρα] *Quod si alibi uspiam, vel alia quapiam ratione eveniret.* Satis obscurum est, quid sibi velit. Sententiam esse puto: Si id minus persuaderi vobis posset, ego tamen rectum consilium nihilo minus mihi laudi ducerem. Idem. *Si vero hoc alio modo ciciderit*, i. e. si non possum persuadere vobis ea quæ dicturus sum. Auger.

Ἄλλῃ πῃ] *Quod si alio quopiam modo*, hoc est, *si secus eveniret, si malus eventus esset consilii.* ἐμαυτῷ γ' ἂν εἰρῆσθαι, pro ὑπ' ἐμαυτοῦ εἰρῆσθαι, *a me esse dictum:* sententia erit absurda. Quis enim auctor infelicis esse consilii velit? coactius etiam illud est, si ἐμαυτῷ γ' ἂν εἰρῆσθαι, *cum mea pernicie esse dictum*, mihi id nocere potius, quam reipublicæ. Puto igitur, addendam esse negationem ἐμαυτῷ γ' ἂν οὐκ εἰρῆσθαι, *a me certe non esse dictum illud, rebus omnibus anteferrem*, ἄλλῃ πῃ pro ἄλλον τινὰ τρόπον accipio, tametsi et localiter significet. Wolf. Lego ἐμαυτῷ γ' ἂν εἰρῆσθαι αὐτὰ πρὸ παντὸς δεξαίμην, *nihil mallem quam hæc ipsa a me dicta fuisse.* Auger.

Ἐφ' ὧν ἐστὶ] Lego ἐφ' ὧν ἐστὲ, *in quibus estis, quæ tractatis.* Wolf. Ad σκέψασθαι adjicio δεῖν. Auger.

κεῖν ἐπιεικὴς εἶναι, ἢ τοῦ δεινὸς εἰπεῖν φανῆναι, ποιοῖτο. ἔγωγ' οὖν — οὕτω τί μοι ἀγαθὸν γένοιτο —, ἐπειδὴ περὶ τῶν παρόντων ἐπῄει μοι σκοπεῖν, λόγοις μὲν καὶ μάλ' ἀφθόνοις, οὓς οὐκ ἂν ἀηδῶς ἠκούετε ὑμεῖς, ἐνετύγχανον. καὶ γὰρ ὡς δικαιότατοι τῶν Ἑλλήνων ἐστὲ, πολλὰ εἰπεῖν καὶ ἑώρων καὶ ὁρῶ, καὶ ὡς ἀρίστων προγόνων, καὶ πολλὰ τοιαῦτα. ἀλλὰ ταῦτα μὲν τὸν χρόνον ἡσθῆναι [1] ποιήσαντα ὅσον ἂν ῥηθῇ, μετὰ δὲ ταῦτ' οἴχεται. δεῖ δὲ πράξεώς τι- 1443
νος τὸν λέγοντα φανῆναι σύμβουλον, δι' ἣν καὶ μετὰ ταῦτα ἀγαθοῦ τινὸς ἡμῖν ἔσται παρουσία. τοῦτο δ' ἤδη καὶ σπάνιον καὶ χαλεπὸν πεπειραμένος οἶδα ὂν [2] εὑρεῖν. οὐδὲ γὰρ αὔταρκες τὸ ἰδεῖν ἐστὶ τὰ τοιαῦτα, ἂν μὴ καὶ πεῖσαί τις τοὺς συναιρομένους ὑμᾶς δυνηθῇ. οὐ μὴν ἀλλ' ἐμὸν μὲν ἔργον εἰπεῖν ἴσως, ἃ πέπεικ' ἐμαυτὸν συμφέρειν· ὑμέτερον δὲ ἀκούσαντας κρῖναι, κἂν ἀρέσκῃ, χρῆσθαι.

λγ'.

Οὐκ ἄδηλον ἦν, ὦ ἄνδρες Ἀθηναῖοι, πρῴην, ὅτε τῶν ἀντιλέγειν βουλομένων, οἷς ὁ δεῖνα ἔλεγεν, οὐκ ᾤεσθε ἀκούειν χρῆναι, ὅτι συμβήσεται τοῦτο, ὃ νυνὶ γίγνεται, ὅτι οἱ τότε κωλυθέντες [3] ἐροῖεν εἰς ἑτέραν ἐκκλησίαν. ἂν τοίνυν ταῦθ', ἅπερ πρότερον, ποιήσητε, καὶ τῶν τοῖς τότε δόξασι συνειπεῖν βουλομένων μὴ θελήσητε ἀκοῦσαι, πάλιν ταῦτα εἰς τὴν ἑτέραν ἐκκλησίαν οὗτοι λαβόντες, τούτων

1 * ποιῆσαι ἄν, ὅσον   2 [ἰδεῖν]   3 ἔροιεν

Ἐπιεικὴς] *Vir bonus, quam clarus orator, haberi malit.* Wolf.

Οὕτω τί μοι ἀγαθὸν γένοιτο] *Sic aliquid mihi bonum fiat, ita me Dii bene ament, sic mihi feliciter eveniat.* Idem.

Ἐπειδὴ ἐπῄειν μοι] *Cum in animum induxissem.* ab ἔπειμι, id est, ἐπέρχομαι, unde ἐπελθεῖν, in exordio τοῦ ά Ὀλυνθ. Idem.

Πολλὰ εἰπεῖν καὶ ἑώρων] *Multa posse dici et videbam et video.* Verbum εἰπεῖν accipio pro οἷόν τε εἶναι εἰπεῖν, ut si Latine dicas, *dicenda videbam.* Idem.

Ποιήσαντα] Aut ποιήσαντ' ἄν, aut ποιήσοντα. Idem. Lego cum Reiskio: *sed hæc per tantum tempus gaudere fecerunt.* Auger.

Δεῖ δὲ] *Cum, ut orator alicujus suasor negotii sit, requiratur.* Vide, ne te ordo verborum turbet. Wolf.

Τοὺς συναιρομένους] *Vos, qui adjuvatis,* pro τοῦ συναίρεσθαι, *ut adjuvetis.* nisi forte τοὺς συνερουμένους per ε est legendum, pro οἷς ἂν συνερεῖ τις, *eis, quorum causam agas.* Idem. M. συναιρουμένους in futuro. Auger.

λγ'. Οὐκ ἄδηλον ἦν] Videtur novum exordium. Wolf.

Ἔροιεν] F. ἐροῖεν, ab ἐρέω. Idem.

Τοῖς τότε δόξασι συνειπεῖν] M. ἀντειπεῖν. Nam si eadem probarunt, cur contradicant postea? Idem. M. συνειπεῖν, quod est in vulgatis. Auger.

Πάλιν ταῦτα] S. quæ nunc audire detrectatis. Wolf. Nempe, *hæc quæ in præsenti concione decernuntur.* Auger.

κατηγορήσουσιν. οὐδαμῶς, ὦ ἄνδρες Ἀθηναῖοι, οὔτε τὰ
πράγματα χείρω γένοιτο, οὔθ᾽ ὑμεῖς ἀτοπώτεροι φανείητε,
εἰ [1]μήτε τῶν δοξάντων ὑμῖν πέρας μηδὲν ἔχειν δοκοίη,
[2]μήτ᾽, ἀφέντες ἃ συμφέρει, τῶν πρὸ ὁδοῦ τι περαίνοιτε,
εἴητε δ᾽ ὥσπερ τῶν τὰ θέατρα καταλαμβανόντων. μηδα-
μῶς, ὦ ἄνδρες Ἀθηναῖοι, ἀλλὰ πονήσαντες τὸν πόνον τοῦ-
τον, καὶ παρασχόντες ἴσους ἀκροατὰς ἀμφοτέροις ὑμᾶς
αὐτοὺς, πρῶτον μὲν ἕλεσθε, ὅ τι καὶ ποιήσετε· ἔπειθ᾽ ὑπο-
λαμβάνετε, ἐάν τις ἐναντιῶται τοῖς ἅπαξ οὕτω δοκιμα-
σθεῖσι, πονηρὸν καὶ κακόνουν ὑμῖν. [3]τὸ μὲν γὰρ λόγου
μὴ τυχόντα πεπεῖσθαι, βέλτιον τῶν ὑμῖν δοκούντων αὐ-
τὸν ἐντεθυμῆσθαι, συγγνώμη· τὸ δὲ, ἀκουσάντων ὑμῶν
1444 καὶ διακρινάντων, ἔτι ἀναισχυντεῖν καὶ μὴ συγχωρεῖν ἐν-
δόντα τῇ τῶν πλειόνων γνώμῃ, ἄλλην τινὰ ὑποψίαν οὐχὶ
δικαίαν [4]ἔχειν φανείη. ἐγὼ μὲν δὴ σιωπᾶν ᾤμην δεῖν ἐν τῷ
παρόντι, εἰ μένοντας ὑμᾶς ἑώρων ἐφ᾽ ὧν ἔδοξεν. εἰμὶ γὰρ τῶν
ἐκεῖνα πεπεισμένων συμφέρειν ὑμῖν. ἐπειδὴ δὲ ὑπὸ τῶν
παρὰ τούτων λόγων μεταβεβλῆσθαί μοι τινὲς δοκοῦσιν, ὡς

[1] * μηδὲ [2] μηδ᾽ [3] * τῷ [4] * ἔχον

Εἰ μήτε] Sententia est: Si neque decreta vestra irrita videbantur, neque vos ea, quæ profutura sint, sic egeritis, ut utilia omittatis, neque certis quibusdam oratoribus, tanquam histrionibus in scena regnantibus, addicti fueritis, et res vestræ meliore in loco futuræ sunt, et vos habebimini prudentiores. Multitudo negationum perturbat minus attentos, quæ si in affirmationes convertantur, omnia erunt planiora, ad hunc modum: οὐδαμῶς χείρω, id est, πολλῷ βελτίω, οὐκ ἀτοπώτεροι, id est, φρονιμώτεροι, μὴ μηδὲν πέρας ἔχειν, id est, πέρας τι ἔχειν, μηδ᾽ ἀφέντες, id est, καὶ φυλάξαντες, εἴητε δὲ, id est, καὶ μὴ εἴητε. hic enim negatio repetenda est e superiore membro μηδ᾽ ἀφέντες. Sic nullus, opinor, scrupulus restabit. Nam in sequenti exordio ἀλυσιτελέστατον esse dicit τὸ πέρας μηδὲν ἔχειν τῶν τοῖς Ἀθηναίοις δοξάντων, p. 474. v. 7. et in fine hujus ipsius exordii monet Athenienses, ne rectam sibi extorqueri sinant, et oratorum improbitatem accusat. Wolf.

Μηδ᾽ ἀφέντες, ἃ συμφέρει, τῶν πρὸ ὁδοῦ τι περαίνοιτε] Τὰ πρὸ ὁδοῦ sunt τὰ λυσιτελοῦντα, ea, *quæ adjuvant et expediunt rem.* Videtur significare, alias utilitates sic amplectendas, ut aliæ non negligantur. Sed argutior esset sententia, si τῶν πρὸ ὁδοῦ τι, ἀντὶ τοῦ, τῶν τυχόντων τι liceret interpretari. Idem. *Faceretis aliquid eorum quæ sunt in promptu.* Auger.

Εἴητε δ᾽ ὥσπερ] Repetenda est, ut dixi, negatio μὴ, nisi forte legendum εἴητε δ᾽ οὐχ ὥσπερ. οἱ τὰ θέατρα καταλαμβάνοντες videntur esse comœdi et tragœdi. Qui, quamvis explodi nonnunquam solent, tamen illis solis vacant et oculi et aures auditorum, præsertim cum præclare se gerunt, et nunc risum, nunc fletum, nunc indignationem, nunc misericordiam movent, denique spectatores, tanquam tyranni, in quemvis affectum traducunt. Sic intelligere malo, quam τὸ κατέχειν τὸ θέατρον pro θέαν καταλαμβάνειν. Quod si cui placeat, sententia fuerit: *in theatro, quem quisque locum occupat, eum tenet: sed apud vos ita fieri non debet, ut primo cuique sententiam dicenti pareatis, exclusis posterioribus.* et quidem videntur verba quædam deesse, ut εἴητε δ᾽ ἐνίων τῶν λεγόντων, ὥσπερ: vel εἴητε δὲ τῶν πρώτων εἰπόντων, ὥσπερ. Locus mendo vacare non videtur: sequatur quisque, quod videbitur. Wolf. Pro οἱ καταλαμβάνοντες. Auger.

Πονήσαντες τὸν πόνον] F. ποιήσαντες, quod magis Atticum videtur. et v. 11. βέλτιόν τι τῶν. Wolf.

Ἐκεῖνα] *Ea quæ antea statuta sunt.*

οὔτ' ἀληθῆ λέγουσιν, οὔθ' ὑμῖν συμφέροντα, ἴσως μὲν εἰδότας, οὐ μὴν ἀλλ' εἰ καὶ τυγχάνετε ἀγνοοῦντες, διδάξω.

λδ'.

Ἔδει μὲν, ὦ ἄνδρες Ἀθηναῖοι, καὶ δίκαιον ἦν, τότε πείθειν ὑμᾶς ὅ τι ἄριστον ἕκαστος ἡγεῖτο, ὅτε ἐβουλεύεσθε τοπρῶτον περὶ τούτων, ἵνα μὴ συνέβαινεν, ἃ δὴ δύο πάντων ἐστὶν ἀλυσιτελέστατα τῇ πόλει, μήτε πέρας μηδὲν ἔχειν τῶν ὑμῖν δοξάντων, παρανοίας θ' ὑμεῖς κατεγιγνώσκετε ὑμῶν αὐτῶν μεταβουλευόμενοι. ἐπειδὴ δὲ σιωπήσαντες τότε, νῦν ἐπιτιμῶσί τινες, βούλομαι μικρὰ πρὸς αὐτοὺς εἰπεῖν. ἐγὼ γὰρ θαυμάζω τὸν τρόπον τῆς πολιτείας τῆς τούτων, μᾶλλον δ' ἡγοῦμαι φαῦλον. εἰ γὰρ ἐξὸν παραινεῖν, ὅταν σκοπῆτε, βεβουλευμένων κατηγορεῖν αἱροῦνται, συκοφαντῶν ἔργον, οὐχ, ὡς φασὶν, εὔνων ποιοῦσιν ἀνθρώπων. ἡδέως δ' ἂν ἐροίμην αὐτοὺς — καὶ μηδεμιᾶς λοιδορίας ὃ μέλλω λέγειν ἀρχὴ γενέσθω —, τί δὴ τἄλλα ἐπαινοῦντες Λακεδαιμονίους, ὃ μάλιστα ἄξιόν ἐστι τῶν παρ' ἐκείνοις ἄγασθαι, τοῦτο οὐ μιμοῦνται, μᾶλλον δ' [1] αὐτοὶ τοὐναντίον ποιοῦσι; φασὶ γὰρ, ὦ ἄνδρες Ἀθηναῖοι, παρ' ἐκείνοις μέχρι μὲν τοῦ δόξαι γνώμην, ἣν ἂν ἕκαστος ἔχῃ, λέγειν· ἐπειδὰν δ' ἐπικυρωθῇ, [2] ταῦτα ἅπαντας ἐπαινεῖν καὶ συμ- 1445
πράττειν, καὶ τοὺς ἀντειπόντας. τοιγάρτοι πολλῶν μὲν

[1] αὐτὸ [2] ταὐτὰ

Auger.

Συμφέροντας] Συμφέροντα. Wolf.

Οὐ μὴν ἀλλ'] *Nihilominus tamen, interim tamen, verum tamen.*

Τυγχάνετε] Τυγχάνετε malim. Wolf.

λδ'. Ἔχειν κατεγιγνώσκετε] Durior constructio, præcedente infinitivo, subjungi per conjunctionem indicativum. Quare nisi auctores interdum et hoc et alia indulgere sibi scirem, legere malim: παρανοίας θ' ὑμᾶς καταγνώσεσθαι ὑμῶν αὐτῶν μεταβουλευόμενοι: vel, ὅτι μήτε πέρας μηδὲν ἔχει, etc. sed sententia plana est. Idem. Hic, ut constructio plana fieret, deberet legi: ὅτι μήτε πέρας μηδὲν ἔχει - - - deinde κατεγιγνώσκετε. Auger.

Ἐξ ὂν παραινεῖν] Legendum haud dubie ἐξὸν παραινεῖν, *cum liceret monere.* eadem sententia graviter urgetur in oratione περὶ Στεφάνου actorum Demosthenis et consiliorum calumniator Æschines. Wolf.

Καὶ μηδεμιᾶς] (*Neque vero velim, id, quod dicam, exsistere jurgii principium.*) Idem.

Ἐπαινοῦντας] Ἐπαινοῦντες. et v. 17. ἄγασθαι. Idem.

Μέχρι μὲν τοῦ δόξαι] *Eo usque, dum statuatur,* id est, antequam vel tantisper, dum decreta fiant. Idem.

Ἐπειδὰν δ' ἐπικυρωθῇ] S. ὁ γνώμη, *cum aliqua sententia comprobata et decreta fuerit.* Idem.

Ταῦτα ἅπαντας] Malim ταὐτὰ, eadem. Idem. Auger.

Ἐπαινεῖν, καὶ] *Eadem laudare omnes, rerumque gerendarum esse adjutores illos etiam, qui adversati fuerant.* Wolf.

Πολλοὶ μὲν ὄντες, οὐ πολλοὶ κρατοῦνται] Suspecta mihi lectio est, nec tamen venit in mentem certius aliquid. Interim sic ex-

ὄντες οὐ πολλοὶ περιγίγνονται· λαμβάνουσι δὲ ὅσ᾽ ἂν μὴ τῷ πολέμῳ δύνωνται, τοῖς καιροῖς· οὐδεὶς δ᾽ αὐτοὺς ἐκφεύγει χρόνος, οὐδὲ τρόπος, τοῦ τὰ συμφέρονθ᾽ ἑαυτοῖς παραινεῖν, οὐ μὰ Δί᾽ οὐχ ὥςπερ ἡμεῖς, καὶ διὰ τούτους καὶ διὰ τοὺς ὁμοίους τούτοις, ἀλλήλων περιγιγνόμεναι, καὶ οὐχὶ τῶν ἐχθρῶν, πάντα ἀνηλώκαμεν τὸν χρόνον· κἂν μὲν εἰρήνην τις ἐκ πολέμου ποιήσῃ, τοῦτον μισοῦντες, ἂν δ᾽ ἐξ εἰρήνης πόλεμόν τις λέγῃ, τούτῳ μαχόμενοι, ἂν δ᾽ ἔχειν ἡσυχίαν τις παραινῇ, καὶ τὰ ἡμέτερα αὐτῶν πράττειν, οὐδὲ τοῦτον ὀρθῶς λέγειν φάσκοντες, ὅλως δ᾽ αἰτιῶν καὶ κενῶν ἐλπίδων ὄντες πλήρεις. τί οὖν, ἄν τις εἴποι, σὺ παραινεῖς, ἐπειδὴ ταῦτ᾽ ἐπιτιμᾷς; ἐγὼ νὴ Δί᾽ ἐρῶ.

λέ.

Πρῶτον μὲν, ὦ ἄνδρες Ἀθηναῖοι, οὐ πάνυ μοι δοκεῖ τις ἂν εἰκότως περὶ ὑμῶν δεῖσαι, μὴ παρὰ τὸ τῶν συμβουλευόντων οὐκ ἐθέλειν ἀκούειν, χεῖρω βουλεύσησθε. πρῶτον μὲν γὰρ ἡ τύχη, καλῶς ποιοῦσα, πολλὰ τῶν πραγμάτων ὑμῖν αὐτόματα ὡς ἂν εὔξαισθε παρίστησιν· ἐπεὶ τῇ γε τῶν προεστηκότων προνοίᾳ βραχέα αὐτῶν εἶχεν ἂν καλῶς. ἔπειθ᾽ ὑμεῖς οὐ μόνον τοὺς λόγους, οὓς ἂν ἕκαστος εἴποι, προΐστε, ἀλλὰ καὶ ὧν ἕνεκ᾽ αὐτῶν ἕκαστος δημηγορεῖ· εἰ δὲ μὴ φιλαπεχθήμων ἦν, εἶπον ἂν καὶ πόσου. τὸν δὴ τοῦ φενακίζεσθαι χρόνον ὡς εἰς μικρότατον συνάγοντες σωφρονεῖν ἔμοιγε δοκεῖτε. εἰ μὲν δή τι τῶν αὐτῶν ἔμελλον τοῖς
1446 ἄλλοις ἐρεῖν, οὐκ ἂν ᾤμην δεῖν λέγων ἐνοχλεῖν· νῦν δὲ συμφέροντα μὲν ὑμῖν ἀκοῦσαι, παντάπασι δὲ ἀφεστηκότα τῶν ὑπὸ τῶν πολλῶν προσδοκωμένων, οἴομαι λόγον ἔχειν. βρα-

pono: *quamvis multi sint, non multi tamen vincunt:* id est, Major pars non vincit meliorem, ut Livius loquitur. Quod si transposita negatione legas: τοιγάρτοι οὐ πολλοὶ μὲν ὄντες, πολλῶν περιγίγνονται, id est, *cum multi non sint, multos vincunt:* sententia erit, eos prudentia et concordia potius, quam numero, cæteris esse Græcis superiores. Præclarum sane institutum Laconum: SENTENTIAS DICERE LIBERAS; CONCILII LIBERI DECRETA CONCORDITER TUERI. IDEM. L. πολλῶν μὲν, ὄντες οὐ πολλοί. AUGER.

Παραινεῖν] Legendum παραίνειν. WOLF.

λέ. Εὔξεσθε] Legendum εὔξαισθε, in optativo, per αι. IDEM.

Εἰ μὴ φιλαπεχθήμων εἴ] Lego φιλαπεχθήμων ᾖ, *nisi esset odiosum.* IDEM.

Τοῦ φενακίζεσθαι] Non potest passive sat exprimi commode: *decipiendi vestri tempus*, id est, *ut vos decipiamini: si quam minimum illis spatium decipiendi vos dederitis.* IDEM.

Οἴομαι λόγον ἔχειν] Fortasse λόγων ἔχειν, τουτέστιν, εἰπεῖν δύνασθαι; sed et λόγον nihil habet incommodi. IDEM. Post ἔχειν f. add. εἰπεῖν, et deinde pro χρόνος f.

χὺς δ' ἔσται [1] χρόνος. σκέψασθε δὲ ἀκούσαντες, κἂν ὑμῖν ἀρέσκῃ, χρήσασθε. καὶ βραχεῖαν, ὦ ἄνδρες Ἀθηναῖοι, καὶ δικαίαν ποιήσομαι τὴν ἀρχὴν τοῦ λόγου, καὶ οὐδὲ τὰ πάντα ἐρῶ. ἡγοῦμαι γὰρ ἐξαπατῶν μὲν εἶναι βουλομένου, σκοπεῖν ὄντιν' ὑμᾶς τρόπον τοὺς ἀκούοντας καὶ τὰ τοῦ πράγματος δυσχερῆ τῷ λόγῳ συγκρύψηται, ἁπλῶς δὲ πεπεικότος αὐτὸν ὑμῖν προσφέρεσθαι τοῦτο πρῶτον εἶναι, εἰπεῖν πότερα ἐγνωκὼς παρελήλυθεν· ἵν', ἐὰν μὲν ἀκούσαντες τοῦτο τοὺς μετὰ ταῦτα λόγους [2] βούλησθε ἀκούειν, καὶ διδάσκῃ καὶ φράζῃ τὰ βέλτιστα αὐτῷ δοκοῦντα, ἂν δ' ἀποδοκιμάσητε, ἀπηλλαγμένος ᾖ, καὶ μήτε ὑμῖν ἐνοχλῇ μήτε αὐτὸν κόπτῃ. ἐγὼ δὲ τοῦτο πρῶτον ἐρῶ. ἐμοὶ δοκεῖ Μιτυληναίων ὁ δῆμος ἠδικῆσθαι, καὶ δίκην ὑμῖν ὑπὲρ αὐτοῦ προσήκειν λαβεῖν· καὶ, ὅπως λήψεσθε, ἔχω λέγειν, ἐπειδὰν, ὡς ἠδίκηνται, καὶ ὑμῖν προσήκει βοηθεῖν, ἐπιδείξω.

λϛ'.

Πρῶτον μὲν, οὐ πάνυ θαύμαστόν ἐστιν, ὦ ἄνδρες Ἀθηναῖοι, τὸ μὴ ῥαδίους τοῖς συμβουλεύειν βουλομένοις εἶναι τοὺς λόγους. ὅταν γὰρ τὰ πράγματα ἔχῃ φαύλως, περὶ ὧν δεῖ σκοπεῖν, δυσχερεῖς ἀνάγκη περὶ αὐτῶν εἶναι καὶ τὰς συμβουλίας. εἰ μὲν οὖν ἐκ τοῦ μὴ ἐθέλειν ἀκούειν ἐλπὶς ταῦτα γενέσθαι βελτίω, τοῦτο χρὴ πράττειν· εἰ δὲ χείρω μὲν ἅπαντα, βέλτιον δ' οὐδὲν ἐκ τούτων γενήσεται, τί δεῖ, πρὸς τὸ φαυλότατον ἐλθεῖν ἐάσαντας, ἐκ πλείονος ἢ νῦν
καὶ χαλεπωτέρου σώζειν πειρᾶσθαι, ἐξὸν ἐκ τῶν παρόντων 1447
ἔτι καὶ νῦν ἐπανορθώσασθαι καὶ προαγαγεῖν ἐπὶ τὸ βέλτιον; τὸ μὲν οὖν ὀργίλως ὑμᾶς ἔχειν εἰκός ἐστι ταῦτα

[1] [χρόνος]

[2] βούλοισθε

leg. λόγος. Auger.

Βραχὺς δ' ὁ χρόνος] S. τοῦ ἀκούειν. Quid si ὁ λόγος. Wolf.

Καὶ βραχεῖαν] Novum exordium. Idem.

Καὶ οὐδὲ τὰ πάντα ἐρῶ] *Neque omnia dicam.* Suspecta mihi lectio est, sed nihil habeo melius. Idem. Hæc quid hic significent non possum assequi; eam amplexus sum interpretationem quæ mihi visa fuit optima. Auger.

Ὑμεῖς τρόπον τοὺς ἀκούοντας καὶ] Lego: ὑμᾶς τρόπον τοὺς ἀκούσαντας προσάγηται καί. Omnino enim tale aliquod verbum deest. Wolf.

Συγκρύψητε] Lego συγκρύψηται. Idem.

Πότερα] Hic non sumo adverbialiter, sed in neutro plurali accusativo. Auger.

λϛ'. Πρῶτον μὲν] Novum exordium. Wolf.

Ἐλπὶς] F. post ἐλπὶς add. ἄν. Auger.

Πρὸς τὸν] Τό. Wolf.

Χαλεπωτέρους] Χαλεπωτέρως, *difficilius.* Idem.

Τὸ μὲν οὖν ὀργίλως ὑμᾶς] Particula ἂν

πάσχοντας· τὸ δὲ μὴ τοῖς αἰτίοις ἀλλὰ πᾶσιν ἐφεξῆς ὀργίζεσθαι, τοῦτο οὐκέτι εἰκὸς οὐδ' ὀρθῶς ἔχον ἐστίν. οἱ γὰρ μηδενὸς μὲν αἴτιοι τῶν παρεληλυθότων, τὰ δὲ λοιπὰ πῶς ἔσται βελτίω λέγειν ἔχοντες, χάριν, οὐκ ἀπέχθειαν, κομίσαιντ' ἂν δικαίως παρ' ὑμῶν· οὓς, ἐὰν ἀκαίρως δυσκολαίνητε, ὀκνεῖν ἀνίστασθαι ποιήσετε. καίτοι ἔγωγε οὐκ [1] ἀγνοῶ, ὅτι πολλάκις οὐ τοῖς αἰτίοις, ἀλλὰ τοῖς ἐμποδὼν οὖσι τοῖς ὀργιζομένοις, ἀηδές τι παθεῖν συνέβη· ὅμως δ' ἀνέστην συμβουλεύσων. πιστεύω γὰρ ἔγωγε, ὦ ἄνδρες Ἀθηναῖοι, φλαύρου μὲν μηδενὸς αἴτιος ὢν εὑρεθήσεσθαι, βελτίω δ' ἑτέρων ὑμῖν ἔχειν συμβουλεῦσαι.

λζʹ.

Τὰ μὲν γεγενημένα, ὦ ἄνδρες Ἀθηναῖοι, τοιαῦτα, οἷα πάντες ἀκηκόατε. δεῖ δ' ὑμᾶς μηδὲν [2] ἐκπεπληγμένους διακεῖσθαι, λογιζομένους, ὅτι πρὸς μὲν τὰ παρόντα ἀθύμως ἔχειν, οὔτε τοῖς πράγμασι συμφέρει, οὔθ' ὑμῶν ἄξιόν ἐστι· τὸ δὲ ταῦτ' ἐπανορθοῦν [3] αὐτοὺς ἡγεῖσθαι προσῆκον, καὶ τῆς ὑμετέρας δόξης ἄξιον ἂν φανείη. χρὴ δὲ τοὺς ὄντας, οἷοι φήσαιτ' ἂν ὑμεῖς εἶναι, ἐν τοῖς δεινοῖς ἑτέρων διαφέροντας φαίνεσθαι. ἐγὼ δὲ οὐδαμῶς μὲν ἂν ἠβουλόμην ταῦτα συμβῆναι τῇ πόλει, οὐδ' ἀτυχεῖν ὑμᾶς οὐδέν· εἰ δ' ἄρα ἔδει γενέσθαι, καί τι δαιμόνιον τοῦτ' [4] ἀπέκειτο, ὥσπερ πέπρακται, τὰ γεγενημένα λυσιτελεῖν οἴομαι. τὰ μὲν γὰρ τῆς τύχης ὀξείας
1448 ἔχει τὰς μεταβολὰς καὶ κοινὰς ἀμφοτέροις τὰς παρουσίας· ἃ δ' ἂν δι' ἀνδρῶν κακίαν πραχθῇ, βεβαίους ποιεῖται ἥττας. οἴομαι μὲν οὖν, οὐδὲ τοὺς κεκρατηκότας ἀγνοεῖν, ὅτι, βουληθέντων ὑμῶν καὶ παροξυνθέντων τῷ γεγενημένῳ, οὐ πάνυ πω δῆλον πότερον εὐτύχημα ἢ καὶ τοὐναντίον αὐτοῖς ἐστὶ τὸ πεπραγμένον· εἰ δ' ἄρα ἐπῆρκε τὸ πρᾶγμα αὐτοὺς

[1] ἀγνοῶ * μὲν, ὅτι [2] * ἐκπεπληγμένως
[3] * αὐτοῖς ἡ. π., καὶ * συμφέρον ἅμα καὶ τῆς ὑ. δ. ἄ. ἂν ὂν φανείη. [4] * ἀπέκειμεν

ablata, statuo hic novum exordium. Idem. Addo οὖν, quod est in vulgatis, et jungo hoc exordium cum præcedente. Auger.

Τῶν αἴτιοι τῶν] Prius τῶν delendum. Wolf.

λζ. Τὸ δὲ ταῦτ' ἐπανορθοῦν αὐτοὺς, ἡγεῖσθαι προσῆκον, τῆς] Αὐτοὺς ἐπανορθοῦν, id est, ἵν' αὐτοὶ ἐπανορθῶντε. vel, τὸ δὲ ἐπανορθοῦν, αὐτοῖς ἡγεῖσθαι προσῆκον· τῆς etc. deleto v. 17. καὶ ante τῆς ὑμ. et v. 18. χρὴ δὲ τοὺς ὄντας, οἷοι φήσαιτ' ἄν. Idem.

Καίτοι δαιμόνιον τοῦτ' ἀπέκειτο ὥσπερ πέπρακται] Sic lege et distingue: καίτοι δαιμόνιον τοῦτ' ἀπέκειτο· ὥσπερ etc. et *hoc fato quodam institerat*. quanquam pro ἀπέκειτο etiam ἐπέκειτο, *urgebat*, legi potest. Idem.

θρασύνεσθαι, [1]ἐὰν τοῦτο πρὸς ὑμῶν ἤδη γίγνοιτο. ὅσῳ γὰρ ἂν μᾶλλον καταφρονήσωσι, τοσούτῳ θᾶττον ἁμαρτήσονται.

λή.

Οὔ μοι δοκεῖτε, ὦ ἄνδρες Ἀθηναῖοι, περὶ ἧς οἴεσθε πόλεως νυνὶ μόνον βουλεύεσθαι, ἀλλὰ ὑπὲρ πασῶν τῶν συμμαχίδων. ὅπως γὰρ ἂν περὶ ταύτης γνῶτε, πρὸς ταῦτ' εἰκὸς ἀποβλέποντας τοὺς ἄλλους καὶ αὐτοὺς τῶν αὐτῶν τεύξεσθαι νομίζειν. ὥστε δεῖ καὶ τοῦ βελτίστου καὶ τῆς ὑμετέρας αὐτῶν ἕνεκα δόξης σπουδάσαι, ὅπως ἅμα καὶ συμφέροντα καὶ δίκαια φανήσεσθε βουλευόμενοι. ἡ μὲν οὖν ἀρχὴ τῶν τοιούτων πραγμάτων [2]ἁπάντων ἐστὶ τῶν στρατηγῶν· ὧν οἱ πλεῖστοι τῶν παρ' ὑμῶν ἐκπλεόντων οὐ τοὺς ὑμετέρους φίλους, οὓς διὰ παντὸς τοῦ χρόνου τῶν αὐτῶν κινδύνων μετεσχηκότας παρειλήφασι, θεραπεύειν τούτους οἴονται δεῖν, ἀλλὰ καὶ ἰδίους φίλους ἕκαστος ἑαυτῷ κατασκευάσας, ὑμᾶς ἀξιοῖ τοὺς αὐτῶν κόλακας καὶ ὑμετέρους ἡγεῖσθαι φίλους· οὗ πᾶν ἐστὶ τοὐναντίον. οὔτε γὰρ ἐχθροτέρους, οὔτ' [3]ἀναγκαίους μᾶλλον ἐχθροὺς ἂν τούτων εὕροιτε. ὅσῳ γὰρ πλείω παρακρουόμενοι πλεονεκτοῦσι, τοσούτῳ πλέον ὀφλεῖν ἡγοῦνται δίκην [4]δοῦναι. οὐδεὶς δ' ἂν γένοιτο εὔνους τούτοις, ὑφ' ὧν ἄν τι κακὸν πείσεσθαι προσ- 1449
δοκᾷ. τοῦ μὲν οὖν κατηγορεῖν ἴσως οὐχ ὁ παρὼν καιρός· ἃ δ' ἡγοῦμαι συμφέρειν ὑμῖν, ταῦτα συμβουλεύσω.

λθ'.

Οὐδένα, ὦ ἄνδρες Ἀθηναῖοι, τῶν πάντων ὑμῶν οὕτως

[1] πρὸ [2] * ἀπ' αὐτῶν ἐστὶ [3] ἀναγκαιοτέρους [4] [δοῦναι]

Ἐὰν τοῦτο πρὸς] Κἂν τοῦτο legendum: *etiam hoc a vobis fuerit*, id est, *profuerit vobis*. Idem.

λή. Καὶ τοὺς τῶν αὐτῶν] Καὶ ἑαυτοὺς τῶν αὐτῶν lege. Idem.

Ἐβουλευόμενοι] Βουλευόμενοι, aut certe βεβουλευμένοι. Idem.

Πραγμάτων, ἁπάντων] Lego πραγμάτων ἁπάντων, ἐστί. *Atque harum rerum omnium caput sunt duces, quorum plerique ex his, qui classe hinc solvunt*. Idem.

Τοὺς ὑμετέρους φίλους, οὓς etc. τούτους οἴονται] Τούτους per pleonasmum accedit. Idem.

Τοὺς αὐτῶν] Malim αὑτοῦ, quanquam propter nomen ἕκαστος etiam αὐτῶν legi potest. Idem.

Ἐχθροτέρους] Sequitur v. eod. μᾶλλον ἐχθρούς. tolerari potest hæc lectio: *Neque enim inimiciores, neque quos vobis magis inimicos esse necesse sit, invenietis*. Ut hæc sit sententia: Et inimici sunt vobis, et necessario sunt inimici, S. οἱ στρατηγοί. Sic et Philippum necessario Atheniensibus inimicum esse, alibi dicit. Si igitur ipsi duces inimici sunt, eorum assentatores amici qui sunt habendi? Sed pro ἐχθροτέρους fieri potest, ut aliud nomen scriptum a Demosthene fuerit. Idem.

λθ'.] Cujus initium est: οὐδένα, ὦ ἄνδρες

οἴομαι κακόνουν εἶναι τῇ πόλει, ὥστε μὴ χαλεπῶς φέρειν, μηδὲ λυπεῖσθαι τοῖς γεγενημένοις. εἰ μὲν τοίνυν ἀγανακτοῦντας ἦν ἄπρακτόν τι ποιῆσαι τούτων, τοῦτ' ἂν ἔγωγε παρῄνουν ὑμῖν ἅπασιν· ἐπειδὴ δὲ ταῦτα μὲν οὐκ ἂν ἄλλως ἔχοι, δεῖ δ' ὑπὲρ τῶν λοιπῶν προνοηθῆναι, ὅπως μὴ ταὐτὰ πείσεσθε, ὥσπερ, ὦ ἄνδρες Ἀθηναῖοι, [1] νῦν γεγενημένων ἀγανακτεῖτε, οὕτω χρὴ σπουδάσαι ὑπὲρ τοῦ μὴ πάλιν ταῦτα συμβῆναι, καὶ νομίζειν μηδένα ἔχειν λόγον εἰπεῖν τῶν συμβουλευόντων τοιοῦτον, ὃς δυνήσεται σῶσαι τὰ παρόντα μηδενὸς ὑμῶν μηδὲν συναραμένου. οὐ γὰρ ἂν λόγος, ἀλλὰ [2] θεὸς ὁ τοιοῦτος εἴη. ἡ μὲν οὖν ἀρχὴ τοῦ ταῦθ' οὕτως ἔχειν ἐκεῖθεν ἤρτηται, ἐκ τοῦ τῆς παραχρῆμα πρὸς ὑμᾶς ἕνεκα χάριτος ἐνίους τῶν λεγόντων ἐνταυθοῖ δημηγορεῖν, ὡς οὔτε εἰσφέρειν οὔτε στρατεύεσθαι δεῖ, πάντα δὲ αὐτόματ' ἔσται. ἔδει μὲν οὖν ταῦθ' ὑπ' ἄλλου τινὸς ἐξελέγχεσθαι μετὰ τοῦ λυσιτελοῦντος ἐλέγχου τῇ πόλει· δοκεῖ δέ μοι τρόπον τινὰ καὶ νῦν ἀμείνων ἡ τύχη περὶ ὑμᾶς τῶν ἐφεστηκότων εἶναι. τὸ μὲν γὰρ ἕκαστα ἀπόλλυσθαι τῆς τῶν ἐπιμελουμένων κακίας σημεῖον προσήκει ποιεῖσθαι· τὸ δὲ μὴ πάλαι πάντ' ἀπολωλέναι τῆς ὑμετέρας τύχης εὐεργέτημ' ἔγωγε κρίνω. ἐν ᾧ τοίνυν ἡ τύχη διαλείπει καὶ τοὺς
1450 ἐχθροὺς ἀνέχει, τῶν λοιπῶν ἐπιμελήθητε· εἰ δὲ μή, σκοπεῖτε, ὅπως μὴ ἅμα τοὺς ἐφεστῶτας ἑκάστοις ὑμεῖς κρίνετε, καὶ τὰ πράγμαθ' ὑμῶν, ὦ ἄνδρες Ἀθηναῖοι, κλινεῖ. οὐ γὰρ ἔσθ', ὅπως ταῦτ' ἄνευ μεγάλου τινὸς στήσεται, μηδενὸς ἀντιλαμβανομένου.

μ'.

Οὐδέν ἐστιν, ὦ ἄνδρες Ἀθηναῖοι, τοῦτο ἄλογον, τοὺς ἀεὶ

[1] περὶ τῶν νῦν γεγ. [2] θεός τις ὁ

Ἀθηναῖοι. IDEM.

Ὅπως μὴ ταὐτὰ] Lego ταὐτά. IDEM.

Πείσεσθε] Hic finitur periodi πρότασις. IDEM.

Νῦν γεγενημένων] Lego ὑπὲρ τῶν νῦν, vel, νῦν ὑπὲρ τῶν. IDEM.

Τοῦ ταῦθ' οὕτως ἔχειν] Τοῦ λυπεῖσθαι ὑμᾶς τοῖς γεγενημένοις. quaedam huc translata sunt e prima Olynthiaca, et oratione Chersonesitana. IDEM.

Τοὺς ἐχθροὺς ἀνέχει] *Nobis desertis inimicos evehit.* IDEM.

Ἄνευ μεγάλου τινὸς στήσεται] S. κακοῦ. *Fieri nequit, ut haec sine magno malo consistant*, id est, profecto in magnum aliquod malum erumpent. Sententia eadem exstat 4. Philipp. IDEM. Subaudi κράτους, vel aliud quid simile. AUGER.

μ'. Οὐδέν ἐστιν, ὦ ἄνδρες] Videtur novum exordium. aut certe legendum οὐδὲν δ' ἐστίν.

καὶ συνεχῶς ὑπὲρ τῶν ὀλιγαρχιῶν πολιτευομένους, καὶ νῦν ταῦτα ποιοῦντας ἐξελέγχεσθαι· ἀλλ' ἐκεῖνο μᾶλλον ἄν τις εἰκότως θαυμάσαι, τὸ τοὺς εἰδότας ὑμᾶς ταῦτα πολλάκις ἥδιον τούτων ἀκούειν, ἢ τῶν ὑπὲρ ὑμῶν λεγόντων. ἴσως μὲν οὖν ὥσπερ οὐδ' ἰδίᾳ ῥᾴδιόν ἐστιν ἅπαντ' ὀρθῶς πράττειν, οὕτως οὐδὲ κοινῇ· ἀλλ' οὐ δὴ τὰ μέγιστά γε χρὴ παρορᾶν. τὰ μὲν οὖν ἄλλα πάντ' ἐστὶν ἐλάττω· ὅταν δ' ὑπὲρ πολιτείας καὶ σφαγῶν καὶ δήμου καταλύσεως εὐχερῶς ἀκούητε, πῶς οὐκ ἔξω χρὴ τοῦ φρονεῖν ὑμᾶς αὐτοὺς ἡγεῖσθαι; οἱ μὲν γὰρ ἄλλοι πάντες ἄνθρωποι, τοῖς ἑτέρων παραδείγμασι χρώμενοι, μᾶλλον εὐλαβεῖς αὐτοὶ γίγνονται· ὑμεῖς δὲ, οὐδὲ τὰ τοῖς ἄλλοις συμβαίνοντα ἀκούοντες φοβηθῆναι δύνασθε, ἀλλ' ἃ τοὺς ἰδίᾳ περιμένοντας ἀβελτέρους νομίζετε, ταῦτ' αὐτοὶ δημοσίᾳ μοι δοκεῖτε ἀναμένειν παθόντες αἰσθέσθαι.

μά.

Οὐδεὶς πώποτε ἴσως ὑμῶν ἐζήτησεν, ὦ ἄνδρες Ἀθη-
ναῖοι, τί δήποτε οἱ κακῶς πράττοντες ἄμεινον περὶ τῶν
πραγμάτων τῶν εὖ πραττόντων βουλεύονται. ἔστι δ' οὐχ
ἑτέρωθέν ποθεν τοῦτο γιγνόμενον, ἀλλ', ὅτι συμβαίνει τοῖς
μὲν μήτε φοβεῖσθαι μηδὲν, μήθ' ἅ τις ἂν λέγοι δεινὰ
προσήκονθ' αὐτοῖς ἡγεῖσθαι· τοὺς δὲ πλησίον ὄντας τῶν
ἁμαρτημάτων, ὅταν εἰς τὸ κακῶς πράττειν ἀφίκωνται, 1451
σώφρονας πρὸς τὰ λοιπὰ καὶ μετρίους παρέχει. σπουδαίων
τοίνυν ἐστὶν ἀνθρώπων, ὅταν βελτίστῃ τῇ παρούσῃ τύχῃ
χρῶνται, τότε πλείω τὴν σπουδὴν πρὸς τὸ σωφρονεῖν ἔχειν.
οὐδὲν γὰρ οὔτε φυλαττομένοις οὕτω δεινὸν ὥστ' ἀφύλακτον
εἶναι, οὔτε ὀλιγωροῦσιν ἀπροσδόκητον παθεῖν. λέγω δὲ ταῦ-
τα, οὐχ ἵνα τἀνάλλως ὑμᾶς δεδίττωμαι, ἀλλ' ἵνα μὴ
διὰ τὴν παροῦσαν εὐπραξίαν, ἃ γένοιτ' ἄν, εἰ μὴ προνοή-
σησθε τῶν πραγμάτων, δεινὰ, ἀκούοντες καταφρονῆτε,

Wolf.

Ἀναμένειν παθόντες αἰσθέσθαι] Exspectare, dum vestropte malo sentiatis. Idem. Post ἀναμένειν forte legendum: καὶ πλὴν εἰ μὴ παθόντες αἰσθήσεσθε. Auger.

Ἐζήτησεν] Παρὰ τὸ ἐξαιτέω. Legendum ἐζήτησεν. Wolf.

μά. Ἀλλ' ὅτι] Fortassis ἢ ὅτι. Idem.

Τοὺς δὲ πλησίον] *Eos vero, qui prope peccata sunt, id est, qui animadvertunt errata sua.* sic intelligere malo, quam, qui *nuper deliquerunt.* aut forte ἀτυχημάτων pro ἁμαρτημάτων legendum: *qui non ita pridem cladem acceperunt.* Idem.

Σώφρονας — παρέχει] S. τὸ κακῶς πράττειν. *Ille ipse malorum sensus sobrios et moderatos eos facit.* Simile est exordium Areopagitici Isocratis. Idem.

ἀλλ' ἄνευ τοῦ παθεῖν, ὥσπερ ἐστὶ προσῆκον, φάσκοντάς γε μηδένων ἀπολείπεσθαι τῷ σωφρονεῖν, φυλάξησθε.

μβ'.

Οὐχὶ τὸν αὐτὸν εἶναι καιρὸν ὑπείληφα, ὦ ἄνδρες Ἀθηναῖοι, τοῦ χαρίζεσθαι καὶ τοῦ τὰ δοκοῦντά μοι βέλτιστα παραινεῖν. πολλάκις γὰρ ὁρῶ τὸ χαρίζεσθαί τι παρὰ γνώμην, πλείονα ἀπέχθειαν ἐνεγκὸν, τοῦ τὸ πρῶτον ἐναντιωθῆναι. εἰ μὲν οὖν ἅπαντες ἐγινώσκετε ταὐτὰ, οὔτ' ἂν ἐμοὶ τὰ δέοντα ἐδοκεῖτε προαιρεῖσθαι, [1]οὔτ' ἂν παρῆλθον, περίεργον ἡγούμενος τοῖς ἀφ' αὑτῶν ἃ χρὴ ποιοῦσι λέγειν, [2]ὅταν ᾖ τοὐναντίον. μᾶλλον γὰρ ἂν ἡγησάμην ἕνα ὄντα ἐμαυτὸν ἀγνοεῖν τὰ κράτιστα, ἢ πάντας ὑμᾶς. ἐπειδὴ δὲ ὁρῶ τινὰς ὑμῶν ταὐτὰ μὲν γιγνώσκοντας ἐμοὶ, τἀναντία δ' [3]ἄλλοις, πειράσομαι μετὰ τούτων τοὺς ἑτέρους πεῖσαι. εἰ μὲν οὖν οἰήσεσθε δεῖν μὴ ἐθέλειν ἀκούειν, οὐκ ὀρθῶς ποιήσετε· ἂν δ' ἀκούσητε σιωπῇ καὶ τοῦθ' ὑπομείνητε, δυοῖν ἀγαθοῖν θάτερον ὑμῖν ὑπάρξει. ἢ γὰρ πεισθήσεσθε, ἄν τι δοκῶμεν λέγειν συμφέρον, ἢ βεβαιό-
1452 τερον περὶ ὧν ἐγνώκατε ἔσεσθε πεπεισμένοι. ἂν γὰρ, [4][ἐπὶ] οἷς τι διαμαρτάνειν οἰόμεθ' ἡμεῖς ὑμᾶς, ταῦτα μηδενὸς ἄξια φανῇ, μετ' ἐλέγχου τὰ δεδογμένα νῦν ὑμεῖς ἔσεσθ' ᾑρημένοι.

[1] * Desunt οὔτ' ἄν. [2] οὔτ' ἂν ἦν τοὐναντίον. [3] * ἄλλους [4] Deest ἐπί.

μβ'. Πολλάκις γὰρ] Pro γὰρ pono δὲ, nam γὰρ totum sensum interturbare videtur. Auger.

Ταῦτα, οὔτ' ἂν ἐμοὶ τὰ δέοντα ἐδοκεῖτε] Lego ταὐτά. *Si in eadem sententia essetis omnes.* Sed τὸ ὅταν ᾖ τοὐναντίον, *cum contrarium fuerit*, vel, *si contra res sese haberet*, quo referendum sit, quidve sibi velit, nescio. Totus hic locus confusione interpunctionum obscuratus, sic distinguendus videtur: εἰ μὲν οὖν ἅπαντες ἐγινώσκετε ταὐτὰ. οὔτ' ἂν (pro ἐὰν) ἐμοὶ τὰ δέοντα ἐδοκεῖτε προαιρεῖσθαι, οὐκ (pro οὔτ') ἂν παρῆλθον. περίεργον ἡγούμενος, τοῖς ἀφ' αὑτῶν, ἃ χρὴ, ποιοῦσι, λέγειν. οὐδ' ὅταν ἦν τοὐναντίον, id est, κἂν μὴ τὰ δέοντα ἐδοκεῖτέ μοι προαιρεῖσθαι, vel addenda negatio, οὔτ' ὅταν μὴ, S. τὰ δέοντα προαιρεῖσθαι. Hanc lectionem retinebo tantisper, dum melior offeretur. Nec etiam ita sum (cognita præsertim librariorum incuria et imperitia, sæpe etiam temeritate ac petulantia) religiosus, (quanquam licentiam interpretum minime probo) quin audendum potius aliquid existimem, (admonito lectore tamen imprimis) quam ea vertere, quæ perversa esse omnibus appareat, quæque a nemine intelligi possint. Wolf. Hunc locum penitus elucidavi in interpretatione mea. Auger.

Μετὰ τούτων] S. τῶν ταὐτὰ ἐμοὶ γιγνωσκόντων, *cum his, qui mecum faciunt.* Wolf.

Τοὺς ἑτέρους] *Diversum sentientes.* Idem.

Δοκῶ μὲν] Legendum uno verbo δοκῶμεν, Scil. ἐγώ τε καὶ οἱ ἐμοὶ σύμψηφοι. Postea v. 19. post ἔσεσθε πεπεισμένοι colon ponendum, et, ἂν ἐφ' οἷς τι. Nisi malis, ἂν γὰρ ἐφ' οἷς, novam ordiri periodum. Alioqui legendum. v. pen. φανῇ· καὶ μετ' ἐλέγχου. Est autem μετ' ἐλέγχου δεδογμένον, *consilium non fortuitum ac temerarium, sed nixum suis rationibus, et munitum.* Sic apud Isocratem in Panathenaico: τὰ μὴ μετ' ἐλέγχου εἰρημένα sunt *verba temere fusa, nullis fulta probationi-*

μγ΄.

Βουλοίμην ἄν, ὦ ἄνδρες Ἀθηναῖοι, περὶ ὧν εὐδοκίμηκε λέγων παρ' ὑμῖν ὁ δεῖνα, ἐπὶ τῶν ἔργων τῶν πραττομένων ἴσον αὐτῷ τὸν ἔπαινον γενέσθαι. οὔτε γὰρ τούτῳ κακόνους εἰμί, μὰ τοὺς θεούς, ὑμῖν τε ἀγαθὸν βούλομαι ἂν γενέσθαι. ἀλλ' ὁρᾶτε, ὦ ἄνδρες Ἀθηναῖοι, μὴ κεχωρισμένον ᾖ, λόγον εἰπεῖν εὖ καὶ προελέσθαι πράγματα συμφέροντα· καὶ τὸ μὲν ῥήτορος ἔργον ᾖ, τὸ δὲ νοῦν ἔχοντος ἀνθρώπου. ὑμεῖς τοίνυν οἱ πολλοί, καὶ μάλισθ' οἱ πρεσβύτατοι, λέγειν μὲν οὐκ ὀφείλετε ὁμοίως δύνασθαι τοῖς δεινοτάτοις — τῶν γὰρ εἰθισμένων τοῦτο τὸ πρᾶγμα —· νοῦν δ' ἔχειν ὀφείλετε ὁμοίως, καὶ μᾶλλον τούτων — αἱ γὰρ ἐμπειρίαι, καὶ τὸ πολλὰ ἑωρακέναι, τοῦτ' ἐμποιοῦσι —. μὴ τοίνυν, ὦ ἄνδρες Ἀθηναῖοι, φανῆτε ἀγνοοῦντες ἐν τῷ παρόντι νῦν, ὅτι αἱ διὰ τῶν λόγων ἀνδρίαι καὶ θρασύτητες, ἐὰν μὴ μεθ' ὑπαρχούσης ὦσι παρασκευῆς καὶ ῥώμης, ἀκοῦσαι μὲν εἰσὶν ἡδεῖαι, πράττειν δ' ἐπικίνδυνοι. αὐτίκα γάρ, τὸ μὴ ἐπιτρέπειν τοῖς ἀδικοῦσιν, ὁρᾶτε ὡς καλὸν τὸ ῥῆμα. ἀποβλέψατε δὴ πρῶτον πρὸς τὸ ἔργον αὐτό. δεῖ κρατῆσαι μαχομένους τῶν ἐχθρῶν τοὺς τὴν τοῦ ῥήματος τούτου σεμνότητα ἔργῳ ληψομένους. εἰπεῖν μὲν γάρ, ὦ ἄνδρες Ἀθηναῖοι, πάντα πέφυκε ῥᾴδιον, πρᾶξαι δ' οὐχ ἅπαντα· οὐ γὰρ ἴσος πόνος καὶ ἱδρὼς πρό τε τοῦ λέγειν καὶ πρὸ τοῦ πράττειν ἐστίν. ἐγὼ δ' οὐ χείρους ὑμᾶς ἡγοῦμαι φύσει Θηβαίων — καὶ 1453

bus. Idem. M. ἂν γὰρ ἐφ' οἷς, post φανῇ virgula. Auger.

μγ΄. Ὑμῖν τε ἀγαθὸν βούλομαι ἂν γενέσθαι] M. ὑμῖν τι ἀγαθὰ βουλοίμην ἂν γενέσθαι. Wolf.

Μὴ κεχωρισμένον ᾖ] *Ne separatum sit:* id est, ne non simul et salutaria dici, et jucunda possint. λόγον εἰπεῖν εὖ est *diserta oratio, quæ vulgo tum maxime probatur, cum assentatur.* Separat igitur hic Demosthenes eloquentiam a sapientia, et quidem, si vera fateri volumus, nihil prohibet, quo minus etiam falsa et perniciosa ita fucentur, ut hominibus inertibus et imperitis, non audientibus modo, sed ipsis etiam dicentibus, sane quam egregia videantur. Stultis enim et improbis non minus suppetunt suæ rationes commentitiæ atque falsæ, quam sapientibus et bonis viris veræ atque firmæ. Nam et Cicerone auctore 2. de divinatione, 'Paucis est bona ratio, mala plurimis.' Idem.

Τῶν γὰρ εἰθισμένων] S. λέγειν. *Eorum id munus est, qui usu dicendi exercitati sunt.* Idem.

Τοῦτ' ἐμποιοῦσι] S. τὸ νοῦν ἔχειν. *Prudentiam parit experientia et multa vidisse.* pro quo ego posui, *multarumque rerum usus,* quod sententiæ per hanc libertatem nihil decedat, et oratio sit Latinior. Idem.

Ἐν τῷ παρόντι νῦν] Videtur pleonasmus. Idem.

Τοῦ ῥήματος τούτου] S. τοῦ μὴ ἐπιτρέπειν τοῖς ἀδικοῦσι. Idem.

Πρό τε τοῦ λέγειν] *Ante orationem et ante rerum administrationem,* id est, orationes et res ipsæ non pari labore constant.

γὰρ ἂν μαινοίμην — ἀλλ' ἀπαρασκευοτέρους. φημὶ δὴ δεῖν τοῦ παρασκευάζεσθαι νῦν ποιεῖσθαι τὴν ἀρχὴν, ἐπειδὴ τέως ἠμελεῖτε τοῦ διαγωνίζεσθαι. οὐ γὰρ ἀντιλέγω τὸ ὅλον, ἀλλ' ὑπὲρ τοῦ τρόπου τῆς ἐγχειρήσεως ἐναντιοῦμαι.

μδ΄.

Ὅσην μὲν, ὦ ἄνδρες Ἀθηναῖοι, πεποίηνται σπουδὴν οἱ πρέσβεις κατηγορῆσαι τῆς πόλεως ἡμῶν, ἅπαντες ἑωράκατε. πλὴν γὰρ οὐκ ἔχω τίνος εἴπω, τἄλλα πάντα ὑμῖν ἀναθεῖναι πεπείρανται. εἰ μὲν οὖν ἦσαν αὐτῶν ἀληθεῖς αἱ κατηγορίαι, χάριν γε εἴχετε εἰκότως ἂν, εἰ πρὸς ὑμᾶς οὕτως ὑμῶν κατηγόρουν καὶ μὴ πρὸς ἄλλους· ἐπειδὴ δὲ, διαστρέψαντες τἀληθῆ, καὶ τὰ μὲν παραβαίνοντες ἀφ' ὧν ἂν μεγάλους ἐπαίνους κομίσαισθε δικαίως, τὰ δ' αἰτιασάμενοι ψευδῆ καὶ οὐ προσήκονθ' ὑμῖν, κέχρηνται τῷ λόγῳ, πονηροὺς δίκαιον αὐτοὺς, ἐπειδὰν ἐξελεγχθῶσι ταῦτα πεποιηκότες, νομίζειν. εἰ γὰρ ῥήτορες δεινοὶ μᾶλλον εἶναι δοκεῖν ἢ μετ' ἀληθείας ἐπιεικεῖς ἄνθρωποι νομίζεσθαι προείλοντο, οὐδ' αὐτοὶ καλοκαγαθίας ἂν, ὡς ἔοικεν, ἀμφισβητοῖεν. ἔστι μὲν οὖν χαλεπὸν τὸ παρ' ὑμῖν ὑπὲρ ὑμῶν ἐροῦντα ἀνεστηκέναι, ὥσπερ ῥᾴδιον τὸ καθ' ὑμῶν. ἐγὼ γὰρ, μὰ τὴν Ἀθηνᾶν, οὐδένας τῶν ἄλλων ἀνθρώπων οὕτως οἶμαι τὰ [1][μὴ] προσόντα αὐτοῖς ἀκοῦσαι νουθετουμένους, ὡς ὑμεῖς τὰ μὴ προσόντα, κακῶς ἀκούοντες. οὐ μὴν οὐδὲ τούτους θρασέως ἂν οὕτως ἡγοῦμαι ψεύδεσθαι, εἰ μὴ συνῄδεσαν ταῦτα, καὶ πρόδηλον ἦν, ὅτι δεινότατοι πάντων

[1] Deest μή.

IDEM.

Ἐπειδὴ τέως ἠμελεῖτε τοῦ διαγωνίζεσθαι] *Quoniam cum id factum oportuit, prælium committere neglexistis.* τέως exponit Hesychius ἕως, *donec*, μέχρι, *usque*, πρὸς τὸ παρὸν, *in præsentia*, vel *hactenus*, ὅμως, *tamen*, τότε καὶ τηνικαῦτα, *tunc*, ἐν τοιούτῳ, *tali statu rerum*, vel *tali tempore*, *interea*, πρότερον, *prius*. IDEM.

μδ΄. Ὅσην μὲν, ὦ ἄνδρες Ἀθηναῖοι] Novum hoc exordium est. IDEM.

Πλὴν γὰρ οὐκ ἔχω τίνος εἴπω, τἄλλα πάντα] *Excepto enim uno nescio quo, cætera vobis omnia accepta referre studuerunt.* *Præter enim* (scilicet, unum quiddam) non *habeo, quod dicam* (id est, nescio quid) *cætera*, etc. est Græca brevitas. IDEM.

Ἔχετε εἰκότως] Εἴχετε legendum. IDEM.

Παραβαίνοντες] Malim ὑπερβαίνοντες, *prætereuntes*: nam illud de violatione fœderum legumque sæpius usurpatur. IDEM.

Τὰ μὴ προσόντα αὐτοῖς] Malim τὰ προσόντα αὐτοῖς. *Alii, dum admonentur, vera sua probra tam æquis animis non accipiunt, quam vos ea, quæ falso in vos congeruntur.* Hanc lectionem in vertendo sum secutus. Quæ si displicet, τὰ μὴ προσόντα exponas licet, *aliena delicta, quæ inter admonendum exempli gratia proponuntur.* Sed φάρμακον hoc σοφώτερον, ἢ ἀληθέστερον, εἶναι mihi

ὅπως δὲ λήψονται. εἰ μὲν οὖν ἐνῆν δοῦναι, δικαίως ἂν αὐτὸ τοῦτό μοι τις [1]ἔπληξεν, εἰ διὰ μικρὸν ἀνάλωμα ἐνοχλεῖν ὑμῖν ᾑρούμην· νῦν δὲ οὐκ ἔνι, καθάπερ οὐδὲ τούτους λέληθεν. εἶθ' ὑπὲρ ὧν ὑμῖν λειτουργεῖν δεῖ, προσθήσειν αὐτοῖς οἴονταί με, ληροῦσι, καὶ ταῦτα ἴσως βούλονται, ἃ καὶ προσδοκῶσιν· ἐγὼ δ' οὐ ποιήσω ταῦτα, ἀλλ' ἐὰν μὲν δῶσι, καθέλξω τὴν ναῦν, καὶ τὰ προσήκοντα ποιήσω, εἰ δὲ μή, τοὺς αἰτίους ὑμῖν ἀποφανῶ.

μζ'.

Οὐδένα ἂν εὖ φρονοῦντα ἀντειπεῖν, ὦ ἄνδρες Ἀθηναῖοι,
νομίζω, ὡς οὐχ ἁπάντων ἄριστόν ἐστι τῇ πόλει, μάλιστα 1456
μὲν ἐξ ἀρχῆς μηδὲν ἀσύμφορον πράττειν· εἰ δὲ μή, παρεῖναι εὐθὺς τοὺς ἐναντιωσομένους. δεῖ μέντοι τούτῳ προσεῖναι, καὶ θέλοντας ἀκούειν ὑμᾶς, καὶ διδάσκεσθαι. οὐδὲν γὰρ πλέον εἶναι τὸν ἐροῦντα τὰ βέλτιστα, ἂν μὴ τοὺς ἀκουσομένους ἔχῃ. οὐ μὴν οὐδὲ ἐκεῖνο ἀλυσιτελές μετὰ ταῦτ' ἂν φανείη, ὅσ' ἄν τις ὑμᾶς ἢ διὰ καιρὸν ἢ δι' ὥραν ἡμέρας ἢ δι' ἄλλην τινὰ αἰτίαν παρακρούσηται, ταῦθ', ὅταν ποτὲ βούλησθε, ὑμῶν αὐτῶν ὄντες, ἀκούειν, εἶναι τὸν ἐξετάσοντα πάλιν. ἵνα, ἐὰν μέν, ὡς φασὶν οἱ τότε πείσαντες, φανῇ, προθυμότερον πράττητε, ὡς ἔλεγχον δεδωκότα· ἐὰν δ' ἄρα μὴ τοιαῦτα εὑρεθῇ, πρὶν πορρωτέρω προελθεῖν, ἐπίσχητε. καὶ γὰρ ἂν δεινὸν εἴη, εἰ τοῖς τοῦ κρατίστου διαμαρτοῦσι τὸ χείριστον ἀνάγκη πράττειν εἴη, καὶ μὴ τὸ δεύτερον ἐκ τῶν λοιπῶν ἐξείη μεταβουλεύσασθαι. τοὺς μὲν οὖν ἄλλους ἅπαντας ἔγωγε ὁρῶ τὴν ἀειλο-

[1] ἐπέπληξεν

Ὅπως δὲ λήψονται. εἰ μὲν οὖν] Possunt hæc κατ' ἀποσιώπησιν excusari, sed ejus figuræ nullam video causam. addendum igitur, τοῦτο μόνον σπουδάζουσι, μελετῶσι, σκοποῦσι, vel simile quippiam. Idem. Wolfio assentitur Augerus.

Ἔπληξεν] Ἐπέπληξεν. Wolf.

Δεῖ, προσθήσειν αὐτοῖς] *Me ipsis additurum, id est, largiturum aliquid ultra debitum reipublicæ munus:* vel potius *plura facturum, quam debeam.* Idem.

μζ'. Οὐδὲν γὰρ πλέον (S. ἐστὶ) εἶναι τὸν] *Nihil proficitur, si sit.* Idem.

Ὅς ἄν τις] Lego, ὅσα ἄν τις, aut cum Apostropho, ὅσ' ἄν τις. Idem. Auger.

Ὑμῶν αὐτῶν ὄντες] Ἑαυτοῦ εἶναι, *sui juris, liberum, nemini addictum esse.* ἑαυτοῦ γενέσθαι, *sese vult in libertatem asserere.* Contrarium τὸ ἑτέρου εἶναι ἢ γενέσθαι, ἀντὶ τοῦ, δουλεύειν. Idem.

Ἔλεγχον δεδωκότα] *Comperta et comprobata.* Idem.

Ἀνάγκη πράττειν, ἢ εἰ καὶ] Puto sic legendum, ἀνάγκη πράττειν εἴη, καί, etc. *necesse fuerit agere: neque iterum ex iis, quæ restant, mutare consilium licuerit.* Idem.

Τὴν ἀειλογίαν προτεινομένους] Non est, *nihil aliud in ore habere, aut subinde glori-*

γίαν προτεινομένους, ὅταν τι πιστεύωσι δικαίως αὐτοῖς πεπρᾶχθαι· οὗτοι δ' αὖ τοὐναντίον ἐγκαλοῦσιν, εἰ περὶ ὧν ἡμάρτετε, νῦν ἀναθέσθαι βούλεσθε, τὴν ἀπάτην κυριωτέραν οἰόμενοι δεῖν εἶναι τῆς μετὰ τοῦ χρόνου βασάνου. τὴν μὲν οὖν τούτων σπουδὴν οὐδ' ὑμῶν ἴσως ἀγνοοῦσιν οἱ πολλοί· δεῖ δ' ὑπὲρ τῶν πραγμάτων, ἐπειδήπερ γέγονε λόγου τυχεῖν, ἅ τις ἡγεῖται κράτιστα, λέγειν.

μη΄.

Ὅ τι μὲν μέλλει συνοίσειν πάσῃ τῇ πόλει, τοῦτο καὶ λέγειν εὔχομαι πάντας, ὦ ἄνδρες Ἀθηναῖοι, καὶ ὑμᾶς ἑλέσθαι. ἐγὼ δ' οὖν, ἃ πεπεικὼς ἐμαυτὸν τυγχάνω μάλιστα
1457 συμφέρειν ὑμῖν, ταῦτ' ἐρῶ, δεηθεὶς ὑμῶν τοσοῦτον, μήτε τοὺς ἐξιέναι κελεύοντας ὑμᾶς, διὰ τοῦτο νομίζειν ἀνδρείους, μήτε τοὺς ἀντιλέγειν ἐπιχειροῦντας, διὰ τοῦτο κακούς. οὐ γὰρ ὁ αὐτὸς ἔλεγχος, ὦ ἄνδρες Ἀθηναῖοι, τῶν τε λόγων καὶ τῶν πραγμάτων ἐστίν· ἀλλὰ δεῖ νῦν εὖ βεβουλευμένους
[1] ἡμᾶς φανῆναι, τότε δὲ, ἂν ἄρα ταῦτα δοκῇ, τὰ τῆς ἀνδρείας ἀποδείξασθαι. ἡ μὲν οὖν ὑμετέρα προθυμία, παντὸς ἀξία, καὶ τοιαύτη πάρεστιν, οἵαν ἄν τις εὔξαιτο εὔνους ὢν τῇ πόλει· νῦν δ', ὅσῳ τυγχάνει σπουδαιοτέρα, τοσούτῳ δεῖ μᾶλλον προϊδεῖν, ὅπως εἰς δέον καταχρήσεσθε αὐτῇ. οὐδενὸς γὰρ εὐδοκιμεῖ πράγματος ἡ προαίρεσις, ἂν μὴ καὶ τὸ τέλος συμφέρον καὶ καλὸν λάβῃ. ἐγὼ δὲ οἶδά ποτε, ὦ ἄνδρες Ἀθηναῖοι, παρ' ὑμῖν ἀκούσας ἀνδρὸς, οὔτε ἀνοήτου δοκοῦντος εἶναι οὔτ' ἀπείρου πολέμου, Ἰφικράτους λέγω, ὃς ἔφη δεῖν οὕτω προαιρεῖσθαι κινδυνεύειν τὸν στρατηγὸν, ὅπως μὴ τὰ ἢ τὰ γενήσεται, ἀλλ' ὅπως τά· οὕτω γὰρ εἶπε τῷ

[1] ὑμᾶς

ari solere: sed *ad rationes reddendas perpetuo se paratum profiteri.* Idem.

Περὶ ὧν ἡμάρτετε] Tale argumentum est ductum e loco contrariorum: Ipsi recte facta sibi laudi ducunt: peccant igitur, cum vos præcipitatione consiliorum in delicta impellere student. Idem.

Τῆς μετὰ τοῦ χρόνου βασάνου] *Diuturna probatione, ea probatione quam temporis longinquitas affert.* Recte Publius:

Ad pœnitendum properat, qui cito judicat. Idem.

Τὴν μὲν τούτων σπουδὴν] *Ac quid isti quærant, studeant, propositum habeant, venentur.* Idem.

μη΄. Παντὸς ἀξία] *Omni re digna, quantivis pretii.* Idem.

Οἶδα — ἀκούσας] *Scio, me audisse apud vos: memini audire, μέμνημαι ἀκούσας.* Idem.

Μὴ τὰ ἢ τὰ] *Ne hæc vel illa, sed hæc:* hoc est, consilia imperatoris non esse debere temeraria, fortuita, incerta: sed unum habere scopum propositum, nempe

ῥήματι. ἦν δὲ τοῦτο γνώριμον, ὅτι, ὅπως καλῶς ἀγωνιεῖται, ἔλεγεν. ἐπειδὰν μὲν τοίνυν ἐξέλθητε, ὃς ἂν ἡγῆται, κύριος ὑμῶν ἐστί· νῦν δ' ἕκαστος ὑμῶν [1] αὐτῶν στρατηγεῖ. δεῖ δὴ τὰ τοιαῦτα φανῆναι βεβουλευμένους, δι' ὧν πανταχῶς συνοίσει τῇ πόλει, καὶ μὴ μελλουσῶν ἕνεκ' ἐλπίδων τῆς παρούσης εὐδαιμονίας χεῖρόν τι ποιήσετε.

μθ΄.

Οὐδέν' ἂν ᾠόμην, ὦ ἄνδρες Ἀθηναῖοι, πιστεύοντα τοῖς πεπραγμένοις ἐγκαλέσαι τοῖς καθιστᾶσιν εἰς λόγον ταῦτα. ὅσῳ γὰρ ἂν πλεονάκις ἐξετάζῃ τις αὐτὰ, ἀνάγκη τοὺς
τούτων αἰτίους εὐδοκιμεῖν. οὐ μὴν ἀλλά μοι δοκοῦσιν αὐτοὶ 1458
φανερὸν καθιστάναι, οὐκ ἐπὶ [2] τῶν τῇ πόλει συμφερόντων πράξαντες. οἱ γοῦν ἐξελέγχεσθαι μέλλοντες, ἂν πάλιν εἰς λόγον ἔλθωσιν, φεύγουσι, καὶ δεινὰ ποιεῖν ἡμᾶς φασί. καίτοι, ὅταν τοὺς ἐξελέγχειν βουλομένους δεινὰ ποιεῖν αἰτιᾶσθε, τί ἡμεῖς τοὺς ἡμᾶς αὐτοὺς ἐξηπατηκότας τηνικαῦτα λέγωμεν;

ν΄.

Ἦν μὲν οὖν δίκαιον, ὦ ἄνδρες Ἀθηναῖοι, τὴν ἴσην [3] ἔχειν παρ' ὑμῶν ὀργὴν τοῖς ἐπιχειροῦσιν, ὅσηνπερ τοῖς δυνηθεῖσιν ἐξαπατῆσαι. ὃ μὲν γὰρ ἦν ἐπὶ τούτοις, πεποίηνται, καὶ [4] προήγαγον ὑμᾶς· τοῦ δὲ μὴ τέλος ταῦτα ἔχειν ἡ τύχη, καὶ τὸ βέλτιον νῦν ὑμᾶς φρονεῖν ἢ ὅτ' ἐξήχθητε ὑπὸ τούτων, γέγονεν αἰτία. οὐ μὴν ἀλλ' ἔγωγ' οὕτω πόῤῥω νομίζω τὴν πόλιν εἶναι τοῦ δίκην παρὰ τῶν ἀδικούντων λαμβάνειν, ὡς ἀγαπητὸν εἶναί μοι δοκεῖν, ἂν,

[1] *αὐτῷ [2] * τῷ τῇ πόλει συμφέροντι [3] * ἐλθεῖν [4] * προηγάγονθ'

sine clade victoriam. De Iphicrate consule Æmilium Probum, scriptorem non improbandum. Idem.

Πανταχῶς] F. πανταχόσε, vel πανταχόθεν, *ab omni parte*, legendum. Idem.

Μελλουσῶν ἕνεκ' ἐλπίδων] *Propter futuram*, hoc est, *ambiguam et incertam spem.* Idem.

μθ΄. Οὐδέν' ἂν] Pro οὐδένα ἄν. Cave legas οὐδὲν neutro genere. Mox, v. 10. τοὺς τούτων αἰτίους μᾶλλον εὐδοκιμεῖν. Post, v. 15. fortasse legendum: αἰτιᾶσθαι, τί ὑμᾶς τοὺς ἐξηπατηκότας ἡμᾶς τηνικαῦτα λέγωμεν; Idem. L. τί ὑμεῖς ὑμᾶς . . . τηνικαῦτα λέγωμεν; *quid tandem nos de vobis dicemus?* Græce, λέγειν τινὰ, *dicere de aliquo.* Auger.

ν΄. Τὴν ἴσην ἔχειν] Legendum τὴν ἴσην εἶναι, vel ὑπάρχειν. Wolf.

Ὃ μὲν γὰρ — ἵνα προηγάγονθ' ὑμᾶς] *Quid enim in ipsis erat fecerunt, ut vos in errorem inducerent.* Auger.

ὅπως μὴ πείσεσθε κακῶς, δυνήσεσθε φυλάττεσθαι· τοσαῦται τέχναι καὶ γοητεῖαι καὶ ὅλως ὑπηρεσίαι τινές εἰσιν ἐφ᾽ ὑμᾶς κατεσκευασμέναι. τῆς μὲν οὖν τούτων κακίας οὐκ ἂν ἐν τῷ παρόντι τις ἐν δέοντι μάλιστα κατηγορήσειε· βούλομαι δ᾽ ὑπὲρ ὧν ἀνέστην, ἃ νομίζω συμφέροντ᾽, εἰπεῖν.

να.

Ἡ μὲν οὖν εἰωθυῖα πάντα τὸν χρόνον βλάπτειν, ὦ ἄνδρες Ἀθηναῖοι, τὴν πόλιν λοιδορία καὶ ταραχὴ καὶ νυνὶ γέγονε παρὰ τῶν αὐτῶν, ὥνπερ ἀεί· ἄξιον δ᾽ οὐχ οὕτω τούτοις ἐπιτιμῆσαι — ἴσως γὰρ ὀργῇ καὶ φιλονεικίᾳ ταῦτα πράττουσιν, καὶ τὸ μέγιστον ἁπάντων, ὅτι συμφέρει ταῦτα ποιεῖν αὐτοῖς —, ἀλλ᾽ ὑμῖν, εἰ, περὶ κοινῶν,
1459 ὦ ἄνδρες Ἀθηναῖοι, πραγμάτων καὶ μεγάλων συνειλεγμένοι, τὰς ἰδίας λοιδορίας ἀκροώμενοι κάθησθε, καὶ οὐ δύνασθε πρὸς ὑμᾶς αὐτοὺς λογίσασθαι τοῦθ᾽, ὅτι αἱ τῶν ῥητόρων ἁπάντων ἄνευ κρίσεως πρὸς ἀλλήλους λοιδορίαι, ὡς ἂν ἀλλήλους ἐξελέγξωσιν, ὑμᾶς τὰς εὐθύνας διδόναι ποιοῦσι. πλὴν γὰρ ὀλίγων ἴσως, ἵνα μὴ πάντας εἴπω, οὐδεὶς αὐτῶν [1] ἅτερος θατέρῳ λοιδορεῖται, ἵνα βέλτιόν τι τῶν ὑμετέρων γίγνηται — πολλοῦ γε καὶ δεῖ —, ἀλλ᾽ ἵνα, ἃ τὸν δεῖνά φασι [2] ποιοῦντα ἂν δέῃ δεινότατ᾽ ἀνθρώπων ποιεῖν, ταῦτ᾽ αὐτὸς μετὰ πλείονος ἡσυχίας διαπράττηται. ὅτι δ᾽ οὕτω ταῦτ᾽ ἔχει, μὴ ἐμοὶ πιστεύσητε, ἀλλ᾽ ἐν βραχεῖ λογίσασθε. ἔστιν ὅπου τις ἀναστὰς εἶπε παρ᾽ ὑμῖν πώποτε, βουλόμενός τι λαβεῖν τῶν ὑμετέρων προελήλυθα, ὦ ἄνδρες Ἀθηναῖοι, οὐχ ὑπὲρ [3] ὑμῶν; οὐδεὶς δήπου, ἀλλ᾽ ὑπὲρ ὑμῶν, καὶ δι᾽ ὑμᾶς, καὶ ταύτας τὰς προφάσεις λέγουσι. φέρε δὴ σκέψασθε, τί δὴ

[1] θάτερος [2] ποιοῦντα * ἀνάδην, δεινότατ᾽ [3] ἡμῶν.

Ὑπηρεσίαι] Ministeria, S. τῶν προδοτῶν. WOLF.

να. Λοιδορία] Vid. Not. p. 490. v. 8.

Οὐχ οὕτω τούτοις, etc. ἀλλ᾽ ὑμῖν] Ἀντὶ τοῦ, ὥσπερ ὑμῖν. WOLF.

Ὡς ἂν ἀλλήλους] Lego ἕως. IDEM.

Οὐδεὶς αὐτῶν θάτερος θατέρῳ] F. ἅτερος θατέρῳ. IDEM.

Φασι ποιοῦντα] Pro ποιεῖν. IDEM.

Ἂν δέῃ δεινότατ᾽ ἀνθρώπων ποιεῖν] *Si oporteat atrocissima hominum facere*, id est, etiamsi summum scelus admittendum sit. IDEM. Verba ἂν δέῃ delerem ut inutilia et phrasim impedientia. AUGER.

Ὦ ἄνδρες Ἀθηναῖοι;] Censeo cum puncto interrogativo legendum, ut οὐχ ὑπὲρ ἡμῶν v. pen. per subjectionem dictum accipiatur. alioqui perturbatior est ordo

ποτε, ὦ ἄνδρες Ἀθηναῖοι, ὑπὲρ ὧν ἅπαντες λέγουσιν, οὐδὲν βέλτιον τοῖς ὅλοις νῦν ἢ πρότερον πράττετε· οὗτοι δ' οἱ πάνθ' ὑπὲρ ὑμῶν, ὑπὲρ αὑτῶν δ' οὐδεὶς οὐδὲν πώποτ' εἰρηκὼς, ἐκ πτωχῶν πλούσιοι γεγόνασιν; ὅτι φασὶ μὲν, ὦ ἄνδρες Ἀθηναῖοι, φιλεῖν ὑμᾶς, φιλοῦσι δ' οὐχ ὑμᾶς, ἀλλ' αὑτούς. καὶ γελάσαι καὶ θορυβῆσαι καί ποτ' ἐλπίσαι μετέδωκαν ὑμῖν· λαβεῖν δὲ ἢ κτήσασθαι τῇ πόλει κυρίως ἀγαθὸν οὐδὲν ἂν βούλοιντο. ᾗ γὰρ ἂν ἡμέρᾳ τῆς λίαν ἀῤῥωστίας ἀπαλλαγῆτε, ταύτῃ τούτους οὐδ' ὁρῶντες ἀνέξεσθε. νῦν δὲ
δραχμῇ καὶ χοῖ καὶ τέτταρσιν ὀβολοῖς, ὥσπερ ἀσθενοῦντα, 1460
τὸν δῆμον διάγουσιν, ὁμοιότατα, ὦ ἄνδρες Ἀθηναῖοι, τοῖς παρὰ τῶν ἰατρῶν σιτίοις διδόντες ὑμῖν. καὶ γὰρ ἐκεῖνα οὔτ' ἰσχὺν ἐντίθησιν οὔτε ἀποθνήσκειν ἐᾷ· καὶ ταῦτα οὔτ' ἀπογνόντας ἄλλο τι μεῖζον πράττειν ἐᾷ, οὔτε αὐτὰ ἐξαρκεῖν δύναται.

νβ'.

Καὶ δίκαιον, ὦ ἄνδρες Ἀθηναῖοι, καὶ καλὸν καὶ σπουδαῖον, ὅπερ ὑμεῖς εἰώθατε, καὶ ἡμᾶς προνοεῖν, ὅπως τὰ πρὸς τοὺς θεοὺς εὐσεβῶς ἕξει. ἡ μὲν οὖν ἡμετέρα γέγονεν ἐπιμέλεια ὑμῖν εἰς δέον, — καὶ γὰρ ἐθύσαμεν τῷ Διῒ τῷ Σωτῆρι καὶ τῇ Ἀθηνᾷ καὶ τῇ Νίκῃ, καὶ γέγονε καλὰ καὶ σωτήρια ταῦθ' ὑμῖν τὰ ἱερά· ἐθύσαμεν δὲ καὶ τῇ Πειθοῖ καὶ τῇ Μητρὶ τῶν θεῶν καὶ τῷ Ἀπόλλωνι, καὶ ἐκαλλιεροῦμεν καὶ ταῦτα —· ἦν δ' ὑμῖν καὶ τὰ τοῖς ἄλλοις θεοῖς

verborum. Wolf.

Κυρίως] *Constanter*, quod in reipublicæ potestate et sit et maneat. Idem.

Τῆς λίαν ἀῤῥωστίας ἀπαλλάγητε] M. ἀπαλλαγείητε. Idem.

Ἀῤῥωστίας] In Demosthenis Δημηγορικοῖς προοιμίοις sese vocem ὀῤῥωδία reperisse testatur Harpocration. In editis non legi merito monuit Henr. Valesius, et hic pro ἀῤῥωστίας reponit ὀῤῥωδίας. Si locum paulo diligentius inspexeris, conjecturam minus opinor probaveris: in ejusdem procemii initio pro λοιδορία καὶ ταραχὴ, olim lectum fuisse suspicor: ὀῤῥωδία καὶ ταραχή. Non raro φόβος καὶ θόρυβος a Demosthene jungi solent. *Valckenaer. Animadv. ad Ammon.* l. I. c. IX. p. 38.

Οὐδ' ὁρῶντες ἀνέξεσθε] Pro ὁρᾶν Latino more. Similis locus est in oratione Isocratis περὶ εἰρήνης. Wolf.

Καὶ χοῖ] Χοὴ *libamen* significat *et inferias*. Sed hic legendum puto χοῖ, a χοῦς, quod et χοεὺς pro *certa vini mensura*. Similia habentur et in Olynthiaca 3. Idem. Imo χοΐ. Auger.

Ἀπογνόντας] Hic, ut in secunda Olynthiaca, significat, *rejicientes, abnuentes*. Idem.

νβ'. Ὅπως ὑμεῖς εἰώθατε, καὶ ἡμᾶς προνοεῖν] *Ut id, quod vos soletis, nos quoque providamus, curemus.* Wolf.

Καὶ τῇ Ἀθηνᾷ, καὶ τῇ Νίκῃ] Mendum occupavit, mea quidem sententia, hæc verba. Legendum quippe est: καὶ τῇ Ἀθηνᾷ τῇ Νίκῃ. Minervam enim intelligit, quæ Νίκη cognominabatur. *In L. Att.* l.

τυθέντα ἱερὰ ἀσφαλῆ καὶ βέβαια καὶ καλὰ καὶ σωτήρια. δέχεσθε οὖν παρὰ τῶν θεῶν διδόντων τἀγαθά.

νγ'.

Ἦν τις, ὡς ἔοικε, χρόνος παρ' ὑμῖν, ὦ ἄνδρες Ἀθηναῖοι,
ὅτε ἐπηνάγκαζεν ὁ δῆμος, ὃν ἂν ἄνθρωπον ἴδοι σώφρονα καὶ
χρηστὸν, πράττειν τὰ κοινὰ καὶ ἄρχειν, οὐ σπάνει τῶν
τοῦτο βουλομένων ποιεῖν — πάντα γὰρ τἄλλα εὐτυχῆ
τὴν πόλιν κρίνων, ἓν οὐδέποτ' εὐτυχῆσαι τοῦτο νομίζω,
ἐπιλείπειν αὐτὴν τοὺς τὰ κοινὰ καρποῦσθαι βουλομένους
—, ἀλλ' ὅραμα τοῦτο ἐποιεῖτο ὁ δῆμος αὐτοῦ καλὸν, ὦ
ἄνδρες Ἀθηναῖοι, καὶ λυσιτελὲς τῇ πόλει. οἵ τε γὰρ συνε-
1461 χεῖς οἵδε παραζευγνύμενοι σφίσιν, ἐξ ἰδίων σπουδαίων καὶ
δικαίων ἀνδρῶν εὐλαβεστέρους αὐτοὺς παρεῖχον· οἵ τε χρη-
στοὶ μὲν ὑμῶν καὶ δικαίως ἄρχοντες, μὴ πάνυ δ' οἷοί τ' ἐνο-
χλεῖν καὶ παραγγέλλειν, οὐκ ἀπηλαύνοντο τῶν τιμῶν. νῦν δὲ
παντάπασι τὸν αὐτὸν τρόπον, ὦ ἄνδρες Ἀθηναῖοι, ὅνπερ τοὺς
ἱερεῖς, οὕτω καθίστατε καὶ τοὺς ἄρχοντας. εἶτα θαυμάζετε,
ἐπειδὰν ὁ δεῖνα εὐδαίμων καὶ ὁ δεῖνα ὑμῖν ᾖ, συνεχῶς πολλὰ
λαμβάνων, οἱ δ' ἄλλοι περιίητε τὰ τούτων ἀγαθὰ ζηλοῦν-
τες. δεινότατοι γάρ ἐστ' ἀφελέσθαι μὲν ὅσα ὑμῖν ὑπάρχει,
καὶ νόμους περὶ τούτων θεῖναι, ἂν τις ἀστυνομήσῃ δὶς, ἢ

III. t. I. p. 277. PETITUS.

Τυθέντα] Pro θυθέντα, quia binæ crassæ in binis syllabis conjungi rarius solent. Unde etiam in reduplicationibus tenues aspiratarum loco repetuntur. Sed in multis verbis hoc non observatur, ut κατωρθώθην, κατορθωθήσομαι. WOLF.

νγ'. Ἀλλ' ὅραμα] *Visionem, spectaculum.* fortassis εὕρημα. *Erat id populi inventum præclarum:* ac potius: *populus in præclaro lucro id deputabat,* ἕρμαιον εἶναι ἐνόμιζεν. IDEM.

Αὐτοῦ] F. ἑαυτῷ. IDEM. L. ὁμοῦ. AUGER.

Οἵ τε γὰρ συνεχεῖς οἵδε] *Nam et hi continui.* fortasse legendum συνοχεῖς, a nominativo συνοχεὺς, qui *equum jugalem* significet, παρὰ τὸ σὺν καὶ ὀχεῖν, *ab una vehendo,* quod eidem currui cum aliis equis sit junctus: atque ita esse legendum, testatur participium παραζευγνύμενοι. WOLF. Totum hunc locum, qui est intricatissimus, interpretatus sum, quasi legeretur: οἵ τε γὰρ πλεονέκται παραζευγνύμενοί τισιν - - - αὐτοὺς παρεῖχον. AUGER.

Σφίσιν] Pro αὐτοῖς τοῖς τὰ κοινὰ καρποῦσθαι βουλομένοις. WOLF.

Ἐξ ἰδίων] F. ἐξ ἀνθρώπων σπουδαίων. IDEM.

Εὐλαβεστέρους αὐτοὺς]. Infinitis locis αὐτοῦ pro αὑτοῦ vel ἑαυτοῦ legitur. hic autem αὑτοὺς legendum, s. τοὺς πονηρούς. IDEM.

Μὴ πάνυ δ' οἷοί τε] *Qui se impudenter ingerere et ambire suffragia minus possunt.* IDEM.

Ὅνπερ τοὺς ἱερεῖς] Ἱερωσύνην otiosam et non difficilem fuisse functionem ex Nicocle Isocratis apparet: sed quæ fuerit sacerdotes eligendi apud Athenienses ratio, amplius quærendum censeo: nisi quod sortito illos fuisse delectos ex oratione contra Neæram apparet. IDEM.

Περιΐητε] *Superstitis, vincatis.* malim περιῆτε, *obambuletis, circumeatis.* IDEM. L. οἱ δ' ἄλλα ὑμεῖς περιῆτε. AUGER.

Ἀστυνομήσῃ] *Præfectum urbis egerit.* populare est hoc exordium. Fuit ἀστυνομία plebeius quispiam magistratus: sicut

τὰ τοιαῦτα· στρατηγεῖν δ' ἀεὶ τοὺς αὐτοὺς ἐᾷν. καὶ τὸ μὲν τοὺς ἐπὶ τῶν πράξεων ὄντας ἴσως ἔχει πρόφασιν· τὸ δὲ τοὺς ἄλλους, οἳ ποιοῦσι μὲν οὐδὲν, χώραν δὲ ἀτέλεστον ἔχουσιν αὐτοὶ τετελεσμένοι, μωρία. ἀλλὰ καὶ ὑμῶν αὐτῶν, εἰσὶ δ' οὐκ ὀλίγοι, προσάγειν χρή. ἂν γὰρ ὥςπερ εἰ ζυγὸν ἱστῆτε, πρόεισιν ὃς ἂν ἄξιος ᾖ του μετὰ ταῦτα αὐτός.

νδ'.

Τὸ μὲν, ὦ ἄνδρες Ἀθηναῖοι, πεπεικότα ἑαυτὸν, ἔχειν τι συμφέρον εἰπεῖν, ἀνίστασθαι, καὶ καλὸν καὶ προσῆκον εἶναί μοι δοκεῖ· τὸ δὲ μὴ βουλομένους ἀκούειν βιάζεσθαι, παντελῶς ἔγωγε αἰσχρὸν ἡγοῦμαι εἶναι. οἴομαι δὲ, ἐὰν ἐθελήσητέ μοι πείθεσθαι τήμερον, καὶ τὰ βέλτιστα μᾶλλον ὑμᾶς ἑλέσθαι δυνήσεσθαι, καὶ τοὺς τῶν ἀναβαινόντων λόγους βραχεῖς ποιήσειν. τί οὖν συμβουλεύω; πρῶτον μὲν, ὦ ἄνδρες Ἀθηναῖοι, περὶ αὐτῶν ὧν σκοπεῖτε τὸν παριόντα λέγειν ἀξιοῦν. πολλὰ γὰρ ἄλλα τις ἂν περιέλθοι τῷ λόγῳ καὶ πόλλ' ἂν ἀστεῖα εἴποι, ἄλλως τε καὶ ὥςπερ 1462
τούτων ἔνιοι δεινῶν ὄντων. ἀλλ', εἰ μὲν ῥημάτων ἥκετε

Augustæ urbis magister dicitur, *der Stettmeister*, qui purgandis plateis præest: secus, quam Argentinæ, ubi honorifica est ea appellatio. ἀγορανόμος rebus venalibus præfuit. Wolf. Quindecim fuerunt Astynomi, quot et Agoranomi, Metronomi, Sitophylaces: nempe decem in urbe, at vero quinque in Piræeo: ex eo quod Piræeus tertiam Athenarum partem constituebat. *In L. A.* l. III. t. II. §. XXXII. Petitus. Copiosius ἀστυνόμων officium describitur a Philosopho Politic. l. VI. 8. et Ulpiano ad Orat. Dem. in Timocr. p. 463., de cujus scholio Maussacus ad Harpocrat. v. ἀστύνομος. Porro quæ de numero eorum et Agoranomorum ac Sitophylacum sequuntur, mihi minus certa videntur. Wesseling.

Ὄντας] Sub. vel adde, ἀεὶ ἄρχειν ἐᾷν. Auger.

Χώραν ἀτέλεστον] *Locum inanem, infinitum, imperfectum, immunem.* Suidas: ἀτέλεστος, ἀμύητος, βέβηλος, ἀνοργίαστος, τὰς τελετὰς μὴ πεποιημένος. Varinus addit: τελεσθῆναι μὴ δυνάμενος, ἀμέτοχος. Puto hic ἀντὶ τοῦ ἀτελῆ χώραν poni. *Habere et nomen et dignitatem publici muneris, nec operæ quicquam navare.* Wolf. Intelligo *locum* vel *gradum in quo aliquis immunitatibus fruitur.* Auger.

Αὐτοὶ, τετελεσμένοι] F. αὕτη. *ea vero perfecta stultitia est.* Captavit παρονομασίαν. Wolf.

Ἀλλὰ καὶ ὑμῶν αὐτῶν] S. τινὰς, vel ἐξ ὑμῶν. Idem.

Εἰσὶ] Pro εἰσὶ lego ἴστε. Auger.

Προσάγειν] S. ἐπὶ τὰς ἀρχάς. Wolf.

Ὥσπερεὶ ζυγὸν] *Tanquam trutinam statueritis*, id est, si virtutis ratio habebitur, ultro apparebunt boni viri, et improbis præponderabunt. Idem.

Τοῦ μετὰ ταῦτα] *Dignus eo, quod sequitur*, id est, magistratu, qui illi est mandandus. Idem. *Prodibit ipse is qui postea erit dignus aliquo magistratu.* του pro τινός. Auger.

νδ'. Πείσεσθαι] M. πείθεσθαι. et v. 16. τὸν παριόντα λέγειν. et v. pen. ἄλλως τε τῶν ὥσπερ. et p. 493. v. 7. καὶ πότερα. Wolf.

Ἄλλως τε, τῶν ὥσπερ] Distinguo sic: ἄλλως τε τῶν, ὥσπερ etc. τῶν cohæret cum τις quod præcessit: *aliquis eorum qui sunt diserti et eloquentes, ut nonnulli istorum.* Auger.

ἀκουσόμενοι, ταῦτα λέγειν καὶ ἀκούειν χρή· εἰ δ' ὑπὲρ πραγμάτων αἱρέσεως βουλευσόμενοι, αὐτὰ καθ' ἑαυτὰ παραινῶ τὰ πράγματα ὡς μάλιστα κρίνειν, ἀφελόντας ὅσοι λόγοι πεφύκασιν ἐξαπατᾷν. ἓν μὲν οὖν τοῦτο λέγω· δεύτερον δὲ, [1] ὅ τι τισὶν ἴσως παράδοξον ἔσται πρὸς τὸ τοὺς λόγους ἐλάττους εἶναι, σιωπῶντας ἀκούειν. περὶ μὲν γὰρ τοῦ ταῦτα ἢ ἐκεῖνα συμφέρειν, καὶ πότερα δικαιότερα ἂν προέλοιθ' ἡ πόλις, οὔτ' εἰσὶ λόγοι πολλοὶ μὴ βουλομένοις μάτην ἀδολεσχεῖν, οὔτε πάλιν τις ἂν αὐτοὺς εἰπεῖν ἔχοι· ὡς δὲ καὶ δίκαιον ἀκούειν, καὶ πρὸς τὸν θόρυβον ἀποκρίνεσθαι, καὶ λόγον ἐκ λόγου λέγειν, οὐδεὶς, ὅστις οὐχὶ δύναιτ' ἄν. ἐκ δὲ τοῦ θορυβεῖν οὐκ ἀπαλλάττεσθε λόγων, ἀλλὰ καὶ περὶ τῶν οὐδὲν εἰς χρείαν ἐπαναγκάζεσθε ἀκούειν. ἡ μὲν οὖν ἐμὴ γνώμη περὶ ὧν βουλεύεσθε ἥδ' ἐστίν.

1 ὃ γ τισιν

Τις ἂν αὐτοὺς] F. τις ἂν τοὺς αὐτούς. Idem.

ΔΗΜΟΣΘΕΝΟΥΣ

ΕΠΙΣΤΟΛΑΙ.

ά.

ΠΕΡΙ ΤΗΣ ΟΜΟΝΟΙΑΣ.

Pag. ed. Reisk.
1462 ΠΑΝΤΟΣ ἀρχομένῳ σπουδαίου [1] καὶ λόγου καὶ ἔργου
ἀπὸ τῶν θεῶν ὑπολαμβάνω προσήκειν πρῶτον ἄρχεσθαι.
εὔχομαι δὴ τοῖς θεοῖς πᾶσι καὶ πάσαις, ὅ τι τῷ δήμῳ
1463 τῶν Ἀθηναίων ἄριστόν ἐστι καὶ τοῖς εὐνοοῦσι τῷ δήμῳ καὶ
νῦν καὶ ἐς τὸν ἔπειτα χρόνον, τοῦτ' ἐμοὶ μὲν ἐπὶ νοῦν ἐλ-
θεῖν γράψαι, τοῖς δ' ἐκκλησιάσασιν Ἀθηναίων ἑλέσθαι.
εὐξάμενος δὲ ταῦτα, τῆς ἀγαθῆς ἐπινοίας ἐλπίδα ἔχων
παρὰ τῶν θεῶν, τάδ' ἐπιστέλλω.

ΔΗΜΟΣΘΕΝΗΣ ΤΗΙ ΒΟΥΛΗΙ ΚΑΙ ΤΩΙ ΔΗΜΩΙ ΧΑΙΡΕΙΝ.

Περὶ μὲν τῆς ἐμῆς οἴκαδε ἀφίξεως ἀεὶ νομίζω πᾶσιν ὑμῖν ἔσεσθαι βουλεύσασθαι, διόπερ νῦν οὐδὲν περὶ αὐτῆς γέγραφα· τὸν δὲ παρόντα καιρὸν ὁρῶν, ἑλομένων μὲν ὑμῶν τὰ δέοντα, ἅμα δόξαν καὶ σωτηρίαν καὶ ἐλευθερίαν δυνάμενον κτήσασθαι οὐ μόνον ὑμῖν ἀλλὰ καὶ τοῖς ἄλλοις ἅπασιν Ἕλλησιν, ἀγνοησάντων δὲ ἢ παρακρουσθέντων, οὐ ῥᾴδιον αὖθις τὸν αὐτὸν ἀναλαβεῖν, ᾠήθην χρῆναι τὴν ἐμαυτοῦ γνώμην ὡς ἔχω περὶ τούτων εἰς μέσον θεῖναι. Ἔστι μὲν οὖν ἔργον ἐξ ἐπιστολῆς ἐμμεῖναι συμβουλῇ· πολλοῖς γὰρ εἰώθατε ἀπαντᾶν ὑμεῖς πρὸ τοῦ περιμεῖναι μαθεῖν.

[1] Deest *καί*.

ά.] Hanc epistolam, ut et cæteras fere omnes, apparet in exsilio scriptam, de quo vide vitam ejus a Plutarcho descriptam. Wolf.

Τοῖς θεοῖς πᾶσι καὶ πάσαις] *Diis deabusque omnibus.* Eadem verba sunt in orationis περὶ Στεφάνου principio. Θεὸς genere communi *Deus* et *Dea:* quanquam et θεὰ peculiari terminatione dicitur. θέα, παροξυτόνως, *spectaculum.* Idem.

Ἐξ ἐπιστολῆς ἐμμεῖναι συμβουλῇ] Id est, *per literas datum consilium probare judicio concionis.* Non dissimilem collationem orationis scriptæ, et ab ipso oratore pronunciatæ, vide in Isocratis Philippico, et epistola prima. Idem.

Πολλοῖς γὰρ] Id est, *multa prius refutatis, quam ea satis cognoveritis.* Meliore conditione sunt nostri concionatores, qui pro imperio, quicquid vel in buccam ve-

λέγοντι μὲν οὖν ἐστὶν, αἰσθέσθαι τί βούλεσθε, καὶ διορθώσασθαι τἀγνοούμενα, ῥᾴδιον· τὸ δὲ βιβλίον οὐδὲ μίαν ἔχει βοήθειαν τοιαύτην πρὸς τοὺς θορυβοῦντας. οὐ μὴν ἀλλ', ἐὰν ἐθελήσητε ἀκοῦσαι σιγῇ καὶ περιμείνητε πάντα μαθεῖν, οἴομαι [1] καὶ σὺν θεοῖς εἰρῆσθαι, καίπερ βραχέων τῶν γεγραμμένων ὄντων, αὐτός τε φανήσεσθαι μετὰ πάσης εὐνοίας τὰ δέοντα περὶ ὑμῶν πράττων καὶ τὰ συμφέρονθ' ὑμῖν ἐμφανῆ δείξειν. οὐχ ὡς ἀπορούντων δὲ ὑμῶν ῥητόρων, οὐδὲ τῶν ἄνευ λογισμοῦ ῥᾳδίως ὅ τι ἂν τύχωσιν ἐρούντων, ἔδοξέ μοι τὴν ἐπιστολὴν πέμπειν· ἀλλ', ὅσα τυγχάνω δι' ἐμπειρίαν καὶ τὸ παρηκολουθηκέναι τοῖς πράγμασιν εἰδὼς, ταῦτ' ἐβουλήθην τοῖς μὲν προαιρουμένοις λέγειν ἐμφανῆ 1464
ποιήσας, ἀφθόνους ἀφορμὰς ὧν ὑπολαμβάνω συμφέρειν ὑμῖν δοῦναι, τοῖς δὲ πολλοῖς ῥᾳδίαν τὴν τῶν βελτίστων αἵρεσιν καταστῆσαι. ὧν μὲν οὖν ἕνεκα ἐπῆλθέ μοι τὴν ἐπιστολὴν γράφειν, ταῦτ' ἐστί. Δεῖ δὲ ὑμᾶς, ὦ ἄνδρες Ἀθηναῖοι, πρῶτον μὲν ἁπάντων πρὸς ὑμᾶς αὐτοὺς ὁμόνοιαν εἰς τὸ κοινῇ συμφέρον τῇ πόλει παρασχέσθαι καὶ τὰς ἐκ τῶν πρότερον ἐκκλησιῶν ἀμφισβητήσεις ἐᾶσαι, δεύτερον δὲ πάντας ἐκ μιᾶς γνώμης τοῖς δόξασι προθύμως συναγωνίζεσθαι· ὡς τὸ μηδὲ ἓν μηδ' ἁπλῶς πράττειν οὐ μόνον ἐστὶν ἀνάξιον ὑμῶν καὶ ἀγεννὲς, ἀλλὰ καὶ τοὺς μεγίστους κινδύνους ἔχει. δεῖ δὲ μηδὲ ταῦτα λαθεῖν ὑμᾶς, ἃ καθ' αὑτὰ μὲν οὐκ ἔστιν αὐτάρκη κατασχεῖν πράγματα· προστεθέντα δὲ ταῖς δυνάμεσι πολλῷ πάντ' εὐκατεργαστότερα ὑμῖν ποιήσει. τίνα οὖν ἐστὶ ταῦτα; μήτε πόλει μηδεμιᾷ, μήτε [2] τῳ τῶν ἐν ἑκάστῃ τῶν πόλεων συνηγωνισμένων τοῖς [3] καθεστηκόσι, μήτε πικραίνεσθαι μήτε μνησικακεῖν. ὁ γὰρ τοιοῦτος φόβος τοὺς συνειδότας αὑτοῖς, ὡς ἀναγκαίοις τοῖς συνεστηκόσι, κίνδυνον ἔχουσι πρόδηλον,

[1] (καὶ σ. θ. εἰρῆσθαι) [2] Deest τῳ. [3] καθεστηκόσι μηδενὶ, μήτε

sit, proclamant. Idem.

Καὶ σὺν θεοῖς] Τὸ καὶ redundare puto, *Diis propitiis, diis approbantibus.* Idem.

Ὅ τι ἂν τύχωσιν] Vel, *quicquid oblatum fuerit*, id est, quacunque de re, vel *quicquid in mentem vel buccam venerit.* Fortasse Demadem notat. Idem.

Τοῖς προῃρημένοις λέγειν] *His, qui dicere in publico decreverunt.* προῃ a verbo προαιρεῦμαι, non προι, a προαιρέω, scribendum in secunda syllaba. Idem.

Τὸ μηδὲν μηδ' ἁπλῶς] Id est, *prorsus nihil.* negatio Græco more geminata est. F. A. τὸ μηδὲν προθύμως, aut βεβαίως, μηδ' ἁπλῶς. et v. 26. μήτε τῶν ἐν ἑκάστῃ τῶν πόλεων συνηγωνισμένων τοῖς καθεστηκόσι μηδενὶ, μήτε. et v. ult. ὡς ἀναγκαίοις οὖσι τοῖς. Idem.

προθύμους συναγωνιστὰς ποιεῖ· ἀφεθέντες δὲ τοῦ δέους
τούτου πάντες ἠπιώτεροι γενήσονται. τοῦτο δὲ οὐ σμικρὰν
ὠφέλειαν ἔχει. κατὰ μὲν δὴ πόλεις τὰ τοιαῦτα εὐήθες
προλέγειν, μᾶλλον δ' οὐδ' ἐν δυνατῷ· ὡς δ' ἂν ὑμῖν αὐτοῖς
ὀφθῆτε χρώμενοι, τοιαύτην καὶ κατὰ τῶν ἄλλων προσδο-
κίαν παραστήσετε ἑκάστοις. φημὶ δὲ χρῆναι μήτε πόλει,
μήτε στρατηγῷ, μήτε ῥήτορι, μήτ' ἰδιώτῃ μηδενὶ τῶν τὰ
1465 πρὸ τοῦ γε δοκούντων συνηγωνίσθαι τοῖς καθεστηκόσι,
μήτε μέμφεσθαι μήτ' ἐπιτιμᾷν μηδένα μηδὲν ὅλως· ἀλλὰ
συγχωρῆσαι πᾶσι τοῖς ἐν τῇ πόλει πεπολιτεῦσθαι τὰ δέ-
οντα, ἐπειδήπερ οἱ θεοὶ, καλῶς ποιοῦντες, σώσαντες τὴν
πόλιν, ἀποδεδώκασιν ὑμῖν ὅ τι ἂν βούλησθε ἐξ ἀρχῆς
βουλεύσασθαι, καὶ νομίζειν, ὥσπερ ἂν ἐν πλοίῳ, τῶν μὲν
ἱστίῳ, τῶν δὲ κώπαις ἀποφαινομένων κομίζεσθαι, λέγε-
σθαι μὲν ὑπ' ἀμφοτέρων ἅπαντα ἐπὶ σωτηρίᾳ, γεγενῆ-
σθαι δὲ τὴν χρείαν πρὸς τὰ συμβάντα ἀπὸ τῶν θεῶν.
ἐὰν τοῦτον τὸν τρόπον περὶ τῶν παρεληλυθότων ἐγνωκότες
ἦτε, καὶ πιστοὶ πᾶσι γενήσεσθε, καὶ καλῶν καὶ ἀγαθῶν
ἀνδρῶν ἔργα πράξετε, καὶ τὰ πράγματα ὠφελήσετε οὐ
μικρῶς, καὶ τοὺς ἐναντιωθέντας ἐν ταῖς πόλεσιν ἢ μετα-
γνῶναι ποιήσετε πάντας, ἢ κομιδῇ τινὰς αὐτοὺς τοὺς αἰ-
τίους καταλειφθῆναι. μεγαλοψύχως τοίνυν καὶ πολιτικῶς
τὰ κοινῇ συμφέροντα πράττετε, καὶ τῶν ἰδίων μέμνησθε.
παρακαλῶ δ' εἰς ταῦτα, οὐ τυχὼν αὐτὸς τοιαύτης φιλαν-
θρωπίας παρ' ἐνίων, ἀλλὰ ἀδίκως καὶ στασιαστικῶς εἰς
τὴν ἑτέρων χάριν προποθείς. ἀλλ' οὐδὲ τὴν ἰδίαν ὀργὴν

Γεγενῆσθαι δὲ τὴν χρείαν πρὸς τὰ συμβάντ' ἀπὸ τῶν θεῶν] Verbum verbo: *Factum autem esse usum, indigentiam, utilitatem,* vel *necessitatem, secundum ea, quæ evenerunt a diis.* Quid sit τὸ τὴν χρείαν γεγενῆσθαι, me non satis intelligere fateor. Verti quidem: *id prælatum esse consilium, quod cum Deorum voluntate congruerit:* hoc est, divinitus esse factum, ut vel hoc, vel illud consilium auditores amplecterentur, prout eos dii vel perire, vel incolumes esse voluerint. Videtur certe culpam a suasoribus transferre in fati necessitatem: ut Cicero in oratione pro M. Marcello. χρείαν Suidas interpretatur, ὑπόθεσιν, πρόνοιαν, Hesychius ἔνδειαν, χρέος. Idem.

Ἢ κομιδῇ τινὰς αὐτοὺς αἰτίους ὄντας καταλειφθῆναι] *Aut admodum quosdam ipsos auctores relictos esse.* Nec, quid hæc sibi velint, assequor. Verti: *aut omnino aliqui in culpa esse ipsi videantur:* quasi scriptum esset καταληφθῆναι, a καταλαμβάνομαι, non καταλειφθῆναι, a καταλείπομαι. Sed ipsi mihi nec hoc satis placet. Idem.

Καὶ τῶν ἰδίων μέμνησθε] Καὶ τῶν ἰδιωτῶν. Nam de rei familiaris curatione Athenienses admonere, et alienum huic loco, et supervacaneum fuerit. Illud vult, civium, non tantum universorum, sed etiam singulorum, esse curam suscipiendam: in quo numero sui quoque rationem habendam esse admonet. Idem.

Προποθεὶς] *Propinatus.* Vehementius est, quam προδοθεὶς, *proditus, desertus,* et

μόνον κατὰ τοῦτο ὅτι οὐδὲν ὑμᾶς ἀδικῶν τοιαῦτα πέπονθα, 1468
ἀλλὰ καὶ τῆς παρὰ τοῖς ἄλλοις ἀνθρώποις ἕνεκ' εὐδοξίας.
μὴ γὰρ, εἰ μηδεὶς ὑμᾶς ἀναμιμνήσκει τοὺς χρόνους μηδὲ
τοὺς καιροὺς, ἐν οἷς τὰ μέγιστ' ἐγὼ χρήσιμος ἦν τῇ πόλει,
τοὺς ἄλλους Ἕλληνας ἀγνοεῖν νομίζετε μηδ' ἐπιλελῆσθαι
τῶν ἐμοὶ πεπραγμένων ὑπὲρ ὑμῶν, ἃ ἐγὼ δυοῖν ἕνεκα νῦν
ὀκνῶ γράφειν καθέκαστον· ἑνὸς μὲν, τὸν φθόνον δεδιὼς, πρὸς
ὃν οὐδέν ἐστι προὔργου τἀληθῆ λέγειν, ἑτέρου δὲ, ὅτι πολλὰ
καὶ ἀνάξια ἐκείνων διὰ τὴν τῶν ἄλλων Ἑλλήνων κακίαν
νῦν πράττειν ἀναγκαζόμεθα. ἐν κεφαλαίῳ δὲ τοιαῦτ' ἐστὶν,
ἐφ' οἷς ἐξηταζόμην ὑπὲρ ὑμῶν ἐγὼ, ὥσθ' ὑμᾶς μὲν ἐπ' αὐ-
τοῖς ὑπὸ πάντων ζηλοῦσθαι, ἐμοὶ δ' ἐλπίδα τῶν μεγίστων
δωρεῶν προσδοκᾶσθαι παρ' ὑμῶν. τῆς δὲ ἀναγκαίας μὲν,
ἀγνώμονος δὲ τύχης, οὐχ ὡς δίκαιον ἦν, ἀλλ' ὡς ἐβούλετο,
κρινάσης τὸν ὑπὲρ τῆς τῶν Ἑλλήνων ἐλευθερίας ἀγῶνα, ὃν
ὑμεῖς ἠγωνίσασθε, οὐδὲ ἐν τοῖς μετὰ ταῦτα χρόνοις ἀπέ-
στην τῆς εἰς ὑμᾶς εὐνοίας, οὐδ' ἀντηλλαξάμην ἀντὶ ταύτης
οὐδὲν, οὐ χάριν, οὐκ ἐλπίδας, οὐ πλοῦτον, οὐ δυναστείαν,
οὐκ ἀσφάλειαν. καίτοι πάντα ταῦθ' ἑώρων ὑπάρχοντα τοῖς
καθ' ὑμῶν βουλομένοις πολιτεύεσθαι. ὃ δὲ, πολλῶν ὄντων
καὶ μεγάλων ἐφ' οἷς εἰκότως ἐπέρχεταί μοι παῤῥησιάζε-
σθαι, μέγιστον ἡγούμην, οὐκ ὀκνήσω γράψαι πρὸς ὑμᾶς,
ὅτι ἐν ἅπαντι τῷ αἰῶνι τῶν μνημονευομένων ἀνθρώπων δει-
νοτάτου γεγενημένου Φιλίππου καὶ δι' ὁμιλίας πεῖσαι προσ-
έχειν αὐτῷ τὸν νοῦν, ὡς βούλοιτο, καὶ διαφθεῖραι χρήμασι
τοὺς ἐν ἑκάστῃ τῶν Ἑλληνίδων πόλεων γνωρίμους, ἐγὼ
μόνος οὐδετέρου τούτων ἡττήθην· ὃ καὶ νῦν ὑμῖν φιλοτιμίαν 1469
φέρει, πολλὰ μὲν ἐντυχὼν Φιλίππῳ καὶ διαλεχθεὶς ἐφ'
οἷς ὑμεῖς ἐπέμπετε πρεσβεύοντά με, πολλῶν δ' ἀποσχό-
μενος χρημάτων, διδόντος ἐκείνου, ἃ τῶν συνειδότων ἔτι
πολλοὶ ζῶσιν. οὓς τίνα γνώμην ἔχειν περὶ ὑμῶν εἰκὸς, λο-
γίσασθε· τὸ γὰρ ὑμᾶς τῷ τοιούτῳ τοῦτον τὸν τρόπον κε-
χρῆσθαι, ἐμοὶ μὲν ἂν εὖ οἶδ' ὅτι φανείη συμφορὰ, κακία δὲ
οὐδεμία, ὑμετέρα δὲ ἀγνωμοσύνη· ἣν τῷ μεταγνῶναι λύσετε.

Ἀνάξια ἐκείνων] Τῶν ἐμοὶ πεπραγμένων. Idem.

Ἐμοὶ δ' ἐλπίδα προσδοκᾶσθαι] Pro ὑπ' ἐμοῦ, a me. Beneficia Demosthenis in oratione περὶ Στεφάνου copiosius explicantur. Idem.

πάντα τοίνυν τὰ προειρημένα ἐλάττω νομίζω τῆς συνεχοῦς καὶ καθ' ἡμέραν πολιτείας, ἐν ᾗ παρεῖχον ἐμαυτὸν ἐγὼ πολιτευόμενον, οὐδὲ μιᾶς ὀργῆς, οὐδὲ δυσμενείας, οὐδὲ ἀδίκου πλεονεξίας, οὔτε κοινῆς οὔτε ἰδίας, προϊστάμενος, οὐδὲ συκοφαντήσας οὐδένα πώποτε οὔτε πολίτην οὔτε ξένον, οὐδὲ καθ' ὑμῶν ἰδίᾳ δεινὸς ὤν, ἀλλ' ὑπὲρ ὑμῶν, εἴ τι δεήσειεν, ἐξεταζόμενος δημοσίᾳ. εἰδεῖεν δ' ἂν οἱ πρεσβύτεροι, καὶ λέγειν τοῖς νεωτέροις ἐστὲ δίκαιοι τὴν πρὸς Πύθωνα τὸν Βυζάντιον ἐκκλησίαν, ὅτε τοὺς ἀπὸ τῶν Ἑλλήνων ἦλθε πρέσβεις ἔχων, ὡς ἀδικοῦσαν δείξων τὴν πόλιν· ἀπῆλθε δὲ τἀναντία τούτων παθών, μόνου τῶν τότε ῥητόρων ἐξετάσαντος ἐμοῦ τὰ ὑπὲρ ὑμῶν δίκαια. καὶ ἐῶ πρεσβείας, ὅσας ὑπὲρ ὑμῶν ἐπρέσβευσα, ἐν αἷς οὐδὲν ἠλαττώθητε πώποτε, οὐδὲ καθ' ἕν. ἐπολιτευόμην γάρ, ὦ ἄνδρες Ἀθηναῖοι, οὐχ ὅπως ἀλλήλων ὑμεῖς περιγένησθε, σκοπῶν, οὐδ' ἐφ' ἑαυτὴν ἀκονῶν τὴν πόλιν, ἀλλ' ἀφ' ὧν δόξαν καὶ μεγαλοψυχίαν ὑμῖν ὑπάρξειν ἐνόμιζον. ἐφ' οἷς ἅπασι μέν,
1470 μάλιστα δὲ τοῖς νέοις, ἄγασθαι προσήκει καὶ σκοπεῖν μὴ μόνον τὸν διακονήσοντα πρὸς χάριν πάντ' ἐν τῇ πολιτείᾳ — τούτου μὲν γὰρ οὐδέποτ' ἔστ' ἀπορῆσαι —, ἀλλὰ καὶ τὸν ἐπ' εὐνοίᾳ, περὶ ὧν ἂν ἀγνοῆτε, ἐπιτιμήσοντα. ἔτι τοίνυν παραλείπω πολλά, ἐφ' οἷς ἕτερος καὶ μηδὲν ἄλλο χρήσιμος γεγονὼς δικαίως ἂν ἠξίου τυγχάνειν σωτηρίας, χορηγίας καὶ τριηραρχίας καὶ χρημάτων ἐπιδόσεις ἐν πᾶσι τοῖς καιροῖς· ἐν οἷς ἐγὼ φανήσομαι οὐ μόνον αὐτὸς ἐξητασμένος πρῶτος, ἀλλὰ καὶ τοὺς ἄλλους παρακεκληκώς. ὧν ἕκαστον, ὦ ἄνδρες Ἀθηναῖοι, λογίσασθε, ὡς ἀνάξιόν ἐστι τῆς περιεστηκυίας νῦν ἐμοὶ συμφορᾶς. ἀφθόνων δ' ὄντων, ἀπορῶ τί πρῶτον ὀδύρωμαι τῶν παρόντων κακῶν. πότερον τὴν ἡλικίαν, ἐν ᾗ φυγῆς ἐπικινδύνου πειρᾶσθαι παρ' ἔθος καὶ παρὰ τὴν ἀξίαν ἀναγκάζομαι; ἢ τὴν αἰσχύνην, ἐφ' ᾗ κατ' οὐδένα ἔλεγχον οὔτ' ἀπόδειξιν ἁλοὺς ἀπόλωλα; ἢ τὰς ἐλπίδας, ὧν διαμαρτών, ὧν ἑτέροις προσῆκε, κεκληρονόμηκα κακῶν; οὔτε γὰρ ἔγωγε τῶν Ἁρπάλου φίλων φανήσομαι γεγονώς, οὔτε ἐφ' οἷς ἐπολιτεύθην πρότερον δί-

Πρὸς Πύθωνα] Vide περὶ Στεφάνου, et Plutarchum in vita, et Lucianum in encomio Demosthenis. Idem.

Ἕτερος] S. ἢ γέγονα. si fuissem alius,

κην ὀφείλων δοῦναι, οὔτε τῶν ἐφ' οἷς ἐκρινόμην ἐξελεγχθέντων· τῶν τε γραφέντων περὶ Ἁρπάλου μόνα τὰ ἐμοὶ πεπραγμένα ἀνέγκλητον πεποίηκε τὴν πόλιν. ἐξ ὧν πάντων δῆλόν ἐστιν, ὅτι, καιρῷ τινὶ ληφθεὶς καὶ οὐκ ἀδικήμασι, τῇ πρὸς ἅπαντας τοὺς ἐν ταῖς αἰτίαις ὀργῇ περιπέπτωκα ἀδίκως, τῷ πρῶτος εἰσιέναι. ἐπεὶ τί τῶν δικαίων οὐκ εἶπον ἐγὼ τῶν σεσωκότων τοὺς ὕστερον κρινομένους; ἢ τίνα νῦν ἂν εἰπεῖν ἔχοι τις; οὐ γάρ ἐστιν οὐδείς· τὰ γὰρ μὴ γενό- 1471
μενα οὐκ ἔστι ποιῆσαι γεγενῆσθαι. ἀλλὰ περὶ μὲν τούτων παύομαι, πολλὰ γράφειν ἔχων· τὸ γὰρ μηδὲν ἐμαυτῷ συνειδέναι πεῖράν μοι δέδωκεν, εἰς μὲν ὠφέλειαν ἀσθενὲς ὄν, εἰς δὲ τὸ μᾶλλον λυπεῖσθαι πάντων ὀδυνηρότατον. ἐπειδὴ δὲ καλῶς ποιοῦντες πᾶσι τοῖς ἐν ταῖς αἰτίαις διήλλαχθε, καὶ ἐμοὶ διαλλάγητε, ὦ ἄνδρες Ἀθηναῖοι· οὔτε γὰρ ἠδίκηχ' ὑμῶν οὐδένα, ὡς ἴστωσαν οἱ θεοὶ καὶ ἥρωες — μαρτυρεῖ δέ μοι πᾶς ὁ πρόσθεν παρεληλυθὼς χρόνος, ὃς δικαιότερον ἂν πιστεύοιθ' ὑφ' ὑμῶν τῆς ἀνελέγκτου νῦν ἐπενεχθείσης αἰτίας —, οὔτ' ἐγὼ χείριστος οὔτ' ἀπιστότατος φανήσομαι τῶν διαβληθέντων. καὶ μὴν τὸ ἀπελθεῖν οὐκ ἂν εἰκότως ὀργὴν πρός με ποιήσειν· οὐ γὰρ ἀπεγνωκὼς ὑμᾶς οὐδ' ἑτέρωσε βλέπων οὐδαμοῦ μετέστην, ἀλλὰ πρῶτον μὲν τοὔνειδος τῆς εἱρκτῆς χαλεπῶς τῷ λογισμῷ φέρων, εἶτα διὰ τὴν ἡλικίαν οὐκ ἂν οἷός τ' ὢν τῷ σώματι τὴν κακοπάθειαν ὑπενεγκεῖν. ἔτι δ' [1] οὐδ' ὑμᾶς ἐνόμιζον ἀβουλεῖν ἔξω με προπηλακισμοῦ γενέσθαι, ὃς οὐδὲν ὑμᾶς ὠφελῶν ἐμὲ [2] ἀπώλλυεν. ἔπειθ', ὅτι γε ὑμῖν προσεῖχον τὸν νοῦν καὶ οὐδέσιν ἄλλοις, πολλὰ ἂν ἴδοιτε σημεῖα. εἴς τε γὰρ πόλιν ἦλθον, οὐκ ἐν ᾗ μέγιστα πράξειν αὐτὸς ἔμελλον, ἀλλ' εἰς ἣν καὶ τοὺς προγόνους ἐλθόντας ᾔδειν, ὅτε ὁ πρὸς τὸν Πέρσην κατε-

[1] οὐθ' [2] ἀπώλλυεν ° ἄν. ἔπειθ'

quam fui. Idem.

Τῶν σεσωκότων τοὺς ἄλλους] *Quæ saluti fuerat aliis.* Idem.

Οὐ γάρ ἐστιν οὐδείς] *Non quisquam est, qui justiorem defensionem habere possit.* Idem.

Ὑμᾶς οὐδένα] *Vos nullis in rebus.* Malim legere οὐδὲν, vel ὑμῶν οὐδένα. Idem.

Τῆς ἀνεγκλήτου] *Sine actione, vel accusatione.* Atqui hoc παρ' ἱστορίαν καὶ ψεῦδος ἀναίσχυντον. Est enim et a Stratocle et a Dinarcho, et fortassis ab aliis accusatus. Neque dici potest, ei causæ dicendæ potestatem non esse factam, cum paulo ante dixerit, se innocentiam suam in judicio declarasse (in concione quidem obturbatum illi fuit). Lego igitur τῆς ἀνεξελέγκτου, *non evicti, non probati et demonstrati criminis.* Neque enim placet ἀνέγκλητον αἰτίαν ἀντὶ τῆς ψευδοῦς accipere. Idem.

λάμβανεν αὐτοὺς κίνδυνος, καὶ παρ' ἣ πλείστην εὔνοιαν
ὑπάρχουσαν ὑμῖν ἠπιστάμην. ἔστι δ' ἡ Τροιζηνίων αὕτη, ἣ
1472 μάλιστα μὲν οἱ θεοὶ καὶ τῆς πρὸς ὑμᾶς εὐνοίας ἕνεκα καὶ
τῆς πρὸς ἐμὲ εὐεργεσίας εὖνοι πάντες εἴησαν, εἶτα σωθεὶς
ὑφ' ὑμῶν δυνηθείην ἀποδοῦναι χάριτας. ἔν τε ταύτῃ τι-
νῶν, ὡς ἐμοὶ χαριζομένων, ἐπιτιμᾷν ὑμῖν τι πειρωμένων τῇ
κατ' ἐμὲ ἀγνοίᾳ, ἐγὼ πᾶσαν εὐφημίαν, ὥςπερ ἐμοὶ προσ-
ῆκε, παρειχόμην. ἐξ ὧν καὶ μάλιστα νομίζω πάντας
ἀγασθέντας με δημοσίᾳ τιμῆσαι. ὁρῶν δὲ τὴν μὲν εὔνοιαν
τῶν ἀνδρῶν μεγάλην, τὴν δὲ εἰς τὸ παρὸν δύναμιν κατα-
δεεστέραν, μετελθὼν εἰς τὸ τοῦ Ποσειδῶνος ἱερὸν ἐν Κα-
λαυρίᾳ κάθημαι, οὐ μόνον τῆς ἀσφαλείας ἕνεκα, ἣν διὰ τὸν
θεὸν ἐλπίζω μοι ὑπάρχειν — οὐ γὰρ εὖ οἶδά γε· ἃ γὰρ
ἐφ' ἑτέροις ἐστὶν ὡς ἂν βούλωνται πρᾶξαι, λεπτὴν καὶ
ἄδηλον ἔχει τῷ κινδυνεύοντι τὴν ἀσφάλειαν —, ἀλλ' ὅτι
καὶ τὴν πατρίδα ἐνθένδε ἑκάστης ἡμέρας ἀφορῶ, εἰς ἣν τοσ-
αύτην εὔνοιαν ἐμαυτῷ σύνοιδα, ὅσης παρ' ὑμῶν εὔχομαι
τυχεῖν. ὅπως οὖν, ὦ ἄνδρες Ἀθηναῖοι, μηκέτι πλείω χρόνον
τοῖς παροῦσι κακοῖς συνέχωμαι, ψηφίσασθέ μοι ταῦτα,
ἃ καὶ ἄλλοις τισὶν ἤδη, ἵνα μήτε ἀνάξιον ὑμῶν μηδέν μοι
συμβῇ, μήτε ἱκέτης ἑτέρων ἀναγκασθῶ γενέσθαι· οὐδὲ
γὰρ ὑμῖν τοῦτο γένοιτ' ἂν καλόν. ἐπεί, εἴ γε μοι τὰ πρὸς
ὑμᾶς ἀδιάλλακτα ὑπάρχει, τεθνάναι με κρεῖττον ἦν. εἰ-
κότως δ' ἄν μοι πιστεύοιτε ταύτην τὴν διάνοιαν ἔχειν καὶ
μὴ [1] νῦν μάτην θρασύνεσθαι· καὶ γὰρ ἐμαυτοῦ κυρίους ὑμᾶς
ἐποίησα καὶ οὐκ ἔφυγον τὸν ἀγῶνα, ἵνα μήτε προδῶ τὴν
1473 ἀλήθειαν μήτ' ἄκυρος ὑμῶν ἐμοῦ μηδεὶς γένηται, ἀλλ' ὅ
τι βούλοισθε, τοῦτο χρήσησθε· παρ' ὧν γὰρ ἁπάντων κα-
λῶν κἀγαθῶν ἔτυχον, τούτους ᾤμην δεῖν ἔχειν καὶ ἁμαρ-
τεῖν, εἰ βούλοιντο, εἰς ἐμέ. ἐπεὶ δὲ καλῶς ποιοῦσα ἡ δι-
καία τύχη τῆς ἀδίκου κρατήσασα δὶς περὶ τῶν αὐτῶν

[1] αὖ

Τῇ κατ' ἐμὲ ἀγνοίᾳ] Ἐπὶ τῇ ἀγνωμοσύνῃ ὑμῶν κατ' ἐμοῦ. F. τῇ τῶν κατ' ἐμὲ ἀγνοίᾳ, hoc est, ἀγνοοῦντες τὴν διάνοιάν μου, *ignari animi mei.* Idem.

Τὴν δὲ εἰς τὸ παρὸν δύναμιν] Ἐν τῷ παρόντι. Sed quid si ἀντὶ τοῦ, εἰς τὴν παροῦσαν ἐμοὶ συμφοράν; *ad hunc casum sublevandum, ad defendendam salutem meam contra inimicorum potentiam.* Idem.

Μὴ αὖ] Malim ἄν. Idem.

Ἄκυρος ἐμοῦ] Οὐ κυρία ἐμοῦ, *in me potestatem non haberet.* Idem.

Παρ' ὧν γὰρ ἁπάντων καλῶν] Sic illa Bacchis in Hecyra: 'Multa ex quo fuerint commoda, ejus incommoda æquum est ferre.' Idem.

ἀπέδωκεν ὑμῖν βουλεύσασθαι τῷ μηδὲν ἀνήκεστον ψηφίσασθαι περὶ ἐμοῦ, σώσατέ με, ὦ ἄνδρες Ἀθηναῖοι, καὶ ψηφίσασθε καὶ ὑμῶν αὐτῶν ἄξια καὶ ἐμοῦ. ἐπ' οὐδενὶ γὰρ τῶν πεπραγμένων ἠδικηκότα με εὑρήσετε, οὐδ' ἐπιτήδειον ἄτιμον εἶναι οὐδ' ἀπολωλέναι, ἀλλὰ καὶ εὔνουν τῷ πλήθει τῷ ὑμετέρῳ τοῖς μάλισθ' ὁμοίως, ἵνα μηδὲν ἐπίφθονον γράψω, καὶ πλεῖστα πεπραγματευμένον τῶν νυνὶ ζώντων ὑπὲρ ὑμῶν, καὶ μέγιστα ὑπάρχοντά μοι κατ' ἐμαυτὸν σύμβολα εὐνοίας πρὸς ὑμᾶς. μηδεὶς δ' ὑμῶν ἡγείσθω με, ὦ ἄνδρες Ἀθηναῖοι, μήτε ἀνανδρίᾳ μήτε ἄλλῃ προφάσει φαύλῃ μηδεμιᾷ παρ' ὅλην τὴν ἐπιστολὴν ὀδύρεσθαι. ἀλλὰ τοῖς παροῦσιν ἕκαστος ἀφθόνως χρῆται, ἐμοὶ δὲ ταῦτα νῦν πάρεστιν, ὡς μήποτ' ὤφελε, λῦπαι καὶ δάκρυα καὶ τῆς πατρίδος καὶ ὑμῶν πόθος καὶ ὧν πέπονθα λογισμὸς, ἃ πάντα ποιεῖ με ὀδύρεσθαι· ἃ ἐπισκοποῦντες δικαίως, ἐν οὐδενὶ τῶν πεπολιτευμένων ὑπὲρ ὑμῶν οὔτε μαλακίαν οὔτε ἀνανδρίαν προσοῦσαν εὑρήσετέ μοι. πρὸς μὲν δὴ πάντας ὑμᾶς τοσαῦτα· ἰδίᾳ δὲ τοῖς ἐμοὶ προσκρούουσιν ἐναντίον ὑμῶν βούλομαι διαλεχθῆναι. ὅσα μὲν γὰρ τοῖς ὑφ' ὑμῶν ἀγνοηθεῖσιν ὑπηρετοῦντες ἐποίουν, ἔστω δι' ὑμᾶς αὐτοῖς πεπρᾶχθαι, καὶ οὐδὲν ἐγκαλῶ. ἐπειδὴ δὲ ἐγνώκαθ' 1474
ὑμεῖς οἷα ταῦτ' ἐστὶν, ἐὰν μὲν, ὥσπερ ὑπὲρ τῶν λοιπῶν ἐῶσι, καὶ ἐμοὶ συγχωρήσωσι, καλῶς ποιήσουσιν· ἐὰν δ' ἐπηρεάζειν ἐγχειρῶσιν, ὑμᾶς ἀξιῶ μοι βοηθεῖν ἅπαντας, καὶ μὴ κυριωτέραν τὴν τούτων ἔχθραν τῆς παρ' ὑμῶν χάριτός μοι γενέσθαι. Εὐτυχεῖτε.

γ'.

ΠΕΡΙ ΤΩΝ ΛΥΚΟΥΡΓΟΥ ΠΑΙΔΩΝ.

ΔΗΜΟΣΘΕΝΗΣ ΤΗΙ ΒΟΥΛΗΙ ΚΑΙ ΤΩΙ ΔΗΜΩΙ ΧΑΙΡΕΙΝ.

ΠΕΡΙ μὲν τῶν κατ' ἐμαυτὸν, ἅ μοι παρ' ὑμῶν ἐνόμιζον δίκαιον εἶναι γενέσθαι, τὴν προτέραν ἔπεμψα πρὸς ὑμᾶς·

Τοῖς μάλισθ' (scilicet εὔνοις) ὁμοίως] *Bene velle multitudini ut qui maxime.* Idem.

Ἃ χρῆται] Pro ὅπως χρῆται. Idem.

Ἐμοὶ δὲ] Τὸ δὲ propter emphasim, nulla constructionis necessitate, additur. Idem.

Ἔστω δι' ὑμᾶς αὐτοῖς πεπρᾶχθαι] Hoc est, συγχωρῶ, καὶ οὐκ ἀντιλέγω, ὅτι δι' ὑμᾶς ἐκεῖνα ἔπραξαν, ὑμῶν χειροτονησάντων, καὶ

ὑπὲρ ὧν ὅταν ὑμῖν δοκῇ, τότε συγχωρήσετε. περὶ δὲ ὧν νῦν ἐπέσταλκα, βουλοίμην ἂν ὑμᾶς μὴ παριδεῖν, μηδὲ πρὸς φιλονεικίαν ἀλλὰ πρὸς τὸ δίκαιον ἀκοῦσαι. συμβαίνει γάρ μοι, καίπερ ἐκποδὼν διατρίβοντι, πολλῶν ἀκούειν ἐπιτιμώντων ὑμῖν ἐπὶ τοῖς περὶ τοὺς Λυκούργου παῖδας γιγνομένοις. ἐπέστειλα μὲν οὖν ἂν τὴν ἐπιστολὴν καὶ τῶν ἐκείνῳ ζῶντι πεπραγμένων ἕνεκα, ὧν ὁμοίως ἐμοὶ πάντες ἂν αὐτῷ δικαίως ἔχοιτε χάριν, εἰ τὰ προσήκοντα βούλοισθε ποιεῖν. ἐκεῖνος γὰρ αὐτὸν ἐν τῷ περὶ τὴν διοίκησιν μέρει τάξας τῆς πολιτείας τοκαταρχὰς, καὶ περὶ τῶν Ἑλληνικῶν καὶ συμμαχικῶν οὐδὲν εἰωθὼς γράφειν, ὅτε καὶ τῶν δημοτικῶν εἶναι προσποιουμένων οἱ πολλοὶ κατέλιπον ὑμᾶς, τότε ταῖς τοῦ
1475 δήμου προαιρέσεσι προσένειμεν ἑαυτὸν, οὐχ ὅτι δωρεὰς καὶ προσόδους ἐκ τούτων ὑπῆρχε λαμβάνειν — ἀπὸ γὰρ τῶν ἐναντίων πάντα τὰ τοιαῦτα ἐγίγνετο —, οὐδ' ὅτι ταύτην ἀσφαλεστέραν τὴν προαίρεσιν οὖσαν ἑώρα — πολλοὺς γὰρ καὶ προδήλους εἶχε κινδύνους, οὓς ἀναγκαῖον ἦν ὑπομεῖναι τὸν ὑπὲρ τοῦ δήμου λέγειν καὶ πράττειν προαιρούμενον —· ἀλλ' ὅτι δημοτικὸς καὶ φύσει χρηστὸς ἀνὴρ ἦν. καίτοι παρὼν ἑώρα τοὺς μὲν βοηθήσαντας ἂν τῷ δήμῳ ἀσθενεῖς ἐπὶ τοῖς συμβεβηκόσιν ὄντας, τοὺς δὲ τἀναντία πράττοντας κατὰ πάντα ἐρρωμένους. ἀλλ' ὅμως οὐδὲν ἧττον ἐκεῖνος εἴχετο τούτων, ἃ συμφέρειν ἡγεῖτο τῷ δήμῳ· καὶ μετὰ ταῦτα ἀόκνως καὶ λέγων καὶ πράττων ἃ προσῆκεν ἦν φανερὸς, ἐφ' οἷς εὐθὺς ἐζητεῖτο, ὡς ἅπαντες ἴσασιν. ἐπέστειλα μὲν οὖν ἂν, ὥσπερ εἶπον ἐν ἀρχῇ, καὶ διὰ τὴν ἐκείνου χάριν· οὐ μὴν ἀλλὰ καὶ ὑμῖν νομίζων συμφέρειν τὰς παρὰ τοῖς ἔξω γιγνομένας ἐπιτιμήσεις εἰδέναι, πολλῷ προθυμότερον πρὸς τὸ πέμψαι τὴν ἐπιστολὴν ἔσχον. παραιτοῦμαι δὲ τοὺς ἰδίᾳ πρὸς ἐκεῖνον ἔχοντας δυσκόλως, ὑπομεῖναι τἀληθῆ καὶ τὰ δίκαια ἀκούειν περὶ αὐτοῦ. εὖ γὰρ ἴστε, ὦ ἄνδρες Ἀθηναῖοι, ὅτι νῦν ἐκ τῶν περὶ τοὺς παῖδας αὐτοῦ γεγενημένων φαύλην δόξαν ἡ πόλις λαμβάνει. οὐδεὶς γὰρ τῶν Ἑλλήνων ἀγνοεῖ,

κελευσάντων, ἐμοῦ κατηγορήσαντες. Idem.

γ'. Πρὸς φιλονεικίαν] Φιλονείκως, *contentiose, adversandi studio.* Idem.

Τοῦ Λυκούργου] Malim τούς. Hujus bene meriti de republica viri vitam vide apud Plutarchum. Liberos ejus missos esse factos, ære alieno condonato, scribit Æschines epistola ultima. Idem.

Περὶ τὴν διοίκησιν] Fuit enim quæstor ærarius. Idem.

ὅτι ζῶντα Λυκοῦργον ἐτιμᾶθ᾽ ὑμεῖς εἰς ὑπερβολὴν, καὶ
πολλῶν αἰτιῶν ἐπενεχθεισῶν ὑπὸ τῶν φθονούντων αὐτῷ
οὐδεμίαν πώποθ᾽ εὕρετ᾽ ἀληθῆ, οὕτω δ᾽ ἐπιστεύετε αὐτῷ
καὶ δημοτικὸν παρὰ πάντας ἡγεῖσθε, ὥςτε πολλὰ τῶν
δικαίων ἐν τῷ φῆσαι Λυκοῦργον ἐκρίνετε, καὶ τοῦθ᾽ ὑμῖν 1476
ἐξήρκει· οὐ γὰρ ἂν, καὶ τοιοῦτον μὴ δοκοῦν ὑμῖν. νῦν τοίνυν
ἅπαντες ἀκούοντες τοὺς υἱεῖς αὐτοῦ δεδέσθαι, τὸν μὲν τε-
θνεῶτα ἐλεοῦσι, τοῖς παισὶ δ᾽ ὡς ἀνάξια πάσχουσι συνά-
χθονται, ὑμῖν δ᾽ ἐπιτιμῶσι πικρῶς, ὡς οὐκ ἂν τολμήσαιμι
γράφειν ἐγώ· ἃ γὰρ ἄχθομαι τοῖς λέγουσι καὶ ἀντιλέγω
καθ᾽ ὅσον δύναμαι βοηθῶν ὑμῖν, ταῦτα ἄχρι μὲν τοῦ δῆλον
ὑμῖν ποιῆσαι ὅτι πολλοὶ μέμφονται, συμφέρειν ὑμῖν νομίζων
εἰδέναι, γέγραφα, ἀκριβῶς δὲ διεξιέναι δυσχερὲς κρίνω. ὅσα
μέντοι λοιδορίας χωρίς ἐστιν, ὧν λέγουσί τινες, καὶ ἀκη-
κοέναι συμφέρειν ὑμῖν ἡγοῦμαι, ταῦτα δηλώσω. οὐδεὶς γὰρ
ὑπείληφεν, ὡς ἄρα ἠγνοήκατε καὶ διεψεύσθητε τῆς ἀληθείας
περὶ αὐτοῦ Λυκούργου. τό τε γὰρ τοῦ χρόνου πλῆθος, ὃν
ἐξεταζόμενος οὐδὲν πώποθ᾽ εὑρέθη περὶ ὑμᾶς οὔτε φρονῶν
οὔτε ποιῶν ἄδικον, καὶ τὸ μηδένα ἀνθρώπων εἰς μηδὲν τῶν
ἄλλων ἀναισθησίαν ὑμῶν καταγνῶναι, εἰκότως ἀναιρεῖ τὴν
ὑπὲρ τῆς ἀγνοίας σκῆψιν. λείπεται τοίνυν, ὃ πάντες ἂν εἶ-
ναι φαύλων ἀνθρώπων ἔργον φήσαιεν, τὸ, ὅσον ἂν χρῆσθε
χρόνον, τοσοῦτον ἑκάστου φροντίζειν δοκεῖν, μετὰ δὲ ταῦτα
μηδένα ἔχειν λόγον. εἰς τί γὰρ τῶν ἄλλων χρὴ προσδοκᾶν
τῷ τετελευτηκότι τὴν παρ᾽ ὑμῶν ἔσεσθαι χάριν, ὅταν εἰς
τοὺς παῖδας καὶ τὴν εὐδοξίαν τἀναντία ὁρᾷ τις γιγνόμενα,
ὧν μόνων καὶ τελευτῶσι πᾶσιν, ὅπως ἕξει καλῶς, μέλει;
καὶ μὴν οὐδὲ χρημάτων ποιεῖν ἕνεκα ταῦτα δοκεῖν τῶν
καλῶν κἀγαθῶν ἐστίν. οὔτε γὰρ τῆς μεγαλοψυχίας οὔτε 1477
τῆς ἄλλης προαιρέσεως τῆς ὑμετέρας ἀκόλουθον ἂν φανείη.
εἰ γὰρ ὑμᾶς λύσασθαι παρ᾽ ἑτέρων ἔδει, δόντας ἐκ τῶν

Ἐν τῷ φῆσαι] Fortassis ἐκ τοῦ φῆσαι, *ex affirmatione Lycurgi*. Quale fuit illud Pythagoreorum αὐτὸς ἔφα. Hunc honorem et Xenocrati ab Atheniensibus habitum tradit Laertius, ut injurato liceret dicere testimonium: etsi is, ob non solutum ex inopia inquilinorum vectigal, ab iisdem venundatus, a Demetrio Phalereo redemtus aliquando fuisset. Is Fortunæ ludus est: ea temporum vicissitudo. Idem.

Οὐ γὰρ ἂν καὶ τοιοῦτον, μὴ δοκοῦν ὑμῖν] *Nec enim talem, nisi visum vobis fuisset.* mutila est lectio. Itaque divinare coactus sum, hoc modo: *Id quod minime fecissetis, nisi vobis visus fuisset vir integerrimus.* Idem.

προσιόντων τὰ χρήματα ταῦτα, πάντας ἂν ἡγοῦμαι προθύμους εἶναι· τίμημα δ' ὁρῶν ὀκνοῦντας ἀφεῖναι, ὃ λόγῳ καὶ φθόνῳ γέγονεν, οὐκ ἔχω τί καταγνῶ, εἰ μὴ ὅλως πικρῶς καὶ ταραχωδῶς ἔχειν πρὸς τοὺς δημοτικοὺς ὡρμήκατε. εἰ δὲ τοῦτ' ἔστιν, οὔτ' ὀρθῶς οὔτε συμφερόντως βουλεύεσθαι ἐγνώκατε. θαυμάζω δ', εἰ μηδεὶς ὑμῶν ἐννοεῖ, ὅτι τῶν αἰσχρῶν ἐστὶ τὸν δῆμον τῶν Ἀθηναίων, συνέσει καὶ παιδείᾳ πάντων προέχειν δοκοῦντα, ὃς καὶ τοῖς ἀτυχήσασιν ἀεὶ κοινὴν ἔχει καταφυγήν, ἀγνωμονέστερον φαίνεσθαι Φιλίππου, ὃς ἀνουθέτητος ὢν εἰκότως, τραφεὶς [1]τ' ἐν ἐξουσίᾳ, ὅμως ᾤετο δεῖν, ἡνίκ' εὐτύχησε μάλιστα, τότ' ἀνθρώπινα πράττων φαίνεσθαι, καὶ τοὺς παραταξαμένους, πρὸς οὓς περὶ τῶν ὅλων διεκινδύνευσεν, οὐκ ἐτόλμησε δηλῶσαι, τὸ τίνων καὶ τίνες εἰσὶν ἐξετάσας· οὐ γάρ, ὡς ἔοικεν, ὁμοίως τῶν παρ' ὑμῖν ῥητόρων ἐνίοις, οὔτε δίκαια εἶναι πρὸς ἅπαντας τὰ αὐτὰ οὔτε καλὰ ἡγεῖτο, ἀλλὰ τὴν τῆς ἀξίας προσθήκην συλλογιζόμενος, τὰ τοιαῦτ' ἐπέκρινεν. ὑμεῖς δ', ὄντες Ἀθηναῖοι, καὶ παιδείας μετέχοντες, ἣ καὶ τοὺς ἀναισθήτους ἀνεκτοὺς ποιεῖν δοκεῖ δύνασθαι, πρῶτον μέν, ὃ πάντων ἀγνωμονέστατόν ἐστι, περὶ ὧν τὸν πατέρα αἰτιῶνταί τινες, τοὺς υἱεῖς δεδέκατε, εἶτα τὸ ταῦτα ποιεῖν ἴσον φατέ, ὥσπερ ὑπὲρ σταθμῶν ἢ μέτρων τὸ ἴσον σκοπούμενοι, ἀλλ' οὐχ ὑπὲρ ἀνδρῶν προαιρέσεως καὶ πολιτείας βουλευόμενοι·
1478 ἐν οἷς ἐξεταζομένοις, εἰ μὲν χρηστὰ καὶ δημοτικὰ καὶ ἐπ'

[1] Deest τ'.

Ὃ λόγῳ] Malim ὃ δὴ λόγῳ. *Id vero, quod per calumniam et ex invidia factum est,* (scilicet captivitatem liberorum Lycurgi) *quo nomine appellem nescio*, vel, *de eo quid statuam*, etc. IDEM.

Ἀνουθέτητος ὢν εἰκότως] At præceptorem Lysidem Pythagoricum, et condiscipulum Epaminondam, omnis officii exemplum, habuit: nec ignoravit, quibus rationibus, vel odia Græcorum mitiganda, vel studia allicienda essent. IDEM.

Οὐκ ἐτόλμησε δηλῶσαι] *Non ausus fuit prodere, cum quidem et quorum, et qui essent, explorasset.* ἐξετάσας, v. 14. licet exponere, καίτοι ἐξετάσει, *quamvis nosset*: et, ἐξετάσαι καὶ δηλῶσαι: *non ausus fuit*, hoc est, *verecundatus est, inquirere et prodere.* IDEM.

Ἔοικεν, ὁμοίως] M. οὐχ ὁμοίως. Nam Demosthenis adversarii volebant utilitatis sine dignitate rationem haberi. IDEM.

Εἶτα τὸ ταῦτα ποιεῖν] Ineptam similitudinem exagitat. Sententia est, ut opinor, cujusmodi apud Terentium in Adelphis exstat his verbis:

—— Multa in homine Demea
Signa insunt, ex quibus conjectura facile fit:
Duo cum idem faciunt, sæpe ut possis dicere:
Hoc licet impune facere huic, illi non licet.
Non quo dissimilis res sit, sed quod is, qui facit.

Negat esse judicandum ex eventu: sed animum cujusque spectandum et merita in rempublicam. IDEM.

εὐνοίᾳ τὰ Λυκούργῳ πεπραγμένα φαίνεται, μηδενὸς κακοῦ,
ἀλλὰ καὶ πάντων τῶν ἀγαθῶν, τοὺς παῖδας αὐτοῦ δίκαιόν
ἐστι τυγχάνειν παρ' ὑμῶν· εἰ δὲ τἀναντία τούτων, ἐκεῖνον,
ὅτ' ἔζη, ἔδει δίκην διδόναι, τούτους δὲ μηδ' οὕτως, ἐφ' οἷς
ἐκείνῳ τις ἐγκαλεῖ, τυγχάνειν ὀργῆς. πᾶσι γὰρ πάντων
τῶν ἁμαρτημάτων ὅρος ἐστὶ τελευτή. ἐπεὶ εἴ γ' οὕτως ἕξετε,
ὥσθ' οἱ μὲν ἀχθεσθέντες τι τοῖς ὑπὲρ τοῦ δήμου πολιτευο-
μένοις μηδὲ πρὸς τελευτήσαντας διαλλαγήσονται, ἀλλὰ
καὶ τοῖς παισὶ τὴν ἔχθραν διαφυλάξουσιν, ὁ δὲ δῆμος, ᾧ
συναγωνίζεται τῶν δημοτικῶν ἕκαστος, μέχρι τοῦ παρόντος
χρῆσθαι μνημονεύσει τὰς χάριτας, μετὰ ταῦτα δὲ μηδὲν
φροντιεῖ, οὐδὲν ἀθλιώτερον ἔσται τοῦ τὴν ὑπὲρ τοῦ δήμου
τάξιν αἱρεῖσθαι. εἰ δὲ Μοιροκλῆς ἀποκρίνεται, ταῦτα μὲν
σοφώτερα ἢ καθ' ἑαυτὸν εἶναι, ἵνα δὲ μὴ ἀποδρῶσιν, αὐτὸς
αὐτοὺς δῆσαι, ἐρωτήσατ' αὐτὸν, ἡνίκα Ταυρέας καὶ Πά-
ταικος καὶ Ἀριστογείτων καὶ αὐτὸς εἰς τὸ δεσμωτήριον
παραδοθέντες οὐ μόνον οὐκ ἐδέδεντο ἀλλὰ καὶ ἐδημηγόρουν,
τί δήποτε οὐχ ἑώρα τὰ δίκαια ταῦτα. εἰ δὲ μὴ φήσει τότ'
ἄρχειν, οὐδὲ λέγειν ἔκ γε τῶν νόμων αὐτῷ [1] προσήκει. ὥστε
πῶς ἴσον ἐστὶ, τοὺς μὲν ἄρχειν, οἷς μηδὲ λέγειν ἔξεστι,
τοὺς δὲ δεδέσθαι, ὧν πολλὰ χρήσιμος ἦν ὑμῖν ὁ πατήρ;
ἐγὼ μὲν οὐκ ἔχω συλλογίσασθαι· εἰ μὴ τοῦτο δεῖξαι δη-
μοσίᾳ βούλεσθε, ὅτι βδελυρία καὶ ἀναίδεια καὶ προαίρεσις
πονηρίας ἐν τῇ πόλει ἰσχύει καὶ διασωθῆναι πλείω προσδο-
κίαν ἔχει, κἂν τι συμβῇ χαλεπὸν τοῖς τοιούτοις, ἀπόλυσις 1479
γίγνεται, ἐν δὲ προαιρέσει χρηστῇ καὶ βίῳ σώφρονι καὶ
δημοτικῷ προελέσθαι ζῆν σφαλερὸν, κἂν τι γένηται πταῖ-
σμα, ἄφυκτον ἔσται. ἔτι τοίνυν τὸ μὲν μὴ δίκαιον εἶναι τὴν
ἐναντίαν δόξαν ἔχειν, ἥνπερ ζῶντος εἶχετ' ἐκείνου, καὶ τὸ
τῶν τετελευτηκότων ἢ τῶν παρόντων πλείω ποιεῖσθαι

1 * προσῆκεν

Τοῖς παισὶ τὴν ἔχθραν] *Liberis inimicitias tradent, easque ad posteros propagabunt.* Idem.

Παρόντος] Malim παρόντι: ut sit, *μέχρι τοῦ χρῆσθαι παρόντι, ἕως πάρεστι.* Idem.

Εἰ δὲ μὴ φήσει τότε ἄρχειν οὐδὲ λέγειν ἔκ τε τῶν νόμων αὐτῷ προσήκει ὥστε] Ex his verbis certi nihil colligere potui, divinare utcunque coactus, quasi scriptum fuisset: τότε ἄρχειν μὲν, οὐχὶ δὲ λέγειν ἔκ τε τῶν νόμων αὐτῷ προσήκειν, scilicet τὸ ἄρχειν. Præsentia posita sunt loco præteritorum. Idem.

Τὴν ἐναντίαν δόξαν ἔχειν, ἥνπερ] Malim ἧσπερ: ut compleas, ταύτῃ, ἥνπερ, aut, ἣ περὶ ζῶντος. et p. 511. v. 1. ἐᾶσαι. παρὰ πᾶσι

λόγον δίκαιον εἶναι, καὶ πάντα τὰ τοιαῦτα, ἐάσω· παρὰ γὰρ πᾶσιν ὁμολογεῖσθαι ταῦτα ὑπείληφα. ὅσοις μέντοι πατρικὰς εὐεργεσίας ἀπεμνημονεύσατε τῶν ἄλλων, ἡδέως ἂν ἴδοιμι ὑμᾶς * * καὶ πολλῶν ἑτέρων ἀπογόνοις. οὐχ ὡς ἐπιτιμῶν δὲ ταῦτα παρήνεγκα. τοσούτου γὰρ δέω τοῦτο ποιεῖν, ὥςτε συμφέρειν μάλιστα τῇ πόλει τὰ τοιαῦτα κρίνω· προκαλεῖσθε γὰρ πάντας ἐκ τούτων δημοτικοὺς εἶναι, ὁρῶντας, ὅτι κἂν ἐν τῷ καθ' ἑαυτοὺς βίῳ ταῖς προσηκούσαις αὐτῶν τιμαῖς ὁ φθόνος ἀντιστῇ, τοῖς γε παισὶν ὑπάρξει τὰ προσήκοντα παρ' ὑμῶν κομίσασθαι. πῶς οὖν οὐκ ἄτοπον, μᾶλλον δὲ καὶ αἰσχρὸν, τῶν μὲν ἄλλων τισὶ, καὶ παλαιῶν ὄντων τῶν χρόνων καθ' οὓς ἐγένοντο χρήσιμοι, καὶ δι' ὧν ἀκούετε τὰς εὐεργεσίας, οὐκ ἐξ ὧν ἑωράκατε ὑπειληφότας, ὅμως τὴν δικαίαν εὔνοιαν διασώζειν· Λυκούργῳ δ' οὕτως ὑπογύου καὶ τῆς πολιτείας καὶ τῆς τελευτῆς γεγονυίας, μηδ' εἰς ἃ καὶ τοῖς ἀγνώμοσι καὶ ὑφ' ὧν ἠδικεῖσθε ἕτοιμοι τὸν ἄλλον ἦτε χρόνον, εἰς ἔλεον καὶ φιλανθρωπίαν, μηδ' εἰς ταῦθ' ὑμᾶς αὐτοὺς ὁμοίους παρέχειν, καὶ ταῦτ' εἰς τοὺς παῖδας αὐτοῦ γιγνομένης τῆς τιμωρίας, οὓς κἂν ἐχθρὸς, εἴπερ μέτριος εἴη καὶ λογισμὸν ἔχων, ἐλεῆσαι; θαυμάζω
1480 τοίνυν καὶ τοῦτ' εἴ τις ὑμῶν ἀγνοεῖ, ὡς οὐδὲ τοῦτο συμφέρει τῇ πολιτείᾳ φανερὸν γιγνόμενον· ὅτι τοῖς μὲν ἄλλην τινὰ κτησαμένοις φιλίαν καὶ κατορθοῦσιν ἐν πᾶσι πλεονεκτεῖν ὑπάρχει, κἂν ἀτυχήσωσί τι, ῥᾳδίας εἶναι τὰς λύσεις, τοῖς δ' εἰς τὸν δῆμον ἀναρτήσασιν ἑαυτοὺς οὐ μόνον κατὰ τἄλλα ἔλαττον ἔχειν ὑπάρξει, ἀλλὰ καὶ τὰς συμφορὰς βεβαίας τούτοις μόνοις τῶν ἄλλων μένειν. ἀλλὰ μὴν ὅτι τοῦθ' οὕτω γίγνεται, ῥᾴδιον δεῖξαι. τίς γὰρ οὐκ οἶδεν ὑμῶν Λάχητι τῷ Μελανώπου ἁλῶναι μὲν ὁμοίως ἐν δικαστηρίῳ συμβὰν, ὡς καὶ νῦν τοῖς Λυκούργου παισὶν, ἀφεθῆναι δὲ πᾶν τὸ ὄφλημα ἐπιστείλαντος Ἀλεξάνδρου; καὶ πάλιν Μνησιβούλῳ τῷ Ἀχαρνεῖ ἁλῶναι μὲν ὁμοίως, καταγνόντος αὐτοῦ τοῦ δικαστηρίου, ὥςπερ καὶ τῶν Λυκούργου παίδων, ἀφεῖσθαι δὲ

γάρ. et v. 3. πατρικάς. Idem.

Ἡδέως ἂν ἴδοιμι ὑμᾶς καὶ πολλῶν ἑτέρων ἀπογόνοις] Videntur duo verba aut subintelligi, aut abesse: τοσούτοις ἡδέως, et v. 4. ἀπογόνοις ἀποδοῦναι. et v. 7. προκαλεῖσθε per ε in fine, secunda persona. Idem.

Τοῖς εἰς τὸν δῆμον ἀναρτήσασιν ἑαυτοὺς] Id est, qui populo se adjungunt, et populares esse volunt. Budæus.

καλῶς ποιοῦντι; ἄξιος γὰρ ἀνὴρ, καὶ οὐδεὶς ἂν ἐπὶ τούτοις τοὺς νόμους ἔφη καταλύεσθαι τῶν νῦν βοώντων. εἰκότως. οὐδὲ γὰρ κατελύοντο, εἴπερ ἅπαντες οἱ νόμοι τῶν δικαίων ἕνεκα καὶ σωτηρίας τῶν χρηστῶν ἀνθρώπων τίθενται, καὶ μήτε αἰδίους τοῖς ἀτυχήσασι καθιστάναι τὰς συμφορὰς συμφέρει, μήτ' ἀχαρίστους ὄντας φαίνεσθαι. ἀλλὰ μὴν εἴ γε ταῦθ' οὕτως, ὥσπερ ἂν φήσαιμεν, ἔχειν συμφέρει, οὐ μόνον τοὺς νόμους οὐ κατελύετε, ἡνίκα ἐκείνους ἠφίετε, ἀλλὰ καὶ τοὺς βίους ἐσώζετε τῶν τοὺς νόμους θεμένων ἀνθρώπων, Λάχητα μὲν πρὸς χάριν δεηθέντος Ἀλεξάνδρου ἀφέντες, Μνησίβουλον δὲ τῇ τοῦ βίου σωφροσύνῃ σώσαντες. μὴ τοίνυν τὸ κτήσασθαι τὴν ἔξωθεν φιλίαν λυσιτελέστερον δείκνυτε, ἢ τὸ τῷ δήμῳ παρακαταθέσθαι ἑαυτὸν, [1] μηδὲ 1481
τὸ τῶν ἀγνώτων εἶναι κρεῖττον ἢ τοῖς πολλοῖς ὑμῖν τὰ συμφέροντα πολιτευόμενον γιγνώσκεσθαι. τὸ μὲν γὰρ πᾶσιν ἀρέσκειν τὸν συμβουλεύοντα καὶ τὰ κοινὰ πράττοντα ἀδύνατον· ἐὰν δ' ἐπ' εὐνοίᾳ ταὐτὰ τῷ δήμῳ τις φρονῇ, δίκαιός ἐστι σώζεσθαι. εἰ δὲ μὴ, καὶ θεραπεύειν ἑτέρους μᾶλλον, ἢ τὸν δῆμον, ἅπαντας διδάξετε, καὶ φεύγειν τὸ τῶν ὑμῖν συμφερόντων ποιοῦντά τι γνωσθῆναι. ὅλως δὲ κοινόν ἐστιν ὄνειδος ἁπάντων, ὦ ἄνδρες Ἀθηναῖοι, καὶ ὅλης τῆς πόλεως συμφορὰ, τὸν φθόνον δοκεῖν μεῖζον ἰσχύειν παρ' ὑμῖν, ἢ τὰς τῶν εὐεργεσιῶν χάριτας· καὶ ταῦτα, τοῦ μὲν νοσήματος ὄντος, τῶν δὲ τοῖς θεοῖς ἀποδεδειγμένων. καὶ μὴν οὐδὲ τὸν Πυθέαν παραλείψω τὸν μέχρι τῆς παρόδου δημοτικὸν, μετὰ ταῦτα δ' ἕτοιμον εἰς τὰ καθ' ὑμῶν πάντα. τίς γὰρ οὐκ οἶδε τοῦτον, ὅτε μὲν τὴν ὑπὲρ ὑμῶν τάξιν ἔχων εἰς τὸ πολιτεύεσθαι παρῄει, ὡς δοῦλον ἐλαυνόμενον καὶ γραφὴν ξενίας φεύγοντα καὶ μικροῦ πραθέντα ὑπὸ τούτων οἷς νῦν ὑπηρετῶν τοὺς κατ' ἐμοῦ λόγους ἔγραφεν; ἐπειδὴ δ', ἃ κατηγόρει τότε τῶν

[1] * μηδ' ἴστω τῶν

Καλῶς ποιοῦντι] *Ut illius merita postulabant: ut merebatur:* quod equidem gaudeo, quod minime improbo. Wolf.

Ἀλλὰ καὶ τοὺς βίους] *Sed et vitas conservabatis eorum hominum, qui leges constituerunt.* Quæ horum verborum sententia sit, non video. Verti, quasi esset τὰς βουλήσεις. Idem.

Τῶν δὲ τοῖς θεοῖς ἀποδεδειγμένων] Utcunque verba sint, significat, ὅτι αἱ χάριτες ἀπεθεώθησαν. Idem.

Μέχρι τῆς παρόδου] *Usque ad progressum in concionem*, id est, in concionibus, simulabat ac præ se ferebat populi studium. Idem.

Ξενίας] *Peregrinitatis:* quod non esset

ἄλλων, νῦν αὐτὸς πράττει, εὐποροῦντα μὲν οὕτως, ὥστε
δύ' ἔχειν ἑταίρας, αἳ μέχρι φθόης καλῶς ποιοῦσαι προπε-
πόμφασιν αὐτόν· πέντε τάλαντα δ' ὄφλοντα, ῥᾷον ἐκτί-
σαι, ἢ πέντε δραχμὰς [1] ἀνέξεσθαι πρότερον· πρὸς δὲ τού-
τοις παρ' ὑμῶν τοῦ δήμου οὐ μόνον τῆς πολιτείας μετειλη-
φότα, ὃ κοινὸν ὄνειδός ἐστιν ἅπασιν, ἀλλὰ καὶ θύοντα
ὑπὲρ ὑμῶν τὰς πατρῴους θυσίας ἐν Δελφοῖς; ὅταν οὖν
τοιαῦτα καὶ τηλικαῦτα πᾶσιν ἰδεῖν ᾖ παραδείγματα, ἀφ'
1482 ὧν ἀλυσιτελὲς προελέσθαι τὰ τοῦ δήμου πᾶς τις ἂν κρίναι,
φοβοῦμαι μήποτ' ἔρημοι τῶν ὑπὲρ ὑμῶν ἐρούντων γένησθε,
ἄλλως τε καὶ ὅταν τῶν δημοτικῶν τοὺς μὲν ἡ καθήκουσα
μοῖρα καὶ ἡ τύχη καὶ ὁ χρόνος παραιρῆται, οἷον Ναυσι-
κλέα καὶ Χάρητα καὶ Διότιμον καὶ Μενεσθέα καὶ Εὔδο-
ξον, ἔτι δ' Εὔδημον καὶ Ἐφιάλτην καὶ Λυκοῦργον, τοὺς δ'
ὑμεῖς πρόησθε, ὥσπερ Χαρίδημον καὶ Φιλοκλέα καὶ ἐμέ, ὧν
ἑτέρους εὐνουστέρους οὐδ' αὐτοὶ νομίζετε· εἰ δ' ὁμοίως τι-
νάς, οὐ φθονῶ. βουλοίμην δ' ἄν, εἴπερ ὑμεῖς δικαίως αὐ-
τοῖς προσοίσεσθε, καὶ μὴ ταὐτὰ ἅπερ ἡμεῖς πείσονται,
ὡς πλείστους αὐτοὺς γενήσεσθαι. ἀλλ' ὅταν γε τοιαῦτα,
οἷα τὰ νῦν, παραδείγματα ἐκφέρητε, τίς ἐστιν, ὅςτις εἰς
ταύτην τὴν τάξιν ἑαυτὸν γνησίως ὑμῖν ἐθελήσει δοῦναι;
ἀλλὰ μὴν τῶν γε προσποιησομένων οὐκ ἀπορήσετε· οὐδὲ
γὰρ πρότερον. μὴ γένοιτο δὲ ἰδεῖν ἐξελεγχθέντας αὐτοὺς
ὁμοίως ἐκείνοις, οἳ φανερῶς, ἃ τότε ἠρνοῦντο, νῦν πολιτευό-
μενοι οὐδένα ὑμῶν οὔτε δεδοίκασιν οὔτε αἰσχύνονται. ἃ
χρὴ λογιζομένους, ὦ ἄνδρες Ἀθηναῖοι, μήτε τῶν εὔνων ὀλι-
γωρεῖν, μήτε τοῖς προάγουσιν εἰς πικρίαν καὶ ὠμότητα
τὴν πόλιν πείθεσθαι. πολὺ γὰρ μᾶλλον εὐνοίας καὶ φι-
λανθρωπίας τὰ παρόντα πράγματα δεῖται ἢ ταραχῆς
καὶ δυσμενείας, ὧν ὑπερβολῇ χρώμενοί τινες ἐργολαβοῦσι
καθ' ὑμῶν εἰς ὑποδοχὴν πραγμάτων, ὧν διαψεύσειεν αὐ-

[1] * ἀνέχεσθαι

civis germanus. Idem.

Μέχρι φθόης] Hoc est, libidine sic exhauserunt et macerarunt, ut contabuerit. Caveant macilenti et effœti philosophi exemplum infelicis oratoris, vel potius amatoris. Idem.

Ἀνέξεσθαι] Malim ἀνείχετο: et v. 7. τὰς πατρῴας θυσίας. et p. 514. v. 4. ὑπ' ἀνθρώπων ἐγκαθέτων, τουτέστι, δολίων, κατασκόπων. et v. 17. ἀλλ' ἀπὸ τῆς αὐτῆς σπουδῆς καὶ προαιρέσεως. et p. 515. v. 4. ὅσονπερ χρόνον εἰς τὴν ἔκτισιν. et v. 10. ὅτι ἐκεῖσθεν ὑπογράψασθαι τὰς καταβολάς. Cum persuaderi mihi passus sum, ut solutionem subscriberem, id est, ut me illorum nomine satisfacturum reipublicæ sponderem, ut fide-

τοὺς ὁ λογισμός. εἰ δέ τις ὑμῶν διασύρει ταῦτα, πολλῆς
ἐστὶν εὐηθείας μεστός. εἰ γὰρ, ἃ μηδεὶς ἂν ἤλπισεν, ὁρῶν
γεγενημένα, ἃ καὶ πρότερον γέγονε τοῦ δήμου πρὸς τοὺς
ὑπὲρ αὐτοῦ λέγοντας ὑπ' ἀνθρώπων ἐγκαθέτων διαβλη- 1483
θέντος, νῦν μὴ ἂν οἴεται γενέσθαι, πῶς οὐ τετύφωται;
ταῦτα δὲ εἰ μὲν παρῆν, λέγων ἂν ὑμᾶς ἐδίδασκον· ἐπειδὴ δ'
ἐν τοῖς τοιούτοις εἰμὶ, ἐν οἷς, εἴ τις ἐμοῦ κατέψευσται ἐφ'
οἷς ἀπόλωλα, γένοιτο, γράψας ἐπέσταλκα, πρῶτον μὲν
καὶ πλεῖστον λόγον ποιούμενος τοῦ καλοῦ καὶ τοῦ συμφέ-
ροντος ὑμῖν, δεύτερον δ' ὅτι τὴν αὐτὴν εὔνοιαν, ἣν πρὸς
ζῶντα Λυκοῦργον εἶχον, δίκαιον εἶναι νομίζω καὶ πρὸς
τοὺς παῖδας αὐτοῦ φαίνεσθαι ἔχων. εἰ δὲ τῳ παρέστηκεν,
ὡς πολύ μοι περίεστι τῶν ἐμαυτοῦ πραγμάτων, οὐκ ἂν
ὀκνήσαιμι πρὸς τοῦτον εἰπεῖν, ὅτι τῶν συμφερόντων ὑμῖν
καὶ τοῦ μηδένα τῶν φίλων ἐγκαταλιπεῖν, ὁμοίως ὥςπερ
τῆς ἐμαυτοῦ σωτηρίας, φροντίζω. οὔκουν ἐκ τοῦ περιόντος
ταῦτα ποιῶ, ἀλλ' ἀπὸ τῆς αὐτῆς σπουδῆς καὶ προαιρέσεως
καὶ ταῦτα κἀκεῖνα μιᾷ γνώμῃ πραγματεύομαι. περίεστι
δέ μοι ταῦτα, οἷα τοῖς κακόν τι νοοῦσιν ὑμῖν περιγένοιτο.
καὶ περὶ μὲν τούτων ἱκανά. ἡδέως δ' ἂν ὑμῖν τὴν ἐπ' εὐνοίᾳ
καὶ φιλίᾳ μέμψιν ποιησαίμην νῦν μὲν ἐν κεφαλαίῳ, μικρῷ
δ' ὕστερον δι' ἐπιστολῆς μακρᾶς, ἣν, ἐάν περ ἐγὼ ζῶ, προσ-
δοκᾶτε, ἂν μὴ τὰ δίκαια γίγνηταί μοι παρ' ὑμῶν πρότε-
ρον. οἵ τινες, ὦ — τί ἂν εἰπὼν μήθ' ἁμαρτεῖν δοκοίην
μήτε ψευσαίμην; — λίαν ὀλίγωροι, οὔτε τοὺς ἄλλους οὔθ'
ὑμᾶς αὐτοὺς αἰσχύνεσθε, ἐφ' οἷς Ἀριστογείτονα ἀφείκατε,
ἐπὶ τούτοις Δημοσθένην ἐκβεβληκότες· καὶ, ἃ τοῖς τολμῶ-
σι μηδὲν ὑμῶν φροντίζειν, μὴ λαβοῦσι παρ' ὑμῶν ἔξεστιν
ἔχειν, ταῦτ' οὐ διδόντες ἐμοὶ, [1]ἵνα οἷός τε ὦ, τά τε ὀφει- 1484
λόμενα εἰσπράξας καὶ τοὺς φίλους ἐρανίσας τὰ πρὸς
ὑμᾶς διοικήσω, καὶ μὴ γῆρας καὶ φυγὴν, ἐπίχειρα τῶν
ὑπὲρ ὑμῶν πεπονημένων ἔχων, κοινὸν ὄνειδος τῶν ἀδικη-
σάντων, ἐπὶ ξένης περιϊὼν ὁρῶμαι. βουλομένου δέ μου ἐν

[1] ἵνα, * εἰ οἷόστε,

jberem pro illis. Idem.

"Ινα οἷός τε — διοικῆσαι] *Ut possim, cum nomina mea exegero, et ab amicis collationem coegero, publico debito satisfacere*, id est, *judicatum facere*. Verba sunt Demosthenis ob Harpali pecuniam exsulantis et reditus veniam fide publica postulantis. Sic construitur ἐρανίζειν, ut δασμολογεῖν et

μὲν ὑμετέρας χάριτος καὶ μεγαλοψυχίας τάξει τὴν οἴκαδέ μοι ἄφιξιν γενέσθαι, ἐμαυτῷ δὲ λύσιν τῆς γεγονυίας οὐ δικαίως βλασφημίας πορίσασθαι, καὶ μόνον αἰτοῦντος ἄδειαν ὅσονπερ [1] χρόνον τὴν ἔκτισιν δεδώκατε· ταῦτα μὲν οὐ συγχωρεῖτε, ἐρωτᾶτε δὲ, ὡς ἀπαγγέλλεται πρὸς ἐμὲ, τίς οὖν αὐτὸν κωλύει παρεῖναι καὶ ταῦτα πράττειν; τὸ ἐπίστασθαι αἰσχύνεσθαι, ὦ ἄνδρες Ἀθηναῖοι, καὶ τὸ ἀναξίως τῶν ὑπὲρ ὑμῶν πεπολιτευμένων πράττειν, καὶ τὸ τὰ ὄντα ἀπολωλεκέναι διὰ [2] τούτους, ἵνα μὴ διπλᾶ καταθῶνται, ἃ οὐκ ἠδύναντο ἁπλᾶ. ἐπείσθην ὑπογράψασθαι τὴν ἀρχὴν τὰς καταβολὰς, παρ' ὧν, μετὰ μὲν τῆς ὑμετέρας εὐνοίας ἀφικόμενος, μέρος, εἰ καὶ μὴ πάντα, ἴσως ἀνακομισαίμην, ὥστε μηδὲν ἀσχημονεῖν τολοιπὸν τοῦ βίου, ἂν δ' ὡς οἱ ταῦτα λέγοντες ἀξιοῦσί με ἔλθω, ἅμα ἀδοξίᾳ καὶ ἀπορίᾳ καὶ φόβῳ συνέξομαι. ὧν οὐδὲν ὑμεῖς συλλογίζεσθε, ἀλλὰ ῥημάτων μοι καὶ φιλανθρωπίας φθονοῦντες, ἂν οὕτω τύχῃ, δι' ὑμᾶς περιόψεσθε ἀπολούμενον· οὐ γὰρ ἂν δεηθείην ἄλλων, ἢ ὑμῶν. καὶ τότε φήσετε δεινὰ πεπονθέναι με, ἀκριβῶς οἶδα, ὅτε οὔτ' ἐμοὶ πλέον οὐδὲν οὔθ' ὑμῖν
1485 ἔσται. οὐ γὰρ δὴ χρήματά γ' εἶναί μοι προσδοκᾶτε ἔξω τῶν φανερῶν, ὧν ἀφίσταμαι. καὶ τὰ λοιπὰ βούλομαι συναγαγεῖν, ἐάν μοι μὴ φιλονείκως ἀλλ' ἀνθρωπίνως δῶτε τὸ πρὸς τούτοις ἀσφαλῶς εἶναι. οὐ μὴν οὐδὲ παρ' Ἁρπάλου με λαβόντα δείξετε· οὔτε γὰρ ἠλέγχθην, οὔτ' ἔλαβον. εἰ δὲ τἀφανὲς ἀξίωμα τῆς βουλῆς ἢ τὸν Ἄρειον πάγον προσβλέπετε, τῆς Ἀριστογείτονος κρίσεως ἀναμνησθέντες ἐγκαλύψασθε. οὐ γὰρ ἔχω τούτου πρᾳότερον πρόσταγμα τοῖς τοιαῦτ' ἐξημαρτηκόσιν εἰς ἐμέ. οὐ γὰρ δήπου τοῖς αὐτοῖς γε λόγοις ὑπὸ τῆς αὐτῆς βουλῆς ἀποφανθέντα ἐκεῖνον μὲν ἀφεῖσθαι δίκαιον εἶναι φήσετε, ἐμὲ δὲ ἀπολωλέναι· οὐχ οὕτως ὑμεῖς ἀλογίστως ἔχετε. οὔτε γὰρ ἄξιος οὔτε

[1] χρόνον εἰς τὴν

[2] τούτους, *ὑφ' ὧν, ἵνα — ἁπλᾶ,

ἀργυρολογεῖν. Budæus.

Ἔξω τῶν φανερῶν, ὧν ἀφίσταμαι] Sic habet Aldinus codex: (quem hoc anno demum MDLXIX. vir doctrina et humanitate singulari, Theobaldus Theodoricus Argentinensis, mihi communicavit) id est, *quibus cedo*. Sed si recte memini, Parisiensis (quem Oporino missum recuperare non potui) habuit, ὧν ἀφῄρημαι: unde verti: *præter eas, quæ notæ ereptæque mihi sunt*. Wolf.

Τὰ πρὸς τούτοις ἀσφαλῶς εἶναι] Locus suspectus: sed nihil occurrit melius. Idem.

ἐπιτήδειος οὔτε χείρων, ἀτυχὴς μέντοι δι' ὑμᾶς. ὁμο-
λογῶ· πῶς γὰρ οὐκ ἀτυχής, ᾧ πρὸς τοῖς ἄλλοις κα-
κοῖς καὶ πρὸς Ἀριστογείτονα ἐμαυτὸν ἐξετάζειν συμβαίνει,
καὶ ταῦτ' ἀπολωλότι πρὸς σωτηρίας τετυχηκότα; καὶ
μή με ὑπολαμβάνετε ὀργίζεσθαι τοῖς λόγοις τούτοις. οὐ
γὰρ ἂν πάθοιμι τοῦτο πρὸς ὑμᾶς ἐγώ· ἀλλ' ἔχει τινὰ τοῖς
ἀδικουμένοις ῥᾳστώνην τὸ λέγειν ἃ πάσχουσιν, ὥσπερ τοῖς
ἀλγοῦσι τὸ στένειν, ἐπεὶ τῇ γε εὐνοίᾳ οὕτως ἔχω πρὸς ὑμᾶς,
ὡς ὑμᾶς ἂν εὐξαίμην πρὸς ἐμέ. καὶ τοῦτ' ἐν πᾶσι πεποίη-
κα, καὶ ποιήσω φανερόν· ἔγνωκα γὰρ ἐξ ἀρχῆς παντὶ τῷ
πολιτευομένῳ προσήκειν, ἄνπερ ᾖ δίκαιος πολίτης, ὥσπερ οἱ
παῖδες πρὸς τοὺς γονέας, οὕτω πρὸς ἅπαντας τοὺς πολί- 1488
τας ἔχειν, εὔχεσθαι μὲν ὡς εὐγνωμονεστάτων τυγχάνειν,
φέρειν δὲ τοὺς ὄντας εὐμενῶς. ἡ γὰρ ἐν τοῖς τοιούτοις ἧττα
καλὴ καὶ προσήκουσα νίκη παρὰ τοῖς εὖ φρονοῦσι γίνεται.
Εὐτυχεῖτε.

δ'.

ΠΡΟΣ ΤΑΣ ΘΗΡΑΜΕΝΟΥΣ ΒΛΑΣΦΗΜΙΑΣ.

ΔΗΜΟΣΘΕΝΗΣ ΤΗΙ ΒΟΥΛΗΙ ΚΑΙ ΤΩΙ ΔΗΜΩΙ ΧΑΙΡΕΙΝ.

ἈΚΟΥΩ περὶ ἐμοῦ Θηραμένην ἄλλους τε λόγους βλασφήμους εἰρηκέναι καὶ δυστυχίαν προφέρειν. τὸ μὲν οὖν τοῦτον ἀγνοεῖν, ὅτι λοιδορίας, ᾗ μηδὲ μίαν κακίαν, καθ' ὅτου λέγεται, δείκνυσιν, οὐδέν ἐστ' ὄφελος παρ' εὖ φρονοῦσιν ἀνθρώποις, οὐχὶ θαυμάζω. τὸ γὰρ θρασὺν μὲν τῷ βίῳ, μὴ πολίτην δὲ τὴν φύσιν, ἐν ἐργαστηρίῳ δὲ τεθραμμένον ἐκ παιδός, μὴ αἰσθάνεσθαί τι τῶν τοιούτων, εὐλογώτερον ἦν ἢ συνιέναι. τούτῳ μὲν οὖν, ἐὰν ἀφίκωμαί ποτε καὶ σωθῶ, πειράσομαι διαλεχθῆναι περὶ ὧν εἰς ἐμὲ καὶ περὶ ὧν εἰς ὑμᾶς παροινεῖ, καὶ νομίζω, καίπερ οὐδὲν μετέχοντα τοῦ αἰσχύνεσθαι, μετριώτερον αὐτὸν ποιήσειν· ὑμῖν δὲ τοῦ κοινῇ συμφέροντος ἕνεκα βούλομαι δι' ἐπιστολῆς, οὓς περὶ τούτων ἔχω λόγους, δηλῶσαι. οἷς πάνυ τὸν νοῦν προσέχοντες ἀκούσατε· οἴομαι γὰρ αὐτοὺς οὐκ ἀκοῆς μόνον, ἀλλὰ καὶ μνήμης ἀξίους εἶναι. ἐγὼ τὴν πόλιν τὴν ὑμετέραν εὐ-

7. Αἰσθάνεσθαί τι τῶν τοιούτων] Sententiam spectavi magis, quam verba, quo modo

τυχεστάτην πασῶν πόλεων ὑπολαμβάνω καὶ θεοφιλεστά-
1487 την· καὶ ταῦτα οἶδα καὶ τὸν Δία τὸν Δωδωναῖον καὶ τὴν
Διώνην καὶ τὸν Ἀπόλλω τὸν Πύθιον ἀεὶ λέγοντας ἐν ταῖς
μαντείαις, καὶ προσεπισφραγιζομένους τὴν ἀγαθὴν τύχην
ἐν τῇ πόλει εἶναι παρ᾽ ὑμῖν. ὅσα τοίνυν περὶ τῶν ἐπιόντων
δηλοῦσιν οἱ θεοὶ, δῆλον ὡς προλέγουσι· τὰς δὲ ἀπὸ τῶν
παρεληλυθότων προσηγορίας ἐπὶ ταῖς γεγονυίαις πράξεσι
τίθενται. ἃ τοίνυν ἐγὼ πεπολίτευμαι παρ᾽ ὑμῖν, τῶν ἤδη
γεγενημένων ἐστὶν, ἀφ᾽ ὧν εὐτυχεῖς ὑμᾶς προσηγορεύκασιν
οἱ θεοί. πῶς οὖν δίκαιον τοὺς μὲν πεισθέντας εὐτυχεῖς ὀνο-
μάζεσθαι, τὸν δὲ πείσαντα τῆς ἐναντίας προσηγορίας τυγ-
χάνειν; πλὴν εἰ τοῦτό τις εἴπῃ, τὴν μὲν κοινὴν εὐτυχίαν,
ἧς ἐγὼ σύμβουλος, θεοὺς τοὺς λέγοντας εἶναι, οἷς οὐ θέμις
ψεύδεσθαι· τὴν δ᾽ ἰδίαν βλασφημίαν, ᾗ κατ᾽ ἐμοῦ κέχρηται
Θηραμένης, θρασὺν καὶ ἀναιδῆ καὶ οὐδὲ νοῦν ἔχοντ᾽ ἄνθρω-
πον εἰρηκέναι. οὐ τοίνυν μόνον ταῖς παρὰ τῶν θεῶν μαντεί-
αις ἀγαθὴν οὖσαν εὑρήσετε ᾗ κέχρησθε τύχῃ, ἀλλὰ καὶ
ἐξ αὐτῶν τῶν ἔργων θεωροῦντες, ἂν ἐξετάζητε ὀρθῶς. ὑμεῖς
γὰρ εἰ μὲν ὡς ἄνθρωποι τὰ πράγματα βούλεσθε θεωρεῖν,
εὐτυχεστάτην εὑρήσετε ἀφ᾽ ὧν ἐγὼ συνεβούλευσα τὴν πόλιν
γεγονυῖαν· εἰ δὲ ἃ τοῖς θεοῖς ἐξαίρεθ᾽ ὑπάρχει μόνοις, τού-
των ἀξιώσετε τυγχάνειν, ἀδυνάτων ἐφίεσθε. τί οὖν ἐστὶ
θεοῖς ἐξαίρετον, ἀνθρώποις δ᾽ οὐ δυνατόν; ἁπάντων τῶν
ἀγαθῶν ἐγκρατεῖς ὄντας κυρίους εἶναι καὶ αὐτοὺς ἔχειν καὶ
δοῦναι τοῖς ἄλλοις, φλαῦρον δὲ μηδὲν μηδέποτ᾽ ἐν παντὶ
1488 τῷ αἰῶνι μήτε παθεῖν μήτε μελλῆσαι. καὶ μὴν ὑποκειμέ-
νων τούτων, ὥςπερ προσήκει, σκοπεῖτε τὰ ὑμέτερα αὐτῶν
πρὸς τὰ τῶν ἄλλων ἀνθρώπων. οὐδεὶς γὰρ οὕτως ἐστὶν
ἀγνώμων, ὅστις ἂν ἢ τὰ Λακεδαιμονίοις συμβεβηκότα, οἷς
οὐκ ἐγὼ συνεβούλευον, ἢ τὰ Πέρσαις, πρὸς οὓς οὐδὲ ἀφικό-
μην πώποτε, αἱρετώτερα φήσειεν εἶναι τῶν ὑμῖν παρόντων.
καὶ ἐῶ Καππάδοκας καὶ Σύρους καὶ τοὺς τὴν Ἰνδικὴν

carere non videntur. Idem.

Τὴν ἀγαθὴν τύχην] Vid. Meurs. Athen. Att. l. I. c. VIII. "Quo certe loco Cl. Meursium falli putaverim. Etenim, nisi plurimum fallor, nihil hic certe de Fortunæ statua Athenis posita intelligi, vel exsculpi poterit: perinde quasi Athenienses ipsi arcanis deorum oraculis doceri debuerint, quod in ipsorum urbe Bonæ *Fortunæ* statua publice consecrata reperiretur; cum in illustri urbis ipsius loco posita hæc omnium oculis obversaretur." *Corsin. Fast. Att.* vol. II. par. I. d. XI. §. III.

χώραν κατοικοῦντας ἀνθρώπους ἐπ' ἐσχάτων γῆς· οἷς ἅπασι συμβέβηκε πολλὰ καὶ δεινὰ πεπονθέναι καὶ χαλεπά. ἀλλὰ νὴ Δία τούτων μὲν ἄμεινον ὑμᾶς πράττειν ἅπαντες ὁμολογήσουσι, Θετταλῶν δὲ καὶ Ἀρκάδων καὶ Ἀργείων χεῖρον, ἢ τινῶν ἄλλων, οἷς ἐν συμμαχίᾳ συνέβη γενέσθαι Φιλίππῳ; ἀλλὰ τούτων καὶ πολὺ βέλτιον ἀπηλλάχατε, οὐ μόνον τῷ μὴ δεδουλευκέναι—καίτοι τί τηλικοῦθ' ἕτερον;—, ἀλλὰ καὶ τῷ τοὺς μὲν πάντας αἰτίους εἶναι δοκεῖν τῶν τοῖς Ἕλλησι κακῶν συμβεβηκότων διὰ Φιλίππου καὶ τῆς δουλείας, ἐξ ὧν εἰκότως μισοῦνται· ὑμᾶς δ' ὁρᾶσθαι ὑπὲρ τῶν Ἑλλήνων καὶ σώμασι καὶ χρήμασι καὶ πόλει καὶ χώρᾳ καὶ πᾶσιν ἠγωνισμένους, ἀνθ' ὧν εὔκλειαν εἰκὸς ὑπάρχειν καὶ χάριν ἀθάνατον παρὰ τῶν τὰ δίκαια βουλομένων ποιεῖν. οὐκοῦν ἀφ' ὧν ἐγὼ συνεβούλευσα, τῶν μὲν ἀντιστάντων ἄριστα πράττειν τῇ πόλει συμβέβηκε, τῶν δὲ συνηγωνισμένων ἐνδοξοτέραν εἶναι περίεστι. τοιγαροῦν ἐπὶ τούτοις οἱ θεοὶ τὰς μὲν μαντείας τὰς ἀγαθὰς ὑμῖν διδόασι, τὴν δ' ἄδικον βλασφημίαν εἰς κεφαλὴν τῷ λέγοντι τρέπουσι. γνοίη δ' ἄν τις, εἰ προέλοιτο ἐξετάσαι 1489
τὰ ἐπιτηδεύματα, ἐν οἷς ζῇ. ἃ γὰρ ἂν καταράσαιτό τις αὐτῷ, ταῦτ' ἐκ προαιρέσεως ποιεῖ. ἐχθρὸς [1] μέν ἐστι τοῖς γονεῦσι, φίλος δὲ Παυσανίᾳ τῷ πόρνῳ· καὶ θρασύνεται μὲν ὡς ἀνὴρ, πάσχει δ' ὡς γυνή· καὶ τοῦ μὲν πατρός ἐστι κρείττων, τῶν δ' αἰσχρῶν ἥττων· οἷς δ' ὑπὸ πάντων δυσχεραίνεται, τούτοις τὴν διάνοιαν ἀγάλλεται, αἰσχρορρημοσύνῃ καὶ τῷ διηγεῖσθαι ταῦτ' ἐφ' οἷς ἀλγοῦσιν οἱ ἀκούοντες· ὁ δ', ὡς ἀφελὴς καὶ παρρησίας μεστὸς, οὐ παύεται. καὶ ταῦτα οὐκ ἂν ἔγραψα, εἰ μὴ κινῆσαι τὴν ἐν ὑμῖν μνήμην τῶν προσόντων αὐτῷ κακῶν ἠβουλόμην. ἃ γὰρ ἂν εἰπεῖν ἄν τις ὀκνήσαι καὶ γράψαι φυλάξαιτ' ἂν, [2] οἶμαι δὲ κἂν ἀκούσαντα [3] δυσχερᾶναι ταῦτα, ἀπὸ τούτων μνησθεὶς οἶδεν ἕκαστος ὑμῶν πολλὰ καὶ δεινὰ καὶ αἰσχρὰ τούτῳ προσόντα, ὥστ' ἐμοί τε μηδὲν ἀναιδὲς εἰρῆσθαι, καὶ τοῦτον ὑπόμνημα τῶν ἑαυτοῦ κακῶν ὀφθέντα πᾶσιν εἶναι. Εὐτυχεῖτε.

[1] μὲν * γάρ ἐστι [2] οἴομαι [3] δυσχεράναι, ταῦτα ἀπὸ * τοσούτων, ἃ μνησθεὶς

Δεδουλωκέναι] Δεδουλευκέναι. Nam illud duo verba sæpe confusa videas. Idem. activum est. Wolf. Κἂν ἀκούσαντας δυσχερᾶναι ταῦτα] Puto, Βουλευομένων] Malim βουλομένων. quæ κἂν ταῦτα, saltem hæc, conjungi debere.

ε.

ΠΡΟΣ ΗΡΑΚΛΕΟΔΩΡΟΝ.

ΔΗΜΟΣΘΕΝΗΣ ΗΡΑΚΛΕΟΔΩΡΩΙ ΕΥ ΠΡΑΤΤΕΙΝ.

ΟΥΘ' ὅπως χρὴ πιστεύειν, οἷς ἀπήγγειλέ μοι Μενεκράτης,
οὔθ' ὅπως ἀπιστεῖν, ἔχω. ἔφη γὰρ Ἐπίτιμον ἐνδεδεῖχθαι
1490 μὲν καὶ ἀπῆχθαι ὑπὸ Ἀράτου, σὲ δὲ ἀγωνίζεσθαι καὶ
ἁπάντων αὐτῷ χαλεπώτατον εἶναι. δέομαι δή σου πρὸς
Διὸς Ξενίου καὶ πάντων τῶν θεῶν, μή με καταστήσῃς ἀηδεῖ
καὶ δεινῷ μηδενὶ περιπετῆ. εὖ γὰρ ἴσθι, χωρὶς τοῦ μέλειν
μοι τῆς Ἐπιτίμου σωτηρίας καὶ νομίσαι μεγάλην ἂν
συμφορὰν, εἴ τι πάθοι καὶ τούτου σὺ συναίτιος εἴης, αἰ-
σχύνομαι τοὺς συνειδότας μοι τοὺς λόγους, οὓς ἐγὼ περὶ
σοῦ πρὸς ἅπαντας ἀνθρώπους ἔλεγον, πεπεικὼς ἐμαυτὸν
ἀληθῆ λέγειν, οὐκ ἐκ τοῦ πεπλησιακέναι σοι πεῖραν ἔχων,
ἀλλ' ὁρῶν ὅτι δόξης ἐπιτυγχάνων καὶ παιδείαν ἀπεδέχου,
καὶ ταῦτα [1][τῆς] ἀπὸ τῆς Πλάτωνος διατριβῆς, ἥπερ
ἐστὶν ὡς ἀληθῶς τῶν μὲν πλεονεκτημάτων καὶ τῶν περὶ
ταῦτα σοφισμάτων ἔξω, τοῦ βελτίστου δὲ καὶ τοῦ [2]δικαιο-
τάτου πάνθ' ἕνεκα ἐξητασμένη· ἧς μὰ τοὺς θεοὺς τῷ
μετασχόντι μὴ οὐχὶ ἀψευδεῖν καὶ πρὸς ἅπαντας ἀγαθῷ
εἶναι οὐχ ὅσιον ἡγοῦμαι. γένοιτο δ' ἄν μοι κἀκεῖνο τῶν
χαλεπωτάτων· εἰ γὰρ [3]ὡρμηκὼς ἐμαυτὸν εὐνοϊκῶς ἔχειν
σοι, τὴν ἐναντίαν γνώμην μεταλαβεῖν [4]ἀναγκασθείην, ἃ
δὴ ὑπολαμβάνω παρεωρᾶσθαι καὶ πεφενακίσθαι, κἂν
μὴ φῶ, νόμιζε οὕτως ἕξειν. εἰ δὲ ἡμῶν καταπεφρόνηκας,
ὅτι τῶν πρώτων οὐκ ἐσμέν πω, λόγισαι, ὅτι καὶ σύ [5]ποτ'
ἦσθα νέος καὶ τὴν ἡλικίαν εἶχες ἣν ἡμεῖς νῦν, ἐκ δὲ τοῦ
συμβουλεύειν καὶ πράττειν γεγένησαι τηλικοῦτος. καὶ ἡμῖν
τοῦτο συμβαίη. τὸ μὲν γὰρ εὖ [6]βουλεύεσθαι πάρεστι, τῆς
δὲ τύχης συλλαμβανούσης καὶ τοὔργον γένοιτ' ἄν. καλὸς

[1] [τὴν] [2] δικαιοτάτου * περὶ πάνθ' [3] ὡρμηκὼς κατ' ἐμαυτὸν [4] ἀναγκασθείην, * δι' ἃ [5] τότ' [6] βούλεσθαι

Idem.

ε. Ἀπῆχθαι] His verbis, inquit Pet. Nannius Miscell. l. IX. c. VIII. Thes. Crit. Grut. vol. 1. p. 1362., indicat Demosthenes, Epitimum et delatum esse, et in jus raptum ab Arato, in quem sensum *duci* usurpant Latini, i. e. *ad judicium rapi*, ut non solum sit, nomen alicujus deferri, et inter reos accipi, sed ad ipsa tribunalia abduci.

Ἐξητασμένη πάντα] Ἀντὶ τοῦ, ἐξετάσασα, ἢ ἐξετάζειν εἰωθυῖα. Wolf.

Καλὸς οὖν ἔρανος —] *Honestum igitur est beneficium gratia jure inita.* Verba sunt Demosthenis pro homine reo deprecantis.

οὖν ἔρανος χάρις δικαία· ἣν καὶ σὺ ποίησαι πρὸς ἐμέ. καὶ 1491
μηδ' ὑφ' ἑνὸς τῶν σοῦ φρονούντων χεῖρον ἄγου μηδὲ ἧττω,
ἀλλ' ἐκείνους [1] [μὲν] ἄγε ἐπὶ τὰ σοὶ δοκοῦντα· καὶ πρᾶτ-
τε οὕτως, ὅπως μηδενὸς τῶν ὁμολογηθέντων στερηθῶμεν,
ἀλλ' Ἐπιτίμῳ γένηται σωτηρία τις καὶ ἀπαλλαγὴ τῶν
κινδύνων. παρέσομαι δὲ εἰς τὸν χρόνον κἀγώ, καθ' ὃν σὺ
φῇς καιρὸν εἶναι. γράψας δέ μοι πέμψον, ἢ καὶ ὡς φίλῳ
ἐπίστελλε. Εὐτύχει.

ϛ'.

ΠΡΟΣ ΤΗΝ ΒΟΥΛΗΝ ΚΑΙ ΤΟΝ ΔΗΜΟΝ ΤΩΝ ΑΘΗΝΑΙΩΝ.

ΔΗΜΟΣΘΕΝΗΣ ΤΗΙ ΒΟΥΛΗΙ ΚΑΙ ΤΩΙ ΔΗΜΩΙ ΧΑΙΡΕΙΝ.

ΗΛΘΕΝ ἐπιστολὴ παρ' Ἀντιφίλου πρὸς τοὺς τῶν συμ-
μάχων συνέδρους, τοῖς μὲν βουλομένοις ἀγαθὰ προσδοκᾶν
ἱκανῶς γεγραμμένη, τοῖς δ' ὑπηρετοῦσιν Ἀντιπάτρῳ πολ-
λοὺς καὶ δυσχερεῖς ἀπολείπουσα λόγους, οἳ παραλαβόντες
τὰ παρ' Ἀντιπάτρου γράμματα πρὸς Δείναρχον ἐς Κό-
ρινθον ἐλθόντα ἁπάσας τὰς ἐν Πελοποννήσῳ πόλεις τοιού-
των λόγων ἔπλησαν, οἵων εἰς κεφαλὴν αὐτῶν [2] τρέψειαν οἱ
θεοί. ἀφικομένου δὲ τοῦ νῦν ἥκοντος μετὰ τοῦ παρ' ἐμοῦ
φέροντος γράμματα παρὰ Πολεμαίστου πρὸς τὸν ἀδελφὸν
Ἐπίνικον, ἄνδρα ὑμῖν εὔνουν καὶ ἐμοὶ φίλον, κἀκείνου πρὸς 1492
ἐμὲ ἀγαγόντος, ἀκούσαντί μοι ἃ ἔλεγεν ἐδόκει πρὸς ὑμᾶς
αὐτὸν ἀποστεῖλαι, ὅπως, πάντα σαφῶς ἀκούσαντες τὰ ἐν
τῷ στρατοπέδῳ γεγονότα τοῦ περὶ τὴν μάχην παραγεγενη-
μένου τότε, εἰς τὸ παρὸν θαῤῥῆτε, καὶ τὰ λοιπὰ τῶν θεῶν
θελόντων, ἃ βούλεσθε, ἔχειν ὑπολαμβάνητε. Εὐτυχεῖτε.

[1] Deest μέν. [2] * ἀποστρέψειαν

Ac si diceret: honestius ab amico, id est, a me, gratiam inire non potes, quam si insonti reo mea causa negotium facessere desieris. Budaeus.

ϛ'. Προστρέψειαν] Fortasse προστρίψειαν, vel τρέψειαν. Wolf.

FINIS TOMI QUARTI

ET

OPERUM DEMOSTHENIS.

Londini imprimebat J. F. Dove, in Area quæ est Divi Joannis.

Lightning Source UK Ltd.
Milton Keynes UK
UKHW022216140219
337291UK00006B/432/P